T0394707

The *Chronique d'Ernoul* and the *Colbert-Fontainebleau Continuation* of William of Tyre

Volume 1

The Medieval Mediterranean

PEOPLES, ECONOMIES AND CULTURES, 400–1500

Managing Editor

Frances Andrews (*University of St. Andrews*)

Editors

Corisande Fenwick (*University College London*)
Paul Magdalino (*University of St. Andrews*)
Maria G. Parani (*University of Cyprus*)
Larry J. Simon (*Western Michigan University*)
Daniel Lord Smail (*Harvard University*)
Jo Van Steenbergen (*Ghent University*)

Advisory Board

David Abulafia (*Cambridge*)
Benjamin Arbel (*Tel Aviv*)
Hugh Kennedy (*SOAS, London*)

VOLUME 135/1

The titles published in this series are listed at *brill.com/mmed*

The *Chronique d'Ernoul* and the *Colbert-Fontainebleau Continuation* of William of Tyre

VOLUME 1

CHRONIQUE D'ERNOUL

Edited by

Peter Edbury
Massimiliano Gaggero

BRILL

LEIDEN | BOSTON

Cover illustration: Initial 'E' showing a ship with Bohemond of Taranto and Patriarch Daibert of Jerusalem returning to Europe in 1104. Two men hoist a sail; a man stands in the high stern. The ship has a banner with the cross of St George. ©British Library, London: Yates Thompson ms. 12 fol. 58ᵛ.

The Library of Congress Cataloging-in-Publication Data is available online at https://catalog.loc.gov

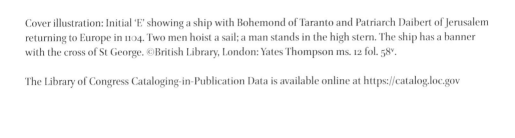

Typeface for the Latin, Greek, and Cyrillic scripts: "Brill". See and download: brill.com/brill-typeface.

ISSN 0928-5520
ISBN 978-90-04-54764-3 (hardback, set)
ISBN 978-90-04-20993-0 (hardback, vol. 1)
ISBN 978-90-04-54758-2 (hardback, vol. 2)
ISBN 978-90-04-54316-4 (e-book, vol. 1)
ISBN 978-90-04-54759-9 (e-book, vol. 2)

Copyright 2023 by Koninklijke Brill NV, Leiden, The Netherlands.
Koninklijke Brill NV incorporates the imprints Brill, Brill Nijhoff, Brill Hotei, Brill Schöningh, Brill Fink, Brill mentis, Vandenhoeck & Ruprecht, Böhlau, V&R unipress and Wageningen Academic.
All rights reserved. No part of this publication may be reproduced, translated, stored in a retrieval system, or transmitted in any form or by any means, electronic, mechanical, photocopying, recording or otherwise, without prior written permission from the publisher. Requests for re-use and/or translations must be addressed to Koninklijke Brill NV via brill.com or copyright.com.

This book is printed on acid-free paper and produced in a sustainable manner.

Contents

Volume 1

Preface   VII
Sigla and Abbreviations   IX

General Introduction   1

Introduction: The *Chronique d'Ernoul*   6

Introduction: The Manuscripts   31

The *Chronique d'Ernoul*   64

Appendix 1: The Concluding Passage   545
Appendix 2: A Summary History of the Latin East, 1100–1163   549
Appendix 3: The Bern Burgerbibliothek ms. 113 (*F24*)   552
Appendix 4: The Table of Contents in *F25* and *F26*   568
Glossary   570
Bibliography   659
General Index   669
Index of Manuscripts   689

Volume 2

Preface   VII
Sigla and Abbreviations   IX

Introduction: The *Colbert-Fontainebleau Continuation*   1

Introduction: The Manuscripts   45

Table 1: Manuscript Material Employed in the Preparation of this Edition   73

The *Colbert-Fontainebleau Continuation* of William of Tyre   77

Addendum: 1264–1277   381
Glossary   410
Bibliography   511
General Index   523
Index of Manuscripts   548

Preface

Preparing critical editions of both the *Chronique d'Ernoul* and the so-called *Colbert-Fontainebleau* (or *Acre*) *Continuation* of William of Tyre has occupied us both for many years. These narratives were last edited in the nineteenth century, and the discovery since then of new manuscripts together with a clearer understanding of how the texts were composed and transmitted to posterity and a proper elucidation of their relationship to each other provide ample justification for our efforts. The task of assembling microfilms began, with financial support from the British Academy, as far back as 2005, and serious work on the editions started in 2009, funded by a major award from the British Arts and Humanities Research Council (AHRC). It was at this point, with Massimiliano Gaggero's appointment on a three-year contract as a full-time research assistant on the project, that our collaboration began. The AHRC award also included provision for a fully-funded PhD studentship, and the successful candidate, Philip Handyside, duly completed his thesis on a discrete but related topic, the French translation of William's Latin text. A revised version, published by Brill, appeared in 2015 with the title: *The Old French William of Tyre*.

Although the project began with Peter Edbury in the role as the Principal Investigator and Massimiliano Gaggero as the Research Assistant, our relationship quickly developed into a successful and amicable partnership in which we worked together as colleagues collaborating closely over all aspects. Both authors discussed and agreed on the guidelines for the edition and on the final presentation of the critical text, the apparatus, the introductions, and the glossaries for both volumes. We both engaged in transcribing the manuscripts. Peter Edbury prepared most of the critical edition and apparatus of the *Chronique d'Ernoul et de Bernard le Trésorier* and the *Colbert-Fontainebleau Continuation* of William of Tyre and drafted the introductions to both volumes. Massimiliano Gaggero carried out the preliminary work on the stemma for both texts and on the codicology of the manuscripts employed. He edited a significant section of the *Chronique* (notably paragraphs cxvii–clxxvii), collaborated on the textual revisions for both volumes, and took responsibility for preparing the glossaries.

Over the years we have been helped and encouraged by many people. Sadly two of them, Jonathan Riley-Smith and Bernard Hamilton, did not live to see this project brought to completion. We are particularly indebted to our Cardiff colleagues, especially Helen Nicholson, Denys Pringle and Paul Webster, for sharing their knowledge and giving their advice. In addition to Philip Handyside, who proved a good sounding board for our theories, there are many others whose assistance has been invaluable: Marianne Ailes, Michel Balard,

Bjørn Bandlien, Elena Bellomo, Nicholas Coureas, Susan Edgington, Jaroslav Folda, John France, Mike Fulton, Thérèse de Hemptinne, Kasser-Antton Helou, Norman Housley, Peter Jackson, Nikolas Jaspert, Philippe Josserand, Margaret Jubb, James Kane, Beni Kedar, Rabei Khamisy, Robert Kool, Yulia Krylova, Richard Leson, Graham Loud, Tony Luttrell, Merav Mack, Balázs Major, Stefano Mannino, José Meirinhos, Maria Luisa Meneghetti, Laura Minervini, Laura Morreale, Alan Murray, Nicholas Paul, Guy Perry, John Pryor, Maria Teresa Rachetta, Luca Sacchi, Chris Schabel, Michael Staunton, Matthew Strickland, Julien Théry, Filip Van Tricht and Fabio Zinelli.

We should also like to thank our respective institutions, Cardiff University and the Università degli Studi di Milano, for providing the facilities and the environment that have made our work so congenial. We must also express our gratitude to the anonymous readers for their many useful recommendations. Finally our thanks are due to Marcella Mulder and the staff at Brill for their efficiency and above all for their long-suffering patience.

Peter Edbury and Massimiliano Gaggero
Cardiff and Milan June 2022

Sigla and Abbreviations

Jaroslav Folda conveniently listed the manuscripts of both the *Chronique d'Ernoul* and Old French translation of William of Tyre and its continuations in his article: 'Manuscripts of the *History of Outremer* by William of Tyre: a Handlist', *Scriptorium* 27 (1973), 90–95. Both here and in our other publications relating to these texts, we have adopted the policy of using Folda's enumeration with the letter '*F*' (for Folda) to denote those manuscripts we have employed.

F16	Bern: Burgerbibliothek ms. 41
F17	Bern: Burgerbibliothek ms. 115
F18	Brussels: Bibliothèque royale ms. 11142
F19	Paris: Bibliothèque nationale ms. fr. 781
F20	Saint-Omer: Bibliothèque municipale ms. 722
F24	Bern: Burgerbibliothek ms. 113
F25	Bern: Burgerbibliothek ms. 340
F26	Paris: Bibliothèque de l'Arsenal ms. 4797
F38	London: British Library, Henry Yates Thompson ms. 12
F50	Paris: Bibliothèque nationale ms. fr. 9086

Note: In order to minimize the possibility of confusion, paragraphs in the *Chronique d'Ernoul* are numbered in Roman numerals throughout and paragraphs in the *Colbert-Fontainebleau Continuation* in Arabic numerals.

Libellus	*The Conquest of the Holy Land by Ṣalāḥ al-Dīn: A Critical Edition and Translation of the Anonymous Libellus de Expugnatione Terrae Sanctae per Saladinum*, eds Keagan Brewer and James H. Kane (Abingdon, 2019)
ML	*Chronique d'Ernoul et de Bernard le Trésorier*, ed. Louis de Mas Latrie (Paris, 1871)
RHC	*Recueil des Historiens des Croisades: Historiens Occidentaux*, vol. 2 (Paris, 1859)
RRH	*Regesta Regni Hierosolymitani (1097–1291)*, compiled by Reinhold Röhricht, 2 vols (Innsbruck, 1893–1904)
WT	*Willelmi Tyrensis Archiepiscopi Chonicon*, ed. Robert B.C. Huygens (in association with Hans E. Mayer and G. Rösch), Corpus Christianorum Continuatio Mediaeualis 63–63A (Turnhout, 1986)

General Introduction

In 1184 William of Tyre brought his famous history of the crusading movement and the kingdom of Jerusalem to a close. He had set out to celebrate the deeds of the crusaders and vindicate the ruling dynasty, but in 1187, just three years after laying down his pen, Ṣalāḥ al-Dīn's conquests rendered the whole purpose of his project obsolete. William wrote in Latin, and, in the decades that followed, copies of his work circulated in northern France and England. Only nine complete manuscripts survive and, from what little is known, it seems that their distribution was limited to a comparatively few Benedictine, Cistercian and cathedral libraries.[1] No author in the East took it upon himself to continue William's work using the Latin language,[2] and indeed, as we move into the thirteenth century, French increasingly became the language of choice for anyone writing about the history of the Frankish states in the Eastern Mediterranean.

It was apparently in the 1220s that an anonymous translator rendered William's Latin into French. In all probability the translation of what is, after all, a long text was spread over a substantial period. Philip Handyside, while allowing for the possibility that it was completed a little later, argued on the basis of internal evidence that the translation belongs to the closing years of the reign of King Philip Augustus who died in 1223. More recently Kasser-Antton Helou has pointed out that the initial letters of the books that comprise the translation form an acrostic reading LUDOVICUS REX FRANCORUM B, and that in our view indicates that it reached its final form in the time of his successor, Louis VIII.[3] The translation was evidently made in France, probably in the Paris region, and the translator would have been a cleric, quite possibly an Augustinian canon. Although the theory that he was member of the

---

1 WT, 3–31; Peter W. Edbury and John Gordon Rowe, *William of Tyre: Historian of the Latin East* (Cambridge, 1988), 3–4.
2 The text generally known as the 'Latin Continuation of William of Tyre' was composed in England and is largely derivative, drawing much of its information from Roger of Howden, the narrative known as the *Itinerarium Peregrinorum* 1, and the *Estoire de la Guerre Sainte* attributed to Ambroise. It is edited as *Die lateinische Fortsetzung Wilhelms von Tyrus*, ed. Marianne Salloch (Leipzig, 1934). See James H. Kane, 'Between parson and poet: a re-examination of the Latin Continuation of William of Tyre', *Journal of Medieval History*, 44 (2018), 56–82.
3 Philip Handyside, *The Old French William of Tyre* (Leiden, 2015), 114–119, 224; Kasser-Antton Helou, 'Étude et édition de l'*Estoire d'Outremer*, d'après le manuscrit Firenze, Biblioteca Medicea Laurenziana Pluteus LX.10, f. 274–f. 336', Thèse de doctorat en études médiévales, Paris IV (2017), 126. For a further discussion of the acrostic, which in its most developed form reads LUDOVICUS REX FRANCORUM B[eatus] DEI, see the introduction to the *Colbert-Fontainebleau Continuation* at 62–63.

community at Parisian Augustinian abbey of St Victor is attractive, evidence is slender.[4] The French translation – often referred to as *Eracles* or *l'Estoire de Eracles* thanks to the mention of the Byzantine emperor Herakleios in the opening sentence – proved successful. There are fifty-one complete or substantially complete manuscript copies surviving in public collections dating from before 1500, as well as a number of fragments.[5]

The text that we call the *Chronique d'Ernoul* came into being not long after the translation.[6] It is a history that begins with Godfrey of Bouillon in Jerusalem in 1100, and in its longest version it ends with the arrival of John of Brienne in Constantinople in 1231. The anonymous author was probably working in northern France at or near the abbey of Corbie. It is possible that he was inspired to commence his work by the news of the marriage in 1225 of Isabella of Brienne, the heiress to the throne of Jerusalem, to the western emperor, Frederick II, and Frederick's forthcoming crusade. There is no indication whatsoever that the author was aware of William of Tyre's history, either in its Latin form or in its French translation. What he did have were a detailed description of the topography of Jerusalem,[7] and an earlier historical narrative penned by a certain Ernoul, a *varlet* of the prominent nobleman, Balian of Ibelin. His account of the sacred geography of the Holy Land and the detailed account of the events surrounding the death of Baldwin of Flanders, the first Latin emperor of Constantinople, in 1205 may perhaps also have come from pre-existing but no longer extant written sources.[8] Otherwise it has to be assumed that the author relied largely on his own memory and on oral information.

By the mid-1230s there were thus two Old French accounts of the crusades in circulation: an anonymous history from northern France ending in 1231, and *Eracles*, a translation of William of Tyre, which, like its original, stopped in 1184.[9] It was about this time that someone decided to update the William of Tyre

---

4   Handyside, *Old French William of Tyre*, 88–93, 130, 193–194.
5   The manuscripts are conveniently listed in Jaroslav Folda, 'Manuscripts of the *History of Outremer* by William of Tyre: a Handlist', *Scriptorium*, 27 (1973), 90–95. For fragments that have come to public attention since Folda compiled his handlist, see Massimiliano Gaggero, 'Identification de deux manuscrits italiens de la *Chronique* d'Ernoul et de Bernard le Trésorier', *Segno e Testo*, 16 (2018), 291–314, at 293 n. 10; idem, 'La tradition italienne de l'*Eracles*: pour un nouvel examen des fragments', in Lene Schøsler and Juhani Härmä with Jan Lindschouw (eds), *Actes du XXIXe Congrès international de linguistique et de philologie romanes* (Copenhague, 1–6 juillet 2019), (Strasbourg, 2021), 1117–1130.
6   For the other putative author, 'Bernard le Trésorier' see below 25–29.
7   *Ernoul*, §§ clxxii–clxxxiv.
8   *Ernoul*, §§ liv–lxxiv and §§ cclxxxvii–ccxciv.
9   For surviving manuscripts ending in 1184, see Folda, 'Manuscripts of the *History of Outremer*', nos. 2–6 and no. 52 (where the post-1184 material is clearly a later addition).

story by grafting onto its end the post-1184 material from *Ernoul*, and so the first form of the Continuation came into being. Precisely how this was done will be described more fully when we come to explain the manuscript tradition. The British Library, Henry Yates Thompson ms. 12 (*F38*) has best preserved the original form of this adaptation of the *Ernoul* text, and, of the *Chronique d'Ernoul* manuscripts, it is the Bern, Burgerbibliothek ms. 113 (*F24*) that contains the version of the text which comes closest to the one originally employed when the Continuation was formed.[10] Many of the Old French manuscripts of *Eracles* with a continuation are simply this: the translation plus a version of the post-1184 section of the *Chronique d'Ernoul* covering the years 1184–1231.

But if translating William of Tyre, composing the *Chronique d'Ernoul* and putting the two together to create the first form of the Continuation were all achieved in the West, what happened next was done in the East. A copy of the French translation had certainly reached Acre by the mid-1240s when the Venetian *bailo*, Marsilio Zorzi, incorporated into his report a substantial extract from it describing the 1124 siege and capture of Tyre.[11] Significantly, the manuscript at Marsilio's disposal appears to have been a close relative of the two oldest *Eracles* manuscripts copied in the East, the Paris: Bibliothèque nationale ms. fr. 9086 (= *F50*) and ms. fr. 2628 (= *F73*).[12] Then, in the late 1240s, someone working in Acre undertook a major revision of the Continuation. The account of the years 1184–1198 was extensively re-written and expanded, while for the period from 1198 until the death of Otto of Brunswick in 1218, the *Ernoul* text was largely left as it was. However, immediately after recording Otto's death, the author of this revision jettisoned what remained of the *Chronique d'Ernoul* and, reverting to the year 1205, produced a wholly new narrative that continued until 1247. The text of this revision is variously known as the *Colbert-Fontainebleau Continuation* or the *Acre Continuation*, and is the version published in 1859 as the main text in *Recueil des Historiens des Croisades: Historiens Occidentaux*, volume 2. In its entirety it survives in just two manuscripts: Paris: Bibliothèque nationale ms. fr. 2628 (= *F73*) and ms. fr. 2634 (= *F57*).

Following on from this revision there were a number of further developments that took place in the Latin East and which account for the text of the Continuation as contained in various different manuscripts.

---

10   Although without the interpolated passages edited below in Appendix 3.
11   *Der Bericht des Marsilio Zorzi. Codex Querini Stampalia IV3 (1064)*, ed. Oliver Berggötz (Frankfurt am Main, 1991), 102–108, 116–134. For a fuller discussion of what follows, see the introduction to the *Colbert-Fontainebleau Continuation*, 1–4.
12   Peter W. Edbury, 'The French Translation of William of Tyre's *Historia*: the Manuscript Tradition', *Crusades*, 6 (2007), 69–105, at 86.

1. There was a further revision of *Colbert-Fontainebleau Continuation* covering the years 1184–1197 that, from the provenance of the unique manuscript containing this text, is known as the *Lyon Eracles* (Lyon: Bibliothèque de la ville, ms. 828 (= *F72*)), and then another revision for the period 1191–1197 that is to be found solely in an *Eracles* manuscript now in Florence (Florence: Biblioteca Medicea-Laurenziana, ms. Plu. LXI.10 (= *F70*)).[13]
2. Further continuations were composed that took the narrative on from 1247 to various later dates, in one instance as far as 1277. These additions took the form of an expanded version of the annals that also exist independently, and which are known collectively as the 'Annales de Terre Sainte'. It is possible to identify three stages in the composition of this section.[14]
3. There also appeared what can be described as a hybrid version of the continuations comprising its original form as taken from the *Chronique d'Ernoul* for the years 1184–1231 with the text of the *Colbert-Fontainebleau Continuation* from 1229 (at §270) onwards added rather clumsily at the end.[15] Not only is there a chronological mismatch, but in the very first paragraph of the Colbert-Fontainebleau text (§270) there is a reference back to the whereabouts of the emperor, Frederick II ('... il troverent l'empereor a Saint Lorens qui s'en aleit ver Capes, si come vos avez oï.'), information which is duly present in §269 of the *Colbert-Fontainebleau Continuation* but which is lacking from the *Chronique d'Ernoul*.[16]

Finally, a later enhancement that appears to have been made in the West was the addition of the text known as the *Rothelin Continuation* to the end of the 1184–1231, *Chronique d'Ernoul* Continuation. This is an important source for the

---

13 These revisions are published as *La Continuation de Guillaume de Tyr (1184–1197)*, ed. Margaret Ruth Morgan (Paris, 1982).

14 The relationship between the pre- and post-1247 sections are rather more complex than indicated here and are explained in the introduction to the *Colbert-Fontainebleau Continuation*. See also Peter W. Edbury, 'Continuing the Continuation: *Eracles* 1248–1277', in Helen J. Nicholson and Jochen Burgtorf (eds), *The Templars, the Hospitallers and the Crusades: Essays in Homage to Alan J. Forey* (Abingdon, 2020), 82–93.

15 This 'hybrid' form of the Continuation was published from Paris: Bibliothèque nationale ms. fr. 9082 (= *F77*) in 1729 in *Veterum scriptorum et monumentorum historicorum ... amplissima collectio*, ed. Edmond Martène and Ursin Durand, 9 vols (Paris, 1724–1733), 5:581–752.

16 The hybrid text is found in several manuscripts either copied in the East or derived from those that were. These manuscripts, *F67*, *F68*, *F69*, *F70*, *F71*, *F72*, *F74*, *F77* and *F78*, will be discussed in the introduction to the *Colbert-Fontainebleau Continuation*.

so-called 'Barons' Crusade' of 1239–1241 and the first crusade of St Louis (1248–1254) and breaks off with an account of events in 1261. It survives in thirteen pre-1500 manuscripts.[17]

There can be no doubting the importance of both the *Chronique d'Ernoul* and *Eracles*, the Old French Continuation of William of Tyre, and the need for fresh editions of them both. All historians who have studied the history of the Latin East from the late twelfth century onwards have made use of these texts, although all too often they have treated the information they contain rather uncritically. The two works are textually related, and there seemed little point in editing one without the other. The situation has not been helped by confusion in the past about how they relate to each other. In the nineteenth century it was believed that the *Colbert-Fontainebleau Continuation* was the full version, and that both the *Chronique d'Ernoul* and the form of the Continuation comprising the *Chronique d'Ernoul* from 1184 placed at the end of the translation of William of Tyre were in fact abridgements. It is regrettable that this misconception was given a further lease of life when in 1973 Ruth Morgan published a monograph arguing for the primacy of the *Lyon Eracles*.[18] It is partly because of these confusions, together with the availability of manuscripts that were unknown to the nineteenth-century editors and a much fuller understanding of how the various texts relate to one another, that justify the desirability of our new editions.

What we have chosen to edit are the *Chronique d'Ernoul*, which is the oldest extant form of this material, and the first major revision of the Continuation, the *Colbert-Fontainebleau Continuation*. There is already a modern edition of both the *Lyon Eracles* text for 1184–1197 and the unique passage to be found in the Florence manuscript,[19] and it has not been thought necessary to publish them again. Preparing a modern critical edition of the *Rothelin Continuation* would have been a major undertaking in its own right requiring several more years, and we agreed at the outset that we had more than enough to do already.

---

17   Edited *RHC*, 483–639. The pre-1500 manuscripts are F_{52}–F_{55}, F_{57}–F_{58}, F_{60}–F_{66}.
18   Margaret Ruth Morgan, *The Chronicle of Ernoul and the Continuations of William of Tyre* (Oxford, 1973).
19   Above n. 13.

Introduction: The *Chronique d'Ernoul*

1   Ernoul and Balian of Ibelin

Ernoul makes his sole appearance in the course of the account of the battle of Le Cresson which took place on 1 May 1187. There we are told that 'it was he who had this story put into writing' ('ce fu cil qui cest conte fist metre en escript').[1] His original account has not been preserved, and so what it contained and the extent to which the anonymous author of the *Chronique d'Ernoul* writing in the late 1220s and early 1230s made use of it and altered it are necessarily matters for speculation. All the same, these are questions that deserve examination.

It was John Gillingham who first suggested that Ernoul's narrative went no further than 1187.[2] The simple point is that when we read the account of what happened between the death of Baldwin IV in 1185 and the surrender and evacuation of Jerusalem late in 1187, we find that it is Balian of Ibelin, Ernoul's master, who alone emerges from the narrative with his reputation for probity intact. Balian is the hero. But then he disappears abruptly from the narrative,[3] and, although the story of the siege of Tyre at the very end of 1187 is told in some detail, once we come to 1188 and the account of the Third Crusade, the quality of the information is noticeably poorer and remains so throughout the period of the Crusade and the years immediately after. The precise cut-off point comes at the end of the narrative of the evacuation of Jerusalem after its surrender to Ṣalāḥ al-Dīn and just before the account of the siege of Tyre.[4]

So, embedded in the *Chronique d'Ernoul*'s description of the events of 1185–1187, we can detect a coherent narrative thread designed to praise Balian of Ibelin, and it can be assumed that this material originated with Ernoul himself. In 1185, at the coronation of the child king Baldwin V, Balian, here described as a knight who was 'grans et levés' and one of the barons of the land, carried

---

1   *Ernoul*, § cxlix.
2   John Gillingham, 'Roger of Howden on Crusade', in David O. Morgan (ed.), *Medieval Historical Writing in the Christian and Islamic Worlds* (London, 1982), 60–75, at 72 n. 33; reprinted John Gillingham, *Richard Coeur de Lion: Kingship, Chivalry and War in the Twelfth Century* (London and Rio Grande, 1994), 141–153, at 147 n. 33.
3   For later mentions, see *Ernoul*, §§ ccxli, ccxlii, cccvii.
4   Ernoul's account seems to have ended with the information contained in either § cciii or § ccv. For arguments that it did not include the account of the Muslim siege of Tyre (§§ ccvi–ccix), see Peter W. Edbury, 'Conrad versus Saladin: The Siege of Tyre, November–December 1187', in Gregory E.M. Lippiatt and Jessalynn L. Bird (eds), *Crusading Europe: Essays in Honour of Christopher Tyerman* (Turnhout, 2019), 237–247, at 246.

the king in his arms in the procession from the Holy Sepulchre to the Temple Mount.[5] Clearly he was an impressive figure and a man considered worthy of this high-profile public role on a major state occasion. The scene then shifts to the angry reaction of many of the leading barons to the *coup* that brought Guy of Lusignan to power as king after Baldwin v's death almost exactly a year later. Whereas the other barons, now thoroughly outmanoeuvred, reluctantly accepted Guy rather than plunge the kingdom into civil war, Raymond of Tripoli, the erstwhile regent and principal loser in this turn of events, and Balian's elder brother, Baldwin, proved irreconcilable to the new regime. Baldwin, so our text informs us, entrusted his lands and young son to Balian's keeping and went into a self-imposed exile in Antioch. The *Chronique d'Ernoul* adds: 'This was a very great tragedy for the land, and the Muslims were elated, for they now feared no one in the land except his brother Balian who remained behind'.[6]

The next episode sees King Guy, encouraged by the Templar master, Gerard de Rideford, preparing to take military action against Raymond of Tripoli who had refused to do homage and was defying Guy from his wife's castle at Tiberias; it was left to Balian to dissuade Guy, pointing out that Ṣalāḥ al-Dīn would intervene on Raymond's behalf if he tried to besiege Tiberias and that he should attempt a negotiated settlement. But for all Balian's words of wisdom, the negotiations proved futile and the matter was allowed to lapse.[7] Then in the spring of 1187, with the Muslims threatening to invade the kingdom, the need for reconciliation proved imperative, and Balian, together with the masters of the Temple and Hospital, the archbishop of Tyre and the lord of Sidon, was entrusted with a further peace mission. The *Chronique d'Ernoul* gives a detailed account of what happened next. The negotiators' journey to Tiberias coincided with a Muslim raid through Galilee. The text leaves no doubt that Raymond had connived at this Muslim *chevauchée*, at least to the extent of making no attempt to impede it in return for having his own lands left alone. The masters of the Military Orders, on learning of a substantial Muslim presence in the vicinity, hastily brought together a force of 140 knights. On 1 May battle was joined at the Springs of Le Cresson, and the Christian force was almost entirely destroyed. The Templar master was one of the few survivors; the master of the Hospital was among those slain. Balian was not present; he had remained behind with his wife in her dower lands at Nablus and had then delayed his journey in order to hear mass, it being the feast of St Philip and St James. It was in this context that the reference to Ernoul his *varlet* 'who first had this tale

---

5   *Ernoul*, § cxix.
6   *Ernoul*, § cxxxviii.
7   *Ernoul*, §§ cxxxix–cxli.

put into writing' occurs. The implication is that but for Balian's piety, which meant he was too late for the battle, he might easily have been killed. In the aftermath of the defeat Balian now takes centre stage in the narrative, and, in the company of the archbishop of Tyre and the lord of Sidon who similarly had been elsewhere at the time of the battle, he effected a reconciliation between a much-chastened Raymond and King Guy.[8]

The narrative now continues with the build-up to the battle of Ḥaṭṭīn. Balian was not given any role in the arguments and counterarguments for advancing to the relief of Tiberias – that was left to Raymond, whose advice was sound but whose motives were suspect because of his earlier dealings with Ṣalāḥ al-Dīn, and his arch-rival Gerard de Ridefort, whose advice was bad but who had had a good track record as a consistent supporter of King Guy. As the army moved off, Balian, we are told, was in command of the rear guard which suffered greatly from Muslim attack and lost many knights. Then, repeating that he was in the rear guard, it is simply stated that Balian escaped from the field of battle; the implication appears to be that the rear guard had not managed to advance very far from the base at Ṣaffūriyya and so Balian was well away from the scene of the battle's *dénouement* on the Horns of Ḥaṭṭīn which saw Raymond and his companions charge through the Muslim lines and Guy and the remaining members of the nobility taken captive.[9]

There now follows what appears to have been the culmination of Ernoul's account: the story of Balian of Ibelin's role in the surrender of Jerusalem. Balian, who had taken refuge in Tyre after the battle, made contact with Ṣalāḥ al-Dīn, asking for a safe-conduct to enable him to retrieve his wife and children who were in Jerusalem, and Ṣalāḥ al-Dīn, we are told, readily agreed subject to Balian undertaking to stay just one night and refrain from any military activity. He arrived in Jerusalem to find it crowded with refugees from the surrounding countryside and without anyone to take the lead in organizing its defence, and he was prevailed upon by the patriarch to stay on and fulfil this role notwithstanding his promise to Ṣalāḥ al-Dīn. Despite this apparent breach of trust, Balian could still persuade Ṣalāḥ al-Dīn to allow his wife and children to leave Jerusalem for safety, and he provided an escort of fifty knights to conduct them to Tripoli. Quite why Ṣalāḥ al-Dīn should give Balian such favourable treatment is not explained. The narrative also notes that Guy's wife, Queen Sibylla, was still in Jerusalem at the time of Balian's arrival, and, as the author later alleges, Ṣalāḥ al-Dīn then allowed her, evidently a free woman,

---

8 *Ernoul*, §§ cxli–clv.
9 *Ernoul*, §§ clxi, clxv. For a claim that he was with Raymond at the Horns of Ḥaṭṭīn, *Libellus*, 154.

to join her husband who was being held at Nablus because he 'did not want her to be in Jerusalem when he went to besiege it'. Evidently, if this version of events is to be believed, the wifely role of rallying the defenders in the absence or death of their lord was not for her.[10] Ṣalāḥ al-Dīn's siege of Jerusalem began on 20 September. The *Chronique d'Ernoul* tells of initial skirmishes outside the walls, but it soon became clear that the city could not hold out much longer, and Balian was entrusted with negotiating its surrender. There then follows a detailed narrative of the negotiations in which Balian managed to get Ṣalāḥ al-Dīn to agree terms for ransoming the population and conducting it to Christian-held territory; those who could not be ransomed would go into slavery. Although admitting that 11,000 were left behind to face the prospect of enslavement, the *Chronique d'Ernoul* manages to convey the impression that Balian's persistence and shrewdness had paid off and that he could take the credit for a remarkable achievement in damage-limitation.[11] Of course, Balian's efforts would have been in vain and his reputation tarnished if Ṣalāḥ al-Dīn had not continued to keep his side of the bargain after he had taken control of Jerusalem, and the *Chronique d'Ernoul's* portrayal of him as the good Muslim who was true to his word forms a significant element in the subsequent development of the 'Saladin legend' in western literature and historiography.[12]

It is our belief that Ernoul, the *varlet* of Balian of Ibelin, was responsible for all those passages in which his master is praised together with such other narrative material as was necessary to give the story coherence. In other words, we are arguing that he was responsible for much of the narrative for the years 1185, 1186 and 1187 which together add up to not far short of a quarter of the entire work, and which ends almost exactly halfway through the complete history. This prompts two further questions: to what extent might Ernoul have been responsible for the material in the pre-1185 section of the *Chronique d'Ernoul*, and where did the rest of the material in the first half of the book come from?

---

10   *Ernoul*, §§ clxvii–clxviii, clxx–clxxi. For Sibylla, see §§ clxvii, clxx. This version of Sibylla's movements at the time is almost certainly erroneous and reflects the author's hostility towards her. See Helen J. Nicholson, 'Queen Sybil of Jerusalem as a Military Leader' in Jochen Burgtorf, Christian Hoffarth and Sabastian Kubon (eds), *Von Hamburg nach Java: Studien zur mittelalterlichen, neuen und digitalen Geschichte* (Göttingen, 2020), 265–276, at 271–275.

11   *Ernoul*, §§ clxxxv–cciii. For the admission that 11,000 were left, see § cc.

12   For the development of the western 'legend', see for example Margaret Jubb, *The Legend of Saladin in Western Literature and Historiography* (Lewiston, N.Y., 2000); Anne-Marie Eddé, *Saladin*, trans. Jane Marie Todd (Cambridge, Mass., 2011), 465–491; Jonathan Phillips, *The Life and Legend of the Sultan Saladin* (London, 2019), 316–323.

So far as Ernoul's contribution to the early part of the narrative is concerned, we start with the suggestion that he himself wrote the opening sentence: 'Hear and learn how the land of Jerusalem and the Holy Cross was conquered by the Saracens from the Christians'.[13] This introductory sentence encompasses the story down to the point where Ernoul's narrative seems to have ended; it does not prepare the reader for the history of the years 1188–1231. What follows in the opening pages is a mishmash of material, some of which is self-evidently garbled or legendary, but not very far into the text we start to get information introducing some of the main players in the drama that prefigured the collapse in 1187 and explaining the dynastic problems in the kingdom of Jerusalem, something that is essential for an understanding of what happened that year. We are thus told about Joscelin III, the titular count of Edessa, Renaud of Châtillon, who as prince of Antioch receives a positive notice, and King Amaury's divorce in the course of which Hugh of Ibelin, Balian's eldest brother, is mentioned.[14] With the accession of Baldwin IV we start to find a distinctly pro-Ibelin bias creeping into the narrative. In particular, there is the story of the ambition of Baldwin of Ramla, now the senior member of the family in Jerusalem, to marry Sibylla, Amaury's daughter and the heiress-presumptive to the throne. But before that there is an account of the battle of Montgisard in 1177. This was a significant engagement in which a hastily assembled Christian force defeated Ṣalāḥ al-Dīn's much larger army which had invaded from the direction of Egypt. Baldwin and his brother Balian, who now appears for the first time, are given pride of place in the account of the fighting. Baldwin demanded the right to lead the first charge as the battle was taking place within his lordship of Ramla. Balian, who, it is noted, was married to Maria Komnene, King Amaury's widow, accompanied him, and in the battle such was their prowess that the two brothers are compared favourably to Roland and Oliver at Roncevaux.[15] It is not difficult to believe that this piece of hyperbole originated with the same author who, apropos the events of 1186, was to tell his readers that, now that Baldwin had left the kingdom, the only noble the Muslims feared was Balian. There is also a further tribute to the brothers' military prowess in connection with the events of 1182.[16]

The story of Baldwin's failed ambition to marry Sibylla is recounted at some length. According to the narrative, Baldwin had already conceived this goal

---

13   *Ernoul*, § i: 'Oïés et entendés comment la tiere de Jherusalem et la Sainte Crois fu conquise de Sarrasins sour Crestiens'.
14   *Ernoul*, §§ viii–ix, xi–xii, xviii.
15   *Ernoul*, §§ xxxv–xxxvi.
16   *Ernoul*, § xcvi.

before her marriage to William of Montferrat in 1176. William's death the following year revived his hopes, but Baldwin's captivity in 1179 proved a fatal setback, and, in the event, Sibylla wed Guy of Lusignan at Easter 1180 before Baldwin could pay off his ransom. The story is, in the words of Bernard Hamilton, 'uncorroborated and highly romanticised'.[17] Details such as Manuel Komnenos's generosity in sitting him in a chair and covering him with gold coins so he could pay off the balance on his ransom may test our credulity, although we know from William of Tyre that Baldwin did indeed seek help from Manuel.[18] But the assertion that Manuel acted as he did because of the love that he had for Baldwin's brother Balian again anticipates the partisan account of the events surrounding the defeat at Ḥaṭṭīn and the surrender of Jerusalem.[19]

It therefore appears that incorporated within the *Chronique d'Ernoul* is material drawn from an Ibelin-biased history that described the events leading up to the fall of Jerusalem in 1187 and extended back at least into the mid-1170s, if not further. How much of the material that is not directly concerned with the Ibelins' role in these events but is necessary to give the account coherence comes from this same source is more problematic. It is highly likely that among other things, it included an account of the activities of Renaud of Châtillon as lord of Outrejourdain, the description of the visit of Thoros of Armenia and the story of the patriarch Eraclius and his mistress.[20] On the basis of all this it is possible to construct a hypothesis – or rather a series of hypotheses – that give a date, shape and wider purpose for this lost account. But first there are two other points that need to be made.

Interspersed with the material in the first half of the *Chronique d'Ernoul* that can be attributed to Ernoul, there are passages that are self-evidently derived from other sources. Two strands in particular stand out. One centres on an interest in the history of the counts of Flanders and the Byzantine Empire which culminates in the accession of Count Baldwin IX of Flanders to the imperial throne in 1204. The connection is established almost at the beginning where it is explained that Sibylla, countess of Flanders, was the daughter of Fulk of Anjou (later king of Jerusalem) by his first marriage, and that it was her grandsons, Baldwin IX and his brother Henry, who were to become emperors.[21]

---

17 *Ernoul*, §§ xxv, xli–xlii, xlviii–lii; Bernard Hamilton, 'Women in the Crusader States: the Queens of Jerusalem (1100–1190)', in Derek Baker (ed.), *Medieval Women*, Studies in Church History. Subsidia 1 (Oxford, 1978), 143–174, at 166.
18 WT, 1013.
19 *Ernoul*, § l.
20 *Ernoul*, §§ xx–xxii (Thoros), xxiii, xlvi–xlvii, lxiii, lxxv–lxxvi, xcii–cv (Renaud), lxxvii–lxxxii (Eraclius).
21 *Ernoul*, §§ v, x–xi, cf. §§ xv–xvii.

A few pages later the author introduces a second element: that the political and moral bankruptcy of the Byzantine imperial dynasty, in particular Andronikos Komnenos, led to the Franks going to Constantinople and capturing it. The theme of Byzantine degeneracy and with it the idea, stated or implied, that that justified the Latin acquisition of the empire appear subsequently on a number of occasions before we reach the narrative of the Fourth Crusade itself.[22] There is much more that could be said on this narrative strand. To mention just two points: the interest in the Fourth Crusade may explain why William of Montferrat, the grandfather of the child king Baldwin V, who came to the East and was among those captured at Ḥaṭṭīn, is consistently and erroneously called Boniface – Boniface being his son who was famous as a leading figure on the Fourth Crusade;[23] and secondly, the interest in Flanders and its comital family stops abruptly with the Fourth Crusade; after 1204 all we have is a reference to Count Ferrand's involvement on the losing side at the Battle of Bouvines in 1214.[24]

Mention has already been made of other materials interwoven into the text that describe the sacred geography of the Holy Land. There are several passages on this theme including two substantial blocks of information, one surveying the places with biblical associations and the other giving a detailed and, for the historian, extremely valuable description of the topography of Jerusalem.[25] If we strip away the narrative that arguably originated with Ernoul along with the material that would appear to belong in the Flanders/Byzantium strand that prefigures the Fourth Crusade and the sections on the Christian topography, there is very little left, and much of that is of questionable historical value. An analysis of the *Chronique d'Ernoul* manuscript tradition seems to indicate that one significant passage was only added after the first version of that work was in circulation. In the build-up to the battle of Ḥaṭṭīn there is a story about a Saracen witch who enchanted the Christian army and who was apprehended

---

22   *Ernoul*, §§ lxxvii, lxxxiii–xci, cf. §§ cxxvii–cxxviii, clxix, ccx–ccxi. For the significance of this linkage, see Massimiliano Gaggero, 'Western Eyes on the Latin East: the *Chronique d'Ernoul et de Bernard le Trésorier* and Robert of Clari's *Conquête de Constantinople*', in Laura K. Morreale and Nicholas L. Paul (eds), *The French of Outremer: Communities and Communications in the Crusading Mediterranean* (New York, 2018), 86–109, at 89–91.

23   *Ernoul*, §§ xli, cxxvi–cxxvii, cxxx, clxvi.

24   *Ernoul*, §§ cccv–cccvi.

25   *Ernoul*, §§ liv–lxxiv, clxxii–clxxxiv. Also §§ xciii, cvi–cxv, cxxi–cxxiii. English translation in Denys Pringle, *Pilgrimage to Jerusalem and the Holy Land, 1187–1291* (Farnham, 2012), 135–163, see 29–34. See also Catherine Croizy-Naquet, 'Le description de Jérusalem dans La Chronqiue d'Ernoul', *Romania*, 115 (1997), 69–89; Florence Tanniou, 'Lieux bibliques et écriture historique dans la *Chronique d'Ernoul et de Bernard le Trésorier*', in Véronique Ferrer and Jean-René Valette (eds), *Écrire la Bible en Français au Moyen Âge et à la Renaissance* (Geneva, 2017), 609–624.

by some sergeants who then killed her. The author endorses this tale – 'Or ne tenés mie a fable de ceste vielle' – and then embarks on a moralizing version of the biblical story of Balaam and Balak to show that something similar was supposed to have happened long before and, at the same time, illustrate the idea that God punishes the sin of his people by withdrawing his support.[26] Looking at this passage in context, there can be little doubt that it is indeed an later addition and is out of keeping with the adjacent material; it could well have had its origins elsewhere than in any of the sources thus far identified.

So, to return to the date, shape and purposes of Ernoul's original lost work. We propose the following hypotheses: Ernoul wrote in French prose; he was possibly writing while the Third Crusade was still in progress and almost certainly before Balian of Ibelin's death, which apparently occurred during the second half of 1193 or the early part of 1194;[27] and, in telling of the events leading up to the surrender of Jerusalem in October 1187, he was providing an Ibelin perspective that both celebrated his master's achievements and sought to provide a corrective to the ideas and misunderstandings that he may have encountered among the participants in the Third Crusade. If these suggestions are correct, then Ernoul's original text was an exceptionally early example of a French vernacular prose history;[28] had it been a verse narrative, we might reasonably expect it to have left residual signs in the diction and vocabulary of the text in the form in which it survives.

In support of the early date of composition we offer four lines of argument. Admittedly, all four are open to criticism, and none of them, if taken in isolation, is wholly persuasive, but together they all point to the same conclusion. In other words, we have what lawyers call a 'cumulative case argument', and, in presenting it here, we are well aware that we are proposing a significantly earlier date for a French vernacular prose history than that by Geoffrey de Ville-

---

26   *Ernoul*, §§ clxii–clxiii. For further discussion, see 56–57.

27   There is no record of when Balian died. He witnessed all the surviving early charters issued by Henry of Champagne, invariably taking the first position in the witness list; it is assumed that his subsequent disappearance from Henry's charters is evidence for his death. However, uncertainties surrounding the dating of these charters make it impossible to pinpoint the moment of his disappearance with any certainty. *Die Urkunden de lateinischen Könige von Jerusalem*, ed. Hans Eberhard Mayer, 4 vols. (Hannover, 2010), nos. 568, 570, 572–573, 575. Of these, no. 573, which may date to February 1194, may record his last appearance. He is absent from no. 571 (January 1194) and all the charters issued after no. 576 (October 1194).

28   On the origins of this genre, although without considering *Ernoul*, see Gillette Labory, 'Les débuts de la chronique en français (XIIe et XIIIe siècles)', in Erik Kooper (ed.), *The Medieval Chronicle 3: Proceedings of the Third International Conference on the Medieval Chronicle* (Amsterdam, 2004), 1–26.

hardouin who was writing in the later part of the first decade of the thirteenth century and whose celebrated account of the Fourth Crusade is generally given pride of place. Even the earliest version of the *Chronique dite du Pseudo-Turpin*, a prose translation of a mid-twelfth-century Latin text, which is believed to be the earliest example of this genre, is dated slightly later, to 1195–1205.[29]

1. The only surviving work that seems to have made use of Ernoul's original account is an anonymous Latin text, the *Libellus de Expugnatione Terrae Sanctae per Saladinum*. The modern editors of this work, while admitting a degree of uncertainty, suggest that the main section of this work, which ends with the events of 1187, was written before or during the crusaders' siege of Acre (1189–1191). The author, a cleric, was present in Jerusalem during Ṣalāḥ al-Dīn's siege of 1187 and so was himself an independent eyewitness of at least some of the events described. The *Libellus* does not make extensive use of the material to be found in *Ernoul*, and, indeed, it contradicts it in places, but there are some notable parallels, enough to support the belief that the author of the *Libellus* had either read Ernoul's history, or had heard it read, but perhaps did not have a copy to hand when writing.[30] In short, if the *Libellus* is early, then Ernoul's original account was earlier still.

2. Secondly, there is internal evidence for suggesting an early date for the work. Ernoul's narrative records that when in July 1187, directly after Ḥaṭṭīn, Ṣalāḥ al-Dīn was approaching Tyre, Renaud lord of Sidon and the castellan of Tyre promised to surrender the city to him. It was at this point that Conrad of Montferrat arrived and took charge of the defence; Renaud and the castellan, evidently shamed by their pusillanimity, then fled.[31] We know, however, from other sources that by 1191 Renaud and Balian were working together in evident harmony as supporters of Conrad,[32] and that at some point, evidently in the 1190s, their relationship went still further when Renaud married Balian's daughter Helvis.[33] It might therefore be

---

29 Labory, 'Les débuts', 11–12. Three *Ernoul* manuscripts, *F16*, *F17* and *F20*, also contain a version of this work.

30 *Libellus*, 10–11, 36–50. See also James H. Kane, 'Wolf's hair, exposed digits and Muslim holy men: the *Libellus de Expugnatione Terrae Sanctae per Saladinum* and the *Conte* of Ernoul', *Viator* 47 (2016), 95–112.

31 *Ernoul*, §§ clxix–clxx.

32 Beginning in March 1191 they were both witnessing charters issued by Conrad of Montferrat in Tyre. *Die Urkunden der lateinischen Könige*, nos. 529, 530, 533.

33 Helvis's parents had married in 1177, and the *Lignages d'Outremer* indicate that she was their first child. If she was born ca. 1179, she would have been of an age to have been betrothed while Balian was still alive. Renaud and Helvis's son, Balian of Sidon, was old

INTRODUCTION: THE CHRONIQUE D'ERNOUL 15

  argued that Ernoul's decidedly hostile reference to Renaud in the context of the events of 1187 was written before their political association was renewed and before Renaud's betrothal to Balian's daughter.

3. Thirdly, there are *e nihilo* arguments that by their nature are wide open to criticism for their circularity. What we believe to be the authentic Ernoul material lacks allusions to later developments, and if the work had been composed significantly later, it would not have ended where it appears to have done. The treatment of Balian himself can be taken as an indication that he was still alive at the time of writing, for otherwise we might expect to find allusions to his death and perhaps to the activities of his heir, John lord of Beirut.

4. Finally, as proposed already, Ernoul's history was clearly designed as an *apologia* for Balian of Ibelin. That such an *apologia* was necessary is best understood in the light of the criticisms Balian apparently had to face from the western participants in the Third Crusade, and we consider that the way in which he constructed his narrative shows that Ernoul was deliberately setting out to explain to the crusaders from the West what, as he saw it, had really happened, and thereby to counter the criticism aimed at Balian. There would not have been much point in waiting until after the crusaders had returned to the West before embarking on such a project.

This need for an *apologia* requires further explanation. The crusaders would have been curious to know how it was that the Latin possessions in the East, and in particular Jerusalem itself, had been lost, and there is no doubt that a variety of rumours and accusations were in circulation. The official, clerical interpretation had emphasized sin, but that still left the specific causes of the disasters of 1187 open to all sorts of speculation. Ernoul highlighted the political divisions in the kingdom that precipitated the tactical error which resulted in the defeat at Ḥaṭṭīn, and he places the onus for these divisions on Guy of Lusignan and his circle whose seizure of power on the death of the child king, Baldwin V, in 1186 was the defining event. He also accepts sin as the explanation for the loss of Jerusalem, specifying that it was the sin of the clergy under the leadership of Patriarch Eraclius that was to blame, thus giving this familiar *topos* an anti-clerical twist.[34] Balian, on the other hand, as has been seen,

---

  enough to attend John of Brienne's coronation in 1210, an indication that he was born well before 1200. *Lignages d'Outremer*, ed. Marie-Adélaïde Nielen (Paris, 2003), 62, cf. 98; *Eracles*, § 220; Peter W. Edbury, *John of Ibelin and the Kingdom of Jerusalem* (Woodbridge, 1997), 10, 22, 25.

34 *Ernoul*, §§ lxxvii–lxxxii, xcviii.

could do no wrong. An accomplished warrior and military leader, he proved himself wise and persistent. It was a not a view that was universally accepted. The *Itinerarium Peregrinorum* has a vicious attack on Balian and his wife, Maria Komnene, apropos the divorce of Isabella and Humphrey of Toron in 1190,[35] and writing of the events of 1192 Ambroise, in a celebrated couplet, described Balian as 'more false than a goblin':

> Ço fud Belians d'Ibelin
> Qui iert plus faus de gobelin.[36]

The context was the accusation that Balian, together with Renaud of Sidon, had been negotiating with Ṣalāḥ al-Dīn behind Richard's back, which, expressed in more neutral terms, means that Conrad of Montferrat had been employing Balian to keep his own lines of communication with the sultan open. Both instances relate to events occurring well after the Ernoul material ends, but they are indicative of a strong measure of hostility towards Balian in the Anglo-Norman camp.

So far as the events of 1187 are concerned, it seems that there were two potential accusations in particular against Balian that Ernoul would have wanted to counter. One was that as a political ally of Raymond of Tripoli, he shared Raymond's guilt; Raymond had done his utmost to undermine Guy of Lusignan's authority and had consorted treasonably with Ṣalāḥ al-Dīn to the extent of allowing Muslim troops to join the garrison of Tiberias; he had then, like Raymond, fled the field of battle at Ḥaṭṭīn.[37] The other accusation arose from Balian's role as the chief negotiator in the surrender of Jerusalem in October

---

35 *Das Itinerarium peregrinorum: Eine zeitgenössische englische Chronik zum dritten Kreuzzug in urprünglicher Gestalt*, ed. Hans Eberhard Mayer (Stuttgart, 1962), 353–354.

36 *The History of the Holy War: Ambroise's Estoire de la Guerre Sainte*, eds Marianne Ailes and Malcolm Barber, 2 vols (Woodbridge, 2003), 1: 141, ll. 8688–8689.

37 These accusations are expressed most stridently by English writers: *The History of the Holy War*, 1: 39, 40–41, 42, ll. 2444–2450, 2502–2515, 2536–2549, 2618–2631; [Roger of Howden], *Gesta Regis Henrici Secundi Benedicti Abbatis*, ed. William Stubbs, Rolls Series 49, 2 vols (London, 1867), 1: 359–360, cf. 2: 20–21; *Das Itinerarium peregrinorum*, 254–257; Ralph of Diceto, *Ymagines historiarum* in *Radulfi de Diceto Decani Londiniensis Opera Historica*, ed. William Stubbs, Rolls Series 68, 2 vols (London, 1876), 2: 56; William of Newburgh, *Historia Rerum Anglicarum*, in *Chronicles of the Reigns of Stephen, Henry II and Richard I*, ed. Richard Howlett, Rolls Series 82, 4 vols (London, 1884–1889), 1: 256, 258. For similar accusations in German sources, see Graham A. Loud, *The Crusade of Frederick Barbarossa: The History of the expedition of the Emperor Frederick and Related Texts* (Farnham, 2010), 139, 174; *The Chronicle of Arnold of Lübeck*, trans. Graham A. Loud (Abingdon, 2019), 135–141.

1187. Although the popes and the authorized preachers of the crusade seem to have been careful to avoid saying so, it was widely held that it had been the sin of the inhabitants that had led directly to the fall of Jerusalem.[38] It was a short step from there to seeing Balian, the spokesman for these sinful citizens, as sharing in their culpability. The *Libellus de expugnatione*, which, apart from Ernoul, gives by far the most detailed account of the siege from the Christian standpoint, laments the fact that the city surrendered on terms.[39] The unstated implication is that the admittedly hard pressed defenders had surrendered too easily and should have been prepared to die in the defence of the Holy City, although whether the author, who tells us that he was in Jerusalem at the time, would really have preferred the siege to end in a bloodbath is unclear. Another issue was the fate of the inhabitants. Those who could not ransom themselves were to be enslaved. The Muslim sources speak of 15,000 or 16,000 people enslaved;[40] Ernoul put the figure at 11,000.[41] Presumably they were drawn from the poorest strata of society, and Balian, who had negotiated the terms, was open to the accusations that he had sacrificed the poor to rescue the better off. Admittedly, no source explicitly lays any of these charges against Balian; what is suggested here is that Ernoul's narrative was deliberately constructed in a way designed to counter such accusations and that reading his account in this light makes perfect sense.

Ernoul freely admits that Balian had been an ally of Raymond of Tripoli in opposition to Guy of Lusignan, and rightly so because Guy's seizure of power negated the succession arrangements drawn up by the dying Baldwin IV which all the leading figures in the kingdom had sworn to uphold.[42] Of course Raymond's continued refusal to accept Guy as king and his involvement with Ṣalāḥ al-Dīn were treasonable,[43] but Balian, who accepted that he had been outmanoeuvred by Guy's party and so did homage to Guy, distanced himself from Raymond and sought to effect a reconciliation.[44] There is no suggestion in the narrative that at this point Balian himself had had any dealings with Ṣalāḥ al-

---

38 Sylvia Schein, *Gateway to the Heavenly City: Crusader Jerusalem and the Catholic West (1099–1187)* (Aldershot, 2005), 172–175.
39 *Libellus*, 209–215.
40 *The Chronicle of Ibn al-Athīr for the Crusading Period from al-Kāmil fi'l-ta'rīkh*, trans. Donald S. Richards, 3 vols (Aldershot, 2006–2008), 2: 332–333 (16,000 out of an estimated population of 60,000); 'Imād al-Dīn al-Isfahānī, *Conquête de la Syrie et de la Palestine par Saladin*, trans. Henri Massé (Paris, 1972), 49–50 (15,000).
41 *Ernoul*, § cc.
42 *Ernoul*, §§ cxvii–cxix, cxxi, cxxiv–cxxv, cxxix–cxxxii.
43 *Ernoul*, §§ cxxxiii, cxliii–cxlv, cxlvii.
44 *Ernoul*, §§ cxxxv–cxli.

Dīn,[45] and, so we are given to understand, it was in large measure thanks to his mediation that in May 1187 Guy and Raymond were reconciled.[46] Far from being implicated in Raymond's treachery, Balian, on this showing, should take the credit for minimizing the damage.

At Ḥaṭṭīn Balian was in command of the rear guard, and the unstated implication is that he never reached the hill familiar to his historians as the 'Horns of Hattin' and so did not take part in what the hostile accounts saw as Raymond's flight.[47] The narrative of the surrender of Jerusalem then makes it clear that initially there was a series of engagements with the Muslims – this is confirmed by the Arabic sources[48] – but it soon became clear that the Muslims were going to break through the defences, and Balian was given the task of negotiating the surrender. The suggestion that the defenders should mount a suicidal attack on the Muslim camp was countered by the patriarch who pointed out that their wives and children would then be taken captive and forced to convert.[49] So Balian, from an exceptionally weak bargaining position, was able to beat down Ṣalāḥ al-Dīn's initial demand and secure reasonable ransom terms.[50] True there were still 11,000 who could not be ransomed, but Balian's offer that he and the patriarch should surrender themselves as hostages and so stand surety for them was rejected.[51] What then happened was that Ṣalāḥ al-Dīn implemented the terms of the surrender completely, thus proving that the faith that the people of Jerusalem had put in Balian was fully justified. Moreover, the behaviour of the Mulsim troops was exemplary.[52] Of course, the loss of Jerusalem was deplorable, but Balian's success in saving the majority of the population from death or enslavement was nevertheless extraordinary.

So where are these hypotheses leading? In 1187 Ernoul was described as a *varlet*, or, in one manuscript, a *serjant*. He is usually said to have been a squire, although strictly speaking *varlet* means 'youth' or 'servant'. Perhaps he

---

45   But note §§ clxvii, clxxi where Ṣalāḥ al-Dīn shows a readiness to let Balian return to Jerusalem and then allows his wife and children to leave despite Balian breaking his promise to him not to stay in the city. This might well imply pre-existing contacts between them. However, the rather 'cosy' relationship between Balian and Ṣalāḥ al-Dīn that our text portrays is called in question by the Abū Shāma's unconfirmed assertion that on Ṣalāḥ al-Dīn's death in 1193 his son presented one of Balian's daughters along with three other female slaves to the caliph of Baghdad. Eddé, *Saladin*, 301–302.
46   *Ernoul*, §§ cxli–cxlii, cxlviii–cliv.
47   *Ernoul*, §§ clxi, clxiv–clxv.
48   Ibn al-Athīr, 2: 330–331; 'Imād al-Dīn, 45–46.
49   *Ernoul*, §§ clxxxv–clxxxviii.
50   *Ernoul*, §§ cxc–cxcvi.
51   *Ernoul*, § cc.
52   *Ernoul*, §§ cxcviii–cciii.

was a young man from a knightly family, learning the craft of knighthood in the household of one of the great men of the kingdom. But in any case his youth might explain why his information on the sequence of events in 1185–1187 appears well-informed, even if heavily biased, while his earlier information, which probably relates to the years before his own personal engagement with politics, seems less dependable. Whether he was literate in the vernacular or, as the phrasing of his one appearance in the text – 'it was he who had this *conte* put into writing'[53] – suggests, dictated his narrative to an amanuensis is uncertain, but, according to our hypotheses, in his history he was concerned to explain the dynastic and political events that lay behind the catastrophe that was 1187, and, despite his bias, he attempted to do so without an excess of polemic.

But the problem remains: although, as we have shown, it is possible to create a coherent picture of what Ernoul may have written and what the date and purpose of his history may have been, there is no way of knowing how far the later author of the *Chronique d'Ernoul* – whoever it was who was responsible for the text that has been transmitted to posterity – altered his original narrative. Was Ernoul's *conte* 'repris presque intégralement'[54] by this later author? However much we might like to think so, in the last analysis that is a matter of wishful thinking.

2 Excursus: Sin and the Fall of Jerusalem

Papal propaganda for the Third Crusade had emphasized the theme of sin and God's punishment for sin as the explanation for the fall of Jerusalem, but in one place at least the text appears to be attempting to offer a more rational view. There can be no certainty that an episode that comes early in the *Chronique d'Ernoul* and which describes the visit of Thoros of Armenia originated with Ernoul. But in any case, it is revealing. The event purports to date to the 1160s, but arguably the whole thing is a fiction written after 1187 with the benefit of hindsight and designed to draw attention to the structural weaknesses in the kingdom.[55] The narrator points out that the territories ruled by the Christians

---

53 *Ernoul*, § cxlix: 'ce fu cil qui cest conte fist metre en escript'.
54 Catherine Croizy-Naquet, 'Deux représentations de la troisième croisade: l'*Estoire de la guerre sainte* et la *Chronique d'Ernoul et de Bernard le Trésorier*', *Cahiers de civilisation médiévale*, 44 (2001), 313–327, at 317.
55 *Ernoul*, §§ xx–xxii. See Peter W. Edbury, 'Thoros of Armenia and the Kingdom of Jerusalem', in Simon John and Nicholas Morton (eds), *Crusading and Warfare in the Middle Ages: Realities and Representations. Essays in Honour of John France* (Farnham, 2014),

were long and narrow, and the implication seems to be that it would not be difficult for a Muslim army to cut through the middle to the coast and then tackle the two halves in turn, as indeed happened in 1187. Thoros then drew attention to the large number of castles in the hands of the Military Orders – something that was more true in 1187 than it had been in the 1160s – and the few that were in royal hands: the implication being that for the king not to be in control of the majority of the castles was a source of weakness. He does not mention the fact that there were also a large number of castles in the hands of the nobility, but that may reflect the author's own political agenda. Thoros then addresses the problem of the significant number of Muslims living under Christian rule and their likely disloyalty in the event of a Muslim invasion – as indeed both Muslim and Christian writers tell us did happen in 1187.[56] So in commenting on the geography, the absence of centralized royal control of defence and the existence of what would now be called a 'fifth column', the author seems to be suggesting reasons for the collapse of the kingdom of Jerusalem that were in no way related to moral turpitude.

However, the story ends on a strongly anti-clerical note. Thoros had a solution to the threat posed by the Muslim population: the king should expel the Muslims, and Thoros would send 30,000 Christian Armenians to take over their lands; these people would be loyal and would contribute to the military might of the kingdom. The proposal foundered when the Latin bishops said they would insist on these Armenians paying tithes to the Latin Church, at which point Thoros demurred. So it was that a generous suggestion for improving defence – so generous in fact that it invites scepticism – came to nothing thanks to the greed of the Latin clergy. It is a story that should be set alongside a more celebrated anti-clerical episode, the account of Patriarch Eraclius and his mistress. Eraclius, who became patriarch of Jerusalem in 1180, is portrayed as an unworthy libertine. His election was tainted with corruption; he engineered the murder of Archbishop William of Tyre, and his moral failings were notorious. The upshot was that, thanks to his example, depravity was so rife that it was hard to find an honest woman in the whole of Jerusalem. No surprise therefore that Jesus, seeing the sin and filth in the city where He himself had shed His

---

181–190. For a contrary view, setting the episode in the context of the 1160s, see Gérard Dédéyan, 'Un projet de colonisation arménienne dans le royaume latin de Jérusalem sous Amaury 1er (1162–1174)', in Michel Balard and Alain Ducellier (eds), *Le partage du monde: échanges et colonisation dans la Méditerranée médiévale* (Paris, 1998), 101–140, at 115–133.

56 Benjamin Z. Kedar, 'The Subjected Muslims of the Frankish Levant', in James M. Powell (ed.), *Muslims under Latin Rule, 1100–1300* (Princeton, 1990), 135–174, at 155.

blood, cleansed Jerusalem of its inhabitants.[57] In other words Jerusalem did indeed fall to the Muslims as a result of sin, and it was the sin of the clergy that was responsible.

3 La Chronique d'Ernoul: *1187–1231*

The *Chronique d'Ernoul* survives in eight manuscripts dating from before 1500. They end variously in 1227, 1229 or 1231, and, although the 1231 manuscripts contain what has to be seen as a revised version of the text, all the recensions clearly postdate 1229. Thus they all mention the elevation of Jacques de Vitry to the cardinalate – this was in the summer of that year; they all allude to the Treaty of Paris which is normally seen as marking the end of the Albigensian Wars – again this is 1229; and they all have a description of the city of Jerusalem that is evidently copied from another source and which from internal evidence dates from after Frederick II's recovery of the Holy City, also in 1229.[58] On the other hand the 1231 version was probably completed not long after that date: two manuscripts, *F25* and *F26*, have colophons with the date 1232. The 1231 version ends on a positive note with John of Brienne taking up the reins of government in Constantinople, although in the event John's successes were of short duration.[59] Of course, it is one thing to try to pinpoint when the author finished writing: quite another to judge when he started, and it could well be that work was begun back in the mid-1220s.

It is noteworthy that for the events of the Fifth Crusade and from then on to where the work ends, the author's sympathies clearly lie with John of Brienne, the king of Jerusalem. In his account of the crusade he favoured John and was decidedly hostile to the papal legate, Pelagius.[60] Once the crusade is over, the narrative moves on swiftly to the marriage of John's daughter and heiress to the emperor, Frederick II. In the past royal heiresses in Jerusalem had married prominent western noblemen, but the marriage of Isabella of Brienne – Isabella II – in 1225 to the emperor ought to have been the most

---

57   *Ernoul*, § lxxxii.
58   *Ernoul*, §§ clxxviii (speaking of the Muslim occupation of Jerusalem in the past tense: 'quant elle estoit as Sarrazins'), ccxxvi (Treaty of Paris), cccix (Jacques de Vitry).
59   Guy Perry, *John of Brienne: King of Jerusalem, Emperor of Constantinople, c.1175–1237* (Cambridge, 2013), 156–177. For a discussion of the textual relationships, see below 43–48.
60   *Ernoul*, §§ cccxiii, cccxviii–cccxix, cccxxxvi–cccxxxi. See Peter W. Edbury, 'Ernoul, Eracles and the Fifth Crusade', in Elizabeth J. Mylod, Guy Perry, Thomas W. Smith and Jan Vandeburie (eds), *The Fifth Crusade in Context. The crusading movement in the early thirteenth century* (Abingdon, 2017), 163–174, at 170–171.

brilliant union ever to have involved a member of the Jerusalem dynasty. At least for the duration of the marriage, and possibly in perpetuity, it signalled the union of the crowns of the kingdom of Jerusalem and the western empire. It should have meant that the entire resources of the empire could now be made available to sustain the Frankish presence in the Holy Land, and it could well be that it was on this note of optimism, with the imperial marriage having taken place and the emperor setting about organizing his much delayed crusade, that our anonymous author began composing the *Chronique d'Ernoul*.

Having recounted the fortunes of the twelfth-century kingdom and provided a detailed account of the fall of Jerusalem in 1187, the author then traced the subsequent history down to his own time. He gave considerable attention to both the Fourth[61] and the Fifth Crusades,[62] intertwining this narrative quite skilfully with an account of Frederick's rise to power in Sicily and the empire, including his triumph over the adversity of his childhood, the defeat of his rival, Otto of Brunswick, his imperial coronation in 1220, and then his marriage. What is striking is that until we get to 1225 and the marriage, the narrator is generally sympathetic to Frederick. For example, so far as the Fifth Crusade is concerned, the narrator explains that, although it was the belief that Frederick was coming with a large army that stopped the crusaders concluding a deal with the Egyptians that would restore most, but not all, the former kingdom of Jerusalem to Christian rule, he is not blamed for his failure to set off. The author clearly accepted Frederick's contention that he was unable to come because he was fearful of the Muslim population of Sicily, the possible intervention on its behalf by the ruler of north Africa and the continued threat of noble disaffection in southern Italy.[63] But then, once the marriage has taken place, the mood changes: Frederick and John of Brienne fall out, and we now have accounts of how Frederick treated his empress, John's daughter, abominably; how he quarrelled with the pope; was excommunicated for not going on crusade; how his negotiations with the sultan al-Kāmil were devious, and how he persecuted the Templars and generally threw his weight around in the East, while John of Brienne, who had stayed in the West after his daughter's marriage, led an invasion of Frederick's lands in southern Italy at the behest of the pope, and then, at the very end of the 1231 version, went off to try to give much needed leadership to the ailing Latin Empire of Constantinople.[64]

---

61   *Ernoul*, §§ cclxv–cclxxv, cclxxxi–ccxcvi.
62   *Ernoul*, §§ cccviii–cccxxxi.
63   *Ernoul*, §§ cclxi–cclxiii, ccci–cccvi, cccxxii–cccxxv, cccxxxii.
64   *Ernoul*, §§ cccxxxii–cccxliv and Appendix 1 *passim*.

The simplest solution is to assume that the author began writing shortly after the imperial marriage in 1225, and that the abrupt change of tone is an indication of how far he had progressed when the news of Frederick's excommunication in 1227 reached him. For the period up to 1187 he had Ernoul's narrative and the other materials mentioned previously, but once he moved beyond 1187, the information at his disposal was much weaker; for some episodes of the Third Crusade such as Richard's conquest of Cyprus in 1191 or his campaigns in southern Palestine in 1191–1192, it is thin and inaccurate.[65] Elsewhere we become conscious that we are treading a fine line between a faithful record of things past and romance. Little anecdotes – the Green Knight, the John Gale story, of which other versions exist, the story of Henry of Champagne and the Assassins – suggest that we are on the cusp between fiction and reality.[66] Other episodes, such as the beginnings of the dispute between the princes of Antioch and successive rulers of Cilician Armenia, need to be re-appraised in the light of this perceived weakness.[67]

So what we have is an anonymous author writing in the late 1220s and early 1230s who wanted to explain how Jerusalem was lost and how, despite all the efforts that were expended, it was not recovered until 1229; he also wanted to explain why the Latins conquered Constantinople, and how that venture was to prove so vulnerable that John of Brienne was sent to try to turn things round; and he wanted to explain how Frederick had overcome the problems of his childhood and his inheritance and come, thanks to both his position of power and his 1225 marriage to the heiress of Jerusalem, to be seen as the great hope for the future. And he did all this well, or, at least, he would have done so were it not for what happened next. The initial optimism in 1225 was dashed, and

---

65   *Ernoul*, §§ ccxxviii–ccxxxi, ccxxxvi–ccxxxviii.
66   *Ernoul*, §§ ccvi, ccxvi (Green Knight), ccxxviii (John Gale), cclx (Assassins). For the Green Knight, Edbury, 'Conrad versus Saladin', 242–247; Ovidiu Cristea, 'Le Chevalier Vert: histoire et fiction dans la *Chronique* d'Ernoul et de Bernard le Trésorier', in Catalina Girbea, Laurent Hablot and Raluca Radulescu (eds), *Marqueurs d'identité dans la littérature médiévale: mettre en signe l'individu et la famille (XIIe–XVe siècles)* (Turnout, 2014), 269–277. For John Gale, Helen Nicholson, *Templars, Hospitallers and Teutonic Knights: Images of the Military Orders, 1128–1291* (Leicester, 1993), 83–84; Jean Richard, 'The adventure of John Gale, Knight of Tyre', in Peter Edbury and Jonathan Phillips (eds), *The Experience of Crusading 2: Defining the Crusader Kingdom* (Cambridge, 2003), 189–195. For the Assassins, Farhad Daftary, *The Assassin Legends: Myths of the Isma'ilis* (London, 1994), 74, 105–107; Catherine Croizy-Naquet, 'Légende ou histoire? Les assassins dans l'*Estoire de la guerre sainte* d'Ambroise et dans la *Chronique d'Ernoul et de Bernard le Trésorier*', *Le Moyen Âge*, 117 (2011), 237–257, at 246.
67   *Ernoul*, §§ cclvii–cclviii.

the author had to change tack: Frederick passes from being the great hope of Christendom to being a pariah who had quarrelled with the pope, with John of Brienne and with the Templars.[68]

4 Ernoul, Bernard the Treasurer and the Corbie Connection

Ernoul has become inextricably linked with this history, and, although he himself may not have been responsible for more than a comparatively small proportion of it, it has not been thought possible to avoid using his name in the title of our edition. The legacy of earlier scholarship also means that two other named individuals, Arneis of Jubayl and Bernard the Treasurer, now demand consideration as well.

It was Louis de Mas Latrie writing in 1852 who first proposed that Arneis of Jubayl (or Gibelet), a leading vassal of King Henry I of Cyprus, should be identified as Ernoul, the author of the text with which his name is associated.[69] Arneis was a frequent witness to royal charters issued in Cyprus between 1220 and 1239; he was noted as a lawyer who became *bailli* of the *secrète*, and his role as a follower of John of Ibelin lord of Beirut in the war against the partisans of Frederick II was duly noted by both Philip of Novara and the *Colbert-Fontainebleau Continuation*.[70] Supposing he was born about 1170, Ernoul, the youthful follower of Balian of Ibelin in 1187, could, so the theory goes, have been one and the same as the senior vassal in Cyprus in the 1230s who was a supporter of Balian's son. Writing in 1973, Ruth Morgan endorsed Mas Latrie's theory,[71] and the identification has been repeated from time to time in more recent discussions. The evidence for this theory is at best circumstantial, but what totally invalidates it is that the names 'Ernoul' (or 'Ernous') and 'Arneis' (or 'Herneis') are simply not the same. 'Ernoul' is surely a variant of 'Arnoul', the Latin 'Arnaldus', whereas Arneis of Jubayl usually appears in the witness

---

68   Peter Edbury, 'Sultan al-Kāmil, the Emperor Frederick II and the Surrender of Jerusalem as presented by the anonymous *Chronique d'Ernoul*', in Peter Edbury, Denys Pringle and Balázs Major (eds), *Bridge of Civilizations: The Near East and Europe c. 1100–1300* (Oxford, 2019), 297–301.

69   Louis de Mas Latrie, *Histoire de l'île Chypre sous le règne des princes de la maison de Lusignan*, 3 vols (Paris, 1852–1861), 2: 56 n. 7. He amplified this identification in his edition of the *Chronique d'Ernoul*, 501–503.

70   For references to his career, see the prosopographical catalogue in Philip of Novara, *Le Livre de Forme de Plait*, ed. and trans. Peter W. Edbury (Nicosia, 2009), 326–327.

71   Morgan, *The Chronicle of Ernoul*, 44–46.

lists to the Latin-language charters as 'Arneisius' or 'Arnesius'.[72] 'Arnaldus' was a comparatively common name; 'Arnesius' (otherwise 'Ernesius') is less common, but it was the name of the archbishop of Caesarea from 1160 to 1175, and there is evidence that Arneis's father, Renier of Jubayl, may have been living in Caesarea at that time.[73]

Bernard the Treasurer is more problematic. His name appears in the colophon of two of the manuscripts used in this edition: Paris: Bibliothèque de l'Arsenal ms. 4797 (= *F26*) and Bern: Burgerbibliothek ms. 340 (= *F25*):

> Explicit liber. Ceste conte de la Terre d'Outre Mer fist faire le tresoriers Bernars de Saint Pierre de Corbie. En la carnacion millesimo CC. XXXII.[74]

Both these manuscripts were copied in north-eastern Italy, and *F25* is almost certainly a *descriptus* – a direct copy – of *F26*.[75]

Bernard is also mentioned on several occasions in the fourteenth-century *Chronicon* by the Bolognese author, Francesco Pipino. This work survives in a single manuscript, now in Modena,[76] and substantial extracts from it were published in the eighteenth century by Lodovico Antonio Muratori in volumes seven and nine of his celebrated *Rerum italicarum scriptores*.[77] It is immediately clear that, especially in books XXII, XXIII, XXV and XXVI of his *Chronicon*, Pipino made considerable use of the *Chronique d'Ernoul*, producing what is in effect a Latin paraphrase of most of the information it contains.

Muratori misleadingly entitled the material in volume seven, 'Bernardi Thesaurarii liber de acquisitione Terrae Sanctae'. In fact the narrative in this volume consists of the whole of Book XXV of the *Chronicon* and comprises Pipino's adaptation of the account of the acquisition of the Holy Land in the First Crusade and the years that followed from the French translation of William of Tyre

---

72 See for example, *The Cartulary of the Cathedral of Holy Wisdom of Nicosia*, eds Nicholas Coureas and Christopher Schabel (Nicosia, 1997), nos. 41, 53–55, 59, 61.

73 For Renier, see the prosopographical catalogue in Philip of Novara, *Le Livre de Forme du Plait*, 334.

74 *F26* f. 128[ra]; *F25* f. 128[rb]. (*F25* has minor variant readings. See Appendix 1 n. 6.)

75 Gaggero, 'Identification de deux manuscrits italiens', 296–309; *idem*, 'Western Eyes on the Latin East', 99.

76 *Chronicon ab origine regni francorum ad annum 1314*. Modena: Biblioteca Estense-Universitaria, lat. 465. Digital version at http://bibliotecaestense.beniculturali.it/info/img/mss/i-mo-beu-alfa.x.1.5.pdf (accessed 17.03.2023).

77 25 vols (Milan, 1723–1738), 7: 663–848, 9: 581–752. Gaggero ('Identification de deux manuscrits italiens', 294) also draws attention to a mention of Bernard in Matteo Maria Boiardo's fifteenth-century translation of a lost part of Riccobaldo da Ferrara's *Historia imperiale*.

followed by an account of the history of Latin East to 1230 as found in the *Chronique d'Ernoul* together with some material from other sources.[78] Pipino began utilizing *Ernoul* from a point early in the text, including, for example, the story of Louis VII's encounter with Roger of Sicily on his way home from the Second Crusade.[79] Shortly before the conclusion of his book XXV, he wrote:

> Interim Dux Austriae inter Papam et Imperatorem pacem composuit, et sic tunc imminens cessavit quassatio. Haec de gestis Regis Johannis sumta sunt ex Historia Bernardi Thesaurarii. Qualis autem fuerit exitus non inveni, vel quod Historiam non compleverit, vel quod Codex, unde sumsi, fuit imperfectus.[80]

The reference to the duke of Austria concerns his diplomatic role in restoring relations between Pope Gregory IX and the Frederick II in 1230, an episode that is only to be found in the second recension manuscripts which conclude with the events of 1231.[81] In books XXIII and XXVI Pipino made three other references to Bernard the Treasurer, all of which are in the sections published by Muratori in the ninth volume of the *Rerum italicarum scriptores*:

> Haec habentur ex Historia acquisitionis Terrae-Sanctae, quam scripsit Bernardus Thesaurarius.
>   … scribit Bernardus Thesaurarius in Libro acquisitionis et perditionis Terre-Sanctae.
>   Haec ex Historia de Passagio ultramarino traducta sunt, quam composuit Bernardus Thesaurarius.[82]

These statements refer respectively to the account in the *Chronique d'Ernoul* of the deaths of Tancred and his son (1194); the death of Henry VI (1197) and the

---

78 Biblioteca Estense-Universitaria, lat. 465, f. 118ra–f. 156rb. See Francesco Bruno, '«De vulgari in latinam linguam convertit»: prime note sulla tradizione/traduzione di fonti francesi nel libro XXV del *Chronicon* di Francesco Pipino', in Antonio Pioletti (ed.), *Forme letterarie del Medioevo romanzo: testo, interpretazione e storia* (Atti dell'XI congresso della Società Italiana di Filologia Romanza, Catania, 22–26 settembre 2015) (Soveria Mannelli, 2016), 103–120.
79 *Ernoul*, §§ VI–VII; Biblioteca Estense-Universitaria, lat. 465, f. 139rb (= *Rerum italicarum scriptores*, 7: 766–767).
80 Biblioteca Estense-Universitaria, lat. 465, f. 155rb (= *Rerum italicarum scriptores*, 7: 846).
81 Appendix 1.
82 Respectively Biblioteca Estense-Universitaria, lat. 465, f. 102ra, f. 102va, f. 157va (= *Rerum italicarum scriptores*, 9:630, 632, 650).

accession of his son Frederick II together with the story of the demise of Walter III of Brienne (1205); and, once more, the peace between the pope and the emperor brokered by the duke of Austria (1230).[83]

Before assessing the significance of these references, we need first to examine the colophons. The Benedictine abbey of St Peter at Corbie near Amiens was a Merovingian foundation that had become a major centre of learning. The first problem is that historians know of no other source mentioning a monk named Bernard who held the office of treasurer, and this has led to a certain amount of fruitless speculation about his identity.[84] But what role did he play? One possibility is that he was the figure we have referred to several times as the 'anonymous author', the man who was responsible for the entire text and who incorporated into his own writings the earlier narrative by Ernoul and other materials. In recent years this view has apparently been adopted by, for example, Pierre-Vincent Claverie and Catherine Croizy-Naquet.[85] A second possibility is the idea proposed by Louis de Mas Latrie and accepted by Ruth Morgan that Bernard wrote only the material relating to the years 1227–1231 beginning with the words, 'Li empereres envoia messages al soudan …'. In other words, he continued the narrative from the point part way through § cccxxxvi. where two of the manuscripts, F16 and F17, break off.[86]

A completely different approach demands that we focus on the phrase 'fist faire' – 'had made' – in the colophon. Taking this phrase at face value means rejecting any notion that Bernard was the author of all or part of the text and instead casts him as a patron. But that still leaves his role uncertain. The phrase could be construed to mean that he had commissioned the composition of the whole work, or it might mean that he had commissioned a manuscript copy to be made that was the ancestor of the two that bear his name.

---

83   *Ernoul*, §§ ccxlv–ccxlvi, cclxi–cclxiii, Appendix 1.
84   Gaggero, 'Western Eyes on the Latin East', 101.
85   Pierre-Vincent Claverie, 'L'image de l'Islam dans les traductions vernaculaires de Guillaume de Tyr', in Kristof D'hulster and Jo Van Steenbergen (eds), *Continuity and change in the realms of Islam: Studies in honour of Professor Urbain Vermeulen* (= Orientalia Lovaniensia Analecta 171) (Leuven, 2008), 117–134, at 120–121; Croizy-Naquet, 'Le description de Jérusalem dans *La Chronique d'Ernoul*', 69; *eadem*, 'Deux représentations de la troisième croisade', 315, 317. Elsewhere Catherine Croizy-Naquet has expressed the belief that Bernard wrote only the concluding section: 'Y a-t-il une représentation de l'Orient dans la *Chronique d'Ernoul et de Bernard le trésorier?*', *Cahiers de recherches médiévales et humanistes*, 8 (2001), https://journals.openedition.org/crm/412#ftn1 (accessed 16.03.2023), opening paragraph.
86   *Chronique d'Ernoul*, 508–509, 513–515; Morgan, *The Chronicle of Ernoul*, 54–58. Three of the remaining six manuscripts (F18, F19 and F20) end with the events of 1229. The others, F24, F25 and F26, take the narrative through to 1231 (Appendix 1).

So do the references to Bernard in Pipino's *Chronicon* help resolve these issues? Pipino evidently believed that Bernard was the author of the entire history. The simplest answer to understanding why he should have thought that is that he had at his disposal a manuscript which, like *F25* and *F26*, named him in the colophon and that he understood the colophon to mean that he was author. Now that it is known that these two manuscripts were copied in north-eastern Italy – they are indeed the only two for which an Italian provenance can be demonstrated – the case for arguing that Pipino was using a closely related text becomes strong. He certainly had a manuscript that extended beyond the point at which the majority of the surviving copies end – only three, *F25*, *F26* plus *F24*, have the story of the duke of Austria effecting a reconciliation between the pope and the emperor – and an analysis of his Latin seems to confirm that his version of the text was close to the two that preserve Bernard's name. To give just one example: writing of the situation in Damascus following the death of the sultan al-Muʿaẓẓam ʿĪsā ('Li Coradix': Pipino's 'Conradinus') in 1227, Pipino, in common with *F24*, *F25* and *F26*, but not the other manuscripts, specifies that the Christian regent for his son was a Spaniard.[87]

However, the passage mentioning Bernard near the end of the Pipino's book XXV might seem to cast doubt on this view. It appears at first sight to be a complaint that the manuscript is incomplete ('imperfectus'), and that might be thought to imply that the account of the papal-imperial reconciliation is where it breaks off. Of course, if the manuscript was mutilated at the end, it would necessarily lack the colophon. This problem clearly worried Morgan,[88] although, in our view, needlessly. What follows in the extant manuscripts of the *Chronique d'Ernoul* is the final episode: John of Brienne's arrival in Constantinople and the beginning of his rule as co-emperor with his son-in-law, Baldwin II. It is introduced with the words: 'Or vos lairons a parler de le terre de Jherusalem tant que poins et eure en sera; si vos dirons de Constantinoble'. But the promise was not fulfilled; the author did not go on to resume the history of the Latin kingdom, and so Pipino would have had good reason to think that the manuscript in his possession was indeed incomplete.[89] But the text at his disposal did include the story of John of Brienne becoming Latin emperor as is clear from his book XXII where he summarized the material to be found in *Ernoul* outlining Byzantine history from the time of Andronikos Komnenos through the Fourth Crusade and ending, like *Ernoul*, with John's accession to

---

87   *Ernoul*, § cccxxxvi n. 474; *Rerum italicarum scriptores*, 7:846.
88   Morgan, *The Chronicle of Ernoul*, 51–54.
89   Appendix 1 at n. 2.

the imperial throne.[90] In short, Pipino's manuscript closely resembled the two Italian-provenanced manuscripts, *F25* and *F26*, and there can no serious doubt that like them it possessed a colophon which named Bernard the Treasurer.

If, as seems likely, Pipino only knew of Bernard the Treasurer from a colophon that that was identical to the one found in *F25* and *F26*, we can conclude that his attribution of the authorship of the entire text to him was simply the result of a careless reading on his part. The alternative, which is to assume that he had other evidence for his belief that Bernard was the author, takes us too far into the realm of speculation. We are therefore inclined to deny any further significance to the evidence of his *Chronicon*. But rejecting Pipino's view that Bernard was the author brings us back to the idea that he was instead the patron. But could a Benedictine monk in about 1230 have commissioned a vernacular history? Quite plausibly. Thirty years later, in 1262, it was the almoner of Corbie, Pierron de Besons, who commissioned the monk Jean de Flixecourt to write his *Roman de Troie*. This is the only other recorded example from the thirteenth century of a monk commissioning a French-language history on a largely secular subject, and it comes from this same abbey.[91]

While it is not possible to demonstrate conclusively that Bernard the Treasurer commissioned the *Chronique d'Ernoul*, this idea does seem on balance to be most likely. What is undoubtedly true is that there are various pointers in the *Chronique* that associate it with Corbie. The colophons discussed above provide an obvious connection, however they are to be interpreted. There is also an interest in the seigneurial Boves family, *avoués* of the abbey. Robert I came to the East with Count Philip of Flanders in the 1170s; Robert's sons, Enguerrand and Robert II were both involved in the Fourth Crusade, and another son, Hugh, later appears as a military commanders in the service of King John of

---

[90] Biblioteca Estense-Universitaria, lat. 465, f. 97ra–f. 99va (= *Rerum italicarum scriptores*, 9: 613–624).

[91] Diana B. Tyson, 'Patronage of French Vernacular History writers in the Twelfth and Thirteenth Centuries', *Romania*, 100 (1979), 180–222, at 208, 219–220; Françoise Vielliard, 'Le manuscrit avant l'auteur: diffusion et conservation de la littérature médiévale en ancien français (XIIe–XIIIe siècles)', *Travaux de Littérature*, 11 (1998), 39–53, at 46; *eadem*, 'La traduction du *De excidio Troiae* de Darès le Phrygien par Jean de Flixecourt', in Peter Rolfe Monks and Douglas D.R. Owen (eds), *Medieval Codicology, Iconography, Literature, and Translation: Studies for Keith Val Sinclair* (Leiden, 1994) 284–295; Julie Métois, 'La traduction du *De excidio Troiae* de Darès le Phrygien et ses liens avec le roman de Troie (Deux exemples du XIIIe s.)', in Eugenio Amato, Élisabeth Gaucher-Rémond, Giampiero Scafoglio (eds), *La légende de Troie de l'Antiquité Tardive au Moyen Âge. Variations, innovations, modifications et réécritures*: *Atlantide*, 2 (2014). http://atlantide.univ-nantes.fr/La-traduction-du-De-excidio-Troiae (accessed 16.03.2023).

England.[92] At the start of the Fourth Crusade the *Chronique d'Ernoul* places the tournament at which the leaders took the Cross 'entre Brai et Encre', in other words between Bray-sur-Somme and the River Ancre, a short distance to the east of Corbie. Villehardouin, by contrast, locates the tournament somewhere completely different, at Écry-sur-Aisne (the present day Asfeld) about 20 km north of Reims.[93] The author of the *Chronique d'Ernoul* and Robert de Clari, another author associated with Corbie, are then the only two authors to claim that an essential meeting in which the crusaders negotiated the terms of their passage with the Venetians took place at the abbey.[94]

92 *Ernoul*, §§ xxv, xxxvii, cclxvi, cclxxiii–cclxxiv, cclxxx, cccv cccvi. § cclxvi speaks of Enguerrand and his three brothers. See Gaggero, 'Western Eyes on the Latin East', 93.
93 *Ernoul*, § cclxv. Geoffroy de Villehardouin, *La Conquête de Constantinople*, ed. Edmond Faral, 2 vols. (Paris, 1938–1939), § 3.
94 *Ernoul*, § cclxvii, cf § cclxxxvi. For Robert de Clari and other parallels in his history with the *Chronique d'Ernoul*, see Gaggero, 'Western Eyes on the Latin East', 86–99.

Introduction: The Manuscripts

In preparing this edition we have used the eight extant manuscripts of the *Chronique d'Ernoul* plus two of the *Eracles* manuscripts: London: British Library, Henry Yates Thompson ms. 12 (*F38*) and Paris: Bibliothèque nationale ms. fr. 9086 (*F50*).[1] We have chosen the Brussels: Bibliothèque royale ms. 11142 (*F18*) as our base manuscript.

F18, in common with *F19* and *F20*, ends with the events of 1229. Three other manuscripts, *F24*, *F25*, *F26*, continue the narrative as far as 1231, and this concluding section, also utilizing the material present in *F38* and *F50*, is edited below as Appendix 1. Four manuscripts, *F18*, *F19*, *F25*, *F26*, contain a summary history of the Latin East ending in the 1160s, and, although it does not appear to have been composed by the author of the *Chronique d'Ernoul*, we have included it here as Appendix 2.[2] The text of the *Chronique d'Ernoul* in *F24* contains a number of unique passages, and these are edited as Appendix 3. Finally, two manuscripts, *F25* and *F26*, preface the narrative with a series of chapter headings, although, except for the second,[3] there is no indication in the text itself of their position. These are edited as Appendix 4.

1 The Manuscripts

1.1 Brussels: Bibliothèque royale ms. 11142 (F18)[4]

This is the sole manuscript to have been illustrated by an extended set of miniature panels, fifty-seven in total. All appear to have been the work of a single artist working in Flanders, and a date in the range 1325–1335 has been proposed.[5] The text of the *Chronique d'Ernoul* ends with the return of the emperor Frederick II to Italy in 1229 and is followed by the summary of the history of the Latin East that is also to be found in three other manuscripts. It is the only manuscript to have these texts and nothing else.

---

1 We are ignoring the two eighteenth-century copies of *F24* signalled by Folda, 'Manuscripts of the *History of Outremer*', nos. 27 and 28.
2 Previously published by Mas Latrie as pp. 1–4 of his edition.
3 *Ernoul*, § i n. 4.
4 Mas Latrie MS 'C'.
5 Harry Bober, 'Flemish Miniatures from the atelier of Jean de Grise: ms. 11142 of the Bibliothèque royale de Belgique', *Revue belge d'archéologie et d'histoire de l'art*, 17 (1947/1948), 15–21.

At the end, on the *feuille de garde*, we read: 'C'est Livre de aucun Cronicqueur de Jherusalem et de la Conqueste de la Terre Sainte ou il y a LXI histoires, lequel est a Monseigneur Charles de Croy, comte de Chimay', followed by his signature: 'Charles'. This would be Charles I count of Croy, who inherited the county in 1482 and died in 1527. In 1486 Croy was raised to the status of a principality, and so the notice presumably belongs to the years 1482–1486. Several manuscripts collected by this family are known.[6] Inside the front cover is an ex-libris with the arms of Marie of Hungary (1505–1558), widow of Louis II of Hungary (died 1526) and regent of the Netherlands for her brother Charles V (1531–1555).

1.1.1   Contents

The *Chronique d'Ernoul*: f. 1^r–f. 128^r
Summary History of the Latin East (= Appendix 2): f. 128^{r-v}

1.1.2   Bibliography

ML, xxxvii–xxxviii.

Camille Gaspar and Fréderic Lyna, *Les principaux manuscrits à peinture de la Bibliothèque royale de Belgique*, 2 vols (Paris, 1937–1945), 1: 244–247 no. 102.

Harry Bober, 'Flemish Miniatures from the atelier of Jean de Grise: ms. 11142 of the Bibliothèque royale de Belgique', *Revue belge d'archéologie et d'histoire de l'art*, 17 (1947/1948), 15–21.

Dominique Vanwijnsberghe, *De Fin Or et d'Azur: les commanditaires de livres et le metier de l'enluminaire à Tournai à la fin de Moyen Âge (xive–xve siècles)* (Leuven, 2001). B/W reproduction of f. 1^r (= §i) as fig. 31, p. 350; of f. 73 (= §ccxxiv) as fig. 32, p. 351; and of the miniature panel at f. 121^v (= §cccxxv) as fig. 34, p. 352.

1.1.3   Description

128 folios in 2 columns
Page: 294 × 200 mm
Justification 207 × 153 mm (30 lines written below top line, interlinear space 7 mm)

---

6   Robert-F. Cook and Larry-S. Crist, *Le deuxième cycle de la croisade: deux études sur son développement* (Geneva, 1972), 169–170. Peter G. Bietenholz and Thomas B. Deutscher (eds), *Contemporaries of Erasmus: A Biographical Register of the Renaissance and Reformation*, 3 vols. (Toronto, 1985–1987) 1: 363–364.

INTRODUCTION: THE MANUSCRIPTS 33

Two hands: f. 1–f. 110va and f. 110va–f. 128^v. The change is in the middle of a folio (and in mid-sentence), an indication that both scribes were working for the same workshop.
Binding: Modern

1.2 Bern: Burgerbibliothek ms. 41 (F16)[7]

The text of the *Chronique d'Ernoul* ends with the excommunication of Frederick II in 1227 when he failed to set sail on his crusade. The copyist clearly assumed his text to be complete because he then added a coda which reads:

> Ici fenist li livre de Julicesar
> et l'Olympyade. Et le livre
> des rois. Et l'estoire de la Terre
> d'Outremer. Qui molt plest
> a escouter, car molt i a de
> bons moz. Amen

The manuscript has two versions of the French royal genealogy, both of which end in the 1240s. The second has the date 1248, and this encouraged Walpole to suggest that the manuscript was written shortly after 1250.[8] That is possible, although a later copyist would not necessarily update the information at his disposal. Nevertheless, there can be no doubt that it was copied in northern France at some point in the second half of the thirteenth century. A number of folios are missing from the start of the codex.

In common with the other manuscripts in the Burgerbibliothek at Bern used here (*F17*, *F24* and *F25*), F16 was part of the collection amassed by Jacques Bongars (1554–1612). Bongars bequeathed his collection to René Gravissets, and René's son, Jakob, presented it to the Burgerbibliothek in 1632.

1.2.1 Contents

Ending of an incomplete copy of 'Les sept sages de Rome' (prose version):[9] f. 1^r–f. 3^v
Pierre de Beauvais, 'Les Olympiades':[10] f. 3^v (also in *F20* and *F24*)

---

7   Mas Latrie MS 'D'.
8   Ronald N. Walpole, *The Old French Johannes Translation of the* Pseudo-Turpin Chronicle*: A Critical Edition*, 2 vols (Berkeley, Los Angeles and London), 2: 396.
9   For a description with references to published versions of this text, see Walpole, *The Old French Johannes Translation*, 2: 395–396.
10 Max L. Berkey, 'Pierre de Beauvais' *Olympiade*: a mediaeval Outline-History', *Speculum*, 41 (1966), 505–515.

Genealogies of the kings of France: f. 3ᵛ–f. 4ʳ (similar versions in *F17* and *F20*)
Pseudo-Turpin:[11] f. 4ʳ–f. 14ᵛ (similar versions in *F17* and *F20*)
Fragment of biblical history:[12] f. 15ʳ
French version of the *Narratio patriarcae*:[13] f. 15ʳ–f. 17ʳ
The *Chronique d'Ernoul*: f. 17ʳ–f. 67ᵛ (ending part way through § cccxxxvi)

1.2.2 Bibliography

Jean-Rodolphe Sinner, *Catalogus codicum manuscriptorum bibliothecae Bernensis*, 3 vols (Bern, 1760–1772), 2: 53, 343–344.

ML, xxxviii–xxxix.

Hermannus Hagen, *Catalogus Codicum Bernensium (Bibliotheca Bongarsiana)* (Bern, 1875), 45–46.

Ronald N. Walpole, *The Old French Johannes Translation of the* Pseudo-Turpin Chronicle*: A Critical Edition*, 2 vols (Berkeley, Los Angeles and London), 1: 6, 77–83; 2: 395–406.

1.2.3 Description

68 folios in 3 columns. (An older foliation commencing at xl suggest that 39 folios are missing from the start of this manuscript.)
Page: 372 × 268 mm
Justification 275 × 193 mm (50 lines written below top line, interlinear space 6 mm)
One hand

1.3 Bern: Burgerbibliothek ms. 115 (F17)[14]

Another manuscript that appears to date from the second half of the thirteenth century. The royal genealogy at f. 86ᵛ seems to indicate that Louis IX was still king. Like *F16*, the text of the *Chronique d'Ernoul* ends with the excommunication of Frederick II in 1227.

Towards the end of the sixteenth century this manuscript had belonged to Charles Dupuy before being acquired by Bongars.[15]

---

11 Edited in Walpole, *The Old French Johannes Translation*.
12 Edited in Walpole, *The Old French Johannes Translation*, 2: 397 n. 266.
13 Also in *F20*, *F24*, *F25* and *F26*. See Jean Donnadieu, '*Narratio patriarcae*. Origine et fortune d'un récit sur le Proche-Orient musulman vers 1200', *Le Moyen Âge*, 124 (2018), 283–305, at 298, 301.
14 Not used by Mas Latrie, although he does mention it in his introduction (xl) as having been described in Sinner, *Catalogus codicum*, 3: 526.
15 Walpole, *The Old French Johannes Translation*, 2: 215.

1.3.1 Contents

The *Chronique d'Ernoul*: f. 1ʳ–f. 70ᵛ (ending part way through § cccxxxvi) (f. 71 blank)
Pseudo-Turpin:[16] f. 73ʳ–f. 86ᵛ
Genealogy of the kings of France: f. 86ᵛ

1.3.2 Bibliography

Sinner, *Catalogus codicum*, 3: 526–528.
Hagen, *Catalogus Codicum Bernensium*, 172.
Walpole, *The Old French Johannes Translation*, 1: 4, 62–66; 2: 211–224.

1.3.3 Description

86 folios in two columns
Page: 343 × 245 mm
Justification 245/250 × 175 mm (40 lines written below top line, interlinear space 6 mm)
One hand

1.4 Paris: Bibliothèque nationale ms. fr. 781 (F19)[17]

This manuscript is evidently of northern French provenance from about 1300. The text of the *Chronique d'Ernoul* ends in the same place as that in *F18* with the events of 1229. It is preceded by the only known medieval copy of a version of the *Chevalier au Cygne*. The first page of each of the major items in this manuscript (and also f. 100ʳ) has a historiated initial and marginal decorations that could perhaps be attributed to Pierre de Raimbaucourt.[18]

In the eighteenth century it belonged to Jean-Pierre-Imbert Châtre de Cangé (d. 1746) before passing to the royal collection in 1733.

1.4.1 Contents

Prose version of the *Chevalier au Cygne et Godefroid de Bouillon*:[19] f. 1–f. 60ᵛ
The *Chronique d'Ernoul*: f. 63ʳ–f. 147ʳ
Summary History of the Latin East (= Appendix 2): f. 147ᵛ–f. 148ʳ

---

16   Edited in Walpole, *The Old French Johannes Translation*.
17   Mas Latrie MS 'E'. On line at: https://gallica.bnf.fr/ark:/12148/btv1b9058124x.r=fr%20781.
18   Alison Stones, *Gothic Manuscripts 1260–1320: A Survey of Manuscripts Illuminated in France*, 4 vols (Turnhout, 2013–2014), 1 part i: 62. Thanks are due to Richard Leson for drawing our attention to this reference and for his advice.
19   Edited as *Godefroi de Buillon*, ed. Jan Boyd Roberts, The Old French Crusade Cycle, 10 (Tuscaloosa, 1996).

A version of the prophecy of 'Le Fil Agap':[20] f. 148r–f. 149r
A legendary account of Ṣalāḥ al-Dīn's visit to the Hospital in Acre:[21] f. 149v–f. 150rb
Prose version of the *Ordene de chevalerie*:[22] f. 150r–f. 150v

1.4.2 Bibliography
ML, xxxix.
Godefroi de Buillon, ed. Jan Boyd Roberts, The Old French Crusade Cycle, 10 (Tuscaloosa, 1996), ix–xii.
Alison Stones, *Gothic Manuscripts 1260–1320: A Survey of Manuscripts Illuminated in France*, 4 vols (Turnhout, 2013–2014), 1 part i: 62.

1.4.3 Description
150 folios in 2 columns
Page: 320 × 230 mm
Justification 255 × 165 mm (40 lines written below top line, interlinear space 6 mm)
One hand
Binding: late 17th or early 18th century

1.5 *Saint-Omer: Bibliothèque municipale ms. 722* (F20)[23]
A manuscript of the second half of the thirteenth century that had belonged to the abbey of Saint-Bertin. Pasted inside the front cover is the ex-libris of Momelin le Riche, abbot of Saint-Bertin 1706–1723.

This manuscript has many features in common with *F16*, although the text of the *Chronique d'Ernoul* continues further and ends in the same place as that in *F18*. Like *F16*, this manuscript has two versions of the French royal genealogy. Although lacking the date (1248), they both appear to indicate that Louis IX was still alive.

---

20 Edited in *Quinti Belli Sacri Scriptores Minores*, ed. Reinhold Röhricht (Geneva, 1879), 214–222.
21 For other versions of this story, see Helen J. Nicholson, *Love, War and the Grail: Templars, Hospitallers and Teutonic Knights in Medieval Epic and Romance, 1150–1500* (Leiden, 2001), 65–66.
22 For this version, see Hilding Kjellman, 'Les rédactions en prose de l'Ordre de Chevalerie', *Studier i modern språkvetenskap*, 7 (1920), 139–177, at 141, 144–147, 158–159.
23 Not used by Mas Latrie. On line at: http://jonas.irht.cnrs.fr/manuscrit/55566.

1.5.1 Contents

I   French version of the *Narratio patriarcae*: f. 1^r–f. 4^r
    Pierre de Beauvais, 'Les Olympiades':[24] f. 4^{r-v}
    The *Chronique d'Ernoul*: f. 4^v–f. 91^v

II Pseudo-Turpin:[25] f. 92^r–f. 107^r
    Genealogy of the kings of France: f. 107^{r-v}

III History of Julius Caesar translated from Lucan by Jean de Thuin:[26] f. 108^r–f. 161^v

1.5.2 Bibliography

Catalogue général des manuscrits des bibliothèques publiques des départements (Paris, 1861), 3: 321.

Margaret Ruth Morgan, *The Chronicle of Ernoul and the Continuations of William of Tyre* (Oxford, 1973), 190–192.

Walpole *The Old French Johannes Translation*, 1: 7; 77–83; 2: 431–438.

1.5.3 Description

161 folios in 2 columns.
Page: 333 × 240 mm
Justification 288 × 175 mm (40 lines written below top line, interlinear space 6 mm)
One hand
Binding: late 17th or early 18th century

1.6 *Bern: Burgerbibliothek ms. 113* (F24)[27]

A large-format manuscript in three columns, it comprises a compendium of twenty-one separate items, including *Perlesvaus, Parthenopeus de Blois* and *Durmart le Galois*. These are listed and described in detail with appropriate bibliography by Florian Mittenhuber on the internet site cited here. The manuscript appears to date from the latter part of the thirteenth century with the genealogy of the kings of France specifically stating that Louis IX is the present king. On linguistic grounds it appears to be from Picardy, although a case has been made for a Burgundian provenance.[28]

---

24 Not used by Berkey. The text is similar to that in *F16*.
25 Edited in Walpole, *The Old French Johannes Translation*.
26 Edited as *Li hystore de Julius César: eine altfranzösische Erzählung in Prosa von Jehan de Tuim*, ed. Franz Settegast (Halle, 1881).
27 Mas Latrie MS 'F'. On line at: http://www.e-codices.unifr.ch/en/description/bbb/0113/Mittenhuber.
28 Jean-Charles Payen, 'Le *Livre de philosophie et de moralité* d'Alard de Cambrai', *Romania*, 87 (1966), 145–174, at 150–151.

The text of the *Chronique d'Ernoul* ends with the arrival of John of Brienne in Constantinople in 1231. One rather bizarre feature of this manuscript is the fact that, at least for the *Chronique d'Ernoul* section, the copyist has placed a single large capital letter to indicate a new paragraph in each column, arranging these capitals in the form of a 'V' usually alternating with an inverted 'V' on the next folio. This pattern means that the paragraph divisions are frequently in places where there is no natural division in the text and so differ from those found in all the other manuscripts.

1.6.1   Contents[29]
Pierre de Beauvais, 'Les Olympiades': f. 115^{r-v}
The *Chronique d'Ernoul*: f. 116^r–f. 166^r
Les saints lieux de Jerusalem:[30] f. 166^{r-v}
French version of the *Narratio patriarcae*: f. 175^r–f. 178^r
Genealogy of the kings of France: f. 178^r

1.6.2   Bibliography
Sinner, *Catalogus codicum*, 2: 389–391.
ML, xxxix–xl.
Hagen, *Catalogus Codicum Bernensium*, 159–167.
Keith Busby, *Codex and Context: Reading Old French Verse Narrative in Manuscript*, 2 vols (Amsterdam, 2002) 349 n. 82, 397, 413, 431–434, 564, 580.
Jean-Charles Payen, 'Le *Livre de philosophie et de moralité* d'Alard de Cambrai', *Romania*, 97 (1966), 145–174, at 150–151.

1.6.3   Description
291 folios in 3 columns
Page: 345 × 244/255 mm
Justification 288 × 175 mm (60 lines written above top line, interlinear space 4/5 mm)
Three hands: 1^r.-f. 198^{vc}; f. 198^{vc}–f. 217^{vc}; f. 218ra–f. 283^{vc} (f. 283^{vc} to end are later hands of the fourteenth century) The *Chronique d'Ernoul* is the work of the first copyist.
Binding: late 17th or early 18th century

---

29   The contents of this manuscript have been described on a number of occasions, and so we list only those texts that are of direct relevance to this edition.
30   Published in *Zwei Bücher Topographie von Jerusalem und seinen Umgebungen*, ed. Titus Tobler, 2 vols (Berlin, 1853–1854), 2:1003–1006.

1.7 Bern: Burgerbibliothek ms. 340 (F25)[31]

This manuscript appears to be a direct copy of *F26* and, like it, was evidently copied in Italy in the fourteenth century. The text of the *Chronique d'Ernoul* ends with the arrival of John of Brienne in Constantinople in 1231.

It belonged to the French historian and antiquarian, Claude Fauchet (1530–1602), whose signature appears in the lower margin of f. 1^r, before being acquired by Jacques Bongars.[32]

1.7.1 Contents

Rubrics (= Appendix 4): f. 1^{r-v}
Summary History of the Latin East (= Appendix 2): f. 1^v–f. 2^v
The *Chronique d'Ernoul*: f. 2^v–f. 128^r
'Ci sunt li saint leu de Jerusalem':[33] f. 128^v–f. 129^v
French version of the *Narratio patriarcae*: f. 128^v–f. 133^v (mutilated at end)

1.7.2 Bibliography

Sinner, *Catalogus codicum*, 2: 367–377.
ML, xxxvii.
Hagen, *Catalogus Codicum Bernensium*, 334–335.
Massimiliano Gaggero, 'Identification de deux manuscrits italiens de la *Chronique* d'Ernoul et de Bernard le Trésorier', *Segno e Testo*, 16 (2018), 291–314.

1.7.3 Description

133 folios in 2 columns
Page: 250 × 193 mm
Justification: 182 × 146 mm (32 lines written below top line, interlinear space 6 mm)
One hand
Binding: Modern (cardboard plates covered with a folio from a later manuscript, possibly from the fifteenth century).

1.8 Paris: Bibliothèque de l'Arsenal ms. 4797 (F26)[34]

A fourteenth-century Italian manuscript, it has been identified as having belonged to Francesco Gonzaga, the ruler of Mantua from 1382 until his death in

---

31   Mas Latrie MS 'B'.
32   Gaggero, 'Identification de deux manuscrits italiens', 299.
33   As *F26*.
34   Mas Latrie MS 'A'. On line at: https://gallica.bnf.fr/ark:/12148/btv1b525115628/f8.image.r=Arsenal%20ms%204797.

1407. On the death of Carlo Ferdinando, the last duke of Mantua, in 1708 it was bought by the Venetian scholar Bernardo Trevisan (died 1720). It later passed into the hands of Jacopo Soranzo and then to the noted French diplomat and bibliophile, Marc Antoine René de Voyer, marquis de Paulmy (died 1789). The marquis de Paulmy's collection was to form the basis of the Bibliothèque de l'Arsenal.

The text of the *Chronique d'Ernoul* ends with the arrival of John of Brienne in Constantinople in 1231.

1.8.1 Contents
Rubrics (= Appendix 4): f. 1^{r-v}
Summary History of the Latin East (= Appendix 2): f. 1^v–f. 2^v
The *Chronique d'Ernoul*: f. 2^v–f. 128^r
'Ci sunt li saint leu de Jerusalem':[35] f. 128^r–f. 129^v
French version of the *Narratio patriarcae*: f. 129^v–f. 133^v (f. 134 blank)

1.8.2 Bibliography
ML, xxxvi (with former shelf mark 677).
Vittorio Rossi, 'I codici francesi di due biblioteche veneziane del Settecento', in *Miscellanea di studi critici in onore di Vincenzo Crescini* (Cividale, 1927), 87–100, at 89, 91–94.
Gaggero, 'Identification de deux manuscrits italiens', 291–314.
Massimiliano Gaggero, 'Western Eyes on the Latin East: the *Chronique d'Ernoul et de Bernard le Trésorier* and Robert of Clari's *Conquête de Constatinople*', in Laura K. Morreale and Nicholas L. Paul (eds), *The French of Outremer: Communities and Communications in the Crusading Mediterranean* (New York, 2018), 86–109, at 99.

1.9 London: British Library, Henry Yates Thompson ms. 12 (F38)[36]
This manuscript comprises the Old French translation of William of Tyre with a continuation to 1231. It is a magnificent production with a series of notable historiated initials that have frequently been reproduced. As will be explained later, it possesses unique features which are of fundamental importance for understanding how the original form of the Continuation was created.

---

35 A French text based on the 'Bordeaux Pilgrim' description. Edited from this manuscript in *Le saint voyage de Jherusalem du seigneur d'Anglure*, eds François Bonnardot and Auguste Longnon (Paris, 1878), 115–121.
36 Not used by Mas Latrie. On line at: http://www.bl.uk/manuscripts/FullDisplay.aspx?ref=Yates_Thompson_MS_12.

INTRODUCTION: THE MANUSCRIPTS

In the fifteenth century it belonged to Lyonet d'Oureille whose name appears three times, once on the verso of the first flyleaf and then at f. 210^v and f. 211^v.[37] After that nothing is known of its ownership until the nineteenth century when it belonged to Ambrose Firmin-Didot. Firmin-Didot allowed Paulin Paris to use it in his edition of the French translation of William of Tyre.[38] In 1896 it was bought by Henry Yates Thompson (1838–1928). Yates Thompson sold it in 1919 and then bought it back in 1923. His widow bequeathed it to the British Museum in 1941.[39]

The manuscript's provenance has occasioned some discussion. The British Library catalogue suggests 'France (North, perhaps Picardy)'. More recently Jaroslav Folda has proposed that it was illustrated at some point in the 1240s – ca. 1250 and that the historiated initials were the work of an English artist who exhibited considerable originality and imagination in his narrative depictions.[40] However, Richard Leson, in an unpublished paper read at the Leeds Medieval Congress in 2017, while agreeing with the 1240s date, returned, convincingly in our view, to the earlier attribution. He drew attention to parallels in the detail of the miniatures' composition with those in the Morgan Picture Bible,[41] and suggested that, like the Picture Bible, it is from Artois, Picardy or western Flanders as argued by Alison Stones.[42] He also drew attention to what is clearly a depiction of an incident on the First Crusade involving the Picard lord, Thomas of Marle the son of Enguerrand of Coucy, in the historiated initial at the start of book VIII, and suggested the possibility that the manuscript is to be associated with one of Thomas's thirteenth-century descendants.[43]

---

37 For other manuscripts bearing his name, see Yulia P. Krylova, 'Книги французского придворного Риго д'Урейя (о реконструкции частной библиотеки позднего средневековья)', *Вспомогательные Исторические Дисциплины*, 32 (2013), 226–240, at 229. The more famous Rigault d'Oureille (1455–1517), the owner of the chateau at Villeneuve-Lembron, was Lyonet's nephew.

38 *Guillaume de Tyr et ses continuateurs*, ed. Paulin Paris, 2 vols (Paris, 1879–1880). The title is misleading: this edition contains only the translation (ending in 1184).

39 For details together with an extensive bibliography, see the British Library's internet site cited above.

40 Jaroslav Folda, 'The Panorama of the Crusades, 1096 to 1218, as Seen in Yates Thompson MS. 12 in the British Library', in George Hardin Brown and Linda Ehsam Voigts (eds), *The Study of Medieval Manuscripts of England: Festschrift in Honor of Richard W. Pfaff* (Tempe, 2010), 253–280, at 255, 272, 274–278.

41 New York: Pierpont Morgan Library ms. M.638.

42 Alison Stones, 'Questions of Style and Provenance in the Morgan Picture Bible', in Colum Hourihane (ed.), *Between the Picture and the Word: Essays in Commemoration of John Plummer* (University Park, 2005), 112–121.

43 See also Richard A. Leson, '"Partout la figure du lion": Thomas of Marle and the Enduring

1.9.1 Description
211 folios in 2 columns
Page: 340 × 245 mm
Justification 250 × 180 mm
One hand
Binding: fifteenth-century stamped leather binding on wood boards; 5 brass bosses on each cover (one missing) and two leather straps

1.10 *Paris: Bibliothèque nationale ms. fr. 9086 (F50)*[44]

This manuscript also comprises the Old French translation of William of Tyre with a continuation to 1231. However, unlike F38, it was copied in the Latin East and lacks illustrations. Instead the copyist provided large decorated initials to signal the start of each new book. Folda dates it to the period 1255–1260, thus making it the earliest extant *Eracles* manuscript from the East.

The Continuation starts at the point where William of Tyre's Latin text ends with the Colbert-Fontainebleau version, and this material is duly utilized in our edition of that text.[45] Then, in the course of the description of the events leading up to the Battle of Le Cresson on 1 May 1187 there is a change: clearly the copyist of this manuscript or its ancestor had switched exemplars, and from here until the manuscript ends with the events of 1231 it consists of a version of the *Chronique d'Ernoul* ending with the arrival of John of Brienne in Constantinople in 1231.[46]

All that is known of the history of this manuscript is that it was bought from the Comte de Marsanne in 1791.

1.10.1 Bibliography
ML, xli (wrongly numbered fr. 9006)
Morgan, *The Chronicle of Ernoul*, 16–18.
Jaroslav Folda, *Crusader Manuscript Illumination at Saint-Jean d'Acre, 1275–1291* (Princeton, 1976), 175, cf. 38.
Jaroslav Folda, *Crusader Art in the Holy Land, from the Third Crusade to the Fall of Acre, 1187–1291* (New York, 2005), 346, 408.

Legacy of the Coucy Donjon Tympanum', *Speculum* 93 (2018), 27–71, at 48–50 and n. 58.
44   Mas Latrie MS 'J'; *RHC Occ.* 2 MS 'C'.
45   Commencing at f. 358^r.
46   The change is at f. 367^r: *Ernoul*, § cxliv (= *Eracles* § 23 n. 73). There is no paragraph division or other indication in the manuscript that a change has occurred.

1.10.2 Description
431 folios in 2 columns
Page: 361×261 mm
Justification 241×149 mm
One hand

2 Manuscript Transmission

2.1 *The Stemma*

It is immediately clear from a study of the eight manuscripts of the *Chronique d'Ernoul* that there are two principal recensions of the text with five manuscripts, *F16*, *F17*, *F18*, *F19* and *F20*, supplying the earlier, and three, *F24*, *F25*, *F26* (plus the version of the text as found in *F50*), the second. The text employed in the creation of the Continuation, represented here by *F38*, also contained the second recension. The most celebrated difference between the text in the earlier group and the later group is that the earlier group mentions Ernoul, Balian of Ibelin's *varlet*, by name and the other does not.[47] Also, the manuscripts in the second group all end with the arrival of John of Brienne in Constantinople in 1231, whereas the others end in either 1229 (*F18*, *F19*, *F20*) or 1227 (*F16*, *F17*). But beyond this, the detailed, line-by-line, word-by-word analysis of the variant readings that go to make up the apparatus reveals countless examples confirming the basic distinction between the two recensions.[48]

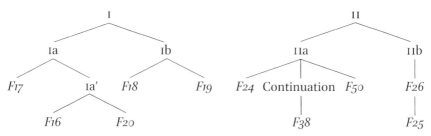

Stemma codicum for Ernoul

However, the relationship between the texts that the various manuscripts preserve is more complex than this outline would indicate. It is likely that the manuscripts that survive form only a small proportion of what once existed

---

47 *Ernoul*, § cxlix.
48 Massimiliano Gaggero is planning a full investigation of the linguistic aspects of the manuscripts.

and that some manuscripts are derived at many removes from their archetype. This belief finds confirmation in the bewildering variety of different places where paragraph breaks appear in the text, a feature that stands in stark contrast to the situation to be found in the *Eracles* manuscripts that we have used in editing the Colbert-Fontainebleau recension of the Continuation. There is also the problem of how what appear to be either omissions or additions to the text are to be understood. There are a number of passages that are not present in every manuscript, and it is not always immediately clear whether such passages should be regarded as later additions to the text or as material that for some reason or other was subsequently left out. As will become apparent in the discussion that follows, it is not possible to single out any one manuscript as representing the earliest extant stage in the evolution of the text. Of the manuscripts containing the earlier recension, *F18* seems to be the most complete and appears to preserve a fairly early form of the text despite the manuscript itself being among the last to have been copied (ca. 1330). In choosing it as our base manuscript we have been influenced by the fact that it contains a relatively small number of isolated readings. Having chosen this manuscript as our base, our policy has been to retain the paragraph divisions it contains, even when these divisions find no corroboration in the other manuscripts,[49] and to accept its readings except when all or almost all the other manuscripts agree on an alternative.[50] Where we have rejected the readings given in *F18*, these are indicated in our edition by placing the words concerned in italics.

There are a number of problems that need to be addressed. How are the differences between the texts found in the first recension manuscripts to be explained? How are the differences between the texts found in the second recension manuscripts to be explained and how does the second recension differ from the first? And thirdly, how was the Continuation formed and what light does that shed on the way in which the text of the *Chronique d'Ernoul* developed?[51] Before addressing these questions it will be helpful to clear cer-

---

49 There are eleven instances where *F18* has a unique break; at three of these there is a miniature (§§ lix, cxxxii, ccxxvii).

50 Like all the manuscripts, *F18* contains copyists' errors and alterations. The most substantial passage to have been re-written is at § xlvii ll. 11–14. We have not emended F18's readings solely on the basis of those found in the second recension manuscripts.

51 For an earlier discussions of these issues, see Massimiliano Gaggero, 'La *Chronique* d'Ernoul: problèmes et méthode d'édition', *Perspectives médiévales*, 34 (2012), https://journals.openedition.org/peme/79 (accessed 16.03.2023); idem, 'L'édition d'un texte historique en évolution: la *Chronique* d'Ernoul et de Bernard le Trésorier' in Richard Trachsler, Frédéric Duval and Lino Leonardi (eds), *Actes du XXVIIe Congrès international de linguistique et*

tain other issues out of the way, and with this in mind we shall start by looking at those pairs of manuscripts that display definite affinities: *F25* and *F26*, *F18* and *F19*, *F16* and *F20*, and *F24* and *F38*.

2.1.1   F25 and F26

F25 is almost certainly a direct copy of *F26*.[52] They are the two manuscripts that contain the colophon mentioning Bernard the Treasurer, and the only ones to be prefixed by a list of chapter headings. The copyists have managed to keep almost exactly in step throughout so that they have virtually identical foliation. The texts frequently exhibit unique readings in common, and, although the copyist of *F25* made occasional mistakes and we find a limited amount of scribal variation, there are no instances in which *F25*'s readings are clearly superior to those found in *F26*. It is also the case, as shown above in the descriptions of the manuscripts, that their other contents are the same. As mentioned already, they were copied in Italy, and it is clear that the fourteenth-century Bolognese historian, Francesco Pipino, incorporated material from a manuscript with this form of the text into his *Chronicon*.

F25 and *F26* are alone in lacking the whole of § xvi, and they also lack most of § cxxiii.[53] On the other hand they do have a little more to say about the Green Knight who appeared at the siege of Tyre in 1187 and a rather more extended description of the death of Alexios V Mourtzouphlos in 1204.[54]

2.1.2   F18 and F19

The text as found in *F19* differs from all the others since, at some point in its ancestry, someone had extensively rephrased it.[55] The changes introduced in the course of this revision appear to have been chiefly a matter of trying to improve the literary style, and there is no suggestion that the person responsible had access to additional information. Quite the contrary: at certain points

---

       de philologie romanes (Nancy, 15–20 juillet 2013). Section 13: Philologie textuelle et éditoriale (2017), 129–141. http://www.atilf.fr/cilpr2013/actes/section-13/CILPR-2013-13-Gaggero-Chronique.pdf (accessed 16.03.2023).

52 Gaggero, 'Identification de deux manuscrits italiens', 293–309.
53 For two more minor omissions, see *Ernoul*, §§ cvi ll. 14–16, cvii n. 137.
54 *Ernoul*, §§ ccvi n. 267, cclxxxvi n. 398. For other minor unique additions, see *Ernoul*, §§ iv n. 8, cccxxi n. 463.
55 An example of this rephrasing is edited at § iv n. 7. Certain changes, not found in any other manuscripts, are repeated frequently. Thus 'molt dolans' becomes 'molt dolans et molt courouchiés'; 'molt lié' becomes 'lié et molt joiant'; 'qui a a non' becomes 'que on apele'; 'cité' becomes 'chité de Jherusalem' and 'en Jherusalem' become 'en le chité de Jherusalem'; and 'atira' becomes 'atourna'. The place name 'Triple' is regularly given as 'Tripe'.

obvious factual errors have been introduced, such as calling Baldwin of Ramla 'Count Baldwin'[56] or – and this occurs several times in the account of the Fifth Crusade – calling the Nile the 'Jordan'.[57] On the other hand, a few of the revisions found scattered through the text perhaps suggest that they were the work of a cleric.[58] But although in that sense the text in *F19* exists in a class by itself, it also has features that link it with *F18* in such a way as to leave no doubt that whoever made the revisions it contains was using a text closely akin to *F18*'s. Thus for example, more than any other single manuscript, it shares chapter divisions with *F18*,[59] and it neither possesses material not found in *F18* nor omits material that is found there.[60] The two manuscript end in the same place and are the only two that position the text we are referring to as the summary history of the Latin East directly after the end of the *Chronique*.

2.1.3   F16 and F20

There are several characteristics linking *F16* to *F20*. These manuscripts have numerous detailed readings in common; they share a propensity for introducing the names of individuals into the text where none are to be found in the other manuscripts;[61] they often have the same paragraph breaks; and, in contrast to the others, they both have chapter headings (or rubrics). Taking paragraphs §§ xci–ccx as a random sample, there are 22 instances logged in the apparatus of these two manuscripts sharing readings that are not found elsewhere, although if we set them alongside *F17* we find that in the same sample these three manuscripts together have a further 30 unique readings. But *F17* does not follow them in adding the names of individuals alluded to in the narrative. On the whole the *Chronique d'Ernoul* is sparing in the use of proper names: no pope is ever identified by name, and rulers such as the Byzantine emperor or the king of England no more than is necessary.[62] So for example, speaking of King Amaury in § xii, the majority of the manuscripts read: 'De celle

---

56   *Ernoul*, §§ xlii p. 108 l. 2, xlviii p. 114 l. 12, p. 115 l. 1.
57   *Ernoul*, §§ cccxiv–cccxv, cccvii, cccxxvi.
58   For example, *Ernoul*, §§ xxxvii p. 102 ll. 8–11, lvii n. 71, xcv p. 160 l. 5, clxxxiv p. 270 ll. 13–14, clxxxvii p. 276 l. 2, ccxxxix p. 353 ll. 12–13
59   *F18* has 32 paragraph breaks not shared with *F19*, and of these 11 are unique to *F18*. *F19* has only 6 paragraph breaks not shared with *F18*, and of these 2 are unique to *F19*. *F18* and *F19* share 32 paragraph breaks that are not shared with any other manuscript.
60   An exception is the two sentences absent from *F19* at the end of § ccxxxi. The material missing from §§ clxxix–clxxxiii (cf f. 99va) seems to be sufficient to have filled both sides of a folio, and so either a folio was missing from the exemplar or a copyist turned over two at once.
61   Usually, but not always, correctly. See for example *Ernoul*, § cxxxvii p. 200 ll. 3–4.
62   For further discussion see Massimiliano Gaggero, 'L'identificazione dei personaggi nella

INTRODUCTION: THE MANUSCRIPTS   47

roine ot une fille qui ot non Ysabiau', but *F16* alters this to read 'reigne Marie' while *F20* has 'roine Mariien'. The queen, Maria Komnene, has been named earlier in this paragraph. To give another example: in 1187 Ṣalāḥ al-Dīn ordered 'c'on li amenast en s'ost le marchis de Montferras'; here (§ ccvi) both *F16* and *F20* name him as 'marchis Boniface'; at this point in the story he has not featured in the narrative for a long time.[63] They also add extra descriptors. Thus we learn that 'se li quens Bauduins eüst aussi bien peuplee le tiere de Costantinoble quant il fu empereres' he would not have lost it. Here *F16* and *F20* both read 'quens Bauduins de Flandres', thereby helping the reader by identifying someone who again had not been mentioned for a considerable time.[64]

There are a few instances of *F16* and *F20* sharing minor omissions,[65] but far more important are the 44 places where they share a paragraph break that is not found elsewhere; there are a further 29 places where they both share a break with manuscripts from the second recension but not with the other manuscripts of the earlier one. What is more, *F16* and *F20* are unique in having sets of rubrics. Usually – we have counted 132 cases – they are in the same place, but not always. *F16* has 37 other rubrics and *F20* has 51. It is only towards the end – after about § ccxx – that *F20* begins to have noticeably more than *F16*. *F16* has rubrics for 13 of the paragraph breaks at which it is unique and *F20* has 9. In some instances – a good example is at § vi – the rubrics are not in the same place but are close by. These statistics together with the features mentioned in the previous paragraph point to a common ancestry. But it has to be admitted that there are also plenty of occasions on which these two manuscripts go their own way: for example, *F16* has 52 isolated paragraph breaks and *F20* has 29. Perhaps more strikingly, the rubrics themselves consistently differ in their wording, so much so that on those rare occasions when they are more or less identical, it might be thought that that is more a matter of coincidence than of copying. One possible explanation is that somewhere in the ancestry of these manuscripts a copyist had copied the text, leaving spaces for the rubrics to be added later, but, when the time came to complete that part of the process, he no longer had the exemplar and so, to fill the spaces, had to invent his own. But even if this scenario is correct, it is nevertheless not possible to say which of the two has the original version of the rubrics and which the later one.

       Chronique di Ernoul e Bernard le Trésorier. Strategie testuali e varianti', *InVerbis*, 2 (2018), 117–140.
63   *Ernoul*, §§ xii p. 75 l. 1, ccvi p. 300 l. 14.
64   *Ernoul*, § ccxl p. 355 l. 8.
65   *Ernoul*, §§ cxlvii n. 184, clxxv n. 223, cclix n. 341.

There is another significant difference between *F16* and *F20*: they end in different places, *F16*, like *F17*, in 1227 and *F20*, like *F18* and *F19*, in 1229.[66] The importance of this disparity will be considered later in the context of the structure of the earlier recension.

2.1.4 F24 and F38

Analyses of samples from all the *Chronique d'Ernoul* manuscripts and all the *Eracles* manuscripts leave no doubt that the closest point of contact is that between *F24* and *F38*. On this assessment, *F38* contains the text that is the closest we have to the original form of the Continuation, and *F24* has the text that most closely resembles the one that whoever created the Continuation was using;[67] as already mentioned, it terminates in 1231 at the same place as the second group of manuscripts. From the point (§ cxviii) at which *F38* begins to parallel the *Ernoul* text, there are countless examples of it having distinctive readings in common with *F24*, far more than it shares with the other second recension manuscripts, *F25* or *F26*. However, although the text employed by the creator of the Continuation resembled the text to be found in *F24*, it was not identical. *F24* contains a considerable number of additions and alterations that are not present in any of the other *Ernoul* manuscripts or in *F38* and so represents a further stage in the development of the text. Perhaps these alterations along with the numerous isolated readings that this manuscript contains are sufficient to support the idea that the text in *F24* should perhaps be seen as a further recension. The more substantial changes to *F24* are collected and edited in Appendix 3. It is of course possible that they were spread over a considerable period of time and were not all the work of the same person, but in so far as any of the elements in the new material can be dated, it looks as if they belong to the early 1230s. If so, it could well be that these revisions were the work of the same anonymous author who, in the years leading up to 1231, had been responsible for composing the rest of the history.

2.2   *F38 and the Formation of the Continuation*

Precisely where and when someone decided to splice the *Chronique d'Ernoul* on to the end of the French translation of William of Tyre's celebrated history is not known, but it must have been done in France at some point in the mid to late 1230s or early 1240s. While in a broad sense it can be seen that most of

---

66   *F20*, but not *F16*, lacks § xl and § cxxvi, in the latter case perhaps by homeoteleuton.
67   Peter W. Edbury, 'New Perspectives on the Old French Continuations of William of Tyre', *Crusades*, 9 (2010), 107–113, at 109; Gaggero, 'L'édition d'un texte historique en évolution', 130–131.

the pre-1184 section of the *Chronique* was jettisoned and the rest pasted on to the end of the translation, thereby taking the story on from 1184 to 1231, a close examination shows that what in fact happened was more complex.

Of the fifty-one complete or substantially complete pre-1500 *Eracles* manuscripts that are known to exist, forty-five have continuations, and, of these forty-five, thirty-nine contain a form of the Continuation comprising a text paralleling the *Chronique d'Ernoul* for the period 1184–1231.[68] There can be no doubt that, so far as this material is concerned, the text in all these manuscripts is derived from a single original exemplar. This is demonstrable from the manner in which some of the pre-1184 material from the *Chronique d'Ernoul* is repositioned later in the Continuation. This material comprises two consecutive passages in the *Chronique*, one describing the election of Eraclius as patriarch of Jerusalem in 1180, his vendetta against Archbishop William of Tyre and his relationship with Pasque de Riveri (§§ lxxvii–lxxxii), and the other dealing with events in Constantinople involving the career and downfall of Andronikos Komnenos and his successor, Isaac II Angelos, and covering the period 1180–1195 (§§ lxxxiii–xci). In the Continuation a version of the Byzantine episodes is inserted into the account of Conrad of Montferrat's heroic action on behalf of Isaac II against the imperial claimant Alexios Branas. This event occurred in the spring of 1187 and is presented as the prequel to Conrad's timely arrival in the East to take charge of the defence of Tyre. The insertion is clumsy and not only serves to confuse the chronology but ends by making it sound as if Branas rebelled against Alexios III Angelos after his accession in 1195.[69] The story of Eraclius, although it comes first in the *Chronique*, is positioned later and is inserted into the narrative of the events of July 1187; it is told in a heavily edited version, sandwiched between the digression that retells the biblical story of Balaam and Balak and the description of the Battle of Ḥaṭṭīn.[70] All thirty-nine *Eracles* manuscripts follow this pattern, and it is inconceivable that separate authors could have arranged this material in the same way independently of each other.[71]

In a paper published in 2007, Peter Edbury attempted to identify which manuscripts of the translation of William of Tyre came closest to preserving

---

68   The others, F50, F57, F70, F72, F73 and F74 will be considered in the other volume of this edition. Of the 39 manuscripts, 18 have further continuations beyond 1231.

69   *Eracles*, §§ 11–14. Conrad's exploits in Constantinople begin at § 10. His arrival in the Holy Land then follows at § 44 (= *Ernoul*, § clxix).

70   *Eracles*, §§ 35–36. Balaam and Balak is at § 34 (= *Ernoul*, § clxiii), and the start of the Battle of Ḥaṭṭīn is at § 37 (= *Ernoul*, § clxiv).

71   For further discussion, see Gaggero, 'La *Chronique* d'Ernoul: Problèmes et méthode d'édition', section 3 (3–4).

its original form and at the same time make a start on constructing a stemma, and he began by analysing the positioning of the chapter divisions.[72] This exercise revolved around two simple ideas: if particular manuscripts kept splitting the same chapters from the Latin text in the same place or kept running two chapters together without a break, that would point to an affinity between them, and, secondly, the fewer instances there were of chapter divisions not matching those in the Latin text, the more likely it would be that the manuscript in question contained a text close to the original form of the translation. As a *modus operandi* it is a bit crude, but it did at least provide *prima facie* arguments for proposing which manuscripts might have an early version of the text and for sorting the manuscripts into groups. The data thus assembled and the conclusions drawn from it could then be tested by comparing the detailed readings in the texts with one another and with the Latin original.

It was in the context of this project that the British Library, Henry Yates Thompson ms. 12 (*F38*) first emerged as being of particular interest. Not only is it among the earliest manuscripts to have survived and quite possibly the earliest with a continuation, it turned out that the positioning of the chapter divisions is almost invariably identical to what we find in William's Latin text. In the whole of the translation there is just one chapter that had been split into two and one example of two chapters run together without a break. There are only four other manuscripts with similar tallies, although not, it should be emphasized, in the same places. All the other manuscripts have significantly more departures from the Latin text's chapter structure, in a number of cases with over a hundred split or merged chapters.[73] However, in one respect *F38* stands apart from both William of Tyre's Latin narrative and from all the other manuscripts of the translation: interpolated into the text of the translation are three passages from the *Chronique d'Ernoul*. These are the story of Thoros of Armenia's visit to Jerusalem, an event that purports to belong to the 1160s and which is not recorded elsewhere, a largely fictitious account of Ṣalāḥ al-Dīn's rise to power in Egypt, and Gerard de Ridefort's quarrel with Raymond III of Tripoli over the heiress to Botron.[74]

---

72   Edbury, 'The French Translation', 69–105. The conclusions in this paper have been re-examined and considerably refined: Philip Handyside, *The Old French William of Tyre* (Leiden, 2015).
73   Edbury, 'The French Translation', 104–105.
74   *Ernoul*, §§ xx–xxiii, xxvii–xxxii, cxvi. For their location, see *Guillaume de Tyr et ses continuateurs*, ed. Paris, 2: 289–292, 306–310, 466–467. (Paris printed these passages from *F38*, then the property of Ambrose Firmin-Didot.)

INTRODUCTION: THE MANUSCRIPTS   51

The fact that *F38* retained the Latin text's chapter-structure almost exactly prompted the belief that it contains an early version of the translation, and further investigations, which have involved using all the available manuscripts to edit sample chapters, confirm that it should be grouped with those others that have what is clearly an early form of the text.[75] Philip Handyside has gone further and produced a stemma that is based on his reading of all fifty-one extant manuscripts, and he established the primacy of *F38* as being closest to the original form of the translation.[76]

Moving on from the translation, we come to the Continuation. Using a more traditional sampling technique, Massimiliano Gaggero established the stemma for the *Chronique d'Ernoul* and for the *Eracles* Continuations.[77] His conclusions are striking. On the one hand, his stemma for the Continuations does not entirely match the stemma that Handyside had established for the translation; on the other, he was able to show that, of the forty-five manuscripts with a continuation, the one with the text closest to that found in any of the *Chronique d'Ernoul* manuscripts is once again *F38*. As explained already, the *Chronique d'Ernoul* manuscript that comes closest is *F24*, and a full collation of these two manuscripts confirms that there is indeed a marked textual affinity between them.

Standing close to the original translation of William of Tyre and closest to any of the *Chronique d'Ernoul* manuscripts for the Continuation, there is therefore no question of the importance of the text found in *F38*. It is the passages from the *Chronique d'Ernoul* interpolated into the translation that give pause for thought, and, far from being an isolated feature that can be dismissed as irrelevant, it is our belief that they provide the essential clue for proposing that this manuscript, and this manuscript alone, preserves the original form of the Continuation as constructed in about 1240. Had *F38* been assigned to a place lower in the *Eracles* stemma, it would rightly be objected that, far from being there from the outset, the three interpolations were added subsequently. Indeed, two other *Eracles* manuscripts, the Baltimore: Walters Art Gallery ms. 137 (= *F31*) and the Épinal: Bibliothèque municipale ms. 45 (= *F35*), both have

---

75 Peter W. Edbury, 'The Old French William of Tyre and the Origins of the Templars', in Norman Housley (ed.), *Knighthoods of Christ: Essays on the History of the Crusades and the Knights Templar, Presented to Malcolm Barber* (Aldershot, 2007), 151–164; idem, 'The Old French William of Tyre, the Templars and the Assassin Envoy', in Karl Borchardt, Nikolas Jaspert and Helen J. Nicholson (eds), *The Hospitallers, the Mediterranean and Europe: Festschrift for Anthony Luttrell* (Aldershot, 2007), 25–37; Handyside, *Old French William of Tyre*, 137–205, 229–265.

76 Handyside, *Old French William of Tyre*, 216.

77 Gaggero, 'La *Chronique* d'Ernoul: Problèmes et méthode d'édition', annexe 2.

an interpolated passage containing a prose version of the so-called 'Ordene de Chevalrie'; however, these manuscripts, which are clearly closely related, come well down the stemma, and there can be no doubt that in this instance the passage was indeed a later addition.[78]

What seems to have happened is that the creator of the original Continuation took a manuscript of the *Estoire de Eracles* and interpolated these excerpts culled from the pre-1184 section of the *Chronique d'Ernoul*. Then, taking the *Ernoul* text from the point in 1184 at which William's history ended, the redactor added it to the end of the *Eracles* text and so extended the narrative to 1231. The only other changes of any substance were the repositioning of some passages from *Chronique d'Ernoul* that described events from before 1184 to places later in the narrative – these have been described already – and the omission of the detailed description of the topography of Jerusalem that in the *Chronique d'Ernoul* had been placed just before the beginning of Ṣalāḥ al-Dīn's siege in 1187.[79]

By the time the Continuation was created, manuscripts of the translation that like William's Latin text ended in 1184 had probably been in circulation for upwards of ten years. Five of the extant manuscripts do in fact stop in 1184;[80] a sixth, the Baltimore: Walters Art Gallery ms. 142 (= *F52*), originally ended there, and the text of the Continuation that it contains was clearly copied later. What appears to have happened was either that copyists continued using their old exemplars, which of course lacked the interpolations, and simply added the new material, the Continuation comprising the *Ernoul* text for 1184–1231, at the end, or that owners of existing manuscripts arranged to have the new material bound in at the end of their copies. That would seem to have been true of the Walters Art Gallery 142: the translation was copied from an exemplar containing an early version of the text around 1300, and then, some years later, an owner, realizing that his manuscript was incomplete, arranged to have a copy of the Continuation bound with his manuscript. Either scenario would mean that the interpolated passages embedded in the translation were forgotten. In other words, in one way or another all the manuscripts apart from *F38* are descended from copies with the post-1184 material added subsequently. That would

---

78 Published in Margaret A. Jubb, 'The *Ordene de Chevalerie* and the Old French Translation of William of Tyre: the Relationship of Text to Context (with an edition of *OC*)', *Carte Romanze*, 4/2 (2016) 9–36. For the shared iconography of these two manuscripts, see Folda, *Crusader Manuscript Illumination*, 146–151.

79 *Ernoul*, §§ lxxvii–xci (repositioned material), clxxii–clxxxiv (omitted description of Jerusalem).

80 *F02, F03, F04, F05* and *F06*.

explain not only why they lack the interpolated passages, but also why the stemma for the Continuation does not match the stemma for the translation, the reason being that, by the time the Continuation was being added, there were already versions of the translation in circulation that contained some significant developments of the text.

Evidence for this last statement is provided by the Rome, Biblioteca Apostolica Vaticana ms. Pal. lat. 1963 (= *Fo6*).[81] This is one of the manuscripts just mentioned that end in 1184, but, unlike the others in this category, it contains a text that places it in an altogether different textual tradition. In his 2007 article, Edbury established that there is a major bifurcation in the stemma of the *Eracles* manuscripts,[82] and, while the other manuscripts ending in 1184 together with, *inter alia*, *F38* belong in the group that includes the earliest forms of the translation, *Fo6* belongs in the alternative group. Had the copyist or the person who commissioned this manuscript or its ancestor been aware of its existence, the Continuation would surely have been included. That being so, we can conclude that this bifurcation had already occurred in the period before the appearance of the Continuation, and so the Continuation, when it did appear, was attached to manuscripts that represented differing strands.

In short, the Yates Thompson ms. 12 is unique, and it holds a place of pivotal importance for our understanding of how the text – the translation plus the continuation to 1231 – was shaped. Whoever created the continuation realized that, despite the length and wealth of detail to be found in the French version of William of Tyre, there was information of interest in the pre-1184 section of the *Chronique d'Ernoul* that William had omitted but was worth salvaging. Some material was relocated to a later point in the narrative – in some cases very clumsily – and other material was interpolated into the *Eracles* narrative. That was what this redactor intended, but the way in which the copyists operated meant that the interpolations were overlooked. It is indeed fortunate that this one manuscript, with its unique text and its superb historiated capitals, has been preserved.

---

81   For discussion of the provenance and later history of this manuscript, see Jaroslav Folda, 'A Crusader Manuscript from Antioch', *Atti della Pontificia Accademia Romana di Archeologia*, ser. III: *Rendiconti*, 42 (1969/1970), 283–298; Bjørn Bandlien, 'A Manuscript of the Old French William of Tyre (Pal. Lat. 1963) in Norway', *Studi mediolatini e volgari*, 62 (2016), 21–80; Philip Handyside, 'A Crusader Manuscript from Antioch? Reappraising the Provenance of Biblioteca Apostolica Vaticana, ms. Pal. lat. 1963', *Crusades*, 16 (2017), 65–78.

82   Edbury, 'The French Translation', 73–93.

2.3   The First (1229) Recension

The relationships between the five manuscripts which comprise the first recension raise various problems. In particular there is the question of whether those passages that are present in only some of them should be seen as later additions or, conversely, that their absence from the other manuscripts should be regarded as omissions. It might be assumed that those that end in 1227 preserve a text that is earlier than that found in those that end in 1229. Such an assumption, however, proves to be questionable. It is brought into sharp focus when confronted with the problem of why the two otherwise closely related manuscripts, *F16* and *F20*, end in different places, with *F16*, in common with *F17*, ending in 1227, and *F20* aligning with *F18* and *F19* and ending in 1229. As will be seen, there are a number of instances of *F16*, *F17* and *F20* lacking passages that are present in all the other manuscripts, but this is the only example we have of *F20* possessing a substantial passage that *F16* and *F17* both lack. It was pointed out near the beginning of this introduction that all the manuscripts, including the two that end with the events of 1227, mention the elevation of Jacques de Vitry to the cardinalate and allude to the Treaty of Paris which signalled the end of the Albigensian Wars, both of which took place in 1229; and they also have the description of the city of Jerusalem which from internal evidence dates from after Frederick II's recovery of the Holy City, also in 1229.[83] There can therefore be no suggestion that the 1227 manuscripts end where they do because at the time of writing they had just recorded the most recent events to have occurred.

The passage describing the events of 1227–1229 that *F16* and *F17* lack amounts to a little over two thousand words. These two manuscripts end part way through §cccxxxvi, at a point where no other manuscript has a paragraph break. An examination of the account of these years in *F20* shows sufficient minor, but distinctive, textual variations to rule out the possibility that the scribe, having reached the end of an exemplar which ended with the events of 1227, then proceeded to copy the final section from another manuscript that continued to 1229, or, at least, if he did, it was not from a manuscript that resembles any of those that are extant. All this would seem to point to the balance of probabilities being that *F16* and *F17* were deficient and had omitted this concluding section rather than that *F20*, together with *F18* and *F19*, have a form of the text to which the events of these years had been added subsequently. That still does not solve the problem of why *F16* and *F20*, manuscripts which in other respects show a clear affinity, should go their separate ways and why

---

83   Above 21 and n. 58.

F16 should find itself in step with *F17*, a manuscript which, though ultimately descended from a common ancestor, is not as close.

That *F16*, *F17* and *F20* are derived from a common ancestor is abundantly clear from the fact there are a number of places where all three lack material that is present in both *F18* and *F19* and also in the second recension manuscripts. In some cases the absences are the result of carelessness or negligence on the part of a copyist; in others the material that is present in the other manuscripts has a self-contained quality which might suggest that it had been interpolated subsequently. In two instances the absence of several sentences from the middle of a paragraph can be dismissed simply as cases of homeoteleuton.[84] In others the issue is less clear, but the inconsequential nature of the missing passages suggests that here too scribal error is to blame.[85] In the description of the preparations for the Fourth Crusade *F16*, *F17* and *F20* omit the story of the sultan al-ʿĀdil sequestrating the wealth of the Islamic religious institutions and negotiating with the Venetians to deflect the crusade from attacking Egypt.[86] It is a passage that attracted attention in the past from historians who believed, mistakenly as is now generally agreed, that there had been a conspiracy to divert the expedition from the start.[87] However, shortly after the episode in question all the manuscripts of the *Chronique d'Ernoul*, including the three under consideration, refer back specifically to this passage, thereby demonstrating that it had indeed been left out of their ancestor.[88]

The detailed description of the topography of Jerusalem that is inserted into the narrative just before the account of the siege and surrender in 1187 was, as mentioned above, omitted when the Continuation was created with the result that it does not appear in *F38*. On the other hand, it is present in *F50*, the other *Eracles* manuscript used in preparing this edition, since, by that point in the story, the text has moved over to following the *Chronique d'Ernoul*.[89] The topography is also to be found in the *Rothelin Continuation* for the period from the 1230s to 1261 that is attached to a number of *Eracles* manuscripts.[90] (A preliminary examination suggests that the version of the text to be found in the *Chronique d'Ernoul* manuscripts is to be preferred.) In the course of

---

84 *Ernoul*, §§ cxxvii nn. 164–165, cclxxviii nn. 382–383.
85 *Ernoul*, §§ ccli nn. 332–333, cccxvi nn. 451–452.
86 *Ernoul*, §§ cclxx (from n. 373), cclxxi.
87 See Donald E. Queller and Thomas F. Madden, *The Fourth Crusade: The Conquest of Constantinople*, 2nd edition (Philadelphia, 1997), 51, 235 n. 84, 319.
88 *Ernoul*, § cclxxxii at n. 390.
89 *Ernoul*, §§ clxxii–clxxxiv.
90 'Continuation de Guillaume de Tyr, de 1229 à 1261, dite du manuscrit de Rothelin', RHC, 483–639, at 490–507.

this description, *F16*, *F17* and *F20* have a long series of omissions, usually no more than a sentence or a phrase.[91] Reading them through in sequence, it is difficult to avoid the conclusion that what has happened is that a slovenly or dishonest scribe had deliberately left these excerpts out. Certainly there is no way that anyone could have improved the text by inserting this material subsequently. There is, however, one passage omitted by these three manuscripts that does look as if it may have been a later interpolation. Perhaps significantly, unlike the other material that is omitted, this passage is also absent from the *Rothelin* manuscripts.[92] It appears towards the end of the topography, at the beginning of § clxxxii, and, taking its cue from a mention of a Georgian abbey near Jerusalem, embarks on a description of 'Avegie' (Abasgia, the modern Abkhazia which in medieval times denoted the whole of Georgia) as the 'Tiere de Femenie' where women warriors have one of their breasts removed so as not to impede them when using the sword.[93] This passage is clearly out of place in a description of Jerusalem, and its legendary quality is in sharp contrast to the detailed topographical information rooted in the biblical record that makes up the rest of description.

Other candidates for passages missing from *F16*, *F17* and *F20* that look as they were later interpolations include the description of Nablus and its place in biblical history that occupies §§ cvi–cxv. This is a self-contained passage that interrupts the narrative and could well have been taken from a pre-existing source. Much the same could be said of § cxxiii, a paragraph that is largely devoted to retelling Jesus' miracle at the Pool of Siloam as recorded in John 9, and its rather awkward follow-up which occupies most of § cxxv.

Of greater historical interest is the material, again absent from these three manuscripts, that is contained in §§ clxii–clxiii and which tells of the Saracen witch who enchanted the Christian army on the eve of the Battle of Ḥaṭṭīn to ensure its defeat. It was only after she had done her work that a group of sergeants apprehended her; these men tortured her to get her to say what she had been doing and then killed her. The author then warns his readers not to write this tale off as a piece of fiction and proceeds to give a version of the biblical story of Balaam and Balak by way of showing that something similar had been

---

91   *Ernoul*, §§ clxxv n. 223, p. 257 ll. 10–12, p. 258 ll. 1–2, 3–4, 8–10, clxxvi p. 260 ll. 1–2, 6–7, 10–14, clxxviii p. 261 ll. 7–8, p. 262 ll. 16–17, p. 263 l. 1, clxxxiii p. 268 l. 16, clxxxiv p. 269 ll. 1–2, 2–3, 6–11.

92   The passage under discussion is printed in brackets at p. 504, not from a *Rothelin* text but from *F50* (= MS 'C').

93   The more usual explanation is to facilitate the use of a bow. See for example Michael R. Evans '"Unfit to Bear Arms": The Gendering of Arms and Armour in Accounts of Women on Crusade', in Susan B. Edgington and Sarah Lambert (eds), *Gendering the Crusades* (Cardiff, 2001), 45–58, at p. 49.

intended in Old Testament times. Looking at this passage in context, it can be seen that it clearly interrupts the narrative flow and is out of keeping with the tone of the surrounding material. Ernoul, the putative author of most of the narrative for this period, was not given to recounting tales of the supernatural, and the idea that the Christians lost at Ḥaṭṭīn because their army was cursed is at variance with the main thrust of his version of events which is that the Christians lost because of the foolishness of Guy of Lusignan in allowing himself to be talked into going to the relief of Tiberias. It is highly likely that these two paragraphs were not in the original history as written by Ernoul; their absence from *F16*, *F17* and *F20* mean that they may not have been in the earliest version of the *Chronique* as composed around the year 1230 either.

The final passages lacking in these three manuscripts take us to the events of the Fifth Crusade. The first, much the shorter of the two, is at § cccxv and reports that al-Kāmil, the sultan of Egypt, called on the caliph in Baghdad to send aid to the defence of Damietta. The caliph is asked to preach throughout the Muslim world ('Païenie') and so rally support for the war-effort just as the pope was doing throughout Christendom.[94] This passage seems self-contained and is the only reference to the caliph in the whole history. It could be an interpolation, but the question must remain open.

The second, and more celebrated passage, concerns Saint Francis and his attempt to preach Christianity to al-Kāmil. The story is well known and ends with the sultan refusing to have Francis and his companion put to death for attempting to convert a Muslim to a different faith and instead sending them back to the Christian camp.[95] This incident has attracted a considerable amount of discussion, not least because Francis himself is not named in the *Chronique d'Ernoul*'s account.[96] The question here, however, concerns not the historical significance of the episode, but its place in the textual history of the *Chronique*. Like the story of the Saracen witch, the story is self-contained and interrupts the flow of the narrative. What is more, it is misplaced chro-

---

94 *Ernoul*, § cccxv p. 497 nn. 1–2, 7.
95 *Ernoul*, §§ cccxix (from n. 458)–cccxxi.
96 See for example, John Tolan, *Saint Francis and the Sultan: The Curious History of a Christian-Muslim Encounter* (Oxford, 2009), chapter 2; Barbara Bombi, 'The Fifth Crusade and the conversion of the Muslims', in Elizabeth J. Mylod, Guy Perry, Thomas W. Smith and Jan Vandeburie (eds), *The Fifth Crusade in Context: The crusading movement in the early thirteenth century* (Abingdon, 2017), 68–91, at 71–80; Matthias Bürgel, '"Se vous nous volés oïr et entendre, nous vos mosterrons par droite raison […] que vostre lois est noiens". Franz von Assisi als Prediger vor Malik al-Kamil', *Literaturwissenschaftliches Jahrbuch*, 60 (2019), 87–122; Edbury, 'Sultan al-Kāmil, the Emperor Frederick II and the Surrender of Jerusalem', 297–301.

nologically. Here it comes after the surrender of Damietta to the Christians in November 1219, but other evidence points to Francis being present in the Christian camp at the end of August 1219 while the siege was still in progress.[97] The arguments for its being added as an afterthought to the text are strong.

From this discussion various points about the development of the text can be seen to have emerged. The final version of what we have been calling the first recension ended in 1229 and is represented by the text in *F18*. After this recension was complete, someone, quite probably the same author, revised it to form the second recension which ended in 1231. The text in *F24* indicates that yet further revisions to this second recension then followed. But before the finishing touches were put to the first recension, a version of the text that was the ancestor of *F16*, *F17* and *F20* was made which lacked all or some of the passages discussed in the previous paragraphs: the 'Tiere de Femenie', the location of Nablus, Jesus at the Pool of Siloam, the Saracen witch, the caliph of Baghdad and the unnamed Saint Francis. This text – what might be thought of as 'work-in-progress' – was then copied with certain other passages being omitted for no apparent reason, most likely scribal carelessness, and it was from this copy that *F17* and the common ancestor of *F16* and *F20* were derived.

2.4 *The Second (1231) Recension*

The three principal manuscripts of the *Chronique d'Ernoul* that supply the text of the second recension have been discussed above: *F25* is almost certainly a copy of *F26*; *F24* contains a version of the text that was broadly similar to the one that gave rise to the Continuation as found in *F38*. As all the *Eracles* manuscripts that have a form of the *Chronique* were derived from a single exemplar and *F38* is the sole manuscript to preserve this recension of the Continuation in all its fullness, there can be little doubt that the text in *F38* is superior to those in the other thirty-eight that contain the text derived from *Ernoul*. A fifth witness to the second recension is provided by the Paris: Bibliothèque nationale ms. fr. 9086 (*F50*). As explained above, this manuscript contains the French translation of William of Tyre followed by the beginning of the Colbert-Fontainebleau version of the Continuation and then, in the course of the description of the events of 1187, switches to a version of the *Chronique d'Ernoul* which then continues to 1231.[98] So although it only contains part of the *Chronique*, it is the only one to have been copied in the East. The text, however, is extensively rewritten, so much so that we seriously questioned whether it should be taken into account in the preparation of this edition. But its east-

---

97 James M. Powell, *Anatomy of a Crusade, 1213–1221* (Philadelphia, 1986), 158–160.
98 *Eracles* § 23; *Ernoul*, § cxliv.

ern provenance plus the significant variant readings that crop up from time to time earned it a reprieve. On the other hand, the comparatively short Colbert-Fontainebleau section was not rewritten in a similar fashion, and that suggests that the changes were not the work of the copyist of this manuscript but were already present in the exemplar.

As in the case of *F19*, most of the second recension rewording in *F50* is simply a matter of trying to improve the literary style. However, unlike *F19* there are a number of unique changes to this manuscript which indicate that whoever made them was working in the East and was aware of the local situation. This eastern perspective is illustrated by the frequency with which the term 'Tiere d'Outremer', used to denote the Latin East, is eliminated and is replaced by 'Sainte Terre', 'en Surie', 'de Jerusalem' or something similar; for someone working presumably in Acre, the Latin East is not 'Outremer'.[99] There are also examples of superior information available to people in the East being reflected in the changes. Twice the text of *F50* speaks of qadis – 'caadiz' – where the other manuscripts anachronistically refer to Muslim clerics as 'arcevesques et evesques',[100] and in the account of the Fifth Crusade we are given a well-informed explanation of the geography of the Nile Delta that is clearly superior to the version found elsewhere.[101]

Other changes may also imply additional information. A few examples will suffice. In the description of Jerusalem where the other manuscripts record that the 'Rue le Patriarche' is so called because the patriarch dwells ('maint') at its end, *F50* states that it is thus named because that is where the 'ostels dou patriarche' is located. A small point perhaps until it is remembered that at no time during the reoccupation of Jerusalem between 1229 and 1244 was the patriarch actually resident.[102] Also in the description of Jerusalem, *F50* alone names the Beautiful Gate (the Bab al-Silsila) which gives access to the Temple Precinct from the city as the 'Portes Speciouses' instead of 'Portes Precieuses' as found in all the other manuscripts and so suggests a familiarity with the Vulgate text of Acts 3:2: '... portam temple quae dicitur Speciosa'.[103] When Guy of Lusignan began the siege of Acre in 1189 he encamped 'sour .i. toron

---

99   *Ernoul*, §§ ccxi p. 309 l. 10, ccxxxi p. 339 l. 10, cclvii p. 388 l. 9, clxi l. 1 (and elsewhere in this paragraph), cclxvi n. 365, cclxxiv p. 422 ll. 1–2, cclxxv p. 423 l. 5, cclxxxvii p. 448 l. 7, cccxxxvii p. 537 l. 4, cccxxxviii p. 539 l. 1. But not always: *Ernoul*, §§ cccxiii p. 491 l. 5, cccxxiv p. 514 l. 4.

100 *Ernoul*, §§ cclxx p. 435 ll. 13–14, cccx p. 509 l. 5.

101 *Ernoul*, § cccxxvi n. 464, p. 517 ll. 7–8.

102 *Ernoul*, § clxxiv p. 254 l. 4. See Bernard Hamilton, *The Latin Church in the Crusader States: The Secular Church* (London, 1980), 260–261.

103 *Ernoul*, § clxxv n. 224, p. 258 l. 12.

qui devant Acre est, sor le tiere S. Nicolay'. The 'toron' is the Tall al-Fukhhar just to the east of the city. *F50* changes 'sor le tiere' to 'sor le cimetiere de', and so makes an appropriate reference to the cemetery of St Nicholas that lay between the Tall al-Fukhhar and the city.[104] All the other manuscripts of the *Chronique d'Ernoul* speak of the kingdom escheating to Maria of Montferrat on the death of Aimery of Lusignan in 1205; it is only *F50* that explains rightly and with greater legal precision that the kingdom passed to Maria on the death of her mother, Queen Isabella.[105] Finally, in the context of the build-up to the Battle of Ḥaṭṭīn, the *Chronique* lists the Tiberias brothers, Raymond III of Tripoli's step-sons, in order of birth: Hugh, William, Ralph and Ostes. *F50*, however, is alone in placing them in the correct order: Hugh, William, Ostes and Ralph, thereby agreeing with the information given in both major versions of the *Lignages d'Outremer*.[106] It appears that the words 'Otes' and 'Raol', which are clearly in the same hand as the rest of the manuscript, overwrite erasures, and this would suggest that initially *F50* too followed the order as given in the other manuscripts. In the 1240s the seniority of Ostes over Ralph was a major factor in the legal debates that determined which of their descendants should inherit the lordship of Tiberias, now returned to Christian control for the first time since 1187.[107] It is highly likely that the correction reflects a memory of the arguments used in this debate.[108]

It was noted above that a feature of *F24* is the peculiar way in which the chapter divisions are set out – one division per column and the divisions arranged in a pattern on the page – and that has resulted in many of them occurring in places unmatched elsewhere and frequently in places where a division is hard to justify. *F25* and *F26*, on the other hand, have far more divisions than any of the other manuscripts – not far short of twice as many as in the base manuscript *F18*. Given that *F38* faithfully preserves the chapter division in the Latin text of William of Tyre, it may be wondered if it also preserves the original location of the chapters in the second recension, especially in those instances in which *F38* has the same chapter division as *F50*. The results of an analysis, however, suggest that that was not the case: although there are a large

---

104   *Ernoul*, § ccxx p. 322 ll. 1–2. For the cemetery, see Denys Pringle, *The Churches of the Crusader Kingdom of Jerusalem: A Corpus*, 4 vols (Cambridge, 1993–2009), 4: 151–155.
105   *Ernoul*, § cccvii p. 482 n. 4.
106   *Ernoul*, § clvii n. 190. *Lignages d'Outremer*, 77, 101.
107   See Peter W. Edbury, 'The Disputed Regency of the Kingdom of Jerusalem, 1264/6 and 1268', *Camden Miscellany*, 27 (1979) (= Camden 4th series, 22), 1–47, at 13, 28, 33, 36; John of Ibelin, *Le Livre des Assises*, ed. Peter W. Edbury (Leiden, 2003), 759–760, 765 and note, 768.
108   Other changes unique to *F50* include 'provoire' for 'prestre' (*Ernoul*, § clxxxix p. 278 l. 4) and 'voiles et lor timons' for 'trés et lor gouvrenals' (§ cciv p. 298 l. 1).

number of occasions when *F38* shares paragraph breaks with all or most of the other manuscripts of the *Chronique*, it has eight breaks not shared with any of the others and a further seven that it shares with *F50* alone. Altogether there are almost forty paragraph breaks in *F38* that are not shared by any of the second recension manuscripts *F24*, *F25* or *F26*.

So how does the second recension differ from the first? As is clear from the apparatus, there are countless minor textual variants that distinguish the two recensions, but these rarely make any significant changes to the meaning or introduce new information. At the end, the additional narrative that runs from 1229 to 1231 and is edited here as Appendix 1 amounts to only just over a thousand words. There is nothing in the style, vocabulary or the bias of its historical content to suggest that it was the work of a different author, and that in turn would be an argument for considering that the person responsible for the second recension was also the author of the first recension.

It is difficult to know what significance should be attached to the fact that the second recension does not refer to Ernoul by name. The earlier recension reads:

> Dont fist descendre .i. sien varlet, qui avoit a non Ernous: ce fu cil qui cest conte fist metre en escript. Celui Ernoul envoia Balyans de Belin dedens le castel pour cierkier ...[109]

The second recension manuscripts differ among themselves, and it is *F38* that comes closest to the earlier text. Here we read:

> Lors fist descendre .i. suen vallet et l'envoia dedenz le chastel pour cerchier ....

While it is possible that the suppression of the words, 'qui avoit a non Ernous: ce fu cil qui cest conte fist metre en escript. Celui Ernoul envoia Balyans de Belin' and their replacement with 'et l'envoia' was the result of carelessness on the part of a copyist, it is more likely to have been a deliberate piece of re-writing. But as to why that should have been considered desirable, we can only speculate.

The line about Ernoul apart, there are no passages of any consequence that are present in the first recension and which are now omitted. Indeed, it is difficult to find examples of even brief omissions that affect the overall sense.[110] On the other hand, there are a small number of short additions scattered through

---

[109] *Ernoul*, § cxlix.
[110] For examples omissions that do come close to altering the sense, see *Ernoul*, §§ lxiii p. 130 ll. 11–12, ccxvi p. 316 l. 6, ccxviii p. 319 ll. 6–7, cclxxx p. 431 ll. 3–4, cccxxxiv p. 531 l. 4.

the text, often no more than a single sentence, but it is not possible to detect any pattern to them.[111] A few new passages stand out as being of greater interest. The longest occurs in the description of the coronation of Guy of Lusignan as king of Jerusalem in 1186. In this instance we would suggest that the passage was part of Ernoul's original text, that it had been omitted in error in the original version of the *Chronique*, and that what then happened was that when the revisions that comprise the later recension were being made, the mistake was rectified.[112] If so, this would be further grounds for thinking that the same person may have been responsible for both the first and the second recensions. It is conceivable that the same explanation could account for an extra sentence in the section on the sacred geography of the Holy Land describing the biblical city of Zoar and the longer passage dealing with the mythical characteristics of snakes.[113] Writing of the Fourth Crusade, the second recension has an additional sentence that reads: 'Por ce les nomme je Latins qu'en la terre apele on les François Latins', and, as a last example, there is a rather longer passage concerning Richard's activities after his release from prison in Germany.[114]

One final point about the second recension: part way through the section at the end describing events of 1229–1231 the author leaves his account of the affairs of the Latin East and moves on to John of Brienne's involvement in Constantinople. To mark the progression from one topic to another he writes: 'Or vos lairons a parler de le terre de Jherusalem tant que poins et eure en sera'.[115] But the 'poins et eure' never come and Jerusalem is never mentioned again. The author intended to continue writing but did not do so.[116]

∴

In preparing this edition we have used *F18* as our base manuscript. We have only departed from the text and the orthography found there when all, or almost all, the other manuscripts agree on an alternative. All departures from *F18*'s readings are indicated by the use of italics.

As is normal in critical editions, we have modernised the punctuation and the use of 'i' and 'j' and 'u' and 'v'.

---

111   *Ernoul*, §§ lxxxix n. 117, xci n. 120, cciv n. 265, cclvii n. 339, cclix n. 343, ccxcii n. 407.
112   *Ernoul*, § cxxxi n. 173. Cf. § cxxxii n. 174.
113   *Ernoul*, §§ lxix n. 95, lxxi n. 98.
114   *Ernoul*, §§ cclxxxii n. 392, ccxlv n. 320.
115   *Ernoul*, Appendix 1 n. 2.
116   Also in this connection we note that near the end of § cccxxxvi at n. 476 the author mentioned the arrival of two English bishops in Acre; his promise that he would have more to say about their activities was not fulfilled.

It will be immediately apparent that the *apparatus criticus* is decidedly 'heavy'. Even so it has not been possible to log every minor variant, and so, to help anyone wishing to analyse individual manuscripts in greater depth find their way, we have supplied the foliation for each paragraph. Knowing what to leave out of the *apparatus criticus* is, as always, a problem in editing texts from a number of manuscripts. Our policy has been to ignore minor variants such as changes in word order or spellings that are only found in the one manuscript and which clearly have no implication for the sense of the phrase in question.

We have not normally logged variant spellings of proper names in the *apparatus criticus*, but some at least of the alternative forms are listed in the index.

In the case of *F25*, the scribe sometimes uses the 'ç'; we have indicated occurrences in the apparatus by the use of bold type.

The extensively re-phrased text in F50 means that this manuscript is of little value in establishing the text of our edition. We have therefore ignored many of the numerous instances of isolated readings, but we have noted those which find support elsewhere or for other reasons appear to be of interest. That of course means that the absence of any variant in the *apparatus criticus* should not be understood as grounds for assuming that *F50* is in step with the base manuscript at this point.

We have also provided cross references to the nineteenth-century edition.

The *Chronique d'Ernoul*

[i][1] Oïés et entendés comment la tiere de Jherusalem et la Sainte Crois fu conquise de Sarrasins sour Crestiens.

Mais ançois que je vous die, vous noumerai les rois et les segneurs ki furent puis le tans Godefroi *de Buillon* qui le conquist sour Sarrasins, il et li Crestiien ki aveoc lui estoient. Godefrois de Bullon en fu sires mais ains n'i porta couronne, qu'il ne vot pas porter couronne la u Jhesucris l'avoit portee. Cil Godefrois n'ot onques nul enfant. Un frere ot qui ot non Bauduins a cui la tiere eskeï quant il fu mors. Cil fu rois et porta couronne en Jherusalem. Cil *rois* Bauduins[2] ot .iiii. filles; si n'ot nul fil. Si fu pris en une bataille de Sarrasins et fu menés en prison. Li baron de la tiere quisent tant et pourcacierent qu'il vint a raençon et qu'il le racaterent as Sarrasins. Une partie de le raençon paiierent et de l'autre livrerent ostages. Aveuc les ostages ot une des filles le roy Baudoin. Quant il pot, se racata ses ostages, dont il avint que se fille qui en ostages estoit que Sarrasin le violerent.[3] Quant elle fu venue, si le vot ses peres marier, et elle dist qu'ele n'aroit jamais baron ains vorroit estre nonne. Et li rois estora une abeïe

---

1 Oïés et] Or *F20* ‖ entendés] entendés seigneur *F19*   2 de Sarrasins sour] sour Sarrasins des *F17*   4 Godefroi de Buillon] Godefroi *F18*, Godefroy duc de Buillon *F19*, le duc Godefroi de Buillon *F20 F24 F25 F26*   5 estoient] furent *F24 F25 F26*   6 qu'il ne vot … u] Car il n'i porta pas courone pour ce que *F20* ‖ Godefrois] Godefrois regna .xiii. ans si *F24*   7–8 qui ot non … il] a cui le terre escaï et ot non Bauduins et vint le tere a lui quant Godefrois fu mors *F19*   8 Cil] Cil Bauduins *F16*, Chil Bauduins *F19 F20* ‖ en] en la chité de *F19* ‖ rois] *lack F18 F19*   11 le racaterent] l'achaterent *F25 F26*   12 ostages] boins ostages *F19* ‖ des filles le roy Baudoin] des filles Baudoyn (Bauduin *F20*) *F16 F20*, de ses filles *F24 F25 F26* ‖ le roy] *lack F16 F20*   13 se racata ses ostages] si les racata et ses autres ostages *F19* ‖ que] de *F17 F25 F26*   13–14 que Sarrasin le violerent] *lacks F24*   14 elle] el fu fors de prison et ele *F16* ‖ venue] revenue *F19 F24* ‖ et] mais *F19 F25 F26*   15 vorroit estre] serroit *F17*, devenroit *F19* ‖ Et li rois] Et ses peres *F19*, Li rois Bauduins *F20*   15–65.1 une abeïe et … Betanie] adonc une abaïe en Betanye et douna rentes *F16*

---

1   *Rubric in F16*: Ci orroiz vraies estoires des rois crestians et de touz les seignors d'Acre et de tote la terre que li Crestian ont tenue en la Terre d'Outremer puis le tens Godefroi de Buillon, *and a six-line puzzle initial 'O'. Rubric in F20*: Premiers del roi Bauduin de Jherusalem a qui li roiaumes escheï de par le roi Godefroi de Buillon sen frere qui le conquist sour Sarrasins, *and a seven-line puzzle initial 'O'. F24 has a sixteen-line puzzle initial 'C' and an extra sentence at the beginning of the paragraph*: Chi comence li cronikes de le Terre d'Outremer: el non le Pere et le Fil et l'Esperit Saintime.
2   All the manuscripts err in conflating Baldwin I and Baldwin II except *F24* which has additional material at this point. See Appendix 3:2.1.
3   The assertion that Iveta, who would have been a small child at the time, was violated is unique to this narrative. *F24*, which elsewhere contains other corrections to the dynastic history of Jerusalem, omits it.

THE CHRONIQUE D'ERNOUL 65

et donna rentes en Betanie la u Jhesucris resuscita Lazaron de mort a vie. D'icel lieu fu elle abeesse. L'autre fille fu princesse d'Andioce et l'autre aprés contesse de Triple, et la quarte fu roine de Jherusalem.[4]

Mais ançois ke je vous die qui ses barons fu et qui fu rois de Jherusalem, vous veul dire des Templiers, comment il vinrent en avant. Car a cel tans n'estoit il nus Templiers.[a]

[ii] Quant li Crestien orent conquis Jherusalem, si se rendirent assés de chevaliers *au Sepucre*, et mout s'en i rendirent puis de toutes tierres et estoient obeïssant au prieus dou Sepucre. Il i ot des boins chevaliers rendus; si prisent consel entr'iaus et disent: 'Nous avoumes guerpis *nos* tieres et nos amis et sommes chi venu pour la loy Dieu essauchier; si sommes chi arresté pour boire et pour mengier sans oevre faire, ne noient ne faisons d'armes et besoigne en est en la tiere, et sommes obeïssant a un priestre si ne faisons euvre d'armes; prendons consel et faisons mestre d'un de nos par le congié de no prieus ki nous conduie

---

1 Jhesucris] Diex *F19* ∥ de mort a vie] lack *F24 F25 F26*   3 et la quarte] L'autre *F24*   4 Mais] *lack F25 F26* ∥ fu rois de Jherusalem] li rois de Jerusalem (Jherusalem *F17*) fu *F16 F17*, roys fu *F24 F25 F26*   5–6 a cel tans ... Templiers] a ce tens n'estoit il nus *F16*, il n'estoit a chel tamps nuls Templiers *F19*, a cel tans n'estoit nus Templiers *F20*   7 *Rubric in F20: Des Templiers. No paragraph break in F17 and F24.*   8 au Sepucre] *lacks F18* ∥ et mout s'en ... tierres] au Temple del Sepucre et puis s'en i rendirent de totes parz et de totes terres *F16* ∥ mout s'en i] asés s'en *F24 F25 F26*   9 prieus dou Sepucre ... boins] Sepucre. Il i ot *F17*   10 avoumes guerpis tieres ... et] *lacks F17* ∥ nos] *lacks F18* ∥ amis] maisons nos rentes et nos amis *F19*   11 essauchier] lever et essaucier *F24*, i lever et esaucier *F25 F26*   12 mengier] mangier et por despendre *F24 F25 F26*   12–13 ne noient ne ... et] Si *F17* ∥ et besoigne en ... d'armes] *lacks F16* (*hometeleuton*), et besogne en est a la terre ains sommes obeïssant a .i. prestre *F25 F26*   13 tiere] tere de Jherusalem molt grans *F19* ∥ sommes] somes tout *F17*, sommes chi *F20*   14 consel] conseil ensamble *F20* ∥ et] et si *F17 F24 F25 F26* ∥ mestre] magistre *F25 F26* ∥ par le congié de no prieus] par le consel de no prieus *F17*, *lacks F20*, par le congié d'un de nos priors *F25 F26*   14–66.1 conduie en bataille ... sera] maint en batalle avec le roi *F17*

---

[a] *F18 f. 1ra–b; F16 f. 17rb–c; F17 f. 1ra–b; F19 f. 63ra–b; F20 f. 4vb–5ra; F24 f. 116ra–b; F25 f. 2vb–3ra; F26 f. 2va–3ra* (ML, 4–6). *F18 has a ten-line miniature panel showing crusaders in a Gothic architectural frame and a six-line historiated initial 'O'. In the lower margin there are three nuns and an abbess praying outside a nunnery. F17 has a twelve-line miniature panel showing the First Crusade followed by an eleven-line historiated initial 'O' showing Godfrey and his advisers. F19 has an eight-line historiated initial 'O' showing the True Cross being taken from Jerusalem with a marginal drawings of dogs.*

---

4 Baldwin II's daughters were Melisende, the eldest (and not the fourth as stated here), Alice princess of Antioch, Hodierna countess of Tripoli, and, the youngest, Iveta abbess of Bethany. The erroneous claim that Melisende was the youngest is corrected at §v n. 9 by *F16* and *F24*. See also *F24*'s correction in this paragraph at line 3.

F25 and *F26*, which begin a new paragraph here, have the numeral '.ii.' after 'Jherusalem', presumably relating to the table of contents. See below Appendix 4.

en bataille quant lius en sera'. A icel tans estoit li rois Bauduins.[5] Si vinrent a lui et disent: 'Sire, pour Dieu consilliés nous, qu'ensi faitement avons esgardé a faire maistre de l'un de nous pour le secours de la terre'. Li rois en fu mout liés et dist que volentiers i meteroit consel et aïe.[a]

[iii] Adont manda li rois le patriarche et les archevesques et les vesques et les barons de la *terre* pour consel prendre. La prisent consel et s'acorderent que bien estoit a fere. La vint li rois si lor donna terre et castiaus et villes, et la fist tant li rois et ses consaus viers le prieus dou Sepucre qu'il les quita de l'obedienche et qu'il *s'en* departirent fors tant que de l'ensegne de l'abit del Sepucre emportent encore une partie.[6] L'ensegne de l'abit dou Sepucre est une crois vermelle a deus bras, et cil del Temple le portent toute omple viermelle.[b]

[iv] Or[7] vous dirai pourquoy il ont a non Templier. Quant il se *departirent* del Sepucre il n'orent u manoir. Li rois avoit .iii. *riches* manoirs en la cité de Jhe-

---

1 lius en] poins et liex *F19*, mestiers en *F24*, tens *F25*, leus *F26* ‖ estoit] regnoit *F16*, estoit rois *F17 F20* 2 et disent] et li disent *F19*, et li distrent *F16 F25 F26* ‖ Sire] lacks *F20* 3 de l'un de nous] l'un de nos qui nos conduie en bataille *F16* 3–4 en fu mout ... aïe] lor respondi que molt en estoit liés et que volentiers y metteroit et conseil et aïeue a son pooir *F19* 5 *No paragraph break in F24, F25 or F26*. ‖ rois] rois Baudoin *F16* ‖ et les archevesques et les vesques] les evesques et les archevesques *F19 F20* 6 terre] lacks *F18* ‖ s'acorderent] esgarderent et disent *F19* 7 La vint li ... donna] lors lor dona li rois *F16*, et li roys lor dona *F25 F26* ‖ terre et] lack *F25 F26* 8 rois] rois Baudoin *F16*, rois Bauduins *F20* ‖ viers le prieus] envers le patriarche *F19* 9 et] lack *F25 F26* ‖ s'en] lacks *F18* ‖ de l'ensegne] lack *F25 F26* 10 emportent encore une partie. L'ensegne et encore l'enseigne en une partie *F19* ‖ emportent encore une ... Sepucre] lacks *F17* (homeoteleuton) 11 bras] bras tele le porte li Ospitas *F24* ‖ omple] lacks *F16*, ample *F20*, oinple *F24*, roge enple *F25 F26* 12 *Rubric in F20*: Encore des Templiers. *No paragraph break in F24*. ‖ departirent] partirent *F18* 13 rois] rois Baudoins *F16* ‖ avoit] n'avoit *F25 F26* ‖ riches manoirs] manoirs *F18 F20*, manoirs riches *F16 F17*

---

[a] *F18 f. 1rb–va*; *F16 f. 17rc*; *F17 f. 1rb*; *F19 f. 63rb*; *F20 f. 5ra–b*; *F24 f. 116rb*; *F25 f. 3ra–b*; *F26 f. 3ra–b* (ML, 7–8).
[b] *F18 f. 1va–b*; *F16 f. 17rc–va*; *F17 f. 1rb–va*; *F19 f. 63rb–va*; *F20 f. 5rb*; *F24 f. 116rb*; *F25 f. 3rb–va*; *F26 f. 3rb* (ML, 8).

5 Baldwin II (1118–1131).
6 *F24*, which begins a new paragraph (with a decorated initial 'S' in error for 'L'), has significant additional material. See Appendix 3:1.1. For comments on this passage, see Anthony Luttrell, 'The Earliest Templars', in Michel Balard (ed.), *Autour de la Première Croisade* (Paris, 1996), 193–202, at 194–199; idem, 'Les origines diverses des ordres militaires syriens' in Jacques Meissonnier et al. (eds), *De la Bourgogne à l'Orient. Mélanges offerts à Monsieur le Doyen Jean Richard* (Dijon 2020), 489–495, at 489–491.
7 The text in *F19* differs appreciably throughout. The transcript of this paragraph will serve as an example:
   Or vous dirai pour coi il ont a non Templier. Quant il se **departirent du Temple et** du

rusalem: .i. en haut a la Tour Davi et *un* en bas devant le Tour Davi et le *tiers* devant le Temple *ou Dex* fu offert. Chel manoir apieloit on le Temple Salemon; c'estoit li plus rices. Il proient le roy qu'il lor prestast celui manoir de ci qu'il en averoient un fait. Li rois lor presta celui manoir c'on apiele Temple, dont il ont a non Templier pour çou qu'il y manoient. La faisoient il le past le roy quant il portoit couronne en Jherusalem. Puis fisent il .i. rice manoir encoste, que li Sarrazin abatirent quant il prisent la cité, que se li rois vosist avoir le sien que il i peussent manoir.[8,a]

[v] Atant vous lairons des Templiers; si vous dirons dou roy Bauduin et de sa maisnee[9] fille qu'il avoit a marier. Li rois prist consel a ses hommes u il poroit sa fille marier, qu'il le vorroit donner a tel homme qui le regne puist

---

1 a] en *F19 F25 F26* ‖ Tour Davi] tor d'Adam *F25*, tor d Davi *F26* ‖ un] une *F18* ‖ en] *lack F24 F25 F26*   1–2 le Tour Davi … devant] *lacks F24 (homeoteleuton)*   1 tiers] tierce *F18*   2 Temple] Temple la *F16 F20* ‖ ou Dex] del *F18* ‖ apieloit] apele *F24 F25 F26*   3 le roy] tant le roy Bauduin *F20 (with the word 'roy' added later over an erasure)*   3–4 lor prestast celui … rois] *lacks F20 (homeoteleuton)*   4 averoient] euscent *F17*, avoient *F25 F26* ‖ *New paragraph in F25 and F26.* ‖ Temple] Temple Salemon *F16*, le Temple Salemon *F20*   5 y manoient] manoient la *F16 F17 F20 F24*   6 rice manoir] biaus manoirs et riche *F25 F26* ‖ encoste] *lack F16 F17 F20*   7 se] *lack F25 F26* ‖ avoir] ravoir *F24*   8 peussent manoir] peust menoir *F16*, peust manoir s'il voloit *F20*   9 *Rubric in F16*: Del tens le conte Forc d'Ajou qui rois fu de Jerusalem aprés lo roi Baudoin cui fille il prist. *Rubric in F20*: Del tans le conte Foucon d'Angeu qui rois fu de Jherusalem aprés le roi Bauduin qui fille il prist a feme, *and a seven-line puzzle initial 'A'.* ‖ Atant vous] Or *F24* ‖ des Templiers] des Templiers ester *F16*, de ches Templiers *F19*, a parler de l'Ospital et de Temple *F24* ‖ dirons] dirai *F17* ‖ Bauduin] *lack F24 F25 F26*   10 sa maisnee] s'ainznee *F16 F24*   10–11 Li rois prist … marier] Li roys Bauduins et demanda et prist conseil ou il poroit se fille donner et *F19*, *lack F25 F26 (homeoteleuton)*   10 rois] rois Bauduins *F20*

[a]*F18 f. 1vb–2ra; F16 f. 17va; F17 f. 1va; F19 f. 63va; F20 f. 5^{rb–va}; F24 f. 116^{rc}; F25 f. 3va; F26 f. 3^{rb–va}* (ML, 8–9).

Sepulchre il n'orent ou manoir. Li roys avoit .iii. **riches** manoirs en le chité de Jherusalem, un en haut en le Tour David[a] et le tierch devant le Temple ou Dix fu offers. Chel manoir apeloit on le Temple Salemon. **Chil manoirs** estoit li plus riches **et li plus biaus de tos les trois manoirs**. Il prierent le roy **Bauduin** qu'il lor prestast chelui manoir **tant** qu'il en aroient un **autre et** fait **et appareillié**. Et li roys leur presta **molt volentiers** chelui manoir que on apele le Temple dont il ont a non Templier. Et pour chou qu'il manoient **ens en chel manoir** faisoient il le past le roy **cascun an et** quant il portoit couronne en Jherusalem. Et puis fisent a un **molt** rice manoir encoste, **chelui meesme manoir que Salemons fist et fonda ou il manoient** – mais le Sarrasin l'abatirent quant il prisent le chité – **pour ce** que se li roys vausist avoir le sien, que il y peussent manoir.

[a]*The phrase* 'et une en bas devant le Tour David' *is lacking*.

8 F25 and F26 have additional sentence: 'Ausi li Templier en avant apele Templier'.
9 Near the end of §i Melisende, the queen of Jerusalem, is wrongly referred to as Baldwin II's fourth daughter. This error is repeated here, calling her his youngest daughter. Two unrelated manuscripts, *F16* and *F24*, correct this mistake.

gouverner apriés *lui*. Ses consaus li aporta que il avoit un homme en Anjo qui quens estoit et avoit a non Foukes. Li rois par le consel de ses hommes le manda et se li donna sa fille. Cil Fouques avoit eut femme dont il avoit une fille. Celle fille fu mariee al conte Thieri de Flandres.[10] Celle fu mere au conte Phelippe et mere le contesse de Hainau qui mere fu le conte Bauduin de Flandres et Henri d'Anjo qui puis furent empereur de Constantinoble, et mere le roine de Franche qui femme fu le roi Phelippe et mere le roy Loeïs. Et si ot autres enfans que jou ne nommerai mie chi, ains vous dirai d'autre affaire.[11a]

[vi] Or vous lairons de *ce ester*, si vous dirons de Fouke qui est en la Terre d'Outremer. Or est mors li rois Baudoins, et Foukes et sa femme furent couronné. A cel tans estoit Escalonne vers les Sarrazins. Escalonne est une cités sour mer a .xii. liues de Jherusalem.

Or avint cose que al tans chel roi ala li rois Loeÿs de Franche, qui peres fu le roy Phelippe, outremer aveuc l'empereour d'Alemaigne, qui avoit a non Fedrich,[12] et alerent par terre. Adont fu la grans famine en l'ost de *Satalie*. Si ven-

---

1 lui] lacks *F18* ‖ homme] haut home *F16 F24 F25 F26*   2 Li rois par ... hommes] Et li rois Bauduins par le conseil de ses hommes et par leur assentement *F19*   3–4 Cil Fouques avoit ... fille] *lacks F17 (homeoteleuton)*   3 eut] par devant eu autre *F19*   6 Henri d'Anjo qui puis furent] de Hainau qui puis fu *F19*   10 *Rubric in F20*: ⟨D⟩u rois Loey de Franche. *No paragraph break in F16*. ‖ lairons de ceste si vous dirons] lairai de che que je vous avoie commenchié a dire si vous dirai *F19* ‖ ce ester] ceste *F18*, çou *F17 F24*, ce *F26 F25* ‖ Fouke] Forcon d'Enjou *F16*   11 rois] quens *F25 F26*   11–12 couronné] coronné en Jerusalem *F16*, coroné et regna .x. ans *F24*   12 estoit] estoit encore *F24* ‖ vers les] devers *F16 F17 F20*, devers les *F19*, de *F24 F25 F26*   13 *New paragraph in F16 with the rubric*: Deu roi Looÿs de France pere au roi Phelipe qui ala outremer.   14 chel roi] lo roi Forcon de Jerusalem *F16*, celui roy Fouques *F19*, cel roi Foucon *F20* ‖ de] en *F17*   16 Fedrich] Conrat *F24* ‖ Satalie] Salatie *F18*

---

[a] *F18 f. 2ra; F16 f. 17^{va-b}; F17 f. 1vb; F19 f. 63^{va-b}; F20 f. 5va; F24 f. 116^{rc-va}; F25 f. 3^{va-b}; F26 f. 3^{va-b} (ML, 10–11).*

---

10   *F24* has a substantial variant which runs from here to the end of this paragraph. See Appendix 3:1.2.
11   By his first wife, Count Fulk V of Anjou (king of Jerusalem 1131–1143) was the father of Sibylla (died 1165), the wife of Count Thierry of Flanders (1128–1168). Their children included Philip, count of Flanders (1168–1191), and Margaret (died 1194) who married Baldwin V, count of Hainaut (1171–1195). Among Baldwin and Margaret's childern were Baldwin and Henry, successive Latin emperors of Constantinople and Isabella (died 1190), wife of Philip II of France. This text omits to mention Fulk's son by his first marriage, Geoffrey Plantagenet, the father of King Henry II of England.
12   The emperor was Conrad III. Only *F24* corrects this error.

doit on .v. feves .vii. deniers. Et teus i ot qui mangoient par destrece les tacons de leur solers. Li rois et li empereres vinrent en Jherusalem et fisent lor pelerinage. Quant il orent fait lor pelerinage, si prisent consel et disent que si haut homme que il estoient ne retourneroient mie dessi que il aroient aucune cose conquesté sour Sarrazins. Par lor consel assanblerent les os de la terre et acompaignierent aveuc le lor et alerent assegier Damas et furent devant Damas. Si gasterent la tiere entour et les gardins, mais a le cité ne fisent il riens. Car, si com on dist, li Templier et li Hospitalier en orent sommiers cargiés de faus besans pour chou qu'il en fisent l'ost retourner ariere, et par lor consel se retournerent en la tiere de Jherusalem et assegierent Escalonne et furent grant piece devant et nient n'i fisent. Quant il ne porent nient fere, si se parti li os. Si prist li empereres congié, si s'en ala en Alemaigne par tiere, et li rois Loeïs entra en mer pour venir en France.

Or avint cose quant il fu sour mer ke vens le fist ariver en l'isle de Sesille a une cité qui a a non Palierne. N'avoit encore gaires quant li rois ariva en l'isle de Sesille que Crestiien l'avoient *conquise* sour Sarrazins. Li sires ki le conquist avoit a non Rogiers; si estoit sires de Puille et de Calabre. Cis Rogiers estoit en

---

1 .v. feves] une feve *F20* ‖ .vii.] .vi. *F19*, .i. *F24* ‖ par destrece] par destrece de faim *F16*, par disece *F17*, *lack F25 F26*   1–2 tacons de leur solers] tacons de lor cauches et *F19*, chevaus quant il moroient *F24*   2 rois et li empereres] rois Looïs de France et li empereur Fedris d'Alemaigne alierent tant par lor jornees qu'il *F16*   2–3 vinrent en Jherusalem … pelerinage] fisent lor pellerinage en Jherusalem *F20*   3 Quant il orent fait lor pelerinage] *lack F19 F25 F26* (*homeoteleuton*), Quant il orent fet lor pellerinage en Jherusalem *F20*   3–4 que si haut … il] li haut homme qu'il ne retourneroient mie si *F19*   4 que il estoient] il estoit *F25 F26*   4–5 dessi que il … Sarrazins] s'aroient aucune chose conqueste sor les Sarrazins de la terre *F24*   6 alerent assegier Damas … Damas] assegierent Damas *F17*, alerent essillier le païs des mescreans et furent devant Damas *F19*, alerent asegier Damas *F25 F26* (*homeoteleuton*)   7 la tiere entour et] *lack F25 F26* ‖ fisent] fourfisent *F19*, fourfirent *F20*, furent *F25 F26*   8 sommiers] cameus *F24* ‖ cargiés de faus besans] cargiers de flambaus qu'il avoient fait emplir de faus besans *F19*   9–10 et par lor … en] en *F17*   9 se retournerent] s'en retornierent arrieres *F16 F20*, s'en retournerent il tout arriere *F19*, s'en retornerent et vinrent *F24*   10 devant] devant Escalone *F20*   11 *New paragraph in F25 and F26*. ‖ ne porent nient fere] virent k'il n'i poroient nient faire *F17*, virent che *F19*, n'i porent oevre faire *F24* ‖ ne] n'i *F16 F20 F24 F25 F26* ‖ si se parti li os] si se departirent les *F19*, si se departi li sieges *F24*, devant Eschalone si (et si *F25*) se departi li sieges *F25 F26* ‖ parti] departi *F16 F17*   12 par tiere] *lacks F19*   13 *New paragraph in F16 and F20. Rubric in F16*: Comment il ot roi primes en Sezile. *Rubric in F20*: Comment il ot premiers roi en Sesille.   14 quant il fu sour mer ke] que quant li rois Looÿs fu entrés en mer por venir en France que *F16*, que quant il vint sour mer uns *F20* ‖ ke vens le … de] uns vens vint qui le fist *F19* ‖ Sesille a] Sezille et i avoit *F16*   15 qui a a non] qui avoit non *F16*, c'om apele *F20* ‖ Palierne] Valerie Palerne *F25 F26*. (Valerie *appears to be a copyist's blunder.*) *New paragraph in F25 and F26*. ‖ rois] rois Loeÿs de France *F20*   15–16 ariva en l'isle de Sesille] y arriva *F19*, ariva en l'isle *F20*   16 conquise] conquis *F18*

Palierne quant li rois i ariva et ala encontre lui. Quant il sot que li rois de France estoit arivés, il li pria qu'il herbegast aveuc lui en son castiel et li rois i herbega, et il li fist tant d'onnour que li rois s'en loa mout durement.[a]

[vii] Ains que li rois s'en parti, se pourpensa Rogiers d'une mout grant voisdie et vint au roi; si li dist qu'il alast aveuc lui par tout son castiel et a son tresor. Et *quanques il li plairoit presist a sa volenté comme le sien. Li rois ala avec lui a son tresor et* cil li fist moustrer tous les biaus joiaus que il avoit. Li rois n'en vot riens prendre. *Et* Rogiers prist une couronne d'or mout biele, si vint al roy si li dist: 'Sire, se vous plaisirs estoit que vous me mesissiés ceste couronne d'or en ma tieste pour savoir comment elle me serroit?' Li rois, qui n'estoit mie malicieus pour l'onnour qu'il li avoit fete ne li vot escondire dont il fu mout dolans aprés. Il prist la couronne, si li mist sour la tieste. Quant Rogiers ot le couronne en le tieste, il s'agenoulla devant le roi, si l'en mercia mout hautement et dist que plus haus hom de lui ne le peuist mie avoir couronné. Quant li rois vit çou, si se tint mout a engignié et prist congié, si s'en ala en France. Et li rois Rogiers le convoia jusques a la mer et fist porter apriés lui grant partie de ses joiaus.[b]

---

1 quant li rois ... lui.] *lacks F17 (homeoteleuton)* ‖ rois i] rois Looïs *F16*, roys de France i *F25 F26*   1–2 Quant il sot ... il] si *F16*   2–3 en son castiel ... il] en castel et il i herbega et il *F17*, en son castel et li roys Loeÿs et chil *F19*, et li rois herberga avec lui en son castiel et *F24*, Et li herberja en son chastel et *F25 F26*   2 herbega] herberja volentiers *F16*   3 rois] rois Loeÿs *F20* ‖ mout] *lack F16 F17 F19*   4 *No paragraph break in F16, F20, F24, F25 or F26.* ‖ rois] rois Loeÿs *F20* ‖ mout] molt tres *F19*, *lack F24 F25 F26*   5 tout son castiel ... tresor] tos ses chastiaus a tous ses tresors *F20*   6–7 quanques il li ... et] *lack F18 F25 F26 (homeoteleuton)*, quanques il li plairoit si presist tout a se volenté comme le sien. Li roys Loeÿs ala aveuques lui molt volentiers *F19*   6 avec lui] *lacks F20*   7 li fist moustrer] li mist mo *F17*, Rogiers le mena a son tresor et se li moustra *F19* ‖ tous les] molt *F20*   8 Et] *lacks F18* ‖ si vint al roy si] et li *F19*, si vient au roi Loeÿ de France si *F20* ‖ si li dist] *New paragraph in F24.*   9 que vous me mesissiés] je vous pri que vos metés *F20* ‖ d'or] *lacks F24* ‖ en] sour *F17 F20*   10 malicieus] maleureus *F24*   11 fete ne li] douné et faite ne *F25 F26*   12 couronne] coroune en sa main *F16*, couronne qui estoit de molt tres boin or et de molt tres fin *F19*, corone d'or *F20* ‖ sour la] en sa *F16 F20*, en le *F19* ‖ *New paragraph in F25 and F26.*   12–13 Quant Rogiers ot le couronne en le tieste] *lacks F20*   12 en] sour *F17*, sor *F25 F26*   13 le roi] li *F16*, le roi Loeÿs *F20* ‖ hautement] *lacks F17*   14 plus haus hom de lui] nus plus haus hons de lui ne plus gentix ne plus vaillans *F19* ‖ rois] roys Loeÿs l'entendi et il *F19*, rois Loeÿs de France *F20* ‖ vit] oï *F16* ‖ çou] che qu'il avoit fait *F19*   15 mout] lacks *F24* ‖ et prist congié] Adonc print congié li roys Loeÿs *F19* ‖ rois] nouviaus roys *F19*   16 joiaus] joiaus. Ensi ot roi en Sesille c'onques n'i avoit esté a cel tans. *F20*

---

[a] *F18 f. 2ʳᵇ⁻ᵛᵃ; F16 f. 17ᵛᵇ⁻ᶜ; F17 f. 1ᵛᵃ⁻ᵇ; F19 f. 63ᵛᵇ–64ʳᵃ; F20 f. 5ᵛᵃ–6ʳᵃ; F24 f. 116ᵛᵃ⁻ᵇ; F25 f. 3ᵛᵇ–4ʳᵇ; F26 f. 3ᵛᵇ–4ʳᵇ* (ML, 11–13).   [b] *F18 f. 2ᵛᵇ; F16 f. 17ᵛᶜ–18ʳᵃ; F17 f. 1ᵛᵇ–2ʳᵃ; F19 f. 64ʳᵃ⁻ᵇ; F20 f. 6ʳᵃ⁻ᵇ; F24 f. 116ᵛᵇ⁻ᶜ; F25 f. 4ʳᵇ⁻ᵛᵃ; F26 f. 4ʳᵇ⁻ᵛᵃ* (ML, 13–14).

THE CHRONIQUE D'ERNOUL 71

[viii] Or vous lairons chi ester; si vous dirons del roi Fouque qui est en Jherusalem. Li rois Fouques tint la tiere en pais tant com il vesqui, fors seulement d'Escalonne que il ne pot avoir. Li rois Fouques ot deus fius: li aisnés ot a non Bauduins et li autres Amaurris. Quant li rois Foukes fu mors, si porta Bauduins *ses fius* couronne et si manda en Constantinoble a l'empereour Manuel par le consel de ses hommes qu'il li envoiast une siue niece pour prendre a femme pour çou qu'il n'avoit nulle fille qu'il peust avoir, et li empereres li envoia volentiers. Cele ot a non Todoiaire et si n'ot nul enfant del roi. Au tans cel roi Bauduin fu Escalonne assegie, et si le prisent Crestiien sour Sarrazin. Quant elle fu prise, si le donna son frere Amaurri, et se li donna le conté de Jaffe. Et a trois liues d'iluec donna *as* Templiers .i. castiel qui a a non Gadres. Chis castiaus fu Sanson le fort, dont il abati le palais sour lui quant se femme prist autre baron. Et a .ii. liues d'illuec frema li rois .i. castiel c'on apiele Le Daron. Cis castiaus est a l'entree si con on entre pour aler en Egypte.

Amaurris li quens de Jaffe prist a femme le fille le conte de Rohais. Cele ot un frere qui ot a non Josselins qui quens fu de Rohais apriés le mort son pere. Si vinrent Sarrazin sour lui, si li tolirent sa terre.[13a]

---

1 *No paragraph break in F16 or F20.* ‖ chi ester] ester de chel roy Rogier *F19* ‖ dirons] lairons *F20* ‖ qui est en] de *F19*   2 tint] *lacks F24* ‖ tiere] Tere d'Outre Mer *F19*, terre bien et *F20* ‖ com il vesqui] qu'il vesquirent *F20* ‖ seulement] tant seulement que le chité *F19*   3 avoir] pas avoir *F16*, onques avoir *F19*, avoir et regna .xv. ans *F24. New paragraph in F16 and F20. Rubric in F16:* Del tens lo roi Baudoin de Jerusalem a cui li reaumes eschaï de par lo roi Forc son pere. *Rubric in F20:* Del tans le roi Bauduin de Jherusalem a qui li roiaumes escheï de par le roi Foucon son pere, *followed by a nine-line puzzle initial 'L'.* ‖ fius] filz de la reigne de Jerusalem *F16*, enfans *F19*   5 ses fius] *lack F18 F24 F25 F26* ‖ et] en Jherusalem *F20* ‖ Manuel] Manuel qui adonc vivoit *F16*   6 siue niece] de ses neces *F25 F26*   7 qu'il] che que chis Maniuaus *F19*   7–8 volentiers] mult volontiers *F19 F25 F26*   8 roi] roi Bauduin *F18. New paragraph in F16 with the rubric:* Deu roi Bauduin qui dona a Amaurri son frere Escalone et la conté de Japhes.   8–9 Au tans cel ... assegie] Bauduin fist Exchalone assegier *F17*   10 donna] donna li roys Bauduins a *F19*, doua a *F25 F26* ‖ se li donna] *lacks F16* ‖ trois] .iiii. *F16*   11 d'iluec] de ce castel *F24* ‖ as] les *F18*   12 baron] baron que lui *F20 F26* (*illegible in F25*) ‖ Et] *lack F16 F17 F20*   13 d'iluec] de ce castel *F24* ‖ li rois] li rois Bauduins *F20*, il *F25 F26* ‖ Le Daron] Dragon *F17*, Laçarun *F25*, Lezarun *F26*   13–14 a l'entree si ... aler] en le tere si comme on entre *F19*, en l'entree si quem on entre *F20*   14 pour] a *F16 F17*, en *F25 F26* ‖ en Egypte] *lacks F19*, en la terre d'Egipte *F24 F25 F26. New paragraph in F25 and F26.*   16 le mort] *lack F25 F26*

---

[a] *F18 f. 2vb–3rb; F16 f. 18^{ra–b}; F17 f. 2^{ra–b}; F19 f. 64^{rb–va}; F20 f. 6^{rb–va}; F24 f. 116^{vc}; F25 f. 4^{va–b}; F26 f. 4^{va–b}* (ML, 14–15).

---

13 Before his accession Amaury married Agnes, sister of Count Joscelin III of Edessa. Their father was Count Joscelin II (died 1159) in whose time the county of Edessa passed into Muslim control.

[ix] *Or* vous noumerai les castiaus et les cités qui en sa tiere estoient. Il *i* est Rohais cités et Monferrax cités et Cesaire Li Grans et *La* Camele et Hamam la u Sains Abrahans fu nés. Celle tiere est entre Antioche et Triple. En le marche de celle tiere ont li Hospitelier .ii. castiaus, si a a non li uns Le *Crac* et li autres Le Mergat, et li Templier .i. si a a non li Castiaus Blans.[14] La a grant guerre souvent de Crestiiens as Sarrazins. Quant li quens Josselins ot perdue sa terre, si vint en la terre de Jherusalem au roi, et li rois li donna rente a Acre a le caine et tiere dehors Acre.

Ne demora gaires aprés ke li rois Bauduins fu mors; si ne demoura nus hoirs de se femme, si eskeï li roiaumes a son frere Amaurri qui estoit quens de Jaffe.[a]

[x] Or vous dirai de Thodoaire qu'ele fist, li femme le roi Bauduin. Elle ot Acre en douaire. La vint .i. sien cousins giermains de Constantinnoble qui avoit a non Androines. Si s'entramerent tant qu'il l'enmena en tiere de Sarrazins et laissa sen douaire et qu'il le tint la et qu'ele fu morte. Aprés çou Androines s'en rala

---

1 *Rubric in F20*: De roi Bauduin. *No paragraph break in F24, F25 or F26.* ‖ Or vous] Lors vous F18 F17, et si F24 ‖ i est] est F18, i estoit F16 F17 F19 F20   2 et Monferrax cités] *lack F25 F26* ‖ la] *lacks F18*   4 le Crac] Crarc F18 *with the* le *interlined in different hand*.   5 Templier] Templier en y ont F19, Templiers si en i ont F20 ‖ si] qui F24 F25 F26 ‖ li] *lack F16 F17 F24* ‖ Castiaus Blans] Blans Castiaus F20   5–6 La a grant guerre ... Sarrazins] *lacks F19*   7 au roi] au roi Bauduin F16 F20, *lacks F17*   7–8 rente a Acre ... Acre] terre dehors Acre a la cheaine et F25 F26. *New paragraph in F16 and F20. Rubric in F16*: Aprés del tens le roi Amaurii a cui li realmes eschaï de par lo roi Baudoin son frere. *Rubric in F20*: Del tans le roi Amaurri de Jherusalem a qui li roiames escheï de par le roi Bauduin son frere.   7 caine] chaaire F24   9 demoura] demora gaires F25 F26   10 si] Cil rois Bauduins regna .xi. ans puis F24 ‖ son frere] *lacks F19* ‖ de Jaffe] *lack F25 F26*   11 *Rubric in F16*: De la reigne Codoaire et d'un chevalier qui ot a non Androynes. *Rubric in F20*: De Codoaire et d'Androine. *No paragraph break in F24.* ‖ dirai] dirons F24 F25 F26 ‖ Thodoaire] la reigne Condoaire F16 ‖ qu'ele fist li ... Bauduin] qu'ele fist la fame al roi Baudoin qui morz estoit F16, qui feme fu au roi Bauduin qu'ele fist. Et F20, la feme le roi qu'ele devint F24 F25 F26   12 avoit] ot F16 F24, *lacks F26* (*illegible in F25*)   12–13 a non Androines] *In F18 the lower right corner of folio 3ʳ has been repaired and the words in italics have been supplied in a later (fifteenth-century?) hand*: Or vous dirai de T*hodoaire qu'ele* / fist li femme le r*oi Bauduin. Elle ot* / Acre en douaire. La vint .i. sien / cousins gier*mains de Constantin* / noble qui av*oit a non Androines*   13 tiere] sa tere F17, le terre F20, la terre F25 F26 ‖ laissa] laissa Acre que ele tenoit pour F19   14 qu'il le tint la et] la tint la tant F16, cil le tint la tant F17, la le tint tant Androines F20, q'il (si F24) la tint la tant F24 F25 F26 ‖ çou Androines s'en rala] ce Androines (Androines F19) s'en ala F16 F19, s'en ala Androines F25 F26

---

[a] F18 f. 3ʳᵇ; F16 f. 18ʳᵇ; F17 f. 2ʳᵇ; F19 f. 64ᵛᵃ; F20 f. 6ᵛᵃ; F24 f. 116ᵛᶜ–117ʳᵃ; F25 f. 4ᵛᵇ–5ʳᵃ; F26 f. 4ᵛᵇ–5ʳᵃ (ML, 15).

14   Respectively Montferrand (Ba'rīn), Shaizar, Ḥimṣ, Hama, Crac des Chevaliers, Margat (al-Marqab) and Ṣāfīthā. Shaizar, Ḥimṣ and Hama were at no time under Christian control.

en Coustantinoble. Quant li emperes Manuials sot qu'il fu en sa tiere, il le fist prendre et metre en prison pour le honte que il li avoit faite de se niece. Et Androisnes meismes estoit ses cousins germains, et issirent de deus freres.[a]

[xi] Or vous dirai pour coi jou ai chi parlé d'Androine pour çou qu'il fist le malisse par coi li François alerent en Coustantinoble et *le* prisent.[15] Se j'ai tant d'espasse et de tans, jou dirai en quel point li malisses fu fais et comment.

Or lairons de çou atant ester, et si parlerons d'Amaurri qui quens estoit de Jaffe a qui li roiaumes eskeï de par son frere. Il manda tous les barons de sa tiere, et pour porter couronne en Jherusalem. Il i alerent tout et prisent consel entre iaus, et quant il orent pris *consel* si vinrent a lui et *si* disent: 'Sire, nous savons bien que vous *devez estre* rois, et si ne nous acordons pas en nulle fin que vous portés couronne jusques a celle eure que vous serés departis de celle femme que vous avés. Car telle n'est que roine doie iestre de si haute *cité* comme de Jherusalem'. La vint li rois ki ne vot estre contre le consel de ses hommes ne de le tiere, si se departi de li. Et quant departis se fu, se le donna a un des barons

---

1 qu'il fu] k'il fu entrés *F17*, que Androines fu *F20* ‖ tiere] terre revenuz *F16 F20*   2 niece] mere *F25 F26* ‖ Et] et nequedent *F20*   3 ses cousins germains ... freres] cosins germains l'empereur de .ii. freres estoient issu *F24*, cousins germains l'empereur de .ii. freres germains issu estoient *F25 F26*   4 *No paragraph break in F16, F17, F20, F25 or F26*. ‖ Or] Segnor or *F24*   5 li] *lack F16 F17* ‖ le] *lacks F18*   6 d'espasse et de ... comment] de loisir et d'espace je vous dirai comment li malices fu fais et en quel point *F19. New paragraph in F16, F20, F25 and F26. Rubric in 16*: Comment li rois Amaurris se departi de sa fame et prist a fame une cosine l'empereur de Constentinoble qui ot a non Marie. *Rubric in F20*: Du roi Amauri. ‖ dirai] vos dirai *F16 F20 F24*   7 Or lairons] Or vos lairom *F16*, Mais vos lairons or *F24* ‖ et] *lack F19 F20 F25 F26*   7–8 qui quens estoit ... par] a qui le royautés escaï. Le quens estoit a chel tans de Jafe. Il fu roys aprés *F19*   8 roiaumes] realmes de Jerusalem *F16* ‖ son frere. Il] lo roi Baudoin son frere. Il *F16*, son frere le roi Bauduin. Li cuens Amauris *F20*   10 quant il orent pris consel si] quant il orent pris onsel si *F18, lacks F24* ‖ et si] et *F18*, si li *F16 F20*, se li *F19 F24*, si *F25 F26* ‖ Sire] *lacks F18*   11 devez estre rois] et nous somes a rois *F18*, devés estre rois de Jherusalem *F20* ‖ ne nous acordons] *In F18 the lower left corner of folio 3ᵛ has been repaired and the words in italics have been supplied later. See §x ll. 12–13*: consel entre iaus, et quant il orent / pris onsel [sic] si vinrer a lui et disent / nous savons bien que vous / et nous somes a rois et si ne nous a-   13 avés. Car teile ... iestre] avés. Car ele n'est mie tele que ele doie estre roine *F19*, tenez qe tele est qe royne ne doit estre *F25 F26*   13–14 de si haute ... Jherusalem] *lacks F20*   13 cité] *lacks F18*, lieu *F19*   14 La vint li rois ki] Il *F20*, li roys *F25 F26* ‖ vot] vost mie *F16*, vaut mie *F19 F20*   14–15 contre le consel ... tiere] contre le consel de ses hommes *F17*, encontre ses homes *F24*   14 ne] ne encontre les barons *F19*   15 li] se feme *F20* ‖ se] s'en *F16 F17 F20 F24*, el *F25*, en *F26*

---

[a] *F18 f. 3ʳᵇ⁻ᵛᵃ; F16 f. 18ʳᵇ⁻ᶜ; F17 f. 2ʳᵇ; F19 f. 64ᵛᵃ⁻ᵇ; F20 f. 6ᵛᵃ⁻ᵇ; F24 f. 117ʳᵃ; F25 f. 5ʳᵃ; F26 f. 5ʳᵃ* (ML, 15–16).

15   For the significance of this linkage, see Gaggero, 'Western Eyes on the Latin East', 89–91.

74   THE CHRONIQUE D'ERNOUL

de se tiere qui avoit non Hues de Belin. Et quant il ot ce fait, si porta couronne. Il ot .ii. enfans de celle femme, .i. fil et une fille. Li fius ot a non Bauduin et li fille Sebile. Quant Amauris ot porté couronne, il manda ses hommes et pour consel prendre *ou il porroit femme prendre*. Il li conseillierent que nul liu pres de lui
5 ne se poroit si bien marier que une parente l'empereour Manuel de Coustantinoble, ne dont il euist si tost secours ne aïue ne de gens ne de deniers.[a]

[xii] Li rois, par le consel de ses hommes, envoia a l'empereur Manuel en Coustantinoble, et si li manda que, se lui plaisoit, que il li envoiast le plus prochaine parente qu'il avoit qu'il le prendroit a femme et le feroit roine de Jherusalem.
10 Li empereres en fu mout liés. Si esgarda le fille au plus *haut* homme de sa *terre* apriés lui qui ses cousins germains estoit. Cis avoit non Protesavasto. 'Protesavasto': c'est a dire en françois 'sires devant tous les contes'. Celle damoisiele avoit *a* non Marie.[16] Li empereres fist atourner nés et galies et fist cargier d'or et d'argent et de dras de soie et de gent, et les envoia au roi en Jherusalem aveuc
15 la damoisiele. Quant il orent tans, si se partirent dou port de Constantinoble et

---

1 quant il ot ce fait si] dont si *F24*, qant departiz en fu si *F25 26* ‖ couronne] li rois Amauris courone en Jherusalem *F20*   2 .i.] .ii. *F17*   2–3 Li fius ot ... Sebile] lacks *F16*. New paragraph in *F20* and *F24*.   3 il manda] si asembla *F16*, si manda *F17 F20*   3–4 et pour consel prendre] por consoil demander la *F16*, et pour consel prendre la *F17*, pour conseil querre *F19*, et pour consel la *F20*, por consel prendre *F24*, ou il poroit consceil prendre *F25 F26*   4 ou il porroit femme prendre] lacks *F18*, d'avoir feme *F25 F26* ‖ nul liu] en nul leu *F16 F24 F25 F26*, nule part *F20*   5 si] il si *F20 F24 F25 F26* ‖ que une parente] come en la niece *F25 F26* ‖ que] comme a *F16 F19 F24*, c'a *F17*, que a *F20*   5–6 Manuel de Coustantinoble] de Constantinoble *F17*, de Costentinople *F25 F26*, de Constantinoble que on apele Manuel *F19*   6 ne aïue ne ... deniers] ne aide ne de ses gens ne de ses deniers se mestiers li fust *F20*, ni (et *F24*) aide et de gent et d'avoir *F24 F25 F26*   7 *F18* has a four-line pen-flourish initial 'L'. No paragraph break in *F20* or *F24*. ‖ Manuel en] Manuel de *F16*, de *F17*   8 que se lui] se il li *F17*, qu'il que se *F25 F26* ‖ se lui plaisoit que] lacks *F19*   9 avoit qu'il] eust si *F16*, avoit si le *F19*, avoit i quar il *F20*, avoit et si *F25 F26* ‖ et le feroit] a molt grant joie et si en feroit *F19*, et seroit *F25 F26* ‖ de Jherusalem] lack *F24 F25 F26*   10 au plus haut homme de sa terre] au plus rice homme de sa terre et le plus haut *F18*, de tout le plus haut homme de se tere *F19* ‖ homme] baron *F24*   11 germains] lack *F25 F26* ‖ non] a non *F16 F17 F19 F20* ‖ Protesavasto] Prothesavato *F16*, Protosevastro *F17*, Protesavosto *F25 F26*   12 c'est] est *F16 F20 F24 F25 F26* ‖ françois] greçoys *F25*, grezois *F26* ‖ devant] de *F17*   13 a] lacks *F18* ‖ *New paragraph in F25 and F26.* ‖ empereres] empereres de Constantinoble *F25 F26* ‖ nés et galies et] galies et se les *F19*   14 gent et] molt bele gent et si *F19* ‖ roi] roi Amauri *F20* ‖ en] de *F17 F19 F24*   15 tans si se partirent] tans et vent si se departirent *F16 F20*, tans si se departirent *F17*, tans et lieu si se partirent *F19*

[a] *F18 f. 3^{va–b}; F16 f. 18^{rc–va}; F17 f. 2^{rb va}; F19 f. 64vb–65ra; F20 f. 6vb–7ra; F24 f. 117^{ra–b}; F25 f. 5^{ra–b}; F26 f. 5^{ra–va}* (ML, 16–17).

16   The marriage took place in 1167. Maria was the emperor's great niece. Her father, John

THE CHRONIQUE D'ERNOUL   75

vinrent a Acre. Quant li nés fu arivee, se le fist li rois mener a Sur et li fist porter couronne. De celle roine ot une fille qui ot non Ysabiaus.

Or vous dirons dou roi Amauri, qui preudom fu et sages et bons chevaliers, et les aventures qui avinrent en son tans tant com il vesqui. A .i. jour amassa ses os pour aler en le terre d'Egypte, et si assega Damiete.[17] A cel tans n'avoit nul soudan en Egypte, ains i avoit .i. *seignor* c'on apieloit mulane.[18] Cil de la tiere l'aouroient comme Dieu. Quant il avoit nul malade en sa tiere, si le portoit on devant son palais; si crioit on devant son castiel, et quant il les ooit, si venoit; si escouoit sa manche *a une fenestre*, et quant il avoient santé, si creoient que c'estoit par lui. Cil mulane n'estoit mie chevaliers, ne noient ne savoit d'armes. Mais tant estoit amés et cremus que li uns n'osoit meffaire a l'autre. Tant estoit cremus qu'il tenoit bien son regne en pais des gens de

---

1 nés] nés et le damoisele *F19* ‖ fu arivee] fu arrivee a Acre *F16*, furent arrivees a Acre *F20*, arivé furent *F24* ‖ rois] rois Amauris *F20* ‖ a Sur] aseur *F25 F26*   1–2 et li fist porter couronne] et la li fist porter corone *F16*, et la li fist li roys porter couronne *F19*, la espousa la damoisele et li fist couroné a Sur *F20*, et si l'esposa a Sur et fist porter corone *F24*   2 roine] reigne Marie *F16*, roine Mariien *F20* ‖ *New paragraph in F17, F25 and F26*.   3 preudom fu et sages et] fu molt preudons et molt *F19* ‖ fu] estoit *F16 F17*   3–4 et bons chevaliers, et] *lacks F24*   4 et les aventures … jour] Il avint .i. jor a son tans k'il *F17* ‖ en] a *F16 F19 F20 F25 F26*, en sa terre a *F24*   4–9 tant com il vesqui … si venoit] Li roys assanla ses os a un jour pour aler en le tere de Egypte, et si vous dirai encore toutes les aventures qui avinrent a sen tans tant comme il vesqui. Quant il ot ses os assanlees si assist Damiete. A chel tans que je vous di n'avoit nul seigneur en Egypte, ains y avoit un soudan que on apeloit muliane, et trestout chil qui manoient en le tere de Egypte l'aouroient comme Dieu. [*new paragraph*] Quant il avoit un malade en quelconque lieu que che fust ou pres ou loins en toute se terre que il tenoit si le portoit on devant son palais et si crioit on a molt haute vois tout droit devant le maistre tour du castel ou le muliane estoit. Et quant il les ooit si se venoit acouter a une des entailleures de le tour *F19*   5 amassa ses os] assembla ses olz li rois Amauris *F16*, assamble ses os *F17*, assambla ses os *F20* ‖ *New paragraph in F16 and F20. Rubric in F16*: De la mulane d'Egipte que li rois Amaurris aseja a Damyete. Et neant n'i fist. *Rubric in F20*: De le mulane d'Egypte.   6 seignor] siergant *F18*   7 *New paragraph in F19*.   9 si] et *F17 F20 F26*, et si *F24* ‖ a une fenestre] *lacks F18*, devers le malade parmi une fenestre *F19*   9–10 il avoient santé si creoient] il avenoit aucune fois qu'il avoient santé si creoient tout vraiement *F19*   11–12 tant estoit amés … des] il por estoit de tous chiaus qui le connoissoient tant amés et tant cremus que il tenoit bien se tere en pais de toutes les *F19*   11 cremus] coneus *F25 F26*   12 Tant estoit cremus qu'il] et si *F24* ‖ estoit] est *F16 F25 F26*

      Doukas Komnenos (died 1176), the son of one of Manuel's brothers, was given the title of protovestiarios in 1148. The office was originally a senior position at the imperial court with responsibilities for the imperial wardrobe.

17   The siege of Damietta took place in 1169. The word 'mulane' is the Arabic 'mawlānā' meaning 'lord' or 'master'. In what is an obviously fictionalised narrative, it is not altogether clear whether the Fatimid caliph or his vizir Shāwar (1164–1169) is intended.

18   Although an isolated reading, *F18*'s 'siergant' is interesting, perhaps prompted by the statement that he was not a knight.

la tiere et c'om li aportoit *ses rentes de la terre* d'Egypte et d'Alixandre a son castiel la u il manoit qui a non Li Cahaire priés de la cité de Babilone.[19] A son tans ne savoit on nul haut homme el mont qui tel tresor euist asamblé com il avoit a son castiel a Cahaire fors seulement l'emperere de Constantinoble.[a]

[xiii] Celle mulane, quant il oÿ que li Crestien estoient entré en sa tiere et qu'il avoient assegié Damiete, si manda au roi de Nubie qu'il le venist secourre, et si manda en le tiere de Damas Sarrazins qu'il venissent a lui en saudees, et il i vinrent. Et quant li rois de Jherusalem oï dire que si grans gens venoient sour lui, si n'osa demorer, ains se leva del siege; si s'en revint en la tiere de Jherusalem. Et quant li rois s'en fu partis dou siege, li mulana paia mout bien ses sodoiiers et mout largement donna as Sarrazins ki l'avoient secoru, et lor donna encore plus assés qu'il ne lor avoit en couvent, tant qu'il s'en loerent; et li mulane les en mercia mout et lor donna congiet d'aler arriere en lor tieres, et il si fisent.[b]

---

1 ses rentes de la terre] *lacks F18*, les rentes de tote la terre *F24*   2 la] *lack F17 F19 F25 F26* ‖ qui a non Li] au *F20* ‖ a] avoit a *F17*, avoit *F19*   3 haut homme el mont] haut home el monde *F16*, home el monde *F17 F19 F20*   4 a] en *F16 F19 F25 F26* ‖ l'emperere] l'emperere Manuel *F16*, l'empereor Manuel *F20*   6 *Rubric in F20*: De le mulane. *No paragraph break in F16 or F24*. ‖ mulane quant il oÿ] muliane quant il oï dire *F19*, c'om apelle mulane quant il oï dire *F20* ‖ li] *lack F16 F17 F20*   7 secourre] secorre et il i vint *F24 F25 F26*   8 venissent] venist *F25 F26*   9 Et] molt volentiers *F19* ‖ rois] rois Amauris *F20* ‖ venoient] venoit *F19 F25 F26*   10 si n'osa] a ost si n'osa mie *F19*, Il n'i osa *F24*   10–11 siege; si s'en ... dou] *lacks F20 (homeoteleuton)*   11 s'en] se *F16 F19 F24 F25 F26* ‖ siege] siege de Damyete *F16*, siege de Damiete *F20*   11–13 li mulane paia ... couvent] si merchia le muliane les gens qui estoient venu a sen secours si en donna molt grans soldees as Sarrazins qui l'avoient secourir et plus que il ne leur avoit pramis *F19*   11 mulana] mulane *F16 F17 F19 F20 F24 F25 F26*   11–12 mout bien ses sodoiiers et mout] bien ses soldoiers et molt *F16*, molt bon soldees et *F17*   12 donna as Sarrazins ki l'avoient secouru] *lacks F24* ‖ donna as Sarrazins] dona deu suen aus Sarrazins *F16*, dona as Sarrasins del sien *F20*   13 avoit] eust *F17*, ot *F16 F20* ‖ loerent] loerent durement *F20*, leverent *F25 F26*   14 li mulane les en mercia mout et] il *F19* ‖ d'aler arriere] de raler arriers *F16*, de repairier *F17*, de raler *F19 F20* ‖ tieres] païs *F19*

[a] *F18 f. 4^{ra–b}; F16 f. 18^{va–b}; F17 f. 2^{va–b}; F19 f. 65^{ra–b}; F20 f. 7^{ra–b}; F24 f. 117^{rb–c}; F25 f. 5^{rb–vb}; F26 f. 5^{va–6ra}* (ML, 17–19).   [b] *F18 f. 4^{rb–va}; F16 f. 18^{vb–c}; F17 f. 2vb–3ra; F19 f. 65^{rb–va}; F20 f. 7^{rb–va}; F24 f. 117^{rc}; F25 f. 5vb–6ra; F26 f. 6ra* (ML, 19–20).

19   Fustat.

[xiv] Je vous ai parlé de *la* mulane, mais or vous en lairai atant. Et se jou ai tans et eure, je vous dirai comment il fu ocis en son castiel a Cahiere.

Quatre ans apriés çou que li rois Amaurris repaira dou siege de Damiete, amassa ses os et si rala arriere en le tiere d'Egypte, et si assega une cité qui a a non Balbais. Si le prist a force et l'abati, qu'il ne le peut mie tenir pour çou que il n'estoit mie sour mer; car s'elle fust sour mer, il ne l'eust mie abatue, ains l'euist garnie.[20] Ensi gasta la tiere et tant ot ocis de gent a l'issue de la cité par deviers une aighe, que li cevaus d'un chevalier ne pot issir hors des gens qui mort estoient, ains i fu mors. Quant li rois ot prise la cité, si enmena mout grant gaaing si com d'or et d'argent et de rikes dras de soie et de biestaille et de hommes et de femmes et d'enfans, çou que il en porent avoir *devis*, et tant d'avoir com une mervelle. Si s'en retourna ariere en le terre de Jherusalem.[a]

[xv] Or vous lairons del roi; si vous dirons du conte Tieri de Flandres qui le fille le roi Fouke ot a femme et seur estoit le roi Amaurri. Li quens et se femme se croisierent et si alerent outre mer en Jherusalem. Quant arivé furent et li rois

---

1 *Rubric in F16*: Del conte Tierri de Flandres et de sa fame qui alierent outremer. (*This rubric relates to §xv and the rubric found there to this paragraph.*) *Rubric in F20*: Del roi Amaurri. ‖ Je vous ai parlé] Or vos ai parlé *F16*, Atant vos lairai a parler *F25 F26* ‖ la] *lacks F18* 1–2 mais or vous … il] de si a une autre fois vos dirai autrement *F25 F26* 2 eure] lieu *F19* ‖ fu] morut et fu *F20* ‖ a Cahiere] *lack F24 F25 F26* 3 Amaurris] Amauris de Jherusalem *F20* 4 amassa] et ramassa *F20* 5 l'abati] abati *F17*, si l'abati *F19* 6 car s'elle fust … mie] il ne l'eust pas *F16* (*homeoteleuton*) 7 Ensi gasta la tiere] Ensi garni le terre *F20*, Ainsi gasta le païs environ *F19*, La terre gasta *F24* ‖ l'issue de la cité par] le chité essillier de chele part *F19* 8 d'un] a un *F16 F17 F19 F24 F25 F26* 9 *New paragraph in F24*. ‖ rois] roys Amauris *F19*, rois Amauris *F20* ‖ prise la cité] abatus et escilliés les murs de le chité *F19*, prise le chité de Belbais *F20* 11 çou que il … devis] çou que il en porent avoir *F18*, *lacks F16*, il en prisent a lour devis *F17*, che qu'il en pot avoir devis *F19*, com si qui emportoient a lor devis *F20*, et ce qu'il en porent avoir devis *F25 F26* 12 com une mervelle] comme merveile *F16 F25 F26*, comme une fine merveille *F19*, que ce ne fu mie fins *F24* ‖ ariere] arriere entre lui et se gent *F19* ‖ le terre] la cité *F17* ‖ Jherusalem] Jerusalem a tout son gaaing *F25 F26* 13 *Rubric in F16*: Comment li rois de Jerusalem prist la cité de Belbais seur la mulanne d'Egipte. (*This rubric relates to §xiv and the rubric found there to this paragraph.*) *Rubric in F20*: Del conte Thieri de Flandres. *No paragraph break in F24.* ‖ roi] roi Amaurri qui est en Jerusalem en pes *F16*, roi Amauri *F19 F20 F25 F26* 14 a femme] *lack F24 F25 F26* ‖ et seur] A Sur *F20* ‖ quens] quens Tierris *F19*, cuens de Flandres *F20* 15 si] *lack F17 F24*, si s'en *F20*, s'en *F19 F25 F26* ‖ Jherusalem] le tere de Jherusalem *F19* ‖ furent et li rois] furent a Acre et li rois *F16*, se furent a Acre et li rois Amauris *F20*

---

[a] *F18 f. 4*$^{va-b}$; *F16 f. 18*^{vc}; *F17 f. 3*^{ra}; *F19 f. 65*^{va}; *F20 f. 7*^{va}; *F24 f. 117*$^{rc-va}$; *F25 f. 6*$^{ra-b}$; *F26 f. 6*$^{ra-b}$ (ML, 20).

20   The siege and destruction of Bilbais occurred in 1168. Amaury had made an attempt to take Bilbais (but not Damietta) four years earlier.

le seut, si ala encontre; si les reçut si hautement com on doit faire le conte de Flandres et se sereur.[21] Li quens et se femme alerent en Jherusalem et fisent lor pelerinage. Et quant fait l'eurent, la contesse ala en Betanie *sejorner* aveuc l'abesse, qui ante estoit son frere. Et li quens cevauça et sejorna aveuc le roi. Quant li quens eut esté en le tiere tant com lui plot, il ala en Betanie a la contesse se femme; si li dist: 'Dame, atirés vous; si nous en irons ariere en Flandres', et la dame respondi que se Dame Diu venoit a plaisir qu'en Flandres *n'enterroit* ele jamais, ne la mer ne passeroit. Ne onques pour proiiere que il seust fere ne li vot otriier qu'ele se partist de la tiere, ne qu'ele s'en remuast. Quant il vit qu'il n'en venroit a chief, si vint au roy et au patriarche;[22] si lor dist que se femme ne pooit gieter d'ileuc pour riens que il seust dire ne fere; si lor proia que il alaissent a li et tant fesissent, se il pooient, qui l'en peuist remener arriere en Flandres.[a]

[xvi] Atant i alerent et il aveuc aus. Et quant elle sot que il venoient a li, elle vint a l'abesse, si li demanda les dras pour estre nonne, et l'abeesse li donna. Quant la

---

1 si les reçut] et *F19* ‖ faire] faire de tel home comme *F24*, faire tel home come *F25 F26*   2 sereur] serour ausi *F25 F26*. *New paragraph in F25 and F26.*   3 en] en le tere de *F19* ‖ sejorner] lacks *F18*, sejorner et reposer *F24 F25 F26*   4 ante estoit son frere] se ante estoit et ante sen frere *F19*, ante estoit a son frere le roi *F20* ‖ cevauça et sejorna aveuc le roi] Tierris de Flandres demoura aveuc le roy Amaurri de Jherusalem et chevaucha aveuc lui *F19*   5 quens] cuens Thieris des Flandres *F20* ‖ il] si *F16 F17 F20 F25 F26*   5–6 la contesse se femme] a sa fame parler *F16*   6 irons] rirons *F16 F20*, ralons *F17*   7 respondi] li respondi *F18* ‖ venoit a plaisir] plaisoit *F25 F26* ‖ n'enterroit] n'entenroit *F18*, ne retorroit *F16*, ne revertiroit *F17*, ne repaieroit *F20*   8 passeroit] repasseroit *F19* ‖ seust] li poïst *F24*   9 partist] departesist *F20* ‖ ne qu'ele s'en remuast] ne qu'ele s'en meust *F17 F19*, ne qu'ele s'en revenist *F24*, lack *F25 F26* ‖ il] li quens Tierris *F19*   10 patriarche] patriarche de Jherusalem *F19* ‖ si lor dist] *lacks F20*   10–11 que se femme ne pooit gieter] qu'il ne pooit se femme remouvoir *F19*   10 que] qu'ensi estoit que *F24 F25 F26*   11 que il seust dire ne fere] *lacks F16* ‖ seust] poïst *F24*   11–12 alaissent a li ... arriere] venissent a lui et que il li priaissent que ele s'en vaussist venir *F19*   12 tant fesissent] fesiscent tant *F17*, fesissent tant *F24*, feissent tant *F25 F26* ‖ qui l'en] qu'il la *F16 F20* ‖ remener] revenir *F16*   13 *F25 and F26 lack this paragraph. No paragraph break in F16, F20 or F24.* ‖ Atant i alerent ... Et] Il i alerent et li quens aveuc *F24* ‖ et il] li roys et li patriarches de Jherusalem et li quens Tierris *F19*   14 si li demanda les dras] qui s'ante estoit et se li demanda les dras de sen ordre *F19* ‖ donna] donna molt volentiers et *F19*   14–79.1 la vinrent] il vinrent la *F17 F20* ‖ la vinrent pour ... avoit] li baron vinrent en le maison a li si le trouvierent *F19*

---

[a] *F18 f. 4vb–5ra; F16 f. 18^{vc}–19ra; F17 f. 3^{ra–b}; F19 f. 65^{va–b}; F20 f. 7^{va–b}; F24 f. 117va; F25 f. 6^{rb–va}; F26 f. 6^{va–b}* (ML, 20–21).

21   Thierry of Flanders and his wife, Sibylla of Anjou, arrived in the East in 1157 during the reign of Baldwin III (and not that of Amaury). Sibylla was the half-sister of Baldwin and Amaury, whose aunt, Iveta, the sister of Queen Melissende, was abbess of Bethany.

22   Fulcher (1145–1157).

THE CHRONIQUE D'ERNOUL   79

vinrent pour parler a li, si trouverent que elle avoit les dras viestus; si en furent
mout dolant. Li patriaches vint a li et li dist que çou ne pooit elle faire, puis
que ses sires ne le veut. Elle pria le patriache et le roi que pour Diu proiassent
le conte qu'il li laissast. Il li proiierent et elle meismes l'en caï as piés et li *pria
merchi et molt ploura et* que pour Dieu le laissast illeuc pour sa penitance faire,   5
que elle n'i demouroit pas pour mauvesté, se pour penitance non.[a]

[**xvii**] Li quens, quant il vit çou, si fu mout dolans et si en ot grant pité; pour
le bonté de li, et par le proiiere dou roi et dou patriache li donna congié del
demourer. Elle demoura, et li quens prist congié a li et au patriache et au roi;
si s'en revint en Flandres. Ne demoura puis gaires qu'il fu mors,[23] et Phelippes   10
ses fius fu quens de Flandres. Or fu la contesse nonne et sainte vie mena. Si vint
l'abesse et les nonnains; si proiierent pour Diu a la contesse que abeesse fust en
son liu, qu'ele n'i voloit plus *estre*. La dame li respondi que, se Diu plaist, abeesse
ne seroit elle ja, qu'ele n'estoit mie rendue pour estre abeesse mais pour *estre
desciple*.[b]   15

---

1 les dras viestus] vestu l'abit *F16*, vestus les dras *F17 F20* ‖ dras] dras pour estre nonne, et
l'abeesse li dona. Et quant il vinrent la si trouverent qu'ele avoit *F20*   2 et] si *F16 F17 F20*, et
se *F24* ‖ elle faire puis] estre pour *F17*, ele mie faire pour tant *F19*, estre sousfert par ce *F20*, de
faire por co *F24*   3–4 et le roi ... li] que por Diu il priast le conte que il le laissast en pais et li
patriarches et li roys et li autre baron l'en *F19*   4 laissast] laissast demorer illeuc *F20*   4–5 li pria
merchi ... et] li cria merchi et *F18*, se li pria merchi et ploura et dist *F19*, li pria merchi et molt li
pria et ploura et *F20*, li cria merci et molt plora et *F24*   6 que] que bien seust il que *F19*   7 *No
paragraph break in F24*.   7–8 grant pité pour le] molt grant pec pour le *F19*, molt grant pitié pour
le grant *F20*, pitié por le *F24*   8 roi et dou patriache] patriarche et del roi *F24 F25 F26*   8–10 del
demourer. Elle ... Flandres] et d'iluec s'en repaira et prist congié au roy et au patriarche et a se
femme si s'en revint en Flandres arriere *F19*   9 demoura et li quens] i demora et li quens *F16*, i
demoura et li cuens Thieris de Flandres *F20* ‖ a li et] *lacks F20* ‖ et au roi] et au roi Amauri de
Jherusalem *F20*, *lack F25 F26*   10 revint] revint ariere *F20 F25 F26* ‖ puis gaires] gaires aprés
ce qu'il fu venus (revenuz en Flandres *F16*) *F16 F20*, gaires *F17 F24 F25 F26*   11 fius fu quens de
Flandres] fre (*sic*) fu quens *F24*, freres filz quens *F25 F26* ‖ contesse] contesse de Flandres *F20*
11–12 Si vint l'abesse et les nonnains] et l'abbeesse vint a le contesse et nonnains aveuc lui *F19*
11 Si vint] si vint .i. i..r *F16*, si vinrent *F20*, dont vint a li *F24*   12 et les nonnains ... que] a li et si li
dist et li proia por Dieu li et ses nonains si li prierent por Dieu que *F16* ‖ si] et se li *F19*, a li. Si li
F20, et si *F24*, si li *F25 F26* ‖ a la contesse que abeesse fust] qu'ele fust abesse *F19 F20*, q'ele fust a
l'abaese *F25 F26*   13 estre] i estre *F18* ‖ dame li] bone dame *F24*   14 estre] i estre *F18*

[a] *F18 f. 5^(ra–b); F16 f. 19^(ra); F17 f. 3^(rb); F19 f. 65^(vb); F20 f. 7^(vb)–8^(ra); F24 f. 117^(va–b)* (ML, 21–22). *F18 has an eight-line
miniature panel showing Sibylla of Flanders being received as a nun and a four-line puzzle initial
'A'.*   [b] *F18 f. 5^(rb–va); F16 f. 19^(ra–b); F17 f. 3^(rb); F19 f. 66^(ra); F20 f. 8^(ra); F24 f. 117^(vb); F25 f. 6^(va–b); F26 f. 6^(vb)* (ML, 22).

---

23   Thierry died in 1168, shortly after a further visit to the East in 1164–1166. This account would
     appear to have conflated his 1157 and 1164 visits.

[xviii] Or vous lairons de la contesse, si vous dirons d'un chevalier, frere au signeur *d'Angien* sour Loire,[24] qui ot non Rainaus, s'ala outre mer. A cel tans qu'il fu arivés fu li princes d'Andioche mors, et si demoura sa femme .i. sieus fiex petis qui ot non Buiemons. Li rois de Jherusalem oï parler de cel chevalier qui arivés estoit *et qui estoit* de Franche, et haus hom et bons chevaliers. Si se pensa qu'il li donroit la princesse d'Andioche, qui s'ante estoit, pour sa tiere garder et gouvrener et pour son cousin, qui enfes estoit. De çou prist il consel a ses hommes, et si homme li loerent. Il le donna au chevalier, et il le prist et espousa. *Icil* fu apielés princes Renaus, dont nous vous dirons, se nous avons tant d'espasse et de tans, les oevres que il fist *puis* et comment il fu mors. Ne puis que il fu princes ne viesti drap de coulour, ne de vair, ne de gris.[25a]

[xix] Or vous lairons atant del prince Renaut, et si vous dirons de la mulane de Babilone, que il avint des Sarrasins de Damas qu'il avoit mandés en sau-

---

1 *Rubric in F16*: De Renaut d'Angiers qui ala outremer et puis fu apelez prince Renaut d'Entchioche. *Rubric in F20*: De Renaut d'Angou sour Loirre qui puis fu apellés princes Renaus. ‖ contesse] contesse de Flandres a parler atant *F16*, contesse de Flandres *F20* ‖ frere] *lacks F19* 2 d'Angien] d'Angier *F18*, d'Engien *F16*, Damas Gien *F20*, de Gien *F24*, del Geu *F25*, del Gieu *F26* ‖ A] En *F16 F17 F20 F24 F25 F26*   3 femme] feme et *F17 F19*   3–4 sieus fiex petis] emfanton petit *F16*, petit fix *F24*   4 rois] rois Amaurris *F20*   5 estoit et qui estoit] *lacks F18*   5–6 et qui estoit ... qu'il] et si oï dire qu'il estoit de Franche et qu'il estoit molt boins chevaliers. Se se pensa li roys que il *F19*   5 Franche] France nés *F24 F25 F26*   6 la princesse d'Andioche qui s'ante estoit] a femme le princesse d'Antioche se il le voloit prendre car ele estoit s'ante et li roys le faisoit *F19* ‖ d'Andioche] d'Antioche (d'Andioce *F17*, d'Anthioche *F25*) a feme *F17 F24 F25 F26*   6–7 pour sa tiere ... estoit] *lack F25 F26* (*homeoteleuton*)   6 sa] la *F16 F17*, le *F19 F20 F24*   7 cousin] cosin germain *F24* ‖ enfes estoit. De çou prist il] estoit encore petis enfes. De che prist li roys *F19*   8 Il] li rois *F20* ‖ au chevalier] molt volentiers *F19*, au chevalier Rainaut *F20*, a .i. chevalier *F25 F26*   9 Icil fu] Et fu cis *F18* ‖ Renaus] Rainauz d'Entchioche *F16*, Renaus d'Antioche *F19* ‖ dirons] dirons avant *F19*, dirons ci aprés *F25 F26*   10 puis] *lacks F18* ‖ Ne] Car *F16*, N'ainc *F17 F19 F24*, N'ainques *F20* Ne onc *F25 F26*   11 fu princes ne viesti drap] fu mors princes ne viesti dras de soie *F25 F26*   12 *Rubric in F16*: Comment li rois de Jerusalem secourt la mulane d'Egipte contre Sarrasin qui le guerroient. *Rubric in F20*: De le mulane qui li rois secourut. *No paragraph break in F24.*   13 avoit] avoit devant *F16*

---

[a] *F18 f. 5[va–b]; F16 f. 19[rb]; F17 f. 3[rb–va]; F19 f. 66[ra–b]; F20 f. 8[ra–b]; F24 f. 117[vb–c]; F25 f. 6[vb]; F26 f. 6vb–7ra* (ML, 22–23).

24 The various forms of this place name as found in the manuscripts, 'd'Angier', 'd'Angien', 'd'Engien', 'd'Angieu' etc., appear to be corrupted forms of 'de Gien', the reading preserved only in *F24*. Renaud is generally thought to have come from Gien-sur-Loire (dép. Loiret) and his own name derived from the nearby Châtillon-sur-Loire.

25 Renaud of Châtillon married Constance, the widowed princess of Antioch, in 1153, and controlled Antioch during the minority of his step-son, Bohemond III, until he was captured by the Muslims in about 1161.

dees] pour secourre Damiete, que li rois de Jherusalem avoit asegie. Li sodoiier, apriés çou que il furent retourné de le mulane, assamblerent autres gens aveuc eus et vinrent en le tiere d'Egypte sour le mulane et prisent grant partie *de la terre*, si com Alixandre, *et* Damiete et autres tieres assés. Quant li mulane vit que li Sarrasin li toloient sa tiere, si manda le roi de Jherusalem qu'il le secou- 5
rust pour Dieu, et que, se il le pooit secourre, il tenroit se tiere de lui et se li donroit cascun an grant treü de reconnissance et puis le premier jour que il mouveroit pour lui secourre, il averoit cascun jour .m. besans pour son cors, et cascuns de ses barons, selonc çou qu'il estoit haus hom, besans a l'avenant, et cascuns chevaliers, selonc çou qu'il iert, et tout le despens de l'ost a sen coust, 10
et toute le viande de sa tiere abandonnee. Li rois en prist consel, et ses consaus li aporta qu'il i alast, mais ançois fesist trives *au soudan* de Damas.[26] Quant il ot fait trives, il garni ses castiaus et ses cités et toute la tiere qu'il ne s'osa mie bien fier es trives. Quant il ot çou fait, il assanla ses os; si s'en ala en Egypte et assega Damiete et le prist. Che fu la premiere cités que il asega. Apriés si prist 15
Alixandre, et si reconquist toute la tiere que li Sarrasin avoient conquise sour le mulane, et si en caça les Sarrasin. Dont vinrent li archevesque et li eveske

---

1 rois] rois Amaurris *F20* ‖ *New paragraph in F24.*   2 autres gens] autres genz sarrasin *F16*, grant gent *F24*   3–4 de la terre si com Alixandre et] d'Egypte si com Alixandre *F18*   4 *New paragraph in F25 and F26.*   5 toloient] roboient *F25 F26* ‖ le] au *F17 F19 F20 F25 F26* ‖ roi] roi Amauri *F20*, roi A. *F24*   5–6 qu'il le secourust pour Dieu] por Deu qu'il le secorust *F24 F26*, por qu'il le secorust *F25*   6 et] et se li manda *F19* ‖ tiere] tere volentiers *F19*   7 treü] treuage *F24 F25 F26* ‖ reconnissance] coniscance *F17*   7–8 reconnissance et puis ... besans] connissanche et se li manda que s'il le pooit secourre qu'il le secourust et que pour le premier jour que il mouveroit il aroit cascun jour .m. besans de sen tresor *F19*   7 puis] plus *F16 F20*   8 pour son cors] pour ses cous *F17*, a l'avenant *F25*   9 selonc çou qu'il ... besans] si com il estoit hauz .i. besant *F25 F26* ‖ estoit haus hom besans a l'avenant] *lacks F20*   10 selonc çou qu'il ... et] aroit besans a l'avenant selonc che que il seroit haut hons et cascuns chevaliers selonc che qu'il seroit. Et si voloit que *F19*, selonc ce qu'il seroit et *F20*, si com il estoit haus hom besans a l'avenant et cascun chevalier et sergant et chevaus et *F24*, si com il estoit hauz .i. besant a l'avenant et chascuns chevaliers et serjanz et chevaus et *F25 F26* ‖ l'ost] l'ost fust *F19*   11 sa tiere] s'ost *F20* ‖ rois] rois de Jherusalem *F19 F20* ‖ et ses] a ses hommes et *F19*, a ses homes et ses *F20*   12 fesist] ançois preist *F16*, qu'il fesist anchois prendre *F19*, ainçois prist *F20* ‖ au soudan] a son tans *F18*   13 fait trives il garni] fait prendre il garni molt bien *F19*, pris trieves il garni *F20*   14 il] si *F19 F20 F24 F25 F26*   14–15 Egypte et assega Damiete et] Egypte et aseja Damyete si (et si *F25 F26*) *F16 F25 F26*, Egypte et si asseja Damiete et *F19*, Damiete si *F20*, Egipte et vint si asega Damiete et si *F24*   15 il] li roys Amaurris de Jherusalem *F19* ‖ Apriés si] puis *F16*, et puis *F25 F26*   15–16 prist Alixandre et si reconquist] rasseja Alixandre et le prist et *F19*   16 conquise] reconquis *F17*, pris *F24 F25 F26*   17 les Sarrasin] tous les Sarrasins en lor terres *F20*. *New paragraph in F25 and F26.*   17–82.1 archevesque et li eveske et li baron] vesque et li archevesque et li baron (haut baron *F19*) *F19 F20 F25 F26*

---

26 Nūr al-Dīn.

et li baron de l'ost; si prisent consel ensamble. Et vinrent au roi si li disent: 'Sire, faites le bien; envoiés en France, en Engletiere et en Alemaigne et par toute Crestienté, que vous aiés ceste tiere conquise et que on vous *envoit* secours que vous le puissiés pupler'. Et li rois respondi qu'il n'en feroit noient, que ja, se Dieu plaist, reprouvé ne li seroit a lui ne a *ses oirs* que il mauvesté ne traïson euist fete envers nul homme del monde. Li evesque et li archeveske disent que il en prenderoient le pecié sour aus et l'en feroient asaurre a l'apostole. Li rois dist que pour noient en parloient, que il n'en feroit nient. Aprés çou vint a la mulane pour prendre congié. Et li mulane l'en mercia *molt* hautement del bien et del secours qu'il li avoit fait. Et se li creanta a envoiier cascun an .xx. mil besans a Acre pour le secours que il li avoit fait; et il li envoia tant com il vesqui. Apriés si li fist paier des journees que il ot faites puis que il mut de la tiere de Jherusalem et tant com il fu en la tiere d'Egypte et tant com il mist ariere a raler en le tiere de Jherusalem; et assés plus k'en couvent n'ot a lui ne a toute s'ost. Li rois s'en retourna en se tiere et tint son regne en pais tant com il vesqui.[a]

---

1 roi] roi Amauri ensamble *F20*   2 envoiés] envoiés au roi *F20* ‖ en] et en *F17 F19 F20 F24*, et *F25 F26*   3 Crestienté] Crestienté et faites asavoir *F16 F20*, Crestenté et si mandés *F19*, Crestenté et faite savoir *F25 F26* ‖ envoit] envoice *F18*   4 rois] rois de Jherusalem li *F20* ‖ que] et que *F19*, ne que *F20*, ne *F24 F25 F26*   5 reprouvé ne li seroit] reprouvé ne li iert *F16*, ne seroit reprouvé *F19*, que reprové li fust ne *F20*, renprové ne li seroit ne *F24*, ne sera reprové *F25 F26* ‖ ses oirs] son hoir *F18*   6 del monde] lacks *F16* ‖ evesque et li archeveske disent] arcevesque et li evesque li disent *F16 F17 F20 F24*   7 en] l'asoroient et *F24* ‖ asaurre] asoldre *F16*, asseurer *F17*, asoudre *F25 F26* ‖ *New paragraph in F25 and F26.*   8 dist] respondi *F19* ‖ feroit] feroient nient qu'il n'en feroit *F16*, feroient *F20* ‖ *New paragraph in F24.*   8–9 vint a] vint a li rois Amaurris a *F16*, vint li rois de Jherusalem a *F20*   9 molt] lacks *F18*, molt bien et molt *F19*   10–12 se li creanta ... vesqui] il li envoia tant come il vesqui chascun ans .xx.^{m} besans de reconoisance d'oumage *F25 F26*   10–11 .xx. mil besans ... secours] .x.^{m} besans d'or pour le bon secours *F19*   11 li envoia] li envoia molt volentiers et molt douchement *F19*, si fist *F20*   12 mut] vint *F20*   13 de Jherusalem et ... tiere] lacks *F26* (*homeoteleuton*)   13–14 et tant com ... Jherusalem] lack *F17 F20* (*homeoteleuton*)   14 ariere a raler] a raler arrieres *F16 F19*, al raler ariere *F24*, a aler a ariere *F25 F26* ‖ et] et encore *F19* ‖ k'en couvent n'ot] qu'il n'avoit eu en convent *F19*, qu'il n'ot en covenant *F25 F26* ‖ n'ot a lui] ne li ot a li *F16*, ne li ot ne a lui *F20* ‖ ne] et *F24 F25 F26*   15 retourna en se ... pais] retorna arrieres en la tere de Jerusalem et tint son regne bien em pes *F16*, retorna ariere et se tint puis en pais toute le tere de Jherusalem *F19*, retorna ariere en se terre em pais *F20*, retorna en sa terre et tint sa terre (terre molt bien *F24*) en pais *F24 F25 F26*

[a] *F18 f. 5vb–6rb; F16 f. 19^{rb-va}; F17 f. 3^{va-b}; F19 f. 66^{rb-va}; F20 f. 8^{rb-vb}; F24 f. 117^{vc}–118ra; F25 f. 6vb–7va; F26 f. 7^{ra-vb}* (ML, 23–25).

[xx] Or[27] vous dirai *d'un* signeur qui fu en Hermenie qui ot a non Thoros.[28] Ce ne fu mie d'Iermenie Le Grant la u li arce Noé est, ains est d'une Iermenie ki est entre Antioche et le Coyne. Cil Thoros se croisa et ala en Jherusalem. Quant li rois *oï dire qu'il venoit*, si manda par toutes ses cités et ses villes c'autressi grant honnour li fesist on com son cors meismes, et il fisent bien le commandement le roi sans contredit.

Li premiere cités par devers Antioche del royaume de Jherusalem si a a non Baruth. Apriés Baruth si est la cités de Saiete. *A .ix. liues aprés Saiete si est* Sur. A .vii. liues aprés Sur si est Acre. A .ix. liues apriés Acre si iest Cesaire. A .xii. liues aprés Cesaire si est Jaffe. A .xii. liues apriés Jaffe si est Escalongne. A .vii. liues d'Escalongne si est par devers Egypte. Apriés Escalongne si a un castiel a .v. liues c'on apiele Le Daron. Tant dure li roiaumes de Jherusalem de lonc par

---

1 *Rubric in F16*: D'un seignor d'Ermenie qui ala en pelerinage en Jerusalem qui estoit apelez Thorox *followed by a three-line pen-flourished initial 'O'. Rubric in F20*: De Thorus le segnor d'Ermenie. *No paragraph break in F24*. ‖ d'un] dou *F18*, lairai del roi si vos dirai d'un *F24* ‖ signeur qui fu en Hermenie] sien segneur d'Ermenie *F20* ‖ Thoros] Thoros de qui je vous ai parlé devant *F38* 2 Iermenie] autre Hermenie *F20* 3 ala en] s'en ala en le tere de *F19* 4 rois] roys de Jherusalem *F19*, rois Amaurris de Jherusalem *F20* ‖ oï dire qu'il venoit] l'oï dire si *F18*, oï dire que li roys d'Ermenie venoit *F19* ‖ si manda] en Jherusalem en pellerinage si manda *F20*, en Jherusalem il manda *F24* ‖ ses cités et] et ses citez et ses chastiaus et par totes *F16*, et ses castiaus et *F17*, ses cités et ses chastiaus et *F20 F24 F25 F26 F38* 4–5 cités et ses ... on] castiaus et par toutes ses chités et par toutes ses viles et par tout se tere que tout si homme li fesissent aussi tres grant honeur *F19* 5 son] a son *F16 F25 F26 F38* 5–6 meismes et il ... roi] meisme s'il y venoit. Et il fisent molt bien le commandement lor seigneur *F19* 6 sans contredit] *lack F24 F38. New paragraph in F25 and F26*. 7–8 par devers Antioche del ... Baruth] du royaume de Jherusalem qui est par devers Antioche si a a non Barut et aprés la chité de Barut *F19* ‖ a a non Baruth. Apriés Baruth si] est Barut appelee si *F25 F26* 8–11 Saiete. A .ix. liues ... d'Escalongne] Saiete a .ix. liues (milles *F38 and similarly throughout this passage*). Aprés Saiete si est Sur a .vii. liues. Aprés Sur si est Acre a .ix. liues. Aprés Acre si est Cesaire a .xii. liues. Aprés Cesaire si est Jaffe a .xii. liues. Aprés Jaffe si est Escalone a .viii. liues. Eschalone *F17 F38* ‖ Saiete. A .ix. liues ... a] Saiete. Et aprés a .ix. lieues si est Sur. Et a .vii. lieues aprés Sur si est Acre. Et aprés si est Chesaire, et a .xii. lieues aprés Jafe. Et a .xii. lieues aprés Jafe si est Escaloigne. Et a .viii. lieues aprés Escaloigne si est le tere de Egypte. Si est *F19*, Soite a .ix. lieues. Aprés Sur si est Acre a .ix. lieues. Aprés Acre si est Jaffe a .xii. liues. Aprés Jaffe si est Escalone a .viii. liues. (Si est *F25*) aprés Escalone a *F25 F26* 8 a .ix. liues aprés Saiete si est] siz (*sic*) *F18* ‖ aprés] prés *F20* (*and similarly throughout this passage*) 10–11 A .vii. liues d'Escalongne ... Escalongne] *lacks F20* 10 .vii.] .viii. *F24* 10–12 .vii. liues d'Escalongne si ... Le Daron] .v. liues aprés Esqualonne si a .i. chastel qu'en apele Daron *F16* 11 devers] denvers *F18* 12 c'on apiele] qui a a non *F19*, si a a non *F24 F25 F26*

27   The first interpolation into *F38* commences here.
28   Thoros II (1144–1169), ruler of Cilician Armenia. The reference in F38 at line 1 is to previous mentions in the Old French translation of William of Tyre. For a discussion of this section, see Edbury, 'Thoros of Armenia and the Kingdom of Jerusalem', 181–190.

devers le marine. Et la u li roiaumes est plus lés n'a il mie plus de .xxii. liues et si a tel liu u il n'a mie .ii. liues de lé. C'est par deviers Antioce. La tiere de Triple ne d'Antioce n'est mie dou roiaume.[a]

[xxi] Or vous dirons de Thoros de le Montaigne qui sires estoit d'Ermenie. Quant il vint en Jherusalem, li rois ala encontre et grant hounour li fist. Cil Thoros merchia mout le roi de l'hounour que il li avoit faite et c'on li avoit faite par toute sa tiere pour l'amour de lui. Quant il ot fet son pelerinage, devant çou qu'il s'en ralast ariere en son païs, si vint au roi; si li dist: 'Sire, Dius vous rende gueredon de l'ounour que vous m'avés fete. Et je vous en renderai grant gueredon se vous volés. Sire, quant je vinc par mi vostre tiere et je demandoie des castiaus *qui c'estoient*, li uns me disoit, «c'est del Temple», li autres «de l'Hospital», si que jou ne trouvai ne castiel ne cité qui fust vostre, ne mais seulement .iii., mais tout a religion. *N'en tout* vostre viloi n'a se Sarrazin non fors es castiaus. Sire', dist Thoros au roi, '*or* me dites ou vous prendés siergans quant Sarrazin viennent sour vous?' Et li rois respondi que il les liuoit de ses deniers. 'Et ou

---

1 plus de .xxii. liues] plus de .xii. liues *F16 F17*, plus que .xxvii. liues de lé *F19*, plus de .xxii. liues de lé *F24*, de lé plus de .xii. liues (milles *F38*) *F25 F26 F38*   2 de lé. C'est par deviers Antioce] chele partie est devers Antioche et *F19* ‖ La tiere] Li reaumes *F16*   3 ne d'Antioce n'est] est *F25*, n'est *F26* ‖ roiaume] reaume de Jerusalem *F16 F19 F20*   4 *No paragraph break in F20, F24, F25 or F26.*   5 encontre] encontre li *F16*, encontre lui *F20*   6 et c'on li avoit faite] *lacks F16*, et de l'honor com li avoit fait *F20*   7 l'amour] l'enneur *F38* ‖ fet] tout fait *F17*, fait tot *F16 F25 F26 F38*   8 ralast ariere] ralast *F17 F19*, retornast ariere *F24 F25 F26 F38* ‖ roi] roi Amauri *F20*   8–9 gueredon de l'ounour] les guerredons des courtoisies *F19*, le guerredon et (de *F20*) l'onor *F16 F25 F26 F20*   9 je] que on m'a fait pour vous par toute vo terre et je meismes *F19*   10 se vous volés] et grant serviche se vous le me volés prendre *F20*. *New paragraph in F25 and F26.* ‖ Sire] Sire dist il *F16*, Sires dist Thoros au roy *F25 F26*   10–11 je demandoie des ... c'est] vos chités et je demandoie cui chil castel ou ches chités estoient. Li uns me disoit que ch'estoit *F19*   11 qui c'estoient] *lacks F18* ‖ li autres] et li autres me disoit c'est *F16*, li autres me disoit que ch'estoit *F19*, et li autres *F20*   12 si] l'autres de Monte Syon si *F24 F38* ‖ si que jou ... cité] si ques je ne trouvai castel *F19*, si que je ne trovai ne castiaus ne cités ne viles c'on desist (que deist *F38*) *F24 F38*, c'om deist *F25 F26* ‖ ne mais] fors *F20 F24 F25 F26 F38*   13 mais] maisons *F20* ‖ N'en tout] N'entour *F18* ‖ viloi n'a se Sarrazin non fors es] viloi n'a Sarrasin fors es *F17*, tenement n'i a se poi non et li Sarrasin n'ont fors *F19*, viliaus n'a se Sarrasins non fors seulement es *F20* ‖ *New paragraph in F24.*   14 au roi or] au roi or m'entendés et *F18*, or *F16 F19 F24*, au roi Amaurri de Jherusalem or *F20*   15 les liuot de] les looit (livoit *F17 F20*) a *F16 F17 F20 F25 F38*, lor liuroit as *F19*, liuoit a *F24*, les looit as *F26*   15–85.1 Et ou les prenés vous] et u prendés l'avoir *F24*, et ou prenez vous l'avoir *F38*, *lack F25 F26*

---

[a] *F18 f. 6^{va-b}; F16 f. 19^{va-b}; F17 f. 3vb–4ra; F19 f. 66^{va-b}; F20 f. 8vb; F24 f. 118^{ra-b}; F25 f. 7^{va-b}; F26 f. 7vb–8ra; F38 f. 138vb* (ML, 25–27).

THE CHRONIQUE D'ERNOUL 85

les prenés vous?' fist Thoros. 'Car jou ne voi mie les rentes dont vous puissiés ost tenir.' Dist li rois: 'Jou les emprunte tant *que* jou puisse mius fere.' 'Sire', dist Thoros, 'je ai grant pité de vous et de la tiere. Car vous n'iestes rois se tant non com li Sarrazin vorront; vous n'en iestes se garde non, tant com il vorront. Et si vous dirai comment. En toutes les villes de vostre tierre mainent Sarrazin; si sevent tous les destrois de vostre tiere et tout l'afaire. Se ç'avient cose que que os de Sarrazins entre en vostre tiere, il *ont l'aide* et le consel des vilains de vostre tiere et des viandes et d'iaus meismes. S'il avient cose que Sarrazin soient desconfit, vos gens meesme les metront a sauveté; et se vous iestes desconfit, ce sont cil qui pis vous feront vo vilain meismes. Pour ce di jou, fait Thoros, que vous n'iestes se garde non de vostre tiere, se tant non com li Sarrazin volront. Pour l'ounour que vous m'avés faite et pour çou ke je voi que grans mestiers seroit a la tiere, je vous envoierai .xxx. mil hommes de ma tiere a toutes lors maisnies, trestous armés pour vostre tiere garder et peupler de Crestiiens et pour garnir, et hostés les Sarrazins de vostre tiere. Si que cest premier an vos en envoierai .xv. mil, et es autres .ii. ans apriés *les autres* .xv. mil. Se vous ensi avés garnie vostre tiere de Crestiiens, si porés estre sires de vostre tiere et de vo roiaume.

---

1 fist] dist F16 F17 F20, fait F19 F25 F26 ‖ mie les] que vos aïes F24 F38   1–2 puissiés ost tenir] peussiés tenir ost entre les Sarrasins F19, puissiés terre tenir F20, puissiés mie ost tenir F24, le puisiez avoir F25 F26   2 Dist li rois] Et li roys li respont F19, Et li rois respont F20, Li rois dist F38 ‖ Jou les emprunte] j'en prent F25 F26 ‖ que] com F18 ‖ *New paragraph in F25 and F26.*   2–3 Thoros] Thoros au roy d'Ermenie au roy de Jherusalem F25 F26   3 grant pité] molt grant pec F19 ‖ n'iestes] n'iestes pas F16, n'estes F17 F19 F20 F38, n'estes mie F24 F25 F26   4 n'en iestes se garde non] n'iestes se garde non de la terre F16 ‖ tant com il vorront. Et] *lacks* F20   5 tierre] tenement F19 ‖ mainent Sarrazin] n'a se Sarrazin non F16 F17 F20   6 l'afaire. Se ç'avient cose que] l'afere. Se ce avient F16, l'afaire et se il avient chose F20, l'afaire ensement si con avient F24, l'afere aussi. Se ce avient F38, l'afaire ensement s'il avint chose F25 F26   7 entre] viengne F19 ‖ il] Li Sarrasin F20 ‖ ont l'aide et le consel] la vie et le consel F18, ont toute l'aïeue et le confort F19 ‖ vilains] villains sarrasins F20   9 metront] conduient F24, conduira F25 F26, conduiront F38   10 pis vous feront] noianz vos font F25 F26 F38 ‖ vilain] gens F20 ‖ *New paragraph in F17.* ‖ di jou fait Thoros] vous di jo F17, dist Thoros di je F19, vos di je F24 F38   11 n'iestes] n'en estes F19 ‖ se garde non] garde F20 ‖ vostre tiere se tant non] toute vo tere se tant non F19, la terre tant F24 F38, vestre terre tant F25 F26 ‖ *New paragraph in F16.*   12–13 que grans mestiers seroit a la tiere] que granz besoinz en est a la terre de Jerusalem F16, que grans mestiers estoit a tere F17, bien que mestiers en est en le terre F19, que grans mestiers en est en le terre F20   13–14 a toutes lors ... et] tos armés a totes lor maisnies por la (vostre F38) terre F24 F38   14 armés] lor meis armés F25 F26   14–15 garnir et hostés les Sarrazins de] oster les pā (*sic*) de F16, garnir et si ostés ches Sarrasins hors de F19, garnir le terre et oster les Sarrasins de F20, garnir et ostesiés les Sarrazins fors de F24 F38, ostoier les Sarrazin ors de F25 F26   15 an vos en envoierai] an vous envoierai F19 F38, an vous envoierai les F20, vous envoierai F25 F26   16 es autres .ii. ans] les autres .ii. anz F16 F20, les autres .ii. F17 F25 F26 ‖ les autres] *lacks* F18 ‖ Se] Sire dist Thoros au roy se F25 F26 ‖ ensi avés] einsinc com j'ai dit aviez F16, einsi volez et avez F25 F26

Se Sarrazin entrent en vostre terre et vos fetes savoir sor nuit par voz viles que les .ii. parz viegnent a vos a armes et la tierce demort, l'andemain porroiz avoir .xx.^m homes a armes. Ne vos couteront un denier, et si porront li destroit de vostre terre estre garni deu remanant des autres. S'il avient chose que li Sarrazin soient desconfit, il les couvenra passer parmi ceus qui seront demoré por la terre garder, dont n'en porront li Sarrazin fuiant eschaper qu'il ne soient ocis et retenu au destrois. Se vostre terre est issi garnie de Crestians, jamés ne troverez ost de Sarrazin qui en vostre terre entre. Ensi porrez estre rois et sires de vostre terre.'[29]

Li rois le merchie mout durement de la proumesse que il li avoit fete. Si manda li rois le patriarche et les archeveskes et les eveskes et les barons de sa tiere en Jherusalem pour mercier le signeur d'Ermenie de le proumesse que li avoit faite et pour atirer le us et les coustumes par coi on les mainterroit. Car li sires d'Iermenie voloit savoir comment on les mainterroit ançois qu'il les envoiast hors de sa terre.[a]

[**xxii**] La atira li rois et si baron que as us et as coustumes que li Sarrazin i estoient les tenroit on, fors tant que se li *rois* avoit mestier qu'il les menast en l'ost que il les y menroit. Encontre çou fu li clergiés, et disent qu'il vorroient avoir les dimes d'iaus pour çou que Crestiien estoient, dont li Sarrazin ne paioient nulle. Quant li sires d'Ermenie oï çou, si dist par tel couvenant ne

---

1 Se Sarrazin] lack *F20* ‖ entrent en vostre terre et vos] viennent sur vous en tere que vous doies tenir et vous le *F19* ‖ sor nuit] par nuit *F16, lack F25 F26*   2 viegnent] de voz genz aviegnent *F16* ‖ demort] demorent *F25 F26*   4 estre garni] estre gardé *F16*, bien garnir *F19*, demorer garni *F25 F26 F38*   5 seront] sont *F16*, erent *F17 F20*   6 li Sarrazin fuiant] les fuianz *F25 F26* ‖ fuiant eschaper qu'il ne soient] escaper quant si s'en fuiroient que il ne fuiscent *F17*   7 garnie] garni vostre terre *F20*   8 entre] ost entrer *F19* ‖ Ensi] En cete maniere *F16* ‖ terre] terre se vos volés et *F25 F26*   9 le] l'en *F24 F25 F26* ‖ mout durement] mout *F16 F17 F20*, hautement *F24 F38* ‖ de la proumesse que il li avoit fete] lack *F25 F26*. *New paragraph in F25 and F26*.   9–10 Si manda li rois] Or vint li rois si manda *F24 F38*, Li roys manda *F25 F26*   11 signeur] roy *F19* ‖ d'Ermenie] lack *F25 F26*   12 atirer] arivver *F17*, atourner *F19* ‖ mainterroit] mentenist *F16*. *New paragraph in F24*.   15 *No paragraph break in F24 or F38*. ‖ si] li *F17 F19 F24 F25 F26 F38*   15–16 i estoient] estoient *F19*, gestoient *F25 F26*   16 tenroit on] i tenroit l'on *F16*, i tenroit on *F17 F20*, menast on *F19* ‖ rois] *lacks F18* ‖ mestier] mestier d'aide *F16*   17 l'ost que il … disent] ost. Dont vint li clergiés si dist *F19* ‖ et disent qu'il] Car il distrent qu'il *F16*, Car il *F20*   19 sires] roys *F19*   19–87.1 par tel couvenant … serf] que pour estre serf ne venroient il mie hors de se terre *F19* ‖ ne venroient il mie] n'envoieroit il mie ses homes *F24*

[a] *F18 f. 6vb–7rb; F16 f. 19vb–20ra; F17 f. 4^{ra–b}; F19 f. 66vb–67rb; F20 f. 8vb–9va; F24 f. 118^{rb–c}; F25 f. 7vb–8va; F26 f. 8^{ra–vb}; F38 f. 138vb–139rb* (ML, 27–30).

29   The section in italics is present in all the manuscripts with the exception of the base manuscript *F18*. *F16* is used here as base.

venroient il mie en autrui tiere pour estre serf. Mais s'il as us et as costumes que li baron avoient estoré et que li Sarrazin estoient les voloient tenir, il les i envoieroit et autrement nient. Ne onques ne le pot on fere le clergié otroiier s'il n'en avoient les dismes.

Dont vint li sires d'Ermenie; si prist congié au roi; si *s'en* retourna en sa tiere. Ne vesqui waires puis, ains fu mors. De lui demourerent doi fil. Li ainnés ot non Rupins et li autres Lyon.[30] Cele tiere tenoit on adonc de le princee d'Antioche, mais or ne le tient on mie. *Et* se jou ai tant d'espasse, je vous dirai comment il le perdi et comment il y ot roi courouné qui onques mais n'i avoit esté.[31a]

[xxiii] Atant vous lairons dou seigneur d'Ermenie; si vous dirons dou prince Renaut. En *cel point* fu li princesse se femme morte, et ses fillastres Buiemons fu princes. Si li estut la tiere laissier; si s'en ala au roi de Jherusalem, et li rois le retint. Ne demoura gaires apriés que li sires del Crac e de Monroial fu mors, et

---

2 avoient estoré et] avoient dit et *F19*, de le terre avoient atiré et *F24*, avoient atiré et *F25 F26*, avoient atiré *F38*   3 Ne onques ne le pot on] Mais on ne le pot onques *F19*, mais onques ne le porent *F24*   3–4 s'il n'en avoient les dismes] *lacks F16. New paragraph in F24.*   5 vint li sires d'Ermenie; si prist congié] prist congié li sires d'Ermenie *F25 F26* ‖ roi] roi de Jherusalem *F19 F20* ‖ s'en] *lacks F16*, se *F18* ‖ retourna] retourna arriere *F19*, ala *F24*, rala *F25 F26*   6 waires puis] puis gaires *F19 F24 F25 F26*, puis gueres *F38* ‖ ains] que il fu repariez qu'il *F16* ‖ ainnés ot] uns ot a *F16 F17 F19*   7 Rupins] Turpins *F20* ‖ tiere] terre d'Ermenie *F20* ‖ de le princee] de le princesse *F17 F19*, dou prince *F20 F25 F26 F38*   8 or ne le tient on] or nen l'en tient l'on *F16*, or n'en tient on *F17*, on ne l'en tient ore *F20* ‖ Et] Mais *F18* ‖ d'espasse] d'espasce et de leu *F16 F17 F20 F25 F26*, de loisir et de tans *F19*, de tans et de liu *F24 F38*   8–9 il le perdi et comment] *lacks F19 (homeoteleuton)*   9 y ot] li ot puis *F25 F26* ‖ mais] *lack F24 F38*   10 *Rubric in F16*: Del prince Renaut qui prist a fame la dame deu Crac. *Rubric in F20*: Dou prince Renaut. *No paragraph break in F24.* ‖ Atant] Or *F24 F26 F38* ‖ d'Ermenie] de le tere d'Ermenie et *F19*, de Hermenie a parler *F25 F26*   11 Renaut] Renaut d'Entchioche *F16*, Renaut d'Antioche *F19* ‖ cel point] celle tans *F18* ‖ princesse] princece d'Entchioche *F16* ‖ femme] mere *F20*   12 Si li estut] d'Enthioche si li couvient *F16*, si qu'il estut le prinche Renaut *F19*, d'Antioce Si estut au prince Renaus *F20*, si li covint *F38* ‖ s'en ala au roi] en ala tantost au roy *F19*, s'en ala au roi Amaurri *F20*   13 retint] retint volentiers *F20* ‖ del Crac e de Monroial] de Mon Royal et du Trach *F19*, du Crac et Mont Roial *F38*

[a] *F18 f. 7^{rb–va}; F16 f. 20ra; F17 f. 4^{rb–va}; F19 f. 67^{rb–va}; F20 f. 9^{va–b}; F24 f. 118^{rc–va}; F25 f. 8^{va–b}; F26 f. 8vb–9ra; F38 f. 139rb* (ML, 30).

---

30   The isolated reading 'Turpins' in F20 is clearly an error, but note that in this manuscript the text of *Pseudo-Turpin* follows *Ernoul*.

31   Thoros died in 1169. After a period of civil war of which this narrative knows nothing, power passed to his nephew, Rupen (1175–1187), and then to Rupen's brother, Leo (1187–1219). The account of the Armenians and the principality of Antioch begins below at § cclvii.

pour çou que princes Renaus avoit bien gardee la tiere d'Antioche et que boins chevaliers estoit, li donna on la dame del Crac et de Monroial.[32] La dame del Crac avoit .ii. enfans de son premier baron: .i. fil et une fille, et del prince Renaut n'en ot elle nul. Li fille fu mariee a Rupin qui sires fu d'Ermenie et fu fius Tho-
5 rot.[33] Li fius demoura aveuc le mere. Si ot non Hainfrois. De cel Hainfroi vous dirai jou, se j'ai tans et eure, qu'il fist et quel vie il mena et qu'il devint.[34a]

[xxiv] Or vous lairons atant de Hainfroi; si vous dirons del roy Amaurri qui maladie prist de la mort. Il manda ses hommes et pria et commanda que son fil Bauduin qu'il avoit eut de le fille le conte de Rohais, qu'il en feissent roi et por-
10 ter couronne. Et il li otriierent. Et li rois donna Naples en douaire a le roine se femme qui avoit a non Marie et dont il avoit une fille qui avoit a non Ysabiaus. Ne demora puis gaires que li rois Amaurris fu mors.[35] Quant il fu enfouis, si fist on de Bauduin son fil roi et porta couroune.
    Mais ançois qu'Amaurris fust mors, vous avoie oubliet a dire que il avoit un
15 seigneur a Tabarie qui castelains avoit esté de Saint Omer, et la dame de Tabarie

---

1 princes] li princes *F16 F19 F25 F26 F38*   1–2 que boins chevaliers estoit] pour che qu'il estoit boins chevaliers se *F19*   2 chevaliers] chevaliers n'osa *F25 F26* ‖ on la dame ... Monroial] li roys de Jherusalem le dame del Crac *F19*, la dame del Crac a feme *F24 F25 F26 F38*   2–3 La dame del Crac] Mais ele *F19*   3 enfans] filz *F25 F26*   4 ot elle] n'ot *F16*, ot *F24 F25 F26 F38* ‖ fu] estoit *F17 F19 F25 F26*   6 vie] ore vie *F25 F26*   7 *Rubric in F16*: Del tens lo roi Bauduin mesel de Jerusalem, fil au roi Amaurri qui fu de la fille le conte de Rohes. *Rubric in F20*: Del tans le roi Bauduin le mesel qui fu fieus le roi Amaurri de la fille le conte de Rohais, et cil n'ot onques feme, *followed by a seven-line puzzle initial 'O'. No paragraph break in F24.* ‖ Hainfroi] ce ester *F25 F26* ‖ Amaurri] Amaurri de Jherusalem *F19 F20*   8 de la mort] et morut *F17*, de mort *F19* ‖ pria] lor pria *F16 F25 F26*, si pria *F19* ‖ commanda] commanda ains qu'il morust *F17*   9 roi] roi de Jherusalem *F20*   10 rois] rois Amaurris *F20* ‖ Naples en douaire a le roine] le chité de Naples en doaire a *F19*   12 Amaurris] Amauris de Jherusalem *F20* ‖ il] li rois *F24* ‖ enfouis] morz *F16*   13 Bauduin son fil roi] Bauduin qu'il avoit eu de la fille le conte de Rohes roi *F16*, Bauduin sen fil roy de Jherusalem *F19*, son filz Baldoin roy *F25 F26*   14 qu'Amaurris] que qu'Amaurris *F18*, que li roys Amaurris *F19* ‖ oubliet] lacks *F16*

---

[a] *F18 f. 7^{va-b}; F16 f. 20rb; F17 f. 4va; F19 f. 67va; F20 f. 9vb–10ra; F24 f. 118va; F25 f. 8vb–9ra; F26 f. 8vb–9ra; F38 f. 139rb* (ML, 30–31).

32 Renaud was held captive from 1160 or 1161 until 1176. During that period his wife, Constance of Antioch, died, and his step-son, Bohemond III, assumed control of Antioch. On his release Renaud married Stephany of Milly, the twice-widowed lady of Oultrejourdain, whose first husband, Humphrey III of Toron, was the father of the children mentioned here, and whose second husband, Miles of Plancy, had been killed in 1174.
33 Repeating the error found in the previous paragraph. Rupen was Thoros's nephew.
34 End of interpolation into *F38*. The account of Humphrey's career resumes at §lxxvi.
35 *F24* has an additional sentence: 'Cil A[maurris] regna .xiii. ans'. See Appendix 3:2.5.

THE CHRONIQUE D'ERNOUL 89

avoit a femme; si fu mors; si l'en demourerent .iiii. fil. Quant li sires de Tabarie fu mors, li *rois* donna le dame de Tabarie au conte de Triple qui Raimons avoit *a* non et estoit cousins germains le roi de Jherusalem.[36a]

[xxv] Or vous lairons atant del conte de Triple ester, dessi que tans et eure sera que nous en parlerons. Et dirons del roi Bauduin qui porta couroune ki jovenes enfes estoit quant il le porta. Cil rois Bauduins n'ot onques femme, ains fu mesiaus, et tint bien la tiere tant com il vesqui a l'aïue de Diu et de ses hommes.

En cel tans *que* Bauduins fu rois se croisa li quens Phelippes de Flandres, qui ses cousins germains estoit, et ala outremer et enmena aveuc lui l'avoé de Bietune et chevaliers assés. Quant il *furent venu*, li rois et li baron de le tiere orent grant joie de se venue; biele ciere li fisent, et bien cuidoit avoir grant aïue

1–2 si l'en demourerent ... mors] *lack F25 F26 (homeoteleuton)*   1 demourerent] demourerent a le dame de Tabarie qui se femme estoit *F19*   2 li rois donna] si donna li roys Bauduins de Jherusalem *F19* ‖ rois] rois li *F18*, rois Amaurris *F16*, rois si *F20 F24*   3 a] *lacks F18* ‖ roi] roy Bauduins *F19* ‖ de Jherusalem] Amaurri *F16*, *lack F17 F20 F24 F25 F26*   4 *No paragraph break in F20 or F24.*   4–5 eure sera] liex sera del conter et *F19*   5 Et dirons del roi Bauduin qui] si vous dirons du roy Bauduin de Jherusalem qui fu roys et *F19*, si vos dirons del conte Baldoin qi *F25 F26* ‖ couroune] courone en Jherusalem *F20*   5–6 ki jouenes enfes ... porta] qui molt estoit jones enfes quant il porta couronne *F19*, *lacks F24*, qui jones enfes estoit qui porta corone *F25 F26*   6–7 n'ot onques femme ... tiere] dont je vous di n'ot onques femme espousee ains fu mesiaus et se tint molt bien et molt en pais le terre de Jherusalem *F19*   8 *New paragraph in F16, F20, F25 and F26. Rubric in F16*: Del conte Phelipe de Flandres qui se croisa et ala outremer. *Rubric in F20*: Del conte Phelipon de Flandres qui ala outremer.   9 En cel tans que] A cel tans que que *F18*, Et en chel point que chil *F19*, En cel point que *F24 F25 F26* ‖ Bauduins fu rois] chil Bauduins fu roys de Jherusalem *F19*, li rois Bauduins li mesiaus fu rois de Jherusalem *F20* ‖ croisa li quens] *In F18* quens *is in a different hand written over an erasure.*   9–10 li quens Phelippes ... et] Phelipes li quens de Flandres et ala outre mer. Chil Phelippes estoit cousins germains le roy Bauduin de Jherusalem. Chil Phelipes *F19*   10 enmena aveuc lui l'avoé] mena o (avoec *F20*) lui l'avoé *F16 F20*, mena le dorae (sic) *F25 F26*   11 chevaliers assés] autres chevaliers assés *F16 F24*, assés d'autres chevaliers *F19* ‖ furent venu] vinrent outremer *F18*, furent en Jerusalem venu *F16 F20*, furent en la terre venu *F24*   11–90.2 li rois et li baron ... tous] dont vint li rois. Si manda tous *F20*   12–90.1 orent grant joie ... confort] de Jherusalem orent grant feste de lor venue et lor fisent grant joie. Car il cuideront avoir d'aus grant confort et conseill et aieue *F19*   12 se venue; biele ciere] lor venue et bel recoilloit *F24*, sa venue et belle aculete *F25 F26* ‖ cuidoit] cuidierent *F25 F26*

[a] *F18 f. 7vb–8ra; F16 f. 20^{rb-c}; F17 f. 4^{va-b}; F19 f. 67^{va-b}; F20 f. 10ra; F24 f. 118^{va-b}; F25 f. 9^{ra-b}; F26 f. 9rb* (ML, 31–32).

36   Raymond married Eschiva of Bures, the widow of Walter of Saint-Omer in 1174. *F19* (line 2) errs in claiming that it was Baldwin IV who arranged the marriage.

et grant confort de conquerre sour Sarrazins. Quant il fu venus dont manda li rois tous ses barons et tout le consel de le tiere de Jherusalem. Quant assamblé furent et li quens Phelippes aveuc pour fere ost et prendre consel pour aler sour Sarrazins, dont vint li quens Phelippes au roi voiant tous ses hommes. 'Sire', dist
5 il, 'vous avés une sereur. Je veul que vous le me donnés aveuc l'avoué de Bietune qui mes cousins est et boins chevaliers, si l'avera a femme.'[37] Dont vint uns des barons de la tiere avant qui avoit a non Bauduins de Belin, qui departis estoit de se femme qu'il avoit pour çou qu'il beoit a avoir celle damoisiele a femme, et dist au conte de Flandres: 'Sire quens, estes vous venus en ces païs pour mariage
10 faire? Nous cuidiens que vous fussiés venus pour le tiere aidier a consillier et pour acroistre et pour aler sour Sarrazins, et vous parlés de mariage. Li rois n'est ore mie consilliés de mariage faire. Mais se vous voliés venir *en ost avec le roi et aveuc nous sour Sarrazins, et Diex donnoit que nous conquestissons sour Sarrazins et nous reparissons sain et sauf, et la parliés de mariage faire, li rois en
15 seroit bien consilliés.' Dont vint li quens de Flandres; si se *coreça* et dist que plus

---

1–2 il fu venus dont manda li rois] li rois fu venuz en Jerusalem, dont vint le quens si manda *F16*, il furent venu dont vint li rois si manda *F24*   2 ses] les *F19 F20 F24 F25 F26* ‖ le tiere de] sa terre en *F24 F25 F26* ‖ *New paragraph in F24.*   2–3 assamblé furent et li quens Phelippes] il furent asssanlé le quens et li avoés furent *F19*   3 fere ost et … aler] faire ost et pour conquerre *F19*, ost. Si prendrent consel entr'aus pour aler *F20*, prendre consel de faire ost et d'aler *F24*   4 Phelippes au roi] Phelipes de Flandres au roi Bauduin *F16*, Phelipes de Flandres au roi Bauduin de Jherusalem *F19*, de Flandres au roi *F24* ‖ voiant] si li dist voiant *F25 F26*   4–5 Sire dist il] si li dist sire *F16 F20*, et se li dist biaus sire roys *F19*   5 Je] a marier. Je *F16*, le quele je vous demant et *F19* ‖ l'avoué] le viaire *F25 F26*   6 mes cousins est … l'avera] est mes cousins et si est molt boins chevaliers si le prendera molt volentiers *F19*   6–7 Dont vint uns … avant] Donc vint uns des barons de le tere de Jherusalem *F19*, si dist au conte lors vint avant .i. baron de la terre *F25 F26*   8 qu'il avoit] *lack F19 F24*   9 Flandres] Flandres en tel maniere *F25 F26. New paragraph in F25 and F26.* ‖ quens] *lacks F19*, quens dist Baldoin de Belin *F25 F26*   10 Nous cuidiens que vous fussiés venus] nos cuidons qe vos fuisiez venus nos cuidons ke vos fuissiez venus *F26* ‖ pour le tiere aidier] pour aidier la terre *F16*, le terre *F20*   10–11 a consillier et pour acroistre] et por la terre conseillier et croistre *F25 F26*   11 vous parlés de mariage] se nous repairissons ensanle sain et sauf *F19* (*displaced from two sentences below*)   12–13 en ost avec le roi et aveuc nous] aveuc nous *F18*, en l'ost *F19*   13–14 Diex donnoit que … et] *lacks F16*   13–15 donnoit que nous … seroit] vous y donnoit victore et vous voliés adonc parler de mariage li roys en seroit molt tost et molt *F19*   14 nous reparissons] peusçons repairier *F17* ‖ la parliés de] vos parlesiez adonc de *F16*, vous parliés de *F17*, donques parlissiés *F20*, vos aparliés le roi de *F24*, vos li parliez de *F25 F26*   15 vint li quens … coreça] vint li quens de Flandres; si se courça *F18*, vint li quens Phelipes de Flandres si s'en couroucha molt *F19*, se coroça (coroza *F26*) li quens de Flandres *F25 F26*

---

37   For a discussion of this proposal which involved the future Robert VI, advocate of Béthune (died 1193), and his father, the then advocate, Robert V (died 1191), see Bernard Hamilton, *The Leper King and his Heirs: Baldwin IV and the Crusader Kingdom of Jerusalem* (Cambridge, 2000), 125–127.

ne demourroit en le tiere. Si prist congié au roy et s'en ala en Antioche. Si mena aveuc lui le conte de Triple et chevaliers assés de la tiere, tant qu'il ne demoura mie el roiaume de Jherusalem ne au Temple ne a l'Ospital ne au siecle plus de .v^c. chevaliers. Adont demoura Robiers de Bove aveuc le roy.[a]

[xxvi] Or vous dirai dou conte Phelippe quant il vint en Andioche qu'il fist. Il prist consel au prinche et au conte de Triple u il poroient aler guerroiier sour Sarrazins, et consaus lor *aporta* qu'il alaissent assegier .i. castiel qui *est* a .v. liues d'Andioche et a a non Hierench.[38] Il l'alerent assegier et longhement i sisent, et si nel prisent pas. Mais ainçois que je vous *die* comment li *quens s'en parti, vous dirai* comment la mulane fu mors *et comment il perdi la terre*.[b]

[xxvii] Il[39] avint *qu'il avoit a Damas* .i. prouvost sarrazin qui mout rices estoit de grant meule. En le tiere d'Egypte avoit esté as saus la mulaine, et puis i avoit esté pour le tiere conquerre *quant* li rois Amaurris le rescoust. Quant li rois

---

1 tiere] terre de Jerusalem *F16* ‖ roy] roi Bauduin *F19 F20* ‖ s'en ala en] si s'en ala en le tere d'Antioche *F19*   2 Triple] Triple Raimon qui cousins germains estoit lo roi Amaurri qui fu *F16*, Tripe et l'avoé de Betune *F19* ‖ de la tiere] *New paragraph in F24. Large initial 'Q' in error for 'T'.*   3 plus] plus haut *F24*   4 .v^c.] .cc. *F16*, .cx. *F17* ‖ roy] roy Bauduin dedens Jherusalem *F19*   5 *No paragraph break in F16, F19, F20 or F24.* ‖ Phelippe] Phelippe de Flandres et de se route *F19*, Phelippe de Flandres *F20* ‖ quant il vint … fist] Quant il vint en le chité d'Antioche *F19*   6 prinche et au conte] prince Buyemont d'Enthioche et au conte Raimon *F16*   6–7 prinche et au … et] conte de Triple et as prinches et as autres barons qu'il avoit menés ou il porroit aler pour conquerre sur Sarrasins et pour aus plus grever *F19*   7 aporta] porta *F18* ‖ est] *lacks F18*, estoit *F19 F20*   9 die] *added above the line in a different hand F18*   9–10 quens s'en parti vous dirai] quens s'en parti or vous dirai *F18*, quens Phelipes s'emparti vos dirai *F16*, cuens se departi vous dirai *F17*, il s'en parti vous dirai je se vous volés escouter *F19*, quens Phelippes se parti du siege de Herenc vous dirai je *F20*   10 et comment il perdi la terre] *lacks F18*   11 *Rubric in F16*: De Salehadin comment il ocist la mulane d'Egipte et puis conquist .v. realmes seur Sarrazin et tote la terre de Jerusalem seur Crestians *followed by a five-line puzzle initial 'T'. Rubric in F20*: De Salehadin qui ocist le mulane et puis conquist le terre de Jherusalem. *No paragraph break in F19 or F24.*   11–12 Il avint qu'il … saus] L'avint jadis qu'il avoit a Damas un prevost molt mueblé qui molt estoit rice et assassés de grant mueuble et de grant riqueche et si avoit esté en le tere de Egypte au tans *F19*   11 qu'il avoit a Damas] a Damas qu'il i ot *F18* ‖ qu'il avoit a … Sarrazin] chose qu'il avoit .i. provost de Damas sarrasin *F20*, qu'il avoit jadis .i. prestres sarracin a Damas *F25 F26*   12 avoit esté as saus la] et avoit esté la *F17*   13 quant] et *F18* ‖ le rescoust] la conquist *F38*

---

[a] *F18 f. 8^{ra-va}; F16 f. 20^{rc-va}; F17 f. 4vb–5ra; F19 f. 67vb–68ra; F20 f. 10^{ra-va}; F24 f. 118^{vb-c}; F25 f. 9^{rb-vb}; F26 f. 9^{rb-vb}* (ML, 32–34).   [b] *F18 f. 8^{va-b}; F16 f. 20^{va-b}; F17 f. 5ra; F19 f. 68^{ra-b}; F20 f. 10va; F24 f. 118^{vc}; F25 f. 9vb; F26 f. 10ra* (ML, 34).

---

38   Ḥārim, between Antioch and Aleppo.
39   The second interpolation into *F38* commences here.

Amaurris fu mors, si se pensa que il iroit la tiere conquerre d'Egypte. Il avoit .i. sien neveu en prison au Crac de Monroial qui pris avoit esté au *repairier* qu'il fisent quant li rois Amaurris les encaca de la tiere. Il se pensa que il le racateroit et qu'il l'en menroit avec li pour çou qu'il estoit larges et courtois et mout amés de Sarrazins. Il manda au signeur de Crac qu'il *le* mesist a raençon, et il le racateroit volentiers; et li sires de Crac si fist et en rechut l'avoir que chis li envoia. Quant *cil fu* hors de prison, si pria au signeur dou castiel que il le fesist chevalier. Puis fu li Sarrazins sires dou castiel.[40]

Or vous dirai comment il ot non et qui il fu. Il ot non Salehadins. Li non Salehadins, çou est a dire en françois, 'c'est li sires qui euvre pour le loy'.[41] Cil Salehadins est cil dont on parla tant par le mont qui conquist Jherusalem. Mais ançois que je vous die comment il conquist la tiere de Jherusalem, vous dirai comment il conquist le roiaume d'Egypte et .v. roiaumes sour Sarrazins apriés, et comment il ocist le mulane.

Quant il fu hors de prison, Salehadins, et il fu fes chevaliers, il prist congié au signeur del Crac; si s'en ala a Damas a son oncle qui racaté l'avoit, et ses oncles

---

1 se pensa que il] s'apensa cil prouvolz qu'il *F16*, se pourpensa chis riches Sarrasins que il *F19*, se pensa que cil provos de Damas qu'il *F20* ‖ la tiere conquerre d'Egypte. Il] la terre d'Egipte conquerre seur la mulane. Cil prouvolz *F16*, la tere conquerre. Il *F17*, conquerre le terre d'Egypte dont li mulane estoit sires. Il *F20*, en la terre de Egypte conquerre. Il *F25 F26* ‖ .i.] .i. au chastel a la porte del palais la mulaine .ii. destriers .i. *F25 F26* (*scribal error anticipating a phrase from §xxviii*)   2 de Monroial] *lacks F16* ‖ repairier] repair *F18*   3 de la tiere. Il se pensa] de la terre d'Egipte. Il se pensa *F16*, hors de le tere de Egypte. Dont se pourpensa chile riches Sarrasins *F19*, de le terre d'Egypte quant il fu as saus le mulane si come vous avés oï devant. Cil provos *F20*   4 l'en menroit] le metroit *F16*, l'en metrot *F38*   5 le] *lacks F18*   5–6 mesist a raençon ... Crac] le racheteroit molt volentiers et le meist a reançon et il *F16* ‖ et il le racateroit ... et] si *F20*   6 fist] le fist *F17 F19 F24*, li mist a reançon *F25 F26*   7 cil fu] il *F18*   8 chevalier] chevalier. Et il si fist *F16 F20*, chevalier a françoise et il le fist chevalier *F24* ‖ Puis fu li Sarrazins sires dou castiel] et puis le fist chevalier li sires du castel et si le renvoia a sen oncle *F19*. *New paragraph in F17*.   9 comment il ot non et qui il fu] qui cil Sarrasins fu et comment il ot a non *F24* ‖ Salehadins] Salehadins li roys *F19*   9–10 Li non Salehadins] *lacks F17*   10 Salehadins çou est] de Salahadins ch'est *F19*, de Salehadin est *F24 F25 F26 F38* ‖ c'est] *lack F19 F25 F26* ‖ loy] roi *F19 F20*. *New paragraph in F24*.   11 conquist] conquist toute le terre de *F19*   11–13 Mais ançois que ... .v.] Or vous dirai se vous me volés escouter comment il conquist toute le tere de Egypte et comment il conquist .v. autres *F19*   12 conquist la tiere de Jherusalem] le conquist *F24*   13 roiaume] terre *F16 F17 F20*   14 *New paragraph in F25 and F26.*   15 il fu hors de prison Salehadins] il fi hors prison. Quant Salehadins fu fors de prison *F16*, il fu hors de prison *F17*, il fu mis hors de prison *F19*, cil Salehadins fu fors de prison *F24*, Saladins fu hors de prison *F25 F26 F38* ‖ il] si *F16 F17*, Salehadins *F19*

---

40   The idea that Ṣalāḥ al-Dīn was held captive in Kerak lacks corroboration and should be seen as an element in the thirteenth-century 'Saladin legend', as indeed is almost all the material that follows.

41   'Salāh al-Dīn' means 'Righteousness of the Faith'.

fist de lui grant fieste. Quant il fu venus, si prendent ensanle consel d'aler en
le tiere d'Egypte, et liuerent chevaliers et siergans et fisent ost et alerent en le
tiere d'Egypte et assegierent le mulane en son castiel au Cahaire. Ne demoura
gaires puis qu'il l'orent assegié que li prouvos de Damas fu mors qui l'ost i avoit
amenee; si demoura ses avoirs et çou qu'il ot a Salehadin.[a]   5

[xxviii] Ançois que je vous die plus de Salehadin, vous *dirai* d'une prophesie que li Sarrazin avoient au castiel del Cahaire. Il avoit *devant le chastel a la porte del palés* le mulane .ii. destriers enselés et enfrenés et apparelliés de monter sus; tous jours i estoient et par jour et par nuit. Je ne di mie qu'il i fuissent se par remuiiers non. Cil qui i estoient le jour n'i estoient mie le nuit.   10
Car cil qui la estoient le jour, il couvenoit que il mangassent le nuit, et cil qui par nuit i estoient mangoient le jour qu'il ne pooient mie megnier les frains es bouches.[b]

[xxix] Or vous dirai *de ces* chevaus pour coi il estoient la. Lor prophesie disoit k'uns hom isteroit de tiere qui avroit non Ali et monteroit sour ces cevaus et   15

---

1 si prendent ensanle consel d'aler] de prison a son oncle si pristrent consueil entr'eus d'aler *F16*, si prisent consel entr'eus d'aler *F17 F20*, de prison si prist ses oncle congié d'aler *F19*, et prendent consel ensamble d'aler *F24*, et pristrent conseil d'aler ensemble *F38*   2 et fisent ost et] si *F19*   2–3 le tiere d'Egypte] Egipte *F17*   4 l'ost i] toute l'ost de Sarrasins *F19*   5 si] or *F24 F38* ‖ et çou qu'il ot a Salehadin] a Salehadins sen neveu *F19*, et ce qu'il ot amené a Salehadin *F20*, et ce q'il ot a Saladin son neveu *F25 F26*   6 *No paragraph break in F24*. ‖ je vous die plus] plus vos die *F16*, je vous die plus avant *F19*, je vous die *F20*, je plus vos die *F24 F38* ‖ dirai] dirai jou *F18*, dirai je *F20*   7 avoient] avoient en lor *F19*, avoient fait *F20* ‖ castiel del] *lack F25 F26*, castel aveuc aus au *F19*   7–8 devant le chastel ... le] el castiel devant le palais a le porte le *F18*, a le porte du castel au palais de *F19*   8–9 enfrenés et apparelliés ... estoient] appareilliés de monter sus et tous enselés et enfernés et si y estoient tous jours *F19*   9 estoient et par ... nuit] avoit .ii. chevaus et par nuit et par jor tos aparelliés de monter sus *F24*   10–11 Cil qui i estoient ... jour] Car chil qui y estoient le nuit n'i y estoient mie le jour ne chil qui y estoient le jour ne estoient mie le nuit. Car *F19*   10 i] *lack F16 F24 F25 F26*   11 Car cil qui ... nuit] *lacks F16 (homeoteleuton)* ‖ il couvenoit] covenoit *F24 F38*, covenoient *F25 F26*   11–12 et cil qui par nuit ... jour] *lack F25 F26*   12 le] par *F24 F38*   14 *No paragraph break in F16, F17, F20, F24, F25, F26 or F38*. ‖ de ces] des *F18 F20* ‖ pour cci il estoient la. Lor] qu'il senefioient et pour coi il y estoient pour che le *F19*   15 isteroit de] venroit sor *F24* ‖ isteroit de tiere ... sour] qui iesteroit de terre qui aroit a non Salehadins et se monteroit sur .i. de *F19*

[a] *F18 f. 8*[vb]*–9*[rb]; *F16 f. 20*[vb–c]; *F17 f. 5*[ra–b]; *F19 f. 68*[rb–va]; *F20 f. 10*[va]*–11*[ra]; *F24 f. 118*[vc]*–119*[ra]; *F25 f. 9*[vb]*–10*[rb]; *F26 f. 10*[ra–va]; *F38 f. 142*[rb–va] (*part*) (ML, 35–36). *F18 has nine-line miniature panel showing Ṣalāḥ al-Dīn being released from captivity and a four-line decorated initial 'I'. Marginal drawing showing rams fighting.*   [b] *F18 f. 9*[rb]; *F16 f. 20*[vc]; *F17 f. 5*[rb]; *F19 f. 68*[va]; *F20 f. 11*[ra]; *F24 f. 119*[ra]; *F25 f. 10*[rb]; *F26 f. 10*[va]; *F38 f. 142*[va] (ML, 37).

seroit sires de toute Païenie et de partie de Crestiienté; et par tout le mont iroit *sa* renoumee.

Or vous lairons atant de ce; si vous dirons de Salehadins qui Le *Cahaire* avoit asegié. Il se pensa d'une grant voisdie comment il poroit cel castiel avoir. Car
5 par avoir que il euist ne par gent nulle ne le poroit il mie avoir a force. Et se pensa que se il avoit cel castiel, il averoit toute la terre. Adont manda dusques a .xl. des plus preus siergans que il avoit, et *si* lor dist a consel que il s'armassent et par desous les dras euissent les coutiaus as cuisses loiiés, et preist cascuns une verge en sa main pour aler aveuc lui.[a]

10 [**xxx**] Apriés manda Salehadins les haut hommes de s'ost, et si lor dist en consel que il s'armassent coiement et fesissent armer leur gent coiement, que s'il ooient cri ne noise el castiel, la u il voloit aler, que il le secourussent. Apriés si prist un mesage pour envoiier a la mulane, et si dist au mesagier: 'Va, *si* di

---

1 de] d'une molt grant *F19*   1–2 et par tout ... renoumee] *lack F25 F26. New paragraph in F38.*   2 sa] li *F18*   3 atant de ce] atant ester de chex *F19*, atant de ce ester *F20*   3–4 Le Cahaire avoit ... avoir] avoit assegié le castel de Cahaire il se pourpensent d'une molt tres grant voisdie comment il aroit le castel del Cahaire *F19*   3 Cahaire] Cahaie *F18*   4 grant voisdie] voisdie *F17*, mout grant voidie *F20*, grant boisoie *F25*, grant boisdie *F26*   5 avoir] force *F16* ‖ nulle] qu'il eust a nelui *F16*, qu'il eust *F19*, lacks *F24* ‖ avoir] prendre *F24 F26 F38*, prendere *F25* ‖ Et] si *F17*, et si *F16 F19 F24 F25 F26 F38*   6 avoit cel castiel ... averoit] pooit avoir chel castel que il seroit sires de *F19* ‖ averoit toute la terre] avroit legierement tote la terre d'Egite *F16*, averoit toute le terre d'Egypte legierement as se volenté *F20*, avroit toute la terre legierement *F25 F26. New paragraph in F25 and F26.* ‖ Adont] Saladin *F25 F26*, Lors *F38*   7 des plus preus siergans] de tous les plus hardis serjans *F19*, des plus preus sergans et des mellors *F24 F38*, des meillors des serjanz et des plus preuz *F25 F26* ‖ si] *lacks F18*   8 et par desous les dras] desot lor dras et *F24 F25 F26*, par desoz les dras et *F38* ‖ euissent les coutiaus as cuisses loiiés] eussent (et eussent *F16*) les coutiaus agus as cuisses *F16 F20*   9 verge] grant verge *F20* ‖ aler aveuc lui] aler avec lui au Cahaire (Calihaire *F16*) *F16 F17 F20*, aler esbanier aveuc lui el castel de Cahaire *F19*   10 *No paragraph break in F16, F20, F24, F25, F26 or F38.* ‖ manda Salehadins] manda assanller *F17*, si manda *F24 F38* ‖ les haut hommes de] tous les haus barons de par toute *F19* ‖ s'ost et si lor dist en] l'ost et si leur dist a *F16 F20*, l'ost lour dist a *F17*   11 coiement] *lack F19 F20* ‖ et fesissent armer leur gent] *lacks F17*   11–12 leur gent coiement ... secourussent] toute lor gent en conseil coiement et si lor dist que s'il ooient ne cri el Cahaire ou il devoit aler et li .xl. serjant aveuc lui qu'il avoit fait apareler que il les secourussent molt tost et molt hastivement *F19* ‖ coiement que s'il ooient] que s'il ooient *F17 F20*, que s'il avoit (avoient *F25 F26*) mestier d'aïe ne il ooient *F24 F25 F26 F38*   12 castiel la u il voloit] chastel de Cahaire la il vouloit *F16 F20*, castel u il voloient *F17*, castel ne la u il voloit *F24 F38*, chastel ne la ou il ooient voloient *F25 F26*   13 mulane] mulane ou il estoit en son chastel au Cahaire *F20* ‖ si dist au mesagier] li dist *F19* ‖ si] se *F18*

---

[a] *F18 f. 9*[rb–va]; *F16 f. 20*[vc–21ra]; *F17 f. 5*[rb–va]; *F19 f. 68*[va–b]; *F20 f. 11*[ra]; *F24 f. 119*[ra–b]; *F25 f. 10*[rb–va]; *F26 f. 10*[va–b]; *F38 f. 142*[va] (ML, 37–38).

a la mulane que ses siers Salehadins vient a lui a mierchi. Et s'il te demande comment vient il, se li peus dire que je vieng com asnes, le somme au col pour cargier et pour tourser et pour kierkier sour lui quankes il vous plairoit. Et s'il demande quel gent j'amaine aveus moi, se li peus dire que jou n'amaine seulement fors que .xl. *sergans* les verges es mains pour moi garder de la presse des gens.'

Et li messagiers s'en ala; si fist son mesage a la mulane. Quant li mulane l'oï, si en fu mout liés et mout joians et dist c'or faisoit il mout bien. Or l'ameroit il et seroit ses boins fius et se li donroit grant partie de son tresor. Dont vint la mulane; si fist crier par mi la cité *de Babilone* qu'il estoit boine pais et qu'il fussent tout coi et que Salehadins venoit a merchi, et qu'il venissent esgarder le grant mervelle comment il venoit.[a]

[xxxi] Dont vint Saleladins; si s'arma desous ses dras et mist le coutiel *fort* et trencant a le cuisse et prist une somme d'asne et le porte sour ses espaules et

---

1 a] pour crier F17 ‖ te] *lack* F16 F20   2 se li peus ... vieng] se li di il vient F19, si li di qe je vois F25 F26 ‖ au col] sor le dos F24   3 cargier et pour ... plairoit] trousser et por cherchier seur lui quanqu'il vos plaira F16, tourser et pour carcier sour moi quankes il li plaira F17, et pour tourser sur lui quankes il li plaira F19, torser et pour kerkier sour lui quankes vous plaira F20, troser et por chargier sor lui qanque vos i voudrez metre F25 F26, trousser et pour carcier seur li quanke vos voldroiz F24 F38   4 demande] te demande F16 F17 F25 F26, te mande F20 ‖ j'amaine aveus moi] maine il aveuc lui F19 ‖ peus dire] di F19 F25 F26   4–5 seulement fors que .xl.] avec moi fors .xl. F17 F20, que .xl. F19, fors solement F24 F25 F26 F38   5 sergans les verges es mains] personnes les verges es mains F18, serjanz les verges es poing F25 F26 ‖ garder] deffendre F19   6 *New paragraph in* F25 *and* F26.   7 Et li messagiers ... mulane] Adont se depart de Salehadin et s'en va au castel pour conter le message a le mulaine que se sires Salehadins li avoit carquié si ala tant qu'il vint droit au plus haut mandement si dist oïant tous son message et F19, Adonques s'em parti li messagiers. Si fist son mesage a la mulane F20, Li mesages s'en ala et fist son mesage F24, Atant s'en ala li mesagiers Saladin a la mulaine et fist son mesage F25 F26. *New paragraph in* F24.   8 dist c'or faisoit il] si dist au message que or faisoit Salehadins F19 ‖ l'ameroit] l'amoit F16 F17 F20 F25 F26 F38   9 seroit ses boins fius et se] seroit ses bons amis fins et F25 F26 ‖ tresor] meilleur tresor F19   10 mi] toute F19 F20 ‖ de Babilone] *lack* F18 F20 ‖ boine] par toute boine F19   11 coi et] quoi F16, asseur F19   11–12 a merchi et ... venoit] a lui a merchi et que il venoit si qu'il seroit esgarder de le gent a merveilles comment il venroit F19   13 *No paragraph break in* F19, F20, F24 *or* F38.   13–14 desous ses dras ... porte] si fist un fort coutel trenchant metre et loier a se cuisse et puis si prist une sommele d'asne si le mist sur sen F19 ‖ mist le coutiel fort et trencant] le coutel F24 F38   13 fort] fort fort F18, fort et agu F20   14 prist une somme ... sour] une soume d'asne (prist une some F26) si la porta de soz F25 F26 ‖ et] si F16 F17 F20 F24 F38

[a] F18 f. 9^{va-b}; F16 f. 21ra; F17 f. 5va; F19 f. 68vb–69ra; F20 f. 11^{ra-b}; F24 f. 119rb; F25 f. 10^{va-b}; F26 f. 10vb–11ra; F38 f. 142^{va-b} (ML, 38).

se met a le voie. Si s'en va a Le Cahaire entre lui et ses *sergans* a le mulane. Quant il vint a le porte del castiel, si li ouvri on, et il entra ens et il et si siergans. Lors refrema on le porte del castiel apriés lui, et il se mist a .iiii. piés quant il *fu* dedens le castiel, et si homme le caçoient devant aus de verges aussi com on cace l'asne. Quant li chevalier et li sergant del castiel le virent, si orent grant risee et vinrent a le mulane qui se seoit en son faudesteuf et li conterent comment il venoit, et li mulanes en fu molt liés. Quant Salehadins vint devant le palais le mulane et *il* vit les ii. cevaus qui apparellié *estoient* de monter sus, si se pensa que, se Damediu plaisoit, qu'il monteroit sus et seroit Aly.[a]

[xxxii] Tout si com Salehadins le pensa tout si le fist. Aprés çou monta el palais a .iiii. piés et vint devant le mulane pour son piet baisier. Et li mulane dist qu'il faisoit bien et que boin gré l'en savoit et boin guerredon en averoit. Quant Salehadins dut le pié le mulane baisier, si gieta jus le somme que il avoit sour le dos et tret le coutiel qu'il avoit a le cuisse, s'en fiert le mulane parmi le cors; si l'ocist.

---

1 se met a le voie] puis F19 ‖ Si s'en va a Le] droitement a au F16, se s'en vait a (au F38) F24 F38 ‖ Si s'en va … a] entre lui et sez serjanz si s'en ala au Caire a F25 F26   1–2 va a le … Quant il] ala au Cahaire ou le mulane estoit entre lui ses sergens. Quant Salehadins F20   1 sergans] *lacks* F18, ses .xl. serjanz F16   2 si li ouvri on] on li ouvri la porte F24 F38 ‖ ens] tantost dedens F19   2–3 il et si … on] il et si home. On refrema (ferma F38) F24 F38, et si home avec et on referma F25 F26   3 *New paragraph in F24.* ‖ Lors] Quant Salehadins et si sergant i fu entrés si F20 ‖ del castiel] *lack* F16 F17 F20 ‖ apriés lui] *lack* F24 F38 ‖ il se mist] Salehadins se mist tantost F19   4 fu] vint F18 F24 ‖ homme] serjant F19   5 l'asne] un asne F16 F19 F25 F26   5–6 del castiel le virent si orent] deu chastel le virent si faitement venir si ot (en orent mout F20) F16 F20, le virent tout ensi mener si en orent molt F19, del chastel vinrent sonerent F25 F26   6 se] *lack* F16 F17 F24 F25 F26 ‖ faudesteuf] faudestueuf d'or F19   7 il] Saladins F25 F26 ‖ venoit et li … molt] avoient veu venir Salehadin par mi le chité. Quant le muliane le vit venir si en fu molt tres F19 ‖ mulanes] mulanne quant il oï ce si F20   8 vint devant le palais] vit F20 ‖ il] *lacks* F18 ‖ qui apparellié estoient de] apareliez et anselez por F16 ‖ apparellié] enselé et apparellié F19 ‖ estoient] estoient estoient F18   9 se Damediu plaisoit] s'a Dame Dieu venoit a plesir F16 F19 F25 F26 F38, se Damedeu venoit a plaisir F17   10 Aly] a lui F19   11 *No paragraph break in F16, F20, F24, F25, F26 or F38.* ‖ Salehadins le pensa tout si le fist] il le (se F38) pensa si fu F24 F38 ‖ tout si] tout ainsi F19, ensi F20, tot ausi F25 F26   12 vint] vint tout droit F19   12–13 qu'il faisoit] que or faisoit il molt F19   13 *New paragraph in F25 and F26.*   14 le pié le mulane baisier] baisier le pié le muliane et il se fu bien aprochiés de lui F19 ‖ que il avoit sour] de dessur F19   15 avoit a le cuisse] avoit jus a la la cose F25 F26 ‖ le] sa F16 F38, se F19 F24 ‖ s'en fiert] et se fiert F19, si en feri F20, si fiert F24, si feri F38 ‖ parmi le cors] et F19 ‖ si l'ocist] *lack* F25 F26

---

[a] F18 f. 9vb–10ra; F16 f. 21[ra–b]; F17 f. 5[va–b]; F19 f. 69ra; F20 f. 11[rb–va]; F24 f. 119[rb–c]; F25 f. 10vb–11ra; F26 f. 11[ra–b]; F38 f. 142vb (ML, 39–40).

THE CHRONIQUE D'ERNOUL 97

Et li siergant, que Salhehadins avoit aveuc lui menet, tret cascuns son coutiel et fierent de ça et de la; si ocient chevaliers et sergans quanques il en i avoit ou castiel. Ensi fu li castiaus pris. Dont manderent en l'ost qu'il se mesissent en la cité de Babilone, et qu'il i entrent et prisent le cité, que cil de le cité ne s'en donnerent garde. Li Cahaires est li castiaus de Babilone.

Dont vint Salehadins; si monta sour les cevaus qui atendoient Aly, et aloit criant par le cité qu'il estoit Aly qui venus Se estoit. *Ains puis n'i ot* ceval. Apriés si manda en le tiere de Damas et de Halape et par toute Païenime sergans et chevaliers qu'il venissent a lui et qu'il lor donroit bons sols et feroit rices homes et k'ensi faitement avoit Babilone et Le Cahaire conquis; et il en i ala mout. Et si lor donna *largement* de l'avoir qu'il *trouva* dedens Le Cahaire. Quant cil d'Alixandre et de Damiete et cil de le tiere oïrent dire que si faitement estoit lor sires mors et que Salehadins avoit conquis Babilone et Le Cahaire et que si grant gent avoient amassé, il se penserent qu'il iroient a lui a merchi et qu'il ne

---

1 que Salhehadins avoit ... coutiel] que Saladins avoit avé lui amenez traient lor coutiaus *F16*, que Salahadins avoit avec lui menés traisent cascuns son cotel *F17*, Salehadin qu'il avoit amené aveuc lui traient les coutiaus *F19*, que Salehadins avoit amenés traisent les coutiaus *F20*   2 fierent] feri et *F38* ‖ de ça et de la; si] tant de cha et de la qu'il *F19* ‖ en i avoit] avoit de gens *F19*, avoient *F25 F26* ‖ i] lack *F16 F17 F24 F25 F26 F38*   3 castiaus pris] chastiaus du Cahaire pris *F16*, castiaus pris de le Cahaire *F20* ‖ manderent] manda Saladins *F25 F26* ‖ qu'il se mesissent] et disent qu'il venissent *F19*   4 cité] terre *F25 F26* ‖ qu'il i entrent et prisent] il y vinrent et entrerent ens il prisent ens *F19* ‖ qu'il] cil *F17 F24 F25 F26 F38*   5 Li Cahaires est] Et tout ainsi fu pris le Cahaires et *F19* ‖ Babilone] Babilone et Babilone la (et la *F24*) cités *F24 F38*, Babilonie et Babiloines est la citez *F25 F26*. New paragraph in *F25* and *F26*.   6–7 atendoient Aly et ... venus] l'atendoient a l'uis et s'en ala criant par toute le chités que le chités estoit a lui qui venus y *F19*, qi atendoient qu'il estoit Aly qi venuz *F25 F26*   7 Ains puis n'i ot ceval] a ceval *F18*, ains puis n'i ot Aly *F16*, ains puis n'i cheval par la chité *F20*, onques puis n'i ot cheval *F38*   8 de Halape] en le tere de Halape *F19*, del pape *F25*   9 lui et] lui en sodees et *F20*, lui en soudees *F25 F26* ‖ donroit] donroit molt volentiers *F19* ‖ feroit] si les feroit *F19*, les feroit *F20*   10–11 et k'ensi faitement ... lor] quant si fetement sorent qu'il ot Babiloyne et Le Caaire conquis il i ala molt soudoiers et serjanz et il lor *F16*, et qu'il avoit tot ainsi conquis le chité de Babilone et Le Cahaire et il en y a molt grans compaignies et Salehadins lor *F19*, qu'ensi avoit pris Babilone et Le Cahaire et il en i ala molt et il lor *F24*, qant si faitement avoit Babiloine et Le Caire conquis et il en i ala mout et il lor *F25 F26*, que ainsint avoit avoit Babyloine et Le Cahere conquis et il en i ala molt et si leur *F38*   11 largement] lacks *F18*, molt larguement et molt volentiers a tous communaument *F19*, l'argent *F25 F26* ‖ trouva] avoit trouvé *F18* ‖ Cahaire] Cahaire. Car il y avoit conquis et delivré envers tous hommes *F19*   12 et cil de le tiere oïrent] et cil de la terre d'Egipte oïrent *F16*, oïrent *F19*   12–13 si faitement estoit ... conquis] lors sires estoit mors et le renommee en fu alee par toute le contree que Salehadins asvoit ochis le muliane et que il avoit conquise le chité de *F19*   13–14 Babilone et Le Cahaire ... amassé] Le Caire et Babiloyne et que si grant gent (pueple *F16*) avoit amassé (assemblee *F38*) *F16 F24 F38*, Babilone et La Caharie et si grant gent avoit (i avoit *F25 F26*) amassé *F17 F25 F26*, Babilone et Le Cahaire et que il avoit si grans gens assanlees *F19*, Babilone et que si grant gent avoit amassé *F20*

se lairoient mie essillier et que il le receveroient comme signeur. Il i alerent et si li rendirent la tiere. Ensi conquist Salehadins le tiere d'Egypte. Et quant il ot la tiere, si garni mout bien les castiaus.⁴²

Apriés se pensa qu'il avoit mout grant gent et que li tiere de Jherusalem estoit wide de chevaliers et de sergans et que li quens Phelippes de Flandres les avoit menés a le siege de Herench. Dont se pensa Salehadins qu'il avoit grant gent et que bien poroit la tiere conquerre; dont aparella s'ost et ala en le tiere de Jherusalem et bien *mena* aveuc lui .lx. mil hommes a cheval.ᵃ

[xxxiii] Quant li rois Bauduins, qui mesiaus fu, oï dire que Salehadins venoit sour lui et en se tiere a tout grant gent, *il* assambla toute s'ost a Escalonne, et, quant il l'ot toute assamblee, n'ot il que .vᶜ. chevaliers que del Temple que de l'Hospital que del siecle. Apriés prisent consel qu'il manderoient en Jherusalem et par toute le tiere tous chiaus qui poroient armes porter, qu'il venissent a

---

1 que il le receveroient comme] qu'il le recevroient a *F16 F17 F20*, se le requerroient comme leur *F19* ‖ Il i alerent] et iroient a lui *F20*   2 li] *lack F25 F26 F38* ‖ la tiere. Ensi] toute le tere et tout ainsi *F19* ‖ *New paragraph in F25 and F26*.   2–3 Et quant il ot la tiere] Quant Salahedins ot conquise la terre d'Egipte *F16 F25 F26*, Quant Salahedins ot aquitee toute le tere *F19*, Quant il ot le terre d'Egypte conquise *F20*   3 *New paragraph in F16 and F20. Rubric in F16*: De Salehadin qui entre a ost en la terre de Jerusalem seur *Crestians followed by a five-line puzzle initial 'A'. Rubric in F20*: De Salehadin qui entra en le tere de Jherusalem a ost.   4 Apriés se pensa] Aprés ce que Salehadins ot conquise tote la terre d'Egipte se pensa *F16*, et puis se porpensa *F19*, Aprés ce se pensa mout bien Salehadins *F20* ‖ et que li tiere] aveuc lui et que le tere et le contree *F19*   5 wide] tote wide *F16 F17*, molt voide *F19*, toute wide *F20* ‖ et que li] que li *F16*, que *F17 F24 F25 F26*, Car li *F20* ‖ de Flandres les avoit] avoit tous *F17*, de Flandres les en avoit preques tous *F19*, de Flandres les en avoit *F20*, de Flandres avoit *F24 F25 F26*   6 siege] siege devant le castel de *F19*   6–7 se pensa Salehadins ... et] dist a li meismes *F16* se pourpensa Salehadins *F19*   6 Salehadins] *lack F24 F25 F26* ‖ grant] assés *F20*   7 la tiere conquerre] le tere avoir *F17*, conquerre le roiaume de Jherusalem *F19*, conquerre le terre de Jherusalem *F20*, la terre de Jherusalem conquere *F24* ‖ aparella] appareilla Salehadins toute *F19*, apela *F25 F26*   8 mena] *lacks F18* ‖ .lx. mil hommes a cheval] .xl. mil homes a cheval *F16 F17 F20*, .xl.ᵐ chevaliers *F25 F26*   9 *No paragraph break in F16, F20, F24, F25, F26*. ‖ qui mesiaus fu oï dire] de Jerusalem qui mesiaus fu oï dire sanz faille *F16*, de Jherusalem oï dire *F24*   10 et en se tiere ... assambla] o molt grant ost il asembla *F16*, en se tere a tout grant plenté de gent et a tout grant plenté de chevaliers et a grant ost il assanla tantost *F19* ‖ il] si *F18*   11 l'ot toute] ot toute s'ost *F19*, l'ot *F24* ‖ n'ot il que] Il n'ot mie *F25 F26* ‖ .vᶜ.] .d. *F16*, .viᶜ. *F19*   13–99.1 a Escalonne au roi] a Escalone *F17*, tout a Escaloigne au roy *F19*, a lui a Escalone *F20. New paragraph in F24*.

ᵃ*F18 f. 10ʳᵃ⁻ᵛᵃ; F16 f. 21ʳᵇ⁻ᶜ; F17 f. 5ᵛᵇ⁻6ʳᵃ; F19 f. 69ʳᵃ⁻ᵛᵃ; F20 f. 11ᵛᵃ⁻ᵇ; F24 f. 119ʳᶜ⁻ᵛᵃ; F25 f. 11ʳᵃ⁻ᵛᵃ; F26 f. 11ʳᵇ⁻ᵛᵇ; F38 f. 142ᵛᵇ⁻143ʳᵃ (part)* (ML, 40–42). *F18 has a ten-line miniature panel showing Ṣalāḥ al-Dīn abasing himself before the 'mulane' and a four-line pen-flourished initial 'T'.*

42   Insertion into *F38* ends here.

THE CHRONIQUE D'ERNOUL   99

Escalonne au roi. Ançois que li arrierebans venist a Escalonne, vint Salehadins devant Escalonne et assega le roi dedens. Et li Sainte Crois estoit dedens aveuc le roi. Tout si com li arrierebans venoit a Escalonne, a le mesure qu'il venoient, Salehadins les prenoit. Si prisent les bourgois de Jherusalem et grant partie de ciaus de le tiere qui de plus loing venoient.[a]

[xxxiv] Quant Salehadins ot esté .ii. jours au siege devant Escalonne, se li aporta ses consaus que il alast en Jherusalem, qu'il n'i avoit nullui et qu'il le poroit bien prendre, car il avoit les bourgois tous pris; *et que s'il* pooient tant fere que il peussent avoir *garnies* les montaignes, bien le poroient avoir. Al tierç jour se parti Salehadins del siege d'Escalonne et ala a une cité qui est es plains de Rames qui a a non Saint Jore a .vii. liues d'Escalonne; et la hierbega, et si escilla la cité. Quant Salehadins se fu partis d'Escalonne, li rois issi hors et ala apriés a toute s'ost et se hierbega a .ii. liues pres de lui a .i. castiel que on apele Ybelin. Quant che vint l'endemain par matin, l'ost des Sarrazins vint pour aler en Jherusalem. Cest jour fu fieste Sainte Catherine en yver, et en vendredi.[43] Damedius Jhesu Cris vit le poi de gent et la foiblece qu'il avoit en la tiere; si estendi sa grasse et s'aide et son confort, et vaut moustrer qu'en

---

1 arrierebans] arriere bans de Jherusalem *F20* ‖ venist] venist au roi *F16* ‖ Escalonne] le chité a Escaloigne *F19*   2 roi dedens] roy Bauduin de Jherusalem dedens *F19*, roi Bauduin le mesel dedens Escalone *F20*   2–3 dedens aveuc le roi] dedens les murs de le chité aveuc le roy et aveuc ses hommes et *F19*, dedens Escalone avoeques le roi *F20*   3 Escalonne] Escalone au secours *F20*   3–4 a le mesure … prenoit] si les prendoit Saladin tout a fait *F19*, a la mesure qu'il venoit Saladins le prevoir *F25 F26*   5 venoient] venoient a Escalone *F20*   6 *No paragraph break in F19, F20 or F24*. ‖ .ii.] .iii. *F18* ‖ devant Escalonne] *lacks F19*   7 qu'il] Car il *F16 F20* ‖ avoit] avoit remés *F19*   8 et que s'il] se il *F18*   8–9 pooient tant fere que il peussent] pooit tant faire qu'il peust *F19 F24*, pooit tant faire qu'il peussent *F20*   9 garnies] *lacks F18*, garnir *F19 F25 F26* ‖ bien le poroient avoir] que bien porroit avoir le cité de Jherusalem *F19*, bien la poroient avoir legierment *F25 F26*. *New paragraph in F25 and F26*.   10 se parti] aprés se departi *F19*   11–12 et la hierbega et si] la se herberja et *F16 F17 F20 F25 F26*, la se herbega Salehadins et si *F19*, la se hereberga et si *F24*   12 *New paragraph in F24*.   12–13 fu partis d'Escalonne … et] departi de le cité si s'en issi li roys Bauduins hors et si s'en *F19*   13 et ala apriés] d'Escalone et ala aprés Salehadin *F20* ‖ se] *lack F19 F25 F26*   14 l'endemain par] a l'andemain bien *F16*   15 vint] de la cité S. Jorge mut *F16*, mut *F17 F20*, se mut *F24*, si s'esmut *F19* ‖ aler en] aler vers *F19*, assegier *F20* ‖ en] et *F17*, qui est en *F19*   16 Jhesu Cris] *lacks F19* ‖ poi] petie *F25 F26* ‖ la foiblece] feble *F19*   16–17 avoit en la tiere] estoit en la cité de Jerusalem *F16*, avoit en le terre de Jherusalem *F20*, avoient en la terre *F24*

---

[a] *F18 f. 10^{va–b}; F16 f. 21^{rc–va}; F17 f. 6ra; F19 f. 69va; F20 f. 11vb–12ra; F24 f. 119va; F25 f. 11^{va–b}; F26 f. 11vb* (ML, 42).

---

43   The Battle of Montgisard took place on the feast of St Catherine, Friday 25 November 1177.

assés de gent ne doit on avoir fiance mais en lui. Li Sarrazin avoient bien .lx. mil chevaliers, et li Crestiien n'estoient que .v^c. Et si *avoient* li Sarrazin pris et loiiet les bourgois qui estoient venu a l'arriereban et les avoient loiiés sour les cameus.[a]

[xxxv] Or mist Dius en cuer et en talent as Crestiiens qu'il se combateroient as Sarrazins a si poi de gent com il avoient. Si s'armerent, et Dius lor aida et mesires Sains Jorges qui en le bataille fu et qui glise li Sarrazins avoient essillie et gastee la nuit, et le liu u il avoit esté martiriiés. Si atirent li Crestiien lor escieles et alerent encontre les Sarrazins et assamblerent devant .i. castiel c'on apiele *Mongisart* es plains de Rames. Dont vint li sires de Rames, qui avoit non Bauduins, au roi et *li* dist: 'Sire, je vous demant le premiere jouste'. Pour çou li demanda la premiere jouste qu'il se devoit combatre en sa tiere si devoit avoir le premiere bataille. Et li rois li otria. Che fu cil Bauduins qui parla au conte Phelippe de Flandres devant le roy quant il parla del mariage et li quens s'en courça et wida le païs. Cis Bauduins avoit .i. frere qui avoit *a* non Belians et avoit le roine Marie a femme qui fu femme le roi Amauri.[b]

---

1 gent] mescreant gent F19 ‖ on] om pas F16, on mie F17, on pas F20 ‖ fiance] pas grant fiance ne grant seurté F19, nulle fiance F20, grant fiance F25 F26   1–2 avoient bien .lx. mil chevaliers] estoient bien xl.^{m} chevalier F16, avoient bien .xl. mil Sarrazin F17, estoient bien .xl. mille home a cheval F20, avoient bien .xl.^{m} chevaliers F25 F26   2 que .v^c.] mie plus de .d. F16 ‖ avoient] avoi F18   3 bourgois] borjois de Jerusalem F16, bourgois de Jherusalem F20 ‖ a l'arriereban] en l'arriereban et tourses molt bien et molt fort F19, auriere ban F25 F26 ‖ loiiés] liés li Sarrazin F24, lack F25 F26   3–4 les cameus] lor chevaus F16, les chevaus F20   5 *No paragraph break in F16, F20 or F24.*   5–6 as Sarrazins] *lack* F25 F26   6 Si s'armerent] *lacks* F19   7 fu] fu le jor F25 F26   8 Si atirent li ... et] Dont s'armerent li Crestien et si atornerent lor escheles et s'en F19   9 et assamblerent] si s'assanlerent F19, et assamblerent lor os F20   9–10 Mongisart] Mensigart F18, Mongisart qui estoit F16, Mongissart qui est F19   11 et li] et F18, si li F16 F25 F26, et se li F19, de Jherusalem et li F20 ‖ dist: Sire je vous demant] se li demanda F24   11–12 Pour çou li ... devoit] porce que c'estoit en sa terre si devoit il F16, qu'il se devoit combatre en sa tere si devoit F17, que quant on se doit combatre en me tere je doi F19, de ceste bataille. Car il se devoient combatre en se terre. Si devoit F20, qu'en sa terre se devoient combatre voloit F24   13 otria] otria molt volentiers F19 ‖ Phelippe] *lacks* F20   14 roy] roy Bauduin F19, roi Bauduin le mesel F20, roi de Jherusalez F26 ‖ il parla del mariage et] li quens parla du mariage et pour coi F19 ‖ quens] cuens Phelippes de Flandres F20   15 a] *lacks* F18 ‖ Belians] Balians de Belin F16   16 fu femme] femme avoit esté F19, fu mere F25 F26

---

[a] F18 f. 10vb–11ra; F16 f. 21va; F17 f. 6$^{ra–b}$; F19 f. 69$^{va–b}$; F20 f. 12$^{ra–b}$; F24 f. 119$^{va–b}$; F25 f. 11vb–12ra; F26 f. 11vb–12ra (ML, 42–43).   [b] F18 f. 11$^{ra–b}$; F16 f. 21$^{va–b}$; F17 f. 6rb; F19 f. 69vb–70ra; F20 f. 12$^{rb–va}$; F24 f. 119$^{vb–c}$; F25 f. 12$^{ra–b}$; F26 f. 12$^{ra–b}$ (ML, 43–44).

THE CHRONIQUE D'ERNOUL   101

[xxxvi] Or vous lairai atant de Belyan ester; si vous dirons de la bataille qui fu devant Monghisart. Bauduins et ses freres Belyans,[44] ki le premiere bataille eurent, coisirent le plus forte bataille que li Sarrasin avoient et poinsent viers aus; si le desrompirent toute et venquirent; et si ne demoura mie atant que il d'armes ne fesissent quankes il porent dusque a le nuit sour les Sarrasins; 5 c'onques Rollanz ne Oliviers ne fisent tant d'armes en Rainscevaus con li doi frere fisent le jour en le bataille a l'aïue Diu et de monseigneur Saint Jorge qui en la bataille fu.[a]

[xxxvii] Hues de Tabarie et Guillaumes ses freres, qui jovene chevalier estoient et furent fil le castelain de Saint Omer et fillastre le conte de Triple estoient, se 10 prouverent mout bien le jor en le bataille et mout i fisent d'armes *et* grant los i acuellierent. Li Temples et li Hospitaus s'i proverent mout bien atant com il avoient de gent. En l'eskiele le roi estoit Robiers de Bove qui mout bien s'i prova, et toute li eskiele le roi, tant k'a l'aïue de Diu li Sarrazin i furent desconfit, et li

---

1 *Rubric in F16*: De la desconfiture que Crestian firent seur Sarasin devant Mongisart es plains de Raimes. *Rubric in F20*: Le bataille de Mont Gisart. *No paragraph break in F24.* ‖ dirons] dire *F16*, dirai *F20 F24 F25 F26*   2 Bauduins] Bauduins de Raymes *F16*, Bauduins li sires de Rames *F20*. Baldoins de Ravies *F25 F26* ‖ ses freres Belyans] Balians de Belin ses freres *F25 F26*   3 que li Sarrasin avoient] de Sarrazins *F24*   3–4 et poinsent viers aus] si (et *F24*) poinstrent sor aus *F24 F25 F26*   5 porent] porent et chaplerent *F25 F26*   6–7 li doi frere] cil troi *F24*   7 le jour en le bataille a] avec *F17*, le jour en *F19* ‖ le jour] *lacks F20* ‖ bataille] bataille et qant devant Mont Gisart *F25 F26*   9 *No paragraph break in F16, F20 or F24.*   11 le jor] *lack F20 F25 F26*   11–12 fisent d'armes et grant los i acuellierent] cueillirent grant los d'armes *F19*   11 et] *lacks F18*, et molt *F17*   12–13 atant com il avoient de gent] de tant de gent com il avoient *F16*, en le bataille a tant de gent comme il orent *F19*, de tant gent qu'il i avoient *F20*   13 roi] roy de Jherusalem *F19* ‖ mout bien s'i prova] bien si prova le jor *F24*, se prova *F20 F25 F26*   14 toute] aussi fisent tout chil de *F19* ‖ li Sarrazin i furent] et de Saint Jore y furent tout li Sarrasins *F19* ‖ i] *lack F16 F17 F20*

[a] *F18 f. 11rb; F16 f. 21vb; F17 f. 6^{rb–va}; F19 f. 70ra; F20 f. 12va; F24 f. 119^{vc}; F25 f. 12rb; F26 f. 12^{rb–va}* (ML, 44).

---

44   *F24* (f. 119^v) adds in the internal margin: 'et Giles de Cien'. It might seem at first sight that this addition is proposing that this man fought alongside Balian and Baldwin: hence the reading 'cil troi' in place of 'li doi frere' at lines 6–7. There is, however, no one with that name known in the Latin East in the second half of the twelfth century. Perhaps this a reference to Gilles de Chyn (died 1137), a heroic figure from Hainaut, who by the second quarter of the thirteenth century had become the subject of a highly fictionalized *chanson de geste* where he is said to have fought against Nūr al-Dīn and who in later legend fought with a dragon. If so, the marginalia may more properly belong a few lines further on and represent an attempt to compare Balian and Baldwin to this man as well as to Roland and Oliver. See Camille Liégois, *Gilles de Chin: l'histoire et la légende* (Paris, 1903), 33–34, 53–54.

Crestiien les encacierent tant com jours lor dura, et les prisent et ocisent, et de lor harnas n'*escapa* point. Li bourgois qui sour les cameus estoient loiié, desloia li uns l'autre et *ocisent* ceus qui les harnas gardoient et retinrent le harnas. Il ot assés en le bataille sergans et chevaliers qui disent qu'il lor fu avis que la Sainte Crois, qui en la bataille fu, estoit si haute qu'elle avenoit dusques au ciel. Et si ot chevaliers Sarrazins pris qui demanderent as Crestiiens *qui* pris l'avoient qui cil chevaliers as blances armes estoit qui tant avoit de lor gent ocise le jour, et il respondirent qu'il cuidoient que che fust li sains qui glise il avoient gastee le jour devant.

  Quant Salehadins fu desconfis, si s'en ala en Egypte, et li rois de Jherusalem demoura en sa tiere. Ce fu la mout biele miracle que Dieus fist pour Crestiiens que .v^c. chevalier crestiien venquirent .lx. mil Sarrasins.[a]

---

1 les encacierent tant ... les] les cacierent tant qu'il fu jours et les *F20*, tant com jors lor dura les cachierent et *F24* ‖ et ocisent et de] tous et ochisent ne de tout *F19* 2 n'escapa] n'esca *F18 F20* 2–3 qui sour les ... uns] de Jerusalem qui li Sarrasin avoient pris et estoient liez sus lor chamex deslioient li uns *F16*, de Jherusalem qui estoient loié et emprisonné sur les camex li uns desloia *F19*, de Jherusalem qui de sus les cameus estoient loié desloia li uns *F20*, qi sus les chevaux estoient logie furent deslié qant il virent ke li Sarrasin furent desconfit si desloia li uns *F25 F26* 2 desloia] delloierent *F17* 3 ocisent] crient *F18*, si ochisent tous *F19*, ochisent tos *F20* ‖ et retinrent le] et detindrent tout lor *F16*, et detinrent les (lor *F20*) *F17 F20*, as Sarrasins et se retinrent tout le *F19*, et reçurent le *F24* ‖ *New paragraph in F24*. 4 sergans et chevaliers] de gens de sergans et de chevaliers *F17*, de chevaliers et de sergans *F19 F20* ‖ qui disent qu'il lor] a qui il *F19*, qui lor *F25 F26* 5 qui en la bataille fu estoit si] fu en le bataille et que ele estoit si tres *F19* 6 chevaliers] assés de chevaliers *F19* ‖ demanderent] demanderent et enquistrent F 24 *F25 F26* ‖ qui] que *F18* 7 as blances armes estoit] estoit as blances armes et a la crois vermelle *F24* 7–8 estoit qui tant ... il] avoient esté dont il avoit tant eu en le bataille et qui tant y avoient ochis de leur gent. Et li Crestien lor *F19* 7 ocise le jour] *New paragraph in F25 and F26*. 7–8 jour et il respondirent] jor et detrenchiez. Lors lor respondirent li Crestien *F25 F26* 8–11 le jour devant ... tiere] et essillie devant che que le bataille fust commenchié. Quant Salehadins fu desconfis et si homme furent mort et pris si s'en fui en le tere de Egypte et li roys Bauduins demoura en le terre de Jherusalem dont il estoit roys et drois sires après Diu *F19* 10 rois] roys Bauduins *F20* 11 fist pour Crestiiens] fist et demostra por Crestienté *F24 F25 F26* ‖ fist] y moustra *F19* 12 venquirent .lx.] venquirent .xl. *F16 F17 F20*, vainquirent en bataille et en .i. jour .lx. *F19*, desconfistrent .xl. *F25 F26*

---

[a] *F18 f. 11^{rb-vb}; F16 f. 21^{vb-c}; F17 f. 6va; F19 f. 70^{ra-b}; F20 f. 12^{va-b}; F24 f. 119^{vc}–120ra; F25 f. 12^{rb-vb}; F26 f. 12^{va-b}* (ML, 44–45).

[xxxviii] Or vous *lairons* del roi de Jherusalem et de Salehadin de si que tans et eure en sera, et si dirons dou conte Phelippon de Flandres qui fu al siege devant Herenc. En cel point que la bataille fu, la vinrent nouveles au conte Phelippon[45] et as barons de l'ost, que li rois de Jherusalem avoit desconfit les Sarrazins qui estoient entret en se tiere. Li quens en fu liés et joians, et il et toute l'os en rendirent grasses a Diu. D'autre part fu li quens dolans qu'il se leva del siege et prist congié au prince d'Antioce et au conte de Triple et as barons qui aveuc lui estoient au siege pour raler en sa tiere; ensi se departi li sieges de Hierenc.[a]

[xxxix] Or s'en vint li quens Phelippes pour venir par tiere en Flandres et vint en Coustantinoble. La *trouva* l'empereour Manuel qui grant hounour li fist et mout fu liés de se venue et mout li donna de ses joiaus, com de çaintures et d'or et d'argent et de dras de soie, et sejourna la tant *com* lui plot. En ce qu'il sejourna la, li demanda li emperes *Manuel* se li rois Loeïs *de France* avoit nulle fille a marier, et li quens respondi qu'il en avoit une, mais petite estoit et jovene. Dont

---

1 *Rubric in F16*: Del conte Phelipe qui estoit a siege devant Haranc; comment il repera en Flandres par Costentinoble. *Rubric in F20*: Du conte Phelippon qui revint d'outre mer par Coustantinoble. ‖ lairons] lairai F18, lairons a parler F19 F20 ‖ de Jherusalem] Bauduin mesel F16, Bauduin qui sires estoit de Jherusalem F19 ‖ de si] a parler d'ici la F16, a parler desci atant F17, jusqu'a tant F20, a parler desci es F24, a parler de si F25 F26   2 eure] liex et heure F19 ‖ et si] si vous F19 F20, si vos F24   3 fu] fu devant Montgisart es plains de Rames F20   4 Phelippon] Phelipon et au castelain de Biauvais F19, Phelipe de Flandres F24 ‖ de l'ost] qui en l'ost estoient F16 ‖ rois] rois Bauduins F19 F20   5 entret en se tiere] venue en se tere a ost F19 ‖ en fu liés et] en fu molt liés et molt F19, Phelipes en fu mout liés et mout F20   6 l'os] li baron qui estoient en s'ost et si F19, se gent F20 ‖ en] et en F17 F25 F26, *lacks* F20, et F24 ‖ Diu] Dame Deu F16 F24 F25 F26, Nostre Seigneur F19, Dieu de le victoire F20 ‖ quens] quens de Flandres si F16 F17 F20 F24, quens molt F19, quens de Flandres mult F25 F26   6–7 qu'il se leva] de che qu'il avoit laissié le roy de Jherusalem et qu'il n'avoit mie esté aveuc lui en le bataille qu'il s'en ala F19   7 siege] siege de Herenc F16 F20 ‖ d'Antioce et ... as] qui Buyemonz ot a non et au conte Raymon de Triple et a touz les F16   8 aveuc lui estoient] estoient en l'ost et F19 ‖ raler] aler arrieres F16, raler arriere F17 F20 F24 F26, aler ariere F25   9 Hierenc] devant Herenc F19, Herenc sans nient faire F20   10 *No paragraph break in F16, F20 or F24.* ‖ s'en vint li quens Phelippes pour] s'esmut li quens (cuens Phelipes F20) de Flandres pour F16 F20, s'en mut li cuens Phelipe pour F17, s'en vint li quens Phelipes de Flandres F19, s'en mut li quens a F24 F25 F26   10–11 venir par tiere ... en] par tere et vint en F19, venir en se terre et vint par F20   11 trouva] trou F18 ‖ Manuel] novel F25 F26   12 et] *lack* F17 F20 F24 F25 F26   13 com] qu'il F18   13–14 En ce qu'il sejourna la] Et anchois qu'il s'en alast F19   13 ce] tant F17 F20   14 Manuel se li rois Loeïs de France] se li rois Loeïs F18

---

[a] F18 f. 11vb; F16 f. 21^{vc}–22ra; F17 f. 6^{va–b}; F19 f. 70^{rb–va}; F20 f. 12vb–13ra; F24 f. 120ra; F25 f. 12vb; F26 f. 12vb–13ra (ML, 45–46).

---

45   *F19*'s reference to the castellan of Beauvais is uncorroborated.

dist li empereres Manuas qu'il n'avoit ke .i. fil qui estoit jovenes enfes, et que se li rois li voloit envoiier se fille aveuc son fil, que si tost com elle *seroit* venue, il li feroit espouser et li feroit porter couronne et lui ausi: il seroit empereres et elle emperreïs. Dont parla et pria li empereres au conte que il au roi en fust messages, que plus gentil homme de lui n'i poroit il mie envoiier. Et il envoieroit aveuc lui de ses mius vaillans hommes pour amener la damoisiele, se li rois lor voloit cargier. Li quens respondi que volentiers feroit *le mesage et volentiers* se peneroit qu'il l'averoit. Dont vint li empereres; si fist apareillier ses messages et lor carja or et argent assés a despendre et les envoia en France aveuc le conte. Et quant il vinrent en France, li quens vint au roi et fist son message de par l'empereour.[a]

---

1 dist] *lacks* F18, li dist F25 F26 ‖ n'avoit ke .i. fil ... enfes] avoit un fil qui estoit jones et s'est de l'aage le fille le roy et que che li sanleroit biens que on en fesist mariage et tout li baron qui estoient en le sale et qui oïrent ches paroles le loerent a l'empereur et qu'il envoiast savoir au roy Loeÿs qu'il en responderoit et comment F19, n'avoit c'un fil mais jovenes estoit F20 ‖ qui] cil F24 F25 F26   2 rois] rois Looïs F16, rois Loeÿs de France F20 ‖ envoiier] donner F19 ‖ seroit] i seroit F18   2 3 li feroit espouser ... elle] le feroit a son fil espouser et se li feroit porter couronne. Et si dist encore li empererres Manuiaus que ses fix seroit quant il seroit mariés empererres et ele seroit aussi F19   3 espouser et li feroit] *lacks* F20, espouser et lui F24   4 pria li empereres au conte] dist le empererres et pria le conte Phelipon F19   4–5 au roi en fust messages] en fust mesages au roi F16 F17 F20, en fist messages F19 F24   5 de lui n'i poroit il mie] gentil home n'i poroit il mie F16, gentil home ne pooit mie trover ne F25 F26, haut homme de lui ne plus sage ne plus gentil n'i porroit il mie F19 ‖ envoiier] envoier en mesage F24   6 vaillans] vasals F25 F26 ‖ hommes] homes de se terre F24 ‖ amener la damoisiele] le demoisele amener hounerablement F19   7 cargier. Li quens respondi] envoier si comme le fille le roy de France. Dont respondi li quens Phelipes F19, otroier. Li quens respondi F25 F26 ‖ *New paragraph in* F25 *and* F26. ‖ le mesage et volentiers] et F18   7–8 et volentiers se ... l'averoit] et que il s'en peneroit tant que se il pooit en nule maniere du monde que il l'amenroit F19   8 vint li empereres; si fist apareillier] fist apareillier li empereres apareillier F25 F26   9 et les envoia] et puis si les envoia au roy Loeÿs F19 ‖ France aveuc le conte] France avec le conte Phelipe de Flandres F16, Flandres avoec le conte de Flandres F20   10 il vinrent en France li quens vint] li quens vint en France; si vint tout droit F19 ‖ quens] quens Phelippes F20   11 l'empereour] l'empereour Manuel de Costantinoble F16, le roy Manuel de Constantinoble F19, l'empereor Manuel et de Constantinoble F20, l'empereor de Constantinoble F25 F26

---

[a] F18 f. 11vb–12rb; F16 f. 22^{ra-b}; F17 f. 6vb; F19 f. 70^{va-b}; F20 f. 13^{ra-b}; F24 f. 120^{ra-b}; F25 f. 13^{ra-b}; F26 f. 13^{ra-b} (ML, 46–47).

[xl] Dont fu li rois liés et joians. Si vit qu'il ne le pooit *mie* mieus marier; si le fist apparellier molt hautement et mout ricement, et le kierga as messages, et il l'enmenerent en Coustantinoble a l'empereour. Celle damoisiele fu seur au roi Pheplippe de Franche, germaine de pere et de mere. Or s'en alerent li message a tout le damoisiele, et li quens Phelippes demoura en Flandres. Quant il vinrent en Coustantinoble, li empereres en fu mout liés et hautement le reçut, et si le fist espouser et porter couronne *et fu empereris*.[46a]

[xli] Or vous lairons atant de l'empereour Manuel et des enfans si qu'a une autre fois que nous en parlerons, et si dirons de la tiere de Jherusalem.[47] Il ot arivé en le tiere de Jherusalem .i. chevaliers de Lombardie qui ot non Guillaumes Longhe Espee. Cil estoit boins chevaliers et gentius hom et estoit fius le marcis de Monferras qui avoit non Bonifasce.[48] Li rois Bauduins de Jherusalem, qui

---

1 *No paragraph break in F24, F25 or F26. F20 lacks this paragraph and has no paragraph break between §xxxix and §xli.* ‖ Dont fu li ... joians] Donc fu li rois Looÿs de France liez et joianz F16, Adont vint li roys de France si fu molt liés et molt joians et F19, Li rois en fu liés joians F24 ‖ le pooit mie mieus marier] le pooit mieus marier F18, porroit mie mix se fille marier F19, la (le F24) pooit plus hautement marier F24 F25 F26   2 apparellier molt hautement et mout ricement] aparelier molt hautement et molt richement comme fille a si haut home comme le roi de France F16 F17 F25 F26, molt bien appareillier et molt hautement comme fille au roy de France F19, aparellier richement comme fille de si haut home comme le roi de France F24   2–3 il l'enmenerent en Coustantinoble a l'empereour] il l'enmenierent en Costentinoble a l'empereour Manuel F16, l'envoia a l'empereur. Et li message l'emmenerent a molt grant joie F19   3–4 au roi Pheplippe ... mere] al roi Phelipe de Freance de pere et de mere F16, le roy Pheplipe de pere et de mere germaine F19, germaine le roi Phelipe de France de pere et de mere F24, germane au roy Philipon de France et de pere et de mere F25 F26   5 il] le mesaje F16, la damoiselle et sa compagnie F25 F26   6 liés et hautement le reçut] joians et se le rechut molt hautement F19   6–7 si le fist espouser et] si la fist a son filz espouser et F16, et (si le F24) fist espouser a son fil et F19 F24, la fist espouser a son fil et l'un et l'autre F25 F26   7 et fu empereris] *lacks F18*, et fu empererriz et il fu emperieres F16, Co fu empeerris F19, a empereur et li a emperis F24, il enpereres et elle empereris F25 F26   8 *Rubric in F16*: De Guillaume Longue Espee, fil au marchis Boniface de Monferrat, qui ala outremer. *No paragraph break in F24.*   9 que nous en parlerons] *lacks F24* ‖ nous en parlerons] *New paragraph in F20 with the rubric*: De Guillaume Longue Espee, fieus le marchis de Montferrat.   10–11 de Lombardie qui ... Espee] qui ot a non Guillames Longe Espee et fu nés en Lonbardie F24   11 estoit] Guillaumes fu molt F19   12 de Monferras qui avoit non Bonifasce] Bonyface de Monferrat F16   12–106.1 qui mesiaus estoit] *lacks F24*

---

[a] F18 f. 12rb; F16 f. 22rb; F17 f. 6vb–7ra; F19 f. 70vb; F24 f. 120rb; F25 f. 13rb; F26 f. 13[rb–va] (ML, 47).

46   Louis VII's daughter Agnes (renamed Anna by the Byzantines) arrived in Constantinople in 1179 and married the future Alexios II Komnenos in March 1180.
47   See below §lxxxiii.
48   All the manuscripts of *Ernoul* and the Old French Continuation of William of Tyre err

mesiaus estoit, oï dire tant de bien de lui qu'il li donna se suer a femme qui avoit non Sebille, et li douna le conté de Jaffe et d'Escalonne.

Quant Bauduins de Rames vit que li rois *avoit* mariee sa seur a autrui k'a lui, si en fu mout dolans; si ala, s'espousa le fille au seignour de Cesaire; si en ot .i. fil, et la dame morut.[49] Si demoura Bauduins veves. Li seur le roi ne fu gaires aveuc son signour *Guillaume Longue Espee*, qui espousee l'ot, ains fu mors. La dame en ot .i. fil qui ot non Bauduins.

Aprés avint cose que li rois oï dire que li soudans de Damas estoit mors qui ot non Noiradins. Dont vint li rois mesiaus; si asanla ses os; si en ala en le tiere de Damas et gasta et escilla la tiere et grant gaing i fist. Il n'i prist ne castiel, ne cité ne assega.[50a]

[xlii] Quant la dame de Damas[51] *oï* dire que li rois de Jherusalem asanloit ses os pour entrer en sa tiere, elle envoia ses mesages a Salehadin, qui sires estoit

---

[1-2] qui avoit non Sebille] *lacks F19*   2   li] si lo *F16*, se li *F19 F20*, si li *F25 F26* ‖ conté] contree *F25 F26* ‖ *New paragraph in F25 and F26.*   3   que li rois … seur] que li rois ot mariee sa seur *F18*, le sereur le roy Bauduin mariee *F19*, qe li roys de Jherusalem avoit marriee sa serror *F25 F26*   4   fu mout dolans] *New paragraph in F24.* ‖ si ala s'espousa] si ala et espousa *F16*, si ala et si espousa *F17*, et si espousa *F19*   4-5   Cesaire si en ot .i. fil et] cocese Cesaire. Si en ot .i. fill dont *F16*, qui li dona Naples avec sa fille. Cil en ot .i. fil qui ot nom Phelipes de Naples et *F24*   5   Bauduins] Bauduins de Rames *F20* ‖ Li seur le roi ne fu] la contesse Sibile de Jaffes et d'Escalonne suer lo roi mesel ne fu *F16*, Le sereur le roy de Jherusalem ne demoura *F19*, Li suers le roi Bauduin ne demoura *F20*   6   signour] baron *F24* ‖ Guillaume Longue Espee] *lacks F18* ‖ qui espousee l'ot ains fu mors] ains fu mors. Sebile *F20*   6-7   La dame en ot] Ele avoit *F24*, ele en ot *F25 F26*   7   *New paragraph in F16 with the rubric*: Comment Salehadins conquist le realme de Damas pour le secors qu'il i fist.   8   Aprés] et *F18* ‖ avint cose que … dire] avint cose que li rois Bauduin de Jerusalem oï dire *F16*, oï dire li roys Bauduins de Jherusalem *F19* ‖ de Damas] *lack F17 F25 F26*   9   ot] avoit a *F16 F17 F19 F24*, avoit *F20 F25 F26* ‖ vint li rois … ala] vint li rois mesiaus si amassa ses olz si entra *F16*, assanla li roys mesiaus ses os si ala *F19*, vint li rois si amassa ses os et ala *F20*, vint li rois Bauduins si amassa ses os et ala *F24*, vint li roys mesiaus si amasa ses ols si ala *F25 F26*   10   gaing i fist] damage i fist et grant gaaing *F20*   12   *No paragraph break in F16, F20 or F24.* ‖ de Damas] *lacks F19* ‖ oï] io *F18* ‖ Jherusalem] Jherusalem qui mesiaus estoit *F20*   12-13   asanloit ses os pour entrer] venoit sur lui et *F19*

---

[a] *F18 f. 12^{rb-va}; F16 f. 22^{rb-c}; F17 f. 7ra; F19 f. 70vb–71ra; F20 f. 13^{rb-va}; F24 f. 120^{rb-c}; F25 f. 13^{rb-vb}; F26 f. 13^{va-b}* (ML, 47–48).

consistently in calling Marquis William V of Montferrat (died 1191), who was also the father of Conrad and Boniface of Montferrat, 'Boniface'.

49   Baldwin married the widow and not the daughter of Hugh, lord of Caesarea. The information provided by F24 at lines 4–5 is erroneous. See Appendix 3:3.8.

50   Nūr al-Dīn died in May 1174.

51   'Iṣmat al-Dīn Khātūn, Nūr al-Dīn's widow, whom Ṣalāḥ al-Dīn married in 1176.

d'Egypte, qu'il le venist secourre, que li Crestiien estoient *entré* en sa tiere. Et Salehadins asanla grans gens; si l'ala secourre. Quant li rois oï dire que li secours venoit, si se departi de celle tiere a tout le gaaing que il i avoit fait et s'en repaira en la tiere de Jherusalem. Et Salehadins ala a Damas; si espousa la dame; *ensi* conquist le roiaume de Damas par le secours qu'il ot *fait a* la dame. Or eut il .ii. roiaumes.

Quant il fu sires de Damas, si assambla ses os pour aler sour le roi de Jherusalem *et por recovrer le perte et le domage que li rois de Jerusalem avoit fait a Damas et por ce que li rois l'ot desconfit devant Mongisart. Si s'en vengeroit s'il pooit.* Si entra en le tiere de Jherusalem par deviers une cité qui a a non Saiete, qui est entre Sur et Baruth. Li rois de Jherusalem, quant il l'oÿ dire, si amassa ses os et ala encontre, si que les os des Sarrasins et des Crestiiens assanlerent devant un castiel de Crestiiens qui a a non Biaufors. La fu la bataille de Crestiiens et de Sarrazins, si que li Sarrazin en orent le pior; *tele eure fu*, et li Crestiien le millour. Et quant desconfit les orent, si furent li Crestiien si engrés au gaaing et l'avoir prendre, qu'il laissierent l'encauc des Sarrazins. Et quant li Sarrazin

---

1 qu'il le] et se li manda qu'il le *F19* ‖ entré] lacks *F18*, pour lui grever entré *F19*   2 asanla] asembla donc *F16*, amassa *F24* ‖ grans gens; si l'ala secourre] s'ost et molt manda grant gent par le tere de Païenie et si ala secourre le dame de Damas *F19*, grans gens et si le vint socorre *F24*, grant gent si la secore *F25 F26*. *New paragraph in F24.* ‖ rois] rois Bauduins *F19 F20*   2–3 li secours venoit] Salehadins amenoit si grant secours *F19*   3 departi] parti *F16 F17 F20 F24 F25 F26* ‖ i avoit] avoit *F20*, ot *F24 F25 F26*   4 ala a Damas; si] se repaira a Damas et *F19* ‖ ensi] et *F18*   5 ot fait a] ot fait a Damas et a *F18*, avoit fait *F17 F24*, fist *F25 F26* ‖ *New paragraph in F25 and F26.* ‖ il] Salahadins *F25 F26*   6 *New paragraph in F16.*   7 il fu sires] Salehadins ot le reaume *F16 F20*, il eut le roiaume *F17*, Salehadins fu sires *F19* ‖ roi de] reaume de *F16*, roi Bauduin en *F20*   8–10 et por recovrer ... pooit] pour le despit que li rois li avoit devant fet. *F18*   9–10 s'il pooit. Si entra] molt tres volentiers se il le pooit faite si entra *F19*   10 qui a a non] c'on apele *F17*   11–12 l'oÿ dire si ... assanlerent] oï dire que Salehadins estoit entrez en sa terre il assembla ses olz et ala a l'encontre et si que les olz des Crestians et des Sarrasins s'asemblierent *F16*, oï dire que Salehadins estoit entrés en se terre a ost si assambla ses os et ala encontre et si que les os as Crestiiens et as Sarrasins assamblerent *F20*, l'oï dire si assambla ses os et ala encontre et si que les os ses Sarrasins et de Crestiens assamblerent *F17*, oï dire que Salehadins estoit venus en se tere si assanla ses os de Crestiens et de Sarrasins. Si assanlerent *F19*, l'oï dire amassa ses os et si ala encontre et si que les os des Crestiens et des Sarrasins s'entr'asanblerent *F24*, l'oï dire si amassa ses ols si ala encontre et si qe les des Cristiens et des Sarrasins s'entr'ascemblerent par *F25 F26*   13 de Crestiiens] lack *F25 F26*   14 si] si grande *F16*, lacks *F20* ‖ tele eure fu et li Crestiien] celle fois et li Crestiien *F18*, Chele heure fu que li Crestien en orent *F19*, tele eure fu et li Crestiien *F20*, tele ore furent li Cristien *F25 F26*   15 Et quant desconfit les orent] Et quant li Crestien les orent desconfis *F19*, Quant li Sarrasin furent desconfi *F20* ‖ le millour. Et quant desconfit les orent, si furent li Crestiien] lack *F25 F26* (*homeoteleuton*) ‖ engrés] aigrés *F25 F26*   15–16 au gaaing et] de gaaignier et de *F17*   16 l'avoir] de l'avoir *F20*, a l'avoir *F19 F25 F26* ‖ l'encauc des] les chevaus as *F19*

virent qu'il entendoient a l'avoir, si retournerent sour aus et les desconfirent et rescousent leur avoir. La prisent il le maistre dou Temple et Bauduin de Rames, et les enmenerent en prison a Damas, et si s'en retournerent li Sarrazin a tout lor gaaing, et li rois demoura en sa tiere.[52a]

[xliii] Dont vint Salehadins; si se pourpensa qu'il ne gerrieroit ore plus les Crestiens desi qu'a une autre fois, ains feroit trives a aus pour aler conquerre le roiaume de Pierse, dont il voloit estre soudans. Dont fist trives au roi de Jherusalem; si amassa ses os et s'en ala conquerrant toute le tiere si com il ala: et a bien de Damas dusques en Perse trois semaines d'errure. Endementiers qu'il estoit la, vinrent li Templier en le tiere de Jherusalem au roi et disent qu'il voloient fremer .i. castiel en tiere de Sarrazins en .i. liu c'om apiele le Wés Jacob pres d'une eve. Cil lius qui est apielés li Gués Jacob, c'est la u Jacob luita a l'angle

---

1 virent] vinrent *F18* ‖ qu'il entendoient a l'avoir] que li Crestian entendoient a l'avoir prendre *F16*, que li Crestien estoient si entientieu a l'avoir *F19*   2 Bauduin] le conte Bauduin *F19*   4 gaaing et li rois demoura en sa] gaaing en lor *F16*, gaaing a Damas. Et li roys de Jherusalem ne les osa cachier car il avoit perdu trop de se gent en le bataille si demoura tous cois en se *F19*, gaaing et li rois mesiaus demoura en se *F20*, gaaing et li roys Baldoin demora en sa *F25 F26*   5 *Rubric in F16*: Com Salehadins fist trives aus Crestians por conquerre un reaume seur Sarradins. *Rubric in F20*: De Salehadin qui conquist le roiaume de Perse. *No paragraph break in F24.* ‖ Dont vint Salehadins; si se pourpensa] Adont se pourpensa Salehadins *F19*, Salehadins se porpensa *F25 F26* ‖ ore plus les] plus seur *F16*, plus ore sour *F17*, ore plus as *F19*, ore plus sour *F20*, plus les *F25 F26*   6 desi qu'a une … aus] devant une autre fois ains prenderoit trives a aus et feroit prendre par lui et par ses hommes et *F19*   7 soudans] sire et soutans *F24*   7–8 fist trives au … amassa] ala Salehadin prendre trives au roy Bauduin de Jherusalem de lui et de ses hommes et il les donna a lui et as ses hommes molt volentiers. Mais tout che faisoit Salehadin par barat et par guile pout ce qu'il se voloit encore enforchir de gens avant qu'il alast assegier le chité de Jherusalem. Quant Salehadins ot assanlees *F19*   8 si] et *F16 F17 F20 F24*, et si *F25 F26*   8–9 toute le tiere si com il ala et a] si com il en ala toute la terre et s'a *F24*   8 toute] *lack F16 F17 F20*, par toute *F19*   9 et a bien de … d'errure] bien de Damas el royaume de Perse .iii. semaines d'erreure ou plus encore *F19*. *New paragraph in F16 and F20. Rubric in F16*: Des Templiers qui fermierent en terre de Sarrasins le Gué Jacob en trives. *Rubric in F20*: Du Gués Jacob qui fremés fu en trieves.   10 qu'il estoit la] que Salehadins estoit alez en Perse si *F16*, que Salehadins estoit en Perse *F20*, qu'il estoient la *F19* ‖ li Templier en … et] Templier au roy Bauduin de Jherusalem et se li *F19*, li Templier (Temples *F24*) au roi de Jerusalem et *F24 F25 F26*   11 voloient] voloit *F16* ‖ fremer .i. castiel … en .i.] faire fremer un molt fort castel et molt boin en terre de Sarrasins en un fort *F19*   11–12 c'om apiele le … eve] pres d'une ewe c'om apele le Gué Jacob *F24*   11 le Wés] le Gué *F16 F26*, le Gués *F17 F20*   12 pres d'une eve … Jacob] *lack F16 F17 F19 F20* ‖ li Gués] le lens *F25*, le leus *F26*

[a] *F18 f. 12va–13ra; F16 f. 22rc–va; F17 f. 7ra–b; F19 f. 71ra–b; F20 f. 13va–b; F24 f. 120rc; F25 f. 13vb–14ra; F26 f. 13vb–14ra* (ML, 48–50).

52 The battle of Marj 'Uyūn, at which Baldwin of Ramla and the Templar master, Odo of Saint-Amand, were captured, was in 1179.

THE CHRONIQUE D'ERNOUL   109

et la u il ot brisié le cuisse quant il *repairoit* d'Aran, la u il estoit fuis pour Esau
son frere. En cel liu fu ce que li angeles li dist qu'il ne s'apielast mais Jacob mais
Israel.[53] Dont dist li rois as Templiers que castiel ne pooient il fremer en nulle
tiere en trives. Dont disent li Templier qu'il ne voloient mie qu'il le fremast, ains
le fremeroient *il*; mais tan proiierent le roi qu'il i alast entre lui et ses chevaliers   5
sejourner tant qu'il l'eussent fait pour garder que li Sarrazin ne li meffesissent
nule rien, ne as Sarrazins ne mesfesissent noient.[a]

[xliv] Li rois amassa ses os et ala aveuc les Templiers pour le castiel fremer.
Quant Salehadins, qui en Piersie estoit, oï dire que li rois fremoit castiel en
se tiere, si fu mout dolans et si manda au roy qu'il ne faisoit mie bien quant   10
castiel fremoit en se tiere en trive et qu'il l'amenderoit quant il poroit. Et tant
sejourna Salehadins en la tiere *de Pierse* qu'il conquist toute *la tiere et le reaume*.
Aprés ala asseïr un autre royaume qui a non Molle .viii. journees outre Pierse.[54]

---

1 repairoit] repai *F18* ‖ d'Aran] d'Arain *F16 F20* ‖ la] *lack F24 F25 F26* ‖ Esau] Ysaac *F16*, paour de Esau *F17*   3 Israel] Jherusalem *F25 F26*   3–4 as Templiers que … trives] as Templiers que castel ne pooient il fermer en trives *F17*, de Jherusalem que on ne pooit fremer castel en trives en autrui tere *F19*, as Templiers que nul castel ne pooit il mie fermer en nule terre en trives *F24*   4 Dont disent li Templier] et li Templier distrent *F25 F26* ‖ qu'il] que li rois *F17*   5 il] *lacks F18* ‖ i alast] alast la avec eus *F16*, alast avoec lui *F20*, alast la *F17 F19 F24*, ala la *F25 F26*   6 sejourner tant qu'il l'eussent fait] que il y ala et tant y sejournierent que li Templier orent orent (*sic*) le castel fait et appareillié *F19* ‖ fait pour] fermé por *F20*   6–7 li meffesissent nule … noient] li sorfeissent riens *F16*, lor mesfesissent nule riens et que li Templier ne mesfesissent nule cose as Sarrasins *F19*, lor mesfeissent nient *F20*, lor fesissent rien ne il ne mesfeissent rien as Sarracins *F25 F26*   8 *No paragraph break in F16, F20 or F24.* ‖ rois] roys Bauduins de Jherusalem *F19*, roys Baldoins *F25 F26* ‖ *New paragraph in F24.*   9–11 qui en Piersie … trive] l'oï dire et on li conta en Perse ou il estoit alés pour le royaume et le tere conquerre que li roys de Jherusalem faisoit fremer castel as ses hommes et en se tere s'en fu molt dolans et molt couruochiés et si manda u roy qu'il ne faisoit mie bien quant il fremoit et faisoit fremer castel en se tere et en trives *F19*   9 rois] rois de Jerusalem *F16 F20 F25 F26*   10–11 se tiere si … fremoit en] *lack F25 F26* (*homeoteleuton*)   12 sejourna] demora *F25 F26* ‖ la tiere de … reaume] la tiere qu'il conquist toute Pierse *F18*, le tere de Perse que il le conquist toute et tout le royaume *F19*, Perse qu'il conquist le roiaume et toute le terre *F20*   13 asseïr] Salehadin asseïr *F19* ‖ royaume] chastel *F16*, castel *F19*, chastel. Royaume *F25 F26* ‖ .viii. journees outre Pierse] qui est a .viii. journees outre le royaume de Perse par de la *F19*

---

[a] *F18 f. 13^{ra–b}; F16 f. 22^{va–b}; F17 f. 7^{rb–va}; F19 f. 71^{rb–va}; F20 f. 13vb–14ra; F24 f. 120^{rc–va}; F25 f. 14^{ra–b}; F26 f. 14^{rb–va}* (ML, 51–52).

---

53   Work on this castle, known variously as 'le Chastelez' or 'Vadum Jacob', began in October 1178; it was destroyed by the Muslims in August 1179. The story of Jacob's return from Haran and being renamed 'Israel' is to be found in Genesis 32.
54   'Molle' is Mosul. *F24* has the form 'Mossle'.

Quant il l'*ot* conquise, si garni la tiere; si s'en retourna ariere en le tiere de Damas. Adont ot il .iiii. roiaumes conquis. Endementiers k'il fu en cele tiere *qu'il* conquist fu li Gués Jacob fremés, que li Templier fremerent ensi com vous avés oï. Et la furent li Templier et le garderent, et li rois s'en repaira en *la terre de* Jherusalem.[a]

[xlv] Quant Salehadins fu repairiés en la tiere de Damas, ne demoura puis gaires apriés que se femme fu morte, et *il* s'en ala tantost en le tiere de Halape ou il avoit caciet ses fillastres. Si conquist le roiaume de Halape.[55] Or ot il .v. roiaumes conquis. Apriés vint a toute s'ost et assega le Gués Jacob.

Quant li rois de Jherusalem oï dire que li Gués Jacob estoit assegiés, si asanla ses os a une cité qui *a a* nom Tabarie a .v. liues del Gués Jacob. En cel tans estoit li quens Henris de Campaigne, qui freres estoit le roine de France outremer, et Piere de *Courtenai*, qui frere estoit le roi Loëi. Cil furent en l'ost aveuc le roi *a* Tabarie pour rescourre le castiel. Quant li rois ot toute s'ost amassee pour le castiel rescourre, n'orent il mie tant de hardement qu'il l'osaissent rescourre, ains le lassierent perdre, et Salehadins prist le castiel a force. Et quant il l'ot pris, n'i

---

1 Quant] Si le conquist. Quant *F20* ‖ l'ot] l'o *F18* ‖ garni] garni ses castiaus et *F24* ‖ la tiere] toute le tere molt bien et tous les castiaus et *F19*   2 *New paragraph in F25 and F26.* ‖ k'il] que Salehadins *F19 F20 F25 F26* ‖ en cele tiere] el royaume de Perse et le royaume de Molles *F19*   3 qu'il] qui *F18*   4 rois] roys Bauduins *F19*, rois de Jherusalem *F20* ‖ repaira] repaira ariere *F24 F25 F26*   4–5 la terre de] *lacks F18*   6 *Rubric in F16*: De Salehadins qui abati le Gué Jacob qui li Templier avoient fermé en trives. *Rubric in F20*: De Salehadins qui assega le Gués Jacob. *No paragraph break in F24, F25 or F26.* ‖ Damas] Damas dont il estoit sires *F19*   7 il] *lacks F18*   8 ou il avoit … Halape] et le conquist *F17*   8–9 Or ot il .v. roiaumes] el royaume de Halape ot il .v. royaumes qu'il ot *F19*   9 *New paragraph in F24.* ‖ et assega le] as *F19* ‖ *New paragraph in F25 and F26.*   10 rois de Jherusalem] Bauduins de Jherusalem *F19*, *lack F24 F25 F26* ‖ asanla] amassa *F16 F20*   11 qui a a nom] qui ot nom *F18*, c'om apelle *F20* ‖ Jacob] Jacob por serre le Gué Jacob *F16 F24*, Jacob pour rescourre les Gués Jacob *F19*, Jacob por recovrer le Gué Jacob *F25 F26*   12–13 outremer et Piere … roi Loëi] outremer et Pierres de Coutenoi qui freres estoit lo roi Loÿs de France *F16*, et si estoit aveuc Pierres de Tournai qui freres estoit le roine de Franche *F19*   13 Courtenai] Courtray *F18* ‖ aveuc le roi a] aveuc le roi de *F18*, a *F16 F17*, aveuc le roy de Jherusalem a *F19*, le roi de *F20*   14 castiel. Quant li rois] Gué Jacob. Quant li rois de Jerusalem *F16*, castel que li Templier avoient fremé as Gués Jacob. Quant li roys *F19* ‖ amassee] assemblee *F16*, asanblee *F24*, ascemblé *F25 F26*   16 Et quant il l'ot pris] Quant Salehadin ot pris le castel a forche *F19*

---

[a] *F18 f. 13^{rb-va}; F16 f. 22vb; F17 f. 7va; F19 f. 71^{va-b}; F20 f. 14ra; F24 f. 12^{va-b}; F25 f. 14^{rb-va}; F26 f. 14^{va-b}* (ML, 52–53). *F18 has a ten-line miniature panel showing a seated Baldwin IV flanked by Hospitallers receiving Ṣalāḥ al-Dīn's letter of complaint.*

---

55   Ṣalāḥ al-Dīn's wife, ʿIṣmat al-Dīn Khātūn, died in January 1186; Ṣalāḥ al-Dīn gained control of Aleppo in 1183.

demora il onques frere dou Temple qu'il ne fesist le tieste coper, et les autres qui n'estoient mie Templier prist vis et les fist mener a Damas en prison; *aprés* fist le castiel abatre.

Quant li castiaus fu abatus, si prist trives au roi de Jherusalem pour aler .i. roiaume conquerre qui estoit lonc d'iluec .i. mois d'errure et avoit a non l'Yemen. Il i ala; si le conquist par force et il et si homme.

Donques s'en *retorna* li quens Henris de Campaigne et Pieres de Courtrai en France par Constantinoble, la ou lor niece estoit emperris, car il estoit freres le roi de France et li quens Henris freres le *roine*.[56a]

[xlvi] Or vous *dirons* del prince Renaut *qui sires estoit* dou Crac, ki fu en le bataille de Mongisart, dont je vous obliai a dire de le bataille qu'il fist et des prouecces. Ce fu cil qui le grignour prouece i fist.[57] Or vous dirai le mal qu'il fist

---

1 qu'il ne fesist le tieste coper] qui n'eust le teste colpee F17   2 mener] loier et mener F24 ‖ en prison] *lacks F17* ‖ aprés] et puis F18, aprés si F24   3 abatre] tout abatre F17 F20 F24 F25 F26, tout abatre et le murs tous mettre par tere F19. *New paragraph in F16, F17 and F20. Rubric in F16*: Del prince Renaut del Crac qui desroba une carvenne de Sarrasins en trives. (*This rubric is misplaced and is repeated at §xlvi.*) *Rubric in F20*: Des trieves que Salehadins fist au roi Bauduin por aler conquerre l'Yemer.   4 li castiaus fu abatus si prist] Salehadins ot abatu le chastel des Guez Jacob que li Templier orent fermé en trives si fist F16 ‖ trives au roi] Salehadins trives au roy Bauduin F19, trives Salehadins au roy F20   5 estoit] bien estoit F16 F17 F24 F25 F26, estoit bien F20   5–6 et avoit a non l'Yemen. Il] Chil castiaus avoit a non L'Iemer. Salehadins F19   6 et il et si homme] a l'aide de ses homes F16   7 retorna] tourna F18 ‖ Henris] *lacks F20*   7–8 en France par] et si en revinrent en France par le terre de F19   8–9 il estoit freres ... freres] Pierres estoit ses oncles et li quens Henris de Champaigne estoit freres F19, Pieres estoit freres F24, Pieres estoit freres le roy de France et li quens freres F25 F26   9 roine] roi F18, roine de Franche F19 F20   10 *Rubric in F16*: Del prince Renaut del Crac qui desroba les Sarrasins en trives. *Rubric in F20*: Du prince Renaut qui desreuba le carvane en trieves. *No paragraph break in F24.* ‖ dirons del prince ... Crac] dirai del prince Renaut qui sires estoit dou Crac sires F18, qui dirons del prinche Renaut sires estoit dou Crac et de Mont Roial F20   11–112.2 de Mongisart dont ... que] et les pechés qu'il fist, car che fu chil qui le greigneur peché fist de tous les chevaliers qui furent en le bataille. Aprés il avint cose que li roys Salehadin estoit alés en le tere de L'Iemen dont je vous ai dit et F19   11–12 le bataille qu'il ... fist] la prouecce qu'il fist (i fist F24) ce fu cil qui greignor (le grignor F24) proueche i fist aprés li seignor de Rames et son frere F24 F25 F26

---

[a] F18 f. 13[va–b]; F16 f. 22[vb–c]; F17 f. 7[va–b]; F19 f. 71vb–72ra; F20 f. 14[ra–b]; F24 f. 120vb; F25 f. 14[va–b]; F26 f. 14va–15ra (ML, 53–54).

---

56   Henry I, count of Champagne (died 1181) was the brother of Adela, the wife of Louis VII; Peter of Courtenay (died 1183) was Louis's youngest brother. They were thus both uncles of Agnes-Anna, the bride of Alexios II. The additional phrase in F19 at lines 8–9 is erroneous.

57   This statement contradicts the accolade given Baldwin of Ramla and Balian of Ibelin in §xxxvi. But note the qualification added in *F24, F25* and *F26*, and its suppression and the hostile comment in *F19*.

112   THE CHRONIQUE D'ERNOUL

apriés. Il avint cose qu'en cel point que Salehadins estoit alés conquerre celle
tiere dont je vous ai dit L'Iemen, que li marceant de Damas fisent une carvane
pour aler en Egypte et *murent* pour aler et se hierbegierent desous Le Crac et
ne quidierent la avoir garde de Crestiiens pour çou que trives estoient. La vint
5   li princes Renaus; si fist armer ses hommes et fist prendre et *hommes et femmes*
qui la carvane estoit et biestes et quanqu'il i ot, et fist tout metre dedens son cas-
tiel; et bien valoit .ii. mil besans celle carvane. Li rois mesiaus, quant il oï qu'il
avoit ensi fait et que la carvane avoit prise, si li manda que il n'avoit mie bien
fait quant il les Sarrazins avoit desrobés en trives, mais rendist les. Li princes
10 *Renaus li* remanda ariere qu'il ne *le* renderoit mie pour pooir qu'il peuist fere.
Dont vint li rois; si i envoia Templiers et Hospiteliers et gens de religion et des
barons de la tiere, et li proiierent quil le rendist et que bien ne faisoit mie quant
il faisoit le roi parjurer; car il avoit les trives jurees. Et il lor respondi que pour
pooir que il rois euist, ne les rendroit.[a]

2 marceant] marchaant sarrasin F16   3 en] en marcaandise en le tere de F19 ‖ murent] vinrent
F18, se vindrent F16 ‖ pour aler et se hierbegierent] herberger F16, por aler et vinrent en le tere
et se herbegerent F19, pour aler et se vinrent herbegier F20 F25 F26, por aler et vinrent si se her-
bergierent F24 ‖ Crac] castel del Crac F19   4 estoient] estoient dounees et d'une part et d'autre
F19   5 armer] ariver F17   5–7 fist prendre et … carvane] prist tout a fait hommes et femmes
qui estoient en le carvane et se fist prendre toutes les bestes aussi qui estoient aveuc le marcaans
de Damas. Et quant il ot che fait si fist mettre tout le gaaing dedens son castel et si valoit bien
chele carvane .c.^m besans F19   5 hommes et femmes] femmes et hommes F18   6 la carvane
estoit] en le (la F16) carvane estoient F17 F20, la cavarne estoient F25 F26   7 .ii. mil] .cc.^m F16 F25
F26, .ii.^c mil F17 ‖ mesiaus quant il oï] Bauduins de Jerusalem qui mesiaus fu quant il oï dire F16,
Bauduins de Jherusalem quant il oï dire F19 F24, Bauduins mesiaus quant il oï dire F20   7–8 qu'il
avoit] que li princes Renaus avoit F19, que li princes Renaus ot F20   8–10 que la carvane … qu'il]
qu'il avoit ainsi le carvane prise se li manda qu'il n'avoit mie bien fait qui le carvane as Sarrasins
avoit prise et en trives mais rendist le tost et li princes Renaus li remanda qu'il F19   8 prise] prise
en trives F20 ‖ que il] qu'il le rendist et qu'il F24   8–9 n'avoit mie … les] la rendist et qe il n'avoit
mie bien fait qi les Sarrasins avoit derouhez en trives mais rendist la et F25 F26   9 Sarrazins]
lacks F17   10 Renaus li remanda ariere qu'il ne le] remanda ariere qu'il ne F18 ‖ remanda ariere]
manda F24 ‖ peuist fere] peust fete F16, eust F17, eust ne pour cose qu'il seust faire F19   11 Dont
vint li rois; si i envoia] Adont y envoia li roys F19 ‖ i] *lack* F17 F20 F24 F25 F26 ‖ Templiers et Hos-
piteliers] Ospiteliers et Templiers F24   11–12 des barons de la tiere et li proiierent] des barons de
la terre a lui et li proierent F16, si envoia de tous les plus haus barons de le tere de Jherusalem et
se li prierent de par le roy et pour Diu F19, les barons de la terre por proier F24 F25 F26   13 faisoit
le roi] les faisoit F24, le faisoit F25 F26 ‖ avoit les trives jurees] lor avoit juree la trive a tenir F16,
avoit jurees les trives F17, avoit les trives jurees et fianchies et de lui et des siens envers le roy
Salehadin et envers tous ses hommes Et Salehadins tout si homme avoient aussi fait F19, avoient
(avoit F25 F26) juré les trives F24 F25 F26   14 les rendroit] lor rendroit il F16, pour cose qu'il
fesit ne ne mandast et peust faire de dire ne les renderoit il mie F19, la rendroit ne plus ne l'en
priasent, car il n'en feroit noiant n'il ne si fistrent ainz s'en retornerent F25 F26

[a] F18 f. 13vb–14ra; F16 f. 22^{vc}–23ra; F17 f. 7vb–8ra; F19 f. 72^{ra–b}; F20 f. 14^{rb–va}; F24 f. 120^{vb–c}; F25 f. 14vb–15rb;
F26 f. 15^{ra–b} (ML, 54–55).

THE CHRONIQUE D'ERNOUL   113

[xlvii] Quant Salehadins oï dire, qui en l'Yemen estoit, que li princes Renaus avoit ses hommes pris, si manda au roy de Jherusalem qu'il ne tenoit mie *bien* son serement ne le trive qu'il li avoit fete, et que ses hommes lor fesist rendre et lor avoir, et s'il ne le faisoit, il l'amenderoit quant il poroit. Et li rois li manda ariere que plus n'en pooit fere, qu'assés li avoit amonesté et mandé et proiiet 5 qu'il les rendist, et rendre ne les voloit pour lui.

Or vous dirons, se vous volés, quel cose est corvanne. Li marceant, quant il veullent aler en marceandise en lontaines tieres, parolent ensanle de faire carvanne, et sont par aventure ensanlé .xx. u .xxx. u .xl. Et cascuns si a sommiers u cameus, selonc çou qu'il est rices, cargiés de marceandises, et si se ralient d'aler 10 ensanle et *si* portent lor tentes aveuc aus *sour lour camex. Pour çou portent lour tentes auec els qu'il ne herbergent onques en vile desci que il vienent en le tere u en le vile u il voelent aler la u il descargent lour marcheandise ains se herbergent quant il ont fait lour jornees de hors les viles et tendent lour tentes*. Dont vient li sires dou païs; si les fait garder et par jour et par nuit et conduire hors de sa 15 tiere pour le traviers qu'il en a. Et ensi font tout li segnour par mi quel tiere il passent.[a]

---

1 *No paragraph break in F16 or F20.* ‖ oï dire qui en l'Yemen estoit] l'oï dire qui estoit au castel de l'Iemen *F19*, oï dire que en l'Yemer *F20* ‖ princes] princens *F25 F26*   1–2 Renaus avoit ses ... roy] Rainauz del Crac et de Monreal avoit ses homes pris en trives si manda au roi Bauduin *F16*, Renaus avoit ensi fait et qu'il avoit pris ses hommes si manda au roi Bauduin *F19*, Renaus avoit pris ses homes en trieves si manda au roi *F20*   2 de Jherusalem] *lacks F24* ‖ bien] bien couvenant ne] *F18*   3 serement] sairement envers lui *F19* ‖ le trive qu'il] les trives qu'il *F16 F19 F20*, les covies qu'il *F17* ‖ li] *lack F19 F24 F25 F26*   3–4 lor fesist rendre et lor avoir] li rendesist et fesist rendre et tot lor avoir *F19*   4 l'amenderoit quant il] le manderoit qanq'il *F25*, l'amenderoit quanq'il *F26* ‖ manda] remanda *F19 F20 F25 F26*   5–6 que plus n'en pooit ... lui] qu'il n'en pooit plus faire et qu'il li avoit assés amonnesté que il li rendisist et se li mandoit et prioit rendre ne les voloit pour lui ne pour se priere ne pour son mant *F19. New paragraph in F16, F20, F25 and F26. Rubric in F16*: Quel chose est carvenne. *Rubric in F20*: Que c'est le carvane.   7 Or] et proié l'en avoit assez. Or *F25 F26* ‖ se vous volés] *lacks F19*   8–9 marceandise en lontaines ... cascuns] en aucune tere estrange qui est loins de leur tere si parolent ensanle de faire une carvane et sont bien ensanle .xxv. ou .xxx. ou .lx. et cascuns d'aus *F19*   9 ensanlé] assemblé *F16*, assemblé *F17 F20*, *lack F25 F26* ‖ u .xl.] *lacks F20*   10 cargiés de] et si les ont molt bien carchiés de lor *F19* ‖ se ralient] s'alient *F16*, se i alierent *F25*   11 si portent] portent *F18*, si porent *F25 F26*   11–14 sour lour camex ... tentes] et les font tendre dehors les villes u il se hierbiergent *F18*   11 lour camex] les somiers *F20*   14–15 Dont vient li ... garder] et li sires del païs ou il sunt les fait garde *F25 F26*   15 païs] palais *F17*   15–16 et conduire hors de sa tiere] et les fait conduire hors de se tere sauvement *F19*   16–17 quel tiere il passent] la terre ou il trepassent *F16*

---

[a] *F18 f. 14*$^{ra-b}$; *F16 f. 23*$^{ra-b}$; *F17 f. 8*^{ra}; *F19 f. 72*$^{rb-va}$; *F20 f. 14*$^{va-b}$; *F24 f. 120*^{vc}–*121*^{ra}; *F25 f. 15*$^{rb-va}$; *F26 f. 15*$^{rb-vb}$ (ML, 55–56).

[xlviii] Or vous lairons del prince Renaut a parler dessi qu'a *une* autre fois que nous vous en dirons de lui et de ses oevres. Or vous dirons de Bauduin de Rames qui en prison estoit a Damas et avoit esté pris a le desconfiture de Biaufort. Li contesse de Jaffe, li seurs le roi mesiel qui *veve* estoit, li manda qu'il se racatast au plus tos qu'il poroit; que s'il estoit hors de prison, elle feroit tant enviers le roi son frere qu'il l'aroit a femme. Donc vint Bauduins a Salehadin; si li pria merchi *pour Deu* qu'il presist raençon de lui. Salehadins dist qu'il n'avoit cure d'avoir, qu'il estoit assés rices hom, et grans honnours l'estoit quant il avoit si *bon* chevalier en se prison, c'onques n'avoit oï parler n'en Crestiienté ne en Païenie de si boin chevalier com il estoit. Dont fist tant Bauduins viers le consel Salehadin, que Salehadins otroia qu'il venist a raençon, et puis en fu mout dolans qu'il l'avoit otriié. Dont vint Salehadins; si apiela si *haut* le raençon Bauduin que pour vendre sa tiere denier a denier ne peust il mie paiier le disme. Dont

1 *Rubric in F16*: De Bauduin de Raimes que Salehadin mist a reançon. *Rubric in F20*: Comment Bauduins de Rames furent a raençon. *No paragraph break in F20 or F24.* ‖ Renaut a parler] Rainaut del Crac et de Monreal ester *F16* ‖ une] *lacks F18* ‖ fois] fié *F24*   2 en] *lack F16 F19 F20 F24 F25 F26* ‖ de Rames] *lack F17 F19 F24*   3 et avoit esté ... Biaufort] et qui avoit esté pris a le bataille de Biaufort quant li Crestien furent desconfit pour le grant couvoitise de le riquece qu'il avoient conquise *F19*   4 li seurs le ... li manda] de Sibile et d'Escalonne suer lo roi Bauduin mesel qui veve estoit et avoit eu Guillaume Longue Espee filz le marchis Boniface de Monferrat a baron, et de cui et ot .i. fill, manda a Bauduin de Raimes *F16*, qui vesve estoit et qui estoit sereur le roy de Jherusalem qui estoit mesiaus li manda *F19*, qui ot a non Sebile suers le roi mesel qui veve estoit li manda *F20*, la suer al roi Bauduin qui veve estoit li manda *F24* ‖ qui veve estoit] qui venue estoit *F18*, *lacks F17*   6 le roi] Bauduin *F19* ‖ *New paragraph in F25 and F26.* ‖ Bauduins a Salehadin] Bauduins de Belin au roy Salehadin et *F19* ‖ Bauduins] Bauduins de Raymes (Rames *F20*) *F16 F20*, il *F24*   7 merchi pour Deu ... cure] qu'il le meist a reançon. Salehadins li respondi qu'il n'avoit cure de reançon ne *F16* ‖ pour Deu] et *F18 F19* ‖ Salehadins dist] Et li roys li respondi *F19*, Salehadins li dist *F20*   8 grans honnours l'estoit] que molt li estoit grant honnours *F19* ‖ quant il avoit] qu'il avoit *F16 F20*, avenue qu'il avoit *F24*, q'il tenoit *F25 F26* ‖ si bon] .i. si vaillant *F18*   9 se] *lack F16 F17 F20 F25 F26* ‖ c'onques n'avoit] comme estoit Bauduins de Belin car il n'avoit onques *F19*   9–10 c'onques n'avoit ... estoit] *lacks F16. New paragraph in F24.*   9 n'en] ne ne savoit en *F24*, n'en savoit ne en *F25 F26*   10 Dont] por ce avoit grant honor de lui tenir. Dont *F24* ‖ Bauduins] Bauduins de Belin *F19*, Bauduins de Rames *F24*, Baldoins de Ravies *F25 F26*   10–11 Salehadin que Salehadins] Salehadin que Salehadins li *F16 F20*, Salehadin qu'il fist que il *F17*, le roy Salehadin que il li *F19*   11 venist] venroit *F16 F17 F20 F24*, le lairoit venir *F19*, vendroit *F25 F26* ‖ mout] *lack F16 F17 F20 F24*, molt courechiés et *F19*   12 qu'il l'avoit otriié ... Bauduin] de grant maniere. Dont vint li roys Salehadins qui sires estoit de Damas si apela si haut le raenchon le conte Bauduin *F19* ‖ l'avoit otriié] li ot otroié *F16*, l'ot otroié *F17 F26*, lor otroie *F20*, lor ot otroié *F24* ‖ vint Salehadins; si apiela] apela Salehadins *F25 F26* ‖ haut] saut *F18*   13 vendre] vendre tote *F24 F25 F26* ‖ ne] n'en *F16 F17 F19 F20 F24* ‖ disme] le moitié non le disime partie de le raenchon *F19*, asine ne *F25*, asine *F26*

THE CHRONIQUE D'ERNOUL 115

dist Bauduins qu'il ne poroit mie paiier celle raençon. Dont dist Salehadins qu'il paieroit tele raençon u il li feroit traire tous les dens de sa goule pour çou que dolans estoit de *la* raençon. Et Bauduins dist qu'il fesist son commandement, qu'il ne *la* poroit mie paiier. Dont commanda Salehadins c'on li traisist les dens. Et on li en traist .ii. Quant on l'en ot .ii. trais, si ot *si* grant angousse qu'il cria merchi et dist *que volentiers* paieroit le raençon qui bien montoit a .ii^c. mil besans. Dont Salehadin fu mout dolans car s'il quidast que tel raençon li deust donner, il ne l'eust ja mis a raençon.[a]

[xlix] Quant Bauduins fu raiiens et il ot fait marchié de sa raençon, il manda a Belyan de Belin son frere qui *barons estoit le roine Marien qui fu feme le roi Amalri que* si fetement *estoit* raiiens, et *que* pour Dieu *il* li aidast *et porchaçast* tant *qu'il* fust hors de prison, et *il quist et emprunta* une partie de l'avoir, et de l'autre partie *livra* ostages et *de l'autre partie livra* pleges teus comme le roi de Jherusalem et le Temple et *l'Ospital*. Quant on ot finé de sa raençon, si issi Bauduins hors *de prison*.[b]

1–2 paiier celle raençon. ... traire] bien paier. Donc dist li roys Salehadins au conte Bauduin ou il paieroit cele raenchon ou il li trairoit *F19* ‖ Dont dist Salehadins ... raençon] Dont dist Salehadins qu'il le paieroit *F20*, Et Salehadins respondi ou il la paieroit *F25 F26*   1 qu'il] ou il *F16 F17 F24*   2–3 que dolans estoit] qu'il estoit si dolans *F19*   3 la] *lacks F18* ‖ raençon. Et] çou qu'il l'avoit mis a raençon *F24* ‖ fesist] feroit tout *F25 F26*   4 qu'il ne la poroit mie paiier] *lacks F17* ‖ la] *lacks F18* ‖ dens] dens de le gueule *F19*, dens de la gheule *F20*   5 Quant on l'en ot .ii. trais] Quant l'en li ot .ii. de denz trez *F16*, *lacks F17*, Quant on li ot .ii. dens trais *F19* ‖ ot si grant angousse] si fu si angouisseus *F20* ‖ si] *lacks F18*   6 que volentiers] qui *F18* ‖ paieroit le raençon qui bien montoit a] donroit la (le *F17*) reançon et bien montoit la reançon (li raençons *F17*) a *F16 F17 F20*, paieroit toute le raenchon qui montoit a *F19*, rendroit tel reançon com Salehadins voroit et bien montoit la raençons a *F24*, donroit tele reançon et bien montoit cele reançon *F25 F26*   7–8 s'il quidast que ... raençon] il cuida que il ne li deust ne peust donner ne paier de le raenchon que il ne l'eust ja mis a raenchon *F19*, s'il cuidast q'il le deust doner tel raençon il ne l'eust ja mis a reançon nule *F25 F26*   9 *No paragraph break in F20*. ‖ fu raiiens et il] *lacks F19* ‖ fu raiiens et ... sa] de Raymes fu mis a *F16*   10 de Belin] *lacks F24*   10–12 barons estoit le ... emprunta] si fetement s'estoit raiiens et pour Dieu qu'il li aidast tant com il fust hors de prison et qu'il empruntassent *F18*   11 que si] qu'eisinc *F16* que tout ainsi *F19*, qu'ensi *F24 F25 F26*   12 quist et] *lacks F17* ‖ l'avoir] la reançon *F25 F26*   13 livra] liverra *F18* ‖ ostages] *lacks F24* ‖ de l'autre partie livra] *lacks F18*, de l'autre partie livra boins *F19*, del partie livra *F20*, de la tierre livra *F25 F26*   14 le Temple et l'Ospital] le Temple et l'Ospital plaira *F18*, del Temple et de l'Ospital *F16*, les Templiers et les Hospitaliers *F19*, le Temple de l'Ospital *F25 F26*, l'Ospital et le Temple *F24* ‖ sa raençon] le raenchon envers le roy Salehadin *F19*   15 de prison] *lacks F18*, de prison et vint en la terre de Jherusalem *F25 F26*

[a] *F18 f. 14^{rb-vb}; F16 f. 23^{rb-c}; F17 f. 8^{ra-b}; F19 f. 72^{va-b}; F20 f. 14vb–15ra; F24 f. 121^{ra-b}; F25 f. 15va–16ra; F26 f. 15vb–16ra* (ML, 56–57).   [b] *F18 f. 14vb; F16 f. 23^{rc-va}; F17 f. 8rb; F19 f. 72vb; F20 f. 15^{ra-b}; F24 f. 121rb; F25 f. 16ra; F26 f. 16^{ra-b}* (ML, 57–58).

[1] Quant Bauduins de Rames fu hors de prison et il fu venus a Crestiienté, il vint a le contesse de Jaffe qui veve estoit; si li dist qu'elle proiast le roi son frere et fesist tant *a lui* qu'il l'euist a femme. Elle respondi que quant sa raençons seroit paié, elle en aroit *bon* consel, qu'elle ne voloit mie que sa tiere fust engagie pour sa raençon paiier; mais pourquesist *tant que sa reançon* fust paié, adont s'en parleroit.

Dont vint Bauduins; *si se mist a la voie*; si s'en ala en Coustantinoble a l'emperere Manuel, *et li emperers, quant il fu la, fist grant joie et grant feste de lui, et quant Bauduin vint a l'empereur Manuel* si li dist qu'il estoit venus a lui pour aïue a sa raençon paiier. Et li emperes dist que *bien fust il venus* qu'il li aideroit volentiers pour l'amour *de ce que preudom estoit et por l'amor* de Balyan son frere *qui la fille de son cosin germain avoit a femme,*[58] *cele qui fu femme le roi Amauri*. Dont dist li emperes que nombre d'avoir ne li saroit *il* donner; si fist aporter une caiiere et fist Bauduin sus seoir *enmi la sale. Dont fist aporter pourpres d'or; si le* fist *tout* acouvrir et tant com on en pot acombler entour lui, de si que sour le cief. De che fist il aïue a Bauduin a sa raençon paiier. Et

---

1 *Rubric in F16*: Comment Bauduin de Raymes porchaça sa reançon. *Rubric in F20*: L'aïue c'on fist a Bauduin de Rames de se raenchon. *No paragraph break in F24*. ‖ de Rames] *lacks F24*   2 de Jaffe] Sibile de Jaffes suer lo roi Bauduin mesel F16, de Jaffe le sereur le roi mesel F17, Sebile de Jaffa sereur au roi mesel F20 ‖ qui veve estoit] *lack F24 F25 F26* ‖ si] et si estoit sereur le roy Bauduin qui mesiaus estoit et se F19   2–3 proiast le roi ... l'euist] fesist tant envers le roy de Jherusalem qui estoit ses freres et priast que il le peust avoir F19   3 a lui] *lacks F18*, vers li F16 F24 ‖ Elle respondi] ele dist F17, et que il si acordast et ele li dist F19   4 bon] *lacks F18*   5 tant que sa reançon] qu'elle F18   7 vint Bauduins si ... ala] vint Bauduins; si s'en ala F18, vint Bauduins si se mist a la voie si se mist F16, se mist Baldoins a la voie F25 F26   8–9 et li emperes ... Manuel] *lack F18 F16 F25 F26 (homeoteleuton)*, et li emperrres fist molt grant feste et molt grant joie de se venue. Et quant Bauduin vit l'empereur F19   9 venus] venu en aide F25 F26   9–11 venus a lui ... volentiers] la venus pour avoir aieue et pour demander aieue a paiier se raenchon et li emperes li dist que bien fust il venus et que molt tres volentiers li aideroit por che qu'il estoit preudons et F19   10–13 bien fust il ... Amauri] qu'il li aideroit volentiers pour l'amour de Balyan son frere F18   13 dist li emperes] dist li emperes Maniiaus F20, vint li empere Manuel si dist F24 ‖ il] *lacks F18*   14 caiiere] chaiere d'or F16   14–15 enmi la sale ... le] Dont vint li emperes; si fist aporter prourpres d'or; si l'en F18   14 la sale] le palais F24   14–15 aporter] aporter li emperes F25 F26   15–16 fist tout acouvrir ... lui] rouva coisir et tant l'en rouva a donner comme on en peut entour lui acombler F19   15 tout] tous F18   16 que sour le] au F16, qu'en son le F17 F19 F24, qu'enson F20 ‖ *New paragraph in F25 and F26*. ‖ fist il aïue ... paiier] fist aieue le empererres Manuias a Bauduin pour aide a paiier se raenchon F19, fist il aïue Bauduin a se raenchon F24, ke vos aveç oï fist li emperes Constantinoble a Baldoin de Rames aide a sa raençon F25 F26   16–117.1 Et bien monta ... raiens] *lack F25 F26*

---

58   Repeating the mistake made in § xii. Maria's father was Manuel's nephew.

bien monta cis avoir assés plus qu'il n'estoit raiens. Dont fist Bauduins son avoir mettre en sauf. Quant il ot la esté tant com il vot, et il s'en vot aler, si prist congié a l'empereour Manuel. Dont fist li empereres amener galies, et si le fist conduire dusques a Acre.

Quant Bauduins fu arivés a Acre, si parpaia sa raençon et delivra ses hostages et ses pleges. Dont quida bien avoir la contesse, mais il ne l'ot mie. Car *je vous dirai qu'il* avint endementiers ke Bauduins estoit en Coustantinoble pour sa raençon pourcacier, il ot un chevalier en la tiere qui le fille chel Bauduin avoit a femme, qui connestables estoit le roi qui maintes fois avoit fet ses volentés de le mere le roi dont elle[59] avoit tant fait viers le roi qu'il en *avoit* fet son connestable. Il vint a la contesse de Jaffe, et si li dist qu'il avoit .i. sien frere, un des biaus chevaliers del mont, et s'elle voloit, il l'iroit *poreuc* et l'aroit

---

1 assés plus qu'il ... avoir] assez plus que sa raençon. Dont vint Bauduins si fist penre son avoir et F16, assés plus qu'il ne fust raiens. Dont vint Bauduins si fist prendre son avoir et F17 F20, a plus que Bauduins ne fu raens. Dont vint Bauduins si fait prendre chel avoir que on li avoit donné si le fait F19, a .iii. tans plus qu'il ne s'estoit raiens. Dont vint Bauduins si fist prendre l'avoir et F24   2 il vot et il s'en vot aler] lui plot et il s'en vost aler F16, il li plot F19, il vout F25 F26   3 Manuel] *lack F24 F25 F26*, et dist qu'il voloit aler en son païs F19 ‖ Dont fist li empereres amener] Dont fist li em emperere armer F24, et li empereres fist armer F25 F26 ‖ empereres] rois F17   3–5 galies et si ... Acre] nés et galies et si fist conduire Bauduin et son avoir dessi F19   3 et] et aparillier et F16   4 *New paragraph in F25 and F26.*   5 Bauduins] Bauduins de Rames F20 F25, Baldoin de Ravies F26 ‖ parpaia sa raençon et] paiea sa reanzon et Salehadin F25 F26 ‖ raençon] raençon a Salehadin F16 F17 F19 F20   5–6 delivra ses hostages et ses] se racata ses ostages et delivra ses F19, delivra ses F24   6 bien] bien Baldoin F25 F26 ‖ contesse] contesse Sibile (Sebille F20) de Jaffes F16 F20, contesse de Jafe a femme F19   7 je vous dirai qu'il] F18, je vos dirai qu'il en F16 F24, je vos dira comment il avint F25 F26 ‖ dirai qu'il avint] *New paragraph in F16 and F20. Rubric in F16*: De Gui de Lisignen qui ala outremer qui puis fu rois de Jerusalem et a cil tens la Terre d'Outremer fu perdue. *Rubric in 20*: De Guion de Lissegnon qui ala outremer qui puis fu rois de Jerusalem a qui tans le terre fu perdue. ‖ Bauduins] Bauduins de Raymes F16, Bauduin de Rames F19, Bauduins de Rames F20   8 ot] avoit F16 F17 F19 F20 F24 ‖ tiere] Tiere d'Outremer F16, tere de Jherusalem F19 F20   8–10 chel Bauduin avoit ... elle] Bauduin dont je di avoit a femme. Chil chevaliers estoit connestables le roy Bauduin de Jherusalem qui mainte fois li avoit faite se volenté du meilleur roy qui onques fust en Jherusalem et F19   10 roi] roy son fil F16 F25 F26 ‖ avoit] ot F18   11 sien] *lack F19 F25 F26*   12 un des biaus chevaliers del mont] qui uns des biax chevaliers del mont estoit F16, un des plus biaus chevaliers du mont F19 F20 ‖ l'iroit poreuc et l'aroit] l'iroit preuc et l'aroit F18, l'iroit (iroit F16) porec et si l'averoit F16 F24, l'iroit pereuc et se le prenderoit F19, iroit por lui et si (si l'aroit F20) F20 F25 F26

59   Note the re-writing of this sentence as found in F19. Instead of the salacious gossip linking Aimery and Agnes of Courtenay, Aimery's promotion is attributed to his service to Baldwin IV, 'the best king ever'.

a femme. Et fist tant viers le mere le contesse, et viers li, qu'ele li fiancha qu'ele ne prenderoit baron si seroit venus. Dont *se mist a la voie* si s'en ala en son païs pour son frere.[a]

[li] Or vous dirai comment cil connestables ot *a* non et dont il fu. Il ot non Hammeris et fu nés *de Lezegnon* en Poitau et fu fius Huon le Brun qui sires fu de Lezegon. Dont on parla de se prouece par toute Crestiienté qui si boins chevaliers fu; et chil ot a non Guis qu'il estoit venus querre qu'il mena outremer qui ses freres fu qui mout biaus chevaliers estoit. Mais il ne fu ne preus ne sages. Cil Guis fu puis rois de Jherusalem. Dont Jofrois de Lezegnon, li boins chevaliers, quant la nouviele vint a lui que Guis ses freres estoit rois de Jherusalem, dist: 'Dont deuist il iestre par droit, Dieux!'[60b]

[lii] Or enmena li connestables Guion sen frere outremer *et vindrent en la terre*. Quant en le tiere furent venu, si vint li connestable *Haimeris* a le contesse et a

---

1 Et fist tant ... li] et fist tant vers la mere contesse Sibile de Jaffes *F16*, la fist tant li conestables vers le conte et vers li *F25 F26* 2 si] ainz *F16 F17 F20 F24 F25 F26* ‖ venus] revenus *F17 F19* ‖ se mist a la voie si] *lacks F18*, se mist li conestables a le voie *F20*, se mistrent a la voie *F25 F26* 2–3 ala en son païs pour] ala tantost en son païs pour querre *F19* 4 *No paragraph break in F16 and F20.* ‖ comment cil connestables] qui cil connestables fu et comment il *F24* ‖ ot] donc je vos ai parlé avoit *F25 F26* ‖ a] *lacks F18* ‖ dont il fu] qui il fu *F16 F24*, fu et qui il fu *F17 F20*, qui il fu et dont il fu *F19* 5 de Lezegnon] del regnon *F18* 6 Lezegon] Lezegon et frere de Joifroi de Lisegnon *F24* 6–7 qui si boins chevaliers fu] tant fu cil bon chevalier *F25 F26* 6 qui] et qui *F16 F17 F19 F20 F24* 7 qu'il] qui la contesse Sibiles ay mis *F16* 7–8 qu'il mena outremer ... mout] Chil Guis fu menés outremer que ses freres li mena; che fu chil Guis qui si *F19*, et mult *F25 F26* 8 ne fu ne] n'estoit mie *F24*, ne fu mie *F25 F26* ‖ preus] biaue *F16* 9–11 li boins chevaliers ... Dont] qui boins chevaliers fu dist. Quant il oï le nouvele que Guys ses freres estoit roy de Jherusalem: Chertes dont *F19* 10 quant la nouviele ... dist] dist quant il oï la novele que Guis ses freres estoit rois de Jherusalem *F24* 11 deuist il iestre par droit Dieux] deust il bien par droit estre Diex *F16*, deust il par droit estre Dex *F17 F20*, eust il estre Dex par droit *F25 F26* 12 *No paragraph break in F17, F20, F24, F25 or F26.* ‖ connestables] conestables Aymeris (Aimeris *F25 F26*) *F16 F20 F25 F26* ‖ et vindrent en la terre] *lacks F18*, et vinrent en le tere de Jherusalem *F19 F25 F26* 13 en le tiere furent] en la Terre d'Outremer furent *F16*, il furent *F19* ‖ Haimeris] *lacks F18* ‖ contesse] contesse de Jaffes (Jaffe 19 *F20*) *F16 F19 F20 F25 F26*

[a] *F18 f. 14vb–15rb; F16 f. 23^{va-b}; F17 f. 8^{rb-vb}; F19 f. 72vb–73rb; F20 f. 15^{rb-vb}; F24 f. 121^{rb-c}; F25 f. 16^{ra-va}; F26 f. 16^{rb-vb}* (ML, 58–60). [b] *F18 f. 15^{rb-va}; F16 f. 23vb; F17 f. 8vb; F19 f. 73rb; F20 f. 15vb; F24 f. 121^{rc-va}; F25 f. 16^{va-b}; F26 f. 16vb* (ML, 60).

60 Geoffrey, Aimery and Guy were younger sons of Hugh VIII, lord of Lusignan. Hugh had been captured in 1164 and died a prisoner of Nūr al-Dīn. For variant readings in *F24*, see Appendix 3:3.11

le mere le contesse, et parlerent au roi. Et fisent tant *vers le roi* que li rois donna se sereur a femme Guion et le fist conte de Jaffe.[61]

Quant Bauduins de Rames vit che *li contesse fu mariee si en fu molt dolans et* si espousa femme le fille le connestable de Triple. Celi femme il le mescreï d'un sien chevalier, dont il caça le chevalier hors de sa tiere. Li chevaliers s'en ala *as* Sarrazins et fist puis mout de mal a Crestiienté, dont on parlera en *aucun liu se* tans en vient, dou mal qu'il fist. Cis chevaliers ot *a* non Raous de Benibrac.[62a]

[liii] Or vous lairons de çou ester; si parlerons de Salehadin qui fu venus de l'Yemen. Quant venus fu, si manda le roi de Jherusalem de recief qu'il li fesist rendre ses hommes et l'avoir que li princes Renaus avoit pris en trives, et s'il ne le faisoit rendre, il le desfioit *et l'apeloit de trive enfrainte*. Et li rois li manda qu'il n'en pooit riens faire. Dont *vint Salehadins si amassa* ses os, et *passa* le flun,

---

1 le mere le contesse] sa mere *F24* ‖ parlerent au roi] parlerent ensanle et vinrent au roy *F19*, parlerent ensamble au roi Bauduin le mesel *F20* ‖ vers le roi] *lack F18 F19*, al roi *F24*   2 se sereur a femme Guion] a Guion la contesse Sibile sa suer a fame *F16*, Guion se sereur a feme *F17 F24 F25 F26*, se sereur a chelui Guyon a femme *F19*, Guion de Lissignon se sereur a feme *F20* ‖ New paragraph in *F25* and *F26*.   3 de Rames] *lacks F24* ‖ li contesse fu mariee ... et] *lacks F18* ‖ contesse] contesse de Jaffe *F25 F26*   4 espousa] prist a *F25 F26* ‖ le] *lack F19 F20 F25 F26*   5 il] il avint que chil Bauduins *F19* ‖ s'en ala as] en ala vers *F18*   6 Sarrazins] Sarrazins et se renoia *F19*   6–7 aucun liu se tans en vient] avant selui et tans en vient *F18*, aucun tans se nos avons espasse *F20*, aucun tens se leus entient *F25 F26*   7 chevaliers ot a] chevaliers ot *F18*, chevaliers dont je vos di ot a *F19*   8 Rubric in *F16*: De Salehadin qui ala aseger Le Crac por ses Sarrazins qui li princes desroba en trives. Rubric in *F20*: De Salehadin qui ala aseger Le Crac por les marceans que li prince Renaus desroba en trieves.   8–9 çou ester si ... l'Yemen] ce ester. Si parlerom de Salehadion qui iert revenuz de l'Yemer qu'il ot conquis seur Sarrazins *F16*, chel chevalier ester si vous dirons du roy Salehadin qui fu venus du castel de l'Iemer *F19*   9 le roi de Jherusalem de recief] de rechief au roi Bauduin de Jerusalem *F16 F19*, de rechief (chief *F25 F26*) al roi de Jherusalem *F17 F20 F24 F25 F26*   10 Renaus] Renaut del Crac *F25 F26*   11 et l'apeloit de trive enfrainte] *lacks F18* ‖ manda] remanda arieres *F16 F20*, remanda *F19*   12 pooit riens] plus *F16* ‖ vint Salehadins si amassa ses os] amassa Salehadins ses os *F18*, Salahadin si amasa son ost et si amasa *F25 F26* ‖ passa] passa outre *F18* ‖ flun] flun Jordain *F16*

[a] *F18 f. 15va; F16 f. 23^{vc}; F17 f. 8vb; F19 f. 73^{rI -va}; F20 f. 15vb; F24 f. 121va; F25 f. 16vb–17ra; F26 f. 16vb–17ra* (ML, 60).

---

61   Guy married Sibylla in 1180.

62   Baldwin's marriage to the constable of Tripoli's daughter is not recorded elsewhere. Despite the author's intention, there is no further mention here of Raous de Benibrac. Benibrac (otherwise Beneberak or Ibn Ibrāq) is a locality to the east of Jaffa. It lay within Baldwin's lordship of Ramla. See Denys Pringle, 'Sites in the Crusader Lordships of Ramla, Lydda and Mirabel', in Andrew Petersen and Denys Pringle (eds), *Ramla. City of Muslim Palestine, 715–1917: Studies in History, Archaeology and Architecture* (Oxford, 2021), 286–293, at 288.

et entra en le tiere de Jherusalem, et vint devant .i. castiel qui ot non Forbelet et est de l'Hospital. Cis castiaus siet sour une haute montaigne pres del flun.[63] Quant li rois de Jherusalem oï dire que Sarrazin venoient en se tiere, il amassa ses os et si *ala encontre*, et si le trouva devant Forbelet u il estoit sour une aigue, *mais n'estoit mie aigue de riviere*. La assanlerent li Crestiien as Sarrazins, et si lor tollirent l'aigue par force. Mais autre bataille n'i ot il que de l'aigue tolir, car il fist mout caut le jour, ne li Crestiien n'osoient l'aigue laissier pour le caut, ne requerre les Sarrazins ne li Sarrazin n'osoient requerre les Crestiiens, pour çou qu'il estoient a l'aighe. Ensi faitement furent il toute jour, fors *tant seulement que li un traioient as autres a la fois* dusque *au vespre. Quant ce vint* au vespre li Sarrazin passerent au flun et li rois demoura devant Forbelot. Quant ce vin l'endemain, Salehadins s'en ala a toute s'ost; si asseja Le Crac u li princes Renaus estoit.[a]

[liv] Or[64] vous lairons de Salehadin qui est au siege devant Le Crac, et si parlerons del flum la u il naist et comment il va ne ou il kiet. Cil fluns devise le tiere

---

1 entra en le … vint] entrerent en le terre de Jherusalem, et vinrent *F20*   1–2 qui ot non … l'Hospital] qui est de l'Ospital qui a a non Forbelet *F24*, de l'Ospital qui a nom Forbelet (Forblet *F25*) *F25 F26*   2 *New paragraph in F16*.   4 ala encontre] contre *F18* ‖ le trouva devant Forbelet u il estoit] les trouva (trouva Sarrasins *F20*) devant Forbelet ou il estoient *F16 F20*, les trouva devant le castel de Forchelet ou il estoient logie *F19*   5 mais n'estoit mie aigue de riviere] *lacks F18* ‖ et si] si ke li Cristien *F25 F26*   6 l'aigue] l'eve *F16 F24 F25 F26*   6–7 l'aigue par force … laissier] les gués par force mais il n'i ot autre bataille que des gués tolir car il fist molt caut le jor ne li Crestien n'osoient mie les gués laissier ne eslongier *F19*   7–9 ne li Crestiien n'osoient … jour] *lacks F16* (*homeoteleuton*)   9 *New paragraph in F25 and F26*. ‖ Ensi faitement] En tele maniere *F20* ‖ tant seulement] *lacks F18*, solement *F16*, tant *F19 F24*   10 as autres a la fois] as autres *F18*, a la foir *F16*, as autres a la fié *F24*, as autres a la foïe mais autre chose ne fistrent toute jor *F25 F26* ‖ au vespre. Quant ce vint] *lacks F18* (*homeoteleuton*)   11 au flun et … devant] tout outre le flun. Et li roys Bauduin de Jherusalem demoura devant le castel de *F19*   12 l'endemain] l'endemain bien matin *F16*   12–13 u li princes Renaus estoit] et la dedens estoit li princes Renaus *F24*   12 u] la ou *F16 F17 F25 F26*   14 *Rubric in F16*: Or vos lairons de Salehadin ester qui est a siege devant Le Crac. Si vos dirom del flun Jordain et del païs entor. *Rubric in F20*: Or vous dirons des lieus entour Le Crac et dou flun Jourdain. *No paragraph break in F24*. ‖ Salehadin] Salehadin ester a tant *F16*, Salehadin ester *F20*   14–15 parlerons del flum la] parlerom del flun Jordain la *F16 F20*, vous dirons del flum *F19*, vos dirons de cel flun *F24*   15 la u il naist] ou il vait *F25 F26*

---

[a] *F18 f. 15^{va–b}; F16 f. 23^{vc}–24ra; F17 f. 8vb–9ra; F19 f. 73^{va–b}; F20 f. 15vb–16rb; F24 f. 121^{va–b}; F25 f. 17^{ra–b}; F26 f. 17^{ra–b}* (ML, 60–61).

---

63   Umm at-Taiyiba is in Galilee, a short distance south-east of Mount Tabor. This campaign took place in 1183.

64   This description of the biblical geography of the Holy Land extends to the end of §lxxiv. For further notes and discussion, see the English translation: Pringle, *Pilgrimage to Jerusalem*, 135–145.

THE CHRONIQUE D'ERNOUL   121

de Sarrazins et de Crestiens tout si com il keurt. La tiere de Crestiiens qui de ça est a a non la Tiere de Promission *et cele de Sarrazins a a non Arabe. En la Terre de Promission* apiele on toutes les iaues fluns. Au piet dou mont sourdent .ii. fontaines; li une a non Jour et l'autre Dain. Or vous dirai de cel mont comment il a non. Il a non Mons de Ninban.[65] Cis mons dure *.iiii.* journees de lonc   5
dusques a un castiel qui est outre Triple c'on apiele Arces. La fu faite li arce Noé dont li mairiens fu pris en ce mont dou Ninban; et pour çou a a non chis castiaus Arches, que li arce Noé i fu faite. Cis mons partist le Païenime et le Crestiienté tres endroit Sur jusques outre Triple selonc la marine. La est li Crestiientés et d'autre part li Païenime. En cel mont a mout de bonne tiere et de bonnes villes   10
dont li Crestiien et li Sarrazin partissent moitiet a moitiet en tel endroit i a. En tel liu i a qu'ele est toute de *Sarrasins et en tel liu i a qu'ele est toute de* Crestiiens. Entre ces .ii. montaignes a une valee c'on apiele le Val *de* Bacar.[66] Dont cil qui le ronmant en fist pour mius mener se rime *le noma* le Val de Josaphas *pour sa rime fere*.[a]   15

1–2 de ça est] de ça le flun est *F16*, est par decha *F19* 3 et cele de Sarrazins a a non Arabe. En la Terre de Promission] si (*interlined*) *F18* (*homeoteleuton*) ‖ apiele on toutes les iaues fluns] totes les rivieres apele on flum *F24*, on promisi toutes les eves fluns *F25 F26* 4–6 comment il a ... un] de Niban. Chis mons dure .iii. jornees dessi au *F19* 5 Il a non] Il est apelés *F17*, On l'apele *F24* ‖ .iiii.] .iii. *F18*, bien .iiii. *F24* 7 Ninban] Niban donc je vous di *F19* 8 faite] prise *F17* ‖ Païenime et le] tere de Païenime et le tere de *F19* 9 selonc la marine] lacks *F19*, toute la marine *F25 F26* 9–10 La est li Crestiientés et d'autre part li Païenime] lack *F25 F26* 10 mont] mont de Nibam *F16* ‖ et de bonnes] lacks *F25*, et mult de bones tere *F26* ‖ et] et si y a molt *F19*, et molt *F24* ‖ villes] vins *F19* 12 Sarrasins et en tel liu i a qu'ele est toute de] lacks *F18*, Sarrasins et en tel li *F25*, Sarrasins et en tel leu i a q'elle et tote de Sarrasins et en tel l *F26* ‖ Crestiiens] Crestienté *F16* 13 .ii.] .ii. valees a une montaignes. Entre ces .ii. *F16* ‖ de] lacks *F18* 14–15 en fist pour ... fere] en fist pour mius mener se rime lonma le Val de Josaphas *F18*, fist le nonma Val de Josaphas pour mix faire le rime *F19*, en fist por mieus me|nener le noma (?) le Val de Jospahas pour le rime parfaire *F20*

[a] *F18 f. 15vb–16ra; F16 f. 24^{ra-b}; F17 f. 9^{ra-b}; F19 f. 73vb; F20 f. 16^{rb-va}; F24 f. 121vb; F25 f. 17^{rb-va}; F26 f. 17^{rb-vb}* (ML, 62–63).

65   Mount Lebanon.
66   *F24* has important material at this point not found in the other manuscripts: 'la u li home Alixandre alerent en fuere quant il aseja Sur; dont on dist encore el Romans del *Fuere de Gadres* qu'il estoient alé el Val de Josafas, mais ce n'estoit mie li Vaus de Josafas mais li Vaus de Bacar'. There is a distinct possibility that this represents the original reading and these lines have been lost elsewhere as a result of a *homeoteleuton* (*Bacar ... Bacar*). See Appendix 3:1.3 for a discussion, identifying the literary allusion.

[lv] Or vous avons dit dou Mont dou Nynban *dont les .ii. fontaines sordent au pié*. Or vous dirons d'une cité bas el pendant del mont sor le fontaines qui a non Belinas. Elle fu ja de Crestiens au tans Godefroi de Buillon, mais ne vous sai a dire au tans de quel roi il le perdirent. Mais puis fremerent il .ii. castiaus priés d'iluec. Li uns a non Li Thorons. Cis castiaus fu le roi a .v. liues de Sur, a .iii. liues de cele cité. Et li autres a nom Saffet. Cil estoit al Temple et *a* .iiii. liues de le cité.[67a]

[lvi] Or vous dirons de *Belinas* quels cités ce fu et comment elle ot nom anciienement. Elle fu Phelippon; si ot non Cesaire Phelippe. Cil *Phelippe* fu freres Herode qui Saint Jehan Baptiste fist *le teste coper. Cil Phelippes fu barons le feme que Herodes tenoit quant il fist Saint Jehan le teste coper et pour ce qu'il dist a Herode qu'il ne devoit mie tenir le feme son frere, et pour ce li fist il coper le teste*.[68] A celi Cesaire donna Nostre Sires *a* Saint Piere les clés de paradis et poesté de loiier et de desloiier.[69] Celle cités est pres de Galilee.[b]

---

1 *Rubric in F16*: De Belynas qui siet au pié del mont de Nibam, que citez ce est. *Rubric in F20*: De Belinas qui siet au piet de mont de Niban. *No paragraph break in F24.* ‖ avons dit dou Mont dou] lairons de F20   1–2 dont les .ii. … pié] *lacks F18*, dont ches .ii. fontaines sourdent au pié du mont F19   2 bas] qui est en bas F19, qui est F24 F25 F26   2–3 del mont sor le fontaines qui a non Belinas] qui a a non Elynas et siet tout droit sur les fontaines F19   2 sor] joste F16   3–4 mais ne vous … perdirent] il le perdirent mais ne vous sai mie a dire au tens lequel roy che fu F19, Mais ne vous sai a dire au tans le quel roi ele fu perdue F20, *lack F25 F26 (homeoteleuton)*   4 de quel roi il le] lequel roi crestian la F16, de quel roi crestien le F24 ‖ il] le Crestian F16, li Crestiien F20   5 a] et est a F16 F17, de Jherusalem et si est a F19 ‖ a] et a F16 F24 F25 F26 ‖ .iii.] .iiii. F16   6 cele cité] la cité de Belynas F16, le chité devant dite F19 ‖ a .iiii.] .iiii. F18, a .iii. F17 F24   8 *No paragraph break in F16 or F20.* ‖ Belinas] linas F18, F19   9 Phelippon] le roy Phelipon F19 ‖ Phelippe] *lacks F19* ‖ Phelippe] Phelippon F18   10 Baptiste] *lack F16 F25 F26*   10–12 le teste coper. Cil … frere] decoler et fu barons le femme que Herodes tenoit quant il fist Saint Jehan descoler F18   10–11 Cil Phelippes fu barons … coper] *lack F16 F17*   12 et pour ce … teste] *lack F18 F24*   13 donna Nostre Sires] fu chou que Nostres Sires donna F19 ‖ a] *lacks F18* ‖ de paradis] del regne des cieus F24 ‖ poesté] se li donna pooir F19

[a] *F18 f. 16rb; F16 f. 24rb; F17 f. 9rb; F19 f. 73vb–74ra; F20 f. 16va; F24 f. 121vb–c; F25 f. 17va–b; F26 f. 17vb* (ML, 63).   [b] *F18 f. 16rb; F16 f. 24rb; F17 f. 9rb; F19 f. 74ra; F20 f. 16va; F24 f. 121vc; F25 f. 17vb; F26 f. 17vb–18ra* (ML, 63).

---

67   Bāniyās (Belinas) was in Christian hands 1128–1132 and 1140–1164. The castles at Tibnīn (Thorons) and Ṣafad (Saffet) were both founded early in the twelfth century. Ṣafad was in Templar possession by 1168; Tibnīn was only briefly (1180–1186) under royal control.
68   Matthew 14:1–12; Mark 6:17–29.
69   Matthew 16:13–19.

THE CHRONIQUE D'ERNOUL 123

[lvii] Or vous dirons des ii. fontainnes qui keurent vers le Mer de Galilee. Ains qu'eles entrent en la mer, si s'asamblent et vient a une. L'une des .ii. fontaines a a non Jour et li autre a a non Dain. Et quant elles s'asanlent, si a a non Jourdain. Celle eve entre en le mer par deviers Belinas et keurt parmi le mer del lonc desi a un pont c'on apiele le Pont de Tabarie, et puis k'elle passe le pont si a a non le flun Jourdains.

Or vous dirons de celi mer, ques mers çou est. Celle mers n'est pas sallee ains est douce et bonne a boire. Celle mers n'a que .iiii. liues de lonc et .ii. de lé. Celle mers apiele escripture Mer de Galilee et en *autre* liu Mer de Tabarie pour çou que li cités de Tabarie siet *sor la mer* par devers *les* Crestiiens. En l'autre liu l'apiele l'escripture L'Estanc de Nazareth.[70] Sour celi mer ala Jhesu Cris *sec pié*, et Sains Pieres, qui en une nef estoit en le mer, *quant il le vit*, si li pria qu'il le laissast aler apriés lui. Et Jhesu Cris li tendi sa main et se li dist qu'il venist; et Sains Pieres sali en le mer; si cancela et si *douta et si* cria merci a Jhesu Crist qu'il le secourust. Et Jhesu Cris li *tendi se main et si li* dist que petit de foi avoit.[71]

En celi mer pescha Sains Pieres une nuit entre lui et ses compaignons en .ii. nés, et riens ne prisent. Et Jhesu Cris vint la matinee sour le rive de la mer; si lor demanda s'il avoient point de poisson, et il respondirent qu'il ne avoient

---

1 *Rubric in F16*: De la Mer de Galilee ou li fluns Jordains chiet. *No paragraph break in F20 or F24.* 2 si s'asamblent et vient a une] si s'esemblent les .ii. fontaines et vienent a un leu F16, s'assanlent eles et se viennent les .ii. fontaines a un F19, si s'asanlent et vienent tot a .i. F24, si s'ascemblent et vienent a une liue F25 F26   3–4 Et quant elles ... Belinas] Chele yaue si est outre le mer F19 3 elles s'asanlent] sont asemblees F16 F20, vienent ensamble F17, eles sunt ascemblees F24 F25 F26   4 le mer] la mer de Galilee F16   5 passe le pont] est passé outre le Pont de Tabarie F19 7 mers] cose F19   8 douce et] *lacks F19* ‖ .iiii.] .iii. F20   9 apiele escripture] apele on en l'escripture le F19, est apellee en l'escripture F20, n'a apelé l'escriture F25 F26 ‖ autre] outre F18 10 pour çou que li cités de Tabarie] *lack F25 F26 (homeoteleuton)* ‖ sor la mer] *lacks F18*, sor la rive de la mer F24 ‖ les] *lacks F18*   11 l'escripture] on F19 ‖ *New paragraph in F25 and F26.* ‖ mer] mer donc je vos di F25 F26   12 sec pié] ses piés F18, a ses piés F17, a sec pié F20 F24 ‖ en une nef estoit] avec lui estoit en une nef F17 ‖ quant il le vit] *lacks F18*   13–14 se li dist qu'il venist] li dist F20   14 sali] sailli adont F16 ‖ si douta et si] *lacks F18*, si douta adont F20   15 tendi se main et si li] *lacks F18*, tendi adonc sa main et si li F16   15–16 que petit de foi avoit] hons de petite foi. Pour coi doutes tu? F19. *New paragraph in F24.*   17 Sains Pieres une nuit] fu ce que Saint Pierres pasça une nuit F16, pescha une foiz Sainz Pieres F25 F26   18 riens] neant F16, nient F17 F20   19 respondirent] li respondirent F17 F20 F25 F26, li disent F24

---

70   'L'Estanc de Nazareth' is a mistake: presumably a garbled reference to Gennesaret (Matthew 14:34).

71   Matthew 14:22–32. *F19 turns Jesus' words into direct speech, quoting v. 32.*

riens pris. 'Or gietés', dist Jhesu Cris, 'vos rois a main diestre'. Et Sains Pieres li respondi: 'Sire, nous avons toute nuit villié, et si n'avons riens pris, mais en vostre non gieterons nos rois'. Si le gieterent, et lor rois empli toute de poison et emplirent leur .ii. nés, et que les rois rompirent.[72] Sour celle mer fu ce que Jhesu Cris fist de l'eve vin quant il fu as noces *en la maison* Archedeclin *et* en le cité de Tabarie.[73] Entre Tabarie et Belinas a *un liu c'on apele Le Table* priés de le mer; en cel liu fu ce que *Dieus* repeut les apostles et .v. mil hommes de .v. pains d'orge et de .ii. poissons si qu'il en demoura .*xii.* corbillies de relief.[74][a]

[lviii] D'autre part deseure le mer par deviers le Païenime a une cité c'on apiele Capharnaon, la u Sains Pieres et Sains Andrius furent né. Et la u Jhesu Cris fist mainte biele miracle de gens saner com del fil le roy et d'autres.[75] Apriés

---

1–3 Or gietés dist … rois] Nostre Sire lour, 'jetés vo roi a destre', et il respondi respondirent (*sic*) 'Nous jeterons en vostre non nos rois' *F17*, et Jhesu Cris lor dist, 'Getés vos rois a main destre' et Sains Pierres respondi: 'Sire nous avois toute nuit peschié et si n'avons rien pris mais nous y geterons nos rois en vo propre non' *F19*   3–4 Si le gieterent … et] Dont geterent lor rois a main destre et le rois empli toute de poison et en *F19*, Adonc qu'il giterent lor rois et ele emplirent toutes de pisson et il en *F20*, si le jeterent. si emplirent lor rois totes de poisons; tant ot de possons en lor rois qu'il *F24*, si la giterent et lor roiz si la implirent toute de poison et *F25 F26*   4 et que les rois rompirent] si que peu s'en faloit qu'ele ne plonçoient *F17*, et tant en avoit pris en lor rois que eles rompirent *F19*, si qu'ele rompirent *F20*. *New paragraph in F25 and F26.*   5 Jhesu Cris] Nostre Sires *F19*, Dieus *F20* ‖ en la maison Archedeclin et] Archedeclin *F18*, en le maison Saint Archedeclin et *F19*   6 *New paragraph in F16 and F20. Rubric in F16*: De la table ou Diex reput ces apostres de .v. pains d'orje et de .ii. poissons et .v.ᵐ homes. *Rubric in F20*: De la table. ‖ Belinas] Belinas a .v. liues si *F19* ‖ un liu c'on apele le table] une liue *F18*, un castel c'on apele le table *F17*   7 mer] mer de Galilee *F16 F20* ‖ Dieus] Jhesu Cris *F18* ‖ les apostles et] *lacks F24* ‖ .v.] .l. *F26*   8 si] et si *F16 F24 F25 F26* ‖ .xii.] .ii. *F18*   9 *Rubric in F16*: D'une cité Carferraon ou S. Pierre et S. Andri furent né. *Rubric in F20*: De Carphanaon ou Sains Pieres et Sains Andrieus furent né. *No paragraph break in F24.* ‖ mer] mer de Galilee *F16 F20* ‖ par deviers le Païenime] *lacks F19*   10 la] Chest le chités *F19* ‖ la] *lack F24 F25 F26*   11 biele] *lacks F16* ‖ de gens saner … d'autres] si comme de gent saner si comme le fil le roy et autres gens assés *F19. New paragraph in F16 and F20. Rubric in F16*: D'une cité Nain ou Diex fist maint bel miracle. *Rubric in F20*: De Naym ou Dieus fist maint bel miracle.   11–125.1 Apriés si a une] Après la cité de Carphannaon si a une *F16*, Aprés chele chité si a une autre *F19*

---

[a] *F18 f. 16ʳᵇ⁻ᵛᵇ*; *F16 f. 24ʳᵇ⁻ᵛᵃ*; *F17 f. 9ʳᵇ⁻ᵛᵃ*; *F19 f. 74ʳᵃ⁻ᵇ*; *F20 f. 16ᵛᵃ⁻17ʳᵃ*; *F24 f. 121ᵛᶜ⁻122ʳᵃ*; *F25 f. 17ᵛᵇ⁻18ʳᵇ*; *F26 f. 18ʳᵃ⁻ᵛᵃ* (ML, 64–65).

---

72   John 21:3–8.
73   John 2:1–11. The wedding was at Cana, and not Tiberias. The *architriclinus* – the 'ruler of the feast' – of John 2:9 has been turned into a proper name, 'Archedeclin', who is then canonized by *F19*.
74   Matthew 14:13–21; Mark 6:31–44; Luke 9:10–17; John 6:1–14.
75   Mark 1:29 records that Peter and Andrew were living in Capernaum. The 'son of the king' is presumably the son of the *basilikos* ('noble' or 'official') recorded in John 4:46.

THE CHRONIQUE D'ERNOUL 125

si a une cité c'on apiele Naim, la u Jhesu Cris ala un jour, et il et si apostle. Et quant il aproça la porte *de la cité*, si encontra .i. vallet *hors de le porte c'on portoit* enfouir. Dont il dist qu'il levast sus, et cil *sailli tantost* sus, *com cil que* Jhesu Cris *avoit* resuscité.[76] *De requief il avint une autre foiz que Nostres Sires aloit* en celle contree; si encontra un homme qui estoit hors del sens que *chaine ne loiens de fer* ne pooit tenir qu'il ne rompist *toute et* cil de la vile couroient apriés lui pour prendre, qu'il ne s'alast noiier *en le mer*. Dont vint Jhesu Cris a li si li dist qu'il fust cois, et cil fu cois. Apriés dist Jhesu Cris: 'Qui es tu la dedens cel cors qui si *travailles* cest homme?' Et il dist que c'estoit une legions d'anemi *qu'il aillors ne pueent estre s'en cors non de gens*. Dont commanda Jhesu Cris qu'il issent fors, et il disent que il lor commandast que il entraissent en autres cors *qu'il ne pooient en autre leu estre s'en cors non*. Illuec paissoit une porkerie de pourciaus, et Jhesu Cris lor commanda que il *ississent del cors a l'ome et entrassent* es cors

---

1 c'on apiele] qui a a nom *F19 F24*, qui a nom *F25 F26* ‖ il et] *lack F16 F17 F19* ‖ apostle] desiple *F24* 2 de la cité] *lacks F18* ‖ hors de le porte c'on portoit] c'om emportoit *F18*, com çou portoit *F17*, mort dehors le porte que on portoit *F19* 3 il dist] vint Dex a li si li dist *F16*, vint Jhesu Cris a lui se li dist *F17*, vint Nostres Sires et se li dist *F19*, vint Jhesus Cris si li dist *F20 F24*, li dist Jhesus *F25 F26* ‖ sailli tantost] tantost sali *F18*, sali *F19* 3–4 com cil que Jhesu Cris avoit] car Jhesu Cris l'avoit *F18*, voiant tout le pule tantost si comme chil qui Jhesus Cris avoit *F19*, si du *F24* 4 il avint une … aloit] aloit Nostre Sires *F18*, il avint .i. altre fois que Jhesu Cris aloit *F17* 5–6 chaine ne loiens de fer] nus loiiens *F18*, que caine ne loiens *F17*, loiens ne chaaine de fer *F24* 6 pooit] le pooit *F17 F19*, pooient *F25 F26* 6–7 rompist toute et … ne] *lacks F16 (homeoteleuton)*, rompist tout et cil (tout cil *F20*) de le vile coroient aprés lui prendre et tenir (retenir *F20*) que il ne *F17 F20*, les rompist tantost et isnelement. Si estoit adont escapés et si s'en fuioit et tout chile de le vile couroient aprés por lui prendre et pour lui retenir que il ne *F19*, rompist tot et cil de le vile coroient aprés por lui prendre et tenir qu'il ne *F24 F25 F26* 6 toute et] *lacks F18* 7 en le mer] *lacks F18* ‖ Dont vint Jhesu Cris a li si li dist] dont dist Jhesu Cris a lui *F18*, Dont vint Jhesus Cris et se li dist *F19*, Dont vint Jhesu Cris si li dist *F20 F24*, lors li dist Jhesus Crist *F25 F26* 8 et cil fu cois] et qu'il n'alast plus avant et cil tantost fu coiz *F16*, qu'il n'alast plus avant *F17*, et qu'il n'alast en avant et chil fu tous cois et s'arresta. Et *F19*, et qu'il n'alast plus avant et cil fu cois *F20*, ne qu'il n'alast en avant et cil fu cois *F24*, *lacks F25 (homeoteleuton)*, et q'il n'alast avant et cil fu cois *F26* 9 travailles] travaille *F18* ‖ il dist que c'estoit] il (cil *F16*) dist qu'il estoiot *F16 F17*, cil li respondi qu'il estoient *F19*, il dist qu'il estoit *F20 F25 F26*, il disent qu'il estoient *F24* 9–10 qu'il aillors ne … gens] *lacks F18*, qui aillors ne pooient estre s'en cors d'ome non de gent *F17*, qui ailleurs ne pooient estre que en cors d'omme ou de femme *F19*, d'anemie qui ne puet s'en cors d'ome non *F20* 10 commanda] lor commanda *F24 F25 F26* 10–11 issent fors] issist hors del cors al home *F20* ‖ issent fors et … il] *lack F25 F26 (homeoteleuton)* 11 il disent que il lor commandast] il disent donc lor commandast *F16 F17 F20 F24*, il si fisent dont lor commanda *F19* ‖ qu'il] puis qu'il *F19 F25 F26* 11–12 qu'il ne pooient … non] *lacks F18. New paragraph in F25 and F26.* 12 Illuec paissoit] ilec passoit adont *F16*, Atant passa iluec *F25 F26* 13 et Jhesu Cris lor commanda] tantost lor comanda Jhesus Cris *F20* ‖ ississent del cors … entrassent] entrassent laiens *F18* 13–126.1 es cors des pourciaus] *lacks F19*

---

76 Luke 7:11–17.

des pourciaus, et il si fisent. *Quant il furent es cors des porciaux si* entrerent en la mer, et li hom s'en ala tous sains en se maison.[77] Celle miracle et assés plus que jou ne die fist Jhesu Cris entour le mer. A .v. liues de celi mer de Tabarie a une cité c'on apiele Nazareth, et si est a .vi. liues d'Acre.[a]

5 [lix] En celle cité fu nostre dame Sainte Marie nee. Et en celle cité meismes li aporta li angeles le nouvele que Jhesu Cris prenderoit car et sanc en li *et il si fist.* Quant nostre dame Sainte Marie fu ençainte del fil Diu *le Pere*, elle ala a une montaigne qui priés de Nazareth estoit u *une siue cousine germaine manoit qui avoit a non Elizabet* et estoit ençainte de monsigneur Saint Jehan
10 Baptiste; *la ala por li veoir et por li fere compaingnie et por li soulacier.* Tantost com elle vint la, si le salua. Tantost que la vois *madame Sainte Marie entra* en l'orelle Sainte Elizabeth, li enfes qu'elle avoit en sen ventre s'esjoï encontre le venue son signour.[78] En cel liu a une abeïe *de Gris* c'on apiele

---

1 des] as *F17 F20 F24 F25 F26* ‖ Quant il furent ... si] et li pourciel *F18*   1–2 entrerent en la mer] si s'en corurent a le (en la *F25 F26*) mer si s'entrent ens *F24 F25 F26*   2 en] et tous haitiés a *F19* ‖ *New paragraph in F16, F17, F19 and F20. Rubric in F16*: D'une cité Nazareth ou Nostre Dame fu nee. ‖ *Rubric in F20*: De Nazaret ou Nostre Dame fu nee. ‖ Celle miracle et assés] Tiex miracles et assez *F16*, Cel miracle et assés *F17 F20*, Ces miracles et autres asés *F24*, ces miracles et asés autres *F25 F26*   3 Jhesu Cris] Dix *F19* ‖ le mer] la mer de Galilee *F16*, le mer de Galilee *F20* ‖ de Tabarie] lacks *F19*   4 .vi.] .v. *F16*   5 *No paragraph break in F16, F17, F19, F20, F24, F25 or F26.* ‖ nostre dame] medame *F17 F20*, madame *F16 F24 F25 F26* ‖ meismes] meismes ou ele fu nee *F17 F19 F20 F24*   6 Jhesu Cris] Dex *F24 F25 F26* ‖ car et sanc en li] char et sanc en li et il si fist et qu'il naisteroit de li *F24*   6–7 et il si fist] *lacks F18. New paragraph in F25 and F26.*   7 nostre dame] madame *F24 F25 F26* ‖ le Pere] *lacks F18*   8 a] en *F17 F19 F20 F24 F25 F26* ‖ priés de Nazareth estoit u] pres de le montaigne estoit u *F17*, qui estoit prés de Nazareth avoec *F20*, desor Nasarel estoit u *F24*, desus Nazareth estoit ou *F25 F26*   8–9 une siue cousine ... Elizabet] Sainte Elizabeth manoit *F18*   9 manoit] y estoit *F19*, qui la manoit *F20* ‖ monsigneur] lack *F24 F25 F26*   10 Baptiste] l'Evengeliste *F16*, Baptista *F25* ‖ la ala por li ... soulacier] *lacks F18*, et la ala Nostre Dame pour veïr se cousine et pour lui faire compaignie et pour lui souslagier *F19*, la si ala por li veïr et por li faire compagnie. *F24*   10–11 Tantost com elle ... salua] *lack F16 F17 F20. New paragraph in F24.*   11 que la vois] comme le vois de *F19*, come li vois oï *F20* ‖ que] com ele vint la si tost comme *F17*   11–12 madame Sainte Marie entra] a mere Diu entre *F18*   12 avoit] portoit *F20*   13 signour] signor Jhesu Crit *F16*, segnor Jhesu Crist *F20*   13–127.1 de Gris c'on apiele Saint Acharie] c'on apiele Saint *F18*, de Griex quen apele Saint Acarie (Achare *F19*) *F16 F20 F19*, de moines gris con apele saint Acharie *F17*, de Griés c'on apele Saint Zacharie (Çacharie *F26 F25*) *F24 F25 F26*

[a] *F18 f. 16vb–17ra; F16 f. 24$^{va–b}$; F17 f. 9$^{va–b}$; F19 f. 74$^{rb–vb}$; F20 f. 17$^{ra–b}$; F24 f. 122$^{ra–b}$; F25 f. 18$^{rb–vb}$; F26 f. 18$^{va–b}$* (ML, 65–66).

77   Matthew 8:28–34; Luke 8:26–39.
78   Luke 1:26–45. The gospel narrative (v. 39) specifies that Elizabeth was living in Judea.

Saint *Acharie* pour çou que Zacaries mest la, et cil *Zacaries* fu peres Saint Jehan Baptiste.

Priés de Nazaret a un *molt* biel mont qui a a non en Latin *Montem Excelsum Valde*, et en Roumans l'apiel'on 'Le Saut' pour chou qu'en le costiere de cest mont a une falise u on menoit chiaus de Nazaret qui mort avoient deservie pour faire salir jus. Dont il avint une fois que Jhesu Cris i fu menés pour faire salir jus pour une parole qu'il avoit dite as Juis en Nazaret. Et quant il vint la, si s'esvanui d'aus et s'asist sour une piere qui encore i est si qu'il ne le porent ne *veïr* ne trouver.[79a]

[lx] Cil mons qui est en haut, qui est desus le falise, c'est li mons u li diaules porta Jhesu Crist quant il l'ot porté de le Quarentaine *ou* il juna sour le Temple, et desour le Temple le prist; si le porta sour cel mont et li mostra tout le pais et toute *la contree et* le rikece qui estoit en le tiere et se li dist qu'il li donroit quanques il veoit si l'aourast, et Jhesu Cris li dist qu'il s'en alast et que jamais ne le tentast. Li diaules s'en ala, et li angele vinrent.[80]

1 Zacaries] *lacks F18* 2 Baptiste] *lack F16 F17 F24 F25 F26. New paragraph in F16, F20, F25 and F26. Rubric in F16*: D'un mont [...] apele le Saut ou Diex fu menez por saillir jus des Juys. *Rubric in 20*: Du mont c'om apelle la Saut ou Diex fu menés por saillir jus. 3 Nazaret] la cité de Nazareph *F16* ‖ un molt biel mont] un biel mont *F18*, une montaigne *F19*, demie lieue a .i. molt bel (haut *F24*) mont *F24 F25 F26* ‖ qui a a non] c'om apelle *F20*, *lacks F25* 3–4 en Latin *Montem Excelsum Valde*] *Excelsum Valde Valde F18* 4 le Saut] l'estanc *F16* ‖ qu'en le costiere] q'il avoit dite une parole por ce qe en la contree *F25 F26* ‖ qu'en] que *F18* 5 on menoit] soloit mener *F19*, ou enmenoit *F25 F26* 6 jus] *lack F17 F24 F25 F26* 7 pour une parole ... en] por ce q'il avoit dite une parole as uns a *F25 F26* ‖ as Juis en Nazaret] en Jerusalem Nazareph aus Juis *F16* 7–8 si s'esvanui d'aus] *New paragraph in F24*. 8 et s'asist] Adont s'asist Jhesu Cris *F24*, si s'asist *F25 F26* ‖ si] *lack F24 F25 F26* ‖ veïr] vir *F18* 10 *No paragraph break in F16, F20, F24, F25 or F26*. 11 ou] leu *F18* 12 et li mostra] De sour cel (desus ce *F16*) mont li mostra *F16 F17 F20*, et se li mostra *F19*, Sor cel mont li mostra il *F24*, li mostra il *F25 F26* 13 la contree et] *lacks F18* ‖ le rikece qui estoit en] toutes les ricoises qui estoient en *F19*, la richece de *F24 F25 F26* ‖ tiere] terre et en le contree *F20* ‖ et] et puis *F19* 13–14 li donroit quanques il veoit] li donroit toutes les ricoises du mont *F19*, li donroit tot l'avoir et tote le contree et quantqu'il veoit *F24*, donroit tout l'avoir et tote la contree q'il veoit *F25 F26* 14 que jamais] si gardast que mais *F24*, q'il gardast et qe jamais *F25 F26* 15 vinrent] vinrent a lui *F20*, vinrent a Jhesu Crist et si le comforterent *F24*, vindrent a Jhesu Crist tenir compagnie *F25 F26. New paragraph in F16, F20, F25 and F26. F16 and F20 have a rubric*: Del (Du *F20*) Mont de Tabor ou Nostre Sires se transfigura.

[a] *F18 f. 17^{rb-va}; F16 f. 24^{vb-c}; F17 f. 9vb–10ra; F19 f. 74vb; F20 f. 17^{rb-va}; F24 f. 122^{rb-c}; F25 f. 18vb–19ra; F26 f. 18vb–19ra* (ML, 66–67). *F18 has a ten-line miniature panel showing the Virgin Mary and St Elizabeth and a four-line historiated initial 'E' with drolleries in the lower margin.*

79 Luke 4:29–30.
80 Matthew 4:1–11; Luke 4:1–13.

Priés de cel mont si i a un autre mont ki n'est mie si haut. Il *a* mout biele plaingne entre deus mons. Cel autre mont apiele on Mont de Tabour. Sour cel mont mena une fois Jhesu Cris Saint Piere et Saint Jehan et Saint Jake et se transfigura devant aus; dont on fait en mout de tieres le fieste de celle transfiguration.

5 La virent il son vestement blanc et .ii. hommes aveuc lui, dont on *dist* que li uns fu Moïsés et li autres Elyes. Dont vint Sains Pieres a Jhesu Crist pour le grant glore qu'il vit la; si li dist: 'Sire', dist il, 'chi feroit mout boin estre; faisons chi trois tabernacles: vous un, Elye un, Moÿset un'. Quant Sains Pieres ot ensi la parole dite, une vois *vint devers* le ciel aussi comme tonnoires; se dist que çou estoit 10 ses fius qu'il avoit envoiiet en tiere, dont li apostre eurent si grant *paour* quant il l'oïrent, que il caïrent pasmé sour lor visages. Quant il se leverent de pamisons et il se regarderent, ne virent il fors seulement Jhesu Crist aveuc iaus, et il s'en avalerent de le montaigne. Et Jhesu Cris lor dist ke de l'avision que il avoient veue ne desissent mot jusques adont qu'il seroit resuscités de mort a vie.[81]

15 Je vous avoie oubliié a dire quant je parlai, combien il a de Jherusalem dusque a cel mont la u li diaules porta Jhesu Crist. Il i a .ii. journees grans.[a]

[lxi] Or vous dirai del flun Jourdain, comment il keurt ne la u il ciet puis qu'il *ist* de le mer de Galilee. Il keurt viers midi et si keurt bien .iii. journees de lonc.

---

1 Priés de] Desoz F24 F25 F26 ‖ mont] mont ou Nostres Sires fu menez des Juys F16 ‖ haut] haus por co vos die desor F24, auz por ce je vos die de soz F25 F26 ‖ a] i a F18 2 plaingne] campagne F24 ‖ autre] *lack* F24 F25 F26 ‖ apiele on] au pié du F20 3 une fois] *lacks* F19 4 mout de tieres ... celle] mainte terre la feste de cele F16, maint liu le feste de le F17, maintes teres le feste de le F19, mainte terre la feste de F20, cele terre la feste de cele F24, maint leu la feste de cele F25 F26 5 dist] *lacks* F18 6 *New paragraph in F25 and F26.* 6–7 Jhesu Crist pour ... il] Nostre Seigneur et se li dist pour le glore que il avoit veue: Sire F19, son segnor Jhesucrist por la grant gloire qu'il vit ilueques et se li dist sire dist F24, son seignor Jhesu Crist si li dist por la grant gloire q'il vit ilueques sire dist Saint Pieres F25 F26 7 boin] *lack* F25 F26 9 une vois vint devers le] une vois pardevers le F18, si vint une voiz del F25 F26 10 ses fius] li filz Dieu F16 ‖ qu'il avoit envoiiet] qui estoit F20 ‖ paour] fréeur F18 (*interlined in different hand*) 11 l'oïrent que il caïrent] le virent qu'il chaïrent F17, oïrent qu'il caoit qu'il se laissierent caïr F19, l'oïrent la voiz q'il chaïrent tuit F25 F26 ‖ leverent] relevierent F16, releverent F20 13 ke de l'avision que il avoient] quele avision qu'il avoit F20 14 mot] a nului F17, nient F20 ‖ jusques adont] dessi adont F19, desci F24, desi F25 F26 15–16 Je vous avoie ... la] Je vous avoie oublié a dire quant je en parlai quombien il a de le chité de Jherusalem dessi au mont F19, De la cité de Jherusalem jusca'l mont F24 15 je parlai] je m'en parti F16, j'en parlai F17 F20 16 grans] molt grans F19, *lack* F24 F25 F26 17 *Rubric in F16*: De la Mer d'Emfer ou li fluns Jordains chiet. *Rubric in F20*: De le Mer du Deable ou li fluns chiet. *No paragraph break in F24.* ‖ la] ou il keurt ne F20, *lack* F16 F17 F25 F26 18 ist] kiet F18, part F16 ‖ .iii.] .ii. F19

---

[a] F18 f. 17^(ra)–18^(ra); F16 f. 24^(vc)–25^(ra); F17 f. 10^(ra-b); F19 f. 74^(vb)–75^(ra); F20 f. 17^(va-b); F24 f. 122^(rc-va); F25 f. 19^(ra-va); F26 f. 19^(ra-va) (ML, 67–68).

---

81 Matthew 17:1–9; Mark 9:2–9; Luke 9:28–36.

THE CHRONIQUE D'ERNOUL 129

Et si kiet en le mer c'on apiele le Mer del Dyable en le tiere, et en l'escripture l'apiele on le Mer de Sel pour chou qu'il a une montaigne de sel sour le rive par deviers Le Crac; et pour çou qu'ele est si sausse et si amere que nulle riens ne se peut comparer a le grant sausse de li. N'est riens de le Grant Mer a li et si n'a point de cours, ains est ensi com uns estans, et se n'i a nul poisson, que poissons n'i poroit durer; et si fu ja toute tiere la u li mers est. Et celle tiere sist entre une cité ki a non Saint Abraham et Le Crac.[a]

[lxii] Ançois que *je* vous parole plus de celle mer, vous dirai u Li Crac siet. Il siet en Arabe. Apriés si est Mons Synaï; si est entre le mer et Le Crac; entre le Rouge Mer et Le Crac si est Mons Synaï. La donna *Damediex* le loy a Moÿsen, apriés çou que il ot passé le Rouge Mer.[82] En cel mont la u li lois fu donnee, porterent li angele le cors Sainte Katerine quant elle ot le cief copé en Egypte. La gist en oille que ses cors rent. Et lassus a une abeïe de moines Gris. Mais li maistre abeïe de cele maison *n'est mie la ainz* al pié del mont. La est li abbés et li couvens. Et ne peut on aler el mont *a cheval* ne porter viande dont il puissent tout vivre lassus. Mais lassus a .xiii. moines qui forte vie mainent. Lassus lor

---

1 le Mer del] del *F16*, le *F20*   2 pour chou qu'il ... sel] *lacks F20* (*homeoteleuton*) ‖ sour le rive par] se est par *F17*, par devers le rive d'une part *F24 F25 F26*   3–4 et si amere ... sausse] *lacks F19* (*homeoteleuton*)   4 sausse de li] saussété de li *F17*, sause ne a l'amertume de li *F24*   5–6 que poissons n'i poroit] Car il n'i porroient *F19*   6 et si fu ja ... est] et si fi ja toute tere *F19*, pour le grant sausse de li et si i a toute terre *F20*, si fu la tot la u li mers est terre *F24*   6–7 Et celle tiere ... Crac] *lacks F16*   6 tiere sist] tere si est *F19*, mer si est *F24 F25 F26*   7 ki a non] c'om apelle *F20*, c'on apele *F24*, que l'on apelle *F25 F26* ‖ Le] le chité del *F19*   8 *Rubric in F16*: Del Mont Synaÿ quel part il siet. *Rubric in F20*: Du Mont de Synaï ou il siet. *No paragraph break in F24.* ‖ je] j'en *F18* ‖ celle mer] cele Mer del Deable *F16*, le Mer de Seil *F20*   9 Arabe] le tere d'Arabe et *F19* ‖ Mons] li monz de *F16* mons de *F20* ‖ si est entre le mer et Le Crac] *lacks F16*, Si est entre le Rouge Mer et Le Crac *F20*   9–10 si est entre ... La] si est entre le mer et Le Cras. Et en chele montaigne de Synaÿ *F19*, en la terre le seignor de Crac; cil Mons Synaï (Synaÿ *F24*) si est entre la Rouge Mer (Mer Rouge *F24*) et Le Crac. Sor cel Mont Sinaÿ *F24 F25 F26*   10 Mons] li Monz de *F16*, Mons de *F20* ‖ Damediex] Diex *F18*   11 apriés çou que] le prophete. Quant *F19* ‖ Rouge Mer] Mer Rouge *F16 F17 F24. New paragraph in F24.* ‖ la u li lois fu donnee] *lacks F19*, la u la lois fu donee a Moÿsen *F24*, loy fu donee *F25 F26*   12 Sainte] madame Sainte *F16*   13 lassus] lasus seur ce mont *F16*   14 abeïe de cele maison] maisons de chele abeÿe *F19* ‖ n'est mie la ainz] est *F18*   15 el mont a cheval] el mont *F18*, a cheval sour le mont *F20*   16 lassus] lasus sor ce mont *F16. New paragraph in F25 and F26.* ‖ Mais lassus] Lasus en su le mont *F25 F26* ‖ moines] moines Griex *F16*, moines Grex *F20* ‖ forte] molt fort *F19*

[a]*F18 f. 18*[ra–b]; *F16 f. 25*[ra–b]; *F17 f. 10*[rb]; *F19 f. 75*[ra–b]; *F20 f. 17*[vb]–*18*[ra]; *F24 f. 122*[va]; *F25 f. 19*[va–b]; *F26 f. 19*[va–b] (ML, 68).

82   Exodus 19–20.

porte on *le* pain sans plus, et teus i a qui ne manguent que .iii. fois le semaine pain et iaue. Et teus i a qui manguent aveuc lor pain crues ierbes qu'il ahanent lassus. Sour cel mont juna Moÿsés .xl. jours c'ains ne manga devant chou que la lois li fu donnee.[a]

[lxiii] Or vous dirons de la Mer Rouge qui apriés est. Çou est li mers que Moÿsés feri de la verge, et li mers se parti et *fu* comme maisiere d'une part et d'autre. C'est li mers que li Fil *Israel* passerent sec piet quant il vinrent d'Egypte. Et quant il l'orent passet, li rois Pharaon, qui apriés aus venoit, entra ens et les voloit ocirre et prendre et il et toute s'os. Moÿsés retourna sa verge et feri le mer, et li mers reclost et Pharaons et toute s'os fu noié c'onkes nus n'en escapa. Et li Fil Israel escaperent, car il furent outre ançois qu'ele fust raclose.[83]

Sour le rive de celle mer fist une fois li princes Renaus faire v. galies. Quant il les ot faites, si les fist metre en mer et si i fist entrer chevaliers et siergans et viandes assés pour cierkier et pour savoir quels gens manoient sour cele mer d'autre part. Il se partirent d'ileuc, quant il se furent appareillié, et se misent

---

1 porte] manje *F19* ∥ le] lacks *F18*, del *F24 F25 F26* ∥ a] a des moines *F16*   1–2 que .iii. fois … et iaue] que .iii. pains le semaine et si ne boivent fors yaue *F19*, lasus que .iii. jors en le semaine se pain et ewe non *F24*, qe trois jors la setemaine pain et eue *F25 F26*   2 teus i a qui … pain] si y a de tex qui ne menjuent aveuc lor pain fors *F19* ∥ crues ierbes] des herbes *F24*, et les herbetes *F25 F26*   3 lassus. Sour] lasus. Lasus seur *F16*, lassus el mont. Lasus sor *F20* ∥ .xl.] .lx. *F19* ∥ c'ains] que onques *F19*, que on *F25 F26*   5 *Rubric in F16*: De la Rouge Mer qui est après le Mont de Synaï. *Rubric in F20*: De le Mer Rouge quele ele est. *No paragraph break in F24*. ∥ apriés est. Çou est li mers] enprés le mont de Synaÿ est. Ce est la Roge Mers *F16*   6 la] sa *F16 F25 F26*, se *F20* ∥ se] lack *F16 F17 F19 F24 F25 F26* ∥ fu] si fu *F18*, fu l'eve *F24 F25 F26*   7 C'est] et *F24 F25 F26* ∥ Israel] d'Israel *F18* ∥ sec] tout sec *F19*, a sec *F20*   8 d'Egypte] d'Egipte en la Terre de Promission *F16* ∥ rois] lacks *F20*   8–9 entra ens et … il] entra ens et il et toute s'ost et les voloit ochirre et prendre et *F19*, por iaus prendre et ocire et il et tote s'ost qu'il avoit. *[New paragraph]* Quant li Fil Israel furent tot outre passé Faraons fu ens et il *F24*, por aus prendre et ocire entra enz et *F25 F26*   9–10 Moÿsés retourna sa … le mer] Quant Moïsés l'ot passee si retorna sa verge si feri la mer *F16*, Moÿsés retorna et de sa verge feri le mer *F17*, Moÿsis retourna et feri le mer de se verge *F19*   10 Pharaons] Moÿsés *F17* ∥ s'os fu] s'ost furent *F24*, sa gent furent *F25 F26*   11–12 Et li fil … raclose] lack *F24 F25 F26*   11 qu'ele] que la mer *F16*, que li mers *F19*   13 princes Renaus] princes Rainauz deu Crac et de Monreal *F16*, quens Renaus *F19*   13–14 Quant il les ot faites si les] Quant il les ot fait faire si les *F20*, et *F25 F26*   14 i fist entrer] fist metre *F16*, fist entrer *F17 F24 F25 F26* ∥ et siergans] lacks *F17*   15 pour cierkier et pour savoir] metre pour savoir et pour cerquier *F20*, por cerchier et enqere *F24 F25 F26*

---

[a] *F18* f. *18*[ra–b]; *F16* f. *25*[rb]; *F17* f. *10*[rb]; *F19* f. *75*[rb]; *F20* f. *18*[ra–b]; *F24* f. *122*[va–b]; *F25* f. *19*[vb]–*20*[ra]; *F26* f. *19*[vb]–*20*[ra] (ML, 68–69).

---

83   Exodus 14:10–31.

en haute mer. N'ainc puis k'il se partirent de la, *n'en oï on* parler ne ne sot on k'il devinrent.[84]

Et par mi celle *Mer Rouge* cuert uns fluns de paradis. Et quant il ist hors de le mer, si s'en court par mi le tiere d'Egypte. Cel flun apiele on en l'escripture Sison,[85] et en le tiere l'apiel'on Nil.[a]

[lxiv] Or vous lairons de cel Nil ester; si vous dirons de la cité Saint Abraham qui est outre le Mer del Dyable en le Tiere de Promission. Cis lius u la cités est, si a a non Ebron. La conversa et mest Sains Abraham quant il fu venus de Hamam la u il fu nés, que l'escriture apiele Aram, quant Dius li dist qu'il issist et alast manoir en une tiere qu'il li ensegneroit.[86] En cel liu acata il un camp de tiere a lui enfouir et a ses gens, et la fu il enfouis et ses fius Ysaac et Jacob *et li filz Ysaac* qui mors fu en Egypte,[87] *et peres fu Joseph. Joseph quant ses peres fu mors en Egipte*, il le fist aporter et le fist enfouir aveuc ses freres en Ebron. Et quant Joseph fu mors, li Fil Israel quant il vinrent de le tiere d'Egypte en le Tiere de Promission, il i aporterent ses os et si les enfouirent aveuc lors peres.[88] El tans

---

1 haute] autre *F25 F26* ‖ se partirent de la] se partirent d'ilec *F16*, s'en furent parti *F17*, se departirent de la *F19*, s'empartirent d'illuec *F20* ‖ n'en oï on] on n'oï *F18*, n'en oï nus 16   3 Mer Rouge] Rouge Mer *F18* ‖ paradis] paradis de terrestre *F16*, paradis terrestre *F20*   3–4 il ist hors ... tiere] il is hors de cele mer si s'en cort parmi la mer *F16*, cil fluns ist de cele Mer Rouge se s'en keurt parmi le mer *F20*   4 d'Egypte] d'Egipte et en la terre d'Egipte chiet il en mer (la grand mer *F25 F26*) *F24 F25 F26*   4–5 en l'escripture Sison] Ason en escriture *F25 F26*   5 le tiere] cele terre d'Egypte *F20* ‖ Nil] le Nil *F24 F25 F26*   6 *Rubric in F16*: De la terre Saint Abrahan qui ot a non Ebrom. *Rubric in F20*: De la chité Saint Abraham qui a a non Ebroin. *No paragraph break in F24*. ‖ Nil] flum *F24 F25 F26* ‖ Saint] *lack F25 F26*   7 outre le Mer del Dyable] outre le Mer dou Deable dont je parlai devant *F20*, entre la Mer del Diable (Dyable *F26*) et *F25 F26* ‖ Cis lius] *lacks F19*   9 la] *lack F17 F19* ‖ issist] s'en isist *F16*, en issist *F19*, issist fors de la *F20*, issist de sa naite *F24*, isist de naite *F25 F26*   10 manoir] meindre *F16* ‖ une tiere qu'il] une cité qu'il *F17*, autre tere ou il *F19* ‖ ensegneroit] mousteroit *F24 F25*, moutreroit *F26* ‖ camp] leu *F16*   11 et a ses gens] quant il seroit trespassés et a enfoïr ses gens aussi *F19*, assés gens *F25 F26*   11–13 et Jacob li filz ... Egipte] et Jacob qui mors fu en Egypte *F18*, qui mors fu en Egypte *F19*, et Jacob le filz Ysaac qi mort fu en Egypte *F25 F26*   11 Jacob] Jacob et *F24 F26*   13 aporter et le fist] aporter (porter *F20*) la et le fist *F16 F20*, aporter et *F19 F24*, porter *F25 F26* ‖ freres] peres *F24*   14 li Fil Israel quant il] li Fil Israel qui *F17*, et li Fil Israel *F19* ‖ Israel] Jherusalem Israel *F25 F26*   15 si] *lack F17 F24 F25 F26*

---

[a] *F18 f. 18^{va–b}*; *F16 f. 25^{rb–c}*; *F17 f. 10^{rb–va}*; *F19 f. 75va*; *F20 f. 18rb*; *F24 f. 122vb*; *F25 f. 20^{ra–b}*; *F26 f. 20^{ra–b}* (ML, 69–70).

---

84 1182–1183.
85 The Pishon of Genesis 2:11. *F16* and *F20* both have 'Phison'.
86 Genesis 11:27–32, 12:1–3.
87 *F24* has an interpolation here. See Appendix 3:1.4.
88 Genesis 25:8–11; 47:27–31; 49:28–33; 50:1–14, 22–26; Exodus 13:19.

que Abraham mest la, n'i avoit il point de ville, mais puis i fist on celle cité et l'apiel'on Saint Abraham pour çou que Sains Abraham mest la. Celle cités estoit au signeur del Crac. Et si a .v. liues de Jherusalem la u Jhesu Cris fu nés.[89] Bethleem est cités mais n'est mie grans qu'il n'i a c'une rue. Et de Bethleem a .ii. liues jusques a Jherusalem.[a]

[lxv] Entre Bethleem et Jherusalem a un moustier u il a moines Gris, que on *apiele Gloria in Excelsis Deo*. Ce fu la u li angele le canterent quant Jhesu Cris fu nés. Et il parlerent as pasteurs et anuncierent ke li Sauveres dou Mont estoit nés, et disent qu'il alaissent en Jherusalem[90] la u il estoit et qu'il le trouveroient envolepé en drapiaus. Et il i alerent, et si le trouverent tout si com li angeles lor avoit dit. Dont rendirent grasces et loenges a Jhesu Cris de çou que il l'avoient veu.[91] Priés de cel moustier a un camp de tiere c'on apiele Camp Flori.[b]

---

1 de ville] vie *F25*, de vie *F26* ∥ et] et si *F19 F20 F24 F25 F26*   3 Jherusalem] Belleam *F16*, Belleem *F24*, Bethelem *F25*, Betelem *F26* ∥ la] dessi la *F19*, *lacks F20* ∥ nés] nés en Bethleem *F19*, morz *F25 F26*. New paragraph in *F25* and *F26*.   4–5 de Bethleem a .ii. liues jusques a] si a de Bethleem .v. lieues dessi en *F19*   4 a] n'a que *F20*   6 *Rubric in F16*: Del mostier ou li ange anoncierent au pastoriax que Diex estoit nez. *Rubric in F20*: Del moustier ou li angele anonchierent as pastors que Dix estoit nés. *No paragraph break in F24, F25 or F26*. ∥ moustier] abeye *F19*   7 apiele] apiele le *F18*   8 pasteurs et anuncierent] pasteurs quant il lor anoncherent *F19*, pastours et il anouchierent as pastors *F20*, apostres et adnuncierent *F25 F26* ∥ mont] tout le mont *F19*   9 disent qu'il] il parlerent as pasteurs et si leur disent que li pasteur *F19* ∥ Jherusalem] Belleem *F24*, Bethelem *F25*, Bethelez *F26* ∥ u il estoit et qu'il le] ou il estoit et c'il (il *F20*) i alierent et le *F16 F20*, ou il estoit car il le *F19*, le *F25 F26*   10 en] de *F16 F17 F20 F24 F25 F26* ∥ Et il i ... trouverent] *lack F16 F20*   11 *New paragraph in F24*. ∥ rendirent] rendirent li pasteur *F19 F24* ∥ et loenges] *lacks F20* ∥ Jhesu Cris] Nostre Seigneur Jhesu Crist *F19*, Nostre Segnor *F24*, Deu Nostre Seignor *F25 F26*   12 l'avoient veu] avoient veu Jhesu Crist Nostre Seigneur *F19* ∥ de tiere] *lacks F19*

---

[a] *F18 f. 18vb–19ra; F16 f. 25^{rc–va}; F17 f. 10^{va–b}; F19 f. 75^{va–b}; F20 f. 18va; F24 f. 122^{vb–c}; F25 f. 20^{rb–va}; F26 f. 20^{rb–va}* (ML, 70–71).   [b] *F18 f. 19ra; F16 f. 25va; F17 f. 10vb; F19 f. 75vb; F20 f. 18^{va–b}; F24 f. 122^{vc}; F25 f. 20va; F26 f. 20va* (ML, 71).

---

89   It appears that there was an error in the text with the archetype reading 'Jherusalem'. *F17*, *F18*, *F19* and *F20* all preserve this reading; the other manuscripts correct it to Bethlehem. *F25* and *F26* compound the error by changing 'nés' to 'morz', thus having Jesus die in Bethlehem.

90   Note the same error as in §lxiv at note 89. Here only *F24*, *F25* and *F26* make a correction. Cf. Luke 2:15.

91   Luke 2:8–20.

[lxvi] Or vous dirons de le Mer del Diable. Il avint .i. jour que Abraham se seoit desous .i. arbre et vit venir un homme le cemin, et cil se leva; si ala encontre lui pour proiier k'il herbegast aveuc lui. Tout si *com* il vint priés de lui si l'aoura. En l'aourer qu'il fist, s'en vit .iii. Un en vit, et .iii. en aoura; li .iii. estoient en un, et li uns estoit en .iii. et tous en une personne. Il li proia qu'il herbegast aveuc lui, et se li laveroit ses piés et si mangeroit dou pain et de l'eve, et il demoura une piece et parlerent ensanle, mais ne vous veul ore mie dire quanques il disent. Quant il orent esté une piece, si s'en ala et Abraham le convoia. Si com il orent eslongié *ce* liu, si esgarda Nostre Sires el plain par deviers Le Crac, la u la Mers le Dyable est ore, et vit .v. cités dont l'une avoit non Gomorre et l'autre Sodome. Des autres ne vous dirai jou mie les nons. Dont dist Nostre Sires Jhesu Cris qu'il ne pooit plus souffrir la pueur de ces cités et qu'il les feroit abismer pour l'ort pecié de contre nature qui la estoit.[92] Et pour ce apiele on encore cels qui pecent contre nature sodomittes pour le cité qui ot *a* non Sodome. Gomorre si senefie autre pecié comme d'avarisse et de convoitise, ke li avers ne li convoiteus ne peut estre nient plus raemplis nient plus que Gomorre

---

1 *Rubric in F16*: Des .v. citez que Diex abisma et comfondi por lor pechié. *Rubric in F20*: Des .v. chitez que Dieus abisma ou li Rouge Mer est ore. *No paragraph break in F24*.   2 arbre] arbre qi avoit a nom Marbré (Manbré *F24*) *F24 F25 F26*   2–3 et cil se … k'il] et Abraham quant il le vit si se leva et ala encontre lui por porproier qu'il se *F16*, et chil ala encontre et se leva et puis li pria qu'il se *F19*, Et Sains Abrahams se leva de la ou il se seoit et si ala encontre lui pour proier q'il *F20*, Il se leva si ala encontre lui por lui prier qu'il *F24*, si se leva encontre lui por preier q'il *F25 F26*   3 com] que *F18*   4 En l'aourer qu'il … aoura] En l'aourcr k'il fist en vit .iii. Trois en vit et .i. en aoura *F24*, en ce q'il l'aoura s'en vint .iii. .i. en i vit et .iii. en adora *F25 F26*   4–5 .iii. Un en vit … en] *lacks F20 (homeoteleuton)*   5 estoit] *lack F17 F19* ‖ en .iii. et tous en] en trois. Tout troi estoient en *F19*, en .iii. et tot est *F24*, entré et tot est *F25*, es en .iii. un et tot est *F26* ‖ Il] Sains Abrahams *F20*   6 et] et beveroit *F19* ‖ et il] et il i *F16 F20*, et y *F19*, Il i *F24*, Illueç *F25*, Iluec *F26*   7 parlerent] demourerent *F20*, si parlerent *F24*   8 orent esté une piece] orent illuec esté une pice *F16 F17*, orent esté une pieche ensanle *F19*, orent esté illuec une pieche *F20*, i ot esté une piece *F24*, li ot une piece esté si prist congié *F25 F26* ‖ *New paragraph in F24*.   9 orent] orent .i. poi *F24 F25 F26* ‖ ce] le *F18* ‖ Nostre Sires el plain] Nostre Sire Damedex el plain aval *F24 F25 F26*   10 le] del *F16 F17 F24*, dou *F20*, au *F25 F26* ‖ .v. cités dont … l'autre] une chité qui avoit a non Gomorre et une autre qui avoit a non *F19*   10–11 Gomorre et l'autre Sodome] Sodome et l'autre Gomorre (Godmore *F25 F26*) *F24 F25 F26*   11 mie] mie ore *F19 F20*   11–12 Jhesu Cris] Dix Jhesus Cris *F19*, *lacks F20*, Jhesu Cris a Abraham *F24*, Jhesu Crist ad Abraam *F25 F26*   12 ces] cez .v. *F16*, ces .v. *F20*   13 l'ort pecié] le pechié *F16 F17 F20*, lor pechié *F25 F26* ‖ l'ort pecié de … estoit] les pechiés de encontre nature qui la estoient fait *F19*   14 a] *lacks F18*   15 si] *lack F16 F17 F25 F26* ‖ d'avarisse et de convoitise] de couvoitise et d'avarisse *F17*, de covoitise et d'avarisse *F24*   16 peut] pueent *F20*, puent *F24 F25 F26* ‖ estre nient plus raemplis nient plus] neant estre raempliz neant plus *F16*, estre nient plus raemplis *F17 F19*, nient plus estre raempli nient plus *F20*, estre raempli ne soolé nient plus *F24*, estre plus raempliz ne saolez noient plus *F25 F26*

---

92   Genesis 18:1–22.

est del flum Jourdain ki ciet ens. Or avoit Abraham .i. sien cousin germain en une *de ces* cités qui estoit aveuc lui venus de se tiere. Et chil avoit a non Loth.[a]

[lxvii] Quant Abraham oï ensi parler Nostre Signeur de ces cités que elles fon-
5 deroient, si ot grant paour de Loth son parent et de ses filles .ii. ke il avoit, et de se femme. Dont *vint* Abreham a Nostre Segneur, si li dist k'il li souvenist dou sierement qu'il avoit fet a Noé, quant il fist le delouve, que jamais ne feroit delouve. Apriés li dist Abraham que s'il avoit en le cité .l. preudommes, s'il lairoit pour çou le venjanche a prendre. Et *Damedex* dist que il n'en prenderoit *point de* ven-
10 jance s'il en i avoit .l. Apriés li demanda de .xlv. et Diex dist aussi; et tant le mena en abaissant de .v. a .v. qu'il vint a .x. Et *Damedex* dist que s'il en i avoit .x. qu'il n'en prenderoit point de venjance. Dont ot peur Abraham que il n'anuiast *trop* Nostre Signeur; si se teut. Atant prist congié; si s'en ala. Dont vint Diex; si envoia .ii. angeles en Sodome a Loth en guise de .ii. vallés et il i alerent, et Loth les hier-
15 bega. Dont vinrent cil de la cité qui les *virent* entrer en l'ostel; si alerent aprés et les vorrent avoir a faire lor volenté. Dont vint Loth a l'encontre; si lor pria mierchi et dist qu'en l'ostel n'en avoit nul, mais il avoit .ii. filles dont il pooient fere

---

1 *New paragraph in F25 and F26.* ‖ Abraham] Abraham menant *F16*, Abrahams manant *F20*
2 en] manant en *F17 F19 F24 F25 F26* ‖ de ces] de cez .v. *F16*, des *F18*   4 *No paragraph break in F20, F24, F25 or F26.* ‖ ensi] *lack F16 F17 F20* ‖ Nostre Signeur de ces cités] Nostre Signeur de cez .v. cités *F16 F20*, de ces cités que Nostre Sires dist *F17*   4–5 que elles fonderoient] fondre *F24 F25 F26*   5 parent et de ses filles .ii.] cousin germain et de ses enfans *F19*, parent et (et de *F24*) .ii. filles *F24 F25 F26* ‖ et] *lack F19 F20*   6 vint Abreham a ... dist] il avint que Abreham vint a Nostre Segneur; si li dist *F18*, dist Abraam a Nostre Seignor *F25 F26*   7 quant il fist ... delouve] qu'il dist qu'il ne feroit jamais delouve cointe *F19*   8 dist] demanda *F20*, redist *F24* ‖ le cité] unes de ces .v. citez *F16* ‖ .l. preudommes] un preudome *F17*, .l. preudommes manans *F19*   9 Damedex dist] Diex dist *F18*, Damediex li respondi *F16*, Damedix li dist *F19* ‖ prenderoit point de] prenderoit nient *F18*, penroit pour de *F16*, feroit point de *F24 F25 F26*   10 .xlv. et Diex] xlvi et Nostres Sires li *F16*, .xlv. et Damedex *F17 F24 F25 F26*, et il li *F19*, .xlv. et Damedieus li *F20*   11 en] Abrahans *F19* ‖ a] an *F16*, en *F17 F19 F20* ‖ Et Damedex dist ... .x.] Et Damedix li dist que s'il venoit a .x. *F19, lack F25 F26 (homeoteleuton)* ‖ Damedex] Diex *F18*   12 trop] *lack F18 F25 F26*   13 Nostre Signeur] Damedeu *F24* ‖ congié] congié Dame Diex *F16* ‖ ala] rala ariere *F25 F26*. *New paragraph in F20, F25 and F26. Rubric in F20: De Lot qui s'en ala a Segor de Sodome pour ce que le abisma.* ‖ Diex] Dame Diex aprés *F16*, Damedex *F17*, Damedix *F19*, Damedieus *F20*, Nostre Sire Jhesu Cris *F24*, Nostres Sires Damedeus *F25 F26*   14 i alerent et Loth] *lacks F17*   15 virent] vinrent *F18*, avoient veu *F24 F25 F26*   15–16 si alerent aprés ... volenté] et les vorent avoir a faire lor volentez et alerent aprés *F24 F25 F26*   16–135.1 Dont vint Loth a ... volenté] *lacks F16 (homeoteleuton)*   16 pria] cria *F24 F25 F26*   17 qu'en l'ostel n'en] qu'il n'en i *F17 F20* ‖ .ii.] *lacks F17*

---

[a] *F18 f. 19^{ra–va}; F16 f. 25^{va–b}; F17 f. 10vb–11ra; F19 f. 75vb–76ra; F20 f. 18vb–19ra; F24 f. 122^{vc}–123ra; F25 f. 20va–21^a; F26 f. 20va–21ra* (ML, 71–72).

lor volenté. Et il se traisent arriere et assanlerent gent pour le maison assalir et prendre. Dont ne troverent ne huis ne fenestres en le maison, ains fu ensi comme maisiere contremont. Dont se departirent et ala cascuns a son ostel.[93][a]

[lxviii] Dont vint li angele; si dist a Loth ke les cités fonderoient l'endemain et que s'il avoit nul ami en le ville que il en vosist mener, qu'il l'enmenast. Dont vint Loth a .ii. hommes qui ses .ii. filles avoient plevies; si lor dist qu'il s'en ississent, ke les cités fonderoient l'endemain. Il ne s'en volrent issir, ains demourerent. Quant ce vint l'endemain par matin li .ii. angele prisent Loth et se femme et ses .ii. filles; si s'en alerent. Quant il orent eslongié le cité une piece, si vinrent li angele; si prisent congié, et si lor disent que, pour cose que il oïssent, ne regardaissent ariere aus. Quant li angele orent pris congié, si s'en alerent. Estes vous, un effoudre qui vint deviers le ciel qui arst et abisma toute le tiere et les cités et

---

1–2 le maison assalir et prendre] assalir l'ostel et pour prendre le maison *F19*   2 maison] maison saillir et prendre *F25 F26*   2–3 ains fu ensi] et fu toute close *F17*   3 maisiere] mur et maisiere tout en haut *F19* ‖ departirent et ala] partirent et alerent *F20*, departirent si s'en alerent (ala *F24*) *F24 F25 F26*   3–4 son ostel] sa meson *F16*, se maison *F17*   5 *Rubric in F16*: De Loth et de ses .ii. filles qui s'enfoïrent en Segor. *No paragraph break in F20 or F24.* ‖ vint li angele ... fonderoient] vinrent le angele a Loth et li disent que le chités fonderoit *F19*, vinrent li angele si disent a Loth que les chités fonderoient *F20* ‖ cités] .v. citez *F16*   6 que il en vosist mener] *lacks F17*   7 Loth] si l'en menast. Dont vint il *F24*   7–8 s'en ississent ke les cités fonderoient] s'en ississent avec lui et (de la chité *F20*) et que les citex (.ii. chités *F20*) fondroient *F16 F20*, s'en ississent que le chités fonderoit *F19*, issisent de la vile que les cités fonderoient *F24*, isisent de la ville qe la citez fondroit *F25 F26*   8 Il] ainc *F17*, Mais il *F20* ‖ demourerent] demorierent en Sodosme *F16*   9–10 par matin li ... alerent] li angeles prist Loth et ses .ii. filles et les emmena *F19. New paragraph in F24.*   10–11 eslongié le cité ... prisent] le chité eslongié une pieche si prisent li angele *F19*, eslongié .i. poi la cité dont vinrent li angle si prisent *F24*, .i. pou eslongié la cité si pristrent li angele *F25 F26*   11 disent] dist *F19 F20* ‖ oïssent] veissent ne n'oïssent *F16*, veissent *F20*   11–12 ne regardaissent ariere aus] ne se retornaissent arriere ne regardaisent *F17*, deriere iaus ne se regardassent *F24*. *New paragraph in F25 and F26.*   12 li angele orent ... alerent] ensi orent pris congié *F24 F26*, einsi pris orent congié *F25* ‖ Estes] Quant il orent la chité vue pieche estes *F20*   13 un effoudre qui ... qui] une foudre qui vint devers le ciel qui *F16*, que uns grans effoudres kiet devers le chiel qui *F19*, .i. effoudre qui vint del ciel si *F24*, une foudre qi vint del ciel si *F25 F26*   13–136.1 et abisma toute ... avoit] jusqu'en abisme tote le tere et les cités et gent et quanqu'il i avoit et tout abisma *F24*

---

[a] *F18 f. 19*[va–b]; *F16 f. 25*[vb–c]; *F17 f. 11*[ra–b]; *F19 f. 76*[ra–b]; *F20 f. 19*[ra–b]; *F24 f. 123*[ra–b]; *F25 f. 21*[ra–b]; *F26 f. 21*[ra–b] (ML, 72–73). *F18 has a ten-line miniature panel showing Lot and his daughters escaping from Sodom with a four-line puzzle initial 'Q'.*

93   Genesis 18:16–19:11.

quankes il i avoit. El liu u celle tiere estoit, si est celle mers. Li feme Loth, quant elle oï le frainte des cités, si se regarda deriere li, et elle caï tantost; si devint une piere de sel.[94]

Dont il avient, si com li païsant d'entour dient, c'une beste noire vient et ist hors de le mer le lundi par matin, et lece celle piere del sel; au semedi a nonne est toute leciè. Et celle bieste, que je vous di, est aussi com une vake, et cascun lundi, quant elle i vient, le treuve toute entiere. Et ce avient cascune semainne.[a]

[lxix] Or vous dirons de Loth, qui s'enfui entre lui et ses .ii. filles, et fuirent tant que il vinrent a une cité qui a a non *Segor*.[95] Quant Loth vint a celle cité entre lui et ses .ii. filles, si n'i trouverent nului, ains s'en estoient tout fui. Dont vinrent les filles Loth; si parlerent ensanle et cuidierent qu'il ne fust plus demoré de gent el siecle que aus .iii., et que Diex les eust laissiés pour montepliier le peuple. Dont prisent consel comment lor peres poroit a elles gesir, car il estoit si preudom et si sains que, s'elles ne faisoient cose dont il fust deceus, il ne girroit mie a elles. Dont vinrent; se li donnerent tant a boire del vin qu'eles trouverent en *la* cité qu'il fu yvres. Puis se couça li ainsnee des filles aveuc li, et il jut a li et engenra .i. fil dont puis issi grans pules. L'endemain fist ensi li autre, et il jut a li et engenra .i. fil dont puis issi grans pules.[96][b]

---

1 El liu] *lack F25 F26* ‖ tiere] citez *F16* ‖ si est celle mers] est ore icele mer qui est apelee del Deable *F16*, si est ores chele mers *F19*, si est ore mers de Diable *F20*   1–2 Li feme Loth ... le] Qant la feme Loth (Lot *F26*) oï cele *F25 F26*   2 si se regarda deriere li] qui fondoient deriere li si se retorna *F24*, qi fondoient deriere si se torna *F25 F26*   4 d'entour dient, c'une] d'entour le dient c'une *F16 F17 F20*, dient que encore une *F19*, d'entor oïent qe une *F25 F26*   5–6 lece celle piere ... leciè] de chele pierre de sel et au samedi a nonne a toute le tere de lui *F19*   7 i] *lack F16 F17 F19*   8 *Rubric in F16*: Comment Loth jut o ses .ii. filles. *Rubric in F20*: De Segor ou Loth s'en fui avoec ses .ii. files et jut a eles. ‖ .ii. filles et fuirent] .ii. filles de Sodosme et firent *F16*, files et firent *F25 F26*   9 Segor] Legor *F18* ‖ vint a] vit *F25 F26*   10 .ii.] *lacks F24* ‖ fui] fui del mont *F25 F26*   11–12 demoré de gent el siecle] gent el monde *F19*   12 .iii.] .ii. *F20* ‖ Diex] Nostre Sires *F17* ‖ peuple] siecle de pule *F19*   14 que] hom que *F24*, hom car *F25 F26*   15 la] celle *F18*   16 engenra] si engenra *F19*, si engendra *F25 F26*   17 puis issi grans pules] il insi puis granz lignie *F25 F26*   17–18 L'endemain fist ensi ... pules] *lacks F20* (*homeoteleuton*)   17 ensi li autre et il] si (issi *F17*) a l'autre et *F16 F17*, aussi li autre des filles et il *F24*, aussi a l'altre fille et il *F25 F26* ‖ engenra] si regenra *F24*, si engendra *F25 F26*   18 fil] fil aussi *F19* ‖ puis] *lack F16 F17 F24 F25 F26*

---

[a]*F18 f. 19vb–20rb; F16 f. 25^{vc}–26ra; F17 f. 11^{rb-va}; F19 f. 76^{rb-va}; F20 f. 19^{rb-va}; F24 f. 123^{rb-c}; F25 f. 21^{rb-va}; F26 f. 21^{ra-va}* (ML, 73–74).   [b]*F18 f. 20rb; F16 f. 26ra; F17 f. 11va; F19 f. 76va; F20 f. 19va; F24 f. 123^{rc}; F25 f. 21^{va-b}; F26 f. 21^{va-b}* (ML, 74–75).

---

94   Genesis 19:12–26.
95   *F24, F25* and *F26* have an extra sentence: 'Cele cités si est el pendant d'une montagne prés del flun; encore apelent li païsant del païs cele plaigne Gor (plaine qi est sor le flum de Gor *F25 F26*) por le cité qui ot a non Segor.'
96   Genesis 19:30–38. 'Segor' is the biblical Zoar.

THE CHRONIQUE D'ERNOUL   137

[lxx] Or vous lairons atant de Loth; si vous dirons d'une cité qui est a .ii. liues priés du flun que les gens du païs fremerent quant il oïrent dire que li Fil Israhel venoient en le Tiere de Promission et qu'il devoient illueques passer. Celle cité a a non Jericop, et fu fremee de piere d'aimant. Quant li Fil Israhel orent passé le flum, si l'asegierent, pour çou qu'ele estoit en le Tiere de 5
Promissions a l'entree. Celle cités estoit si fors, qu'il n'i pooient riens faire. Dont priierent Nostre Seigneur qu'il les consellast et aidast, qu'il peussent avoir celle cité. Dont lor manda Nostre Sires que il fesissent buisines d'arain et junassent .iii. jours et alaissent a pourcession entour le cité al tierç jour, *et portast* cascuns se buisine, et quant il seroient arengié entour le cité que 10
cascun sonnast se buisine; ensi prendroient le cité. Il ne mescreïrent mie ceste parole, ains fisent le commandement Jhesu Crist et fisent tout si com il lor avoit commandé. Si sonnerent lor buisines, quant il furent arengié, et quant elles sonnerent, si caïrent li mur de le cité, et il entrerent ens et ensi le prisent.[97a]   15

---

1 *Rubric in F16*: De Jericoch que li Fil Israel pristrent quant il s'en foïrent an la Terre de Promission. *Rubric in F20*: De Jerico comment li fil Israhel le prisent. *No paragraph break in F24*. ∥ atant de Loth] de çou *F17* ∥ cité] autre chité *F19*   1–2 est a .ii. ... fremerent] est a .ii. lieues del flun Jourdain que chil du païs fremerent *F19*, a .ii. lieues est del flun que les gens de la terre fermerent *F24*, est a .ii. leues de flun qe les gens de la terre s'armerent *F25 F26*   4 li Fil] *lack F25 F26*   5 flum] flun Jourdain *F19*   6 si fors] molt fors de mur si vient bien *F24*, molt fort ne *F25 F26* ∥ qu'il n'i pooient] que on n'i pooit *F19*   7 Nostre Seigneur] il Nostre Segnor Jhesu Crist *F24* ∥ aidast] confortast *F20*, aidast et *F24*   8 *New paragraph in F25 and F26*. ∥ lor manda Nostre Sires] vint Nostre Sire si lor manda *F24*, lor manda Nostres Sires Jhesus Crist *F25 F26* ∥ fesissent] preissent *F16*   9 et] et qu'il *F19 F24 F25 F26* ∥ a pourcession entour ... jour] entor le cité a porcession par .iii. jors *F17*, en procession encontre au tierz jor *F25 F26*   10 et portast] portaissent *F18*, et portaissent *F19* ∥ buisine] buisine entor la cité *F16*, buisine d'arain *F19*   10–11 arengié entour le ... buisine] entor la cité arengié que tot ensanble sonassent lor buisines *F24*, atengié qe chascuns sonast sa busine qant il seroient tot entor la cité atengié et *F25 F26*   10 que] *lack F16 F17 F20*   11–12 ne mescreïrent mie ceste parole] nel mescreïrent mie *F24*, ne mescrurent noiant *F25 F26*   12 fisent] creirent *F19* ∥ Jhesu Crist] Damedeu *F24* ∥ tout] *lack F25 F26*   13 il] Dex *F24*, Damedex *F25 F26* ∥ avoit commandé] avoit mandé *F16 F17 F24 F25 F26*, comanda *F20*   13–14 Si sonnerent lor ... sonnerent] et si sonnerent lor buisines quant il furent arrengié entour le cité et quant eles sonnerent *F19*, Si sonerent lor buisines. Qant il furent furent arengié et il sonerent lor buisines *F20*, et sonerent les buisines et quant les buisines sonnerent *F24*, et sonerent lor buisines et qant sonerent *F25 F26*   14 caïrent] caïrent tuit *F25 F26* ∥ il entrerent ens et] li Fil Ysrahel entrerent en le chité *F20* ∥ ens] tantost dedens *F19* ∥ et ensi] si *F24 F25 F26*   15 prisent] prisent. Ensi fu prise la cités *F24*

[a] *F18 f. 20vb–21ra; F16 f. 26^{ra-b}; F17 f. 11$^{va\ b}$; F19 f. 76^{va-b}; F20 f. 19^{va-b}; F24 f. 123^{rc-va}; F25 f. 21vb–22ra; F26 f. 21vb–22ra* (ML, 75).

97   Joshua 5:13–15; 6:1–21.

[lxxi] Priés de celle cité a une gastine qui est toute plaine de serpens. La prent on les serpens dont on fait le triacle, et si vous dirai comment on les prent. Li hons qui les prent si fait .i. cerne entour le gastine et va disant son carne en cantant al cerne faire. Tout li serpent qui l'oent vienent a lui, et il les prent aussi simplement com .i. aigniel, et les porte vendre par les cités a ciaus qui font le triacle. Or en i a des sages de ces serpens, quant il entent que cil commence sen carnin, si boute une de ses oreilles en tiere et l'autre estoupe de sa keue pour che qu'il n'oe l'encant; par tant si escape. De cel triacle c'on fait de ces serpens, garist on de tous envenimemens.

Or vos dirai encore de .ii. serpens qi sunt en Arabe, et sunt desers parfont. Il n'en est onques ke .ii. ne plus n'en puet estre, et sunt de si caude nature et de puant q'il n'est nus oisiaus qui vole pardesus lui la ou il converse q'il n'estuece cheoir mort de la calor et de la puor q'il rent; ne n'est hom ne beste por q'il sente la puor d'aus q'il ne l'estuet cheoir mort. Or vos dirai coment il naisent et coment il vienent en avant, car il lor estuet morir. Qant ce vient el point qu'il sunt en amor, si vient li masles; si met sa teste dedenz la boche de sa femele; la conçoit. En ce q'ele conçoit, si estraint les dens et escaçe le masle la teste, et insi muert. Et qant ce vient a l'enfanter, si se partist et dui feon vienent d'avant: li uns masles, li autre femele. Einsi faitement font toz tens.[98a]

[lxxii] Or vous lairons des serpens et si vous dirons d'un rice homme ki manoit en Jericop *au tans* que Jhesu Cris aloit par tiere. Aucunes gens disent qu'il estoit

---

1 *No paragraph break in F20 or F24.* ‖ cité a une gastine] cité Jericoc a une gastine *F16*, cité a une gastine de terre *F24*, cité c'om apele Jericop (Yericop *F25*) a une gastine de terre *F25 F26* 3 entour le gastine et va] tout entour le gastine et si va *F19* 3–4 son carne en cantant al] son carne tout entour le cherne en cantant a son *F19*, ses carnins au *F20*, son charnin al *F24*, .i. carme au *F25 F26* 6 sages de ces serpens] sages des serpenz que *F16*, serpens de molt sages que *F19* 7 estoupe de sa keue] estoupent de leur keues *F20* 8 n'oe l'encant par tant si escape] n'aient le chant del charme; por tant si escaperent *F16*, n'oe mie le cant et par chou si escapent *F19*, n'oent le cant par cesi escapent *F20*, n'oïe le carme (carnin *F24*) par tant si eschape *F24 F25 F26* ‖ triacle] macle *F25 F26* 9 envenimemens] envenimemens que li home a *F24* 10 encore] encontre *F24* ‖ Arabe et] Arabe de lor nature. Il *F24* 11 estre] estre de .ii. *F24* 12 qui] s'il *F24* ‖ lui la ou il converse q'il n'estuece] la u il conversent, qu'il ne li estuece *F24* 16 conçoit] conçoit la fumele *F24* 17–18 se partist et] partist la fumele parmi et li *F24* 20 *Rubric in F16*: De Jazeu qui manoit a en Jericoth. *Rubric in F20*: De Zaceu et de Jerico. ‖ Or vous lairons] Nos vos lairons ichi *F24* ‖ des serpens et] de cez serpenz ester et *F16*, de ces serpens *F17 F19*, de ces serpens et *F20*, des serpens *F25 F26* 21 au tans] au tans au tans *F18*

[a] *F18 f. 20vb; F16 f. 26^{rb-c}; F17 f. 11vb; F19 f. 76vb–77ra; F20 f. 19vb–20ra; F24 f. 123vb; F25 f. 21vb–22rb; F26 f. 22^{ra-va}* (ML, 76–77).

98   The passage in italics is present in *F24, F25* and *F26* only (here using *F26* as the base).

THE CHRONIQUE D'ERNOUL   139

useriers. Cil avoit mout desiré a veoir Jhesu Crist. Il oï .i. jour que Jhesu Cris
venoit en Jhericop, et il ala a l'encontre et si monta sour .i. arbre, qui sour le
voie estoit ou Jhesu Cris devoit passer, pour lui bien veoir, et pour ce qu'il estoit
petis et qu'il ne le peust mie veoir s'il ne fust montés sour l'arbre pour le grant
priese de gens. Quant Jhesu Cris aproça l'arbre, si sot bien *que cil* estoit sus et   5
pour coi il estoit montés. Il l'apiela par sen non et se li dist qu'il descendist de
chel arbre et qu'il voloit aveuc lui herbergier en son castiel. Cil ot non Zaceus. Il
descendi liés et joians, et grant feste faisant de che que Jhesu Cris li ot dit qu'il
herbegeroit aveuc lui. Il vint a Jhesu Crist; se li dist: 'Sire, pour l'ounour que *vous*
me faites de çou k'aveuc moi herbegiés, le moitié de tous mes biens donrai as   10
povres, et se j'ai de nului eut par male raison, je le renderai a .iiii. doubles'.[99]

Illuec en celle voie rendi Jhesu Cris .i. homme qui crioit apriés lui le veue, k'il
n'avoit nul oel.[100] *D'illueques* a une liue de Jhericop est la Quarantaine ou Diex
juna en une montaigne haute.[a]

[lxxiii] Al pié de celle montaigne a une fontaine bonne et bele qui au tans   15
Elyzeie le prophete estoit de mervilleuse maniere: que sous ciel n'a nul *liu* ou
celle fontaine atoucast, que nule verdure i creust ne n'a feme el mont, se elle
en beust que jamais eust enfant; ne bieste femele ensement que jamais eust

---

1 oï .i. jour] oï dire.i. jour *F17 F19*, oï dire *F20*, oï .i. jor dire *F24*   2 et] *lack F20 F24 F25 F26* ‖ a
l'encontre] encontre *F16 F17 F19 F20 F24 F25 F26* ‖ si monta] monoit *F25 F26*   3 voie] rue *F19* ‖
lui] che que il le voloit *F19*   4 veoir] bien veïr *F19*   5 Jhesu Cris] Nostres Sires *F19* ‖ que cil] qui
F18, qu'il *F24 F25 F26*   6 il] il i *F16 F19 F20 F24* ‖ descendist] descendit jus *F19*   7 chel arbre]
l'arbre *F16 F19 F24 F25 F26* ‖ castiel] ostel *F17 F24 F25 F26*. *New paragraph in F25 and F26*.   8 que
Jhesu Cris] q'il *F25 F26*   9 se] tantost si *F16*, et *F19*, et si *F25 F26* ‖ vous] vou *F18*   10 me faites
de … herbegiés] me faites de ce que vos herbegerez avec moi *F16*, me faites de çou que vous avec
moi herbegiés *F17*, m'avés faite qui dites que vous vous herbegeres aveuc moi *F19*, me fetes de ce
que vous avoec moi herbergerés o moi *F20*, me faites que vos avec mi herbergerés *F24*, m'avés
faite qe vos avec moy herbergerez *F25 F26*   12 .i. homme] a un home *F17 F20*, a .i. povre *F19*
13 D'illueques] D'illueques jusques *F18*   14 haute] *lack F25 F26*   15 *Rubric in F16*: De la fon-
taine qui est au pié del mont Nyban ou Diex jeuna la karantaine. *Rubric in F20*: D'une fontaine
qui est au pié du mont ou Dix juna le quarentaine. *No paragraph break in F24, F25 or F26*. ‖ Al
pié de celle montaigne] Au pié de la montaigne ou Diex jeuna la quarantaine *F16 F20*, *lack F25
F26* (*homeoteleuton*) ‖ et bele] *lacks F17*   16 Elyzeie] Elizeus *F24*   16–17 sous ciel n'a … el] il
n'avoit lieu sous chiel que nule verdure peust lever ou ele courust ne il n'estoit femme en tout le
F19   16 n'a nul liu] n'a homme nul *F18*, n'avoit nul lieu *F20*, n'avoit leu *F24 F25 F26*   17 fontaine]
eve *F24 F25 F26* ‖ i] *lack F24 F25 F26*   18 eust] peust avoit *F19* ‖ ensement] *lacks F19*

---

[a] *F18 f. 20vb–21ra; F16 f. 26^{rc–va}; F17 f. 11vb–12ra; F19 f. 77ra; F20 f. 20^{ra–b}; F24 f. 123vb; F25 f. 22^{va–b}; F26
f. 22^{va–b}* (ML, 77–78).

99   Luke 19:1–8.
100   Mark 10:46–52; Luke 18:35–43.

faon.[101] Dont Elizeus si le saintefia et si mist sel ens. N'ainc puis qu'Elizeus l'ot
saintefiié ne fist nul mal, se grant bien non, et si aboivre toute la tiere et les gar-
dins d'ilueques dusques al flum. Cele Quarentaine ou Diex juna est es desiers
decha le flun, et li desiers ou Sains Jehans conversa si est dela le flun. Et priés
del flun illuec batizoit il ciaus qui venoient a lui pour batisier, et si i batisa Jhesu
Crist.[102] Et sour le rive del flun ou il baptisa Jhesu Crist a une abeïe de moines
Gris c'om apiele Saint Jehan. Entre Jericop et Jherusalem a .i. liu c'om apele le
Rouge Cisterne. La soloit avoir une hierbergerie ou cil herbergoient qui de Jhe-
rusalem aloient en Jhericop et au flun. Et la fu çou *en cele herbergerie* que li
Samaritans porta l'omme qu'il trouva navré en la voie, dont Jhesu Cris dist en
un evangille quant li Juis li demanderent qui chil proisme estoit; dont il lor parla
quant il li *demanderent* li quels estoit li grignours commandemens de le loy. Et
il lor dist: 'D'amer *Damedex* sour toute rien, et son proisme comme lui meisme'.
Adont lor dist c'uns hom aloit de Jherusalem en Jericop; si s'enbati sour larons,
dont li laron le prisent et despoullierent et navrerent et laissierent comme mort
sour le cemin. Apriés ce passa par illuec .i. priestres et le regarda et s'en passa
outre et le laissa. Apriés che passa uns diacres et fist autel. Apriés passa li *Sama-*

---

1 Dont] Dont il avint que *F19*, Dont vint *F24*, lors vint *F25 F26* ‖ si] li profetes *F16*, lack *F17 F20*
1–2 N'ainc puis qu'Elizeus l'ot saintefiié] puis cele eure que Elyseüs l'ot saintefiié puis *F24*, puis *F25 F26*   2 grant bien non] *New paragraph in F25 and F26*. ‖ et si] Cele fontaine *F25 F26*   2–3 les gardins d'ilueques dusques al flum] tous les gardins du païs dessi au flum Jourdain. Et *F19*, les jardins jusques vers le flum *F24*, les gardins dusques el flum *F25 F26*   3–4 est es desiers ... flun] est es deserz deça le flum *F16 F20*, si est decha le flun Jourdain. Et li desers ou Sains Jehan conversa si est dela le flun Jourdain *F19*   4 conversa] juna *F24*   5 illuec batizoit il] d'autrepart ou Sains Jehans conversa est li lius ou il bapitsoit tous *F20* ‖ venoient a lui pour batisier] vouloient a li bauticier *F16*, a lui vouloient (venoient *F20*) baptisier *F17 F20*   5–6 Jhesu Crist] Nostre Segnour Jhesu Crist *F20*   6 flun] flun Jourdain *F19* ‖ ou il baptisa Jhesu Crist] *lacks F24* ‖ moines] *lack F16 F19 F20 F24 F25 F26*   7 c'om apiele] qui a a non *F24* ‖ *New paragraph in F16 and F20. Rubric in F16*: Del leu ou li Sarmiathas porta l'ome qu'il trouva navré enmi la voie. *Rubric in F20*: Del Samaritan. ‖ a .i. liu] si a .iiii. lieues *F19*   8–9 ou cil herbergoient ... flun] et la se herbejoient chil qui aloient de Jhericob en Jherusalem et qui aloient au flun Jourdain *F19*   8 herbergoient] de Jherusalem herberjoient et des autres terres *F25 F26*   9 en cele herbergerie] *lack F18 F19*   11 lor parla] leur dist *F16*, m'avoit parle. Et *F19*   12 demanderent] demanda *F18* ‖ estoit] estoient *F24 F25 F26* ‖ grignours] graindres *F16 F19*, plus grans *F17*   13 Damedex] Diu *F18* ‖ toute rien] toutes les riens du monde *F19*   14 dist] dist Jhesus Cris *F16 F20*   15 dont li laron ... et] qui le pristrent et navrierent et despoulierent et le *F16*, dont li laron le despoillierent et navrerent *F17*, et li laron le prisent adont si le despoullerent et navrerent si le *F19*, et li laron li pristrent et le despolierent et le navrerent et *F25 F26*   16 *New paragraph in F24*.   16–17 Apriés ce passa ... laissa.] *lacks F19* (*homeoteleuton*)   17–141.1 Samaritans] Samaritains *F18*, Samaritans par illueques *F20*

101   Cf. 2 Kings 2:19–22.
102   Matthew 3:1–17; Mark 1:1–12; Luke 3:1–22.

THE CHRONIQUE D'ERNOUL 141

ritans et cevauçoit une jument. Quant il le vit, si descendi et mist l'omme sus et le porta en le hierbergerie, si com je vous dis, et vint a une maison et donna .ii. deniers au signeur de le maison et fist laver ses plaies de vin et oindre d'oille et dist al seignour de le maison que il preist garde de lui et il li renderoit tous les cous et les despens qu'il feroit tant qu'il seroit garis. Dont dist Jhesu Cris as Juis qu'il lor estoit avis li qués *li fu* plus proismes, et il disent que chil qui ot pitié de lui; et Jhesu Cris lor dist qu'il alaissent et fesissent aussi.[103a]

[lxxiv] Or vous ai parlé de le mer de Galilee et del flun et de cha et de la et de le devise de Crestiiens et de Sarrasins, pour çou que je vous avoie dit que li Sarrasin avoient passé le flun quant il orent esté .i. jour devant Forbelet et estoient alé assegier Le Crac.[104b]

[lxxv] Or vous dirai del Crac que li Sarrazin orent assegié. Il furent bien .v. mois a celle fois devant, et si damagierent mout les murs et les tours del castiel que perriere ne mangonniaus n'i pooit plus oevre faire, car on ne pot le castiel assegier que d'une part, car il siet sour une falise si roide et si dure et si grant d'une

---

1 Quant il le ... l'omme] Quant il le vit si descendi et mist l'ome navré *F16*, Quant li Samartians vit l'omme si descendi et si le mist *F19*, et mist l'ome *F20*, qant il vit l'ome sei descendi et le mist *F25 F26*   2 si com je vous dis] *lack F25 F26*   3 plaies de vin] piez *F16*, piés de vin *F19*   4 il] li Samaritans *F25 F26*   4–5 tous les cous] tot le cout *F16*, tout le coust *F17 F20*, tot le cost *F24 F25 F26*   5 les] tous les *F19*, tout le *F20* ‖ tant qu'il seroit garis] dessi adont qu'il feroit tous garis *F19*, a lui garir *F25 F26*. *New paragraph in F25 and F26.*   6 li fu plus] estoit plus *F18*, fust *F17*, fu plus *F19* ‖ disent] li distrent *F16 F25 F26*, dist *F19*   7 alaissent et] *lacks F19*   8 *Rubric in F16:* Or vos reperons a Salehadin qui ala asooir Le Crac. Et comment il l'aseja. *Rubric in F20:* Or vous lairons de ce ester. Si vous dirons de Salehadins qui est au siege devant Le Crac. *No paragraph break in F24, F25 or F26.* ‖ et] de la mer del Dyable et *F24 F25 F26* ‖ del flun et de cha et de la] decha et dela et del flun Jourdain *F19*   9 de] de la terre des *F24*   10–11 flun quant il ... Crac] flun Jourdain. Et quant il orent sis un jour devant le castel de Forbelet et estoient alé assegier le castel del Crac *F19*   11 alé] .i. jour *F20*   12 *No paragraph break in F16, F19 or F20.* ‖ li Sarrazin orent assegié] li Sarrazin assegerent *F19*, Salehadins avoit assegié *F20*   12–13 .v. mois a celle fois devant] a chele fois .v. mois devant Le Crac *F19*   13 les tours] la tor *F24*   14 n'i pooit plus oevre] n'i pooient plus euvre *F16*, n'i pooient plus mal *F20*, n'i pooient plus ovre *F26* ‖ pot le castiel] le pooit *F19*   15–142.1 car il siet ... part] *lacks F20 (homeoteleuton)*   15 falise] falise et la falise est *F24*   15–142.1 roide et si ... faire] grant et si roide que on ne pooit oeuvre faire que d'une part *F19*   15 si dure et] *lack F17 F25 F26*

[a] *F18 f. 21^{ra–vb}; F16 f. 26^{va–b}; F17 f. 12^{ra–b}; F19 f. 77^{ra–va}; F20 f. 20^{rb–va}; F24 f. 123vb–124ra; F25 f. 22vb–23rb; F26 f. 22vb–23rb* (ML, 78–80).   [b] *F18 f. 21vb; F16 f. 26vb; F17 f. 12rb; F19 f. 77va; F20 f. 20^{va–b}; F24 f. 124ra; F25 f. 23rb; F26 f. 23rb* (ML, 80).

103   Luke 10:25–37.
104   Resuming the narrative of events from § liii.

part c'on n'i pooit riens faire, et d'autre part a si grans fossés qu'a paines ose on regarder le fons. Et quant Salehadins vit qu'il ot le castiel si damagié et qu'il ne le poroit avoir s'il ne faisoit emplir le fossé, dont se pourpensa qu'il ne le poroit mie emplir de mairien qu'il n'en i saroient tant geter que cil del castiel
5 n'arsissent sans iaus grever; dont fist faire deus voies desous tiere qui aloient tres le fossé de si a l'ost; l'une ou li *carkié* aloient; l'autre ou *li vuit* revenoient. Et si portoient terre en paniers, dont fist il krier par toute le tere que tout chil qui vauroient gaegnier venissent la, et de cascun panier qu'il porteroient, il aroient .i. besant. Dont i vint assés de gent, et commencierent le fossé a emplir et par
10 jour et par nuit.[a]

[**lxxvi**] Quant li princes Renaus vit che, qui dedens Le Crac estoit, qu'ensi faitement emploit on le fossé, il fist avaler un homme par le falise et manda au roi de Jherusalem qu'ensi faitement l'avoit *on* damagié et si faitement emploit on le fossé. Dont vint li rois; si amassa ses os, et si l'ala secourre. Quant Salehadins oï

1–2 qu'a paines ose … Et] c'a paines ose on esgarder le fons del fossé *F24*, ke poines osoit hom esgarder dedenz el font *F25 F26*   3 avoir] prendre *F17 F19*   4 saroient] savoit *F20*, sauroit *F25 F26* ‖ geter] metre *F17* ‖ castiel] païs *F16*   5 sans iaus grever] sanz aus domachier *F16 F24*, et sans damagier *F17*, lack *F19 F25 F26*, sans aus a damagier *F20* ‖ faire] faire Salehadin *F19*
5–6 aloient tres le … l'ost] aloient deu fossé dici a l'ost *F16*, alaissent tres l'ost jusca'l fossé *F24*, aloient tres l'ost desinc au fossé *F25 F26*   6 carkié aloient; l'autre ou li vuit] car ki aloient; l'autre ou il en *F18* ‖ revenoient] revenoit *F17*, venoient *F25 F26*   7 si portoient] se faisoit porter *F19* ‖ il] Salehadin *F16 F19* ‖ toute] lack *F24 F25 F26* ‖ le tere] l'ost *F19*   7–8 que tout chil … la] que tot cil qui voroient gaaignier qu'il venissent la *F20*, que tot cil qui gaaignier venissent porter la terre *F24*, lack *F25 F26*   8 qu'il porteroient il aroient] qu'il porteroit il avroit *F16*, qu'il porteroient plain que il en aroient *F19*, de terre qu'il aporteroient il aroient *F20*, que cascuns porteroit il avroient (aroit *F24*) *F24 F25 F26*   9 i vint assés] i vinrent assés *F17*, vinrent la mult grant plenté *F19*, i vint grans plentés *F24*   9–10 et par jour et par nuit.] et emplisoient et par jor et par nuit a force *F25 F26*   11 Rubric in *F16*: Le secors que li rois Bauduin fist au Crac et dona Ysabel sa suer a Heinfroi, fillastre le prince Renalt. Aprés fist trives a Salehadin, *followed by a three-line puzzle initial 'Q'. Rubric in F20*: Des trieves que Salehadin fist au roi a lonc tans. *No paragraph break in F19 or F24.*   11–12 vit che qui … manda] qui dedens chel castel estoit vit che et que ensi faitement emploit on le fossé; dont vint li princes Renaus si fist avaler un homme en le falise et si manda *F19*   12–13 roi de Jherusalem] roi de Jerusalem qui mesiaus estoit *F16*, roi Bauduin de Jherusalem *F20*, roi en Jherusalem que por Deu le secorust *F24 F25 F26*   13–14 l'avoit damagié et … fossé] empliscoit on le fossé *F17*, l'avoit on damagié et que ainsi emploit on les fossés de son castel *F19*, l'avoit on damagié et enplisoit (emploit *F24*) on le fossé *F24 F25 F26*   13 on] lacks *F18*, on a *F20*   14 Dont vint li rois] Dont vint li roys de Jherusalem et *F19*, Dont vint li rois quant il oï la novele *F24*, Qant li rois oï la novele *F25 F26* ‖ ses os et si l'ala secourre] ses olz et si ala Le Crac *F16*, toute s'ost et ala secourre le castel del Crac *F19*

---

[a] *F18 f. 21vb–22ra; F16 f. 26^{vb–c}; F17 f. 12va; F19 f. 77va; F20 f. 20vb; F24 f. 124ra; F25 f. 23^{rb–va}; F26 f. 23^{rb–va}* (ML, 80–81). *F18 has a ten-line miniature panel showing the siege of Kerak and a four-line historiated initial 'O'.*

THE CHRONIQUE D'ERNOUL 143

dire que si faitement venoit secourre le castiel, il se leva del siege et s'en ala en sa ticre. Et li rois ala toutes voies au castiel et fist le fossé widier, que li Sarrazin emploient, et donna le prince Renaut grant avoir pour le castiel refremer que li Sarrazin avoient abatu.

Encore adont, quant li rois ala a cel castiel, avoit il une serour a marier qui fille fu le roy Amaurri et fille estoit le roine Mariien, qui femme estoit Balyan de Belin. Li rois le donna a Hainfroi qui fu fillastres le prince Renaut, mais ne l'espousa mie lués. Puis s'en retourna li rois en le tiere de Jherusalem. Quant revenus fu en le tiere, si fisent trives entre lui et Salehadin en lonc tans.[a]

[lxxvii] Or est li rois en pais en se tiere. Or vous dirons d'Androne, qui en prison estoit, qui fist le malisse pour coi li Franchois alerent en Coustantinoble, qui au tans le roi mesel fu fait.

---

1 si faitement venoit secourre] li rois de Jherusalem venoit por secorre (rescoure F_{24}) F_{24} F_{25} F_{26} ‖ venoit secourre le castiel, il] venoit li rois secorre le chastel il F_{16} F_{17}, venoit li roys Bauduins de Jherusalem pour secourre le castel del Crac si F_{19}, venoit li rois secorre le chastel del Crac si F_{20} 2 sa tiere] le tere de Damas dont il estoit sires F_{19} ‖ ala toutes voies] s'en ala F_{19}, s'en ala toutes voies F_{20}, ala totes eures F_{24}, de Jherusalem toutes voies ala F_{25} F_{26} ‖ et fist le fossé] del Crac si fist les fossés F_{19} 3 emploient et] avoient commenchie a emplir et si F_{19}, avoient empli. Et si F_{20} ‖ le] au F_{16} F_{19} F_{25} F_{26}, al F_{24} ‖ pour le castiel refremer] pour refaire le mur F_{19}, a aüe a refermer le chaster (sic) F_{24}, acuder a refermer le chastel F_{25} F_{26} 4 New paragraph in F_{25} and F_{26}.   5 quant li rois ... castiel] quant li rois (rois Bauduins li mesiaus F_{20}) ala a ce chastel secorre F_{16} F_{20}, a chel tans quant li roys Bauduins fu a chel castel pour secourre F_{19}, qant li roys ala secore Le Crac a cele foiz F_{25} F_{26} 7 Balyan de Belin] Balian de Belin, et cele demoisele ot a non Ysabiaus F_{16}, le seigneur de Belin F_{19} ‖ Li rois le donna a Hainfroi] et li roys ladoys la dona a Gifroi F_{25} F_{26} ‖ fu] estoit F_{20} F_{24} F_{25} F_{26} ‖ prince] conte F_{20} 8 Puis s'en retourna] et s'en torna F_{24} 9 Quant revenus fu en le tiere] lacks F_{16} F_{20}, Qant retornez fu en la (sa F_{24}) terre F_{24} F_{25} F_{26} ‖ Fisent trives entre lui et] fist trives a F_{24} 9–10 en lonc tans] lacks F_{19}, a son tans F_{20}, a grant tens F_{25} F_{26} 11 Rubric in F_{16}: De Eracle arcevesque de Cesaire: comment il fu eleuz a estre patriarches de Jerusalem. Rubric in F_{20}: De Eracle qui ⟨fu es⟩leus a estre patriarces de Jherusalem. No paragraph break in F_{24}, F_{25} or F_{26}. ‖ rois] rois Bauduins F_{16} F_{19}, roys de Jherusalem F_{25} F_{26} ‖ se tiere] le terre de Jherusalem F_{19} F_{20}. New paragraph in F_{25} and F_{26}.   11–12 en prison estoit] li emperieres Manuyax de Costentinoble tenoit en prison F_{16}, est en prison F_{19}, em prison est en Costantinoble F_{20} 12–13 li Franchois alerent ... fait] on ala en Constentinoble. Chis malices fu fais au tans le roy mesel de Jherusalem F_{19} 13 le roi] lo roi Bauduin F_{16}, le roi Bauduin le F_{20}, del roi Bauduin le F_{24}

[a] F_{18} f. 22^{ra-b}; F_{16} f. $26^{vc}-27^{ra}$; F_{17} f. 12^{va-b}; F_{19} f. 77^{va-b}; F_{20} f. $20^{vb}-21^{ra}$; F_{24} f. 124^{ra-b}; F_{25} f. 23^{va-b}; F_{26} f. 23^{va-b} (ML, 81–82).

Mais[105] ançois que jel vous die, vous dirai de .ii. clers qui en le tiere de Jherusalem estoient a chel tans, dont li uns estoit archevesques de Sur et li autres archevesques de Cesaire. Ce n'est mie de cel Cesaire c'on dist a Cesaire Phelippe, ains est a Cesaire sour le mer. Li archevesques de Sur ot a non Guillaumes et fu nés en Jherusalem, et ne savoit on en Crestiienté mellour clers de lui a son tans. Li arcevesques de Cesaire ot non Eracles et fu nés d'Auvergne et povres clers ala en le tere, et pour sa biauté l'ama li mere le roi et si le fist arcevesque de Cesaire.[a]

[lxxviii] Or avint au tans de ces .ii. clers que li patriarches de Jherusalem morut, qui adont estoit. Dont vint li rois; si manda les archevesques de le tiere qu'il venissent en Jherusalem a le election *del* patriarche, et il i alerent.[106] Quant il furent tout assemblé la, si vint li archevesques de Sur as canoines del Sepucre a cui li elections del patriarche estoit a faire; si lor dist *en* capitre et pria merchi: 'Segnour, j'ai trouvé en escripture ke Eracles conquist le Sainte Crois en Perse et aporta en Jherusalem, et que Eracles le gieteroit de Jherusalem et a sen tans seroit perdue; pour ce vous pri pour Diu, que vous ne le noumés en election a estre patriarche, car, se vous le noumés, je sai bien que li rois le prendera. Et

---

1–2 Mais ançois que ... tans] Il ot .ii. clers au tens le roi Bauduin mesel en la terre de Jherusalem *F38*   1 die] die de lui *F16 F25 F26*, die d'Androine *F20*   1–2 de Jherusalem] d'outremer *F16*   3 Ce n'est mie de cel Cesaire] lack *F25 F26* ∥ Cesaire] lacks *F19*   4 a] *lack F19 F24 F25 F26* ∥ le] *lack F16 F17 F19 F20*   4–5 fu nés en] si fu nés en le chité de *F19*   5 son] cel *F24 F25 F26*, ce *F38* ∥ *New paragraph in F24.*   6–7 fu nés d'Auvergne ... sa] et vint povres clers en le tere de Jherusalerm et ot non Eracles et fu d'Auvergne et pour sa grant *F19*   7 tere] Terre d'Outremer *F16 F20*, terre et biaus clers estoit *F24 F25 F26 F38* ∥ si] *lack F16 F17 F19 F20*   8 *No paragraph break in F20, F24, F25, F26 or F38.*   9 qui adont estoit] *lack F25 F26* ∥ rois] rois de Jherusalem *F17 F19* ∥ les] touz les *F16 F17 F20* ∥ archevesques] archevesques et les evesques *F24* ∥ tiere] terre de Jherusalem *F20*   10 en Jherusalem] *lacks F19* ∥ del] de *F18* ∥ i alerent] i vinrent *F19*, si fistrent *F25 F26. New paragraph in F25 and F26.*   10–11 il furent tout assemblé la] tot furent asamblé la *F24*, li arcevesque et li vesque furent ascemblé en Jherusalem *F25 F26*, la furent assemblé *F38*   11 archevesques] arcevesques Guillaumes *F16*   12 en] ou dist ou *F18* ∥ pria] cria *F24 F38*, cri *F25 F26*   13–14 en Perse et aporta] en Perse et porta (l'aporta *F16*) *F16 F25 F26 F38*, sur Sarrasins et si l'aporta *F19*   14 gieteroit] geteroit a son tans *F20*, giteroit fors *F25 F26*   15 en] en vostre *F19*, a *F20*   16 je sai bien que li rois le prendera. Et] *lack F25 F26*

[a] *F18 f. 22^{rb–va}; F16 f. 27ra; F17 f. 12vb; F19 f. 77vb–78ra; F20 f. 21^{ra–b}; F24 f. 124rb; F25 f. 23vb–24ra; F26 f. 23vb–24ra; F38 f. 179vb* (*part*) (ML, 82).

105   From here until the end of §lxxxii the material is repositioned in the *Eracles* text. See introduction 49 and *Eracles* §§ 35–36. *F38* introduces this paragraph with a sentence that reads: 'Or vos dire d'Erache le patriarche de Jerusalem qui gita la Veroie Croiz hors de Jherusalem si cum je vos ai dit devant'.
106   The patriarch Amaury of Nesle died in 1180.

THE CHRONIQUE D'ERNOUL 145

saciés vous que li cités est perdue, s'il est patriarces, et toute li tiere; et ne cuidiés mie que che soit pour beanche que je aie de estre patriarces, ains le di pour che que li tiere est perdue s'il est patriarches. Mais, pour Diu, noumés .ii. autres que nos .ii., et se vous ne *les* trouvés en cest païs, nous vous aiderons bien a metre consel de preudomme querre en France *a estre* patriarce'.[a]

[lxxix] Li canoine del Sepulcre n'en fisent noient, car la mere le roi lor avoit proiié d'Eracle l'archevesque de Cesaire qu'il le noumassent, et il le noumerent et l'archevesque de Sur. Car tes est l'elections de le Tiere d'Outremer de patriarce et d'archevesque et d'evesque et d'abés, qu'il en noument .ii. et presentent le roi, et li rois en prent un. S'on li presente le matinee, il le doit rendre dedens vespres sonnans, et s'on li presente au viespre, l'endemain le prent apriés canter. Tele *election* fisent li apostle quant Judas fu mors, qu'il *en* esliurent .ii.: Joseph le Juste et Mathias.[107] Ensi le font il encore en le tiere. Et li rois si est li sors; si

---

1 saciés] sa *F18* ‖ saciés vous que ... et] si sachoiz bien (bien de voi *F24*) que la cité de Jerusalem iert perdue et toute la terre s'il est patriarches; ne *F16 F24*, sachiez vos bien de voir que la citez est perdue et la terre toute s'il est patriarches; ne *F38*, fera patriarche et saciés que la terre et li chités est perdue, s'il est patriarches; ne *F20*, sachiez bien de voir que li roys le prendra a mal et ert la terre perdue s'il es patriarches *F25 F26* ‖ toute li tiere] *New paragraph in F24*.   1–3 et ne cuidiés ... patriarches] ne ne cuidiez pas que ce soit por beance que j'aie d'estre patriarces *F16*, et se ne cuidiés mie que je le vous die por baance que je y aie d'estre patriarchs *F19*, *lack F25 F26* (*homeoteleuton*)   2 que je aie] *lacks F17* ‖ di] di por Deu et *F24 F38*   4 se vous] somes et se vos volez *F25 F26* ‖ les] le *F18*   5 de preudomme querre ... patriarce] a preudomme trouver en le tere de France qui soit souffissans a estre patriarches de Jherusalem *F19* ‖ a estre] d'estre *F18*   6 *No paragraph break in F16, F20, F24 or F38.* ‖ del Sepulcre n'en] ne *F25 F26*   6–8 noient car la ... tiere] noient. Car le mere le roy leur avoit prié de Eracle que il le nommaissent a estre patriarche car il estoit preudons et archevesques de Chesaire et voloit que il le nommaissent. Et il le nommerent et l'archevesque de Sur. Car tele est lor elections *F19*, mie ce qe li arcevesques de Sur lor avoit dit d'Eracle l'arcevesque de Cesaire q'il ne le nomenassent et il le nomenerent et si nomenerent l'arcevesque Guillaume de Sur por ce nomerent li canoine del Sepulcre l'arcevesque Eracle qe mer le roy l'en avoient proiés. [*paragraph break*] L'eslecion estoit tele en la Terre *F25 F26*   8 et] et si nomerent *F24*, et si renomerent *F38* ‖ l'archevesque] l'archevesque Guillaume *F16* ‖ *New paragraph in F25 and F26.*   9–10 et d'archevesque et ... rois] faire et des evesques et des archevesques car il en nomment .ii. et si les presentent le roy. Et li roys de Jherusalem *F19*   10 le doit rendre dedens] doit rendre l'un des .ii. dedens les *F19*, le doit prendre dedens *F24 F25 F26 F38*   11 canter] messe *F24*   12 election] electio *F18* ‖ en] *lacks F18*   12–13 en esliurent .ii. ... Mathias] eslirent (en eslirent *F24*) .ii. Josep le Juste et Matiass (Masyas *F24*) et geterent sors et li sors chaï sor Mathias (Masyas *F24*) *F24 F38*, eslurent d'aus Joseph et le Juste *F19*   13 font il] fait on *F19* ‖ li sors] eslisours *F20* ‖ si] et si *F24 F25 F26 F38*

---

[a] *F18 f. 22*$^{va-b}$; *F16 f. 27*$^{ra-b}$; *F17 f. 12*^{vb}*–13*^{ra}; *F19 f. 78*^{ra}; *F20 f. 21*^{rb}; *F24 f. 124*$^{rb-c}$; *F25 f. 24*$^{ra-b}$; *F26 f. 24*$^{ra-b}$; *F38 f. 179*^{vb} (ML, 82–83).

107   Acts 1:23–26.

prent lequel qu'il veut. Si furent presenté li doi archevesque au roi, et li rois prist Eracle l'archevesque de Cesaire pour ce que se mere l'en avoit proiié, *et* il l'en avoit donné le don qu'il seroit patriarces. Par tel maniere fu Eracles patriarces de Jherusalem.[a]

5 [lxxx] Quant Eracles fu patriarches de Jherusalem, il commanda les archevesques et les evesques de le tiere qu'il fessisent obedience, et il si fisent tout fors seulement l'arcevesque de Sur. Cil apiela a Roume se prope personne et que bien mousterroit que teus estoit que patriarces ne devoit estre.[108] Quant li archevesques ot fait son apiel, si atira son oirre et passa le mer; si s'en ala a
10 Roume. *Quant il fu a Roume*, li apostoiles fu mout liés de se venue et li porta mout grant honnour, et li cardonnal. N'onques n'avoit on oï parler de clerc qui venist a Roume, *que* li apostoiles honnourast tant ne li cardonnal com il fisent lui; et si avint .i. jour que li apostoles li fist canter messe et fist revestir les cardonnaus pour lui servir a l'autel. Et tant avoit ja fait vers l'apostole et vers les car-
15 donnaus que s'il eust tant vescu que li patriarces fust venus a Roume, il eust esté desposés. Or vous dirai comment il fu mors ains que li patriarches venist la.[b]

---

1 Si] Et ainsi li *F19*, Or *F24 F25 F26 F38* ‖ au roi] *lacks F19*   2 Eracle l'archevesque de Cesaire] Eracle qui estoit archevesques de Chesaire *F19*, l'archevesque de Sesaire Eracle *F24*, Eracle *F25 F26*, Eracle l'arcevesque *F38* ‖ et] *lack F16 F18*   3 le] le conseil et le *F19*   5 *No paragraph break in F24, F25, F26 F38.* ‖ Eracles fu patriarches de Jherusalem] il fu patrarches *F25 F26* ‖ il commanda] il manda *F16 F17*, si manda *F20 F25 F26*, si comanda *F38*   5–6 les archevesques et] *lacks F38*   6 de le tiere] *lack F19 F24* ‖ obedience] obediance a li *F16*, obedience a lui *F17 F19*, au patriace obediense *F20* ‖ tout] tout chil de le tere *F19*   7 Cil] Mais cil *F24*, ainz *F25 F26 F38*   8 que] dist que *F16 F24* ‖ que bien mousterroit ... devoit] se dist que tes estoit patriarches qui patriarches devoit mie *F19* ‖ *New paragraph in F25 and F26.*   9 archevesques] arcevesques de Sur *F16 F25 F26* ‖ ala] vait *F24*   10 Quant il fu a Roume] *lacks F18* ‖ li apostoiles fu mout] si fu li apostoles mout *F20*, si fu li apostre *F25 F26*   11 li] tout li *F19*, et il et si *F24 F38*, et il et li *F25 F26* ‖ cardonnal] cardonnal ansement *F16*, cardinal aussi *F19*, cardonal aussi *F20* ‖ n'avoit on oï parler de] n'oï on parler de nul *F19*   12 que] qui *F18 F20*, cui *F16* ‖ honnourast tant] portast si grant honor *F24*   13 fist] fist revestir et *F17* ‖ messe et fist revestir les] le grant messe et si fist revestir tous les *F19*   14 pour] et *F25 F26 F38* ‖ ja fait vers] fait a *F19* ‖ vers l'apostole et vers les] a l'apostole et as *F24*   15 tant vescu] vescu tant *F17 F24 F25 F26 F38*, vescut *F20* ‖ patriarces] patriarches Eracle *F16 F20* ‖ a Roume il] qu'il *F19*, a Rome qu'il *F24 F25 F26 F38*   16 *New paragraph in F38.* ‖ la] a Rome *F16 F20*, a le court de Romme *F19*

---

[a] *F18 f. 22*^{vb}*–23*^{ra}; *F16 f. 27*^{rb}; *F17 f. 13*^{ra}; *F19 f. 78*$^{ra-b}$; *F20 f. 21*$^{rb-va}$; *F24 f. 124*$^{rc-va}$; *F25 f. 24*$^{rb-va}$; *F26 f. 24*$^{rb-va}$; *F38 f. 179*^{vb}*–180*^{ra} (ML, 83–84). *F18 has a ten-line miniature panel showing the consecration of the patriarch and a four-line pen-flourished initial 'L'.*   [b] *F18 f. 23*$^{ra-b}$; *F16 f. 27*$^{rb-c}$; *F17 f. 13*$^{ra-b}$; *F19 f. 78*$^{rb-va}$; *F20 f. 21*$^{va-b}$; *F24 f. 124*^{va}; *F25 f. 24*$^{va-b}$; *F26 f. 24*$^{va-b}$; *F38 f. 180*^{ra} (ML, 84–85).

108   There is no independent confirmation that William appealed to Rome. The pope at the time was Lucius III (1181–1185).

THE CHRONIQUE D'ERNOUL 147

[lxxxi] Quant li patriarces sot que li arcevesques estoit alés a Rome, si sot bien que, s'il vivoit tant qu'il venist a Rome, qu'il seroit despossés. Dont vint il a .i. sien fusesiien; se li dist qu'il alast a Roume apriés l'arcevesque de Sur et si l'enpuisonnast. Et cil si fist; ensi fu mors. Apriés ala li patriarches a Roume, et fist çou qu'il vaut et s'en revint arierre en Jherusalem.

Or vous dirai de sa vie. Quant il fu venus de Rome, si ama le feme a un merchier qui manoit a Naples a .xii. liues de Jherusalem, et il le mandoit souvent, et celle i aloit, et il li donnoit assés de sen avoir pour estre bien de sen baron. Ne demoura gaires apriés que ses barons fu mors. Apriés vint li patriarches; si le fist venir *manoir* en Jherusalem, et li acata bonne maison de piere, et sen pere et se mere qu'ele avoit adont, et le tenoit tout a le veue dou siecle ausi comme li hom fait se femme, fors tant qu'ele ne manoit mie aveuc li. Quant elle aloit au moustier, elle estoit acesmee aussi de rices dras comme se ce fust une empereïs, et ses sergans devant li. Quant il avenoit cose que aucunes gens le veoient qui ne le connissoient et demandoient qui celle dame estoit, si com on fait *de dame* c'on ne connoist, chil qui le connissoient disoient que c'estoit li patriarcesse, li femme au patriarche. Ele avoit a non Paske de Riveri, et si avoit enfans del patriarce. Dont il avint une fois qu'en une ost ou li rois *estoit* et li

---

1 *No paragraph break in F24, F25, F26 or F38.* ∥ li patriarces sot que li arcevesques] li patriarches Eracles de Jerusalem sot que li arcevesques Guillaume (Guilliaumes F20) de Sur F16 F20, li patriarches sot que li arcevesques de Sur F24 F25 F26 F38 ∥ Rome] Rome encontre lui F16 2 venist] le trovast F24 F25 F26 F38 2–3 vint il a … dist] dist a un suen fisicien F25 F26 3 a Roume apriés … si] a Romme aprés l'archevesque de Sur et qu'il F19, a Rome aprés l'archevesque Guilliaume de Sur et si F20, aprés et qu'il F24 F38, aprés et si F25 F26 4 cil si fist; ensi fu mors] il si fist. Ensi fu morz l'arcevesque de Sur F16 F20, il si fist. Ensi fu li archevesques de Sur mors F19 ∥ patriarches] patriarces Eracles F20 5 et s'en revint arierre en Jherusalem] a l'apostole puis s'en revint arriere en Jerusalem F16, et s'en revint arierre en le chité Jherusalem quant il vaut F19, *lacks F24*, et s'en retorna arrieres en Jherusalem F25 F26 F38 ∥ *New paragraph in F24, F25 and F26.* 6 de sa vie] la vie del patriarche Eracle de Jherusalem F25 F26 ∥ il fu venus de Rome si] il fu revenuz de Rome en Jerusalem si F16, il fu venus quel vie il mena puis qu'il fu repairiés de Romme il F19; il fu revenus de Rome si F20 F24 F26 F38, revenuz de Rome si F25 7 qui manoit a] de F24 ∥ liues] milles F38 8 il] *lack F16 F19 F25 F26* ∥ bien] mieus F20 ∥ *New paragraph in F17.* 9 barons] mariz F38 ∥ Apriés vint] aprés ce vint ce vint F16, Et quant il fu enfoïs si y vint F19, aprés F25 F26 10 manoir] manoir aveuques lui F18 10–11 sen pere et] *lacks F16* 11 adont] *lack F19 F25 F26*, lors F38 ∥ tenoit] meintenoit F16 12 li hom fait se femme] fait uns hons se femme du tout qu'il a espousee F19 ∥ manoit] mangoit F24 13 estoit] aloit F20 ∥ acesmee aussi] ausinc acesmee F16 F17 F19 F20 F24, ausi aornee F25 F26 F38 13–14 se ce fust une empereïs] se ce fust une roine u une emperis F24, une empereris ou une roine F25 F26, se ce fust une empererrerriz ou une roine F38 14 ses sergans] si avoit ades son serjant par F19 15 et] il F16 F17 F20, mie si F19, si F24 16 de dame] d'arme F18 F24, dame F16, d'une dame F19, d'aucun F38 16–17 li patriarcesse, li … Ele] la patriarchesse la fame au patriarche. Cele dame F16, le patriarche de Jherusalem le femme Eracle le patriarche. Chele femme si F19 17–18 et si avoit enfans del patriarce] *lacks F20* 18 estoit] *lack F18 F19*

patriarches et li baron de la tiere pour consel prendre de combatre as Sarrazin qui pries d'illeuc estoient, dont vous orés auchune fois comment il firent et qu'il avint, la vint uns fols la ou il estoient a consel au patriarce:[109] 'Sire patriarces, donnés moi bon loiier; *car* je vous aport bonnes nouvieles: Paske de Riveri vostre feme a une biele fille'. Li patriarces se vergonda et dist: 'Tais te, fols! *Tais te, fols!*'.[a]

[lxxxii] Pour che vous di je que li patriarches estoit de tele vie, si prenoient li homme example a lui, et li priestre et li clerc et li moine et cil de le cité k'il faisoient tant de luxure et d'avoutere qu'a paines trouvast on une bonne femme en le cité. Quant Nostre Sires Diex Jhesu Cris vit le pecié et l'ordure qu'il fasoient en le cité ou il fu crucefiiés et espandi son sanc pour le monde racater, ne le pot il nient plus souffrir comme il fist de Gomorre et de Sodome; ains esnetia *si la*

---

1 et li baron ... prendre] estoient et tout li haut baron de le le (*sic*) tere et pour le conseil querre *F19*   2 fois comment il firent] foiz comment il furent *F16 F17 F20*, fié dire de cel ost comment le firent *F24*, foiz de cele ost coment il i furent *F25 F26 F38*   3 avint la vint ... patriarce] en avint. La vint uns fous ou il estoient a consuel au patriarche si li dist *F16*, en avint que la vint si comme il estoient en jour estroit conseil uns faus au patriarche Eracle et se li dist *F19*, avint. La vint uns fous la ou il estoient a conseil au patriarche. Si dist li fous *F20*, i avint. L'avint .i. fols la u il estoient a consel; si dist al patriarche *F24 F38*, i avint une fox la ou il estoit a consceil et si dist *F25 F26*. *New paragraph in F24*.   3–4 Sire patriarces] Sire *F19*, Sire patriarche, sire patriarche *F24 F38*   4 loiier car] loiier *F18*, don. Car *F20* ‖ nouvieles] nouveles. Et li patriarches dist que il li desist dont et il li dist, Sire *F19*   4–5 Paske de Riveri vostre feme] de Pasque de Riviere vostre feme qui *F20*   5 biele] molt bele *F16*, mout belle *F20* ‖ Li patriarces se vergonda et] Et quant li patriarches l'oï si en vergoigna et *F19*, La vint li patriarche si se vergonda et se li *F24 F38*, lors se vergoigna li patriarches et si *F25 F26*   6 Tais te fols] *lacks F18*   7 *No paragraph break in F17, F24 or F38*.   7–9 vous di je que ... faisoient] que li patriarches estoit de tel vie vous di je que li homme du païs prendoient garde a lui et li prestre et li clerc et li homme du siecle et tout chil de le chité et faisoient *F19*   7 je] *lack F17 F20 F24 F25 F26*   7–8 li homme example ... k'il] exemple a lui li moine li (et li *F26 F38*) prestre et li clerc de le cité q'l *F24 F26 F38*, example li moine li prestre et li clerc de la cité qu'il *F25*   8 cité] cité de Jerusalem *F16*   9–10 bonne femme en le cité] preudefame an la cité de Jerusalem *F16*, bone feme an le chité de Jerusalem *F20*   10 Diex Jhesu Cris vit le pecié] Jhesu Cris vit le pechié *F16 F17 F20*, Dix vit le pechié *F19*, Dex Jhesu Cris vit le pechié et luxure *F24*, Dex vit le pechié et la luxure *F25 F26*, Jhesu Crisz vit le pechié et la luxure *F38*   11 monde] pueple *F16*, pule *F17 F20*   11–12 ne le pot il ... Sodome] il ne pot neant plus souffrir qu'en i feist de Sodosme et de Gomorre *F16*, si ne le pot mie souffrir ne endurer nient plus qu'il fist de Gomorre et de Sodome *F19*, si ne le pot soffrir nient plus qu'il ne fist de Sodome ne de Gomore *F24*, ne le pot il plus (plus noient *F25 F26*) souffrir qu'il fist de Gomorre *F25 F26 F38*   12–149.1 esnetia si la cité] esnetia la cité si *F18*, esnetia si toute le chité *F19*, esleva si la cité *F38*

[a] *F18 f. 23^{rb–vb}; F16 f. 27^{rc–va}; F17 f. 13^{rb–va}; F19 f. 78^{va–b}; F20 f. 21vb–22ra; F24 f. 124^{va–b}; F25 f. 24vb–25rb; F26 f. 24vb–25rb; F38 f. 180^{ra–b}* (ML, 85–87).

109   See § xcviii.

THE CHRONIQUE D'ERNOUL   149

cité des habitans qui i estoient al tans del patriarce Eracle de l'orde luxure puant
qui en le cité estoit, qu'il n'i demoura ne homme ne femme ne enfant fors seule-
ment .ii. hommes s'esclaves ne furent. Li uns de ches deus hommes avoit a non
Robiers de Corbie et fu al prendre le cité quant Godefrois de Buillon le prist, et
li autres avoit non *Fouques* Fiole. Ce fu li premiers hom qui fu nés en le cité puis   5
que Godefrois le prist. Cil doi homme ne s'en voloient issir, ains demourerent
en le cité, et Salehadins lor fist donner quanques mestiers lor fu tant comme il
vesquirent.[a]

[lxxxiii] Or vous lairons atant *a* parler de le tiere de Jherusalem desi que tans
et lieus en sera, et si vous dirons de Coustantinoble et de l'empereour Manuel.   10
Il avint cose que li empereres Manuel jut au lit mortel. Si manda ses hommes
pour demander consel a qui il poroit laissier son fil et l'empire a garder tant que
il fust de age.[110] Consaus li *aporta* que il fesist bailliu d'Androine que il tenoit
en prison et ses plus proismes estoit, et il le fist geter de prison; se li commanda
l'empire a garder *et sen fil en boine foi*. Ne demoura gaires que li empereres fu   15
mors et Androines demora *et garda* la tiere et l'enfant.[111] Dont vint Androines;
se se pourpensa d'une grant traïson, et par le conseil d'un sien maistre escrivain

---

1 i] *lack F17 F25*, dedens *F19* ‖ del] le *F19 F20 F24 F25 F26*   2 ne homme ne femme] home ne
feme *F20 F24*, .i. home *F25 F26*   3 s'esclaves ne furent] esclaves *F19*. *New paragraph in F25 and
F26*. ‖ hommes] homes qui i demorierent *F16*   4 prist] prist seur Sarrasins *F16*, conquist *F24*
4–6 et li autres … que] *lacks F20*   5 Fouques] Flokes *F18*, Forques *F16* ‖ fu nés] entrast *F19* ‖ le
cité] Jerusalem *F16*   6 Godefrois le prist] Godefroi de Buillon la prist *F16*, Godefrois de Buillon
(Builon *F25 F26*) le conquist *F24 F25 F26 F38*, *lacks F20* ‖ ne s'en voloient] n'en vaurrent onques
F19   9 *Rubric in F16*: Or vos dirom de la terre de Costantinoble et del malice que Androynes i
fist. *Rubric in F20*: Or vous lairons de le Terre de d'Outremer; si vous dirons de Constantinoble et
d'Androne. *No paragraph break in F24*. ‖ a] *lacks F18* ‖ le tiere] la cité *F16*   9–10 desi que tans et
lieus en sera] tant que lius et tans en venra *F24*, desi ke tens et hore en vendra *F25 F26*   10 Cous-
tantinoble] le terre de Constentinoble *F19* ‖ Manuel] Manuel qui encore vivoit *F16*   11 Manuel
jut au] jut le *F25 F26*   12–13 l'empire a garder … age] se tere a gouverner tant qu'il eust a age
F19   13 aporta] porta *F18* ‖ bailliu] balif *F25 F26*   14 et] *lack F24 F25 F26* ‖ et il le … prison] et
il le jeta de prison *F17*, par le consueil de ses homes li fist le emperieres Manuyax metre hors de
prison *F16*, Li rois Manuaus le fist metre fors de prison par le consel de ses barons *F20*   14–15 se
li commanda … foi] se li commanda l'empire a garder en boine foi et sen fil *F18*, et li commanda
l'empire et son fil a garder en boine foi *F17*, et li bailla se tere et sen fil a garder et a gouverner
en loiauté et en boine foi *F19*, et li commanda son fil et l'empire a garder a bone foi *F24 F25 F26*
15 gaires] gaires aprés *F16 F19*   16 et garda] a garder *F18*   17 grant] mortel *F19*

---

[a] *F18 f. 23vb–24ra; F16 f. 27^{va–b}; F17 f. 13^{va–b}; F19 f. 78vb–79ra; F20 f. 22^{ra–b}; F24 f. 124^{vb–c}; F25 f. 25^{rb–va}; F26
f. 25^{rb–va}; F38 f. 180rb* (ML, 87–88).

---

110   *F16* has an additional sentence: 'Et cil filz avoit a fame la fille au roi Looïs de France, pere
      lo roi Phelipe, si com vos oïstes devant'.
111   From here until the end of §xci the material is repositioned in the *Eracles* text. See intro-

ki avoit a non Lagousses et fist une nuit prendre le jovene empereur enfant ki barons estoit le fille le roy Loëÿ de France, et qui il devoit garder en bonne foy; si le fist metre en .i. sac et le fist metre en .i. batiel; si l'enmena on en mer, et le fist geter ens. Ensi fu noiiés.[112a]

5 [lxxxiv] Ançois que ceste cose fust seue, manda Androines les parens l'empereur. A le mesure k'il venoient, si les faisoit metre en une cambre; la lor faisoit les ieux crever, et a teus i avoit cui il faisoit les nés cauper et les baulevres aveuc les iex crever. Ensi fist il atourner le plus des parens l'empereour, tous ciaus qu'il en pot trouver. Apriés si porta couronne et fu empereres et puis fist tant de mal
10 *com* vous orés dire.[113]

Mais ançois que je vous die plus de lui, vous dirai d'un homme qui estoit parens l'empereur qui avoit non Kirsac,[114] qui s'enfui de Coustantinoble pour le

---

1 empereur enfant] empereur *F19 F20*, enfant *F38*   2 barons estoit] avoit *F19* ‖ en] a *F20 F24 F25 F26 F38*   3 et] et puis si *F16*, et si *F19*, et fist metre el sac plonc asés aveuc lui et fist bien loier le bouche del sac et *F24* ‖ metre en .i. batiel; si l'enmena] metre en un batel et si l'en envoia *F19*, metre par nuit en .i. batel et le mena *F24 F25 F26 F38* ‖ et] si *F20*, et si *F19 F24 F25*   4 fist geter] fist on trebuchier *F19*, geta on *F20*, on jeta *F24* ‖ Ensi fu noiiés] Einsinc fu morz *F16*, ensi fu noiés li jovenes empereres *F20*, si fu ensi noiés *F24*   5 *No paragraph break in F20 or F38*.   5–6 manda Androines les parens l'empereur] manda Androines tous les parents le jone empereur *F19*, fist Androines mander tos les parens l'empereur *F24*   6 venoient] venoient a lui *F16 F20*, venoient a cort *F24* ‖ cambre] chartre *F38*   7–8 et a teus ... crever] *lack F16 F20 F25 F26* (*homeoteleuton*), a tes y avoit que il faisoit le nés et les baullevres coper. Et *F19*   7 les nés cauper] colper le nés *F17*, coper les nés *F24*, couper les nés *F38*   8 atourner] atirer *F24 F25 F26 F38* ‖ le plus des parens l'empereour] le plus des paranz a l'emperieres Manuel *F16*, les parens l'empereour *F20*   9 en pot trouver] pooit avoir *F20*, en pot avoir *F24* ‖ couronne et fu empereres] Androynes corone a Sainte Sophie et fu empereor *F16*, courone et fumpereres de Costantinoble *F20* ‖ et] *lack F24 F25 F26*, si *F38*   9–10 mal com] mal que *F18*, malisse com *F24 F25 F26 F38*   10 dire] dire ci aprés *F16*, et plus asez *F25 F26*   11–12 d'un homme qui estoit parens] je d'un parent *F19*   12 l'empereur] a l'empereur Manuel *F16*, l'empereour Manuel de Coustantinoble *F20*   12–151.2 qui avoit non Kirsac ... Manuel] *lacks F20* (*homeoteleuton*)

---

[a] *F18 f. 24*[ra–b]; *F16 f. 27*[vb–c]; *F17 f. 13*[vb]; *F19 f. 79*[ra]; *F20 f. 22*[rb–va]; *F24 f. 124*[vc]; *F25 f. 25*[va–b]; *F26 f. 25*[va–b]; *F38 f. 174*[va] (ML, 89–90).

duction 49 and *Eracles* §§ 11–15. *F38* introduces this paragraph with a sentence that reads: 'Il avint que, quant Androines ot la teste coupee a Alexe prothosevasto qui avoit l'empire de Costantinoble en sa garde et l'enfant qui fu filz l'empereur Manuel, reçut la garde de l'enfant et de la terre'.

112 Manuel Komnenos died in 1180; his son, Alexios II, was murdered in 1183. 'Lagousses' (otherwise 'Langouses', 'Langosse' etc.) is Stephen Hagiochristophorites.
113 The rest of this paragraph is lacking in *F38*.
114 Isaac Dukas Komnenos who was Manuel's great-nephew.

THE CHRONIQUE D'ERNOUL   151

paour d'Androine qu'il ne le tuast. Si s'en ala en l'ille de Cypre et fist tant quant il vint la pour che qu'il avoit esté parens l'empereour Manuel, que par force que par amisté li rendi on l'ille de Cypre et le fist on empereur et porta courone. Puis le prist li rois Ricars d'Engletiere quant il ala outremer, et il conquist l'ille de Cypre sour lui, dont vous orés en aucun tans comment il le conquist et pour quoi.[115a]

[lxxxv] Or vous dirons d'Androine qui empereres fu de Coustantinoble. Il ne demouroit biele nonne en toute le tiere ne fille a chevalier ne fille a bourgois ne femme *pour* que elle li sesist que il ne le presist et gisoit a li a force; ne abeïe nulle que il ne raensist et desiretast. Et si estoit si haïs pour le malisse k'il faisoit, que *nus* haus hom qui tiere tenist, ne fu onques si haïs de toutes gens com il estoit.

Or avint cose .i. jor que Lagousses vint a lui et se li dist: 'Sire, il a .i. chevalier en ceste ville qui estoit parens l'empereour Manuel; se vous m'en creiés, vous le manderiés et le meteriés en prison, ou vous le desfigurés ou vous le faites ocirre; car jou sai bien, se vous le laissiés ensi que vous n'en faciés çou que je vous di, il vous guerriera, car il est rous et de pute aire'. Li empreres vint; si le manda qu'il

---

1 tuast] trouvast et *F19* ‖ s'en ala] s'enfoï *F16*   1–2 Cypre et fist tant quant il vint] Cipre par Hermenie et mena des Hermins avec lui en l'isle de Cipre et fist tant quant il fu *F24*, Cipre et fist tant en l'isle de Cipre et fist tant qe il vint *F25 F26*   2–3 que par force ... et] de Constentinoble et par forche et par amisté que on li rendi l'ille de Chypre et si *F19*   3 le fist on ... courone] porta corone com empereres *F17*, fist tant et le fist enpereor et porta corone *F25 F26*   5–6 en aucun tans ... quoi] dire ci aprés comment il la conquest et porquoi *F16*, en aucun lieu et tans comment il le conquest et por coi *F19*, encor comment il le conquest *F24*   7 *Rubric in F20*: D'Androne qui est empereres.   8 biele] nule bele *F25 F26* ‖ toute le tiere] abeïe *F24*, abaïe *F25 F26 F38* ‖ a chevalier ne fille a] a chevaliers ne a *F16 F25 F26 F38*, de chevalier ne fille de *F17 F19 F20*, de chevalier ne de *F24*   9 femme pour que elle li sesist] femme preuc que elle li sesist *F18*, ne pour tant que ele li sesist *F19*, feme puis qu'ele li sesist *F20*, une autre por qu'ele li sesist (seist bele *F25 F26*, pleust *F38*) *F24 F25 F26 F38*   9–10 et gisoit a li ... estoit] a forche et gisoit a lui. Et si ne demouroit abeye en toute le tere qu'il ne deshiretast et raensist Et se fu *F19*, et gisoit a li a force ne abeïe nule qi ne la preist a force et deseritast et si estoit *F25 F26*   11 nus] ainc *F18*, *lacks F17* ‖ tiere tenist ne ... gens] terre tenist ne fu au [...] si haïs d'ome *F24*, ainz (onques *F38*) tenist terre ne fu onques si haïs d'ome *F25 F26 F38*   12 *New paragraph in F25 and F26.*   13 Lagousses] Langouses qui ses escrivains estoit *F16*, Lagoues ses maistres escrivains *F24* ‖ lui et] l'empereor *F25 F26*   14 estoit parens] cousins fu *F19*   16 sai] ferai et sai *F25 F26*   16–17 il vous guerriera ... rous] et il vit longuement que il vous guerriera, car il est fel *F19*   17 guerriera] grevera *F24 F25 F26 F38* ‖ Li empreres vint; si] Dont vint li empererres et si *F19*, et li empereres *F25 F26*

---

[a] *F18 f. 24^{rb–va}; F16 f. 27^{vc}–28ra; F17 f. 13vb–14ra; F19 f. 79^{ra–b}; F20 f. 22va; F24 f. 124^{vc}–125ra; F25 f. 26vb–26ra; F26 f. 25vb–26ra; F38 f. 174va (part)* (ML, 90–91).

115   Below §§ ccxxviii–ccxxxi. For the additional detail in *F24* at lines 1–2, see 3:3.17.

venist parler a lui. Cil chevaliers avoit non Kirsac, et si avoit un frere qui avoit non Alex.[116a]

[lxxxvi] Quant Kirsac oï la nouvele que li empereres le manda, si fu mout dolans. Il dist al mesage qu'il s'en alast et qu'il iroit apriés lui. Dont vint; si manda son frere Alex et ses compaignons, et si lor dist qu'ensi faitement l'avoit Androines mandé. 'Je sai bien', dist il, 'que je sui encusés a lui et que Lagousses m'i a encusé et que çou est pour moi ocire. Quel consel me donrés *vos*? Irai jou?' Dont dist ses freres et si compaignon: 'Nous loons bien que vous i alliés, et nous irons aveuc vous et si orons que il vous dira'. Dist Kirsac: 'Puis que vous le me loés, jou irai, et si sai bien que c'est pour moi ocirre qu'il me mande; mais se je puis, je n'i morrai mie seus'. Dont vint; si s'arma desous ses dras, et il et si frere, et çainsent les espees et monterent es cevaus et si compaignon, et si ala a Blakerne ou li empereres estoit. Blakerne si est uns manoirs l'empereur; si est al cief de Coustantinoble par devers terre.

Tout si *comme* Kirsac s'en aloit a l'empereur et il vint en une estroite rue, si encontra Lagousse ou il venoit de l'empereour et aloit disner a son ostel.

---

3 *Rubric in F16*: De Kirsac comment il conquist seur Androyne le traite l'empire de Costentynoble. *No paragraph break in F24, F25, F26 or F38.* ‖ li empereres le manda] Androynes qui empierieres estoit de Costantinoble le mandoit *F16*, li emperrres le mandoit *F19*, li emperes Androines le mandoit *F20*   4 alast et qu'il iroit] ralast arriere et que il s'en aloit tantost *F19* ‖ vint] vint Kirsac *F16 F20*   4–5 si manda son frere Alex et ses] li messages de par Crisac a ses frere Alex et a ses *F19*   5 qu'ensi faitement] que tout ainsi *F19*, que ainsi *F38*   6 Androines] li emperere *F24*, l'emperers *F25 F26*, li emperes *F38* ‖ Je sai bien dist il] et il meismes li dist Je sai bien *F19*, Je sai bien dist Kirsac *F20*, Je sai bien fist il *F25 F26* ‖ a lui] a l'empereur *F24 F38*, vers l'empereor *F25 F26*   6–7 Lagousses m'i a] Lengonses ses escrivains m'a *F16*   7 *New paragraph in F25 and F26.* ‖ consel] conseil dist Kirsac *F25 F26* ‖ *vos*] *lacks F18*   8 Dont] *lack F24 F38* ‖ freres] freres Alexis *F16*   9 Dist] Dont dist *F16 F19*   9–10 Dist Kirsac Puis … si] por ce qe vos ne le me loez oist Circsac je irai et *F25 F26*   11 puis] muir *F20* ‖ vint si s'arma] vint Crisac et si s'arma molt bien *F19*, vint Kirsac si s'arma *F16 F25 F26*   11–12 il et si … compaignon] il et ses freres et teignent lor espees et monterent es chevaus et lor compaignon *F16*, il et ses frere et si compaignon et monterent es chevax *F17*, il es ses freres et si vestirent les meilleurs haubers qu'il peurent onques trouver et se chaignent les epees et monterent sur les chevaux *F19*, ceint s'espee et (et si *F25 F26 F38*) monta a cheval il et ses freres et si compaignon *F24 F25 F26 F38*   12–13 et si ala … Blakerne] dessi a le Blakerne. Chele Blakerne *F19*   13 li empereres] Androynes *F16* ‖ l'empereur] ou li emperes estoit *F20*   14 par devers terre] devers la (le *F24*) terre *F24 F25 F26 F38*. *New paragraph in F25 and F26.*   15 comme] que *F18* ‖ s'en] en *F24 F25 F26 F38*

[a] *F18 f. 25va–b*; *F16 f. 28ra*; *F17 f. 14ra*; *F19 f. 79rb*; *F20 f. 22va–b*; *F24 f. 125ra*; *F25 f. 26ra*; *F26 f. 26ra*; *F38 f. 174vb* (ML, 91–92).

116   Isaac and Alexios Angelos were the sons of a first cousin of Manuel and Andronikos.

THE CHRONIQUE D'ERNOUL   153

Quant Kirsac vit que Lagousse ne pooit trestourner qu'il ne venist par lui, il traist l'espee; se li copa le teste et le depeça tout, si qu'il en fu tous sannens, et il et s'espee.[a]

[lxxxvii] Atant s'en tourna ariere et broce *le* ceval des espourons et va criant parmi la *cité*, l'espee traite: 'Segnour, venés apriés moi, que j'ai tué le diable!' Quant li cris leva aval le ville qu'ensi faitement avoit Krisac ocis Lagousset, si alerent tout apriés lui a Boke de Lion ou il ala. Dont vint; si prist Bouke de Lion, et si le garni et si i mist ses hommes ens. Cil Bouke de Lyon estoit .i. des maistres manoirs l'empereour, et si est sour le mer, et s'i estoit li plus de son tresor. Dont vint Kisas; si prist le vestiment l'empereour et ala a Sainte Soufie; si se courona a empereur. Quant porté ot couronne, si manda tous ceus de la cité; si les fist tous armer et pour aler asallir Balkerne.[b]

[lxxxviii] Quant Androines oï dire que Kirsac avoit tué Lagousse et k'il avoit pris Bouke de Lyon et son tresor et qu'il avoit porté couronne, si ne fu mie liés et ne sot que faire. Si s'arma et fist armer ses hommes, çou qu'il en avoit aveuc

---

1 pooit trestorner qu'il ne venist] se pooit destorner (trestorner *F20*) qu'il ne venist *F16 F20*, pooit escaper que il ne l'encontrast et qu'il ne passast *F19* 4 *No paragraph break in F16, F20, F24, F25, F26 or F38*. ‖ Atant s'en tourna ariere] Atant s'en (se *F16*) retorna ariere *F16 F17 F20*, Atant s'en retourna Crisac *F19*, Donc torne ariere *F24*, Lors torna (tourna il *F38*) ariere *F25 F26 F38* ‖ le] *lack F18 F24* 4–5 va criant parmi ... traite] va criant parmi la ville l'espee traite *F18*, si s'escria *F19*, ala criant l'espee traite aval la cité *F24 F25 F26 F38* 5 tué] mort *F25 F26* 6 Krisac ocis] Crisac tué *F19*, Kirsac tué *F24*, tué Kirsac *F25 F26*, tué Quirsac *F38* 7–8 ou il ala ... et] ou il ala; donc vint Kirsac si prist Bouche de Lion *F16*, la ou il ala. Dont vint Kirsa si prist Bouk de Lion. Si l'assist et *F20*, et *F19 F25 F26* 7 *New paragraph in F24*. 8 i] *lack F16 F17 F20 F24 F38* 8–9 maistres manoirs] maistres castiaus *F17*, plus maistres castiaus et des meilleurs manoirs *F19*, manoirs *F24 F25 F26 F38* 9 et si est] siet *F16 F24*, si estoit *F19 F20* 9–11 et si est sour ... empereur] *lack F25 F26 (homeoteleuton). New paragraph in F20 with the rubric*: De Kirsac qui conquist l'empire et porta corone en Constantinoble et prist Androne. 9 s'i] la *F16 F17 F20 F24 F38* 10 le] le (la *F38*) corone et le *F24 F38* 11 Quant porté ot couronne] Et quant il se fu couronnés et il ot porté couronne *F19*, Quant Kirsac ot porté corone a Sainte Souphie *F20* 12 asallir] asooir *F16*, assalir a le *F19*, asseïr *F20*, asegier *F24 F25 F26*, asseoir *F38* 13 *No paragraph break in F20, F2 or F38*. ‖ Androines oï dire] Androynes oï dire qui a Blaquerne estoit *F16*, si faitement oï Androines dire *F24*, ainsi oï dire Androines *F38* ‖ Lagousse] sen maistre Langosse *F19* 13–14 k'il avoit pris ... et] *lacks F20 (homeoteleuton)* 14 et] *lack F17 F25 F26* 14–15 liés et] bien liés et si *F19* 15 faire] dire *F24*

---

[a] *F18 f. 24ᵛᵇ–25ʳᵃ; F16 f. 28ʳᵃ⁻ᵇ; F17 f. 14ʳᵃ⁻ᵇ; F19 f. 79ᵛᵃ; F20 f. 22ᵛᵇ–23ʳᵃ; F24 f. 125ʳᵃ⁻ᵇ; F25 f. 26ʳᵃ⁻ᵛᵃ; F26 f. 26ʳᵃ⁻ᵛᵃ; F38 f. 174ᵛᵇ* (ML, 92–93).   [b] *F18 f. 25ʳᵃ⁻ᵇ; F16 f. 28ʳᵇ; F17 f. 14ʳᵇ; F19 f. 79ᵛᵃ⁻ᵇ; F20 f. 23ʳᵃ; F24 f. 125ʳᵇ⁻ᶜ; F25 f. 26ᵛᵃ; F26 f. 26ᵛᵃ; F38 f. 174ᵛᵇ–175ʳᵃ* (ML, 93). *F18 has a ten-line miniature panel showing two mounted knights, one of whom is stabbing the other with his sword, and a four-line historiated initial 'A'. The lower margin has a drawing of a man and woman playing chess.*

lui pour lui deffendre. Mais ne li valut rien. Quant Kirsac vint devant Blakerne et cil dedens virent que lor desfense ne lor vaurroit riens, si se rendirent. Dont vint Kirsac; *si fist prendre Androine et le fist mener a Bouke de Lion. Donc vint Kirsac*; si se pourpensa de quel vil mort il le feroit morir pour son signour droi-
5 turier qu'il avoit noié en le mer, qui fieux avoit esté l'empereour Manuel, et pour les grans malisses qu'il avoit fais. Dont vint; si le fist despouillier tout nu, et si fist aporter une riés d'aus, més li ail n'i estoient mie. Si l'en fist faire une couroune et le fist coroner comme roi, et si le fist bertauder et tondre en crois; et si fist amener une anesse; si le fist *monter sus* çou devant deriere et tenir le keue en
10 se main comme frain. Ensi le fist mener par toutes les rues de Coustantinoble et porter couroune en tel maniere.[a]

[lxxxix] Or vous dirai que les femes faisoient. Elle avoient apparellié escloi et merde et longaigne; se li saloient au devant et li ruoient en mi le visage.[117] Ensi li faisoit on *en* cescune rue. Ensi porta couroune Androines aval Cous-

---

1 lui] lui de ses chevaliers et pour lui *F19* 2 *New paragraph in F24, F25 and F26*. 2–4 Dont vint Kirsac; si fist prendre ... vil] Dont vint Kirsac; si se pourpensa de quel vil *F18*, Dont vint Crisac; si fist prendre Androine et mener a Bouquedelion. Dont se pourpensa Crisac de quel *F19*, Dont vint Kirsac. Si fist prendre Androine et le fist mener en Bouke de Lion. Et puis se pourpensa de quel *F20*, Lors fist Kirsac prendre Androine et si le fist metre a Bouchelion en prison; donc se porpensa Kirsac de qel vil *F25 F26* 6 les grans malisses] le grant malice *F19* ∥ Dont vint si ... si] Donc fist Kirsac despouilier le traité tout nu et si *F16*, Dont le fist despouillier tout nu et puis si *F19*, Dont vint Kirsac. Si le despouillier tout nu *F20*, Donc vint il si le fist despoillier tot nu et *F24*, lors le fist despolier tot nu et *F25 F26* 7 riés d'aus ... mie] rest de viés aus pourris et mauvais et *F19* 8 en crois] *lack F25 F26* 9 une anesse] un asne *F19* ∥ monter sus] torner *F18* ∥ tenir] si le fist tenir par *F19*, le fist tenir *F24* 11 et] et se li fist *F19* ∥ en tel maniere] *lack F24 F25 F26 F38* 12 *Rubric in F16*: Comment Androynes fu mis a mort por le malice qu'il fist en Costentinoble. *Rubric in F20*: Coment Androines fu essilliés des femes por le malisse de lui. *No paragraph break in F24, F25, F26 or F38*. ∥ femes faisoient] fames de Costentinoble fesoient d'Endroyne *F16*, femmes de Constentinoble faisoient *F19*, femes faisoient d'Androine *F20* 12–13 escloi et] *lacks F16* 13 ruoient] jetoient al devant *F17* 14 Ensi li] Ensi *F16 F17 F20*, Et autretel li *F25 F26* ∥ en cescune rue] cescune rue *F18*, a (en *F20*) chascune rue de Constentinoble *F16 F20*, en chascune rue ou il venoit *F25 F26*. *New paragraph in F25 and F26*. 14–155.1 Ensi porta couroune Androines aval Coustantinoble] Einsinc porta couroune Androines com vos avez oï en Costentinoble *F16*, Ensi porta corone Androines em mi Constantinoble *F17*, et tout ainsi portat Androines couronne aval le chité de Constentinoble *F19*, ensi porta Androines corone parmi Costantinoble *F24*, *lacks F20*

---

[a] *F18 f. 25^{rb–va}; F16 f. 28^{rb–c}; F17 f. 14^{rb–va}; F19 f. 79vb; F20 f. 23^{ra–b}; F24 f. 125^{rc}; F25 f. 26^{va–b}; F26 f. 26^{va–b}; F38 f. 175ra* (ML, 93–94).

117 *F24, F25, F26* and *F38* have an additional sentence: 'Et celes qui n'i pooient avenir si montoient es (sor les *F24*) soliers; si avoient apparellié le puasnie et le longagne; se li jetoient sor le teste.'

THE CHRONIQUE D'ERNOUL 155

tantinoble de si qu'il fu fors de le cité. Quant il fu fors de le cité, si le livra on
as femmes, et les femmes li coururent sus comme li ciens famelleus fait a le
carougne et le depicierent tout piece a piece. Et celle qui en pooit avoir aussi
gros com une feve, si le mangoit, et raoient le car desous les os a lor coutiaus;
si le mangoient. Ne onques n'i demora uns oissiaus ne jointure que les femes   5
ne mangaissent, et disoient que toutes celles qui avoient mangié de lui estoient
salves, pour che que elles avoient aidié a vengier le malisse qu'il avoit fait. Ensi
fina Androines.[118a]

[xc] Or vous dirons de Kirsac qui emperees est. Il fu mout durement amés des
gens de le tiere pour le malisse qu'il avoit vengié d'Androine et de Lagousset. Et   10
des abeïes fu il mout amés, et n'ot abeïe en Coustantinoble que s'image ne fust
escripte sur le porte. Il n'avoit point de feme quant il porta couroune. Il manda
al roi de Hongherie qu'il li envoiast *une* siue serour qu'il avoit a marier, si le
prendroit a femme, et li rois li envoia mout volentiers et en fu mout liés. Quant
elle fu en Coustantinoble, li emperees l'espousa, et se li fist porter couroune.   15
Puis orent .i. fil qui ot non Alex.[119b]

---

1 Quant il fu fors de le cité] *lack* F16 F17 F20 F25 F26 (*homeoteleuton*), la F19   2 comme] aussi
come F19 F25 F26 ‖ famelleus] *lacks* F19 ‖ fait] cort F24   3 avoir] avoir pie F25 F26   4 si] *lack*
F16 F20   4–5 et raoient le … mangoient] raoient le char des os as coutiax et si le menjoient F19,
raoient les os a lor coutiaus et en ostoient le char et le mangoient F24 F38, *lack* F25 F26 (*homeo-
teleuton*)   5 uns oissiaus] ne ossel F16, *lacks* F17, ne oissiaus F19, os F20, ne ousiaus F24, ne os
F25 F26, ne osselet F38   6 et] tout et si F19 ‖ avoient mangié de lui estoient] en avoient mengié
estoient F19, avroient mengié de lui seroient F20, en mangoient estoient F24, mengié en avoient
estoient (estoiens F25) F26   7 pour che que … fait] et pour che l'avoient eles plus volentiers aidié
a mengier. Et F19 ‖ a vengier] a mengier F25 F26   8 Androines] Androines come vos aveç oï F25
F26   9 *Rubric in* F16: De l'emperees Kirsac qui prist a fame la suer lo roi de Hongrie dont il ot .i.
fil qui ot a non Alixis. *Rubric in* F20: De l'empereour Kirsac qui Alex creva les euls. *No paragraph
break in* F24. ‖ est] est de Costentinoble F16, fu F17 F25 F26 ‖ durement] doucement F20, *lacks*
F24   9–10 des gens] de ses genz et de toutes les genz F25 F26   10 et de Lagousset] *lacks* F17
11 des abeïes fu il mout amés] si fu molt amez des abaïes F16, se fu molt amés de toutes les abeïes
F19   12 escripte] pourtraite et faite et escripte F19   13 une] un F18 ‖ a marier si] et F24, et il F25
F26, et si F38   14 et] et si F16 F17 F20 F25 F26   15 en Coustantinoble li emperees] venue en Cos-
tentinoble li emperieres Kirsac F16, en Contantinoble venue li emperees F20   15–16 couroune.
Puis orent] coronne a Sainte Sophie puis, orent il F16, corone puis (et puis F19) orent il F17 F19,
courone en Constantinoble puis orent F20

---

[a]F18 f. 25[va–b]; F16 f. 28[rc–va]; F17 f. 14[va–b]; F19 f. 79[vb]–80[ra]; F20 f. 23[rb–va]; F24 f. 125[rc–va]; F25 f. 26[vb]–27[ra];
F26 f. 26[vb]–27[ra]; F38 f. 175[ra] (ML, 94–95).   [b]F18 f. 25[vb]; F16 f. 28[va]; F17 f. 14vb; F19 f. 80ra; F20 f. 23va; F24
f. 125va; F25 f. 27[ra–b]; F26 f. 17ra; F38 f. 175[ra–b] (ML, 95).

---

118   Andronikos died on 12 September 1185.
119   Isaac married Margaret (re-named Maria) the daughter of the then king of Hungary,

[xci] Or avint cose que li empereres Kirsac cevauçoit aval se tiere et vint a une abbeïe qui est priés de Felippe. En celle cité qui a a non Phelippe fu li rois Alixandres nés, et est a .vi. journees de Coustantinoble; et en celle cité fist Sains Pos une partie des epitres, dont on dist encore quant on dist celles qu'il i fist *ad Filipenses*. A chelle abbeïe que je vous di sejourna li empereres Kirsac, et se reposa et fist sainier. Quant Alix ses freres oï dire que ses freres li empereres sejournoit la a peu de gent, si ala la a tout ses hommes; si le fist prendre et se li fist les ieux crever. Si le laissa en l'abeïe et s'en revint ariere en Coustantinoble.[120] Illuec le fist garder et servir et livrer quanques mestiers li fu.

Quant li empereïs sot qu'Alix avoit l'empereour son segnour si faitement les ieux crevés, si en fu mout dolente, dont ot paour qu'il ne fesist son fil Alix ocire qui enfes estoit. Dont vint; si le carca coiement a chevaliers et a siergans; si l'envoia au roi de Hongherie en garde, qui freres estoit la dame, et il le garda et nouri desi au tans que mute fu de France et d'autres tieres qui outre mer aloient.[121a]

---

1 *Rubric in F16*: De l'emperere Kirsac cui Alixis ses freres fist les elz crever an traïson. *No paragraph break in F20, F24 or F38*. ‖ vint a] vit *F19*, vint .i. jor a *F24 F25 F26 F38*   3 .vi. journees] .vii. jornees *F16 F20*, .viii. journees *F17*, .vi. lieues *F19*   4 on dist encore ... fist] l'en dit encore quant l'en dit celes qu'il (1ui *F20*) dist *F16 F20*, on dist encore celes qu'il fist *F17*, on dist encore quant on dist de cheles *F19*, on dist encore quant on list celes qu'il i fist *F24 F38*, dit ore qant list celes qi fist *F25 F26*   4–5 *ad Filipenses*] a *Fililipenses* F18, aus *Philipenses* F16, as *Filipenses* F17 as *Philippenses* F20. *New paragraph in F24*.   5–6 sejourna li empereres ... reposa] se herbeja li roys et sejourna *F19*   6 empereres] empereres Kirsac *F20*   7 peu] petit *F16*, tout poi *F19*   7–8 se li fist] *lack F25 F26*   9 et servir et livrer] et servir *F16*, et livrer *F19* ‖ *New paragraph in F25 and F26*.   10 qu'Alix avoit] qu'Alixandres avoit *F17*, que tout ainsi avoit fait Alex *F19* ‖ l'empereour son segnour si faitement] l'empereur *F19*, si fetement son (a son *F25 F26*) seignor *F16 F25 F26*, ensi faitement (ainsinc *F38*) son segnor l'empereur *F24 F38*   11 dont ot] et si ot molt grant *F19*   11–12 ocire qui enfes estoit] qui enfes estoit ocire *F24 F25 F26 F38*   12 vint] vint l'empererriz *F16*, vint ele *F20*, vint la dame *F24* ‖ vint si le ... siergans] le prist tout coiement et si le carca as chevaliers et as serjans et *F19*   13 au roi de ... dame] a son frere en garde qi roys estoit d'Ongerie (d'Ongarie *F25*) *F25 F26* ‖ Hongherie en garde qui] Hongrie qui oncles estoit a l'emfant en garde et *F16*, Hongrie en garde et *F38* ‖ qui freres estoit] Car li enfes estoit ses niés et li roys si estoit freres a *F19*   14 au tans] *lack F25 F26* ‖ au] a .i. *F16 F20 F38*, c'a un *F17*, c'a .i. *F24* ‖ qui] de gens qui *F17*   15 aloient] en aloient *F24*, en aloit *F38*

---

[a] *F18 f. 25vb–26ra; F16 f. 28^{va–b}; F17 f. 14vb–15ra; F19 f. 80^{ra–b}; F20 f. 23^{va–b}; F24 f. 125^{va–b}; F25 f. 27^{rb–va}; F26 f. 27^{ra–va}; F38 f. 175rb* (ML, 95–96).

Béla III (1172–1196), in 1186. She was the sister of the later kings of Hungary, Emeric (1196–1204) and Andrew II (1205–1235).

120   *F24, F25, F26* and *F38* have additional sentences: 'Si (et *F25 F26*) devint emperere et porta corone. Quant il fu emperere et il ot porté (porte *F25 F26*) corone, si manda son frere Kirsac (Chirsac *F25 F26*, Quirsac *F38*) en l'abeïe et le fist amener en Constantinoble'.

121   End of interpolated section in *Eracles*. Isaac was blinded and deposed in 1195. His son, the

THE CHRONIQUE D'ERNOUL 157

[xcii] Je ne vous dirai ore plus de ceste matere desi adont que tans *et lius* en sera,[122] ains vous dirai *de le tiere* de Jherusalem et del roi mesiel Bauduin, qui trives avoit as Sarrazins. Il avint cose qu'i ot marceans en Egypte qui fisent une carvane pour aler a Damas. Quant il orent appareillie lor carvane, si murent et errent tant qu'il vinrent prés dou Crac. Quant li princes Renaus oï dire que li carvane venoit, il fist armer ses gens et prendre le carvane et mener en son castel, aussi com il avoit autre fois fait en trives. Quant li rois de Jherusalem oï dire que li princes Renaus avoit prise celle carvane et retenue, se li manda qu'il le rendist et qu'i n'avoit mie bien fait qui les marceans avoit desrobés et pris en trives; et li princes li *remanda* qu'il n'en renderoit nul pour lui.[a]

[xciii] Quant Salehadins oï dire qu'ensi faitement estoient li marceant desreubé, il manda au roi de Jherusalem que le carvane fesist rendre et qu'il ne

---

1 *Rubric in F16*: Or vos lairons atant de Costentinoble; si vos dirons de Salehadin qui entre en la terre de Jerusalem a ost por marchaanz sarrazins que li princes de Li Crac avoit desrobez, *followed by a five-line puzzle initial 'I'. Rubric in F20*: Or vous lairons a parler de Costantinoble et dirons de le terre d'outre mer et du prince Renaut qui desroba autrefois le carvane en trieves. *No paragraph break in F17.* ‖ Je ne vous dirai ore plus] Nos ne vos dirons ore plus *F24*, Atant vos lairai *F25 F26* ‖ adont que tans et lius] adont que tans *F18*, que tens et lius *F24 F25 F26*, atant que poins et liex *F19*   2 dirai] dirons *F24* ‖ de le tiere] de le tiere de la tiere *F18*, de la cité *F25 F26* ‖ mesiel Bauduin] Bauduin mesel *F16*, Bauduin qui fu mesiaus *F19*, Bauduin le mesel *F20*, Bauduin *F24*   3 qu'i ot marceans en Egypte qui] que marceant de le tere d'Egypte *F19*, qu'il ot marcheans en Egipte et *F24 F25 F26*   4 pour aler a] et pour aler en le cité de *F19*   5 Renaus] Rainauz del Crac et de Montreal *F16*, Rainaus del Crac *F20*   6 gens] homes *F25 F26* ‖ prendre] se fist prendre *F19*   8 celle carvane et retenue] de Sarrazin et retenue en trives *F16*, si en fu molt dolans et *F19*   9 qu'i] li manda qu'il *F24* ‖ bien] grant bien *F25 F26*   9–10 qui les marceans ... trives] des marchaanz sarrazin desrober en trives *F16*, quant il avoit les marcaans pris et reubés en trives et tolue lor marcaandise *F19*, quant il les marcheans avoit pris et derobés en trive *F24*   10 princes li remanda] princes li manda *F18 F17*, princes li remanda arriere *F16*, princes Renaus li remanda *F19*, princes Renaus li remanda arriere *F24 F25 F26* ‖ n'en renderoit nul] ne la (les *F20*) rendroit mie *F16 F20*, n'en renderoit noient (nul *F19*) *F19 F24 F25 F26*   11 *Rubric in F20*: De Salehadin qui amassa ses os por entre en le terre de Jherusalem por les marceans qui desreubé estoient. *No paragraph break in F24, F25 or F26.*   11–12 qu'ensi faitement estoient ... il] que si faitement si marcheant estoient desrobé en trives il *F16*, que le carvane estoit ensi prise et que li prince Renaus lor avoit enfraintes les trives si *F19*, qu'ensi faitement estoient si marcheant desrobé et pris il *F24*   12 que le carvane] qu'il la carvenne *F16*, qu'il le carvane *F20*, que il li *F19 F24*, qe il le *F25 F26*

[a] *F18 f. 26^{ra–b}; F16 f. 28^{vb–c}; F17 f. 15ra; F19 f. 80^{rb–va}; F20 f. 23vb–24ra; F24 f. 125vb; F25 f. 27^{va–b}; F26 f. 27va* (ML, 96–97).

---

future Alexios IV, escaped from Constantinople in 1201 and made his way to the court of his brother-in-law, Philip of Swabia, in Germany.

122 Below §§ cxxvii–cxxviii.

tenoit *mie* bien les trives qu'il avoit donnees ne sen sairement, et s'il ne li faisoit rendre, il l'amenderoit quant il poroit. Et li rois li remanda qu'il ne li pooit faire rendre, que assés l'en avoit amonesté et priié, et riens n'en voloit faire pour lui. Dont vint Salehadins; si manda en Perse et par toutes les teres qu'il avoit conquises qu'il venissent a lui, si com pour entrer en le tiere des Crestiiens et pour vengier le honte et le damage c'om li avoit fait de ses hommes c'om li avoit pris et desrobés .ii. fois.[123]

Quant li rois de Jherusalem oï dire que Salehadins mandoit tous ses hommes pour venir en se tiere, li rois manda toutes ses os et assanla en un liu c'om apiele les Fontaines de Saforie.[124] Pour çou les noume on les Fontaines de Saforie, qu'eles sont priés d'une ville c'om apiele Saforie, et en celle ville fu nee Sainte Anne, li mere Nostre Dame Sainte Marie. A ces fontaines sejournoit li rois les estés quant il n'avoit *trives* as Sarrazins, et il et si chevalier et Templier et Hos-

---

1 mie] waires *F18* ‖ avoit] li avoit *F20 F25 F26*   1–2 s'il ne li faisoit rendre] que s'il ne le faisoit *F19*   2 remanda] manda arrieres *F16 F17*, remanda ariere *F20*, manda *F24*   2–3 ne li pooit faire … voloit] n'en pooit riens faire et qu'il l'en avoit assés amonnesté et si n'en voloit riens *F19*, ne li pooit faire rendre et qu'assés en avoit amonesté le prince Renaut et proiet et riens n'en voloit *F20*   3–4 riens n'en voloit faire pour lui] noient n'en voloit faire por lui *F24*, niant n'en voloit faire *F25 F26*. *New paragraph in F25 and F26*.   4–5 et par toutes … si] qu'il venissent a lui et si manda les gens de toutes les teres qu'il avoit conquises qu'il venissent a lui armés de toutes armes *F19*   5 tiere] terre de Jerusalem et *F16 F20*   6 c'om li avoit fait de ses hommes] de ses barons *F20*   6–7 c'om li avoit … .ii. fois] que Crestian avoient pris et desorbez .ii. foiz en trives *F16*, c'om li avoit pris et desreubez .ii. foiz en (et en *F19*) trieves *F19 F20*, c'on avoit pris et deroubés en trives par .ii. fiés *F24*, qe l'on li avoit pris et derobés en trives par .ii. fois *F25 F26*. *New paragraph in F16 and F20*. *Rubric in F16*: Deu roi de Jerusalem qui asembla ses olz es plains de Raymes por desfendre sa terre contre Salehadin. *Rubric in F20*: Du roi Bauduin qui ala as Fontaines de Saphorie a toutes ses os.   8 Quant li rois de Jherusalem] Quant Bauduins li rois de Jherusalem *F20*, Quant li rois (Bauduins *F24*) Baldoin *F24 F25 F26* ‖ hommes] gens *F25 F26*   9 venir] entrer *F16 F19 F20* ‖ li rois manda toutes] adonc manda totes *F16*, Le roys Bauduins de Jherusalem manda toute *F19*, Li rois manda *F24*, si manda *F25 F26* ‖ et assanla] *lacks F20*   10 Saforie] Saphorie et siet es plains de Raymes *F16* ‖ Pour çou les … Saforie] *lacks F20* (*homeoteleuton*) ‖ noume] apele *F16 F17 F19*, claime *F25 F26*   11 sont priés] sourdent prés *F19*, sont *F20*   12 Nostre Dame Sainte Marie] Sainte Marie le mere Diu *F17*, Nostre Dame *F24*, Sainte Marie *F25 F26*   13 trives] les trives *F18*   13–159.1 chevalier et Templier et Hospitalier] chevalier et si hospitalier *F19*, baron et Hospitelier et Templier *F24*

---

123   Ṣalāḥ al-Dīn's invasion began in September 1183.
124   The phrase 'plains de Raymes', found in *F16* both here and in the rubric placed immediately before this sentence is evidently an error. Elsewhere *F16* frequently uses the form 'Raymes' in place of the more usual 'Rames' for Ramla as in the phrase 'plains de Rames' to be found in § xxxiv. 'Saforie' (Ṣaffūriyya) is the ancient Sepphoris.

pitalier et tout li baron de le tiere. Pour ce sejournoient illuec que, se Sarrazins entrassent en le tiere, qu'il fussent tost apparellié d'aler a l'encontre.[a]

[xciv] Cil lius ou ces fontaines estoient, si est a une liue de Nazaret et a .v. liues de Tabarie et a .v. liues d'Acre. La sejourna li rois de Jherusalem .iii. mois, et il et toute s'os, ançois que Salehadin entrast en le tiere et ançois qu'il ot ses os assamblees. Quant Salehadins ot ses os assamblees et amassees a Damas, si vint et erra tant par ses journees qu'il passa le flun et vint herbegier a une fontaine c'om apiele le Fontaine de *Tubanie*, et est el pié d'une montaigne par desous une roche.[125][b]

[xcv] Celle fontaine est a .iiii. liues des Fontaines *de* Saforie, la u li rois de Jherusalem estoit a ost, et *a* .ii. liues d'un castiel c'on apiele Le Gerin. Cil castiaus si est en .i. liu c'on apiele Dotain.[126] En cel liu est li cisterne ou li *fil* Israhel jeterent lor frere Joseph et le vendirent as marceans qui le menerent en Egypte.[127]

---

1 *New paragraph in F25 and F26*. ‖ Pour ce sejournoient illuec que] Et pour che sejornoit li roys Bauduins de Jherusalem iluec que *F19*, Por ce sejornoit li roys et ses gens as Fontaines de Safroie qant il n'avoit trives entre lui et ses *F25 F26*   2 entrassent] veniscent *F17* ‖ tost apparellié] prest *F19* ‖ a l'encontre] encontre *F17 F19 F24 F25 F26*   3 *No paragraph break in F16, F20, F24, F25 or F26*. ‖ ces] ches .ii. *F19* ‖ une liue] .ii. liues *F17*, .ii. lieues *F19*   3–4 et a .v. liues de Tabarie] *lack F16 F20 F25 F26*   4 sejourna] sejorna bien *F24*   4–5 .iii. mois et … ançois] et sejorna adont et il et toute s'ost .iiii. mois et demi avant *F19*   5 le] sa *F16 F24 F25 F26*, se *F19* ‖ et ançois qu'il ot] ne qu'il eust *F17*, anchois que Salehadins eust *F19*   6 assamblees] amasés *F17 F24 F25 F26*. *New paragraph in F25 and F26*. ‖ assamblees et amassees … vint] assamblees a Damas si mut *F16 F17 F19*, assamblees a Damas si vint *F20*, amassees a Damas si mut *F24 F25 F26*   7 passa le flun et vint herbegier] vint et se herbega *F19*   8 Tubanie] Cubanie *F18*, Cubenie *F19* ‖ pié d'une montaigne par] pié d'une fontaine par *F16*, plain de La Feve et si sort (sciet *F25 F26*) al pié d'une montaigne *F24 F25 F26*   10 *No paragraph break in F20, F25 or F26*. ‖ .iiii.] .iiii. roches *F25 F26* ‖ de] *lacks F18*   10–11 de Jherusalem] *lacks F24*   11 ost et a .ii. l.ues d'un] toute s'ost. Ch'est a .ii. lieues du *F19* ‖ a] *lacks F18*   12 c'on apiele Dotain] c'on apele l e Dotain *F17*, que on apele Le Doutain *F19*, qui a non Dotain *F24* ‖ fil] *lacks F18*

[a] *F18 f. 26*[rb–va]; *F16 f. 28*[vc]–*29*[ra]; *F17 f. 15*[ra–b]; *F19 f. 80*[va]; *F20 f. 24*[ra–b]; *F24 f. 125*[vb–c]; *F25 f. 27*[vb]–*28*[ra]; *F26 f. 27*[va]–*28*[ra] (ML, 97–98).   [b] *F18 f. 26*[va–b]; *F16 f. 29*[ra]; *F17 f. 15*[rb]; *F19 f. 80*[va–b]; *F20 f. 24*[rb]; *F24 f. 125*[vc]; *F25 f. 28*[ra]; *F26 f. 28*[ra] (ML, 98).

125   The Springs of 'Tubanie' ('Ayn Tuba'ūn) are in the Jezreel Valley below Mount Gilboa.
126   'Le Gerin' is Janīn, and the plain of Dothan lies to the south-west. See Pringle, *Pilgrimage to Jerusalem*, 146 n. 76.
127   Genesis 37:12–28.

Quant li rois Bauduins oï dire que Salehadins estoit entrés en se terre et qu'il estoit herbegiés si priés de lui, si mut de la ou il estoit et ala encontre, et se hierbega a une liue priés de lui a un castiel c'on apielle Le Feve.[128] Cel jour fu vendredis. Quant che vint l'endemain, le semedi, li patriarces fist acumeniier
5 tous les chevaliers et les serjans de l'ost, et si les asost *de tous* lor peciés. Quant acumeniié furent li chevalier et li sergant, li rois fist crier par l'ost que tout li chevalier alaissent en conroi et alast cascuns en *s'eskiele*. Quant il furent en conroi, si murent pour aler combatre as Sarrazins. Li Sarrazin ne s'oublierent mie, ains furent armé d'autre part et murent encontre. Et li Crestiien traisent tousjours
10 viers le fontaine ou li Sarrazin erent herbegié et prisent le fontaine. Et li Sarrazin se traisent ariere vers le montaigne, fors tant qu'il ot .ii. de lor batailles qui poinsent vers le bataille le connestable Haimeri et frouerent le bataille.[a]

[xcvi] Quant Bauduins de Rames et Balyans de Belin ses freres, qui l'ariere garde faisoient, virent qu'ensi estoit celle eschiele frouee, si poinsent sour les Sar-
15 razins. Quant li Sarrazin les virent *venir*, si tournerent en fuies et s'en alerent es montaignes aveuc les autres. Dont se loga Salehadins es montaignes devant Forbelet, et dura bien lor os .ii. liues; et li rois se hierbega sour le Fontaine de *Tubanie*, et estoit bien li une os priés de l'autre a demie liue. *Or* furent illuec

---

1 Bauduins oï dire] de Jerusalem qui mesiax estoit sot *F16*, Bauduins de Jherusalem oï dire *F19*, Bauduins sot *F20* ∥ Salehadins estoit] li Sarrasins estoient *F25 F26*   2 mut] se leva *F19*, vint *F20*   3 a une liue priés de lui] *lacks F17*, en un liu prés d'iluec *F19*, a une lieue prés de Salehadin *F20*   3–4 castiel c'on apielle ... semedi] castelet que on apeloit Le Feve. Chel jour fu il venredis et *F19*   4 patriarces] patriarches Eracles *F16*   5 tous les chevaliers et les serjans de l'ost] ses gens chevaliers et sergans *F17* ∥ de tous lor peciés] tous de lor peciés *F18*, de tous les pechiés qu'il avoient fait dont il estoient confés *F19*. *New paragraph in F24, F25 and F26.*   6 fist crier par l'ost] de Jherusalem commanda et fist crier par toute se tere et par touse s'ost *F19*, fist crier *F24*   7 alaissent en conroi ... en] en conroi et alast cascuns en conroi et en *F17*, et tout le serjant alaissent en sen conroi cascuns et a *F19*, en conroi et alast en *F20*, et li serjant alassent au roy et alast chascuns en *F25 F26* ∥ s'eskiele] eskiele *F18*, eschiele *F17*   8 combatre as] encontre les *F16* ∥ mie] pas *F16 F17 F20 F24 F25 F26*   9 et murent] *lacks F19*, et vinrent *F20 F24*, et vindrent *F25 F26*   10–11 Sarrazin] Sarrazin estoient herbegié et *F25 F26*   11 ot] i ot *F16 F17 F24*, y ot *F19*, i eut *F20* ∥ batailles] esqueles *F19*   12 frouerent] froissierent *F16*, se froerent toute *F19*   13 *No paragraph break in F20 or F24.* ∥ de Belin ses freres qui] de Belin qui frere estoient et *F16*, de Belin (Bellin *F20*) qui *F17 F20*, ses freres qui *F24*   15 venir] *lacks F18*   17 se hierbega sour le Fontaine] se herbega sour les Fontaines *F17*, se herbega bien sur les fossés *F19*, sejourna sour les Fontaines *F20*   18 Tubanie] Cubanie *F18*, Cubiane *F19* ∥ Or] qui *F18*   18–161.1 illuec jusques al] luec les os dessi a un *F19*, illeuques au *F20*, iluec l'une ost prés de l'autre jusc'al *F24*

---

[a] *F18 f. 26vb–27ra; F16 f. 29^{ra–b}; F17 f. 15^{rb–va}; F19 f. 80vb; F20 f. 24^{rb–va}; F24 f. 125^{vc}–126ra; F25 f. 28^{ra–b}; F26 f. 28^{ra–b}* (ML, 98–99).

---

128   al-Fūla, about 15 km due south of Ṣaffūriyya.

THE CHRONIQUE D'ERNOUL 161

jusques al juesdi a nonne. Si n'osa viande sivir *l'ost le roi*. Quant ce vint le die-
mence au viespre, si failli viande en l'ost le roi. Dont vint li rois et li *baron*,
si envoiierent lors sommiers a le viande a Nazareth et al Gerin et *en* le tiere
illueques priés et de celle part ou li Sarrazin n'estoient mie. Quant che vint le
lundi par matin, si disent li siergant de l'ost ou il se combateroient as Sarrazins 5
ou il s'en iroient, car il n'avoient point de viande, ains moroient de fain. Dont
vint li rois; si manda les barons de l'ost et le maistre del Temple et de l'Hospital
pour prendre consel se il se combateroient ou il s'en iroient. Endementiers qu'il
estoient a consel, estoient sergant sour le fontaine; si esgardoient en le fontaine;
si veoient poisson, et si se despoulloient lor cemises et si en font nasses et puis 10
salent ens et poisson a venir. La prisent tant de poisson *li* sergant de l'ost que
toute li os en fu raemplie; et lor sanloit, quant il estoient en le fontaine, qu'il n'i
eust se poisson non. Illueques prisent tant de poisson qu'il en vesquirent chel
jour, et l'endemain par matin, le mardi, vinrent li sommier et li camel tout car-
gié de viande que li baron avoient mandé. Dont fu l'os bien raemplie. Si departi 15
on le viande as sergans, c'onques n'en vendi on point.[a]

[xcvii] Quant ce vint le mardi al nuit, si envoia Dame Diex le fu nouvel devant
le Sainte Crois, dont fist on si grant joie en l'ost et si grans luminaires *c'onque*

---

1 Si] or *F24 F25 F26* ‖ sivir l'ost le roi] sivir le roi ne l'ost *F18*, sivir l'ost le roy de Jherusalem *F19*, sor l'ost le roy venir *F25 F26*   1–2 Quant ce vint le diemence ... roi] *lacks F19*   2–3 vint li rois ... envoiierent] vint li rois et li baron de la tiere, si envoiierent *F18*, envoierent li roys et si baron *F19*   3 sommiers] somiers et lor (les *F24*) serjanz *F24 F25 F26* ‖ en] a *F18*   4 mie] mie logié *F19*   4–5 le lundi par matin] le l'endemain bien matin *F16*, au lundi aprés *F19*   5 de l'ost] de l'ost au roi *F16 F24*, de l'ost et le maistre du Temple *F19*, *lack F25 F26*   7 vint li rois; si manda] manda li roys de Jherusalem *F19*, manda li roys *F25 F26* ‖ del Temple et de l'Hospital] de l'Ospital et del Temple *F24*   8 combateroient] combateroient as Sarrasins *F19 F20* ‖ il s'en iroient] il s'en iroient en le terre de Jherusalem *F20*, s'il s'en riroient *F24*, s'il s'en iroient ariere *F25 F26*. *New paragraph in F20, F25 and F26.*   9 estoient a] prendoient *F17* ‖ si esgardoient en le fontaine] si esgardoient dedenz (ens *F20*) *F16 F20*, esgarde dedenz la fontaine *F25 F26*, *lacks F17*   10 et] *lack F16 F17 F20 F24*   11 ens] *lacks F17*, en le fontaine *F20*   11–12 La prisent tant ... et] Et tant en prisent que tout le serjant de l'ost en furent rapleni et tout le chevalier aussi et si *F19*   11 li] tout li *F18*   13 eust] avoit *F16 F17 F20* ‖ Illueques prisent tant de poisson] *lacks F19*   14 le mardi vinrent] murent *F16*   15 *New paragraph in F25 and F26.* ‖ Dont fu] Et adont fu toute *F19*, Quant la viande fu venue ke li baron orent mandee si fu *F25 F26*   15–16 raemplie. Si departi on le viande] raemplie. Le viande departoit on *F24*, replenie et la departirent *F25 F26*   17 *No paragraph break in F20, F24, F25 or F26.* ‖ mardi al nuit ... nouvel] lundi par matin si envoia Damedix fu en l'ost par le fil Noé *F19* ‖ devant] de *F25 F26*   18 Crois] Crois qui en l'ost estoit *F16* ‖ joie en l'ost ... luminaires] feste en l'ost et si grans luminaire *F17*, luminaire et si grant joie *F19*   18–162.1 c'onque ne fu si grant luminaire] *lacks F18*, c'onques si grans ne fu fais *F20*

[a] *F18* f. 27^{ra-va}; *F16* f. 29^{rb-c}; *F17* f. 15^{va-b}; *F19* f. 81ra; *F20* f. 24^{va-b}; *F24* f. 126^{ra-b}; *F25* f. 28^{rb-vb}; *F26* f. 28^{rb-vb} (ML, 99–100).

ne fu si grant luminaire de candoiles com il fisent le nuit. Dont li Sarrazin furent mout esmari et mout dolant quant il oïrent et virent le joie qu'il faisoient et le luminaire, et molt s'esmervillierent pour coi c'estoit qu'il faisoient tel joie. Quant che vint l'endemain le merkedi par matin et li rois ot oï messe, si manda les barons de l'ost pour combatre as Sarrazins. On ne li consella mie qu'il alast requerre les Sarrazins en le montaigne ne que il laissast l'aighe douce.[a]

[xcviii] Ensi demoura jusque a l'endemain, le juesdi. La fu ce a cel consel que li fols aporta la novele au patriarce que Paske de Riveri, se femme, avoit une fille.[129] Quant ce vint le joedi par matin, si alerent li siergant a cheval c'on apiele turcoples et issirent de l'ost pour hardiier. Quant il orent hardiié une piece dusques viers miedi *si traist* d'une part .i. chevaliers sarrazins *et* acena un turcople qu'il alast parler a lui, et li turcoples i ala pour chou qu'il cuidoit qu'il se vausist relainquir et estre Crestiiens ou que il venist au roi en mesage de par Salehadin. Quant li uns fu priés de l'autre, si conjura li Sarrazins le Crestiien par le loi qu'il tenoit qu'il li desist voir de ce qu'il li demanderoit, et li Crestiiens li dist que volentiers le feroit. 'Dont vous demant je', fait li Sarrazins, 'pour coi vous fesistes si grant joie devant ersoir et si grant luminaire en vostre ost?' Et li Crestiiens *li* dist que li clartés del ciel estoit *descendue* en l'ost devant le Sainte

---

2–3 oïrent et virent ... molt] virent le luminaire que il faisoient et le grant joie si *F19*, oïrent et virent la (le *F24*) joie et le luminaire qu'il faisoient et molt *F24 F25 F26*   3 *New paragraph in F25 and F26.*   4 le merkedi par ... rois] bien matin le mescredi et li rois *F16*, le merquedi et li rois *F17*, par matin et li roys de Jherusalem *F19* ‖ manda] manda li rois *F24*   5 de l'ost] de l'ost a consoil *F16*, *lacks F17* ‖ combatre] consel prendre de combatre *F20*, prendre consel de conbatre *F24 F25 F26* ‖ *New paragraph in F24.* ‖ consella mie] loa pas *F16*, loa mie *F20*   6 douce] *lack F24 F25 F26*   7 *No paragraph break in F24, F25 or F26.* ‖ jusque a] dessi a *F19*, desci c'a *F24*, de si que *F25 F26*   8 patriarce] patriarche Eracle *F16*   9 fille] bele fille *F17 F19 F24*, mult bele file et (et ce *F26*) *F25 F26* ‖ li siergant] li cheval li serjant *F16*   10 hardiier] anuair les Sarrazins *F16*, hardoier as Sarrasins et li Sarrasins i vinrent enconre iaus por hardoier *F24*, aler ardoier as Sarrasins et li Sarrasins vindrent encontre ciaus por ardoier et *F25 F26*   11 miedi si traist] le miedi *F18*, miedi si traisent *F19* ‖ .i. chevaliers sarrazins et acena] .i. chevaliers sarrazins acena *F18*, a un chevalier sarrasin qui apela *F19*   13 vausist] deust *F24* ‖ et] ou *F16*, u *F17*   14 *New paragraph in F25 and F26.* ‖ li uns fu ... Crestiien] le chevalier sarrasin fu prés del turcople si le conjura *F25 F26*   16 dist que volentiers le feroit] dist qu'il li diroit volentiers *F17*, dist que volentiers li diroit (diroit voir *F19*) *F19 F24*, respondi que volentiers li feroit (diroit *F20*) *F20 F25 F26. New paragraph in F24.*   17 devant ersoir et si grant luminaire] et si grant luminaire et si grant feste devant ersoir *F19*   18 li] *lacks F18* ‖ descendue] venue *F18* ‖ Sainte] Vraie *F19*

---

[a] *F18 f. 27*[va–b]*; F16 f. 29*[rc]*; F17 f. 15*[vb]*; F19 f. 81*[ra–b]*; F20 f. 24*[vb]*–25*[ra]*; F24 f. 126*[rb]*; F25 f. 28*[vb]*–29*[ra]*; F26 f. 28*[vb]*– 29*[ra] *(ML, 100–101). F18 has a nine-line miniature panel showing a religious procession with a bishop and a four-line puzzle initial 'Q'.*

---

129   Above § lxxxi.

Crois. Quant li Sarrazins oï ce, il hurta cheval des espourons; si le va dire Salehadin, et li Crestiiens s'en retourna en l'ost, et si conta au roi son signour comment il avoit parlé au Sarrazin et li Sarrazin a lui.[a]

[xcix] Endementiers qu'il li contoit, et il esgarderent vers l'ost des Sarrazins et virent qu'il se deslogoient. Car tantost que Salehadins oï dire que li clartés del ciel estoit descendue devant le Crois, si commanda a deslogier. Quant li Crestiien virent que li Sarrazin se deslogierent, si s'armerent tout et se deslogierent ausi; et si ala cascune esciele en conroi, et si ordenerent lors batailles, car il cuidoient bien que Sarrazin deussent sour aus venir por combatre, et se tinrent illueques tout coi desi qu'il *virent* que li Sarrazin avaloient les montaingnes d'autre part et s'en aloient vers le flun. Quant li Crestiien virent qu'il s'en aloient vers le flun, si orent paour qu'il n'alaissent vers Tabarie l'endemain. Dont se partirent d'iluec; si alerent herbegier a Le Feve pour estre l'endemain au devant des Sarrazins.[b]

---

1 il hurta] si hurta le *F16 F19 F20*, si se torna d'aluec et fiert *F24*, si se torna d'iluec et hurta le *F25 F26*   1–2 si le va dire Salehadin] si l'ala dire a Salehadin *F16 F25 F26*, et s'en ala a Salehadin pour dire che que il avoit oï et trové *F19*, Si l'ala dire a Sarrasins et a Salehadin *F20*, et si le vait dire a Salehadin *F24*   2 au roi] *lack F16 F17*, a *F19 F24 F25 F26*   3 il avoit parlé ... lui] li Sarrasin li avoit demandé et comment il avoit parlé au Sarrasin *F19*   4 *No paragraph break in F16, F17, F20, F24, F25 or F26*. ‖ qu'il li contoit et il esgarderent] que li Crestiens contoit se raison a sen seigneur si regarderent li Crestien *F19*, qu'il le contoit au roi et il esgarderent *F20*, qu'il li contoit, et il regarderent *F24* ‖ et] si *F19 F24 F25 F26*   5–7 virent qu'il se ... Crestiien] *lacks F19* (*homeoteleuton*)   6 devant le Crois si commanda] devant le (la *F16*) Sainte Crois se (si se *F16*) commença *F16 F20*, sour la Sainte Crois si commanda *F17* ‖ *New paragraph in F16, F25 and F26*.   7–8 si s'armerent tout ... ausi] si s'armerent tost et deslogié ausi *F16*, si s'armerent tout et, dellogierent tout alsi *F17*, si s'arment li Crestien et si deslogent aussi *F19*, si (si se *F25 F26*) deslogierent ausi et si s'armerent tot *F24 F25 F26*   8 cascune esciele en conroi] cascuns en conroi a s'esquele *F19*, cascuns a s'eschiele *F24 F25 F26*   9–10 por combatre et ... coi] si se tint cascuns tous cois en sen conroi et a s'esquele *F19*   10 desi] dici adonc *F16*, desci adont *F17* ‖ qu'il virent] qu'il vinrent *F18 F19*, *lacks F24*   10–11 avaloient les montaingnes ... flun] s'en avaloient d'autre part le montaigne par devers le flun Jourdain *F19*   11–12 Quant li Crestien ... flun] *lack F17 F19* (*homeoteleuton*)   11 virent qu'il s'en aloient] les virent aler *F24 F25 F26*   12 n'alaissent vers Tabarie l'endemain] ne deussent aler l'endemain a Tabarie *F24*, ne deusent aler vers Tabarie le l'endemain *F25 F26*   12–13 partirent d'iluec; si] departirent li Crestien de l'ost et s'en *F19*, partirent d'illuec le Crestiien si *F20*, departirent d'iluec si *F24*

---

[a] *F18 f. 27vb–28ra; F16 f. 29^{rc–va}; F17 f. 15vb–16ra; F19 f. 81^{rb–va}; F20 f. 25^{ra–b}; F24 f. 126^{rb–c}; F25 f. 29^{ra–b}; F26 f. 29^{ra–b}* (ML, 101).   [b] *F18 f. 28^{ra–b}; F16 f. 29^{va–b}; F17 f. 16ra; F19 f. 81va; F20 f. 25rb; F24 f. 126^{rc}; F25 f. 29^{rb–va}; F26 f. 29^{rb–va}* (ML, 102).

[c] Quant che vint l'endemain, si se partirent d'ilueques li Crestien pour aler a Tabarie, et li Sarrazin passerent le flun pour aler en lor terre. Lors vinrent les espies le roi; si espiierent les Sarrazins. Si disent au roi que li Sarrazin avoient le flun passé et qu'il aloient en lor tiere. Dont vint li rois; si s'en ala ariere logier as Fontaines de Saforie et ne vaut mie departir s'ost desi qu'il seust que Salehadins eust departie le siene. Quant Salehadins ot passé le flun et il fu en se tiere, si se pourpensa qu'ensi ne lairoit *il* mie le prince Renaut en pais, qui le honte li avoit fait de ses hommes qu'il avoit pris en trive et le carvane retenue. Si ala assegier Le Crac.[130] Quant li rois oï dire que Salehadins aloit vers Le Crac, si s'en ala vers Jherusalem et si departi s'ost, et si lor commanda que, si tost com il verroient son message, qu'il fussent tout appareillet com d'aler en l'ost aveuc lui et qu'il venissent errant la ou il seroit, car il ne voloit mie si tost aler secourre Le Crac desi que li princes fust auques matés.[a]

[ci] Le jour que Salehadins vint devant Le Crac ot espousee Hainfrois le serour le roi mesiel qui avoit a non Ysabiaus *et fu fille le roi Amalri*. Dont vint li

---

1 *Rubric in F16*: Comment Salehadin vint autrefois aseger le prince Renaut del Crac. *Rubric in F20*: De Salehadin qui ala assejer Le Crac. *No paragraph break in F19 or F24*. ‖ l'endemain] l'endemain par matin F16 ‖ partirent d'ilueques li Crestien] partirent li Crestian de La Feve F16, partirent de Le Feve F17 F20, departirent d'iluec F19   2 flun] flun Jourdain F19   3 le roi si ... li] des Crestiens au roy de Jherusalem et li disent que li F19, le roi Bauduin. Si espiierent les Sarrasins. Si disent au roi Bauduin que F20   3–4 le flun passé ... si] passé le flun Jourdain pour raler en lor teres. Dont vint li roys de Jherusalem et F19   4 ala] rala F17 F25 F26   6 ot passé le flun et il] *lacks F19*   7 il] *lacks F18* ‖ en pais] *lacks F20*   9 Quant li rois ... Crac] *lacks F25 (homeoteleuton)* ‖ rois oï dire que Salehadins aloit] rois oï dire qui aus Fonteines de Saphorie iert que Salehadins aloit F16, rois (roys de Jherusalem F19) oï dire que Salehadins s'en (en F24) aloit F17 F19 F24 ‖ s'en ala vers] s'en rendi ariere en le tere de F19, rala ariere en F25 F26   10 commanda que si ... verroient] commanda que si tost com il orroient F16, pria que si tost qu'il veiscent F17, commanda que si tost que il venroient F19, comanda qe ausi tost q'il venoient F25 F26   11 tout appareillet com] apareillié com F16 F20, aparillier F17, tout prest et appareillié comme F19, tot parellié F24, tuit aparilié F25 F26   11–12 l'ost aveus lui ... errant] sen secours en ost aprés lui et qu'il venissent tost F19   12 aler] *lack F16 F17 F19 F20*   13 desi que li princes] dici adont que princes Rainauz F16, devant la que li princes Renaus F19, dessi que li princes Renaus F20 F24 ‖ auques matés] auques esmaies et paouris F19, matés a poi prés F20   14 *No paragraph break in F20 or F24*.   15 mesiel] Bauduin mesel F16, Bauduin le mesel F20, Bauduin F24 ‖ avoit a non Ysabiaus ... Amalri] avoit a non Ysabiaus F18, avoit a non Ysabiax et fillle avoit esté le roi Amaurri et fille la reigne Marian F16, fille fu le roy Amaurri qui avoit a non Ysabiaus F19, Isabiax avoit a nom et fille esté au roy Amauri F25 F26   15–165.1 Dont vint li mere Hainfroi] *lacks F18*

[a] F18 f. 28[rb–va]; F16 f. 29vb; F17 f. 16[ra–b]; F19 f. 81[va–b]; F20 f. 25[rb–va]; F24 f. 126[rc va]; F25 f. 29[va–b]; F26 f. 29va (ML, 102–103).

130   October–December 1183.

THE CHRONIQUE D'ERNOUL   165

mere Hainfroi qui femme estoit le prince Renaut. Si envoia a Salehadin des noces de son fil pain et vin et bués et moutons, et si li manda salus qu'il l'avoit maintes fois portee entre ses bras quant il estoit esclave el castiel et elle estoit enfes.[131] Quant Salehadins vit le present, si en fu mout liés; si le fist reçoivre, et si l'en merchia mout hautement et si demanda a chiaus, qui le present avoient aporté, en lequele tour li espousés et li espousee *giroient*, et il li moustrerent. Dont vint Salehadins; si fist criier par toute s'ost que ne fust si hardis qui a celle tour traisist ne lançast ne assaillist. Or fu bien Salehadins devant cel castiel .viii. semaines et faisoit assaillir *et* par jour et par nuit a perrieres et a mangonniaus, fors seulement a celle tour u li espousés et li espousee *gisoient*.[a]

[cii] Quant li princes Renaus vit c'on l'asaloit si durement et c'on le grevoit si et qu'il n'avoit mie plenté viande el castel, si fist avaler un siergant par le falise et manda au roi en Jherusalem qu'il le secourust, et s'il ne le secouroit proçainement, il perderoit le castiel, car il n'avoit gaires de viande. Encore, aveuc tous che que li princes Renaus avoit envoiié le message, faisoit il cascune nuit faire u desour une des tours du castiel, pour che que on le *veist* en Jherusalem et

---

1 a Salehadin des] as *F17*   2 bués et] boins *F19* ‖ li manda salus qu'il] li manda salue a Salehadin et qu'il *F17*, manda a Salehadin que ele *F19*, li manda salus por ce qu'il *F24*   3 el castiel] *lacks F24* ‖ elle estoit] il estoit *F16 F17*, qu'il estoit *F20*, ele estoit aussi *F19 (The male pronoun found in some manuscripts makes better sense.)*   4 *New paragraph in F24, F25 and F26.*   4–6 si le fist ... aporté] et mout joians et l'en mercia molt hautement et le fist rechevoir. Et si demanda a chiaus qui le present avoient porté et si demanda a chiaus *F19*   6 giroient et il li moustrerent] estoient et giroient et il li moustrerent *F18*, gisoient *F17*, gisoient et il li disent et moustrerent *F19*   7 vint Salehadins; si] *lacks F19*, commanda Salehadins et *F24* ‖ que ne fust] que nus ne fust *F16 F19*, qu'il ne fust *F20 F24*, qu'il ne fust nul *F25 F26*   8 *New paragraph in F17 and F19.* ‖ .viii.] .vi. *F24 F25 F26*   9 faisoit] se faisoit et se faisoit ades *F19* ‖ et] *lacks F18 F19*   10 et li espousee gisoient] et li espousee se gisoient *F18*, gisoit *F24 F25 F26*   11 *Rubric in F16*: De Salehadin qui se departi del Crac por le secors que li rois de Jerusalem i fist. *Rubric in F20*: De Salehadin qui se parti du Crac por ce que li rois vint au secours. *No paragraph break in F17, F19 or F24.* ‖ c'on] que Salehadins *F16* ‖ l'asaloit si ... si] l'assailloit et c'on (qu'il *F16*) le grevoit si durement *F16 F17 F20*, l'assaloit et que on le grevoit si *F19*, les asaloit si durement et c'on les grevoit si *F24 F25 F26*   12 viande el castel] de gent el castel ne de viande *F17*, viande *F19* ‖ avaler un siergant] aler .ii. serjanz *F16*, avaler .ii. sergans *F17 F20*   13 en] de *F16 F19 F20*   13–14 et s'il ne le secouroit proçainement] ou *F19*   14 n'avoit gaires de viande] n'avoit gaires de viande dedenz le chastel *F16*, n'avoit mie plenté viande *F19*, n'avoient gaires de viande el castel *F20*   15 li princes Renaus] il *F19* ‖ le message] le message (ses mesages *F16*) au roi si *F16 F17 F20*, au roy de Jherusalem *F19*   16 desour une des tours] seur une des plus hautes tors *F16 F17 F20*, sur le tour *F19*, desor une tor *F25 F26* ‖ veist] conneust *F18*

---

[a] *F18 f. 28va; F16 f. 29vb–c; F17 f. 16rb; F19 f. 81vb; F20 f. 25va–b; F24 f. 126va; F25 f. 29vb; F26 f. 29va–b* (ML, 103).

---

131   For Ṣalāḥ al-Dīn's imprisonment in Kerak, see § xxvii.

pour haster le secours; et d'autre part il n'estoit mie a fianche que li messages qu'il i envoia fust escapés. *Ore* est coustume en le Tierre d'Outremer que quant il sevent que Sarrazin doivent entrer en le tiere d'aucune part, cil qui premiers le set si fait fu. Et quant li autre le voient, si fait cascuns fu; dont voit on les fus par toute le tiere; dont sevent il bien que Sarrazin doivent entrer en le tiere, si se garnist cascuns.[a]

[ciii] Quant li rois de Jherusalem oï le mesage qui fu venus del Crac, si manda par toute le tiere as barons et as chevaliers et as serjant qu'il venissent a lui et pour aler Le Crac secourre, qu'ensi faitement est assegiés. Et il i vinrent tout a lui en Jherusalem, et en Jherusalem assanla ses os. Le nuit devant che que il venist en Jherusalem pour aler secourre Le Crac, fist li rois faire grant fu sour le Tour Davi, pour che que il venissent au Crac et seuissent qu'il aroient secours. Quant che vint l'endemain, si mut li rois pour eaus secourre, et si s'ala herbegier sur le flum Jourdain et ne vaut mie aler par la *ou il ala* a l'autre fois, ains volt aler a l'encontre de Sarrazins. Et quant che vint l'endemain, si passa le flun et ala vers Le Crac et erra tant que il fu tans de herbegier et se herbega sour le flun pres de le Mer del Dyable.[b]

---

1 haster le secours] *New paragraph in F24.* ‖ haster] plus haster *F19*, faire plus tost haster *F24* ‖ d'autre part il] si *F19*   2 fust escapés. Ore] fust escapés et ore *F18*, fussent eschapé. Or *F16*   2–4 coustume en le … set] a coustumé que quant li Sarrasin entrent en tere de Crestiens es parties d'outremer que chil qui premiers les aperchoit *F19*   2 d'Outremer] de Jerusalem *F16*   3 d'aucune part cil] *lack F25 F26*   4 le voient] les aperchoivent *F19*, viles le sevent *F24*, viles vient le feu *F25 F26*   7 *No paragraph break in F19, F20, F24, F25 or F26.* ‖ de Jherusalem] Bauduins li mesiaus de Jherusalem *F20, lack F24 F25 F26*   8 par toute le … serjant] as chevaliers et as serjans de par toute le tere *F19*, par toute la terre les barons et les chevaliers et les sergans *F24 F25 F26*   8–10 et pour aler … lui] *lack F16 F20 (homeoteleuton)*   8–11 et pour aler … faire] pour secourre Le Crac. Quant il oïrent dire que Salehadin avoit ainsi assegié Le Crac, si vinrent tout por Le Crac secourre. Dont fist li roys de Jherusalem faire le *F19*   9 i] *lack F19 F24 F25 F26*   10 os] os li rois Bauduins *F20. New paragraph in F25 and F26.*   10–11 que il venist] qu'il venissent *F16 F17*, que li baron venissent *F20*, qu'il i venissent *F24*, q'il meussent *F25 F26*   11 en Jherusalem] *lacks F24*, de Jherusalem *F25 F26* ‖ grant] *lack F19 F25 F26*   12 que il venissent … aroient] que on le veist au Crac et qu'il seussent qu'il eussent *F19*, qu'il vensicent au Crac et seuscent cil dedens qu'il aroient *F17*, que cil qui erent au Crac veissent et seussent qu'il avroient *F20*   13 mut li rois] vint li rois *F16 F19*, mut li rois a toute s'ost *F20*, s'esmut li roys *F25 F26* ‖ pour eaus secourre] *lacks F24*   14 ou il ala] *lacks F18*, u il les ala *F24*, ou il aloit *F25 F26*   15 flun] flun Jourdain *F19*   16–17 sour le flun] sur le flun Jourdain *F19, lacks F20*

---

[a] *F18 f. 28vb–29ra; F16 f. 29^{vc}–30ra; F17 f. 16$^{rb\,va}$; F19 f. 82vb–83ra; F20 f. 25vb; F24 f. 126^{va-b}; F25 f. 30ra; F26 f. 29vb–30ra (ML, 104). F18 has a ten-line miniature panel showing a kneeling figure presenting a bowl to Ṣalāḥ al-Dīn and a four-line historiated initial 'Q'. The lower margin has a drawing of a hound chasing a stag.*   [b] *F18 f. 29ra; F16 f. 30ra; F17 f. 16va; F19 f. 83ra; F20 f. 25vb–26ra; F24 f. 126vb; F25 f. 30^{ra-b}; F26 f. 30^{ra-b} (ML, 104–105).*

[civ] Quant Salehadins oï dire que li rois avoit le flun passé et qu'il venoit viers Le Crac, si se leva dou siege et vint encontre lui et se herbega priés de lui a .ii. liues. Quant che vint l'endemain, si s'armerent li Crestiien et apparellierent lors batailles qu'il cuidierent combatre as Sarrazins, et li Sarrazin se murent par matin et fisent sanlant d'aler a lor encontre. Quant li rois sot que li Sarrazin aloient en lor tiere, si s'en ala au Crac pour veoir comment li Sarrazin l'avoient damagié et pour veoir se serour qui nouvelement estoit mariee. Quant Salehadins seut que li rois fu au Crac, si passa le flun et fist le wanceue[132] et entra en le tiere as Crestiiens et ala *a* une ville c'on apiele Naples et sejourna la .ii. *jours, pour çou qu'il avoit molt desiré a venir et a veoir Naples. Pour çou qu'il* oï dire que elle estoit mout aaisé. Li Sarrazin l'apelent le petit Damas pour çou qu'il i a gardins et fruis et fontaines ausi com il a a Damas, mais n'i a mie tant de gardins com il a a Damas.[a]

[cv] Je ne vous dirai ore plus de Naples, mais je vous *en* dirai quant Salehadins en sera partis comment elle siet et ou elle siet.[133] Quant li rois oï dire, qui au Crac estoit, que Salehadins avoit passé le flun et qu'il estoit entrés en se

---

1 *No paragraph break in F16, F17, F20, F24, F25 or F26.* ‖ oï dire] sot *F25 F26*   1–2 avoit le flun ... Crac] de Jherusalem venoit vers et qu'il avoit passé le flun Jourdain *F19*, avoit le flun passé et q'il venoit por le flun paser vers Le Crac *F25 F26*   2–3 priés de lui a .ii. liues] a .ii. liues prés de l'ost des Crestiens. Et *F19*   3 l'endemain] l'endemain par matin *F24 F25 F26* ‖ apparellierent] ordenerent *F19*   4–5 li Sarrazin se murent par matin] li Sarrazin s'esmurent *F16*, li Sarrasin s'apareillierent et murent *F20*, il s'en vinrent l'endemain par matin *F19*   5 a lor encontre] en lor tere *F24 F25 F26*. *New paragraph in F25 and F26.* ‖ rois] rois de Jherusalem *F19 F20 F25 F26*   6 en lor tiere si] a leur encontre si *F16 F17 F20*, en lors teres si passa le flun Jourdain et *F19*   6–9 pour veoir comment li Sarrazin ... et] et Salehadin fist l'avangarde et entre en le tere as Crestiens et passa le flun Jordain et si *F19*   6 veoir] savoir *F25 F26*   7 qui nouvelement estoit] comment el'estoit *F16*, comment ele estoit *F20* ‖ mariee] espousee *F24*, spousee *F25 F26*. *New paragraph in F16.*   7–8 Salehadins] *lacks F17*   8 Crac] Crac pour veoir *F20* ‖ fist le wanceue] *lacks F16*   9 a] en *F18* ‖ ville] cité *F17 F19* ‖ sejourna] jorna *F25 F26* ‖ jours] jours pour veoir le *F18*   10 molt desiré a ... qu'il] *lacks F18* ‖ venir et a veoir Naples] venir et *F16*, aler la et a veïr *F19*, veoir se et a veoir Naples *F20*, aler et veïr le *F24*, veoir la *F25 F26* ‖ oï] avoient mult oï *F25 F26*   12 et fontaines] *lacks F19*   12–13 mais n'i a ... Damas] *lack F17 F20 (homeoteleuton)*   14 *No paragraph break in F16, F17, F19, F20 or F24.* ‖ en] *lack F17 F18*   15 et ou elle siet] *lack F16 F17 F19 F20*, ne ou ele siet *F24 F25 F26*. *New paragraph in F16.* ‖ rois] roys de Jherusalem *F19*   15–16 qui au Crac estoit que Salehadins] que Salehadins estoit au Crac et qu'il *F20*   16–168.1 avoit passé le ... s'os] estoit en se tere et que il avoit le flun Jourdain passé si se part del Crac *F19*

[a] *F18 f. 29^{ra-b}; F16 f. 30^{ra-b}; F17 f. 16^{va-b}; F19 f. 82^{ra-b}; F20 f. 26^{ra-b}; F24 f. 126^{vb-c}; F25 f. 30^{rv-va}; F26 f. 30^{rb-va}* (ML, 105–106).

132   A rare word: 'detour' or 'doubling back'. Alternative forms: 'waukeue' *F17 F20 F24*, 'vanqueue' *F25 F26*.

133   See § cvi.

tiere, si parti du Crac et il et toute s'os pour aler apriés et pour lui metre hors. Quant Salehadins oï dire, qui a Naples estoit, que li rois venoit, si s'en parti sans damage faire a le ville ne as gardins, se de viande ne fu, et s'en ala par Le Gerin et par le Fontaine de Tubanie et par desous Forbelet et passa le flun. Si s'en ala
5 a Damas; si departi ses os. Quant li rois, qui apriés lui venoit, oï dire que Salehadins avoit passé le flun et s'en estoit alés en se tierre et qu'il avoit departi ses os, si s'en rala ariere en Jherusalem; si departi ses os ensement.[a]

[cvi] Or[134] vous dirons de Naples, comment elle siet ne ou elle siet, c'al tans que Jhesu Cris aloit par tiere, n'estoit mie Naples encore. Et si se herbegierent
10 primes Samaritain. Naples siet entre .ii. montaignes, dont cil del païs apelent l'une des montaignes le Montaigne Kain et l'autre le Montaigne Abel.[135] Li Montaigne Abel est tous jours verde, et yver et esté, et par le grant plenté des oliviers qui i sont, et li Montaigne Kain est tous jours seke, qu'il n'i a se pieres non et cailleus. Al pié de le Montaigne Kain a une cité qui a a non Cicar. Celle cités
15 est par devers solel levant. Tenant au cief de le Montaigne Abel par devers solel levant, tient une cités c'on apiele Saint Abraham.[136] Enson le montaigne a .i.

---

1 si parti] si se parti del flun F16, si se parti F20 F24 F25 F26 ‖ apriés] aprés lui F19 F20 F25 F26 ‖ lui metre hors] metre le hors de se tere F19   2–3 rois venoit si … Le Gerin] roys de Jherusalem venoit aprés lui si se departi de Naples sans faire damage a le vile ne as gardins et s'en ala par les gardins F19   2 s'en parti] se parti d'iluequs F24 F25 F26   4 par le Fontaine de Tubanie et] par les Fontaines de Tubanie (Cubiane F19) et F19 F24, lacks F20 ‖ et passa le flun] que onques ne empira le tere se de viande ne fu et passa le flun Jourdain F19   5 ses os] iluequs tote s'ost F24. New paragraph in F24. ‖ rois] rois de Jherusalem F19 F20   5–7 que Salehadins avoit … Jherusalem] qu'il s'en estoit alés et qu'il departoit ses os si s'en ala en se tere arriere et F19   6 passé le flun] le flun Jourdain F20   7 si] li rois F24, li roys F25 F26 ‖ rala] ala F16 F17 F20 F25 ‖ en Jherusalem; si] et se F24, et si F25 F26   8 No paragraph break in F24. ‖ ne ou elle siet] lacks F19   9 aloit] ala F19 F24 F25 F26   9–10 si se herbegierent primes Samaritain] la se herbergierent primes li Samaritan F24, la se herberja primes le (la F25) Samaritan F25 F26   12 oliviers] oliviers et des arbres F24 F25 F26   14 New paragraph in F25 and F26. ‖ cité qui a a non] cité c'on apele F24, liue c'um apele F25 F26   14–16 cités est par … apiele] cités si est devers soleil esconsant. Et par devers soleil levant si a une cité que on apele F19, cités est par devant solel levant tenant al cief de le montaigne Abel par devers solel levant tient une montagne c'on apele le montaigne F24, cité est pardevers soleil levant et tient une montagne c'om apela la montaigne F25 F26   16 Enson le] Chele cités si est au pié de le montaigne Abel et enson chele F19, Ensonc le mont de cele F24

---

[a] F18 f. 29[rb–va]; F16 f. 30rb; F17 f. 16vb; F19 f. 82rb; F20 f. 26rb; F24 f. 126[vc]; F25 f. 30[va–b]; F26 f. 30va (ML, 106).

134   F16, F17 and F20 lack §§ cvi–cxv.
135   Respectively Mount Gerizim to the south and Mount Ebal to the north. Nablus was founded by Vespasian in AD 72 as *Flavia Neapolis*.
136   The reading 'montagne' in F24 F25 and F26 is to be prefered to 'cité'. There has clearly been confusion with Hebron, the town of Saint Abraham.

THE CHRONIQUE D'ERNOUL 169

liu c'on apele Betel. *Cel leu c'on en apele Betel est* li lius ou Abrahans mena son fil Ysaac pour faire sacrefisse[137] quant Diex li commanda, et la li ot li angeles apparellié agniel pour faire sacrefisse en liu de sen fil.[138a]

[cvii] Encoste de celle montaigne, par devers solel levant, avoit une cité quant Jesu Cris aloit par tiere c'on appeloit Samaire. Desous celle cité avoit une plaigne c'on apeloit Cycem.[139] La avoit .i. puch que Jacob fist, et si le donna Joseph son fil, la ou cil de le cité aloient a l'eve. Dont il avint .i. jour que Jhesu Cris aloit de Galilee en Jherusalem et vint a cel puch pour atendre ses dessiples qui estoient alé a Cicar acater a mangier et trouva illueques une Samaritaine qui estoit de le cité de Samaire venue a l'eve.[140] Dont vint Jhesu Cris; se li dist qu'ele li donnast a boire, et elle li dist: 'Tu es Juis; je sui Samaritaine; il ne loist mie que tu boives a men vassiel'.[b]

[cviii] Dont dist Jhesu Cris a le Samaritane: 'Se tu seusses qui ce est qui te demande a boire, tu li deisses qu'il te donnast eve vive a boire'. Dont dist li Samaritaine: 'Sire, donne me tele eve vive a boire qu'il ne m'estuece mais venir chi, car li puis est mout parfons et li cités est mout haute; si me fait mout mal a venir ci eve querre'. Dont li dist Jhesu Cris que elle alast apeler son baron, et elle dist qu'ele n'avoit point de baron, et Jhesu Cris li dist qu'ele disoit voir, et

---

1 c'on] que l'escriture *F24* ‖ *Cel leu c'on en apele Betel est*] C'est *F18*   2 commanda] manda a faire sacrefier *F19*   3 faire sacrefisse] sacrefier *F19* ‖ fil] fil que tant ot chier *F24*   4 *No paragraph break in F25 or F26.* ‖ Encoste] En che coste *F19*, En la coste *F24 F25 F26*   4–5 par devers solel ... tiere] au tans que Dix ala par tere avoit une cité devers soleil levant *F19*   7 Joseph] a Joseph *F19*, a Josep *F25 F26* ‖ la ou cil ... l'eve] et la aloient chil du païs et de le cité querre de li aue *F19*   10 a] iluec a *F19* ‖ vint Jhesu Cris; se li dist] li dist Jhesu Cris: 'Se tu seusses qui te demande a boire'. (*misplaced from the next paragraph*) Dont li dist Jhesu Cris *F19*   11 li dist: Tu es Juis] dist: Tu es Juis et *F19 F24*   13 *No paragraph break in F19 or F24.* ‖ dist Jhesu Cris a le Samaritane] dist (li dist *F24*) Jhesu Cris *F19 F24* ‖ ce est qui] *lack F19 F25 F26*   14 vive] une vive fontaine *F19*   14–15 Dont dist li ... boire] *lack F19 F25 F26* (*homeoteleuton*)   17 a venir ci eve querre] a venir chi pour querre de l'iaue *F19*, por venir chi ewe querre *F24* ‖ apeler] querre *F19*   18 de baron] *lack F25 F26*

---

[a] *F18 f. 29*^(va–b)*; F19 f. 82*^(rb–va)*; F24 f. 126*^(vc)*–127*^(ra)*; F25 f. 30*^(vb)*; F26 f. 30*^(va–b) (ML, 107–108).   [b] *F18 f. 29*^(vb)*–30*^(ra)*; F19 f. 82*^(va)*; F24 f. 127*^(ra)*; F25 f. 30*^(vb)*–31*^(ra)*; F26 30*^(vb)*–31*^(ra) (ML, 108–109).

137   *F25* and *F26* lack the remainder of this paragraph.
138   Genesis 22:1–19. The Samaritans claim that Abraham made ready to sacrifice his son Isaac on Mount Gerizim, while in Christian tradition the event took place on Mount Moriah which is the site of the Temple in Jerusalem. For Abraham building an altar at Bethel, see Genesis 12:8 and 13:4.
139   This incident took place near Sychar (John 4:3, named as 'Cicar' in the previous paragraph). The author confuses 'Samaria' (Sebastea) and Sychar. 'Cycem' is Shechem.
140   *F25* and *F26* lack the remainder of this paragraph.

qu'ele en avoit eut .v., et que cil n'estoit mie ses barons qui estoit aveuc li. Assés li dist Jhesu Cris plus de paroles que je ne vous di, mais je ne vous puis mie tout raconter. Dont vint li Samaritaine; si laissa ses vaissiaus et *s'en* ala criant par la cité qu'il venissent et qu'ele avoit trouvé .i. vrai prophete qui tout li avoit dit quanqu'ele avoit fait. Apriés vinrent li apostle de Cicar ou il avoient acaté a mangier et disent a Jhesu Crist qu'il mangast, et il lor dist qu'il avoit mangié de tel viande dont il ne savoient mot. Dont disent li apostre entr'iaus que li Samaritaine li avoit donné a mengier, et molt s'esmervillierent quant il les virent seul a seul entre lui et le Samaritaine.[141] Cil puis est a demie liue de Naples.[a]

[cix] Or vous dirai de le cité qui a a non Samaire, qu'il avint au tans Elysei le prophete.[142] Il avint que li rois de Damas asega *cele* cité et sist tant devant que il orent si grant famine dedens que .ii. *femmes* i avoit ki fisent marchié de .ii. enfans qu'eles avoient qu'eles les mangeroient; quant li uns seroit mangiés, si mangeroient l'autre. Dont avint qu'eles en mangierent l'un. Quant li enfes a l'une fu mangiés l'endemain celle qui sen enfant avoit mangié entre lui et se compaigne si dist a celi qui sen enfant avoit encore vif qu'ele le tuast, si le mangeroient. Et celle dist que son enfant ne *mangeroit* elle ja, se Dieu plaist.[b]

[cx] En che qu'eles tençoient de cel enfant, passa li rois de le terre devant et lor demanda qu'elles avoient, et elles disent qu'ensi faitement avoient fait mar-

---

1 *New paragraph in F25 and F26.*   2 li dist Jhesu Cris ... ne] plus dist Jhesu Crist a la Samaritane ke je *F25 F26*   3–4 s'en ala criant ... et] ala criant par toute la cité qu'il venissent et *F18*, s'en ala criant par le cité *F19*, si ala criant en la cité qu'il venissent et q'il aloit et *F25 F26*   7 li apostre] *lacks F19*   9 entre lui et le] avec la *F24* ‖ Cil puis] et chis liex si *F19*   10 *No paragraph break in F19 or F24.* ‖ le] chele *F19*, cele *F24*   11 cele] le *F18*   12 que .ii. femmes i avoit ki] que .ii. i avoit ki *F18*, que .ii. femmes *F19*, qu'il ot .ii. femes dedens la cité qui *F24*   12–13 .ii. enfans qu'eles ... mangeroient] lor enfans et disent que *F19*   13–14 si mangeroient] que on mengeroit *F19*, si mengeroit *F25 F26*   14 avint] il avint *F19 F25 F26*   15–16 celle qui sen ... encore] que chele ot son enfant mengié entre lui et se compaigne si dist a chelui qui avoit encore son enfant tout *F19*   16 celi qui sen ... tuast] sa compagne qu'ele le tuast le sien *F24*   17 mangeroit] mangeroient *F18* ‖ plaist] plaist Nostre Seigneur *F19*   18 *No paragraph break in F25 or F26.* ‖ En che qu'eles] Dementrues qu'eles *F24* ‖ enfant] enfant mengier si *F19* ‖ le terre] chele chité par la *F19*, la cité *F24*   18–19 et lor demanda qu'elles avoient] lor hostel si lor demanda que eles avoient a tenchier *F19*   19–171.1 qu'ensi faitement avoient ... enfans] que tout ainsi avoient eles fait marquie de lor enfans mengier *F19*

---

[a] *F18 f. 30^{ra-b}; F19 f. 82^{va-b}; F24 f. 127^{ra-b}; F25 f. 31^{ra-b}; F26 f. 31^{ra-b}* (ML, 109). *F18 has a ten-line miniature panel showing Christ and the Samaritan woman at the well and a four-line pen-flourished initial 'D'.*   [b] *F18 f. 30^{rb-va}; F19 f. 82vb; F24 f. 127rb; F25 f. 30rb; F26 f. 31rb* (ML, 109–110).

141   John 4:4–33.
142   For the episode recounted in §§ cix–cxii, see II Kings 6:24–7:20.

THE CHRONIQUE D'ERNOUL 171

chié de lor enfans. Dont fu li rois si dolans qu'il descira ses dras et se laissa caoir de son ceval a tiere et manda par .i. sergant Elyseu le prophete pour occire, pour che que c'estoit avenu a son tans. En ce que li sergans aloit pour Elyseu, estoit Elyseus en son ostel avoec preudommes et parloit a aus, et si lor dist: 'Li rois envoie chi son serjant pour moi ocire'. Endementiers que li sergans hurta a l'uis, fu li rois apriés lui. Dont vint li rois a Elyseu; se li dist qu'ensi faitement estoit avenu. Et dont il avint que le quarte part de le fiente d'un coulon vendoit on .v. deniers en le cité, si com li escripture dist. Dont vint Elyseus; si dist au roi qu'il ne fust mie a malaise, que el demain devant solail levant avroit tel plenté en le cité c'on aroit le muy de *ferine* pour .ii. deniers et le muy d'orge pour .ii. *deniers*. Dont il avint c'uns chevaliers qui encoste le roi estoit a cui li rois tenoit se main sour ses espaules, dist que s'il plouvoit maintenant ferine et orge jusques a demain, n'en seroit il mie teus marchiés com il dist. Donc dist Elyseus qu'il le verroit a ses iex et *n'en* mangeroit ja.[a]

[**cxi**] Or avoit mesiaus en le cité; si prisent consel qu'il isteroient hors en l'ost, et qu'il avoient plus chier c'on les tuast en l'ost, que il morussent de fain en le cité. Quant ce vint le nuit, si issirent de le cité et alerent en l'ost, et quant il i vinrent n'i trouverent il homme ne femme ains trouverent les loges et les tentes toutes garnies de viandes, et les sommiers et les biestes atachiés. Lors

---

2 de son ceval] *lack F24 F25 F26* 2–3 pour occire pour ... que] que ch'estoit avenu a sen tans et qu'il le feroit ochirre. Ensi comme *F19* 3 *New paragraph in F25 and F26.* 6 l'uis] l'uis Elyseus *F24* 6–7 Dont vint li rois ... avenu] et dist li roys a Elyzeu que ensi faitement estoit avenu a sen tans *F19* 7 de le fiente d'un coulon] d'une feve *F24* 8 *New paragraph in F24.* ‖ vint Elyseus; si dist] dit Elyseus *F25 F26* 8–9 si dist au roi ... que] au roi et li dist que il ne s'esmaiast mie ne fust a malaise car *F19* 9 el demain devant solail levant avroit] l'endemain ains soleil levant aroit on *F19*, el demain dedens solel levant avroit il *F24*, l'endemain avant le soleil levant avroient *F25 F26* 10 ferine] frine *F18* ‖ deniers] et maille *F24* 11 deniers] *lacks F18. New paragraph in F25 and F26.* 11–12 encoste le roi ... dist] estoit delés le roy dist que li roys tenoit se main sur l'espaulle *F19*, encoste le roi estoit dist *F24* 12 plouvoit maintenant] plouvoit tres dont *F19*, commençoit a plovoir *F24 F25 F26* 13 jusques a demain n'en] dessi a l'endemain ne *F19*, desci c'a l'endemain n'en *F24*, deci au demain ne *F25 F26* ‖ teus marchiés] tel tans *F19* ‖ com il dist. Donc dist] Dont li dist *F24*, Adonc li dist *F25 F26* 14 n'en mangeroit ja] si ne mangeroit ja *F18*, si n'en gousteroit *F19* 15 *No paragraph break in F24, F25 or F26.* 15–16 si prisent consel ... et] qui disent que il isteroient hors en l'ost et se prisent conseil *F19* 16 en l'ost] *lack F25 F26* 17 si] si s'en *F24*, se s'en *F25 F26* ‖ alerent] vinrent *F19* 18 i vinrent n'i trouverent il] vinrent en l'ost n'i troverent il *F24*, vindrent n'i troveret onques ne *F25 F26* 18–19 les loges et ... garnies] toutes les tentes et les loges warnies *F19*, les tentes toutes garnies et les loges *F25 F26* 19 Lors] Donques *F24*, Donc *F25 F26*

[a] *F18 f. 30*$^{va-b}$*; F19 f. 82*^{vb}*–83*^{ra}*; F24 f. 127*$^{rb-c}$*; F25 f. 31*$^{rb-vb}$*; F26 f. 31*$^{rb-va}$ (ML, 110–111).

alerent; si mangierent et burent assés, et prisent des avoirs tant com il vaurrent et mucierent ançois qu'il le fesissent savoir en le cité. Quant che vint al point del jour, si vinrent a le porte de le cité et apelerent ciaus qui le porte garderent, et si lor disent qu'il fesissent savoir au roi que il n'avoit nului en l'ost et qu'ensi faitement avoient l'ost trouvee toute garnie de tous biens et que chil de l'ost s'en estoient alé. Li rois vint; si fist monter .xxx. hommes a cheval et les fist issir hors pour cerkier le tiere tout entour pour che qu'il ne fussent embuissié, que cil qui dehors le cité estoient assegié savoient bien qu'il avoient grant famine dedens le cité; pour ce se douterent cil de le cité qu'il ne se mesissent entr'aus en le ville.[a]

[cxii] Quant li rois sot qu'il s'en estoient alé et qu'il n'i avoit point d'enbuissement, si fist ouvrir le porte de le cité, si issirent *les gens* hors a le viande. Dont *vint li rois au chevalier a qui Elyseus avoit dit que il verroit le plenté de le viande et si n'en gousteroit*. Se li commanda li rois le porte a garder qu'il ne fesissent mellee ne bataille. La vit il a ses iex le marchié de le viande, si com Elyseus avoit dit que il verroit le plenté de le viande, si n'en gousteroit. Si ot si grant priesse que il i fu estains.[b]

---

1 si mangierent et burent ... vaurrent] ens et si burent assés et mangierent assés et si prisent de l'avoir assés *F19*   2 mucierent ançois] s'en mucherent ains *F 19*, muchierent en la cité ainsçois *F24*   3 le porte de ... ciaus] le chité droit a le maistre porte et apelerent le portier et chiaus *F19*, le porte et apelerent ciaus *F24*   4–5 qu'ensi faitement avoient ... biens] qu'il avoient trouvé l'ost toute wide de gent et toute garnie de tous biens *F19*, qu'ensi faitement avoient trové garni *F24 F25 F26*   6 alé] alé et avoient tot laissié, *F24* alé et avoient tout lasié *F26* (*illegible in F25*). *New paragraph in F25 and F26.* ‖ Li rois vint; si fist] Dont vint li roys et fist *F19*, Dont fist li rois *F24*, Lors fist li roys F *25 F26*   6–8 hommes a cheval ... assegié] chevaliers et cherquier tout entour le païs que il ne fussent en aucun lieu embusquié que chil qui estoient en l'ost *F19*   8–9 grant famine dedens le cité] en le chité molt grant famine. Et *F19*   9–10 mesissent entr'aus en le ville] fussent embuschié qu'il ne se mesissent en le chité aveuc aus ne entr'aus *F19*, mesissent entr'aus en le vile se cil de la vile issirent fors (s'en issirent *F25 F26*) *F24 F25 F26*   11 *No paragraph break in F24, F25 or F26.* ‖ sot] sot pour voir *F19*   11–12 s'en estoient alé ... d'enbuissement] n'i ot point d'embuissement et que il s'en estoient tout alé *F19*   12–13 si issirent les ... viande] et si issirent hors a le viande dont *F18*   15–16 a ses iex ... si] le plenté et le marchié de le viande et si *F19* ‖ avoit dit que ... Si] li ot dit et si *F24*, avoit dit et si n'en gousta car il i *F25 F26*   16 priesse] presse a le porte *F19*

[a] *F18 f. 30*[vb]*–31*[ra]; *F19 f. 83*[ra–b]; *F24 f. 127*[rc–va]; *F25 f. 31*[vb]*–32*[ra]; *F26 f. 31*[va]*–32*[ra] (ML, 111–112).   [b] *F18 f. 31*[ra]; *F19 f. 83*[rb]; *F24 f. 127*[va]; *F25 f. 32*[ra]; *F26 f. 32*[ra] (ML, 112).

[cxiii] Celle cités de Samaire fu toute abatue puis le tans Jhesu Crist en cel tans que Vaspasianus fu en le tiere; n'ainc puis n'i ot ville fors .i. moustier que li Samaritain i ont, la ou il font lor sacrefise a lor Paske; ne aillours ne peuent nient sacrefiier, nient plus que li Juis peuent sacrefiier aillors c'al Temple de Jherusalem. La vienent li Samaritain de la tiere d'Egypte et de le tiere de Damas et de par toute Païenime et des tieres ou il manoient al jour de Paskes; et lor Paske si est quant li Paske as Juis est. La font lor sacrefisse.[143]

A .v. liues de Naples a .i. castiel c'on apiele Beteron, dont il avint jadis anciienement c'uns senescaus Nabugodonozor, qui rois estoit de Perse, aseja cel castiel.[144] Cil senescaus avoit non Oliferne. Si furent molt a malaise cil dou castiel quant il furent asegié, qu'il n'atendoient nul secours se de Diu non. Dont junerent et fisent orison vers Dame Diu, qu'il les secourust. Nostre Sires Diex vit lor junes, si oï lor orisons; *et* si les secouru en tel maniere com je vous dirai. Car Diex mist en cuer et en talent a une dame veve qui el castiel estoit, et avoit a non Judif, qu'elle issi hors du castiel bien vestue et acesmee et ala en l'ost et fist tant par son sens et par art et par enging et par la volenté Nostre Signour qu'ele une nuit Oliferne, qui sires estoit de l'ost, caupa la tieste et porta el castiel et le fist metre en .i. pel sour la porte del castiel.[a]

---

1 *No paragraph break in F19 or F24.* ‖ de Samaire fu toute abatue] fu abatue *F19*, de Samaire fu toute abatue et desertee (deserté *F24*) *F24 F25 F26* ‖ le tans Jhesu Crist en cel] le tans que Jhesus Cris ala par tere au *F19*, la resurrection Nostre Segnor en cel *F24*, la resureccion Jhesu Crist en cel *F25 F26*   2 ville fors .i.] que un seul *F19*, vile fors soulement .i. *F24 F25 F26*   2–3 Samaritain] Sarrazin *F25 F26*   3–4 aillours ne peuent ... c'al] ailleurs ne peuent il sacrefier nient plus que li Juis au *F19*, alors ne puet sacrefier noient plus che li Jue puent sacrifier alors k'el *F25 F26*   6–7 al jour de ... est] au jour de lor Pasque as Juis et *F19*, Si vienent ces gens la al jor de lor Pasques et lor Pasques sont quant la Pasque des Juis est *F24*, au jor de Pasques et lor Pasques sunt qant les Pasqes des Juis sont *F25 F26*   7 *New paragraph in F25 and F26.*   8–9 anciienement] *lacks F19*   9–10 castiel] chité ou chis castiaus estoit *F19*   11 *New paragraph in F24.*   12 junerent et fisent ... Diu] vinrent et si fisent orison a Nostre Seigneur *F19* ‖ Nostre Sires Diex] Et Damedix *F19*, Nostres Sires Damedex *F24 F25 F26*   13 si oï] et *F19* ‖ et] *lacks F18*   14 estoit] manoit et si *F19*   15 hors du castiel bien vestue et] fors de la cité (del chastel *F24*) bien vestue et bien *F24 F25 F26* ‖ acesmee] quant ele fu bien achesmee si issi hors *F19*   16–18 art et par ... pel] sen engien qu'ele vint une nuit a Oliferne qui sires estoit de l'ost et se li caupa le teste et puis si le fist ensikier en un pel et le fist metre *F19*, enging et pa la volanté Nostre Seignor ki'ele une nuit coupa Oliferne qi sires estoit de l'ost et porta la teste el chastel et fist metre en un pel *F25 F26*

---

[a] *F18 f. 31^{ra–va}; F19 f. 83^{rb–va}; F24 f. 127^{va–b}; F25 f. 32^{ra–va}; F26 f. 32^{ra–b}* (ML, 112–113).

---

143   The Romans under Vespasian destroyed Shechem, here called Samaria, during Jewish revolt of AD 66–74.

144   For the story of Judith and Holofernes, see Judith 7–16. 'Beteron' is 'Bethulia'.

[cxiv] Quant cil de l'ost se leverent l'endemain par matin et il esgarderent vers le porte du castiel, si virent le teste lor seignour; si tournerent en fuies *et cil del chastel s'en* issirent apriés. Si les cacierent et ocisent tant *com* jours lor dura. Ensi secouru Dame Dieus cel castiel.[a]

[cxv] A deus liues de Naples a une cité c'on apiele Sabat et est en le voie si c'on va de Naples a Nazareth. A celle cité fu li cors monsigneur Saint Jehan Baptiste enfoïs. La le porterent si desciple quant Herodes li ot fait le chief coper. Une piece apriés, quant li feme Herode oï dire qu'il estoit enfouis, si envoia la et fist ses os traire de tiere et ardoir et venter le pourre, et pour ce font encore li enfant le nuit Saint Jehan le fu d'os pour che que si os furent ars.

Il a de Naples en Jherusalem .xii. liues[145] et de Naples en Nazareth .xii. liues et si est Naples en mi voies de *Jherusalem et de Nazareth*. Or a de Naples a Cesaire sour mer .xii. liues, et de Naples au flun Jourdain .v. liues, mais cil fluns n'est mie en cel endroit ou Jhesu Cris fu batisiés, car il i a assés plus de Naples la u il fu baptisiés; mais tout est .i. fluns.[b]

---

1 *No paragraph break in F24, F25 or F26.* 1–2 se leverent l'endemain ... du] vinrent l'endemain hors des tentes et il se regarderent par devers le *F19* 2 porte du castiel si virent] chastel si virent sor le porte *F24* ‖ si tournerent] Et quant il le reconnurent si s'esmaierent molt et tournerent *F19*, si tornerent tot *F24 F25 F26* 2–3 et cil del chastel s'en issirent] s'en tournerent et issirent tout *F18* 3 apriés] aprés et *F24*, aprés aus *F25 F26* ‖ com] que *F18* ‖ jours lor dura] il fu point de jor. Et *F19*. *New paragraph in F25 and F26.* 4 Ensi] Einsi come vos avez oï *F25 F26* ‖ Dame Dieus cel castiel] Dix cel castel *F19*, Dex cel chastel par feme *F24* 5 *No paragraph break in F19, F25 or F26.* ‖ c'on apiele Sabat et] qui a a non Sabat et si *F19* 7 le chief] decoler et le teste *F19*, la teste *F25 F26* ‖ *New paragraph in F25 and F26.* 8 li feme Herode oï dire qu'il] Le femme Herode oï parler qu'il *F19*, la feme Herode oï dire que *F24*, oï dire la feme Herode ke la *F25 F26* 8–9 enfouis si envoia ... pourre] la enfouis, si y envoia et en fist les les os traire hors de tere et se les fist ardoir et le pourre venter *F19* 10 le nuit Saint Jehan le fu d'os] le nuit de le Saint Jehan le fu d'os et *F19*, le fu des os le nuit de la feste Saint Jehan *F24*, le feu la nuit de la feste Saint Jean *F25 F26* 11 .xii. liues et ... .xii. liues] .ii. liues et de Naples en Nazareth .ii. liues *F18*, .xii. liues *F25 F26* 12–13 Jherusalem et de ... .xii.] Nazareth et de Jherusalem. Or a de Naples a Cesaire sour mer .ii. *F18* 13 .v. liues] .xii. liues et tel lieu y a .v. lieus *F19*, .vi. liues *F24 F25 F26* 14 en cel endroit ou Jhesu Cris] li fluns ou Dix *F19* 14–15 car il i ... baptisiés] *lack F25 F26 (homeoteleuton)*

[a] *F18 f. 31va; F19 f. 83va; F24 f. 127vb; F25 f. 32va; F26 f. 32^{rb–va}* (ML, 113).   [b] *F18 f. 31^{va–b}; F19 f. 83^{va–b}; F24 f. 127vb; F25 f. 32^{va–b}; F26 f. 32va* (ML, 113–114).

145   That Nablus and Jerusalem were twelve leagues apart (and not two as *F18*) is repeated at both § lxxxi and § cxxxi.

THE CHRONIQUE D'ERNOUL 175

[cxvi] Or vous ai dit de Naples comment elle siet.[146] Or vous dirai d'un clerc de Flandres qui ot a non Girras de Ridefort qui en le tiere estoit. Pour che *vous* veul dire de lui que ce fu .i. de ciaus par coi la tiere fu perdue. Il estoit marissaus *le roi* de Jherusalem. Il avint qu'en le tiere le conte de Triple avoit une dame de castiel a marier et li castiaus dont elle estoit dame avoit non Li Boteron. Il vint au conte de Triple; se li proia qu'il li donnast celle dame a feme; li quens de Triple dist qu'il ne li donroit mie.[147] Quant Girras de Ridefort vit que li quens li ot escondite le dame, si fu si dolans et si coureciés qu'il se rendi al Temple; n'onques puis n'ama le conte de Triple, ains li pourçaça mal tant com il pot, et celle haine fu commencemens de la tiere pierdre, si com vous orés dire. Girras de Ridefort n'ot gaires esté al Temple que li maistres fu mors; si fist on maistre de lui.[148]a

---

1 *No paragraph break in F24.* ‖ *New paragraph in F16 and F20. Rubric in F16*: D'un clerc de Flandres qui marichax iert de Jerusalem et puis fu mestres del Temple. *Rubric in F20*: D'un clerc de Flandres mareschal de Jherusalem et puis fu maistres dou Temple, et si dirai quel mal il fist. ‖ Or] Si *F18*, et en quel lieu. Or *F19* ‖ clerc] chevalier *F24 F38*, chevaliers *F25 F26*   2 Girras de] *lack F25 F26* ‖ estoit] estoit de Jerusalem *F16* ‖ vous veul] veul *F18*, vous en voel *F17 F20*, vous veul je *F19*, vos en vuel *F24*, vos vueill je *F38*   3 Il] cil Girarz dont je vos di *F16*   3–4 le roi] *lacks F18*   4–5 avint qu'en le tiere ... Li] vit que en le tere de Tripe avoit une dame a marier qui dame estoit d'un castel qui a a non *F19*   5 non Li Boteron. Il] a non Li Boterons. Cil *F16*, a non li castiaus de Bouteron. Chius Gerars *F20*, a non Le Botron. Cil chevaliers *F24*   6 se li proia] et se li dist *F19*   6–7 de Triple dist] li respondi *F19*, dist *F24*   7–8 li quens li ot] Raimonz li quens de Triple li avoit *F16*   8 si dolans et si coureciés qu'il] molt dolans et molt courouchies et molt iriés et *F19*   9 puis] puiscedi *F17* ‖ conte de Triple] conte Raymon de Triple *F16*, conte *F19 F24* ‖ pourçaça mal] porta mautalent *F19* ‖ pot] vesqui *F16*   10 commencemens] ocoisons *F24*, achesons *F25 F26*, achoisons *F38* ‖ pierdre] prendre *F38* ‖ si com vous orés dire] si com vos orroiz dire ci aprés *F16*, ainsi comme vous orrés *F19*, *lacks F20*, si vos en orroiz dire *F38*   11 que] quant *F16 F17 F19 F20* ‖ maistres fu mors ... maistre] maistres du Temple fu mors. Adont fist on maistre du Temple *F19*

a*F18 f. 31vb–32ra; F16 f. 30^{rb–c}; F17 f. 16vb–17ra; F19 f. 83vb; F20 f. 26^{rb–va}; F24 f. 127^{vb–c}; F25 f. 32vb; F26 f. 32vb; F38 f. 172^{va–b}* (ML, 114).

146   *F16*, *F17* and *F20* resume here. The third interpolation in *F38* starts.
147   For a more detailed account, see *Eracles* § 31.
148   Gerard held office as 'regius marescalcus' by 1179 (RRH, no. 587) and became master of the Temple following the death of Arnold of Torroja in 1184.
      Interpolation in *F38* ends.

176   THE CHRONIQUE D'ERNOUL

[cxvii] Or vous dirai dou roi mesiel qui aproça de se fin, et fu si malades qu'il ne li demoura dois en main, ne oel, ne nés; et manda tous ses barons en Jherusalem qu'il venissent a lui et il i vinrent. Quant il *furent* venu, si lor dist: 'Signour, pour Dieu, or aidiés consel a metre en le tiere, car ie *ne* vivrai mie longement;
5   car par le consel de Diu et de vous, vaurroie tant faire que l'ounour de Diu fust et de vous, et *a* le sauvetés de m'ame, car jou n'ai nul oir'. Dont disent li baron: 'Sire, qu'avés vous empensé a faire, ne que vaudrés vous faire? Ce que vous avés empensé a faire, faites le nous savoir, et selonc che que nous orons, nous vous consillerons'. Lors dist li rois: 'J'ai .i. mien neveu qui a a non Bauduins et est fiex
10 me screur le contesse de Jaffe; se li ferai porter couronne a me vie, se vous le me loés, et pour ce qu'il n'i ait descorde entre vous apriés me mort pour che que jou ai deus sereurs'. Dont respondirent li baron au roi: 'Sire, nous le vous loons bien a faire par si que vous metés tel bailliu en le tiere tant qu'il soit d'aage que le regne puist gouvrener et qui nous croie de nos consaus, car nous ne volons
15 mie que, se li enfes aporte courone, que ses parastres soit baillius de le tiere; car nos le connissons tant qu'il ne saroit ne ne poroit le regne gouvrener'.[a]

---

1 *Rubric in F16*: Comment li rois Bauduin mesiaus fu morz. *Rubric in F20*: Du roi Bauduin le mesel qui maladie prist de mort. *No paragraph break in F24.* ‖ mesiel] Bauduin mesel F16, Bauduin le mesel de Jherusalem F20, Bauduins de Jherusalem qui fu mesiaus F24   2 dois en main ... nés] doiz en la main ne oil ne nés F16, ne dois ne mains ne nés ne iex F19, dois en se main ne oel ne nés el chief F20, doiz en mains ne orelle ne nés F24 F5 F26 ‖ ses] les F17 F19 F20   2–3 en Jherusalem qu'il venissent a lui] qu'il venissent a lui en Jherusalem a .i. jour nommé F20   3 Quant il furent venu] Quant il i furent venu F18, Quant il furent tuit venu F16 F20, et F19   4 consel a metre] a metre consuel F16, a metre conseil F19, a metre consel F20 F24 ‖ ne] n'i F18   5 de Diu et] *lack F16 F17 F20* ‖ et de vous vaurroie] avant et de vous aprés vaurroie je F19, et de vos fust voudrai je F25 F26   5–6 tant faire que ... vous] je fere si qu'a l'ennor fust de vos et de Dieu F16, je si faire qu'a l'onour de vos fust et de Diu avant F20, faire si qu'il fust a l'onour de Diu F17, faire c'a l'onor de Deu fust et de vos F24   6 a] *lacks F18* ‖ m'ame] m'arme F25 F26 ‖ oir] jour F19, jor F25 F26 ‖ baron] baron de la terre F16, baron al roi F24   7–8 ne que vaudrés ... savoir] ce qu'il vos plest nos dites F16, çou que vos plaist nous dites F17 F20   8 savoir et selonc ... nous] *lacks F25 (homeoteleuton)*
9 *New paragraph in F25 and F26.* ‖ Lors] dont lor F16 F17 F20, Donc F19, Don[...] F24, Segnors F25 F26 ‖ J'ai] Segnour j'ai F20   10 me] de me F19 F20, de ma F25 F26 ‖ de Jaffe; se li] Sibile de Jaffes et fil Guillaume Longue Espee filz au marchis Boniface de Mont Ferrat. Celi F16   11 qu'il n'i ait ... mort] pour ce qu'il n'ait descorde apriés me mort entre vous F20, se je muir demain ne pordemain qu'il n'ait descorde entre vos F24, que se je muir demain ne pres demain q'il n'ait descorde en vos F25 F26   12 *New paragraph in F24.*   13–14 tant qu'il soit ... gouvrener] tant qu'il soit d'aage qui le regne (la terre F16) puist governer F16 F17 F20, tant qu'il soit d'aage qui le regne puist garder et gouvener F19, qui le regne puist governer F24, tant q'il soit en la terre d'aage ki le regne poïst gouverner F25 F26   15 aporte] a porté F16 F17 F24, porte F19 ‖ que] que Guis de Lisegnon F16 ‖ parastres] parastres en porte corone et F25 F26   16 regne gouvrener] terre gouverner F16 F17 F20, tere gouverner ne garder F19

---

[a] F18 f. 32^{ra-b}; F16 f. 30^{rc-va}; F17 f. 17^{ra-b}; F19 f. 83vb–84ra; F20 f. 26^{va-b}; F24 f. 127^{vc}; F25 f. 32vb–33rb; F26 f. 32vb–33rb (ML, 115).

[cxviii] Lors *lor* dist li rois: 'Or esgardés entre vous a qui je porai baillier le tiere et l'enfant'. Il esgarderent entr'aus k'a nului ne le poroit il si bien commander c'al conte de Triple.[149] Dont manda li rois le conte de Triple, se li proia qu'il receust le baillie del regne et de l'enfant a .x. ans, tant que li enfes fust d'eage. Li quens de Triple respondi que volentiers receveroit le baillie, par si qu'il ne fust mie garde de l'enfant; car il ne voloit mie c'on desist que, se li enfet *moroit* dedens les .x. ans, qu'il fust mors par lui. Et si voloit que li castiel et les fermetés fuissent mises en le main del Temple et de l'Hospital, car il n'en voloit mie estre mescreus, ne c'on en pensast sour lui nul malvaisté. Et si vaurroit estre assenés ou il se tenroit se il au regne metoit nul coust, car il n'estoit nulle trive as Sarrazins, ne li tiere n'estoit mie si rendans qu'il peuist ost tenir contre les Sarrazins sans grant coust. Et si voloit c'on l'aseurast d'avoir le baillie a .x. ans, en tel maniere que, se li enfes moroit dedens les .x. ans, qu'il tenist le baillie ausi comme devant desci *a* celle eure que par *le consel* l'apostoile de Roume et *l'empereour* d'Alemaigne et le roi de France et le roi d'Engletiere seroit jugiés li regnes a l'une des deus sereurs, ou a l'aisnee ou a le maisnee, pour ce que li rois Amaurris fu departis de le mere a l'aisnee sereur ains que il fust rois, et li maisnee fu de roi et de roine. Pour ce ne s'acorderent mie li baron de le tiere que li ainsnee l'eust, se li enfes moroit, sans le consel de ces .iiii. que je vous ai nommés, et pour ce l'atira ensi

---

1 *No paragraph break in F20, F24, F25 or F26.* ‖ Lors lor] Lors *F18*, Dont *F19*, Donc lor *F24 F25 F26*   1–2 baillier le tiere et l'enfant] le tere baillier a garder et l'enfant *F20*, carcier l'enfant et le regne *F24*, le regne chargier et l'enfant *F25 F26*   2 poroit il] porroient il *F16*, porroient *F20*, porroit *F19*, poroit on *F25 F26*, ‖ commander c'al] commander comme au *F17 F20 F24 F25 F26*, baillier comme au *F19*   2–3 c'al conte de ... conte] com a Raymont le conte de Triple qui ses cousins germains est. Donc manda li rois par le consuel de ses barons le conte Raymon *F16*   3 *New paragraph in F25 and F26.* ‖ se li proia] et si li pria *F16*, et li pria *F19*, et si li pria et il et li baron *F24 F25 F26 F38*   4 baillie del regne ... a .x.] baillie de le (la *F16*) terre et de l'enfant jusqu'a .x. (.xv. *F16*) *F16 F17 F20*, regne et le baillie de l'enfant a .x. *F19*, regne et l'enfant l'en baillie a .x. *F25 F26*, baillie du reaume et de l'enfant a .x. *F38* (*F38 has* 'reaume' *throughout this paragraph*)   4–5 de Triple] *lacks F24*   5–6 garde de l'enfant] *New paragraph in F24.*   6–7 c'on desist que ... lui] que se li enfes moroit dedens les .x. ans c'on desist qu'il fust mors (que ce fust *F17*) par lui *F17 F19 F24 F25 F26 F38*   6 moroit] estoit mors *F18* ‖ .x.] .xv. *F16*   7 fermetés] fermetés del regne *F24* ‖ mises] mis *F19 F20 F24 F25 F26 F38*   8 del Temple et de l'Hospital] de l'Ospital et del Temple *F24*   9 en] *lack F16 F20 F24 F25 F26* ‖ nul malvaisté] nule cose malvaise *F17* ‖ vaurroit] vouloit *F16 F19 F24 F25 F26 F38*   10 coust] coutement *F16*   11 les] *lack F16 F20 F25 F26 F38*   12 coust] coutement *F16* ‖ .x.] .xi. *F16*   13 qu'il tenist la baillie ausi] la baillie voroit avoir ausi *F24*, la ballie tenroit *F25 F26*, la baillie tendoit aussint *F38*   14 a] *lacks F18*, a i *F20 F24* ‖ le consel] *lack F18 F24* ‖ l'empereour] par le consel l'empereour *F18 F19*   15 jugiés] dounez *F16*   16 l'aisnee ou a le maisnee] la mainsnee ou a l'ainsnee *F25 F26 F38* ‖ que] que ses pere *F24*   19 .iiii.] .iii. *F20* ‖ et pour ce l'atira ensi] Porce l'atirrai je einsi *F25 F26*, Et pour chou l'ordena ensi *F19*

---

149   In *F38* the text of the Continuation starts with this sentence, but not as a new paragraph.

li quens de Triple, qu'il ne voloit mie qu'il euist discorde en le tiere se li enfes moroit, et pour çou en voloit il estre tenans desci a cel eure que li .iiii. i eussent mis consail. Ceste cose fu greé del roi et des barons tout si que li quens le devisa. Illueques atirent que li quens Josselins, qui oncles estoit le mere a l'enfant, le garderoit, et que li quens de Triple avroit Barut et qu'il le garniroit, pour chou que sil metoit coust el regne par les barons de le tiere, que la fust assenés desci qu'il *raroit eus* ses cous.[a]

[cxix] Quant ensi orent atourné l'afaire, si commanda li rois c'on couronnast l'enfant, et on le mena au Sepucre, et si le couronna on. Et se le fist on porter a .i. chevalier entre ses bras desci qu'al Temple Domini, pour che qu'il estoit petis, qu'il ne voloit mie qu'il fust plus bas d'aus. Et li chevaliers estoit grans et levés, et avoit a non Balyan de Belyn, et estoit uns des barons de le tiere.[150][b]

---

1 de Triple] Raymont de Triple *F16, lacks F24* ‖ en le tiere] entre les .ii. sereurs *F17*, entre aus *F24*   2 desci a cel … .iiii.] de le tere desci adont que cil .iiii. *F17*, dessi adont que chil .iiii. *F19*, dessi qu'a icele heure que li .iiii. *F20 F38*, desci c'a icele eure que Dex et cil .iiii. *F24*, de si a cele hore ke li uns *F25 F26*   2–3 i eussent mis consail. Ceste cose] que je vous ai nomme eussent mis consail en ches coses et ce *F19*, eussent mis consceil en aus. Ceste chose *F25 F26*   3 *New paragraph in F25 and F26.* ‖ greé] graee et *F16*, au gré *F38* ‖ tout si que li quens] tot issi com li quens *F17*, tot si (ainsi *F19*) comme li quens de Triple *F19 F20 F25 F26*, si comme li quens *F24*, tot si cum li cuens *F38*   4 quens Josselins] quens Joscelins de Rohés *F16*, Joselins *F25 F26*   5 Barut] Barut en gages *F25 F26*, Barut en assennement *F19*   5–6 pour chou que sil metoit coust] et que s'il metoit cous ne paine *F19*   7 qu'il raroit eus ses cous] qu'il aroit ses cous *F18*, adont qu'il ravroit eu tretoz ses cous se nul en i feroit *F16*, adont qu'il raveroit eus ses cous *F17*, adont qu'il raroit ens tous ses cous *F19*   8 *Rubric in F16*: De tens lo roi Baudoin l'enfant, filz Guillaume Longue Espee de Monferrat, filz de la sereur le roi mesel contesse de Jaffes et d'Escalonne; et del conte de Triple qui bailliz fu de la terre de Jerusalem. *Rubric in F20*: Del tans le roi Bauduin l'enfant, qui fu fieus Guilliaume Longe Espee de Mont Ferrat, de le seror le roi Bauduin le mesel, contesse de Jaffe, et del conte de Triple. *This is followed by a six-line puzzle initial 'Q'. No paragraph break in F24, F25, F26, F38.* ‖ Quant ensi orent atourné l'afaire] Quant li rois Baudoin qui mesiax estoit et li baron de la terre de Jerusalem orent atorné que li quens Joscelins seroit garde de l'emfant and li quens Raymonz de Triple bailliz de la terre *F16*, Quant ensi orent atiré l'afaire *F24 F25 F26 F38* ‖ rois] rois mesiax *F16*, rois mesiaus de Jherusalem *F20* ‖ couronnast] cornast *F25 F26*   9 l'enfant] l'enfant Bauduin fil de le contesse de Jaffe Sebile qui se suers estoit *F20* ‖ couronna] corna *F26*, recorna *F25* ‖ fist on porter a] porta *F25 F26*   10 entre ses] dici au Temple entre *F16* ‖ qu'il estoit petis] lacks *F16*   11 voloit] voloient *F17 F24 F25 F38* ‖ chevaliers] chevaliers qui le portoit *F20*   12 de Belyn] d'Ybelin *F24 F25 F26 F38*

---

[a] *F18 f. 32^(rb–va); F16 f. 30^(va–b); F17 f. 17^(rb–va); F19 f. 84^(ra–va); F20 f. 26^(vb)–27^(ra); F24 f. 128^(ra–b); F25 f. 33^(rb–va); F26 f. 33^(rb–vb); F38 f. 173^(ra–b) (part)* (ML, 115–117).   [b] *F18 f. 32^(vb)–33^(ra); F16 f. 30^(vb–c); F17 f. 17^(va); F19 f. 84^(va); F20 f. 27^(rb); F24 f. 128^(rb); F25 f. 33^(va–b); F26 f. 33^(vb); F38 f. 173^(rb)* (ML, 117–118). *F18 has an eight-line miniature panel showing Balian of Ibelin carrying a crowned Baldwin V on his shoulders, surrounded by a number of noblemen, and followed by a four-line historiated initial 'Q'.*

---

150   Baldwin V was crowned on 20 November 1183.

THE CHRONIQUE D'ERNOUL 179

[cxx] Il est costume en Jherusalem, quant li rois porte couronne, *il prent coronne* al Sepucre, et si le porte sour son cief desci al Temple, la ou Jhesu Cris fu offiers. La si offre se couronne, mais il l'offre par racat. Ausi soloit on faire quant li feme avoit sen premier enfant malle: elle l'offroit au Temple, et le racatoit d'un agniel, ou de deus coulombiaus, ou de .ii. tourtereules. Quant li rois avoit offierte se couronne au Temple, il avaloit uns degrés qui sont dehors le Temple, et s'en entroit en son palais el Temple Salemon, ou li Templier manoient. La estoient mises les *tables* pour mangier, la ou li rois s'aseoit, et il et si baron et tout cil qui mangier voloient, fors seulement li bourjois de Jherusalem, qui servoient; que tant devoient il de service al roi, que, quant li rois avoit porté couronne, qu'il servoient al mangier *et li* et ses barons.[a]

[cxxi] Ne demoura puis gaires que li enfes ot porté couronne, que li rois mesiaus fu mors. Devant che que li rois mesiaus fust mors, manda il tous ses hommes que il venissent a lui en Jherusalem, et il i vinrent tout a cel point que *la nuit qu'il i vinrent* trespassa il de chest siecle, et qu'il furent tout a se mort. L'endemain *l'enfoïrent* el moustier del Sepucre, la ou li *autre* roi avoient esté enfoui puis le tans Godefroi de Buillon: il avoient esté enfoui entre mont de Calvaire, la ou Jhesucris *fu* mis en crois, et le Sepulcre ou il fu mis; et tout

---

1 *No paragraph break in F16, F17, F19, F20, F24 or F38.* ‖ Il est] Or est *F24 F38*, Il estoit *F25 F26*   1–2 il prent coronne] *lacks F18 (homeoteleuton)*, que il le porte *F19*   2 Jhesu Cris] Dex *F19 F24*   3 faire] faire en la viés loi *F24*   4 malle] malade *F19* ‖ Temple et] Temple ou Jhesu Cris fu offers et *F19* ‖ le] si le *F24 F25 F26*, se le *F38*   6 il] si *F24 F25 F26 F38*   8 tables] napes et les tables *F18* ‖ s'aseoit] s'aseoit au mangier *F20*   9–10 Jherusalem, qui servoient] *New paragraph in F24.*   10 que tant devoient il de service] car tant de service doivent faire li borgois *F20*   10–11 avoit porté couronne qu'il servoient] porte courone qu'il servent *F20*, avoit porté corone qu'il le servoient *F24 F38*, portoit corone q'il se servoient *F25 F26*   11 et li] devant lui *F18*, et lui *F24*   12 *Rubric in F16*: Des barons qui firent omage au roi Baudoin l'emfant et au conte de Triple qui estoit baillie de la terre. *Rubric in F20*: L'ommage que li baron firent al roi Baudoin l'enfant et au conte de Triple comme bail. *No paragraph break in F24, F25, F26 or F38.* ‖ puis] *lack F20 F24*   12–13 que li enfes … mors] aprés ço que li enfes ot porté corone que li rois ses oncles fu mors mais *F24*   12 enfes] enfes Bauduins *F16 F20*   13 mesiaus] Baudoins mesiax *F16*, de Jherusalem *F19* ‖ *New paragraph in F25 and F26.* ‖ que li rois mesiaus fust mors] qu'il moreust *F16*, qu'il morust *F19 F24*   14 hommes] barons *F19 F25 F26* ‖ que il venissent a lui] *lack F25 F26*   15 que la nuit qu'il i vinrent] que il que le nuit *F18*, qu'il y vindrent *F19*, ke la nuit q'il vindrent *F25 F26*, qui vindrent *F38* ‖ il] li rois *F19 F24* ‖ qu'il] si que si homme *F19*   16 l'enfoïrent] l'enfoïrent il *F18*, si l'enfoïrent *F24 F38* ‖ del Sepucre] de Saint Sepulchre *F19* ‖ autre] *lack F18 F17*   17 tans] tens au roi *F16* ‖ avoient esté] estoient *F24 F25 F26 F38* ‖ mont] le mont *F17 F19 F25 F26*, la montaigne *F38*   18 fu mis en crois] avoit esté mis en crois *F18*, fu crucefiez *F16*

---

[a] *F18 f. 32^{ra-b}; F16 f. 30^{vc}; F17 f. 17^{va-b}; F19 f. 84va; F20 f. 27^{rb-va}; F24 f. 128rb; F25 f. 33vb–34ra; F26 f. 33vb–34ra; F38 f. 173^{rb-va}* (ML, 118).

est dedens le moustier del Sepulcre, mont de Calvaire et Gorgatas.[151] Devant che que li rois *mesiaus* fust mors, et li enfes ot porté couronne, li fist il faire a tous les barons de le tiere feuté et hommage comme a signour et com a roi.[152] Apriés se li fist faire hommage al conte de Triple comme de bail, et si fist jurer *a toz les barons de* le tiere que l'atirement des .ii. sereurs ensi qu'il avoit esté fais tenroient, et aideroient le conte de Triple le tiere a maintenir et a garder *se li emfes moroit dedenz les .x. anz. Quant li rois mesiaus fu mors, et li enfes ot porté corone, si le carga on le conte Joscelin a garder*, et il l'enmena a Acre, si le garda al mex qu'il pot, et li quens de Triple fu baillius de le tiere.

Or avint chel premerain an qu'il ne plut point en le tiere de Jherusalem, ne qu'en Jherusalem ne requeilli on point d'iaue ne qu'il n'avoient que boire se poi non et il avint qu'il avoit en Jherusalem .i. bourgois, qui mout volentiers faisoit pour Dieu bien et avoit a non Germains. Il avoit en .*iii*. lius en Jherusalem .iii. cuves de marbre enseellees en maisieres et si avoit en cascune de ces cuves .ii. bacins enchainés, et si les faisoit tous tans tenir plains d'iaue; la si aloient boire tout cil et toutes celles qui boire voloient. Quant chil Germains vit qu'en

---

1 Sepulcre] Saint Sepulchre *F19* ‖ mont de Calvaire et Gorgatas] *lack F16 F17 F20*, mont Cauvaire et Galgatas *F24*, mont Calvaire et Gorgotas *F25 F26*. *New paragraph in F25 and F26*.   2 mesiaus] *lack F18 F24*   3 signour et com] seigneur et *F16 F38 F20 F25 F26*, droiturier segnor et *F24*   4 *New paragraph in F24*.   5 a toz les ... terre] as barons de (de toute *F18 F20*) le tiere *F18 F19 F20*, a tous les baillius de toute *F17*, a tos les barons et aus (les *F24*) chevaliers de la terre *F24 F25 F26 F38*   5–6 que l'atirement ... tenroient] que l'atriement de ses .ii. sereurs com (si com *F16 F20*) il avoit esté devisé tenroient *F16 F17 F20*, tel ou on l'avoit fait de ses .ii. sereurs tenroient et qu'il *F19*, que l'atirement si com il avoit esté fais des .ii. sereurs tenroient *F24 F25 F26 F38*   7–8 se li emfes ... garder] *lacks F18* (*homeoteleuton*), si le charja l'en au conte Jocelin a garder *F38*   7 *New paragraph in F16, F17, F19 and F20*. *Rubric in F16*: D'un borjois qui estoit en Jerusalem au tens le roi Baudoin l'emfant, qui ot non Germains. *Rubric in F20*: D'un home de Jherusalem qui ot a non Germains. ‖ Quant li rois mesiaus] Cil Bauduins qui fu mesiaus regna .xxv. ans. Il *F24*   8 li enfes] li enfes Baudoin *F16* ‖ Joscelin] Joscelin de Rohés *F16*   10 *New paragraph in F25, F26 and F38*.   11 chel premerain an ... point] chose qu'il ne plut point en ce prumier an *F16*, en cel premier an qu'il ne plut goute d'aiwe *F24*, cel premier an ke li roys mesiaus fu mors q'il ne plut point *F25 F26*   12 requeilli] rechut *F20 F38*   12–13 d'iaue ne qu'il ... en] en la terre de *F25*, d'eve ne q'il n'avoient ke boivre se molt poi non. Il avoit en *F26* ‖ se poi non] molt poi *F24 F26*, que molt pou *F38*   13 en Jherusalem .i. bourgois] .i. borjois en Jerusalem *F16 F17 F19 F20* ‖ mout] *lack F24 F25 F26 F38*   14 pour Dieu bien] pour Diu *F19*, bien pour Dieu *F17 F20 F24 F25 F26 F38* ‖ Il avoit en .iii. lius] Il avoit en .iiii. lius *F18*, Chil Germains avoit *F19 F20*   14–15 en .iii. lius ... en] en Jherusalem .iii. cuves de marbre et si estoit en .iii. lex ens es *F19*   16 .ii.] .iii. *F16 F17 F20* ‖ tous tans] cascuns *F19*, tot *F16*, touz jorz *F38*

---

151   *F38* begins a new book with a nine-line historiated initial 'D' showing Germain supervising servants drawing water from a well and carrying it into Jerusalem.
152   Baldwin IV died in 1185, probably in April.

THE CHRONIQUE D'ERNOUL　　　　　　　　　　　　　　　　　　　　　　　　　181

ses cuves n'avoit gaires preu d'iaue, et qu'il ne plouvoit point si fu mout dolans pour che qu'il avoit paour qu'il ne perdist l'aumosne a faire, qu'il avoit commenchie, *d'abuvrer* les povres gens. Dont li sovint de che qu'il avoit oï dire as anciiens homes de le tiere qu'en le valee de Jozafas avoit .i. puc anciien que Joseph fist,[153] et estoit enkeus et emplis, et gaagnoit on la tiere par deseure, et c'apaines seroit trouvés.[a]

[cxxii] Dont proia Germains a Nostre Segnour que, se ses plaisirs estoit, qu'il li laissast cel puch trouver, et qu'il li aidast a maintenir le bien qu'il avoit commenchié a faire, que par sen plaisir que ses povres pules eust secours d'iaue. Quant ce vint l'endemain par matin, si se leva et ala al moustier et proia Dieu qu'il le conseillast. Et puis s'en ala en le place, et prist ouvriers et les mena la ou on li avoit dit que li pus estoit, et fist fouir et haver tant qu'il trouva le puch. Quant il l'ot trouvé, si le fist widier et maiserer tout neuf, et tout a sen coust. Puis si fist faire par deseure une roe c'uns cevaus tournoit, ou il avoit pos, si que li pot plain venoient amont, et li wit aloient aval. Et avoit *fait* metre cuves de pieres la ou celle eve couroit c'on traioit *de cel* puch. Et la venoient tout cil de

---

1 cuves] cisternes *F24 F25 F26 F38* ‖ gaires preu] preu *F16 F17*, point *F19 F20*, gaires *F24*, prou *F25 F26* ‖ point] lack *F25 F26 F38*　　2 qu'il avoit paour] lack *F24 F38*　　2–3 commenchie d'abuvrer] commenchie a abuvrier *F18*, commencié a faire d'abruvrer *F16 F17*, commenchié de donner a boire *F19*　　3–4 as anciiens] les anciseurs et les viex *F19*　　4 de le tiere] lacks *F20* ‖ qu'en] quant *F25 F26* ‖ Jozafas] Josafas (Josaphas *F38*) encoste la fontaine de Siloé *F24 F25 F26 F38*　　5 Joseph] Jacop *F24*, Jacob *F25 F26 F38* ‖ fist] i fist *F20 F25 F26 F38* ‖ enkeus] couverz *F16 F38* ‖ gaagnoit on la tiere] gaaignoit (en gaagnoit *F25 F26*) on et laboroit (laboroit on *F24*, laboroit l'en *F38*) *F24 F25 F26 F38*　　6 c'apaines seroit trouvés] que apaines le porroit nus hons qui soi trouvés *F19*　　7 *No paragraph break in F20, F24, F25 and F38.*　　7–11 Dont proia Germains ... puis] Aprés ce vint Germains, si *F25 F26*　　9 que par sen plaisir que] que *F16 F17 F20*, et que *F19*, et qu'il li laissast tant faire par son plaisir que *F24 F38*　　10 si] li prodom *F24* ‖ se leva et ... Dieu] depria a Nostre Seigneur *F19*　　11 Et puis s'en ... et] et puis si *F19*, Aprés çou ala en la place et *F24 F38* ‖ et les mena la] et les mena en le plache *F19*, et si s'en ala en cel liu (cele leu la *F38*) *F24 F38*, s'ala el leu la *F25 F26*　　12 on li avoit dit] il avoit oï dire *F16 F17 F19*, il avoit dit *F25 F26* ‖ et haver tant] et caver tant *F16*, et hawer tant *F24*, et chaver tant *F25 F26*, et hover tant *F38*, amont et aval *F19* ‖ *New paragraph in F25 and F26.*　　13 il l'ot trouvé] il fu trouvés *F20*, Germains ot le puis trové *F25 F26* ‖ maiserer tout neuf] tot maçoner de novel *F24*, maiserer de neuf *F25 F26 F38*　　14 c'uns cevaus tournoit ... pos] u il avoit pos c'uns chevaus tornoit *F24 F25 F26 F38*　　15 li pot plain] li pot qui plain estoient *F38* ‖ avoit fait metre] avoit metre *F18*, s'avoit metre *F20*, avoit fait *F24*　　16 couroit] cheoit *F16*, chaoit *F24* ‖ de cel] del *F18*

---

[a] *F18 f. 32rb–33vb; F16 f. 30^{vc}–31rb; F17 f. 17vb–18ra; F19 f. 84va–85ra; F20 f. 27^{va-b}; F24 f. 128^{rb-va}; F25 f. 34^{ra-va}; F26 f. 34^{ra-va}; F38 f. 173^{va-b}* (ML, 118–122).

153　Pringle (*Pilgrimage to Jerusalem*, 149 n. 94) suggests that this was Job's Well (Bi'r Ayyūb) further down the Kidron Valley.

le cité qui voloient de l'eve, si le portoient en le cité, et li bourgois *faisoit* traire l'eve nuit et jour a ses cevaus, et raemplissoit le cité a tous ceus qui prendre en voloient, et tout a sen coust, desci que Damediex lor envoia pluie, et qu'il ot de l'eve en lor cisternes. Encore ne *se tenoit* mie a tant li preudom, ains avoit .iii. soumiers et .iii. serjans, qui ne faisoient autre cose que porter eve a ses cuves qu'il avoit en le cité, a abuvrer les povres gens. Cil pus ou il faisoit traire celle eve avoit bien .xl. toises de parfont; puis le depecierent et emplirent Crestiiens quant il oïrent dire que li Sarrazin venoient le cité assegier.[a]

[cxxiii] Or[154] vous dirai de le fontaine de Siloé, qui priés dou puc est. Elle n'est mie boine a boire, ains est sausse. De celle eve tanoit on les cuirs de le cité, et si en lavoit on les dras, et si en abuvroit on les gardins qui desous en le valee estoient. Chelle fontaine ne court noient les samedis, ainç est toute coie.[155] Or vous dirai qu'il avint a celle fontaine .i. jour, au tans que Jhesu Cris aloit par tiere. Jhesu Cris estoit .i. jour en Jherusalem entre lui et ses apostles, et passoient par une rue, et virent .i. homme qui n'avoit nul oel, ne qui onques n'avoit eut oil. Donc vinrent li apostre, si demanderent a Jhesu Cris se c'estoit pour le pecié del pere et de le mere, ou d'aucun parent que il eust, qu'il estoit sans iex. Jhesu Cris lor respondi que ce n'estoit pour pecié dou pere, ne de le mere, ne de parent qu'il euist, mais pour çou qu'il ouverroit en lui. Dont vint Jhesu Cris, si

---

1 voloient de l'eve si le portoient] voloient avoir de l'eve si la portoient *F16*, voloient avoir de l'iaue et si l'emportoient la ou il voloient *F19* ‖ faisoit] faisoient *F18 F17*   2 ses cevaus] a chevax celui Germain *F17* ‖ le cité] le cité de Jerusalem *F16*, toute le vile *F17*   3 ot] orent *F24 F25 F26 F38*   4 cisternes] cuves et en lor cisternes. Et *F19* ‖ se tenoit] faisoit *F18*, s'en tenoit *F24*, s'en faisoit *F19*, se faissoit il *F25 F26*, se fesoit *F38*, souffisoit *F17*   5 et .iii.] .ii. *F19*, .xiii. *F38* ‖ que] fors *F17 F24*, fors que *F19*   6 cité a] cité por *F16 F17*, chité de Jherusalem pour *F20*, cité et *F24 F25 F26* ‖ eve a ses cuves qu'il avoit en le cité, a abuvrer] a boire *F19*   7 .xl. toises] .lx. toises u plus *F24 F38*, .xl. toises ou plus *F25 F26* ‖ et emplirent Crestiiens] li Crestiien et emplirent *F20*, et emplirent li Crestien *F19 F24 F25 F26*   8 le cité assegier] asseïr le chité *F19*, la cité de Jherusalem asegier *F24*, la cité asseoir *F38*   9 dirai] dirons *F25 F26* ‖ priés dou puc est] pres d'iluecques estoit *F25 F26*   10 sausse] salee *F24 F38* ‖ tanoit] tenoit *F25 F26*, tennoit *F38* ‖ de le cité] en Jherusalem *F24*   11–12 desous en le valee estoient] estoient hors de le chité *F19*   12 noient les samedis] pas puis le samedi a nonne *F19*, noient le samedi *F24 F25 F26*, mie le samedi *F38*   16 vinrent li apostre si demanderent] demanderent li apostre *F24*   17 estoit] estoit nés *F24*   18 Jhesu Cris lor] Et Nostres Sires *F19* ‖ dou] de *F19*, ne del *F24 F38* ‖ de] d'aucun *F24*   19 ouverroit] ne creoit *F19* ‖ *New paragraph in F24.*   19–183.1 vint Jhesu Cris si escopi] escopi Jhesu Cris *F24*

[a] *F18 f. 33vb–34ra; F16 f. 31rb; F17 f. 18^{ra-b}; F19 f. 85ra; F20 f. 27vb–28ra; F24 f. 128va; F25 f. 34^{va-b}; F26 f. 34^{va-b}; F38 f. 173vb* (ML, 122–123).

154   *F16, F17* and *F20* lack this paragraph.
155   *F25* and *F26* lack the remainder of this paragraph.

escopi a tiere, si fist .i. poi de boe, se li mist la ou li oel devoient estre, et se li dist qu'il alast a le fontaine de Syloé, si se lavast, et si veroit. Et il i ala, et si se lava, et si ot iex, et si vit. Dont revint ariere en le cité de Jherusalem a ses parens, qui molt *s'esmervellierent* de che qu'il *avoit* iex, et mout li *demanderent* comment, et a painés creoient il que che fust il. Apriés, quant li Juis et li maistre de le loy oÿrent dire que cil qui onques n'avoit veu avoit iex, si le manderent, et se li demanderent comment *c'estoit* qu'il avoit iex. Et il lor conta comment *c'estoit*, et il ne le vaurrent mie croire, ains manderent ses parens, et lor demanderent s'il estoient certain que ce fust il, et il disent que oïl.[156a]

[cxxiv] Or vous dirons del conte de Triple, qui baillius estoit de le tiere de Jherusalem. Quant il vit qu'il ne plouvoit noient, et que li blé ne croissoient, qui semé estoient, si ot paour de chier tans; si manda les barons de le tiere et le maistre du Temple et de l'Ospital;[157] si lor dist: 'Seignour, quel consel me *donrés* vous? Il ne pleut ne blé ne croissent. J'ai paour que li Sarrazin ne s'aperçoivent que nous aions cier tans, et que il ne nous keurent sus. Quel consel me donrés vous? Ferai jou les trives as Sarrazins pour le doute du cier tans?' Li baron li loerent bien, et il manda trives a Salehadin .iiii. ans, et il *li* donna volentiers.[b]

2–3 veroit. Et il ... iex] creist en lui et il verroit et chil ala a le fontaine *F19*   4 molt s'esmervellierent] mout s'esmervellent *F18*, se merveillerent molt *F19*, molt se merveillerent *F38* ‖ de che qu'il avoit] de che qu'il a *F18*, qu'il avoit *F24 F38* ‖ mout li demanderent comment] mout li demandent comment *F18*, molt li demanderent comment *F19 F38*, molt s'esmervellierent comment c'estoit *F24*   6 veu] eu iex *F24* ‖ si le manderent] *lacks F19*   7 c'estoit] estoit *F18* ‖ c'estoit] estoit *F18*   8 et] *lack F24 F38*   9 disent] respondent *F19*   10 *Rubric in F16*: Comment li quens de Triple fist trives au Sarrazins por le chier tens. *Rubric in F20*: Du conte de Triple, qui fist trieves a Salehadin. *No paragraph break in F24*. ‖ conte de Triple] conte Raymon de Triple *F16* ‖ de le tiere] le roi *F17*   11 noient] point *F20 F38*   12–13 les barons de ... maistre] tous ses barons de le chité de Jherusalerm et *F19*   13 du Temple et de l'Ospital] de l'Ospital et del Temple *F24* ‖ si] et si *F16 F19 F24 F38*   13–14 me donrés vous? Il] me donnés vous *F18*, donrés vos qu'il *F24 F25 F26 F38*   14 Il ne pleut ... paour] J'ai peur de chier tans avoir car il ne pleut point ne li blé qui semé sont ne croissent point. Je doute *F19* ‖ li] *lack F16 F17 F20* ‖ s'aperçoivent] s'aperçoivent *F25 F26*   15 aions] avons *F16 F25*, n'aions *F20*, n'avons *F26 F38*   16 Ferai jou les trives] Je veul faire trives *F19*, ferai jou trives *F24 F25 F26 F38*   17 loerent bien] mandierent bien que bon estoit *F16*, loerent bien que bon estoit *F20* ‖ trives] trieves as Sarrazins et *F20* ‖ .iiii. ans et ... volentiers] .iiii. ans, et il le donna volentiers *F18*, a .iiii. ans. Et li roys Salehadins li donna molt volentiers *F19*, a .iiii. ans et il li dona volentiers *F20*, et Salehadins li dona molt volentiers trives a .iiii. ans *F24*, et Salehadins li dona volentiers trives a .iiii. anz *F25 F26 F38*

---

[a] *F18 f. 34^{ra–va}; F19 f. 85^{ra–b}; F24 f. 128^{va–b}; F25 f. 34vb (part); F26 f. 34vb (part); F38 f. 173vb–174ra* (ML, 123–124).   [b] *F18 f. 34va; F16 f. 31^{rc}; F17 f. 18rb; F19 f. 85^{ra–b}; F20 f. 28^{ra–b}; F24 f. 128vb; F25 f. 34vb–35ra; F26 f. 34vb–35ra; F38 f. 174ra* (ML, 124).

156   John 9:1–34.
157   Roger des Moulins (1177–1187).

[cxxv] Quant il ot trives entre Crestiiens et Sarrazins, li Sarrazins amenerent tant de viande as Crestiiens que bon tans eurent durement, et que s'on n'eust fait trives, il fussent tout mort de fain. Dont li quens de Triples, pour les trives qu'il fist adonc as Sarrazinz, fu mout amés des gens de le tiere, et mout l'en proiierent de beneïçons.[158]

Je vous avoie oubliié a dire, quant je parlai de le fontaine de Syloé, d'une aumosne que li bourgois de Jherusalem faisoient; mais ore vous dirai, et en *Quaresme* il le faisoient. Le jour c'on list l'evangille dou povre homme *que* Jhesu Cris fist iex de boe, et il le rouva aler laver a le fontaine de Syloé, et *il* si fist, si ot iex, et si vit. Pour celle ramembrance faisoient il ceste aumosne que je vous dirai: il faisoient mener cuves, et metre sour le fontaine, et si les faisoient toutes emplir de vin, et si faisoient mener les sommiers carciés de pain et de vin a tel plenté, que toutes les povres gens qui i aloient avoient *de* pain et *de* vin a grant plenté et si avoient de l'argent aveuc, et si aloient li homme et les femmes a pourcession a cel jour, et pour faire ceste aumosne.[159a]

[cxxvi] Or[160] vous ai dit de l'aumosne c'on faisoit sour le fontaine, si vous dirai d'un haut homme de Lombardie, qui avoit a non Bonifasses et estoit marchis

---

1 *No paragraph break in F16, F17, F20, F24 or F38.* ‖ Crestiiens et Sarrazins] les Crestienz et les Sarrasins *F19 F24 F25 F26 F38*   2 de] de la *F25 F26 F38* ‖ viande] blé *F16 F17*, blés *F20*   3–5 pour les trives … beneïçons] fu molt amés de tous les Crestiens et pour les trives qu'il avoit faites as Sarracens et molt l'en prierent de bon *F19*   3 les] ces *F24 F25 F26*, ce *F38*   5 proiierent] donnerent *F20*, honorent *F25 F26*   6 Je vous avoie … Syloé] Or vos dirai *F24*   7–8 mais ore vous … faisoient] a cele fontaine de Syloé dont je vos parlai, si le faisoient en Quaresme *F24*, et en Qaresme la faisoient, si la vos dirai *F25 F26*, Mes or le vos dirai et en Quarantaine le fesoient *F38*, mais or le vous dirai en quel regne il le faisoient et en quel tens *F19* ‖ Quaresme] quel regne *F18*   8 que Jhesu Cris] que que Jhesu Cris *F18*, a cui Dix *F19*, a qui Jhesu Crist *F38*   9 de] d'un poi de *F24 F25 F26 F38* ‖ rouva aler laver a] rouva aler a *F19 F38*, trouva laver en *F25 F26* ‖ il] *lacks F18*   10 ramembrance] raison *F19*   11 et metre sour le] sur chele *F19*   12 faisoient mener] raloient *F19*   13 povres] *lack F25 F26* ‖ avoient de pain] avoient del pain *F24 F38*, n'avoient de pain *F25 F26* ‖ de pain et de] pain et *F18* ‖ a grant plenté] et si en donnoient a tel plenté que tout chil qui y aloient avoient a grant plenté et du pain et du vin tant comme il en voloient boire et mengier *F19*, assez *F25 F26 F38*   16 *Rubric in F16:* Del marchis Bonyface de Montferrat qui ala en pelerinage outremer. *No paragraph break in F24.* ‖ vous ai dit … si] *lack F16 F17*

---

[a] *F18 f. 34*[va–b]*; F16 f. 31*[rc] *(part); F17 f. 18*[rb] *(part); F19 f. 85*[va–b]*; F20 f. 28*[rb] *(part); F24 f. 128*[vc]*; F25 f. 35*[ra–b]*; F26 f. 35*[ra–b]*; F38 f. 174*[ra] *(ML, 124–125).*

---

158   *F16, F17* and *F20* lack the remainder of this paragraph.
159   John 9 was the gospel reading for the Wednesday after the fourth Sunday in Lent. We are indebted to the late Professor Bernard Hamilton for drawing this to our attention.
160   *F20* lacks this paragraph, probably by homeoteleuton: both § cxxvi and § cxxvii begin with the same words.

THE CHRONIQUE D'ERNOUL 185

de Montferras. Cil marchis estoit taions le roi Bauduin, qui enfes estoit, et
peres fu Guillaume Longhe Espee, qui peres fu le roi.[161] Quant il oï dire que
ses niés estoit rois de Jherusalem, si en fu molt liés et mout joians; si vint,
si se croisa, et si laissa se tiere a sen aisné fil, et s'en ala outremer. Quant
il fu venus en le Tiere d'Outremer, li rois et li quens de Triple et li baron le 5
rechurent mout hautement, et mout furent lié de se venue. Dont vint li rois,
se li donna .i. castiel qui est es desiers, deça le flun, priés de la ou Jhesu Cris
juna le Quarentaine. Cil castiaus est a .ii. liues de Jherusalem et a *.iii. liues* del
flum, et siet en une montaigne, et l'apele on Saint Elyes. Pour çou l'apele on
Elye, que, si com on dist, que c'est li lius ou Elyes souffri si grief paine comme 10
de juner .xl. jours, et si s'endormi, et que Diex li envoia illueques une piece
de pain et de l'eve en .i. vaissiel, et si le fist esveillier a l'angele, pour ce qu'il
beust et mengast, et il but et manga çou que Dieux li envoia, puis si *se rendormi*; et autre fois li envoia Diex del pain et de l'eve ensement, et le fist esveller, et pour çou que ç'avint la ou cil castiaus est, l'apelent cil dou païs Saint 15
Elye.[162a]

1 taions] aiels *F16 F38*   2 qui peres] qui quens fu de Jaffes et d'Escalonne et peres *F16* ‖ *New paragraph in F24.* ‖ il] li marchis Bonifaces *F19*   3–4 si vint si se croisa et si] si se croisa et *F19 F25 F26*   4 outremer] en le Terre d'Outremer *F19*   5 et li baron] *lacks F19*, li baron de la terre *F25 F26*   6 mout furent lié] fisent molt grant feste *F19*   6–7 vint li rois, se li donna] li dona li rois *F24*   7 le flun priés ... Jhesu Cris] le flun Jourdain la ou Dix *F19*   8 .ii. liues] .vii. liues *F24*, v. liues *F25 F26*, .vii. milles *F38* ‖ .iii. liues] .iiii. *F18*, .iiii. liues *F17*, .iii. milles *F38*   8–9 del flum] du flun Jordain *F19*   9 et siet] et est *F24*, et si est *F25 F26 F38* ‖ montaigne et] montaigne si *F16 F17 F19*, haute montagne si *F24*, haute montaigne et si *F25 F26 F38*   9–10 Pour çou l'apele ... ou] por ce l'appel'on S. Elie, qu'en dit que c'est li monz ou *F16*, Pour çou l'apele on Elye c'on dist que c'est li mons u *F17*, Pour ce l'apele l'en Elye que si cum en dit que c'est li monz ou *F38*, si comme on dist c'est li mons ou *F19*, por ço que c'est li mons si come on dist u Sains *F24* ke si com on dist qe ce est li leus ou *F25 F26*   10–11 souffri si grief paine comme de juner] jeuna les *F24*, jeuna *F25 F26 F38*   11 jours] jours sans boire et sans mengier *F19* ‖ si] *lack F24 F25 F26 F38*   13 envoia] avoit envoié *F24 F38*   13–14 se rendormi] s'endormi *F18*   14 envoia] renvoia *F19 F25 F26* ‖ del pain et de l'eve ensement] ensement del pain et de l'ewe *F24*, du pain aussi et de l'eaue *F38*   14–15 esvellier] esveillier et il manga et but *F24 F25 F26 F38*   15 cil] les gens *F24*

[a] *F18 f. 34vb–35rb; F16 f. 31$^{rc–va}$; F17 f. 18$^{rb–va}$; F19 f. 85vb; F24 f. 128^{vc}–129ra; F25 f. 35$^{rb–va}$; F26 f. 25$^{rb–va}$; F38 f. 174rb* (ML, 125–126).

161   For Marquis William V, wrongly named 'Boniface' throughout, see above § xli n. 48.
162   1 Kings 19:4–8. The castle is at al-Ṭayyiba. See Denys Pringle, *Secular Buildings in the Crusader Kingdom of Jerusalem, An Archaeological Gazetteer* (Cambridge, 1997), no. 215.

[cxxvii] Or vous dirai d'un fil que li marcis Bonifasses avoit, qui avoit a non Colrras. Il se croisa pour aler en le Tiere d'Outremer apriés son pere a sen nevé qui rois estoit, et *mut* et fu sour mer. Dont ne vaut Nostre Sires Dex souffrir qu'il passast, ains l'envoia en Coustantinoble, pour çou qu'il avoit pourveu la perdission de le tiere, et que par cel Colrras en seroit retenue une partie, si com vous orés dire aucune fois, comment il le tint et garda, pour le courous que il avoit as gens de le tiere, pour le pecié qu'il faisoient en Jherusalem et en le tiere pour le pecié qu'il faisoient *d'avoutire*. Il *ne* volt mie tout destruire, ains lor en laissa .i. poi, si com vous orés dire par aucun[163] preudomme[164] que Diex se courça a Salemon pour pecié de luxure, qu'il ot fait d'une paiienne qu'il tenoit qu'il ne devoit mie avoir, qu'ele li fist faire pour l'amour qu'il avoit a li, se li fist faire .iii. mahomeries sour .iii. montaignes. De cascune a .iii. liues en Jherusalem, et le *tierce est* desour

---

1 *Rubric in F16 and F20*: Del marchis Corrat qui (Conrat qui s'en *F20*) ala outremer par Constentinoble. *No paragraph break in F17*. ‖ fil que li marcis Bonifasses avoit] fil que li marchis de Monferras avoit *F19*, chevalier fil au marchis Boniface de Montferrat *F16*   2 a] et *F17*, et pour veïr *F19*, et a *F24 F25 F26 F38*   3 rois estoit et mut et fu] rois estoit et vint et fu *F18*, rois estoit de Jerusalem et mut et fu *F16*, estoit rois de Jherusalem et mut et vint *F19*, rois estoit. Il mut et se mist *F24*, roy estoit de Jherusalem si vint et fu *F25 F26* ‖ Dont ne vaut] mais *F25 F26*   3–4 Nostre Sires Dex ... l'envoia] Dame Diex souffrir qu'il pasast outremer ainz l'envoia Diex *F16*, Nostres Sires (Nostre Sires Dieus *F20*) souffrir qu'il passast ains l'envoia Dix *F19 F20*, Nostre Sire Dex soffrir qu'il passast ains envoia tens (tans et vent *F24*) qui le mena *F24 F38*, Nostres Sires Jhesu Crist ne vout sofrire ke il pasast ainz envoia .i. vent qi le mena *F25 F26*   5 tiere] Terre d'Outremer *F16*   6 aucune fois] en aucun tans *F19 F25 F26* ‖ tint et garda pour] tint et garda a l'aide de Dieu, et comment Dex consenti la perdicion de la terre pour *F16 F17 F20*, retint et garda par *F24*, retint et la garda par *F25 F26 F38* ‖ il] Dex *F25 F26*   7–8 qu'il faisoient en ... d'avoutire] qu'il faisoient en Jherusalem et en le tiere pour le pecié qu'il faisoient de la outre *F18*, qu'il faisoient en Jherusalem et en le tere de luxure (pechié *F16*) et d'aoutere (d'avoutire *F16*, d'adultere *F20*) *F16 F17 F20*, d'avoutire qu'il faisoient en le chité de Jherusalem *F19*, de luxure qu'il faisoient en Jherusalem et en la terre *F24*, qu'il faissoient en Jherusalem et en la terre por le pechié de luxure *F25 F26 F38*   8 Il] Diex *F16* ‖ ne] ne le *F18*, ne les *F19* ‖ lor] *lack F19 F25 F26*   9 dire par aucun] dire en aucun tans par aucun *F16 F17 F20*, dire d'aucun *F19*, dire por aucun *F24* ‖ preudomme] prodome ki estoit (i estoit *F24 F38*), si (ausi *F25 F26 F38*) com il fist al fil Salemon *F24 F25 F26 F38*. *New paragraph in F25 and F26*.   10 de luxure] *lacks F19* ‖ paiienne] feme païene *F24*   11 pour l'amour ... faire] por l'amor qu'ele vit qu'il avoit *F24*, por l'amour qu'ele vit qu'il avoit a li *F25 F26 F38*, *lacks F19 (homeoteleuton)*   12 De cascune a .iii. liues en] de cascune a .iii. liues dessi en *F19*, Dont les .ii. montaignes est cascune a .iii. liues de *F24 F25 F26*, Dont chascune des .ii. montaignes esta a .iii. milles de *F38*   12–187.1 le tierce est desour le] le tiere desour le *F18*, l'une des .iii. mahommeries si est sur le *F19*, la tierce sor *F24 F25 F26 F38*

---

163   Note that the reading in *F24*, 'dire por aucun prodome', significantly changes the meaning here: 'God spared a small part of the land *because of some worthy men*', instead of 'God spared a small part of the land as you will hear from worthy men'.

164   Commencing at this point *F16*, *F17* and *F20* omit a substantial passage from this paragraph, apparently by homeoteleuton.

THE CHRONIQUE D'ERNOUL   187

le mont Olivet. Dont Damediex se courouça plus de le mahomerie qu'il avoit faite sour le mont d'Olivet que de tout l'autre peciè qu'il avoit fait, pour chou que del mont Olivet monta il es cieus devant ses apostles, quant il fu resuscités de mort a vie, et la descendra il *au* jugement. Dont vint Damediex, si dist a Salemon *qu'il* l'avoit courechié et se pour le grant amor ne fust qu'il *avoit* a David son pere, qu'il le destruisist, mais or s'en soufferroit atant, tant com il vivroit. Mais seust, apriés se mort ne tenroit mie ses fius le regne, fors seulement un poi, et cel poi li lairoit il pour l'amour qu'il *avoit* a son pere David. Aussi, ne vaut Damedex desireter Crestiienté de toute le tiere pour aucun preudomme[165] qui en la tiere estoit, ausi com il laissa le fil Salemon pour Davi; ains laissa *seulement* une cité qui a a non Sur pour Courat qui en Coustantinoble estoit, si con vous orés aucune fois dire comment il le retint.[166]

En cel point que Colrras fu arivés en Coustantinoble estoit Krysac empereres, et n'avoit mie encore les iex crevés. Il avoit .i. haut homme en le tiere de Coustantinoble, qui avoit a non Livernas, qui cousins avoit esté bien priés l'empereur Manuel. Cil Livernas s'estoit muciés et destournés al tans que Androines estoit empereres, et pour çou se muça il et destourna, que Androines ne le desfigurast aussi com il fist les autres parens. Quant il oï dire que Androines estoit mors, et que Krisac estoit empereres, pour çou qu'il avoit ensi le siecle delivré

---

1 Damediex] Nostres Sires *F19* ‖ de le mahomerie] por celi *F25 F26* 2 le] *lack F24 F25 F26 F38* ‖ l'autre] le *F19 F24* 3 il] Dex *F24* 4 la descendra il au] la descendra il a *F18*, a la descendre au *F38* ‖ *New paragraph in F25 and F26.* 4–5 Dont vint Damediex ... Salemon] Dont vint Damedix a Salemon et se li dist *F19*, Lors dist Damedex Jhesu Crist a Salemon, si li dist *F25 F26* 5 qu'il] qui *F18* ‖ et] et que *F19 F24 F25 F26* 5–6 avoit a David son pere] ot a David son pere *F18*, avoit a son pere *F19*, avoit eu a son pere Davi *F24* 6 or] il avoit tant ame dedens que il *F19*, on *F25 F26* ‖ il] Salemons *F19* 7 seust apriés se mort] bien seust que après lui *F19 F24*, seust il c'aprés lui *F25 F26 F38* ‖ le regne] reaume *F38* 8 avoit a son pere] avoit eue a *F19*, avoit eu a son pere *F24 F38* ‖ vaut] vout mie *F19 F25 F26* 10 ausi com il ... laissa] leur lessa *F16*, lour laisca *F17*, Lors laissa *F20*, aussi come il laissa le fil Salemont por David laissa (aussi laissa *F19*) il *F19 F25 F26*, ‖ le fil] *lacks F24* 10–11 seulement] *lacks F18* 11 Courat] Corraz le marchis *F16* 11–12 si con vous ... retint] *lacks F20. New paragraph in F16, F20, F25 and F26. Rubric in F16*: De Corrat qui en Costentinoble estoit, comment il ocist Livernat ainçois qu'il parvenist en Jerusalem. 14 encore] encore eu *F24 F38* ‖ homme] homme a chel tans *F19* 14–15 de Constantinoble] de Constantinoble et il et si home *F25 F26* 16 muciés] reposz *F38* ‖ et destournés] *lack F16 F17 F20* 16–17 estoit empereres] avoit esté empererres de Constentinoble *F19* 18 aussi com il ... parens] ausi (si *F17*) com il avoit fait les autres parens *F16 F17 F24*, aussi com il fist les autres parens l'empereor Manuel *F25 F26*, *lacks F19* ‖ il] Livernaz *F16 F20*, Livernas *F17* 19 pour çou qu'il avoit ensi] et pour che qu'il avoit *F19*, et qu'il avoit ensi *F24 F25 F26 F38*

165   *F16, F17* and *F20* resume.
166   See 1 Kings 11:1–13.

d'Androine,[167] il se pourpensa qu'il seroit mieudres drois qu'il fust emperees que Krisac, pour çou que plus avoit esté proçains l'empereour Manuel. Dont vint, si amassa grans gens,[168] et leur promist et leur donna tant, qu'il amassa grant gent et vint devant Coustantinoble a ost. Quant li emperees vit que Livernas venoit sour lui a ost, si proia le marcis qui en Coustantinoble estoit qu'il demourast avoec lui en Coustantinoble, et il et si homme, et li marcis i demoura.[169a]

[cxxviii] Quant ce vint al jour que Livrenas vint devant Coustantinoble pour assegier, Livernas fu en le premiere bataille devant. Li emperees ne vaut issir encontre Livrenas pour çou qu'il avoit grant linage *dedens* le cité. Dont vint li marcis, si s'arma et issi hors encontre Livrenat et fu sour mout boin ceval et

---

1 d'Androine] d'Androine si cum je vos dire *F38*   2 plus avoit esté proçains] avoit esté plus prochains parens *F19*, plus prés avoit esté *F25 F26*   2–3 Dont vint si amassa grans] Dont vint Livernaz si amassa grant *F16*, Dont vint il si amassa grans *F24*, donc amasa *F25 F26*   3–4 leur promist et … vint] vint *F16*, leur promist et dona tant qu'il vint *F17*, si lor promist et donna tant qu'il ot grans os amassees et vint *F19*, lor promist et lor dona tant qu'il ot molt grant et vint *F24*, lor proiast tant et dona tant qe grant gent mena *F25 F26*, leur premist et leur dona largement et vint *F38*   4 a ost] a grant ost *F17*, lack *F25 F26. New paragraph in F24, F25 and F26.* ‖ li emperees vit] li emperees Kirsac vit *F16 F20*, li emperees sot *F24 F38*, li emperees Kirsac de Costentinoble sot *F25 F26*   5 le marcis] le marchis Corrat *F16*, le marchis Cauras *F19*, le marchis Conrat *F20* ‖ estoit] estoit adonc *F16 F17 F20 F24 F25 F26*, estoit lors *F38*   6 homme] home, tant qu'il eust sa guerre finee *F24 F25 F26 F38*   8 *No paragraph break in F16, F20, F24, F25, F26 or F38.*   8–9 vint devant Coustantinoble pour assegier Livernas] *lacks F38 (homeoteleuton)*   9 bataille] esquele *F19* ‖ emperees ne vaut issir] emperees Kirsac ne vost issir de Costentinoble *F16*, emperere ne vot mie issir (issir hors *F19*) *F19 F24*   10–11 pour çou qu'il … et] et fu mout bien montés et il *F20*   10 dedens le cité] denens le cité *F18*, devant la cité *F17*, dedenz la cité et porce q'il ne fermassent les portes aprés lui ainz tint tos jors (se tint tos çou *F24*, se tint tout en pes *F38*) dedenz la cité *F24 F25 F26 F38. New paragraph in F25 and F26.*   10–11 Dont vint li marcis si s'arma] dont vint li marchis Corrat (Colars *F17*, Conras *F24*) si s'arma *F16 F17 F24*, Dont s'arma li marchis *F19*, Atant s'arma li marchis *F25 F26*   11 hors] fors de la cité *F24 F38*, ors de la cité de Costentinoble *F25 F26*

---

[a] *F18 f. 35ʳᵇ–36ʳᵃ; F16 f. 31ᵛᵃ–ᵇ (part); F17 f. 18ᵛᵃ–ᵇ (part); F19 f. 85ᵛᵇ–86ʳᵇ; F20 f. 28ʳᵇ–ᵛᵇ (part); F24 f. 129ʳᵃ–ᵇ; F25 f. 35ᵛᵃ–36ʳᵇ; F26 f. 35ᵛᵃ–36ʳᵇ; F38 f. 174ʳᵇ–ᵛᵃ and f. 175ʳᵇ* (ML, 126–128).

167   It is at this point that a body of material from §§ lxxxiii–xci is repositioned in the *Eracles* text. See above § lxxvii n. 105 and § lxxxiii n. 111.

168   At the end of the repositioned passage in the *Eracles* text and in place of the phrase 'il se pourpensa … amassa grans gens', *F38* commences a new paragraph with the words: 'Alex, qui fist a son frere Quirsac, qui emperees estoit, si cum je vos ai dit, les euz crever, fu empereres. Donc vint Livernas, de qui je vos parle devant, pour ce qu'il estoit plus prouchies a l'empereur Manuel de lignage que Alex, si assembla grant genz …'.

169   Conrad's arrival in Constantinople and the revolt of Alexios Branas ('Livernas') took place in the first half of 1187.

THE CHRONIQUE D'ERNOUL   189

demanda li ques estoit Livernas, et on li *mostra* et il poinst encontre lui. Dont cuida Livernas et cil de s'ost que il euist lassié le cité et fust venus a lui pour lui aidier. Et quant il fu priés de Livrenas, si *brocha* son ceval des espourons et fiert Livrenas parmi le cors; si l'abat mort et tourne ariere en Coustantinoble. Quant cil qui Coustantinoble *voloient asegier* virent que lors sires estoit mors, si tour- 5
nerent en fuies. Dont vint li empereres; si manda Colrrat en son palais, si le tint aveuc lui pour ce qu'il ne voloit *mie* que cil de la cité, cui parent il avoit ocis, li fesissent anui ne mal. La fu Colrra avoec l'empereur, desci que a celle eure que il fu tans d'aler en le Tiere d'Outremer pour garder le cité que Diex avoit pourveu qu'il le lairoit as Crestiiens.[a]   10

[cxxix] Or vous lairons atant a parler de Colrat, si vous dirons del roi Bauduin l'enfant, qui a Acre estoit, en le garde le conte Josselin, qui oncles estoit se mere. Maladie le prist, si fu mors.[170] Dont se pourpensa li quens Josselins d'une mout grant traïson *qu'il fist*. Dont vint au conte de Triple, se li dist qu'il alast a Tabarie

---

1 on li mostra et] on li ensegna et *F18, lack F25 F26* ‖ *New paragraph in F24*.   2 s'ost] l'ost *F17 F20*, se bataille *F24 F25 F26 F38* ‖ et fust venus a lui pour lui] pour lui venir *F24 F25 F26 F38*   3 brocha son] broche son *F18*, coita le *F16*, hurta sen *F19*, brocha le *F20* ‖ des espourons et fiert] des esperons et feri *F16 F20*, de ravine et feri *F24 F38*, de ravine et si feri *F25 F26*   4 l'abat mort et tourne] l'abati mort et donc s'en retorna *F16*, l'abati mort et puis (puis si *F24*) retorna *F20 F24*, l'abat mort puis s'en retorna *F25 F26*, si l'abati mort et s'en torna *F38*   5 qui Coustantinoble voloient asegier] qui Coustantinoble avoient asegiet *F18, lacks F19*, qui Coustantinoble vouloient asseoir *F38* ‖ que lors sires estoit mors] lor seignor mort *F25 F26*   6 vint li empereres si manda] vint li empereres Kirsac si manda *F16 F20*, li empereres si manda *F17*, manda le emperrres *F19* ‖ si] et si *F19 F24 F25 F26 F38*   7 aveuc lui] la ave lui grant piece *F16* ‖ qu'il ne voloit mie] qu'il ne voloit *F18, lacks F24* ‖ cui parent il] qui parent estoient a cil qui *F25 F26*   8 l'empereur desci que a celle eure] l'empereur qui tint l'empire de Constentinoble dessi atant *F19*   9 tans] poins et tans *F24 F25 F26 F38* ‖ en le Tiere d'Outremer] outremer *F19* ‖ cité] terre *F25 F26*   10 qu'il le lairoit as] a retenir pour les *F19* ‖ le] *lack F20 F24 F25 F26 F38*   11 *Rubric in F16*: La mort au roi Bauduin l'emfant, et la traïson que li quens Joscelins fist vers le conte de Triple. *Rubric in F20*: De le mort le roi Bauduin l'enfant, et de le traïson que li cuens fist au conte de Triple. *No paragraph break in F24*. ‖ de Colrat] et *F19*   12 en le garde le conte Josselin] aveuc le conte Josselin sen oncle qui l'avoit en garde *F19*, en la garde Josselin *F25 F26* ‖ qui oncles estoit se mere] l'oncle se mere *F24 F25 F26 F38*   13 prist] prist de la mort *F16*   14 qu'il fist] *lacks F18*, et si le fist *F19* ‖ Dont vint au conte] donc vint vint li quens Joscelins quant li rois Bauduins li emfes fu morz au conte Raimon *F16*, Donc vint Joselins al conte *F20*, Il vint al conte *F24 F25 F26*, Donc vint au conte *F38* ‖ a Tabarie] en Barbarie *F25 F26 F38* (*The word is erased in F38 but the initial 'b' can still be seen.*)

---

[a] *F18 f. 36^{ra-b}; F16 f. 31^{vb-c}; F17 f. 18vb–19ra; F19 f. 86^{rb-va}; F20 f. 28vb; F24 f. 129^{rb-c}; F25 f. 36^{rb-va}; F26 f. 36^{rb-va}; F38 f. 175^{rb-va}* (ML, 128–129).

---

170   Late summer 1186.

et qu'il n'alast mie aveuc le roi en Jherusalem enfouir, ne n'i laissast aler nul des barons de la tiere, ains le cargast as Templiers que il le portassent en Jherusalem enfoïr. Li quens de Triple creï le conseil que li quens Josselins li dist, si fist que fols. Et li Templier en porterent le roi en Jherusalem enfoïr, et li quens de Triple *s'en* ala a Tabarie.[a]

[cxxx] Dont vint li quens Josselins; si saisi le castiel d'Acre et si le garni, et si s'en ala a Baruth, que li quens de Triple avoit en gages pour le despens de le tiere, et si entra ens en traïson et si le garni de chevaliers et de sergans. Apriés manda a le contesse de Jaffe, qui se niece estoit, qu'ele alast en Jherusalem et si baron et tout si chevalier, et quant li rois ses fiex seroit enfoïs, qu'il saisesissent le cité, et garnesissent et portast couronne, car il avoit le castiel d'Acre et celui de Barut saisi aveuc son oes. Quant li quens de Triple oï dire et sot qu'ensi l'avoit trahi li quens Josselins, si manda tous les haus hommes de le tiere et tous les chevaliers, sour l'omage et sour le sairement qu'il avoient fait, qu'il venissent tout a lui a Naples. Et il i alerent tout fors seulement li quens Josselins et li princes Renaus del Crac. Li quens Josselins ne vaut mie laissier Acre, ains le

---

1–2 et qu'il n'alast … il] et qu'il ne le laissast mie enfoïr aveuques les autres roys en Jherusalem, et qu'il n'i laissast aler nul des barons de le tere, et qu'il le baillast as Templiers et *F19* 1 enfouir] al enfoïr *F16 F17 F20* 2 cargast] carcast on *F24 F25 F26 F38* 2–3 que il le … enfoïr] qui le portassent en Jerusalem enfoïr *F16 F17*, qui le (l'en *F25 F26*) portassent enfoïr en Jherusalem *F24 F25 F26 F38*. *New paragraph in F19.* 3 le conseil que li quens Josselins li dist] son consel *F24* 4 fols] faus *F19* ‖ en] *lack F20 F24 F38*, le *F25 F26* ‖ le roi en Jherusalem enfoïr] le roi (jone roy *F19*) enfoïr en Jherusalem *F19 F24*, enfouir le roy en Jherusalem *F25 F26 F38* 5 s'en] *lacks F18* ‖ Tabarie] Tabarie sa cité *F16*, barie *F20* 6 *No paragraph break in F16, F17, F19, F20, F24 or F38*. ‖ castiel] cité *F38* ‖ si] puis *F16*, *lacks F17*, puis si *F19* 8 et] *lacks F19 F24 F25 F26* ‖ garni] garni molt bien *F19* ‖ Apriés] Aprés si *F16 F17 F20 F24 F38*, Et aprés si *F19* 9 a le contesse … estoit] a la contesse Sibile de Jaffes qui sa niece estoit *F16*, a le contesse de Jaffes qui se mere estoit *F17*, la contese de Jaffe qe sa mere estoit *F25 F26*, se mere *F19* 9–10 si baron] li quens Guis ses barons *F16*, si baron avoec lui *F20* 10 li rois ses fiex] ses filz li rois *F16 F17 F20* 10–11 qu'il saisesissent le cité, et garnesissent] qu'il sessesisist la cité et la garnisist *F16*, qu'ele saisisist (laissast *F20*) le cité et le garnesist *F17 F20*, si fesist garnir se chité et saisisist *F19* 12 aveuc] a *F16 F17 F20 F24 F38* ‖ quens de Triple oï] quens Raymont de Triple l'oï *F16*, quens de Triple l'oï *F17 F20* 12–13 ensi l'avoit trahi li quens Josselins] ensi que l'avoit ensi li quens traï li cuens Jossellins *F20*, l'avoit li quens Josselins traï *F24 F38*, li quens de Triple Jocelins l'avoit si faitement traï *F25 F26* 13–14 tous les haus … sour] les haus barons de se terre et sur *F19* 14 avoient] li avoit *F16*, li avoient *F19 F24 F25 F26 F38* 15 tout] *lack F16 F17 F19* 15–16 et li princes … laissier] ne vout mie aler a *F25 F26* 16 princes Renaus del Crac] quens Renauz del Crac *F16 F19*, prince Renaut *F24 F38* 16–191.1 ains le gardoit] ains la gardoit avec *F16 F20*. *New paragraph in F25 and F26*.

---

[a] *F18 f. 36rb–va; F16 f. 31vc; F17 f. 19ra; F19 f. 86va; F20 f. 28vb–29ra; F24 f. 129rc; F25 f. 36va; F26 f. 36va; F38 f. 175va* (ML, 129–130).

THE CHRONIQUE D'ERNOUL 191

gardoit. Le contesse de Jaffe, qui seur fu le roi de Jherusalem, *fu en Jherusalem*, li et sen baron et ses chevaliers, et fu a l'enfouir le roi son fil, et si fu li marcis Bonifasse ses taions et li patriarces, et li maistres del Temple et de l'Hospital.[a]

[cxxxi] Quant li rois fu enfouis,[171] si vint li contesse de Jaffe al patriarce et au maistre del Temple et de l'Hospital, et si lor demanda pour Dieu qu'il le conseillassent. La vint li patriarces et li maistres del Temple; si disent qu'ele ne fust mie a malaise, et disent que il le couronneroient *malgré* tous ciaus de le tiere, li patriarces pour l'amour de se mere, et li maistres del Temple pour le haine qu'il avoit au conte de Triple. Dont vinrent, si manderent le prince Renaut

---

1–2 qui seur fu ... baron] qui seur fu le roi de Jherusalem li et sen baron *F18*, qui suer fu le roi Baudoin mesel et Guion son baron *F16*, qui suer estoit le roi mesel entre li et son baron *F17*, qui estoit mere le roy de Jherusalem. Ele et si baron *F19*, qui suers fu le roi mesel li et sen baron *F20*, fu en Jherusalem entre li et ses barons (mariz *F38*) *F24 F25 F26 F38*   2 et fu] furent *F19* ‖ son fil] son fil la contesse de Jaffes *F16* ‖ fu] i fu *F25 F26 F38*   3 ses taions] aiex *F16*, aiels *F38*, qui estoit taions a l'enfant qui roys estoit *F19* ‖ et li patriarces] *lacks F16*   3–4 et li maistres ... Hospital] Eracles de Jherusalem et Gerars de Ridefort maistres del Temple et li maistres de l'Hospital *F20*, et li maistres de l'Ospital et del Temple *F24*   5 *Rubric in F16*: Del tens Gui de Lisegnen, qui rois fu de Jerusalem de par la contesse de Jaffes sa fame, qui suer fu lo roi Baudoin mesel, et auquel tens la Vraie Croiz et la terre de Jerusalem fu perdue, *followed by a six-line puzzle initial 'Q'. Rubric in F20*: Del tans Guion de Lissegnon et de se feme Sebille, contesse de Jaffe, sereur au roi Bauduin le mesel qi fu, qui li maistres du Temple et li patriaces coronerent en Jherusalem sans le consel des barons de le terre; iqui tans li Vraie Crois et li terre de Jherusalem fu perdue. *No paragraph break in F24, F25, F26 or F38.* ‖ Quant li rois fu enfouis] Quant li juennes rois Baudoin fu enfoïz *F16*, Quant on ot enfoui le roi Bauduin l'enfant *F20*, Cil rois Bauduins regna .iii. ans. Quant il fu enfoïs *F24*   5–6 Quant li rois ... Hospital] *lack F25 F26 (homeoteleuton)*   5 li contesse de Jaffe] Sibile la contesse de Jaffes qui mere fu lo roi *F16*   5–6 patriarce et au ... et] maistre del Temple et de l'Hospital et *F17*, Eracle patriache de Jherusalem et a Gerart le maistre dou Temple et au maistre de l'Hospital et *F20*, patriarche et al maistre de l'Ospital et del Temple et *F24*   6 demanda] dist *F16 F17 F19 F20*, pria *F24*   7 La vint li ... si] La vint li patriarches Eracles et li mestres del Temple, qui ot a non Girart et estoit de Ridevort an Flandres, et li mestres de l'Ospital si *F16*, et li maistres du Temple pour le haine que il avoit au conte de Tripe li *F19* ‖ patriarces] princes Renaus *F25 F26* ‖ Temple] sepulcre *F17*   8 et disent que il] Car il *F16 F20*, et li disent qu'il *F24*, q'il *F25 F26* ‖ malgré] mal *F18*   9 patriarces] patriarches li dist *F24*, princes *F25 F26* ‖ de se mere] de sa mere qu'il avoit eu a lui *F16*, qu'il avoit en sa mere *F25 F26*   10 avoit] avoient *F25 F26* ‖ *New paragraph in F24.* ‖ Dont vinrent] *lack F25 F26* ‖ prince] conte *F20*

---

[a] *F18 f. 36*$^{va-b}$; *F16 f. 31*^{vc}*–32*^{ra}; *F17 f. 19*$^{ra-b}$; *F19 f. 86*$^{va-b}$; *F20 f. 29*$^{ra-b}$; *F24 f. 129*$^{rc-va}$; *F25 f. 36*$^{va-b}$; *F26 f. 36*$^{va-b}$; *F38 f. 175*^{va} (ML, 130–131). *F18 has a ten-line miniature panel showing the queen with two men, followed by a four-line pen-flourished initial 'D'.*

---

171   See Appendix 3:2.7. Although Baldwin died little more than a year after his uncle, his death occurred about three years after his coronation.

del Crac, qui estoit au Crac, que il venist en Jherusalem, et il i vint. Dont prisent consel qu'il feroient. Consaus lor *aporta* que li contesse mandast al conte de Triple et as barons qui estoient a Naples qu'il venissent a li en Jherusalem a sen couronnement, pour che que li regnes li estoit eskeus. Elle i envoia ses messages, et li baron respondirent as messages qu'il n'iroient pas, ains prisent .ii. abés de l'ordene de Cistiaus, et si les *envoierent* en Jherusalem et al maistre del Temple et de l'Hospital, et si lor commanderent qu'il desissent au patriarce, al maistre del Temple et de l'Ospital et deffendissent, de par Diu et de par l'apostoile, qu'il ne couronnassent mie le contesse de Jaffe, desci a icelle eure c'on i aroit le consel de ciaus dont on i avoit fait le sairement au tans le roi mesiel. Li abbé alerent en Jherusalem, et fisent lor mesage.

Li patriaches et li maistres del Temple et li princes Renaus disent qu'il n'en tenroient ja ne foi ne sairement, ains coroneroient la dame. Li maistres de l'Ospital ne vot onques estre al coronement, ains dist qu'il n'i seroit ja ne veus ne oïs, car il dist qu'il faisoient contre Deu et contre lor sairement. Atant si fisent fermer les portes de la cité, ke nus ne peust ne entrer ne issir, qu'il avoient paor que li baron qui estoient a Naples a .xii. liues d'iluec n'entrassent en la cité entrués qu'il coroneroient la dame ne qu'il n'i eust mel-

---

1 del Crac] *lack F24 F25 F26 F38* ‖ qui estoit au Crac] *lack F16 F19* ‖ venist] vit *F20*, venist a iaus *F24 F25 F26* ‖ il i vint] il y vint tot droit sans arrester en le cite de Jherusalem *F19*, il volentiers i vint *F24*   2 consel] conseil entr'aus *F17 F19* ‖ lor aporta] lor porta *F18*, aporta *F24 F38* ‖ al conte] le conte Renaut *F19*   4 eskeus] eskeus a lui. Et *F19*, escheuz de par son fil *F25 F26*. *New paragraph in F25 and F26*.   4–5 Elle i envoia ses messages] La contesse de Jaffe envoia ses mesagiers a Naples au conte de Triple et as barons, si lor comanda en tel maniere cum vos avez oï *F25 F26*   5–6 .ii. abés] .ii. mesages .ii. abés *F24*   6 de l'ordene de … Jherusalem] de l'ordre (l'ordene *F24*) de Cistiaus et si les envoierent en Jherusalem en mesage al patriache *F24 F25 F26 F38*, si les envoierent en Jherusalem et li abbé estoient de l'ordre de Cistiaus *F19* ‖ envoierent] envoient *F18*   6–7 del Temple et de l'Hospital] de l'Ospital et del Temple *F24*   7–8 si lor commanderent … et] si lor commanderent qu'il deissent au patriache et au maistre de l'Hospital et dou Temple et *F20*, si lor disent qu'il desisent le patriache et le maistre de l'Hospital et dou Temple et lor *F24*, lacks *F16*, si *F25 F26*   8–9 et deffendissent de … eure] que il deffendesissent que on ne coronnast mie le contesse de Jafe de par Diu et de par l'apostoile dessi adont *F19*   9 couronnassent] coronnast *F19* ‖ mie le contesse de Jaffe] la contesse *F25 F26*   9–10 c'on i aroit] qu'en avroit oï *F16*, c'on avroit *F20 F24 F38*, qu'il avroient *F25 F26*   10 dont on i avoit] qui avoient *F20*, dont il avoient *F24 F25 F26 F38* ‖ roi] roi Bauduin le *F20 F24* ‖ *New paragraph in F24*.   10–11 Li abbé alerent … mesage] Li abbé alierent en Jerusalem et firent lor mesage de par les barons *F16*, *lacks F19*   13 *New paragraph in F25 and F26*.   13–14 de l'Ospital] del Temple et de l'Ospital *F25 F26*   14 coronement] coroner *F24* ‖ n'i] ne *F24*   15 faisoient] erreroit *F25 F26*   16–17 entrer ne issir qu'il] entrer ne issir de la cité qu'il *F24*, eissir ne entrer enz. Car il *F38*   18 entrués] endementres *F38* ‖ coroneroient] coronassent *F24*

THE CHRONIQUE D'ERNOUL 193

> lee. Quant li baron oïrent dire qui estoient a Naples qu'ensi faitement estoit la cités fermee, que l'en n'i pooit entrer ne issir, si vestirent .i. sergant qui de Jherusalem estoit nés ausi comme moine, et si l'envoierent en Jherusalem por espier comment la dame porteroit corone. Il i ala, et si ne pot entrer en Jherusalem par nule porte qui i fust. Dont vint il a le Maladerie de Jherusalem, qui tient as murs, et avoit une petite posterne, par ou il pooient bien entrer en la cité;[172] si fist tant vers le maistre de le Maladerie, qu'il le mistrent enz par cele posterne, et ala al Sepucre, et fu la tant qu'il ot veu et seu çou por coi on l'avoit envoié.[173]

Li patriarches et li maistres del Temple et li prinches Renaus prisent le dame, et si le menerent al patriarce et au Sepulchre pour couroner. Quant au Sepulcre vint li dame, si vint li patriarces al maistre del Temple; se li demanda les clés dou tresor, ou les couronnes estoient. Li maistres del Temple li bailla volentiers. Aprés manderent le maistre de l'Ospital qu'il aportast la soie clef. Li maistres de l'Hospital lor manda qu'il ne lor en envoieroit *mie*, se n'estoit par le consel des barons de le tiere. Dont vinrent li patriarces et li maistres del Temple et li princes Renaus, si alerent au maistre de l'Hospital pour les clés.

---

1 *New paragraph in F25 and F26.* ‖ oïrent dire qui estoient a Naples] qui estoient a Naples oïrent dire *F24* ‖ faitement] *lacks F38*   2 que l'en] ne c'on *F24*   5 porte] des portes *F24* ‖ vint il a le] ala *F25 F26*   5–6 de Jherusalem qui tient as murs] *lacks F24*   6 avoit] si i avoit *F25 F26*, il avoit *F38*   7–8 mistrent enz] mist en la cité *F24*   8 fu] fist *F25 F26*   9 l'avoit] l'avoit la *F24*   10 Li patriarches et] *lack F25 F26 F38*   10–11 et li prinches ... pour] et de l'Ospital et li princes Renaus. Li maistres du Temple et de l'Ospital et li princes Renaus (*dittography*) et le dame alerent au Sepulchre et au patriarche pour le *F19*   10 prinches] contes *F16*   11 al patriarce et au Sepulchre] au Sepucre *F24 F16 F17 F20*, au Sepulcre et au patriarche *F25 F26 F38* ‖ *New paragraph in F16 and F20.*   11–12 au Sepulcre vint li dame] la dame fu menee al Sepucre *F24*, la dame fu au Sepulcre *F25 F26*, au Sepulcre fu la dame *F38*   12 se li demanda] et se li commanda qu'il li donnast *F19*   13 ou] la ou *F25 F26 F38*   13–14 volentiers] volentiers la soe clef *F16*, volentiers le soie *F20*, molt volentiers *F19*   14 manderent] manderoit *F25 F26* ‖ aportast] li envoiast *F19*   15 lor] *lack F17 F25 F26 F38*   15–16 en envoieroit mie ... des] envoieroit mie se n'estoit par le consoil des *F16*, envoieroit mie se (se ce *F20*) n'estoit par les *F17 F19 F20*, envoieroit mie ne porteroit se par le consel non des *F24 F25 F26 F38*   15 mie se] nulle se ce *F18*   16 *New paragraph in F25 and F26.* ‖ vinrent] vint *F16 F19 F24 F25 F26 F38*   17 Temple] Temple C rat *F16* ‖ Renaus] Renauz del Crac *F16 F17 F20* ‖ pour] pour querre *F19*

---

172   Adjacent to the leper house of St Lazarus (le Maladerie) at the western end of the north wall of Jerusalem.

173   *F24, F25, F26* and *F38* alone preserve this passage, and it is edited here using *F24* as the base. In considering this feature, the alterations to the final sentence of § cxxxii also need to be taken into account.
   We propose the following hypothesis. In our view this passage was present in the original text as written by Ernoul, the *varlet* of Balian of Ibelin, a belief that would appear to

Et quant il sot qu'il venoient a lui, si se destourna en le maison de l'Ospital, et fu priés de nonne ains qu'il l'eussent trouvé, ne qu'il peussent parler a lui. Quant il l'orent trouvé, se li proiierent que il lor baillast les clés, et il dist que il ne lor en bailleroit nule. Tant li proiierent et anuiierent que il s'aïra, et les clés, ke il tenoit en se main pour paour que aucuns rendus de le maison ne les presist et livrast au patriarche, *gieta* enmi le maison. Dont vint li maistres del Temple et li princes Renaus, si prisent les clés et alerent au tresor, si en misent fors deus couronnes, et si les porterent au patriarche. Li patriarces en mist l'une sour l'autel del Sepulcre, et de l'autre couronna la contesse de Jafe.[a]

[**cxxxii**] Quant la contesse *fu* couronnee, et elle fu roine, si vint li patriarces, se li dist: 'Dame, vous iestes feme. Il vous convient avoir avoé, qui vo regne gouverne *qui masles soit*. Vés la, dist il, une couronne: prenés le, et si le donnés a tel homme qui vo regne puist gouvrener'. Ele vint, si apela son signour, qui devant li estoit, se li dist: 'Sire, venés avant, et si recevés ceste couronne, car je ne sai ou je le puisse miex emploiier que a vous'. Cil ala avant, et si s'agenouilla devant

---

1 il] li maistres de l'Ospital *F24* ‖ en le maison de l'Ospital] *lacks F17*   2 l'eussent] le peussent *F24*   2–3 trouvé ne qu'il ... trouvé] parlé a li ne qu'il l'eussent trouvé. Quant il l'orent trouvé *F16*, trouvé ne parle a lui. Et quant il l'orent trouvé *F19*, trové *F25 F26*   3–4 et il dist ... et les clés] *lack F25 F26*   5–6 pour paour ... patriarche] *lack F16 F17 F20*   6 gieta] si gieta les clés *F18*, qu'il les presist et geta jus *F19*, por içou les jeta il *F24* ‖ *New paragraph in F17, F19, F24, F25 and F26.*   7 Renaus] Renaut del Crac *F16 F17 F20* ‖ prisent les clés ... fors] les prisent et en alerent au tresor et prisent *F19*   8 l'une] une *F24 F25 F26 F38*   10 *No paragraph break in F16, F17, F19, F20, F24, F25, F26 or F38.* ‖ contesse fu] contesse se fu *F18*, contesse de Jaffe fu *F20* ‖ et elle fu ... patriarces] si vint li patriarches a li *F16*, dont fu roine dont vint li patriarches a li *F19*, et ele fu roine, si vint li patriarces a li *F20*   11 feme. Il vous convient] roine et si estes feme il vos estuet *F24*, fame il vos estuet *F38*   11–12 avoé qui vo ... soit] avoé qui vo regne gouverne *F18*, avoé qui masles soit et qui vostre regne gouverne *F16*, avoé qui masles soit qui warge vous et vo regne et puis gouverner *F19*, qi vostre regne gouverne qi masles soit *F25 F26*, avec vos qui vostre reaume gouverne qui malles soit *F38*   12–13 prenés le et ... qui] donnés le a tel homme qui vous et *F19*   13 vo] le *F16 F17 F20 F25 F26* ‖ puist gouvrener] puist governer avoec vous *F20* ‖ Ele vint, si] La dame *F24* ‖ son signour] le conte Guion (Gui *F16*) son segnour *F16 F20*   14 se li dist] *New paragraph in F24.*   15 que a] com en *F17 F20*, que en *F19 F38*

---

[a] *F18 f. 36vb–37va; F16 f. 32^{ra-c}; F17 f. 19^{rb-va}; F19 f. 86vb–87rb; F20 f. 29^{rb-vb}; F24 f. 129^{va-c}; F25 f. 36vb–37vb; F26 f. 36vb–37vb; F38 f. 175va–176ra* (ML, 131–134).

---

be corroborated by the text known as the *Libellus de Expugnatione Terrae Sanctae*, which also notes that the gates to Jerusalem were shut at the time of the coronation. (*Libellus*, 108–109.) It was evidently missing from the exemplar shared by *F16 F17 F18 F19 F20*, probably by homeoteleuton ('Li patriarches et li maistres del Temple et li prinches Renaus'). The exemplar whence *F24 F25 F26 F38* were derived kept the passage and also the cross-reference in its original form.

THE CHRONIQUE D'ERNOUL   195

li, et elle li mist le corone en le tieste, si fu rois et elle fu roine. Ensi furent couronné. Et li quens de Triple et li baron avoient envoiié .i. serjant en Jherusalem, apparellié a guise de moine pour veïr et pour entendre l'afaire de le cité.[174a]

[cxxxiii] Quant Bauduins de Rames oï que li quens de Jaffe estoit couronnés et qu'il avoit porté couronne en Jherusalem, si dist: 'Gui de Lesegnon est rois de Jherusalem. C'est par .i. couvent qu'il *ne* sera pas rois .i. an'. Et il si ne fu, car il fu couronés en mi septembre et il perdi le tiere a le Saint Martin le Boullant, qui est devant aoust en juing.[175] Dont vint Bauduins de Rames; si dist au conte de Triple et as barons: 'Signor, faites au miex que vous poés, que li tiere est perdue. Car je widerai le tiere, pour çou que je ne veul avoir reproce ne blasme a

---

1 li] la dame *F25 F26* ‖ en le tieste] el chief *F19* sour le chiés *F20*, el cief *F24*   2 avoient envoiié .i. serjant] avoient envoié .i. mesage *F16 F20*, de le tere avoient envoiet .i. message *F17 F19*   3 apparellié] atourné et appareillié *F19*   5 *No paragraph break in F16, F20, F24 or F38.* ‖ oï] oï dire *F19 F20 F25 F26* ‖ quens de Jaffe] quens Guis de Jaffes *F16*, quens *F17*, quens Guis *F20*   5–6 couronnés et qu'il ... Jherusalem] roys de Jherusalem et couronnés *F19*   7 ne] ne le *F18*, n'en *F24* ‖ Et il si ne fu] et il non fu *F16 F38*, ne il ne si fu *F19 F24*, si ne fu il *F20*   8 en] a *F17 F20* ‖ et il perdi le tiere a le] si perdi le (sa *F16*) tere a le *F16 F17 F20*, et il perdi sa terre (tere en juing *F19*) a la feste *F19 F38*, et il perdi sa terre le jor de feste *F24*, a feste *F25 F26*   9 en Juing] lack *F19 F24 F25 F26 F38*. *New paragraph in F25 and F26.*   9–10 si dist au ... Signor] au conte de Triple (Tripe *F19*) et as barons si (autres barons et *F19*) lor dist Seigneur *F19 F25 F26*, si dist al conte de Triple et as barons qui la estoient. Segnors *F24*   10 poés] porroiz *F16 F20 F38*   11 Car] et *F20 F25 F26*, lacks *F17* ‖ pour çou] *lack F17 F19* ‖ reproce ne blasme] nul blasme *F19*, reproce ne blasmes estre *F20*, repreuche ne blasme que j'aie esté *F24 F25 F26 F38*

---

[a] *F18 f. 38*[va–b]; *F16 f. 32*[rc]; *F17 f. 19*[va–b]; *F19 f. 87*[rb]; *F20 f. 29*[vb]; *F24 f. 129*[vc]*–130*[ra]; *F25 f. 37*[vb]; *F26 f. 37*[vb]; *F38 f. 176*[ra] (ML, 134). *F18 has a ten-line miniature panel showing Sibylla placing a crown on the head of Guy de Lusignan. This followed by a four-line historiated initial 'Q'. A dragon drollery is in the lower margin.*

---

174   In *F24, F25, F26* and *F38* this last sentence is omitted and the following substituted:

F24 F38: 'Quant li sergans ki estoit venus (vestuz *F38*) en guise de moine et estoit alés la por espier le coronement, et il ot tot veu (veu et esgardé *F24*), si s'en ala (rala *F24*) a la posterne par ou (la u *F24*) il estoit entrés (venuz *F38*) en la cité, et li malade le misent hors, et il s'en ala a Naples al conte de Triple et al barons, ki envoié li avoient, et si lor dist et conta quanqu'il avoit veu et seu.'

F25 F26: 'Qant li serjanz, qi estoient venu en guise de moine et estoient alez la por espier le coronement, il l'ont veu, si s'en ala a Naples au conte de Triple et as barons, qui envoié les avoient, et si lor dist et conta qant q'il avoit veu et seu.'

See § cxxxi n. 173. It is possible that the longer form found in *F24, F25, F26* and *F38* reflects an earlier version of the text, although the disagreements among their readings makes a reconstruction difficult.

175   Saint Martin *calidus*: 4 July.

le perdicion de le tierre, car je connois tant le roi, qui ore est, a fol et a musart, que par men consail ne par les vostres ne fera il riens, ains volra errer par le consail de ceus qui riens ne sevent; pour çou widerai le païs'. Dont dist li quens de Triple: 'Pour Dieu, sire Bauduins, aiiés merchi de le Crestiienté! Prendons consel comment nous porons le tiere garandir et sauver. Nous avons chi le fille *le* roi Amaurri et sen baron Hainfroi; nous le couronerons, et si irons en Jherusalem et si le prendrons, car nous avons le force des barons de le tiere et del maistre de l'Ospital, fors seulement le prince Renaut qui est aveuc le roi en Jherusalem. Et si ai trives as Sarrazins; ne point ne serai grevés d'iaus, ains nous aideront, se mestier en avons'.[a]

[cxxxiv] *A cel* consel s'acorderent tout et creanterent qu'il coroneroient l'endemain par matin Hainfroi. Quant Hainfrois sot c'on le voloit coroner et faire roi, si se pourpensa qu'il ne poroit le paine soffrir, et vint le nuit si monta a ceval, et il et si chevalier, et erra tant qu'il vint en Jherusalem. Quant che vint l'endemain par matin, *que* li baron furent levé, il s'aparellierent pour Hainfroi coroner, si

---

1 est a fol] est a felon *F19*, est rois a fol *F24 F25 F26 F38*   2 errer] ouvrer *F16 F20*, olvrer *F17*   3 riens] neant *F16 F17* ‖ widerai] widerai je *F19 F20 F24 F38* ‖ *New paragraph in F16 with the rubric*: De Heimfroi que li baron de la terre vostrent coroner a estre roi, qui s'en foï en Jerusalem por faire omage au roi Guion.   3–4 Dont dist li quens de Triple] Li quens Raymons de Triple dist a a Bauduin de Raymes *F16*, Dont vint li quens de Triple se li dist *F24 F38*   5 sauver] tenser *F19 F20* ‖ le fille] Ysabel la fille *F16*   6 le roi Amaurri] al roi Amaurri *F18*, qui fu le roi Amauri *F24*, le roy Esmauri qi fu *F25 F26* ‖ sen baron Hainfroi] son baron Heymfroi fillastre le prince Renaut del Crac *F16*, Hainfroi *F20* ‖ le] les *F24* ‖ si] *lack F16 F17 F20*   7 si] *lack F16 F17 F20*   8 l'Ospital] l'Ospital et de toz *F16 F17 F20* ‖ le prince Renaut] deu prince Renaut et del (le *F20*) mestre del Temple *F16 F17 F20*, du prinche Renaut del Crac *F19*, le maistre del Temple *F25 F26*   8–9 est aveuc le roi en Jherusalem. Et] avec lo roi est en Jherusalem *F16 F17 F20*, est en Jherusalem avec le roi et *F24*, qui en Jherusalem est o (avec *F38*) le roy et *F25 F26 F38*   9 Sarrazins] Sarrazins et arai tant com je vorai *F24 F25 F26 F38* ‖ serai] serons *F19 F24*   9–10 nous aideront] vous aideront *F20 F25 F26*   11 *Rubric in F20*: L'ommage que li baron firent au roi Guion de Jherusalem fors seulement li cuens de Triple. *No paragraph break in F16, F24, F25, F26 or F38.* ‖ A cel consel] Icel consel *F18*, Ensi *F24*, Ainsi *F38 F25 F26* ‖ tout] tout li baron *F16* ‖ et creanterent] *lacks F20*   12 par matin Hainfroi] Jeffroi *F16*, Hainfroi *F17 F19 F20*, par matin Haimfroi et sa feme *F24*. *New paragraph in F25 and F26.*   12–13 Quant Hainfrois sot … si] Hainfroi seut que on le devoit couronner si *F19*   12 coroner et faire roi] fere roi de Jerusalem *F16*, faire roi *F17 F20*   13 se pourpensa] le pensa *F24*, s'en pensa *F25*, se pensa *F26 F38*   14 chevalier et] chevalier si se parti d'eus et *F16*, chevalier et si s'en fui et *F19*, chevalier si *F20* ‖ erra tant qu'il vint] alerent tote nuit et si s'enfuirent *F24*, errerent tant toute nuit et si s'en foui *F25 F26*, errerent toute nuit. Ainsi s'en foï *F38*   15 que] *lacks F18, et F24* ‖ si] Quant il *F19*, mais il *F25 F26*

[a] *F18 f. 37vb–38ra; F16 f. 32^{rc–va}; F17 f. 19vb; F20 f. 29vb–30ra; F19 f. 87^{rb–va}; F24 f. 130^{ra–b}; F25 f. 37vb–38rb; F26 f. 37vb–38rb; F38 f. 176^{ra–b}* (ML, 134–135).

THE CHRONIQUE D'ERNOUL 197

oïrent dire qu'il *s'en* estoit fuis al roi en Jherusalem tres le nuit devant. Quant
Hainfrois vint en Jherusalem et il vint devant le roine, cui sereur il avoit, si le
salua, et elle dist qu'ele ne *li* respondoit mie, pour çou qu'il avoit esté encontre
li, et qu'il n'avoit esté a son couronnement. Il commença a grater se tieste aussi
com li enfes honteus, et se li respondi: 'Dame, je n'en poi mais, car on me retint   5
et *me* vaut *on* faire roi a force. Et me voloit on hui coroner, et je m'en sui afuis,
pour ce c'on me voloit faire roi a force.' Et li roine *li* respondi: 'Biaus frere Hain-
froi, vous avés droit, que grant honte vous voloient faire, quant il vous voloient
faire roi. Mais puis que vous avés ensi fait, je vous pardoins mon maltalent. Or
venés avant, et si faites vostre hommage au roi.'[a]   10

[cxxxv] Hainfrois merchia la reine de çou qu'ele li avoit pardonné son mal-
talent, et ala avant *au roi et fist son homage et demora avec* le roine en Jherusa-
lem.
Quant li quens de Triple et li baron qui a Naples estoient oïrent dire que
Hainfrois s'en estoit fuis en Jherusalem et qu'il avoit fait son homage al roi, si   15

---

1 s'en] s'en en *F18* ‖ al roi] au roi Gui *F16 F20*, *lack F25 F26* ‖ roi en Jherusalem] *New paragraph in F16*.   1–2 tres le nuit … et] *lack F16 F17 F20*   1 *New paragraph in F24, F25 and F26*.   2 il vint devant le roine] Heymfroi vint devant Sibile la reigne *F16* ‖ avoit] avoit a femme *F19*   3 dist] li dist *F16 F20 F24 F25 F26 F38* ‖ ne li respondoit] ne respondoit *F18 F20*, n'en respondoit *F17*, ne le saluoit *F19 F38*   3–4 avoit esté encontre … esté] n'estoit mie venus *F19*   5 se li respondi] quant il li respondi si dist *F19* ‖ poi] peuc *F17*, puis *F19 F20 F25 F26*   5–6 on me retint et] li baron me retinrent et si *F19*   6 me vaut on] vaut *F18*, me voloient *F19*, me voloit on *F24 F25 F26 F38* ‖ Et me voloit on hui] et de la terre *F16*, et me volt on *F17*, et hui *F19*, et si me vaut on *F20* ‖ et] et faire roy de Jherusalem et de toute le tere et *F19* ‖ sui afuis] sui afoïz a vos *F16*, foï ça *F25 F26*   7 c'on me voloit] qu'il me voloient *F24 F25 F26 F38* ‖ faire roi a force] esforchier *F20* ‖ li] *lack F18 F17 F20*   7–8 Biaus frere Hainfroi] Heymfroi biau frere *F16 F17 F20*, Biax frere sire Haimfroi (Hanfroi *F38*) *F24 F38*, Biaus sire Hainfroi *F25 F26*, Biaus sire *F19*   8 droit que] bien fait car il *F19*, droit car il *F20*, droit car *F24 F25 F26* ‖ voloient faire quant il vous voloient] voloit on faire qant on vos voloit coroner et *F25 F26*   9 roi] roi a force *F17 F19* ‖ avés] l'avez *F16 F17 F20*   10 roi] roi Guion *F20*   11 *No paragraph break in F25, F26 or F38*. ‖ merchia la reine de çou qu'ele] mercia la reigne Sibile qu'il *F16*, mercia le roine Sebile de ce qu'ele *F20*, fu molt liés de che que le roine *F19*   11–12 pardonné son maltalent] son maltalant pardonné *F16 F20 F24 F25 F26 F38*   12 ala avant] ala *F17*, il ala *F20* ‖ avant au roi … roine] avant le roine *F18*, au roi Gui et li fist omage, et demora o lo roi Gui et o la reigne Sibile *F16*, avant et fist son hommage et demoura avec le roy *F19*, avant si fist son omage et demora avec la royne *F25 F26 F38*, avant et si fist son homage al roi et demora avec la roine *F24*   13 *New paragraph in F25 and F26*.   14 li quens de … oïrent] li baron qui a Naples estoient oï *F16*, li quens de Triple et li baron oïrent *F17 F20*, li quens de Tripe et li autre baron qui a Naples estoient oïrent *F19*   15 roi] roy de Jherusalem *F19*

[a] *F18* f. 38[ra–b]; *F16* f. 32[va–b]; *F17* f. 19vb–20ra; *F19* f. 87[va–b]; *F20* f. 30[ra–b]; *F24* f. 130[rb–c]; *F25* f. 38[rb–va]; *F26* f. 38[rb–va]; *F38* f. 176rb (ML, 136).

en furent mout dolant, et ne sorent que faire; puis qu'il orent celui perdu dont il se devoient aidier a consellier le tiere, si furent mout esmari. Dont vinrent li baron al conte de Triple; se li disent: 'Sire, pour Dieu, or nous conselliés del sairement que li rois mesiaus nous fist faire a vous, car nous ne volons faire cose
5 dont nos aions blasme ne reproce, ne que nous ne meffaisons enviers vous'. Li quens lor respondi qu'il tenissent lor sairement, tout si *com il* l'avoient juré, car conseil ne lor savoit il donner. Dont vinrent li baron, si prisent conseil entre iaus, et vinrent al conte, se li disent: 'Sire, puis que tant est la cose alee qu'il a roi en Jherusalem, nos ne poriens mie ranner encontre lui, car blasme en ariens
10 et reproce, ne faire ne le deveriens. Ains vous *prions*, pour Dieu, que vous ne nos saciés mie mal gré; mais *alés* a Tabarie, et soiiés illueques, et nous irons en Jherusalem *au roi et ferons nos homages*, et toute l'aïue et le conseil que nos vous porons *faire* nos le vous ferons, sauves nos honnours, et querrons et pourcacerons que tous les cous que vous avés mis en le tiere, dont li rois mesiaus vous
15 avoit mis Barut en gages, que vous les rarés'. A cel conseil ne vaut estre Bauduins de Rames.[a]

---

1 et ne sorent que faire] et molt irié et courouchié et si ne sevrent qu'il peussent faire ne dire *F19* ‖ puis qu'il] quant il *F16 F17 F20*   2 aidier] aidier et dont il devoient aidier *F24 F26 F38* ‖ esmari] dolent esmari *F25 F26*, corocié *F38*   4 mesiaus] Bauduins mesiaus *F20*, Bauduins *F24* ‖ volons] voriemes *F24*, volimes *F25 F26* ‖ cose] chose ne atorner *F16 F17 F20*   5 ne reproce] *lack F16 F17 F20* ‖ ne que nous ne meffaisons] car nous ne volons riens meffaire *F19*   6 com il] qu'il *F18* ‖ car] car autre *F24*, ke autre *F25 F26 F38*   7 *New paragraph in F16 with the rubric*: Com li baron de la terre de Jerusalem firent omage au roi Gui, fors seulement li quens de Triple. ‖ baron] baron de la terre *F16*   7–8 si prisent conseil ... li] au conte de Triple quant il orent pris conseil entr'aus et *F19*   8 conte] conte de Triple *F16 F20*   9 nos ne poriens mie ranner] vous ne porriés mie aler ne nous aussi ne ranner *F19*, nos ne poons mie regner *F24 F25 F26 F38*   10 deveriens] porriens *F19* ‖ prions] prierons *F18*   11 mal gré] mauvais gré *F19*, ni aigre *F25 F26* ‖ alés] alés vous ent *F18* ‖ soiiés] sejornez *F16 F17 F20*, si soiés *F19 F24*   11–12 nous irons en ... homages] nous irons en Jherusalem et ferons nos hommages au roi *F18, lack F19*   12 et] si *F24 F25 F26 F38*   13 faire] donner *F18, lacks F20* ‖ le] *lack F17 F24 F38* ‖ sauves nos honnours et querrons et] et si vous *F17* ‖ querrons] nos querrons tant *F16*, nous vous querrons *F20*, porquerons *F24 F25 F26 F38*, molt volentiers et si querrons *F19*   14–15 tous les cous ... rarés] vous rarés tous les cous que vous avés mis en le tere soustenir et garder et tous les damages dont li roys messiaus vous avoit mis Barut en gages et *F19*, vous rarés tos les cous que vous avés mis en la terre dont li roi Bauduins vos mist Barut en gages *F24*   14 cous] coutement *F16*   14–15 vous avoit mis] vos mist *F38*, mist *F25 F26*   15 mis Barut en gages] fait bailli *F16*

---

[a] *F18 f. 38rb–vb; F16 f. 32vb–c; F17 f. 20ra–b; F19 f. 87vb–88ra; F20 f. 30rb–va; F24 f. 130rc–va; F25 f. 38va–b; F26 f. 38va–b; F38 f. 176rb–va* (ML, 136–137). *F18 has a nine-line miniature panel showing Humphrey kneeling before the king and queen, followed by a three-line puzzle initial 'H'.*

THE CHRONIQUE D'ERNOUL 199

[cxxxvi] Quant li quens de Triple vit qu'ensi li estoient failli tout li baron, si s'en ala a Tabarie, et li baron s'en alerent en Jherusalem au roy pour faire lor homages, fors seulement Bauduins de Rames;[176] ains i envoia .i. sien fil qu'il avoit jovene, et si proia les barons qu'il proiassent le roi que il mesist son fil en saisine de le tiere, et presist son hommage. Quant li baron orent fais lors homages, si proiierent au roi del fil Bauduin de Rames, qu'il le mesist en saisine de le tiere sen pere, et *presist* son homage. Li rois respondi qu'en saisine ne le meteroit il mie de le tiere, ne son homage ne *prendroit* desci c'a icele eure que li peres li aroit fait homage; mais se li peres li avoit *fait homage*, il aroit bien consel de son fil metre en vesteure de *la terre*, et seussent il bien *por voir*, se Bauduins de Rames ne venoit avant et ne faisoit homage, il saissiroit le tiere.[a]

[cxxxvii] Quant Bauduins de Rames sot que il li *esteveroit* faire homage al roi Gui de Lesegnon, si fu mout dolans et ala en Jherusalem pour faire son homage,

---

1 *No paragraph break in F16, F20, F24 or F38.* ‖ qu'ensi li estoient … baron] que tout ainsi li estoient fali tout li baron de le tere *F19*, qu'il li estoient ensi failli *F20*, qu'ensi faitement li estoient fali tot li baron *F24*   2 ala a] alerent en *F25 F26* ‖ li baron] Et tout le baron qui la estoient assanlé *F19*   2–3 au roy pour faire lor homages] pour faire au roi Guion omage *F16*   3 Rames] Raimes cil n'i vost aler *F16 F17*, Rames mais ichil n'i vaut aler *F19*, Rames cil n'i vaut *F20* ‖ fil] petit fil *F19*   3–4 qu'il avoit jovene] joenne vaslet *F25 F26*   4 les barons] au barons de la terre *F16*, les barons de le terre *F20*, as barons *F19*   4–5 mesist son fil … presist] mesissent l'enfant en saisine de se terre et qu'il le mesist en *F19*   5 le] se *F17 F20* ‖ *New paragraph in F16 and F20. Rubric in F16:* Comment Bauduins de Raymes fist amage au roi de Jerusalem, et puis s'en ala en Enthioche. *Rubric in F20:* De Bauduin de Rames, qui en ala en Antioche quant il ot fait sen hommage.   5–7 Quant li baron … homage] Chil s'en alerent et se prierent le roy de Jherusalem quant il orent fais lors hommages qu'il mesist le fil Bauduin de Rames en saisine de se terre. Et *F19, lack F25 F26* (*homeoteleuton*)   5 baron] baron de le terre *F20*   5–6 lors homages si proiierent au roi] lor omage au roi Gui si proierent lo roi *F16*, lor homages si proierent le roi *F17 F20*, homage al roi si proierent *F24 F38*   7 presist] presissent *F18* ‖ respondi] li respondi *F17 F19*, lor respondi *F24 F25 F26 F38*   8 de le tiere] *lacks F19* ‖ ne prendroit] ne prendroit il mie *F18*, *lacks F17* ‖ desci c'a icele eure] devant che *F19*, dusq'a tant *F25 F26*   9 li] ses *F16 F17 F19 F20 F38* ‖ mais se li … hommage] mais se li peres li avoit homage fait *F18; lack F17 F25* ‖ bien] bon *F20 F24*   10 son fil metre] son filz Bauduin metre *F16*, metre le fil *F24 F25 F26 F38* ‖ vesteure de la tere] vesteure de l'hyretage *F18*, sesine de la terre *F16* ‖ por voir se] se *F18*, que se *F19*, de voir que se *F24 F25 F26 F38*   11 et ne faisoit homage] *lack F16 F17 F20* ‖ et ne] n'il ne li *F24 F25 F26, et il ne li F38* ‖ le tiere] le tere qu'il tenoit *F19*, sa terre *F24 F25 F26 F38*   12 *No paragraph break in F16, F20, F24, F25, F26 or F38.* ‖ esteveroit] esteveroit aler *F18*, convenoit *F19*, covendroit *F38*   13 de Lesegnon] *lack F24 F25 F26 F38*   13–200.1 dolans et ala … roi] en dolans et molt irés et si s'en ala en Jherusalem et vint devant le roy Guyon *F19*   13 son] *lack F17 F24*

---

[a] *F18 f. 38vb–39ra; F16 f. 32^{vc}–33ra; F17 f. 20rb; F19 f. 88ra; F20 f. 30$^{va–b}$; F24 f. 130va; F25 f. 38vb–39ra; F26 f. 38vb–39ra; F38 f. 176va* (ML, 137–138).

176   Note the extra information in *F16 F17 F19 F20*. That *F18* is aligned with the other manuscripts runs counter to what is usual.

et vint devant le roi; si ne le salua pas et li dist: 'Rois Guis, je vous faç homage, comme cil qui de vous ne vorra tiere tenir, ne ne tenra'. Ensi fist Bauduins de Rames son homage al roi, et si ne le baisa mie a l'ommage *faire*. Et si fist son fil metre en vesteure de se tiere et son homage faire, et il s'en issi.[177] *Et* puis demanda *conduit* al roi d'issir hors de sa tiere, et li rois li donna.[a]

[cxxxviii] Quant Bauduins de Rames ot ensi fait, si vint a Balyan de Belin sen frere; se li carja son fil et sa tiere a garder, et prist congiet; si s'en ala. Dont che fu mout grans *duels* aveuques le tiere, et dont Sarrazin furent mout lié, car il ne douterent puis homme qui fust en le tierre, fors *seulement Balyan son frere*, ki demoura. Bauduins ne *se fia* mie encore en l'aseurement que li rois li avoit fait, ains prist son frere Balian et tous les chevaliers de se tiere, et errerent tant, par

---

1 si] et si *F24 F38*, mais il *F25 F26* ‖ le salua pas] *New paragraph in F25 and F26.* ‖ et li dist: 'Rois Guis] ains li dist roys *F19*, Roys Guis dist Baldoins de Raives *F25 F26*   2 de vous ne vorra tiere tenir] de vos ne n'avra ja terre *F16* ‖ *New paragraph in F24.*   3 roi] roi Guion *F16*, roi Gui *F20*, roi de Jherusalem *F19*   3–4 le baisa mie ... faire] s'abaissa mie au roy quant il li fist sen homage *F19*   3 faire] faire. Et il s'en issi *F18*   3–4 son fil metre en vesteure] son filz Bauduins qu'il avoit eu de la fille le seigneur de Cesaire metre en sesine *F16*   4 de se tiere] lack *F25 F26* ‖ Et] lack *F18 F19*   5 conduit] congiet *F18* ‖ hors] lack *F24 F25 F26* ‖ et li rois li donna] lacks *F20*   6 *No paragraph break in F19, F20, F24, F25, F26 or F38.* ‖ de Rames] lack *F25 F26 F38* ‖ de Belin] lack *F24 F25 F26 F38*   6–7 sen frere] qui ses freres estoit, et avoit a feme la reigne Marian qui fame fu lo roi Amaurri *F16*   7 carja son fil] charcha son filz Bauduin *F16*, bailla son fil *F19* ‖ Dont] adonc en Enthioche *F16*   8 duels aveuques] diex aveuques *F18*, dels a *F16*, dieuls a *F20*, doleurs aveuc toute *F19*, duels et granz domages a (avec *F24*) *F24 F25 F26 F38* ‖ lié] lié et molt joiant *F19*   8–9 ne douterent puis ... seulement] doutoient plus Bauduin de Rames que nul homme des Crestiens trestous ne il ne doutoient plus que lui et *F19*   9 seulement Balyan son frere] Balyan son frere seulement *F18*   9–10 ki demoura] qui i demora *F16 F20*, qui demoura en la terre *F19 F24*. *New paragraph in F24, F25 and F26.*   10 Bauduins] Bauduins de Raymes (Rames *F20*) *F16 F19 F20*, Baldoin de Rauies *F25 F26* ‖ se fia] s'aseura *F18* ‖ mie encore] mie *F17*, mie bien seurement *F19*, mie bien encore *F24* ‖ rois] rois de Jherusalem *F19*, roys Gui *F25 F26*   11 de se tiere et errerent] et erra *F19*

---

[a] *F18 f. 39ra; F16 f. 33ra; F17 f. 20va; F19 f. 88^{ra–b}; F20 f. 30 vb; F24 f. 130va; F25 f. 39ra; F26 f. 39ra; F38 f. 176va* (ML, 138).

---

177   *F16* is repeating the statement found in §xli that the mother of Baldwin's son was the daughter of the lord of Caesarea. This lady was actually the lord of Caesarea's widow. *F16* here (at lines 3–4) and in §cxxxvi (line 10) and §cxxxviii (line 7) gives the son's name as Baldwin, but both the Colbert-Fontainebleu account (§19) and the *Lyon Eracles* (Morgan §§21, 52) name him as Thomas, and this is confirmed by a document of 1180 or 1181 (RRH, no. 611). The early fourteenth-century version of the *Lignages d'Outremer* (97) also names Baldwin's son as Thomas, but doubt is cast on its assertion that he was the child of Baldwin's first marriage to Richildis of Bethsan as the earlier version of the *Lignages* (60) records Baldwin and Richildis as having two daughters and makes no mention of a son.

jour et par nuit, qu'il fu hors du pooir le roi. Et quant il fu hors del pooir le roi, si prist congié a Balyan sen frere et a ses chevaliers, et s'en ala en Antioche. Quant li prinches d'Antioce oï dire que Bauduins *de Rames* venoit a lui, si en fu mout liés, et ala encontre lui; si le reçut mout hautement, et se li donna .iii. tans de tiere qu'il n'avoit *laissié*, et castiaus et cités.[178a]

[cxxxix] Or vous lairons de Bauduin, qui est en Antioce a grant honnour et a grant signourie, et si vous dirons del roi *Gui* qui est en Jherusalem. Il prist *consel* au maistre del Temple qu'il poroit faire del conte de Triple qui ne voloit faire son homage. Li maistres del Temple li donna consel qu'il alast assegier Tabarie: s'il pooit tant faire qu'il peust prendre Tabarie et le conte de Triple, il en aroit grant avoir. Dont vint li rois Gui, si semont ses os qu'il fuissent tout, a .i. jour que il nomma, a Nazaret, et Nazarés si est a .v. liues de Tabarie. Quant li quens de Triple oï dire *que li rois* avoit semonses ses os pour venir sour lui, si ne fu mie liés. Il manda a Salehadin, qui sires estoit de Damas, que li rois Guis avoit

---

1 qu'il fu hors ... si] qu'il vint hors de le terre et du pooir le roy de Jherusalem et puis *F19* ‖ fu] furent *F25 F26* ‖ Et] *lack F24 F25 F26 F38*   2 Balyan] Belyan de Belin *F19* ‖ et] si *F19 F20 F24 F25 F26 F38*   3 prinches] princes Buyemont *F16* ‖ de Rames] *lacks F18*   4 liés] liés de grant maniere *F19*, liés et molt joians *F24 F25 F26 F38* ‖ si] et *F17 F19*, et se *F24 F25 F26 F38* ‖ hautement et se] hautement et *F17 F20*, liement et li *F19*   5 laissié] laissiés *F18* ‖ et castiaus et cités] es castiaus ne es chités *F19*, et chatiaus et cités li dona *F24 F25 F26 F38*   6 *Rubric in F16*: Deu roi Gui qui fist asembler ses olz por asegier le conte de Triple qui ne li vost fere omage par le consoil au metre del Temple. *Rubric in F20*: Del roi Guion de Jherusalem qui assambla ses os a Nazaret por aler assegier Tabarie. *No paragraph break in F24.* ‖ Bauduin] Bauduin de Raimes ester *F16*, Bauduin de Rames *F19 F20*, Baldoin de Rauies *F25 F26* ‖ a grant honnour et a] en grant honor et en *F16*, a mout grant honor et a mout *F20*   7 et] *lack F17 F19 F20 F25 F26 F38* ‖ Gui qui est] qui est *F18*, Guyon de Jherusalem qui fu nés a Leseignon et qui fu couronnés *F19*, Guion qui est *F20* ‖ consel] *lacks F18*   8 conte] conte Raimont *F16* ‖ voloit] li voloit *F16 F20*, voloit venir *F24 F25 F26 F38*, voloit venir a lui pour *F19*   9 qu'il] qu'il semonsist ses os et *F24 F38*, q'il se mousist son ost et *F25 F26* ‖ Tabarie] dedenz Tabarie. Car *F16*, Tabarie. Car *F20*   10 en] *lack F16 F17 F20*   11 Gui] *lack F24 F25 F26 F38*   11–12 qu'il fuissent tout ... nomma] pour aler sur lui a .i. jour que il lor dist *F19*   12 et Nazarés si est] ch'est *F19*, qui est *F25 F26* ‖ liues] milles *F38*   13 que li rois] qu'il *F18 F17*, que li rois Guis *F24* ‖ ne] n'en *F24 F25 F26 F38*   14 liés] bien tres liés *F19*   14–202.1 que li rois ... lui] tout ainsi l'avoit li roys Guys amassees ses os et pour venir sur lui et estoit aveuc ses gens a Nazarel *F19*

[a] *F18 f. 39^{ra–b}; F16 f. 33^{ra–b}; F17 f. 20va; F19 f. 88rb; F20 f. 30vb–31ra; F24 f. 130^{va–b}; F25 f. 39^{ra–b}; F26 f. 39^{ra–b}; F38 f. 176^{va–vb}* (ML, 138–139).

178   For Baldwin in Bohemond III's entourage, see RRH nos. 648–649 (February 1187 where he heads the lay witnesses). He is not known to have lived beyond 1187.

assanlés ses os a Nazareth pour venir sour lui, et se li manda que, se il avoit mestier d'aïue, pour Diu, qu'il le secourust. Salehadins li envoia chevaliers et sergans sarrazin a grant plenté et arbalestriers et armes assés, et se li manda que, s'on l'assaloit le matinee, al vespre le secourroit, et s'on l'asseoit *au viespre, al matin* seroit secourus. Dont semont Salehadins ses os, et assanla a Belinas, a .vi. liues de Tabarie. Quant li rois Guis ot assamblee s'ost a Nazaret, si vint Balyans de Belin al roi, se li dist: 'Sire, pour coi avés vous chi ceste ost assamblee? Ou volés vous aler a toute vostre ost? Il n'est ore mie tans de tenir ost encontre yver'. Et li rois li dist qu'il voloit aler assegier Tabarie.[a]

[cxl] Dont *li* dist Balyans: 'Sire, par quel consel *est* ce que vous volés chou faire? Cis consaus est mauvais et faus, ne onques saiges hom cest consel ne vous donna; et saciés bien que par men consel ne par les barons de le tiere n'i porterés vos *vos* piés, car il a grant chevalerie dedens Tabarie de Crestiiens et de Sarrazins, et vous avés poi de gent pour assegier Tabarie. Et saciés vous

---

1 assanlés] amassees *F17* ‖ se li manda que se il] que s'il *F16*, qu'il *F17*, se il *F20*, et se li manda qu'il *F24* 1–2 manda que se ... Diu] manda pour Diu que s'il avoit mestier d'aieue *F19*, manda por Dex *F25 F26* 2 pour Diu qu'] que por Dieu *F16 F20 F24 F38* 3 sarrazin] lack *F17 F20* 4 l'assaloit le matinee al] l'asaloit la matinee qu'il al *F24*, l'aseoit le matin k'au *F25 F26*, l'asseoit la matinee que au *F38* 4–5 au viespre al matin seroit secourus] al matin au viespre seroit secourus *F18*, au vespre et il le savoit que il le secourroit au matin *F19*, al vespre qu'il aroit l'endemain socors *F24*, au vespre l'endemain par matin avroit secors *F25 F26 F38* 5 Dont semont Salehadins] Dont vint Salehadins si somonst *F24 F25 F26 F38* ‖ assanla a Belinas] ala a Belinas (Belynas *F16*) *F16 F17*, ala a Belinas qui est *F19 F20* ‖ .vi. liues] .v. liues *F17*, .vi. milles *F38* 6 *New paragraph in F16, F20, F25 and F26. Rubric in F16*: Deu roi Gui qui envoia ses mesages au conte de Triple a Tabarie por fere pes de son omage par le consoil Balian de Belin et des autres barons. *Rubric in F20*: Del roi Guion qui departi ses os de Nazareth par le consel Balian de Belin. ‖ Balyans] Belinas *F25*, Belyas *F26* 7 chi ceste ost assamblee] ceste ost chi amasee *F17*, chi assanlee vostre ost et *F19* 8 Il n'est ore mie tans de tenir ost] lack *F25 F26* (*homeoteleuton*) ‖ Il] et qui vous a donné cest conseil? Sachiés qu'il *F19*, Car il *F24 F38* 8–9 encontre yver. Et li rois li dist] contre yver et li rois li respondi *F16*, s'on ne le tient a forche. Et li rois Guys li respondi *F19*, encontre yver. Dont respondi li rois se li dist *F24*, encontre yver. Lors vint li rois si li dist *F38* 9 assegier] asegier le conte de Triple dedenz *F16* 10 *No paragraph break in F16, F17, F19, F20, F24, F25, F26 or F38.* ‖ Dont li dist Balyans: Sire] Dont dist Balyans *F18*, Dont li dist Belians de Belin. Sire *F19*, Et Balian (Baliens *F38*) li dist: Sire *F24 F25 F26 F38* ‖ est ce que vous volés] es ce que vous volés *F18*, volés vous *F17 F19* 10–11 chou faire] aler asegier Tabarie *F24* 11 mauvais et faus] malvais et fols *F17 F24 F25 F26 F38*, mauvais *F20* ‖ cest] ne le vous loa ne *F20* 12 bien] vous bien *F17 F24 F38*, vos *F25 F26*, lacks *F19* ‖ les] le consel as *F20*, le consel les *F24*, le consel des *F25 F26 F38* 13 n'i porterés vos vos piés] n'i porterés vos piés *F18*, vos n'irés mie *F19* ‖ chevalerie] gent de chevalerie *F25 F26* 14 poi de] pou *F16*, poi *F20 F24 F25 F26* 14–203.1 vous bien se] bien que se *F16*, se *F19*, vos bien *F38*

---

[a] *F18 f. 39^{rb-va}; F16 f. 33^{rb-c}; F17 f. 20^{va-b}; F19 f. 88^{rb-va}; F20 f. 31^{ra-b}; F24 f. 130^{vb-c}; F25 f. 39^{va-va}; F26 f. 39^{rb-va}; F38 f. 176vb* (ML, 141–142).

bien, se vous y alés, il n'en escapera ja piés, et que tantos que vous l'arés assegié Salehadins le secourra a tout grant gens. Mais departés vostre ost, et jou et une partie des barons de vostre tiere irons al conte de *Triple*, et si ferons pais, se nous poons, entre vous et lui, que li haine n'i est mie bonne.' Dont departi li rois ses os, et si envoia a Tabarie ses messages, si comme Belyans li avoit loé.[a]

[**cxli**] Quant il vinrent al conte et il parlerent de faire pais, li quens de Triple respondi k'a nulle pais il n'entenderoit desci a icelle eure qu'il l'averoit resaisi del castiel dont on l'avoit dessaisi, et s'il estoit *resaisis* del castiel, il en feroit tant que gré l'en savroit on. Li message s'en *retournerent* et vinrent al roi, et se li disent che qu'il avoient trouvé.

Si demoura li afaires atant tout l'iver desci k'apriés le Paske.[179] Quant ce vint apriés Pasques, si oï li rois dire que Salehadins assanloit ses os pour entrer en sa tiere. Donc manda li rois Guis tous les barons de sa tiere et les arceveskes et

---

1–2 il n'en escapera … et] il et *F16, lacks F20*   1 escapera ja piés … que] scampara ja piez et tantost com *F25 F26*   2 *New paragraph in F24*.   3 une partie des … tiere] une partie de nostre ost *F17*, de prodomes de vostre terre *F24*, une partie des prodomes de vostre terre (ost *F38*) *F25 F26 F38* ‖ al conte de Triple] al conte de Triple parler *F18*, a Tabarie et si parlerons *F19*   4 haine] haine ne le discorde *F19* ‖ bonne] boine entre vous et lui *F19*. *New paragraph in F25 and F26*.   5 rois] rois Guis *F19 F25 F26*   5–6 Belyans li avoit loé] Belyans li avoit conseillié et loé *F18*, il avoient loé *F19*, on li ot loé *F24*, li quens li ot loé *F25 F26 F38*   7 *No paragraph break in F20, F24, F25, F26 or F38*. ‖ il vinrent al … pais] li mesage lo roi vindrent a Tabarie si parlierent au conte de la pes fere *F16*, li message vinrent au conte de Tripe il parlerent a lui de par le roy Guyon de faire pais *F19*, il vinrent au conte de Triple et il parlerent de le pais faire *F20*, il vinrent al conte et il la parlerent de faire pais *F24 F38* ‖ de Triple] *lack F24 F25 F26 F38*   8 k'a nulle pais … qu'il] qu'il n'entenderoit a nule pais faire dessi adont que li roys Guys *F19*, qu'il n'entenderoit a nule pais dessi qu'a icele heure que li rois *F20*, c'a nule pais n'entenderoit il desci c'a icele eure c'on *F24*, ke nule pais non tendroit il desi q'a icele ore q'il *F25 F26*, que nule pes ne tendroit desi c'a icele heure qu'il *F38*   9 castiel] castel de Baruth (Baruch *F20*) *F16 F20* ‖ resaisis] saisis *F18*   10 gré] boin gré *F17 F19 F20* ‖ s'en retournerent et] s'en retournerent ariere et *F18*, s'en tornerent et *F17, lacks F19*   11 *New paragraph in F25, F26 and F38*.   12 Si] Or *F16 F24 F38* ‖ atant tout l'iver] issi tout l'iver *F17*, tant pour l'iver *F20*, atant *F24*, atant del livrer *F25 F26* ‖ *New paragraph in F16 and F20. Rubric in F20*: Del roi Guion qui envoia au conte de Triple messages por faire pais a lui.   12–13 Quant ce vint apriés Pasques] *lack F25 F26*   13 si oï li rois] li mesaje furent revenue en Jerusalem au roi deu conte de Triple si oï li rois *F16*, si oï li rois Guis *F20 F24* ‖ assanloit] amassoit *F24 F25 F26*   14 manda li rois Guis] vint il (li rois *F24*) si manda *F24 F38*, manda il *F25 F26* ‖ barons] haus barons *F19*

---

[a] *F18 f. 39*$^{va-b}$; *F16 f. 33*^{rc}; *F17 f. 20*^{vb}–*21*^{ra}; *F19 f. 88*$^{va-b}$; *F20 f. 31*^{rb}; *F24 f. 130*^{vc}; *F25 f. 39*$^{va-b}$; *F26 f. 39*$^{va-b}$; *F38 f. 176*^{vb}–*177*^{ra} (ML, 142).

179   In 1187 Easter fell on 29 March.

les evesques qu'il alaissent a lui en Jherusalem, et il i alerent. Et quant il furent venu devant lui, il lor demanda conseil qu'il feroit, qu'ensi faitement assembloit Salehadins ses os pour venir sour lui. Li baron de le tiere li loerent qu'il s'acordast au conte de Triple, et s'il ne *s'i acordoit*, il ne poroit ost tenir encontre les Sarrazins, car li quens de Triple avoit grant chevalerie aveuc lui, et estoit sages hom. Car s'il estoit bien de lui, et il voloit croire son conseil, il ne li couverroit noient douter les Sarrazins. 'Sire, vous avés perdu le millour chevalier de vostre tiere, Bauduin de Rames; se vous perdés l'aïue et le consel del conte de Triple, vous avés tout perdu'.[a]

[cxlii] Dont dist li rois que volentiers feroit pais a lui et *que volentiers s'acorderoit et qu'il feroit volentiers* çou qu'il li *loeroient* et que boin seroit a faire. Dont apela le maistre del Temple et le maistre de l'Hospital et l'arcevesque de Sur[180] et Balyan de Belin et Renaut de Saiiete, et si lor commanda qu'il alaissent a Tabarie al conte de *Triple* pour pais faire: tel pais qu'il feroient il .v. il tenroit.

---

1 alaissent] venissent F16 F19 F20 ‖ a lui en ... alerent] Jerusalem et il i vindrent F16, a lui en Jherusalem et il i vinrent et le trouverent en Jherusalem F19, a lui et il y vinrent F20 ‖ et] *lack* F24 F25 F26 F38   2 venu] tout venu F19, *lacks* F20 ‖ lui il] le roi. Li rois F24 ‖ demanda] demanderent F38 ‖ qu'il feroit] *lack* F20 F25 F26 ‖ faitement] *lack* F38   3 de le tiere] *lacks* F19 ‖ loerent] consellierent et loerent F24 F25 F26 F38   4 et] et que F19 F24 F38 ‖ s'i acordoit] s'acordoit F18 F38 ‖ ne poroit ost] n'aroit mie pooir d'ost F19 ‖ encontre] contre F16 F19 F25 F26   5–6 et estoit sages ... lui] *lack* F25 F26 (*homeoteleuton*)   5 estoit] si estoit molt F19, s'estoit F20   6 ne li couverroit] ni li convenroit F16, ne covenroit F17, ne li convenoit F20, n'i poroit F25, i ne poroit F26, ne poroit F24 F38   7 *New paragraph in F24.* ‖ Sire] Sire dient (font F24) li baron F16 F24, Sire disent li baron au roy F19, Sire dient li baron de le terre F20 ‖ chevalier de] chevalier et le plus sage qui fust en F24 F25 F26 F38   10 *No paragraph break in F16, F17, F20, F24, F25, F26 or F38.* ‖ que volentiers feroit pais a lui et] *lacks* F19   10–11 que volentiers s'acorderoit ... et] s'acorderoit, et volentiers feroit çou qu'il li loeront et F18, que volentiers s'acorderoit a lui et qu'il enquerroit tout che que li baron l'en loeroient et F19, que volentiers s'acorderoit et qu'il li loeroit volentiers ce F20   11 que] qui F16 F25 F26 F38 ‖ *New paragraph in F25 and F26.*   11–12 Dont apela] donc apela li rois F16 F24, Lors apela li roys Gui F25 F26, Dont apele F19, Lors apela F38   12 del Temple et ... l'Hospital] del Temple et de l'Hospital F16 F17 F20, de l'Ospital et del Temple F24   12–13 l'arcevesque de Sur ... et] les vesques et les archevesques et Balyan de Belin et le prinche F19   14 Triple] Triple parler F18, Triple et F24 ‖ tel] et tel F16 F19 F24 F25 F26 F38 ‖ qu'il feroient il ... tenroit] qu'il feroient il tenroit de iaus .v. F18, com i feroient il tenroit F16, qu'il feroient il .v. il tenoit F20, com il feroient il .v. il tenroit F24, cum il .v. feroient tendroit il (il tendroit F38) F25 F26 F38

---

[a] F18 f. 39vb–40ra; F16 f. 33^{rc-va}; F17 f. 21ra; F19 f. 88vb; F20 f. 31^{rb-va}; F24 f. 130^{vc}–131ra; F25 f. 39vb–40ra; F26 f. 39vb–40ra; F38 f. 177ra (ML, 142–143).

180   Joscius (ca. 1186–ca. 1201).

THE CHRONIQUE D'ERNOUL   205

Dont murent li message; si alerent gesir a Naples. Et Balyans de Belin vint au maistre del Temple et de l'Hospital et a l'arcevesque de Sur; si lor dist que lor journee estoit l'endemain al castiel de Le Feve a gesir, et qu'il iroient l'endemain la, et il *demourroit* a Naples, que il i avoit a faire, et qu'il mouveroit la nuit, et *erreroit* toute nuit tant qu'il seroit a aus al point del jour. Ensi s'en alerent l'endemain, et Balyans demoura.[a]

[cxliii] Or vous lairai atant des messages, et si vous dirai d'un des fiex Salehadin qui nouvelement estoit adoubés.[181] Il manda al conte de Triple qu'il le laissast entrer en le tiere as Crestiiens parmi se tiere, et pour faire une coursee. Quant li quens oï le mandement, si fu mout dolans et se pensa que, s'il li escondissoit cel don que il li demandoit, il se doutoit que il ne perdist l'aïue et le confort

---

1 murent] vindrent *F16 F25 F26*, vinrent *F19 F20* ‖ gesir a Naples ... vint] jesir la nuit a Naples. Quant li mesage furent venu a Naples, si vint Balian de Belyn *F16*, jesir a Naples li .iiii. et Renaus de Saiete ala .i. autre chemin. Or furent la premiere nuit a Naples. Dont vint Balian d'Ibelin (Balyas de Belin *F25 F26*, Balians d'Ybelin *F38*) *F24 F25 F26 F38* ‖ *New paragraph in F25 and F26.*   2 del Temple et de l'Hospital] de l'Ospital et al maistre del Temple *F24* ‖ Sur] et au prince Renaut de Saiete et *F19*   3–4 iroient l'endemain la ... qu'il] y alaissent et il demourroit a Naples qu'il y avoit un peu a faire et il s'en iroient l'endemain la et il *F19*   4 demourroit] demourroient *F18* ‖ faire et qu'il mouveroit la nuit] fere a la reigne Marian sa fame, cele qui fu fame le roi Amaurri et cui li rois Amaurris avoit doné Naples en doaire, et si lor dist qu'il mouvroit la nuit de Naples *F16*   5 erreroit toute] erroit toute la *F18*, erreroit la nuit tote *F16 F17*, iroit tote *F19 F20*, chevaucheroit tote *F24* ‖ tant] si *F24 F25 F26 F38*   6 et Balyans demoura] li mesaje et Balians demoura a Naples o la reigne Mariam sa fame qui la lestoit *F16*, et Belians de Belin demoura *F19*, et Balyas i demora *F25 F26*   7 *Rubric in F16*: La desconfiture d'un fil Salehadin qui chevaliers iert de nouvel fist devant la Fontaine de Cresson sus les mesages lo roi, qui aloient a Tabarie au conte de Triple por li apesier au roi de Jerusalem, *followed by a six-line puzzle initial 'O'. Rubric in F20*: Le bataille qui fu a le Fontaine dou Cresson, ou li Templier furent desconfit et li maistres de l'Hospital ochis. *No paragraph break in F24.* ‖ et] *lack F16 F17 F20 F25 F26* ‖ des fiex] fil *F19*   8 nouvelement estoit adoubés. Il] chevaliers estoit de nouvel, et ot a non Nychoredex. Cil Nichoredix *F16*   9 entrer] *lacks F20* ‖ et] *lack F20 F25 F26 F38*   10 dolans] courouchies et molt dolans *F19* ‖ et se] et sil se *F16*, et si se *F17 F24 F38*, si *F25 F26*   11 cel don que il li demandoit] cel don *F17*, chel mandement et chel don que il li demandoit *F19* ‖ il se doutoit ... perdist] il douta qu'il n'en perdist *F16 F20*, Il perderoit *F17*, qu'il perderoit *F24*, Il se pensa q'il perderoit *F25 F26*   11–206.1 l'aïue et le confort de] l'aide et le consuel *F16 F17*, le confort et l'aïue du soudan de *F19*, l'aïue de *F20*, l'aïue et le consel de *F24 F38*, l'ayde et le secors de *F25 F26*

[a] *F18 f. 40^{ra–b}; F16 f. 33^{va–b}; F17 f. 21^{ra–b}; F19 f. 88vb–89ra; F20 f. 31^{va–b}; F24 f. 131^{ra–b}; F25 f. 40^{ra–b}; F26 f. 40^{ra–b}; F38 f. 177ra* (ML, 143–144).

181   al-Afḍal. Other sources indicate that the Muslims were led by Muẓaffer al-Dīn Keukburī, one of Ṣalāḥ al-Dīn's most experienced commanders.

de Salehadin sen pere, et *s'il* li otrioit, grant honte et grant blasme *en* aroit des Crestiiens.[a]

[cxliv] Dont[182] se pensa li quens de Triple qu'il le feroit en tel maniere, qu'il garniroit si les Crestiens qu'il n'i perderoient noient, ne que li fiex Salehadin malgré ne l'en saroit. Lors manda au fil Salehadin qu'il li donnoit *bien* congié d'aler parmi sa tiere, et entrer en le tiere des Crestiiens, par tel convent, que de solel luisant passeroit le flun et iroit en le tiere as Crestiiens, et dedens solail esconsant rapasseroit le flun ariere et iroit en se tierre, ne que dedens ville ne dedens maison nulle cose ne prenderoit, ne damage n'i feroit. Ensi li creanta li fiels Salehadin a faire et a tenir. Quant che vint l'endemain par matin, si passa le flun et vint par devant Tabarie, et entra en le tierre as Crestiiens. Et li quens de Triple fist fremer les portes de Tabarie, que cil dedens n'en ississent pour eus faire damage.[b]

---

1 s'il] si *F18* ‖ en] i *F18 F17, lacks F19*   2 des Crestiiens] de Crestienté *F24 F25 F26 F38*   3 No paragraph break in *F16, F19, F20, F24 or F38*. ‖ Dont se pensa] Dont se pourpensa *F19*, Or se pensa aprés *F24 F25 F26 F38* ‖ li quens de Triple] *lack F38 F50* ‖ le feroit] li otreroit *F19*, le feroit sagement *F24*   4 garniroit] li garderoit *F25 F26*   5 Lors] Dont *F24 F25 F26 F38* ‖ qu'il li donnoit bien] qu'il li donnoit bon *F18 F17*, que volentiers li donroit *F19*   6 entrer] d'entrer *F17 F50, lacks F19* ‖ que] qu'il *F19 F38 F50*   6–7 de solel luisant] de soleil levant *F20*, au soleil levant *F24 F25 F26 F38*   7–8 et iroit en ... en] Jourdain et que de soleil luisant rapasseroit arriere le flun Jourdain et si entroit en *F19*   7 as] des *F24 F25 F26 F38 F50*   7–8 dedens solail esconsant ... tierre] de solel luisant riroit et repasseroit le flun ariere *F24*, del soleil luisant iroit arriere et repasseroit le flum *F25 F26 F38*, de soleill luisant repasseroit le flum arrieres *F50*   9 nulle cose ne ... feroit] ne prenderoit nule cose ne ne feroit prendre par ses hommes et que nul damage ne feroit as Crestiens. Et *F19. New paragraph in F24*. ‖ ne] n'i *F16 F17, lack F25 F26* ‖ n'i] ne *F25 F26 F50*   10 tenir. Quant che vint] dir. Et qe ce vint *F25 F26*   11 le flun et vint] Nichorediex le flun et trespassa *F16*, le flun et passa *F17*, le flun Jourdain et passa *F19*, le flun li fieus Salehadin et passa *F20*, le flun et s'en vint tot droit *F50* ‖ Et] *lack F16 F17 F20 F50*   12 que] pour çou que *F17* ‖ cil dedens n'en ississent] li Crestien de dedens n'ississent hors *F19*

[a] *F18 f. 40rb; F16 f. 33vb; F17 f. 21rb; F19 f. 89ra; F20 f. 31vb; F24 f. 131rb; F25 f. 40rb; F26 f. 40^{rb-va}; F38 f. 177^{ra-b}* (ML, 144).   [b] *F18 f. 40va; F16 f. 33^{vb-c}; F17 f. 21^{rb-va}; F19 f. 89^{ra-b}; F20 f. 31vb–32ra; F24 f. 131rb; F25 f. 40^{rb-va}; F26 f. 40va; F38 f. 177rb; F50 f. 367^{ra-b}* (ML, 144–145).

182   It is at this point that *F50* switches from the Colbert-Fontainebelau text to its own distinctive version of the *Chronique d'Ernoul*, although without starting a fresh paragraph or giving any other indication of the change.

[cxlv] Or savoit bien li quens de Triple *le* jour devant, que li messaige le roi de Jherusalem venoient a lui. Il fist faire laitres, et prist messages, et fist porter les letres a Nazaret as chevaliers qui la estoient en garnisons de par le roi, et par toute la tiere ou il *savoit* que *li* Sarrazin devoient entrer: que pour cose qu'il oïssent nai que il veissent cel jour ne se meussent des viles ne *des* maisons, que li Sarrazin devoient entrer en le tiere et que, s'il se tenoient coi qu'il n'issisent des viles, il n'aroient garde, et s'on les *trouvoit* as cans, on les prenderoit et ocirroit, et quanque il trouveroient as cans. Ensi garni li quens de Triple ceus dou païs. Aprés ala li messages a Le Feve al maistre del Temple et al maistre de l'Hospital et a l'arcevesque de Sur, et si lor porta les letres de par le conte de Triple. Quant li maistre del Temple oï et seut que li Sarrazin devoient l'endemain par matin entrer en le tierre, si prist un message et l'envoia erranment batant al couvent del Temple, qui estoit .a. iiii. liues d'illuec, a une ville qui a a non Caco,[183] et si lor manda par ses letres que, tantost qu'il aroient oï son commandement, montaissent et venissent a lui, car l'endemain par matin devoient entrer li Sarrazin

---

1 *No paragraph break in F24, F38 or F50.* ‖ savoit] sot F24 F25 F26 F38 ‖ le jour devant] tres le jour devant F18, lack F16 F17 F20   1–2 le jour devant ... lui] que li message venoient a lui de Jherusalem bien l'avoit oï dire tres le jor devant F19 ‖ le roi de Jherusalem] le roi F24, le roi Gui F50, lack F25 F26 F38   2 Il] et F25 F26 ‖ et] si F24 F25 F26 F38   3 chevaliers] Crestians F16 F17 F20, barons F19   4 ou il] qu'il F24 F25 F26 F38 ‖ il savoit que li] il savoient que F18, il savoient que li F16 F17, li F19 ‖ entrer] aler et passer et si lor manda F19, passer et entrer F20, entrer en la terre F38   5 oïssent nai que il veissent] veissent ne n'oïssent F16, veissent ne oïssent F20, veissent ne qu'il oïssent F24 ‖ cel] en tout chel F19 ‖ ne des maisons] *New paragraph in F24.* ‖ des] de lor F18 F19 F50, leurs F38 ‖ que] car F19 F20 F24 F50   6 en le tiere] lack F25 F26   6–7 qu'il n'issisent des viles il] qu'il ne se meussent des viles il F16 F20 F17, es viles que il ne se meussent des viles ne des maisons qu'il F19, q'il n'isisent des viles ne des maisons qe il F25 F26, qu'il ne foissent des viles il F38, en lor viles et en lor ostiels qu'il F50   7 s'on les trouvoit] s'on les tenoit F18, si se nos les tenroit F25 F26, s'il les trouvoient F19, si les Sarrazin les trovoient F50 ‖ on les prenderoit et ocirroit] que il seroient ochis et pris F19   8 il trouveroient] on trouveroit F17 F19, il en trouveroit F20 ‖ *New paragraph in F25 and F26.*   9 Aprés] Et aprés F16 F17 F19 F20 ‖ del Temple et al maistre de l'Hospital] del Temple et de l'Ospital F25 F26 F19, de l'Hospital et al maistre del Temple F24   10 Sur] Sur et au prince Renaut de Saiete F19   11 oï et seut] oï ce et sot F16 F20, sot F19, oï et senti F25 F26 ‖ l'endemain par matin] l'endemain F16 F17 F19 F20, par matin F25 F26   12 tierre] terre au Crestians F16, tere des Crestiens F19 ‖ et] si F16 F17 F19 F20 F25 F26 ‖ erranment] maintenant F20, lack F24 F25 F26 F38   12–13 al couvent del Temple qui] au Temple pour parler au convent du Temple. Et li convens du Temple F19, as chevaliers del Temple qi F25 F26   13 liues] liues pres F19, milles F38 F50 ‖ a a non] est apelee F17   14 tantost qu'il] tantost com il F17 F25 F26, comme il F19, si tost com il F24   14–15 montaissent et venissent a lui] qu'il venissent a lui a esperon F16 F17 F20

---

183   Usually said to be Qāqūn but this identification is questioned. See Benjamin Z. Kedar and Denys Pringle, 'La Fève: A Crusader Castle in the Jezreel Valley', *Israel Exploration Journal*, 35 (1985), 164–179, at 168–169.

en le tiere. Tantos que li couvens oï le mandement le maistre, si monterent et vinrent la ains mienuit, et tendirent lor tentes devant le castel.[a]

[cxlvi] Quant ce vint l'endemain par matin, si murent et alerent devant Nazaret, et estoient .iiii.^{xx} chevalier et .x. del Temple et .x. de *l'Ospital* qui estoient aveuques le maistre. Et prisent a Nazareth .xl. chevaliers qui i estoient de par le roi, et passerent Nazareth bien .ii. liues viers Tabarie. Et trouverent les Sarrazins a une fontaine *qu'on apele le Fontaine* del Cresson, qui retournerent ariere pour passer le flun sans damage faire les Crestiiens, car li Crestiien estoient ensi garni comme li quens lor avoit mandé. Dont vint li maistres del Temple et li chevalier qui estoient aveuques lui; si *se* ferirent entre les Sarrazins a l'encontre, et li maistres de l'Hospital ensement. Et li Sarrazins les recoillirent hardiement, et si les enclosent *si* que li Crestiien ne parurent entre iaus, car li Sarrazin estoient encore .vii. mil chevalier a armes, et li Crestiien n'estoient que .vii.^{xx}. La eut li maistres de l'Ospital la tieste copee, et tout li chevalier del Temple et de l'Ospi-

---

1 tiere] terre as Crestiiens *F20* ‖ Tantos que] Tantost com *F16 F24 F25 F26 F38 F50*, Et tantost comme *F19* ‖ mandement le] commandement lor (de lor *F50*) *F19 F50*, commandement del *F24 F25 F26 F38*   2 la] a li a La Feve *F16*, a lui *F17 F20* ‖ ains] ainsçois qu'il fust *F24 F25 F26 F38*, avant qu'il fust *F50* ‖ tendirent lor tentes] se logierent *F24 F38 F50*, se legiererent *F25 F26* ‖ castel] chastel de Le Feve *F20*   3 *No paragraph break in F24, F25, F26, F38 or F50.* ‖ murent et] murent de La Feve et *F16*, *lack F17 F20*   3–4 alerent devant Nazaret] s'en alerent devant le castel de Nazarel et si *F19*   3 devant] a *F24 F25 F26 F38 F50*   4 .iiii.^{xx} chevalier et .x.] .lxxx. chevaliers *F16*, .iiii.^{xx} chevalier *F17 F16 F20*, .iiii.^{xx} et .x. chevalier *F19*, chevalier .iiii.^{xx} et .x. *F24 F25 F26 F38*, .xx. chevaliers *F50* ‖ de l'Ospital] de l'Ospital chevalier *F18*, chevalier de l'Ospital *F24 F38*   5–6 qui i estoient … roi] qui i estoient de par le roi en garnison *F16*, a Nazarel de par le roy qui la estoient *F19*, qui estoient en garnisons de par le roi *F24 F25 F26 F38*, qui la estoient en garnison *F50*   6 Nazareth bien .ii. liues viers Tabarie] bien Nazareth (Nazaret *F17*, Nazarech *F20*) .ii. liues *F16 F17 F20*, Nazareth bien .ii. milles vers (par devers *F50*) Tabarie *F38 F50* ‖ trouverent] encontrerent *F24 F25 F26 F38 F50*, si trouverent *F19*   7 qu'on apele le Fontaine del] del *F18* (*homeoteleuton*), c'on apele Fontaine *F17* ‖ qui retournerent] qui retornoient *F16 F17 F20 F24*, et s'en retornerent *F25 F26*, qui s'en retornoient *F50*   7–8 pour passer le … Crestiiens] sanz domage faire as Crestians et s'en aloient vers le flun *F16 F17 F20*, du flun sans damage faire as Crestiens *F19*, pour passer le flun sanz damage fere au Crestiens *F38*, sanz damage faire as Crestiens *F50*   8 estoient] s'estoient *F38 F50* ‖ garni] *lacks F19*   9 quens] cuens de Triple *F20 F25 F26* ‖ *New paragraph in F25 and F26.* ‖ vint] vinrent *F19* ‖ del Temple] *lacks F20*, du Temple et de l'Ospital *F19*   10 qui estoient] qu'il avoit menés *F17* ‖ si se] si *F18 F24* ‖ entre les Sarrazins a l'encontre] dedens les Sarrazins a lor encontre *F16*, encontre les Sarrasins *F20*   10–11 et li maistres de l'Hospital] *lacks F19*   11 ensement] avec *F16*, aussi *F38 F50*, *lack F17 F19 F20* ‖ recoillirent] reçurent *F38*   11–12 et si] et *F19 F25 F26 F50*   12 si] *lacks F18*   13 .vii. mil chevalier a armes] .vii.^{m} a armes *F16 F17 F19*, .vii.^{c} a armes *F20*, .vii.^{m} chevaliers *F25 F26*

---

[a] *F18 f. 40va–41ra; F16 f. 33^{vc}–34ra; F17 f. 21va; F19 f. 89$^{rb–va}$; F20 f. 32$^{ra–b}$; F24 f. 131$^{rb–c}$; F25 f. 40$^{va–b}$; F26 f. 40va–41ra; F38 f. 177$^{rb–va}$; F50 f. 367$^{rb–va}$* (ML, 145–146).

tal ensement, fors seulement li maistres del Temple, qui en escapa li tierç de chevaliers, et li .xl. chevalier qui estoient en garnison le roi tout pris. Quant li escuiier del Temple et de l'Ospital virent que li chevalier s'estoient feru entre les Sarrazins, si tournerent en fuies a tout le harnas, si que del harnas as Crestiiens n'i ot il riens perdu. Or vous dirai que li maistres del Temple ot fait quant il ot passé Nazareth et il aloit encontre les Sarrazins. Il envoia .i. serjant a ceval ariere batant et fist crier par Nazareth que tout cil qui poroient armes porter venissent apriés lui al gaing, qu'il avoit les Sarrazins desconfis. Lors s'en issirent de Nazaret tout cil qui aler pooient, *et* viel et jovene, et coururent *tant* k'il vinrent *la* ou li bataille fu, et trouverent les Crestiiens mors et desconfis. Et li Sarrazin lor coururent sus; si les prisent tous. Quant li Sarrazin orent desconfis les Crestiiens et ocis *et pris*, si prisent les testes des *chevaliers* crestiiens qu'il avoient ocis, si les estechierent enson *les fers de* lor lances, et s'en menerent lors prisons loiiés et *s'en* passerent devant Tabarie.[a]

---

1 ensement] qui aveuc aus estoient *F19*, aussi *F38*, *lacks F50* ‖ qui en] li *F19*, qui *F24 F25 F26*, qui s'en *F50*, *lacks F16*   2 qui estoient en garnison le roi] de par le roi estoient en garnisons a Nazareth furent *F16*, qui estoient es garnisons le roi (roi furent *F24*) *F17 F24 F38*, qui (le roy qui *F19*) estoient en garnison furent *F19 F50*, qi estoient en garnisons en Nazareth de par le roi *F25 F26* ‖ *New paragraph in F16, F20, F24, F25 and F26.*   3 del Temple et de l'Ospital] del Temple et de lor seigneur *F16*, de l'Ospital et del Temple *F24*, del Temple *F25 F26 F50* ‖ li chevalier] lor seigneur *F16 F17 F20 F50*   4–5 si que del … perdu] as (au *F16*) Crestians si qu'il n'i ot riens perdu del hernois *F16 F17 F20*, si que del harnas n'i ot onques point perdu *F19*, si ke del harnas as Crestiens n'i ot rien perdu *F24*, car les harnois des Cristiens n'i ot riens perdu *F25 F26*. *New paragraph in F16.*   5 del Temple ot fait] fist *F19*   6–7 et il aloit encontre … Nazareth] il prist un message batant quant il aloit as Sarrazins et si l'envoia arriere batant a Nazarel et si fist crier *F19*   6 a ceval] *lacks F17*   7 fist crier] li fist cerchier *F38*   8 al gaing qu'il avoit] car il avoit *F19*, au gaaing car il avoit *F20 F24 F50*, gaagnier q'il avoient *F25 F26*   8–10 desconfis. Lors s'en … desconfis] *lacks F20* (*homeoteleuton*)   9 aler pooient et] aler pooient *F18*, armes porent porter et *F19 F24* ‖ tant k'il vinrent la] tout tant k'il vinrent *F18*   10 fu et] avoit esté et se *F19*, avoit esté si *F50* ‖ mors et] tous mors et tous *F19*   11 *New paragraph in F25, F26 and F50.*   11–12 li Sarrazin orent … si] li Sarrazin orent desconfis les Crestiens et pris et ocis et *F17*, li Crestien furent desconfit si virent li Sarrasin que il les avoient tous mors et pris si *F19*; li Sarrazin orent ocis les Crestiens et desconfiz et pris il *F50*   12 et pris] *lacks F18* ‖ chevaliers] *lack F18 F19*   13 estechierent enson] atachierent enson *F16*, estierent enson *F20*, astachierent enson *F25 F26*, atachierent desus *F38 F50* ‖ les fers de lor] lor *F18*, les fers des *F25 F26 F38* ‖ s'en menerent lors prisons loiiés] si en menierent lor prisons liez *F16 F38*, si prisent les chevaliers qu'il avoient pris si les emmenerent *F19*, s'en menerent les prisons loiés *F24*, si en menerent les prisons logiez *F25 F26*, en menerent lor prisons touz liez *F50*   13–14 et s'en] et *F18 F50*   14 devant] outre le flun pardevant *F16*, par devant *F38 F50*, *lacks F19*

---

[a] *F18 f. 41^{ra-va}; F16 f. 34^{ra-b}; F17 f. 21^{va-b}; F19 f. 89^{va-b}; F20 f. 32^{rb-va}; F24 f. 131^{rc-va}; F25 f. 40vb–41rb; F26 f. 41^{ra-b}; F38 f. 177va; F50 f. 367^{va-b}* (ML, 146–147). *F18 has a ten-line miniature panel showing a group of mounted knights followed by a four-line historiated initial 'Q'. In the lower margin there is a drawing of a crossbowman shooting at a fleeing figure.*

[cxlvii] Quant li Crestiien qui *dedenz* Tabarie estoient virent que li Crestiien avoient esté desconfit, et que li Sarrazin portoient les testes des Crestiiens sour lor lances, qui estoient ocis, et c'on les enmenoit pris et loiiés, si orent *si* grant duel c'onques si grans deuls ne fu veus en une cité, pour çou que il veoient les testes de lor amis porter et trainer, et les autres qui estoient pris mener loiiés pardevant *iaus*. Et de chou qu'il ne les pooient secourre ne aidier ne vengier, si en faisoient si grant deul, que pour .i. poi qu'il ne se tuoient. Ensi passa li fiex Salehadins *le flun arrieres* de solail luisant, et il et ses gens, et bien tint al conte de Triple convenences,[184] n'onques en castiel n'en *ville ne en maison* ne fisent point de damage, se de che non qu'il trouverent as cans. Celle bataille fu en venredi, et cel jour fu il feste Saint Phelippe et Saint Jakeme, le premier jor de mai.[185a]

[cxlviii] Or vous dirons de Balyan de Belin, qui a Naples estoit. Quant ce vint la nuit, si mut si com il ot en couvent al maistre del Temple et al maistre de l'Hospital pour aler apriés iaus. Quant *il* ot esré .ii. liues et il vint a une cité qui a

---

1 *No paragraph break in F20, F24, F25, F26, F38 or F50*. ‖ dedenz] devant *F18*   2–3 avoient esté desconfit ... estoient] estoient et avoient esté desconfit et que li Sarrazin emportoient les testes sur les fers de lor lances des Crestiens qui avoient esté *F19*   3 c'on les enmenoit] que l'en enmenoit les autres *F16*, qu'il emmenoient les autres *F19*, les autres qu'il enmenoient *F50* ‖ si] *lacks F18*   4 veus] *lack F24 F38* ‖ pour] de *F24 F25 F26 F38*   5 et les autres ... loiiés] devant la cité (le chité *F20*) et les autres qui estoient pris (liez assez vilainement *F16*) et loiés mener *F16 F17 F20*, les vis *F19*, et les autres qui estoient pris mener et ferloiés *F24*, et les autres qi estoient logiez *F25 F26*   6 iaus] lor ieux *F18* ‖ de] por *F16 F20* ‖ ne aidier] *lacks F16*   7 pour .i.] a *F19 F38*, por *F24* ‖ *New paragraph in F25 and F26*. ‖ passa] passa Licorediex *F16*   8 le flun arrieres de solail luisant] de solail luisant *F18*, le flun et retorna arrieres de soleil luisant *F16 F17 F20*, le flun Jourdain de soleil luisant *F19*, de solel luisant ariere de jors *F24*, de souleill luisant le flun arrieres de jorz *F38*, del soleill luisant le flun arrieres *F50*   9 convenences n'onques en] ses convenans ne onques en *F19*, ses couvenences ke onques a *F25 F26*, ses couvenences. C'onques en *F24*, les (totes ses *F50*) covenances qu'il li ot. N'onques en *F38 F50* ‖ ville ne en maison] maison ne en ville *F18*, meson *F16*   9–10 ne fisent point de] riens ne fourfisent ne *F19*   11 Saint Phelippe et Saint Jakeme] Saint Jake et Saint Felipe *F17*, Saint Jaque et Saint Phelipe *F50*   13 *Rubric in F16*: Com Balians de Belin, qui eschapez fu de la desconfiture qui fu devant la Fontaine de Cresson, apesa le conte de Triple au roi Gui de Jerusalem, *followed at the top of the next column by a three-line puzzle initial 'O'. No paragraph break in F24 or F50*. ‖ dirons] dirai *F24 F38* ‖ de Belin] *lack F24 F25 F26 F38 F50* ‖ estoit] estoit demorez arrieres *F16*   14–15 del Temple et ... l'Hospital] du Temple et de l'Ospital *F19 F50*, de l'Ospital et al maistre del Temple *F24*   15 il] *lacks F18* ‖ liues] milles *F38*   15–211.1 qui a a non] c'on apele *F17*

[a] *F18 f. 41*[va–b]; *F16 f. 34*[rb]; *F17 f. 22*[ra]; *F19 f. 89*[vb]; *F20 f. 32*[va]; *F24 f. 131*[va–b]; *F25 f. 41*[rb–va]; *F26 f. 41*[rb–va]; *F38 f. 177*[va–b]; *F50 f. 367*[vb]–*368*[ra] (ML, 147–148).

184   *F20 lacks the remainder of this paragraph. F16 lacks the final sentence.*
185   In 1187 1 May did indeed fall on a Friday.

THE CHRONIQUE D'ERNOUL 211

a non Le Sabat, se se pourpensa qu'il estoit molt haus jours et qu'il n'iroit avant si aroit oï messe. Donc tourna *a* le maison l'evesque; si le fist lever et sist aveuc lui, et parla desci que li gaite traist le jour. Quant li gaite ot trait le jour, si fist li vesques revestir un capelain, et *li* fist canter messe.[a]

[**cxlix**] Qant Balians ot oï messe, si s'en ala grant aleure apriés le maistre del Temple et de l'Ospital, et prist congié a l'evesque, et erra tant qu'il vint *au chastel de* Le Feve, la ou li maistres del Temple et de l'Ospital avoient le nuit jut. La trouva dehors le castiel les tentes del couvent del Temple tendues, et si n'i avoit nului. Lors ala avant, si trouva le porte dou castiel ouverte, et se n'i avoit nului. Adont s'esmervilla mout de çou qu'il ne veoit *home* a cui il demandast que ce pooit estre.

Dont fist descendre .i. sien varlet, qui avoit a non Ernous: ce fu cil qui cest conte fist metre en escript. Celui Ernoul envoia Balyans de Belin dedens le castel pour cierkier et pour enquerre s'il avoit nului dedens le ville, qui li peust dire nouveles que ce pooit estre; et li varlés i entra et huça et cria aval et amont le castiel, ne ainç ne vit homme ne feme qui li peust dire noveles, fors seulement .ii. home qui gisoient malade en une cambre, et cil ne li sorent riens a dire de

---

1 pourpensa] pensa *F24 F50*   2 si] ains *F24*, jusqu'a tant qu'il *F50* ‖ tourna a] torna en *F18*, vint a *F19*, torna Balians a *F20*   3 parla desci que li gaite traist] parla deci que la gaite ot tret *F16*, parla desci adont que li gaite traist *F17*, dessi adont que le gaite ot trait *F19*, parla a lui jusques atant que li gaite ot trait *F20*, parlerent ensemble tant que la gaite corna *F50* ‖ Quant li gaite ot trait le jour] lack *F16 F19 F20 F50*   4 un] un sien *F24 F38* ‖ li] *lack F18 F17*   5 *No paragraph break in F16, F17, F20, F24, F38 or F50.* ‖ Balians] Belians de Belin *F19*   5–6 s'en ala grant … et] prist congié au vesque et vint a son cheval et monta et s'en ala gant aleure aprés le maistre du Temple et de l'Ospital et si *F19* ‖ del Temple et de l'Ospital] de l'Ospital et del Temple *F24*   6–7 au chastel de] a *F18*   7 la] *lack F24 F38 F50* ‖ del Temple et de l'Ospital] de l'Ospital et del Temple *F24* ‖ *New paragraph in F24.*   7–8 La trouva dehors … tendues] la n'en trova nul. Ains trova les tentes del covent del Temple defors le chastel tendue *F24*   8 dehors le castiel les tentes del couvent] il les tentes *F19*, devant le castel de Le Feve les tentes *F20*   9 Lors ala avant … nullui] *lack F25 F26 (homeoteleuton)* ‖ le porte dou castiel ouverte] les portes du castel ouvertes *F19 F50* ‖ avoit] trova *F17*   10 de çou qu'il ne veoit home] de çou qu'il ne veoit home nul *F18*, de che n'avoit nul homme la veu *F19*, qu'il ne trouvoit home *F20*, q'il ne voit nului home *F25 F26* ‖ demandast] peust demander *F20*   12 varlet] serjant *F19*   13 Balyans de Belin dedens le] Belians en le chité et el *F19*   13–14 dedens le castel pour cierkier et pour enquerre] cerquier aval le castel et pour querre *F17*   14 dedens le ville qui li peust] en le cité qui li puest ne seust *F19*   15 et cria] *lacks F17* ‖ aval et amont] aval *F16 F17 F20*   15–16 le castiel ne … noveles] onques ne trouva qui li seust ne peust dire nouveles que che peust estre ne qui li peust dire nouveles de che qu'il queroit *F19*, le castel ne home ne feme n'i vit qui li peust dire noveles *F20*   16–212.1 fors seulement .ii. … demandast] *lack F16 F17 F20*

---

[a] *F18 f. 41vb; F16 f. 34^{rb-c}; F17 f. 22ra; F19 f. 90ra; F20 f. 32^{va-b}; F24 f. 131vb; F25 f. 41va; F26 f. 41^{va-b}; F38 f. 177vb; F50 f. 368ra* (ML, 148).

cose qu'il demandast. Dont s'en revint ariere a son segnour et dist qu'il n'i avoit nului trouvé qui novele li peust dire, ne seust.

The second section of this paragraph (and also the first sentence of the next) differs significantly in F24, F25, F26 and hence in F38 and F50. Using F24 as the base, it reads as follows:

> Donc fist descendre .i. sien vallet et l'envoia dedens le chastel por savoir et por enquerre s'il troveroit nului dedens le chastel qui li peust dire noveles que ce pooit estre. Et li vallés i entra et cerca et cria aval le chastel ainç n'i vit home qui li poïst dire novele fors solement .ii. malades qui gisoient en .i. lit; cil ne li sorent rien dire. Dont s'en revint ariere a son segnor et dist qu'il n'i avoit nului trové qui novele li seust dire fors .ii. malades qui ne li sorent rien dire.[a]

[cl] Dont se *partirent* de illuec; si s'en alerent vers Nazareth. Quant il orent .i. poi eslongié le castiel, si issi .i. freres del Temple a ceval, et commença a hucier apriés aus qu'il l'atendissent, et il l'atendirent tant qu'il vint a aus. Lors

---

1–2 Dont s'en revint ... seust] Dont s'en revint ariere a son segnor et dist qu'il n'i avoit nului trové qui nouveles li peust dire *F20*   2 nului trouvé qui novele] nului trouvé qui noveles *F16 F17*, riens trouvé ne nului qui nouveles *F19*   6 Donc] Lors *F38*   6–8 descendre .i. sien ... entra] crier laienz .i. suen valet por savoir qe ce fust ne se il poroit trover dedenz le chastel qi li disist noveles. [*new paragraph*] Li valez entra el chastel *F25 F26*, Balian fist descendre un sien vallet; si l'envoia dedenz le chastel por demander noveles que ce pooit estre. Li vallez entra dedens *F50*   6 savoir] cerchier *F38*   8 *New paragraph in F25 and F26.*   8–9 cerca et cria ... home] chevaucha et cria aval le chastel. Onques n'i vit home *F38*, cerca par le chastel mais n'i trova nul ame *F50*   8 le chastel] et amont *F25 F26*   9 poïst] seust *F25 F26*   9–10 gisoient en .i. lit cil] *lack F25 F26*, gisoient en .i. chambre *F38 F50*   10 *New paragraph in F24.*   10–12 Dont s'en revint ... dire] *lack F25 F26*, Lors s'en vint arriere a son seigneur et dist qu'il n'i avoit nului trové qui noveles li seust dire fors seulement .ii. malades qui ne li sorent riens dire *F38*, lors revint arrieres li vallez a son seignor et li dist qui n'avoit trové leinz que deus malades qui rien ne li savoient dire *F50*   13 *No paragraph break in F16, F17, F19, F20, F24, F25, F26, F38 or F50.* ‖ Dont se] Dont s'en *F19*, Dont li commanda ses sire qu'il montast et alast aprés lui et il si fist atant (dont *F24*) *F24 F25 F26*, Donc vint li sires si li comanda qu'il montast et alast aprés li et il si fist. Lors se *F38* ‖ partirent] departirent *F18* ‖ vers] a *F16 F17 F20*   14 castiel si issi ... ceval] chastel de La Feve si issi .i. frere del Temple hors a cheval *F16*, castel si en issi uns frere du Temple a cheval *F19*, castel si s'en issi uns freres dou Temple *F20*   15 hucier] crier *F24*, huier *F25 F26* ‖ tant] *lack F25 F26* ‖ *New paragraph in F25 and F26.*   15–213.1 Lors li demanda Balians] Dont li demanda Belians de Belin *F19*, Dont vint Balian d'Ibelin se li demanda *F24*, Donc vint Balian d'Ybelin si li demanda *F38*, Lors demanda Balians au frere del Temple *F25 F26*

---

[a] *F18 f. 41vb–42ra; F16 f. 34^{rc}; F17 f. 22^{ra-b}; F19 f. 90^{ra-b}; F20 f. 32vb; F24 f. 131^{vb-c}; F25 f. 41^{va-b}; F26 f. 41vb; F38 f. 177vb; F50 f. 368^{ra-b}* (ML, 148–150).

THE CHRONIQUE D'ERNOUL   213

li demanda Balians: 'Quels noveles?', et il respondi, 'Malvaises'. Se li conta que
li maistres de l'Ospital avoit le tieste copee, *et* il et si chevalier, et tout li cheva-
lier del Temple ensement tout ocis; 'n'en i avoit que .iii. escapés: le maistre del
Temple et .ii. de ses chevaliers. *Et* li .xl. chevalier que li rois avoit mis a *Nazareth*
tout pris.'[a]   5

[**cli**] Quant Balyans de Belin oÿ ses nouvelles, si commença a *crier et a braire* et
a faire grant duel, et il et si chevalier qui aveuc lui estoient; si appella un sien ser-
jant et l'envoia *arrieres a Naples* a le roine se feme pour conter ches novelles, *et*
pour dire qu'elle coumandast tous les chevaliers de Naples qu'il fuissent le nuit
sour nuit apriés lui a Nazaret. Apriés ce que Balians ot envoié a Naples, si s'en ala 10
grant aleure a Nazareth, et quant il vint a demie liue priés de Nazaret, si encon-
tra les escuiiers qui amenoient le harnas as chevaliers del Temple qui estoient
escapé de le desconfiture. Et saciés vous bien pour voir, *que* se il ne fust tournés
al Sabat pour oïr messe, il fust bien venus a tans a le bataille. Quant Balyans vint
a Nazaret, si trouva si grant cri et si grant plour en le cité pour ciaus de le ville   15

---

1 il] li freres *F16*, il li *F19 F20 F50* ‖ respondi] dist *F24*, repondi que *F50* ‖ Se] et se *F24 F25 F26 F38*   1–3 que li maistres … ocis] que li maistres dou Temple estoit escapee de cele bataille qui ot esté encontre le fil Salehadin et li maistres de l'Hospital avoit le teste copee et tout cil de se maisnie et tout cil dou Temple q'il *F20*   2 et] *lacks F18*   3 ensement tout ocis n'en i] estoient ochis et si n'en y *F19*, ensement et n'en *F25 F26*, aussi ocis et n'en i *F38* ‖ que .iii. escapés] remés que .iii. *F17*   4 chevaliers] chevaliers avec lui *F24* ‖ Et] *lacks F18* ‖ .xl.] *lack F25 F26 F38* ‖ que li rois … Nazareth] que li rois avoit mis a Nazareth sont *F18*, que li rois avoit a Nazareth en garnison *F16 F25 F26 F38*, qui estoient a Nazarel estoient *F19*, que li rois avoit a Nazareth *F20*, que li rois mis a Nasarel en garnisons *F24*, que li rois avoit envoié a Nazareth en garnison estoient *F50*   6 *No paragraph break in F20, F24, F25, F26, F38 or F50.* ‖ a crier et a braire] a braire et a crier *F18*, a crier *F24*   7 et il et] il et *F16 F20 F24 F38, lacks F25*, et *F26* ‖ si] il *F17 F25 F26 F50*, et si *F19*, et *F24 F38*   8 et] si *F17 F19 F20 F24 F25 F26 F50* ‖ arrieres a Naples a le roine] au roy et a le roine *F18*, arrieres a Naples a la reigne Mariam *F16*, a Naples a le roine se feme *F17*, a Naples a le roine *F19*, a Naples a le reigne Mariien *F20*   8–9 pour conter ches … dire] por dire ces noveles et *F17*, et pour dire teles nouveles et *F19*   8 et] *lacks F18*   9 fuissent] fuscent tout *F17*, venissent tout *F19*   10 sour nuit] tuit *F25 F26*, appareillé et venissent la nuit *F50* ‖ *New paragraph in F20.*   11 demie liue priés] mains d'une liue *F24 F25 F26*, meins d'une mille *F38 F50* ‖ de Nazaret] *lacks F19*   12 escuiiers] escuiers le mestre del Temple *F16 F17 F20* ‖ qui amenoient] et *F24 F25 F26 F38 F50* ‖ as chevaliers] *lack F25 F26*   13 saciés vous bien … il] saciés vous bien pour voir, se il *F18*, saciés bien por voir que s'il *F17*, sachiés pour voir que se il *F19*, si sachiés vous bien que se Balians *F20*, bien saciés de voir que s'il *F24 F38*, sachiez vos bien de voir que s'il *F25 F26*, sachiez bien que se il *F50* ‖ tournés] bien tornez *F25 F26*   14 venus a tans] venus *F25 F26*   14–15 bataille. Quant Balyans … cité] desconfiture et a le bataille. Quant Belians vint a le chité de Nazarel si trouva si tres grant pleur et si tres grant cri *F19*   14 *New paragraph in F25 and F26.*   15 si] si i *F16*, il *F20 F50*

---

[a] *F18 f. 42^(ra–b); F16 f. 34^(va); F17 f. 22^(rb); F19 f. 90^(rb); F20 f. 32^(vb)–33^(ra); F24 f. 131^(vc); F25 f. 41^(vb)–42^(ra); F26 f. 41^(vb)–42^(ra); F38 f. 177^(vb); F50 f. 368^(rb)* (ML, 150).

qui avoient esté mort *et pris* en le bataille, que poi y avoit de maisons qu'il n'en y eust ou de mors *u* de pris. La trouva le maistre del Temple, qui escapés estoit. La se herbega Balyans, et atendi ses chevaliers desci qu'il vinrent de Naples, qu'il n'osa aler avant, desci que si chevalier fussent venu. Puis fist savoir a Tabarie al conte de Triple qu'il estoit a Nazaret. Quant li quens oï dire qu'il estoit a Nazaret et qu'il n'avoit mie esté *a* le bataille, si en fu mout liés. Quant che vint l'endemain, si envoia bien dusques a .xl. chevaliers encontre lui pour lui conduire.[a]

[clii] Quant Balyans ot trouvé le maistre del Temple, si ala a luy et se li demanda de celle bataille, comment avoit esté. Et il li conta, et se li dist que mout i estoient bien prové, et mout avoient ocis li Crestiien de Sarrazins et estoient desconfi li Sarrazin, quant uns enbussemens qu'il avoient deriere en une montaigne les enclost et les desconfist. Lors prisent consel qu'il envoieroient ou li bataille avoit esté pour les cors des chevaliers qui estoient mort faire enfouir.

---

1 mort et pris] mort *F18*, pris *F24* ‖ que] car *F20*, que pitié estoit a oïr car *F50*   1–2 qu'il n'en y eust] dont il n'i eust *F16 F19*, qu'il n'i n'eust *F25 F26*, que il n'i eust *F50*   2 ou de mors u] mors u de navrés u *F18*, de mors ou *F19*, de mors et *F20* ‖ trouva] troeve *F17*, trouva il *F19 F24*, trouva Balians *F20* ‖ estoit] estoit de le bataille *F20*   3 ses chevaliers desci qu'il vinrent] ses chevaliers tant qu'il furent venu *F19*, ilueques desci que si chevalier fussent venu *F24* ‖ qu'il] car il *F16 F19 F50*   4 desci que si chevalier] d'ici la qu'il *F16*, desci atant qu'il *F17*, desci atant que si chevalier *F19*, dessi qu'il *F20 F24* ‖ savoir a Tabarie] asavoir *F16 F20*, savoir *F17*, asavoir a Tabarie *F50*   5 de Triple] *lack F24 F38 F50*   6 a] en *F18 F19*   6–7 l'endemain si envoia bien dusques a] l'endemain par matin si envoia li quens Remonz de Triple jusqu'a *F16*, au matin si envoia bien dusc'a *F17*, a l'endemain si envoia bien dessi a *F19*, l'endemain si envoia bien jusques a *F20 F24 F38*, l'endemain si i envoia bien dusqu'a *F25 F26*, L'endemain li envoia li cuens de Triple jusques a *F50*   7 .xl.] .lx. *F18 F19 F24* ‖ lui] Balian *F16*   8 *No paragraph break in F16, F19, F20, F24, F38 or F50*. ‖ Balyans] Belians de Belin *F19* ‖ trouvé] trouvé a Nazareth *F16*, oï *F17* ‖ Temple] Temple a (en *F25 F26*) Nazareth (Nasarel *F24*) *F24 F25 F26 F38* ‖ et se] et si *F16 F25 F26*, si *F20*   9 comment] coment cele bataille *F20*, comment ele *F19 F24 F25 F26 F38 F50* ‖ li conta, et se] *lacks F19*   9–10 i estoient bien prové et] bien s'i estoient li Crestien prové et que *F19*   9 i] s'i *F16 F24 F25 F26 F38 F50*   10–11 ocis li Crestiien … Sarrazin] ochis de Sarrasins et si estoient desconfit li Sarrasin *F19*, li Crestiien ocis des Sarrasins et estoient desconfi li Sarrasins *F20*, ocis si (li *F38*) chevaliers des Sarrasins et estoient desconfit *F24 F38*, li Crestiien ocis des Sarrasins et estoient desconfit *F25 F26*, ocis des Sarrazins et estoient ja tuit desconfit *F50*   11–12 qu'il avoient deriere en une montaigne] qu'il avoient deriere *F16 F17 F20*, lor sali d'une montaigne qui *F19*   12 et les desconfist] et adont si furent desconfit et mort et pris *F19*, par coi il furent desconfit *F24 F38 F50*, par ou il les furent desconfit *F25 F26* ‖ envoieroient ou] envoienroieroient el champ la ou *F16*, envoieroient el camp ou *F19*, envoieroient la ou *F24 F25 F26 F38 F50*   13 qui estoient mort faire] qui i avoient esté mort *F17*, qui avoient esté en le bataille mort *F19*, qui estoient mort pour faire *F20*, faire *F24 F25 F26 F38*

[a] *F18 f. 42^{rb-va}; F16 f. 34^{va-b}; F17 f. 22^{rb-va}; F19 f. 90^{rb-va}; F20 f. 33^{ra-b}; F24 f. 131^{vc}–132ra; F25 f. 42^{rb-b}; F26 f. 42^{ra-b}; F38 f. 177vb–178ra; F50 f. 368^{rb-va}* (ML, 150–151).

Lors fisent prendre tous les sommiers de le cité, et les envoiierent pour les cors et les fisent aporter a Nazaret, et les fisent enfouir. Quant ce vint l'endemain, si se mut Balyans et li arceveskes de Sur et li maistres del Temple pour aler a Tabarie.[a]

[cliii] Quant il furent hors de le cité, si retourna li maistres del Temple qu'il ne pooit chevauchier, si estoit il doloreus des caus que il avoit *receuz* en le bataille le jour devant. Et Balyans et li arcevesques de Sur *alerent a Tabarie. Quant li cuens oï dire que Balians et li archevesques de Sur* venoient, si ala encontre aus mout dolant et mout courchié de l'aventure qui estoit avenue le jour devant par l'orguel le maistre del Temple. Quant li quens ot encontrés les messages, si les reçut mout hautement et les mena aveuc lui en son castiel, et en cel point vint aveuc Renaus de Saiete. Quant li message furent el castiel aveuc le conte, si conterent lor message, et li quens lor respondi qu'il estoit mout dolans *et molt honteus* de l'aventure qui avenue estoit, et quanques il diroient et feroient entr'iaus, il feroit, car il savoit bien que il ne le mesconselleroient mie.

---

1 Lors] Dont *F24*, Donc vindrent si *F25 F26 F38* ‖ prendre tous les … pour] tous les sommiers de le chité atourner et si les envoieront pour querre *F19* ‖ cité] cité de Nazareth *F16* ‖ cors] cors des mors *F17*, cors des chevaliers *F19*   2 a] en le chité de *F19* ‖ et les fisent] et *F24 F50, lack F25 F26 F38* ‖ *New paragraph in F16 and F20.*   2–3 l'endemain si se mut Balyans] l'endemain bien matin si s'esmurent de Nazareth Balians *F16*, a l'endemain si mut Belians de Belin *F19*, si s'esmut Balians de Nazarech *F20*, l'endemain si mut Balian *F24 F38*, l'endemain si vint Balyas *F25 F26*   3–4 maistres del Temple … Tabarie] meistres del Temple qui eschapierent de la desconfiture qui fu devant la Fontaine de Cresson por aler a Tabarie au conte de Triple *F16*, maistres Temple a tout le conduit que on lor avoit envoié pour aller as Tabarie *F19*, arcevesques del Temple de Sur et *F25 F26*   5 *No paragraph break in F16, F17, F19, F20, F25, F26, F38 or F50.* ‖ Quant il furent … retourna] *lack F25 F26*   5–6 il furent hors … pooit] hors de le chité si ne pot li maistres du Temple *F19*   6 il] *lack F20 F24 F38* ‖ des caus] *lacks F16* ‖ receuz] eu *F18*, eus *F24 F25 F26 F38*   7 Balyans] Belians de Belin *F19*   7–8 alerent a Tabarie … Sur] *lacks F18 (homeoteleuton)*   7 *New paragraph in F25 and F26.*   7–8 li cuens] Balians li cuens *F16*, quens de Triple *F17 F19 F24 F25 F26 F38 F50*   8 Balians et li … si] li archevesques de Sur et Balians de Ybelin venoient *F17 F50*, Belians de Belin venoit a lui et li archevesques de Sur si *F19* ‖ aus] *lack F24 F25 F26 F38*   10 le] dou *F20 F50*, del *F25 F26*, au *F38* ‖ quens] quens de Tripe *F19*   11 castiel] castel a Tabarie *F20*, ostel *F38 F50*   11–12 en cel point] ausinc *F16 F20*, si *F17*   12 furent] vindrent *F16 F17 F20*, furent venu *F19* ‖ aveuc] *lack F17 F20*   14 et molt honteus … estoit] de l'aventure qui avenue estoit et mout honteus *F18* ‖ de l'aventure qui avenue] l'aventure qui avenue lor *F16 F19*, cele aventure qui avenue *F24 F38*, cele aventure qi avenue lor *F25 F26*, cele mesaventure qui avenue lor *F50*   15 feroient entr'iaus] feroient entr'aus .iii. *F17 F20 F16*, voroient entr'aus .iii. *F24* ‖ feroit car il savoit] otroieroit car il savoient *F16*, tendroit car il savoit *F25 F26* ‖ mesconselleroient] forconseilleroient *F50* ‖ *New paragraph in F24.*

---

[a] *F18 f. 42*[va–b]; *F16 f. 34*[vb]; *F17 f. 22*[va]; *F19 f. 90*[va]; *F20 f. 33*[rb]; *F24 f. 132*[ra]; *F25 f. 42*[rb–va]; *F26 f. 42*[rb–va]; *F38 f. 178*[ra]; *F50 f. 368*[va–b] (ML, 151–152).

Lors li disent que il mesist les Sarrazins hors de le cité de Tabarie et qu'il s'en venist aveuc aus au roy. Li quens fist tout ensi comme il disent, car il disent que tout ensi qu'il s'estoit mis en iaus .iii. si estoit mis li rois de le pais faire. Quant li mesage orent l'otroi le conte de le pais, si envoierent .i. mesage batant au roy et li fisent savoir qu'il amenoient le conte avec aus.[a]

[cliv] Quant li rois oï dire que li quens *de Triple* venoit a luy, si en fu mout liés, et mout avoit esté dolans del damage que li Templier avoient eut. Lors vint li rois de Jherusalem ou il estoit; si ala encontre et erra tant li rois encontre le conte, et li quens encontre le roi, qu'il s'entrecontrerent a .i. castiel c'on apiele Saint Job. Cil castiaus estoit de l'Ospital et estoit a l'entree de le tiere de Thaym, et pour çou l'apieloit on Job, que on dist que la mest Job.[186][b]

---

1 Lors li disent] Lors li distrent le mesage *F16*, Lors disent li message au conte *F19*, Dont li disent il *F24*, Donc distrent *F25 F26*, Lors vindrent il et si li distrent *F38*, Donc li conseillierent *F50*   1–2 de le cité ... venist] de la cité de Tabarie et qu'il s'en revenist *F16*, de Tabarie et s'en venist *F17*, de se tere et qu'il s'en venist *F19*, de la cité et q'il les envoiast et (et si en *F24*, et qu'il *F38*) alast *F24 F25 F26 F38*   2–3 Li quens fist ... faire] car tot ensi com il s'estoit mis en aus .iii. si estoit li rois mis de le pais faire. Li quens fist tot ensi com il li disent *F24*, Tout ausi cum il s'estoit mis en eus .iii. si estoit mis li rois mis de la pes fere li cuens fist ainsi cum il distrent *F38*, tot einsi cum il s'estoit mis en aus .iii. si estoit mis li roys de le pais faire et li quens fist tot ausi com il s'estoit mis en aus et il distrent sanz contredit *F25 F26*, car ausi com il s'estoit mis en eaus trois de la pes faire si estoit mis li rois. Li cuens fist ensi com il deviserent *F50*. *New paragraph in F25 and F26*.   2 il] il li *F16 F19 F20*   3 qu'il s'estoit mis en iaus .iii.] com il s'estoit (estoit *F20*) mis seur ax *F16 F20*, com il s'estoit mis sour eus de le pais faire *F17*   4 le conte] del conte *F24*, del conte de Triple *F25 F26*, *lacks F38* ∥ pais] pais faire *F17 F19 F38 F50*, *lacks F24*   4–5 batant au roy et li] a cheval batant au roy et se li manderent et *F19*   6 *No paragraph break in F17, F24, F25, F26, F38 or F50*. ∥ rois] rois Guis *F20* ∥ de Triple] *lack F18 F19*   7 Lors vint li rois] lors mut li rois *F16 F17 F19*, Lors vint li rois Guis *F20*, Dont mut li rois *F24 F50*, Dont vint li rois si mut *F25 F26 F38*   8 si] et si *F19 F25 F26*   8–9 et erra tant ... roi] le conte et li quens vint encontre le roy si qu'il se *F19*, le conte et erra tant li rois encontre (encontre le conte *F24*) et li quens encontre le roi *F24 F38*, au roy le conte et li quens erra tant encontre le roy *F25 F26*   9 a .i.] au *F16 F20*, devant .i. *F24 F25 F26 F38*   10 estoit de l'Ospital et estoit] si est a l'Ospital et si est *F19* ∥ de le tiere] *lack F25 F26* ∥ Thaym] Dotain *F24*   11 pour çou l'apieloit ... Job] por ce l'apeloit l'en Saint Job *F16*, por çou l'apele on Saint Job que on dist u païs que la mest Sains Job *F17*, la mest che dient chil du païs Saint Jop. Et pour che apele on le castel Saint Jop *F19*, por çou l'apele on Saint Jop que on dist el païs que la mest Jop et que ce fu ses manoirs *F24 F25 F26*, pour ce l'apele l'en Saint Job que l'en dit eu païs que la mainst Job et que ce fu son manoir *F38*

---

[a]*F18 f. 42vb–43ra; F16 f. 34^{vb–c}; F17 f. 22^{va–b}; F19 f. 90^{va–b}; F20 f. 33^{rb–va}; F24 f. 132^{ra–b}; F25 f. 42^{va–b}; F26 f. 42^{va–b}; F38 f. 178^{ra–b}; F50 f. 368vb–369ra* (ML, 152–153).   [b]*F18 f. 43^{ra–b}; F16 f. 34^{vc}; F17 f. 22vb; F19 f. 90vb; F20 f. 33va; F24 f. 132rb; F25 f. 42vb; F26 f. 42vb–43ra; F38 f. 178rb; F50 f. 369ra* (ML, 153).

---

186   St Job is Khirbat Bal'ama, about half way between Nablus and al-Fūla. Pringle, *Secular Buildings*, 29–30. 'Thaym' or 'de Thaym' is Dothan; *F24* has a better reading.
F20 lacks the last sentence.

THE CHRONIQUE D'ERNOUL   217

[**clv**] De si loins *com* li rois vit le conte de Triple venir, *si* descendi a pié et ala
encontre lui, et quant li quens vit que li rois venoit encontre li a pié, *il descendi
ensement et ala encontre li a pié* et, quant li uns fu prés de l'autre, li quens de
Triple s'agenoula devant le roi, et li rois l'en leva, se li jeta ses bras au col et
l'acola et baisa; si retournerent arriere a Naples et alerent la herbergier. La prist   5
li rois consel al conte de Triple et as barons qu'il *feroit*. La li loa li quens de Triple
qu'il semonsist ses os et les amassast as Fontaines de Saforie, car il savoit bien
que Salehadins amassoit ses gens por entrer en *se* tiere, et se li consella qu'il
mandast al prince d'Andioce qu'il le secourust, qu'ensi faitement avoit perdus
ses chevaliers et le convent del Temple et le maistre de l'Hospital. Li rois fist   10
chou que li quens li consella, et ala a Saforie et assanla illuec ses os. La li envoia
li princes d'Andioce un sien fil[187] a tout .lx. chevaliers. Dont manda li rois au
patriarche en Jherusalem qu'il li envoiast ou aportast la Sainte Crois en l'ost. Li
patriarches prist le Sainte Crois, et si le porta hors de Jherusalem. *Et quant il*

---

1 *No paragraph break in F16, F19, F20, F24, F38 or F50.* ‖ com] que *F18 F17* ‖ de Triple venir si] de
Triple venir *F18*, venir si *F16*, de Triple si *F24 F25 F26 F38*   2 et] *lack F24 F25 F26 F38*   2–3 et
quant li ... li] *lacks F19 (homeoteleuton)* ‖ il descendi ensement ... pié] *lacks F18*, il descendi a pié
et ala encontre lui ensement a piet *F17*, li quens descendi ensement (aussi *F38*) a pié si (et *F24*)
ala encontre *F24 F25 F26 F38*   3–4 de Triple] *lack F19 F25 F26 F50*   4 se li jeta] tantost amont et se
li geta tantost *F19*   5 baisa si retournerent] besa puis s'en retornierent *F16*, baisa si (et si *F19*) s'en
retornerent *F19 F20*, baisa Il se retornerent *F24*, si li baisa Il tornerent (retornerent *F38*) *F25 F26
F38*, le baisa il tornerent *F50* ‖ Naples et alerent la] Nazarel et depuis s'en retournerent arriere
a Naples *F19*, Naples si alerent la *F25 F26*, Naples et s'alerent (si alerent *F24*) la *F24 F38* ‖ *New
paragraph in F16 with the rubric*: 'Comment li rois Gui asembla ses olz au Fontaines de Saphorie
pour estre a l'encontre Salehadin qui entrez iert an sa terre'. *This is followed by a three-line puzzle
initial 'Q'.* ‖ La] Quant li rois Gui fu herbergiez a Naples si *F16*   6 al conte de ... barons] a ses
barons de la terre et au conte de Triple *F16*, au conte de Tripe et as barons de la terre *F19* ‖ feroit]
feroient *F18 F17 F20* ‖ loa li quens de Triple] consella li quens de Triple *F24*, conseilla li cuens de
Tripe *F38*, conseilla li quens *F25 F26*   7 amassast] assanlast *F19*, assemblast *F38 F50*   8 amassoit]
assanloit *F19*, assembloit *F38 F50* ‖ gens] olz *F16 F17 F20* ‖ se] le *F18*   9 qu'ensi faitement] et
que si faitement *F17*, et qu'ensi faitement *F19*, quar ensi *F20*, que tout ainsi *F38*   11 quens] quens
de Triple *F25 F26* ‖ a Saforie] aus Fontaines de Saphorie *F16 F17 F19 F20*   12 princes] princes
Buyemonz *F16* ‖ .lx.] .xl. *F16 F20 F38 F50* ‖ *New paragraph in F20, F25 and F26. Rubric in F20*: Le
bataille qui fu des Crestiiens as Sarrazins ou le Vraie Crois fu perdue, et li rois Guis fu pris et li
baron. ‖ Dont manda li rois] Quant li rois Guis de Jherusalem ot assamblé ses oz as Fontaines
de Saphorie si manda *F20*, Dont vint li rois si manda *F24 F38*   13 en] de *F16 F19 F25 F26 F50*,
Eracle de *F20* ‖ envoiast ou aportast ... l'ost] envoiast le Vraie Crois ens en l'ost *F19*, emportast
la Sainte Crois en s'ost *F24*, aportast la Sainte Croiz en son ost *F25 F26 F38*, envoia la Sainte Crois
en l'ost *F50* ‖ Sainte] Vraie *F16 F17 F20*   14 patriarches] patriaches Eracles *F16* ‖ Sainte Crois, et
si le porta] crois et si la jeta *F24 F25 F26 F38* ‖ si] *lack F16 F17 F19 F50* ‖ Jherusalem] le chité de
Jherusalem *F19*   14–218.1 Et quant il ... Jerusalem] *lack F18 F19 F50*, et quant il ot jectee hors de
Jherusalem *F24 F25 F26 F38*

---

187   Raymond, son of Bohemond III (died 1198).

l'ot portee hors de Jerusalem, si le carja le prieux del Sepulcre, et si li dist qu'il le portast en l'ost al roi, car il estoit ensonniiés, se n'i pooit aler, car griés cose li estoit d'aler en ost et lassier dame Paske de Riveri.[a]

[clvi] Or fu averé li prophesie que li arceveskes Guillaumes dist, quant on l'eslist
5 a estre patriarces de Jherusalem: k'Eracles avoit conquise la Sainte Crois en Pierse et raportee en Jherusalem, et que Erakles l'en gieteroit et seroit perdue a son tans. De tele eure jeta adont Eracles le Sainte Crois de Jherusalem, c'onques puis n'i entra, ains fu perdue en le bataille, si com vous orés.

Quant la Sainte Crois fu en l'ost aveuc le roi, si vint li maistres dou Temple, et
10 si consella le roi qu'il mandast l'ariereban par toute se tiere, et qu'il fesist crier par toute se tiere que tout chil qui saus volroient *avoir* qu'il venissent a lui *et* il lor donroit bons sals, et *il li* abandonnoit le trezor que li rois Henris d'Engletiere avoit en le maison del Temple.[188]

---

2 estoit ensonniiés] estoit deshaitiez *F16*, estoit aisoniez *F25 F26*, avoit essoigne *F38 F50* ‖ car] et *F20 F38*   3 et lassier dame Paske de Riveri] *lacks F50* ‖ dame] sa dame *F24 F25 F26 F38*   4 *No paragraph break in F17, F20, F24, F38 or F50.* ‖ Guillaumes] Guillaumes de Sur *F20 F24 F25 F26 F38 F50* ‖ l'eslist] l'avoit eslut *F19*, eslut Eracle *F20*   5 de Jherusalem k'Eracles] de Jherusalem qui dist que Eracles *F19*, k'Eracles *F24*, Que Eracles *F38*, Heracles *F25 F26* ‖ Sainte] *lack F24 F25 F26 F38 F50*   6 raportee en] aportee en le chité de *F19* ‖ que] *lack F25 F26 F50* ‖ l'en gieteroit] le getcroit de Jherusalem *F19*   7 *New paragraph in F24.* ‖ De tele] et a tele *F19*, et ele si fu. [*new paragraph*] A tele *F24*, de cele *F25 F26 F38* ‖ jeta adont Eracles le Sainte Crois] le geta Eracles *F19*, le jeta adont Eracles hors *F24*, gita adonc Heracles *F25 F26*, gita lors Eracles la Croiz *F38 F50*   8 entra] rentra *F24* ‖ orés] orroiz ci aprés *F16*, orroiz dire *F38*   9–10 la Sainte Crois ... consella] le Vraie Crois fu aportee en l'ost au roy si conseilla li maistres du Temple *F19*   9 et] *lack F24 F25 F26 F38*   10 l'ariereban par toute] tout l'arriereban de *F16 F17 F19 F20*, l'arriereban de tote *F50* 10–11 et qu'il fesist crier par toute se tiere] et *F19*, *lack F25 F26*   11–12 saus volroient avoir ... sals] voloient avoir boins saus venissent a lui et il les aroient boins *F19*   11 avoir qu'il venissent ... il] qu'il venissent a lui il *F18*, avoir venissent a lui et il (k'il *F24*, qu'il *F38*) *F24 F25 F26 F38 F50*   12 il li] *lacks F18*, lour *F17*, lor *F20* ‖ que li rois Henris d'Engletiere] le roy Henri d'Engletere qui estoit *F19*, au roi Henri d'Engleterre qu'il *F20*   13 *New paragraph in F16, F17, F20, F25, F26 and F38. Rubric in F16*: Ci orroiz d'un tresor que li rois d'Engleterre avoit en commandise a la meson del Temple. *Rubric in F20*: Dou tresor que li rois Henris d'Engleterre avoit au Temple.

---

[a] *F18 f. 43^{rb–vb}; F16 f. 34^{vc}–35ra; F17 f. 22vb–23ra; F19 f. 90vb–91ra; F20 f. 33^{va–b}; F24 f. 132^{rb–c}; F25 f. 42vb–43ra; F26 f. 43^{ra–b}; F38 f. 178rb; F50 f. 369^{ra–b}* (ML, 153–156). *F18 has a nine-line miniature panel showing Count Raymond kneeling before King Guy and other figures, followed by a four-line pen-flourished initial 'D'.*

---

188 For the money sent by Henry, see Hans Eberhard Mayer, 'Henry II of England and the Holy Land', *English Historical Review*, 97 (1982), 721–739.

THE CHRONIQUE D'ERNOUL 219

Or vous dirai de cel tresor que li rois Henris avoit al Temple et a l'Ospital. Quant il ot fait martiriier Saint Thumas de Cantorbie, si se pensa que il avoit mal fait, et qu'il iroit outremer, et qu'il i feroit tant a l'aïue de Dieu qu'il se racorderoit a lui de *cel meffait* et *des* autres. Dont il avenoit cascun an, puis que Saint Thumas fu martyriiés, que il envoioit grant avoir a cascun passage pour metre en tresor a le maison del Temple et de l'Ospital en Jherusalem, et voloit, quant il venroit la, qu'il trouvast grant avoir pour le tiere secourre et aidier. Chel tresor que li Temples avoit livra li maistres del Temple al roi Guion, et se li dist qu'il voloit qu'il assanlast tant de gent qu'il se peust combatre *as* Sarrazins, et pour vengier le honte et le damage qu'il li avoient fait. Dont prist li rois le tresor del Temple; si le donna as chevaliers et as siergans, et commanda al maistre connestable des serjans que cascuns eust baniere *des* armes le roi d'Engletiere, pour çou que de son avoir estoient paiié et retenu.[a]

[**clvii**] Quant li rois ot esté illuec entour .v. semaines et il ot amassé grans gens, si vint Salehadins; si passa le flun et asseja Tabarie. Li contesse, li feme le

---

1 Henris] Henris (Hienris *F16*) d'Engleterre *F16 F19 F20 F24*, d'Engletere *F25 F26*   2 Il] li roys Henris d'Engletere *F19*   3 i feroit tant ... qu'il] *lacks F19* ‖ tant] tant de bien *F24 F25 F26 F50*, de bien *F38*   4 lui] Dieu *F19*, Damnedeu *F24 F25 F26 F50* ‖ cel meffait et des autres] ces meffais et d'autres *F18*, cel meffait et de tous les autres *F19* ‖ avenoit] avint *F16 F20*, avint que *F17*, avenoit que *F24 F25 F26 F38 F50*   5 martyriiés] morz *F16 F17 F20* ‖ il] li roys Henris d'Engletere *F19* ‖ avoir] avoir outremer *F16 F20*   6 le maison del ... voloit] le maison de l'Ospital et de Temple en Jherusalem et voloit que *F24*, l'Ospital del Temple et del Ospital de Jherusalem et voloit ke *F25 F26*   7 pour] en le terre et pour *F19*, dont il poïst *F24 F25 F26 F38 F50* ‖ *New paragraph in F24*.   7–9 Chel tresor que ... voloit] Cel tresor que li maistres du Temple avoit livra il au roi Guion se li dist (dist qu'il voloit *F20*) *F17 F20*, de chel tresor dont li maistres de l'Ospital avoit l'un et li maistres du Temple l'autre. Dont vint le maistres du Temple et si dist au roy *F19*   8 que li Temples avoit] avoit li Temples en garde et li *F25 F26* ‖ se li] li *F25 F26 F50*   9 assanlast] amassast *F24* ‖ as] contre *F18*   10–11 Dont prist li rois le tresor] Dont vint li roys et si prist li roys del avoir *F19*   11 si] et si *F19 F20 F24 F25 F26 F38*   11–12 al maistre connestable] al conestable *F24*, as connestables *F25 F26 F50*, aus cognestables *F38*   12 eust] fesist *F24*, fist *F25 F26*, feist *F38 F50* ‖ des] de *F18* ‖ d'Engletiere] Henri d'Engletere *F19*, d'Engleterre et il si fisent por l'onor le roi d'Engleterre et *F24*   13 estoient] estoient tot li serjant *F19*   14 *Rubric in F16*: Comment Salahadin aseja Tabarie, ou la contesse de Triple estoit. *No paragraph break in F17, F24, F25, F26, F38 or F50*. ‖ rois] rois Guys *F19 F20* ‖ esté illuec entour .v. semaines] esté aus Fontaines de Saphorie entor .v. semaines *F16*, iluec bien esté le montant de .v. semaines *F19*, esté illuec .v. semaines as Fontaines de Saphorie *F20* ‖ amassé grans] assamblé grant *F17 F38 F50*, amasé ses *F25 F26*   15 si] et *F17 F19 F20* ‖ flun et asseja ... li] flun Jourdain et assega Tabarie a molt grant ost et le *F19* ‖ *New paragraph in F25 and F26*.   15–220.1 Li contesse li ... et] Quant Salehadins ot asegie Tabarie la contese la feme le conte de Triple estoit dedenz *F25 F26*

[a] *F18 f. 43vb–44ra; F16 f. 35$^{ra–b}$; F17 f. 23$^{ra–b}$; F19 f. 91$^{ra–b}$; F20 f. 33vb–34rb; F24 f. 132$^{rc–va}$; F25 f. 43$^{rb–va}$; F26 f. 43$^{rb–va}$; F38 f. 178$^{rb–va}$; F50 f. 369$^{rb–va}$* (ML, 156–157).

conte de Triple, estoit dedens Tabarie quant Salehadins l'assega, et si n'avoit nul chevalier aveuc li, ains estoient en l'ost aveuc le conte et .iiii. fil chevalier qu'ele avoit, qui furent fil le castelain de Saint Omer.[189] Li ainsnés des fiex avoit a non Hues de Tabarie, et li autres apriés avoit a non Guillaumes, et li tiers ot non *Raols* et li quars ot *a* non Hostes.[190] Quant li contesse vit que li Sarrazin l'orent assegie et elle vit qu'elle ne poroit mie le cité tenir a si poi de gent com elle avoit encontre tant de gent qui l'avoient assegie, si prist .i. mesage, si l'envoia au roi Guion et a sen segnour le conte de Triple, qui estoient as Fontaines de Saforie, et si lor manda qu'il le secourussent, et que s'il ne le secouroient proçainement, qu'ele perderoit le cité, qu'ele n'avoit mie tant de gent que elle le peust tenir encontre si grant ost comme li Sarrazin avoient. Ce fu .i. jour juedi que li messages vint au roi de par le contesse.[a]

---

2 li] le contesse *F19* ‖ estoient] estoient tot *F24 F38*   2–3 chevalier qu'ele avoit qui furent fil] que ele avoit et tout si chevalier estoiet aveuc le conte. Or vous dirai de qui ele ot ches .iiii. fix qui chevaliers estoient. Il furent fil de sen premerain baron *F19*   3 le] au *F16 F38*, al *F24* ‖ des fiex] de ses filz *F16 F17 F24*, *lacks F20*   4 et] *lack F24 F38 F50* ‖ apriés avoit a non Guillaumes] ot non Guillaumes de Tabarie *F19* ‖ et li tiers ot] et li tiers avoit *F16 F25 F26*, Li tiers ot *F24*, Li tierz avoit *F38*   4–5 et li tiers ot … Hostes] li tierz Otes et li qarz Raol *F50*   5 Raols et li quars ot a] Henris (*expunctuated*) Raols et li quars ot *F18*, Raous. Li quars ot a *F24*, Raoulf. Li quarz avoit *F38* ‖ l'orent] l'avoient *F16 F19 F20*, l'ont *F25 F26*   6–7 elle vit qu'elle … gent] que ele ne se porroit mie tenir a si peu de gent comme ele avoit encontre tant de gent comme el veoit *F19*   6 le cité] le terre *F20*   7 avoit] avoit dedenz Tabarie *F16*   8 a sen segnour le conte de Triple] au conte Remon de Triple son seigneur *F16*   9 et] *lack F24 F25 F26*   10 qu'ele] et qu'ele *F17 F38*, car ele *F19 F20 F50*   10–11 le peust tenir] poïst tenir la cité *F24* ‖ le peust tenir … avoient] se peust tenir contre tant de gent comme li Sarrasin estoient *F19*   11 .i. jour juedi] a .i. juesdi au vespre *F17*, par un jeudi *F19*, le juesdi au vespre *F16 F20*, .i. juesdi al vespre *F24 F25 F26 F38*, un joesdi a soir *F50*   12 vint] mut pour aler *F19* ‖ contesse] contesse de Triple *F25 F26*

---

[a] *F18 f. 44^{ra-b}; F16 f. 35^{rb-c}; F17 f. 23^{rb-va}; F19 f. 91^{rb-va}; F20 f. 34rb; F24 f. 132^{va-b}; F25 f. 43^{va-b}; F26 f. 43^{va-b}; F38 f. 178^{va-b}; F50 f. 369^{va-b}* (ML, 157–158).

189   Eschiva of Bures, the heiress to the principality Galilee, otherwise known as the lordship of Tiberias, married Walter of Saint-Omer (died 1174) and then Raymond III of Tripoli. See Hans Eberhard Mayer, 'The Crusader Principality of Galilee between Saint-Omer and Bures-sur-Yvette', in Raoul Curiel and Rika Gyselen (eds), *Itineraires d'Orient: Hommage à Claude Cahen* (Bures-sur-Yvette, 1994), 157–167.

190   *F50* alone is correct in placing the brothers in the order: Hues, Guillaume, Ostes, Raols. See above, 60.

THE CHRONIQUE D'ERNOUL 221

[**clviii**] Quant li rois ot oÿ le message, si manda le mestre del Temple et le commandeur de l'Hospital[191] et les barons de l'ost qu'il venissent a lui pour prendre consel, et il y alerent. Quant assamblé furent, si lor demanda li rois consel, car li Sarrazin avoient assegié Tabarie et le contesse dedens a poi de gent, et si l'avoit laissié savoir li contesse, que, s'on ne le secouroit prochainement, que elle perderoit le cité. Lors vint au conte de Triple, se li dist: 'Sire, quel consel nous donrés vous?', et li quens respondi: 'Sire, je donroie bon consel, si j'en estoie creus'. 'Toutes eures', dist li rois, 'nous dites che que il vous en *samble* pour le mieus'.[a]

[**clix**] Dont dist li quens al roi: 'Sire, ore oiiés mon conseil, et vous et li baron qui chi sont. Je consel', dist il, 'c'on laist Tabarie pierdre, se je ne puis *faire viers les Sarrazins* qu'il s'en voisent ariere. Et se je ne puis faire enviers iaus qu'il s'en

---

1 *No paragraph break in F17, F20, F24, F38 or F50.* ‖ ot] *lack F16 F17 F20* ‖ message] message de par la contesse de Triple *F16*, message parler *F25 F26 F38*   1–2 commandeur] commendement *F17 F20 F38*, maistre *F25 F26*   2–3 les barons de ... consel] tous les haus barons de l'ost que il venissent parler a li et pour conseil prendre *F19*   3 et il y alerent. Quant] qu'il feroient. Il i alerent et quant *F24 F25 F26 F38* ‖ demanda li rois consel] demande consel li rois qu'il feroit *F20* ‖ car] de ce que *F16*, et dist ke *F25 F26*, et lor dist que *F50*   4–5 l'avoit laissié savoir li contesse] li avoit mandé la (li *F17*) contesse *F16 F17*, avoit contesse mandé *F20*, li avoit le contesse fait savoir *F19*, li avoit laissié savoir la contesse *F24*, avoit fait la contese asavoir *F25 F26*, li avoit fet asavoir la contesse *F38*   6 *New paragraph in F25 and F26.*   6–7 Lors vint au ... et] lors dist (dist li rois *F20*) au conte de Triple: Sire quens quel consuel donrés (nos donrez *F16*) vos et *F16 F20*, Dont vint li roys au conte de Tripe et se li dist: Sire quel conseil nous donrés vous. Et *F19*, Or vint avant al conte Triple se li dist: quel consel donrés vous *F24 F38*, Li rois demanda avant le conte de Triple quel conseil il li donroit et *F25 F26*   6 Sire] Sire quens *F17*   7 donroie] vos donroie *F16 F50*, te donrai *F25 F26*   8 creus] creus mais je sai (je sai je *F25 F26*) bien que je n'en serai mie creus *F24 F25 F26 F38*, creuz mes je sai que que l'en ne m'en croira mie *F50* ‖ eures] voies *F20 F25 F26 F50*, jorz *F38* ‖ nous] *lack F20 F38*   8–9 che que il ... mieus] ce qui vos en semble meilleur *F16*, çou qui vous samble li mix *F17*, qu'il vous en samble li mieus *F20*, çou que vos en savés le mies *F24*, vos ce que vos en savez le mielz *F38*, le mieux que vos en savez *F25 F26*, ce qu'il vos semblera miauz *F50*   8 samble] samble a faire *F18*   10 *No paragraph break in F16, F17, F20, F24, F25, F26, F38 or F50.* ‖ Sire] sire rois *F17*   11 consel] lou *F16*, lo *F17 F20 F25 F26* ‖ il] li quens *F19* ‖ pierdre] prendre *F17 F25 F26. New paragraph in F24.*   11–12 faire viers les ... ariere] viers les Sarrazins faire qu'il s'en voisent ariere *F18*, fere que li Sarrasin s'en voisent arriere *F16*, faire que li Sarrasin s'en renvoisent *F19*, faire envers (contre *F25 F26*) les Sarrasins qu'il s'en voisent *F24 F25 F26 F38*   12–222.1 Et se je ... voisent] *lack F19 F25 F26*   12 enviers] a *F24 F38*

---

[a] *F18 f. 44va; F16 f. 35^{rc}; F17 f. 23va; F19 f. 91va; F20 f. 34^{rb-va}; F24 f. 132vb; F25 f. 43vb–44ra; F26 f. 43vb–44ra; F38 f. 178vb; F50 f. 369vb (ML, 158–159).*

---

191 Perhaps Borell, the Hospitaller 'magnus preceptor' named in a document of October 1187. RRH no. 665. See Jochen Burgtorf, *The Central Convent of Hospitallers and Templars: History, Organization and Personnel (1099/1120–1310)* (Leiden, 2008), 75.

voisent, je lo bien que vous ne le secourés mie, ains le laissiés perdre, et si vous dirai raison pour coi. Tabarie est moie, et si i est me feme et mes avoirs, ne nus n'i perdra tant com je ferai, s'elle est perdue. Et si sai bien que, se li Sarrazin le prendent, qu'il ne le tenront pas, ains l'abateront; si s'en iront, qu'il ne vous venroient mie chi querre en vos herberges. Et s'il prendent me feme et mes hommes et mon avoir, et il abatent me cité, jou les raverai quant je porai et refremerai me cité quant je porai, qu'encore aroie jou plus chier que Tabarie fust abatue et me feme et mi homme et mes avoirs pris ensement, que toute li tiere fust perdue. Car je say bien, se *vous l'alés secourre*, toute la tiere est perdue, et s'estes pris et mors et vous et toute li os. Et si vous dirai comment. Entre chi et Tabarie n'a point d'iaue, *fors* seulement une petite fontaine, *li Fontaine* del Cresson: c'est noiens a ost, et se sai bien que, tantost que vous mouverés de chi, se vous l'alés rescourre, vous seront li Sarrazin al devant, et *vous* hardieront toute jour, et trairont tant, qu'il vous tenront toute jour en mi voies de chi et de Tabarie, et si vous feront herbergier maugré vostre, car vous ne porés combatre pour le caut, pour çou ke li sergant n'aront que boire, car se vous poigniés, li Sarrazin feront renc et se trairont es montaignes, ne vous ne porés aler sans vos serjans, et s'il vous estuet herbergier illuec, que feront vo gent et vo ceval de boire? Celle *voie* sont il mort, et l'endemain nous prenderont tous, car il aront les eves et les

---

1 voisent je lo bien] aillent je lou bien *F16*, je lo bien que on le laist perdre et *F19* ‖ ains le laissiés perdre] ains le laiscíes prendre *F17*, ainz la leissiez prendre *F38*, lack *F25 F26* 2 si i est me feme et] me femme y est et mes fix et *F19* 3–4 Et si sai ... prendent] Je sai bien que li Sarrasin le prenderont et *F19*, et si sai bien ke s'il la prenent *F25 F26* 4 qu'il] il *F17 F19 F50* ‖ pas] mie *F19 F38 F50* ‖ si s'en iront] puis si s'en iront *F16*, et si s'en riront arriere *F19*, puis si s'en riront *F24* ‖ qu'il] car il *F19 F20 F50* 5 querre] requerre *F16 F19 F20 F24 F25 F26 F38* ‖ me feme et mes hommes] mes hommes et men fil et me femme *F19*, me feme et mes enfans et mes homes *F20* 6–7 et refremerai ... porai] et la fermerai quant je porrai *F16*, lacks *F20* 7 jou] lack *F25 F26 F50* ‖ Tabarie] me cités *F17* ‖ abatue] prise et abatue *F24 F25 F26 F38 F50* 8 et mi homme ... ensement] et mi home et mon avoir pris ansement *F16*, et mi homme et mes avoirs fust pris et me chités fust abatue *F19*, prise et mes avoirs et mi home ensement *F24*, et mi home et mon avoir pris aussi *F38* 8–9 perdue] prise *F25 F26*. *New paragraph in F24*. 9 vous l'alés secourre] nous l'alons rescourre *F18*, vous y alés que *F19*, vous l'alés secourre (rescorre *F24*) que *F20 F24* 9–10 s'estes pris et] seroiz pris ou *F16*, serrés pris u *F17*, serés pris et *F20*, si serez pris et *F25 F26* 10 vous et toute li] vo chités vostre *F19* ‖ *New paragraph in F25 and F26*. ‖ Entre] Sire dist li quens de Triple au Roy entre *F25 F26* 11 fors] fors que *F18* ‖ une petite fontaine li Fontaine] une petite fontaine *F18*, une fontaine petite la Fontaine *F16 F19 F20* 12 que] com *F16 F24 F50*, comme *F19* 13 rescourre] secorre *F20 F25 F26 F38 F50* ‖ vous] nous *F18*, se vous *F19*, lack *F24 F38* 14 toute jour] lacks *F19* 15 herbergier] herbegier a forche et *F19* 16 boire] boire ains moront de soif *F24 F25 F26 F38 F50* 16–18 car se vous ... boire] lacks *F16* (*homeoteleuton*) 18 boire? Celle] boire seront il sans boire. Cele *F24 F25 F26 F38* 19 voie sont] voit sont *F18*, voie seront *F25 F26* ‖ nous prenderont tous] vous prenderont li Sarrasin tous *F19*, vous prenderont tout li Sarrasin *F20*, vos prenderont touz *F38 F50*

viandes, et seront tous fres, si serons tout mort et pris, et pour çou vous loe jou miex que vous laissiés *Tabarie* perdre, que li tiere soit perdue, car certes, se vous y alés, elle est perdue.'ᵃ

[**clx**] Atant passa avant li maistres dou Temple, si dist qu'encore y avoit *il* dou poil *dou leu*.[192] Li quens ne prist mie ceste parole sor lui, ains fist sourdes orelles, et bien l'oÿ, et dist al roy: 'Sire, se tout n'avient quanques je vous di, se vous i alés, je vous abandoing que vous me faites le teste coper'. Lors demanda li rois as barons qu'il lor estoit avis de cel consel que li quens donnoit, et il respondirent que li quens disoit voir de quanques il disoit, et bien s'acordoient tout

---

1 si] et ainsi si *F19*, et nos *F25 F26* ‖ et] *lack F16 F17 F24 F25 F26 F38*   2 laissiés Tabarie perdre] le laissiés perdre *F18*, laisciés Tabarie prendre *F17* ‖ li tiere] tote la tere *F16 F19 F20 F50* ‖ certes] *lack F16 F50*   3 elle] toute le terre *F20*   4 *No paragraph break in F17, F24, F25, F26, F38 or F50.* ‖ Atant passa avant] Dont vint *F24 F25 F26 F38*, Dont dist *F50*   4–5 il dou poil dou leu] dou poil de l'ours *F18*, il del poil de louf *F25 F26*   5 quens] quens de Triple (Tripe *F19*) *F19 F20*   6 bien l'oÿ et dist al roy] si l'oï et dist au roi *F16*, oï l'avoit bien. Si dist au roi Gui *F20*   6–7 tout n'avient quanques … alés] ce n'avient que je vous ai dit se vos i alez *F16*, tout çou n'avient que jous vous ai chi dit *F17*, tout n'avient quanques je vous di *F19*, il ne vous avient quanques je vous di ci *F20*, tout n'avient quanque je di chi se vos i alés *F24 F38*, toz ce m'avient ke je vos di se vos i alez *F25 F26*, tot n'avient si com je vos ai dit se vos i alez *F50*   7 que vous me faites le teste] men cors et toutes mes coses et me teste *F19*, que vous me faciez (façoiz *F16*) la teste *F16 F20 F25 F26 F38* ‖ *New paragraph in F25 and F26.*   7–8 Lors demanda li rois as barons] Lors demanda li rois Guis de Jherusalem a tos les barons de l'ost *F20*, Dont (Lors *F38*) vint li rois si demanda (manda *F25 F26*) as barons *F24 F25 F26 F38*   8 qu'il lor estoit … il] qui la estoient: 'Seigneur, que vous est il avis de chest conseil que li quens nous donne', et li baron *F19*   8–9 quens donnoit et il respondirent] quens de Triple donnoit et il respondirent *F16 F20*, quens donoit (cuens li donnoit *F38*). Il respondirent tot *F24 F38 F50*, quens de Triple lor avoit doné et il respondirent tuit *F25 F26*   9–224.1 bien s'acordoient tout … et] bien s'acordoient tout qu'ensi le fesist on et li Hospitaus s'i acordoit bien et *F18*, li Hospitalier et que bien s'acordoient a che que li quens disoit et que tout ainsi fesist on comme li quens disoit et li Hospitalier si acordoient bien et que boin estoit a faire *F19*, bien s'i acordoient tot qu'ensi le feist et li Ospitaus s'i acordoit bien et *F24 F38*, bien s'i acordoient tuit s'ensi le faisoit et s'i acordoient li Temples et li Ospitaus *F25 F26*

ᵃ*F18 f. 44ᵛᵃ–45ʳᵃ; F16 f. 35ʳᶜ⁻ᵛᵃ; F17 f. 23ᵛᵃ⁻ᵇ; F19 f. 91ᵛᵃ–92ʳᵃ; F20 f. 34ᵛᵃ⁻ᵇ; F24 f. 132ᵛᵇ⁻ᶜ; F25 44ʳᵃ⁻ᵛᵃ; F26 f. 44ʳᵃ⁻ᵛᵃ; F38 f. 178ᵛᵇ–179ʳᵃ; F50 f. 369ᵛᵇ–370ʳᵃ* (ML, 159–160). *F18 has a ten-line miniature panel showing the king speaking with his counsellors followed by a four-line puzzle initial 'D'.*

192   *F18*'s reading 'l'ours' (bear) for 'leu' (wolf) is unsupported.

qu'ensi le fesist, *et* li Hospitaus s'i acordoit bien, et li rois meismes *se tenoit* bien a cel consel, et tout li baron, fors seulement li maistres del Temple. Toutes eures creanta li rois et tout li baron qu'ensi le feroit on. Quant il orent ensi atourné, si lor donna li rois congié *que cascuns alast a sa herberge*, et il si fisent. Et quant il se departirent, si estoit ja priés de mienuit. Li rois s'asist al souper, et quant il ot soupé si vint li maistres del Temple a lui, et se li dist: 'Sire, creés vous chel traïtour qui *cel* consel vous a donné? C'est pour vous honnir qu'il le vous a donné, car grant hontes vos iert et grant reproviers, et si estes novelement rois, n'onques mais rois qui fust en ceste tiere n'assambla si grant ost en poi de tamps. Ciertes grans hontes vous sera, se vous laissiés a .vi. liues priés de vous perdre une cité, et s'est li premiere besoigne qui sus vous est courute puis que vous fustes coronés, et saciés bien pour voir que anssois meteroient li Templier les blans mantiaus jus et venderoient et enwageroient, que li honte ne fust vengie, que li Sarrazin m'ont faite, et tous ensement.'[a]

---

[1] et] on et *F18* 1–2 se tenoit bien a cel consel] s'acordoit bien a cel consel *F18*, s'i acordoit bien *F25 F26* 3 tout li baron … on] si baron qu'einsinc feroit om *F16*, tout li baron qui avec le roi estoient qu'ensi feront il *F20*, tot si baron qu'ensi le feroient et tenroient *F24*, li baron q'ensi le (l'en *F25*) tendroient *F25 F26*, tuit li baron que ainsi le feroit et tendroit *F38*, li baron que ensi le feroient *F50* ‖ tout li baron … Quant] que tout ainsi le fesist on. A che s'acorderent tout li baron. Quant *F19* 4 que cascuns alast a sa herberge] d'aler a lor herberges *F18*, que cascuns alast a (en *F38*) se herbergerie *F17 F25 F26 F38* 5 se departirent si estoit] se departirent (partirent *F16*) de cel consel si estoit *F16 F17 F20*, se departirent si estoit il *F19*, s'en departirent (partirent *F24*) s'estoit (estoit *F38*) il *F24 F25 F26 F38* ‖ *New paragraph in F16 with the rubric*: La desconfiture que Sarrazin firent seur Crestians devant Tabarie, la ou li rois de Jerusalem fu pris, et la Vraie Croiz perdue. En ce jor meismes fu Tabarie prise. ‖ Li] Aprés ce que li baron ce furent parti deu roi ou il estoient alé a consuel li *F16*, et adont *F19* 6 et] *lack F16 F17 F20 F50* 7 cel] tel *F18* 7–8 C'est pour vous … donné] *lacks F20* (*homeoteleuton*), c'est por vos a honir qu'il vos a cel consel doné *F24* 8 novelement] juennes *F16* 9 rois qui fust … n'assambla] n'assanla roys *F19* ‖ en poi de tamps] com vos avez fait en pou de tens *F16*, si poi de tans *F19*, em poi de tans come vous avés assamblee *F20*, en si poi d'eure *F24 F38 F50*, en poi d'ore *F25 F26* 10 vous sera] sera *F19 F25 F26 F38*, vous sera a tous jours *F20* ‖ .vi. liues] .vi. milles *F38*, .v. liues *F50* 11 cité] tele chité comme Tabarie *F20* 11–12 vous fustes coronés] *New paragraph in F24*. 12 coronés et saciés] coronés et sachiés vous *F17 F20 F38*, coronés et eslus a roi. [*new paragraph*] Sire saciés *F24* ‖ saciés bien pour … meteroient] si garchent bien que pour tant meteroient anchois *F19* 13 enwageroient] engageroient quanques il ont *F20 F24 F25 F26*, engageroient quanqu'il avroient *F38*, enguageroient qanqu'il avoient *F50* ‖ vengie] vengie hautement *F19* 14 tous ensement] a toz ensement *F16 F17 F20 F25 F26*, aus aussi *F19*, iaus tos ensement *F24*, a eus touz aussi *F38*, a vous autresi *F50*

[a] *F18 f. 45^{ra–va}*; *F16 f. 35^{va–c}*; *F17 f. 23vb–24ra*; *F19 f. 92^{ra–b}*; *F20 f. 34vb–35ra*; *F24 f. 132^{vc}–133ra*; *F25 f. 44^{va–b}*; *F26 f. 44^{va–b}*; *F38 f. 179ra*; *F50 f. 370^{ra–b}* (ML, 160–161).

[clxi] 'Alés', dist il, 'si faites crier par l'ost qu'il s'arment tout, et voist cascuns en se bataille, et *sivent* le confanon de le Sainte Crois'. Li rois ne l'osa desdire, ains *fist* che que il *commanda* car il l'amoit et cremoit, pour çou qu'il l'avoit fait roi et qu'il li avoit abandonné le tresor le roi d'Engletiere. Li rois manda son banier, et si li commanda que il criast par l'ost qu'il s'armassent tout, et qu'il sivissent le gonfanon de le Sainte Crois. Li baniers fist le commandement le roi, et cria par l'ost as chevaliers qu'il s'armaissent. Quant li baron oïrent le ban le roi, si s'esmervillierent mout, et ala li uns a l'autre et demandoient que che pooit iestre, et par quel conseil c'estoit que li rois faisoit ce faire. Et cascuns respondoit endroit *soi* que ce n'estoit mie par lui, dont *s'esmervillierent* mout *tuit li baron de l'os* par quel consel c'estoit que li rois faisoit ce faire, et ne voloient mie croire le *banier* le roi, ains alerent tout li baron *ensemble* a le tente le roi pour destourner s'il pooient faire qu'il ne se meussent. Quant li baron vinrent a le tente le roi, si trouverent le roi ou il s'armoit. Quant li rois les vit, si ne vaut mie

---

1 *No paragraph break in F16, F17, F20, F24, F25, F26, F38 or F50.*   1–2 il si faites ... bataille] li roys et si faites crier qu'il s'arment et que cascuns voist en s'esquele *F19*   1 si] *lacks F20,* et *F24 F38 F50*   2 sivent le] siuce le *F18,* se velt li *F17,* que li siuchent tot les *F19,* si aient les *F25 F26* ‖ rois] rois de Jherusalem *F20*   3 fist che que il commanda] che que il commandast *F18,* fist che que li maistres du Temple commanda *F19,* fist ce que li maistres comanda *F20,* fist çou qu'il li commanda *F24 F50*   3–4 cremoit pour çou ... qu'il] si le creoit pour che que il *F19*   4 roi d'Engletiere] roi Henri d'Engleterre qui au Temple estoit *F20. New paragraph in F25 and F26.*   4–5 manda son banier ... commanda] manda a son banier *F19,* comanda son (au *F50*) banier *F20 F50,* manda son baron et baniere et si li comanda q'il criast tuit *F25 F26*   5–7 qu'il s'armassent tout ... l'ost] *lacks F17* (*homeoteleuton*)   5 qu'il] si *F25 F26, lack F24 F38 F50*   6 le Sainte] la Vraie *F16* ‖ commandement le roi] ban *F19*   7 as chevaliers] *lacks F16* ‖ s'armaissent] s'armassent tout *F17,* s'armaissent et si sivissent le gonfanon de le Sainte Crois *F19. New paragraph in F24.*   7–8 oïrent le ban le roi] qui as herbeges estoient oïrent le banier le roi qui crioit son ban *F20,* oïrent le commandement le roi *F24 F25 F26,* virent (oïrent *F50*) le ban le roi crier *F38 F50*   8 si s'esmervillierent mout ... demandoient] si se mervelierent mout. Et ala li uns demandant *F16,* si s'en merveillerent molt et aloient par l'ost et demandoient liu uns a l'autre *F19,* si s'esmervellierent molt et ala li uns barons a l'autre et demandoient *F24,* se mereveilla molt chascuns et si ala li uns a l'autre demandant *F25 F26*   8–9 che pooit iestre] c'estoit *F24*   9–10 respondoit] respont *F19,* respondi *F20,* disoit *F24*   10 soi] lui *F18*   10–11 s'esmervillierent mout tuit ... l'os] s'esmervilla mout toute li os des barons *F18,* se mervelierent molt li baron de l'ost *F16 F20,* s'esmervillierent molt li baron *F17 F19,* se merveillerent molt tuit li baron *F25 F26*   11 par quel consel] par cui *F24,* por cui consceil *F25 F26* ‖ c'estoit que ... voloient] che puet estre et ne vaurrent *F19,* ce estoit et ne voudrent (vorent *F24*) *F24 F25 F26,* c'estoit que li rois fesoit ce fere et ne voldrent *F38* ‖ et] et cascuns respondi en son avis que ce n'estoit mie par lui. Dont s'esmervillierent mout li baron de l'ost par quel consel c'estoit que li rois faisoit ce faire et *F20* (*dittography*)   12 banier] baniere *F18,* le banie *F17* ‖ ensemble] *lacks F18*   13 s'il] s'il le *F16 F24,* si le *F38* ‖ s'il pooient faire ... meussent] s'il le pooient qu'il ne se meuscent *F17,* qu'il ne se meussent s'il peussent *F19,* s'il peussent qu'il ne meussent *F20. New paragraph in F25 and F26.*   14 si trouverent le roi] *lack F25 F26* ‖ ou il] qu'il *F20 F50,* qui *F24* ‖ vit] vit venir devant lui *F16,* vit devant lui *F19,* vit venir *F20*

soffrir qu'il parlaissent a lui, ains lor commanda qu'il s'alaissent armer errant et alaissent apriés lui. Il *retournerent* a lor herberges et fisent le commandement le roi; si s'armerent molt dolant, car il savoient bien que nus biens ne lor en pooit venir, se maus non, et ala cascuns a se bataille. Chel jour fist Balyans de Belin l'arieregarde, qui mout i souffri et mout *de ses chevaliers i perdi*. Ançois que li rois se partist des herberges, furent li Sarrazin devant l'ost, si com li quens de Triple avoit dit, et commencierent a traire.[a]

[clxii] Ançois[193] que je vous die plus de l'ost, vous *dirai* d'une aventure qu'il avint, c'on tenra par aventure a fable. Li siergant de l'eskiele de l'arrieregarde de l'ost trouverent une vielle Sarrazine deseure une anesse, qui estoit esclave a un Suriien de Nazareth; si le prisent et misent a destrece, tant qu'il li fisent dire qui ele estoit, ne qu'elle aloit querant en celle ost, et dist qu'elle aloit entour l'ost por l'ost loiier par son encantement et par ses paroles, dont elle i avoit ja .ii. nuis alé, et s'elle peust avoir celle nuit toute avironnee l'ost et qu'elle i eust fait tout son tour, il fuscent si loiié que ja piés n'en escapast de le bataille ou il aloient. Et seuissent il bien de voir que, *s'il* aloient avant, peu en escaperoit, et cel poi en escaperoit pour çou qu'elle ne pooit faire son tour, et que Salehadins en avoit

---

1 soffrir] *lacks F18* ‖ a lui] *lack F20 F24 F25 F26 F38*   1–2 armer errant et alaissent] errammant armer et si alaissent errament *F19*   2 retournerent] retournerent et alerent *F18*, se retornierent *F16*, s'en tornerent *F25 F26* ‖ et] si *F16 F17 F20*   3 si s'armerent molt dolant] molt dolant *F17*, dolant si s'armerent molt courouchié *F19*, si s'armerent molt tolant *F24* ‖ si] et si *F24 F25 F26 F38* ‖ que nus biens] qu'il *F16 F17 F20 F50*   5 l'arieregarde] la tierce garde *F25 F26* ‖ de ses chevaliers i perdi] i perdi de ses chevaliers *F18* ‖ *New paragraph in F20.*   6 se partist] partesist *F17*, se departist *F19*, Guis de Jherusalem se partesist *F20*, issist *F24*, fust partiz *F50*   7 avoit] lor avoit *F19*, l'avoit *F20 F50* ‖ a traire] li Sarrasin a traire a aus *F20*, a trere molt espessement *F38*   8 *No paragraph break in F24 or F50.* ‖ dirai] dirai ge *F18*   8–9 d'une aventure qu'il ... aventure] d'une aventure *F19* (*homeoteleuton*), d'une mervelle qui avint c'on (que *F38*) tenra par aventure *F24 F38 F50*, une merveille q'il vint q'il entendra par aventure *F25 F26*   9–10 l'eskiele de l'arrieregarde ... Sarrazine] de l'ost qui l'arrieregarde faisoient de l'ost a toute lor esqueles trouverent une vielle *F19*   10 deseure] qui estoit sor *F25 F26*   11 si le prisent et misent] et si la pristrent et la mistrent *F25 F26* ‖ tant qu'il] et si *F19*   12 celle ost et] l'ost et ele *F19*, cel ost et ele lor *F24 F38*, cel ost et elle *F25 F26*, l'ost. Ele lor *F50* ‖ aloit entour l'ost] y aloit *F19*   14–15 toute avironnee l'ost ... loiié] cherquie et fait sen tour et avironnee l'ost qu'il fuissent si loié et si encanté *F19*   15 tour il fuscent si] torn si fussent tuit *F25 F26*   16 seuissent il bien de voir que] bien seussent *F19*, bien seuissent de voir que *F24* ‖ s'il] se *F18*   16–17 peu en escaperoit ... escaperoit] qu'il en escaperoit molt peu *F19*, que poi qu'il en escaperoit ce seroit *F24*, ke poi n'en escamperoit et *F25 F26*, que poi en eschaperoit et *F38*   17 faire] parfaire *F24 F25 F26 F38*, mie parfaire *F50*

[a] *F18 f. 45va–46ra; F16 f. 35^{vc}–36ra; F17 f. 24^{ra–b}; F19 f. 92^{rb–va}; F20 f. 35^{ra–va}; F24 f. 133^{ra–b}; F25 f. 44vb–45rb F26 f. 44vb–45rb; F38 f. 179^{ra–b}; F50 f. 370^{rb–va}* (ML, 161–163).

193   *F16, F17* and *F20* lack §§ clxii–clxiii.

donné grant avoir son signeur pour cel *liement* faire. Lors li demanderent s'elle *le* poroit deffaire, et elle dist oïl bien, par si que cascuns *ralast* a ses herberges, aussi com il estoient quant elle les loia et que, s'il ne se herbegoient, elle n'en poroit riens faire. Lors fisent li sergant .i. grant feu de lor loges pour li ardoir, si le misent ens. Et elle reissi hors, c'onques ne pot ardoir. Et il le rebouterent ariere el feu, et elle reissi hors, c'onques ne pot ardoir ne tant ne quant; ne le savoit on rebouter ens, qu'ele ne s'en reissist. Dont il avint qu'il avoit illuec .i. sergant qui avoit une hace si l'en feri parmi le tieste, si le tua.[a]

[**clxiii**] Or ne tenés mie a fable de ceste vielle, que on treuve en escripture qu'il ot *jadis* .i. home en Jherusalem qui si loiast une ost pour qu'il peust aler entour, qu'il n'eust homme en l'ost qui se peust aidier de membre qu'il eust, tant *le constrainsist* il par son liement et par ses paroles. Chis hons ot a non Balaans li prophetes: ce fu cil qui prophecisa que une estoile *naisteroit* de Jacob;[194] celle estoile fu me dame Sainte Marie, qui issi de le lignie Jacob, qui est apelee 'Estoile de Mer', car tout aussi comme li maronnier sont ravoié par l'estoille de le mer,

---

1 son] a sen *F19 F38 F50* ‖ cel liement] cel liien *F18*, son liement *F25 F26* ‖ Lors li demanderent] Dont li demanda on *F24 F50*, Donc li demanderent *F25 F26*, Lors vint l'en si li demanda l'en *F38*, Dont demanda on *F50*   2 le] les *F18* ‖ oïl bien par si] que oïl bien mais il convenroit *F19* ‖ ralast] alast *F18*, ralast arriere *F19*, s'en ralast (alast *F25*) *F24 F25 F26 F38*   3–4 herbegoient elle n'en poroit riens faire] reherbergoient ele (que ele *F24*) n'en poroit riens desfaire *F24 F38*, herberjoient elle ne poroit mie faire desfaire *F25 F26*, reherbergieient ele ne porroit riens faire *F50*. *New paragraph in F25 and F26.*   4 Lors fisent li sergant .i. grant] Lors fisent li serjant un grandesme *F19*, Dont vinrent li sergant si fisent .i. grandisme (grant *F38*) *F24 F25 F26 F38*   5 si] et si *F24 F25 F26 F38* ‖ reissi] s'en issi *F19*, issi *F25 F26*, eissi *F38*, eisse *F50*   5–7 Et il le rebouterent ... ens] et il le rebouterent ariere el fu et ele s'en rissi. Ne tant ne le savoient ens rebouter *F24*, ne la savoient rebouter enz *F25 F26* (*homeoteleuton*), et il la bouterent arrieres en feu et ele s'en reissi hors que onques ne pot ardoir ne tant ne la savoient rebouter enz *F38* ‖ rebouterent ariere el ... reissist] remisent ens et ele s'en issi hors et il le reboutent arriere ne tant ne savoient bouter que ele peust ardoir ne empirier et que ele ne s'en issist hors du fu *F19*   8 avoit] tenoit *F24 F38 F50*, tenoit iluec *F25 F26* ‖ avoit une hace ... si] estoit iluec tenoit une hache en se main si l'en feri si que il *F19*   9 *No paragraph break in F25, F26, F38 or F50.* ‖ que] car *F24 F50*   9–10 que on treuve ... Jherusalem] qu'il soloit jadis avoir en le chité de Jherusalem un homme *F19*   10 ot jadis] ot *F18*   10–11 pour qu'il peust ... l'ost] qu'il n'i eust homme *F19*   11–12 le constrainsist] l'estrainsist *F18*, les constrainsist *F24 F38*, les contraissist *F25 F26*, les destruisist *F50*   13 naisteroit] isteroit *F18*   15 tout aussi comme] aussi comme li pesqueur et *F19* ‖ sont ravoié] vont avoié *F25 F26*, sunt avoié *F38*

---

[a] *F18 f. 46*[ra–b]; *F19 f. 92*[va–b]; *F24 f. 133*[rb–c]; *F25 f. 45*[rb–va]; *F26 f. 45*[rb–va]; *F38 f. 179*[rb]; *F50 f. 370*[va–b] (ML, 163–164).

---

194   Numbers 24:17.

sont li peceur ravoiié par me dame Sainte Marie, qui est appelee 'Estoille de Mer'. Or vous dirai qu'il avint une fois de Balaan qui en Jherusalem estoit. Il avint cose que grans *gens* s'asanlerent pour venir en Jherusalem a ost. Quant cil de Jherusalem l'oïrent dire, si orent grant paour et vinrent a Balaan, se li proiierent tant et donnerent qu'il ala a cel ost pour loiier l'ost, si monta sor un asne et si issi hors de le cité et ala viers l'ost. Quant il fu en .i. tertre dehors Jherusalem, si vint ses asnes, si s'aresta, et Balaans fiert son asne et li asnes a reculer, et que plus le feroit, plus reculoit. Lors parla li asnes; se li dist: 'Pour coi me fiers tu? Je ne senc rien de quanques tu me fiers, ne tu ne me fais mal, car li angeles Damedieu me fiert de une espee de fu ens el musiel, si que je ne puis aler avant'. Lors sot bien Balaans que Diex ne voloit mie qu'il alast en avant, si s'en retourna ariere en le cité. Et dist a ceaus de le cité que il fesissent al miex que il peuissent, qu'il n'en pooit riens faire, car Diex ne voloit, et que si faitement avoit ses asnes parlé a lui. Quant ce vint l'endemain, si vint li sieges devant le cité, et fu li cités assegie, et l'asalirent durement. Cant cil de le cité virent qu'il estoient si durement assalli, si vinrent a Balaan, et se li disent qu'il fesist aucune cose ou desist par coi il se peussent deffendre enviers ciaus de l'ost. Balaans lor dist qu'il li estoit

---

1–2 qui est appelee 'Estoille de Mer'] a la misericorde Nostre Segnor *F24, lacks F50. New paragraph in F24, F25 and F26.*   3 grans gens] gens estoient et *F18*, gens *F19*   4 l'oïrent dire si orent grant] le sorent si orent molt grant *F19*   4–5 proiierent tant et ... ost] prierent tant qu'il ala encontre l'ost et *F19*, promisent tant et donerent qu'il alast a cele ost et *F24*   5 tant et donnerent ... l'ost] et tant li distrent et donerent q'il i ala *F25*, q'il alast loier cel ost tant li prierent et tant li distrent et donerent q'il i ala *F26* ‖ si monta sor ... si] Il monta seur son asne (asnesse *F24*) et *F24 F38 F50*, et monta sor .i. asne puis *F25 F26*   6 le cité] Jherusalem *F24* ‖ fu] vint *F24 F50* ‖ en .i. tertre dehors Jherusalem] hors de le chité et il vint en une tere *F19*   7 fiert] commence a ferir *F24*, feri *F25 F26 F50*, ala si feri *F38* ‖ li asnes] ses asnes prent *F19*   7–8 le feroit] feroit et *F25 F26*, le feroit et il *F50*   8 Lors parla li asnes se li] Lors parla li asnes a Balaam et se li *F19*, Dont vint li asnes si parla et se li *F24 F38*, Donc vint ke li asnes si parla et *F25 F26* ‖ Je] Car je *F25 F26 F50*   9 fiers] faiz *F25 F26 F50*, fes *F38* ‖ tu ne me fais mal] je n'en sent nul mal que tu me sachés *F19*, tu ne me fes nul mal *F38*   10 *New paragraph in F25 and F26.* ‖ Lors] Dont *F24 F25 F26 F38 F50*   10–11 sot bien Balaans] vint Balaans si sot bien *F38*   12 Et dist a ceaus de le cité] *lacks F25 (homeoteleuton)* ‖ qu'il] car il *F24 F50*   12–13 qu'il n'en pooit ... voloit] que Dix ne voloit mie que le chité fu deffendue ensi *F19*   13 si faitement avoit ses] tout ainsi avoit ses *F19*, ensi (si *F24*) faitement avoit li *F24 F25 F26*, ainsi avoit li *F38 F50*   14 vint li sieges] vinrent les grans os *F19* ‖ le cité] Jherusalem *F25 F26 F50*   14–15 assegie et l'asalirent durement] asegie et asalirent durement a le cité *F24*, assise et assaillirent durement la cité *F38*   16 et se li disent ... desist] li disent que il desist aucune cose ou fesist *F19*, et se li disent por Deu qu'il desist ou se fust (feist ou deist *F38*) aucune cose *F24 F38*, si li distrent ke por Deu les conseillast on q'il fesist ou q'il deist aucune chose *F25 F26*, et li prierent por Dieu qu'il feist ou deist aucune chose *F50*   17–229.1 dist qu'il li estoit avis qu'il ne lor] respondi que il ne *F19*

avis qu'il ne lor pooit riens faire encontre le volenté de Dieu, et il li demanderent que pour Diu les consellast qu'il poroient faire et qu'il feroient.[195] Lors lor dist Balaans et consella que toutes les jovenes femes de le cité fesissent bien vestir et acesmer, et les *mesissent* hors de le cité *et les envoiassent* en l'ost. Et seussent il bien de voir, se il les meskines renvoioient ariere, qu'il rendissent le cité, c'autre consel ne leur savoit il donner, et se che avenoit cose qu'il les retenissent .ii. jours ou .iii. si ouvrissent les portes et ississent hors de le cité, et se combatissent a eaus, si les desconfiroient. Tout si comme Balaans leur consella le fisent, et envoiierent les damoiselles en l'ost. Cil de l'ost ne renvoiierent mie les femes, ains prist cascuns le siue, et en fist se volenté. Quant cil de le cité virent que cil de l'ost ne renvoioient mie les femmes, si ouvrirent les portes et lor coururent sus, si les ocirrent et desconfirent. Ensi fu levés li sieges de le cité.

En cel liu ou li asnes parla a Balaam estoit li maladerie des femmes de Jherusalem, car li maladerie des femmes n'estoit mie aveuc le maladerie des hommes. Car li maladerie des hommes tenoit as murs de Jherusalem, et li maladerie des femmes estoit ensus grant pieche.[196a]

---

1 riens] nulle chose *F25 F26 F38* ‖ volenté de Dieu] *New paragraph in F25 and F26.*   1–2 de Dieu et il li demanderent] Damediu et il li demanderent *F19*, Damnedeu (Damledieu *F38*). Or li demanderent il *F24 F38*, Damedeo. Or demanderent *F25 F26*   2–3 que pour Diu ... consella] que pour Diu il les conseillast que il porroient faire. Dont lor consella Balaans *F19*, cil de la cité a Balaam conseil et il lor dist et conseila *F25 F26*, que por Deu les consellast qu'il poroient fraire ne qu'il feroient. Il lor dist et consella *F24 F38*   3 de le cité] *lack F25 F26*   4 acesmer et les ... l'ost] acesmer et les envoiassent hors de le cité en l'ost *F18*, atourner et si les mesist on hors de le chité et si les envoiast on en l'ost *F19*, acesmer et les meisset ors de la cité *F25 F26*   5 seussent il bien ... arriere] si seussent bien s'il renvoient arriere les meschines de le cité *F19*, bien seussent de voir que ç'avenoit chose qu'il les mescines renvoiassent ariere *F24*, seusent bien de voir ke s'il avenoit chose ke les meschines renvoiassent ariere *F25 F26*, seussent il bien de voir que se ce avenoit chose qu'il renvoiassent les meschines arriere *F38*   7–8 si ouvrissent les ... si] ouvrissent hardiement les portes de le chité et se combatissent a aus hardiement et seussent il bien que il *F19*   9 le fisent] ainsi le fisent *F19*, si fisent il *F24*, si le firent *F25 F26*, firent il *F38* ‖ damoiselles] jones damoiseles de le cité *F19*, femes *F24 F25 F26 F38 F50*   9–10 ne renvoiierent mie les femes] ne les renvoierent mie (pas *F50*) *F19 F50*   10–12 Quant cil de ... cité] cil de la cité ovrirent les portes et lor corurent sus. Si les desconfistrent *F25 F26*   11 cil de l'ost] il *F19* ‖ femmes] femes ains en faisoient lor volenté *F24*, fames et qu'il en fesoient leurs volentez *F38*   12 si] et *F19 F24 F38*   14 aveuc] ou *F25 F26*   16 ensus] ensus des murs *F19*

---

[a] *F18 f. 46ra–47ra; F19 f. 92vb–93rb; F24 f. 133^{rc–vb}; F25 f. 45va–46rb; F26 f. 45va–46rb; F38 f. 179^{rb–vb}; F50 f. 370vb–371rb* (ML, 164–166).

195   For Baalam see Numbers 22–24. The account from this point onwards is not part of the biblical narrative, but see Numbers 31:16 and Revelation 2:14.

196   The reference is to the leper house of St Lazarus which was located beyond the north wall of Jerusalem near its western extremity. The precise location of the women's house is unknown. See Pringle, *Churches*, 3: 215–217.

[clxiv] Or[197] vous dirons del roi Guion et de s'ost, qui mut des Fontaines de Saforie ou il avoit s'ost assemblee, et pour aler rescourre Tabarie. Et tantost com il murent, lor furent li Sarrazin au devant pour hardiier, ensi comme li quens de Triple lor avoit dit. Li Sarrazin les traisent et tinrent toute jour, et hardierent a aus desi qu'il fu bien nonne, et qu'il furent bien en mi voie de Tabarie et des Fontaines de Saforie. Dont dist li rois al conte de Triple quel consel il li donroit ne qu'il feroient, et li quens de Triple li donna adont mauvais consel, car il li *consella* qu'il fesist tendre se tente, et si se herbegassent. Et si vous di bien pour voir, si comme aucunes gens disent qui furent en celle ost, que ki euist point encontrés les Sarrazins el point c'on se herbega, que li Sarrazin fuissent tout desconfit, car il *n'avoient* que traire. Adont creï li rois Gui le mauvais consel le conte, et le bon ne vaut croire. Quant li Sarrazin virent que li Crestiien se herbegoient, si en furent mout lié, et se hierbegierent tout entour l'ost des Crestiiens, si priés que li un parloient *as autres*, et s'il y eust .i. cat qui s'en fuist de l'ost as Crestiiens ne peust il mie escaper que li Sarrazin ne le presissent.

---

1 *No paragraph break in F20.* ∥ Or vous dirons … mut] Quant li rois Guis (Gui F17) fu mus F16 F17 F20 ∥ Guion] Guion (Gui F24) de Jherusalem F24 F25 F26 F38   2 s'ost assamblee et pour aler rescourre] s'ost asemblee et por aler secorre F16, assanlee s'ost por aler rescourre le chité de F19, ses os asamblees por aler rescorre (secorre F25 F26 F50) F24 F25 F26 F38 F50   2–3 Et tantost com … li] si li furent tantost F16, et tantost com il mut si furent F24   3 hardiier] derrier F16, aidier F25 F26   4 traisent et tinrent] delaierent et tindrent F16, traisent et detinrent F19, atrasent et tinrent cort F24, atreistrent et tirerent F38, aresterent F50   4–5 traisent et tinrent … desi] atendirent tant F25 F26   4 hardierent] estrivierent F16   4–6 a aus desi … Saforie] dessi que il fu prés de nonne et que il fu presque emmi voies des fontaines et de Tabarie F19   6 dist li rois] vint li rois si dist F24 F25 F26 F38 ∥ li donroit] li donroient F20, donroit F24 F25 F26, dorroit F38   7 ne qu'il feroient] et (ne F16) qu'il feroit F16 F17 F19, lack F25 F26 ∥ adont] lors F38 F50, lacks F19   7–8 car il li consella] car il li consella adont F18, car il (il li F24) manda F24 F38, q'il dist au roy F25 F26   8 tendre se tente, et si] sa tente tendre et qu'il F16, sa tente tendre et F24 F38, tendre sa tente et que il F50 ∥ herbegassent] herberjast F25 F26   8–10 bien pour voir … herbega] que se on n'eust point encontre les Sarrasins a chele heure que on se herbeja si comme aucun dient qui la furent et en chele ost F19   9 disent qui furent en celle ost] dient F25 F26   10 encontrés les Sarrazins] encontre iaus F24 F38, contre eos F25 F26 ∥ fuissent tout] eussent tout esté F19, il eussent esté F50, fussent F24 F25 F26   11 n'avoient] n'avoient adont F18, n'avoient mais F19 F50 ∥ Adont creï li rois Gui] adont creï li roys F19 F25 F26, Lors croi je que li rois Guis crit F38, Lors crut li rois Guis F50   12 conte] conte de Triple (Tripe F19) F19 F24 F50 ∥ vaut] vaut mie F19 F20, vost pas F50 ∥ *New paragraph in F24.* ∥ Sarrazin] Turc F50   13 herbegoient, si en] herberjoient si faitement si F25 F26 ∥ et] et si F19 F25 F26   14 parloient] parloit F25 F26 ∥ as autres] a l'autre F18 ∥ s'il y eust .i. cat qui] se un chevalier F25 F26 ∥ y] lack F19 F24   14–15 qui s'en fuist de l'ost as Crestiiens] en l'ost de Crestiens et il s'en fuist si F19   15 mie escaper] escamper F25 F26, eschaper F50 ∥ presissent] presissent s'il vausissent F19. *New paragraph in F25 and F26.*

197   F16, F17 and F20 resume. In F38 and most other Eracles manuscripts the material edited above as §§ lxxvii–lxxxii is re-positioned between § clxiii and § clxiv.

THE CHRONIQUE D'ERNOUL　　　　　　　　　　　　　　　　　　　　　　　　　　　　231

Cele nuit furent li Crestiien a molt grant meskief en l'ost, car il n'i ot home ne
ceval ne beste qui beust en toute le nuit. Cel jour qu'il se partirent des her-
berges estoit venredis, et l'endemain le semedi fu fieste Saint Martin le Boullant,
devant aoust.[198] Toute celle nuit furent li Crestiien armé, et si orent mout grant
angousse de soif, et quant ce vint l'endemain al jour,[199] si monterent li cheva- 5
lier a cheval tout armé *et* appareillié *de* combatre, et li Sarrazin aussi d'autre
part, mais li Sarrasin se traisent arriere, et ne vaurrent mie conbatre desci que
li caus fust levés. Et si vous dirai qu'il fisent. Il avoit grant brueroie *d'erbe* la ou li
Crestiien avoient esté. Lors vinrent li Sarrazin, si bouterent ens le fu tot entour,
pour che que li Crestiien fusent a grignour meschief et que de le calour del 10
fu que del solel, si les tinrent bien ensi desci qu'il fu haute tierce. Lors se par-
tirent .v. chevalier de l'eskiele le conte de Triple, si s'en alerent a Salehadin, et
disent: 'Sire, c'atendés vous? Poigniés sour aus, qu'il ne se pueent mais aidier. Il
sont tout mort.' Et li sergant a pié jeterent jus lor armes, et si s'alerent rendre as
Sarrazins les goules baees pour destrece de soif. Quant li rois vit le destrece et 15
l'angousse de l'ost et que li sergant s'en aloient as Sarrazins, si manda au conte

---

1 grant] *lack F25 F26* ‖ l'ost] cele ost *F24*, cel ost *F38*　　2 ceval ne beste] beste ne cheval *F19*, cheval *F25 F26* ‖ *New paragraph in F16*. ‖ qu'il] que li Crestian *F16 F19*　　2–3 partirent des herberges … semedi] departirent des Fontaines de Saforie fu joedis et puis si fu venredis et l'endemain samedi si *F19*　　5 et] *lack F24 F25 F26 F38* ‖ al jour] au soir au samedi *F16*, au soir le samedi *F17*, le samedi au soir *F19*, au matin *F20*, par matin le samedi *F24 F25 F26 F38* ‖ monterent] murent *F38 F50* 5–6 chevalier] chevalier crestien *F19*　　6 et appareillié de] appareillié pour *F18*, et tout appareillié de *F19 F20*, aparellié de *F24*, et parelie de *F25 F26* ‖ aussi] aussi appareillié *F20*, *lack F17 F50*　　7 et ne] si ne se *F19*, et ne se *F20 F25 F26 F50*　　8 caus] caurre *F20* ‖ qu'il] que li Sarrasin *F20* ‖ brueroie d'erbe] brueroie d'arbres *F18 F17*, planté d'erbe seche *F50*　　9 avoient esté. Lors] avoient esté logié. Lors *F19*, estoient. Dont *F24 F25 F26 F38* ‖ bouterent ens] bouterent *F20 F25 F26*, i bouterent *F38*, boterent li Sarrazin *F50* ‖ tot entour] *lacks F19*　　10 que li Crestiien] qu'il *F24 F25 F26 F38 F50* ‖ grignour] grant *F19*, plus grant *F20* ‖ et que] et *F17*, que *F24 F25 F26*, *lack F19 F38 F50*　　11 que del solel si] et del soleil si *F17 F50*, et du soleil et si *F19 F24*, et dou soleil *F20*, ke del soleil et si *F25 F26 F38* ‖ desci] desci adont *F17 F19*, tant *F20 F24 F50* ‖ haute] plus de haute *F19* ‖ *New paragraph in F25 and F26*.　　12 si] et *F24 F25 F26 F38 F50* ‖ et] et si li *F19 F24 F38*, si li *F25 F26 F50*　　13 qu'il] car il *F20 F50*　　14 jeterent] geterent tout *F19* ‖ si] *lack F17 F38 F50*　　14–15 as Sarrazins] a Salehadin *F25 F26*　　15 rois] roys de Jherusalem *F19*, rois Guis de Jherusalem *F20* 15–16 le destrece et … Sarrazins] la destrece et l'engoisse de l'ost et que li serjant de l'ost s'aloient rendre au Sarrazin *F16*, l'angoisse et le destrece du fort ahan que si homme avoient soif *F19*

198　4 July.
199　'Soir' as found in *F16*, *F17* and *F19* makes no sense in this context, but it may be wondered whether the copyist of *F18* or its ancestor has corrected 'soir' to 'jour' here.

de Triple qu'il poinsist sour les Sarrazins, pour ce *qu'en se terre estoit* la bataille, qu'il devoit avoir le premiere pointe.[a]

[clxv] Lors point li quens de Triple sour les Sarrazins, et si poinst en un pendant contreval, et li Sarrazin, tantost com il les virent poindre vers aus, si se partirent, et si li fisent voie. Et li quens s'en passa outre. Tantost com il fu outre passés, li Sarrazin se racloent et coururent sus le roi, qui demorés estoit, si prisent le roi et tous chiaus qui estoient aveuc luy, et tout le harnas, fors seulement ciaus qui en l'ariere garde estoient, qui s'en escaperent. Quant li quens de Triple ot point, et il vit que li rois estoit pris, et il et ses gens, il ne tourna mie ariere, ains s'en fui, si s'en ala a Sur; et si estoit Tabarie a .ii. liues d'iloec, et se n'i osa mie aler, pour ce qu'il savoit bien que, s'il aloit a Tabarie, qu'il seroit pris et qu'il n'en pooit esca-

---

1 sour les] contre *F16*, sour *F19 F20* 1–2 pour ce qu'en … pointe] pour ce que s'entente estoit de la bataille, qu'il devoit avoir le premiere pointe *F18*, por ce qu'en sa terre estoit la bataille devoit il bien la prumiere joute avoir *F16*, pour che que le bataille estoit commenchie en se tere et que il devoit avoir le premiere pointe *F19*, pour ce que en se terre estoit la bataille et q'il devoit avoir la premiere empointe de la bataille *F20*, por ce qu'il estoit en sa terre et qu'il devoit avoir la premiere pointe *F50*, lacks *F25 F26* 2 qu'il] et qu'il *F17 F24 F38* 3 *No paragraph break in F16, F24, F25, F26, F38 or F50.* ‖ Lors point li … Sarrazins] Lors point li quens de Triple et toute s'eschiele seur les Sarrazins *F16*, Li quens de Triple poinst sor les Sarrasins *F24 F26 F38*, lacks *F25* (*homeoteleuton; see end of previous paragraph*) ‖ sour] encontre *F20* 3–4 en un pendant contreval] aval tout un pendant *F19* 4 les] le *F20 F24 F25 F26 F38 F50* 4–5 poindre vers aus … et] poindrent vers eus, si se partirent et *F16 F17 F20*, venir si se departirent et *F19*, poindre vers eus se partirent *F38* 5 si] lack *F19 F24 F25 F26 F50* ‖ li quens s'en] il *F19* 5–6 Tantost com il … et] tantost com il fu outre passés, et li Sarrasin se reclostrent si (recloent et si *F17*, reclosent et si *F20*) *F16 F17 F20*, et tantost aprés se raclosent li Sarrasin et *F19*, et li Sarrasin tantost cum il (li quens *F24*) fu oltre passez si se reclostrent et (et si *F24*) *F24 F38*, et li Sarrasin tantost come il fu outre passez sera consent et si *F25 F26*, et li Sarrazin se reclostrent tantost com il fu passez et *F50* 6 sus] sor *F25 F26 F38* ‖ demorés estoit] estoit demourés arriere *F19*, demourés estoit ariere *F20*. *New paragraph in F25 and F26.* 6–7 si prisent le … chiaus] et le prisent et tous ses chevaliers et tous les serjans *F19*, Iluec fu pris li roys et tuit cil *F25 F26* 7 tout le] tot lor *F16*, lor *F19*, tot les *F25 F26* 8 *New paragraph in F16 with the rubric*: Des barons qui alierent a Sur qui eschapierent de la desconfiture ou li rois fu pris. ‖ point] trespassez Sarrazin *F16* 9 estoit pris … gens] et se gent estoient demouré arriere *F19* ‖ et il] lack *F24 F25 F26 F38 F50* ‖ ne tourna] ne retorna *F16 F17 F19 F20 F50*, n'ot ne torna *F25 F26* 10 si s'en ala] lack *F19 F50*, Li quens de Triple s'en ala *F24 F38* ‖ si estoit Tabarie … aler] n'osa mie aler a Tabarie qui estoient a .ii. liues d'iluec *F19*, s'estoit Tabarie a .ii. lieues d'illuec et se n'i vaut mie aler ne n'osa *F20*, si estoit Tabarie a .ii. liues de lui et si n'osa mie aler *F25 F26* ‖ liues] milles *F38 F50* 11 que s'il aloit a Tabarie] se il y aloit *F19*, s'il aloit a Tabarie *F20*, que s'il i estoit *F50* 11–233.1 seroit pris et … escaper] ne pooit escaper qu'il ne fust pris *F24* 11 n'en pooit] n'en porroit *F16 F20 F25 F26 F50*, ne porroit mie *F19*

---

[a] *F18 f. 47^{ra-vb}; F16 f. 36^{ra-b}; F17 f. 24^{rb-vb}; F19 f. 93^{rb-vb}; F20 f. 35^{va-b}; F24 f. 133vb–134ra; F25 f. 46^{rb-vb}; F26 f. 46^{rb-vb}; F38 f. 180^{rb-va}; F50 f. 371^{rb-vb}* (ML, 167–169).

per. Li fiex le prince de Antioce et si chevalier qu'il avoit amenés estoient aveuc luy, et si .iiii. fillastre, et escaperent aveuc lui. Balians de Belin, qui en l'ariere garde estoit, escapa aussi, et Renaus de Saiete, *qui uns des barons estoit*.

En celle bataille fu la Sainte Crois perdue, ne ne seut on que elle devint, fors tant que, grant piece apriés, au tans que li quens Henris de Campaigne estoit sires d'Acre et de le tiere que *li* Crestiien tenoient, vint a lui .i. freres del Temple qui en le bataille avoit esté, et se li dist: 'Sire, s'on savoit nul homme en ceste tiere qui me peust ne seust mener en le piece de tiere ou li bataille fu, je trouveroie bien la Sainte Crois, car jou l'enfoui a mes mains endementiers que li desconfiture fu'. Lors manda li quens Henris .i. sien sergant, qui de le tiere estoit nés, se li demanda se il saroit aler en le piece de tiere u li bataille avoit esté. Et cil dist 'Oïl mout bien', et bien savroit assener en le piece de tiere ou li rois fu pris. Lors li commanda li quens que il alast aveuc le frere dou Temple, qu'ensi faitement li avoit dit qu'il l'i avoit enfouie le Sainte Crois. Et cil li dist qu'il n'i pooit aler se

---

1 le] au *F16 F38 F50* 1–2 qu'il avoit amenés estoient aveuc luy] qui estoient avec lui en s'eschiele estoit avec le conte *F16*, qui estoient avec lui et avec le conte de Triple *F17*, qui estoient avoec lui estoient avoec le conte fui a Sur *F20*, qu'il avoit amenés estoient *F24* 2 et si .iiii. ... lui] *lack F25 F26 (homeoteleuton). New paragraph in F24.* ‖ escaperent] eschaperent tout *F24* ‖ en] *lack F25 F26* 3 aussi] aussi et s'en fui a Sur *F24 F38 F50*, ausi et a Sur *F25*, et fui a Sur *F26*, *lack F19* ‖ Renaus] li princes Renaus *F19* ‖ qui uns des barons estoit] *lacks F18. New paragraph in F25 and F26.* 5 tant que grant piece] tant que grant tans *F20*, tant grant piece *F25 F26*, molt grant piece *F38 F50* ‖ li quens] *lacks F17* 6 d'Acre] de le chité *F19* ‖ li] *lack F18 F19* ‖ tenoient] tenoient en Surie *F50* 6–7 a lui .i. ... esté] uns freres du Temple a lui *F19* 7 et] *lack F16 F20 F24* ‖ savoit nul] savoit ne pooit trover *F24*, savoit ne pooit trover nul *F25 F26 F38* 8 peust ne] *lack F24 F25 F26 F38* ‖ en le piece de tiere] el lieu *F20*, en la place de terre *F38* 8–9 fu je trouveroie ... jou] avoit esté que il trouveroit bien le Sainte Crois. Car sachiés vous bien je *F19* 9 a mes mains] *lacks F17* 10 fu] avoit esté *F19*, estoit *F50* ‖ Lors manda li quens Henris] Dont vint li quens Henris si manda *F24 F38*, donc manda li quens *F25 F26*, Dont manda li quens *F19*, Dont manda querre li cuens Henris *F50* 11 se il saroit aler] se il li saroit mener *F19*, si li savroit aler *F25 F26* ‖ piece] place *F38* 11–12 cil dist Oïl] cil li dist oïl *F16 F24*, il dist que oïl *F19*, li sergans li dist Sire oïl *F20* 12 bien savroit assener en] bien (molt bien *F17*) savroit asener a *F16 F17 F20*, que bien saroit assener a *F19* ‖ li rois fu] li rois avoit esté *F17*, li roys Guys de Jherusalem avoit esté *F19*, la bataille fu et li ou li rois Guis de Jherusalem fu *F20*, li rois Gui fu *F50* ‖ *New paragraph in F24.* ‖ Lors] Dont *F19 F24 F25 F26 F50* 13 quens que il alast aveuc] quens Hienris de Champaigne qu'il ralast avec *F16*, quens que y alast aveuc *F19*, cuens Henris qu'il alast avoec (la ovec *F50*) *F20 F50*, quens qu'il i alast entre lui et *F24 F25 F26 F38* 13–14 qu'ensi faitement ... Crois] et que si (qu'einsi *F16*) faitement li avoit dit qu'il i (l'i *F20*) avoit enfoïe le Sainte Crois *F16 F17 F20*, qui l'i avoit ainsi dit que il li avoit enfoui le Sainte Crois *F19*, q'ensi faitement li avoit dit q'il avoit (i avoit *F24*) la Croix enfoïe *F24 F25 F26*, que ainsi li avoit dit qu'il i avoit la Croiz enfoïe *F38*, que li avoit dit qu'il avoit la Croix enfoïe *F50* 14 cil li dist qu'il n'i pooit] li vallez li dist qu'en n'i pooit *F16*, cil li respondi qu'il n'i pooient *F17*, chil li dist que il n'i pooit mie *F19*, li sergans li dist c'om n'i pooit *F20*, cil li dist qu'il n'i pooient *F24*

par nuit non, que s'il i aloit par jour il seroit pris et retenus. 'De par Dieu', dist li quens, 'alés i en tel point que vous savés qu'il *i* fait millour aler'. Et il i alerent, et si foïrent par .iii. nuis, et si n'i peurent nulle riens trouver.[a]

[**clxvi**] Or vous dirons des Sarrazins, qui *orent* desconfis les Crestiiens et pris. Il
5 se herbegierent, et Salehadins rendi grasces a Nostre Seigneur de l'onour qu'il li avoit faite, et fist crier *parmi* l'ost c'on li amenast a se tente tous les chevaliers c'on avoit pris, et on li amena, si commanda c'on mesist tous les barons devant lui en se tente, qu'il les voloit veoir, et les autres laissast on dehors. Dont mist on *ens* le roi, et Salehadins le fist *asseoir* devant lui. Apriés si mist on le
10 prinche Renaut del Crac. Apriés si mist on Hainfroi, sen fillastre; apriés *si mist on* le maistre del Temple, apriés *si mist on* le marchis Bonifasse de Mont Ferras; apriés *si mist on* le conte Josselin; apriés *si mist on* le connestable Haimmeri, qui

---

1 que s'il i aloit ... seroit] qu'en ce vous raloit par jur il seroit *F16*, que s'il i aloient par jour il serroit *F17*, car se nus i aloit par jour il seroit *F20*, car (ke *F25 F26*, que *F38*) s'il i aloient par jour il seroient (seroient tout *F19*, seroient tantost *F50*) *F19 F24 F25 F26 F38 F50*   1–2 De par Dieu ... i] et li quens respondi: De par Diu alés y dont *F19*   1 dist] fait *F20 F24*   2 que] com *F16 F19* ‖ i] lacks *F18* ‖ Et] lack *F24 F25 F26 F38 F50*   3 et si foïrent] lacks *F17*, et si y furent *F19*, et si foïrent bien *F24 F25 F38*, et foïrent bien *F50* ‖ et si n'i ... trouver] mes ne trouvierent riens *F16 F25 F26*, et ne trouverent riens *F17 F20 F38*, et ne trouverent nient *F19*, et si ne porent rien trouver *F24*, mes riens nule ne troverent *F50*   4 *Rubric in F16*: Des barons qui alierent a Sur qui eschapierent de la desconfiture ou li rois fu pris. (*This is an error, repeating the rubric from the previous paragraph.*) *Rubric in F20*: Dou roi de Jherusalem, qui on amena en le tente Salehadin, et come il coupa au prince Renaut le teste. *No paragraph break in F24*. ‖ orent] ont *F18* ‖ Crestiiens et pris] pā (?) et pris les Crestians et pris *F16*, Crestiens et le roy pris *F19*, Sarrasin Crististiens et pris *F26*   5 et Salehadins rendi grasces] Salehadins rendi grasses et mercis *F24 F38* ‖ Nostre Seigneur] Damedieu *F16*, Deu Nostre Segnor *F20*   6 et] aprés *F16*, et puis *F20*, et il *F17*, puis *F50* ‖ parmi l'ost] par l'ost *F18*, lacks *F20* ‖ amenast a se tente] fesist amener as se tente *F17*, amenast *F24 F25 F26*   6–7 chevaliers] chevaliers crestiiens *F20*   7 avoit pris] avoit pris en la bataille *F16 F17 F20 F50*, y avoit pris *F19 F24* ‖ si] Aprés il *F16 F20*, Et il *F19*, puis *F24*   7–8 mesist tous les ... on] venir devant lui le roy en se tente car il le voloit veïr et si commanda que on laissast tous les autres *F19* ‖ tous les barons ... qu'il] tous les barons devant lui en se tente car il *F20*, les barons et les haus homes en sa (la *F25 F26*) tente devant lui qu'il (devant lui dedenz sa tente car il *F50*) *F24 F25 F26 F38 F50*   9 ens le roi] en le roi *F18*, ens premier le roi Guion *F20*, ens le roi devant *F24*, ens le roi Guion *F50* ‖ asseoir] seoir *F18*   10 Apriés si mist on Hainfroi sen fillastre] et Hainfroy sen fillastre aprés *F19* ‖ si] i *F20 F38*, lack *F17 F25 F26 F50*   10–11 si mist on] lack *F18 F19*, i mist on *F20 F38*, mist on *F25 F26*   11 si mist on] lack *F18 F19 F38*, i mist on *F20*, mist on *F25 F26*   12 si mist on] lack *F18 F19 F50*, i mist on *F20 F38*, mist on *F25 F26* ‖ si mist on] lacks *F18*, i mist on *F20 F38*, i mist *F25 F26*

[a] *F18* f. 47vb–48rb; *F16* f. 36[rb–va]; *F17* f. 24vb–25ra; *F19* f. 93vb–94ra; *F20* f. 36[ra–b]; *F24* f. 134[ra–b]; *F25* f. 46vb–47rb; *F26* f. 46vb–47rb; *F38* f. 180[va–b]; *F50* f. 371vb–372rb (ML, 169–171).

THE CHRONIQUE D'ERNOUL 235

freres estoit le roi; apriés si mist on le marescal le roy.[200] Tout chil haut homme furent pris aveuc le roi en le bataille. Cel jour fu samedis et *fu* fieste Saint Martin le Bouillant devant aoust. Quant Salehadins vit le roi et ses barons qui estoient en se merchi devant lui, si en fu mout liés, et vit que li rois avoit caut, si sot bien que il buveroit volentiers; si fist aporter plaine coupe de sirop a boire por refroidier. Quant li rois eut beut, si tendi le coupe al prinche Renaut del Crac, qui d'encoste lui seoit. Quant Salehadins vit que li rois avoit donné a boire *au* prince Renaut devant lui, l'omme el siecle que il plus haoit, si en fu molt dolans; si dist al roi que ce pesoit lui, que donné li avoit, mais puis qu'il li avoit donné, bien *le* beust, mais che seroit par .i. couvent, que jamais d'autre ne buveroit, car pour nul avoir c'on li seust donner ne le lairoit plus vivre, qu'il ne *li* copast la tieste il meismes de sa main, pour che c'onques foi ne sairement ne li tint de trives c'on li donnast. Quant li prinches Renaus ot but, si le fist Salehadins prendre et mener hors de se tente. Et si demanda une espee, et on li aporta. Et il

---

1 apriés si mist on le marescal le roy] lack *F25 F26* (*homeoteleuton*). New paragraph in *F25* and *F26*. ∥ apriés si mist le conncstable … on] lacks *F19* (*homeoteleuton*) ∥ si] i *F20 F38* ∥ homme] baron *F19*, home ke je vos ai ci nomez *F25 F26* 2 en le bataille] lacks *F19* ∥ et fu fieste] et fieste *F18*, et fu jours *F17*, et estoit feste *F24* 3 *New paragraph in F19.* ∥ ses] les *F16 F17 F24 F25 F26 F38 F50* 4 et vit] et il vit *F19 F24 F38*, il vit *F25 F26*, il vit bien *F50* 4–5 caut si sot bien] molt caut et *F19* 5 si] si li *F20 F25 F26* ∥ sirop a boire por] vin et plaine coupe de cyroth pour donner le roy a boire et pour lui *F19* 6 tendi] rendi *F17 F50* 6–7 del Crac qui d'encoste lui seoit] del Crac qui dejoste lui estoit *F16*, du Crac qui delés lui estoit *F19 F20*, qui d'ecoste (encoste *F38*, delez *F50*) lui seoit por boire *F24 F38 F50*, qui encoste estoit por boivre *F25 F26* 7–8 a boire au prince Renaut] au prince Renaut a boivre *F16*, le prince Renaut a boire *F17 F20*, le *F18 F19 F25 F26* 7 au] le *F18 F19 F25 F26* 8 Renaut devant lui … dolans] Renaut du Crac l'omme el siecle qu'il haoit plus et devant lui si en fu molt dolans et molt courouchiés *F19*. *New paragraph in F25 and F26.* ∥ el] del *F16*, du *F38*, dou *F50* 9 si dist al roi] et dist au roi *F16 F50*, et si dist au roi *F17 F19 F24 F38* Lors dist Salehadins au roy Gui *F25 F26* ∥ donné li avoit] il avoit douné a boivre le prince Renaut devant lui *F25 F26* 10 le] lacks *F18* 11 ne le lairoit plus vivre] ne lairoit *F16*, il ne le respitroit ne ne lairoit plus vivre *F19*, ne le lairai je plus vivre *F25 F26* ∥ li] lacks *F18* 12 sa main] ses mains *F16 F17 F20* ∥ pour che c'onques … tint] et pour chou qu'il n'avoit onques tenu ne foi ne sairement envers lui *F19* ∥ foi] ne foi *F24 F25 F26 F38* 13 c'on] que il *F17 F19 F50* 13–14 le fist Salehadins prendre et] le prist et si le fist *F16*, le prist Salehadins et si le fist *F20* 14 Et] lack *F20 F25 F26 F50* ∥ aporta] porta *F38*, bailla *F50*

---

200 Walter *Durus*.

le prist, si en copa au prince Renaut la tieste, et si fist sa tieste prendre, et si commanda qu'ele fust trainee par tous les castiaus et les cités de se tiere, et elle si fu.[a]

[clxvii] Quant Salehadins ot copé al prince Renaut la tieste, si fist prendre le roi et tous les prisons; si les envoia a Damas en prison, et se parti d'iluec, si s'ala logier devant Tabarie. Quant li contesse vit et seut que li rois estoit pris, et que li Crestiien estoient desconfit, si rendi Tabarie a Salehadin. Et cel jour meesmes envoia Salehadins de ses hommes a Nazareth, se li rendi on. Cel jour meismes que li deconfiture fu, li rendi on ces .ii. cités, Tabarie et Nazareth. Le merkedi a la devant Acre, se li rendi on.[201] Apriés si ala a Sur, mais il ne *le* vaut mie assegier,

---

1 si en copa ... tieste] en vint au prince Renaus del Crac l'espee traite et li caupa le teste *F19*, li prist s'en copa la teste au prinche Renaut *F20*, li prist se li copa la teste *F24 F38*, trencha au prince Renaut la teste *F50* ‖ si fist sa ... si] si (puis si *F16*) fist le teste prendre si (et si *F24*, et *F38*) *F16 F20 F24 F38*, puis fist prendre la teste si li *F25 F26*, quant Salehadin ot faite se volenté se prist le teste et le bailla a un sien serjant et *F19*   2 qu'ele fust trainee ... de] que on le trainast par toute *F19*, qu'ele fust trainee par toutes les cités et les chastiaus de *F24 F25 F26 F38 F50*   2–3 et elle si fu] *lacks F16*, et on si fist *F19*   4 *Rubric in F16*: Com cil de la cité de Jerusalem reçurent Bauduin [*sic*] de Belin a seignor aprés ce que li rois ot esté ot esté [*sic*] pris. *Rubric in F20*: Le jour que li rois Guis et li baron furent pris rendi on Salehadin Tabarie et Nazareth. *No paragraph break in F17, F24, F38 or F50.* ‖ copé al prince Renaut la tieste] le prince Renaut du Crac le teste caupee *F19*   5 et tous les prisons] de Jerusalem et toz ses prisons *F16*, et ses prisons et *F19*, et tous ses prisoniers *F20*, et tos ses prisons *F24 F38*, les autres prisoniers *F50* ‖ envoia] fist envoier *F17*, fist mener *F19* ‖ prison et] prison. Adonc *F16*, prison si *F19*, prison et si *F24*, prison puis *F25 F26*, prisoniers et *F38* ‖ si s'ala] et s'ala *F16 F17*, et s'en ala *F19 F20*, et ala por *F50*   6 Tabarie] le chité de Tabarie *F19*. *New paragraph in F24.* ‖ contesse vit et seut] contesse de Triple qui dedenz iert sot et vit *F16*, contesse seut et vit *F17*, contesse de Triple qui dedens Tabarie estoit sout et vit *F20* ‖ rois] roys avoit esté desconfis en la bataille et qu'il *F19*   7 Tabarie] le chité *F19* ‖ a Salehadin. Et cel] sauve vie. Et en ce *F16*, a Salehadin en cel *F20*   8 ses hommes] se gent *F19*   8–9 se li rendi ... Nazareth] *lacks F17* (*homeoteleuton*), si li rendi on le cité et fu chel jour le bataille fu que on li rendi Tabarie et Nazarel *F19*   8–10 Cel jour meismes ... on] *lacks F16* (*homeoteleuton*)   9 ala] ala Salehadins *F19 F20*, s'en ala Salehadins *F50*   10 se] et se *F19 F24*, et *F38* ‖ si] *lack F19 F20 F24 F25 F26 F38* ‖ a Sur mais] et Sur et *F24 F38*, devant Sur mais *F25 F26* ‖ le] se *F18*

---

[a] *F18 f. 48rb–49ra; F16 f. 36^{va-b}; F17 f. 25^{ra-b}; F19 f. 94^{ra-b}; F20 f. 36^{rb-va}; F24 f. 134^{rb-c}; F25 f. 47^{rb-vb}; F26 f. 47^{rb-vb}; F38 f. 180vb–181ra; F50 f. 372^{rb-va}* (ML, 172–174). *F18 has a ten-line miniature panel showing a Hospitaller (with a white Maltese cross and so not a Templar) together with a second man supervising a man digging a hole followed by a four-line pen-flourished initial 'O'. This miniature, exceptionally, refers to the previous paragraph.*

201 Ṣalāḥ al-Dīn appeared before Acre on Wednesday 8 July, and it surrended the following day.

THE CHRONIQUE D'ERNOUL   237

pour çou qu'encore estoit li cevalerie dedens, et li baron et li chevalier qui de le
bataille estoicnt escapé.

   Or vint Balyans de Belin, qui dedens Sur estoit, si manda em priant a Salehadin qu'il li donnast congié d'aler en Jherusalem pour amener le roine se feme et ses enfans, et il li donna volentiers, par si qu'en Jherusalem ne demorroit que une nuit, ne que arme ne porteroit contre lui. Quant Balyans vint en Jherusalem, si en furent mout lié cil de le cité, et grant joie fisent de se venue, et se li rendirent le cité, se li proiierent pour Diu qu'il le gardast, et k'il en fust sires. Il dist qu'il ne pooit mie demorer, et qu'il avoit creanté a Salehadin qu'il n'i demorroit que une nuit, ne qu'il n'i poroit demorer, *ne la cité ne porroit il garder*. Dont vint li patriarces a lui, et se li dist: 'Sire', *dist il*, 'je vous assot del pecié et del sairement que *vous* avés fait enviers Salehadin, et si vous di bien *pour voir* que gregnour pecié arés vous el sairement tenir que el trespasser, car grant hontes seroit a vous et a vos hoirs, se vous en tel point laissiés le cité de Jherusalem et vous en aliés, ne jamais honnour ne deveriés avoir en tiere ou vous fuissiés'.

1–2 qu'encore estoit ... escapé] qu'encore estoit li chevalerie dedens qui de le batalle estoient (estoit *F17*) escapee *F17 F25 F26*, que le chevalerie et li baron qui estoient escapé de le bataille estoient encore dedens *F19*, que li baron et li chevalier qui de la bataille estoient eschapé estoient encor laienz *F50*. *New paragraph in F16 and F20. Rubric in F20*: De Balian qui prist congiet a Salehadin por aler en Jherusalem.   1 et] *lack F24 F38*   3 Or vint] *lack F25 F26 F50* ‖ si manda em priant a] si manda priant a *F16 F17*, si manda *F19*, manda priant a *F25 F26*   4 li donnast congié d'aler] le laiscast aler *F17*, li donast conduit d'aler *F24 F25 F26 F38* ‖ le roine se feme] la reigne Marian sa fame *F16*, la roine se feme a Sur *F20*, sa feme *F24*   5 volentiers] mout volentiers *F20*, volentiers conduit *F24 F38*, conduit volentiers *F25 F26*, volentiers congié et conduit *F50*   6 arme ne porteroit contre] armes (arme *F16 F17*) ne porteroit encontre *F16 F17 F20 F24 F25 F26*, il jamais ne porteroit encontre *F50* ‖ *New paragraph in F24, F25 and F26*.   6–7 Quant Balyans vint ... se] et il li creanta tout ainsi et puis s'en ala e Jherusalem. Quant Belyans fu venus si fisent chil de le chité molt grant joie de lui et furent molt lié de sa venue et *F19*   7 mout lié cil de le cité] tout cil qui en Jherusalem estoient molt lié *F20*   8 rendirent] offrirent *F50* ‖ se] et si *F16 F24*, et *F17 F19 F38* ‖ le gardast] l'esgardast *F16* ‖ Il] il lor *F16*, Et il *F17 F25 F26*, Et il lor *F19 F20*   9 ne pooit mie] n'i pooit mie *F16 F17*, n'i pooit *F20* n'i *F24*   9–10 qu'il avoit creanté ... ne] que *F19*   10 ne qu'il n'i poroit demorer] *lack F25 F26* ‖ ne la cité ne porroit il garder] *lack F18 F25 F26*, ne la cité garder *F50* ‖ il] *lack F17 F20 F24 F38*, il mie *F19* ‖ Dont] Lors *F16 F17 F19 F20*, Et *F25 F26*   11 patriarces] patriarches de Jherusalem *F20* ‖ et] *lack F20 F24 F25 F26 F38* ‖ Sire dist il] Sire *F18 F19*, Sire Balian *F50*   12 vous] *lacks F18* ‖ bien pour voir] bien *F18*, pour voir *F19*, que por voir *F50*   13–14 el sairement tenir ... seroit] el sairement tenir que vous n'arés el trespasser. Car grans hontes seroit *F19*, del sairement tenir que del passer. Car grans hontes vos seroit et grans reproche *F24 F25 F26*, du sorement tenir que du leissier car grant honte et grant repruche seroit *F38 F50*   14 seroit a vous et a vos hoirs] averiés vous et vostre hoir *F20*   15 et vous en aliés] et vos en alissiez *F16*, et vous vous en alissiés *F20*, *lack F19 F50* ‖ jamais honnour ne deveriés avoir] jamais ne deveriés avoir honour *F17 F19*, jamais honor de devriés *F20*, honor ne deveriés jamais avoir *F24*, jamais honor ne devez avoit *F25 F26* ‖ fuissiés] venissiés *F19*. *New paragraph in F25 and F26*.

Lors creanta Balyans qu'il demorroit, et tout chil de le cité li fisent homage, et le reçurent a segnour. Encore *adont* estoit li roine, li feme al roi Gui, en Jherusalem. Or n'avoit en toute le cité de Jherusalem que .ii. chevaliers: cil estoient escapé de le bataille. Lors prist Balyans *jusqu'a .l.* fiex *a* bourgois, si les fist chevaliers. Et si vous di pour voir que li cités estoit encore si plaine de gent, de femes et d'enfans, qui s'en estoient afui dedens le cité quant il oïrent dire que li rois estoit pris, et que li Crestiien estoient desconfit. Si vous di bien pour voir qu'il en i avoit tant afui, qu'il ne pooient mie estre dedens les maisons, ains les couvenoit estre en mi les rues.[a]

[clxviii] Dont vint li patriarces a Balian, si *firent* descouvrir le monument de seure le Sepulcre, qui estoit tous couviers d'argent, si en fisent oster et batre monnoie pour donner as chevaliers et as sergans. Cascun jour *aloient* li chevalier et li sergant par le tiere entour le cité *et* atraioient dedens le cité quanques il pooient de viandes, car il savoient bien que il seroient assegié.[b]

---

1 Lors] lors li *F16*, Dont *F24 F38 F50* ‖ creanta Balyans] creanta Belians de Belin *F19*, creanta Balyans au patriarche et a ces de la cité *F25 F26*, vint Balians si creanta *F38* ‖ chil de le cité] *lacks F19* 2 adont estoit] estoit *F18*, estoit lors *F38*, adont estoit en Jerusalem *F50* ‖ roine] reigne Sibile *F16* ‖ al] le *F17 F25 F26 F50* 3 Or n'avoit] et n'avoit *F16*, Or n'avoit adont *F24*, Il n'avoit adonques *F25 F26* ‖ le cité de] *lacks F19* ‖ cil] qui *F24 F25 F26 F38 F50* 4 Lors prist Balyans] Donc prist Balians (Belians de Belin *F19*) *F16 F17 F19 F20*, Dont vint Balian si prist *F24 F38* ‖ jusqu'a .l. hex a] dusques a .lx. fiex de *F18*, .l. fix as *F19*, jusques a .l. des fieus as *F20 F50* ‖ bourgois] bourjois de le chité et *F19* 5 encore] *lack F24 F25 F26 F38 F50* ‖ de gent] d'omes *F16*, *lack F20*, de pueple menu *F50* 6 s'en estoient afui dedens le cité] y estoient afui *F19*, s'en estoient afui dedens le chité de Jherusalem *F20* 7 li Crestiien estoient desconfit] desconfis et il et le Crestien et que li roys estoit pris *F19* 7–8 Si vous di … afui] Si vous di bien pour voir que il en y avoit tant afui d'entour le chité et du païs *F19*, *lacks F24* 8 i] *lack F20 F25 F26* ‖ mie estre] mie estre tout *F19*, pas estre *F25 F26 F50* 9 estre en mi les rues] gesir emmi les rues as grans tropes et as grans mons *F19*, estre dedens les rues *F20* 10 *No paragraph break in F16, F17, F20, F24, F25, F26, F38 or F50.* ‖ li patriarces a Balian] li patriarches a Belian de Belin et *F19*, li patriaces et Balians *F20*, Balyans et li patriarche *F24 F25 F26 F38 F50* ‖ firent] fist *F18*, fist tant a lui que il fisent *F19*, firent adonc *F50* 10–11 de seure le Sepulcre] deseur Sepucre Nostre Seignor *F16*, qui estoit deseur le Sepulchre *F19* 11 en] l'en *F16 F38*, le *F17 F19 F20 F25 F26* 12 cascun jour aloient] cascun jour a loiier *F18*, et aloient chascun jor *F25 F26* 13 cité et] cité *F18*, chité de Jherusalem et *F20* ‖ atraioient dedens le cité] atraioient en la cité de Jerusalem *F16*, se traioient ens *F19*, traioient en la chité *F25 F26*, aportoient en la cité *F50* 14 pooient] pooient avoir *F20* ‖ seroient] s'estoient *F19*

---

[a] *F18 f. 49^{ra–va}; F16 f. 36^{vb–c}; F17 f. 25^{rb–vb}; F19 f. 94^{rb–vb}; F20 f. 36va–37ra; F24 f. 134^{rc–va}; F25 f. 47vb–48rb; F26 f. 47vb–48rb; F38 f. 181^{ra–b}; F50 f. 372va–373ra* (ML, 174–176). [b] *F18 f. 49va; F16 f. 36vb–37ra; F17 f. 25vb; F19 f. 94vb; F20 f. 37ra; F24 f. 134^{va–b}; F25 f. 48rb; F26 f. 48rb; F38 f. 181rb; F50 f. 373ra* (ML, 176).

[clxix] Or vous lairons a tant de *Jerusalem a parler*, desci que poins en sera, si vous dirons de Salehadin, qui estoit devant Sur. Il se pensa qu'il ne feroit oevre a Sur pour le cevalerie, qui dedens estoit. Il *passa* outre, si ala asegier une cité qui estoit a .vii. liues de Sur, et a a non Saiete, si le prist, et ala apriés a Barut, qui cités est, si le prist tantost. Apriés si entra en le tiere de Triple, et si prist une cité qui a a non Gibelet,[202] apriés .i. castiel qui a a non Le Boteron. De cel castiel estoit li dame que li quens ne vaut mie donner a Girart de Ridefort qui se rendi al Temple par mal talent, et dont *li* haine commença, par quoi la tiere fu perdue.[203] Quant li quens de Triple oï dire que Salehadins estoit entrés en se tiere, si entra en mer entre lui et le fil le prince d'Andioce et quanques il pot avoir de chevaliers; si s'en ala a Triple. Puis qu'il fu arivés a Triple, ne vesqui il mie longement, ains fu mors de duel, si comme on dist; si laissa sa tiere au fil le prince d'Antioce, qui puis en fu quens.[204]

---

1 *Rubric in F16*: Les nons des citez et des chastiax que l'en rendi a Salehadin. *Rubric in F20*: De Salehadin coment il se departi du siege de Sur. *No paragraph break in F17 or F24*. 1–3 de Jerusalem a ... estoit] a parler de Jherusalem dessi a un autre tans que poins en sera et revenra et si vous dirai de Salehadin qui estoit devant Sur pour le chevalerie qui estoit dedens le chité *F19* 1 Jerusalem a parler] parler de Jherusalem *F18* ‖ poins en sera si] tenps et point en sera et si *F16*, poins (tans *F24*) en venra et si *F17 F20 F24*, point et heure vendra si *F38*, le point en revendra si *F50* 2 oevre] oevre i plus *F25 F26*, noient *F38*, riens *F50* 3 passa outre si ala] passa avant outre si ala *F18*, s'en passa outre et si ala *F19*, pasa outre (outre mer *F25*) et si ala outre si ala *F25 F26* 4 estoit a .vii. ... a] estoit prés de Sur a .vii. liues et avoit (avoit a *F16 F17*) *F16 F17 F20*, esta .vii. liues (milles *F38*) de Sur et a (a a *F24*) *F24 F38*, esta .vii. liues de Sur qui a *F25 F26*, estoit a .vii. liues prés de Sur qui a *F50* 4–5 et ala apriés ... est] et aprés ala droit a Barut *F19*, et ala a Baruch qui chités est *F20*, Aprés ala a Baruth *F50* 5 tantost] *lacks F24* ‖ si] *lack F17 F38 F50*, si ala et *F19*, il *F20* ‖ si] *lack F38 F50* 6 a] *lack F25 F26 F38 F50* ‖ apriés] Et aprés s'en ala a *F19*, aprés si prist *F24 F25 F26 F38*, aprés prist *F50* ‖ qui a a non Le Boteron] que on apele Le Bouteron et le prist *F19* 7 quens ne vaut mie] quens de Triple ne vost pas *F16*, cuens de Triple ne vaut mie *F20 F24 F38*, quens de Triple ne vout *F25 F26 F50* 8 et dont li haine commença] et dont haine commença *F18*, si com vos avez oï pardevant et donc li haine commença *F16*, et por ce comença la haine entre le conte de Triple et celui Girard qui fu maistre dou Temple *F50* 9 *New paragraph in F25 and F26*. ‖ Triple] Triple qui a Sur estoit *F16* 10–11 entre lui et ... ala] et quanques il pot avoir de chevalier si les emmena *F19* 10 le fil le] le filz au *F16 F25 F26 F38*, le *F17*, le fil et le *F20* 12 mie longement ains ... si] gaires longuement si fu morz et de doil si *F16 F17 F20*, mie longuement ains fu mors et si fu de duel ainsi *F19*, mie et de duel si *F24*, lor guement ains fu mors et de duel si *F25 F26* ‖ fil le] *lack F16 F17 F20*, filz au *F25 F26 F38* 13 quens] quens et sire *F24*. *New paragraph in F16, F20 and F24. Rubric in F16*: Del marchis Corrat de Montferrat que Damediex envoia au secors de Sur. *Rubric in 20*: De .ii. chevaliers qui manderent a Salehadin qu'il venist a Sur la ou il es estoit et il li renderoit.

---

202 Arabic sources indicate that Ṣalāḥ al-Dīn took Jubayl before Beirut, which surrendered on 6 August.
203 Above § cxvi.
204 Raymond apparently died in October. He was childless, and Tripoli passed to Bohemond, the future Bohemond IV of Antioch who was the second son of Prince Bohemond III.

Quant Renaus de Saiete et li castelains de Sur virent que tout en estoient alé li chevalier, et qu'il i avoit poi de gent, et qu'il n'avoient preu de viande dedens Sur, si manderent *a* Salehadin qu'il s'en retournast de la ou il estoit, et il li renderoient Sur. Quant Salehadins oï celle noviele, si en fu mout liés, si prent .i.
5 chevalier, se li carge ses banieres, et se li dist qu'il voist a Sur, et si les mete sour le castiel. Quant li chevaliers vint a Sur, si dist al castelain qu'il presist les banieres et les mesist sour le castiel. Li castelains dist qu'il n'en i *oseroit nule metre*, pour les gens de le ville. Mais tantost que Salehadins venroit devant, il les i meteroit, et les banieres detenroit il. Li chevaliers s'en tourna d'ilueques,
10 si l'ala dire ensi a Salehadin. Quant Salehadins oï ce, si s'esploita d'errer al plus qu'il pot, desci qu'il vint a Sur. Mais ançois qu'il i parvenist i envoia Dame Diex consel et secours, qu'il ne voloit mie qu'ele fust perdue, ains vaut laissier celle cité as Crestiens, si com vous avés oï par devant, qu'il esnetieroit le tiere, mais .i. petit lor en lairoit.

1–2 tout en estoient alé li chevalier] tout li chevalier s'en (en *F19*) estoient alé *F19 F24 F25 F26 F38*, li chevalier estoient preque tuit alé *F50*   2 i avoit poi] avoit petit *F16*, n'avoit c'un poi *F17*, avoit peu *F19 F20*, i avoit si poi *F24*   2–3 gent et qu'il ... Sur] gent dedenz Sur *F16 F17*, gent en le chité et que il avoient peu viande dedens Sur *F19*, chevaliers dedens Sur *F20*, gent et qu'il n'avoit preu viande (de viande *F24 F25 F26*) dedens Sur *F24 F25 F26 F38*, gent et poi de viande *F50*   3 a] *lack F18 F17 F19* ‖ s'en retournast de ... il] se retornast de la terre de Triple ou il estoit a ost qu'il *F16*, se tornast de la u il estoit (estoit et *F19*) qu'il *F17 F19*, retornast de la ou il estoit partis. Car il *F20*, s'en (se *F50*) retornast de la u il estoit et il (si *F38*) *F24 F38 F50*, retornast de la ou il aloit et il *F25 F26*   4 Sur] Sur le chité *F19*, la cité de Sur *F50* ‖ celle noviele] cez nouveles *F16 F17 F19 F20* ‖ liés si prent] joiaus puis si prist *F19*, liés si prist *F24 F38*   5 carge ses] charja (kerke *F20*) .ii. de ses *F16 F17 F20*, carga ses *F19 F24*, bailla ses *F38* ‖ voist a Sur ... mete] alast a Sur et que il le mesist *F19*, alast (voist *F20*) a Sur et si les mesist *F20 F24 F38*   6 castiel] maistre chastel *F50*. *New paragraph in F25 and F26.* ‖ si] il *F24 F38 F50*   6–7 presist les banieres et les mesist] preist les banieres Salehandin et les meist *F16*, mesist ses banieres *F19*, prist ses banieres et si les meist *F25 F26 F38*   7 dist] li respondi *F16 F19*, respondi *F50*   7–8 oseroit nule metre] meteroit nule *F18*, oseroit nule mettre dessi au demain *F19*   8 que Salehadins venroit devant] que (com *F16*) Salehadins venroit devant Sur *F16 F17 F20*, com Salehadins venroit devant (devant le chité *F19*, devant la cité *F50*) *F19 F24 F38 F50*   9 meteroit] metteroit volentiers *F19* ‖ detenroit] retendroit *F38 F50* ‖ Li chevaliers s'en tourna d'ilueques] Dont s'en tourna li chevaliers et *F19* ‖ tourna] torna adont *F16*, retourna *F20 F50*, ala *F25 F26*   10 dire ensi a Salehadin] dire (dire a *F16*) Salehadin *F16 F17 F20*, dire a Salehadin che que li castelains li avoit respondu *F19*. *New paragraph in F24.* ‖ Quant Salehadins oï ce] Quant Salehadins oï ches nouveles *F19*, Salehadins quant il oï ches nouveles *F24*   10–11 s'esploita d'errer al ... a] se hasta le plus qu'il pot dusques adont que il vint devant *F19*, s'esploita de Sur au plus tost q'il pot de sin q'il vint a *F25 F26*, se hasta d'errer et s'en vint au plus tost qu'il pot devant *F50*   11–12 parvenist i envoia ... qu'il] parfust venus y mist Dix son son conseil et s'aide et son secours que il *F19*, parvenist i envoia Damedieus sen consel et sen secours. Car il *F20*, parvenist la i envoia Nostre Sire conseill et secors por ce qu'il *F50*   13–14 esnetieroit le tiere ... lor] esnetieroit le cité. Mais .i. petit lor *F17*, les netieroit mais un petit leur *F19*, esnetieroit la terre des Crestiens mais un poi lor *F24*, nestoieroit la (toute la *F38*) terre mes .i. pou leur *F38 F50*, ensueveroit la cité mais poi *F25 F26*   14 *New paragraph in F16, F17, F20, F38 and F50.*

THE CHRONIQUE D'ERNOUL 241

Or vous dirai del consel et del secours que Diex envoia a Sur. Couras li marcis, qui en Coustantinoble estoit, vint a l'empereur, se li dist: 'Sire, mi chevalier et mi home qui ci sont aveuc moi veulent aler en Jherusalem al Sepulcre, ne je ne les puis plus tenir, mais il m'ont creanté, quant il avront fait lor pelerinage, qu'il revenront chi a mi, car je ne vous puis laissier'. Et se fist il a entendant a l'empereur qu'il ne se mouveroit, pour çou qu'il ne voloit mie que cil de le cité *ne li empereres meismes* seussent qu'il s'en vausist aler; car il savoit, s'il le savoient en le cité qu'il s'en vausist aler, que li parent le Vernat qui il avoit ocis, qui en le cité estoient, l'agaiteroient et ociroient.[205] Li empereres fist apparellier une nef, et si fist metre viandes assé et armes, et si entrerent ens li maisnie le marcis, et quant il orent tans, si murent. En cel point que il murent estoit li empereres et li marchis a Boukelion. Quant li marchis vit passer le nef a Boukelion, si vint a l'empereur, se li dist: 'Sire, j'ai oublié une besoingne a dire a mes homes'. Dont vint li marcis, si entra en .i. batiel et ala apriés la nef. Quant il fu a le nef, si sailli

---

1 del secours] de l'aide *F16 F17 F20* ‖ envoia a Sur] i envoia *F25 F26*. New paragraph in *F25* and *F26*. ‖ marcis] marcis de Monferrat *F16*   2 l'empereur] l'empereur Kirsac *F16 F17 F20*   2–13 Sire mi chevalier ... dist] lack *F25 F26* (*homeoteleuton*)   3 al Sepulcre] au Sepulcre en pellerinage *F20*, en pelerinage au Sepucre *F50*   4 plus tenir] plus detenir *F17*, plus retenir *F19*, retenir plus *F50* ‖ creanté quant] creanté que quant *F17 F38*, en covent que quant *F24*   4–5 qu'il revenront] qui reperont *F16*   5 se fist il a entendant] ensi fist (fist il *F19*) a entendre *F19 F20*   5–6 a entendant a l'empereur] entendant *F16*, entendant a l'empereur *F17 F38 F50*   6 qu'il ne se mouveroit] et *F19*   6–7 cil de le cité ... vausist] cil de le cité meisme ne li empereres seussent qu'il s'en vausist *F18*, cil de la cité (le terre *F20*) ne li empereur meismes seust (se seust *F20*) qu'il s'en volsist *F16 F17*, li emperere ne cil de le cité seussent qu'il s'en vosist il meismes *F24 F38*   7 savoit s'il le] savoit bien que s'il *F16 F17 F24 F38*, savoit bien que se chil *F19*, savoit bien s'il *F20*   8 cité] cité de Costentinoble *F16*   8–9 qui en le cité estoient] lack *F19 F50*   9 et ociroient] et le tueroient *F16*, et ochiroient s'il pooient *F20*, car il manoient en le chité et si le haoient molt *F19*   9–10 nef et si ... ens] nef au port de le mer desous le chité et si fist assés mettre viandes et armes et si fist ens entrer *F19*   10 fist metre viandes assé] i fist metre assés viande *F16 F20 F38*, i fist metre viandes *F50* ‖ maisnie le marcis] chevalier au marcis *F16*, maisnie le marcis Caurras (Colras *F20*) *F19 F20*, meisniee au marchis *F38*   11 tans si murent] et tens et vent si murent *F16*, tans et heure si traisent lor voile et *F19* ‖ En cel point] En ce tens *F16*, A cel tans *F17*, En cel tans *F20 F24*   12 le nef a Boukelion] lacks *F20*   13 une besoingne] une moie *F19* ‖ homes] homes que doi (je doi *F24*) mander a mon pere *F24 F25 F26*, que je doi mander a mes homes *F38*, que je doi mander par eaus *F50*   14 vint li marcis si entra] entra li marchis *F17 F19*, entra maintenant le marchis *F25 F26*, entra li marquis par l'otroi de l'empereor *F50* ‖ ala apriés] si ala a *F19* ‖ Quant il fu ... sailli] quant il vint a la (le *F17*) nef si sailli *F16 F17 F20*, et sali *F19*, et (si *F24*) entra *F24 F25 F26 F38 F50*

---

205   Above §§ cxxvii–cxxviii.

ens. Et quant il fu ens salis, Dame Diex donna bon tans et bon vent. Ainc ne finerent de sigler, si vinrent devant Acre.

Quant il vinrent devant Acre, et il durent ancre geter, si virent que batiel ne venoient encontre aus, ne que il n'ooient cloques sonner, si furent mout esmari, et si n'oserent ancre geter, ains se traisent ariere. Quant li Sarrazin d'Acre virent qu'il n'arivoient point, ne qu'il ne *prendroient* tiere, si entra .i. chevaliers sarrazins en un batiel, si ala a le nef pour savoir quels gens c'estoient. Quant li marcis vit le batiel venir, si deffendi a ses hommes que nus ne fust si hardis qu'il parlast, et qu'il parleroit. Quant li Sarrazin vint devant le nef, si demanda quels gens c'estoient, et li marcis respondi qu'il estoient marceant. 'Et pour coi', fait li Sarrazins, 'n'arivés vous et prendés tiere?' Li marcis respondi qu'il ne voloient ariver pour çou qu'il ne savoient ques gens il avoit dedens Acre. Et li Sarrazins respondi que bien pooient ariver et prendre tiere en le fiance Salehadin, car Acre estoit Salehadin, et qu'il l'avoit conquise et avoit pris le roi de Jherusalem et tous ses barons et menés a Damas en prison, et qu'il avoit toute le tiere conquise, fors seulement Sur et Jherusalem ou il estoit assegié, et s'il voloient

---

1 quant il fu ens salis] quant il fu dedens entrés *F24 F25 F26 F50*, quant il fu dedenz *F38*, *lack F16 F19* ‖ donna] li dona *F17 F25*, leur donna *F16*, lor donna *F19 F20 F50*, envoia *F24* ‖ vent] heure et boin vent *F19* ‖ Ainc ne] N'ainz ne *F16*, n'an *F25 F26*, Onques ne *F38 F50* 2 *New paragraph in F20.* 3 Quant il vinrent devant Acre] *lack F25 F26* (*homeoteleuton*) ‖ il] li marcis Conrat et li chevalier qui en se nef estoient *F20* 3–4 ancre geter si virent que batiel ne venoient] arriver si ne virent venir nul batel *F19* 4 cloques] cloche *F16 F17 F20 F24 F38*, nule cloque *F19*, nule campana *F50* ‖ esmari] esbahi *F16 F50*, corocié *F38* 5 ancre] lor ancre *F19* ‖ ariere] ariere en haute mer *F20* ‖ d'Acre virent] qui estoient dedens Acre virent *F19*, qui a Acre estoient virent *F20*, d'Acre oïrent *F25 F26* 6 n'arivoient point ne] n'ariveroient point (mie *F19*) et *F16 F19 F20*, n'ariveroient pas ne *F24 F25 F26* ‖ prendroient] prendoient *F18*, prendroient mie *F17 F19* 7 en un batiel] *lacks F38* ‖ *New paragraph in F25 and F26.* 8 le batiel venir ... hommes] venir celui el batel si quemanda *F19* ‖ venir] venir vers lui *F20* 8–9 qu'il parlast et qu'il parleroit] qu'il parlast car il parleroit il meesmes *F16*, qu'il parlast *F17*, qui desist mot car il parleroit *F19*, qu'il parlast et qu'il meesmes parleroit *F20*, qu'il parlast devant qu'il parleroit *F24*, qui parlast, et qu'il parleroit *F25 F26 F38* 9 Sarrazin] chevaliers *F19* 10–11 fait li Sarrazins] dist li chevaliers *F19*, dist li Sarrazins *F25 F26 F50* 11 n'arivés vous et prendés tiere] ne prenez vos donc port *F50* 11–12 Li marcis respondi ... ques] Pour chou dist li marchis que nous ne saviemes mie quel *F19*, por ce q'il ne savoient *F25 F26* ‖ voloient ariver pour ... savoient] voloit ariver pour çou qu'il ne savoit *F16 F17 F20* 13 que bien pooient] qu'il pooient bien *F19 F50*, qu'il i pooit bien *F20*, que bien pooit *F38* ‖ fiance] segurté *F50* 13–15 car Acre estoit ... Damas] Car Acre estoit a Salehadin car il l'avoit conquise a forche et qu'il avoit pris le roy de Jherusalem et ses barons et les avoit menés en prison a Damas *F19*, et si l'avoit conquise et le roi de Jherusalem pris et tos ses barons et menés *F24*, et conquise l'avoit et le roy de Jerusalem et toz ses barons pris et menez *F25 F26* (*space in F26 corresponding to the phrase* car Acre estoit Salahadin), Car Acre estoit Salehadin et qu'il l'avoit conquise et le roi de Jherusalem pris et touz ses barons pris et menez *F38* 16 assegié et s'il voloient] asiegé et s'il voloit *F17*, au siege (asiegé *F24 F38*) et que se il voloit *F19 F24 F25 F26 F38*, au siege et s'il voloient *F20*, asiegé et que s'il voloient iluec *F50*

descendre en le fiance Salehadin, seurement pooient descendre. Quant li marcis et si chevalier oïrent ces noveles, si furent mout dolant. Quant li Sarrazins vit qu'il ne prenderoient mie tiere, si retourna ariere a Acre pour faire armer les vaissaus d'Acre pour le nef prendre, s'il peussent. Et Nostre Sire Damediex, qui les *avoit* amenés pour Sur secorre, ne le vaut mie soffrir, ains lor envoia bon 5
vent qui les mena *devant* Sur.[a]

[clxx] Quant li nés le marcis Conrat vint endroit Sur et cil de Sur le virent, si entrerent es batiaus et alerent encontre pour savoir ques gens c'estoient. Quant li marcis les vit *venir*, si en fu mout liés, quant il *sot* que ce furent Crestiien et que Sur n'estoit mie rendue as Sarrazins. Dont li proiierent *que* pour Dieu 10
venist *a Sur*, et qu'il y arrivast et les secourust, et eust pité de le Crestiienté. Il i tourna volentiers et ariva. Quant cil de le cité sorent qu'il estoit fiex le marcis

---

1 pooient] porroient *F16*, i porroient *F50*, pooit *F17 F19*, porroit *F38*   2 chevalier] compaignon *F50* ‖ noveles] noveles contees *F24*   2–3 dolant. Quant li ... ariere] dolant et molt courrouchié. Dont s'en retourna li Sarrasins arriere *F19*   2 *New paragraph in F24*.   3 prenderoient mie tiere ... Acre] prenderoit mie terre, si retorna (retorna ariere *F20*) *F20 F50*, prenderoient terre, si (si s'en *F25 F26*) torna ariere a Acre (retorna arrieres *F38*) *F24 F25 F26 F38*   3–4 armer les vaissaus ... prendre] armer ceus d'Acre por la nef penre *F16*, arriver le vaisciaus d'Acre pour prendre le nef *F17*, les barons d'Acre armer et pour prendre le nef *F19*, auner les vaissiaus d'Acre pour la nef prendre *F24*, armer les vessiaus d'Acre pour la nef prent *F38*, armer la chevalerie d'Acre por prendre le nef *F50*   5 les avoit amenés] les y avoit amenés *F18*, l'avoit convoié *F24*, l'avoit envoié *F25 F26 F38 F50* ‖ secorre] rescourre *F19 F20* ‖ secorre ne le ... lor] secorre et garder ne le vot (vout mie *F25 F26*) sofrir ains li *F24 F25 F26 F38* ‖ le vaut mie soffrir] vost mie souffrrir qu'il fussent pris *F16*   6 les mena devant] les mena a *F18*, les mena devant le chité de *F19*, le mena devant *F24 F50*, la mena devant *F25 F26 F38*   7 *Rubric in F20*: De Corrat le marcis que Dieus envoia au secors de Sur. *No paragraph break in F24, F38 or F50*. ‖ li nés le ... virent] li nef le marcis Colrat vint endroit Sur et cil qui en Sur estoient le virent venir *F20*, il vinrent endroit Sur et cil de Sur virent le (la *F38*) nef *F24 F38*, li marchis vint endroit Sur virent la nef *F25 F26*, il vindrent devant Sur et cil de la vile les virent *F50* ‖ cil] li baron *F19*   8 savoir] veoir *F17* ‖ c'estoient] il avoit en la nef *F19*   9 venir] venir venir *F18*   9–10 si en fu ... Sarrazins] et il sot que Sur ne estoit mie prise ne rendues si en fu molt liés et molt joians *F19*   9 sot] sorent *F18* ‖ ce furent] c'estoient *F16 F17 F20 F25 F26*   10–11 que pour Dieu ... arrivast] pour Dieu qu'il venist et qu'il y arrivast *F18*, et requirent li Crestien que pour Dieu il venist et arrivast a Sur *F19*, cil de Sur que por Deu venist a Sur et qu'il arivast *F20*   11 y] *lack F17 F25 F26* ‖ les secourust et] qu'il les securust et qu'il *F16 F20 F24 F38*, se les secourust et que pour Dieu il *F19*, les secorust et qu'il *F25 F26*   12 *New paragraph in F25 and F26*. ‖ qu'il estoit fiex le marcis] qu'il estoit filz le marchis Boniface *F16*, que ço estoit li fix le marchis *F24*, qu'il estoit filz au marchis *F38 F50*

---

[a] *F18 f. 49va–50vb; F16 f. 37^{ra–va}; F17 f. 25vb–26va; F19 f. 94vb–95va; F20 f. 37ra–38ra; F24 f. 134vb–135ra; F25 f. 48rb–49rb; F26 f. 48rb–49rb; F38 f. 181^{rb–vb}; F50 f. 373ra–374ra* (ML, 178–182). *F50 has a rubric announcing a new book*: Livre XXIIII. *This is followed by a ten-line puzzle initial 'O'*.

de Monferras, si en furent mout lié, et issirent encontre lui a pourcession, et se li rendirent Sur, et le misent dedens le castiel, lui et ses chevaliers.

Quant Renaus de Saiete et li castelains de Sur virent que Sur estoit rendue al marcis, si orent grant paour pour çou que il devoient *le cité avoir rendue* a Salehadin; si entrerent le nuit en .i. batiel et s'enfuirent a Triple. Quant li marcis fu dedens le castiel, si le cierca pour savoir comment il estoit garnis d'armes et d'autre cose. En che qu'il le ciercoit, si trouva les .ii. banieres Salehadin qu'il avoit envoiés pour metre sour le castiel. Dont demanda cui ces banieres estoient. Lors vint .i. hom qui la estoit; se li dist que c'estoient *les* banieres Salehadin et c'on les devoit l'endemain metre sour le castiel, et que li cités devoit iestre rendue. Lors vint li marcis, si les fist jeter ou fons del fossé. Quant ce vint l'endemain que li marchis fu venus a Sur, si vint Salehadins devant, et bien cuidoit qu'ele li deust *maintenant estre* rendue, mais il fu bien qui li devea, car Diex i ot envoiié le secours. Quant Salehadins vit qu'il n'aroit mie Sur et que mie on ne li renderoit, si s'esmervilla molt, et pour çou c'on l'avoit mandé. Dont

---

1 issirent] molt joiant et si issirent tout hors de le vile *F19*   2 Sur] le chité de Sur *F19 F20 F50* ‖ lui et ses chevaliers] *lack F25 F26. New paragraph in F24.*   3 de Sur] *lack F25 F26 F38* ‖ virent que Sur] seurent que le chités de Sur *F19*, virent que la cités *F24*   4 marcis] marchis Caurras *F19*, marcis Conrat de Mont Ferrat *F20*, fil le marcis *F24* ‖ grant paour] molt grant paour et molt grant doute *F19* ‖ le cité avoir rendue] rendre le cité *F18*   5 et] si *F16 F17 F19 F24 F38* ‖ Quant li marcis] Li marcis quant il *F24 F38*   7 d'autre cose] d'autres coses *F16 F19 F25 F26 F50* ‖ En che qu'il le ciercoit] Et ainsi comme il chercoit *F19*, En ce q'il le cerchoient *F25 F26*   8 Dont demanda] Dont vint li marcis Caurras et demanda *F19*, Donc demanda li marcis Conras *F20*, Lors demanda *F38 F50*   9 Lors] Dont *F19 F24 F25 F26 F38* ‖ vint .i. hom ... dist] vint uns hom qui bien les connoissoit si li dist *F16*, vint uns hons avant qui la estoit et si dist *F19*, li dist uns homs qui la estoit *F20* ‖ les] *lack F18 F17 F24*   10 l'endemain metre] metre *F24*   10–11 li cités devoit iestre rendue] la citez devoit estre rendue a Salehadin *F16 F20*, l'endemain devoit estre le chités rendue a Salehadin *F19*, la cités li (leur *F38*) devoit estre rendue *F24 F38 F50*   11 Lors] Dont *F19 F24 F25 F26 F38 F50* ‖ vint li marcis si les fist] les fist saisir li marchis et *F19*, vint li marcis Conrat si les fist *F20*, vint li marcis si les fist prendre et *F24 F38*, vint li marchis et fist prendre banieres (les banieres *F26*) et *F25 F26* ‖ fons del] *lack F24 F38 F50* ‖ *New paragraph in F16, F20, F25 and F26. Rubric in F16*: Comment Salehadins aseja le marchis Corraz dedenz Sur. *Rubric in F20*: De Sallehadin qui assega le marchis Conrat dedens Sur.   11–13 ce vint l'endemain ... rendue] Salehadins vint l'endemain et il vit que li marchis fu venus et il fu devant Sur si cuida bien que on li rendist tantost *F19*   12 marchis] marchis Corraz *F16*, marchis Conrat *F20* ‖ devant] l'endemain devant *F16*   13 maintenant estre] estre maintenant *F18*, estre *F25 F26* ‖ il fu bien qui li devea] si (il *F20*) fu bien qui le contredist *F16 F17 F20*   13–14 car Diex i ... secours] *lacks F20*, car Diex y avoit envoié boin secours *F19*, car Dex i (li *F25 F26*) ot envoié secors *F24 F25 F26 F38 F50*   14–15 qu'il n'aroit mie ... s'esmervilla] que on ne li renderoit mie le chité de Sur si s'en esmerveilla *F19*, qu'il n'avroit mie (pas *F16*, mie de *F25 F26*) Sur ne'com mie ne li rendroit si s'esmervella (s'en mereveilla *F25 F38*, se merveilla *F26*) *F24 F16 F20 F25 F26 F38*, que l'en ne li rendroit mie Sur si com l'en li avoit mandé si se merveilla *F50*   15 pour çou c'on l'avoit] que on ne li avoit mie *F19*

THE CHRONIQUE D'ERNOUL   245

demanda que ce pooit estre: on li dist que li fiex le marcis de Monferras, qu'il
avoit en se prison, estoit la arivés, et se li avoit on rendu le castiel et le cité, et
il l'avoit bien garnie, et le tenroit contre lui a l'aïue de Diu. Quant Salehadins oï
çou, si assega Sur, et manda *a Damas* c'on li amenast le marcis de Monferras,
le pere celui qui dedens Sur estoit, car par lui et par avoir donner cuidoit bien
avoir Sur. Quant li marcis fu amenés en l'ost, si manda *Salehadins* a Courras sen
fil que, s'il li voloit rendre *Sur*, il li donroit grant avoir et se li renderoit son pere.
Li marcis *li remanda* ariere que le plus petite *piere* de Sur ne li *renderoit* il mie
pour son pere. Mais loiast le a une estake, et il *trairoit* a lui, car il estoit trop viex,
et s'avoit trop vescui, et, *se il* nel voloit souffrir, si le tuast.

Quant Salehadins vit qu'il ne poroit riens faire illuec, si se leva de devant Sur,
et ala assegier Cesaire, si le prist. Apriés ala a Jaffe, si le prist. Apriés ala devant
Escalone, si l'assega;[206] mais Escalone estoit fors, si ne le pot mie si tos prendre,
ains envoia a Damas, si fist amener le roi de Jherusalem en s'ost. Quant li rois
fu amenés en l'ost Salehadin devant Escalone, se li dist Salehadins que, s'il *li*
voloit rendre Escalone, il le deliverroit, et si l'en lairoit aler tout quite. Li rois

---

1 on] et l'en *F16 F19 F24 F25 F26 F38 F50* ‖ le marcis] au marchis Boniface *F16*, au marchis *F38 F50*
2 avoit] avoit eu *F16 F17*   3 l'avoit bien garnie, et] l'avoit garnie et bien *F16 F17 F20 F24 F25 F26 F38*, l'avoit molt bien garnie et si *F19*, l'avoit molt bien garnie et *F50* ‖ contre] bien encontre *F19*, encontre *F20 F24 F50* ‖ oï] vit *F38*   4 çou si assega ... Damas] çou, si assega Sur et manda *F18*, dire que il renderoit mie le chité si l'asseja et se manda Salehadins a Damas *F19* ‖ li amenast] li envoiast *F16 F17 F20 F50*, l'envoiast *F25 F26* ‖ de Monferras] Boniface de Mont Ferrat en l'ost *F20*, *lack F24 F25 F26 F38 F50*   5 cuidoit] cuidoit il *F16 F20 F50*, q'il doit *F25 F26*   6 Sur] le chité de Sur *F19 F50*. *New paragraph in F25 and F26.* ‖ marcis fu amenés] marchis fu amenés devant Sur *F19*, marcis Bonnifaces fu amenés *F20*, marchis fu menez *F25 F26* ‖ Salehadins] *lacks F18*   6–7 sen fil] qui dedens le chité de Sur estoit *F19*, son fil qi dedenz estoit *F25 F26*, *lack F16 F17 F20*   7 s'il li voloit rendre Sur] s'il li voloit rendre *F18*, s'il voloit rendre Sur *F16 F17 F20*, il li rendesist Sur et *F19*, se il li voloit rendre la cité de Sur *F50*   8 li remanda ariere que le plus petite piere] manda ariere que le plus petite pierete *F18* ‖ renderoit] donroit *F18 F16*   9 estake] estage *F16*, estache (stache *F25 F26*) en l'ost *F24 F25 F26 F38 F50* ‖ trairoit] i tairoit *F18*, treroient *F38*, trairoient *F50*   10 se il] s'i *F18* ‖ nel voloit souffrir] ne le (n'en *F16*) vouloit plus garder *F16 F17 F20* ‖ tuast] tuast si le fesist tuer car il avoit trop vescu *F24*. *New paragraph in F16 and F20. Rubric in F16*: Comment Salehadins se parti del siege devant Sur sans domage fere au chastel et aseja Escalone et la prist. *Rubric in F20*: Du roi Guion qui fu delivrés de prison pour Escalonne c'on rendi a Salehadin.   11 riens] nient *F19*, plus *F20*, illuec riens *F50*   11–12 illuec si se ... et] devant Sur. Si se leva deu siege et *F16*, illuec si se leva et si *F19*, illuec si se leva dou siege de devant Sur si *F20*, illuec si se leva de Sur et *F24 F25 F26 F38*, il se leva deu siege de Sur *F50*   12 Apriés ala a Jaffe, si le prist] *lacks F16 (homeoteleuton)*   13 estoit] est *F38*   14 s'ost] l'ost *F17 F25 F26*, son ost *F38*   14–15 rois fu amenés] rois de Jherusalem fu amenés *F17*, rois fu *F24 F38*, roys Guis fu *F25 F26 F50*   15–16 Salehadin devant Escalone ... voloit] si vint Salehadin devant Escaloigne et si dist au roy et as barons que se il voloient *F19*   15 li] *lacks F18*

---

206   Ṣalāḥ al-Dīn arrived before Ascalon on 23 August.

dist qu'il em parleroit volentiers a ses hommes qui dedens estoient. Il manda ses bourgois (car il n'i avoit nul chevalier) qu'il venissent parler a lui *en l'ost*, et il i vinrent. Lors lor dist li rois qu'il ne voloit mie qu'il rendissent Escalone pour lui, car grans damages seroit s'il rendoient une cité pour .i. homme. Mais il lor prioit que, s'il avenoit qu'il ne peussent tenir Escalone et *il* lor convenoit rendre, que pour Diu fesissent plait qu'il fust delivrés, s'il pooient. Apriés entrerent li bourgois en le cité et prisent conseil au commun de le vile. La prisent consel, et disent qu'il ne veoient de nule part dont consaus leur peust venir, car s'il veoient que nus secors lor peuist venir de nule part, il tenroient bien Escalone. Et si venoit miex qu'il rendissent le cité sauves lor vies et lor cors et lor avoirs, qu'il fuissent pris dedens a force. Dont rendirent le cité a Salehadin par tel maniere que je vous dirai, qu'il furent delivré lors cors et lor avoirs, et si les fist Salehadins sauvement conduire en tiere de Crestiiens, et li rois *fu* delivrés lui disme,

---

1 dedens] dedens Escalone F17 F20, dedens le chité F19 ‖ *New paragraph in F25 and F26.* ‖ Il] Li roys Gui F25 F26   2 bourgois] barons F19, barons d'Eschaloine F25 F26, borjois qui dedens estoient (erent F50) F24 F50 ‖ qu'il] qui F25 F26 ‖ en l'ost] lacks F18   3 *New paragraph in F24.* ‖ Lors lor dist li rois] Dont vint li rois si lor dist F24 F38, Donc lor dist li roys F25 F26 F50   4 s'il rendoient] se on rendoit F19, q'il rendroit F25, s'il rendroit F26, de rendre F50   5 que s'il avenoit] por Deu que se cose avenoit F24, por Deu que se ce avenoit chose F25 F26 F38 ‖ que s'il avenoit ... et] pour Dieu que se il ne pooient Escaloigne tenir et il veoient que F19 ‖ il] *lack F18 F20* ‖ lor convenoit rendre] lor convenist rendre a forche F19, le rendoient F24 F26 F38, la rendroient F25, lor convenist rendre Escalone F50   6 que pour Diu ... pooient] que pour Deu feissent plait s'il pooient qu'il fust delivrés F16 F17 F20, que il fesissent plait pour Dieu et pour lui se il pooient par coi il fust delivrés F19, qu'il feissent tant qu'il fust delivrés s'il pooient F24 F25 F26 F38 F50   6–7 Apriés entrerent li bourgois] Adont enterent li baron F19, Aprés (Lors F50) rentrerent li borjois F24 F25 F26 F38 F50   7 au commun de ... et] a cascun des barons de le vile et il F19, au commun de la vile. [new paragraph] La pristrent consceil li borjois d'Escaloine et F25 F26 ‖ le vile] la cité F24. *New paragraph in F25 and F26.*   8 veoient de nule ... peust] veoient (pooient veoir F20) de nule part dont secors leur peust F16 F20 F24 F50, veoient dont secors lor peust F17, veoient que de nule part l'en peust secours ne consaus F19   8–9 car s'il veoient ... si] et qu'il leur F16 F17 F20   9 secors] consaus F25 F26 ‖ peuist venir de nule] venist d'aucune F19   10 le cité] Escalonne F16 F17 F20, la vile F50   10–11 qu'il fuissent pris dedens] que il fuissent pris F19, qu'ele rendissent et fuissent pris F20, qu'il fussent afamé ne pris F24 F25 F26 F38, qu'il fussent laiens afamé ou pris F50   11 *New paragraph in F24.*   11–12 Dont rendirent le ... si] Adont F19   11 le cité] Escalone F20   12 que] com F16 F17 F25 F26 F38   13 li rois fu] li rois F18 F20, li rois fust F16, si fu li roys F19, li rois Guis fu F50   13–247.1 lui disme teus ... Salehadin] lui disisme teus com (que F17) il les vorroit prende en le prison Salehadin F17 F16 F20, li disime de ses hommes de chiaus que il amoit le mix en le prison de tous ses chevaliers F19, *lacks F24*, lui desime tex com il les choisi (li rois les choesiroit F38) en la prison Salehadin F25 F26 F38, lui disieme de tels com il esliroit en la prison Salehadin F50

THE CHRONIQUE D'ERNOUL 247

teus con li rois coisiroit en le prison Salehadin. Mais tant i ot que li rois devoit estre en prison jusques a l'issue de març et Escalone fu rendue a l'issue de l'aoust devant.

Quant Salehadins ot Escalone, si envoia le roi sejourner a Naples, et si manda le roine, le feme le roi, qu'ele s'en alast aveuc son signour a Naples sejourner qu'il ne voloit mie qu'ele fust dedens Jherusalem quant il l'iroit assegier. Quant la roine oï le message, si s'en ala a Naples al roi, et fu la desci que Salehadins ot pris Jherusalem.[a]

[**clxxi**] Le jour que Escalone fu rendue a Salehadin estoient venu li bourgois de Jherusalem a Salehadin, qu'il avoit mandés pour faire pais a aus de le cité, s'il peust. Cel jour fu venredis, et si se mua li solaus endroit *heure de* nonne, qu'il sambla bien qu'il fust nuis.[207] Or vint Salehadins as bourgois de Jherusalem, et

---

1–2 que li rois ... a] qu'en prison devoit estre li rois (rois Guis *F20*) jusques a *F16 F17 F20 F38*, que li prison devoient estre a Escaloigne dessi a *F19*, qu'en sa prison devoit estre li rois jusc'a *F24* 2–3 a l'issue de l'aoust devant] a l'entree de l'aoust pardevant *F19*, al issue d'aoust *F20*, a l'esue de l'ost devant *F25 F26*. *New paragraph in F25 and F26*. 4 Escalone] ainsi fait *F19* 5 le feme le roi] sa fame *F16 F50*, se feme qui estoit en Jherusalem *F19 F20* 5–6 aveuc son signour ... qu'il] a Naples sejourner aveuques son seignour. Car il *F19*, avoec son segnor sejorner a Naples. Car il *F20*, a Naples avec le roi qu'il *F24*, avec (aprés *F50*) le roy a Naples. Car il (qu'il *F25 F26*) *F25 F26 F38 F50* 6–8 Quant la roine ... Jherusalem] *lacks F16* 7 a Naples al ... desci] a Naples al roi et fu la desques adont *F17*, a Naples et si fu la aveuques le roy tant *F19*, au roi a Naples et fu la jusques adont *F20*, a Naples avec le roi et fu la desi *F24 F38*, avec le roy a Naples e fu la desi *F25 F26*, a Naples o le roi son seignor et fu la jusque tant *F50* 9 *Rubric in F16*: Comment Salehadins qui iert devant Escalonne manda a cex de Jerusalem por fair pes a aus. *Rubric in F20*: 'Des Bourgois de Jherusalem qui vinrent a Salehadin devant Escalone'. *No paragraph break in F24, F25, F26 or F38*. ‖ rendue a Salehadin] rendue *F17*, perdue a Salehadin *F20* 9–10 estoient venu li ... qu'il] et que il les *F19* 10 a Salehadin qu'il avoit mandés] a Salehadin qui les avoit mandez *F16 F17*, qui les avoit mandés *F20*, a Salehadin *F25 F26*, a li qu'il avoit mandez *F38* ‖ a aus de le cité] *lacks F19*, a aus *F16 F20*, vers eaus de la cité avoir *F50* 11 peust] peussent *F16* ‖ jour fu venredis] jor fu samedis *F16*, jour fu il venredis *F19*, jour que li borgois vinrent a Salehadin fu venredis *F20* ‖ heure de nonne] nonne *F18*, l'eure de none *F17 F19 F38* 12 bien] bien a tous *F20*, *lack F19 F24 F50* ‖ Or] Lors *F20 F50*

[a]*F18 f. 50vb–51vb; F16 f. 37va–38ra; F17 f. 26va–27ra; F19 f. 95va–96rb; F20 f. 38^{ra-vb}; F24 f. 135^{ra-va}; F25 f. 49rb–50rb; F26 f. 49rb–50rb; F38 f. 181vb–182rb; F50 f. 374ra–375ra* (ML, 182–185).

207 A total eclipse of the sun did indeed take place on Friday 4 September 1187. The total eclipse would have been observable at Antioch, but it would only have been partial at Ascalon and elsewhere in the kingdom of Jerusalem. The idea that it occurred at nones, i.e. around 15.00 hours (= 12.00 UT), is confirmed by modern calculations. See https://eclipse.gsfc.nasa.gov/SEsearch/SEsearchmap.php?Ecl=11870904, specifying that the eclipse

si lor dist qu'il venoient bien, qu'il avoit toute la tiere conquise fors Jherusalem, et que, s'il li voloient rendre, il feroient bien. Je vous avoie oblié a dire que, le jour qu'Escalone *fu* rendue, li rendi on tous les castiaus qui entour estoient. Li bourgois de Jherusalem respondirent a Salehadin que, se Diu plaist, le cité ne
5 li renderoient il ja. 'Or vous dirai', dist Salehadins, 'que vous *faites*. Je croi bien que Jherusalem est maison Damediu, et c'est no creance, ne je volentiers ne meteroie siege en le maison Damediu, ne ne feroie assaillir, se je le pooie avoir par pais et par amour. Je vous dirai que je vos ferai: je vos donrai .xxx. mil besans *a* aïue a fremer le cité de Jherusalem, et si vous donrai .v. liues d'espasse a aler la
10 ou vous vaudrés, et de gaaignier et de labourer a .v. liues environ le cité, et si vous ferai venir a si grant plenté viande, que nul liu en toute me tiere n'iert viande a si grant marcié com je vous i ferai venir, et si averés trives desci *a* Pentecouste.

---

1 qu'il venoient bien] qu'il venoient bien s'il li vouloient rendre la cité de Jerusalem *F16*, *lacks F19*, qu'il veoient bien *F24 F25 F26 F38 F50*   1–2 fors Jherusalem et … rendre] dehors le chité de et que, s'il li voloient rendre Jherusalem *F19*   2 que] *lack F24 F25 F26 F38 F50* ‖ bien] molt bien *F17*   3 qu'Escalone fu rendue] qu'Escalon avoit esté rendue *F18*, quon on li rendi Escaloigne *F19*   4 de Jherusalem] *lack F24 F25 F26 F38 F50* ‖ respondirent] distrent *F38* ‖ a Salehadin] *lacks F19*   4–5 se Diu plaist … ja] s'a Dieu plesoit la cité de Jerusalem ne rendroient il ja *F16*, sa Dieu venoit a plaisir le cité de Jerusalem ne li rendroit on ja *F19*, se Deu plaisoit le chité ne rendroient il ja *F20*, se Deu plaisoit Jherusalem ne renderoient il ja *F24*, se Deu plaist le cite ne rendroient pas *F25 F26*, se plesoit a Dieu la cité ne rendroient il ja *F38*, se Deu plaisoit la cite ne li rendroient il ja *F50*   5 *New paragraph in F25 and F26*. ‖ vous dirai] gardez *F16*, esgardés *F20* ‖ Salehadins] Salehadins as borjois de Jherusalem *F25 F26* ‖ faites] faciés *F18*, faites que *F17*, ferez *F38 F50* ‖ bien] bien dist Salehadins *F16 F20*, bien vraiment *F24*   6 Damediu] de Diu *F19 F50* ‖ no] nostre *F16 F38*, vo *F17 F19 F20*, vestre *F25 F26 F50*   6–7 volentiers ne meteroie siege en] volentiers ne meteroie mie siege en *F17*, ne meteroie mie volentiers siege entour *F19*, volentiers ne meteroie je siege en *F20*, volentiers ne metroie je siege a *F24 F25 F26 F38*, metroie mie volentiers siege a *F50*   7 Damediu] de Dieu nostre Seigneur *F19*, Jhesu Crust *F25 F26* ‖ ne feroie assaillir] assaillir ne le feroie *F20*, ne ne feroie asalit *F25 F26*, *lacks F24*   8 dirai que je vos ferai] vos ferai tant de grace *F50* ‖ .xxx. mil] .xxx.^{c} *F16 F20*   9 a] en *F18* ‖ fremer] refremer *F19 F24* ‖ liues] milles *F38* ‖ d'espasse a aler] de passage a aler labourer *F19*, d'espace d'aler *F24 F38 F50*   10 vous vaudrés] voldroit *F38* ‖ et de labourer] *lacks F19* ‖ liues] milles *F38* ‖ environ le cité] environ le cité de Jherusalem *F17 F20*, tout entour vous *F19*, entor la cité *F50*   11 si grant] tel *F24 F25 F26 F38 F50* ‖ nul liu] en nul liu *F16 F25 F26 F38 F50*, *lacks F19*   11–12 viande a si grant marcié] nul liu a si grant marcié (*interlined over expunctuated* plenté) viande *F24*   12 je] come ele ert en le vostre tant *F19* ‖ i ferai venir] ferai venir *F16 F17 F20*, en ferai je venir *F19*, ferai avoir *F25 F26*, ferai avoir de viandes *F50* ‖ desci a] desci qu'a *F18*, descques a *F17*, dessi a le *F19* jusques a *F20 F50*

would have been visible in Antioch at 12.00 (UT), or https://www.solar-eclipse.info/en/eclipse/detail/1187-09-04/ (both accessed 16.03.2023). This in turn raises the question of whether the author of this passage, presumably Ernoul, or his informant was in Antioch or elsewhere in northern Syria at the time.

Se vous veés que vous puissiés estre secourut, si vous tenés bien, et se vous veés que vous ne puissiés avoir secours, si rendés la cité, et je vous ferai conduire sauvement en tiere de Crestiiens vos cors et vos avoirs'. Il respondirent que, se Diu plaist, la cité ne renderoient il ja ou Diex reçut mort et passion, et espandi son sanc por eaus. Quant Salehadins vit qu'il ne renderoient mie la cité, si fist son sairement que jamais ne les prenderoit, s'a force non.

Quant Salehadins fu devant Escalone, se manda Balyans de Belin a Salehadin que pour Diu donnast conduit se feme et ses enfans *qu'ele peust aler* a Triple, et que le couvent qu'il li ot fait quant il li donna *conduit* d'aler en Jherusalem il ne li pooit tenir, car il estoit si priés gardés en Jherusalem, qu'il ne s'en pooit issir. Salehadins i envoia .l. chevaliers, si le fist conduire et mener desci que elle fu a Triple.[a]

---

1 Se] Et quant ce venra a Pentecoste, se *F24 F25 F26 F38*, Et qant vendra a Pentecoste se *F50* 1–2 vous veés que] lack *F25 F26* 2 avoir secours si rendés la cité] avoir secors si me rendez la cité *F16*, estre secorut si rendés la cité *F17 F24*, avoir secours si (si me *F20*) rendés le chité de Jherusalem *F19 F20*, avoit secors lors si rendés la cité *F25 F26* 2–3 conduire sauvement] conduire a sauveté *F20* 3 *New paragraph in F25 and F26*. 3–5 Il respondirent que … eaus] Et il disent que le chité de Jherusalem ne renderoient il ja se Dieu plaist la ou Dix avoit espandu son sanc pour aus et la ou il avoit pris et rechut passion *F19*, Il respondirent que se Deu plaisoit la cité ne renderoient il ja u Dex souffri mort et passion et espandi son sanc por iaus. Ains espanderoient le lor por lui ausi com il fist por iaus *F24*, Li borjois de Jherusalem respondirent que se Damedeu venoit a plaisir la cité ne rendroient il ja ou il souffri mort et passion et espandi son sanc por aus *F25 F26*, Il respondirent que ja se Dieu plesoit la cité ne renderoient ou Dex souffri mort et passion et espandi son sanc por eus *F38*, Il respondierent que la cité ou Dex souffri mort et espandi son sanc por pecheors ne li rendroient il ja se Deu plaisoit *F50* 6 les] le *F17 F20*, la *F38* 7 fu devant Escalone] ot ce juré *F16*, fu devant Jheruaalem *F19* ‖ a Salehadin] lacks *F19* 8 se feme et] a sa feme et a *F25 F26* ‖ qu'ele peust aler] d'aler *F18*, qu'il peussent aler *F25 F26* 8–9 et que] ne *F25 F26*, car le *F50*, lack *F24 F38* 9 fait] lack *F17 F19 F24 F25 F26 F38* ‖ conduit d'aler] congiet d'aler *F18*, conduit a aler *F24 F25 F26 F38* 10 li pooit] le pot *F17*, li pooit mie *F19*, le pooit pas *F25 F26*, le pooit *F38* ‖ gardés en Jherusalem] gaitiés en le chité de Jherusalem *F19*, gaitiés en Jerusalem *F25 F26* ‖ *New paragraph in F24*. 11 i] li *F20 F25 F26*, lack *F19 F50* ‖ .l.] jusqu'a .l. *F16 F20*, desque .l. *F17* ‖ si] et si *F24 F26 F38*, et *F50* 11–12 et mener desci … Triple] deci a Triple *F16 F17 F20*, tant qu'ele fu a Triple *F24*, et mener desi qu'elle fu a Triple a sauveté *F25 F26*, et mener jusqu'a Triple *F38*, jusqu'a Triple *F50*

[a] *F18 f. 51vb–52rb; F16 f. 38^{ra-b}; F17 f. 27^{ra-va}; F19 f. 96^{rb-vb}; F20 f. 38vb–39rb; F24 f. 135^{va-vb}; F25 f. 50^{rb-vb}; F26 f. 50^{rb-vb}; F38 f. 182^{rb-va}; F50 f. 375^{ra-b}* (ML, 185–187).

[clxxii] Or ot Salehadins pris tout le roiaume de Jherusalem, fors seulement Jherusalem et Sur et Le Crac. Au Crac ne mist il onques siege, ains se tint puis qu'il ot le tiere conquise .ii. ans, et tant se tint Li Crac que par droite *famine* l'estut rendre. Et devant che qu'il se rendissent, vendirent il lor femes et lor enfans as Sarrazins pour avoir de le viande, et qu'il *ne* demoura beste ne nule cose a mangier dedens le castel, qu'il peussent mangier. Quant il n'orent plus que vendre ne que mangier, si rendirent le castel a Salehadin sauves lor vies et pour çou qu'il savoient bien qu'il n'avroient point de secours. Salehadins fu mout liés, quant on li ot rendu le castiel, et si fist racater lor femes et lor enfans qu'il avoient vendu, *et* si lor fist rendre, et *si* lor donna *encore aveuc* grant avoir, et si les fist conduire en tiere de Crestiiens.[208] Pour ce lor fist ce, qu'il avoient si bien et si longement tenu *le* castiel tant com il peurent et sans signour. Lors vint Salehadins d'Escalone pour aler assegier Jherusalem.[209]

---

1 *Rubric in F16*: Com Salehadins ala asegier Jerusalem aprés ce qu'il ot prise Escalonne et toute la terre. *Rubric in F20*: Coment cil dou Crac se rendirent et comment Salehadins ala asegier Jherusalem. *No paragraph break in F24 or F38*. ‖ Salehadins pris] pris Salehadins F17 F25 F26, prist Salehadins F50, Salehadins F16   1–2 tout le roiaume ... et] preque tout conquis le royaume de Jherusalem F19, tout le roiaume de Jherusalem et F20   3 ans] jours F19   3–4 Li Crac que ... rendre] que il convint que il se rendissent par forche de famine F19   4 famine l'estut] force de famine l'estut F18, famine les estut F24 F25 F26, famine lor convint F50   5 ne] ne lor F18   5–6 beste ne nule ... mangier] riens el castel que on peust mangier ne beste ne autre cose F19   6 qu'il peussent] c'on poïst F24, que l'en poïst F50 ‖ Quant] *lacks F38*   7–8 plus que vendre ... vies] que mengier el castel si se rendirent as Sarrazins sauves lor vies et lors cors et lors avoirs F19, plus que mengier, si rendirent le castel sauves lor vies F20   8 *New paragraph in F25 and F26*.   9–10 ot rendu le ... lor] rendi Le Crac si fist rachater les femes et les F25 F26   9 le castiel et si] le chastel deu Crac et por ce si lor F16, le chastel du Crac et si F19, le chastel puis si F20, Le Crac il F50   10 qu'il avoient vendu] *lack F16 F17 F20*, qu'il avoient vendus pour avoir de le viande F19, a cex qui les avoient engagiés a la viande F25 F26 ‖ et si lor ... si] si lor fist rendre et F18   10–11 encore aveuc] encore F16 F19, *lack F18 F50*   11 *New paragraph in F24*.   11–12 lor fist ce ... longement] lor fist Salehadins (il F20) ce qu'il avoient si bien et si longement F16 F20, çou faire qu'il tinrent si bien et si longement F17, lor fist il chele bonté que il avoient si longuement F19   12 longement tenu] loiament gardé F24 F25 F26 F38 F50 ‖ le] lor F18 F17 ‖ castiel] chastel del Crac F16   12–13 tant com il peurent et] *lacks F19*   13 Lors vint] Lors mut F16 F17 F20, Dont mut F19 F24 F38   14 *New paragraph in F20 with the rubric*: Je vous dirai commet Jherusalem siet ainçois que Salehadins soit venus devan.

---

208 Kerak surrendered in August 1188.
209 From this point to the end of § clxxxiv the text is missing from all the *Continuation* manuscripts including *F38* with the sole exception of *F50*.

THE CHRONIQUE D'ERNOUL 251

Mais ançois que je vous die comment il assega Jherusalem et comment il le prist, vous dirai l'estat comment elle siet.[210]

Jherusalem n'est pas en cel *liu* ou elle estoit quant Jhesucris fu crucefiiés, ne u il resuscita de mort a vie. Adont, quant Jhesucris estoit *en* tiere, estoit li cités sour le Mont de Syon, mais elle n'i *est* ore pas. Il n'i a seulement c'une abeïe, et en cele abeïe a .i. moustier de me dame Sainte Marie. La ou li moustiers est, si quem on fait a entendre, fu li maisons la ou Jhesucris chena aveuc ses apostles le Jeudi Absolu, et fist le sacrement de l'autel.[211] En cel moustier est li lius ou il moustra les plaies de ses piés et de ses mains et de son costé a Saint Thumas as octaves de Pasques, quant il resuscita de mort a vie, et se li dist qu'il li mostrast sen doit, et il li bouta en son costé, si creïst fermement et noient se doutast, si ne fust mie mescreans, ains creïst fermement que c'estoit il.[212] Et la meismes

---

1 Mais] *lack* F16 F20 ‖ il assega Jherusalem] il assist Jherusalem F19, l'asega F24 F25 F26 ‖ il] Salehadins F16 F20   2 dirai] dirai je F20 F25 F26 F50 ‖ l'estat comment elle] l'estat comment Jerusalem F16 F20, comment Jherusalem F17, l'estat de Jherusalem et comment ele F19 ‖ *New paragraph in F16 with the rubric*: Ci orroiz l'estat de la cité de Jerusalem comment ele siet.   3 Jherusalem] Jherusalem la glorieuse citez F16 ‖ pas] ore mie F16 F17 F20, mie F19 ‖ liu] *lacks* F18   3–4 ou elle estoit … resuscita] qu'ele estoit en tere ne il fu crucefiés ne il fu resuscités F24 ‖ ne u] et F19 F25 F26, et ou F50 ‖ ne u il resuscita … vie] *lack* F16 F17 F20   4 estoit en] estoit a F18, aloit par F16, ala par F19 ‖ li cités] la citez de Jerusalem F16 F20 F24 F25 F26, Jherusalem F17 F19 F50   5 est] estoit F18 ‖ seulement c'une abeïe et] fors une abeïe tout seulement et F17, fors seulement une abeÿe et F19, que seulement une abeïe. En icel lieu ou el estoit et F20   7 fait a entendre] dist F17 F20 F16, fait a entendant F19, fait entendant F24 F25 F26 F50 ‖ fu li maisons … chena] que ch'est li liex la ou Jhesus Cris mengna a le chaine F19 ‖ la] *lack* F17 F24 ‖ chena aveuc] recina F24, cena ou F25 F26, cena o F50   8 En cel moustier est li lius] En cel mostier est li lius u il s'aparut as (a ses F25 F26) apostres le jor de Pasques quant il fu resuscités. En cel mostier est li lius F24 F25 F26, en cel leu apparut il a ses desciples le jor de Pasque qant il fu resuscité F50 ‖ ou il] la ou Jhesu Cris F19   9 les] ses F19 F24 F25 F26 ‖ mains] paumes F17   10 octaves] huitieves F16   10–12 quant il resuscita … il] et se li dist qu'il li baillast son doit et le boutast en son costé si creïst fermement et noient ne se doutast si ne fust mis mescreans ains creïst F24, *lack* F25 F26. *New paragraph in F25 and F26.*   10 resuscita] fu resucitez F16 F17 F19 F20 ‖ se li dist] il dist a S. Thumas F19   11 il li bouta … si] il li mist sen doit a le plaie de sen costé se li dist qu'il F19, si le boutast en sen costé si F20 ‖ se] ne F16 F17 F19 F20   11–252.2 si ne fust … chieux] ains creïst vraiement que che fust il. La meismes se aparut a ses apostres quant il vaut prendre congié a aus de monter es chiex le jour de l'Ascencion F19   12 fermement] veraiement F16, fermement et vraiement F20   12–252.1 Et la meismes s'aparut … aus] En cel meisme leu ou je vos di si raparut Jhesus Criz a ses apostres le jor de l'Acension quant il vint a aus prendre congié F25 F26

---

210   The description of Jerusalem that continues to the end of § clxxxiv is also contained in the *Rothelin Continuation* (490–507) and is translated into English with extensive notes in Pringle, *Pilgrimage to Jerusalem*, 151–163.
211   Matthew 26:17–29; Mark 14:12–25; Luke 22:7–38.
212   Luke 24:36–43; John 20:19–29.

s'aparut il le jour de *l'Ascension* a ses apostres, quant il vint prendre congié a aus et il vaut monter es chieux. D'illuec, le convoiierent il dusques au Mont d'Olivet; *de* la monta il *es* chius.[213a]

[clxxiii] Dont retournerent li apostle arriere et atendirent le Saint Esperit, si comme Jhesucris lor avoit dit en cel liu meisme et qu'il atendisent le Saint Esperit qu'il lor avoit promis. En cel liu lor envoia il le grasse del Saint Esperit, *qu'il lor avoit promis* le jour de Pentecouste.[214] En cel moustier meisme est li lius ou me dame Sainte Marie trespassa. D'illeuc l'emporterent li angele enfoïr el Val de Josafas et misent en .i. sepulcre.[215] La ou li sepulcres me dame Sainte Marie est a .i. mostier c'on apiele le Mostier me dame Sainte Marie de Jozafas, et si a une abeïe de noirs moines. Li mostiers de Monte Syon a a non li Mostiers me dame Sainte Marie de Monte Syon, et si a une abbeïe de canoines. Ces .ii. abeïes sont dehors les murs de le cité, l'une el mont et l'autre el val. L'abeïe de Monte Syon *est* a destre de le cité endroit miedi, et cele de Josa-

---

1 l'Ascension] l'Ascensio F18 ‖ apostres] desciples F50   2 dusques au] jusqu'au F16 F17 F20 F50, ens el F19, jusqu'il F24   3 de la monta il es] et de la monta il ens es F18, et d'iluec monta il es F19   4 *No paragraph break in F16, F17, F20, F24, F25, F26 or F50.* ‖ li apostle arriere et atendirent] ariere en cel lui meismes et atendirent F24 F50, arriere en cel leu meisme si atendirent iluec F25 F26 ‖ apostle] desciple F50   4–6 Esperit si comme ... Saint] *lacks* F17 (*homeoteleuton*) ‖ si comme Jhesucris ... Esperit] *lack* F16 F20 (*homeoteleuton*)   5 dit en cel ... qu'il] dit et commandé qu'il retornassent ariere en la cité si F24, comandé q'il retornassent ariere en la cité et q'il F25 F26   6 il] Dieus F20   6–7 qu'il lor avoit ... Pentecouste] le jour de (de le F18) Pentecouste F18 F24, a ses apostres le jor de Pentecouste ensi comme il lor avoit pramis et F19. *New paragraph in F25 and F26.*   7 lius] mostiers F17   8 trespassa] trespassa en Galilee F24 ‖ li angele] li apostre F24 F25 F26 F50   9–12 La ou li sepulcres ... canoines] et si i a une abeïe de noirs moines la ou li sepulcres madame Sainte Marie est a .i. moustier c'om apele le moustier madame Saint Marie de Josefas F25 F26   11 a] i a F16 F50, y a F19 ‖ Li mostiers] L'yglise F50   13 Ces] regulers. Ces F50 ‖ dehors les] fors des F20, hors des F50, dedens les F24 ‖ le cité l'une ... l'autre] Jherusalem si est l'une el mont et l'autre est F19 ‖ l'une] l'une est F24 F50   14 est] *lacks* F18, si est F19 ‖ a destre de ... miedi] a destre endroit midi F16 F17, a destre de Jherusalem F19, adés endroit miedi F20, a destre partie de la cité de Jerusalem devers midi F50   14–253.1 Josafas est devers] Josaphas devers F16, Josafas est par devers F17, Josaphas si est devers le F19, Val de Josafas est vers F24 F25 F26

---

[a] F18 f. 52^{rb-vb}; F16 f. 38^{rb-va}; F17 f. 27^{va-b}; F19 f. 96vb–97ra; F20 f. 39^{rb-va}; F24 f. 135vb–136ra; F25 f. 50vb–51rb; F26 f. 50vb–51rb; F38 f. 182va (*part*); F50 f. 375^{rb-vb} (ML, 187–191).

---

213   Luke 24:50–53; Acts 1:6–12.
214   Luke 24:49; Acts 2:1–47.
215   The discrepancy in the text is noteworthy. Although angels appear prominently in the various traditions surrounding the dormition and assumption of the Virgin Mary, it was more commonly believed in the thirteenth century that it was the apostles who carried her to her resting place.

fas est devers solail levant, entre Mont *Olivet* et Monte Syon. Li mostier del Sepulcre, qui orc est el Mont de Calvaire, estoit, quant Jhesucris fu crucefiiés, dehors les murs de la cité; or est en my liu de *la cité*. Et si est li cités auques en .i. pendant, et pent vers Mont Olivet, qui est vers soleil levant, desous le Val de Josafas.

Il a en Jherusalem .iiii. maistres portes en crois, l'une endroit l'autre; si les vous nommerai comment elles sieent. Li Porte Davi est viers solail coucant, et est a le droiture de Portes Oires, ki sont vers solel levant deriere le Temple David. *Cele porte tient a la Tour Davi, por ce l'apele on le Porte Davi.* Quant on est dedens celle porte, si torne on a main dextre en une rue par devant le Tour Davi, si puet on aler in Monte Syon, car celle rue va a le Rue de Monte Syon et par une posterne qui la est en celle rue. A main senestre ains c'on isse hors de *le* posterne a .i. mostier monsigneur Saint Jake de Galisse ki freres fu monsigneur Saint Jehan Evangeliste. La dist on que Sains Jakes ot le teste copee, et pour çou fist on la cel moustier.[216a]

---

1 Olivet] Olivent *F18* ‖ Monte] Montem *F19* ‖ *New paragraph in F25 and F26.* 1–2 del Sepulcre qui ... de] du Sepucre qui ore est si est el Mont de *F19*, del Sepulcre qui ore est et Monte *F24 F50*, qui ore est et Mons *F25 F26* 2–3 quant Jhesucris fu ... en] quant Jhesucris fu crucefiés fors des murs ore est en *F24*, dehors les murs de la cité quant Jhesus Criz fu crucifiez or est il el *F25 F26*, quant Jhesu Crist fu crucefiez hors des murs de Jerusalem et ore est presque el *F50* 3 la cité] l'abbeïe *F18*, le chité de Jherusalem *F19* ‖ si est] siet *F16 F17 F20 F50* 4 pent vers] si est petit devers *F19* ‖ desous] devers *F16*, dessour *F17 F20*, desur *F19* 5 *New paragraph in F16, F20 and F24.* 6 Il a en Jherusalem] En Jherusalem a *F24*, En la cité de Jerusalem a *F50* ‖ l'autre si] l'autre estre (sans *F50*) les posternes or (et *F50*) *F24 F50*, l'autre or *F25 F26* 6–7 les vous] les *F17*, lack *F16 F20* 7 comment] et comment *F19 F24 F25 F26* 8 est] lacks *F19*, siet *F20* ‖ de] des *F19 F20 F25 F26* 9 David] Domini *F24* ‖ Cele porte tient ... Davi] lacks *F18* (*homeoteleuton*), Chele porte tient au Temple David et a le Tour David. Et pour che l'apele on le Porte David *F19*, et por ce l'apele l'en la Porte David qu'ele tient (se tient *F20*) a la Tor David *F16 F20*, et pour çou l'apele on le Porte Davi *F17*, por ce !'apelle on la Tor Davi *F25 F26* 10 torne] trueve *F16* 11 in Monte] en Monte *F17 F24*, in montem *F19*, el Mont de *F25 F26* ‖ car celle rue ... et] Car chele rue va ad montem Syon. Et *F19*, lack *F24 F25 F26 F50* 12 le] *lacks F18* 13 mostier] mostier de *F16 F20* 14 evangeliste] l'evangeliste *F17 F19 F20 F25 F26* ‖ Jakes] Jehans *F19* ‖ et] *lack F24 F25 F26* 15 on la cel moustier] il la cel moustier de Saint Jaque *F25 F26*

---

[a] *F18 f. 52vb–53rb; F16 f. 38^{va-b}; F17 f. 27vb–28ra; F19 f. 97^{ra-b}; F20 f. 39vb–40ra; F24 f. 136^{ra-b}; F25 f. 51^{rb-vb}; F26 f. 51^{rb-vb}; F50 f. 375vb–376ra* (ML, 191–192). *F18 has a ten-line miniature panel showing Christ showing himself to Saint Thomas. This is followed by a four-line puzzle initial 'D'.*

---

216   Acts 12:1–2.

[clxxiv] Li grans rue qui va de le Porte Davi droit as Portes Ories apele on le Rue Davi; celle rue desci al Cange est apelee li Rue Davi. A main seniestre de le Tour Davi a une place la u on vent le blé, et quant on a .i. poi alé avant de celle rue c'on apele le Rue Davi, si treuve on le rue a main seniestre qui a a non le Rue Le Patriarce, pour ce que li patriarces maint au cief de le rue. Et a main diestre de le Rue Le Patriarce a une porte, par la ou on entre en le maison l'Ospital. Apriés si a une porte, par la ou on entre el moustier del Sepulcre, mais n'est mie li maistre porte. Quant on vient al Cange, la ou li Rue Davi faut, si treuve on une rue qui a a non de Monte Syon, car celle rue va a le Rue de Monte Syon, et a senestre del Cange treuve on une rue toute couverte a vaute, qui a non li Rues des Herbes. La vent on tout le fruit de le ville, et les herbes et les espesses. Al cief de celle rue a .i. liu la ou on vent le poisson, et deriere le marchié la ou on vent le poisson, a une grandisme place la u on vent les oes et les fromages et les poules et aves. A main diestre de cel marcié sont les escopes des orfevres suriiens, et si vent on les paumes que li pelerin aportent d'outre mer. A main diestre de cel marcié sont les escopes des orfevres latins. Au cief de ces escopes a une abbeïe c'on apiele Sainte Marie le Grant, si est de nonnains. Apriés cele abeïe

1 *No paragraph break in F16, F17, F19, F20, F24 or F50.* ‖ rue] vie *F25 F26*   1–2 rue qui va de ... Davi] Porte David dure dessi as Portes Ores; cele rue apele on le Rue David *F19. New paragraph in F24.*   1 droit] *lack F16 F17*   1–2 apele on le ... apelee] cele rue est apelé desi c'al Cange *F24,* et est apellee desi au Change *F25 F26*   2–3 A main seniestre de le Tour Davi] si troeve on une rue a main senestre de le Tour Davi si *F17*   3 place la] place *F17 F20 F50,* grant place *F24* ‖ le blé et] le blé *F16 F17 F50,* forment *F20*   3–4 alé avant de ... Davi] alé contreval cele rue qu'en apelé la Tor David *F16,* alé cele rue c'on apele le Rue Davi *F17,* alé cele Rue David *F20,* avalé cele (par cele *F50*) rue qui a a non la Rue Davi *F24 F50* ‖ alé avant de ... non] alé chele rue que on apele le Rue David si treuve on a main senestre une rue que on apele *F19,* avalé cele rue qui a nom *F25 F26*   4 le] une *F16 F17 F20 F24,* une autre *F50*   5 patriarces maint] ostels dou patriarche est *F50* ‖ le] cele *F16 F24 F50*   6 le] cele *F20 F25 F26* ‖ porte] posterne *F25 F26* ‖ la] *lack F16 F17 F20 F50* ‖ le maison] l'ostel de *F19,* la maison de *F25 F26 F50*   7 la ou] ou *F16 F17 F20 F50,* la *F19 F25 F26* ‖ del Sepulcre] du Saint Sepulchre *F19*   8 *New paragraph in F16.*   9 de Monte] la Rue de Monte *F16 F19 F24 F25 F26 F50, lacks F17* ‖ car celle rue ... Syon] Car par cele rue va on ad Montem Syon *F19,* car cele rue vait a la Porte Monte Syon *F24, lack F25 F26 (homeoteleuton)*   10 toute couverte] *lacks F19*   10–11 qui a non li Rues des] si l'apele on le Rue as *F17*   11 tout] *lack F20 F25 F26* ‖ et les herbes] *lacks F20*   11–12 Al cief de celle rue a .i. liu] et au coron de chele rue a une rue *F19*   12 la] *lack F16 F17 F20 F50* ‖ le poisson, et] *New paragraph in F25 and F26.* ‖ marchié la] marchié *F16 F20,* grant rue la *F19*   13 grandisme place la] grandime place *F16,* grande place la *F20,* grandisme place a main senestre la *F24 F25 F26,* grant place *F50*   13–14 poules et aves] gelines et les oisiaus *F50*   14 cel marcié] ce *F16* ‖ escopes] estophes *F16,* essopes *F24,* escoupes *F25 F26,* estaçons *F50 (and similarly elsewhere in this §)*   14–15 des orfevres suriiens et si vent on] la u on vent les orfrois et *F19*   15 pelerin] Crestien *F20,* paumier *F24 F25 F26*   17–255.1 Apriés cele abeïe ... on] Apriés cele abeïe treuve on *F18,* Et au chief de chele abeïe si y a une abeïe de nonnains et aprés au chief de chele abeïe a *F19,* trueve on *F20 (homeoteleuton)*

THE CHRONIQUE D'ERNOUL 255

de nonains treuve on une abbeïe de moines noirs, c'on apiele Sainte Marie le Latine. Apriés treuve on le maison de l'Hospital; la est li maistre porte de l'Hospital. A main destre *de la* droiture de l'Ospital est li maistre porte del Sepulcre. *Devant cele porte del Sepulcre* a une place pavee de marbre. A main diestre de celle porte del Sepulcre a *un mostier qu'on apele Saint Jacopin.*[217] A main destre de cele porte del Sepulcre a .i. degrés, par la ou on monte sur le Mont de Calvaire. Lassus enson le mont a une mout bele capele, et si a .i. autre huis en cele capiele, par la ou on entre e avale el moustier del Sepulcre par uns autres degrés qui la sont. Tout si comme on entre el moustier desous Mont de Calvaire, si est Gorgatas. A main destre est li clokiers del Sepulcre, et si a une capele c'on apele Sainte Trinité.[218] Cele capiele si est grans, car on i espousoit toutes les femes de le cité, et la estoient li fons ou on baptisoit tous les enfans de le cité. Et celle capiele si est tenans al moustier del Sepulcre, si qu'il i a une porte dont on entre el moustier del Sepulcre. A le droiture de celle porte est li Monumens. En cel endroit ou li Monumens est, est li moustiers tous reons, et si est ouvers par deseure sains covreture, et dedens cel Monument est li piere del Sepulcre, et li Monumens est couviers a valte. Al caveç de cel monument, ausci comme au cief d'un autel par dehors c'on apele le Caveç, la *cantoit* on cascun jour messe al

---

1 noirs] *lacks F16*   1–2 Sainte Marie le Latine] la Latine *F50*   2–6 maison de l'Hospital ... Sepulchre] porte de le maison de l'Ospital si est le maistre porte de Sepulchre et devant chele porte si est du Sepulchre si y a une place toute pavee de marbre. Et aprés chele porte du Sepulchre si y *F19*   3 *New paragraph in F25 and F26.* ‖ la droiture] l'endroiture *F18*   4 Devant cele porte del Sepulcre] *lack F18 F20 (homeoteleuton)*, devant la mestre porte deu Sepucre *F16* ‖ une] une molt bele *F24 F25 F26 F50* ‖ diestre] senestre *F25 F26 F50*   5–6 un mostier qu'on ... a] *lacks F18 (homeoteleuton)* ‖ Saint Jacopin. A main destre de] S. Jacopin a main senestre de *F16*, Saint Jake de Jacobins. A main destre tenant de *F24 F50*, Saint Jaques des Jacobins. A main destre devant *F25 F26*   6 la ou on monte sur le] ou l'en monte seur *F16 F50*, la on monte el *F19*, ou on monte ou *F20*, la u on monte en *F24*, la on monte sor le *F25 F26* ‖ de] *lack F24 F50 and similarly throughout these §§*   7 Lassus enson le mont] lasus enson le mont de Cauvaire si *F16*, Et lassus dessur le mont si *F19*, Lasus ensonc le mont si *F24*, Dessus en sor le mont *F25 F26*   7–8 et si a .i. autre huis en cele capiele] *lacks F19*   8 la ou] ou *F16*, la *F20*   8–9 entre e ... on] monte et avale du Sepulchre par uns degrés qui la sont et tantost que on y *F19*   9 desous] d'en son le *F16 F20*, del *F17*, desous le *F19*, a main destre desos *F24 F25 F26*   10 destre] senestre *F24* ‖ clokiers] cloches *F24 F25 F26 F50*   11 car on i espousoit] que (car *F24*) on y soloit espouser *F19 F24*, car on responsoit *F25 F26*   12 cité] cité de Jerusalem *F50* ‖ et la estoient ... cité] *lack F25 F26 (homeoteleuton)*   14 del Sepulcre] *lack F24 F25 F26* ‖ *New paragraph in F25 and F26.*   17 couviers] tos covers *F24* ‖ *New paragraph in F24.* ‖ caveç de cel] chief del *F25 F26 F50*   18 d'un] a .i. *F24* ‖ par dehors] *lacks F19* ‖ c'on apele le Caveç] qu'en apele le Chancel *F16*, c'om apelle Cancel *F20*, la Chave *F25 F26* ‖ cantoit on] cant on *F18*, soloit on canter *F19* ‖ messe] *lack F16 F50*

---

217   St James was on the right facing outwards from the main portal.
218   Again, on the right facing outwards from the main portal.

point del jour. Il a mout biele place entour le moustier, et toute pavee, si c'on va a procession entour le moustier.[219] Apriés, viers oriant est li cuers del Sepulcre, la ou li canoine *cantent, si est lons. Entre le cuer ou li canoine cantent et* le monument a un autel ou li Griu cantent, mais qu'il a .i. enclos entre deus, et si a .i. huis la ou on va de l'un a l'autre. En mi lieu del cuer as canoines, a .i. letril de marbre c'on apiele le compas. Lasus list on l'epistre. A main destre del maistre autel de cel cuer est li Mons de Calvaire, si que, quant on cante messe de le Resurrection, et li diacres, quant il list l'evangille, si se tourne devers Mont de Calvaire, quant il dist 'Crucifixum'.[220] Apriés, si se retorne devers le Monument, et il dist 'Surrexit, non est hic'. Apriés si moustre al doit: 'Ecce locus ubi posuerunt eum',[221] et puis s'en retourne al livre, et pardist son evangille.[a]

[clxxv] Al caveç del cuer a une porte, par la ou li canoine entrent en lor offecines. Et a main diestre, entre cele porte *et* Mont de Calvaire, a une mout parfonde fosse, la ou on avale a degrés. La a une capele, c'on apele Sainte Elaine: la trouva Sainte Elaine le Sainte Crois, et les Claus, et le Martiel, et le Couronne. En

---

1 entour le moustier] tot entor le monument *F24*, au chief del monument *F25 F26*, entor le monument *F50* ‖ et] *lack F16 F17 F19 F20 F50*   1–2 c'on va a … moustier] ques on y va tout entour a procession tout entour le moustier et *F19*, c'om on va a pourcession *F20*, c'on va a procession tot entor le monument *F24*, c'om va a porches syon tot entor le monument *F25 F26*, ou l'en vait a procession entor le monument *F50*   3 la ou li canoine … cantent et] la ou li canoine sont et vers *F18*, Et entre le cuer ou li cannone sont et *F19*, la u li chanoine chantent. Entre le cuer la u li chanoine sont et *F24*, ou li chanoine chantent et entre le cuer ou li chanoine sont est *F50* ‖ cantent] sont *F16* ‖ *New paragraph in F25 and F26.* ‖ cantent] sunt *F25 F26*   4 ou] la u *F24 F25 F26* ‖ a] i a *F16 F19 F20*   5 la] par *F17 F50*, par la *F24 F25 F26* ‖ del cuer] *lacks F24* ‖ as canoines] *lacks F19* ‖ letril] tru *F24*, letrim *F25 F26*   6 del maistre autel] *lacks F19*   7 le Resurrection] la Surreccion *F16*   8 et] *lack F19 F24 F25 F26* ‖ tourne devers] retourne il devers le *F19*, torne vers *F20 F25 F26*   9 retorne] torne *F16 F17 F20 F24 F25 F26* ‖ et il] quant il *F16*, et si *F17 F24*, et quant il *F19*, et *F25 F26 F50*   9–10 Surrexit] *lacks F16*, resurrexit *F50*   10 doit] doit et dist *F19*, doit quant il dist *F20*   11 s'en] se *F16 F19 F24 F26 F50*, si *F20*, *lacks F25* ‖ retourne] retorne le diacres *F16* ‖ pardist] par lit *F16*, parlist *F20 F24* ‖ evangille] evangeline *F25 F26*   12 *No paragraph break in F16, F17, F20, F25, F26 or F50.* ‖ entrent] vont *F24*   13 entre] outre *F25 F26* ‖ et] el *F18*, et le *F17 F19* ‖ mout] *lacks F24*   14 la ou] ou *F17 F20 F24 F25 F26 F50*, en le quele *F19*   14–15 la trouva Sainte Elaine] et la trouva ele *F19*   15 Sainte] *lack F24 F25 F26 F50* ‖ *New paragraph in F25 and F26.*

---

[a] *F18 f. 53rb–54rb; F16 f. 38vb–39ra; F17 f. 28^{ra-va}; F19 f. 97rb–98ra; F20 f. 40^{ra-va}; F24 f. 136^{rb-va}; F25 f. 51vb–52va; F26 f. 51vb–52va; F50 f. 376^{ra-vb}* (ML, 192–195).

219   The variant reading in *F25* and *F26* 'porches syon' could be considered an alternative spelling of 'procession' or, as it appears as two words in the manuscripts, a specific location.
220   Cf Luke 23:33.
221   Mark 16:6.

THE CHRONIQUE D'ERNOUL 257

cele fossé, al tans que Jhesucris fu *en terre*, jetoit on les crois ou li laron avoient esté crucefiiés, et les membres qu'il avoient deservi a coper. Et pour çou apele on cel mont Mont de Calvaire, c'on i faisoit les justices et çou que li lois aportoit, et c'on i escauvoit les membres c'on lor jugeoit a perdre.[222] Tout si comme li canoine issoient del Sepulcre, a main seniestre estoit li dortoirs, et a main destre estoit li refroitoirs et tenoit al Mont de Calvaire. Entre ches .ii. offecines est lor enclostres et lor praiaus. Enmi liu del praiel a une grant ovreture, par la u on voit le capele Sainte Elaine, qui desous est, car *autrement* n'i *venroit* on noient.[223] Or vous ai dit del Sepulcre, comment il est.

Or revenrai ariere al Cange. Devant le Cange, tenant a le Rue des Herbes, a une rue c'on apele Malquissinat. En celle rue cuisoit on le viande c'on vendoit as pelerins, et si i lavoit on lor ciés, et si aloit on de celle rue au Sepulcre. Tenant a celle Rue Malquisinat a une rue c'on apele le Rue Couverte, la u on vent le draperie, et est toute a vaute par dessus; et par cele rue va on au Sepulcre. Or lairons le Cange, si venrons as Portes Oires. Celle rue dont on vait del Cange as Portes Oires a a non li Rue del Temple, c'on vient ançois al Temple qu'a Portes

---

1 fu en terre] fu crucefiiés *F18*, ala par terre y *F19* ‖ ou] la ou *F19 F24 F25 F26*   2 et] et si getoit on *F19*   2–4 qu'il avoient deservi ... perdre] que l'en lor copoit por los meffaiz en Monte Calvaire. Et porce que l'en faisoit la les justises si com la loi apotoit et que l'en chavoit les malfaitors des membres que l'en lor jugeit a coper ot non cel leu Monte Calvaire *F50*   2 apele] apeloit *F16 F17 F20*   3 mont Mont de Calvaire] leu Mont d'Escalvaire *F25 F26*   4 i escauvoit] i gitoit *F16*, lor caupoit *F19* ‖ jugeoit] avoit jugié *F24*   4–9 Tout si comme li canoine ... noient] *lack F16 F17 F20. New paragraph in F17, F25 and F26.*   5 Sepulcre] cuer *F50*   5–6 Sepulcre a main seniestre ... tenoit] moustier a le main destre est leurs dortoirs et a le main senestre si est chele fossé dont je vous ai parlé. Et si est a main destre lor refroitoirs et *F19*   5 li dortoirs] lor dormitors *F25 F26*   6 li] lor *F24 F25 F26 F50*   7 enclostres] cloistres *F24 F25 F26 F50* ‖ grant] *lack F19 F25 F26*   8 voit le] voit en le (la *F24*) *F19 F24*, va a la *F25 F26* ‖ autrement n'i venroit] autre n'i venroit *F18*   10–12 Or revenrai ariere ... pelerins] *lack F16 F20*   10 revenrai ariere] vous revenrai *F17*   11–12 cuisoit on le ... ciés] vent on le viande de c'on vent as pelerins et si soloit on lor chiés laver *F19*   11 le viande] les viandes *F17 F24 F50*   12–15 et si i lavoit ... as] Or dirom des *F16 F17*, Or irons as *F20*   12 i lavoit on ... rue] il avoit en chiés et si en aloit on *F25 F26*   13 Rue] rue de *F24 F25 F26*   14 va on] est on tantost *F19*   14–258.1 Or lairons le Cange ... Oires] *lacks F50. New paragraph in F25, F26 and F50.*   15 lairons le] lairons les rues du *F19*, lairons del *F24*, lairai le *F25 F26* ‖ si venrons] et si revenrons *F19*, si m'en irai *F24 F25 F26*   15–16 del Cange as Portes Oires] aus Portes Aires deu Change *F16 F20*, del Temple a Portes Oires *F24*   16 c'on vient] por ce l'apel'on la Rue del Temple c'om vient *F16 F17 F20 F24*, que on vient par cele rue *F19*

---

222   For the false etymology, see Pringle, *Pilgrimage to Jerusalem*, 154 n. 132.

223   The omission here in *F16*, *F17* and *F20* is the first of several in these three manuscripts that are a feature of their text of the description of Jerusalem. See above 55–56 and below clxxv p. 257 ll. 10–12, p. 258 ll. 1–2, 3–4, 8–10, clxxvi p. 260 ll. 1–2, 6–7, 10–14, clxxviii p. 261 ll. 7–8, p. 262 ll. 16–17, l. 17-p. 263 l. 1, clxxxii n. 244, clxxxiii p. 268 l. 16, clxxxiv p. 269 ll. 1–2, 2–3, 6–11.

Oires. A main senestre, si comme on avale cele rue a aler al Temple, est li Boucerie. La on vent le car de le vile. A main diestre a une rue, par la ou on va a l'Ospital des Alemans. Celle rue a a non li Rue des Alemans. A main senestre, sour le pont, a .i. moustier c'on apele le moustier Saint Gille. Al cief de celle rue treuve on unes portes c'on apele les Portes Precieuses.[224] Pour çou les apele on *Portes* Precieuses, que Jhesucris par ces portes entroit *en* Jherusalem, quant il aloit par tiere. Ces portes sont en un mur, qui est entre le cité et le mur des Portes Oires, si est li Temples, et si a une place qui a plus d'une grant traitie de lonc, et le giet dune piere de lé, ains c'on viegne au Temple. Cele place si est pavee, dont on apele cele place le Pavement. A main diestre, si comme on ist de ces portes, est li Temples Salemon, la ou li Templier manoient. A *la droiture* des Portes Precieuses et des Portes Oires est li moustiers del Temple Domini, et siet en haut, si c'on *i* monte a degrés haus. Et quant on a montés ces degrés, si treuve on une grant place toute pavee de marbre et mout large, et cil pavemens va tout entour *le* mostier del Temple.[a]

---

1 A main senestre ... li] Si somme on a passé chele rue vient on a *F19*   1–2 A main senestre ... vile] *lack F16 F17 F20*   1 Temple] Portes Oires *F24*   2 La] lau ou *F19*, la u *F24*, la ou *F25 F26* ‖ diestre] senestre *F19* ‖ par] *lack F16 F17 F20*   3 Celle rue a a non li Rue des Alemans] *lack F25 F26 (homeoteleuton)*   3–4 A main senestre sour ... Gille] *lack F16 F17 F20*   4 sour le pont] sor le point *F25 F26, lacks F50* ‖ c'on apele le moustier] de *F24 F25 F26 F50*   5 treuve on] devant dite a *F19*, a *F24* ‖ les Portes Precieuses] Portes Speciouses *F50*   5–6 Pour çou les ... que] que *F17*, car *F19*, qui ont tel non porce que *F50*   6 Portes] les Portes *F18* ‖ Jhesucris par ces portes entroit en] Jhesucris par ces portes entroit Jhesucris en *F18*, Jhesus Cris entroit par ches portes en *F19 F20 F25 F26*, Jhesucris entroit par ces portes en la cité de *F24*   7 aloit] ala *F24 F25 F26*   7–8 Ces portes sont ... Oires] *lacks F24*   7 le cité et le mur des] le mur de le (la *F16*) cité et *F16 F17 F20*   8 si est li Temples ... grant] Entre le mur de la (le *F24*) cité et le mur des (de *F24*) Portes Oires si est li Temples, et si a une grant place qui plus a d'une *F24 F25 F26*, Entre le mur de la cité de Jerusalem et Portes Oires est li Temples. La a .i. grant place qui a plus d'une *F50*   8–10 si est li Temples ... Pavement] *lack F16 F17 F20. New paragraph in F24, F25 and F26.*   9 le giet dune] si a plus d'une grant ruee de *F19*, le get d'une petite *F50*   9–10 Cele place si ... le] Chele plache si est toute pavee si ques on l'apele le plache du *F19*, Cele place est pavee. Cele place apelle on le *F25 F26*, Et por ce qu'ele est tote pavee l'apele l'en *F50*   10–11 diestre si comme ... portes] senestre si com on ist hors de Jherusalem *F19*, destre si com on dist de ses .ii. portes *F20*   11 Templier] frere del Temple *F24 F25 F26 F50* ‖ la droiture] l'endroiture *F18*   12 Precieuses] Speciuses *F50*   12–13 Domini et siet] Domini si est *F19 F24*, Deum et si est *F25 F26*   13 i] *lacks F18* ‖ a degrés haus] a degrés *F19 F20 F24*, par un degrez *F50* ‖ Et quant on ... degrés] Et quant l'en a montez cez hauz degrez *F16*, Et quant on va monter ches degrés *F19, lacks F20*   14 une] le *F24*   15 le] del *F18*

[a] *F18 f. 54^{rb-vb}; F16 f. 39^{ra-b}; F17 f. 28^{va-b}; F19 f. 98^{ra-va}; F20 f. 40^{va-b}; F24 f. 136^{va-b}; F25 f. 52va–53rb; F26 f. 52va–53rb; F50 f. 376vb–377rb (ML, 195–197).*

224   The Bāb as-Sislsila. The form of the name here and at line 12 given in *F50* recalls Acts 3:2. '... portam templi quae dicitur Speciosa'.

[clxxvi] Li moustiers del Temple est tous reons. A main seniestre de cel pavement haut del Temple est l'offecine de l'abbeïe et des canoines, et de celle part a une degrés par la u on monte al Temple del bas pavement el haut. Devers solel levant tenant al moustier del Temple a une capele de monsigneur Saint Jake le Meneur. Pour ce est illuec celle capele k'il i fu martyriiés, quant li Juif le jeterent *deseure* le Temple aval.[225] Dedens cele capele est li lius ou Diex delivra la pecheresse que on menoit martyrier pour çou qu'elle estoit prise *en* aoltere, et il li demanda quant il l'ot delivree ou cil estoient qui l'avoient acusee, et elle dist qu'ele ne savoit. Adont li dist Diex que elle *s'en* alast et qu'elle ne pecast mais.[226]

Al cief de cel pavement par deviers soleil levant ravale on uns degrés a aler as Portes Oires. Quant on les a avalés, si treuve on une grant place ains c'on viegne as Portes Oires. La est li atres que Salemons fist. Par ces portes ne passoit nus, ains estoient *murees*, et se n'i passoit nus que .ii. fois en l'an c'on les desmuroit et i aloit on a pourcession *le jor de Pasque Florie por ce que Jhesu Cris i passa cel jour et fu recheus a procession*[227] et le jour de le fieste Sainte Crois Saltasse, pour che que par ces portes fu raportee la Sainte Crois en Jherusalem quant li empereres Eracles de Rome le conquesta en Perse, et par cele

---

1 *No paragraph break in F16, F17, F20, F24, F25, F26 or F50.* ‖ seniestre] destre *F16 F17 F20*   2 de l'abbeïe et ... de] de l'abeïe des canoines et de *F17 F20*, des canonnes de l'abeïe et en *F19*, l'abé et les chanoines et de *F25 F26*   3 la] *lack F16 F17 F50*   5 Jake] Jakeme l'apostre *F24*   6 deseure le] de deseure le *F18*, du *F19* ‖ *New paragraph in F24.* ‖ cele capele est li lius] le capele *F19* ‖ Diex] Damedex *F17*, li fix Jhesu Crist *F19*, Jhesu Cris *F24 F50*, Jhesus Criz *F25 F26*   7 la pecheresse que ... prise] les pecherris que on menoit martyrier pour che qu'eles estoient *F19* ‖ en] en en *F18*   8 estoient qui l'avoient] estoit qui l'avoit *F19*   9 s'en alast et qu'elle] s'en ralast et qu'ele *F16*, s'en alast et *F20 F24*, *lacks F19* ‖ s'en] en *F18*   10 *New paragraph in F25 and F26.*   11 Al cief] Au pié *F19* ‖ levant] luisant *F16 F17* ‖ uns degrés a] degrés pour *F17 F50*   13 Oires] *lack F24 F25 F26 F50* ‖ est li atres] est li accés *F16*, estoit li atres *F17*, est li tres *F19*, si est li atres *F24*   14 ains estoient murees ... nus] ains estoient murees si ques on n'i passoit *F19*, ains estoient murees *F24*, *lack F25 F26* ‖ murees] enmurees *F18*   14–16 c'on les desmuroit ... fieste] quant on y aloit a procession si c'on les desmuroit et si estoit le jour de *F19*, c'est asavoir a Pasque Florie les desmuroit l'en et passoit par la li processions por ce que Nostre Sire Jhesu Crist i passa a tel jor et i fu recuilliz a procession et le jor de la *F50*   15 i] *lack F16 F17 F20*   15–16 le jor de ... procession] *lack F18 F16 F17 F20*   16 le] *lack F17 F24 F25 F26*   16–17 Sainte Crois Saltasse] l'Exaltation Sainte Crois *F17*, Sainte Crois Castisse *F19*, Sainte Croiz *F25 F26*, Sainte Croiz en setembre *F50*   18 conquesta] reconquesta *F19*, conquist *F25 F26 F50*

---

225   The Dome of the Chain (Qubbat al-Silsila).
226   John 8:2–11.
227   The text states that the gates were opened on two occasions, and so this reconstruction, based on *F24*, *F25* and *F26*, seems warranted.

porte le remist on en le cité de Jherusalem et ala on a pourcession encontre li.²²⁸ Pour ce que on n'issoit mie hors de *le ville par ches portes*, avoit il une posterne par d'encoste c'on apeloit le Posterne de Josaffas. Par cele *posterne issoient cil hors de le cité de cele part*, et celle posterne est a main seniestre des Portes Oires.

Par devers miedi ravale on del haut pavement del Temple el bas, dont on va al Temple Salemon. A main seniestre si com on avale del haut pavement el bas, a .i. moustier c'on apele Le Berch. La estoit li bers ou Diex fu bierciés en s'enfance, si com on dist.²²⁹

El mostier del Temple avoit .iiii. portes en crois. Li premiere est deviers soleil coucant; par celi entroient cil de le cité el Temple. Et par celi devers solel levant entroit on en le capele Saint Jake, et si en rissoit on d'illueques a aler as Portes Oires. Par le porte devers miedi entroit on el Temple Salemon, et par le porte devers aquilon entroit on en l'abeïe.ᵃ

[clxxvii] Or vous ai devisé del Sepulcre et del Temple comment il siet, et de l'Ospital et des rues qui sont tres le Porte Davi dusque as Portes Oires, li une endroit l'autre, dont l'une est deviers soleil levant, l'autre devers soleil coucant.ᵇ

---

1 remist on en le cité de Jherusalem] raporta on en Jherusalem *F20*, remist il en la cité *F24*   1–2 et ala on a pourcession encontre li] *lack F16 F17 F20*   2 hors de le … portes] hors de ches portes de le ville *F18*, par cele porte hors de la cité par cez portes *F16*, par ches portes hors de le vile mais *F19* ‖ il] *lack F16 F17 F20*   3 le Posterne] le Porte *F24*, la Porte *F25 F26* ‖ posterne] porte *F17*   3–4 posterne issoient cil … part] part de cele posterne issoient cil hors de le cité *F18*, posterne issoit on hors de le cité *F19*   5 *New paragraph in F25 and F26.*   6 haut] *lacks F19*   6–7 el bas dont … Salemon] *lack F16 F17 F20*, en bas. Ainsi comme on est et que on va au Temple Salemon *F19*, bas dont on vait el Temple (Temple bas *F25 F26*) bas Salemon *F24 F25 F26*   7–8 A main seniestre … a] si a a main senestre *F16*, a main senestre a (si a *F20*) *F17 F20*   7 avale del haut] va et que on avale de chel *F19*   8 a .i.] la a .i. *F18*, si a un *F19* ‖ bers ou] berceus ou *F16*, bers la ou *F19*, bers dont *F24 F25 F26*   9 *New paragraph in F25 and F26.*   10–14 El mostier del Temple … l'abeïe] *lack F16 F17 F20*   10–11 premiere est deviers … celi] premiere porte si est devers le soleil couchant et par chele porte *F19*   13 entroit] aloit *F24 F25 F26 F50*   15 *No paragraph break in F24, F25 or F26.* ‖ comment il siet] comment il sieent *F16*, si com il siet *F17*, *lacks F19*   16 tres] de *F16*, entour tres *F20*   17 l'autre] et li autre *F17*, et l'autre *F19 F20 F24 F25 F26*

ᵃ *F18 f. 54ᵛᵇ–55ʳᵇ; F16 f. 39ʳᵇ⁻ᶜ; F17 f. 28ᵛᵇ–29ʳᵃ; F19 f. 98ᵛᵃ⁻ᵇ; F20 f. 40ᵛᵇ–41ʳᵃ; F24 f. 136ᵛᵇ–137ʳᵃ; F25 f. 53ʳᵇ–ᵛᵇ; F26 f. 53ʳᵇ⁻ᵛᵇ; F50 f. 377ʳᵇ⁻ᵛᵃ* (ML, 197–199).   ᵇ *F18 f. 55ᵛᵃ; F16 f. 39ʳᶜ; F17 f. 29ʳᵃ; F19 f. 98ᵛᵇ; F20 f. 41ʳᵃ⁻ᵇ; F24 f. 137ʳᵃ; F25 f. 53ᵛᵇ; F26 f. 53ᵛᵇ; F50 f. 377ᵛᵃ* (ML, 199).

---

228   The Feast of the Exaltation of the Cross falls on 14 September. The Byzantine emperor Herakleios (610–641) returned the relic of Cross to Jerusalem in 630.

229   See Pringle, *Churches*, 3: 310–314.

THE CHRONIQUE D'ERNOUL   261

[clxxviii] Or vous dirai des autres .ii. portes, dont li une est endroit l'autre. Celle devers aquilon a a non Porte Saint Estevene. Par celle porte entroient li pelerin en le cité et tout cil qui par deviers Acre venoient en Jherusalem et de par toute le tiere dusques al flun, desci que a le mer d'Escalone. Dehors celle porte, ains c'on i entre, a main destre, avoit .i. moustier de monsigneur S. Estevene. La dist on que S. Estevenes fu lapidés. Devant cel moustier, a main seniestre, avoit une grant maison c'on apieloit l'Asnerie. La soloient gesir li asne et li sommier de l'Hospital; pour çou avoit a non l'Asnerie. Cel moustier de Saint Estevene abatirent li Crestien de Jherusalem devant chou que il fuscent assegié, pour che que li moustiers estoit prés des murs. L'Asnerie ne fu pas abatue, ains ot puis grant mestier as pelerins qui par treuage venoient en Jherusalem quant elle estoit as Sarrazins,[230] c'on nes laissoit mie herbegier dedens le cité; pour çou lor ot li maisons de l'Asnerie grant mestier.

A main destre de le Porte Saint Estevene estoit li Maladerie de Jherusalem tenant as murs. Tenant a le Maladerie avoit une posterne c'on apeloit le Posterne Saint Ladre.[231] La metoient li Sarrazin les Crestiiens en le cité pour *aler* couvertement al Sepulcre, que li Sarrazin ne voloient mie que li Crestiien veissent l'afaire de le cité, et les metoit on par le Posterne le Patriarce el Sepulcre; ou moustier ne les metoient mie par le maistre porte.

---

1 *No paragraph break in F16, F17, F20, F24, F25, F26 or F50*.   2 Porte] la Porte *F16 F24 F25 F26*   2–3 entroient li pelerin en le cité] entroit on en le cité li pelerin *F19*   3 de] *lack F17 F24 F25 F26*   4 dusques al flun desci que a] d'ici au flun et d'ici qu'a *F16*, dusques au flun desci a *F17*, dessi au flun Jourdain et dessi a *F19*, deça le flum desci c'a *F24*, des le flun dusqu'a *F25 F26* ‖ *New paragraph in F25 and F26*.   5 Estevene] Estiene le martyr *F50*   6 que] que mesire *F24*, que mesires *F25 F26* ‖ *New paragraph in F24*.   7 grant] *lack F20 F50* ‖ apieloit l'Asnerie] apele le maison des asnes et *F19*   7–8 La soloient gesir ... l'Asnerie] *lack F16 F17 F20*   7 de] de la (le *F19*) maison de *F19 F24 F25 F26*   8 pour çou avoit a non] et pour che apeloit on chele maison *F19* ‖ de Saint Estevene] *lack F19 F25 F26*   9 assegié] assegié de Salahadins *F20*   10 pas] mie *F19 F25 F26 F50*, point *F20*   10–11 ot puis grant] ot puis *F24*, est plus grant *F25 F26*   12 as] assise de *F19*, des *F20*, de *F24 F25 F26 F50* ‖ c'on nes laissoit] pour chou que on ne les osoit *F19*, por ço que li Sarrasin ne les laissoient *F24*, qu'il nes laissoient *F25 F26*   12–14 pour çou lor ot ... Maladerie] *lack F16 F20*   14–15 Jherusalem] Jherusalem de le chité et *F19*   16 La] par la *F16*, et par la *F19 F50*   17 aler] *lacks F18* ‖ al Sepulcre que] au Sepulchre. Car *F19 F50*, en le chité au Sepulcre. Car *F20*   18 les metoit] si les menoit *F19* ‖ Posterne] Porte *F17*   18–19 Posterne le Patriarche ... ne] porte qui est en la (le *F24*) Rue le Patriarche el moustier del Sepulcre ne ne *F24 F25 F26*   19 ou] Car el *F19* ‖ metoient] metoient l'en *F16*, metoient il *F20*, metoit on *F19 F24* ‖ porte] porte de Jherusalem *F19*. *New paragraph in F16, F24, F25 and F26*.

---

230   Evidence that this passage was written, or at least adapted, after the recovery of Jerusalem in 1229.

231   The leper house of Saint Lazarus was outside the walls near the N. W. corner. For the postern, see § cxxxi.

Quant on entre en le cité de Jherusalem par le Rue S. Estevene, si treuve on .ii. rues: l'une a diestre qui va a le Porte Monte Syon qui est endroit midi, et le Porte Monte Sion si est a le droiture de le Porte S. Estevene. La rue a main senestre si va droit a une posterne c'on apele *de* la Taniere et va droit par desous le pont.
5 Cele rue qui va droit a le Porte de Monte Syon a a non li Rue S. Estevene, desci c'on vient al cange des Suriiens. Ançois c'on viegne al cange des Suriiens a une rue a main diestre c'on apiele le Rue del Sepulcre. La est li porte de le maison del Sepulcre; par la entrent cil del Sepulcre en lors manoirs. Quant on vient devant chel cange, si treuve on une rue a main diestre, couverte a valte par ou
10 on va al moustier del Sepulcre. En cele rue vendent li Suriien lor draperie et s'i fait on les candelles de cirre. Devant cel cange vent on le poisson. A ces canges tiennent les .iii. rues qui tiennent as autres canges des Latins, dont l'une des .iii. rues a a non la Rue Couverte; la vendent li *Latin* lor draperie. Et li autre a a non la Rue des Herbes; la vent on les espeses. Et la *tierce* Malquisinat. Par le
15 Rue des Herbes va on en le Rue Monte Syon, dont on va a le Porte Monte Syon, et trescope on le Rue Davi. Par le Rue Couverte va on en le rue par le cange des Latins. Cele rue apele on le Rue de l'Arc Judas et trescop'on le Rue del Temple, et celle rue va droit a le Rue de Monte Syon. Celle rue apele on le rue de l'Arc

---

1 par le Rue S. Estevene] *lacks F19*, par la Porte Saint Esteve *F24* (Esteine *F25 F26*, Estiene *F50*) *F24 F25 F26*   2 l'une a diestre qui va] a destre qui vont *F16*, l'une qui va *F19* ‖ Porte] Porte de *F16 F19 F20 F25 F26 F50* ‖ Porte] Porte de *F16 F17 F19 F20 F25 F26*   3 a le droiture de] endroit *F16 F17*, endroit de *F20*, droituriere a *F19*   3–4 La rue a main ... posterne] Et la a une rue a le main senestre qui va a une rue *F19*   4 c'on apele de la Taniere et] de la Tenpnerie et si *F25 F26* ‖ de] la Posterne de *F18*, *lack F16 F17 F20*, le Rue de *F19* ‖ et va droit] Chele rue si va tot droit *F19* ‖ *New paragraph in F25 and F26.*   5 droit a le Porte de Monte Syon] ad Montem Syon si *F19* ‖ droit] *lack F16 F17 F24*   6–8 Ançois c'on viegne ... entrent] A main destre si a une rue que on apele le Rue di Sepulchre et par la s'en vont *F19*   8 lors manoirs] lors maisons *F19*. lor manoir *F20*   9 une rue a main diestre couverte] a main destre une rue couverte *F17 F20 F24*, une rue a main destre toute couverte *F19*   10–11 s'i fait] si i vent *F25 F26*   11 vent on le poisson] *lacks F19*, vent on le piscon *F17 F20* ‖ A ces canges] a ce change *F16 F17 F50*, et a cel cange *F19*, a cel cange *F20*   12–13 .iii. rues qui tiennent ... autre] .iiii. rues a avant le rue couverte et en chelui vendent li Latin lor draperie. Et a chel cange tiennent les .iiii. rues qui tiennent as autres canges des latins dont l'une des .iiii. rues a avant le rue couverte et en chelui vendent li Latin lor draperie. Et l'autre rue *F19 (dittography)*   13 Latin] drapier latin *F18*   13–14 a a non la] *lack F25 F26*   14 la vent on les espeses] *lack F16 F24 F25 F50* ‖ tierce] tierce de *F18*, tierce a a non *F16 F17 F20*, tierche rue si a a non le rue *F19*   15 Rue] Rue de *F16 F19 F50*   15–16 dont on va ... et] et si *F19*   15 Porte] Porte de *F16 F20*   16 trescope on] tot outre en *F16* ‖ Monte Syon, dont on va a le Porte Monte Syon, et trescope on le Rue Davi] *lack F25 F26*   16–17 Par le Rue ... Latins] *lack F16 F17 F20 F50*, des changes des Latins *F25 F26*   17 le Rue de l'Arc Judas et] que ch'est le Rue de l'Acr Judas et se *F19*   17–263.1 et trescop'on le Rue ... Judas] *lack F16 F17 F20*   18 Rue de] Porte de *F19*, Porte *F24 F25 F26 F50* ‖ *New paragraph in F25 and F26.*

THE CHRONIQUE D'ERNOUL   263

Judas pour çou c'on dist que Judas s'i pendi a .i. arc de piere.[232] A senestre de
le rue a.i. moustier c'on apele le moustier Saint Martin, et prés de cele porte a
main seniestre a .i. moustier de Saint Piere. La dist on que ce fu que Jhesu Cris
fist le boe qu'il mist as iex de celui qui onques n'avoit eu oel, qu'il commanda
qu'il s'alast laver a le Fontaine de Syloé; et si fist il et ot iex et si vit.[233a]

[**clxxix**] Tout si com on ist hors de le Porte Monte Syon, si treuve on .iiii. voies.
Une voie a main destre qui va a l'abeïe de Monte Syon. Entre l'abeïe et les murs
de le cité si avoit .i. grant atre et .i. moustier en mi liu.[234] Li voie a main seniestre
si va selonc les murs de le cité droit as Portes Oires, et d'illeuc avale *on* el Val de
Josaffas, et si en va *on* a le Fontaine de Syloé. Et de celle porte a main destre,
sour cele voie, a .i. mostier c'on apele S. Piere en *Galicante*. En cel moustier avoit
une fossé parfonde la ou on dist que Sains Pieres se muça quant il ot Jhesu Crist
renoiiet et il oÿ le coc canter; et la ploura il.[235] Li voie a la droiture de le porte
devers midi si va pardesous le mont. Desci c'on a passé l'abeïe, si avale on le

---

2 le] chele *F19 F24 F25 F26 F50* ‖ porte] moustier *F25 F26*, mostier *F50*   3 main] *lack F16 F19 F20* ‖ a .i. moustier de Saint Piere] a .i. mostier a main senestre qu'en dit le mostier Saint Pierre *F16*, a (si a *F19*) .i. moustier c'om apelle le moustier Saint Pierre *F19 F20*, de Saint Pierre (Piere *F25*) a .i. autre moustier *F25 F26* ‖ que ce fu] *lack F17 F19 F25 F26*   4–5 as iex de … s'alast] aus elz de celui qui onques n'avoit eu oil et a cui il commanda qu'il s'alast *F16*, sor le oels de lui qui onques n'avoit eu oel. Qu'il commanda qu'il s'alast *F17*, as iex de chelui qui onques n'avoit eu oel quant il ala par tere aveuc ses apostres et a qui il commanda a lui que il alast *F19*, as euls de celui qu'il n'avoit onques veu d'uel puis li comanda qu'il s'alast *F20*   5 et si fist … iex] et il si fist et (si *F20*) ot elz *F16 F20*, et il si fist *F17*, et il si fist tantost et si ot molt biaus iex *F19*, si veroit et il si fist si ot iex *F24 F25 F26*, et il verroit et il si fist et ot iaus *F50*   6 *No paragraph break in F16, F17, F19, F20, F24, F25, F26 or F50.* ‖ Porte] Porte de *F16 F19 F20 F50* ‖ .iiii.] .iii. *F19 F20 F24 F25 F26*, trois *F50*   7 a l'abeïe] a le porte de l'abie *F19*, a l'abeïe et al mostier *F24 F25 F26*   8 le cité si] cele cité *F16*, le chité de Jherusalem si *F19*, la cité *F25 F26*, la cité de Jerusalem *F50* ‖ atre] ermitere *F50* ‖ liu] lieu de l'atre et *F19*, *lacks F24*. *New paragraph in F25 and F26.*   9 selonc les murs] selonc le mur *F17*, entre les murs *F20* ‖ cité droit] chité de Jherusalem droit *F19*, cité tot droit *F24*   9–10 on el Val … on] on droit el Val de Josaffas, et si en va on droit *F18*, on au Val de Josaphas et si en va on bien *F19*, l'on *F25 F26*   11 sour cele voie … apele] a une voie qui va a un moustier que on apele le moustier *F19* ‖ Galicante] Glaycante *F18*   12 ou on dist] dist on *F17 F19 F24*, ou dit *F25 F26*   13–14 a la droiture de le porte devers] si est a l'encontre droiture de *F19*   14 pardesous le mont] pardesouz Mont de Syon *F16*, par devers le mont *F17* ‖ si] et puis si *F19*, quant on a passé l'abeïe si *F24 F25 F26*

---

[a] *F18 f. 55va–56rb; F16 f. 39^{rc–vb}; F17 f. 29^{ra–va}; F19 f. 98vb–99rb; F20 f. 41^{rb–vb}; F24 f. 137^{rb–c}; F25 f. 53vb–54va; F26 f. 53vb–54va; F50 f. 377vb–378rb* (ML, 199–202).

---

232   Matthew 27:3–5.
233   John 9:1–7.
234   The church of Saint Saviour.
235   Matthew 26:74–75; Mark 14:72–73; Luke 22:60–62.

mont et va on par celle voie en Betleem. Quant on a avalé le mont, si treuve on .i. lai en le valee c'on apele le[236] Lai Germain. Pour ce l'apele on le Lai Germain, que Germains le fist faire pour requellir les eves qui descendoient des montaignes quant il plouvoit; et la abevroit on les cevaus de le cité. D'autre part le valee, a main senestre priés d'ileuques, a .i. carnier c'on apiele *Caudemar*.[237] La getoit on les pelerins qui moroient a l'Ospital de Jherusalem. Cele piece de terre ou li carniers est fu acatee des deniers dont Judas vendi le car Nostre Segneur Jhesu Crist, si comme l'evangile tesmongne.[238a]

[clxxx] Dehors le Porte Davi a .i. lai devers soleil coucant c'on apiele le Lai del Patriarce, la u on requelloit les eves d'illeuc entor a abuvrer les cevaus.[239] Priés de cel lai avoit un carnier c'on apeloit le Carnier de Lyon. Il avint, si comme on dist, a .i. jour qui passés est qu'il ot une bataille entre cel carnier et Jherusalem ou il ot mout de Crestiiens ocis, et que cil de le cité les devoient l'endemain tous ardoir pour le pueur, tant qu'il avint c'uns lions vint par nuit; si les porta tous en celle fossé, si com on dist. Et sour cel carnier avoit .i. moustier, ou on cantoit cascun jour.[240]

---

1 va on par celle voie] si s'en va on bien par le droit *F19*, va on cele voie *F20*, vait on par la *F24* ‖ *New paragraph in F24.* ‖ Quant] Si tost com *F24* ‖ a avalé] avale *F17 F19 F20 F25 F26*   2 en le valee] lacks *F19* ‖ Pour ce l'apele ... Germain] por ce *F16 F50*, lack *F17 F20 F24 F25 F26*   3 descendoient] venoient *F24*   5 Caudemar] Candemar *F18*, Champ de Mar *F24*   6 a l'Ospital] en l'Ospital *F16 F17*, en le chité *F20*   7 le car Nostre Segneur] Nostre Seigneur *F16*, la char *F24 F25 F26*, lacks *F50*   8 l'evangile tesmongne] l'evangile le tesmoigne *F16 F17 F20 F25 F26*, le pueple le tesmoigne *F50*   9 *No paragraph break in F17, F20, F24 or F50.* ‖ devers] par devers *F24 F25 F26*   10 *New paragraph in F24.*   11 carnier c'on apeloit le Carnier] charnel qu'en apele le Charnel *F16*, carnier *F17* ‖ de Lyon] del Lyon. Or vos dirai por coi on l'apeloit le Charnel del Lion *F24*, del Lyon. Or vos dirai por quoi l'on apeloit einsi *F25 F26*   12 cel carnier] le charnel *F16*   13 devoient l'endemain tous] devoient l'endemain touz fere (faire tos *F24*) *F16 F20 F24*, devoient l'endemain tos faire occire et *F17*, voudrent l'endemain toz faire *F25 F26*   14 pueur] pueur des pelerins *F16*   15 ou] la ou *F18*   16 jour] jor messe *F16*, jour messe *F17 F20*. *New paragraph in F25 and F26.*

[a] *F18 f. 56^{rb-va}; F16 f. 39^{vb-c}; F17 f. 29^{va-b}; F19 f. 99^{rb-va} (part); F20 f. 41vb; F24 f. 137^{rc-va}; F25 f. 54^{va-b}; F26 f. 54^{va-b}; F50 f. 378^{rb-va} (ML, 202–203).*

236   *F19* has a lacuna from here to a point early in § clxxxiii. It could be that a folio comprising four columns of ca. 300 words each was missing from the exemplar.

237   Akeldama.

238   Matthew 27:3–10; Acts 1:16–19.

239   Mamilla Pool.

240   The church of St Mamilla.

THE CHRONIQUE D'ERNOUL 265

Priés d'ilueques a une liue avoit une abeïe de Jorjans, la ou on dist que l'une des pieces *de le Vraie Crois fu cuellie*.[241] L'estake de le crois fu prise devant le Temple, qu'ele estoit demoree del Temple, c'on ne pooit trouver lieu ou elle s'affresist, qu'ele ne fust ou trop longe ou trop courte. Dont il avenoit, si *com on* dist, que quant les gens venoient al Temple et il avoient lor piés emboés, qu'il les terdoient illuec. Dont il avint c'une roine i passa une fois; si le vit emboee; si le terst de ses dras et si l'aoura et enclina.[242a]

[clxxxi] Or vous dirai de celle piece de fust, dont elle vint, si com on dist, el païs. Il avint cose que Adans jut el lit mortel; si proia .i. de ses fiex pour Dieu qu'il li aportast .i. rainsiel de l'arbre dont il avoit mangiet le fruit quant il pecha. On li aporta, et il le prist; si le mist a se bouce. Quant il ot a se bouce le rainsiel, si estraint les dens et l'ame s'en ala; n'onques puis *ce* rainsiel ne li pot on esrachier des dens, ains fu enfoïs atout. Cil rainsials, si comme on dist, reprist et devint biaus arbres, et le mena li delouves el Mont de Nibam, et d'ileques fu il menés en Jherusalem aveuc le mairien dont li Temples fu fais, qui fu tailliés el Mont de Nibam. Il avint, si comme on dist, quant Jhesu Cris fu crucefiiés, que li teste

---

1 Priés] Apriés *F18* ‖ d'ilueques] del charnier de Lion *F25 F26* ‖ liue] mille *F50* ‖ Jorjans] nonnains *F20*   2 de le Vraie ... L'estake] fu cuellie de le Vraie Crois. L'estake *F18, lack F25 F26* ‖ Vraie] *lack F24 F50*   3 Temple] Temple Salemon *F16* ‖ c'on] por ce que l'on *F25 F26*   4 com on] que mon *F18*   5–6 emboés qu'il les terdoient illuec] enboés qu'il terdoient ilueques lor piés *F24*, au boes qu'il terdoient ilueques lor piés *F25 F26*   6 c'une roine i passa une fois] une foiz c'une reigne qui Sibile estoit apelee i passa *F16*, c'une roine Sebille estoit apellee i passa une fois *F20*   7 et enclina] *lack F24 F25 F26 F50*   8 *No paragraph break in F20, F24 or F50.* ‖ vint] confaitement vint *F25 F26*   9 Adans jut] quant Adens nostres prumiers (nos premiers *F20*) peres jut *F16 F20*, Adam fu *F25 F26*   10 rainsiel] des reinsiaus *F16*, des rainsciaus *F17*, des rainsiaus *F20* ‖ mangiet le fruit] le fruit mengié *F16*, le fruit mangiet *F17*, le fruit mangié *F20* ‖ le] del *F24 F25 F26 F50*   11 a] en *F17 F24 F50* ‖ Quant il ot ... si] Quant il l'ot a (en *F17 F24*, mis a *F20*) sa bouche si (il *F24*) *F16 F17 F20 F24*, si *F25 F26*, et *F50*   12 puis ce] puis le *F18*, cel *F20 F24 F25 F26*   13 devint] devint uns *F16 F20*, devint .i. *F17*, devint un *F50*   14 le] quant ce vint que li delujues fu si esraga cis arbres et le *F24 F25 F26*, qant li deluges vint en terre il esraia cel arbre et le *F50* ‖ delouves] deluges *F16 F25 F26*, delujes *F24* ‖ Nibam] Juban *F25 F26*, Liban *F50*   15 Temples] Temples Salemons *F16*   16 Nibam] Juban *F25 F26*, Liban *F50* ‖ crucefiiés] mis en crois *F24*

[a] *F18 f. 56^{va–b}; F16 f. 39^{vc}–40ra; F17 f. 29vb–30ra; F20 f. 41vb–42ra; F24 f. 137va; F25 f. 54vb–55ra; F26 f. 54vb–55ra; F50 f. 378va* (ML, 203–204).

241   The Georgian monastery of the Holy Cross.

242   See Pringle, *Pilgrimage to Jerusalem*, 160 n. 174, cf. 378. In some versions of this story the unnamed queen is identified as the Queen of Sheba who was seen as a sibyl. Naming the queen 'Sibylla', as here in *F16* and *F20*, is a further variant on this legend. See Barbara Baert, *A Heritage of Holy Wood: The Legend of the True Cross in Text and Image*, trans. Lee Preedy (Leiden, 2004), 346–348.

Adan estoit dedens le boise, et quant li sans Jhesu Crist issi hors *de ses plaies*, la tieste Adan issi hors de le crois et requelli le sanc. Dont il avient encore qu'en tous les crucefis c'on fait en le tiere de Jherusalem, c'au pié de le crois a une tieste en ramenbrance de cheli.[243a]

5 [clxxxii] Or vous dirai des *Jorjans* qui sont en l'abeïe ou l'une des parties de le crois fu prise: qués gens ce sont ne de quel tiere. Li tiere dont il sont a a non Avegie, et si a roy et roine, dont aucunes gens apelent cele terre Tiere de Femenie. Pour çou l'apelent Tiere de Femenie que li roine cevauce et tient ost de ses femmes, ausi bien comme li rois fait de ses homes. En celle tiere n'ont les femes
10 c'une maimele, et si vous dirai pour coi. Quant li feme est nee et elle est un poi crute, se li cuist on la destre mamele d'un fer caut, et le seniestre li lesse on pour ses enfans norir. Et pour çou li cuist on le diestre qu'ele ne li nuise mie al traire l'espee quant elle est en bataille.[244]

A .iii. liues de Jherusalem devers solel cousant a une fontaine c'on apele le
15 Fontaine des *Esmaüs*. La soloit avoir .i. castiel. Dont il avint, si comme l'evangille tesmoigne, que Nostre Sires ala aveuc .ii. de ses desiples quant il fu resuscités dusque a cel castel, et s'asient a cele fontaine pour mangier, si qu'il ne le

---

1 Jhesu Crist] *lacks F20* ‖ de ses plaies] des plaie *F18*, des plaies *F20 F50*, de la croiz de ses plaies quant *F25*   2 le crois] la boise *F24* ‖ requelli le sanc] recueili (rechut *F17*) le sanc Nostre Seigneur *F16 F17 F20*, recuilli le sanc de Jhesu Crist *F50*   3 le tiere de Jherusalem] le terre de le terre de Jherusalem *F20*, Surie *F50*   5 *No paragraph break in F16, F17, F20, F24 or F50.* ‖ Jorjans] Jorans *F18*   6 tiere] terre il sont *F24 F25 F26*   8 Pour çou l'apelent tiere de Femenie] *lack F25 F26* ‖ ost] s'ost *F24*, son ost *F50*   9 bien] *lack F24 F25 F26 F50*   11 li lesse on] *lack F25 F26*   12–13 mie al traire l'espee] al traire *F24*, au traire *F50*, atraire s'espee *F25 F26*   13 *New paragraph in F24, F25 and F26.*   14 .iii. liues] quatre liues *F25 F26*, trois milles *F50* ‖ devers solel cousant] *lack F16 F17 F20*, par devers solel (le soleil *F25 F26*) couchant *F24 F25 F26 F50*   15 des Esmaüs] des Esmax *F18*   15–16 comme l'evangille tesmoigne que] com l'ewangille le tesmoigne que *F20*, com on dit et l'evangile le tesmoigne quant *F25 F26*   16–17 aveuc .ii. de ... cele] quant il fu resusitez jusqu'a ce chastel et s'asist a la *F16*

---

[a] *F18 f. 56vb–57ra; F16 f. 40^{ra–b}; F17 f. 30ra; F20 f. 42^{ra–b}; f. 137^{va–b}; F24 f. 137^{va–b}; F25 f. 55^{ra–b}; F26 f. 55^{ra–b}; F50 f. 378^{va–b}* (ML, 204–205).

243 A more common iconography depicts an alternative story in which Adam's skull was buried just below the foot of the Cross rather than embedded in the wood itself.
244 The first part of this paragraph is lacking in *F16, F17* and *F20*.

THE CHRONIQUE D'ERNOUL 267

connurent mie desci qu'il brisa le pain. Adont si s'esvanui d'aus, et d'illeuc retornerent en Jherusalem as apostres pour faire savoir a aus comment il avoient a lui parlé.[245a]

[clxxxiii] Or revieng a le Porte Saint Estevene a le rue qui va a main senestre qui va a le Porte de le Tanerie. Quant on a alé une piece de celle rue, si treuve on une rue a main senestre c'on apele le Rue de Josaffas.[246] Quant on a .i. poi alé avant, si treuve on .i. quarrefour d'une voie, dont li voie qui vient a senestre vient del Temple et va al Sepulcre. Au cief de celle voie, a une porte par devers le Temple c'on apele Porte Dolereuse. Par la issi Jhesu Cris quant on le mena el Mont de Calvaire pour crucefiier, et pour ce les apele on Portes Dolereuses. A main destre sour le quarefour de celle voie fu li ruissiaus dont l'evangille tesmoingne que Nostre Sires passa quant il fu menés crucefiier.[247] En cel endroit a .i. moustier de S. Jehan l'Evangeliste, et si avoit .i. grant manoir. Cil manoirs et li moustiers estoit des nonnains de l'abeïe de Betanie; la manoient elles quant il estoit guerre de Sarrazins.

Or revieng a le Rue de Josaffas. Entre le Rue de Josaffas et les murs de le cité a main senestre dusque a le Porte de Josaffas a rues ausi com une ville. La

---

1 desci] d'ici adont F16, desci adont F17   2 apostres] apostres qui la estoient F16   4 *No paragraph break in F24, F25, F26 or F50.*   5 qui va a le Porte] a la (le F20) Posterne F16 F20, et va a le Posterne F17, qui vait a le Posterne F24   6–7 .i. poi alé] alé .i. poi F19 F24   7 d'une voie] *lack F19 F50* ‖ a] de F24 F25 F26   7–8 senestre vient del Temple et va] main senestre si vient du Termple et si va F19   8 del] au F16, al F20   8–9 et va al Sepulcre ... Temple] *lack F25 F26 (homeoteluton)*   8 *New paragraph in F24.* ‖ porte] voie F20   9 c'on apele] *lacks F17*, qui a anon le F19 ‖ Porte Dolereuse] Portes Doulerouses F25 F26 ‖ issi] issi hors F16 F25 F26, s'en issi hors F19, issi fors F20 F24   9–10 el Mont de Calvaire pour crucefiier] crucefier ens el Mont de Cauvaire F19   10 les apele on Portes Dolereuses] l'apele on Porte (le Porte F19) Dolereuse (Dolerouse F17 F19) F16 F17 F19 F20 F24. *New paragraph in F25 and F26.*   13 avoit] soloit avoir F19   14 estoit des nonnains de l'abeïe] estoient des nonains de l'abeïe F17, estoit des nonains F24 F50, estoient de nonains F25 F26   15 de Sarrazins] de Sarrazins aus Crestians F16, de Sarrasins as Crestiiens F20, des Sarrasins et des Crestiens F19, entre Crestiens F50. *New paragraph in F17.*   16 Entre] outre F16 F20   16–268.8 Entre le Rue de Josaffas ... Josaffas] *lack F25 F26 (homeoteleuton)*   16–17 Josaffas et les murs de le cité] le cité et de Josafas F17, Josaphas et les murs de le cité de Jherusalem F19   17 dusque a le Porte ... com] dusques a le Rue de Josaphas si a rues aussi comme en F19, a rues jusc'a la Porte de Joafas aussi con F24 ‖ une ville] viles F16 F17, villes F20

[a] F18 f. 57^{r-b}; F16 f. 40rb (part); F17 f. 30ra (part); F20 f. 41rb (part); F24 f. 137^{vb-c}; F25 f. 55^{rb-va}; F26 f. 55^{rb-va}; F50 f. 378vb–379ra (ML, 205–206).

245   Luke 24:13–35. Emmaus was identified as Abū Ghosh. There was no castle there; for an explanation, see Pringle, *Pilgrimage to Jerusalem*, 160 n. 177.
246   F19 resumes here (from § clxxix).
247   The gospels make no mention of this stream.

manoient li plus des Suriiens de Jherusalem, et ces rues apeloit on Le Juerie.[248]
En celle rue de Juerie avoit .i. moustier de Sainte Marie Madelaine[249] et prés
de cel mostier avoit une posterne dont on ne pooit mie hors issir as cans, mais
entre .ii. murs aloit on. A main destre de cele Rue de Josaffas avoit .i. moustier
c'on apeloit Le Repos. La dist on que Jhesu Cris *se* reposa quant on le mena
crucefiier, et la estoit li prisons u il fu mis le nuit que il fu pris en Gessemani.
.i. poi avant, a main senestre de celle rue, estoit li Maisons Pilate. Devant celle
maison avoit une porte par u on aloit al Temple. Priés de le Porte de Josaffas a
main senestre avoit une abeïe de nonnains; si avoit a non Sainte Anne. Devant
celle abbeïe a une fontaine c'on apele Le Pecine. Deseure le fontainne avoit .i.
moustier, et celle fontaine ne quert point, ains est *en* une fossé deseure le moustier. A cele fontaine, au tans que Jhesu Cris fu en tiere, avenoit que li angeles
venoit parfoys movoir celle eve, et quant il l'avoit mute, qui primes descendoit
a celle fontaine pour baignier apriés ce que li angeles l'avoit mute il estoit garis
de quel enfremeté qu'il eust. Devant celle fontaine avoit .v. portes, et devant
ches .v. portes avoit mout de malades et d'enfers et de languereus pour atendre
le mouvement de l'eve. Dont il avint que Jhesu Cris vint la .i. jour et trouva .i.
home gissant en son lit qui .xxxviii. ans y avoit geu. Se li demanda Jhesu Cris
s'il voloit estre garis. 'Sire, jou n'ai home qui m'aiut a descendre en le fontaine;

---

1 de Jherusalem et ... on] de le cité de Jherusalem et ches rues apeloit on les rues de *F19*   2 rue de] *lack F16 F17 F19 F20 F24* ‖ Sainte] madame Sainte *F16*   5 se] *lacks F18*   6 estoit li prisons u il fu] estoit li prisons la ou il fu *F16*, estoient li prison la fu il *F17*   8 porte] maison *F19*, posterne *F24*   8–9 de Josaffas a main senestre] de Josafas *F17*, du moustier des Josaphas *F19*   10 a une fontaine c'on apele] avoit une fontaine qu'en apeloit (apele *F19*) *F16 F19*, a une pecine fontaine c'on apele *F17*, a une fontaine qui a a non *F24* ‖ le fontainne avoit] chele fontaine soloit avoir *F19*
11 et] *lack F25 F26 F50* ‖ est en une fossé deseure] est une fossé deseure *F18*, est dedenz *F16 F20*, dedens *F17*   12 *New paragraph in F25 and F26.*   12–13 li angeles venoit parfoys movoir] parfiés venoit li angles manoir en *F17*, li angeles y venoit parfois et se mouvoit *F19*, li angeles parfiés (par foois *F25 F26*) venoit movoir *F24 F25 F26*   13 quant il l'avoit mute] quant li angles avoit l'eve mute *F17*, *lacks F24*   13–14 qui primes descendoit ... il] qui premiers si pooit baingner il *F16 F17*, chil qui premiers y venoit pour lui baignier aprés che que le angeles l'avoit mute que il *F19*, qui primes si pooit baignier il *F20*   15 quel enfremeté] quel quel que mal *F16*, quelconques enferté *F17*, quele enferté *F24*   16 .v. portes avoit] portes si gisoient *F24*, portes avoit *F25 F26* ‖ et d'enfers et de languereus] *lack F16 F17 F20*   18 home] homme malade *F19* ‖ .xxxviii.] .xxxv. *F50*   19 Sire] Sire dist il *F17*, et il (il li *F24*) respondi Sire *F19 F24 F25 F26* ‖ home] home dist il *F16* ‖ m'aiut] me veulle aidier *F19*, m'ait *F25 F26*

---

248 This had been the Jewish quarter in the period before 1099.
249 The cathedral of the Syrian Jacobites.

THE CHRONIQUE D'ERNOUL 269

quant li angeles a mute l'eve et jou *m'esmuef* pour aler la, si truis .i. autre qui s'i est baigniés devant moi.' Dont li dist Jhesu Cris qu'il ostast son lit et si s'en alast, qu'il estoit tous sains, et cil saili sus tous sains; si s'en ala. Cel jour estoit semedis, si com l'evangile tiesmoigne.[250]

Si comme on *ist* de le Porte de Josaffas, si aval'on el Val de Josaffas. A main diestre de cele porte sont Portes Oires. El Val de Josaffas avoit une abeïe de noirs moines. En celle abeïe avoit un moustier de medame Sainte Marie. En cel moustier estoit li sepulcres ou elle fu enfoïe et est encore. Li Sarrazin, quant il orent pris la cité, abatirent cele abeïe et emporterent les pieres a le cité fremer, mais le moustier n'abatirent il mie.[a]

[clxxxiv] Devant cel moustier, al pié de Mont Olivet, a .i. moustier en une roce c'on apiele Gessemani. La fu Jhesu Cris pris. D'autrepart le voie, si comme on monte el Mont Olivet, tant comme on geteroit une pierre, avoit .i. moustier c'on apeloit S. Salveur. La ala Jhesu Cris orer le nuit qu'il fu pris, et la li degouta

---

1 et jou m'esmuef] et jou me esmeuc *F18*, et je m'esmuef a descendre de mon lit *F16*, Et quant je m'emuef *F19 F17*, et quant il la mute et je m'esmuef *F24*, *lack F25 F26*   1–2 truis .i. autre qui s'i est] truis .i. autre qui s'i est ja *F16 F17*, truis je un autre homme qui s'i est ja *F19*, truis .i. autre home qui i est *F20*, truis je .i. autre qui s'i est *F24*, truis la .i. autre qui s'est ja *F25 F26*   2 devant moi] *lacks F19* ‖ li dist Jhesu Cris] vint Jhesu Cris se li dist *F24* ‖ ostast] se levast sus et qu'il ostast *F19* ‖ si] *lack F17 F50*, q'il *F25*, qu'il *F26*   2–3 s'en alast] se levast *F16*   3 qu'il estoit tous sains] *lack F24 F25 F26* ‖ cil saili sus tous sains] chil sali sus tantost tous sains et tous haitiés et *F19*, cil sali sus tos sains et tos saus et *F24*, *lacks F20*   4 semedis si] il samedis ensi *F19* ‖ tiesmoigne] le tesmoingne *F20*, le tesmoigne *F25 F26*. *New paragraph in F24, F25 and F26.*   5 ist] dist *F18*, s'en va *F19* ‖ de Josaffas] S. Estienne *F16*, *lack F17 F20* ‖ aval'on el Val] s'en avale on ens el Val *F19*, avale on le Porte *F20*   6 *New paragraph in F16.* ‖ avoit] si avoit *F19 F24*   7 medame] medame dame *F20*   8 elle] madame Sainte Marie *F25 F26*   8–9 Li Sarrazin quant ... cité] Li Sarrasin quant il l'orent prise le chité de Jherusalem *F19*, Quant li Sarrasins orent pris la cité *F25 F26*, Qant li Sarrazin orent prise la cité de Jerusalem *F50*   9–10 et emporterent les ... mie] mais le moustier n'abatirent il mie mais il emporterent les pierres de l'abie as murs pour refremer le vile. Et si laissierent le moustier tout coi seant *F19*, et porterent les pierres de l'eglyse a le chité de Jherusalem pour refremer. Mais l'eglyse n'abatirent il mie *F20*, et enporterent les pierres por la cité refermer. Mes le mostier n'abtirent il mie *F50*   11 *No paragraph break in F16, F20, F24, F25, F26 or F50.* ‖ al pié de ... moustier] *lack F25 F26* ‖ a .i. moustier en une roce] et un moustier *F19*   13 tant comme on geteroit une pierre] *lack F16 F17 F20*   14–270.1 c'on apeloit S. Salveur ... sans] de mon seigneur Saint Sauveur la s'en ala Jhesu Cris orer quant il fu pris. Et en chel moustier fu che qui li sans li degouta *F19*   14 orer] aourer *F20*

---

[a] *F18 f. 57va–58rb; F16 f. 40^{rb-va}; F17 f. 30^{rb-va}; F19 f. 99va–100ra (part); F20 f. 42rb–43ra; F24 f. 137^{vc}–138rb; F25 f. 55va–56rb; F26 f. 55va–56rb; F50 f. 379^{ra-va}* (ML, 206–208).

250 The Pool of Bethesda: John 5:2–18.

li sans de son cors, aussi comme sueurs.[251] El Val de Josaffas avoit hermites et renclus assés tout contreval, que je ne vous sai mie nommer, dessi qu'a le Fontaine de Syloé. Enson le Mont d'Olivet avoit une abeïe de blans moines. Prés de celle abeïe avoit une voie qui aloit en Betanie toute le costiere de le montaigne. Sor le tour de cele voie a main destre avoit .i. moustier c'on *apeloit* Sainte Patrenostre. *La fist Diex le Patrenostre* et l'ensegna a ses apostres. Priés d'illeuc fu li figiers que Diex maldist quant il aloit en Jherusalem, pour che que li apostre i aloient cueillir leur figues, se n'en i trouverent nulle et se n'estoit mie tans qu'elles i deussent estre. Cel jour meisme retourna Jhesu Cris pour aler en Betanie de Jherusalem, et li apostre alerent par devant le figier; si le trouverent sech.[252] Entre le moustier de le Patrenostre et Betanie, en le coste de le montaigne, avoit .i. moustier qui avoit non Belfage. La vint Jhesu Cris le jour de Pasques Flories, et d'ileuques envoia en Jherusalem .ii. de ses desciples pour une anesse, et d'ileuc ala il sor l'anesse en Jherusalem, quant il l'orent amenee.[253]

Or vous ai je només les mostiers et les abbeïes de Jherusalem et de dehors Jherusalem et les rues des Latins. Mais je ne vous *ai mie només ne ne nomerai ore* les abbeïes ne les moustiers des Suriiens, ne des Griffons, ne des Jacopins,

---

1 *New paragraph in F24.*   1–2 El Val de … contreval] *lack F16 F17 F20*   2 renclus] rendus *F19*, renduz *F25 F26*   2–3 que je ne … Syloé] *lack F16 F17 F20*, de si que la Fontaine de Syloé que je ne vos sai mie nomer *F25 F26. New paragraph in F25 and F26.*   3 le Mont d'Olivet] le Mont Olivet *F19 F20*, Mont Olivete *F25 F26*   4 abeïe] abeïe a main destre *F24 F25 F26*   5 tour de cele voie a main destre] toron de cele voie *F19*   5–6 apeloit Sainte Patrenostre … Patrenostre] apiele Sainte Patrenostre *F18*, apelloit Sainte Paternostre *F20*, c'on apeloit Saint Paternostre. La dist on que Jhesu Cris fist la Patrenostre *F24*, que l'on appelloit la Sainte Paternostre la fu ce que Dex fist le *Pater Noster F25 F26*   6–11 Priés d'illeuc fu li figiers … sech] *lack F16 F17 F20. New paragraph in F25 and F26.*   7 en] en le chité de *F19*   8 leur] des *F24 F25 F26*   9–10 pour aler en Betanie de Jherusalem] de Jherusalem pour aler en Betanie *F19 F24*   11 le Patrenostre et … de] Bethenye et *F16*, Betanie et *F17*, Bethainie et *F20* ∥ Patrenostre] posterne *F19*   13 envoia] envoia il *F19 F24 F25 F26* ∥ en Jherusalem .ii. de ses desciples] .ii. de ses desciples en Jherusalem *F17 F19*   13–14 une anesse et … amenee] amener une asnesse qui estoit aveuc sen faon en le cité loié a une estaque et il li amenerent *F19*, une anesses. Quant il l'orent amenee *F20. New paragraph in F16 and F17.*   15 només les mostiers … de] nommés les moustiers et les abeïes qui sont dedens *F19*, dit et nomé les abeïes et les mostiers de *F24 F25 F26*   15–16 de dehors Jherusalem et les rues] dehors (de dehors *F17*) Jerusalem a une liue prés et les rues *F16 F17*, hors de Jherusalem a une lieue prés et *F20*   16–17 ai mie només … ore] nomerai ne n'ai només *F18*, ai mie nommé ne ne nommerai *F19 F24 F25 F26*

---

251   Matthew 26:30–56; Mark 14:32–52; Luke 22:39–54; John 18:1–12.
252   Matthew 21:18–22; Mark 11:12–14, 20–25.
253   Matthew 21:1–7; Mark 11:1–7; Luke 19:29–36. The variant reading in *F19* echoes Matthew's account.

THE CHRONIQUE D'ERNOUL 271

ne des Boamins,[254] ne des Nestorins, ne des Hermins, ne des autres manieres de gens qui n'estoient mie obeïssant a Rome; dont il avoit abeïes et moustiers en le cité. Pour che ne vous veul mie parler de toutes ches gens que j'ai chi nommés qu'il ne sont mie obeïssant a Rome.[a]

[clxxxv] Or[255] vous dirai de Salehadin qui Jherusalem vint assegier. Il se herbega devant Jherusalem en .i. jeusdi al soir.[256] Le venredi par matin l'assega et se loga tres le Maladerie *des* Femes par devant le Tour Davi et par devant le Maladerie des Homes desci qu'a le Porte S. Estevene. Ançois qu'il fesist assalir le cité, manda il a ciaus de le cité de Jherusalem *que* les couvenences, qu'il lor *ot* en couvent quant il les manda devant Escalone, lors tenroit, mais qu'il rendissent le cité; et seussent il bien de voir qu'il en avoit fait tel sairement que,

---

1 ne des Hermins] *lack F25 F26* ‖ des autres manieres de] des autres manoirs d'autres *F17*, d'autres *F24*   2 qui] por ce qu'il *F16 F20* ‖ a] a l'iglise de *F16*   2–3 avoit abeïes et ... cité] avoit abaïes et mostiers pluseurs en la cité *F16*, avoit assés abeïes et moustiers dedens le chité de Jherusalem et dehors. Et *F19*, avoit abeïes et moustiers en le chité et dehors et *F20*   3 vous veul] vos vueil je *F16*, vous voel je *F20*, veul jou *F19*, voil je *F25 F26*   4 a] a l'iglise de *F16*, a l'eglyse de *F20*, a l'yglise de *F50*, a la loi de *F25 F26*   5 *Rubric in F16*: Or vos dirons de Salehadin qui a siege est devant Jerusalem. Comment il l'aseja et le prist. *Rubric in F20*: De Salehadin qui est au siege devant Jherusalem. *No paragraph break in F24.* ‖ Or] Atant vos lairai a parler de ce si *F25 F26* ‖ dirai] redirai *F19*, dirai je *F20* ‖ Salehadin qui Jherusalem] Jherusalem que Salehadins *F17*   5–6 Jherusalem vint assegier ... jeusdi] vint Jherusalem assegié .i. dioés *F20*   6 devant] devant le cité de *F19* ‖ en] a *F16 F38*, par *F17*   7 tres le maladerie des] tres le maladerie de *F18*, de (delez *F38*) la maladerie des *F16 F38*, devant le maladerie as *F19* ‖ par devant le Tour] d'ici a la Porte *F16*, desci a le Porte *F17 F20*, et par devant le Tor *F24 F38*, tres par devant la Tor *F25 F26* ‖ Davi] que David fist faire *F19*   7–8 et par devant ... S. Estevene] jusque a la maladerie des homes qui est a la Porte Sainte Estiene *F50*   8 desci qu'a] dusques a *F19*, jusqu'a *F38*   8–9 qu'il fesist assalir le cité] que il fesist assalir le chité de Jherusalem *F19*, que Salehadins venist assegier le chité de Jherusalem *F20*   9 de le cité de Jherusalem que] de le cité de Jherusalem et que *F18*, de Jerusalem que *F16 F20*, de le chité que *F19*, de Jherusalem qu'il li rendissent la cité et que (cité par *F50*) *F24 F25 F26 F38 F50*   10 ot] avoit *F18*, orent *F19* ‖ quant il les manda] quant il parla a eus *F17*, *lacks F20* ‖ lors tenroit] lor tenroit il molt volentiers *F19*   11 rendissent le cité ... tel] li rendissent le chité de Jherusalem et seussent il bien qu'il avoit fait son *F19*, li rendissent la cité et bien seuissent de voir qu'il en avoit fait tel *F24*

---

[a] *F18 f. 58^{rb-vb}; F16 f. 40^{va-b}; F17 f. 30^{va-b}; F19 f. 100^{ra-b}; F20 f. 43^{ra-b}; F24 f. 138^{rb-c}; F25 f. 56^{rb-va}; F26 f. 56^{rb-vb}; F50 f. 379va–380ra* (ML, 208–210).

254   Bohemians? See Pringle, *Pilgrimage to Jerusalem*, 163 n. 203.
255   *F38* resumes here.
256   Other sources say Ṣalāḥ al-Dīn arrived late on Sunday 20 September.

s'il le faisoit assalir, qu'il ne le prendroit jamais s'a force *non*. Cil de Jherusalem li manderent ariere qu'il fesist le miex k'il peust, que le cité ne li renderoient il ja. Dont fist Salehadins armer ses homes pour assalir le cité, et cil de le cité issirent hors encontre tout armé, et se combatirent li Crestiien as Sarrazins. Mais li bataile ne dura gaires, pour ce que li Sarrazin avoient le solel de le matinee enmi les iex. Si se traisent ariere dusque al vespre. Si recommenchierent a assalir jusque al nuit.

Ensi sist Salehadins .viii. jours de celle part au siege. N'onques pour pooir qu'il eussent, les Crestiiens ne porent metre *en* le cité a force que toute jour ne fussent hors as portes aveuc aus, tant com li jours duroit, et que .ii. fois ou .iii. cescun jour faisoient li Crestiien *les Sarrazin reflatir* ariere jusque en lor tentes. N'onques de celle part ne porent li Sarrazin drecier perriere, ne mangonnel, n'engien.[a]

---

1 le faisoit] le faisoient *F16 F19 F24*, li faisoient *F20*, les faisoit *F17 F38 F25 F26* ‖ qu'il ne le prendroit jamais s'a] il ne les prenderoit jamais se par *F17*, que jamais ne le prenderoit se par *F19*, ilués prenderoit jamais s'a *F24*, qu'il (il *F50*) ne les (nes *F38*) prenroit james sa *F16 F25 F26 F38 F50* ‖ non] ne le prendoit *F18*   2 manderent ariere] remanderent arriere *F16 F20 F24*, remanderent *F19 F50*, manderent *F25 F26* ‖ li renderoient] renderoit *F20*, rendroient *F25 F26*   3 *New paragraph in F25 and F26.* ‖ assalir] assegier *F25*, assejer *F26*   3–4 assalir le cité … encontre] le chité de Jherusalem assalir et chil de le chité s'en issirent hors *F19*   4 encontre tout armé et] tot armé et garni pour le chité desfendre et si *F20*, encontre tot armé et si *F24* ‖ Crestiien as Sarrazins] Sarrazins aus Crestiens *F16 F17*, Sarrasin as Crestiiens *F20*, Crestien contre les Sarrasins *F19*, Crestiens contre le Sarrasin *F25 F26*   6 traisent ariere dusque al vespre] retrestrent arrieres jusqu'au vespre *F16 F17 F20*, retrasent li Sarrasin ariere jusc'al vespre *F19*. Al vespre *F24*, traistrent (retrestrent *F38*) arriere dusqu'au vespre. Au vespre *F25 F26 F38* ‖ Si] et puis *F16*, et *F17*, puis *F20*, et adont *F19*   6–7 recommenchierent a assalir jusque al nuit] recommenchierent lor estour dessi a le nuit *F19*, comenchierent jusques au nuit a assaillir *F20*. *New paragraph in F24.*   8 sist] fist *F17 F25 F26* ‖ .viii. jours de … siege] devant le chité de Jherusalem par .vi. jours au siege *F19*, .viii. jors au sieje de cele part *F25 F26*   9 eussent les Crestiiens ne porent] eust oes Cretians ne pot *F16* ‖ les Crestiiens ne … force] les Crestiiens ne porent metre eus en le cité a force *F18*, ne peurent une fois mettre les Crestiens dedens le chité *F19*, les Crestiens ne porent metre dedens la cité a force et *F24 F25 F26 F38*   10 fussent hors] fussent li Crestian hors *F16*, fuissent fors li Crestiien *F20*   11 cescun jour faisoient] fesoient *F16*, faisoient *F17 F19*, ne feissent *F20*, faisoient chascun jor *F25 F26 F38* ‖ les Sarrazin reflatir ariere jusque en] reflatir les Sarrazin ariere jusque en *F18*, reflatir arrieres d'ici en *F16*, le Sarrazin reflatir ariere dusc'a *F17 F24*, les Sarrasins reflatir ariere (reflastrir *F19*) en *F19 F20*, les Sarrazins reflatir ariere par force jusqu'a *F50*   12 de celle part … drecier] Sarrasin ne porent de cele part drecier ne (drecier *F38*) *F24 F25 F26 F38*   12–13 perriere ne mangonnel n'engien] mangonel ne periere ne autre engieng *F19*, piere ne mangonel ne autre engien *F20*

---

[a] *F18 f. 58vb–59ra; F16 f. 40^{vb–c}; F17 f. 30vb–31^{a}; F19 f. 100^{rb–va}; F20 f. 43^{rb–va}; F24 f. 138^{rc}; F25 f. 56va–57ra; F26 f. 56vb–57ra; F38 f. 182^{va–b}; F50 f. 380^{ra–b}* (ML, 211–212). *F19 has a seven-line historiated initial 'O' showing Ṣalāḥ al-Dīn, identifiable by a crown and star and crescent symbols, outside Jerusalem. Marginal decorations include dogs and birds.*

[clxxxvi] Or vous dirai *comment* li Sarrazin assaloient et requeroient les Crestiiens. Il nes requeroient onques desci que nonne estoit passee. Quant nonne estoit passee et li Sarrazin avoient le soleil adossé et li Crestien l'avoient enmi les visages, donques assaloient li Sarrazin dusque a le nuit; et si avoient peles dont il ventoient le pourre en haut, et li pourre voloit les *Crestiiens* es iex et es visages; et avoient le soleil et le pourre.

Quant li Sarrazin virent qu'il ne poroient riens faire *de* celle part, si remuerent le siege et s'alerent logier d'autre part tres le Porte S. Estevene jusques a le Porte de Josaffas et dusques a l'abeïe de Mont Olivet.[257] Et chil qui estoient a Mont Olivet veoient quanqu'il fasoient aval les rues de le cité, fors es rues couvertes. Li remuemens *de cel* siege fu fais le venredi aprés celui venredi qu'il orent assegié le cité. Adonc furent li Crestiien enclos dedens le cité qu'il n'en pooient issir, car tres le Porte S. Estevene jusque a le Porte de Josaffas, tout si com li sieges duroit, n'avoit porte ne posterne ou il peussent issir a camp,

---

1 *No paragraph break in F16, F20, F24, F25, F26, F38 or F50.* ‖ comment] coment Salehadins et F18 1–2 assaloient et requeroient les Crestiiens] aloient asaillir les Crestians F16, assailloient les Crestiens F17, les Crestiiens assaloient F20, assaloient les Crestiens et comment il les requeroient F19 2 requeroient onques desci] asailloient onques deci (desci adont F17) F16 F17 F20, requeroient onques devant F19, requeroient mie desi F38 2–3 Quant nonne estoit passee] *lack F16 F17 F20* (*homeoteleuton*) 3 l'avoient] ravoient F20, *lack F24 F25 F26* 4 li Sarrazin dusque a le nuit] li Crestian jusques a la nuit F16 F17, li Sarrasin les Crestiiens jusques a la nuit F20, jusques (dusques F25 F26) a la nuit li Sarrasin F24 F25 F26 F38 5 en haut et li pourre voloit] voloit F20, voloit sor F24 F25 F26 F38 ‖ Crestiiens] Crestiens ens F18 5–6 es iex et ... pourre] es elz et es visages F16 F17 F20, es iex et es visages si ques il avoient le soleil et le pourre F19, si qu'il avoient le solel et la porre et es ieus et es visages F24, et es euz et es visages avoient le souleill et la poldre F38. *New paragraph in F24, F25 and F26.* 7 Quant li Sarrazin ... si] De chele part s'en alerent li Sarrasin et F19 ‖ de] a F18 8 le] lor F16 F19 F20 F50 8–9 tres le Porte ... a] de la Porte S. Esitienne d'ici a F16, tres le Porte Saint Estene (Estevene F20) dessi a F19 F20, Des la Porte Saint Estiene jusqu'a F38 9–10 Et chil qui ... quanqu'il] si qu'il veoient quanques li Crestien F19 10 le cité fors] Jerusalem fors F16 F20, le chité de Jherusalem fors che que on faisoit F19 11 *New paragraph in F16, F20, F25 and F26. Rubric in F20*: Li remuemens du siege. ‖ de cel siege] del siege F18 F20, del siege de Jerusalem F16 11–12 qu'il orent assegié le cité] que li Sarrazin orent asaillie la cité F16 que il furent assegié F19 12 Adonc] dont F19 F50, Lors F38 ‖ enclos] si aclos F25 F26, si enc'os F50 ‖ qu'il n'en] si qu'il ne s'en F19 13 car tres le ... a] tres (Car tres F16 F17) la Porte S. Estienne (Estievene F17, Estene F19) d'ici a F16 F17 F19, Car des (de F50) la Porte Saint Estiene jusqu'a F38 F50 14 si com li ... posterne] entour le chité ainsi comme li sieges duroit n'avoit ne porte ne peustis F19 ‖ ou] par la ou F19, par ou F24 F26 F38 F50, par on u F25 ‖ issir] issir de Jherusalem F20

---

257 In other words, they moved the main thrust of their siege operations from the northwestern sector of the walls to the north-eastern sector. Ṣalāḥ al-Dīn moved camp on 25 September.

fors seulement le Porte de le Madelaine dont on issoit pour aler entre .ii. murs. Le jour que Salehadins se remua del siege fist il drechier une perriere qui jeta cel jour meesme .iii. fois *as murs* de le cité et le nuit; par nuit fist il tant drecier *que* perrieres que mangonniaus *que* l'endemain par matin en i conta on .xl. tous estaciés. Quant che vint l'endemain par matin, si fist Salehadins armer ses chevaliers et fist .iii. batailles pour aler assalir le cité. Et lors alerent assallir les targes devant aus, et deriere aus estoient li arcier qui traioient si dru com pluie; ne n'avoit si hardi home dedens le cité qui as murs osast *moustrer* le doit; et vinrent jusque sus le fossé, et fisent el fossé avaler les mineurs et fisent les eschieles drecier as murs de le barbacane pour miner. Si minerent en .ii. *jors* bien .xv. toises del mur. Quant Sarrazin orent miné le mur et estançonné et mis ens lor atrait, si boiterent le fu en lor atrait et li murs versa ens el fossé, çou qu'il avoient miné. Li Crestiien ne porent mie miner encontre, car il

---

1 le Porte de le Madelaine] de le Posterne de le Maladerie *F19*, la Posterne de la Magdalaine (Masalaine *F24*) *F24 F38* ‖ pour aler] *lack F16 F17 F20*   2 se] *lack F16 F17 F20 F24 F50* ‖ del siege fist ... jeta] fist il asseïr une perriere et drechier qui getoit *F19*   3 cel jour meesme ... murs] cel jour meesme .iii. fois al mur *F18*, .iii. foiz meismes au jor *F16*, .iii. fois le jour as murs *F19* ‖ par nuit] aprés *F16*, en y *F19*, .iii. fois et par nuit *F20*   4 que perrieres que] de perrieres que *F18*, de perrieres et de *F16 F50* ‖ que] qu'en *F18* ‖ en i conta on] y pot on compter *F19*, en conta on *F20*, n'en i conta *F25 F26*   5 .xl.] .lx. *F16*, .xi. *F24 F25 F26 F38 F50* ‖ l'endemain par matin] l'andemain bien matin *F16*, la matinee *F24 F26 F38*, le matinee *F25 F50*   6 et fist .iii. ... lors] pour aler assalir le chité de Jherusalem et se fist .iii. batailles de ses hommes et adont s'en *F19* ‖ .iii.] .iiii. *F24*   6–7 assalir le cité ... assallir] assaillir *F25 F26* (*homeoteleuton*)   7 arcier] archier et li arbalestrier *F19* ‖ si] aussi *F19*, ausi *F25 F26*   8 ne] si qu'il *F19 F25 F26* ‖ home dedens le cité] hoinme en toute le chité de Jherusalem *F19*, en la cité *F25 F26 F50* ‖ moustrer] moustrer moustrer *F18*, metre *F17*, mettre *F19*   9–10 vinrent jusque sus ... miner] adont vinrent li Sarrasin dusques sur les fossés de le cité de Jherusalem et Salehadins fist tantost amener et entrer les mineours dedens les fossés et si lor fist drechier les esqueles as murs et as barbacanes *F19*   9 el fossé] *lack F25 F26*   9–10 et fisent les eschieles drecier] *lacks F20*, et fisent drecier les eschieles *F24 F38 F50*   11 en .ii. jors bien] en .ii. lius bien *F18*, bien en .ii. jours *F19*, en .ii. jorz *F38 F50* ‖ toises del mur] toises des (de *F20*) murs *F16 F19 F20*, toises de fossé et del mur *F17*, toises de mur ou plus *F25 F26*. *New paragraph in F25 and F26.*   11–12 Sarrazin orent miné ... atrait] li Sarrasin orent myné le mur et estançonné et mis enz lor atret *F16 F20*, li Sarrasin orent miné le mur si l'estanchonnerent et misent lor atrait et puis *F19*, il orent miné et estançoné (atachié *F38*) et mis ens lor atrait *F24*, li Sarrasin orent miné et estanczonez les murs de Jherusalem *F25 F26*, li Sarrasin orent miné et estachié et fait lor atrait *F50*   12 si boiterent le ... atrait] *lacks F16* (*homeoteleuton*), si bouterent ens le fu *F20*   12–13 versa ens el ... avoient] versa el fossé ce qu'il en avoient *F16 F24 F25 F26 F38*, versa ens u fossé çou qu'il avoient *F17*, tourna el fossé quanques il en ot de *F19*, versa ce qu'il en avoient *F20*   13 Crestiien] Crestiien qui dedens le chité estoient *F20* ‖ ne porent mie miner encontre] n'osterent mie miner a l'encontre *F19*, ne minerent mie encontre qu'il ne porent *F25 F26*, ne poeent mie reminer encontre *F50*

doutoient les *pierres* des mangonniaus et des engiens et les quariaus et les saietes, qu'il n'i pooient estre.[a]

[clxxxvii] Dont vinrent li Crestiien de le cité; si s'asanlerent ensanle pour prendre consel qu'il feroient, et vinrent al patriarce et a Balian de Belin; se li disent qu'il s'en voloient issir par nuit et ferir en l'ost, et qu'il avoient plus cier qu'il fussent mort en bataille honnerablement qu'il fuissent pris en le cité et honteusement ocis; car il voient bien qu'en le cité tenir ne *vauroit* nient lor deffense *riens*, et qu'il avoient plus cier a morir la ou Jhesu Cris reçut mort pour aus, qu'il rendissent le cité.[b]

[clxxxviii] A cel consel s'acorderent chevalier et bourgois et sergant. Mais li patriarces lor dist encontre: 'Segneur', dist il, 'ce tenroi ge a bien, mais autre cose i a. Se nous nos salvons et *laissons perdre* ame que nous puissons salver, ce n'est mie biens; che m'est avis. Car a cascun home qu'il a en ceste cité, *i a*

---

1 doutoient les pierres ... des] doutoient (redoutoient *F19*) les perrieres des mangonniaus et des (les *F19*) *F18 F19*, redoient molt les pieres des *F50*   1–2 et des engiens ... saietes] si *F16 F17 F20*   2 qu'il n'i pooient estre] tant forment que il n'osoient estre as murs *F19*, lacks *F50*   3 *Rubric in F16*: Comment cil de Jerusalem envoierent Balian a Salehadin qui a siege estoit devant Jerusalem por pes faire a li de la cité rendre s'il pooit sauver lor vies et sauf lors cors, *followed at the top of the next column by a six-line puzzle initial 'D'. No paragraph break in F17, F20, F24, F38 or F50.* ‖ Dont vinrent li ... ensanle] Donc vindrent li Crestian de la cité de Jerusalem; si s'asemblierent ensemble *F16*, Dont vinrent li Crestien de la cité ensamble *F17*, Dont vinrent le Crestien de le chité de Jherusalem et si s'asanlerent *F19*, Li Crestien de Jerusalem s'assemblerent ensemble *F25 F26*   4 qu'il feroient et] que il feroient et si s'en *F19*, Il *F25 F26*   5 l'ost et qu'il avoient plus cier] l'ost des (as *F20*) Sarrasins et qu'il avoient plus chier *F16 F20*, l'ost des Sarrasins. Car il avoient plus cier *F19*, l'ost car il avoient *F25 F26*   6 en bataille honnerablement] honnerablement en combatant *F19* ‖ pris] pris vif *F24*   6–7 et honteusement] honteusement et *F16 F17 F20*, ne honteusement *F19*   7–8 qu'en le cité ... riens] qu'en le cité tenir ne vaut nient lor deffense *F18*, que la cité tenir ne valoit riens lor deffense *F50*, que a le cité tenir ne valoit lor deffense noient *F19*   8 avoient plus cier a morir la] amoient mix a morrir *F17*, avoit plus chier a morir la *F25 F26* ‖ Jhesu Cris] Dix *F19* ‖ reçut mort] fu morz *F16*, souffri mort *F25 F26*   9 rendissent] rendissent au roy Salehadin *F19*   10 *No paragraph break in F16, F17, F19, F20, F24, F25, F26, F38 or F50.* ‖ chevalier] il tout et chevalier et clerc et lai *F19*   11 dist] ala *F20*, redist *F24 F38* ‖ dist il ce ... mais] dist il (li patriarches *F16*), ce ne tenroie je mie a bien *F16 F17 F20*, che loeroie je bien mais *F19*   12 laissons perdre] nous perdons *F18*   12–13 ame que nous ... n'est] tante arme che ne me sanle *F19*   13–276.1 i a il bien .xl.] il i a bien .xl. *F18*, a (i a *F16*) bien .xl. *F16 F38*, en i a il bien mon essiant .xl. *F24*, i a il bien pro .l. *F25 F26 F50*

---

[a] *F18 f. 59ra–va; F16 f. 40vc–41ra; F17 f. 31ra–b; F19 f. 100va–101ra; F20 f. 43va–b; F24 f. 139va–b; F25 f. 57ra–va; F26 f. 57ra–va; F38 f. 182vb; F50 f. 380rb–va* (ML, 213–214).   [b] *F18 f. 59va–b; F16 f. 41ra–b; F17 f. 31rb–va; F19 f. 101ra; F20 f. 43vb–44ra; F24 f. 139vb; F25 f. 57va; F26 f. 57va–b; F38 f. 182vb–183ra; F50 f. 380va* (ML, 214).

il bien .xl. que femes que enfans, et se nous somes mort li Sarrazin prenderont et femes et enfans,[258] et si n'en ocirront nul, ains les feront convertir; lors seront tout perdu a Diu. Et qui poroit tant faire envers les Sarrazins, a l'aïue de Dieu, que nous peuissons estre hors et aler a Crestiienté, il me sambleroit miex
5 c'aler combatre pour sauver les femes, et les enfans *et* mener a Crestiienté.' A cel consel s'acorderent tuit. Dont proiierent Balyan de Belin qu'il alast a Salehadin pour assentir quel pais il poroient faire. Et il i ala et parla a lui. En cel point *que* Balians estoit devant Salehadin et parloit a lui de le cité rendre, fisent li Sarrazin .i. assaut a le cité, et aporterent eskieles et les drecierent as maistres murs
10 de le cité, et furent bien monté dusque a .x. banieres ou .xii. sour les murs, et estoient entré par la ou li mur estoient ceu, qu'il avoient miné. Quant Salehadins vit ses *homes* et ses *banieres* sur les murs de le cité, si dist a Balyan de Belin: 'Pour coi me requerés vous de le cité rendre et faire pais, quant vous veés mes

---

1 femes que enfans] *New paragraph in F24.*   1–2 et se nous ... si] et si *F16 F20*, il *F17* (*homeoteleuton*), Et se nous sommes mort li Sarrazin prenderont nos femmes et nos enfans et si *F19*, Se nos somes mort li Sarrasin prenderont les femes et les enfans si *F24*, que se nos somes mort li Sarrasin les prendront et si *F25 F26*, que se nous somes mort li Sarrasin prendrunt les fames et les enfanz et si *F38*, et se nos somes mort li Sarrazin les prendront et *F50*   2 nul] nul li Sarrasin *F20* ‖ convertir] renoier et convertir a lor loy *F19*   4 estre hors et aler] estre hors *F17*, fors aler *F20*   4–5 estre hors et ... combatre] sauvement aler hors de le chité de Jherusalem et nos femmes et nos enfans emmener aveuc nous a le Crestienté che me sanleroit boin a faire et mix que aler combatre as Sarrasins et che loe jou *F19*   5 les femes et ... a] les femes, et les enfans mener a *F18*, femmes et enfans et pour mener ent en *F19*   6 *New paragraph in F25 and F26.* ‖ proiierent Balyan de Belin] s'en vinrent a Belian de Belin et se li prierent *F19*   7 assentir] assentir et pour savoir *F19* ‖ lui] Salehadin *F24*   7–8 En cel point ... cité] Entrementiers que Belians parloit a Salehadin de le chité de Jherusalem *F19* ‖ que Balians] Balians *F18*, qu'il *F24 F25 F26 F38 F50*   8 et] et il *F20 F24*, et q'il *F25 F26*   9 cité et] cité de Jherusalem et si *F19* ‖ aporterent] porterent *F25 F26 F50* ‖ maistres] *lack F16 F19 F20*   10 de le cité] a forche *F19* ‖ ou] u a *F17 F24*, ou a *F20 F50*   11 ceu qu'il avoient] froissié qui estoient *F19*   11–12 Quant Salehadins vit ... Belin] Quant Salehadins vit ses banieres et ses homes sur les murs de le cité, si dist a Balyan de Belin *F18*, qant Salehadin vit ses homes et ses banieres seur les murs de Jerusalem si dist a Balian *F16*, Quant Salehandin vit que si homme estoient sur les murs si dist a Belyan de Belin *F19*, Quant Salehadin vit ses homes et ses banieres sour les murs de le cité si respondi a Balian d'Ibelin *F24*, lors dist Salehadin quant il vit ses homes et ses banieres sor les murs de la cité: Sire Balyan *F25 F26*, Donc vint Salehadins quant il vit ses homes et ses banieres seur les murs de la cité si dist a Balian *F38*, Dont dist Salehadin a Balian de Ybelin qant il vit ses homes et ses banieres sor les murs de la cité *F50. New paragraph in F24.*   13 de le cité rendre et] a rendre le cité ne a *F19*

---

258   In *F38* this phrase, here reading 'que se nous somes mort li Sarradin prendrunt les fames et les enfanz', is added in the lower margin.

banieres et mes gens apparelliés d'entrer ens? C'est a tart, et bien veés que licités est moie.' A celle eure k'il parloient ensi presta Damediex as Crestiiens qui estoient sour le mur force et vigour, qu'il fisent les Sarrazin, qui sour le mur estoient et sour les eskieles, flatir aval el fons del fossé. Lors fu Salehadins mout dolans, et dist a Balyan qu'il s'en alast ariere en le cité que il n'en feroit ore plus, et l'endemain venist parler a lui, qu'il oroit volentiers qu'il volroit dire.

Or vous dirai que il avint le nuit. Il avint c'une pierre d'une perriere *feri* si le hordeïs d'une tour, que li hordeïs caï; si fist trop grant effrois, dont les escargaites de l'ost et les escargaites de le cité orent si grant paour que cascuns commença a crier: 'Traï! Traï!' Dont cuidierent cil de le cité que li Sarrazin fuissent entré ens, et chil de l'ost cuidierent que li Crestiien fussent feru en l'ost.[a]

---

1 banieres et mes gens apparelliés d'entrer] hommes et mes gens et mes banieres sur les murs montés a forche pour entrer F19 ‖ gens] homes F16 F17 F20 F24 ‖ et bien veés] car vous veés bien F19, car vos veez bien F50   2 *New paragraph in F25 and F26.* ‖ A] En F24 F25 F26 F38 F50 ‖ k'il parloient ensi presta] que Salehadin parloit ainsi a Belian donna F19   2–3 Damediex as Crestiiens ... vigour] Damedix Jhesu Cris forche vigueur et pooir as Crestiens F19, Damedieus as Crestiiens qui estoient sor les murs forche et vigour F20, Nostre Sire Dex as Crestiens qui sor les murs estoient force et vigor F24 F25 F26 F38, Nostre Sire Dex as Crestiens force et vigor F50   3–4 sour le mur ... eskieles] estoient sur les murs et sur les esqueles F19, sor les murs estoient et sor les eskieles F20 F24, sor les murs (les murs estoient force et vigor F25, le mur F50) et sor les eschieles estoient F25 F26 F50, seur les murs et seur les eschiles estoient F38   4–5 aval el fons ... dolans] arriere ens el fossé. Lors fu Salehadins molt dolans et molt courouchiés F19, aval el fons dou fossé. Lors fu Salehadins molt courechiés F20, a terre et les cachierent jusques (dusques F24) hors del fossé dont fu Salehadins molt honteus et molt dolens F24 F25 F26, a terre et les chacerent jusque hors du fossé. Donc vint Salehadins si fu molt honteus et molt doulenz F38, a terre et les chacierent hors des fossez. Dont fu Salehadins mout dolent et molt hontous F50   5 qu'il s'en alast ... cité] de Belin qu'il s'en ralast arriere (arriere en le cité F17) F17 F19, qu'il s'en ralast a la cité arriere F25 F26 ‖ que] car F19 F20 F50   6 plus et l'endemain venist] point et demain s'il voloit revenir si revenist F19   6–7 volroit dire] diroit F19, voudroit dire et Balians (Balyans F25) s'en retorne a la cité F25 F26. *New paragraph in F17, F20, F25, F26 and F38.*   8 *New paragraph in F16.* ‖ c'une] chose que la F24, qe F25 F26, que la F38 F50 ‖ pierre d'une] pierre de le (la F16) F16 F17 F20, *lacks F19* ‖ feri] feri qui F18   9 le] au F19, a .i. F24 F25 F26 F38 ‖ d'une] de la F16, de le F17 F20 ‖ que] et F24 F38 ‖ trop grant effrois dont] si grant effroi que (dont F17) F16 F17 F20 F50, trop tres grant effroy si que F19   10 escargaites de l'ost] eschaugaites de l'ost aus Sarrazins F16, esqueles et les eskergaites des Sarrasins F19 ‖ les escargaites] *lack F25 F26* ‖ orent si grant] furent si esmari et orent si grant F19, orent tel F24 F38 F50   11–12 Dont cuidierent cil ... ens] *lack F25 F26*   12 ens et chil de l'ost] enz et cil dehors F16, en le chité de Jherusalem. Et li Sarrasin F19, en la cité et cil de l'ost F24 ‖ feru] sali F24, sailli F25 F26 F38 F50

---

[a] F18 f. 59vb–60rb; F16 f. 41^{rb–c}; F17 f. 31^{va–b}; F19 f. 101^{ra–va}; F20 f. 44^{ra–b}; F24 f. 138^{vb–c}; F25 f. 57va–58ra; F26 f. 57vb–58rb; F38 f. 183ra; F50 f. 380va–381ra (ML, 214–216).

[clxxxix] Or vous dirai que les dames de le cité fisent. Elle fisent porter cuves et metre en le place devant Mont de Calvaire et emplir d'iaue froide, et si fisent lors filles despouiller toutes nues et entrer ens jusque as cols et lor treces coper et geter puer. Et li moine et li prestre et les nonnains aloient tout descaus sour *les murs* a pourcession et faisoient porter le Sainte Crois que li Suriien *avoient* devant aus, et li prestre portoient *Corpus Domini* sour leur ciés. Nostres Sires Damediex ne pooit oïr clamour ne proiiere c'on li fesist en le cité, car l'orde puans luxure et l'avoltere, qui en le cité estoit, ne laissoit monter orison ne proiiere c'on fesist devant Diu, et li puans peciés *d'encontre* nature. Si estoit li cités si empullentee, c'orisons ne pooit amont monter, et que Damedieus ne le pot plus souffrir. Ains esnetia si le cité des habitans qu'il n'i demoura home ne feme en poesté, fors seulement .ii. homes d'aage qui ne vesquirent gaires apriés.[a]

---

1 *No paragraph break in F16, F17, F20, F24, F25, F26, F38 or F50.*   1–6 Or vous dirai … ciés] dont commencierent cil de la cité a proier merchi a Damedieu et prestre et moine et homes et femes a (et *F16*) et aler a procession entor le mostier *F16 F17 F20*   1 le cité] Jherusalem *F24 F25 F26 F38 F50*   2–3 et metre en … coper] en le plache devant Mont de Cauvaire et si les fisent toutes emplir d'yaue froide et si fisent cauper lor treches et si fisent lor filles entrer ens dusques as caus et si lor fisent lor treches cauper *F19*   2 si] *lack F24 F25 F26 F38 F50*   3 entrer ens jusque as cols] estre en l'ewe froide jusc'al col *F24*, entrer enz dusqu'au col *F25 F26 F38*   4 puer] fors *F25 F26*, loinz *F38*, hors *F50* ‖ prestre et les nonnains] prestre et li clerc *F19*, provoire et les nonains *F50*   4–5 sour les murs] sour le mur *F18*, sur les murs tout entour le vile *F19*, par desor les murs de la cité *F24 F25 F26 F38 F50*   5 avoient] avaient *F18*   6 prestre portoient *Corpus Domini* sour] prestre et li clerc *Corpus Domini* sur *F19*, provoire portoient *Corpus Domini* entre lor mains et sor *F50* ‖ Nostres] mais Nostres *F19 F50*   7 Damediex] Damnedex Jhesu Cris *F24*, Damedeu Jhesus Criz *F25 F26*, Jhesu Crisz *F38* ‖ pooit oïr clamour … li] pooit oïr proiere qu'en li *F16*, voloit oïr proiere c'on li (c'om *F20*, que l'en *F50*) *F17 F20 F50*, pooit oïr clamor (lor clamor *F25 F26*) ne proiere c'on *F24 F25 F26 F38* ‖ cité] cité de Jerusalem *F16*   8 qui en le cité estoit] que on y faisoit *F19*   8–10 ne laissoit monter … cités] et le pechié de contre nature dont la cités estoit *F24*   8 orison ne] ne laisçoit orison ne *F17*, lacks *F19*   9 c'on] qu'en li *F16*, c'on li *F17*, que on y *F19* ‖ Diu] Damedeu *F25 F26*, Damledieu *F38* ‖ d'encontre] contre *F18*   10 c'orisons ne pooit amont monter et] *lack F16 F17 F20*, priere ne orisons que on fesist en le chité ne pooit tant monter que Dix l'oïst et *F19*, que orisons c'on feist ne pooit monter devant Damnedeu *F24*   11 le pot] pooit *F17*, les pot ne ne vaut *F19*, le volt *F50* ‖ esnetia] esmena *F19* ‖ n'i] ne *F19 F25 F26*   11–12 home ne feme en poesté] onques en le chité homme ne femme en poesté ne en saine vie *F19*, home ne feme ne enfes en poesté *F24 F38 F50*, home ne feme ne enfans *F25 F26*   12–13 qui ne vesquirent gaires apriés] qui ne vesquirent puis gaires après *F16 F19*, que puis ne vesqui gaires *F25 F26*, qui ne vesquirent puis gaires *F50*

---

[a] *F18 f. 60^{rb-va}; F16 f. 41^{rc-va}; F17 f. 31vb; F19 f. 101va; F20 f. 44^{rb-va}; F24 f. 138^{vc}–139ra; F25 f. 58^{ra-b}; F26 f. 58^{rb-va}; F38 f. 183^{ra-b}; F50 f. 381^{ra-b}* (ML, 216–217). *F18 has a ten-line miniature panel showing women praying and other women in a wooden tub, followed by a four-line pen-flourished initial 'O'.*

[cxc] Or vous lairons de ceste pueur ester. Si vous dirons de Balyan de Belin qui ala a Salehadin pour le cité rendre. Quant Balyans vint devant Salehadin, se li dist que li Crestiien de Jherusalem li renderoient le cité salves lor vies, qu'ensi li mandoient il. Salehadins li respondi qu'il avoient a tart parlé, et quant il lor fist bel offre qu'il li rendissent le cité, il ne le vaurrent mie prendre, et qu'il avoit fait sen sairement qu'il ne le prenderoit jamais s'a force non, et, s'il se voloient rendre en se merchi a faire se volenté d'aus, il les prenderoit: autrement nient. 'Car vous veés bien', dist il, 'que vous n'avés nul secours et que il n'a que prendre en le cité.' Dont vint Balyans; se li cria merchi et que, pour Dieu, *eust* merchi d'aus. Lors respondi Salehadins: 'Sire *Balyans*, pour l'amour de Diu et de vous, je vous dirai que je ferai, et pour l'amour de chou que *puis que* je commençai a guerroier sour les Crestiiens, a on tant espandu de sanc et ocis, j'averai merchi d'aus en une maniere que je vous dirai, et pour men sairement sauver. Il se renderont a moi comme pris a force, et je lor lairai lor meuble et lor avoirs, si en feront lor volentés comme del lor, mais lor cors seront en *ma prison*, et qui

---

1 *Rubric in F16*: Comment cil de Jerusalem se rendirent sauves lors vies a Salehadin et la cité de Jerusalem puis que li rois fu pris. *Rubric in F20*: De Balian qui vint assaier Salehadin quel pais cil de Jherusalem feroient. *No paragraph break in F24.* ‖ lairons de ceste ... dirons] lairai de ceste puor ester. Si vos dirai F25 F26   2 le cité] la cité de Jerusalem F16, le cité de Jherusalem F19, le chité de Jherusalem F20 ‖ Balyans vint] Balians fu F17, il vint F19   3 de Jherusalem li renderoient le cité] li rendoient le chité de Jherusalem F19, renderoient la cité F24   3–4 qu'ensi li mandoient il] et que tout ainsi li mandoient il F19, que ainsint li rendoient F38   4 Salehadins li] Salehadins F16 F24 F38, Quant Salehadins oï che si F19, et Salehadins F25 F26 F25 F26 ‖ avoient] avoit F25 F26 F38 F50   4–5 lor fist bel ... cité] lour avoit fait (lor fist F19) bel offre qu'il rendissent le cité F17 F19, l'oï il lor fist molt bel offre qu'il li rendissent le chité mes F20, lor fist bel offre c'on li rendist la cité F24 F38, lor fist bel offre F25 F26, lor fist la bele offre por ce qu'il rendissent la cité F50   5 mie prendre et qu'il] mie rendre et si dist qu'il en F16, rendre et dist qu'il F20, mie rendre ne prendre le bel offre que il lor avoit fait et qu'il F19   6 le] les F24 F38 F50 ‖ non et] sa force ne la prenoit et que F16, non mais F25 F26   7 d'aus il] il F19, d'aus ou il F20, d'aus comme esclave il F24 F25 F26, cum esclave il F38 F50 ‖ autrement nient] et autrement non F16, et autrement nient F19 F24 F25 F26, autrement F20, Autrement non F38 F50   9 en] *lack F25 F26 F50* ‖ *New paragraph in F25 and F26.* ‖ Dont vint Balyans se li cria] Dont vint Belians de Belin et se li cria F19, Donc vint Balians de Bellin si li cria F20, Lors cria Balyans a Salehadin F25 F26 ‖ eust] *lack F17 F24 F25 F26 F38 F50* ‖ eust] eeust F18   10 Lors respondi Salehadins] *New paragraph in F24.* ‖ Lors] Lors li F19, Dont li F24, Donc F25 F26 F50 ‖ Salehadins: 'Sire Balyans] Salehadins 'Sire F18, Salehadins 'Sire Balian (Balyans F25 F26) dist il F16 F25 F26, Balian Si li dist F20, Salehadins et se li dist [*paragraph break*] Sire Balian dist il F24 ‖ vous] vous qui m'en avés proié F16 F17 F20   11–13 et pour l'amour ... et] j'avrai merci d'ex en une maniere que je vous dirai et F16, je averai merchi d'aus en une maniere que je vous dirai que je ferai et F20, *lacks F17*   11 pour l'amour de chou] si savés bien F19 ‖ puis que] *lacks F18*   12 a on tant espandu] a on molt espandu F19, ai espandu tant F38, j'ai molt espandu F50 ‖ de] de lor F24 F25 F26, de leur F38   12–13 et ocis j'averai merchi d'aus] es batailles et d'une part et d'autre et pour chou en arai je merchi F19   14 meuble] membres et lors vies F19   15 comme del lor] *lacks F19* ‖ ma prison] meprison F18, me prison F17 F19

racater se vaurra et pora, si se racat, et je le metrai a raençon devisee, et qui ne se pora ne ne valdra, il demoura en ma prison comme hons pris a force.' Lors li dist Balyans: 'Sire, quels ert li nombres de le raenchon?', et Salehadins respondi que li nombres et li raençons seroit tele et as povres et as rices que li hons don-
5 roit .xx. besans et li feme .x. et li enfes .v., et qui celle raençon ne poroit paiier, il demourroit esclave.[a]

[cxci] Dont respondi Balyans: 'Sire', dist il, 'en celle cité laiens n'a que un poi de gent qui aidier se puissent, fors seulement les bourgois de le cité. Et a cas- cun home qu'il a *en* le cité qui celle raençon puissent paiier, en i a il .c. qui n'en
10 aroient mie .ii. besans, car li cités est toute plaine de menu pule de gens de le tiere, de *femes* et d'enfans dont vous avés les peres des enfans et les barons des femes ocis en bataille et pris, et puis que Diex vous a mis en cuer et en talent que vous arés merci del pueple qui *la dedens* est, si metés tel raençon et tel mesure c'on les puist racater.' Et Salehadins respondi qu'il se pourpenseroit et

---

1 si se racat ... a] si se racat et jo les meterai a *F17*, si se racatera par *F19*, je le (l'en *F50*) lairai aler par *F24 F25 F26 F38 F50*   1–2 ne se pora ... demoura] ne savra de coi racheter ne ne porra si demorra *F16 F20*, ne se volra ne porra rachater si remanra *F17*, racater ne se vaurra ne ne porra il demourra *F19*, ne savra de coi rachater ne (ou *F50*) ne volra il demorra *F24 F38 F50*, ne sera de qoi rachater ne ne voudra il demorra *F25 F26*   2 ma prison] me prison *F17 F20* ǁ comme hons pris] lacks *F19* ǁ New paragraph in *F25 and F26*. ǁ Lors li] Dont li *F24 F50*, Donc *F25 F26*, Donc li *F38*   3 et Salehadins respondi] Et Salehadins li respondi *F19*, Salehadins li respondi *F24 F38 F50*   4 et li raençons seroit tele] seroit tiels *F16 F20 F25 F26*, ert ceus *F17*, de le raenchon seroit tous *F19*   5 .xx. besans et ... enfes .v.] .x. besans et le femme .x. besans et li enfes en donnroit .v. besans *F19* ǁ poroit paiier] poroit avoir *F20*, paieroit *F24 F25 F26*, vodroit paier *F50*   6 demourroit esclave] demorroit esclave anvers moi *F16*, serroit esclave *F17*   7 No paragraph break in *F16, F17, F19, F20, F25, F26, F38 or F50*. ǁ respondi Balyans] li respondi Balians *F16 F17 F20*, respondi Belians et dist *F19*, vint Balians se li respondi *F24 F38* ǁ dist il] lack *F19 F50* ǁ celle cité laiens] le cité de Jherusalem *F19*   9 a en le ... paiier] a en la cité qui aidier se puisse ne qui cele reançon puisse paier *F16*, a en le cité qui aidier se puiscent ne qui cele reançon peuscent paier *F17 F20*, y a qui se puissent aidier *F19*, a en le cité qui cele reanzon puisse paier *F25 F26* ǁ en] dedens *F18* ǁ il .c.] cil .c. *F16*, il bien cent *F20*   9–10 n'en aroient mie] n'avroient mie *F16 F25 F26 F50*, ne le porroient mie aidier a paier de *F19*   10–11 toute plaine de ... d'enfans] pueplee de menu pule de le tere et femmes ert d'enfans *F19*, toute plaine des genz de la terre du menu pueple des fames et des enfanz *F38*   11 femes] feme *F18*   12 bataille et pris] *New paragraph in F25 and F26*. ǁ bataille] le bataille *F20* ǁ et] Sire dist Balyans a Salehadin *F25 F26*   13 la dedens] laiens *F18*, dedens le chité de Jherusalem *F19*   13–14 raençon et tel mesure] raençon et tel raison *F17*, raison et tel mesure *F24 F38*   14 les] le *F16 F20*, le pule *F17*   14–281.1 respondi qu'il se ... mesure] li respondi que volentiers se pourpenseroit et que volentiers y meteroit tel raenchon et tel mesure qu'il le por- roient bien paier *F19* ǁ qu'il se pourpenseroit et que volentiers] que volentiers se porpeneroit et *F17*

---

[a] *F18 f. 60*[va]*–61*[ra]*; F16 f. 41*[va–b]*; F17 f. 31*[vb]*–32*[ra]*; F19 f. 101*[va–b]*; F20 f. 44*[va–b]*; F24 f. 139*[ra–b]*; F25 f. 58*[rb–vb]*; F26 f. 58*[va–b]*; F38 f. 183*[rb–va]*; F50 f. 381*[rb–va] (ML, 217–218).

que volentiers i meteroit raison et mesure; et qu'il s'en alast en le cité arriere, et l'endemain *revenist* a lui.[a]

[**cxcii**] Lors prist Balyans congiet a Salehadins et s'en rala ariere en le cité et vint al patriarce. Si manda tous les bourgois por dire çou qu'il avoit trové a Salehadin. Quant il oïrent ce, si furent mout esmari pour le menu peuple de le cité. Si prisent consel ensanle et disent qu'il avoit grant avoir del roi d'Engletiere en le maison de l'Ospital, et s'il pooient tant faire vers les Hospitaliers qu'il eussent cel avoir a racater .i. nombre del menu peuple de le cité, ce seroit boin a faire, aussi comme li rois *Guis* fist tant vers le maistre del Temple qu'il li bailla le tresor le roi d'Engletiere, qui estoit a le maison del Temple, dont il *luia* chevaliers et sergans qu'il mena en le bataille la ou il fu pris et la ou li Vraie Crois fu perdue aveuc.[b]

---

1 et] et li dist *F20* ‖ alast] ralast *F17 F19* 1–2 en le cité ... lui] arriere en le cité et que l'endemain revenist a lui *F19*, en le chité et l'endemain revenist ariere *F20* 2 revenist] revenist parler *F18*, revenist arriere *F17* 3 *No paragraph break in F17, F20, F24, F25, F26, F38 or F50.* ‖ Lors] dont *F24 F50*, Donc *F38* ‖ Balyans] Belyans de Belin *F19* ‖ a Salehadins et s'en rala ariere] a Salehadin et s'en rala *F16 F17*, Si s'en ala *F20*, et s'en retorna *F24 F25 F26 F38* ‖ cité] chité de Jherusalem *F19* 4 Si] et *F20 F24 F25 F26 F38 F50*, et si *F19* ‖ bourgois] borjois de Jerusalem *F16 F20*, borjois de la cité et *F24*, borgeis de la vile *F50* 5 mout esmari] tout esmari *F19*, molt corocié *F38*, molt a mesaise *F50* 6 consel] congié *F16* 6–7 del roi d'Engletiere ... l'Ospital] an la meson del Temple qui estoit au roi Hienri d'Engletere *F16*, el Temple et a le maison de l'Ospital qui estoit du tresor le roy Henry d'Engletere *F19*, le roi Henri d'Englerre en la maison de l'hospital *F20* 7–8 eussent cel avoir] peussent avoir chel avoir *F19*, eussent *F25 F26* 8 nombre del menu ... cité] partie des povres qui estoient en la cité *F16 F20*, partie des povres de la cité *F17*, nombre du menu pule qui estoient en le chité que *F19* ‖ boin a faire] biens a faire *F25 F26 F16 F38*, molt boin a faire *F17*, bien fait *F19* 9 Guis] *lacks F18* ‖ fist tant] avoit tant fet *F16 F17*, avoit fait *F20*, fist *F25 F26* ‖ qu'il] qui *F20 F25 F26* ‖ le] le clés du *F19* 10 le roi] le roy Henry *F19*, au roi *F38*, dou roi Henri *F50* ‖ a] en *F19 F25 F26 F38* ‖ il luia] il luia les *F18*, on livra *F20*, il livra *F38*, il sodoia *F50*, il i a *F25 F26* 10–11 luia les chevaliers ... mena] mena chevaliers et serjans *F19* 11–12 en le bataille ... aveuc] avec lui en la bataille ou il fu pris et la Sainte Croiz perdue *F16*, en le batalle u il fu pris et li Sainte Vraie Crois i fu perdue *F17*, en le bataille ou il fu pris et ou le Vraie Crois fu perdue *F19*, en le bataille la ou il fu pris *F20*, o lui en le bataille ou il fu pris *F50*, en la bataille ou il fu pris et la ou la Crois fu perdue *F24 F25 F26*, en la bataille la ou il fu pris et ou la Crois fu perdue *F38*

---

[a] *F18 f. 61ra–b; F16 f. 41vb; F17 f. 32ra–b; F19 f. 101vb–102ra; F20 f. 44vb; F24 f. 139rb; F25 f. 58vb; F26 f. 58vb–59ra; F38 f. 183va; F50 f. 381va* (ML, 218). *F18 has a ten-line miniature panel showing a seated and crowned Ṣalāḥ al-Dīn in conversation with a standing Balian of Ibelin, followed by a four-line historiated initial 'D'. The decoration extends to the lower margin where there is a drollery.* [b] *F18 f. 61rb; F16 f. 41vb; F17 f. 32rb; F19 f. 102ra; F20 f. 44vb–45ra; F24 f. 139rb–c; F25 f. 58vb–59ra; F26 f. 59ra; F38 f. 183va; F50 f. 381va–b* (ML, 218–219).

282   THE CHRONIQUE D'ERNOUL

[cxciii] Lors vint li patriarces et Balyans et li bourgois; si manderent le commandeur de l'Ospital,[259] et se li disent qu'ensi faitement avoient parlé ensanle, et qu'il voloient avoir le tresor al roi d'Engletiere, que il avoient en garde, pour racater le menu pueple qui en le cité estoit, s'il pooient tant faire vers Salehadin. Et li commanderes dist qu'il en prenderoit consel as freres de l'Hospital, et chil de le cité disent qu'il gardaissent bien quel consel il prenderoient, et seussent il bien pour voir que s'il ne lor livroient l'avoir le roi d'Engletiere pour racater les povres de le cité, que il le feroient prendre a force a Salehadin, et si ne lor en saroit gret Diex ne Crestiientés. Atant s'en ala li commanderes de l'Ospital et prist consel a ses freres. Li frere li consellierent que biens estoit a faire, et que bien si acordoient, et que, se li tresors estoit de le maison, se s'i acordoient il bien c'on en racatast les povres gens. Atant s'en revint li commanderes de l'Ospital al patriarce et a Balyan de Belin et as bourgois; si lor

---

1 *Rubric in F16*: Deu tresor que iert a l'Ospital en commandise de par lo roi d'Engleterre dont leur acheta les povres de Jerusalem qui racheter ne se pooient. *No paragraph break in F24, F38 or F50*. ‖ Lors] Dont *F24 F50*, Donc *F25 F26 F38* ‖ et Balyans et li bourgois] et (Eracles et *F16*) Balians et li borjois de Jerusalem *F16 F20*, et Balians de Ybelin et li borjois *F50*   1–2 commandeur] maistre *F20*   2 faitement] *lacks F38*   3 al roi] au roi Hienri *F16*, le roy Henry *F19*, le roi *F24 F25 F26* ‖ que il avoient] qui estoit en la maison de l'Ospital et qu'il avoit *F19*, qu'il avoit *F24*   4 le menu pueple … estoit] un peu de menu pule qui estoit en le chité de Jherusalem *F19*   4–5 vers Salehadin] a Salehadin *F17*, envers Salehadin *F20 F24 F25 F26 F38*, *lacks F19*   5 commanderes dist] maistres respondi *F19* ‖ en prenderoit consel] en parleroit volentiers *F17*, en prenderoit volentiers conseil *F19*, s'en conseilleroit *F20*   6 disent] li distrent *F16 F38*, li disent *F24* ‖ gardaissent bien quel conseil il prenderoient] gardast bien quel consueil il penroit *F16* ‖ et] que *F24 F25 F26 F38 F50*   7 bien pour voir que s'il] por voir que s'il *F16*, bien se il *F19*, bien que s'il *F20*, bien de voir que s'il por Deu et par (por *F25 F26*) amor *F24 F25 F26 F38*, que se il por Deu et par amor *F50*, ‖ livroient l'avoir le roi] livroient l'avoir au roi Hienri *F16*, livroient l'avoir le roy Henry *F19*, livroient l'avoir au (al *F17*) roi *F17 F20 F38*, rendoient l'avoir au roy *F25 F26*   7–8 pour racater les … le] pour racater le menu pule de le cité de Jherusalem que il le *F19*, as povres genz racheter qu'il les (le *F24*) *F24 F25 F26 F38*   8 prendre a force] pendre (*corrected from* prendre *in F25*) as forches *F25 F26*   9 saroit gret Diex ne] saroit Dix gré ne li (le *F20*) *F17 F20*, saroit gré ne Dex ne (ne le *F19 F50*) *F19 F24 F50*, savroient ja Dex grez ne *F25 F26* ‖ *New paragraph in F25 and F26*. ‖ ala] rala *F19*   10 consel] congié *F25 F26* ‖ Li frere li consellierent] Et si frere li disent *F19* ‖ biens estoit] bon estoit *F16 F24*, boin estoit *F17*, ce estoit bon *F20*   11 que bien si … se] bien si acorderent que *F25 F26* ‖ le maison] leur meson moesmes *F16*   11–12 se s'i acordoient … en] se s'i acorderoient il bien c'on *F17*, se s'i acorderoient il bien et volentiers que on *F19*, si se acordent bien que on *F25 F26*   12 revint] ala *F24 F25 F26 F38*   13 de l'Ospital] *lack F19 F20 F50* ‖ de Belin] *lack F16 F19 F20 F25 F26* ‖ bourgois] bourgois de Jherusalem *F20*

259   Not identified. For a discussion, see Burgtorf, *Central Convent*, 598.

nonça ce qu'il *avoit* trové, et si lor dist qu'il voloient bien que le tresor le roy d'Engletiere, et quanques il poroient faire, fust abandonné a racater les povres *gens*.[a]

[cxciv] Adonc proiierent tout communement a Balyan qu'il alast a Salehadin, et qu'il fesist le mellour pais qu'il poroit. Lors s'en ala Balyans a Salehadins en l'ost; si le salua, et Salehadins le *bienvigna*, et si le fist seoir dalés lui, et se li demanda qu'il estoit venus querre ne qu'il voloit. Et Balyans respondi: 'Sire, je sui venus devant vous pour che dont je vous avoie proié'. Et Salehadins respondi que chou qu'il li avoit en couvent, il li tenroit, et s'il ne li eust en couvent, il ne *l'en* fesist jamais *nient*, que li cités et tout çou qu'il i avoit estoit tout sien. Dont li dist Balyans: 'Sire, pour Dieu merchi: metés resnable raençon as bonnes gens de le cité, et je ferai se je puis c'on le vous rendera; car de .c. n'en i aroit il mie

---

1 nonça] renoncha *F19*, dist *F25 F26*, dit *F50* ‖ avoit trové] avoient trové *F18*, avoit a ses freres *F20* ‖ si lor dist qu'il] dist que li frere *F19*, que li frere *F25 F26*, que il et li frere *F50* ‖ voloient bien] voloit *F16*, voloit bien *F17 F20* ‖ le tresor] l'avoirs *F24*, li avoirs *F25 F26*, l'avoir *F38 F50*   1–2 roy d'Engletiere et … a] roy Henry d'Engletere et tout quanques il avoient lor fust abandonné pour *F19*   2 et] *lack F16 F25 F26* ‖ abandonné] en abandon *F24 F25 F26*   3 gens] gens de le cité *F18*   4 *No paragraph break in F17, F20, F38 or F50.* ‖ Adonc] Lors *F25 F26*, Donc *F38*, Dont *F50* ‖ tout communement] tout et toutes *F19* ‖ a Balyan] a Balian (Belian *F19*) de Belin (de Ybelin *F50*) *F17 F19 F50*, de Bellin *F20*, cil de la cité Balian d'Ibelin *F24*, Balian *F25 F26*, Balian d'Ybelin *F38* ‖ alast a] alast a l'ost *F16*, ralast arriere parler a *F19*, ralast a *F24 F25 F26*   5 le mellour pais qu'il poroit] tote le meilleur pais que il porroit faire *F19*   5–6 Lors s'en ala … l'ost] Lors s'en ala Belians de Belin a l'ost Salehadin et *F19*, Dont (Lors *F38*) s'en issi Balian hors de la cité et ala en l'ost as Sarrasins si vint a Salehadin *F24 F38*, Donc s'en issi Balians (Balyans *F25*) hors de la cité et s'en ala a Salehadin *F25 F26*, Lors eissi Balians de la cité et vint a Salahadin *F50*   6 le bienvigna et si] le bienigna et si *F18*, li dist bien veignaut et *F16*, le bienvigna et *F17 F20 F38*, li rendi son salu et si *F25 F26* ‖ dalés] devant *F24* ‖ se] *lack F17 F19 F50*   7 ne qu'il voloit] *lack F17 F50* ‖ Et] *lack F24 F25 F26 F38 F50* ‖ respondi] li respondi *F16 F17 F19 F50*   8 venus] revenus *F24*, ci venuz *F25 F26*, venuz ci *F38* ‖ devant vous pour] a vous pour oïr et pour savoir vo volenté de *F19* ‖ respondi] li respondi *F16 F17 F19 F50*, dist *F24*   9 que chou qu'il … il] qu'il li avoit en couvent qu'il *F20* ‖ il li tenroit et] li tenroit il bien et que *F19*, il li rendroit volentiers mes *F50* ‖ il li tenroit … couvent] *lack F25 F26* (*homeoteleuton*)   9–10 il ne l'en fesist jamais nient] il ne li fesist jamais *F18* ‖ il ne l'en … sien] que jamais n'en fesist riens *F19*   10 que li cités … tout] Car la cité de Jerusalem et quanqu'il avoit dedenz estoit tot *F16*, que le cités et quanques il i avoit estoit tout *F17*, Car le chité et quanques il i avoit estoit *F20*, que la cités et çou qu'il i avoit estoit *F24 F25 F26 F38*   11 li dist Balyans] li dist Belians de Belin *F19*, vint Balians si li dist *F38* ‖ raençon as bonnes] reançon es povres *F16 F38 F50*, nombre en le raenchon et si aiés merchi des boines *F19*   12 cité et je ferai] chité de Jherusalem et je ferai tant *F19*, cité et si fere *F38* ‖ c'on le vous rendera] qu'en les vos rendra *F16 F17*, que ele vous ert rendue *F19*, c'on vos rendera la cité *F24*, que l'en la vos rendrai *F25 F26* ‖ i aroit il] i avroit *F16 F20 F25 F26*

---

[a] *F18 f. 61^{va–b}; F16 f. 41vb–42ra; F17 f. 32^{rb–va}; F19 f. 102^{ra–b}; F20 f. 45ra; F24 f. 139^{rc}; F25 f. 59^{ra–b}; F26 f. 59^{ra–va}; F38 f. 183^{va–b}; F50 f. 381vb–382ra* (ML, 219–220).

.ii. qui celle raençon peussent paiier'. Lors s'amolia Salehadins et dist que pour Diu avant et pour l'amor de lui qui l'em prioit, metroit le raençon a raison, si qu'il i poroient avenir. Dont atirent illeuques que li hom donroit .x. besans et li feme .v. et li enfes .i. Ensi atirerent le raençon a çaus qui racater se poroient, et de quanques il averoient de meuble et de *quanqu'il* poroient vendre ne aloer, si l'emportaissent salvement qu'il ne trouveroient qui tort lor *en* fesist.[a]

[cxcv] Quant ensi orent atiré le raençon, si dist Balyans a Salehadin: 'Sire, or avons nous atiré le raençon as rices gens. Or nous esteut atirer le raençon as povres gens, qu'encore en a plus de .xx. mil dedens le cité qui ne poroient mie paiier le raençon d'un seul home. Pour Dieu, s'i metés raison et consel, et je

---

1 celle raençon peussent ... et] peussent paier lor raenchons se vous n'en avés merchi. Adont se humilia molt Salehadins et si *F19*, cele raençon poissent paier. Dont s'amolia Salehadins et *F24*, cele reanzon peust paier. Donc s'amolia (s'amolesa molt *F50*) Salehadins et *F25 F26 F50*, cele raençon peussent paier. Donc vint Salehadins si s'amoloia et *F38* 2 Diu avant et ... si] pour l'amour de Diu avant et pour l'amour de lui aprés y metteroit il volentiers raençon *F19*, l'amor de Deu et de lui qui l'en avoit prioit metroit la reanzon a raison si *F25 F26* ‖ prioit metroit le raençon a raison] avoit proié metroit la reançon a reson *F16 F17*, avoit proié metroit la raençon *F20*, prioit meteroit la raençon a tel raison *F24*, avoit prié il metroit la raençon a tel raison *F50* 2–3 si qu'il i poroient avenir] qu'il (si qu'il *F16*) i porroient bien avenir (venir *F24*) *F16 F19 F24 F50*. *New paragraph in F24, F25 and F26.* 3 atirent illeuques] ordenerent il *F19*, atirerent entr'eus *F17*, atirerent illuec entre Salehadin et Balian *F20* 4 et li enfes .i.] besans. Et li enfes en donroit .i. besant *F19* ‖ atirerent le raençon a] atournerent il lor raenchon a tous *F19*, atirerent la reanzon (reançon *F25*) *F25 F26* 5 de] *lack F24 F25 F26 F38* ‖ de meuble et] d'avoir et de muis de blé et de catel *F19* ‖ quanqu'il poroient vendre ne aloer] che que il poroient vendre ne aloer *F18*, quanqu'il porroient vendre ne alegier (aliener *F20*) *F16 F20*, que il porroient ne vendre ne alouer *F19*, quantqu'il poroient vendre *F25 F26*, quanqu'il porroient ne vendre ne engagier *F38*, qanqu'il porroient vendre et engagier *F50* 6 l'emportaissent salvement qu'il] emportassent sauvement il (qu'il *F24*) *F16 F17 F20 F24* ‖ en] *lacks F18* 7 *Rubric in F20*: De Jherusalem que on rendi a Salehadin par si que tot chil de le chité vinrent a raenchon, qui racater se peut, Salehadin les conduiroit as Crestiiens. *No paragraph break in F17, F24, F25, F26, F38 or F50.* ‖ ensi orent atiré le] einsi orent atornee le (la *F16*) *F16 F17 F20*, il orent ainsi atourné lor *F19* ‖ Balyans] Belians de Belin *F19* 7–8 or avons nous atiré] nous avons ore ordenee *F19*, or avons nous atornee *F16 F17 F20* 8 as rices gens ... as] des *F25 F26* (*homeoteleuton*) ‖ gens] hommes *F19* 8–9 nous esteut atirer ... gens] nous (vous *F20*) esteut (estoit *F16*) atorner le reançon aus povres *F16 F17 F20*, nous convient il ordener le raenchon as povres gens *F19*, covendroit atirier le raençon des povres *F50* 9 qu'encore en ... cité] qu'encor en a (i a *F17 F25 F26 F38*) plus de .xx. mil en (dedenz *F25 F26*) la cité *F17 F24 F25 F26 F38*, Car il en y a encore plus de .xx.[m] dedens le chité de Jherusalem *F19*, Car encore en a .xx. mille en le chité de Jherusalem *F20*, Car il a plus de .xx.[m] homes en la cité *F50* 9–10 qui ne poroient mie paiier] que ceste reanzon ne poroient mie paier ne *F25 F26* 10 seul] *lack F24 F25 F26 F38 F50* ‖ s'i metés raison et consel] s'i metés conseil *F17*, metez i reison et conseill *F38*, sire si y metés raison *F19*, sire si i metez mesure *F50*

---

[a] *F18 f. 61*[vb]*–62*[ra]*; F16 f. 42*[ra]*; F17 f. 32*[va]*; F19 f. 102*[rb–va]*; F20 f. 45*[ra–b]*; F24 f. 139*[rc–va]*; F25 f. 59*[rb–va]*; F26 f. 59*[va–b]*; F38 f. 183*[vb]*; F50 f. 382*[ra–b] (ML, 222).

pourcacerai al patriarce et a ceus del Temple et de l'Ospital, que se vous i volés metre raison, qu'il seront delivré.' Lors dist Salehadins que volentiers i metroit raison, et que pour .c. mil besans lairoit tous les povres aler. Dont respondi Balyans: 'Sire, quant tout cil qui racater se poront seront racaté, ne lor demorroit il mie le *moitié* de çou que vous demandés as povres; mais, pour Dieu, metés i raison'. Dont respondi Salehadins qu'autrement ne le feroit. Lors se pourpensa Balyans qu'il ne feroit mie marchié de tout racater ensanle, mais d'une partie; *et s'il en avoit une partie racaté*, il avroit espoir raison de l'autre partie a l'aïue de Diu. Dont demanda a Salehadin pour combien il li donroit .vii. mil hommes, et Salehadins respondi *qu'il li donroit* pour .l. mil besans, et Balyans respondi: 'A! Sire, pour Dieu, ce ne poroit estre; mais pour Diu, metés i mesure'. Lors parlerent tant ensanle Salehadins et Balyans qu'il finerent lor marchié a .xxx. mil besans del nombre de .vii. mil homes. Ensi atirerent pour le

---

1 al patriarce et ... que] au patriarche et a cels de l'Ospital et del Temple (Temple et *F16*) *F16 F17 F20*, se Diu plaist au patriarche et au maistre du Temple et de l'Ospital *F19*, a l'Ospital et al Temple et al patriarche et as borjois que *F24*, au patriarche et au Temple et a l'Ospital et as borjois que *F25 F26*, au Temple et au patriarche et a l'Ospital et aus bourjois que *F38*, au Temple et a l'Ospital et au patriarche et envers les borgeis *F50* 1–2 se vous i ... seront] se vous i volés metre raison il seront *F16 F17 F38*, par coi il seront tout *F19*, Se vous i metés raison qui seront *F20*, se vos i metez mesure qu'il seront tuit *F50* 2 *New paragraph in F25 and F26*. ‖ Lors] Dont *F19 F24 F50*, Donc *F38* ‖ Salehadins] Salehadins a Balyans (Balians *F25*) *F25 F26* 3 tous les povres] tous les povres de le chité *F19*, les povres *F25 F26* ‖ Dont] Lors *F38 F50* 4 tout] *lacks F20* ‖ racaté] *lacks F24* 4–5 ne lor demorroit] ne lor remanra *F17*, si ne lor demourra *F19*, ne lor demoroient *F25 F26* 5 moitié] monte *F18 F19* 6 metés i raison] merchi metés y une raenchon raisonnable *F19* ‖ qu'il] que *F17 F19 F20* 6–7 autrement ne le ... qu'il] *lacks F24 (homeoteleuton)* ‖ Lors se pourpensa ... feroit] *lack F25 F26 (homeoteleuton)*, Donc vint Balians si se porpensa qu'il ne feroit *F38* ‖ se pourpensa] s'apensa *F20* 8 et s'il en ... racaté] racater *F18*, et s'il en avoit une partie *F17* 8–9 de l'autre partie] de l'autre *F16*, de l'autre partie racater *F19*, des autres racater *F20* 9 demanda a Salehadin] demar da *F16*, li demanda Balians *F24* ‖ li] *lack F16 F17 F20 F25 F26 F38* 10 respondi qu'il li donroit] respondi *F18*, li respondi qu'il les li donroit *F16*, li dist que il li donroit *F19* 11 respondi] li respondi *F16 F19 F24 F38* ‖ A! Sire pour Dieu] *lack F25 F26* 11–12 metés i mesure] i metez raison *F25 F26* 12 Lors parlerent tant ... Balyans] Lors parlierent tant (tout *F20*) ensemble Balian et Salehadin *F16 F17 F20*, Or parlerent ensanble entre Balian et Salehadins *F24*, tant parlerent ensemble entre Salehadin et Balyan *F25 F26*, Or parlerent tant emsemble entre Salehadin et Balien *F38* ‖ finerent] firent *F16* 13 a] por *F19 F50*, pour *F20* 13–286.1 Ensi atirerent pour ... homes] et si atornierent por le nombre fere de .vii.ᵐ homes *F16*, ensi atornerent por le numbre parfaire des .vii. mil homes *F17*, Et si ordenerent le nombre des .vii.ᵐ hommes *F19*, et si (ainsi *F38*) atirerent por le nombre faire des .vii. mil homes *F24 F25 F26 F38*, *lacks F20 (homeoteleuton)*

nombre de .vii. mil homes c'on conteroit .ii. femes pour .i. homme et .x. enfans pour .i. homme, qui de age ne *seroient*.[a]

[cxcvi] Quant ensi orent atiré, Salehadins mist jour de lor coses vendre et alouer, et de lor raençon avoir paié, et de le cité widier. Et si commanda que dedens .xl. jours eussent widié le cité et lor raençon paié, et qui puis .xl. jors i seroit trovés, cors et avoirs demorroit en le main Salehadin, et quant il seroient hors de le cité, il les feroit conduire sauvement a Crestiienté. Et si dist a Balyan qu'il commandast a tous chiaus de le cité que tout chil qui armes aroient et porter les poroient, qu'il les portaissent que s'il avenoit cose que larron ne robeour se mesissent entre eaus, ne qu'il les assalissent ne par jour ne par nuit, qu'il se deffendissent et aidassent ceaus qu'il lor liverroit pour eaus conduire, et quant ce venroit as destrois, que les gens armés gardaissent les destrois tant que li desarmé seroient passé. Quant ensi orent le pais atornee, si prist Balians congié a Salehadin, et se li dist: 'Sire, jou irai en le cité et si noncerai ceste pais a ceus de le cité, et se ceste pais lor gree, on vous aportera les clés de le cité'. Dont s'en

---

1–2 et .x. enfans pour .i. homme] et deus enfans pour .i. home *F17*, lacks *F19* (*homeoteleuton*)   2 seroient] seroit *F18 F24*, seroient mie pour parfaire le nombre des .vii.ᵐ hommes *F19*   3 *No paragraph break in F16, F17, F19, F20, F24, F38 or F50.* ∥ ensi orent] einsinc l'orent *F16*, issi l'orent *F17*, ensi l'orent *F20*   3–4 Salehadins mist jour … paié] si lor mist Salehadin jour de lor raenchon paier et de lor coses rendre et d'aloer *F19*   3 jour] terme *F25 F26*   4 alouer] engagier *F38 F50* ∥ avoir paié et … widier] avoir paié et de la cité avoir vuidiee *F16*, paier et de le (la *F50*) cité widier *F20 F50*. *New paragraph in F16.* ∥ commanda] lor commanda Salehadins *F16*, lor commanda *F19*, comanda Salehadins *F20*   5 widié le cité] tout cil de le chité widié Jherusalem *F20* ∥ qui puis] que (qui *F38*) puis les *F24 F25 F26 F38*   6 en le main] a *F24 F25 F26 F38 F50*   7 cité il] cité Salehadin *F17*, chité de Jherusalem il *F19* ∥ a Crestiienté] a la (le *F20*) Crestienté *F16 F20*, a (en *F25 F26*) Crestienté et garder *F24 F25 F26 F38*, en tere de Crestiens *F19* ∥ a Balyan] Balian *F17*, a Belian de Belin *F19*   8 commandast a tous … cité] desist a tous chiaus de le chité de Jherusalem et commandast *F19* ∥ tous] *lack F24 F25 F26 F38 F50* ∥ aroient] avoient a porter *F20*   9 qu'il les portaissent] *New paragraph in F25 and F26.* ∥ que] Por ce dist Salehadins que li Crestien portassent lor armes que *F25 F26*   11 aidassent] si aidassent bien *F19* ∥ qu'il] qui lor cex qui *F25 F26*   12 destrois que les … destrois] destors *F25 F26* (*homeoteleuton*)   13 seroient] fussent *F19 F25 F26 F38 F50*, fuissent *F20* ∥ *New paragraph in F24.* ∥ atornee] ordenee *F19*, atiree *F24 F25 F26 F38*, atirié *F50*   14 Sire] Sire dist il *F38* ∥ jou irai en le cité] je m'en irai en le cite de Jherusalem *F19*, je m'en irai arriers en la cité *F50* ∥ si] *lack F24 F25 F26 F38 F50*   15 pais] pas *F25 F26* ∥ lor] vos *F20*   15–287.1 de le cité … vint] de le cité. Dont retourna Belians de l'ost Salehadin et s'en rentra en le chité de Jherusalem et en vint *F19*, Dont s'en torna Balians de l'ost as Sarrasins et entra en la cité et (si *F38*) vint *F24 F38*, lors s'en retorna Balyans et vint a la cité *F25 F26*

---

[a] *F18 f. 62*ʳᵃ⁻ᵇ; *F16 f. 42*ʳᵃ⁻ᵇ; *F17 f. 32*ᵛᵃ⁻ᵇ; *F19 f. 102*ᵛᵃ⁻ᵇ; *F20 f. 45*ʳᵇ⁻ᵛᵃ; *F24 f. 139*ᵛᵃ⁻ᵇ; *F25 f. 59*ᵛᵃ⁻ᵇ; *F26 f. 59*ᵛᵇ⁻*60*ʳᵃ; *F38 f. 183*ᵛᵇ⁻*184*ʳᵃ; *F50 f. 382*ʳᵇ⁻ᵛᵃ (ML, 222–223).

THE CHRONIQUE D'ERNOUL   287

torna Balyans de Salehadin et entra en Jherusalem et vint al patriarce, et manderent les Templiers et les Hospitaliers et les borgois de le cité pour dire le pais qu'il avoit faite se il le looient.[a]

[cxcvii] Quant tout furent assanlé, si lor dist Balyans ensi comme il avoit fait et atiré le pais envers Salehadin, s'il lor greoit. Et il li respondirent que bien le greoient, quant miex ne pooient faire. Lors prisent les clés des portes; si les envoia on a Salehadin. Quant Salehadin ot les clés, si en fu mout liés et en rendi grasses a Damediu. Si envoia chevaliers et sergans pour garder le Tour Davi et fist metre ses banieres sus et fist toutes les portes de le vile fremer, fors une; celle fu li Porte Davi. La mist il chevaliers et sergans, que Crestiien n'en ississent. Par la entroient e issoient li Sarrazin pour acater chou que li Crestiien avoient a vendre.[b]

---

2 Templiers et les Hospitaliers] Hospiteliers et les Templiers F_{24} 3 se il le looient] s'il le loeroient F_{19}, S'il le looient et greoient F_{20}, s'il le greoient F_{24}, s'il l'agreoient F_{25} F_{26}, se le leur agreoit F_{38} F_{50} 4 *No paragraph break in F_{24}, F_{25}, F_{26}, F_{38} or F_{50}*. ‖ tout furent] il furent tout F_{19} F_{50} 4–5 Balyans ensi comme ... envers] Balian (Balians F_{20}) le pais qu'il avoit faite vers F_{16} F_{17} F_{20}, le pais que il avoit faite a F_{19}, Balians ensi com il avoit (avoient F_{24}) atiree le pais envers F_{24} F_{38}, Balians la pais einsi com il l'avoit atiree envers F_{25} F_{26} 5 s'il lor greoit] si lor greoit F_{16} F_{20} F_{25} F_{26}, s'il le greoient F_{19} 5–6 Et il li ... greoient] *lacks F_{16} (homoteleuton)*, Et il respondirent que bien le greoient F_{17}, et il disent que il le greoient bien F_{19}, Et il (il lor F_{20}, il li F_{25} F_{26}) respondirent que bien lor greoit F_{20} F_{24} F_{25} F_{26} F_{38} 6 quant miex ne pooient] quant il ne pooient mix F_{19}, quant il mieus ne pooient F_{24}, quant (et quant F_{25}) mieuz n'en pooient F_{25} F_{26} ‖ *New paragraph in F_{25} and F_{26}*. ‖ Lors prisent] Lors prist on F_{19}, Dont prist on F_{24}, Li Crestien de Jherusalem pristrent F_{25} F_{26}, Donc pristrent F_{38}, Dont envoierent F_{50} ‖ portes] portes de la cité de Jerusalem F_{16}, portes de Jherusalem F_{20} 6–7 si les envoia on] si les envoierent F_{16} F_{25} F_{26} F_{38}, et si les bailla on a F_{19} 7 Quant Salehadin] et quant F_{25} F_{26} ‖ clés] clés des portes et de le cité de Jherusalem F_{19} 8 Damediu] Nostre Seigneur F_{19}, Nostre Seignor F_{25} F_{26} ‖ envoia chevaliers et ... et] *lack F_{25} F_{26}* ‖ sergans] serjanz en Jerusalem F_{16}, sergans en Jherusalem F_{20}, serjans en le vile F_{19} 9 fist metre ses banieres sus et] si F_{16} ‖ fist metre ses ... fremer] se fist mettre se baniere sus et si fist fremer toutes les portes de le vile F_{19} ‖ vile] cité F_{16} F_{24} F_{25} F_{26} F_{38} F_{50} 10 li] *lack F_{17} F_{19}* ‖ La mist il chevaliers et] Et la mist on chevaliers et F_{19}, la mist li chevaliers et li F_{25} F_{26} ‖ que Crestiien n'en ississent] pour garder que li Crestien n'en ississent F_{19}, por ce que li Crestien n'en ississent F_{24}, que Crestien n'en isist et F_{25} F_{26}, que nuls Crestiens n'en eissist et F_{38} F_{50}. *New paragraph in F_{24}.*   11 Crestiien avoient a] Crestien voloient F_{19}, Crestiien a F_{20}, Crestien de la cité avoient a F_{38} F_{50}

[a]F_{18} f. 62^{rb-va}; F_{16} f. 42^{rb-c}; F_{17} f. 32vb–33ra; F_{19} f. 102vb–103ra; F_{20} f. 45^{va-b}; F_{24} f. 139^{vb-c}; F_{25} f. 59vb–60ra; F_{26} f. 60^{ra-b}; F_{38} f. 184ra; F_{50} f. 382^{va-b} (ML, 223–224).   [b]F_{18} f. 62^{va-b}; F_{16} f. 42^{rc-va}; F_{17} f. 33rb; F_{19} f. 103ra; F_{20} f. 45vb–46ra; F_{24} f. 139^{vc}; F_{25} f. 60^{ra-b}; F_{26} f. 60^{rb-va}; F_{38} f. 184ra; F_{50} f. 382vb (ML, 224–225).

[cxcviii] Le jour que Jherusalem fu *rendue* fu venredis et fu feste Saint Legier, *qui est* le secont jour d'octembre.[260] Quant Salehadins ot fait garnir le Tour Davi et les portes de le cité, si fist crier par le cité qu'il portaissent lor raençon a le Tour Davi a ses baillius et a ses escrivens, que il i avoit mis pour le raençon requellir, et qu'il n'atendissent mie tant que li .xl. jour fuissent passé, et bien se gardaissent qui puis les .xl. jours i seroit trouvés, cors et avoirs demourroit par devers lui. Apriés alerent li patriarces et Balyans a l'Ospital et fisent prendre .xxx. mil besans et porter a le Tour Davi pour le raençon de .vii. mil homes povres paier. Quant li .xxx. mil besant furent paiié, si manderent les bourgoys de le cité. Quant il furent venu, si prisent de cascune rue .ii. des plus preudomes qu'il i savoient, et si lor commanderent et *fisent* jurer sour sains qu'il n'espargneroient ne home ne feme qu'il seussent, ne pour parenté ne pour amour qu'il ne lor fesissent jurer sor sains et nomer çou qu'il avoient, et qu'il ne lairoient a nului qu'il presissent se tant non qu'il aroient assés pour aler a Crestiienté. Pour ce le faisoient ensi, que s'il avoient plus que pour aler a Crestiienté, que on en

---

1 *No paragraph break in F16, F17, F20, F24, F25, F26, F38 or F50.* ‖ rendue] prise *F18* ‖ venredis et fu feste] .i. venredis et fu feste *F16 F17*, venredis et fu le jour de le feste *F19*   2 qui est] *lacks F18* ‖ d'octembre] de setembre *F16*, du mois d'octembre *F19*, d'octovre *F25 F26 F50*, d'oictovre *F38*. *New paragraph in F25, F26 and F50.*   2–4 fait garnir le ... a] garnie le Tour David si fist crier par le chité de Jherusalem que li Crestien y portaissent lor raenchons as ses baillix et ses serjans et as *F19*   3 le cité] la vile *F50*   4 i] *lack F17 F20 F50* ‖ mis pour le raençon] por sa reeçon *F16*, mis pour ses raençons *F17*, mis pour se raenchon *F20*   5 li .xl.] il ne peussent en avant ne que li *F19* ‖ et bien se] mais bien *F19*   6 qui] que *F16*, que qui *F17 F24 F25 F26 F38 F50* ‖ cors et avoirs demourroit] que cors et avoirs demourroit *F19*, et ses cors et ses avoirs seroit *F24*, ses cors et ses avoirs demorreroit *F50* ‖ par] *lack F16 F17 F20 F24 F25 F26 F38 F50*   7 lui] le roi *F17*. *New paragraph in F16.* ‖ Balyans] Balians de Ybelin *F50*   7–8 fisent prendre .xxx. ... porter] fisent prendre .xxx. mil besans et fisent porter *F17*, prisent .xxx.ᵐ besans du tresor le roy Henri d'Engletere et porterent *F19*, pristrent .xxx.ᵐ besans et les portererent *F50*   8 de .vii.] des .vii. *F19 F24*, des .x. *F38*   9 povres] *lacks F19* ‖ li] *lack F17 F19* ‖ paiié] paié pour les .vii. mille povres *F20*   9–10 les bourgoys de ... furent] toz les borjois de la cité. Quant il furent tuit *F16*   10 de cascune rue] de chascune rue de Jerusalem *F16*, *lacks F17* ‖ des plus] *lacks F19*   11 fisent] fisent tant *F18*   11–14 qu'il n'espargneroient ne ... presissent] que il n'espargneroient mie ne homme ne femme que il seussent qui peust paier se raenchon ne pour parenté ne pour amor que il ne lor fesissent jurer sur sains que il lor diroient voir de chou qu'il aroient et qu'il ne lairoient a nului qu'il ne preissent *F19*, qu'il n'espargneroient home ne feme qu'il seussent ne pour ami ne por parent qu'il ne lor feissent jurer sor sains qu'il ne lor feissent nomer ce qu'il avoient et qu'il ne lairoient a nului qu'il ne preissent *F20*, de nomer ce qu'il avoient sor lor sairement q'il avoient fait et qu'il ne les lesiroient a nului *F25 F26*   12 ne] *lack F16 F24 F50* ‖ seussent] preissent *F24*, peussent *F38*   14 aroient assés pour] s'en porroient *F16 F17*, s'en poroit *F20*, en aroient assés pour *F19*   14–289.1 Pour ce le ... autres] que on en racateroit les *F19*   15 le faisoient ensi] *lack F16 F17 F20*

---

260   Jerusalem surrendered on 2 October, the feast of St Leodegar (St Léger).

THE CHRONIQUE D'ERNOUL 289

racatast les autres povres gens, et fist on metre en escript le nombre des povres gens qu'il avoit en cascune rue, et que on prenderoit selonc ce qu'il estoient preudome, l'un plus, l'autre mains, tant qu'il atirerent illuec le nombre des .vii. mil homes. Et si mist on hors les .vii.^m homes de le cité. Quant chil .vii. mil home furent hors, ne parut il gaires al remanant. Lors vint li patriarces et Balyans; si prisent consel ensanle et manderent les Templiers et les Hospitaliers et les bourgoys. Si lor proiierent pour Dieu qu'il mesissent conseil et aïue as povres gens qui en Jherusalem estoient demouré. Il i aidierent, et li Temples et li Hospitaus i donna, mais n'i donnerent mie tant com il deussent, ne li bourgoys ensement, car il n'avoient mie peur c'on lor tolist a force, puis que Salehadins les avoit asseurés. Car s'il quidaissent c'on lor en deust faire force, il *eussent* plus donné de çou qu'il donnerent. Et de che qu'il prisent as povres gens qui s'en estoient issu, de sourplus de lor despens, racaterent il des povres gens; mais ne vous en sai le nombre dire.[a]

---

2 que on prenderoit] que l'en en penroit *F16*, que on emprenderoit *F20*, *lacks F19*, que on i prenderoit *F24*   3 preudome l'un plus l'autre mains] preudomme li uns plus et li autres mains *F19*, preudome a l'un plus et a l'autre mains *F20*, l'un plus l'autre mais *F25 F26* ‖ atirerent illuec] atornerent illuec *F17 F20 F16*, ordennerent iluec *F19*, atirerent enqui *F24*   3–4 des .vii. mil homes] des povres gens jusqu'a .vii.^m *F16 F17 F20*, des povres gens de le cite de Jherusalem de ches .vii.^m *F19*, de .vii. mil homes de Jherusalem *F24*, de .vii.^m homes *F25 F26*. *New paragraph in F25 and F26.*   4 Et si mist ... cité] si mist l'on les .vii.^m homes hors de la cité et *F16*, et si mist hors les .vii. mil homes de le cité et *F17*, dont on avoit paié le raenchon et *F19*, *lacks F24*, Einsi mist l'en hors les .vii.^m homes de Jherusalem *F25 F26 F38*   4–5 home furent hors ne] furent hors ne *F19 F20*, furent hors n'i *F24 F25 F26*, home furent hors n'i *F38*   5 patriarces et Balyans] patriarches Eracles et Balian *F16*, patriarches et Balians de Ybelin *F50*   6 si prisent consel ensanle et] et si prisent conseil li uns a l'autre et si *F19* ‖ les Templiers et les Hospitaliers] les Ospiteliers et les Templiers *F24*   7–8 as povres gens ... estoient] en le povre gent racater qui estoit en le chité de Jherusalem *F19*   8 *New paragraph in F25 and F26.* ‖ Il i aidierent et] *lacks F19*   8–9 Il i aidierent ... donna] et li aidierent li Templier et li Hospitalier *F20*, Li Temples et li Hospitaus i aidierent et li borjois *F25 F26*, Il i aidierent, et li Ospitaus et li Temples (Templier et li Hospitaus *F38*) i dona *F24*   9 donna mais] donierent mais *F16*, donnerent mais il *F19* ‖ n'i donnerent] il n'i aidierent *F25 F26*   9–10 ne li bourgoys ensement] *lack F25 F26*, Ne li rois aussi *F38*   11 avoit asseurés] en avoit fait aseurer *F25 F26*, en avoit asseurez *F38* ‖ deust faire force il eussent] deust faire force il en eussent *F18*, fesist forche de donner il eussent *F19*, deussent faire force il lor eussent *F25 F26*   12 donné de çou ... prisent] efforchiement donné qu'il ne fisent mais de che qu'il donnerent et qu'il prisent *F19* ‖ de çou qu'il] qu'il ne *F16 F20 F25 F26*   13 des] les *F16 F19 F20 F38*   13–14 mais ne vous ... dire] mes ne vos en sai dire combien *F16 F17*, tant que je n'en sai le nombre dire *F19*, mais je ne vous sai dire combien *F20*, mais ne vos en sai le nonbre a dire *F24*

[a] *F18 f. 62vb–63rb; F16 f. 42^{va–b}; F17 f. 33^{rb–va}; F19 f. 103^{ra–va}; F20 f. 46^{ra–b}; F24 f. 139^{vc}–f. 140ra; F25 f. 60^{rb–vb}; F26 f. 60va–61ra; F38 f. 184^{ra–b}; F50 f. 382vb–383rb* (ML, 225–227).

[cxcix] Or vous dirai comment Salehadins fist garder le cité de Jherusalem pour ce que Sarrazin ne fesissent tort ne damage ne mellees as Crestiiens qui dedens estoient. Il mist *en* cascune rue .x. sergans et .ii. chevaliers pour garder, et il le garderent si bien c'onques n'oï on parler de mesprison qu'il fesissent a Crestiien. A le mesure que li Crestien issoient hors de Jherusalem, si se logoient devant l'ost des Sarrazins, si qu'il n'avoit mie plus d'une traitie d'arc de l'une ost desci que a l'autre. La s'asanlerent desci qu'il furent tuit issu, et Salehadins faisoit l'ost des Crestiens garder et par jour et par nuit, c'on ne lor fesist damage et que laron ne s'i embatisent. Quant tout furent issu de Jherusalem cil qui racater se pooient, et li povre qui racaté estoient, si demora molt de povre gent encore.

Dont vint Saphadins[261] a sen frere Salehadin; se li dist: 'Sire, je vous ai aidié a *le tiere conquerre*, a l'aïue de Diu, et ceste cité; si vos pri et requier que vous me donnés mil esclaves de ces povres gens qui en le cité sont'. Et Salehadins li demanda qu'il en feroit, et il li dist qu'il en feroit se volenté, s'il li *donoit*. Et

---

1 *No paragraph break in F20, F24, F25, F26 or F50.*   2 ne damage ne mellees as Crestiiens] ne domage au Crestians F16, as Crestiens ne damage F17, ne damage as Crestiiens F20, ne meslee as Crestiens F25 F26   2–3 dedens estoient] estoient de dedens le chité de Jherusalem F19, dedenz la cité estoient F38   3 en] en cascune porte et F18 ‖ en cascune rue … chevaliers] .ii. chevaliers et .x. sergans en cascune rue F24, a chaschune (en chascune F38) des rues (rues de la cité F50) .ii. chevaliers et .x. serjanz F25 F26 F38 F50 ‖ pour garder et] por garder la cité et F16 F38, *lacks F19* ‖ le] les F20 F25 F26   4 si bien c'onques n'oï on] si bien c'onques n'i oï on (l'on F16) F16 F20, F25 F26, c'onques n'oï F17 ‖ qu'il fesissent a Crestiien] qui fust faite aus Crestiens F16, qu'il feissent as Crestiens F24, qu'il feissent a Crestien nul F38. *New paragraph in F24, F25 and F26.*   5 hors] *lack F17 F24 F38 F50*   6 n'avoit] n'avoient F20 F25 F26 ‖ mie plus d'une] c'une F19   6–7 desci que] *lack F16 F17 F20 F24 F25 F26 F38*   7 La s'asanlerent desci] La asemblierent (s'assamblerent F17) d'ici adonc F16 F17 F20, et la s'asanlerent il tout dessi adont F19, la (et la F24) s'asemblerent tuit desi F24 F25 F26, et la s'assembloient tuit desi F38, et la s'assemblerent tant F50   8 c'on ne lor fesist damage] pour che que on ne lor desist nul damage F19   8–9 et que laron ne s'i embatissent] *lack F16 F17 F20*, et que larron ne se embatissent entr'aus F19, ne que (qui F25) laron ne s'i enbatissent F24 F25 F26 F38. *New paragraph in F16 and F20. Rubric in F16*: L'asmosne que Salehadins fist au povres de Jerusalem qui a rachater estoient et racheter ne se pooient. *This is followed by a three-line puzzle initial 'Q'. Rubric in F20*: Li aumosne que Salehadins fist a chiaus de Jherusalem qui racater ne se pooient.   9–10 tout furent issu … encore] tout li Crestiien qui racater se pooient furent issue de Jherusalem se demoura il molt encore de povre gent en le chité et si s'en estoient issu tout li povre qui estoient racaté F19, tout li Crestiien furent issu fors de Jherusalem cil qui racater se peurent et li povre qui racaté estoient si demoura encore molt de povre gent en Jherusalem F20   12 le tiere conquerre] conquerre le tiere F18, le (la F24) terre a conquerre F20 F24 ‖ le tiere a … requier] cheste terre et cheste chité a l'aieue de Diu si vous pri F19   13–14 de ces povres … il] Et Salehadin li demanda qu'il feroit de ches povres gens. Et Saphadins F19   13 cité] chité de Jherusalem F20   13–14 Et Salehadins li demanda] dont (lors F38) li demanda Salehadins F24 F25 F26 F38   14 li] *lack F16 F19 F20 F24* ‖ donoit] denoit F18

---

261   The first mention of al-ʿĀdil Sayf al-Dīn who later became sultan of Egypt and died in 1218.

THE CHRONIQUE D'ERNOUL 291

Salehadins li dona et si manda a ses baillius qu'il li donnaisent mil esclaves. Et quant cil oïrent le commandement Salehadin, si fisent çou qu'il commandoit, et quant Saphadins ot les mil *povres*, si les delivra pour Dieu. Apriés vint li patriarces; se li proia, por Dieu, qu'il li donnast de ses povres qui ne se pooient racater, qui en le cité estoient, et il l'en donna .v.c, et li patriarces les delivra. Aprés vint Balyans de Belin a Salehadin; se li demanda de ses povres, et il l'en donna .v.c, et Balians les delivra.[a]

[cc] Apriés dist Salehadins a ses homes: 'Mes freres a fait s'aumosne, et li patriarces et Balyans le *leur*; or vaudrai je faire le moie'. Si commanda a ses baillius de Jherusalem qu'il fesissent ouvrir une posterne d'encoste Saint Ladre; et si mesissent siergans a le Porte Davi, et fesist on crier parmi Jherusalem que

---

1 Salehadins li dona] *New paragraph in F24*. ‖ li] tantost li F16 ‖ et si manda] et si manda et commanda F19, Dont commanda Salehadins F24 ‖ baillius] bailliz qui en Jerusalem estoient F16 ‖ donnaisent] delivrassent F24 F25 F26 F38 F50 ‖ esclaves] esclaves de quele gent qu'il vaurroit prendre ne avoir F19   2–3 quant cil oïrent ... commandoit] il si firent quant il oïrent le commandement Salehadin et F16, Quant li baillu oïrent le comandement Salehadin leur segnour si fisent ce q'il lor comandoit et F20, quant cil oïrent le commandement Salehadin, si fistrent son commandement F25 F26   2 Salehadin] lor seignour F19   2–3 çou qu'il commandoit] *New paragraph in F25 and F26*.   3 povres] esclaves povres F18 ‖ si les delivra pour Dieu. Apriés] en se baillie si les delivra pour Diu et comme racatés. Dont F19, si les delivra touz pour Deu. Dont F50   4 patriarces se li ... donnast] patriarches a Salehadin si li pria por Dieu F16 F17, patriarches a Salehadin et se li demanda F19, patriaces. Si li pria pour Deu F20, patriarches a Salehadin se li pria ke por Deu li donast F24, patriarches si li pria pour Dieu que por Dieu li donast F38   5 qui en le ... il] chil qui en la chité de Jherusalem estoient et Salehadins F19, qui en la cité estoient et Salehadins F24 F38, et F25, et Salehadins F26, que en la cité estoient. Salehadins F50 ‖ donna .v.c et ... delivra] delivra .d. et li patriarches les delivra por Dieu F16   6 Aprés vint] Dont revint F19 ‖ de Belin] *lack F16 F24 F38* ‖ de ses povres et il] de ses povres et Salehadin F19, des povres de la cité et Salehadin F24 F25 F26 F38 F50   7 .v.c et Balians les delivra] .x. et Balians les delivra por Dieu F16   8 *No paragraph break in F16, F17, F20, F24, F25, F26, F38 or F50*. ‖ dist Salehadins a ... freres] vint Salehadins a ses hommes et lor dist: Mes freres F19, dist Salehadins a ses homes: Salfadins mes freres (mes freres Sefedins F50) F20 F50, vint Salehadins si dist a ses homes: mes frere Saphadins si F24 F38, Salehadins vint a ses homes si lor dist: mes freres Safadins F25 F26   8–10 li patriarces et ... posterne] aussi veul je faire le moie. Dont vint Salehadins a ses baillix qu'il wardaissent Jherusalem et si lor fait ouvrir une porte F19   9 le leur] le siue F18, de Ybelin la lor F50, *lack F24 F25 F26 F38* ‖ *New paragraph in F25 and F26*. ‖ Si commanda] Dont si manda F20, Salehadins commanda F25 F26   10 de Jherusalem] *lack F17 F50* ‖ une] le F17, la F25 F26 F50   11 si mesissent] et meist en F38, et meist l'en F50 ‖ fesist] fisent F17, si feissent F25 F26 ‖ parmi] par le cité de F19, parmi le chité de F20, par tot F24 F25 F26, par tout F38, par tote la cité de F50

[a] F18 f. 63rb–vb; F16 f. 42vb–c; F17 f. 33va–b; F19 f. 103va–b; F20 f. 46rb–va; F24 f. 140ra–b; F25 f. 60vb–61ra; F26 f. 61ra–b; F38 f. 184rb–va; F50 383rb–va (ML, 227–228).

toutes les povres gens s'en ississent de le cité; et commanda as sergans qu'il fesissent esquerre ciaus qui isteroient par le Porte Davi, et s'il en i avoit nul qui eust dont il se peust racater, c'on li tolist et les menast on en prison. Et les jovenes homes et les jovenes femes mesist on entre deus murs, et les vielles gens mesist on hors de le cité. Celle enquestions et *ces* gens metre hors dura de solel levant dusque a solel cousant, et furent mis hors par le posterne Saint Ladre. Ce fu l'aumosne que Salehadins fist sans nombre des povres gens. Apriés si conta on ciaus qui demouré estoient; s'en i trouva on .xi. mile. Quant li patriarces et Balyans sorent qu'encore en i avoit .xi. mil a racater, si vinrent a Salehadin; se li prierent, por Dieu, qu'il les tenist en hostages et qu'il delivrast les povres gens, et il feroient pourcacier lor raençon a Crestiienté, tant que il seroient racaté. Salehadins lor dist que che ne feroit il mie; qu'il ne tenroit mie .ii. homes pour .xi. mil, ne que plus n'en parlaissent. *Et il si ne fisent; si demora atant.*[a]

---

1 ississent] ississent hors *F19 F25 F26*, eississent hors *F50* ‖ le cité] Jherusalem *F17 F20*   1–2 commanda as sergans qu'il fesissent esquerre] commanda (commanda on *F20*) aus serjanz qu'en feist esquerre *F16 F17 F20*, se commanda a ses hommes qu'il fesissent bien demander et enquerre a *F19*, commanda as baillix qu'il feissent as sergans esquerre *F24 F25 F26 F38*   2–3 isteroient par le Porte ... prison] en issoient s'il savoient mais nului en le chité s'il eust de quoi il se peust racater et se nul en y aroit dont il peust se raenchon paier que on li tausist a forche et se le remenast on en prison arriere *F19* ‖ en i avoit nul qui eust] i avoit nul *F20*, i avoit nul qui euist sor lui *F24*, i avoit nul qui eust *F38*   3 les] le *F24 F38 F50*   4 mesist on entre] mesist on en *F17*, meissent entre *F24 F50*, meist entre *F38*   5 mesist on] meissent *F24 F25 F26* ‖ cité] cité de Jherusalem *F19* ‖ et ces] et celle *F18*, de ces *F16 F17 F19 F20* ‖ dura de] de le chité dura un jour toute jour tres *F19*, dura tres le *F24*, dura del *F25 F26*, dura des *F38*   6 posterne Saint Ladre] porte Saint Ladre *F19*, posterne *F24 F38*   7 sans nombre des povres gens] des povres genz sanz nombre *F16 F20*, des povres sans nonbre *F24*, sanz nombre *F25 F26*, as povres gens qui estoient demouré a racater en le chité de Jherusalem *F19*   8 qui demouré estoient] qui demourerent *F20*, qui en la cité demore estoient *F24* ‖ .xi.] .xx. *F16 and similarly throughout this paragraph*.   8–9 mile. Quant li ... sorent] .m. a racater. Quant Belians de Belin et li patriarches virent *F19*   9 qu'encore en i avoit] qu'il en i avoit encore *F17 F19*, qu'encore en i estoient demouré *F20*   10 tenist] retenist *F19*, detenist *F24*, renist *F38* ‖ qu'il] si *F17 F24*, il *F25 F26*   11 lor raençon a Crestiienté] lor raençons as Crestiiens *F20*, a Crestienté lor raençon *F24 F25 F26 F38* ‖ racaté] bien racaté. Et *F19*   12 qu'il ne tenroit] ne qu'il ne tenroit *F17*, Il ne tenroit *F20*, qu'il ne retenroit *F19*, qu'il ne detenroit *F24*, qu'il ne detendroit *F25 F26 F38*   13 ne] et *F17 F24 F38* ‖ ne que plus ... fisent] Et chil si ne fisent ne n'oserent faire *F19* ‖ Et il si ... atant] *lacks F18*, ne il ne si fisent atant si demora *F24*, ne il ne firent atant demora *F25 F26*, Ne il ne firent. Atant si demoura *F38*

---

[a] *F18 f. 63vb–64ra; F16 f. 42^{vc}–43ra; F17 f. 33vb–34ra; F19 f. 103vb–104ra; F20 f. 46^{va-b}; F24 f. 140^{rb-c}; F25 f. 61^{ra-va}; F26 f. 61^{rb-va}; F38 f. 184va; F50 f. 383^{va-b}* (ML, 228–229)

THE CHRONIQUE D'ERNOUL 293

[cci]²⁶² Or vous dirai d'une grant courtoisie que Salehadins fist les dames et les filles as chevaliers qui estoient afuies en Jherusalem, cui lor seigneur avoient esté mort et pris en le bataille.²⁶³ Quant *eles* furent racatees et issues de Jherusalem, si s'asanlerent et alerent devant Salehadin crier merchi. Quant Salehadins les vit, si demanda qui elles estoient ne que elles *demandoient*, et on li dist que   5
c'estoient les *femes et les* filles as chevaliers qui avoient esté pris et mort en le bataille. Dont demanda qu'elles voloient, et elles li respondirent que pour Diu eust merci d'eles: qu'il avoit les barons a *teles* i avoit en prison, et teles i avoit mors, et lor terres avoient perdues, et que pour Diu i mesist conseil et aïue. Quant Salehadins les vit plorer, si en ot grant pitie et il meismes en ploura   10
de pitié. Si dist as dames cui lor baron estoient vif, qu'eles fesissent savoir s'il estoient en prison, car quanques il aroit en se prison, il les feroit delivrer. Et

---

1 courtoisie] aumosne et d'une grant cortesie *F24*   1–2 les dames et les filles as] au fames et au filles des *F16*, as dames et as demoiseles filles des *F19*, les dames et les femes et les filles des *F24*, les dames les fames les filles aus *F38*   3 mort et pris en le] pris et mort en la *F16 F24 F25 F26*, pris et morz en *F38* ‖ eles] les feme *F18* ‖ issues] issues hors *F16 F17 F24 F50*, issues hors de le chité *F19*, issues fors *F20*   4 et alerent devant Salehadin] devant Salehadin pour *F19* ‖ *New paragraph in F25 and F26*.   5 les vit si] les vit devant lui si lor *F20*, vit les dames si *F25 F26* ‖ ne] et *F17 F19 F20 F25 F50* ‖ demandoient] queroient *F18*   6 les femes et les] les *F18*, dames et les *F25 F26* ‖ as chevaliers] de ceus *F20* ‖ qui avoient esté] qu'il avoit *F16 F17 F20*, qi estoient *F25*   6–7 pris et mort en le bataille] morz et pris en (a le *F19*, en le *F20*, en la *F50*) bataille *F16 F19 F20 F50*   7 Dont demanda] Dont demanda Salehadins *F20*, lors demanda *F25 F26 F38* ‖ li respondirent] li disent *F19*, respondirent *F24 F25 F26 F50*   8 eust] ait *F17*, il eust *F19* ‖ qu'il] Car il *F19 F20 F38 F50* ‖ a teles i ... teles] a tele i avoit en prison et teles *F18*, a teles i avoit en prison et a teles (tels *F24 F38*) *F20 F16 F24 F38*, de teles y avoit en se prison et de teles *F19*, de teles i avoit en prison et tels *F50*   9 et] et que *F17 F19 F20*   9–10 i mesist conseil et aïue] meist consuel et aide en eles *F16 F19*, i meist consel *F25 F26 F50*. *New paragraph in F24*.   10 grant pitie et il] grant pitie qu'il *F16 F17*, si grant pitie qu'il *F20*, molt grant pitie et il *F25 F26*   11 baron estoient] seigneur estoient *F19*, baron estoient emprison *F20*   11–12 qu'eles fesisent savoir ... prison] qu'il se ceussent. Car toz cels qu'il avoit en sa prison *F16*, qu'eles quesiscent s'il estoient en prison *F17*, qu'eles feissent savoir s'il estoient en sa prison car quanque il avoit (en avoit *F38*) en sa prison *F24 F38*, qu'il feissent savoir s'il estoient en sa prison *F25 F26*   12–294.1 car quanques il ... trouva] et il les feroit delivrer. Et eles si fisent. Et il furent tout delivré quanques on en y trouva *F19*, car quanques il en a en sa prison il fera delivrer et quanques il en trouvera *F20*. *New paragraph in F20*.

262   *Rubric in F16*: Une cortoisie que Salehadins fist aus fames et aus filles des chevaliers qu'il avoit morz et pris en bataille, *followed by a five-line puzzle initial 'O'. Rubric in F20*: Le cortoisie que Salehadins fist as dames qui li baron avoient esté pris et mors en le bataille. *In F18 the paragraph break between § cc and § cci comes at the start of a new column, one sentence later than in the other manuscripts, thus allowing for the positioning of a miniature panel.*

263   *F18 has a ten-line miniature panel showing women kneeling before a seated and crowned Ṣalāḥ al-Dīn, followed by a four-line puzzle initial 'Q'.*

tout furent delivré quanques on en i trouva. Apriés si commanda c'on donnast as dames et as damoisieles, cui pere et cui seignour estoient mort, durement del sien, l'une plus et l'autre mains, selonc çou qu'elles estoient. Et on lor en dona tant qu'eles s'en loerent drument, a Diu et au siecle, del bien et de l'honnour que Salehadins lor avoit fait.[a]

[ccii] Quant tout li Crestiien furent issu de Jherusalem, cil qui issir en durent, et povre et rice, et il furent tout ensanle par d'autre part l'ost des Sarrazins, si s'esmervillierent mout li Sarrazin dont si fais pueles estoit issus, et si le fisent savoir a Salehadins, et se li disent que si fais pueles ne poroit aler ensanle. Dont commanda Salehadins c'on le partist en .iii. pars, et que li Temples en menast une partie, et li Hospitals l'autre, et li patriarces et Balyans la tierce. Quant il orent ensi paratourné lor muete, si bailla a cascune des parties .l. chevaliers pour conduire salvement a Crestiienté et pour garder. Et si vous dirai comment il le conduisent et garderent. Li .xxv. chevalier faisoient l'avant garde, et li .xxv. l'ariere garde. Cil qui l'avant garde faisoient, quant il avoient mangié, si se cou-

---

1 Apriés si commanda] Et aprés si commanda Salehadins F_{19} 2 dames] femes F_{25} F_{26}, damas F_{38} ‖ seignour] baron F_{16} F_{17} F_{20} F_{50} ‖ durement] largement F_{38} F_{50} 2–3 del sien] de son avoir F_{24} 3 Et on lor en] il lor F_{25} F_{26} 4 drument] lack F_{19} F_{24} ‖ a] et a F_{17} F_{19} F_{24} 6 Rubric in F_{16}: Com cil de Jerusalem qui racheté estoient, et povre et riche, furent conduit a sauveté en terre de Crestians. No paragraph break in F_{20}, F_{24}, F_{38} or F_{50}. ‖ tout] lacks F_{20} 6–7 de Jherusalem cil ... tout] hors de le chité de Jherusalem et povre et riche tout chil qui s'en devoient issir et il se furent F_{19} 6 durent] devoient F_{25} F_{26} 7 par d'autre part l'ost des] par devant l'ost des (aus F_{16}) F_{16} F_{17} F_{20}, d'autre part l'ost des F_{19}, d'autre part de l'ost des (as F_{24}) F_{24} F_{25} F_{26} F_{38} F_{50},   8 fais] grant F_{25} F_{26}, granz F_{38}, graz F_{50} 9 et se li ... fais] et li disent que si grans F_{19} F_{38}, que si granz F_{25} F_{26}, et li distrent que tant de F_{50} ‖ poroit] s'en porroit mie F_{19} F_{50}, poroit tos F_{24} ‖ New paragraph in F_{24}.   10 le partist en .iii. pars et] les partist (partesist F_{20}) en .iii. et F_{16} F_{20}, les partesist .iii. parties si F_{19}, les partist en trois parz et F_{25} F_{26} 10–11 Temples en menast ... Hospitals] Templier en menaissent une partie li (et li F_{19} F_{20}) Hospitalier (Hospitaus F_{20}) F_{19} F_{20} F_{50} 11 une partie] l'une des parties F_{24} F_{25} F_{26} F_{38} ‖ Balyans la tierce] Balians de Belin (Ybelin F_{50}) le tierce F_{17} F_{50}, Belians de Belin le tierche partie. Et F_{19} 12 paratourné] paratiree F_{24}, paratiré F_{25} F_{26}, atiree F_{38}, atirié F_{50} ‖ muete si bailla ... parties] muete si bailla Salehadins a chascune partie F_{16} F_{20}, afaire pour mouvoir si bailla Salehadins a cascune des pars F_{19} 13 conduire salvement a ... garder] conduire (conduire les F_{38}) sauvement a Crestienté et pour garder les F_{16} F_{38}, conduire salvement et pour garder F_{17}, les Crestiiens conduire sauvement a Crestienté et pour gardes F_{20}, aus conduire a Crestienté sauvement F_{19}. New paragraph in F_{25} and F_{26}. ‖ Et si] Si F_{16} F_{17} F_{20}, Or F_{25} F_{26} 14 il le conduisent et garderent] il les conduirent et garderent F_{19}, li chevalier sarrasin conduisoient les Crestiens F_{25} F_{26}, il les conduisoient et les gardoient F_{38} ‖ le] les F_{16} F_{17} F_{20} F_{24} F_{50} ‖ li .xxv.] li .xxv. autres faisoient F_{19}, li autre .xxv. F_{20} F_{25} F_{26}

---

[a] F_{18} f. 64^{ra-va}; F_{16} f. 43^{ra-b}; F_{17} f. 34ra; F_{19} f. 104^{ra-b}; F_{20} f. $46^{vb}-47^{ra}$; F_{24} f. 140^{rc-va}; F_{25} f. 61^{va-b}; F_{26} f. $61^{vb}-62^{ra}$; F_{38} f. 184^{va-b}; F_{50} f. $383^{vb}-384^{ra}$ (ML, 229–230).

çoient dormir et fasoient doner lor provendes a lor cevaus de jours. Quant il
avoient soupé, si montoient tout armé sor lor cevaus et aloient toute nuit entour
les Crestiiens, que laron ne *s'embatissent* entr'aus. Cil qui l'ariere garde fasoient,
quant il veoient home ne feme *ne* enfans qui estoient recreu ne qui ne pooient
mais aler, si faisoient lor escuiers descendre et aler a pié et faisoient porter les
recreus dusques as herberges. Et il meismes portoient les enfans devant aus et
derriere sour lor cevaus. Quant il venoient as herberges et il avoient soupé, si se
couçoient dormir, et cil qui le jour avoient fait l'avant garde faisoient l'endemain
l'ariere garde. Et quant che venoit as destrois, si faisoient armer les Crestiiens
qui armes avoient, tant que tout li autre estoient passé, et quant on estoit herbergié, li vilain de le tierre aportoient viande a grant plenté, si que li Crestiien
en avoient grant marchié.[a]

[cciii] De ces .iii. routes qui ensi furent atournees, menerent li Templier l'une
.xv. jours devant les autres, et li Hospitalier le seconde, et li patriarces et Balyans

---

1 lor] *lack F17 F20* ‖ jours] jours si qu'il avoient mengié lors provendes de jours *F19*, jors si qu'il avoient mangié lor provende de jors *F24 F25 F26 F38*   1–3 il avoient soupé ... laron] li cheval avoient mengié et li chevalier avoient dormi si montoient et si aloient tout jour et toute nuit entour les tentes as Crestiens que li larron ne li reubeur *F19*   2 soupé] dormi *F20*   3 s'embatissent entr'aus] s'i embatissent entr'aus *F18*, s'enbatissent en aus *F25 F26*   4 ne] ni *F18*   4–5 ne enfans qui ... mais] ne emfant qui fust recreu et qu'il ne pooit mes *F16*, ne enfant qui recreus estoit ne qui ne pooit mais *F17*, ne enfant qui estoient recreant ne qui ne pooient mais *F20*, ne enfant qui fussent recreu ne qui ne peussent mes *F38*, recreant ou qu'il estoient malade ou qu'il ne pooient *F19*   5 lor escuiers descendre ... faisoient] *lacks F38 (homeoteleuton)*   5–6 faisoient porter les recreus dusques] si faisoient les malades et les recreus porter dessi *F19*, faisoient porter les recreans jusques *F20*   6–8 les enfans devant ... couçoient] lor enfans derrier aus sur leur chevaus et quant il venoient as herberges si soupoient s'aloient *F19*   8 l'avant garde] l'avantage si *F19* ‖ l'endemain] le nuit *F17*   9 *New paragraph in F25 and F26.* ‖ Et] *lack F16 F17 F20 F25 F26* ‖ che venoit as destrois] ce venoit as destrois la u il se doutoient *F24 F38*, li chevalier sarrasin venoient as destroiz la ou il se dotoient *F25 F26*   10 avoient tant que tout li autre] avoient et (et lor faisoient *F50*) garder les destrois tant que (qui *F25 F26*) tot *F24 F25 F26 F38 F50* ‖ on estoit] il estoient *F16 F38 F50*, on estoient *F25 F26*   11–12 de la tierre ... marchié] du païs aportoient assés de toutes viandes tant que lie Crestien en avoient assés grant marchié et que il s'en looient *F19*   13 *No paragraph break in F17, F24, F25, F26, F38 or F50.* ‖ qui ensi furent atournees] quant eles furent ainsi departies *F19*   13–14 l'une .xv. jours] l'une .xxv. jours *F18 F19*   14 Hospitalier] Ospitaus *F24 F25 F26 F38* ‖ le seconde] la seconde aprés *F16*, menerent l'autre *F19*

[a] *F18 f. 64va–65ra; F16 f. 43^{rb–c}; F17 f. 34^{ra–b}; F19 f. 104^{rb–va}; F20 f. 47^{ra–va}; F24 f. 140^{va–b}; F25 f. 61vb–62rb; F26 f. 62^{ra–b}; F38 f. 184vb–185ra; F50 f. 384^{ra–b}* (ML, 230–231).

de Belin le tierce. Pour çou demoura li patriarces a daerrains qu'il quidierent toute jour vaintre Salehadins par proiiere de Crestiiens qui ariere demouroient. Ensi les fist conduire Salehadins salvement tant con se tierre dura desi qu'en le tiere de Triple; et quant il vinrent devant Triple, li quens de Triple[264] fist les portes fremer; si n'en laissa nul dedens entrer, ains fist issir de ses chevaliers as chans et fist prendre les riches borjois et tollir lor avoir que Salehadins lor avoit laissié. Li plus des povres gens s'en alerent en le tiere d'Antioce et d'Ermenie, et l'autre partie entra dedens Triple, qui puis y entrerent. Ensi faitement furent li Crestiien venu devant Triple quant il escaperent des mains as Sarrazins. Ensi faitement ne furent mie recueilli cil d'Escalone ne des castiaus entour, quant il alerent en Alixandre sejourner et *yverner* en tiere de Sarrasins.[a]

---

1 de Belin le tierce] la tierce aprés *F16*, menerent le tierche *F19*, de Belin a tierche *F20*, la tierce *F25 F38* ‖ demoura li patriarces a daerrains] demorierent li patriaches et Balians aus darreains *F16*, demoura li patriaches et Balians (Belians de Belin *F19*) a deerrains *F16 F19 F20 F24 F38*, demora li patriarches et Balyans d'Ibelin (de Belin *F25*) *F25 F26*   2 toute jour vaintre] ades vendre *F19*   2–3 des Crestiiens qui … Salehadins] des Crestians qui arrieres demoroient. Ensinc les fist Salehadins conduire *F16 F20*, des Crestiiens qui derrier demoroient. [*paragraph break*] Ensi fist Salehadins les Crestiens conduire *F25 F26*, et que il peussent ravoir les Crestiens qui estoient arriere demourés en le merchi et en le prison le roy Salehadin mais il n'i fisent noient. Et tout ainsi fist Salehadins conduire les Crestiens *F19*   2 *New paragraph in F25 and F26*.   4 et quant il vinrent devant Triple] *lacks F20 (homeoteleuton)* ‖ vinrent] furent *F17 F19*   5 fremer] fremer encontre aus et *F19* ‖ dedens entrer] entrer dedens *F19 F24 F25 F26 F38*   5–6 chevaliers as chans … riches] chevaliers et de ses hommes encontre aus camps et si fist prendre les plus riches *F19*   6 prendre] prendre tos *F24 F25 F26 F38 F50* ‖ borjois] homes *F16 F17 F20* ‖ tollir lor avoir] si lor fist tolir lor avoir *F19*, fist tolir tot lor avoir *F25 F26*, lor fist tolir tot l'avoir *F24*, leur fist tolir tout l'avoir *F38*, lor fist tolir l'avoir *F50*   7 povres] *lacks F17* ‖ le tiere d'Antioce et d'Ermenie] Antioche et en le tere d'Ermenie *F19*, en Antioche et en Hermenie *F20*   8 partie entra dedens … entrerent] partie entra dedenz Triple *F16 F17 F20*, entrerent dedens Tripe qui puis y entrerent *F19*, partie demora devant Triple qui puis i entrerent *F24 F38 F50*, partie remestrent devant Triple que puis i entrerent *F25 F26*   8–9 Ensi faitement furent … Sarrazins] *lacks F16*, ensi faitement alerent li Crestien quant il furent escapé des mains Salehadin *F17 F20*, et tout ainsi entrerent li Crestien dedens Tripe quant il escaperent des mains Salehadin et des Sarrasins. Mais *F19*. *New paragraph in F16 and F20. Rubric in F16*: Com cil d'Escalonne qui delivré estoient yvernierent en Alixandre et furent conduit a Crestienté. ‖ faitement furent li Crestiien venu devant] faitement furent li Crestien venu en la terre de *F24*, vindrent li Crestien devant *F38*   10 faitement] *lacks F38* ‖ recueilli cil] cil recueilli *F20*, receu cil *F25 F26* ‖ entour, quant il] d'entor ains s'en *F19*   11 sejourner et yverner … Sarrasins] sejourner et virent en tiere de Sarrasins *F18*, sejorner et yverner en terre de Sarrasins comme cil de Jerusalem furent *F16*, sejorner *F17*, sejourner et si estoit tere de Sarrasins *F19*, iverner (enverner *F25 F26*) en terre de Sarrasins *F24 F25 F26 F38*

---

[a] *F18 f. 65^{ra-b}; F16 f. 43^{rc-va}; F17 f. 34^{rb-va}; F19 f. 104^{va-b}; F20 f. 47va; F24 f. 140vb; F25 f. 62^{rb-va}; F26 f. 62^{rb-va}; F38 f. 185ra; F50 f. 384^{rb-va}* (ML, 231–232).

264   Presumably Bohemond, second son of Bohemond III of Antioch and future Prince Bohemond IV, or possibly Raymond, his elder son.

THE CHRONIQUE D'ERNOUL 297

[cciv] Quant li Crestiien vinrent devant Alixandre, li baillius de le tiere les fist herbegier et faire bonnes lices entour aus, et si les faisoit garder et par jour et par nuit, c'on ne lor fesist anui ne damage. La *ivernerent* mout a pais dessi qu'al march, qu'il entrerent es nés pour passer mer por aler en tiere de Crestiiens. Or vous dirai que li *Sarrasin* d'Alixandre faisoient cascun jour. Li preudome de le cité issoient cascun jor hors et venoient as Crestiiens et faisoient grans donnees as povres de pains et de deniers. Li rice Crestiien, qui lor deniers avoient, acatoient le marceandise et les avoirs qu'il misent es nés, quant il passerent le mer ou il gaaingnierent grant avoir. Or vous dirai quele aventure il lor avint. Il ariverent el port d'Alixandre .xxxvi. nés de Pissans et de Genevois et de Venissiens et d'autre gent, dont il orent al march grant marchié de passage. Quant che vint al march et il furent recueli es nés li rice, et li povre demorerent. Si vinrent li segneur des nés al balliu d'Alixandre; si s'aquiterent mout bien de ce

5

10

---

1 *No paragraph break in F16, F17, F20, F25, F26, F38 or F50.* ‖ vinrent] vinrent en tere de Sarrasins *F17* 1–2 li baillius de ... herbegier] le bailliz de la terre les fist logier devant la cité *F16 F17 F20*, si les fist li castelains de le tere herbegier *F19*, li baillix d'Alixandre les fist herbergier devant Alixandre *F24*, les fist herbergier *F25 F26*, li bailliz d'Alixandre les fist herbergier *F38* 2 et par jour et] *lacks F20* 3 anui ne] anui et *F17*, ne anui ne *F19 F25 F26* ‖ ivernerent] demourerent *F18*, sejournerent li Crestien *F19*, meinerent *F25 F26* ‖ a pais dessi qu'al] en pes d'ici au *F16*, em pais jusques en *F20*, aisé desi c'al *F24*, aessé desi en *F25 F26*, a aise desi au *F38*, a aise jusqu'au *F50* 4 es nés pour ... de] es nés pour passer mer et por aler en terre de *F16 F17*, es nés pour passer le mer pour aler en le tere de *F19*, en mer pour passer mer et pour aler en le terre as *F20* ‖ por aler en tiere de Crestiiens] en tiere de Crestiens *F24 F38 F50*, en terre de Crestiens si com vos orrés *F25 F26* ‖ *New paragraph in F16, F25, F26, F38 and F50.* 5 Sarrasin] Crestiien *F18* 6 et venoient] *lack F24 F25 F26 F38* 6–7 faisoient grans donnees ... deniers] fesoient granz donnees au povres Crestians de pains et de vins et de deniers *F16*, faisoient cascun jour grans donees as povres Crestiens de pains et de deniers *F17*, si faisoient grans aumosnes et grans donnees de pain et de vin et de deniers as povres gens. Et *F19*, faisoient grans donnees de pain et de deniers *F20* 7–8 Crestiien qui lor ... avoirs] Crestien acatoient les rices marcaandises as Sarasins *F19*, home qui deniers avoient emplioient lor deniers en marcheandise *F24 F25 F26*, home qui d. avoient les emplioient en marcheandise *F38* 8 le marceandise] les marcheandises *F16 F20* ‖ le] *lack F19 F24 F25 F26 F38* 9 grant] *lacks F17* ‖ *New paragraph in F17, F24, F25 and F26.* ‖ il lor avint] lor avint *F17 F20*, avint les Crestiens qui ivernerent devant Alixandre *F25 F26*. *New paragraph in F16.* 10 ariverent] ivernerent *F24 F38*, ivernerent *F25 F26*, yvernerent *F50* ‖ .xxxvi.] .xxvi. *F19 F20*, .xxxviii. *F38 F50* ‖ Pissans et] Crestiens de Pisans *F24*, païsanz *F38* 10–11 Pisans et de ... gent] Pisane et de Pisois et de Venissiens et d'autre gent et si arriva molt de Genevois *F19* ‖ et de Venissiens] *lacks F50* 12 recueli es nés ... demorerent] tout cuelli es nés et li riche et li povre *F19*, recueilli es nés cil qui les nés orent loees (avoient louees *F24*) si en demoura bien .m. Crestiens povres qui n'orent (n'avoient *F24*) de coi les nés loer. Ne dont il peussent viande achater pour metre es nés *F24 F38*, recuilli es nés cil qui les orent loees si en demora bien .m. Crestiens povres qui n'orent de quoi les nés loer ne de quoi viande acheter por meter es nés *F25 F26*

qu'il devoient; puis li disent qu'il lor fesist delivrer lors trés et lor gouvrenals, que, quant il avroient tans, il s'en vaurroient aler. Dont *lor* respondi li baillius que lor trés ne lor gouvrenals ne lor renderoit il mie jusque a *icele* eure que les povres gens k'il avoient ariere laissiés seroient es nés tout; et il respondirent *qu'il*
5 nes i meteroient mie, qu'il n'avoient mie les nés loees ne viande cargié a lor oes. 'Que vaurrés vous dont faire?', dist li baillius.[265] 'Les volés vous dont chi laissier pour perdre et pour estre esclaves et brisier le fiance que Salehadins lor a donnee? Ce ne puet estre. Mener les vos estuet. Et si vos dirai que je ferai pour le *fiance* Salehadins garder et pour Diu: je lor donrai pain et eve assés pour le mer
10 passer, et vos les metés es nés, c'autrement ne poés vous avoir vos gouvrenals ne vos trés.'[a]

---

1 lor fesist delivrer] fesist rendre *F19* ‖ trés et lor gouvrenals] voiles et lor timons *F50 and similarly throughout this paragraph.*   2 que quant il ... aler] et que tant il s'en vaurroient aler il s'en iroient *F19* ‖ tans] tens et vent *F16* ‖ Dont lor respondi li baillius] Dont respondi (dist *F19*) li baillius *F18*, li ballius lor respondi *F25 F26*   3 lor trés ne lor] lor tentes ne lor *F19*, les trés ne les *F24 F25 F26 F38*   3–4 renderoit il mie ... tout] feroit il mie rendre dusques atant que toutes les povres gens seroient entré es nés *F19*, deliveroit il mie desi c'a icele eure que les povres gens qu'il avoient laissiés a terre seroient mis es nés *F24*, livreroit il mie desi qu'a icele hore que il les povres gens que il avoient leissié a terre seroient tuit es nés *F25 F26*, deliverreroit il mie desi qu'a icele eure que les povres genz qu'il avoient leissiez a terre seroient tui es nés *F38*, delivreroit il jusque tant que les povres genz qu'il avoient laissié en terre seroient tuit recueilli es nés *F50*   3 icele] cele *F18*   4–5 qu'il nes i ... qu'il] qu'es nés nes i meteroient il mie qu'il *F18*, que il ne les y menroient mie car il *F19*, qu'il ne les i meteroient mie. Car il *F20*   5 ne viande cargié a lor oes] garnies pour aus de viandes *F19*, *lack F25 F26*   6 Que] qu'en *F24 F25 F26 F38* ‖ dont chi] ci *F16 F20 F24 F25 F26 F38*, *lacks F17*, dont *F19*   7 pour perdre et] perdre *F17*, pour perdre entre nous et *F19*, pour prendre et *F20*   8 estuet] convient *F19 F50* ‖ ferai] vos ferai *F16 F19*   9 fiance] fiance de *F18*   10 metés es nés c'autrement] metrez es nés. Car autrement *F16*, menés es nés c'altrement *F17*, meterés en vos nés car autrement *F19*, metés es nés. Quar autrement *F20 F38*   11 trés] nés *F16 F17 F20*, trés en nule maniere *F25 F26*

---

[a] *F18 f. 65^{rb-vb}; F16 f. 43^{va-b}; F17 f. 34^{va-b}; F19 f. 104vb–105ra; F20 f. 47va–48ra; F24 f. 140vb–141ra; F25 f. 62va–63ra; F26 f. 62va–63ra; F38 f. 185^{ra-b}; F50 f. 384^{va-b}* (ML, 232–233).

---

265   *F24, F25, F26, F38* and *F50* have additional material:

     F24 and *F38*: 'Et il respondirent: "Par foi, nos les lairons." (lerons *F38*) Et li baillix lor demanda s'il estoient Crestien et il disent "oïl". "Et Comment", dist li baillix (bailliz *F38*) ...'

     F25 and *F26*: 'Et il respondirent: "Par foi, nos les lairons ester." (*New paragraph*) Li baillius lor demanda s'il estoient Crestien et il disent "oïl". "Comment", dist li baillius ...'

     F50: 'Et il respondirent tantost: "Nos les lairons." Dont lor demanda li bailliz se il estoient Crestien et il distrent que "oïl". "Et comment", dist li bailliz ...'

THE CHRONIQUE D'ERNOUL   299

[ccv] Quant li maronnier virent c'autrement ne *pooit* estre, si disent qu'il les passeroient. 'Or venés avant', fait li baillius, 'si jurés sour sains que bien et loyaument les menrés a Crestiienté et a port de salu; ne pour force que je vous aie faite d'iaus mener, ne les meterés se la non ou vous meterés les rices homes, ne mal ne lor ferés. Et se je puis savoir que vous lor aiiés fait ne mal ne vilenie, je m'en prenderay as marçans de vostre tiere qui venront en cest païs.' Ensi faitement s'en alerent li Crestiien a sauveté qui par tierre de Crestiiens s'en alerent yvrener en Alixandre par tierre de Sarrasins.[a]

[ccvi] Or vous dirai que Salehadins fist quant il ot pris Jherusalem et il en ot pris le premiere route par les Templiers. Il ne se valt partir de Jherusalem devant ce qu'il eust esté devant le Temple et aouré le Temple. Et tant que li Crestiien fussent tout hors *qui issir en devoient*, il ot mandé a Damas eve rose assés pour le Temple laver ansçois qu'il i vausist entrer, pour çou que li Crestiien i avoient

---

1 *No paragraph break in F16, F17, F20, F24, F38 or F50.* ‖ virent] oïrent *F25 F26 F50* ‖ c'autrement ne pooit estre] c'autrement ne pooient estre *F18*, qu'il ne pooient mie estre delivré autrement *F19*   2 avant fait li ... que] donc avant fait li bailliz si (et si *F19 F20*) jurez seur sainz que *F16 F19 F20*, fait li ballix avant si jurez (me jurés *F24*) sor sains que vos *F24 F38*, avant dist li baillius si jurez sor sainz que vos *F25 F26*   3 menrés] passerés et metterés *F19*, passerez et menrez *F25 F26* ‖ et] *lack F24 F25 F26 F38*   3–4 et a port ... non] ne que pour nule forche que aiés faite d'aus mener pis ne lor ferés ains les menrés volentiers a port de salut et que vous le metterés la u *F19*   3 force] chose *F25 F26*   4 meterés se la ... meterés] menrés se la non ou vous menrés *F20*, metrez hors la ou vos metrez *F25 F26*, merrez fors la ou vos merrez *F38*   5 Et] Et si sachiés bien *F20* ‖ vous lor aiiés ... vilenie] mal lor fachiés ne anui *F19* ‖ ne] *lack F16 F17 F20*   6–7 Ensi faitement] et tout ainsi faitement *F19*, Ainsi *F38*   7–8 a sauveté qui ... Sarrasins] a sauveté *F16 F17 F20*, a sauve tere et se fu partie par le force le baillu et si s'en alerent par tere de Crestiens en tere de Sarrasins yverner *F19*, sauvement qui par terre des Sarrasins alerent iverner en Alixandre (Alissandre *F24*) *F24 F25 F26 F38*   9 *Rubric in F16*: De Salehadin qui entre primes en Jerusalem quant tuit li Crestian en furent hors issu qui issir en durent et conduit al sauveté, *followed by a five-line puzzle initial 'O'. No paragraph break in F24.*   9–10 et il en ... Templiers] *lack F16 F17 F20*   9 pris] envoié *F24 F25 F26, lacks F38*   10 route] roche *F19* ‖ se valt partir de Jherusalem] s'en vaut partir *F20*, se vout partir de la cité *F25 F26*   10–11 devant ce] dessi adont *F19*, tant *F24 F25 F26*   11 devant le Temple ... Temple] dedenz le Temple et oré au (aoré el *F24*) Temple *F16 F24 F38*, el Temple et oré el Temple *F17*, el Temple dedens *F19*, dedens le Temple et oré *F20*, el Temple et oré *F25 F26*   11–12 tant que li Crestiien fussent tout] que tuit li Crestian fussent *F16*, que tant que li Crestien fuiscent tout *F17*, tant que li Crestien fussent (en fussent *F19 F20*) tot (tout issue *F19*) *F19 F20 F24 F38*, tant que li Crestiens furent *F25 F26*   12 qui issir en devoient] *lacks F18*   12–300.1 il ot mandé ... esté] et si ot assés mandé yaue rose a Damas pour laver le Temple ains qu'il vausist entrer pour che que li Crestient avoient esté ens *F19*   12 assés] *lacks F20*

---

[a] *F18 f. 65vb; F16 f. 43vb; F17 f. 34vb; F19 f. 105ra; F20 f. 48ra; F24 f. 141ra; F25 f. 63ra; F26 f. 63^{ra–b}; F38 f. 185rb; F50 f. 384vb–385ra* (ML, 233–234).

esté, et si *qu'en dist* qu'il en ot encore .iiii. cameus ou .v. tous cargies ançois qu'il fesist le Temple *laver* de cele eve rose. Ne ançois qu'il i entrast fist il abatre une grandisme crois doree, qui sour le Temple estoit, a tiere. Et quant elle fu a tiere, li Sarrazin le prisent et loiierent a cordes et le trainerent jusques a le Tour Davi.
5   La le depicierent, et grant huerie i fisent li Sarrazin apriés le crois quant il le trainerent. Et ne vous di pas que ce fust par le commandement Salehadin par aventure. Quant li crois fu jus del Temple, Salehadins fist laver le Temple; si entra ens et si ora a Damedieu et rendi grasses de ce qu'il li avoit doné signorie sour se maison.
10 Apriés si envoia une partie de s'ost pour assegier Sur, et l'autre laissa devant Jherusalem tant que tuit li Crestiien s'en furent issu qui aler s'en devoient hors de Jherusalem. Atant s'en ala Salehadins aprés s'ost qu'il avoit envoié pour assegier Sur.[266] Quant il vint devant Sur, si manda a Damas c'on li amenast en s'ost le marchis de Montferras, et on li amena. Et quant li Crestien qu'il avoit lais-

---

1 et si qu'en … cargies] et si qu'en dist qu'il en ot encore .iiii. camex (somels chamels *F16*) chargiez *F16 F17*, et ainsi comme on dist il manda encore .iiii. somiers carquiés d'yaue rose *F19*, et ensi c'on dist q'il en i ot bien .iiii. cameus tous kerkiés *F20*, Donc il i oit si com l'on dist .iiii. chameus toz chargiez *F25 F26*. *New paragraph in F24*. ‖ qu'en dist] *lacks F18*   2 laver] laver et *F18 F19*   2–3 Ne ançois qu'il … a tiere] fist il abatre une grandesime crois qui deseure le Temple estoit et si le fist mettre par terre *F19*, et si fist abatre une grant crois d'or qui sor le Temple estoit *F20*   3 grandisme crois doree] grande croiz doree *F16 F24*, grandisme crois *F17 F25 F26* ‖ elle fu a] cele croiz fu a *F16*, ele fu mise par *F19*   4 prisent et] prisent et le *F19*, *lack F24 F25 F26 F38 F50* ‖ et loiierent a cordes] *lacks F17* ‖ le] *lack F25 F26 F38*   5 grant huerie i fisent li Sarrazin] grant huerie fisent li Sarrasin *F24 F38 F50*, si fistrent grant huee *F25 F26*   5–6 apriés le crois … trainerent] *lack F16 F17 F20*   6 Et ne vous] je ne vous *F20 F38*, je ne *F25 F26 F50*   7 jus] hors *F16 F17 F20* ‖ jus del Temple … Temple] ostee de deseur le Temple *F19* ‖ si] puis *F16 F50*, et *F24 F38*   8 grasses] grasses a Damediu *F17* ‖ avoit doné] avoit fet et douné *F20*, avoit presté *F24 F25 F26 F38 F50*   9 *New paragraph in F16 and F20. Rubric in F16*: Com Salehadin aseja Corrat dedenz Sur aprés ce qu'il ot conquis Jerusalem et tote la terre seur Crestians. *Rubric in F20*: Or lairons de Jherusalem ester. Si dirons du marcis Conrat qui Salehadin aseja dedens Sur.   10 Apriés si] Ores (Aprés *F20*) ce que Salehadin ot conquis Jerusalem il *F16 F20*, Aprés *F38* ‖ partie de s'ost … laissa] grant partie de Sarrazin a Sur. Et l'autre demoura *F19* ‖ assegier Sur] Sur assegier *F24 F25 F26 F50*, Sur asseoir *F38*   11 issu] alé *F24*   11–12 hors de Jherusalem. Atant] fors de Jherusalem. Aprés *F20*, Or *F24 F25 F26 F38*   12 Salehadins] *lacks F20*   13 *New paragraph in F25 and F26*. ‖ Quant il vint devant Sur] *lacks F20*, Quant Salehadin vint devant Sur *F25 F26* ‖ a Damas] *lacks F19* ‖ amenast en s'ost] envoiast en s'ost *F16 F17*, envoiast *F19 F20 F24 F50*, amenast *F25 F26 F38*   14 marchis] marchis Boniface *F16 F20*   14–301.2 Et quant li … de] en l'ost devant lui et devant Sur et si manda tous les Crestiens que il avoit laissie devant Jherusalem qu'il venissent a lui devant Sur et il y vinrent. Et quant il y furent venu si les fist Salehadins logier devant Sur d'autre part *F19*

---

266   The siege of Tyre began in mid-November.

THE CHRONIQUE D'ERNOUL   301

sié devant Jherusalem vinrent devant Sur, Salehadins les fist logier devant Sur
d'une part de s'ost, pour çou *qu'il voloit* que li Crestien les veissent qui dedens
Sur estoient. Apriés si manda a Colras, le fil le marcis qu'il avoit en prison, qui
dedens Sur estoit, qu'il avoit pris Jherusalem et qu'il pooit bien veoir ceus de
Jherusalem qu'il avoit pris et que, s'il *li* voloit rendre Sur, il li renderoit son pere   5
et se li donroit grant avoir. Et li marcis li *manda* ariere qu'il fesist le miex qu'il
peust, que Sur ne li renderoit il ja, ains le tenroit bien a l'aïue de Diu encontre
luy et encontre tous ceus qui nuire li vaurroient.

    Lors envoia Salehadins a Acre et fist armer .xiiii. galies; si les fist venir devant
Sur pour garder le mer que viande ne peust entrer *dedens* Sur. Et si fist drecier   10
devers tiere .xvii. que perrieres que mangonniaus qui jetoient et par jour et par
nuit, mais n'i faisoient preu. Et si n'estoit nus jours que Crestiien ne fesissent
saillie sor les Sarrazins .ii. fois ou .iii. par .i. chevalier d'Espaigne qui dedens Sur
estoit qui unes verdes armes portoit. Dont il avenoit que quant il estoit issus
hors, que li Sarrazin s'estourmissoient plus pour veoir son bel contenement que   15

---

1 devant Jherusalem] devant Sur *F20*, dehors Jherusalem *F24* ‖ Salehadins les fist logier devant Sur] *lack F16 F17 F20 F25 F26 (homeoteleuton)*   2 qu'il voloit] *lacks F18*, qu'il voloient *F16*, qu'il n'i loient *F19*   3 *New paragraph in F24.* ‖ manda] manda Salehadin *F16 F20* ‖ marcis] marchis de Monferras *F17 F19*   3–4 prison qui dedens Sur estoit] prison cil Colras qui dedens Sur estoit *F17*, se prison et chil Caurras estoit dedens Sur et si estoit fix le marcis de Monferras. Salehadins li manda *F19*   4 qu'il avoit pris Jherusalem et qu'il] *lacks F17*   4–5 ceus de Jherusalem qu'il avoit pris] tous les bourgois de Jherusalem en s'ost *F19*   5 que] li manda Salehadin que *F17* ‖ li] *lacks F18*   5–6 pere et se … avoir] pere qu'il avoit en se prison et se li donroit grant raenchon et grant avoir *F19*, pere et li renderoit avoeques grant avoir *F20*   6 marcis] marchis Corrat *F16*, marchis Conrat *F20* ‖ manda] remanda *F18* ‖ le] al *F24*, au *F25 F26 F38 F50*   7–8 ja ains le … luy] mie ains le tenroit molt bien encontre lui a l'aïue de Dieu *F19*   8 *New paragraph in F25 and F26.*   9 Lors] Dont *F24*, Donc *F38*, Adonc *F50* ‖ envoia Salehadins] vint Salehadins si envoia *F38* ‖ et] et si en *F19*, si *F25 F26* ‖ armer .xiiii. galies] fermer .xiii. galies *F17*, amener .xiiii. galies *F19* ‖ si] et *F17 F24 F38 F50*   9–10 venir devant Sur … entrer] arriver devant Sur et garder que viande ne peust venir *F19*   10 dedens Sur] devens Sur *F18*, *lack F24 F25 F26* ‖ Et si fist drecier] et si fist *F20*, *lacks F24*   11 .xvii.] .xviii. *F38 F50*   11–12 jour et par … preu] nuit et par jour et se n'i faisoient riens *F19*, jor et par nuit as murs de Sur mais n'i faisoient preu *F20*, jor et nuit qui n'i faisoient preu *F24 F38*   12 n'estoit nus jours] n'estoit .i. sol jor *F16 F24 F38*, n'estoient .i. seus jor *F25 F26*   12–13 ne fesissent saillie sor les] ne feissent saillie seur *F16 F17*, n'assaillissent *F20*   13 d'Espaigne] d'Espaigne de issort de Sur et *F19*, de Champaigne *F20*, d'espergne *F25 F26*   14–15 que quant il … Sarrazin] que quant il estoient issu que li Sarrasin *F19*, quant il estoit issus fors de Sur que li Sarrasin *F20*, quant il (qant qu'il *F25*) issoit avant que li Sarrasin de l'ost *F24 F25 F26 F38*   15 plus] tot plus *F24 F25 F26*, tuit plus *F38*, tuit et plus *F50*   15–302.1 son bel contenement que pour el] lor contenanches que pour autre cose *F19*, son bel demenement qe por el *F25 F26 F38*

pour el. Et si l'apeloient li Sarrasin le Vert Chevalier, et il portoit unes cornes de cerf sur son hiaume toutes verdes.[267][a]

[ccvii] Li marchis fist faire vaissiaus couviers de cuir en tel maniere c'on les menoit bien priés de tiere, et si avoit arbalestriers dedens, et si estoient les fenestres par ou il traioient hors. Cil vaissiel fisent mout de mal as Sarrazins, que galyes ne autre vaissiel nes pooient aproismier. Ces vaissiaus apeloit on barbotes. Quant li marchis vit qu'il estoit assegiés et par mer et par tiere, si fist armer .i. batiel et si le fist issir hors par nuit et si l'envoia a Triple al conte por secours, et si manda pour Dieu *qu'il* le secourust et de gent et de viande, que Salehadins l'avoit assegié par mer et par terre, et que grant mestier en avoit. Quant li quens sot que li marcis avoit mestier de secors, si fist armer .x. que galies que galions; si fist entrer chevaliers et sergans et viandes tant com il en pot avoir, et si les envoia a Sur. Mais Diex ne vaut qu'il y entraissent, car quant

---

1 si] *lack* F16 F20   1–2 et il portoit ... verdes] qui portoit un vert escu et unes verdes cornes sur son chief deseure son hyaume F19, et il (et si F50) portoit unes cornes de cerf sor son hiame F24 F38 F50, Car il portoit vert armes et si avoit sor son hiaume unes corones de cerf totes vers F25 F26   3 *No paragraph break in* F17, F24, F38 *or* F50. ‖ marchis] marchis Corraz F16, marcis Colras F17, marchis Conras F20, marquis Conrad F50 ‖ vaissiaus] vaissiaus de mer tous F19   4 si avoit] si mist F20, avoit F25 F26 F38   5 traioient hors. Cil vaissiel] issoient hors. Chil varlet F19   6 que galyes] *lacks* F19 ‖ nes pooient aproismier] nes (ne les F19, n'i F20) pooient aprouchier F16 F19 F20, ne osoient aproismer F24, nes osoient aprochier F25 F26, n'osoient aprouchier dels F38 F50   7 barbotes] barbustes F16, barboutes F17, barboustes F20, bourbotes F38 ‖ marchis] marchis Corraz F16, marcis Conras F20 ‖ tiere] tere et qu'il avoit grant mestier de secours F19   8–11 .i. batiel et ... fist] .x. galies pour conduire le galye qui aloit a Tripe. Et quant li quens de Tripe le sot si fist tantost F19   8 et si] et F16 F17 F24 F38 F50, si F25 F26 ‖ al conte] *lacks* F20   9 et si] et si li F16 F38, et se li F24, si li F25 F26 ‖ qu'il] c'on F18 ‖ et] *lack* F16 F24 F25 F26 F38 F50 ‖ que] Quar F20, et que F25 F26, Car F38 F50   10 en avoit] avoit de gent et de viande F24. *New paragraph in* F26. 11 quens] quens de Triple F16 F25 F26 F50   11–12 .x. que galies que galions] que vessiaus que galies jusqu'a .x. F16, .x. galies et F19, .xl. que galies que galions F24   12 entrer chevaliers] entrer chevaliers enz F16, entrer dedens (ens F20) chevaliers F19 F20, metre chevaliers F24 F25 F26 F38 ‖ viandes] metre viandes (viande F16) F16 F17 F50, mettre viandes dedens F19   12–13 tant com il en pot avoir et] quanqu'il pot et F24 F26, quanq'il F25, quanqu'il pot F38,   13 vaut] vost mie F16 F50, vaut mie F19

---

[a] F18 f. 66[ra–vb]; F16 f. 43[vb]–44[ra]; F17 f. 35[ra–b]; F19 f. 105[ra–va]; F20 f. 48[ra–va]; F24 f. 141[ra–b]; F25 f. 63[ra–vb]; F26 f. 63[rb]–64[ra]; F38 f. 185[rb–va]; F50 f. 385[ra–va] (ML, 234–238). *F18 has a ten-line miniature panel showing Ṣalāḥ al-Dīn praying at the Temple and a four-line historiated initial 'O'.*

---

267   F25 *and* F26 *have an extra passage*: '... et seoit sor .i. grandisme cheval chouvert de vert. Cil chevalier faissoit sovent et menu les Sarracin fermoier, car il faisoit tant de proesces que Crestiens ne Sarracins ne le veoit qui ne le prisast en son cuer. Et Salehadin le veoit plus volentiers que nus hom, car Salehadins amoit sor tote rien bon chevalier'.

THE CHRONIQUE D'ERNOUL   303

il vinrent a .ii. liues prés de Sur, si leva une tourmente qui bien depiça le moi-
tié des vaissiaus, mais n'i ot nului peri. Quant li marcis vit qu'il n'aroit point de
secours et qu'il avoit poi de viande, si proia a Dame Diu qu'il le consillast. Et
Dame Diex le consella *et* aida, si com vous orés. Il avint cose qu'il avoit en l'ost
.i. vallet Sarrazin, fil a .i. amiral. Si se courça a sen pere, et si entra dedens Sur et   5
devint Crestiiens.[a]

[ccviii] Or vous dirai que li marchis fist. Quant cil vallés ot esté une piece
dedens Sur, li marchis fist faire unes lettres de par ce vallet qui Crestiiens fu
devenus a Salehadin, qu'il li mandoit salus com a son signour, et se li faisoit
savoir qu'il savoit tout le couvine de Sur, et se li mandoit que li Crestiien s'en   10
devoient le nuit fuir et entrer es vaissiaus, et que s'il nel voloit croire, fesist faire
ascout; il orroit le noise et le *marteleïs* al port. Quant les lettres furent faites, si
les fist li marcis liier une saiete, et si les envoia par .i. sergant traire en l'ost des

---

1 liues] milles *F38 F50* ‖ de Sur si leva une tourmente] si leva une grant tourmente en le mer *F19*
2 vaissiaus] vaissiaus et rebouta (rebota *F25 F26*, les rebota *F50*) arriere a Triple *F24 F25 F26 F38
F50*   3 avoit poi de] avoit peu *F17*, avoit pou *F38*, avoit poi *F50*, n'avoit gaires de *F19*   3–4 proia
a Dame Diu … Diex] demanda a Nostre Seigneur et depria a Nostre Seigneur conseil. Et Nostres
Sires *F19*   3 consillast] secorust et conseillast *F25 F26*   4 le consella et aida] le consella et li aida
F18, si fist *F25 F26* ‖ *New paragraph in F16, F20 and F50. Rubric in F16*: Com Salehadin se departi
de devant Sur ou il estoit asiegé sanz domache faire a la cité ne au chastel. *Rubric in F20*: Coment
li marcis Conrat desconfi Salehadin au siege devant Sur. ‖ avoit en l'ost] ot *F24 F38*, ot en l'ost
des Sarracins *F25 F26*   5 Sarrazin] *lack F25 F26* ‖ amiral] riche amiral *F19* ‖ Si] qui *F24 F25 F26
F38*   5–6 et si entra … Crestiiens] et si entra dedens Sur tous irés et si devint Crestiens *F19*, por cel
maltalant entra li vallez dedenz Sur; si devint Crestiens et reçut batesme *F25 F26*, et s'en entra
dedenz et devint Crestiens *F38*   7 *No paragraph break in F16, F20, F24 or F50*. ‖ marchis] marcis
Conrat *F20*   7–8 cil vallés ot … marchis] chis varlés ot une pieche esté dedens Sure li marchis *F19*,
li vallet ot receu batesme et il ot une piece esté dedenz Sur il *F25 F26*   8 ce] le *F19 F20 F25 F26* ‖
fu] estoit *F16 F17 F19 F20 F24 F50*   9 a Salehadin, qu'il li mandoit salus] si les envoia a Salehadin.
Et li manda saluz *F16*, et les envoioit a Salehadin *F19*, qu'il mandoit a Salehadin Salus *F20*, et les
envoia a Salehadin qu'il li mandoit salut *F24* ‖ a son signour] *New paragraph in F24*. ‖ signour
et se] boin signour et se *F17*, segnor qu'il molt durement amoit [*paragraph break*] Cil vallés *F24*
10 mandoit] demandoit *F19*   11 devoient le nuit fuir] devoient tout le nuit enfuir *F17*, devoient
tout fuir le nuit *F20*, devoient fuir *F25 F26*   11–12 voloit croire fesist faire ascout] voloit croire
feist penre escout *F16*, creoit fesist faire escot et *F19*, voloit croire fesist faire escouter *F20*   12 il]
qu'il *F24 F25 F26 F38* ‖ marteleïs] mateleïs *F18*   13 li marcis liier] loier *F19*, li marchis atakier *F20*
13–304.1 si les envoia … Sarrazins] si les fist trere en l'ost de Sarrazins *F16 F17*, traire en l'ost des
Sarrasins par .i. serjant *F19*, le fist traire en l'ost des Sarrasins *F20*, si les envoia par .i. vallet traire
en l'ost des Sarrasins *F25 F26*

---

[a]*F18 f. 66*^{vb}*–67*^{ra}*; F16 f. 44*$^{ra-b}$*; F17 f. 35*$^{rb-va}$*; F19 f. 105*$^{va-b}$*; F20 f. 48*$^{va-b}$*; F24 f. 141*$^{rb-c}$*; F25 f. 63*^{vb}*–64*^{ra}*;
F26 f. 64*$^{ra-b}$*; F38 f. 185*^{va}*; F50 f. 385*$^{va-b}$* (ML, 238–240).

Sarrazins. Quant li Sarrazin virent les lettres, si les prisent et porterent a Salehadin. Salehadins fist lire les letres; si sot qu'il i ot; dont le fist savoir a ses amiraus, et si fist de le millour gent qu'il ot entrer es galies pour estre a l'encontre des Crestiiens. Dont vint li marcis; si fist garnir le tor sour le maistre porte de Sur, et si mist garnisons as maistres murs, pour ce que se li Sarrazin i vausissent entrer ne metre eskieles, qu'il se desfendissent. Et si commanda as garnisons qu'il se tenissent tout coi, c'on ne le veist dessci que mestiers en seroit. Apriés che fist fremer les portes des barbacanes, et se n'i laissa nul home, ains furent tout dedens le cité.[a]

[ccix] Quant li marchis ot ensi garnie se tour et les murs, si s'en ala al port et fist .ii. galies de cou qu'il avoit de vaissiaus *bien armer*, et commanda que tout chil qui armes pooient porter fuissent le nuit al port; et il si furent, et grant noise firent toute nuit. Dont quidierent li Sarrazin que ce qu'il avoit mandé fust voirs, et si s'armerent tout d'autre part et entrerent es galyes pour estre a l'encontre

---

1 virent] virent la saiete et *F24 F25 F26 F38 F50* ‖ porterent] les porterent *F17 F25 F26 F38 F50*, si les porterent *F24*   2 fist lire les letres] les fist lire *F24 F25 F26 F38 F50* ‖ sot] soit bien *F16 F20* ‖ Dont] Et quant il les ot oïes si *F19* ‖ a ses amiraus] a ses bailliz *F16*, a ses mariscaus *F17 F20*, as amiraus de s'ost *F19*, a ses homes *F24*   3 de le millour gent] des millors gens *F17 F19* ‖ entrer] metre *F24 F25 F26 F38 F50*   4 *New paragraph in F25 and F26.* ‖ Dont vint li marcis si fist] Or (Donc *F50*) fist li marchis *F24 F50*, Lors (Or *F38*) vint li marchis si fist *F25 F26 F38* ‖ sour] de *F16 F17 F20*, desur *F19*, qui est desus *F24 F38 F50*, qui est desor *F25 F26*   4–5 de Sur et] *lack F25 F26*   6 entrer ne] *lack F24 F38 F50* ‖ ne metre eskieles] *lack F16 F17 F20* ‖ qu'il se] qu'il les *F16 F24 F38*, il lour *F17*, qu'il le *F20 F26*, qui le *F25*, qu'il lor *F50*   7 c'on ne le veist dessci] si c'on ne les veist desci adont *F17*   7–9 c'on ne le ... cité] dessi adont que il veissent que mestiers fust et si gardaissent bien que on ne le veist ne dist. Aprés che si fist fremer les barbacanes et les portes et si n'i laissa nul homme ains les laissa tous dedens le chité de Sur *F19*   7 le] les *F24 F25 F26 F38 F50*   8 che] ce si *F16 F20*, *lack F25 F26 F38*   10 *No paragraph break in F16, F17, F20, F25, F26, F38 or F50.* ‖ li marchis] li marchis Corraz *F16*, il *F24 F25 F26 F38 F50* ‖ garnie se tour et les murs] atournee se tour *F19* ‖ se] la *F16 F20*, le *F17*   11 .ii.] .iii. *F16* ‖ de] et *F24 F25 F26 F38* ‖ de cou qu'il ... et] de cou qu'il avoit de vaissiaus et *F18*, et quanqu'il i avoit de vessiaus bien armer et *F16 F17 F20*, garnir et chou qu'il avoit de vaissiaus armer et si *F19* ‖ tout] *lack F25 F26*   12–13 grant noise firent toute nuit] si lor commanda que il fesissent grant noise et il si fisent *F19*, grant noise i fisent tote nuit *F24 F25 F26 F38*   13 quidierent li Sarrazin que ce qu'il] cuiderent li Sarrasin que che que on lor *F19*, se perchurent (s'aparçurent *F38*) bien li Sarrasin que çou que cil *F24 F38*, penserent (se penserent *F25 F26*) li Sarrasin que ce que cil *F25 F26 F50* ‖ avoit] avoient *F20*   13–14 fust voirs et] estoit voirs et *F24 F38*, estoit voirs *F25 F26 F50*   14 tout d'autre part et entrerent] adonc tuit d'autre part et entrierent *F16*, tout d'autre part et si entrerent *F19*, d'autre part et entrerent *F20*, d'autre part et furent tot *F24 F38*, d'autre (de l'autre *F50*) part et furent *F25 F26*

[a] *F18 f. 67[ra–b]; F16 f. 44[rb–c]; F17 f. 35[va–b]; F19 f. 105[vb]–106[ra]; F20 f. 48vb–49ra; F24 f. 141[rc–va]; F25 f. 64[ra–va]; F26 f. 64[rb–va]; F38 f. 185vb; F50 f. 385vb–386ra* (ML, 240–241).

THE CHRONIQUE D'ERNOUL   305

des Crestiiens. Et quant ce vint al point dou jour l'endemain, si se ferirent li
Sarrazin el port. Et li caine dou port estoit avalee pour çou qu'il voloient que li
Sarrazin entrassent ens. Et les .ii. tours qui sont a le caine estoient mout bien
garnies de gent, qui *molt* bien le fisent le jour. Quant li marcis vit qu'il ot tant
de galyes entrees dedens le port, si fist lever le chaine; si em prist .v. et ocist   5
quanqu'il avoit de Sarrazins dedens le .v. galies. Quant les .v. galyes furent prises,
si les fist armer de chevaliers et de sergans, et les .ii. aveuc qu'il avoit dedens Sur.
Si issirent hors pour combatre as galyes qui demorees estoient les Sarrazins.
Quant li Sarrazin cui les galyes estoient virent qu'il avoient perdues .v. galyes
et qu'eles estoient armees de Crestiens, si se traisent ariere et *virent* bien qu'il   10
ne poroient durer vers aus et pour avoir l'aïue des Sarrazins. La veist on grant
duel que li Sarrazin faisoient. Quant les galyes de Sur coururent sus les galies as
Sarrazins, li rivages estoit si covers de Sarrazins armés a cheval, et entroient en
le mer quanqu'il pooient *pour aidier* lor galies, et faisoient noer lor cevaus en
le mer si qu'il en y ot assés de noiiés. Quant chil des galyes as Sarrazins virent   15

---

1 al point dou jour] a *F19*   1–2 se ferirent li Sarrazin el] se ferirent tout en le *F19*, se ferirent ou *F20*, vinrent (murent *F25 F26*) li Sarrasin si se ferirent el *F24 F25 F26 F38*   2 *New paragraph in F25 and F26.* ‖ Et li caine ... avalee] Et le caine estoit du pont avalee du tout *F19*, La chaiene estoit avalee del port *F24 F38*, Li marchis avoit fait avaler la cheaine del port *F25 F26*   2–3 voloient que li Sarrazin] voloient (voloient bien *F50*) que les galies *F24 F38 F50*, voloit (noloit *F25*) que le galies *F25 F26*   3 .ii.] .iii. *F38*, trois *F50* ‖ tours qui sont ... estoient] portes qui sont a le caine et les .ii. tours aussi estoient *F19*   4 molt] *lacks F18* ‖ *New paragraph in F16.* ‖ marcis] marchis Corrat *F16*   4–6 ot tant de ... galies] en ot assés entré dedens le vile si fist le caine lever et si prisent .v. galies qui estoient entrees dedens le porte et si ochisent quanques il avoit dedenz les .v. galies de Sarrazins *F19*   4–5 tant de] .v. *F24 F50*   5 dedens le] ou *F20*   5–6 si em prist ... les] si prisent les .v. galies et prisent et ocisent quanqu'il i avoit dedens de Sarrasins. Quant ces *F24*, si prist les .v. galies et ocist trestoz les Sarracins dedenz que onques n'en eschapa (escampa *F25*) piés de cex qui es galies estoient. Quant ces *F25 F26*, et prist les .v. galies et ocist quanqu'il avoit de Sarrazins dedenz. Quant cez *F38*, et prist les .v. galies et li Sarrazin qui estoient dedenz furent ocis. Qant ces *F50*   7 fist] fist li marcis *F20*   7–11 armer de chevaliers ... on] on molt bien garnir et armer et si les fist on issir hors de le chité pour conbatre as .v. galies de Sarrasins qui estoient demourees dehors le chité. Quant li Crestien furent issu et li Sarrasin virent les .v. galies que il avoient perdues et il virent que eles estoient armees de Crestiens si se traisent ensus et si se misent arriere et si virent bien qu'il ne porroient mie durer encontre aus et pour avoir aïue des Sarrasins. La peust on oïr et veïr *F19*   7 aveuc qu'il avoit] qu'il avoit *F24*, qu'il avoient *F25 F26*   8 les] aus *F16 F38*, as *F24 F50* ‖ *New paragraph in F25 and F26.*   9 galyes] de lor galies *F24 F25 F26 F38 F50*   10 ariere et virent] ariere et vinrent *F18*, ariere a terre et virent *F24*   12 *New paragraph in F25 and F26.*   12–13 coururent sus les galies as Sarrazins] virent les galies des Sarrasins si lor coururent sus et *F19*, corurent sus les lor galies *F24*   12 les galies as] aus galies des *F16*, aus galies aus *F38*   13 estoit si] si estoit tous *F19*, estoit tos *F24* ‖ Sarrazins] chevaliers *F17*   14 pour aidier lor galies, et] lor galies et *F18*, et s'efforchoient d'aler avant pour aidier lor galies et si *F19*   15 chil des galyes as] les .v. galies des *F19*, cil des galees des *F25 F26*

qu'il ne poroient plus durer, si se ferirent a tiere en lor ost les .vii., et les .ii. s'en fuirent a Barut. Ces .ii. galyes qui s'en fuirent a Barut fisent puis grant damage as Crestiiens, si con vous orés en aucun tans.[268]

Or vous dirai des Sarrazins, c'une partie fist de ceus qui estoient en l'ost. Endementiers que li bataille estoit en le mer, il aporterent eskieles as murs des barbacanes et entrerent ens et alerent desci c'al mur et vaurent metre les *eskieles* al maistre mur. Mais il estoit trop haus; se nes i pooient metre, et se lor eskieles fuissent encore assés longhes, ne peussent il entrer ens pour les garnisons qui sour le mur estoient. Quant li Sarrazin virent qu'il ne poroient monter as murs, si manderent les mineurs; si les misent as murs; si les fisent miner. Et *minerent* le premerain parement et tout le moilon, et qu'il n'i avoit fors a bouter le parement qui devers le cité estoit, quant Dame Diex les secourut. Quant li Crestiien orent desconfis les Sarrazins de le mer, si lor fist on savoir que li Sarrazin minoient les murs de le cité et que les barbacanes estoient plaines de Sarrazins. Quant li marcis oï ce, si vint a le porte de le cité; se le fist ouvrir, et issirent hors tout a .i. fais sor les Sarrazins. Quant li Sarrazin virent *les Crestiiens*

---

1 plus durer] mie durer *F19*, plus endurer la bataille *F24 F25 F26 F38*, plus endurer la *F50* ‖ en lor ost les .vii.] en l'ost .vii. *F16*, .vii. galies *F19*, les .vii. *F20*, en l'ost des (as *F24 F38*) Sarracins. Les .vii. *F19 F24 F25 F26 F38*   2 Ces .ii. galyes ... Barut] et *F19* ‖ grant] molt de *F25 F26*   3 *New paragraph in F16, F20, F25, F26, F38 and F50*.   4 c'une partie ... l'ost] que l'une partie de chiaus qui estoient en l'ost fisent *F19*, c'un partie en fist qu'il estoient (estoit *F38*) en l'ost *F24 F38*, de l'ost que une partie en fist *F25 F26* ‖ fist] fisent *F17 F20*   5 eskieles] eschieles et les misent *F24*   6 et entrerent ens et alerent] et si entrerent ens et si alerent *F19* ‖ c'al mur] aus murs *F16*, au maistre mur *F19 F38 F50*, c'al maistre mur *F24*, as maistres murs *F25 F26* ‖ vaurent metre les] se vaurent metre lor *F19*   7 eskieles] eskiele *F18* ‖ mur] mur de le chité *F20* ‖ pooient] porent mie *F19 F25 F26*   8 encore] *lack F16 F17 F19 F20* ‖ assés longhes ne ... ens] longues (si longes *F24*) qu'il i peussent monter ne poissent il *F24 F38*, assés plus longues ne les y peussent il mie mettre ne entrer dedens *F19*, plus longues q'il i peussent monter ne peussent il ovre faire *F25 F26*   9–10 monter as murs] mie entrer ens *F19*   10 misent as murs ... miner] misent as murs por miner *F20*, fisent miner as murs *F24* ‖ Et] et il *F19 F24 F38 F50*, si *F25 F26*   11 minerent] minerent et *F18* ‖ moilon] moilonjuch du mur *F19*, meieron *F38*   11–12 et qu'il n'i ... bouter] si qu'il n'avoient a bouter for *F25 F26*   12 le] outre le *F16 F20*, oltre le *F17* ‖ estoit] estoient *F20*, estoit et de boter le feu *F50* ‖ quant Dame Diex les] Damedex le *F25 F26*, quant Damledex la *F38* ‖ *New paragraph in F24.*   13 de] en *F16 F17 F20*   14 de le cité] de le maistre cité *F24*, *lack F25 F26*   15 ce si vint] c'on si torne si vinrent *F24*, si retorna et vint *F38*   15–307.2 vint a le ... pooient] fist ouvrir les portes de le chité si s'en isserent tout a un fais sur les Saarasins. Quant li Sarrasin virent issir les Crestiens hors de le chité sur aus si se laissierent caïr jus des barbacanes et si s'en fuirent *F19*   15 a le porte ... ouvrir] et fist ovrir les portes (la porte *F50*) de la cité *F25 F26 F50* ‖ et] et li Crestiien qui dedens le chité estoient *F20*   16 *New paragraph in F25 and F26.* ‖ les Crestiiens] les Crestiiens les Crestiiens *F18*, ciaus *F24*, ces *F25 F26*, cels *F38*, ciaus *F50*

---

268 Below § cclv.

THE CHRONIQUE D'ERNOUL 307

de le cité issir sour aus, si s'en fuirent, et se laissoient caoir jus des barbacanes cil qui pooient; et ceus qui ne pooient fuir tuoit on; et les cacierent desci en l'ost, et prisa on bien *jusqu'a mil serjans sarrazins cels* qui furent ocis es barbacanes. Ensi faitement secourut Dame Diex Sur par son plaisir. Chele desconfiture que li Crestiien fisent sour les Sarrasins fu faite le jour de l'an renuef, et li sieges estoit venus devant Sur a le feste de Toussains. Quant Salehadins vit qu'il estoit desconfis par mer et par tiere, si fu mout dolans et si deffendi c'on n'asalist plus a le cité. Et quant ce vint al vespre, si fist bouter le fu en ses perieres et en ses galies et en ses mangonniaus; si fist tout ardoir, et si se desloga le nuit et ala hebergier bien une liue en sus de Sur. La departi ses os l'endemain et ala a Damas sejorner et reposer.[269a]

[ccx] Or vous lairons de Salehadin a parler; si vous dirons de l'arcevesque de Sur qui vint a l'apostole de Rome en message et aporta noveles de le grant dolor

---

1 de le cité issir] de la (le *F17*) cité venir *F16 F17*, venir *F20*   2 ne] ne s'em *F16 F20*, ne s'en *F17 F19* ∥ fuir tuoit on ... l'ost] fuir tuoit on et les (les autres *F20*) cacierent jusqu'en l'ost *F16 F17 F20*, fuir firent tout ochis et les fuians encaucha on dessi a l'ost *F19*, on les tuoit et cacha on desi qu'en l'ost as Sarrasins *F24 F38*, on les tuoit et chacza on desi en l'ost des Sarracins *F25 F26*   3 bien jusqu'a mil ... qui] bien a mil homes (serjans *F19*) les Sarrazins qui *F18 F19*, bien jusc'a .x.ᵐ serjans ceus qui *F17*, bien desci c'a (desi a *F38*) mil Sarrasins ciaus qui *F24 F38*, a bien .m. Sarracins qui tuit *F25 F26*, bien a .m. les Sarrazins qui *F50*   4 faitement secourut Dame ... plaisir] Ensi faitement secorut Damerdex Sur *F24*, secorut Damedex Sur *F25 F26 F38 F50*. New paragraph in *F24*   4–5 que li Crestiien fisent sour les] des *F25 F26*, de *F50*   6 de] *lack F16 F17 F24 F25 F26 F38*, de le *F20*   7 par] et par *F16 F19 F20 F24 F25 F26 F38*   7–8 n'asalist plus a le cité] n'alast plus assalir le chité de Sur *F19*   8 Et] *lack F17 F25 F26 F50*   9 si fist tout ardoir] *lacks F19* ∥ le nuit et ala hebergier] et s'en ala le nuit logier *F19*   10 bien] *lack F25 F26 F50* ∥ une liue] a une mille *F38 F50* ∥ l'endemain] tout droit l'endemain *F19*   12 *Rubric in F16*: Comment l'arcevesque de Sur vint a l'apostole de Rome en mesage et li conta le domage et la perdicion de la Terre d'Outremer qui iert avenue au Crestians contre Salehadin, *followed at the top of the next column by a five-line puzzle initial 'O'. Rubric in F20*: Or vos lairons de Salehadin ester; si vous dirons du roi Guilliaume de Sesille qui ot a feme le fille le roi Henri d'Engleterre par qui li archevesques de Sur vint a l'apostole de Rome en message et dist les morteus noveles de le Terre de Promission, et del secors que li rois Guilliaume envoia outre mer. *No paragraph break in F24*. ∥ Or vous lairons ... parler] Or vous lairom de Salehadin *F16*, Atant vous lairons ore de Salehadin *F25 F26* ∥ lairons de Salehadin ... dirons] lairai de Salehadin a parler si (et si *F24*) vous dirai *F19 F24*, lairai a parler de Salehadin et vos dirai *F50*   13 aporta] se li conta les *F19*

[a] *F18 f. 67ʳᵇ–68ʳᵇ; F16 f. 44ʳᶜ–ᵛᵇ; F17 f. 35ᵛᵇ–36ʳᵇ; F19 f. 106ʳᵃ–ᵛᵃ; F20 f. 49ʳᵃ–ᵛᵃ; F24 f. 141ᵛᵃ–ᶜ; F25 f. 64ᵛᵃ–65ʳᵇ; F26 f. 64ᵛᵃ–65ᵛᵃ; F38 f. 185ᵛᵇ–186ʳᵃ; F50 f. 386ʳᵃ–ᵛᵃ* (ML, 241–244).

269   The siege ended at the beginning of January 1188.

qui estoit avenue en le Tiere de Promission.[270] Il entra en une galye dont li tré estoient taint en noir. Pour çou estoient ensi taint que, quant *la galie venroit priés de tiere, que cil qui la veroient seussent qu'il aportoit* mortels noveles. Celle galie ariva en le tiere le roi Guillaumes qui rois estoit de Sesille et de Puille et de Calabre. Cil rois Guillaumes avoit une fille le roi d'Engletiere a feme, et avoit a non Jehenne. Li rois Guillaumes estoit prés de la ou li arcevesques ariva. En cel point qu'il vint al port, li arcevesques vit qu'il estoit priés d'illuec; si ala a lui et se li dist et fist savoir le grant damage qui estoit avenus en le tiere de Jherusalem. Quant li rois Guillaumes l'oÿ, si en fu mout dolans et grant deul en demena. Et si se pensa qu'il estoit auques coupaules de le perdicion de le tierre, et si vous dirai comment. Quant il fu avenu k'Aliex ot *fait sen frere*, qui emperes estoit, les iex crever et estoit devenus emperes, si prist consel a ses hommes, et dist qu'il enmenroit grant gent en le tiere de Coustantinoble pour le tiere conquere a sen oes, et il li loerent bien que il *le* fesist.[271a]

---

1 Tiere] Sainte Tiere *F24 F25 F26 F38*   2 estoient ensi taint] *lacks F24*   2–3 la galie venroit ... aportoit] les galyes venroient priés de tiere, que cil qui les veroient seussent qu'il aportoient *F18*, il venist prés de tere que les gens seussent bien que cele galie portast *F19*, la galie vendroit prés de terre que les genz que la verroient seussent qu'ele portoit *F24 F25 F26 F38*   5 fille le roi] des filles lo roi Hienri *F16*, fille le roi Henri *F20*   6 avoit a non ... arcevesques] si avoit a non le roine Jehenne. Chil roys Guillaumes ala de la ou le galie l'archevesque de Sur *F19* ‖ Guillaumes] lack *F25 F26 F38 F50*   7 En cel point qu'il vint al port] el point qu'il ariva. Quant *F25 F26* ‖ vit qu'il] vit bien et sot que li rois Guilliaumes *F16*, sot que li rois Guilliaumes *F20*, sot qu'il *F24 F25 F26 F38*   8 et se li dist et] et li *F17 F24 F50*, et se li *F19*, si li *F25 F26 F38* ‖ le tiere] la cité *F25 F26*   9 en] lack *F16 F25 F26*   9–10 et grant deul en demena] molt em mena grant duel *F19*, et grant duel demena *F24 F25 F26 F38*   10 auques] molt *F24*, lack *F25 F26* ‖ de] en *F16 F17 F20*   11 et] *lack F17 F25 F26 F50* ‖ *New paragraph in F16, F25 and F26.* ‖ fu avenu k'Aliex] fu avenu que Alexandres *F17*, avint cose que Alix *F19*, avint que Alix *F38* ‖ fait sen frere] sen frere fait *F18*, fait sen pere *F19*, fait son frere Kirsac *F20*   11–12 qui emperes estoit] qui emperieres estoit de Costantinoble (Coustantinoble *F20*) *F16 F20*, empereur de Constantinoble *F17*, qui estoit emperes de Constantinople *F50*   12 estoit] chil Alex fu *F19*   13 enmenroit] menroit *F16 F17 F20*, envoieroit *F24 F25 F26 F38* ‖ de Coustantinoble] d'oltremer de Constantinoble *F17*   14 le] *lacks F18*

---

[a] *F18 f. 68[rb–va]; F16 f. 44[vb–c]; F17 f. 36[rb–va]; F19 f. 106[va–b]; F20 f. 49[va–b]; F24 f. 141[vc]–142[ra]; F25 f. 65[rb–va]; F26 f. 65[va–b]; F38 f. 186[ra–b]; F50 f. 386[va–b] (ML, 244–245). F18 has a nine-line miniature panel showing the archbishop of Tyre kneeling before the pope and a four-line pen-flourished initial 'O'.*

---

270   Archbishop Joscius of Tyre met Pope Gregory VIII shortly before the pope's death in December 1187 before going on to France where he visited both the French and English kings.

271   There is serious confusion here. The Byzantine emperor Alexios III blinded his brother, Isaac II, in 1195. William II of Sicily (1166–1189) had launched his campaign against Byzantium in 1185 during the reign of Andronikos Komnenos.

THE CHRONIQUE D'ERNOUL   309

[**ccxi**] Il fist une estoire grant aparellier de nés et de galyes, et si manda en le Tiere d'Oltremer et en toutes les terres, qui prés de lui estoient, chevaliers et sergans, et il lor donroit saus selonc çou que *chascuns seroit*; et si detint les pelerins qui de toutes terres aloient par se tiere pour passer; et tint ensi le passage .ii. ans, que nus ne passa en le Terre d'Outremer, ke del passage des pelerins et *des gens* qui vinrent de le Tiere d'Outremer a *lui* fu *li terre si* afoiblije, que quant li rois fu desconfis qu'il avoit mout poi de gent, qu'il avoit mené en le bataille quanqu'il pot, si que, quant Salehadins vint as cités et as castiaus, ne trouva il qui encontre lui fust, ains li *rendi on* tout, fors seulement Sur. Pour ceste occoison dist li rois Guillaumes qu'il estoit *durement coupables en* le perdicion de le tiere.

Or vous dirai que celle estoire devint; aprés si vous dirai du secours qu'il envoia en le Tiere d'Outremer. Li rois Guillaumes n'ala mie en celle estoire, ains demoura pour envoiier gent et viande aprés l'estoire, se mestier en eussent. Si envoia des plus haus homes de se tiere pour estre guieur et gardes de celle gent. Quant les nés et les galies furent aparellies, si murent et ariverent a Duras en

---

1 *No paragraph break in F16, F17, F19, F24, F25, F26, F38 or F50*. ‖ Il] Li rois Guilliaumes F20 ‖ estoire grant] grant estoire F19 F20 F26 F50, grant istoire F25   3 lor donroit saus ... seroit] lor donroit saus selonc çou que il seroient F18, donroit a cascun selonc che que il seroit F19, leur dorroit solz selonc ce que chascuns estoit F38 F50   3–4 si detint les ... et] si detenoit tous les pelerins qui des autres teres voloient par mi se terre trespasser. Et se F19, firent les pelerins qui de toutes terres aloient par sa terre passer et F25 F26   4 passer] mer passer F16, passer le mer F20 ‖ le passage .ii. ans] .ii. anz le passage F16 F17 F24 F38, le passaige F25 F26   5–6 nus ne passa ... lui] et que des passages des pelerins qu'il detint d'outre mer F19   5 passa] passa par se terre F20 ‖ des pelerins et] des pelerins qu'il detint et F16 F17 F20, qu'il detint que F24, qu'il detint F25 F26 F38 ‖ des gens] de le gent F18   6 a lui fu li terre si] a lui en saudees fu si li terre F18, en soldees a lui fu li Tere d'Oltremer si F17, a lui fu la Terre d'Outremer si F25 F26 ‖ rois] roys d'Outremer F19, rois Guis de Jherusalem F20   7–8 avoit mout poi ... quant] avoit molt pou de gent qu'il avoit mené an la bataille quanqu'il pot avoir de gent si que quant F16, ne li demoura gaires des gens qui avoient esté en le bataille si que quant li roys F19, avoit molt poi de gent en le Terre d'Outremer et qu'il avoit amené en le bataille la ou il avoit esté desconfit quanques il pot avoir de gent si que quant F20, i avoit molt poi de gent qu'il avoit mené quanqu'il pot en le bataille. Quant F24, avoit molt pou de gent. Car il avoit mené en la bataille quanqu'il pot de gent. Quant F38   9 rendi on tout] rendoient tout F18, rendoit on F24 F38 ‖ occoison] raison F19   10 durement coupables en ... tiere] coupaules durement le perdicion de le tiere F18, durement coupables de le perte de le Terre d'Outremer F19, durement coupables en le perte de la terre F24 F38, coupables de la perdition de la Terre d'Outremer F25 F26, copables de la perdicion de la Sainte Terre F50. *New paragraph in F16, F20, F25, F26, F38 and F50*.   11 devint] qu'ele devint et puis F19 ‖ qu'il] que Dix F19   12 en le Tiere d'Outremer] en le terre F24, outre mer F25 F26   13 aprés l'estoire se mestier en eussent] se mestiers estoit (en estoit F16) aprés l'estoire F16 F20   14 se tiere] la cité F25 F26 ‖ se tiere pour ... gent] toute se tiere pour estre guier et garde de toute chele gent F19, de sc terre pour estre chavetaine et garde de ses gens F24. *New paragraph in F24.*   15–310.1 les nés et ... garnirent] ches nés et ches galies furent atirees si murent et si ariverent a Duras en Grece si le prisent et le garnirent et F19

Gresse. Si le prisent et garnirent. Apriés si alerent a Salenique, tout conquerant le tierre qui est entre Duras et Salenique, et prisent *Salenique* et le garnirent, et passerent Salenique vers Coustantinoble. Quant li *Grifon* de le tierre virent qu'il avoient tant conquis et tant conqueroient, si furent mout dolant et vinrent as cievetaines de l'ost et disent que bien fussent il venu, que mout estoient lié de lor venue et mout seroient lié se il pooient vengier le prodome qui on avoit les iex crevés, qui le malisse avoit vengie c'Androines avoit fait; et puis si lor disent qu'il avoient trop lonc tour a faire a aler par mer en Coustantinoble, mais par tierre alaissent, et il iroient aveuc et si les conduiroient et feroient venir viande a grant fuison de le tiere, car il haoient mout l'empereur. Tant *proiierent* et losengierent li Grifon chiaus de l'estoire qu'il alerent aveuc aus et laissierent lor estoire. Et tant les menerent qu'il vinrent a .vi. journees de Coustantinoble, prés d'une cite qui a a non Phelippe; la se herbegierent en une valee. Quant li Grifon menoient ciaus de l'estoire par terre, si fisent asavoir *a* ceus de le tiere qu'il fussent encontre eus a armes prés de Phelippe, et il si furent. Quant li cris de le tiere vint la et il furent tout assamblé, si s'armerent tuit l'endemain au point dou jour; si coururent sus ciaus de l'estoire; si les ocisent et prisent, fors ciaus qui s'en escaperent et alerent a l'estoire ariere. Ensi faitement fu l'estore perdue.[272a]

---

1 si] *lack F19 F25 F26 F38 F50* 1–2 tout conquerant le ... Salenique] *lack F19 F25 F26* 2 Salenique] Salnique *F18* 3 passerent Salenique vers] si passerent outre tout droit vers *F19* ‖ *New paragraph in F25 and F26.* ‖ Grifon] Frison *F18* 5 que] Car *F20*, et que *F19 F25 F26* 6 et] et que *F19 F25 F26* ‖ lié] joiant que *F16*, liet et joiant *F17*, joiant *F24*, lié et joiant *F50* 7 avoit] avoient *F20* ‖ et puis si] Aprés si *F24 F38*, puis *F25 F26 F50* 8–9 par tierre alaissent] alaissent par terre *F19*, alassent par terre *F25 F26 F50* 9 et si les conduiroient] por aus conduire *F25 F26* ‖ feroient venir viande] si feroient venir viandes (lor viandes *F20*) *F19 F20*, feroient venir le viande *F24* 10 fuison de le tiere] plenté de le tere *F17*, fuison en le tere *F19*, fuison par le terre a l'ost *F20* ‖ haoient mout l'empereur] haoient mout l'empereor Alex *F20*, n'amoient pas l'empereur *F38*. *New paragraph in F24.* ‖ proiierent] proiierent il *F18* 12 tant les menerent] le Grifon les menerent tant *F19* ‖ journees de] liues prés de *F19*, journees prés de *F24* 13 la se herbegierent en une valee] et la se herbegierent il *F19*. *New paragraph in F20.* 14 l'estoire] la terre *F16* ‖ asavoir a ceus de le] asavoir ceus de le *F18*, asavoir a toz ceus de la *F16 F17 F20*, asavoir a ciaus de par tote la *F24 F38*, savoir par tote la *F25 F26* 15–16 Quant li cris ... furent] *lacks F20* (homeoteleuton), quant il virent la et il furent *F25 F26* 16 si s'armerent tuit l'endemain] si s'armerent tout et l'endemain *F19*, si s'armerent tot *F24*, l'endemain *F25 F26* 17 sus] sus a *F16 F38 F50*, *lack F25 F26* ‖ si les] et *F24 F25 F26 F38* 17–18 les ocisent et ... l'estore] fu toute *F19* ‖ ciaus qui s'en ... ariere] .i. pou qui en (.i. peu qu'il *F17*, aucunes qui en *F20*) eschapierent et alierent arriere a l'estoire *F16 F17 F20*, ciaus qui en eschaperent qui s'en alerent a l'estoire *F24 F25 F26 F38* 18 faitement] *lack F38 F50*

---

[a] *F18 f. 68va–69rb; F16 f. 44vc–45rb; F17 f. 36va–b; F19 f. 106vb–107ra; F20 f. 49vb–50va; F24 f. 142ra–b; F25 f. 65va–66rb; F26 f. 65vb–66rb; F38 f. 186rb–va; F50 f. 386vb–387rb* (ML, 245–247).

272 William's campaign began in June 1185 and suffered defeat the following November.

THE CHRONIQUE D'ERNOUL 311

[ccxii] Or vous dirai del roi Guillaumes: quel secours il envoia en le Tiere d'Outremer. Il i envoia al march .ii.^{c} galies et .ii.^{c} chevaliers, et a *l'aoust* .iii.^{c} chevaliers por aidier a garder cel tant de terre qui estoit demouree en le Tiere d'Outremer. Apriés si fist faire grant estoire de nés et de galyes pour envoiier apriés ou pour aler ens ou pour aler al roi d'Engletiere cui fille il avoit. Je ne vous di pas qu'il fust croisiés. Ne demoura gaires aprés ce qu'il ot *cele* estoire commenchie que il fu mors sans hoir ains que li rois d'Engletiere i alast. Dont vinrent cil del païs quant li rois fu mors; si prisent .i. sien cousin germain, qui quens estoit de Puille; si en fisent roi et avoit a non Tangrés.[273a]

[ccxiii] Or vous lairai de Tangré a parler dessi que tans et lius en sera;[274] si vous diray de l'arcevesque de Sur, qui arivés estoit en le tiere le roy Guillaume. Li rois Guillaumes li fist cargier cevalceures et avoir a lui et a ses hommes pour aler jusque a Rome. Quant li arcevesques vint a Rome, si trova l'apostoile

---

1 *No paragraph break in F20 or F24.* ‖ secours] quel conseil et quel secours *F19*   2 i envoia al march] i envoia a un marz *F16*, envoia *F19*, envoia au marchis *F25 F26* ‖ a l'aoust] a l'aoust apriés *F18*, a l'aoust i envoia *F16 F17 F20*, en l'ost *F25 F26*,   3 de terre qui estoit demouree] qui demoré estoit *F16*, de tere qui demoré estoit *F17*, de tere qui estoit (estoient *F20*) demouree as Crestiens *F19 F20*   3–4 en le Tiere d'Outremer] *lack F25 F26*   5 ou pour aler … aler] en le Tere d'Outremer ou pour aler aprés l'autre estore qui alee s'en estoit par devant ou pour aler veïr le fille *F19* ‖ al roi] le roi Hierni *F16*, pour le roi *F17*, dedens le roi *F20*, le roi *F19 F24 F25 F26 F38*   6 ce] *lack F16 F17 F24 F38* ‖ cele estoire] tele estoire *F18*, l'estoire *F20*   8 li rois] li rois Guillaume *F16*, lors sires *F19*, li reis Guilliaumes *F20* ‖ germain] de le tere *F19*   9 si en fisent … Tangrés] et qui avoit a non Tangrés et si en fisent roy *F19*, qui avoit (ot *F50*) a non Tancrés si en fisent roi *F24 F25 F26 F38 F50*   10 *Rubric in F16*: La prumiere croiserie qui fu outremer aprés ce que Salehadins ot conquis Jerusalem et tote la terre sor Crestians a la terre; li rois Phelipes de France se croisa, et li rois Richarz d'Engleterre et molt d'autres barons par Crestienté por secorre la Terre d'Outremer, *followed by a five-line puzzle initial 'O'. Rubric in F20*: Le croiserie dou roi Phelipon de France et dou roi Richart d'Engleterre et de l'empereor Feudri d'Alemaigne. *No paragraph break in F17 or F24*. ‖ lairai de] lairai du roy *F19*, lairons de *F24 F38*, lairons del roi *F25 F26* ‖ dessi] atant dici *F16*, dessi atant *F17*   11 diray] dirons *F24 F25 F26 F38 F50*   12 Li rois Guillaumes li] Li rois Guilliaumes (G. *F16*) *F16 F20*, Cil rois Guillaumes *F17*, si *F25 F26*, Li rois Guillaumes si li *F24 F38* ‖ cargier cevalceures et avoir] charchier chevaucheures *F16 F17 F20*, cargier chevauceurs asés et avoir *F24*, avoir chevaucheures et despens *F38*   13 jusque] molt bien dessi *F19*

[a] *F18 f. 69^{rb-va}; F16 f. 45^{rb-c}; F17 f. 36vb–37ra; F19 f. 107^{ra-b}; F20 f. 50^{rb-va}; F24 f. 142rb; F25 f. 66rb; F26 f. 66^{rb-va}; F38 f. 186va; F50 f. 387^{rb-va}* (ML, 247).

273   William died in November 1189. Tancred was the illegitimate son of his father's younger brother.
274   Below §§ ccxxiv–ccxxv.

et vint devant lui; si li conta et fist savoir le grant damage qui estoit avenus en le Tierre d'Outremer et comment Sarrazin *avoient la terre* conquise. Quant li apostoiles oï ces nouveles, si fu mout dolans. Si prist mesages; si les envoia par toute Crestiienté pour faire savoir la novele c'on li avoit aportee de le Tierre de
5 Promission, et si manda a tous les haus homes de Crestiienté, as rois, as dus, a contes et as empereours et as marchis, as chevaliers et as bourgois et *as sergans*, que tout cil qui se croiseroient pour aler outre mer, que tous les peciés qu'il avoient fais dont il estoient confés, il les prendroit sour luy et quite quite entr'als et Dame Diu. *Et* si manda que tout cil qui voloient prendre de lor homes
10 dimes, qu'il *les* presissent de quanques il avoient vaillant et bien lor abandonoit pour le voie faire.[a]

[ccxiv] Quant li haut home de par toute Crestiienté oïrent les noveles, et roi et empereur et duc et conte, arcevesque et vesque et abé et autres gens si se croisierent et apparellierent d'aler. Li haus hom qui premiers y ala ce fu li empe-
15 reres d'Alemaigne; et ala par terre et mena bien .lx.^{m} homes a ceval, estre ceus

---

1 si li conta et fist savoir] et li conta et fist asavoir la grant dolor et *F16 F17 F20*, si li fist assavoir *F19*   2 comment Sarrazin] se li dist li Sarrasin *F19*, comment li Sarrasin *F24 F25 F26 F38 F50* ‖ avoient la terre] l'avoient *F18* ‖ *New paragraph in F16, F25 and F26*.   3 fu mout dolans. Si] en fu molt dolens et molt courouchiés et *F19*, fu (en fu *F25 F26*) molt dolens et si (et *F25*) *F24 F25 F26 F38*   4 pour faire savoir la novele] et pour savoir les nouveles *F19*   4–5 pour faire savoir ... Crestiienté] *lacks F17 (homeoteleuton)*   5–6 as dus a ... marchis] aus dus aus contes aus empereors *F16*, et as dus et as contes et as empereurs et *F19*, et a dus et a contes et a empereurs et a marcis et *F24 F38*   6–7 as chevaliers et ... sergans] as chevaliers et as bourgois et sergans *F18*, et as chevaliers et as barons et as barons et as serjans et as bourgois *F19*, a chevaliers et a sergans *F24 F38*, a chevalier et a serjanz et a borjois *F25 F26*,   7 pour aler outre mer] pour aler en le Tere d'Oltremer *F17*, *lacks F19*   8 fais] senz *F16*   8–9 quite quite entr'als et] tot quite quite vers *F16*, cuite et cuite entr'aus et *F17*, quite et quite entre aus et *F20*, tout estoient quittie et quite entr'aus et *F19*   9 Et] *lacks F18*   10 les] le *F18*   11 le voie] la voie d'outremer *F16*, lour voie *F17*, lor voie *F19 F25 F26*, leur voie *F38*   12 *No paragraph break in F16, F17, F20, F24, F25, F26, F38 or F50*. ‖ Crestiienté] la terre de Crestiienté *F24*   12–13 roi et empereur ... gens] roi et empereur et duc et conte et arcevesque et esvesque et abbé et chastelain *F16*, roi et empereur et duc et conte et avoé archevesque et evesque et abé et autre gent *F17*, li roy et li conte et li empereur et li duc et li haut baron et li vesque et li archevesque et li abbé et li bourjois et li chevalier et li serjant et les autres gens *F19*, roi et empereur et arcevesque et evesque et autre gent (autre *F24*) *F24 F25 F26 F38*   14 apparellierent d'aler] s'aparelierent d'aler outremer *F16*, appareillerent pour aler outre mer. Et *F19*, appareillierent d'aler en le Terre d'Outremer *F20*. *New paragraph in F20 and F24. Rubric in 20*: De l'empereour Feudri d'Alemaigne qui ala premiers outre mer. ‖ y ala] se croisa *F19*   15 d'Alemaigne] d'Alemaigne et ot a non Feudris *F20* ‖ ala par terre et] si ala par tere en Jherusalem et si *F19*, ala par terre si *F25 F26* ‖ bien .lx.^{m}] bien .xl.^{m} *F16*, avoec lui .xl. mille *F20*

---

[a] *F18 f. 69^{va-b}; F16 f. 45^{rc}; F17 f. 37ra; F19 f. 107rb; F20 f. 50^{va-b}; F24 f. 142^{rb-c}; F25 f. 66^{rb-vb}; F26 f. 66^{va-b}; F38 f. 186^{va-b}; F50 f. 387va* (ML, 247–248).

a pié, et errerent tant qu'il furent en Costantinoble et qu'il passerent le Brach Saint Jorge et furent en Turkie. Li empereres de Costantinoble commanda c'on lor aportast a vendre le viande de par toute se tiere, et si manda al *soudan* del Coine, qui ses hom estoit, qu'il lor fesist aporter le viande de par toute se tiere al cemin et qu'il les fesist conduire salvement.[275a]

[ccxv] Or vous dirai que li Alemant fisent quant il furent en le tiere de Turkie et del Coine. Il commencierent le viande a tolir as païsans qui lor aportoient, et li païsant se traisent ariere quant il virent c'on les desreuboit; si n'aporterent point de viande. Ensi faitement errerent li Alemant .iii. semaines, c'onques ne mangierent se lor cevals ne fu. Et errerent en ceste maniere tant qu'il vinrent en Hermenie, et bien en y ot mort le moitié ou plus ains q'il i venissent. Un jour se fu li empereres hebregiés en Hermenie sour une *riviere*; se li prist talens de bengnier; si entra en celle riviere; si fu noiiés.[276] Quant li empereres mut d'Alemaigne, il avoit .iiii. fius; si enmena l'un aveuc luy. Celuy qu'il enmena aveuc luy, quant il fu mors, il s'en ala en Andioche sejourner, et il et tout cil qui escapé estoient de cele famine.

Li ainsnés des .iii. fiex qui demoré estoient pour garder l'empire avoit a non Henris, et si avoit feme l'antain le roi Guillaume. Li autres freres ot a non Othes,

---

1 furent] vinrent *F17 F19*   3 a vendre le viande] les viandes a vendre *F16 F17 F20*, la viande *F25 F26* ‖ manda al soudan] manda al satan *F18*, commanda al soutan *F24*, comanda au soudan *F38*   4 Coine] Coloigne *F17* ‖ de par toute se tiere] lack *F24 F25 F26 F38*   5 conduire] conduire parmi se tere *F19*   6 *No paragraph break in F16, F20, F24 and F50.* ‖ en] entré *F24*, entré en *F38 F50*   7 Coine] Coloigne *F17* ‖ as païsans] a chiaus *F19* ‖ aportoient] aportoient a vendre *F16 F50*, aportoient pour vendre *F17*   9 viande] viande au chemin a vendre *F16* ‖ faitement] *lack F19 F38* ‖ semaines] semaines u plus *F24*   9–10 c'onques ne mangierent se] toutes entieres que onques n'i mengerent se de *F19*   10 vinrent] furent *F19 F25 F26*   11 ou plus ains q'il i] ains qu'il *F17*, ains qu'il i *F24* ‖ *New paragraph in F16, F24, F25 and F26.*   12 se] lack *F20 F24 F25 F26* ‖ riviere] rivierete *F18*   13–14 empereres mut d'Alemaigne] empereres d'Alemaigne mut por aler outremer *F16*, empereres Feudris mut d'Alemaigne *F20*   14–15 Celuy qu'il enmena aveuc luy] Et chil que il mena aveuques lui *F19*, Celui qu'il mena avec lui *F24 F38*, lack *F25 F26*   15 fu mors, il] ses peres fu mors *F19*   17 .iii. fiex qui ... l'empire] autres .iii. freres qui demourés estoit pour garder le tere et l'empire *F19* ‖ demoré estoient] demorez estoit *F16 F20*, estoit demorés *F24 F38*   18 feme] a fame *F16 F20 F24 F25 F26 F38* ‖ Guillaume] Guillaume de Sezile *F16 F17*, Guilliaume de Sesille *F20*, Guillaume seror sen (de son *F50*) pere *F24 F25 F26 F38 F50*

---

[a] *F18 f. 69vb; F16 f. 45^{rc-va}; F17 f. 37^{ra-b}; F19 f. 107^{rb-va}; F20 f. 50vb; F24 f. 142^{rc}; F25 f. 66vb; F26 f. 66vb–67ra; F38 f. 186vb; F50 f. 387^{va-b}* (ML, 248–249).

275   Frederick Barbarossa had taken crusading vows in March 1188, and he and his army crossed the Dardanelles in March 1190.
276   Frederick died 10 June 1190.

et estoit dus de Borgoigne et ot a feme le fille le conte Thiebaut de Blois et fu mors sans hoir. Li tiers ot a non Phelippes, et fu dus de Souave. Pour çou vous ai mut a parler des enfans l'empereour qu'en aucun tans vous dira on qu'il fisent, ou qu'il devinrent.[277]

Li rois de Franche ne mut mie si tos a aler outre mer, pour çou que puis qu'il fu crosiés et il et li rois d'Engletiere guerroiierent il ensanle. Je ne vous dirai ore plus de le guerre le roi de France ne le roi d'Engletiere desci qu'a une autre fois, ains vous dirai de Salehadin qui en se tiere estoit et sejornoit.[278]

Noveles vinrent a Salehadin que li empereres d'Alemaigne estoit croisiés, et li rois de France et li rois d'Engletiere et tout li haut baron de Crestiienté et chevalier et sergant, bourgois, arcevesque, evesque et abbé pour venir sour luy.

1–2 estoit dus de ... et] si estoit dus de Bourgoigne et si avoit femme le fille le conte Thibaut de Blois et si fu mors sans hoir. Li uns des freres ot a non Phelipes et si *F19* 1 Borgoigne] Saissoigne *F50* ‖ le] au *F20 F24 F38*, a *F50* 2–3 ai mut] ai commencié *F17*, ai jo mut *F24*, ai je comencié *F38* 3 mut a parler ... on] ci nomez les emfanz a l'empereoer d'Alemaigne qui ot a non Fedric que aucun tens vos dira l'on *F16*, je esmut as parler des enfans l'empereur que je vous dirai en aucun tans *F19*, mut a parler des enfans a l'empereour Fedri qu'en aucun tans vous dira on *F20*, je mout a parler des enfans l'empereor qu'aucun point vos (nos *F25*) dirai on *F25 F26* 4 ou] et *F16 F17 F20 F24 F38 F50*, ne *F25 F26* 5 Li rois de Franche] li rois Phelipes de France *F16*, Or vos dirai del roi de France. Le roi de *F24* ‖ a aler outre mer pour çou que] pour aler oltremer car *F17* ‖ que puis qu'il] qui *F38* 6 rois] rois Hienris *F16* ‖ *New paragraph in F25, F26 and F38*. ‖ ore] orendroit *F20* 7 de France ne ... qu'a] roi d'Engleterre d'ici a *F16*, Phelippon de France ne du roi d'Engleterre dessi a *F20* 7–10 desci qu'a une ... et] Car *F19* (*homeoteleuton*) 8 et sejornoit] *lack F24 F25 F26 F38*. *New paragraph in F16, F20 and F50*. *Rubric in F16*: Com Salehadin garni ces chastiaux seur la marine quant il sot que Crestian se croisoient por venir sour lui. *Rubric in 20*: De Salehadin comment il garni ses chités et ses castiaus quant il sot que li haut haut (*sic*) homme de le Crestienté estoient croisié. 9 Noveles vinrent a Salehadin] Novele li vint *F24*, Novelles li vint *F25 F26*, Noveles li vindrent *F38* ‖ d'Alemaigne] Fedric d'Alemaigne *F16*, d'Alemaigne Fedris *F20* 10 de France et li rois] Phelipe de France et li rois Hienris *F16*, Phelippes de France et li rois *F20* ‖ tout] *lacks F20* 10–11 et chevalier et ... luy] chevalier (et chevalier *F20*) et serjant et borjois et arcevesque et esvesque et abé por (et por *F16*) venir seur lui *F16 F20*, archevesque et evesque chevalier et borgois por venir sour lui *F17*, et chevalier et bourgois et serjant et archevesque et vesque et abé se croiserent et pour aler aveuc le roy de Franche outre mer *F19*, et chevalier et serjant et borjois et arcevesque et evesque (vesque et archevesque *F24*) por aler sor lui *F24 F25 F26 F38*

277 Frederick had five sons who survived childhood. Of these the eldest was Henry, later emperor (1191–1197) and king of Sicily by right of his wife. Next was Frederick duke of Swabia who accompanied his father on crusade and died at the siege of Acre in January 1191. The third brother was Otto count (and not duke) of Burgundy (died 1200); he married a daughter of Count Thibaut V of Blois and was survived by two daughters. Frederick's youngest son, Philip, was elected king of the Romans in 1198 and was murdered in 1208. There was another brother, not mentioned here, named Conrad who died in 1196.

278 Below §§ ccxx–ccxxi.

THE CHRONIQUE D'ERNOUL 315

Lors ne fu mie liés ne asseur. Il fist Acre mout bien fremer, et si le fist mout bien garnir de viande et de gent, et s'i mist des plus haus homes qu'il avoit et de chiaus ou il plus se fioit pour Acre garder; car il savoit bien que li Crestiien ariveroient la et que si grans gens *comme* il estoient ne pooient ariver se la non. Et si commanda que pour poi de gent ne pour auques de gent que il veissent, ne ississent hors mais se tenissent coi dedens le cité. Apriés si lor jura que s'il estoient assegié de Crestiiens, c'on li fesist savoir en quel tiere que il fust, et que tantost les secourroit; que s'il estoit assis al disner, n'atendroit il mie tant qu'il eust mengié ains monteroit tantos et toutes ses gens; si les secourroit. Ne nulle eure ne verroit le mesage, ne par jour ne par nuit, qu'il ne montast tantost et il et toute s'os pour aus secourre, et s'il gisoit malades se s'i feroit il porter en litiere.[a]

[**ccxvi**] Quant Salehadins ot ensi garni Acre, si fist garnir les cités et les castiaus quanques il en avoit conquis sour *la marine*. Apriés si fist semonre ses os; si ala assegier Triple. En cel point que Salehadins ot *assegié Triple*, ariverent les nés et

---

1 Lors ne fu … asseur] lors ne fu mie (pas *F16*) Salehadin liez (liés Salehadins *F20*) ne aseur *F16 F17 F20*, Lors ne fu mie tres bien liés ne bien asseur Salehadin *F19*, Il n'en fu mie liés et si n'en fu mie aseur *F24 F38*, si n'en fu mie liez et si n'en fu mie asseur *F25 F26*, Il n'en fu mie liez ne assegur *F50*,   1–3 fremer et si … garder] garnir de viande et de gent et molt bien fermer et se mist ens des plus haus hommes que il avoit ou il plus se fioit pour Acre garder et deffendre *F19*   2 s'i mist des plus] si i mist mout des *F20* ‖ homes] homes Sarrazin *F16*   3 que li Crestiien] *lacks F20*   4 comme il estoient] que il estoient *F18, lack F25 F26 F50*   5 de gent] *lacks F19* ‖ que il veissent] *lacks F24*   6 mais se tenissent … cité] mais tenissent tout coi dedens le cité *F17*, de le chité mais il se tenissent dedens le cité *F19*, ains (mes *F38*) se tenissent coi (tot coi *F24*) et serre dedenz *F24 F38*, mais tenissent se coi serre dedenz Acre *F25 F26. New paragraph in F25 and F26.* ‖ Apriés si lor jura] Aprés qu'il ot ce dit si lor jura *F16*, Aprés ce jura Salehadin a ses homes *F25 F26*, Aprés si leur dist *F38*   7 c'on li fesist savoir en quel] feissent li asavoir en quelque *F16*   7–8 c'on li fesist … secourroit] que tantost que on lor feroit savoir en quelconque tere que il fust que il le secourroit. Et s'il savoit qu'il fussent assegié *F19*   8 que s'il] et il *F19*, Car il *F20*, Car s'il *F38 F50*   9 tantos et] tantost o *F16*, tantost que il aroit oï le message et il et *F19* ‖ si] et si *F17 F19 F25 F26*   9–11 Ne nulle eure … et] ne ne finerent ne par jour ne par nuit d'aler et il et toute s'ost por aus secourre et seussent il bien que *F19*   10–11 et il et toute s'os] *lack F25 F26*   11 se s'i] si se *F16 F20 F25 F26*, si si *F38* ‖ en] sur .ii. palefrois en une *F19*   12 *Rubric in F16*: Comment Salehadin ala aseger Triple aprés ce qu'il ot garnie ses chastiax qu'il avoit conquis seur Crestians. *No paragraph break in F17, F20, F24, F38 or F50.* ‖ Salehadins] il *F24 F38 F50*   12–13 garnir les cités … en] aussi molt bien garnir tous les castiaus et toutes les chités qu'il *F19*   13 conquis] *lacks F20* ‖ la marine] le mer *F18. New paragraph in F20 with the rubric*: Del secours que li rois Guilliaumes de Sesille envoia outre mer devant Sur. ‖ si fist] fist *F17 F25 F26*, fist Salehadins *F20* ‖ si] et *F19 F38 F50*, et si *F24*   14 En cel point … Triple] En cel point que Salehadins ot Triple assegié *F18*, en cel point. Et en chel point *F19*

---

[a] *F18 f. 70*[ra–va]; *F16 f. 45*[va–c]; *F17 f. 37*[rb–vb]; *F19 f. 107*[va]*–108*[ra]; *F20 f. 50*[vb]*–51*[rb]; *F24 f. 142*[va–b]; *F25 f. 66*[vb]*– 67*[va]; *F26 f. 67*[ra–va]; *F38 f. 186*[vb]*–187*[ra]; *F50 f. 387*[vb]*–388*[rb] (ML, 249–251).

les galies le roy Guillaumes a Sur. Dont vint li marchis Conras; si fist armer de ses galyes pour aler secourre Triple, et commanda des chevaliers le roy Guillaume qu'il alaissent secourre Triple et il i alerent. Aveuc les chevaliers que li marcis i envoia estoit li Vers Chevaliers. Quant li secours fu arivés a Triple et il furent un poi reposé, si fisent une assaillie en l'ost as Sarrazins, et li Vers Chevaliers fu tous devant qui *mervelles* i fist. Quant li Sarrazin virent le Vert Chevalier, si s'esmervillierent mout qu'il avoit tel fuison, et le fisent savoir a Salehadin qu'il estoit venus al secours. Et Salehadin li manda en priant qu'il venist parler a lui, qu'il le desiroit mout a veïr, sauf aler et sauf venir; et il i ala. Et Salehadins li fist mout biel sanlant, et mout li presenta de ses cevaus et de ses joiaus et de son avoir; mais il n'en vaut onques riens prendre. Et se li dist que, s'il voloit demourer a lui, il li donroit grant tiere et grant *garison*, et il li respondi qu'il n'i demorroit mie, car il n'estoit mie venus en le tiere pour demourer as Sarrazins mais pour eaus grever et confondre; et il les greveroit quanqu'il poroit. Lors prist congié; si s'en rala ariere a Triple. Quant Salehadins vit qu'il avoit tant de nés arivees a Triple et de galyes et de gent Crestiiens pour secorre Triple, et il vit qu'il n'i

---

1 Guillaumes] Guillaumes de Sezile *F16*, Guilliaume de Sesille *F20* ‖ Sur] Sur et li doi cent chevalier *F24 F25 F26 F38*, Sur o tot .cc. chevaliers *F50. New paragraph in F24*. ‖ marchis Conras] roys Caurras *F19*, marcis *F24 F25 F26 F38 F50*   1–2 armer de ses galyes pour aler] toutes ses gens armer pour *F19*   2–3 et commanda des … Triple] lack *F20 F25 F26 (homeoteleuton)*   2 des] aus *F16 F38*, as *F17*   5 as] de *F25 F26 F38*   6 qui mervelles i fist] qui i fist *F18*, lack *F24 F25 F26 F38 F50*   7 mout qu'il avoit tel fuison] qu'il avoit avé li tel foison de Crestians *F16*, molt *F19*, mout qu'il avoit tel fuson de Crestiiens *F20*, molt de çou qu'il avoit si grant fuison de gent *F24* ‖ qu'il] que li Verz Chevaliers *F16*   8 li manda en priant qu'il venist] li manda qu'il venist *F17 F19*, manda au Vert Chevalier empriant qu'il venist *F20*, li manda priant qu'il venist (alast *F24*) *F24 F25 F26* ‖ qu'il] car il *F19 F50*, et qu'il *F25 F26*   8–9 qu'il le desiroit … venir] sauf aler et sauf venir qu'il (Car il *F20*) le desirroit molt a vooir *F16 F17 F20*   9 veïr] veïr et se li donnoit volentiers *F19*   10 mout] molt l'onnera et molt *F19* ‖ de ses cevaus … et] de ses joiax et *F16*, de ses chevaus et *F24 F25 F26 F38 F50*   12 grant garison] grant avoir *F18*, garison *F38* ‖ li respondi qu'il n'i] respondi qu'il ne *F17*, li dist qu'il n'i *F20 F25 F26*, li dist qu'il ne *F24 F38*   12–14 n'i demorroit mie … il] n'estoit mie venus au secours pour grever les Crestiens ne pour aidier les Sarrazins ne demourer aveuc aus ains estoit venus pour aus grever et pour aus desconfire et qu'il *F19*   13 en le tiere] lacks *F17*   14 grever] destruire et grever *F20* ‖ Lors] dont si *F24*, Donc *F25 F26* ‖ congié] congié li Vers Chevaliers a Salehadin *F16*   15 rala ariere a Triple] ala arrieres a Triple *F16 F20 F24*, rala a Triple *F25 F26*, ala en la cité *F38. New paragraph in F16, F24, F25 and F26. Rubric in F16*: 'Comment Salehadins se parti del siege de Triple sanz domage fere au chastel et d'ilec s'en ala aseger Tortouse; la delivra lo roi Guion de Jerusalem et cels qu'il dut delivrer o lui'. *This is followed by a six-line puzzle initial 'Q'.*   15–16 de nés arivees … Triple] de nés et de galies arrivees a Tripe pour le chité secourre *F19*, arivé de nés et de galies et de gent crestiene devant Triple por iaus secorre *F24*, arivé devant Triple de nés et de galies et de gent crestiene por aus secorre *F25 F26 F38*   16 et de galyes et de] et de *F16 F20*, et tant de *F17* ‖ et il] Quant Salehadins *F20*

poroit *riens* faire, si se parti de Triple et s'en ala a .xii. liues d'illeuques asseïr une cité sour mer qui a a non Tortose.[279a]

[ccxvii] Ançois que Salehadins *se* partist de devant Triple, li roine li feme au roy Guion, qui dedens Triple estoit, li manda que les couvenences qu'il ot son signour quant il *se* parti d'Escalone li tenist, et il en estoit bien tans, et qu'il le fesist delivrer. Et Salehadins li manda que volentiers le feroit, et puis si manda a Damas c'on li envoiast le roi et .x. chevaliers, teus com il coisiroit en le prison aveuc lui, et c'on li amenast devant Tourtouse; et si manda c'on presist le marcis de Montferras, et si le menast on a Sur et si le presentast on sen fil de par lui. Tout ce fu fait tantost comme Salehadins l'ot commandé. Quant li prison vinrent devant Salehadin a Tourtose, tel comme li rois les coisi en le prison, il lor fist jurer sour sains que jamais armes ne porteroient encontre lui. Aprés les envoia a Triple. Li uns de çaus qui fu delivrés aveuc le roi, ce fu li maistres

---

1 poroit riens] poroit noient *F18*, porroit neant *F16*, porroient rien *F17* ‖ de Triple et] de Triple si *F16*, d'illuec et *F17 F38*, d'ilueques et si *F19*, d'iluec si *F24*, et *F25 F26* ‖ liues d'illeuques asseïr] liues d'ilueques pour assegier *F19*, milles d'ileques *F38* 2 Tortose] Moise *F17* 3 *Rubric in F20*: De Salehadin qui delivra de prison le roi Guion de Jherusalem. *No paragraph break in F16, F17, F24, F38 or F50.* ‖ se partist de] partist de *F18*, se partesist *F20*, se departit *F25*, se departist de *F26* 3–5 li roine li … signour] li manda le roine le femme le roy Guyon qui dedens Tripe estoit qu'il li tenist ses convenenches qu'il avoit eues a son seignour en convenent *F19*, Il manda le roine de Jherusalem le feme au roi Guyon qui dedens Triple estoit que les covenances qu'il ot son segnor *F20* 3 roine] reigne Sibile de Jerusalem *F16*, roine de Jherusalem *F17* 4 ot] ota *F16 F17 F50*, li ot de *F24*, avoit de *F25 F26*, ot de *F38* 5 se] *lacks F18* ‖ parti d'Escalone] departi de devant Escalonne *F16*, parti de devant Escalone *F17*, parti devant Escalone *F20* ‖ li tenist et] et que *F19*, *lack F24 F25 F26 F38* ‖ il en estoit bien tans] il estoit bien tens du fere *F24 F38*, qu'il estoit bien tens del faire *F25 F26* 6 delivrer] delivrer de prison *F20* ‖ Et] *lack F24 F25 F26 F38 F50* ‖ et puis si] et il *F19*, il *F24 F25 F26 F38* 7 envoiast le roi] envoiast le roi Guion (G. *F16*, Gui *F25 F26*) *F17 F20 F25 F26*, amenast le roi *F24* ‖ com il] com il les *F16 F24*, qu'il les *F17 F20* 8 aveuc lui] *lack F24 F25 F26 F38 F50* ‖ manda] commanda *F19 F25 F26* 9 marcis de Montferras] marchis Boniface de Monferrat *F16*, marcis *F24 F25 F26 F38 F50* ‖ si le menast on] si l'amenast on avec *F17*, que on le menast *F19* ‖ on] *lack F19 F20*, l'en a *F38* 10 tantost comme] tantost que *F16 F20*, Et tantost que *F19*, tost com *F25 F26* 10–11 prison vinrent devant Salehadin a] prince vinrent devant *F20* 10–12 prison vinrent devant … fist] .x. prison vinrent devant Tourcelose au roy Salehadin ces comme li roys Guys les avoit coisis en le prison si lor fist Salehadin *F19* 12 il] si *F20 F25 F26* ‖ sour sains] *lack F17 F50* ‖ Aprés] Aprés si *F17 F19* 13 fu delivrés aveuc le roi ce] furent delivré aveuc le roy che *F19*, fu delivrés avec le roi *F24 F38 F50*, delivrés *F25 F26*

---

[a] *F18 f. 70va–71ra; F16 f. 45vc–46ra; F17 f. 37vb–38ra; F19 f. 108ra–b; F20 f. 51rb–va; F24 f. 142vb–c; F25 f. 67va–b; F26 f. 67va–68ra; F38 f. 187ra; F50 f. 388rb–va* (ML, 251–252).

---

279 July 1188.

del Temple; *et* li autres fu li connestables Haimeris qui freres estoit le roy, et li tiers fu li mariscals. Mais les autres ne vous sai ge mie nomer. Quant li rois et si compaignon furent delivré, si envoia Salehadins a le feme le prince Renaut del Crac sen fil Hainfroi tout delivré.[a]

[ccxviii] Quant Salehadins ot esté une piece devant Tortose et il vit que il n'i poroit oevre faire, si s'en ala avant a une cité qui est a .vii. liues d'illeuques qui a a non Valenie; se le prist et gasta, qu'ele n'estoit mie fors, n'il ne le vaut mie garnir pour un castiel qui priés d'illeuc est de l'Ospital en le montaigne et a a non Mergat. Quant il se parti d'illeuc, si ala a une cité a .vii. liues priés qui a a non Gibel; si le prist et si le garni. Apriés si ala a une cité qui a a non Li Lice priés d'Antioce; *si le prist* et si le garni. D'illeuques s'en ala a Antioce, mais ne l'asega mie.[280]

---

1 et] *lacks F18* ‖ freres estoit le roy et] fu freres le roi *F25 F26*   2 vous] *lack F25 F26 F50* ‖ mie] *lack F19 F38 F50*   2–3 et si compaignon … envoia] fu delivrés et si compaignon si envoia (envoia aprés *F24*) *F24 F25 F26*, fu delivrés et si compaignon aprés si envoia *F38*   3 Salehadins] li roys *F19*   3–4 del Crac sen fil Hainfroi] son fil Hainfroi *F17*, du Crac son fil Hainfroy sur un cheval *F19*, Hainfroi (Hanfroit *F38*, Honfroi *F50*) son fil *F24 F25 F26 F38 F50*   5 *Rubric in F16*: D'un chevalier que Salehadin aseja en un chastel en la terre d'Enthioche que li rois Phelipes de France manda quant il fu croisiez por anquerre de l'afere de la terre. *Rubric in F20*: D'un chevalier que Salehadin asega en .i. castel que li rois Phelipes manda en France quant il dut aler outremer. *No paragraph break in F17, F24, F38 or F50.* ‖ piece] grant piece *F17*, grant pieche *F19*   5–6 n'i poroit oevre faire si] ne poroit riens faire se parti d'iluec et si *F19*, ne porroit rien faire si *F25 F26*, n'i porroit rien faire il *F50*   6 une cité qui … d'illeuques] .i. autre cité a .vii. liues d'iluequs *F24*, une cité a .vii. milles d'ileques *F38*, .vii. liues d'iluequs a une cité *F25 F26 F50*   6–7 qui a a non Valenie … fors] si la prist et gasta, qu'il n'estoit mie forz et avoit a non Valenie *F16*   7 gasta] si le gasta *F24*, si la gasta *F38*, la gasta *F50* ‖ qu'ele n'estoit mie fors n'il] car ele n'estoit mie forte ne il *F19 F50*, car ele n'estoit mie fors une fois ne il *F20*   8 priés d'illeuc est] estoit prés d'iluec et estoit *F19*, prés d'iluec estoit *F25 F26 F38 F50* ‖ le] une *F19* ‖ et] qui *F16 F24 F25 F26 F38*   9 ala] ala avant *F19*, s'en ala *F25 F26 F50*   9–10 une cité a … Gibel] une cité qui a a non Gibel qui est a .vii. liues d'iluec *F19*, une autre cité a .vii. liues d'iluec qui a non Gibel *F24*   10 liues priés qui a a non Gibel si le prist et si le] milles prés qui a non Gibel (*corrected from* Gibelet) si la prist et la *F38* ‖ Apriés si] D'illuec s'en *F20*   10–11 Apriés si ala … garni] *lack F16 F19 F25 F26 (homeoteleuton)*   10 cité] cité sor mer *F24*   11 priés d'Antioce] *lacks F17* ‖ si le prist et] si le prist et si le prist *F18*   11–12 D'illeuques s'en … mie] d'ilec s'en va en Enthioche *F16*, D'illuec (Aprés *F20*) s'en ala en Anthioce mais ne le gasta mie *F17 F20*, d'iluec en ala en Antioche si ne l'asseja mie *F25 F26*, D'ilec ala en Antioche mes il ne l'asseja mie *F38*. *New paragraph in F25 and F26.*

---

[a] *F18 f. 71^{ra-b}; F16 f. 46^{ra-b}; F17 f. 38ra; F19 f. 108rb; F20 f. 51^{va-b}; F24 f. 142^{vc}–143ra; F25 f. 67vb–68ra; F26 f. 68^{ra-b}; F38 f. 187^{ra-b}; F50 f. 388^{va-b} (ML, 252–253).*

280   July–August 1188.

THE CHRONIQUE D'ERNOUL 319

Illueques oï dire Salehadins que uns hom cui il haoit a mort estoit en .i. castiel en le tiere d'Antioce. Cil castiaus avoit a non Li Roce Guillaume, et pour le haine de cel chevalier ala il assegier le castiel, nient pour autre cose, que s'il le peust tenir, il n'en euist nient plus de pitié comme il eut del prince Renaut, cui il copa la tieste. Et si eust droit, car cil chevaliers li fist mal encontre bien qu'il 5
li avoit fait, et si vous dirai comment. Cil chevaliers ocist sen signour lige en son païs, pour chou qu'il le trova aveuc se feme. Si l'en convint fuir. Si s'en ala a Salehadin, lui cuinquismes *de* freres et Salehadins le retint mout belement et si lor *dona* grans tieres et grans garisons. Quant il ot une piece esté aveuc les Sarrazins, si fu mout bien d'un neveu Salehadin; si vint a lui une vespree; se li 10
pria que il alast aveuc luy hors de le cité, et il i ala. Si l'enmena en le tiere de Crestiiens par nuit et le mist en .i. castiel du Temple qui a a non Saffet. Il lor donna le moitié de le raençon cel vallet pour lui garantir envers les parens son signour qu'il avoit ocis. Cil chevaliers avoit a non Jehans Gale. Li rois Phelippes

---

1 Illueques oï dire Salehadins] Illueques oï dire *F24 F38 F50*, Quant Salehadins fu en la terre d'Antioche si oï dire *F25 F26* ‖ a] de *F16 F17 F20 F25 F26*   1–2 en .i. castiel en le tiere d'Antioce] prés d'iluec a un castel *F19*   1 en] dedens *F18*   2–3 pour le haine ... nient] pour le haine de chel homme ala il assegier le castel nient *F19*, plus ala il asegier cel chastel por le chevalier que *F24*, por li chevalier ala il assegier cel chastel et noient *F25 F26*, pour ce ala il asseoir ce chastel plus (*interlined*) pour le chevalier que *F38*, por cel chevalier l'ala il assegier plus que *F50*   4 tenir] avoir pris *F19* ‖ nient] *lack F38 F50* ‖ pitié comme il eut del prince Renaut] pitié qu'il (come il *F20*) ot del prince (conte *F16*) Renaut deu Crac *F16 F19 F20*, merci q'il n'ot del prince Renaut *F25 F26* ‖ comme il] qu'il *F24 F38 F50*   5 cil] li *F16 F17 F20*   5–6 bien qu'il li ... si] bien et si *F16 F20*, le bien qu'il li avoit fait et si *F19 F38*, le bien que Salehadins li avoit fait et si *F24*, le bien qu'il avoit fait et *F25 F26* ‖ qu'il li avoit ... comment] *lacks F17*   6 ocist] tua *F24 F25 F26* ‖ lige] *lacks F19*   6–7 en son païs ... trova] en son palés por ce qu'il le trouva *F16*, *lack F24 F25 F26 F38 F50*   7 aveuc] gisant aveuc *F19* ‖ Si l'en convint fuir] *lack F24 F38* ‖ Si s'en] et il s'en *F19*, et si s'en *F24*, et si en *F25 F26*, et s'en *F38*   8 cuinquismes de] cuinquismes de de *F18*, cinqierme de *F16*, quinsime de *F19*, quint de ses *F20*, cinqime de *F24*, quizieme de *F25 F26*, quinziesme de *F38*, cinquiesme de *F50* ‖ le retint] les retint *F19 F20*, les recoilli *F24*, le (li *F25*) recuilli *F25 F26*, les reçut *F38*, les cuilli *F50*   8–9 mout belement et si lor] molt lieement (belement *F20*) et si li *F16 F20*, belement et li *F17*, molt liement et molt volentiers et molt belement et si lor *F19*, molt bel et si leur *F38*   9 tieres et grans garisons] tresors et grans tieres et grans garisons *F18*, rentes et grans garisons *F19*, terre et mout arison *F20*. *New paragraph in F24*.   9–10 une piece esté aveuc les Sarrazins] grant (une grant *F17*) piece esté avec les Sarrazins *F16 F17*, esté une grant pieche el païs *F19*, esté grant piece avec les Sarrazins *F25 F26*   10 d'un] d'un des *F19*, de *F25*, del *F26*, du *F38* ‖ a lui] *lack F24 F25 F26 F38*   11 pria] dist *F17* ‖ il] chil *F19*, cil *F25 F26* ‖ le] *lack F16 F17 F19*   12–13 par nuit et ... le] si le mist en un castel qui est du Temple que on appele Saffot et si donna as Templiers le *F19*   12 du Temple qui ... Saffet] Temple qui a a non Saffat (Safat *F17*) en prison *F16 F17*, em prison qui a a non Sasfat *F20*   12–13 Il lor donna] il dona au Crestians del chastel *F16*   13 cel] de ce *F16*, de cel *F24*, a ce *F38* ‖ envers] contre *F19*, encontre *F24 F25 F26 F38 F50*

de France oï parler de cel chevalier quant il fu croisiés, si le manda qu'il venist parler a lui pour demander et enquerre l'affaire de le Tiere d'Outremer, et il i vint.[a]

[**ccxix**] Or vous lairons *Salehadin* devant Le Roce Guillaume; si vous dirons del roi Gui qui a Triple estoit delivrés. On li consella qu'il alast a Sur sejourner, et il et li roine, tant qu'il eust force et aïue qu'il alast Acre assegier. Il mut de Triple et quanqu'il pot avoir de gent. Si vint a Sur par terre. Quant li marcis Colras oï dire que li rois *et la roine venoient* a Sur, si fist armer ses gens et fremer les portes, et fu *sour le porte tous armés* et il et si home. Quant li rois Guis fu prés de Sur, se li fist on asavoir que li marcis avoit fremee le porte encontre lui. Il ala avant jusques a le porte et commença a crier c'on li ouvrist les portes. Li marcis *vint* a .i. des crestiaus de le tour qui sour le porte estoit et demanda qui c'estoit qui

---

1 de France] *lack F24 F25 F26 F38 F50* ‖ oï parler de ... croisiés] quant il fu croisiés oï parler de cel chevalier *F24 F25 F26 F38*   1–2 qu'il venist parler a lui] *lacks F16*, por paler a lui *F17*, qu'il venist a lui *F19*   2 enquerre] por enquerre *F16 F19 F20 F25 F26*, pour enquerre de *F17* ‖ de le Tiere d'Outremer] d'outremer *F16*, des Sarrasins *F25 F26*, des (de *F38*) chevaliers *F24 F38*   4 *Rubric in F16*: Comment li rois Guion de Jerusalem ala primes aseger Acre quant il fu delivree de prison a tant de gent com il pot avoir. *Rubric in F20*: Dou roi Guion de Jherusalem qui ala au siege devant Acre. *No paragraph break in F17*. ‖ Salehadin] de Salehadin *F18*, du roy Salehadin qui estoit *F19*, de Salehadin qui est *F20* ‖ si] au siege si *F20 F24 F25 F26 F38*   5 Gui] Guion de Jerusalem (Jherusalem *F20*) *F16 F20* ‖ a Triple estoit] dedens Tripe est tous *F19*, a Triple estoit et *F24*, au Temple estoit *F25 F26*   6 roine] roine se feme *F20* ‖ qu'il alast] qui pout aler (aler *expunctuated*) *F24*, qu'il peust aler (aler a *F25 F26*) *F25 F26 F38*, qu'il peust *F50* ‖ et] o tot *F16*, a *F17*, et la roine et *F24 F25 F26 F38*, o la roine a *F50*   7 Colras] Corraz qui a Sur estoit *F16*, Conrat qui dedens Sur estoit *F20*, *lack F24 F25 F26 F38 F50*   8 et la roine venoient] venoit et li roine *F18*   8–9 et la roine ... fu] Salahadin Guillaumes venoit a Sur et se femme si fist tous ses hommes et si fist les portes fremer et furent *F19* ‖ les portes et] les portes de Sur et *F16 F20*, le (la *F38*) porte et *F24 F38*, la porte et ses gens armer et *F50*   9 sour le porte tous armés] tous armés sour le porte *F18*, seur la porte armez *F16*, sour une porte armés *F20* ‖ *New paragraph in F25 and F26.*   10 li] *lack F17 F20* ‖ marcis avoit fremee le porte] marchis Caurras avoit fremees les portes de Sur *F19*, marcis Conras avoit fermee la porte *F20*, marcis avoit fermé les portes *F24 F25*   10–11 Il ala avant jusques a] Il ala avant ne tira resne jusc'a *F24 F38*, si (et si *F25*) ala avant ne ne tira resne de si a *F25 F26*   11 jusques a le ... crier] jusques a la porte et commença a hucier *F17*, et si commencha a crier quant il fu prés *F19* ‖ les portes] la porte *F16 F50*, le porte *F24* ‖ vint] vint avant *F18*   12 crestiaus de le tour] creniax *F16*, crestiens (*in margin in later hand*: crestiaux c.a.d. creneaux) *F17*, crestiens *F20*, crestiens (querniaus *F38*, creniaus *F50*) de la tor *F25 F26 F38 F50*

---

[a] *F18 f. 71^{rb-va}; F16 f. 46^{rb-c}; F17 f. 38^{ra-b}; F19 f. 108^{va-b}; F20 f. 51vb–52ra; F24 f. 143^{ra-b}; F25 f. 68^{ra-va}; F26 f. 68^{rb-va}; F38 f. 187^{rb-va}; F50 f. 388vb–389ra* (ML, 254–256).

THE CHRONIQUE D'ERNOUL 321

si hautement rouvoit ouvrir le porte, et il dist qu'il estoit li rois Gui et li roine se feme qui voloit entrer en se cité. Li marcis respondi que ce n'estoit mie lor, ains estoit siue, que Diex li avoit donee et bien le garderoit et que jamais dedens ne meteroit le pié, mais alaissent avant herbergier, que la ne herbergeroient il mie. Quant li roi Gui vit che, si fu mout dolans et li roine se feme, quant en se cité ne le laissoit on mie herbergier. Il prist un mesage; si l'envoia ariere a Triple as chevaliers le roi Guillaume et a sses homes, qu'il amenassent le navie devant Acre, qu'il aloit Acre assegier. Li rois Gui se parti de Sur tous dervés, et si fu grans mervelle qu'il fist, qu'il ala assegier Acre a si poi de gent *com* il avoit; car a cascun home qu'il avoit quant il ala assegier Acre, estoient il bien .iiii. Sarrazin dedens.[281a]

---

1 hautement] baudement *F24 F25 F26 F38* ‖ ouvrir le porte ... estoit] la porte ouvrir et il dist qu'il estoit (que c'estoit *F17*) *F16 F17 F20 F24*, ouvrir le porte et chil li dist que c'estoit *F19*   1–2 Gui et li ... respondi] et se feme et qu'il voloient entrer en lor cité et li marchis li respondi et se li dist *F19*   2 que ce n'estoit mie] q'il n'estoit pas *F16*, qu'elle n'estoit mie *F25 F26 F38 F50*   3 que] et que *F16 F19*, Car *F20 F50*   3–4 dedens ne meteroit ... alaissent] dedens ne metroit le pié mes alast *F16*, n'i meteroit le pié mais alast *F17*, n'i meteroit le pié dedens mais alaissent (alast *F20*) *F19 F20*, dedens Sur ne meteroit il le pié mais alast *F24*   4 herbergeroient] herbergeroit *F16 F17 F24 F20*   5 Quant li roi Gui] Quant li rois *F17*, Li rois Gui (Guiz *F38*) quant il *F24 F38*   5–6 se cité ne ... herbergier] lor cité meismes nes lessoit om mie herbergier *F16*, lor chité ne les laissoit on mie herbergier *F19 F38*, se cité ne le laissoit on entrer *F24*, sa cité ne laissoit mie herbergier *F25 F26*   6 l'envoia ariere] l'envoia *F17*, li renvoia arriere *F19 F20*   7 Guillaume] Guillaume de Sezile qui la estoient demoré *F16*, Guillaume qui la estoient *F17*, Guilliaume de Sesille qui la estoient *F20* ‖ qu'il] et si lor manda que il *F19* ‖ le navie] la navie et venissent *F24*   8 qu'il aloit Acre ... tous] et qu'il aloit a Acre pour asseigier le chité. Dont se parti li roys Guys de Sur aussi comme tous *F19* ‖ *New paragraph in F20, F25 and F26.* ‖ Gui] *lacks F17* ‖ dervés] corrociez *F16*, dolens *F17*, dervés et tos forsenés *F24*, devez et toz forsenez *F25 F26*, desvez et touz forsenez *F38*, corrouciez *F50*   8–9 si fu grans ... qu'il] se fist molt grant merveille quant il *F19*, si fu mout grant mervelle qu'il fist quant il *F20*, si fu grans merveille qu'il *F24*, si molt grant merveille qu'il fist q'il *F25 F26*, fist grant merveille qant *F50*   9 poi] petit *F16* ‖ com] que *F18*   9–10 car a cascun home qu'il avoit] Car a chascun qu'il en avoit *F20*, a cascun home qu'il avoit avec lui *F24*   10–11 estoient il bien .iiii. Sarrazin dedens] estoient il bien .iiii. Sarrazin dedens Acre *F16 F17 F20*, il en y avoit dedens Acre .iii. *F19*, estoient il bien .iiii.ᶜ Sarrasin dedens *F24*

[a] *F18 f. 71ᵛᵇ–72ʳᵃ; F16 f. 46ʳᶜ⁻ᵛᵃ; F17 f. 38ʳᵇ⁻ᵛᵇ; F19 f. 108ᵛᵇ–109ʳᵃ; F20 f. 52ʳᵃ⁻ᵛᵃ; F24 f. 143ʳᵇ⁻ᶜ; F25 f. 68ᵛᵃ⁻ᵇ; F26 f. 68ᵛᵃ–69ʳᵃ; F38 f. 187ᵛᵃ; F50 f. 389ʳᵃ⁻ᵇ* (ML, 256–257).

281   Guy had been released in the summer of 1188; he appeared before Tyre in August 1189 and commenced the siege of Acre at the end of that month.

[ccxx] Quant li rois Guis vint devant Acre, si se herbega sour .i. toron qui devant Acre est, sor le tiere S. Nicolay.[282] La se licierent et fisent bones lices. Et si avoient l'eve del flun, dont il bevoient et abevroient lor cevaus et faisoient çou que il en avoient a faire. A le mesure qu'il veoient les nés et les galyes et les gens venir, si s'armoit une partie de cels de l'ost et aloit encontre eaus; si depeçoient les vaissiaus et aportoient en l'ost pour aus licier, et prenoient terre tousjours avant. Quant li Sarrazin d'Acre virent que li os croissoit, si prisent .i. mesage; si l'envoiierent a Salehadin qui avoit asegié Le Roce Guillaume;[283] se li fisent savoir que li rois Gui les avoit assegiés a Acre. Quant Salehadin oï le mesage, si se leva dou siege et se mist a le voie et s'en ala a Acre et assega les Crestiiens devant Acre. Et si vous di bien pour voir que s'il fussent corut sus les Crestiiens, bien les peussent avoir adamagiés, *car* a cascun Crestiien qu'il estoient estoit il

---

1 *No paragraph break in F17, F20, F24, F25, F26, F38 or F50.*   1–2 devant Acre est sor le tiere] devant Acre estoit sur le tere *F19 F20*, devant Acre est sor le tertre *F25 F26*, est devant Acre sor le cimetiere de *F50*   2 La se licierent et fisent bones] et la se licherent il et fisent molt boines *F19*, La se logierent et fisent bones *F24 F50*   3 flun] flun Jordain *F19* ‖ et] et dont il *F20* ‖ abevroient lor cevaus et faisoient] si en abevroient lor chevax et en faisoient tout *F19*   4 et les galyes] *lack F24 F38 F50*   4–5 et les gens ... si] venir (venir de totes terres *F16*) si s'armoit (s'armoient *F25 F26*) une partie de ceus de l'ost et aloit encontre aus si *F16 F17 F25 F26*, venir si arrivoient et si s'armoient l'une partie de l'ost et si aloient encontre aus et *F19*, et les gens. Si s'armoient une partie des gens de l'ost et aloient contre aus et *F20*, et les gens venoient au siege une partie de ciaus de l'ost s'armoient et aloient encontre eaus et *F50*   6 les vaissiaus et ... licier] leur vessiax et aportoient a l'ost avoirs et viandes por aus aesier *F16*, lour vaisciaus et portoient en l'ost por eus licier *F17*, lors vaissiaus pour aus lichier et les portoient en l'ost *F19*, les vaissiaus et portoient en l'ost pour aus lichier *F20 F50*, les vaissiaus et aportoient en l'ost por aus logier (lichier *F24*) *F24 F25 F26*   6–7 terre tousjours avant] la terre jor avant autre *F16*   7 d'Acre virent que li os croissoit] virent que li os (olz des Cretians *F16*) croisçoit cascun jor *F16 F17*, qui dedens Acre estoient virent que li os croissoit *F19*, d'Acre virent que li ost croissoit chascun jour *F20*   7–8 prisent .i. mesage; si l'envoiierent] prisent (pristrent *F16 F50*) .i. message et (et si *F19*) l'envoierent *F16 F17 F19 F20 F50*, envoierent .i. messaige *F25 F26*   9 les avoit] et li Crestien les avoient *F24 F25 F26 F38 F50* ‖ a] en *F17 F50*, dedens *F19*   10 et se mist ... ala] si s'en s'ala *F17*, et s'en ala tout droit *F19*, et ala *F20*, si (et *F38*) se mist a le voie si s'en vint *F24 F38*, et si se mist a la voie et s'en vint *F25 F26*   10–11 et assega les ... Crestiiens] et si vous di pour voir que s'il eussent courut sus le Crestiens que *F19*, et assegie les Crestiens devant Acre bien *F25 F26*   12 car] que *F18*   12–323.1 estoient estoit il bien] estoient estoient il bien *F16 F17*, estoient estoient il *F19 F20*, estoient i avoit il bien *F24 F38*, i avoit i avoit il bien *F25 F26*

---

282 At the start of the siege Guy established himself on the Tall al-Fukhhar (or Toron of Ṣalāḥ al-Dīn) just to the east of the walled city. It is possible therefore that with the word 'tertre' for 'tiere' *F25* and *F26* have preserved a *difficilior lectio*. The cemetery and chapel of St Nicholas were located between the Tall al-Fukhhar and the city. See Pringle, *Churches*, 4: 151–155.

283 Ṣalāḥ al-Dīn was at Shaqīf Arnūn (Beaufort) at the time the siege of Acre stated. The story of John Gale and the siege of La Roche Guillaume, previously reported (§ ccxviii) as having occurred in 1188, should be considered fictive.

THE CHRONIQUE D'ERNOUL

bien .x. Sarrazin. Or fu bien li sieges .i. an devant Acre, c'onques cil dedens Acre n'en laissierent a aler en l'ost as Sarrazins, ne cil de l'ost a aler a Acre pour porter le viande.

Quant li fiex l'empereour et li Alemant virent, qui aveuc lui estoient, que li Crestiien avoient Acre assegié, si alerent al siege tant com il porent par terre. Et quant terre lor failli, si alerent par eve. A le mesure c'on avoit appareillié l'oire, si aloient a Acre qui estoit assegié.[284]

Li rois de France et li rois d'Engletiere ce furent cil qui daerain i alerent pour une guerre qui entr'eus .ii. estoit. Et si vous dirai comment li guerre mut. Il avint cose que li rois d'Engletiere avoit .ii. fiex;[285] li ainsnés avoit a non Ricars et estoit quens de Poitiers, et li maisnés avoit a non Jehans Sans Tiere.[a]

---

1 *New paragraph in F20, F25, F26, F38 and F50*. ‖ .i. an devant] .ii. ans dedens *F19* 1–2 c'onques cil dedens Acre n'en] c'onques cil dedenz Acre ne *F16*, que onques chil dedens ne *F19*, n'en *F20*, que onques cil d'Acre ne (n'en *F24*) *F24 F25 F26 F38* 2 as Sarrazins] au Crestians *F16, lacks F19*, as Crestiiens *F20* 2–3 de l'ost a ... viande] dehors ne laissierent a aler dedens Acre pour acater le viandes as Sarrasins *F19. New paragraph in F24*. 2 a Acre pour] en Acre et *F25 F26* 3 le] *lacks F18* 4 l'empereour et li ... estoient] a empereeur Fedric d'Alemaigne oï dire qui en Enthioche estoit *F16*, l'empereur d'Alemaigne qui a Acre estoit oï dire *F17*, l'empereur seurent et li Alemant et chil qui estoient aveuc aus *F19*, l'empereour d'Alemaigne qui en Antioche estoit oï dire *F20*, l'empereur et li Alemant qui avec lui estoient sorent *F24 F25 F26 F38*, l'empereor et li Aleman qui o lui estoient en Antioche sorent *F50* 5 Acre assegié] assegié le chité d'Acre *F19* ‖ alerent] ala *F16 F17 F20* ‖ al siege tant ... terre] au siege et li Alemant qui avé lui estoient si alierent par terre tant com il porent *F16 F20*, avec al siege et li Alemant qui avec lui estoient si alerent par tere tant com il porent *F17* 6 lor] *lack F24 F25 F26 F38* ‖ eve] mer *F25 F26* ‖ le mesure c'on avoit] le mesure que li croisie avoient *F16*, cele mesure que chascuns avoit *F20* 6–7 l'oire si aloient] lor oirre si aloient droit *F16*, lor oirre si aloient au siege *F19*, son oirre si aloit *F20* 7 *New paragraph in F16, F20, F25 and F26. Rubric in F16*: Or vos dirai por coi le rois Phelipes de France et li rois Richarz d'Engleterre murent au darreains a aler outremer de touz les hauz homes croisiez. *This is followed by a seven-line puzzle initial 'L'. Rubric in F20*: Le guerre que li rois de France ot au roi d'Engleterre par coi il i mut a daerains. 8 rois de France ... ce] rois Phelipes (Phelippes *F20*) de France et li rois Richarz (Richars *F20*) d'Engleterre *F16 F20* ‖ daerain i alerent] au darreains alierent outremer *F16*, deerrainement y alerent *F19 F38*, deraain alerent *F25 F26* 9–10 qui entr'eus .ii. ... d'Engletiere] qui entre lo roi de France et lo roi Hienri d'Engleterre vint pere au roi Richart. Il avint chose que li rois Hienris d'Engleterre qui adonc vivoit *F16*, que il avoit entr'aus .ii. Et si vous dirai comment li guerre mut. Il avint cose que li roys d'Engletere *F19*, qui entre lui et le roi Henri d'Engleterre *F20* (*homeoteleuton*) 9 *New paragraph in F17*. 10–11 estoit quens de Poitiers] si estoit quens *F19*, s'estoit cuens de Poitiers *F20* 11 et li maisnés] et li autres *F25 F26*, Li autres *F38 F50*

---

[a] *F18 f. 72^{ra–va}; F16 f. 46^{va–c}; F17 f. 38vb–39ra; F19 f. 109^{ra–b}; F20 f. 52^{va–b}; F24 f. 143^{rc–va}; F25 f. 68vb–69rb; F26 f. 69^{ra–va}; F38 f. 187^{va–b}; F50 f. 389^{rb–va}* (ML, 258–260).

---

284   Frederick duke of Swabia arrived at Acre in October 1190.
285   *F24* has additional material here. See Appendix 3:1.5.

[ccxxi] Li rois d'Engletiere, ains qu'il alast outremer, vaut faire coroner Jehan Sans Tiere sen fil a estre roi d'Engletiere et Ricart donner toute le tiere deça, qui quens estoit de Poitiers. Quant Ricars le sot, si ne fu mie liés, ains fu mout dolans et vint al roi de France; se li pria merchi et se li dist: 'Sire, pour Diu ne souffrés que je soie desiretés, qu'ensi veut mes peres faire; et j'ai vo seur plevie, se le doi avoir a feme, mais pour Diu aidiés me mon droit a detenir et le vo sereur'. Li rois semont ses os et ala sor le roi d'Engletiere al Mans, la ou il sot qu'il estoit. La prist li rois de France Le Mans, et li rois d'Engletiere s'en *fui* a *Tours* a Saint Martin. Li rois de France ala aprés et passa Loirre a gués et prist Tours, et li rois d'Engletiere s'en fui a *Chinon*. Quant li rois de France ot pris Tours, si fisent pais en tel maniere que li rois d'Engletiere rendi Auvergne al roi de Franche. Ensi fu li pais faite. Apriés chou que li pais fu faite, li rois d'Engletiere en fu mors de duel pour le païs dont il estoit desiretés.[286]

Quant li rois d'Engletiere *fu mors*, si vint Richars, qui ses ainés fiex estoit, al roi de France; se li fist homage de le tiere deça le mer, et li rois li rendi quanqu'il avoit conquis sour sen pere, Tours et Le Mans; et si prist Ricars congié d'aler en Engletiere et de porter corone, et quant il aroit porté corone et se tiere *assignee*,

---

1 *No paragraph break in F16, F17, F20, F24, F25, F26, F38 or F50.* ‖ rois] rois Hienris F16, rois Henris F20   2 sen fil a] a F19, son fil et F24 F25 F26 F38   2–3 Ricart donner toute … Poitiers] a Richart qui ainz nez estoit donnoit la terre qui deça mer estoit qui quens estoit de Poitiers por ce que dolenz estoit qu'il avoit fianciee la suer lo roi Phelipe. Felipe F16, si vaut donner a Richart qui quens estoit de Poitiers toute le tere de decha devers Normendie F19, Richart son ainsné fil donner toute le terre decha mer qui cuens estoit de Poitiers pour ce le vaut il faire que Richars ot fiancie le sereur au roi Phelippe F20. *New paragraph in F24.*   3 ne fu mie liés ains] *lacks F24* ‖ fu] en fu F19 F20   4 et] et molt courouchiés et F19, molt courouciez et s'en F50 ‖ roi] roi Phelipe F16 ‖ pria] cria F16 F24 F25 F26 F38 F50   5 j'ai vo seur plevie se] si ai vostre sereur pleuvie et si F19   6 feme] fame et si sui croisiez por aler outremer avec vos F16 ‖ me] moi F24 F25 F26 F38 ‖ detenir] meintenir F16, retenir F19, desraisnier F20, maintenir F50   6–7 Li rois semont ses os et] Dont semonst li roys de France ses os et si F19   7 roi] roi Hienri F16 ‖ la] *lack F16 F17 F19 F20 F50* ‖ sot qu'il] *lacks F19*   8 de France] Phelipes F16   8–9 fui a Tours a Saint Martin] ala a a Saint Martin F18, fui a Saint Martin a Tours F19, fui a Tors (Tours F50) F24 F25 F26 F38 F50   9 ala aprés et … Tours] ala aprés et passa Loire et prist Tors F16, passa outre aprés et si les prist tous et si passa outre Loire as gués F19   9–10 et li rois … Chinon] et li rois d'Engletiere s'enfui a Chion F18, d'ilec s'en foï li roi d'Engleterre a Cinon F16, et pris Cinon F17. *New paragraph in F25 and F26.*   10 Tours] Le Mans et Tors F25 F26   11 rendi] rendroit F16, s'en rendi F38   11–12 rendi Auvergne al … d'Engletiere] *lacks F20 (homeoteleuton)*   12 Apriés chou que … faite] *lacks F25 F26 (homeoteleuton)*   14 rois] rois Hienris F16 ‖ fu mors] *lacks F18* ‖ qui ses ainés fiex estoit] ses ainsnés fix F17 F19 ‖ al] si vint al F24   15 se li fist … deça] de le tere qui est par decha F19 ‖ mer] mer d'Engleterre F50 ‖ quanqu'il] tout quanques il F19, çou qu'il F24 F38 F50, tot ce qu'il F25 F26   16 si prist Ricars congié] si prist Richart congié au roi F16, adont prist li roys Richars congié F19   17 et] et si dist au roy de France que F19 ‖ assignee] afinee F18

---

286   Henry died 6 July 1189.

il revenroit arriere et atourneroit lor voie a aler outremer entr'iaus deus. Ensi demoura li rois en France, et Ricars s'en ala en Engletiere et porta courone a Londres en Engletiere et reçut ses homages de ciaus de le tiere. Apriés si laissa baillius et gardes en Engletiere de plus preudomes u il plus se fioit. Quant ensi ot fait asigner se tiere, il passa mer et vint en Normendie et tinrent parlement entre lui et le roi de France de lor mute atourner et le jour del movoir.[a]

[ccxxii] Quant li doi roi furent ensanle, se dist li rois Ricars al roi de France: 'Sire, je sui .i. jouenes hom et tel voie ai entreprise com vous savés d'aler outremer. Si n'averoie ore mie mestier de feme esposer. J'ai vostre sereur plevie; si me donés respit tant que nos soions revenu, et je vous creant que dedens les .xl. jours que Diex me ramenra, que j'espousera vo sereur'. Li rois de Franche le

---

1 arriere] *lacks F17* ∥ atourneroit] atourneroient *F16 F17 F20*, atirroient *F24*, atireroient *F25 F26 F38 F50* ∥ a aler outremer entr'iaus deus] et iroient outre mer entr'aus .ii. a l'aide de Deu *F25 F26. New paragraph in F25 and F26.* ∥ a aler] pour aler *F17 F50*, d'aler *F19 F38*   2 en] de *F16 F17* ∥ Ricars s'en] li roys Richars d'Engletere en *F19*, Richars en *F24*, Richars *F25 F26*, li rois *F38*   2–3 et porta courone ... tiere] et reçut ses homes et porta coronne a Londres en Engleterre *F16 F17*, et si rechut ses hommages de chiex du du païs *F19*, *lacks F20*   3 en Engletiere] *lack F24 F25 F26 F38 F50*   3–4 Apriés si laissa ... Engletiere] Aprés si lessa ses bailliz et ses gardes en Engletere (en la terre *F16*) *F16 F17 F20*, et si establi baillix et gardes en Engletere *F19*   4 de plus preudomes] prodomes et ciaus *F24*, prodomes *F25 F26*, preudomes *F38* ∥ il plus se fioit] plus se pot fier *F16*, plus se fioit *F19. New paragraph in F16 and F20. Rubric in F20*: Du parlement que li rois de France et li rois Ricars tinrent de lor mute atorner et le jour de lor mouvoir.   4–5 ensi ot fait ... il] li rois Richarz ot lesiez ses bailliz et ses gardes por la terre garder si *F16*, issi ot atorné son affaire et sa tere si *F17*, il ot assignee se tere il *F19*, li rois Richars ot porté couronne et il ot laissié ses baillus et ses gardes pour se terre garder il *F20*, il ot ensi faitement asenee sa terre il *F24*, ainsi ot asené sa terre si *F25 F26 F38*   5 passa mer et ... et] rapassa le mer cha outre arriere et si s'en revint en Normendie et si *F19* ∥ tinrent parlement] vinrent par le mont *F17*   6 roi] roi Phelipe *F16* ∥ de lor mute atourner] por atorner lor mute *F17*, de lor mute a aler outremer *F19*, por lor mute atirer *F24 F25 F26 F38 F50*   7 *No paragraph break in F16, F20 or F24.* ∥ se dist li ... France] si dist le roys d'Engletere au roy de France *F19*, si vint li rois Richars al roi de France si li dist *F24 F38*   8 Sire] Sire dist il *F25 F26 F38 F50* ∥ .i.] *lack F16 F19 F20*   8–9 voie ai entreprise ... outremer] voiage ai entrepris com d'aler oltremer si com vous savés *F17* ∥ d'aler outremer. Si] com d'aler outremer si (et si *F24 F38*) *F24 F25 F26 F38*   9 ore mie mestier de feme esposer] ore mestier de fame espouser *F16 F17*, ore nul mestier de femme espouser *F19*, mestier ore de feme espouser *F20*, mestier de feme espouser ore *F24 F38*, ore mestier feme espouser *F25 F26*   9–10 si me donés respit] si me donnez respit de l'espouser *F16*, si vous pri que vous me donnés respit *F19*, por Deu si me donez respit *F24 F25 F26*, pour Dieu donez moi respit *F38*   10 nos soions revenu] nous soions revenu d'outremer *F20*, jo soie revenus *F24*, soie revenuz *F25 F26*   11 .xl. jours que Diex me ramenra] .xl. (.ix. *F25 F26*) jors que Dex m'avra remené *F24 F25 F26 F38 F50* ∥ que] aprés ce que *F16*

---

[a] *F18 f. 72va–73ra; F16 f. 46vc–47ra; F17 f. 39ra–b; F19 f. 109rb–va; F20 f. 52vb–53ra; F24 f. 143va–b; F25 f. 69rb–vb; F26 f. 69va–b; F38 f. 187vb–188ra; F50 f. 389va–390ra* (ML, 260–261).

soffri ensi, et si atirerent le jour de lor mouvoir a le feste Saint Jehan le premiere qu'il atendoient en tel maniere que li rois de France prenderoit le jour s'escerpe et sen bourdon a Saint Denise, et s'en iroit al plus droit qu'il poroit a Jenuenes sour le mer, et la passeroit a l'aïue de Diu. Li rois d'Engletiere creanta que cel jour meisme prenderoit il s'escerpe et sen bourdon a Saint Martin a Tours, et s'en iroit al plus droit qu'il poroit a Marselle, et passeroit a l'aïue de Dieu. Et il si fist.

Adont mut li dus de Borgoigne et li quens Henris de Campaigne et li quens Tiebaus de Blois et li quens Estievenes de Sanseure, *et* li quens de Clermont, *et* li quens de Pontiu, *et* li quens de Flandres, *et* li quens de Saint Pol et autres contes assés que je *n'ai* mie *només* et toute li chevalerie de France qui croisié estoient, fors seulement li quens Renaus de Dantmartin, que li rois laissa aveuc l'arcevesque de Rains, son oncle, pour garder le tiere et pour estre regart de France.[287]

---

1 mouvoir a le] movoir a une *F24*, muete a une *F38*, muete a la *F50* ‖ Jehan] Jehan en esté *F19*   2 maniere] maniere fu atiré *F25 F26* ‖ rois] rois Phelipe *F16* ‖ le jour] le jour de *F18, lack F19 F24*, a cel jor *F25 F26 F38*   3 Denise] Denis (Denise *F20*) en France *F16 F20*   4 passeroit] passeroit il *F16 F19* ‖ Li] Et li *F16 F19 F25 F26*   4–5 creanta que cel … sen] manda que cel jor (jor meismes *F16*) prenderoit eskerpe et sen *F16 F20*, creanta que cel jor prenderoit s'eskerpe (escrerpe *F25 F26*) et son *F24 F25 F26 F38*   6 passeroit] la passeroit il *F16 F19*, i passeroit *F20*   7 *New paragraph in F24, F25 and F26.*   8 Adont mut] Adont vint *F16*, Donc vint *F38*, En cel point que li rois de France et li rois d'Engelterre murent mut *F25 F26*, ‖ Henris] *lacks F17*   9 et] *lacks F18*   9–10 et li quens de Pontiu … quens] li quens de Pontiu li quens *F18*, et li quens Phelipes *F16*, et li quens de Pontieur et li quens Phelippes *F20*   10 et] *lacks F18*   11 assés] *lack F25 F26 F38 F50* ‖ n'ai mie només] ne sai mie nomer *F18*   12 li quens Renaus] li cuens *F20, lack F25 F26* ‖ rois] rois de France *F16 F17 F20*, rois Felipes *F24*, rois Phelipes *F25 F26*, rois Felippes *F38* ‖ laissa] laissa en France *F19 F24 F38*, laissa en France et *F25 F26*   13 son oncle pour … et] pour se tere garder et *F16*, son oncle por sa terre garder et *F17 F19 F20*, son oncle *F24 F25 F26 F38* ‖ de France] *lacks F16*, en France *F25 F26*

---

287   Respectively Hugh III, duke of Burgundy (1162–1192), Henry II, count of Champagne (1181–1197); Thibaut V, count of Blois (1151–1191); Stephen I, count of Sanserre (1151–1190); Raoul I, count of Clermont-en-Beauvaisis (1161–1191); John, count of Ponthieu (1147–1191); Philip of Alsace, count of Flanders (1168–1191); Hugh IV, count of Saint-Pol (1174–1205); Renaud I, count of Dammartin (1200–1214: died 1227); and William, archbishop of Reims (1175–1202). Philip's regents in France during his absence were her mother, Adela of Champagne, and her brother Archbishop William; the assertion that he appointed Renaud of Dammartin appears to be erroneous.

THE CHRONIQUE D'ERNOUL   327

Je ne vous di pas que tout cil chevalier passassent al port ou li rois passa et li rois d'Engletiere, ains alerent a pluisers pors passer.[a]

[ccxxiii] Quant li rois de France, qui a Gevenes estoit, ot fait ses viandes et ses engiens carjier, quant Diex lor donna tans, si murent. *Et li rois d'Engletere et li autre baron, quant il orent atirié et il orent vent, si murent.* Teus i ot qui passerent droit a Acre, et teus i ot qui ne porent passer, ains alerent en l'ille de Sesille. Li navie le roi de France n'ot gaires alé par mer quant tormente les prist, dont li rois a celle tourmente ot grant damage de se viande et de ses engiens qui furent geté en mer, et cil qui en escapa ala droit a Acre. Li quens Henris de Campaigne, qui estoit arivés a Acre quant les nés le roi de France furent arivees, il prist le viande et les engiens. Le viande il le fist aluier, et les engiens fist drecier as murs pour lancier, si que, quant li rois de France fu arivés a Acre, ne fust li viande qu'il avoit cargie a Mescine, il eust eut toute disete de celi qu'il avoit envoïe *avant*.[b]

---

1 chevalier passassent al ... rois] pasassent al port u (la ou F16) li rois (roys de France F19) F16 F17 F19, passaissent ou li rois F20, chevalier passassent au port la ou (port ou il F38) li rois F25 F26 F38   1–2 et li rois d'Engletiere] *lack F16 F17 F20 F50*, et ou li roys d'Engletere passa F19   2 a pluisers pors passer] par pluisers passages pour passer F19 ‖ pors] pasajes por F16   3 *Rubric in F20*: Dou roi de France qui tormente prist en mer. *No paragraph break in F17, F38 or F50*.   4 quant Diex lor ... murent] quant Diex lor donna tens et vent si murent F16, et Dix lor donna tans et vent si mut F19   4–5 Et li rois ... murent] *lacks F18 (homeoteleuton)*, Et li roys d'Engletere quant il orent tans et vent si murent quant il ot atourné et tout li autre chevalier F19   4 rois] rois Richarz F16   5 vent] bon vent F20   6 droit] tout droit F19, *lack F25 F26* ‖ alerent] ivernerent F24 F25 F26 F38, yvernerent F50   6–8 Li navie le ... ot] por passer. Les navies le roy de France n'orent gaires esré quant tormente les prist dont li roys de France ot adont F19   7–9 les prist dont ... mer] leva F17   8 se viande] ses viandes F16 F19 F20 F26, ses vaissiaus F24, ses viandes en mer F25   9 en escapa ala] eschapa ala F16 F17, en escaperent en alerent F19, escaperent alerent F20, en escapa en (s'en F24) ala F24 F25 F26 F38 ‖ de Campaigne] *lack F17 F24 F38 F50*   10 arivés] arivés droit F20 ‖ Li quens Henris de Campaigne, qui estoit arivés a Acre] *lack F19 F25 F26 (homeoteleuton)*   10–11 de France furent ... viande] de France furent venues et arivees et il prist les viandes F17, de France furent venues on prist les viandes F19, de France furent arivees prist (il prist F24) les viandes F24 F38, furent arivees prist les viandes F25 F26   11 et] et les et F18 ‖ Le viande il le fist aluier] les viandes il les fist aluier F17, les viandes fist on aliener F19, le viande fist il alouer F20 ‖ fist] *lacks F17*, fist on F19 ‖ drecier as murs] au murs d'Acre drecier F16   12 de France] *lacks F25* ‖ fu arivés] vint F20 ‖ ne fust] ne fu fust F25 F26, se ne fust F38   13 cargie a Mescine ... celi] charchiee a Mesines il eust eu tote disete de cele F16, cargie a Messines il eust tote disete de celi F17, fait carchier a Messines il euist tote disete de celi (disgeste de cele F25 F26, sofrete de cele F38) F24 F25 F26 F38 ‖ avant] devant F18

---

[a] F18 f. 73[ra–b]; F16 f. 47[ra–b]; F17 f. 39[rb–va]; F19 f. 109[va–b]; F20 f. 53[ra–b]; F24 f. 143[vb–c]; F25 f. 69[vb]–70[ra]; F26 f. 69[vb]–70[rb]; F38 f. 188[ra]; F50 f. 39[ra–b] (ML, 261–262). *F18 has a ten-line miniature panel showing the two kings in discussion with their advisers followed by a four-line historiated initial 'Q' showing. In the lower margin a woman is pointing at a man playing a lute.*   [b] F18 f. 73[rb–va]; F16 f. 47rb; F17 f. 39va; F19 f. 109vb; F20 f. 53[rb–va]; F24 f. 143[vc]; F25 f. 70[ra–b]; F26 f. 70rb; F38 f. 188ra; F50 f. 390rb (ML, 262–263).

[ccxxiv] Li rois de France ne passa mie en cel yver, mais apriés le tourmente qu'il ot eue ariva a Mescines.[288] Quant li rois Tangré, qui rois estoit de le terre, oï dire que li rois de France estoit arivés, si ala encontre lui, et si le reçut mout hautement, et se li proia pour Dieu qu'il n'entrast plus en le mer, ains sejornast en le cité dusques al març, et qu'il ne se grevast point, et il li abandonnoit toute se tiere a faire se volenté. Li rois li otria qu'il demoroit, et li rois Tangrés li delivra son manoir qu'il avoit mout rice a Mescines. Se s'i herbega li rois de France, et illueques yvrena l'yver dusque al march.

A cel passage de cel aoust que li rois entra en mer pour passer outre, ariva tant de gent devant Acre qu'il assegierent Acre de l'une mer a l'autre tout entour a *la* reonde, et fisent une fosse ensus d'Acre en le sablonniere par ou il fisent aler le flun qui couroit a meisme d'Acre pour tolir le douce eve as Sarrazins; pardedens Acre n'avoit s'eve non de puch salee fors aucune cisterne d'eve de pluie, mais poi en y avoit et niens estoit a tant de gent con dedens avoit en le

---

1 *No paragraph break in F17, F19, F20, F24, F25, F26, F38 or F50.* ‖ de France] *lack F25 F26* ‖ en cel yver] a cel yver 16 F17 F20, l'iver F24 F25 F26 F38   2 eue ariva] eue arriva droit F16 F17 F20, arivé F25 F26 ‖ *New paragraph in F19, F20, F25, F26, F38 and F50.* ‖ li rois Tangré ... le] Tangrés li roys estoit de bele F19   3 arivés] arrivez a Meschines F16, arrivés au port de se chité F19 ‖ si] *lack F16 F19 F20 F38 F50*   4 hautement et se ... Dieu] deboinairement et se li pria F19, hautement et si li manda pour Dieu F20 ‖ plus en le mer ains] en la mer ainz F16, plus en le mer et que il F19, plus (point F20) en mer ains F20 F24 F25 F26 F38   5 en le cité] en la terre F16, *lacks F19*, en le chité de Messines F20 ‖ dusques al] dessi au F19, desi c'al F24, desi en F25 F26   6 li otria qu'il demoroit] li otria a qu'il i demorroit volentiers F16, de France li otria qu'i demoeroit F20   7 rice a Mescines] bel a Meschines et molt riche F16, a Meschines molt riche et molt bel F19 ‖ Se s'i] et ainsi se F19, et si se F20, s'i F24 F25, Si i F26 F38   7–8 et illueques yvrena ... al] tout l'iver dessi au F19, Iluec si iverna desi c'al F24, Iluec verna (iverna F26) tot l'iver desi au F25 F26, Ilec si iverna tout l'iver jusqu'au F38   9 de cel aoust ... ariva] que li rois de France entra en mer pour passer oltre arriva F17, que le roys entra en mer arriva a l'aoust F19 ‖ cel aoust que li rois] l'aoust que li rois de France F16   10 devant] a F17 F20 F50 ‖ a l'autre] dessi a l'autre F17, dessi a l'autre et devant et derriere F19   11 la] *lacks F18* ‖ et] et si F19 F24 F25 F26 F38 ‖ une fosse] .ii. fosses F20 ‖ ensus d'Acre en le sablonniere par] ensus d'Acre en le sablonniere par la F19, en le sabloniere ensus d'Acre par (par la F25 F26) F24 F25 F26 F38, en la sabloniere desus Acre par F50   12 flun qui couroit ... Sarrazins] flun Jourdain qui couroit as Meschines d'Acre pour tolir l'iaue douche as Sarrasins si que F19. *New paragraph in F25 and F26.*   13 pardedens Acre n'avoit ... fors] Car dedenz Acre n'avoit ce eve non de puis salee fors en F16, par dedens Acre n'avoit fors eve de puch salee fors F17 F19, pardedens Acre n'avoit se douce aigue non de puich saloe fors en F20   14 poi en y avoit] c'estoit petit F16   14–329.1 dedens avoit en le cité] en la (le F20) cité avoit F16 F20, il avoit en le cité F17, il avoit dedens le chité d'Acre F19, dedenz la cité avoit F24 F25 F26 F38

---

288   September 1190.

THE CHRONIQUE D'ERNOUL   329

cité. A grant mescief furent li Sarrazin dedens Acre quant il orent perdue l'iaue
douce et le voie de le viande qui lor venoit de l'ost fors tant que il avoient secour
aucune fié d'une ville qui est a *le droiture* d'Acre qui a a non Caÿphas. Salehadins
avoit *garnie* celle ville et faisoit garnir les vaissiaus de viande. Quant il avoient
bon tans, se les metoient en aventure et trescopoient le mer et se traioient a   5
Acre. Quant il pooient, s'entroient en le ville d'Acre.

Or vous di jou qu'il ot si grant cierté en l'ost des Crestiiens qu'il fu tele eure
c'on vendi le mui de forment .lx. besans et le mui de ferine .lxx. Or vous dirai
combien li muys est *grans*: çou c'uns porteres porte a son col c'est li muis de le
tiere. Et .i. oef vendoit on .xii. deniers et une geline .xx. sous et une pume .vi.   10
deniers. Vins et cars par estoit si ciers c'on n'en pooit avoir se de ceval non quant
il moroit. En celle ost morut mout de gent de faim et de mesaise.

Il avint .i. jour que il s'eslurent bien dusque a .x.^m sergans et vinrent as barons
de l'ost et disent que pour Diu lor donassent a mangier, ou se çou non il iroient
conquerre *et gaaignier* sour Sarrasins. Il ne porent avoir consel ne aïue de haut   15

1–2 A grant mescief … l'ost] Adont furent li Sarrasin dedens Acre a grant meschief. Quant il orent
perdue le viande qui lor venoit de l'ost et l'iaue douche et les biens qui lor venoient dehors *F19*
3 est a le droiture] est a l'endroiture *F18*, estoit dehors a le droiture *F19*   4 garnie celle ville
et faisoit] fait garnir celle ville et faisoit *F18*, garnie la vile de Caïphas et fesoit *F16*, chele vile
molt bien garnie et si faisoit molt bien *F19* ‖ garnir] carchier *F24*, chargier *F50*   5–6 aventure
et trescopoient … en] aventure en le mer et si trescaupoient le mer et si se traioient quant il
pooient dedens Acre. Quant il avoient boin vent si se traioient dedens *F19*   5 a] vers *F16 F17
F20*   6 s'entroient en le ville d'Acre] s'entroient en la cité d'Acre *F16*, si entroient dedens *F20*,
s'entroient dedens la vile *F24*, si entroient dedenz la vile *F25 F26 F38*. *New paragraph in F16, F20,
F25 and F26*.   7 qu'il ot] bien et pour voir qu'il ot adont *F19* ‖ en l'ost des] en Acre en l'ost de *F16*,
en l'ost de *F17 F20* ‖ qu'il fu tele eure] qu'il fu tele foiz *F16*, tele ore fu *F24 F25 F26 F38*   7–8 qu'il
fu tele … forment] que on y vendoit le muy de blé *F19*   8 .lx.] .xl. *F16* ‖ .lxx.] .lxx. besans *F19*,
.lx. et .x. *F24*. *New paragraph in F17*.   9 grans çou c'uns porteres porte] çou c'uns porteres porte
F18, granz tant com uns (c'uns *F20*) portieres porte *F16 F20*, grans çou c'uns hom le porte *F24*, ce
que un home puet porter *F50*   10 .i. oef vendoit on .xii.] .i. oef vendi on .xii. *F17*, si vendoit on un
oef .vii. *F19* ‖ et une geline .xx. sous] *lack F16 F17 F20* ‖ pume .vi.] prune .vi. *F16*, pume .vii. *F19*
11 Vins et cars … ciers] vins et chars par estoient si chiers *F16 F19*, et chars par estoit si treschiere
F20 ‖ pooit] pooit point *F19 F24 F25 F26 F38 F50*   12 *New paragraph in F24*. ‖ celle ost] cel point
F24 ‖ morut mout de … mesaise] morut molt de gent de faim *F16 F17*, en morut molt de gent de
faim et de famine et de mesaise *F19*, moroit grant gent de fain *F20*   13 s'eslurent bien dusque a
.x.^m sergans] s'eslurent bien jusqu'a .vii.^m serjanz *F16*, s'assanlerent dessi a .x.^m serjant de l'ost *F19*,
s'eslurent bien .x. mille sergant *F20*   14 et] et si lor *F19* ‖ lor] il lor *F19 F24*, il leur *F38* ‖ iroient]
l'iroient *F16 F17 F38 F50*   15 et gaaignier] *lacks F18* ‖ Il] s'il pooient il *F24* ‖ consel ne aïue] aïue
ne conseil *F20 F50*, conseil *F19*   15–330.1 de haut home de l'ost d'avoir] des haus homes (des
barons *F16*) de l'ost d'avoir *F16 F17 F20*, de haut homme de l'ost ne aieue por avoir *F19*, de nul haut
home de l'ost d'avoir *F38 F50*

home de l'ost d'avoir viande ne d'aler sour Sarrasins; il ne porent plus endurer, ains issirent de l'ost une matinee et se ferirent en l'ost des Sarrasins. Quant li Sarrasin les virent venir, si widierent lor loges et les lessierent venir, et li Crestiien entrerent es loges; si se cargierent de viande, et quant cargié furent, si se misent al retour. Quant li Sarrasin virent que li sergant estoient cargié et qu'il s'en *retornoient*, si poinsent *sor* aus; si les ocisent tous.[289] Apriés si les amasserent et les geterent el flun et les envoiierent en l'ost as Crestiiens. Ensi faitement fu perdue cest compaigne de ces sergans, c'onques secors n'orent de l'ost.

Or vous di ge que tout ausi comme li Crestiien avoient assegié Acre de l'une mer a l'autre, assisent li Sarrasin par deriere les Crestiiens de l'une *mer* a l'autre. Et toutes les eures que li Crestiien assaloient as murs d'Acre, assaloient li Sarrasin les Crestiiens par deriere.

Or vous dirai qu'il avint en l'ost d'Acre. Il avint que li roine, li feme le roi Gui, fu morte et .iiii. enfant que elle avoit et que li tiere eskeï a Ysabiel, qui feme

---

1 d'aler] d'aler conquerre F16, pour aler F19, congié d'aler F24 F25 F26 F38 F50   1–2 il ne porent … issirent] Il ne porent plus endurer la famine einz issirent F16, ne il ne pooient plus atendre ainz issirent hors F25 F26   2 de l'ost une matinee] une matinee hors de l'ost as Crestiens F19 ‖ des] as F19 F24 F25 F26 ‖ *New paragraph in F25 and F26*.   3 les virent venir … et] les virent si widerent lor loges et F19, virent venir les serjans si vindrent lor loges si F25 F26   4 si se cargierent] et se charchierent F16 F20, et es tentes as Sarrasins et si carquerent F19, si se chacierent F24 ‖ furent] se furent F16 F19   5 que li sergant] que li Crestien F17 F19, qu'il F24 F25 F26 F38   5–6 et qu'il s'en … aus] et qu'il s'en retornoient ariere, si poinsent a aus F18, de lor viandes si se fisent armer. Et quant li Crestien s'en retournerent si poitnent li Sarrasins sur aus F19   6 si] et F17 F38 F50, et si F19 ‖ *New paragraph in F24*. ‖ Apriés] Et quant il les orent tous ochis F19, et F25 F26 ‖ amasserent] amaserent tos F24, assemblerent F38 ‖ les] *lack* F20 F24 F25 F26 F38   7 el flun et] eus el flun Jourdain et si F19 ‖ as] des F20 F50 ‖ faitement fu perdue] fu perdue F24 F38 F50, faitement fu partie F25 F26   7–8 perdue cest compaigne … sergans] cele compaignie des serjans vaincue et desconfite et perdue F19   8 n'orent] n'orent ne ciaus F24   9 ge] je bien et pour voir F19   9–10 assegié Acre de … l'autre] assis le chité d'Acre et Sarrasin qui estoient dedens tout entour a le reonde et de lune mer dessi a l'autre F19, asis les Sarrasin de l'une mer a l'autre F25 F26   10–11 assisent li Sarrasin … Et] ausinc (issi F17) avoient li Sarrasin asis les Crestians de l'une mer a l'autre par derriere et F16 F17, tout aussi assisent li Sarrasin les Crestiens et tout entour et et de lune mer dessi a l'autre et si vous di que F19, Aussi avoient li Sarrasin les Crestiiens assis par deriere de l'une mer a l'autre en F20, asisent li Sarrasin les Crestiens par deriere de l'une mer a l'autre et F24 F38, asistrent li Sarrasin les Crestiens de l'une mer a l'autre par derriere et F25 F26   10 mer] me F18   11 d'Acre] si F17   12 *New paragraph in F16 F20, F25, F26, F38 and F50. Rubric in F16*: Del tens le marchis Corrat qui sires fu de la terre que Crestian tenoient outremer de par Ysabel qu'il prist a fame a cui la terre escaï et fame fu Heimfroi, fillastre le prince Renaut del Crac. *This is followed by a five-line puzzle initial 'O'. Rubric in F20*: Del tans le marcis Conrat qui sires fu de toute le Terre d'Outremer que li Crestiien tenoient. *This is followed by a six-line puzzle initial 'O'*.   13 li roine li feme le] la reigne Sibile la fame au F16, le femme le F19, le roine le femme au F20   14 .iiii.] .i. F25 F26 ‖ Ysabiel] Ysabel se (sa F16) sereur F16 F17 F19 F20

---

289   25 July 1190.

estoit Hainfroi, qui s'en fui quant li baron de le tiere le vaurrent coroner. Quant li marchis Colras sot que li tiere et li royaumes estoit esceue a Ysabiel et a Hainfroi, si ala a l'evesque de Biauvais, qui en l'ost estoit;[290] se li pria qu'il li aidast et mesist consail que Hainfrois fust departis de se feme et qu'il l'eust a feme, que Hainfrois estoit si mauvais qu'il ne poroit *tenir le tiere*. Lors dist li vesques de Biavais qu'il s'en conselleroit. Il em parla as arcevesques et as evesques et as barons de l'ost, et si lor moustra le malvaisté de Hainfroi. Teus i ot qui s'acorderent al departir, et tels i ot qui *disent* qu'il ne pooit estre. Dont *vint* li vesques de Belvais qu'il parleroit a Hainfroi, et fist tant vers lui qu'il clama quite se feme al marchis par deniers donans, et qu'il s'en departi. Quant Hainfrois fu departis de Ysabiel, li marcis l'espousa et si l'enmena a Sur.[291a]

1 estoit Hainfroi] est Hainfroi *F25 F26*, Honfroi dou Toron *F50* ‖ coroner] coronner a estre roi de Jerusalem *F16*   1–3 Quant li marchis ... Hainfroi] Quant li marchis Corraz qui a Sur estoit sot que la terre estoit escheue a Ysabel et a Heinfroi son baron *F16*, Quant li marchis Colras sot que li tere estoit eschaue a Ysabel et li roiames a Hainfroi *F17 F20*, Li marchis Caurras oï dire que le tere estoit eskeue a Ysabel et a Hainfroi *F19*, Quant li marcis sot que li roiaumes (la terre *F24*) estoit eschaue a Ysabel (Isabel *F24*) et a Hainfroi (Anfroi *F38*, Honfroi *F50*) *F24 F25 F26 F38 F50*   3 en l'ost estoit se] en l'ost estoit et se *F19 F24*, en l'ost estoit et *F38*, estoit legaz en l'ost et *F50*   3–4 li aidast et ... l'eust] mesist conseil et aieue que Hainfrois fust departis de se femme et qu'il li aidast qu'il li peust avoir *F19*   4 mesist] qu'il meist *F16 F24*, presist *F20*   5 que] Car *F16 F20 F24 F25 F26 F38 F50* ‖ tenir le tiere] le tiere tenir *F18*, tenir terre *F16 F17 F19 F20* ‖ Lors] Dont *F24*, Donc *F25 F26 F38*   5–6 dist li vesques ... Il] dist li vesques qu'il *F19*, dist li vesques qu'il s'en conselleroit. Il *F24*, vint li evesques de Beauvez si dist qu'il s'en conseilleroit. Il *F38*   6 arcevesques et as evesques] evesques et as archevesques *F20 F24 F25 F26 F38*   7 barons de l'ost ... moustra] haus barons de l'ost et si lor dist et moustra *F19*, barons de la terre et si lor mostra *F24*   8 disent qu'il] dist qu'il *F18*, distrent que ce *F16 F17 F20 F25 F26 F38 F50*, disent que *F24*   8–9 Dont vint li ... lui] donc vint li esvesques de Biauvez si parla a Heinfroi et fist tant vers Heinfroi *F16*, Dont vint le vesques de Biauvais si (et si *F19*) fist tant a Hainfroi *F17 F19*, Lors parla li evesques de Biauvais a Hainfroi et fist tant vers lui *F25 F26*   8 vint] dist *F18*   9 qu'il parleroit] si parla *F20 F24 F38*, et parla tant *F50* ‖ quite se feme] sa (se *F20*) feme quite *F20 F25 F26*   10 s'en departi] se departi de li *F16 F17 F20 F50*, s'en parti *F25 F26*   10–11 Quant Hainfrois fu ... Sur] *lacks F16* ‖ departis de Ysabiel li marci] departis de Ysabel se femme li marchis Caurras *F19*, departis d'Isabial sa feme li marcis *F24*, partiz d'Isabelle li marchis de Mont Ferraz *F25 F26*   11 et si l'enmena] si l'enmena dessi *F17*, et prist a femme et se le mena *F19*, et si le mena *F24*, et la mena *F25 F26 F38*

[a] *F18* f. 73va–74vb; *F16* f. 47^{rc-vc}; *F17* f. 39va–40rb; *F19* f. 109vb–110va; *F20* f. 53va–54rb; *F24* f. 143^{vc}–144rb; *F25* f. 70rb–71va; *F26* f. 70rb–71rb; *F38* f. 188^{ra-va}; *F50* f. 390rb–391ra (ML, 263–268). *F18 has a ten-line miniature panel showing crusaders arriving by ship and a four-line pen-flourished initial 'L'.*

290   Philip of Dreux (1175–1217), a grandson of King Louis VI and hence a first cousin of Philip Augustus. For Humphrey's flight, see § cxxxiv.
291   Conrad married Isabella on 24 November 1190.

[ccxxv] Or vous lairons a parler del siege d'Acre *tant que tans et eure en sera*; si vous dirons del roi d'Engletiere qui meus fu de Marseille. Quant il vint endroit l'ille de Sesille, si se pensa qu'il ariveroit la pour oïr novelles del roi de France, s'il estoit passés ou s'il estoit demorés en l'ille, et pour savoir de se sereur, qui roine avoit esté de le tiere. Il fist tourner vers terre et arriverent ses galyes a une cité qui a a non Palierne, al cief de Sesille *par devers le mer et Mescines est au chief de Sesile par* devers tiere, et si a .vii. journees de l'un a *l'autre*. Quant li rois d'Engletiere fu arivés *et* il demanda novieles del roi de France, on li dist qu'il estoit a Mescines et qu'il yvernoit la. Quant il oï ces nouveles, si ala a Mescines aprés et ariva la et yverna avoec le roy de France desci qu'al march qu'il passerent.[292] Quant li rois sot que li rois d'Engletiere venoit, si fu mout liés et ala

---

1 *Rubric in F16*: Comment li rois Phelipes de France et li rois Richarz d'Engleterre qui murent a aler outremer yvernierent au Sezile ainçois qu'il arivassent a Acre. *Rubric in F20*: Quant li rois Richart d'Engleterre sot que li rois de France yvernoit a Messines si yverna avoec; si fist tant envers le roine Jehane se suer qu'ele vendi sen doiaire et ala o lui. *No paragraph break in F24*. ‖ Or vous lairons] Or vous lairons atant *F19*, Atant vos lairons hore *F25 F26* ‖ tant que tans ... sera] *lacks F18*, d'ici que tens et eure en sera *F16*, dessi atant que poins et liex et heure en sera et *F19*, tant que tans et heure en sera *F20*, tant que lius et eure en sera *F24 F38*, tant que leus en sera *F25 F26*   2 roi] roi Phelipe de France et del roi Richart *F16*, roi de France et del roi *F17 F20* ‖ meus fu] fu mus *F19 F20*, fu meus *F24*, fu meuz *F25 F26 F38* ‖ il] li rois d'Engleterre *F16*   2–3 endroit l'ille de Sesille si se pensa] en l'isle de Seczile si se porpensa *F25 F26*   3–4 oïr novelles del ... demorés] oïr et pour savoir nouvelles du roy de France s'il estoit passés ou s'il estoit la arrivés ne demourés *F19*   4 savoir] savoir noveles *F25 F26*   5 vers terre et arriverent ses galyes] vers tere et si arriva *F19*, ses galies vers terre et ariverent *F20*, vers terre et ariva les (ses *F38*) galies *F24 F38*, ses galies et ariver *F25 F26*   6 al] et si arriverent au *F19*   6–7 par devers le ... l'autre] devers tiere, et si a .vii. journees de l'un a l'autre de Palierne dusques a Mescines *F18*. *New paragraph in F25 and F26*. ‖ est au chief de Sesile] est au chief *F19*, siet au chief de Sesile *F20*   7 devers tiere] a l'autre cief de Sezile (Sesile *F24*) par devers terre ferme *F24 F25 F26 F38*   7–8 li rois d'Engletiere fu arivés] il fu arivés *F24*, arrivez fu *F38*, li rois d'Engletere fu arivez a Parlerne *F25 F26*   8 et] *lacks F18* ‖ demanda novieles del roi] ot demandé nouveles *F20*   9 il] li rois d'Engleterre (d'Engeltere *F19*) *F19 F25 F26 F38 F50*, li rois *F24* ‖ si] il *F16 F20*, si s'en *F24 F25 F26*   9–10 a Mescines aprés ... yverna] a Meschines (Mescines *F17*, Messines *F20*) et ariva la et yverna *F16 F17 F20*, la prés et si arriva la et si yverna la *F19*, aprés le roi de France a Messines et ariva la et iverna la *F24*, a Meschines aprés le roi de France et ariva la et iverna *F25 F26*, a Meschines aprés le roi et arriva la et iverna la *F38*, a Messine aprés le roi et yverna la *F50*   10 de France desci qu'al] de France dessi au *F19*, dessi au *F20 F25 F26 F16 F17*, desi c'al *F24*, jusqu'au *F38*   11 rois] rois de France *F16 F20 F25 F26 F50*   11–333.1 sot que li ... et] d'Engletere seut que li roys de Franche venoit la a lui et qu'il estoit la arrivés si ala encontre lui et si le bienveigna et si *F19*

292 Richard arived in Messina in September 1190, one week after Philip Augustus.

THE CHRONIQUE D'ERNOUL 333

encontre et fisent feste de ce qu'il se trouverent sain et hetié. Li rois de France estoit herbegiés al cief de le cité el palais le roi Tangré, qui sires estoit de le tiere, et li rois d'Engletiere herbega a l'autre cief de le cité, hors de le ville. Il ne volt mie herbegier priés del roy pour çou qu'il ne voloit mie que si home fesissent mellee as homes le roi de France. La frema li rois *d'Engletiere* .i. castiel prés de 5
Mescines sor .i. torun; si le mist a non Mate Griffon. Pour ce fist li rois d'Engletiere cel castiel, qu'il ot mellee entre ses homes et les homes le roi Tangré; si ot mout ocis des homes le roi Tangré, et pour ce fist cel castiel que se mestiers fust a ses homes, qu'il les requellist dedens cel castiel pour l'esfors de le tierre qui estoit le roi Tangré. Mais li rois de France en fist pais. Aprés vint li rois d'Engle- 10
tiere; si proia se sereur qu'ele vendist sen douaire, se li prestast l'avoir et qu'elle alast aveuc luy outremer, et quant Diex le ramenroit, il li renderoit son avoir et si le marieroit hautement, et elle respondi qu'ele feroit volentiers son plaisir.[a]

---

1 encontre et fisent ... hetié] contra lui (al encontre *F17*, encontre *F20*) et firent molt grant feste ensamble *F16 F17 F20*, fisent molt grant feste de che qu'il s'estoient ensi trouvé sain et sauf et hatié *F19* ‖ feste de ce qu'il se trouverent] grant feste de çou qu'il se troverent *F24 F25 F26*, grant feste (joie *F50*) de ce qu'il s'entretroverent *F38 F50*   2 Tangré, qui sires estoit] *lack F24 F25 F26 F38 F50*   3 herbega] se herbega *F17 F19*   3–4 hors de le ... roy] el palais le roy Tangré. Car il ne se voloit mie herbegier prés du roy de France et si li fist *F19*, fors de le ville. Il ne se voloit mie herbegier prés dou roi de France *F20*   5 *New paragraph in F24, F25 and F26.* ‖ d'Engletiere] *lacks F18*   5–6 prés de Mescines sor .i. torun] seur .i. toron *F16*, sor .i. toron prés de Meschines (Messines *F24*, Messine *F50*) *F24 F25 F26 F38 F50*   6 le mist a non] dona li don de *F20*   6–7 Pour ce fist ... homes] et pour ce qu'ele ne voloit mie fist li roys d'Engletere chel castel qu'il ot une meslee entre les hommes le roy d'Engletere *F19*, Por çou fist cel castel li rois (rois d'Engleterre *F38*) qu'il ot mellee entre ses homes *F24 F38*   7–8 si ot mout ... et] *F16 F17, lack F25 F26*   8 ce fist cel castiel] fist il ce chastel *F16 F17 F19 F20 F38*, fist cel chastel li roi *F24*   9 dedens] en *F19 F24 F25 F26 F38* ‖ l'esfors] l'esforcement *F16 F17 F20*, che que le forche *F19*   10 Tangré] Tangré et pour ce fist il cel castel *F20*   10–11 vint li rois d'Engletiere; si proia] pria li roys d'Engletere *F19*   11 se sereur] a la roine Joanne sa suer *F50* ‖ vendist] fesist pais et vendist *F17* ‖ se] et qu'ele *F19 F24 F38*, et qu'elle *F25 F26* ‖ l'avoir] l'argent *F20*   12–13 le ramenroit il ... volentiers] l'aroit amené arriere il li renderoit son avoir et si le marieroit molt hautement et ele li li respondi qu'ele feroit volentiers tout *F19*   13–14 qu'ele feroit volentiers son plaisir] que volentiers feroit quanque lui plairoit *F24 F38*, que volentiers quenqu'a lui plairoit *F25 F26*, que volentiers feroit quanqu'il li prioit *F50*

[a] *F18 f. 74vb–75ra; F16 f. 47^{vc}–48ra; F17 f. 40^{rb-va}; F19 f. 110va–111ra; F20 f. 54^{rb-va}; F24 f. 144^{rc-va}; F25 f. 71va–72ra; F26 f. 71^{va-b}; F38 f. 188^{va-b}; F50 f. 391^{ra-b}* (ML, 268–269). *F38 has a ten-line historiated initial 'O' showing Richard and Joanna being greeted by Philip Augustus as they disembark at Messina.*

[ccxxvi] Quant li rois d'Engletiere fu venus d'oultremer et il et li roine se suer, il le maria al conte de Saint Gille. Ele en ot .i. fil qui quens estoit de Saint Gille quant on fist pais de le tierre d'Aubyjois.[293a]

[ccxxvii] Quant li rois d'Engletiere ot l'otroi de se sereur de sen douaire vendre, il parla al roi Tangré del vendre, et il l'acata molt volentiers et li paia l'avoir. Quant il fu tans de cargier lor nés, li rois de France et li rois d'Engletiere fisent cargier viande tant com il lor vint en cuer et en volenté. Et quant il orent apparelliet et il fu tans, si murent. Li rois de Franche ala par nef et si ariva a Acre ançois que li rois d'Engletiere ne fist, car li rois d'Engletiere ala *en* galyes, et se li avint une aventure que vous orés, pour coy il ne pot mie si tost venir a Acre. Il avint cose que se mere, li vielle roine, estoit en Poitau; s'oï dire que li rois ses fiex ivrenoit a Mesines. Pour çou qu'ele ne voloit mie que li rois ses fiex

---

1 *Rubric in F16*: Comment li rois d'Engleterre prist l'ille de Chypre et prist a fame la suer lo roi de Navarre ainçois qu'il arrivast a Acre. *No paragraph break in F17, F20, F25, F26, F38 or F50.* 1–2 venus d'oultremer et ... il] revenuz d'outremer et la reigne Johanne sa sereur il *F16*, venus d'oltremer et il et se suer il *F17*, revenus d'outremer et il et le roine se sereur il *F19*, revenus et il et le roine Jehane se suers d'outremer. Il *F20*, venus (revenuz *F15 F26*) d'otremer et il et cele roine il *F24 F25 F26 F38*   2 Ele en ot ... Gille] et ele en ot .i. filz qui fu (puis fu *F19*) quens de S. Gille *F16 F17 F19 F50*, lack *F20* (*homeoteleuton*)   4 *No paragraph break in F16, F17, F19, F20, F24, F25, F26, F38 or F50*. ‖ de se sereur] *lacks F16* 4–5 sen douaire vendre ... paia] vendre son douaire si l'acata li roys Tangrés molt volentiers et se li bailla *F19* 5 Tangré] *lacks F16* ‖ molt] *lack F24 F25 F26 F38 F50* ‖ l'avoir] l'avoir molt bien *F25 F26*. *New paragraph in F25 and F26*.   6 il fu tans de cargier] il fu tans et heure de carquier *F19*, il fu tans de carchier et d'aparellier *F24 F38*, fu tens de chargier et d'aparoillier *F25 F26*, li tens vint de chargier et d'apareillier *F50*   7 viande tant com ... volenté] lour nés et metre ens viandes tant com il lour vint a cuer et en volenté *F17*, viandes tant comme il lor vint a volenté *F19*, viande tant cum leur volenté fu *F38* 7–8 apparelliet et il ... murent] aparelié et il fu tens de movoir si vinrent *F16*, carquié se murent *F19*   8 par nef et si] par mer et si *F16 F20*, par mer tant qu'il *F17*, a nef et si *F24*, sa nef et si *F25 F26*, en nef et si *F38*, en nef et *F50*   9 li rois d'Engletiere ala en] li rois d'Engletiere ala a *F18*, li rois de France ala en nés et li roi d'Englet ere en *F17*, li roys d'Englet ere s'en ala en *F19*, il ala en *F24*   10 que] ainsi comme *F19* ‖ pour coy] dont *F24 F38* 10–11 venir a Acre] venir *F16 F17*, aler *F20*, venir en Acre *F25 F26*. *New paragraph in F16 F20, F25 and F26. Rubric in F20*: Or vos dirai de le mere au roi Richart qu'ele fist et qu'il avint a Jehane.   11 se mere li vielle roine] la mere au roi Richart qui *F16*, le mere le roy d'Englet ere *F19*, le mere au roi Richart le vielle roine d'Englet erre *F20*, sa mere la vielle roine d'Englet erre *F24*, la mere le roy d'Englet ere *F25 F26*   11–12 s'oï dire que li rois] oï dire que li rois *F16*, si oï dire que *F25 F26*   12 ivrenoit] manoit *F19* ‖ li rois] *lack F19 F25 F26 F38*

---

[a] *F18 f. 75ra; F16 f. 48ra; F17 f. 40va; F19 f. 111ra; F20 f. 54va; F24 f. 144va; F25 f. 72ra; F26 f. 72ra; F38 f. 188vb; F50 f. 391[rb–va]* (ML, 269).

293   Joanna married Count Raymond VI of Toulouse in 1196. In 1229 their son, Raymond VII (1222–1249), agreed the Treaty of Paris that marked the end of the Albigenisan wars.

THE CHRONIQUE D'ERNOUL   335

espousast le sereur le *roi* Phelippe, elle manda al roy de Navarre qu'il li envoiast une sereur qu'il avoit aveuc le roi sen fil, et elle le menroit a Messines, la ou il estoit, et se li feroit espouser.[294] Li rois de Navare fu mout liés quant il vit le message; se li envoia. Quant li roine d'Engletiere ot la damoisiele, elle fist apparellier sen oirre; si s'en alerent a Messines. *Quant ele vint a Messines*, si s'en estoit ja ses fiex alés, mais que tant estoit avenu que se fille li roine Jehane n'estoit mie encore mute, ains mut l'endemain.[295] Li roine d'Engletiere li dist: 'Biele fille, menés ceste damoisiele aveuques vous al roi vo frere; se li poés dire que je li mant qu'il l'espeusece'. Elle le fist volentiers; si le fist entrer en se nef; si s'en alerent, et li roine d'Engletiere s'en retourna en Poitau.[a]

[ccxxviii] Or vous dirai qu'il avint a le roine Jehane quant elle vint priés de l'ille de Cypre. Li roine dist as maronniers de le nef qu'il presissent tierre pour savoir

---

1 roi] roi de France *F18*   2 une] une siue *F19*, une soie *F20*, une soe *F25 F26* ‖ aveuc le] a avoir a fame au *F16*, au *F38* ‖ la] *lack F38 F50*   3 et se li feroit espouser] si la li feroit espouser la *F16*   3–4 Li rois de … li] Quant li rois de Navarre oï le messaige si fu mult liez. Et la vielle *F25 F26*   3 fu mout liés quant il vit] fu molt liez quant il oï *F16*, en fu molt liés et molt joians quant il oï *F19*, en fu molt liés quant il vit *F24 F38*   4–5 fist apparellier sen oirre] le fist molt bien apparellier et *F19*   5 alerent a] alierent droit a *F16*, alerent par terre a (desi a *F25 F26*) *F24 F25 F26*, alerent par terre jusqu'a *F38 F50* ‖ Quant ele vint a Messines] *lacks F18*, Et quant ele vint la *F19*   5–6 ele vint a … que] la roine vint a Meschines (Messines *F24*) si trova que li rois ses fiz estoit meuz et alez mais *F24 F25 F26 F38*   6 estoit avenu que … Jehane] y avoit que le roine Jehanne se fille *F19*   7 encore mute ains mut] mute ains mut *F24 F38*, meue ainz vint *F25 F26*   8 fille] fille Jehanne *F19* ‖ aveuques vous] *lacks F16*   8–9 vo frere. Se … volentiers] d'Engletere men fil et se li dites que il l'espeust et que je li envoi. Et ele si fist molt volentiers et *F19*   9–10 entrer en se … alerent] entrer en sa nef puis si s'en alierent *F16*, entrer en le nef *F19*, recoillir (recevoir *F38*) en la (le *F24*) nef; si (et *F50*) s'en ala *F24 F25 F26 F38 F50*   10 d'Engletiere s'en retourna en Poitau] d'Engletere s'en retorna en Poitau lau ou ele avoit més *F19*, retorna ariere en Poitou *F24 F25 F26 F38*, sa mere retorna arrieres en Poito *F50*   11 *No paragraph break in F20 or F24*. ‖ Jehane] Jehanne de Sezile *F16* ‖ elle vint] il vinrent *F24*   12 roine] roine Jehanne *F19*   12–336.1 roine dist as … oroient] reigne Johanne dist au marinniers de la nef qu'il preist terre savoir mon s'el oroit *F16*, roine dist as maronniers de le nef qu'il presiscent tere savoir s'ele oroit *F17*, rois dist au maistre de se nest qu'il preist terre savoir s'ele oroit *F20*

---

[a] *F18 f. 75^{rb-va}; F16 f. 48^{ra-b}; F17 f. 40^{va-b}; F19 f. 111^{ra-b}; F20 f. 54^{va-b}; F24 f. 144^{va-b}; F25 f. 72^{ra-b}; F26 f. 72^{ra-b}; F38 f. 188vb–189ra; F50 f. 391^{va-b}* (ML, 269–270). *F18 has a ten-line miniature panel showing crusaders including a king departing by ship and a four-line pen-flourished initial 'Q'.*

294   Berengaria, Richard's future bride, was the daughter of King Sancho VI of Navarre (1150–1194) and sister of Sancho VII (1194–1234).
295   Eleanor of Aquitaine and Berengaria arrived in Messina at the end of March 1191, just after Phlip Augustus had sailed for the East. Richard set sail on 10 April.

s'il oroient nulle nouviele del roi d'Engletiere sen frere. Li maronnier fisent le commandement le roine et tournerent viers *tere et jeterent ancres devant* une cité qui a a non Limeçon. En cel point estoit li empereres de Cypre logiés devant Limeçon, et il et toute s'os, pour çou que se cil qui aloient en le Tiere d'Outremer vausissent faire force en l'ille de Cypre, qu'il fust apparelliés pour deffendre. Quant li empereres vit le nef arivee, si envoia la un batiel pour savoir quels gens c'estoient, et cil de le nef ne se celerent mie, ains disent que c'estoit li roine de Sesille et li feme le roi d'Engletiere. Li batiaus torna ariere et si conta a l'empereur quels gens c'estoient. Lors prist li empereres .ii. chevaliers; si les envoia a le roine Jehane; se li manda qu'ele descendist a tiere pour li sejorner et rafrescir, et il li feroit *d'onor* ce qu'il poroit. Li roine li manda qu'elle ne descenderoit mie; puis lor demanda s'il savoient se li rois estoit passés, et il disent qu'il n'en savoient nient. Li message *retournerent* droit a l'empereour; se li disent qu'ele ne descenderoit mie.[a]

---

1 sen frere] lack F24 F25 F26 F38 F50   1–2 le commandement le roine] le commandement lor dame le roine F19, ce que la roine commanda F25 F26   2 viers tere et jeterent ancres devant] viers F18, lor ancre et getertent devant F19   3 *New paragraph in F20 with the rubric*: Coment li rois Richart d'Engleterre conquist l'ille de Chipre. ‖ estoit li empereres de Cypre] estoit li rois de Cipre F17, estoit empererres de Egypte F19, que le roine Jehane faisoit ancre geter devant Limechon estoit li empereres Kirsac F20 ‖ logiés] lack F16 F17 F20   4–5 se cil qui ... d'Outremer] se chil qui aloient outremer F19, cil qui aloient outremer F20, cil qui aloient et venoient outremer F24 F38, cil qui aloient et venoient s'il F25 F26   5 vausissent faire] feissent F20 ‖ de Cypre] de Egypte et de Cipre F19, ne rouber F24 F25 F26 F38 F50 ‖ pour] de F17, del F24 F25 F26 F50, du F38   6 nef] nest F20 ‖ la] lack F16 F17 F19   7 mie] neant F16, nient F17, noient F19 F24 F25 F26 ‖ roine] reigne Johanne F16   8 Li batiaus torna ... conta] et li batiax retorna arrieres et si contieret F16, Et cil du batel retournerent arriere et conterent F19, Li bateaus tourna arriere et dist F38   9 *New paragraph in F24, F25 and F26.* ‖ Lors prist li ... envoia] Lors prist li empereres .ii. chevaliers F20, Donc vint li empereres si prist .ii. chevaliers si les (ses F24) envoia F24 F38, Li empereres envoia .ii. chevaliers F25 F26   10 se] et se F17 F19, et F38 F50   11 d'onor] doner F18 F38 ‖ Li roine li manda] la reigne li manda arrieres F16 F20, et ele li remanda F19   12 mie] ore mie F19, nient F24, noient F25 F26 ‖ s'il savoient se ... passés] se li rois d'Engleterre estoit passez F16, se li rois d'Englettere ses freres estoit par la passés qu'il seussent F19, s'il savoient se li rois d'Engeleterre estoit (ses freres estoit F20) passés F20 F24 F50   13–14 Li message retournerent ... mie] *lacks* F19   13 retournerent droit] retournerent ariere droit F18, retornerent F20 ‖ se] et se F24, et si F25 F26 F38

---

[a] F18 f. 75va–76ra; F16 f. 48rb–c; F17 f. 40vb–41ra; F19 f. 111rb; F20 f. 54vb–55ra; F24 f. 144vb; F25 f. 72rb–vb; F26 f. 72rb–vb; F38 f. 189ra; F50 f. 391vb–392ra (ML, 270–271).

THE CHRONIQUE D'ERNOUL   337

[ccxxix] Quant li empereres vit qu'elle ne descenderoit mie, si fist armer vaissiaus qu'il avoit al port de Limechon pour aler prendre le nef s'il peussent. Quant cil de le nef virent les galyes armer, si se penserent que ce n'estoit por *nul* bien; si leverent lor ancre et se traisent en haute mer. N'orent gaires esté en haute mer quant li rois d'Engletiere vint a toutes ses galyes et tourna vers 5 le *nef* pour savoir quels gens c'estoient en le nef. Quan li rois d'Engletiere sot que c'estoit li nés se sereur, si entra ens pour aler a li et pour bienvegnier. Quoi qu'il parloit a se sereur, si vit la damoisiele; si demanda qui elle estoit, et ele li respondi que c'estoit li suer le roi de Navarre, que se mere li envoioit, et se li mandoit qu'il ne laissast pour rien qu'il ne l'espousast. Aprés li dist comment li 10 empereres de Cypre l'avoit faite desaancrer. Quant li rois d'Engletiere oï l'afaire de l'empereour de Cypre, il entra en une galye et s'en ala prendre tiere a Limeçon, et il et toutes ses galyes. Quant li empereres vit les galyes, et il sot que li rois d'Engletiere y estoit, si saut sour .i. ceval tous a *ars*;[296] si s'en fui. Quant cil

---

1 *No paragraph break in F16, F17, F19, F20, F24, F25, F26, F38 or F50.* ‖ vit qu'elle ne descenderoit mie] sot qu'ele ne descenderoit mie *F24 F38*, oï ce *F25 F26*   1–2 vaissiaus qu'il avoit ... peussent] galies au port de Limechon qu'il avoit pourquises pour prendre le nef s'il peust *F19*   3 de le nef ... penserent] de la nef virent les galies armer, si se porpensierent *F16*, de le nef virent les galies ariver au port si se penserent *F19*, qui en le nef estoient virent les galies au port si se pourpenserent *F20*, des vaissiaus virent les galies (vaissiaus *F24*) armer si se penserent *F24 F25 F26 F38*   3–4 por nul] mie por *F18*   4 et] si *F24*, et si *F19 F25 F26*   4–5 N'orent gaires esté en haute mer] Chil de le nef n'orent gaires esté en haute mer *F19*, *lacks F20 (homeoteleuton)*, N'ot guieres esté en haute mer *F38*   6 nef] mer *F18* ‖ gens c'estoient en le nef] genz c'estoient *F16 F17 F19 F20 F38 F50*, nés c'estoit *F24*, gens c'estoient dedenz la nef *F25 F26*. *New paragraph in F20, F24, F25 and F26.* ‖ d'Engletiere] *lack F17 F19 F38 F50*   7 li nés] *lacks F17* ‖ aler a li et pour] parler a li et por dire *F16*, parler a li pour lui et pour lui *F19*, aler a li et pour li *F20*, parler a li et por *F24 F25 F26 F38*   7–8 Quoi qu'il parloit ... si] Quanqu'il parloit a sa sereur si (il *F38*) vit la demoisele si (si li *F16*) *F16 F38*, Ensi comme il parloient ensanle vint le demoisele avant et li roys *F19*, Endementres qu'il parloit a se sereur si a veu (*added over erasure*) la damoisele. Si li *F20*, que qu'il parloit a li si vit la damoisele si *F25 F26*   8 ele li] ele *F17 F19 F24 F25 F26 F38 F50*, le roine li *F20*   9 que c'estoit li suer le] qu'ele estoit sereur le *F19*, qu'ele le suers au *F20*, que c'estoit la suer al *F24 F25 F26 F38*, qu'ele estoit suer dou *F50*   9–10 que se mere ... l'espousast] et le roine Jehanne se li dist qui se suer estoit que se mere li envoioit et se li mandoit qu'il l'espousast et prisist a femme et *F19*   10 li dist comment] si li dist comment *F19 F38*, li dist confaitement *F20*, si li dist com faitement *F25 F26*   11 l'avoit] les avoit *F24 F25 F26 F38 F50* ‖ desaancrer] desaancrer devant Lymeçon *F16*, s'ancre oster a force et qu'il avoit fait ses galies armer pour se nef detenir *F19*. *New paragraph in F16.*   12–13 en une galye ... galyes] tantost en une galie pour prendre tere a Limechon et toutes ses galies s'en tournerent aprés lui a tere *F19*. *New paragraph in F25 and F26.*   13 empereres] emperere de Chipre *F24*   13–14 vit les galyes ... estoit] sot que c'estoient les galies le roy d'Engletere et il sot que il estoit dedens *F19*   13 galyes] galies venir *F20*   14 saut sour .i. ... ars] saut sour .i. ceval tous a as (ahast *F16*) *F18 F16*, sali sur un cheval *F19*, sailli sour .i. cheval tout a eslais *F20*, saut sor .i. cheval tos deschaus *F24 F25 F26 F50*, sailli seur .i. cheval deschaus *F38*

---

296   The phrase *a ars* (*a as F18*) 'without the saddle' has been misunderstood by all manuscripts

338 THE CHRONIQUE D'ERNOUL

de l'ost virent qu'il s'en fuioit, si s'en fui cascuns al miex qu'il pot. Li rois descendi a tiere et prist le cité et quanque il estoit demoré en l'ost. La gaaingna il cevaus et bestes et grant avoir, et toutes ses gens. Quant li rois d'Engletiere ot pris tiere et le cité, il descendi a tiere et se suer li fist mener la damoisiele a .i.
5 moustier dehors le cité; la l'espousa. Quant li rois ot pris le cité et espousee sa feme, si sejourna une piece la.[297] Li rois Guis qui a Acre estoit, quant il oï dire que li rois d'Engletiere venoit, si entra en une galye; si ala encontre; *si le trouva a Limechon.*[a]

[ccxxx] Quant li rois Guis ot trové le roi d'Engletiere *a Limeçon*, si fist mout
10 grant joie li uns de l'autre. Aprés si atournerent que li rois Gui menroit le navie le roy d'Engletiere a port qui a a non Lesquit,[298] qui priés est d'une cité qui a

---

1 virent qu'il s'en ... cascuns] virent lor seigneur qui s'en fuioit si s'en foï chascuns *F16*, l'en virent fuir si s'en fuir cascuns aprés *F19*, virent que li emperere s'en fuioit si s'en fui cascuns endroit lui (endroit soi *F38*) *F24 F25 F26 F38* ∥ miex] avis *F20* ∥ rois] roys d'Engletere *F19 F50*   2 et prist le cité] si prist la cité de Limeçon *F16*, Si prist le chité de Limechon *F20*, et si prist le cité *F17 F19*   3 toutes] il et *F16* ∥ *New paragraph in F20.*   4 tiere et le ... tiere] tere et la cité de Lymeçon (Limechon *F20*) il descendi a terre *F16 F20*, le cité de Limechon si descendi a tere *F19*, terre et il ot prise la (pris le *F24*) cité si descendi *F24 F25 F26 F38* ∥ se suer li] sa sereur si *F16 F17 F24 F38*, fist descendre se seror. Si *F20*, sa suer et *F25 F26*   4–5 li fist mener ... moustier] et toute s'ost et se fist le demisele mener a un moustier qui estoit dehors *F19*   5 dehors le cité la] defors la vile si *F16*, dehors le vile et la *F17*, qui estoit dehors le chité et *F19*, dedens le ville. Si *F20*, dehors la cité si (et si *F24*) *F24 F38*, de la cité et *F50*   5–6 Quant li rois ... sejourna] et sejourna *F19*   5 li rois ot ... et] li rois ot pris terre et la cite et *F16*, il ot *F25 F26*   6 une piece la] une grant piece la *F17*, ilueques une pieche *F19 F24 F25 F26 F38 F50*. *New paragraph in F16.* ∥ Li rois Guis ... il] Li roys Guis de Lesignon qui roys devoit estre de le tere de Jherusalem quant il *F19*, Quant li rois Gui qui a Acre estoit *F25 F26*   7–8 si entra en ... Limechon] si entra en une galye; si ala encontre a Limechon; si le trouva *F18*, et qu'il estoit a Limechon si en fu molt tres liés et molt tres joians et ala encontre lui *F19*   7 si ala encontre si] et ala encontre si (li si *F16*) *F16 F17 F20*, si (et *F38*) ala encontre et si *F24 F25 F26 F38*, et ala encontre lui et *F50*   9 *No paragraph break in F16, F17, F20, F24, F25, F26, F38 or F50.* ∥ Quant li rois ... Limeçon] *lack F20 F24 F25 F26 F38 F50 (homeoteleuton)* ∥ Guis] *lacks F17*   9–10 si fist mout ... atournerent] si fu molt liez et fist molt grant joie li uns a l'autre; aprés si atornierent ensemble *F16*, si fist molt grant feste (grant joie *F20*) li .i. de l'autre; aprés si atornerent *F17 F20*, si en fu molt liés et molt joians et molt fisent grant joie li uns de l'autre et grant feste; aprés si atournerent *F19*, et fist li uns grant feste a l'autre. Aprés si atirerent *F24 F25 F26 F38*, et fist li uns a l'autre grant feste. Aprés atirierent *F50*   10 navie] galie *F17*   11 port] une cité au port *F19*, un port *F24 F25 F38 F50*

[a] *F18 f. 76^{ra–b}; F16 f. 48^{rc–va}; F17 f. 41^{ra–b}; F19 f. 111^{rb–vb}; F20 f. 55^{ra–b}; F24 f. 144^{vb–c}; F25 f. 72vb–73ra; F26 f. 72vb–73ra; F38 f. 188vb–189ra; F50 f. 392^{ra–b}* (ML, 271–272).

except *F17*; *F18*, together with *F16* (*ahast*), lend support to our view that *F17*'s reading is to be considered a *lectio difficilior*.
297 Richard arrived at Limassol on 6 May, and the wedding took place on 12 May.
298 Kiti on the south coast of Cyprus near Larnaca.

THE CHRONIQUE D'ERNOUL 339

a non Licoissie et est en mi liu de l'ille de Cipre, pour ce que se li rois eust mestier de se navie, qu'ele li fust preste, car il iroit apriés l'empereur par terre. Ensi s'en ala li rois Gui par mer et li rois d'Engletiere *s'en ala* par tiere, et cacha tant l'empereour qu'il l'assega en .i. castiel, et si le prist et *lui et* se feme et une fille qu'il avoit et grant avoir qui estoit ou castel; car tous li tresors de l'ille de Cipre 5
estoit la trais, pour çou que li castiaus estoit *fort*.[a]

[ccxxxi] Quant li rois ot pris l'ille de Cypre et l'empereour, il commanda l'ille as Templiers, et qu'il le gardaissent, et si lor vot donner; et il disent qu'il *ne la* prenderoient mie, ains le garderoient une piece, tant com il poroient. Ensi laissa li rois Cipre a garder as Templiers et s'en ala outre mer, et mena l'empereur et se 10
feme et se fille et ses prisons, et ariva a Acre.[299]

---

1 l'ille de Cipre ... rois] le tere de Chipre pour che que se li roys d'Engletere *F19* 1–2 pour ce que ... preste] *lacks F16*   2 qu'ele li fust] qu'il l'eust *F17 F50* ‖ preste car] prés car *F24 F25 F26 F38* ‖ car il iroit apriés l'empereur par terre] *lack F16 F17 F20. New paragraph in F25 and F26.* ‖ il] il dist qu'il s'en *F19*   3 s'en ala par tiere] par terre par tiere *F18*   3–4 et cacha tant l'empereour] et si le cacha tant *F19*   4 l'assega en ... prist] le prist en un chastel *F16 F17 F20* ‖ lui et] *lacks F18*   5 grant avoir qui estoit ou castel] grant tresor qui estoit dedens le castel *F19*, barons (les barons *F24 F38 F50*) de la terre et grant avoir qui el chastel estoit *F24 F25 F26 F38 F50*   5–6 de l'ille de Cipre estoit] qui estoit en l'ille de Chypre estoit *F16*, de l'ille de Cipre et de Sesile estoit *F17*, dou roiaume de Chipre estoient *F20*, de l'ille estoit *F24 F25 F26 F38 F50*   6 la trais] atrais dedens *F19* ‖ fort] bons et fort *F18*   7 *Rubric in F16*: Comment li roi d'Engleterre arriva a Acre aprés il ot conquise Chipre et la manda au Templiers a garder. *Rubric in F20*: Del roi d'Engleterre qui ariva a Acre aprés ce q'il ot conquis l'ille de Cypre et commmandee a garder as Templiers. *No paragraph break in F17, F24, F25, F26, F38 or F50.* ‖ rois ot pris] rois d'Engleterre ot conquis *F16*, roys d'Engletere ot pris *F19 F20*   7–9 et l'empereour il ... poroient] il le commanda as Templiers et si lor vaut donner car il emmenoit l'empereur emprisonné et loié et lui et se femme et sen fil mais li Templier disent que il n'en prenderoient mie mais il li garderoient une pieche tant comme il li plairoit et il porroient *F19*   7 l'empereour] le roi *F17* ‖ l'ille] l'ille de Chypre *F16*, l'ille de Chipre *F20*   8 et qu'il le gardaissent] a garder *F25 F26 F50* ‖ ne la] n'en *F18*   9–10 Ensi laissa li ... s'en] Et einsi lessa li rois Richarz d'Engleterre aus Templiers Chypre a garder et s'en *F16*, et ensi laisca li rois d'Engletere Cipre a garder as Templiers et s'en *F17*, ainsi laissa li roys d'Engletere l'ille de Chypre a garder as Templiers et si s'en *F19*, et ensi laissa li rois Chipre as Templiers a garder et s'en *F20*, Ensi laissa li rois l'ille a garder as Templiers et si s'en *F24 F25 F26 F38*   10 outre mer] en Surie *F50*   11 et ses prisons et ariva a] et ses prisons et s'en ala et ariva a *F16 F17 F20*, en prison et arriverent a *F19*, et ses prisons et s'en ala a *F25 F26*

[a] *F18 f. 76^{rb-va}; F16 f. 48va; F17 f. 41rb; F19 f. 111vb; F20 f. 55^{rb-va}; F24 f. 144^{vc}–145ra; F25 f. 73^{ra-b}; F26 f. 73^{ra-b}; F38 f. 189rb; F50 f. 392rb (ML, 272–273).*

299   8 June 1191.

Quant li rois de Franche sot que li rois d'Engletiere venoit et qu'il avoit feme espousee, si en fu mout dolans, et ne laissa mie pour chou qu'il n'alast encontre. La fu li rois de France de si grant douceur et de si grant humelité qu'il descendi de son ceval a tiere et prist le feme le roy Ricart entre ses bras et mist a tiere hors del batiel, si com on dist. Quant li rois d'Engletiere fu arivés et il ot .i. poi sejourné, si fist assalir Acre, et li rois de France faisoit assalir cascun jour. Il avint .i. jour qu'il faisoit les François *assalir* et qu'il entrerent entre .ii. murs; la fu li marissaus de France ocis qui ot non Auberis Clymens.[a]

[ccxxxii] Or ot ja li sieges duré .ii. ans devant Acre; si furent li Sarrasin dedens mout grevé et mout afebloiié de gent et de viande. Il fisent savoir a Salehadin qu'il mesist consel comment il peussent issir hors, qu'il ne se pooient mais tenir. Quant Salehadins le sot, si fu molt dolans, et bien savoit qu'il estoient a grant mescief. Il manda al roi de France et al roi d'Engletiere qu'il donnaissent trives tant qu'il eust parlé a ceus de le cité et jours de pais. Li rois lor donna trives

---

1 Franche sot que li rois d'Engletiere] France qui a Acre estoit so que li rois France venoit d'Engleterre *F16*   2–3 ne laissa mie … qu'il] molt courouchiés et pour che ne laissa mie que il n'alast encontre lui et la fu le roine de France de si grant douceur et de si grant humilité que ele *F19*   2 *New paragraph in F25 and F26.*   4 prist] si rechut *F19*   4–5 mist a tiere hors del batiel] le mist a tere hors del batel *F17*, la mist a terre hors de la bargue *F50*, si le mist a seke tere du batel devant pluiseurs *F19*   5 *New paragraph in F24. The remainder of this paragraph is lacking from F19.*   6 Acre et li … assalir] *lacks F20* (homeoteleuton)   7 qu'il faisoit les … qu'il] qu'il faisoit les François assalir as murs et qu'il *F18*, que li rois de France fesoit asaillir les François a Acre et qu'il *F16*, que li rois de France faisoit les François assaillir et *F20*, qu'il faisoit assalir et qu'il *F25 F26* ‖ .ii. murs la] murs .ii. et *F25*, .ii. murs et *F26*   8 de France] *lacks F16* ‖ qui ot non Auberis Clymens] Aubris (Auberis *F17*) Climens *F16* 17 *F20*, *lack F24 F38 F50*, aubuselimens *F25 F26*   9 *No paragraph break in F16, F17 or F20.* ‖ ja li sieges duré .ii. ans] ja li sieges .ii. ans esté *F24*, ja li sieges esté .ii. anz *F38*, li sieges esté *F25 F26* ‖ dedens] *lacks F16*   10 grevé et mout … de] afebloiié de lor gent et de lor *F19* ‖ fisent savoir a Salehadin] fist asavoir a Salehadin qu'il feist savoir a Salehadin *F20*, furent a Salehadin asavoir qu'il voloit fere et *F25 F26*   11 consel] consoil en els *F16* ‖ qu'il] car il *F19 F20*   11–12 tenir. Quant Salehadins … dolans] tenir contre les Crestiens. Quant Salehadins oï che si fu molt dolans et molt couroughiés *F19*   13 *New paragraph in F16 and F20. Rubric in F16*: Comment li Sarrazins qui a Acre estoient au garnison rendirent la cité au roi de France. *Rubric in F20*: Comment Acre fu rendue al roi Phelipon de France et au roi d'Engleterre. ‖ Il] Salehadin *F16*, Salehadins *F20* ‖ et al roi d'Engletiere] *lacks F19* ‖ donnaissent] li donassent *F16*, li donascent *F17*, li donaissent *F19 F20*   14 de la cité et] d'Acre et *F16*, de le cité et pris *F17* ‖ rois] rois de France *F16 F20*

---

[a] *F18 f. 76*[va–b]; *F16 f. 48*[va–b]; *F17 f. 41*[rb–va]; *F19 f. 111*[vb]–*112*[ra]; *F20 f. 55*[va]; *F24 f. 145*[ra]; *F25 f. 73*[rb–va]; *F26 f. 73*[rb–va]; *F38 f. 189*[rb]; *F50 f. 392*[rb–va] (ML, 273). *F18 has a ten-line miniature panel showing the king of France helping lift Richard's queen from the boat and a four-line puzzle initial 'Q'.*

THE CHRONIQUE D'ERNOUL 341

et prist jour de pais. Dedens ces trives fist on pais ensi com je vous dirai: c'on rendi Acre al roi de France et se li dut on rendre le Sainte Crois, et pour cascun Sarrasin qui dedens *Acre* estoit .i. Crestiien, et pour les haus homes qui dedens estoient raençon devisee, et de le Crois raporter, et de l'avoir faire venir, prist on jour.[a]

[ccxxxiii] Quant il orent celle pais atiree, si entrerent li Crestiien dedens Acre et misent tous les Sarrasin en prison, et se herbegierent, teus i ot, dedens Acre, car tout li Crestiien n'i peussent mie estre.[300] Li rois de France ot le castel d'Acre et le fist garnir et *se* herbega dedens, et li rois d'Engletiere se herbega dedens le vile en le maison del Temple. Li bourgois d'Acre et les gens ki yretaige i avoient devant che que li Sarrasin le presisent traisent a lor yretaige et *les* vaurrent avoir. Li chevalier, qui *pris les avoient*, disent qu'il n'en averoient nul, qu'il ne lor connissoient nient et qu'il les avoient conquis sor Sarrasins. Li bourgois d'Acre

---

1 prist] *lack F19 F20 F25 F26*, dona *F24 F38* 1–2 Dedens ces trives … et] Et dedens chel jour fist on pais en tel maniere comme je vous dirai. Le pais du ainsi ordennee que on dut rendre au roy de France Acre et le Saint Crois et si dut on rendre *F19* 1 je vous dirai] *New paragraph in F24*. ‖ c'on] On *F24*, L'en *F38* 2 de France] *lack F24 F25 F26 F38 F50* 3 Sarrasin] Crestiien *F17* ‖ Acre] *lack F18 F17* 3–4 les haus homes qui dedens estoient] les haus hommes qui dedens Acre estoient *F19 F20*, les amiraus et les haus homes qui dedens Acre estoient *F24 F38*, les amiraus et les haus homes qui estoit dedenz Acre *F25 F26*, chascun amiraill qui dedenz Acre estoit *F50* 4 et de le … l'avoir] de le (la *F25 F26*) Crois raporter et de la raençon *F24 F25 F26 F38 F50* 4–5 Crois raporter et … jour] Sainte Croiz et de l'avoir rendre mist l'en jor *F16*, Sainte Crois et de le raençon raporter prist on jour *F17*, Sainte Crois raporter et de l'avoir mist on jour *F20*, Crois raporter et de le raenchon venir ens prist on encore boins ostages *F19* 5 on] .i. *F38 F50* 6 *No paragraph break in F16, F17, F20, F24, F25, F26, F38 or F50*. ‖ il orent] l'en ot *F16*, on ot *F17 F20* ‖ li] li Sarrazin de li *F16* 6–7 dedens Acre et misent] dedens Acre et si misent *F19*, en Acre et pristrent *F25 F26*, en Acre et mistrent *F50* 8 n'i peussent mie estre] ne peussent mie dedenz estre *F16*, n'i peussent mie entrer *F19*. *New paragraph in F25 and F26*. 9 et le fist garnir] *lacks F19* ‖ se] *lacks F18* 9–10 et li rois … vile] li (et li *F19 F24*) roys d'Englitere se herbega *F19 F24 F50*, le ville *F20* (*homeoteleuton*) 10 gens] gens d'Acre *F24* 10–11 yretaige i avoient … yretaige] y avoient lors hiretages anchois que li Sarrasin les prisissent retraisent a lors heritages et as lors manoirs *F19* 10 i avoient] avoient *F16*, avoient dedens le chité d'Acre *F20* 11–12 les vaurrent avoir … avoient] le vaurrent avoir. Li chevalier, qui priés estoient *F18*, si les vaurrent avoir. Li chevalier, qui les avoient conquis *F19* 12–13 disent qu'il n'en … avoient] *lacks F20* (*homeoteleuton*) 12 nul qu'il ne lor] nul qu'il nes *F16*, nul et qu'il ne lour i *F17*, nul et ne leur y *F19*, nul qu'il ne lor i *F24*, point que il ne les *F25 F26*, nul car il ne les *F38* 13 Sarrasins] les Sarrasins *F24 F25 F26 F38* 13–342.1 d'Acre traisent] d'Acre se traisent *F18*, traisent *F17*, d'Acre vindrent *F25 F26 F38 F50*

[a] *F18 f. 76vb–77ra; F16 f. 48^{vb–c}; F17 f. 41^{va–b}; F19 f. 112ra; F20 f. 55^{va–b}; F24 f. 145^{ra–b}; F25 f. 73va; F26 f. 73va; F38 f. 189^{rb–va}; F50 f. 392^{va–b}* (ML, 274).

300   Acre surrendered on 12 July.

traisent au roi de France; se li *prierent* merchi et qu'il ne souffrist mie que il fuissent deshireté, car il n'avoient lor yretage n'engagié ne vendu, mais li Sarrasin lor avoient tolus, et, puis que Damediex l'avoit rendu a Crestiienté, il lor estoit avis qu'il n'estoit mie raisons qu'il le deussent perdre, mais pour Dieu il i mesist consel. Li rois lor dist que volentiers i metroit consel. Il manda le roi d'Engletiere et les barons de l'ost qu'il venissent a lui pour consel metre en cel afaire, dont on li avoit proiié. Quant li rois d'Engletiere et li baron furent venu, si lor dist li rois de France qu'ensi faitement li avoient li bourgois d'Acre requis et qu'il y mesissent consel. Apriés si lor dist qu'il n'estoient mie alé en le tiere pour maisons ne pour yretaiges conquerre, mais pour le tiere secourre et remetre ens es mains des Crestiiens, et que bien li estoit avis, puis qu'il avoient le cité conquise, que cil qui iretaiges i avoient n'i avoient droit a perdre et que teus estoit ses consaus, s'il s'i acordoient. Il s'i acorderent tout, et disent que ses consaus estoit bons et biaus.[a]

---

1 se li prierent] se li criierent *F18*, et se li prierent *F19 F24*, et si li crierent *F25 F26 F38*   **2–3** mais li Sarrasin lor avoient tolus] ains lor avoient li Sarrasin tolu *F19 F25 F26*, Mais li Sarrasin lor avoient tolus a force *F20*   **3** et] mais *F17* ‖ l'avoit rendu a Crestiienté] avoit Acre rendue a Crestienté *F16*, i avoit rendue a Crestienté *F17*, l'avoient rendue as Crestiiens *F20*, lor avoient rendue a Crestienté *F25 F26*   **3–4** il lor estoit ... raisons] il lor estoit avis *F19*, a lor avis n'estoit mie raisons *F24 F38*, il n'estoit mie raisons a lor avis *F25 F26*, n'estoit mie raisons *F50*   **4** le deussent perdre] deussent perdre lor heritages *F16*, le perdiscent *F17*, ne le devoient mie perdre *F19*, les deussent perdre *F50*   **4–5** Dieu il i mesist] Dieu i meist *F16 F20 F50*, Diu mesist i *F17 F24 F38*, l'amour de Diu mesist il *F19*, Deu meist il *F25 F26*   **5** Li rois lor dist] li (et li *F17*) rois respondi *F17 F50*, Li roys de France lor dist *F19*, et li rois dist *F25 F26* ‖ Li rois lor ... consel] *lacks F38 (homeoteleuton). New paragraph in F16, F25 and F26.* ‖ Il manda] Li rois de France manda (manda adonc *F16*) *F16 F25 F26*   **6** et] et tous *F19*, *lack F25 F26* ‖ qu'il venissent a ... en] qu'il venissent a lui pour metre conseil a *F17*, pour metre conseil en *F19*, qu'il venissent a lui por consoil metre en *F20*, qu'il venissent a lui et por consel metre de *F24*, qu'il venissent parler a lui pour conseill prendre de *F25 F26*   **7** on li avoit] li borjois l'avoient *F16*   **7–9** li baron furent ... si] tout li baron de l'ost furent ensanle venu, si lor dist li roys de Franche que tout ainsi li avoient li bourgois d'Acre proié que il mesist conseil et aïue en tel cose et aprés *F19*   **8** lor dist li ... qu'ensi faitement] vint li rois de France si lor dist qu'ensi faitement (que ainsi *F38*) *F24 F38*   **9** dist] dist li rois de France *F16* ‖ n'estoient] n'estoit *F25 F26 F38 F50* ‖ alé] venu *F17*, venuz *F50*   **10** ne pour yretaiges] *lacks F20*, ne por terre *F24 F38 F50*   **11** ens es] es *F16 F20*, en *F17 F24 F38 F50*, le chité et le tere entre *F19*, on *F25 F26* ‖ puis] que *F16*, que puis *F17 F19 F20*   **12** cité] tere *F17* ‖ iretaiges i avoient n'i avoient] lors hiretages y avoient et premier les y porroient n'i avoient nul *F19* ‖ droit a] loi de *F16 F17*, loy de *F20*   **13** Il s'i acorderent tout et] et il *F17*, et s'il le looient tout. Et il disent qu'il s'acordient tout molt bien et si *F19*, tuit et *F25 F26 (homeoteleuton)*   **13–14** ses consaus estoit bons et biaus] ses consaus estoit bons et biens estoit a faire *F24 F38*, consaus estoit bons et que bien estoit a faire *F25 F26*

[a] *F18 f. 77^{ra-va}; F16 f. 48^{vc}–49ra; F17 f. 41vb–42ra; F19 f. 112^{ra-va}; F20 f. 55vb–56ra; F24 f. 145^{rb-c}; F25 f. 73va–74ra; F26 f. 73vb–74ra; F38 f. 189va; F50 f. 392vb–393ra* (ML, 274–275).

[ccxxxiv] La otria li rois de France et li rois d'Engletiere et li baron de l'ost que quiconques poroit moustrer par bon tesmongnage que li hiretages eust esté siens ne parent qu'il eust, c'on li deliverroit. Apriés si atirerent que li chevalier qui les maisons *avoient* prises et dedens Acre estoient, que cil cui li hyretages estoit, manroit aveuc lui en le maison d'une part, tant com li chevaliers vaurroit estre en le tiere, et se li liverroit son vivre.

Quant li jours fu venus que Salehadins devoit delivrer le Sainte Crois et les Crestiiens pour les Sarrasins qui dedens Acre estoient, il manda al roi de Franche qu'il li donnast .i. autre jour, que il n'avoit mie apparellié çou que il li devoit *delivrer*. Li rois li donna, et quant ce vint au jour, il ne li delivra mie ains li manda que il li donnast .i. autre jour. Li rois de France se courouça de ce que Salehadins le gilloit ensi. Se li manda c'un jour averoit il par .i. covent que, s'il ne li delivroit çou qu'il devoit delivrer, il feroit tous les Sarrasins qui dedens Acre estoient les tiestes cauper. Quant ce vint al jour, il ne li delivra mie, et li rois fist prendre tous les Sarrasin d'Acre fors les amiraus; si les fist mener ensus d'Acre, et si lor fist tous les tiestes coper.[301] Les amiraus detint il, pour ce ke li guerre

---

1 *No paragraph break in F17, F20, F24, F38 or F50.* ‖ otria] atira *F16 F20 F25 F26*, jura *F17*   2 poroit] saroit *F24*, sauroit *F25 F26 F38*   2–3 hiretages eust esté ... c'on] hiretages qu'il clamoit eust esté onques siens ne parent qu'il eust venist avant si le moustrast et on *F19*   3 siens ne] de *F24 F25 F26 F38* ‖ deliverroit] deveroit rendre *F20*, devroit rendre *F25 F26* ‖ atirerent] ordennerent *F19*   4 avoient] y avoient *F18*   4–5 et dedens Acre ... manroit] qui dedenz Acre estoient qe cil qe l'eritages estoit n'avroit *F25 F26*   5 aveuc lui] *lacks F24* ‖ com li chevaliers vaurroit] que li baron et li chevalier vauroient *F20*   6 *New paragraph in F17, F20 and F50.*   7 devoit delivrer] devoit livrer *F16 F20*, du rendre *F19*, dut delivrer *F25 F26*, devoit rendre *F50*   9 .i. autre jour ... mie] .i. autre jour et qu'il (Car il *F38*) n'avoit mie *F17 F20 F38*, encore un autre jour car il n'avoit mie encore *F19*   9–11 que il n'avoit mie apparellié ... jour] *lacks F16* (*homeoteleuton*)   10 delivrer] livrer *F18* ‖ il ne li delivra mie] ne li pot il mie delivrer *F19*   11 que il li ... jour. Li] encore un autre jour. Li *F19*, .i. autre jor qu'il li donast li *F25 F26*   12 Se] et se *F19 F24*, et si *F25 F26 F38* ‖ manda c'un jour ... s'il] remanda que un jour li donroit encore mais que ch'estoit par un convent s'adont *F19* ‖ .i. covent] ensi *F18*, convenant *F16*   13 çou qu'il devoit ... tous] qu'il (il *F20*) feroit tous *F19 F20*, ce qu'il li devoit delivrer il feroit (feroit toz *F25 F26 F17*) *F25 F26 F38 F50 F17* ‖ dedens] a *F16 F20 F24 F25 F26 F38 F50*   14 estoient les tiestes cauper] estoient ochire et les testes coper *F20*, estoient les testes couper et ocire *F25 F26*, estoient touz les testes couper *F38*. *New paragraph in F24, F25 and F26.* ‖ il ne li ... rois] ne li delivra il mie. Et li roys de Franche *F19*, Salehadin ne delivra mie ce qu'il dut delivrer et li rois de France *F25 F26*   15–16 d'Acre fors les ... tous] d'Acre fors les amiraus; si les fist mener dehors Acre si lor fist toz (a toz *F16*) *F16 F17 F20*, qui estoient dedens Acre et si les fist tous mener hors fors les roys et les amiraus bien ensus d'Acre, et si lor fist tous *F19*, d'Acre si lor fist *F25 F26* (*homeoteleuton*)   16 detint il] detint *F19 F24 F38*, tint il *F25 F26*, retint *F50*

---

301   Richard had the prisoners executed on 20 August. Philip Augustus had left on 31 July.

n'estoit mie finee, et pour ce que, s'on presist .i. haut home crestiien, c'on rendist l'un pour l'autre. Des Sarrasins d'Acre c'on *detint* et c'on ne tua mie ot li rois de France le moitié et li rois d'Engletiere l'autre.[a]

[ccxxxv] Quant Salehadins ot rendue Acre as Crestiens, il se traist ariere en se tiere et si envoia a *une cité qui a a non* Escalonne qu'il avoit conquise sour Crestiiens et si le fist abatre pour çou qu'il ot peur que Crestiien ne le fesissent assegier.

Apriés çou c'Acre fu prise, ne demoura gaires que li quens Phelippes de Flandres fu mors et grans maladie prist al roi de France. Li rois de France, quant il commença a garir, il fist apparellier une galye et prist congié as barons de l'ost et entra en le galye; si s'en vint en France, et laissa le duc de *Bourgoigne* en sen liu, et se li laissa son avoir et ses homes. Dont aucunes gens disent, quant li quens de Flandres dut morir, qu'il manda le roi et se li dist qu'il s'en venist

---

1 finee] encore finee *F16*, encore toute finee *F19*   1–2 .i. haut home ... d'Acre] un haut homme crestien que on rendist un pour l'autre. Des Sarrasins qui estoient dedens Acre *F19*, nul haut home c'on rendist l'un pour l'autre. De ces (des *F25 F26*) homes (haus homes *F24*) sarrasins d'Acre *F24 F25 F26 F38*   2 detint] tient *F18* ‖ et c'on ne tua mie] *lacks F24*, et que l'on n'ocist (ocist *F25*) mie *F25 F26*   3 le moitié et ... l'autre] le (la *F17*) moitié et li rois d'Engleterre l'autre moitié (le moitié *F20*) *F16 F17 F20*, l'une partie et li roys d'Engletere ot l'autre *F19*   4 *No paragraph break in F16, F20, F24, F38 or F50*. ‖ rendue Acre] rendue le chité d'Acre *F19* ‖ il] si *F16 F17 F20*   5 une cité qui a a non] *lacks F18* ‖ avoit] ot *F24 F25 F26 F38*   6 et si] si *F16 F17 F20 F25 F26*, et *F38 F50* ‖ abatre] abatre et metre tous les murs par tere *F19* ‖ Crestiien ne le fesissent] Crestien ne le veniscent *F17*, li Crestien ne l'alaissent *F24 F25 F26 F38 F50*   7 *New paragraph in F16 and F20. Rubric in F16*: Com li rois Phelipes de France repaira d'outremer porce qu'en l'ot empoison li devant Acre et lessa le duc de Borgoigne an son leu avec lo roi Richart d'Engleterre. *Rubric in F20*: Du roi de France ki revint en France et laissa le duc de Borgoingne en sen lieu.   9–10 roi de France. Li ... il] roy Phelipon de France et quant il *F19*, au roi de France si comme celui qui on avoit empuisoné. Li rois de France, quant il *F20*, roy de France; quant li roys de France *F25 F26*   10 il] *lack F16 F38*, si *F19 F25 F26*   11 vint en France et] revint arriere en le tere de Franche et si *F19*, revint en France et *F20* ‖ Bourgoigne] Bourgoi *F18*   12 et] et tous *F19* ‖ aucunes gens disent quant] aucunes genz distrent que quant *F16 F17*, il avint que quant *F19*   13 quens de Flandres dut morir] quens Phelipes de Flandres fu malades que on dist *F19*, cuens Pheplippes (Felipes *F38*) de Flandres dut (qant il dut *F50*) morir *F20 F38 F50*, quens Felipes (Phelipes *F25*) fu morz *F25 F26* ‖ roi] rois de France *F16 F19 F20 F25 F26*   13–345.1 et se li ... c'on] qu'il s'en ralast en France quant on i *F16*, qu'il en (s'en) venist car on *F17 F20*, et se li dist que on *F19*

---

[a] *F18 f. 77*^(va–b)*; F16 f. 49*^(ra–b)*; F17 f. 42*^(ra)*; F19 f. 112*^(va–b)*; F20 f. 56*^(ra–b)*; F24 f. 145*^(rc)*; F25 f. 74*^(ra–b)*; F26 f. 74*^(ra–va)*; F38 f. 189*^(va–b)*; F50 f. 393*^(ra–b) (ML, 275–277). *F18 has a ten-line miniature panel showing the kings of France and England negotiating with the Muslims and a four-line historiated initial 'L'. In the lower margin there is a dragon with its head in a cauldron.*

THE CHRONIQUE D'ERNOUL 345

c'on avoit se mort juree. Et aucunes gens disent, quant il fu malades, c'on l'avoit empuisonné. Et aucunes gens disent qu'il *s'en* estoit venus pour le tiere le conte de Flandres qui li estoit eskeue, qu'il avoit donné a se niece en mariage, pour çou qu'il avoit peur que li quens de Hainau, a cui li contees estoit eskeue, ne le saisesist.[302a]

[ccxxxvi] Or vous lairons del roi de France a parler ki sauvement *ariva* et vint en France par Rome et parla a l'apostole.[303] Si dirons del roi d'Engletiere et des barons qui la demourerent. On fist asavoir al roi d'Engletiere que li Sarrasin avoient widié Jherusalem, et bien le poroient avoir s'il i aloient sans traire et sans lanchier. Li rois d'Engletierre le fist savoir al duc de Borgoigne et as barons

---

1–2 Et aucunes gens ... empuisonné] Et aucunes genz distrent que quant li rois de France fu malades que li rois d'Engeleterre et li quens de Flandres et autres barons l'avoient enpuisonné *F16*, Et aucunes gens dient que quant li roys de France fu malades que on l'avoit empuisonné *F19*, que aucunes gens i ot que (qui distrent que *F38*) quant il fu malades c'on l'avoit enpuisoné *F24 F38*, lack *F25 F26* (homeoteleuton)   2 aucunes gens] aucunes *F20*, autres gens i ot qui *F24 F38*, aucunes gens i ot qui *F25 F26* ‖ s'en] *lacks F18* ‖ le conte] le conte Phelippon *F20*, au conte *F25 F26 F38*   3 qu'il avoit] car il l'avoit *F19 F20*, qu'il li avoit *F24* ‖ niece en] mere a *F25 F26* mere en *F38 F50*   3–4 en mariage, pour çou qu'il] a mariage si *F19*   4 de Hainau] Bauduin de Heinaut *F16* ‖ li contees] ele *F19*, la contez (contés *F24*, conté *F38 F50*) de Flandres *F24 F25 F26 F38 F50*   6 *Rubric in F20*: Du roi Richart d'Engleterre et des barons de France qui erent demouré. *No paragraph break in F50*. ‖ roi] roi Phelipe *F16*   6–7 a parler ki ... par] a parler ki sauvement s'en va et ariva et vint en France par *F18*, qui sauvement arriva et sauvement s'en revint en France et par le chité de *F19*   7 et parla a] et par *F25 F26*, sauvement et parla a *F38*   7–8 roi d'Engletiere et des barons] roi Richart d'Engleterre et des barons de France *F16*   8 *New paragraph in F50*.   9 widié Jherusalem] laissié le chité de Jherusalem et qu'il s'en estoient tout fui *F19*, Jherusalem widié *F24*, Jerusalem vuidié *F38 F50* ‖ aloient] voloient aler *F17*, aloit *F25 F26*   10–346.1 barons de l'ost ... et] barons de l'ost; la pristrent consoil ensemble qu'il iroient et *F16*, haus barons de l'ost et la prisent il conseil et se disent que il y iroient et que il *F19*

[a] *F18 f. 77vb–78ra; F16 f. 49rb; F17 f. 42^{ra-b}; F19 f. 112vb; F20 f. 56^{rb-va}; F24 f. 145^{rc-va}; F25 f. 74^{rb-va}; F26 f. 74^{va-b}; F38 f. 189vb; F50 f. 393^{rb-va}* (ML, 277–278).

302   Philip of Flanders died on 1 August 1191. He was childless, and, in the absence of a male heir, the king could claim that Flanders should escheat to the crown. In the event the county passed to Philip's sister Margaret and her husband Baldwin V of Hainaut. It was their son, Baldwin VI of Hainaut and IX of Flanders, who became Latin emperor in Constantinople in 1204. More immediately, as the king had been married to Philip's niece, Isabella of Hainaut (died 1190) the mother of the future Louis VIII, the count's death gave him the chance to secure his former wife's dower land in Vermandois and the surrounding areas; his presence in France was considered necessary to pre-empt the claims there of Margaret and Baldwin V.

303   Celestine III (1191–1198).

de l'ost. La prisent consel qu'il iroient et garniroient bien Acre, et cargierent lor nés de viandes; si les envoierent a .i. castiel qui a a non Jaffe a .x. liues de Jherusalem, et il alerent par tiere jusque al castiel. *Et* d'illeuques murent; si alerent a .v. liues de Jherusalem a une vile qui a a non *Betunuble*. La atirerent lor batailles
5 et ordenerent *et* qui feroit l'avant garde *et l'arriere garde*. Li rois d'Engletiere dut faire l'avant garde et li dus de Bourgoigne l'ariere garde. Quant ensi orent atiré lor batailles, si ala cascuns a se herbege. Lors pensa li dus de Borgoigne. Quant il ot pensé, si manda des haus homes de France k'il savoit qui plus amoient le corone de France, et lor dist ce qu'il avoit pensé: 'Segnour, vous savés bien que
10 nos sircs li rois de France s'en est alés, cui Diex conduie, et que toute *li flors de le chevalerie* de sen regne est chi demoree, et que li rois d'Engletiere n'a c'un poi de gent avers çou que li *François sont*. Se nous alons en Jherusalem et nous le prenons, on ne dira pas que nous l'aions prise, ains dira on que li rois d'Engletiere l'a prise. Si ert grans hontes en France se dira on que li rois de France s'en

---

1–2 lor nés de viandes si] lor viandes et F19, les nés de viandes si F24, les nés de viande et F25 F26 F38 F50   2 si les envoierent] et alerent F16 ∥ .i. castiel qui ... liues] un castel qui a a non Jaffe et est a .x. liues prés de la cité F19, Jaffe a .x. milles F38, un chastel qui a non Jafe a .xii. liues F50   3 il] i F16 F50, lacks F17   3–5 par tiere jusque ... ordenerent] dessi au castel d'ilueques murent et si alerent dessi a une vile qui a a non Betuble qui est a .v. liues de Jherusalem et la atournerent il lors batailles F19   3 jusque al castiel] dusques vers le chastel F16, jusques vers le castel F17 F20, dusc'al chastel et garnierent bien le chastel F24, dusqu'a un chastel F25, dusqu'au chastel F26, jusqu'a Jaffe F38 ∥ Et] *lacks* F18   3–4 alerent a .v. liues] alerent a .xv. liues F17, alerent herbergier a .v.liues (milles F38) F24 F25 F26 F38 F50   4 Betunuble] Betunule F18   5 et qui feroit ... garde] lors qui feroit l'avant garde F18   5–6 Li rois d'Engletiere ... garde] *lack* F20 F50 (*homeoteleuton*). *New paragraph in* F24, F25 *and* F26.   6 Bourgoigne] Borgoigne dut faire F16 F17   7 lor batailles si] lor affaires et lor batalles lors F17 ∥ Lors pensa li dus de Borgoigne] Dont vint li dus de Borgoigne si pensa F24 F38, donc pensa li duc de Borgoigne F25 F26, Donc pensa li dus de Borgoigne une grant traïson F50   8 des haus homes de France k'il] les hauz homes de France qu'il F16 F20, a les haus homes les haus homes qu'il F17 (*dittography*), des barons (des hauz homes F38) de France si con on dist qu'il F24 F38   8–9 des haus homes ... pensé] les plus haus barons de l'ost et chiaus qui plus amoient le royaume de France et lor dist F19 ∥ k'il savoit qui ... France] *lack* F25 F26 (*homeoteleuton*)   9 et] et si F17, si F24 F25 F26 F38 F50 ∥ Segnour] Segnor dist il F24   10 s'en est alés cui Diex conduie] que Dix conduie sauvement s'en est alés et qu'il m'a laissié en sen liu et pour ses hommes et pour s'onnour garder F19   10–11 li flors de ... demoree] li cevalerie et li flors de sen regne est chi demoree F18, le fleurs de France est chi demouree F19, la chevalerie de son regne est ci remese F25 F26   12 François sont] rois de France a F18. *New paragraph in* F25 *and* F26. ∥ Se] Seignors dist li dux de Bourgoigne se F25 F26   12–13 Se nous alons ... on] Or sachiés que j'ai pensé que se nous alons ainsi en Jherusalem comme nos batailles son devisees et ordenees et nous le prenons que on F19   13 ne dira pas] ne dira mie F16 F17 F19 F50, dira mie F25 F26   14 l'a] ara F17 F19 F24, l'avra F25 F26 F38 ∥ grans] molt grant F19 ∥ se] et si F17 F19, et grant reproviers si (et si F25 F26) F24 F25, et grant reprueche si F38 F50   14–347.1 de France s'en ... Jherusalem] d'Engelterre avra pris Jerusalem et li rois de France s'en sera fuis F25 F26

THE CHRONIQUE D'ERNOUL   347

sera fuis et li rois d'Engletiere avra pris Jherusalem. Ne jamais ne sera jours tant que li siecles durece, que France n'en ait reproce. Quel consel', dist li dus de Borgoigne as François, '*en* donrés vous?' Teuls i ot qui disent que bien disoit et que bien s'acordoient a se volenté faire, et tels i ot qui ne s'i acordoient mie. Lors dist li dus de Borgoigne qu'il n'iroit en avant, ains retourneroit arierre; si le sivist qui sivir le vauroit. Quant *ce* vint l'endemain par matin, li rois d'Engletiere s'arma et il et si home; si s'en ala vers Jherusalem et vint a .i. castiel qui estoit priés de Jherusalem a .v. liues, et qu'il vit le cité, si *com on* dist. Li dus de Borgoigne fist armer les François et se mist al retour vers Acre. Aucun i ot des barons qui amoit le roi d'Engletiere, et envoia aprés lui et li fist savoir qu'il retornast que li François retornoient. Quant li rois d'Engletiere oï le novele, si s'en retourna et vint a Jaffe, et si le garni mout bien de gent et de viande, et si s'en vint a Acre aprés le duc de Bourgoigne.

Ne demora gaires aprés ce que li dus de Borgoigne fu venus a Acre, qu'il fu mors[304] et que Salehadins asanla ses os et ala assegier Jaffe.[305] Quant cil de

---

1–2 sera fuis et ... consel] fui et li roys d'Engletere prist le chité de Jherusalem ne jamais tant comme cis siecles duerra n'iert heure que France n'en ait reproche; quel conseil *F19*   2 que] com *F16 F17 F20 F24*, cum *F38*   2–3 dist li dus ... François] dist li dux de Borgoigne (Borgoing *F20*) *F16 F20*, lacks *F17*, dist il as François *F19*   3 en] me *F18 F17*, m'en *F19*   3–4 disent que bien ... ot] bien disoient qu'il disoit voir et teus *F17*   4 Lors] Dont *F24 F50*, Donc *F25 F26 F38*   5 de Borgoigne qu'il ... arierre] qu'il n'iroit en avant et qu'il retourneroit et *F19* ∥ n'iroit] n'i iroit plus *F25*, n'iroit plus *F26 F50*   6 ce] lacks *F18* ∥ par matin] lacks *F17*   7 et si home si s'en] se gent et *F17*, tout si homme et si s'en *F19*, sa gent et s'en *F50* ∥ et vint] lacks *F20*   7–8 estoit priés de ... liues] iert (est *F19*) a .v. liues prés de Jerusalem *F16 F19*, estoit a .v. (.iiii. *F20*) liues de Jerusalem *F17 F20*, a .v. liues estoit d'ilueques et erra tant qu'il vint a .ii. (.v. *F25 F26*) liues (milles *F38*) prés de Jherusalem *F24 F25 F26 F38*, a deus liues prés *F50*   8 qu'il vit le ... on] qu'il vit le cité si que m'on *F18*, si entra ens si qu'il vit Jherusalem si comme on dist *F19* ∥ New paragraph in *F25* and *F26*.   9–10 barons qui amoit ... envoia] barons (Franchois *F19*) qui amoient le roi d'Engletere et (et qui *F19*, si *F25 F26*) envoierent *F17 F19 F25 F26*   10 et] si *F16 F20* ∥ et li fist savoir] lacks *F17*, et se li manderent que li dus de Borgoigne retournoit et *F19*, batant se li fist savoir *F24 F38*, batant et li fistrent savoir *F25 F26*   10–11 que li François retornoient] et que tout li Franchois retornoient *F19*, Car li François retornoient vers Acre *F20*, que li Franzois (François *F38*) s'en retornoient *F25 F26 F38*, Car li Franceis retornoient *F50*. New paragraph in *F20*.   11 si s'en] si se *F16*, si *F19 F24 F50*, lacks *F38*   12 et] lack *F16 F17 F20 F25 F26 F38 F50* ∥ le garni mout bien] garni molt bien Jaffe *F24* ∥ et si s'en vint] Aprés si s'en revint *F20*, et s'en vint adonc *F25 F26*   13 New paragraph in *F16* and *F20*. Rubric in *F16*: Comment li rois d'Engleterre resquelt Jaffes que li Sarrazin avoient prise seur Crestians. This is followed by a four-line puzzle initial 'N'. Rubric in *F20*: Dou roi d'Engleterre: comment il rescoust Jasfe.   14 ce que li dus de Borgoigne] lack *F25 F26*, que li dux *F38* ∥ fu venus a Acre, qu'il] lack *F16 F17 F20*   14–15 qu'il fu mors] New paragraph in *F50*.   15 asanla] amassa toutes *F19*, amassa *F24 F25 F26* ∥ ses os] gent *F16 F17 F20*

---

304   Hugh III duke of Burgundy died on 25 August 1192.
305   Ṣalāḥ al-Dīn's attack on Jaffa began on 28 July 1192.

Jaffe furent assegié, il envoiierent .i. message *batant al roi d'Engletiere* qu'il les secourut, car li castiaus n'estoit mie fors a tenir encontre si grant gent comme Salehadins avoit amenee. Quant li rois d'Engletiere oï les noveles que cil de Jaffe li avoient mandé, si le fist savoir as haus hommes qui a Acre estoient, et si lor dist qu'il iroit secorre Jaffe, et si lor demanda s'il iroient aveuc lui; et il respondirent qu'en tous les lius ou Crestiientés aroit mestier de lor aïue, tant com il seroient en le tiere, il iroient. Adont ordenerent lor eschieles et lor batailles, et si murent pour aler secourre Jaffe, et si laissierent Acre garnie. Lors dist li rois d'Engletierre as barons qu'il errassent seurement par tierre, et qu'il iroit par mer pour plus tos venir al castiel et pour le castiel tenir tant qu'il venroient la, car il savoit bien que li castiaus ne se tenroit mie tant qu'il i peussent venir par tiere.[a]

[ccxxxvii] Lors fist armer li rois d'Engletiere galyes; si *entra* ens et si mist de ses hommes tant com il vaut, et erra tant et par jour et par nuit qu'il vint a Jaffe. Quant il ariva devant Jaffe, si estoit li castiaus pris et li Sarrasin dedens entré,

---

1 envoiierent .i. message] prisent un message et si l'envoierent *F19* ‖ batant al roi d'Engletiere] al roi d'Engletiere batant *F18*, batant au roy d'Engletere et se li manderent *F19*, tantost batant al roi d'Engleterre *F24*   2–3 gent comme Salehadins avoit] gent que Salehadins avoit *F17 F20*, ost con li Sarrasin i avoient *F24 F38*, gent ne si grant ost com Salehadins i avoit *F25 F26*, ost li Sarrazin avoient *F50*   3 d'Engletiere] d'Engleterre qui a Acre estoit *F16*, lack *F25 F26 F50* ‖ les] ces *F17*, ches *F19*   3–4 que cil de Jaffe li avoient mandé] lack *F25 F26*   4 hommes] barons de Franche *F19*, homes et as chevaliers *F24 F25 F26 F38 F50*   5 secorre] rescorre *F16 F20 F25 F26 F38* ‖ et si lor demanda] et (et si *F20*) lor manda *F20 F50*, si lor de Jaffe manda *F25*, si lor demanda *F26*, et leur demanda *F38*   5–6 respondirent] li respondirent *F16 F19 F20 F24 F38*   6 Crestiientés aroit] li Crestien aroient *F17*, il saroient que le Crestientés aroit *F19*, Crestiien averoient *F20*   6–7 tant com il ... iroient] iroient il volentiers tant comme il seroient en le Sainte Tere *F19*, tant come il seroient en la terre iroient il volentiers *F25 F26*. New paragraph in *F19, F25* and *F26*.   7 Adont ordenerent] atant ordenerent *F17 F19 F20 F16*, Dont ordenerent *F24*, Donc orderent *F25 F26*, Lors ordenerent *F38*   7–8 eschieles et lor ... secourre] batalles et lor esceles et murent por aler secolre *F17*, batailles et lors esqueles et toutes lors gens et si s'esmurent pour aler secourre *F19*, eschieles et les batailles et murent (sin vinrent *F24*) pour aler rescorre *F24 F38*   8 garnie] molt bien garnie *F19*, bien garnie *F20 F50*   8–9 Lors dist li ... barons] dont dist li roys d'Engletere as barons de France *F19*, Dont vint li rois d'Engleterre si dist as barons de l'ost *F24 F38*, Donc dist li rois d'Engleterre as barons de l'ost *F25 F26*, Li rois d'Engleterre dist as barons *F50*   9 par tierre] lack *F24 F25 F26 F38*   11 i peussent venir par tiere] i peussent parvenir par terre *F16*, y venissent *F19*, poissent estre la venu par terre *F24 F38*, peussent la estre venu par terre *F25 F26*   12 No paragraph break in *F16, F17, F19, F20, F25, F26, F38* or *F50*. ‖ Lors fist armer ... si] Lors fist li rois d'Engleterre armer galies si (ses galies et *F19*) *F17 F19 F20*, Dont vint li rois d'Engleterre si fist armer galies et *F24 F38*, Donc fist li rois d'Engleterre armer ses galies si *F25 F26* ‖ entra] lacks *F18* ‖ mist] i mist *F16 F20*   13 il vaut] lui plot *F24*, li plost *F50* ‖ et par jour et] lacks *F20*   14 estoit] estoit ja *F19 F20*   14–349.1 dedens entré ou il] estoient ja dedens et *F19*

[a] *F18* f. 78ra–79ra; *F16* f. 49[rb–vb]; *F17* f. 42[rb–vb]; *F19* f. 112vb–113va; *F20* f. 56va–57ra; *F24* f. 145[va–c]; *F25* f. 74va–75va; *F26* f. 74vb–75va; *F38* f. 189vb–190rb; *F50* f. 393va–394ra (ML, 278–280).

ou il lioient les Crestiiens pour mener en l'ost. *Quant li rois d'Engleterre sot que li Sarrasin estoient dedens le chastel et lioient les Crestiens, si sailli* a tiere et mist l'escu al col et le hace danoise en le main; si entra el castiel et si home aprés lui. La rescoust le castiel et ocist les Sarasin qui dedens estoient, et si cacha ceuls qui dehors les murs estoient desi c'a l'ost, et arresta sour .i. toron, qui devant l'ost estoit, il et si home. Lors demanda Salehadins a ses hommes que c'estoit et de quoi il avoient eu paour qui fuioient, et on li dist que li rois d'Engletiere estoit arivés dedens le castiel et avoit ses homes ocis et pris et cachiés, et rescous le castiel. Lors demanda Salehadins ou il estoit, et on li dist: 'Sire, vés le la sor cel toron a pié aveuc ses homes.' 'Comment', fait Salehadins, 'que rois est a piet aveuc ses homes? N'affiert point! Va', dist il a .i. de ses sergans, 'ensiele .i. ceval et se li maine. Se li di que jou li envoie, k'il n'affiert pas a si haut home comme il est qu'il soit *en tel leu a pié* aveuc ses homes.' Li Sarrasins fist le commandement Salehadin, et si mena le ceval al roi d'Engletiere et si fist sen message. Et li rois

---

1 *New paragraph in F25 and F26.* 1–2 Quant li rois ... sailli] Si sailli li rois *F18* 2 dedens le chastel et] dedens Jaffe et qu'il *F20*, el chastel et *F24 F25 F26*, eu chastel et qu'il *F38* 2–4 et lioient les ... ocist] entre si en fu molt dolans et molt corouchiés et si Sali a tere l'escu al col et le hache el puing et si entra el castel molt bien armés de hache danoise en le main et si homme entrerent aprés lui et la rescoust il le castel et si ochist tous *F19* 4 dedens] dedens le chastel *F20* 4–5 si cacha ceuls ... c'a] si cacha tous chiax qui dehors le castel estoient dessi a *F19*, cacha ciaus qui dehors le chastel estoient desi en (qu'en *F24*) *F24 F25 F26*, chaça cels dehors jusqu'en *F38* 5 et arresta sour] aus Sarrazins et s'aresta seur *F16*, des Sarrasins et si arresta devant *F19*, et si s'aresta sor *F24 F25 F26 F38* 5–6 qui devant l'ost estoit] devant l'ost et *F24 F25 F26 F38* 6 il et si] et il se si *F17*, et il et tout si *F19*, si *F25* ∥ *New paragraph in F24.* 6–7 Lors demanda Salehadins ... il] Lors demanda li roys Salehadins as ses hommes de coi il *F19*, Dont vint Salehadins si demanda a ses homes que c'estoit ne qu'il *F24 F38*, Donc demanda Salehadins a ses homes que (qui *F25*) c'estoit et qu'il *F25 F26* 7 eu paour qui fuioient et] poor qui (qui si *F16 F20*) fuioient et *F16 F17 F20*, eu peur qui ensi fuioient et *F19*, eu pour qu'il fuioient *F38 F24*, heu que si fuioient *F25 F26* 8 arivés dedens le castiel et] arrivez au chastel et (et si *F19 F20*) *F16 F17 F19 F20*, arivés et *F24 F25 F26 F38 F50* ∥ ses homes ocis ... cachiés] tous ses hommes ochis et pris *F19* 8–9 rescous le castiel] le castiel resqueus *F16 F20 F24 F25 F26 F38 F50*. *New paragraph in F25 and F26.* 9 Lors demanda Salehadins] Dont vint Salehadins si demanda *F24 F38*, Dont demanda Salehadins *F50* ∥ il] li roys *F25 F26 F50* 10 a pié aveuc ses homes] avec ses houmes a piet *F17*, avec ses homes a pié *F24*, avec ses homes tot a pié *F50* ∥ Comment fait] Comment est ce fait *F16 F20*, Comment est çou dist *F17*, Coment dist *F24 F25 F26 F38* 10–11 Comment fait Salehadins ... ceval] Et Salehadins appela un sien serjant et si dist: 'va tost si ensele un palefroy *F19* 11 sergans] vallés si *F20*, homes *F25 F26 F50* 12 Se] et si *F16 F25 F26*, et se *F17 F19* ∥ k'il] car il *F19 F50*, quar il *F20*, *lack F25 F26* 13 en tel leu a pié] a pié en tel liu *F18* ∥ Sarrasins] serjanz *F16*, sergans *F17 F20* 14 Salehadin et si ... d'Engletiere] son seigneur et si mena le cheval au roy d'Engletere de par Salehadin *F19* ∥ si] *lack F17 F20 F25 F26*

350   THE CHRONIQUE D'ERNOUL

d'Engletiere l'en mercia, mais ne monta pas sus, ains fist monter .i. sien sergant, et fist poindre devant lui. Quant li sergans ot point le ceval et il cuida retorner, ce ne fust jamais, ains l'emporta li cevaus quel gret qu'il en eust en l'ost as Sarrasins. Et Salehadins en fu mout honteus de ce que li cevaus estoit retornés; si
5 en fist .i. autre apparellier, et se li renvoia. Et li rois d'Engletiere retorna arriere al castiel, mais Salehadins ne se desloga pas *le* jour desci qu'a l'endemain.

Pour celle proece que li rois Ricars fist illuec et aillours et a .i. autre castiel qui a a non Li Daron qu'il prist sour Sarrasins, fu il mout doutés par toute Païenime. Et si c'om dist qu'il avenoit aucune fois que quant li petit enfant ploroient, que
10 les Sarrasines lor meres disoient: 'Tais toi, pour le roi d'Engletiere!' Et quant aucuns Sarrasins cevalçoit ceval umbrage, et il veoit ou buisson ou ombre et il reculoit ariere, que li Sarrasins hurtoit des esporons et dissoit a son ceval: 'Cuides tu que li rois *d'Engleterre soit muciez en ce buisson?*'[a]

---

1 d'Engletiere] *lack* F24 F25 F26 F38 F50 ‖ mais ne monta pas sus] mais li rois ne monta pas desus F16, molt mais il ne monta mie sus F19, mais ne monta mie sus F24, molt mais ne monta pas sus F25 ‖ fist] i fist F16 F17 F20 F25 F26   1–2 sien sergant et fist] suen serjant et le fist F16 F19, sergant et le fist F20, sien sergant sus et fist (le fist F50) F24 F38 F50, suen serjant et fist li F25 F26   2–3 point le ceval ... jamais] point et esperonne le chaval et il vaut retourner che ne fust ne ore ne jamais qu'il retournast F19, point et il cuida retorner, ce ne fist il jamais F25 F26   3 quel gret qu'il en eust] *lacks* F20, maugré qu'il en eust F24, maugré suen F38 F50   4 Et Salehadins en] et Salehadins F16 F17 F19 F20, Salehadins en F24 F38 F50, Dont Salehadins F25 F26 ‖ de ce que ... si] si F25 F26 ‖ retornés] retornés en l'ost F17, revenus en l'ost as Sarrasins et F19   5 en] *lack* F24 F38 F50 ‖ et se li ... d'Engletiere] Et si li envoia et li rois d'Engleterre F16, si li renvoia et li F19, et li envoia ariere et li rois d'Engleterre F20, et se li envoia. Li rois (rois d'Engleterre F38) F24 F25 F26 F38   5–6 retorna arriere al castiel mais] le renvoia arriere au castel F17, retourna arriere el castel de Jaffe mais F19, retorna ariere al chastel et F24 F38, retorna au chastel arriere et F25 F26   6 pas] mie F16 F17 F19 F20 F24 F38 ‖ le] cel F18 ‖ desci qu'a l'endemain] devant l'endemain F19, desi c'au demain F25 F26   7 Pour celle proece] Et pour chou F19   7–8 a .i. autre castiel qui a a non Li] au chastel du F38   7–9 qui a a ... que] qu'il prist par forche sur Sarrasins que on apele Le Daron fu il plus doutés et cremus que nus autres chevaliers par toute Païenime et si disoit on F19   8 prist] conquis F17 ‖ doutés] redoutés F24, redoutez F25 F26 F50   9 c'om] com l'en F16, com on F24, com on F25 F26, cum l'en F38 ‖ qu'il] que quant il F17   9–10 ploroient que les Sarrasines lor meres] plouroient que les Sarrasines F19, as Sarrasines ploroient qu'eles F24 F25 F26, aus Sarrazines ploroient F38   10 d'Engletiere] Richart de Engelterre F25 F26   11–12 ou buisson ou ... ariere] son ombre et il reculoit ariere ou pour l'ombre dun buisson F19, .i. buisson ou (en F38) umbre et il reculoit ariere F20 F25 F26 F38   12 hurtoit] feroient F25 F26 ‖ dissoit a son ceval] si disoit a son cheval F17 F19, si disoit F24 F38, disoit F25 F26   13 d'Engleterre at this point. See Appendix] *lacks* F18, d'Engletere soit en chel buisson F19, rois d'Engleterre soit muciez (muchiés F24, mueziez F25 F26) en cel buisson u en cel ombre u en çou dont li chevaus avoit paor F24 F25 F26 F38

---

[a] F18 f. 79^{ra-va}; F16 f. 49^{vb-c}; F17 f. 42vb–43rb; F19 f. 113^{va-b}; F20 f. 57^{rb-va}; F24 f. 145^{vc}–146rb; F25 f. 75va–76ra; F26 f. 75va–76ra; F38 f. 190^{rb-va}; F50 f. 394^{ra-va} (ML, 280–282). *F18 has a ten-line miniature panel showing King Richard, sword in hand, entering Jaffa and a four-line pen-flourished initial 'L'.*

THE CHRONIQUE D'ERNOUL 351

[ccxxxviii] Quant Salehadins sot que li Crestiien estoient a Jaffe ou il estoit al siege, il se leva del siege; si ala encontre et si les encontra devant .i. castiel qui a a non Asur. La assanlerent li Crestiien as Sarrasins. Si se combatirent, et grant damage i reçurent li Crestiien plus que li Sarrasin ne fisent. Mais toutes eures s'en partirent Crestiien sans desconfiture et alerent a Jaffe ou li rois estoit. A l'assanlee que Crestiien et Sarrasin fisent devant Assur fu Jakemes d'Avesnes, li bons chevaliers, ocis. Li Crestiien furent a Jaffe, et Salehadins se traist ariere en se tiere.[306] Or vous dirai qu'il avint. Une carvane de Sarrasins venoit de le tierre d'Egypte et aloit a Damas, et avoient oï dire que Salehadins estoit devant Jaffe; pour çou aloient plus seurement, et se furent herbegié *a* .v. liues priés de Jaffe. On fist asavoir al roi d'Engletiere que la avoit une mout rice carvane et que grant avoir i poroit gagnier, s'il le prenoit. Li rois d'Engletiere fist armer ses homes et ses chevaliers; si i ala et si le prist, et quant prise l'ot si le mena a Jaffe.

---

1 *No paragraph break in F16, F17, F24, F25 or F26.*   1–2 Crestiien estoient a … siege] Sarrasins estoient dedenz Acre. Quant Salehadins sot que li Crestian estoient dedenz Jaffe ou il estoit a siege *F16*, Crestien estoient dedens Jaffe u il estoit a siege et venoient par tere *F17*, Crestiien estoient dedens Jasfe ou il estoit au siege *F20*, Crestien erent a Jaffe *F25 F26*   1 estoient] venoient *F19 F24*   2 il se leva del siege si] isnelement se leva du siege et *F19*, si *F20*, il se leva si *F24 F25 F26*, il se leva et *F38* ‖ encontre et] contre les Crestians qui aloient au secors de Jaffes *F16*, encontre les Crestiiens qui aloient par terre au secors de Jasfe *F20*, encontre *F17 F25 F26*   2–3 .i. castiel qui … Asur] un chastel que on appele Sur et *F19*, .i. chastel c'on apele Arssur *F24*, le chastel d'Arssur *F38*   3 as] et *F25 F26*, et li *F24 F38*   3–4 et grant damage … plus] ensanle et grant damage y rechurent li Crestien plus assés *F19*   4 reçurent li] rechurent *F24*, oient *F25 F26*   4–5 ne fisent. Mais … Crestiien] ne firent mais toutevoies s'en partirent li Crestian *F16 F38*, Mais totes voies (totes eures *F17*) s'en partirent Crestien *F17 F25 F26 F50*, mais toutes heures s'en partirent il *F19*   5 desconfiture et] grant desconfiture et s'en *F19* ‖ ou li rois] ou li rois d'Engleterre *F16 F19 F50*, la ou li rois *F24 F25 F26* ‖ rois estoit. A] lack *F25 F26* ‖ *New paragraph in F25 and F26*. 6 Crestiien et] li Crestien et li *F19 F20 F25 F26*   7 ocis] mors et *F19* ‖ se traist] s'en retraist *F19*, se retraist *F25 F26 F50*   8 *New paragraph in F16, F17 and F20. Rubric in F16*: Comment li rois d'Engleterre fist fermer Escalone de l'avoir qu'il desroba aus Sarrazins. *Rubric in F20*: Dou roi d'Engleterre, comment il frema Escalonne. ‖ avint] avint devant Jaffes *F16*   9 aloit] aloient *F16*, s'en aloient *F19* ‖ avoient] s'avoient *F16*, avoit *F20 F25 F26 F38* ‖ estoit] estoit a (au *F20*) siege *F19 F20*   10 plus seurement et] li Sarrasin si seurement et alerent tant qu'il *F19*   10–11 se furent herbegié … Jaffe] se furent herbegié a .v. liues prés de Jaffes *F16*, furent herbegiet a .v. liues de Jaffe *F17 F19*, se herbega .v. lieues prés de Jasfe *F20*, furent bien prés a .v. liues (milles *F38*) de Jaffe herbergié *F24 F38*, furent bien a .v. liues prés de Jaffe herbergié *F25 F26*   10 a] *lacks F18*   11–12 On fist asavoir … poroit] Et on le fist savoir au roy d'Engletere et li dist on qu'il avoit une molt tres riche carvane de Sarrasins luec pris et qu'il y poroit grant avoir *F19*   11 d'Engletiere] d'Engleterre qui a Jasfe estoit *F20*   12 prenoit. Li] prenoit et li *F16 F20*, pooit prendre et li *F17*, voloit aler prendre. Et li *F19* ‖ d'Engletiere] *lacks F24*   13 homes et ses chevaliers] hommes et *F19*, gens *F25 F26* ‖ quant prise l'ot] *lacks F17* ‖ *New paragraph in F24.*

306 The battle of Arsur in which James of Avesnes had been killed took place the previous year, on 7 September 1191.

Aprés si assanla les barons de l'ost et les chevaliers et dist qu'il voloit aler fremer Escalone, et que s'elle estoit fremee, il seroient mout enforchié en le tiere. Il disent qu'il iroient volentiers. Il i alerent et si fremerent Escalone mout bien et garnirent, et si prisent .ii. castiaus qui priés d'illeuc estoient, dont li uns avoit
5   a non Gasdres et li autres Li Daron. La sejourna li rois d'Engletiere et li baron de l'ost, pour ce que li tiere estoit plus saine qu'ele n'estoit a Acre.[307a]

[ccxxxix] Or vous lairai a parler de le Tiere d'Outremer; si vous dirai .i. poi de le tiere de Cypre. Il avint cose que li *Grifon* s'asanlerent et parlerent ensanle et prisent consel d'ocire les Latins qui estoient aveuc les Templiers a cui li rois
10 d'Engletierre avoit le *tiere* commandee. On fist asavoir as Templiers et as Latins que li Grifon s'asanloient pour eaus ocirre. Se lor consella on que il mandassent secors, et que il se mesissent en une forterece tant qu'il eussent secors. Dont vinrent, si s'asanlerent de partout et vinrent a Lecoisie. Si entrerent ens el cas-

---

1 les barons de ... chevaliers] les haus barons de l'ost *F19*, ses barons de l'ost et les chevaliers *F25 F26*   2 Escalone] Esqualonne que li Sarrazins avoient abatue *F16* ‖ il seroient mout] qu'il serroit molt *F17*, il seroit molt *F19 F25 F26*, il seroient bien *F24 F50*, il seroit bien *F38*   3 iroient volentiers] i iroient volentiers *F16*, irolent molt volentiers *F17*, y iroient molt volentiers *F19* ‖ si] lack *F19 F20 F38 F50* ‖ fremerent Escalone] la fermerent *F25*, la ferment *F26*   4 garnirent et si] garnirent et *F17*, le garnirent molt bien et si *F19*, gaaignierent molt bien et *F25 F26*   5–6 d'Engletiere et li ... saine] et il et toute s'ost pour che que le tere y est plus saine et miudre che lor sanloit *F19*   6 l'ost] l'ost grant piece *F16* ‖ plus] la plus *F24 F25 F26 F38 F50* ‖ n'estoit] ne fust *F16 F17 F20*   7 *Rubric in F16*: Com li rois d'Engleterre vendi l'ille de Chypre au roi Guion de Jerusalem qui point n'avoit de terre. *Rubric in F20*: Or vous dirons de l'ille de Chipre et des Templiers. *Rubric in F50*: Ci comence livre xxv *followed by a seven-line puzzle initial 'E'.* ‖ lairai] lairai un poi *F25 F26*   7–8 lairai a parler ... Cypre] dirons .i. poi de l'ille de Chipre. Si vous lairai a parler de le Terre d'Outremer *F20* ‖ .i. poi de le tiere] .i. pou de l'ille *F16 F17 F19 F24 F38*, de l'isle *F25 F26*   8 Grifon] Frison *F18* ‖ s'asanlerent et parlerent ensanle] du païs s'assanlerent *F19*   10 le tiere commandee] le tiere laissie et commandee *F18*, commandee la (le *F20*) terre a garder *F16 F20* ‖ et as Latins] *lacks F17*   11–13 Se lor consella ... vinrent] et si lor manda on qu'il mandaissent secors et qu'il se traisissent en un fort lieu tant qu'il eussent secors du roy d'Engleterre. Dont vinrent li Latin et li Templier et si s'asanlerent de par toute la terre et alerent *F19*   12 que il] *lack F24 F25 F26 F38*   13 vinrent; si s'asanlerent de partout et] s'asemblerent de partot si *F25 F26* ‖ ens] *lack F16 F20 F24 F38*

---

[a] *F18 f. 89va–90ra; F16 f. 49vc–50ra; F17 f. 43rb–va; F19 f. 113vb–114ra; F20 f. 57va–b; F24 f. 146rb; F25 f. 76ra–b; F26 f. 76ra–va; F38 f. 190va; F50 f. 394va–b* (ML, 282–283).

---

307   *F24* has an extended interpolation at this point. See Appendix 3:1.6.

tiel, et ne furent pas plus de cent Latin ens el castiel, et tant y ot assanlé de gent entour le cité, que on n'i veoit se gens non tout entour. Quant li Latin furent dedens le castiel une nuit, le semmedi *de* le grant Paske, si virent bien qu'il n'avoient mie viande pour le castiel tenir, ne que li castiaus n'estoit mie fors pour tenir encontre tant de gent. Si disent entr'aus que mieus lor venoit morir a armes que morir dedens le castiel de fain. La prisent conseil qu'il s'en istroient et se metroient en aventure. Quant ce vint l'endemain, le jour de Paske Florie, il se confesserent et s'armerent et acumeniierent, et issirent hors tout, fors seulement .x. des plus feules qui demorerent a le porte del castiel, que se mestiers lor fust *qu'il* recouvraissent el castiel. Et lors issirent li Latin hors del castiel et se ferirent entre les Griffons aussi comme entre brebis; et nient plus ne se desfendirent il comme brebis fesissent. Et li Latin en tuerent tant que ce fu une mervelle, c'onques toute jour ne finerent de tuer et de cacier tant qu'il widierent

---

1 ens el castiel et tant y] el (en cel *F20*) chastel et tant i *F16 F20*, dedens le chastel et tant (tant i *F24*) *F24 F25 F26 F38*   1–2 tant y ot ... furent] si avoit tant de Grifons assanlés devant le castel et d'autre gent que on ne pooit veïr goute devant le castel tout entour devant et derriere. Quant tout le Latin furent tout *F19* ‖ assanlé de gent entour le cité] asemblee de gent grifone devant le chastel *F16*, entor le cité *F17*, assemblé de gent entour le castel *F20*, de gent assemblé dedenz la cité *F25 F26*   2 n'i veoit se ... entour] ne veoit tot entor se gent non *F24 F25 F26 F38*. *New paragraph in F25 and F26.*   3 le semmedi de le grant Paske] le semmedi devant le grant Paske *F18*, le samedi de la la Pasque Florie *F16 F20*, de le grant Pasque *F19*, la veille de la grant Pasque *F38*   4 viande] de viande assés *F20*, de viande *F25 F26*   5 encontre] a *F25 F26* ‖ lor venoit] lor venroit *F16 F20*, venroit *F17*, lor venoit il *F19 F24 F25 F26 F38*   6 armes que morir ... fain] honnour que morir dedens le castel de faim *F19*, armes que morir de faim dedenz le chastel *F20 F24 F25 F26 F38 F50* ‖ conseil] consuel ensemble *F16*   7 se metroient] meteroient *F17*, metteroient lors cors *F19* ‖ *New paragraph in F24.* ‖ le jour de Paske Florie] le jour de Pasques *F17 F24 F25 F26 F38 F50*, de le Pasque *F19*   8 confesserent] conseillerent *F19* ‖ s'armerent et acumeniierent] escomigierent et armiererent *F16*, acumenierent et armerent *F17 F20*, s'armerent et se confesserent *F19*, acommenerent et s'armerent *F24 F38*, communierent et s'armerent *F25 F26*, comenierent puis s'armerent *F50* ‖ issirent hors tout] puis s'en issirent tuit ensemble *F16*, s'en issirent tout *F19*, issirent hors *F25 F26*   9 del castiel] si *F16*, du castel pour che *F19 F50*   10 qu'il recouvraissent] qui recouvraissent *F18*, qu'il retornassent *F16*, qui *retornaissent F17*, qu'il reculaissent ens *F19*, qu'il retornaissent et peussent rentrer *F20* ‖ Et lors issirent li Latin] et adont s'en vinrent il tout armé *F19*, Dont (Lors *F38*) issirent li Latin *F24 F25 F26*, Lors eissirent li Latin *F38*   11 entre brebis et] entre brubis que *F16*, entre brebis *F17*, li leus se fiert entre les brebis et *F19*, entre berbis c'onques *F20*, en brebis que *F24 F25 F26 F38*   12 il comme brebis fesissent] il ne que brubiz feissent *F16*, il que brebis fesissent *F19 F24 F25 F26*, li Grifon contre les Latins que se ce fuissent berbis *F20*, que berbiz feissent *F38*   12–13 fu une mervelle ... tuer] ne fu se merveille non n'onques toute jour ne finerent de tuer et d'ochirre et de martrier les Grifons *F19*   13 de tuer et] de tuer ne *F16 F17 F20 F25 F26*, d'ocirre ne *F38*

toute la cité, qu'il n'i demoura ne home ne feme.[308] L'endemain forerent il toute le viande de le cité et menerent el castiel. Apriés ce fisent savoir al maistre del Temple[309] et al roi d'Engletiere comment il avoient fait. Dont vinrent li Templier al roi d'Engletiere, et se li disent qu'il fesist de l'ille a se volenté, qu'il ne le pooient plus garder. Quant li rois Guis, qui n'avoit point de tiere, oï dire que li Templier avoient rendue l'ille de Cipre, *si vint* al roi d'Engletierre par le consel le maistre del Temple, si l'acata et il li vendi.[a]

[ccxl] Or vous dirai que li rois Gui fist quant il ot celle tiere acatee. Il envoia en le tiere d'Ermenie et en Antioce et a Acre ses mesages et par toute le tiere dela le mer qu'il venissent en l'ille de Cypre a luy, et il lor donroit terres et garisons tant com il en oseroient demander. Li chevalier, qui desireté estoient, cui li Sar-

---

1 qu'il n'i demoura ne] qu'il n'i demoura onques *F19*, c'onques n'i demora ni *F24 F38*, que onques ne demora ne *F25 F26* ‖ *New paragraph in F25 and F26.*   1–2 forerent il toute ... el] forrierent la (toute le *F17 F20*) cité de viande et menierent el *F16 F17 F20*, si forrerent (forrerent li Latin *F25 F26*) tout le cité de viande et d'avoir et (et si le *F24*) menerent dedenz le *F24 F25 F26 F38* ‖ il toute le ... ce] li Latin toute le cité de la viande et si le porterent toute dedens le castel et aprés che si le *F19*   2–3 maistre del Temple ... d'Engletiere] roi d'Engleterre et au maistre du Temple *F19 F24 F25 F26 F38 F50*   3 avoient fait] l'avoient fet *F16 F17 F20 F24*, avoient ouvré et fait envers les Grifons *F19*, avoit fait *F25 F26 F50*   4–5 fesist de l'ille ... garder] gardast le chité et l'ille de Sesille car il ne le pooient plus garder et se li disent que il en fesist se volenté *F19*. *New paragraph in F16 and F20. Rubric in F20*: Dou roi d'Engleterre qui vendi au roi Guion l'ille de Chypre.   4 a] de Chipre *F16*, lacks *F17*, de Cipre *F20*, tot a *F25 F26*, de Chypre a *F50* ‖ qu'il] car il *F20 F38 F50*   5 qui] qui a Acre estoit vit qu'il *F20* ‖ oï dire] vit *F16 F17*, et il seut *F20*   6 de Cipre] *lack F24 F25 F26 F38*   6–7 si vint al ... le] al roi d'Engleterre par le consel le *F18*, au roi d'Engleterre, il vint au roi d'Engleterre par le consel du *F20*, si vint a parler al *F25 F26*   7 si l'acata et il li vendi] li l'acheta et il li vendi *F16 F17*, et si l'acata et li roys d'Engleterre li vendi *F19*, si l'achata et li rois li vendi *F24 F38*, si l'acheta et li rois *F25 F26*   8 *No paragraph break in F16 or F20*. ‖ celle tiere] l'ille *F24 F38*, l'isle de Cypre *F25 F26*   9 le tiere d'Ermenie] en Hermenie (Hermine *F26*) *F24 F25 F26 F38*   9–10 ses mesages et ... mer] et en toutes les terres ses messages *F16 F17 F20* ‖ ses mesages et ... luy] et par toute le marine ses messages et si manda partout qu'il venissent parler a lui en l'ille de Chypre tout chil qui venir y vaurroient *F19*   11 tant com il en oseroient demander] tant com il osieroient demander *F16 F20*, tant com il en voloient demander *F17*, tant comme il en oseroient demander par raison *F19*, qanqu'il en oseroient demander *F24 F25 F26 F38* ‖ chevalier] Sarrazin *F16 F17* ‖ cui] et a cui *F16*, et qui *F24 F25 F26 F38*

---

[a] *F18 f. 80^{ra-va}; F16 f. 50^{ra-c}; F17 f. 43^{va-b}; F19 f. 114^{ra-va}; F20 f. 57vb–58rb; F24 f. 146^{vc}–147ra; F25 f. 76^{rb-vb}; F26 f. 76va–77ra; F38 f. 190^{va-b}; F50 f. 394vb–395rb (ML, 284–286). F18 has a ten-line miniature panel showing two groups of people in conversation followed by a four-line historiated initial 'O'. In the lower margin there is a woman tumbler and another person with a tambourine.*

---

308   In 1192 Palm Sunday fell on 29 March.
309   Robert of Sablé (1191–1192/3).

THE CHRONIQUE D'ERNOUL   355

rasin avoient lors tierres tolues, et les dames, cui lor mari estoient ocis, et les
pucieles orfenines alerent la, et li rois Guis lor donna tierre a grant *plenté*; ne
nus n'i aloit cui il ne donnast a grant plenté. Il maria les veves et les orfenines,
et lor donna avoir a grant plenté. Et tant donna qu'il fieva .iii.ᶜ chevaliers en
le tiere, et .ij.ᶜ sergans a ceval, *estre* les bourgois qui il donna grans tierres et   5
grans garisons. Quant il ot tant doné, il ne li demoura mie tant de tiere qu'il
peust tenir lui vintisme de chevaliers. Ensi faitement peupla li rois Gui l'ille
de Cypre, et si vous di bien pour voir que se li quens Bauduins eust aussi bien
peuplee le tiere de Costantinoble quant il fu empereres, il ne l'eust mie per-
due, mais il couvoita tout par mauvais consel; si perdi tout, et son cors et se   10
tiere.[310]

---

1 dames cui lor mari estoient ocis] dames (dames veves *F50*) cui lor mariz avoient esté ocis *F16 F50*, vesves dames qui lor seigneur avoient esté ochis es batailles des Sarrasins *F19*   2 alerent la] i alerent *F24 F25 F26 F38 F50* ‖ et li rois ... tierre] toutes au roy Guion et si lor donna teres et garisons *F19* ‖ plenté] plentés *F18* ‖ ne] *lack F17 F20*   2–4 ne nus n'i ... plenté] *lacks F16 (homeoteleuton)*   3 il ne donnast a grant plenté] il ne donast a grant plenté de tere *F17*, il ne donnast tere a grant plenté *F19*, n'eust terre a grant plenté *F20*, n'en eust a grant plenté. Ne n'i faloient se par defaute non de cuer qu'il n'osoient demander *F24*, n'en eust assez ne n'i falloit se par defaut non de cuer qu'il n'osoit demander *F25 F26*, n'en eust assez ne n'i falloient se par defaute non de cuer qu'il n'osoient demander *F38* ‖ Il maria les ... orfenines] il maria les dames vesves et les pucheles orfelines *F19*, Les veves et les orfenines i maria *F24*, les vueves et les orphenins maria il *F38*   4 lor donna avoir] si lor donna en le tere assés *F19*, lor dona *F24*, dona avoir *F25 F26 F38*   4–5 fieva .iii.ᶜ chevaliers en le tiere] fist .iii.ᶜ chevalier *F25 F26*   5 estre] aveuc *F18*   5–6 bourgois qui il ... garisons] bourgois et le maronniers cui il donna grant garison a cascun selonc chou qu'il li sanloit estre vaillans *F19*   5 qui] a qui *F20*, qui estoient es citez a cui *F24 F25 F26 F38 F50*   6–7 mie de tiere ... chevaliers] mie dont il poïst tenir le huitierme (witisme *F20*) de chevaliers *F16 F20*, mie a lui dont il peust tenir lui vintisme de chevaliers *F17*, mie tant qu'il peust tenir .xx. chevaliers de se tere aveuc lui. Et *F19*, mie de terre de coi il poïst tenir lui .xx. de chevaliers *F24 F38*, tant de terre qu'il en peust tenir lui vintisme de chevaliers de mesnie *F25 F26*. *New paragraph in F25 and F26*.   7 faitement] faicierement *F19, lack F38 F50*   8 bien pour voir que] pour voir que *F19 F24 F38*, por voir *F25 F26* ‖ quens Bauduins] quens Bauduins de Flandres *F16 F20*, roys Bauduins *F19* ‖ aussi bien] ensi *F24 F50*, aussi *F19*, ausi *F25 F26*, ainsi *F38*   9–356.1 de Costantinoble quant ... que] d'Antioche quant il en fu roys que il ne l'eust mie perdue. Mais il couvoita tout et il perdi tout et se tere et sen cors et le tere de Constentinoble dont il fu roys et empererres et si sachiés bien qu'il en ot malvais conseil. Quant *F19*   9 quant il fu empereres] quant il en fu empereres *F17 F19 F20 F24 F16, lack F25 F26*   10 tout] trop *F20 F50*   11 *New paragraph in F20, F25 and F26. Rubric in F20*: Du connestable Aymeri a qui l'ille de Chipre escheï de par Guion son frere.

---

310   For Baldwin's niggardliness, see below § cclxxxvii.

Apriés ce que li rois Gui ot si peuplee se tiere de l'ille de Cypre, ne demora puis gaires qu'il fu mors et li tiere eskeï al connestable Haimeri sen frere.[311] Si vous dirai qu'il fist. Il vit qu'il avoit poi de tiere et *que les teres* que ses freres avoit doné pour mil besans valoient au double. Il manda tous les chevaliers de *se* tiere; si lor dist que li rois Gui ses freres avoit abandoné se tiere a cascun, et cascuns en avoit pris tant com il voloit. 'Il vous dona tant que riens ne li demora. Li tiere m'est eskeue tant *com* Diu plaira, et je n'ai point de tiere, et il i a aucun de vous qui en a plus que je n'aie. Comment sera çou que je serai povres et vous serés tout rice, et n'arai que despendre? Il n'affiert point. Or prendés conseil entre vous; si me relaist cascuns tant de se tiere que je puisse estre entre vous comme sires, et que je vous puisse aidier comme mes homes.' Il prisent consel, et se li dona cascuns de se tiere tant con lui plot. Apriés fist tant li connestables Haimeris par force u par amistié ou par son sens, c'al jour

---

1 si peuplee se … Cypre] pueplee l'ille de Chypre *F16*, si (issi *F17*) pueplee l'ille de Cipre *F17 F20*, ensi faitierement pueplee se tere par toute l'ille de Chypre il *F19*, l'ille de Chipre si puplee *F24 F38*, l'isle de Cypre pueplee *F25 F26*   2 puis gaires qu'il fu mors et] puis gaires si fu mors et *F17 F24*, puis aprés gaires qu'il fu mors et que *F19* ‖ *New paragraph in F16 with the rubric*: Del connoitable Aymeri a cui l'ille de Chypre escheï de par lo roi Guion son frere.   2–3 Si vous dirai qu'il fist] Je vous dirai del connoitable Aymeri a cui l'ille de Chypre escheï de par lo roi Guion son frere qu'il fist roi *F16*   3 que les teres que] que *F18*, que la terre que li rois Guis *F16*, si vit que les terres que *F24 F25 F26 F38*   4 valoient] valoient bien *F19*   4–5 chevaliers de se] chevaliers de le *F18*, barons de se *F19*   5 si lor dist] Si li reis *F20*, si (et si *F24 F38*) lor dist quant il furent venu *F24 F25 F26 F38* ‖ ses freres] *lack F19 F25 F26*   5–6 a cascun et … pris] et que cascuns en avoit tout pris *F19*, si en avoit pris chascuns *F25 F26*   6–7 voloit. Il vous … demora] voloit tant que riens ne li demora *F16*, li plaisoit et qu'il li avoit si peu demouré sen frere de tere que il ne s'en porroit mie bien vivre ne honerablement et bien savés que li roys Guys mes freres vous donna tant que il ne li demoura riens et *F19*   7 eskeue] escheue a tenir *F20*, escheue et sires en sui *F24 F25 F26 F38 F50* ‖ com] que *F18* ‖ plaira et] pleira a tenir et *F16*, plaira et vos estes mi home (mes homes *F50*) *F24 F25 F26 F38 F50*   8 et] *lack F16 F17 F20* ‖ aucun] de teus *F24*, de tex *F25 F26*, de tels *F38* ‖ en a plus] a plus terre *F16*, a plus de tere *F17*, plus a de terre *F20*, plus en ont *F24 F25 F26 F38*   8–9 Comment sera çou … point] or me dites comment che sera que je serai povres entre vous et vous serés riches trestous *F19* ‖ sera çou que je serai] iert ce que je serai *F16 F24 F25 F26 F38*, iert çou que j'ere *F17*, ert ce que je ferai *F20*   9 despendre] penre *F16*, prendre *F20*   10 si me relaist … tiere] et si relaist cascuns a moi de se terre tant *F24 F38*, et si relaist chascuns tant de sa terre a moi *F25 F26* ‖ relaist] lest *F16*, laist *F17*   11 estre entre vous … aidier] demorer et estre entre vous comme vos drois sires terriens et que je vous puis aidier se mestiers en est *F19*, vos aidier *F25*, estre o vos come sires, et je vos puisse aidier *F26*   12 consel] consueil ensemble *F16*, conseil ent'aus *F19*, conseil ensamble *F20* ‖ et] *lack F24 F25 F26* ‖ de se tiere … plot] tant de sa tere com lui plot *F16*, tant de tere (se tere *F19*) com il li plot *F17 F19 F20*, de se terre tant con devers le cuer (com de suen cuers *F25 F26*, cum a cuer *F38*) li vint *F24 F25 F26 F38*   13 par force u … sens] que par sen sens que par se forche que par amisté *F19* ‖ son] *lack F16 F25 F26 F38 F50*

---

311   Guy seems to have died towards the end of 1194.

qu'il fu mors li valoient ses rentes de l'ille de Cypre .iii.ᶜ mil besans. Li connestables Haimeris, luć́s que l'ille de Cypre li fu eskeue, ne porta mie lués corone, car il ne le vaut mie porter desci que il presist haut home de cui il tenist l'ille de Cypre.ᵃ

[**ccxli**] Or vous lairons de l'ille de Cypre *a parler* dessi que lius en sera, et si vous dirons de le Tiere d'Outremer. Il avint cose .i. jour c'une nés de le tiere *li signour* des Hassasis ariva a Sur. Li marcis ot mestier d'avoir; si envoia de ses homes en le nef et fist prendre de l'avoir tant com il vault. Li marceant descendirent a terre, et si se plainsent al marchis c'on les avoit desrobés en le mer, et que pour Diu lor fesist rendre lor avoir. Li marcis respondi que l'avoir ne raveroient il jamais,

---

1 fu mors] morut *F16 F17 F20* ‖ ses] les *F24 F25 F26 F38 F50* ‖ de l'ille de ... besans] plus de .ccc.ᵐ besans qu'il recoilloit tout de l'ille de Chypre *F19*   1–2 Li connestables Haimeris ... eskeue] Li conestables Haimeris quant l'ille li fu eskeue *F24*, Quant l'isle fu escheu li connestable Haimeri il *F25 F26*, Quant l'ille fu escheue au cognestable Heimeri il *F38*   2–3 lués que l'ille ... desci] ne porta mie lués couronne comme l'ille de Chipre li fu eskeue. Car il ne vaut me si tost porter couronne dessi adont *F19*   2 mie lués] pas *F16*, mie *F17*, mie lors *F25 F26*, mie ileques *F38*   3–4 presist haut home ... Cypre] le (la *F16*) prist d'aucun haut home de qui il tenist l'ille de Chypre (Cipre *F17*, Chipre *F20*) *F16 F17 F20*, presist un haut home de cui il tenist l'ille de Chypre *F19*, le presist d'un haut home de cui il tenist se terre *F24*, la prist de haut home de cui il tenist l'isle *F25 F26 F38*   5 *Rubric in F16*: Del connoitable Aymeri a cui l'ille de Chypre eschaï de par lo roi Guion son frere. (*Repeating in error the rubric to the previous paragraph in F16.*) *Rubric in F20*: Or vous dirons de le Terre d'Outremer et del marchis Conrat qui li Halsasin tuerent. ‖ a parler] *lacks F18*   5–6 que lius en ... dirons] que tens et lex en sera et si vos dirom *F16*, atant que lius en serra et se vous dirons *F17*, atant que tans et lix en sera et si parlerons *F19*, que tens et lius en sera si (et si *F38*) vos dirons *F24 F25 F26 F38*   6 .i. jour c'une nés de le tiere] c'une nés *F17*, que une nés de le terre *F19* ‖ nés] neis de marcheans *F24*, nés des marcheans *F25 F26 F38* ‖ li signour] *lack F18 F19*   7 marcis] marchis Corraz *F16*, marcis Corras *F20*   7–10 ot mestier d'avoir ... avoir] envoia ses hommes en les nés car il avoit mestier d'avoir et si en fist tant prendre comme il vaut. Li marcheant de le nef descendirent a tere et si se plainsent que on les avoit desrobés en le mer et que pour Diu il lor fesist rendre lor avoir que on leur avoit tolu *F19*. *New paragraph in F25 and F26*.   9 si] *lack F17 F20 F24 F25 F26 F38* ‖ al marchis] au marchis Corrat *F16* ‖ le mer] son port *F50*   10 respondi] lor respondi *F19 F20 F24 F38*   10–358.1 l'avoir ne raveroient il jamais mais] de l'avoir n'avroient il james point mes *F16*, de l'avoir ne raroient il mais point mais *F17*, cel avoir ne ravroient il point jamais *F20*, l'avoir ne raveroient il mais (il mie *F38*) mais *F24 F38*, cel avoir ne ravroient il mie mais *F50*

ᵃ*F18 f. 80ᵛᵃ–81ʳᵇ; F16 f. 50ʳᶜ⁻ᵛᵃ; F17 f. 43ᵛᵇ–44ʳᵃ; F19 f. 114ᵛᵃ–115ʳᵃ; F20 f. 58ʳᵇ⁻ᵛᵇ; F24 f. 147ʳᵃ⁻ᵇ; F25 f. 77ʳᵃ⁻ᵛᵃ; F26 f. 77ʳᵃ⁻ᵛᵃ; F38 f. 190ᵛᵇ–191ʳᵃ; F50 f. 395ʳᵇ⁻ᵛᵇ* (ML, 286–288).

mais gardaissent bien le remanant, et il disent puis qu'il ne lor voloit rendre, il s'en iroient a lor signour et s'en plainderoient. Et li marcis *respondi* alaissent ou il vausissent. Lors se partirent d'iluec et alerent en lor tiere et se plainsent a lor segnour. Quant li sires des Hassasis sot que li marcis avoit desrobés ses homes, se li manda que l'avoir *a ses homes rendist*. Li marcis li remanda qu'il ne li renderoit mie. Encore li remanda li sires des Hasasis qu'il li rendist l'avoir a ses hommes, et seust il bien de voir s'il ne li rendoit il en morroit. Li marcis li manda qu'il ne li renderoit mie. Lors commanda li sires des Hassasis .ii. de ses homes qu'il alaissent a Sur et si tuaissent le marcis, et il i alerent. Et quant il vinrent a Sur, si se fisent crestiiener, dont li uns mest entor le marcis et li autres entor Balyan, qui le roine Marie avoit a feme et qui a Sur manoit. Or avint cose .i. jour que li marcise Ysabiaus, *qui feme estoit le marcis Colras, estoit as bains*,

---

1 gardaissent bien] gardassent *F16*, gardaissent molt bien *F19* 1–2 puis qu'il ne ... plainderoient] que puis qu'il ne lor vouloit faire rendre il s'en iroient plaindre (plainderoient *F17*) a lor seignor *F16 F17*, puis qu'il ne lor voloit rendre il s'en iroient plaindre a lor seignor *F20*, puis qu'il ne lor voloit faire rendre il s'en iroient si s'en plainderoient a lor segnor *F24 F38*, que il ne lor voloit faire rendre il s'en iroient si se plaindroient a lor seignor *F25 F26* 1–4 puis qu'il ne ... segnour] que puis il ne le pooient mie ravoir il s'en plainderoient a lor seigneur. Si s'en alerent plaindre au seigneur de Hassasis *F19* 2–3 respondi alaissent ou] alaissent ou *F18*, lor respondi alassent ou (la ou *F38*) *F16 F38*, respondi alaiscent la u *F17 F24 F26* 3 Lors se partirent d'iluec et] lors se partirent li marcheant d'ilec et *F16*, Il se partirent d'ilueques (de la *F50*) et *F24 F38 F50*, Il s'en *F25 F26* 4 marcis avoit] marchis ot *F17 F50*, marchis Caurras avoit *F19* 5 se li manda ... marcis] se li manda que l'avoir rendist a ses homes. Li marcis *F18*, si manda al marcis que l'avoir a ses homes li rendist. Li marcis *F17*, se li manda qu'il avoit fait tolir as ses hommes rendrist et il *F19* ‖ remanda] manda *F17 F24 F25 F26 F38* 5–6 qu'il ne li renderoit] arrieres que l'avoir ne li rendroit il *F16* 6 New paragraph in *F24*. 6–7 Encore li remanda ... morroit] Et li sires de Hasisis li remanda que seust il bien se il ne lor rendoit qu'il en morroit et bien le seust pour voir *F19* 6 remanda] manda *F25 F26 F38* 6–7 a ses hommes ... il] et bien seust de voir s'il ne le rendoit qu'il *F24*, et seust il bien de voir s'il (que s'il *F25 F26*) ne le rendoit qu'il *F25 F26 F38* 8 manda] remanda *F16 F19 F20* ‖ Lors commanda li sires des Hassasis] Dont vint li sires des Assessis (Hassesis *F24 F26*, Hassaxis *F38*) si commanda *F24 F25 F26 F38* 8–9 .ii. de ses homes] lack *F16 F17*, a .ii. de ses hommes *F19 F20* 9 et si tuaissent le marcis et] si tuassent le marchis *F24 F25 F26*, et (qu'il *F50*) oceissent le marchis *F38 F50* 9–11 si tuaissent le ... entor] qu'il le tuaissent. Et il y alerent et quant il vinrent a sur sui se fisent crerstienner dont il avint que li uns mest a Sur aveuques le marchis et li autre mest aveuques *F19* 11 Balyan qui le ... Or] Belian de Belin qui estoit barons le roine Marien et si manoit a Sur. Or *F19*, Balians qui le roine Marie a feme et manoit as Sur. Il *F25 F26*, Balian de Ybelin qui menoit a Sur. Il *F50* ‖ New paragraph in *F16, F20, F25 and F26*. 12 .i. jour] lacks *F19* ‖ qui feme estoit ... bains] estoit as bains, qui feme estoit le marcis Colras *F18*, qui fame estoit le marchis Corrat, estoit alee baingnier *F16*, la feme le (au *F38*) marchis estoit as bains *F25 F26 F38 F24*

et que li marcis ne vaut mangier *devant çou qu'ele* fust baignie. Elle demora trop; ce fu avis al marcis. Si ot talent de mangier; si monta a ceval entre lui et .ii. chevaliers, et ala a le maison l'evesque de Belvais pour mangier aveuc luy, s'il n'eust mangié. Quant *il vint* la, si avoit li vesques mangié. Si dist a l'evesque: 'Sire vesques, j'estoie chi venus pour mangier aveuc vous, mais puis que vous avés mangié, je m'en retornerai.' Li vesques le *bienvegna* et se li pria mout qu'il demourast qu'il li feroit assés donner a mangier. Li marcis dist qu'il ne demorroit mie, ains s'en retorna. Tout si *com* li marcis fu entrés en une estroite rue de Sur qui est priés del cange, si seoit uns hom d'une part de le rue et .i. autres d'autrepart; tout si com il vint endroit ces .ii. homes, si se leverent encontre lui. Se vint li uns; se li puira unes lettres, et li marcis tendi sa main pour prendre, et cil trait .i. coutiel; si l'en feri parmi le cors, et li autres, qui d'autre part estoit, retraist .i. autre cotiel; si l'en refiert parmi le cors. Si l'abatirent mort.[312]

Ensi tesmoignent cil de le tiere que li marcis fu mors. Aucunes gens disent que c'avoit fait *faire li rois d'Engletiere*, et qu'il avoit tant fait vers le seigneur

---

1 que li marcis ... fust] que li marcis ne vaut mangier se fust *F18*, que li marchis ne vost baingnier menger devant ce qu'il se fust *F16*, qu'il ne vaut mie mengier devant che qu'ele se fu *F19*, que (et *F50*) li marchis ne volt mangier dusqu'a (jusc'a *F24 F50*) tant qu'ele fust *F24 F25 F26 F50*, que li marchis ne volt mangier jusqu'ele fust *F38*   1–2 Elle demora trop ... marcis] Il fu avis al marcis qu'ele demoura (domoroit *F50*) trop *F38 F50*   2 ot] li prist *F16*, qu'il ot molt grant *F19*   2–3 monta a ceval ... .ii.] monta entre li et ses *F16*, monta li chevaliers marchis a cheval entre lui et .ii. de ses *F20*   3–4 ala a le ... l'evesque] si s'en ala au vesque de Biauvais por menger aveuc lui sil n'eust mengié, et quant il vint au vesque il avoit ja li vesques mengié. Et il li dist *F19*   3 a le maison l'evesque] a le maison a l'evesque *F17*, en la maison a l'evesque *F25 F26*   4 il vint] *lacks F18* ‖ si avoit li vesques mangié] si ot mangier li vesques *F17*, *lacks F20*   5 vesques] *lack F19 F25 F26* ‖ chi venus pour ... mais] venus mangier aveques vous et *F17*, chi venus pour mengier avoec vous se vous n'eussiés mengié mais *F20*   6 bienvegna] bievegna *F18*   6–7 et se li ... demourast] molt et li pria qu'il demourast aveuques lui et *F19*   8 s'en retorna] s'en iroit et s'en retourna. Et *F19*, retorna ariere *F24*, retorna arriere *F38*. *New paragraph in F25 and F26.* ‖ com li marcis] que li marcis *F18*, com il *F24 F38*   8–9 estroite rue de Sur qui est] rue estroite qui estoit a Sur et qui estoit *F19*   9 de] *lack F17 F19 F20 F24*   9–10 .i. autres d'autrepart] li autres d'autre *F16*, li autres d'autrepart. Et *F19*, d'autre part uns autres *F20*, uns autres dal autre *F25 F26*   10 vint endroit] vint ancontre *F16 F19*, venoit endroit *F17*, s'en vint endroit *F20*, vindrent endroit *F25 F26*   11 Se vint li uns] et li uns ala avant et *F19* ‖ puira] tendi *F16*, rendi *F25 F26*, moustra *F38*, mostra *F50* ‖ tendi] traist *F19* ‖ prendre] prendre le letre *F19*, le prendre *F24*, la prendre *F25 F26*, prendre les *F38 F50*   12 cil] li autres *F16 F17 F20* ‖ l'en feri] en feri li marcis *F19*, le fiert *F24*, le feri *F38*   12–13 et li autres ... l'abatirent] si l'abat *F19*, Si batirent *F20* (*homeoteleuton*)   12 li autres] cil *F16 F17*   13 l'en refiert parmi le cors] l'en feri parmi le cors *F16 F17*, le refiert par d'autre part *F24 F25 F26 F38*   14 de le tiere] du païs *F19*, de la cité *F20* ‖ mors] morz. Cil furent tantost pris et essillié *F16*. *New paragraph in F16*.   15 li rois d'Engletiere faire] faire li rois d'Engletiere *F18*, faire li rois Richart d'Engleterre *F16* ‖ vers] envers *F16 F17 F19 F25 F26 F38*

---

312   28 April 1192.

des Hassasis qu'il avoit envoiiet en France pour faire tuer le roi Phelippon de France. Dont encore *par aventure* ne fu çou mie voirs, fist on savoir le roi de France qu'ensi avoit fait li rois d'Engletiere. Quant li rois de France ot oï les noveles, si en ot grant paour et bien se fist garder, et si fu lonc tans que il ne laissa nului venir devant lui c'on ne conneust mout bien.

En cel point que li marcis fu ocis estoit li rois d'Engletiere a Acre. Quant li novele vint a Acre que li marcis estoit *ocis*, li rois d'Engletiere monta tantost, si com on dist, et s'en ala a Sur et mena aveuc lui le conte Henri de Campaigne, qui ses niés estoit; et se li fist espouser Ysabiel, le feme al marcis qui mors estoit. Pour ce mescreïrent, maintes gens i ot, qu'il ot coupes en le mort le marcis, car il fu mors le mardi, et il fist sen neveu espouser le jeudi.

Quant li quens Henris de Campaigne mut pour aler en le Tierre d'Outremer, il estoit tenans et prendans de le conté de Campaigne. Il *le* laissa a se mere en baillie et en garde, et elle li envoia tant com il vesqui les rentes de le tiere, et si

---

1 qu'il avoit] qu'il l'avoit F16, que si avoit F25 F26   1–2 tuer le roi Phelippon de France] le roi Felipe tuer qui estoit rois de France F17, tuer le roi de France F20 F25 F26, ocirre le roi Felippe F38   2 par aventure] *lacks F18* ‖ voirs] voirs u fust ce voirs F24, voirs ou fust voirs F25 F26 F38   2–3 fist on savoir … qu'ensi] si fist l'on asavoir au roi Phelipe qu'einsinc F16, et fist on savoir le roy de France que tout ainsi F19, si fist on asavoir qu'ensi F20   3 *New paragraph in F25 and F26.* ‖ ot oï les] ot oï cez F16 F19 F26, oï ces F17 F20 F25 F50   4 grant paour et bien se fist] molt grant peur et si se fist molt bien F19, mout grant paour et mout se fist bien F20, molt grant paor et bien se fist F26, ‖ si] *lack F16 F17 F20*, bien F25 F26 ‖ lonc] molt grant F19   4–5 tans que il … venir] que l'on ne laissa nullui tenir F25 F26   5 c'on ne conneust] qu'il ne (ne le F20) conneust F16 F17 F20 ‖ *New paragraph in F20 with the rubric*: Du tans le conte de Campaigne qui sires fu d'Acre et de toute la Terre d'Outremer que li Crestiien tenoient. *This is followed by a six-line puzzle initial 'E'.*   6 marcis] marchis Corraz F16, marcis Conras F20 ‖ *New paragraph in F16 with the rubric*: Del tens le conte Hienri de Champaigne qui sires fu d'Acre et de tote la terre que li Crestian tenoient outremer de par Ysabel sa fame qui fame fu au marchis Corrat. *This is followed by a three-line puzzle initial 'Q'.*   7–8 novele vint a … et] roys d'Engletere ot oie le nouvele et on soit en Acre que li marchis estoit ochis si monta li roys d'Engletere et si F19   7 marcis estoit ocis] marcis estoit mors F18, marchis Corraz estoit ocis a Sur F16   8 Sur] Acre F17 F25 F26   9 et se li fist … estoit] et se li fist espouser le femme le marchis qui avoit a non Ysabiaus et F19, *lack F25 F26 F38 F50*   10 mescreïrent maintes gens … ot] mescrirent meintes gents i ot, qu'il eust F16 F24, mescreïrent maintes gens qu'il i eust F17 F20, le mescreïrent aucunes gens qu'il n'eust F19, fu il mescreuz de mainte gens qu'il ot F25 F26 F38   10–11 car il fu mors] Caurras car il fu mors F19, car il morut F20, car li marchis fu ocis F24 F38, que li marchis fu morz et ocis F25 F26   11 sen neveu espouser le jeudi] a son neveu espouser Ysabel sa fame au jeudi F16, son neveu espouser se feme le jeudi F17 F20, espouser se femme a sen neveu le jeudi aprés F19, a son neveu espouser se feme le jeudi F24 F38, sa feme espouser au joesdi a son neveu F25 F26. *New paragraph in F24, F25 and F26.*   12 de Campaigne mut] mut de Champagne (Champaigne F38) F24 F38 ‖ en le Tierre d'Outremer] outremer F19   13 Il le] Il le bailla et F18, et la F16 F50, si la F25 F26   13–361.1 a se mere … Ensi] se mere et ele li envoia les rentes tant comme il vesqui et se paioit les debtes qu'il faisoit a Acre et ensi F19

paioit les dettes qu'il faisoit a Acre, qu'ele li envoioit pour paiier. Ensi faitement tint li quens Henris se tiere tant com il vesqui. Dont maintes gens s'esmervilierent puissedi que si hoir furent desireté de le conté. Il demoura aveuc le contesse de Campaigne .i. fil et une fille qui frere *et seur estoient* le conte Henri. Dont li fille fu mariee al conte Bauduin de Flandres, qui puis fu emperores de Constantinoble, et li vallés, aprés le mort le conte Henri et aprés se mere le contesse, li rois Phelippes le fist chevalier et se li dona le conté. Il ot a non Tiebaus, et si ot a feme une sereur le roi de Navare et suer le roine d'Engletiere, le feme al roi Richart.[313a]

[ccxlii] Quant li rois d'Engletiere ot donné feme a son neveu le conte Henri de Campaigne et il vit que li chevalier et li pelerin s'en revenoient ariere en lor tierres et que poi de gent demoroit en le tiere, il dist al conte Henri qu'il feroit

---

1 qu'ele li envoioit pour paiier] qu'ele li envoioit por paier chascun an *F16* ‖ faitement] *lacks F38* 2 tint li quens Henris se tiere] tint li quens Hienris de Champaigne (Henris de Campaigne *F20*) sa terre *F16 F20*, vesqui li quens Henris *F19*   3 furent desireté de le conté] en furent desherité *F16* 4 Campaigne] Campaigne et .ii. enfans *F19* ‖ frere et seur ... Henri] frere estoient et seur le conte Henri *F18*, suer et frere estoient le conte Hienri de Champaigne (Henri de Campaigne *F20*) *F16 F20*, frere estoient le conte Henri de Campaigne *F17*   6 le conte Henri] au conte Hienri (Henri *F38*) *F16 F38*, al conte Henri de Campaigne *F17*   6–7 se mere le ... Phelippes] la contesse sa mere de Champaigne li rois Phelipes *F16*, le mort se mere le contesse de Campaigne li rois Felipes *F17*, le contesse se mere li roys de France *F19*, se mere le contesse de Champaigne. Li rois Phelippes *F20*   7 conté. Il ot] conté de Champaingne et il avoit *F16*, conté et il avoit *F17 F20*, conté de Champagne. [*paragraph break*] Cil vallés ot *F24*, contee il *F25 F26* ‖ *New paragraph in F24*.   8 sereur] des sereurs *F19*   8–9 roine d'Engletiere le ... Richart] roine d'Engletere feme le roy Richart *F19 F38*, roine d'Engleterre feme al roi Richart *F24*, roi d'Engleterre *F25 F26*   10 *Rubric in F16*: Deu roi Richart d'Engleterre que le dus d'Otheriche prist en Alemaigne si comme il revenoit de la Terre d'Outremer. (*This rubric is misplaced; it should be at § ccxliii.*) *Rubric in F20*: Des trieves que li rois d'Engleterre fist a Salehadin. *No paragraph break in F17, F24 or F38*. ‖ d'Engletiere] Richarz *F16*, *lacks F17*, Richars d'Engleterre *F25 F26*   10–12 feme a son ... tierres] a son neveu le conte Henri de Campaigne Ysabel qui femme avoit esté le marchis Caurras et il vit que li chevalier et li pelerin s'en voloient raler en lors teres arriere *F19*   10 Henri] *lack F24 F25 F26 F38*   12 tierres et] païs et *F38* ‖ et que poi ... il] si *F25 F26* ‖ demoroit] demouroient *F20* ‖ dist al conte Henri] dist au conte Hienri de Champaigne *F16*, vint au conte Henri sen neveu et se li dist *F19*

---

[a] *F18 f. 81ʳᵇ–82ʳᵇ; F16 f. 50ᵛᵃ–51ʳᵃ; F17 f. 44ʳᵃ–ᵛᵇ; F19 f. 115ʳᵃ–ᵛᵃ; F20 f. 58ᵛᵇ–59ᵛᵃ; F24 f. 147ʳᵇ–ᵛᵇ; F25 f. 77ᵛᵃ–78ᵛᵃ; F26 f. 77ᵛᵃ–78ᵛᵇ; F38 f. 191ʳᵃ–ᵛᵃ; F50 f. 395ᵛᵇ–396ᵛᵃ* (ML, 288–291).

313 Marie, countess of Champagne, bore two sons, Henry and Thibaut, and two daughters, one of whom married the future Latin emperor, Baldwin IX of Flanders. After Henry's death in 1197, Thibaut became count of Champagne (1197–1201), thereby disinheriting Henry's daughters who had been born in the East. Thibaut was married to Blanche of Navarre, the sister of King Sancho VII (1194–1234) and Berengeria, Richard's consort.

trives as Sarrasin, et si s'en riroit en son païs, et qu'il amasseroit grant gent et grant avoir pour lui aidier et secorre el point que les trives deveroient faillir. Et li *quens* li dist que, puis qu'il le voloit faire, *bel* li *estoit*, mais, pour Dieu, ne l'obliast mie, car il savoit bien comment il le laissoit el païs.

5   Li quens Henris, pour çou que cil estoit sires del païs, *si aferoient* les trives a lui a requerre; si les *requist* a Salehadin. Salehadins sot bien que li rois d'Engletiere et li pelerin s'en venoient en lor païs et voloient venir, et pour ce requeroit li quens les trives. Salehadins li manda que nulle trive ne li donroit se li rois d'Engletiere ne faisoit abatre Escalone, qu'il avoit fait fremer, et Gadres et Le Daron. Quant li rois d'Engletiere oï qu'il li estevroit abatre les castiaus qu'il avoit fermés *s'il vouloit trives avoir*, si en fu mout dolans, et de chou que tant descroisteroit le tiere le conte Henri et si bonne tiere *comme* le tiere d'Escalone. Puis dist al conte Henri: 'Biaus niés, je ne puis plus demorer en cest païs, ains m'en convint aler; ne pour Escalone faire abatre ne *lairai* ge mie que je ne m'en voise, ains le ferai abatre et *prenderons* trives. Et je a l'aïue de Dieu, se j'ai vie

---

1 si s'en riroit] si s'en iroit *F16 F25 F26*, s'en iroit *F20 F38 F50*   1–2 qu'il amasseroit grant ... avoir] si (qu'il *F20*) amasseroit grant gent *F16 F20*, assambleroit grant gent *F17*, qu'il (et *F50*) assembleroit grant gent et grant avoir *F38 F50*   1–4 qu'il amasseroit grant ... comment] il dist que puis qu'il le voloit ainsi faire boin li estoit et que pour Diu n'oubliast il mie qu'il ne li envoiast grant gent et grant argent por lui secourre et aidier a deffendre el point que les trives deveront falir et que pour Diu ne l'oubliast il mie car il savoit en quel point *F19*   1 grant] *lack F25 F26*   2 et secorre el] et secorre en cel *F24 F38*, a secorre en cel *F25 F26*   3 li quens] li quens li quens *F18* ‖ li dist que] dist *F25 F26* ‖ bel li estoit] bien li plaisoit *F18*   4 *New paragraph in F25 and F26*.   5 que cil estoit sires del païs] qu'il estoit sires du païs *F17 F20*, qu'il estoit sires du païs et de le tere *F19*, que cll (qu'il *F24*) estoit de la terre *F24 F25 F26 F38* ‖ si] *lack F18 F16* ‖ aferoient] affroient *F18*   6 requist] reprist *F18*, ala requerre *F19*   6–7 rois d'Engletiere et ... venoient] pelerin qui la estoient et li rois d'Engleterre s'en venoient *F24*, rois d'Engleterre et li pelerin qui la estoient s'en iroient (venoient *F38*) *F26 F25 F38*   7–8 venoient en lor ... donroit] voloient venir et venoient en lor païs et que pour che requeroit li quens Henris les trives et Salehadin li remanda arriere par le message qu'il ne donroit nule trive *F19*   7 et voloient venir] *lacks F16*, et i voloient venir *F20*   8 les] *lack F16 F17* ‖ Salehadins] si *F25 F26*, Il *F38*   9 ne faisoit abatre] n'abatoit *F20*   10 *New paragraph in F16*. ‖ d'Engletiere oï qu'il li estevroit] d'Engleterre oï qu'il estouvroit *F16*, d'Engleterre oï que il le convenoit *F19*, d'Engleterre oï qu'il li estuet *F20*, Richars oï chou qu'il li estaroit *F24*, d'Engleterre oï ce que li convenoit (covendroit *F38*) *F25 F26 F38*   11 fermés] fermés et Jasdres et Le Daron *F17* ‖ s'il vouloit trives avoir] *lack F18 F19* ‖ en fu mout dolans et] fu molt dolenz *F16 F17 F20*, en fu molt dolans et molt courouchiés *F19*, fu molt dolans et *F24 F25 F26*   12 le conte Henri et] le conte Henri sen neveu de *F19*, le conte Henri de *F25 F26*, son neveu et *F38* ‖ tiere comme le tiere d'Escalone] tiere que le tiere d'Escalone *F18*, com Escalone *F17*   13 Henri] *lack F25 F26* ‖ niés] dous niés *F20*   13–14 je ne puis ... aler] il m'en convient aler je ne puis plus demourer en chest païs *F19*   14 convint] wel *F24*, vueill *F38* ‖ faire] *lack F17 F19 F20 F24* ‖ lairai] laire *F18*, demourai *F19*   15 et prenderons] et prendons *F18*, et penrons *F16*, si prenderons *F17 F19*   15–363.1 a l'aïue de ... gent] et li autre preudomme se Diu plaist et j'ai vie vous amenerons tant de gent se j'ai santé *F19*

THE CHRONIQUE D'ERNOUL 363

et santé, vos amenrai tant de gent que nous rarons Escalone et toute le tiere et porterés courone en Jherusalem.' Ensi faitement furent les trives faites, c'on abati Escalone et Gadres et Le Daron.

Apriés, quant li trive fu faite, si ot *pitié* Salehadins des haus homes de le tiere qu'il avoit desiretés qui encore vivoient. Si dona al signeur de Saiete des rentes de Saiete et .i. bone ville a .iiii. liues de Sur qui a a non Sarfent. Et dona a Balyan de Belin, qui barons estoit le roine Marie, .i. castiel a .v. lius d'Acre et le tiere qui i apartenoit; li castiaus a a non Chaimon. Au segnor de Chaÿphas rendi Caÿphas. Al segnor de Cesaire rendi Cesaire. Al segnor d'Arsur rendi Arsur et l'apartenance. Et al conte Henri dona Jaffe.[314]

Puis ot li quens Henris .iii. filles entre lui et se feme, dont il fist mariage de toutes .iii. as .iii. fieus que li connestables *Haimeris* avoit, qui sires estoit de l'ille de Cypre, de l'ainnet a l'aisnee quant il seroient d'aage. Pour che di ge de l'ainsné a l'ainsnee, que s'aucuns en morust, qu'il ne perdist mie que li ainsnés n'eust l'ainsnee. Et donna Jaffe al roi de Cypre aveuc ses filles. Il ne lor pot plus doner

---

1 amenrai] ramenrai *F24*   2 *New paragraph in F25 and F26*. ‖ faitement] *lacks F38*   4 Apriés quant li … Salehadins] Apriés quant li trive fu faite, si ot priere Salehadins *F18*, Apriés quant les trives furent fetes si ot pitié Salehadins (Salehadins pité *F38*) *F16 F24 F38*, Quant les trives furent fetes si ot Salehadins pité *F19*, Quant la trive fu faite si ot Salehadins pité *F25 F26* ‖ de] du païs et de *F19*   5 des] toutes les *F19*, le moitié des *F24 F25*, la moitié des *F38 F25 F26 F50*   6 ville a .iiii. liues] vile qui est a .iii. liues *F19*, liue a .iiii. lieues *F20*, vile a .iiii. milles *F38* ‖ Sarfent] Saffet *F16 F17 F38*, Lasfet *F20*   7 barons estoit] estoit des barons *F19* ‖ lius] milles *F38*   8 i] *lack F16 F25 F26*   9 Al segnor de Cesaire rendi Cesaire] Al signour de Saiete rendi Saiete et Cesaire *F17*, *lacks F38* ‖ d'Arsur rendi Arsur] de Sur rendi Sur *F17*   10 *New paragraph in F25 and F26*. ‖ Et] *lack F24 F25 F26 F38* ‖ Henri dona Jaffe] Henri de Japhe donna il molt grant avoir *F19*, de Jasfe donna Jasfe *F20*   11 Henris] Henris de Jafe *F19*, *lacks F25 F26* ‖ .iii. filles entre … feme] entre li et Ysabel .iii. filles *F16*, .iii. filles de se feme Ysabel *F20*   11–12 de toutes .iii.] de ches .iii. *F19*, *lacks F20*, de contes .iii. *F25 F26*   12 connestables Haimeris] connestables *F18*, contes Haimeris *F25 F26*   12–13 avoit qui sires … de] qui sire estoit de Chipre (Cypre *F25 F26*) avoit de *F24 F25 F26*, qui sires estoit de Chipre *F38*   13 l'aisnee quant il seroient d'aage] l'ainznee (l'ainsnee sereur *F20*) quant il avroient aage *F16 F20*   13–15 quant il seroient … Et] Et pour chou di je de l'ainné a l'ainné que se li uns en morust qu'il ne perdist mie que li ainnés n'eust l'ainnee quant il seroient d'aage et se *F19*   14 en] *lack F16 F20*   15 donna Jaffe al roi de Cypre] si dona li quens Hienris Jaffes au connoitable Aymeri qui sires estoit de Chypre a ses filles *F16*, dona Jaffe (Jasfe *F20*) al signour de Cipre (Chipres *F20*) *F17 F20* ‖ aveuc] por *F25 F26*

314   It is difficult to see how Ṣalāḥ al-Dīn could be said to have 'given' these places to their Christian lords as they were evidently in Christian hands at the time of the truce. Presumably he confirmed them as belonging to the Christians. The Lord of Sidon at the time was Renaud; the lord of Haifa Pagan or perhaps his son Rohard; the Lord of Caesarea was presumably Aymar of Lairon; the lord of Arsur is not identified – both charters dating from the 1190s that include a 'G. de (or domni) Arsuro' among the witnesses are forgeries. *Die Urkunden de lateinischen Könige*, 2, nos. 569, 613.

de le tiere, que se feme avoit une fille del marcis qui puis fu roine, si com vous orés dire, et qui elle ot a segneur et qui en fu rois. Li sires de Cypre ot Jaffe; si le fist garnir de chevaliers et de sergans et de viande, et si le tint.[315a]

[ccxliii] Or vous lairons a parler de le tierre, qu'il i a bone pais et bones trives. Si vous dirons del roi d'Engletiere, comment il s'en revint en son païs. Quant on ot fait trives as Sarrazins, il fist apparellier ses nés et ses galyes et cargier de viande et de gent; et si fist entrer ens se feme et se sereur et le feme l'empereur de Cypre, qui mors estoit en se prison, et se fille et ses chevaliers et ses sergans. Apriés vint al maistre du Temple; se li dist: 'Sire *maistres*, je sai bien que je ne sui mie bien amés de toutes *gens*, et si sai bien, se je pas le mer, c'on m'i sace que je n'ariverai en cel liu que jou *ne* soie ou mors u pris. Si vous pri pour Diu, que vous me bailliés de vos freres chevaliers et de vos freres sergans, qui venront aveuc moi en une galie; quant nous serons arivé, qui me conduiront ausi comme je soie Templiers dusques en mon païs.' Li maistres dist que volentiers

---

1 que] car *F20 F24 F38 F50* ‖ fille] autre fille *F19* ‖ marcis] marchis Corrat *F16*, marchis Colrat *F17*, marchis Caurras *F19*, marcis Conrat *F20*   2 et] *lack F24 F25 F26 F38 F50* ‖ en] *lack F24 F25 F26 F38 F50*   3 et] ensi le fist garnir et *F17*   4 *Rubric in F20*: Du roi d'Engleterre qui li dus d'Osterice prist en Alemaigne. ‖ tierre qu'il i ... et] Terre d'Outremer qu'il (car il *F19*) i a bonne pes et *F16 F19*, Terre d'Outremer. Car il i a *F20*, Terre d'Outremer qui (qu'il *F38*) i a bone pais et *F25 F26 F38*   5 dirons del roi] dirons deu roi Richart *F16*, dirai del roi *F25 F26* ‖ s'en revint] revenist *F20*, revint ariere *F25 F26*   6 7 et cargier de ... et] *lacks F19*, de viande et de gent et *F25 F26*   7 l'empereur] al roi *F24*   8–9 chevaliers et ses sergans. Apriés] serjanz aprés *F16*, serjans et ses chevaliers. Aprés si *F24 F38*   9 maistres] *lacks F18*   10 gens] *lacks F18* ‖ se] que se *F16 F19 F20 F38*   10–11 c'on m'i sace ... en] que je soie conus que je n'ariverai *F24*   11 jou ne] jou n'i *F18*, ne *F25 F26* ‖ *New paragraph in F24*.   11–12 pri pour Diu ... bailliés] voil proier que vos me prestez *F24 F25 F26 F38*   12 chevaliers et de vos freres] chevaliers et de vos *F19*, et de vos *F20*   13 quant nous serons arivé] et quant nos serons arivé de la *F24 F25 F26 F38 F50*   14 je soie] se je fusse *F16 F25 F26 F38 F50*, je fuisse *F20*, je fusse *F24*   14–365.1 dist que volentiers ... serjans] du Temple li respondi que il le feroit molt volentiers. Il fist appareillier chevaliers et serjans Templiers *F19*

---

[a] *F18 f. 82rb–83ra; F16 f. 51ra–b; F17 f. 44vb–45rb; F19 f. 115va–116ra; F20 f. 59va–60ra; F24 f. 147vb–c; F25 f. 78va–79rb; F26 f. 78vb–79rb; F38 f. 191va–b; F50 f. 396va–397ra* (ML, 291–294). *F18 has a ten-line miniature panel showing a seated king in discussion with his companions and a four-line historiated initial 'Q'. Two winged griffons appear in the lower margin.*

---

315   Henry could alienate Jaffa which he himself had acquired courtesy of Ṣalāḥ al-Dīn, but he could not alienate his step-daughter's inheritance. Maria, Isabella's daughter by Conrad of Montferrat, acceded to the throne in 1205 in the absence of a male heir. Aimery's sons and Henry's daughters were children at the time of the marriage agreement. In the event, two of Aimery's sons and one of Henry's daughters died, but in 1210 Hugh, Aimery's heir, married Alice, Henry's elder surviving daughter.

THE CHRONIQUE D'ERNOUL 365

le feroit. Il fist apparellier chevaliers et serjans tout coiement et fist entrer en une galye. Li rois prist congié au conte Henri et as Templiers et a ceus de le tiere et entra en une nef, et quant che vint al viespre si entra en une galye la ou li Templier estoient. Si prist congié a se feme et a se maisnie; si ala li uns d'une part, et li autres d'autre.[316] Or ne seut si coiement faire li rois d'Engletiere qu'il ne fust aperceus, et fu apparelliés qui entra en le galye aveuc lui et pour lui faire prendre, et ala aveuc lui tant qu'il furent arivé et plus encore. Il ariverent priés d'Aquillee. Aquillee si est en l'entree d'Alemaigne pardevers le Mer de Gresse.

Quant li Templier et li rois d'Engletiere furent arivé, il pourquisent cevauceures assés et monterent sus et alerent par Alemaigne. Et cil qui *en* le galie estoit entrés pour le roi faire prendre estoit aveuc aus adiés, et ala tant aveuc aus qu'il se herbergierent en .i. castiel le duc de Osterice en Alemaigne.[317] Et tant avint que li dus d'Osterice estoit adont el castel. Quant cil ki cachoit le roi pour lui *faire* prendre sot que li dus estoit el castiel, si vint a lui; se li dist: 'Sire, or del bien faire! Li rois d'Engletiere est en ceste ville herbergiés. Gardés qu'il ne

---

1 fist] les fist F16 F50, si les fist F19   2 rois] rois d'Engleterre F19 F24 F25 F26 F38 ‖ et] et as ses gens et F25 F26   2–3 et as Templiers ... et] et as Templiers et as barons de le tere et F17 F20 F16, sen neveu et au maistre du Temple et a tous les Templiers et si F19   3–4 une galye la ou] une galie u F17, une nef ou F19, le galie la u F24, la galie ou F38   4 a se feme et] a sa feme et a sa suer et F50   5 *New paragraph in F25 and F26*.   5–6 si coiement faire ... lui] li roys d'Engletere faire si coiement qu'il ne fust apercheus et si entra une espie aveuc lui en le galie F19   6 aperceus et fu] *lack* F24 F25 F26 F38   7 et ala aveuc ... encore] *lacks* F20 ‖ aveuc lui] *lack* F25 F26   8 ariverent priés] ariverent en le tere F19, ariva après F25 F26 ‖ Aquillee si est en l'entree d'Alemaigne] qui est prés d'Alemaigne de le terre F19 ‖ si est en] si esta F24 F38, est a F25 F26 ‖ l'entree] la terre F16, le tere F17, le terre F20   9 *New paragraph in F16, F20, F25 and F26*.   11 assés et monterent sus et alerent] et monterent et alerent (errierent F16) F16 F17 F20, et si monterent sus et alerent F19 ‖ en le] dedens le F18, en lor F25 F26   11–13 en le galie ... aus] qui e toit venus en la galie aveuc aus pour aus faire porendre estoit aveuc et y fu tant et erra aveuc ' 19   12 le roi faire prendre estoit] iaus faire prendre F24 F38, aus faire prendre estoit F25 F26   13–14 en Alemagine. Et ... adont] qui est en Alemaigne et tant avint adont que li dus estoit F19   14 adont el castel] adont (lors F38) a sejor el chastel F24 F38, adonc en son chastel a sejor F25 F26   14–15 Quant cil ki ... castiel] *lacks* F17 (*homeoteleuton*)   14 roi] roi d'Engleterre F16 F19 F20 F24 F25 F26 F38   15 faire] *lacks* F18   16 del bien faire ... herbergiés] pensés du bien faire, car li roys d'Engletere est herbegiés en cheste vile. Or F19

---

316   Richard set sail on 9 October 1192.
317   Leopold V (1177–1194).

vous escapt mie.' Li dus fu mout liés quant cil li aporta les nouveles, pour çou c'aucunes gens disent qu'il li avoit fait laidure *en l'ost devant Acre*. Lors commanda li dus d'Osterice c'on alast les portes fremer del castiel, et il s'arma et fist ses gens armer et ala a l'ostel *ou* il estoit herbegiés et mena celui aveuc, qui ches noveles li avoit aportees pour lui faire connoistre. On fist asavoir al roi d'Engletiere c'on venoit en le maison pour lui prendre. Li rois fu souspris; si ne sot que faire. Il prist une malvaise cote; si le jeta en son dos pour lui desconnoistre; si entra en le quisine et si s'asist pour tourner les capons au fu. Mais je ne le di mie pour voir, mais ensi le disent aucunes gens. Les gens le duc d'Osterice entrerent en le maison; si quisent de ça et de la, mais ne trouverent se gens *non del Temple* et ceuls qui atiroient le viande en le quisine. Cil qui le roi d'Engletiere ot encusé entra en le quisine et vit le roi d'Engletiere ou il tornoit les capons, si comme on dist. Si vint a lui; se li dist: 'Maistres, levés sus! Trop i avés esté!' Puis dist as chevaliers le duc: 'Seigneur, veés le ci! Prené le!' Et il i gieterent les mains; si le

---

1 mie] *lack F24 F25 F26 F38* ‖ Li dus fu ... nouveles] Li dus d'Osterrisse en fu molt liés et molt joians quant chil li aporta nouveles que li roys Richars estoit herbegiés en se tere car il le haoit *F19*, Le dus en fu molt liés quant cil li aporta ces noveles *F24*, Quant li dux oï ces novelles si fu molt liez *F25 F26*, Le dux en fu molt liez quant il oï cez noveles *F38*, Le dus ot grant joie qant il oï ces noveles *F50*   2 c'aucunes] si com aucunes *F24* ‖ en l'ost devant Acre] devant Acre en l'ost *F18*, devant Acre *F17 F50*   2–3 Lors commanda li dus d'Osterice] lors manda li dus d'Oteriche (d'Osterisse *F20*) *F16 F20*, Dont commanda li dus *F24 F50*, Donc commanda *F25 F26*, Lors comanda *F38*   3 alast les portes ... et] fermast les portes del chastel et *F16 F17 F19*, fermast les portes du castel *F20*, alast fermer les portes del chastel et bien garder et *F24 F25 F26 F38*   3–4 fist ses gens ... qui] si fist ses gens armer et si mena aveuc lui chelui qui *F19*   4 ou] ou la *F18* ‖ aveuc] avec li *F16*, avec lui *F17 F24 F25 F26*   5 lui faire] le roi d'Engleterre *F25 F26* ‖ connoistre] penre *F16*. New paragraph in *F20, F25 and F26*.   6 en le maison pour lui prendre] en (a *F17*) l'ostel por li fere penre *F16 F17 F20*   6–7 Li rois fu ... lui] Et quant li roys oï che si fu si souspris qu'il ne sot onques que il peust faire. Il prist une mauvaise keute pointe et et si le geta sur lui pour *F19*   8 entra en le quisine et si] ala en la cuisine et *F25 F26*, entra en la cuisine et *F38 F50* ‖ pour tourner les capons au fu] au fu por torner les capons *F19 F20 F25 F26 F38 F50* ‖ Mais je ne le di mie] je ne le vous di pas *F19*   9 mais] car *F38*   10 si] et *F17 F19 F25 F26 F38 F50*, *lacks F24*   10–11 de ça et ... viande] amont et aval ne n'i trouverent fors les gens de Templiers et chiaus qui atournoient les viandes *F19*   10 mais] et *F16 F50*, *lack F17 F24 F25 F26 F38*, Ne *F20* ‖ non del Temple] del Temple non *F18*   11 atiroient] atiroient le quisine et *F20* ‖ d'Engletiere] *lack F24 F25 F26 F50*   12 d'Engletiere ou il] d'Engleterre qui *F16 F17*, ou il *F19 F24 F38*, qui *F25 F26 F50* ‖ capons] chapons au feu *F16*   13 se] et se *F19*, et *F38 F50* ‖ trop i avés esté] que trop avés tourné *F19*   14 chevaliers le duc: Seigneur] compaignons le duc *F16 F17 F20* ‖ veés le ci! Prené le] veschi le roy! Prendés le se vous volés *F19* ‖ i] *lack F17 F19 F24 F25 F26 F38*

prisent *et si l'en menerent* et le misent en prison grant piece, *desci* que il vint a raenchon.[318][a]

[ccxliv] Or vous dirai del roi de France, qu'il fist quant il oï *dire* que li rois d'Engletiere avoit passee le mer et qu'il estoit arrestés en Alemaigne, pour le honte de se sereur qu'il li ot faite, que il li avoit creanté qu'il l'espouseroit quant il revenroit, et il avoit autre prise. Si semonst ses os et entra en se tiere et prist Gissors et autres castiaus et arst de se tiere une partie, et prist le conte de Lyecestre qui regars estoit de se tiere de Normendie et gardoit le tiere.[319][b]

[ccxlv] En cel point que li rois d'Engletiere fu pris en Alemaigne estoit Henris, li fiex l'empereour Fedric empereres, que Fedric avoit laissié en Alemaigne

---

1 et si l'en menerent ... prison] et le misent en prison *F18*, si (et si *F16*) l'en menierent et si le mistrent en prison. La fu en prison *F16 F38*, et le misent en prison. La fu en prison *F17*, et si le menerent el castel si le misent en prison et la fu il *F19*, et si l'en menerent et le misent em prison. La fu *F20*, si l'en menerent en prison et la fu en prison *F25 F26* ‖ piece desci que il] piece, desci adont que il *F18*, tans en prison et tant qu'il *F19*, piece em prison dessi qu'il *F20*, piece jusqu'il *F38*   3 *Rubric in F16*: Comment li rois Phelipes de France entra a ost en Normendie et prist Gisors seur lo roi Richart quant il sot qu'il fu pris et mis en prison. *Rubric in F20*: Dou roi de France qui ala en Normandie sor le roi d'Engleterre et prist Gisors. ‖ dire] *lacks F18*   4 d'Engletiere] Richarz *F16* ‖ le] *lack F16 F20 F24 F25 F26 F38* ‖ arrestés en Alemaigne] arrestés en Alemaigne et que li dus d'Osterrisse l'avoit en se prison s'en fu molt liés et molt joians *F19*, entrez en Alemaigne et arestez *F25 F26*   5 de se sereur ... li] qu'il avoit faite a se sereur et a lui aussi car il li *F19*, qu'il li ot (avoit *F25 F26*) fait de se sereur qu'il *F24 F25 F26 F38* ‖ l'espouseroit] espuseroit *F38*   5–6 quant il revenroit ... prise] quant il revenroit d'outremer (de le Terre d'Outremer *F20*) et il avoit autre fame prise *F16 F20*, tantost comme il seroit revenus d'outremer et il en avoit une autre espousee *F19*   6 Si] Li roys Phelipes de France *F19*, Il *F24 F25 F26 F38* ‖ semonst] manda *F20* ‖ se tiere et] le tere le roy d'Engletere et si *F19*   7 arst de se tiere une partie] si arst grant partie de le tere *F19* ‖ et] et si *F19 F24 F25 F26 F38*   7–8 Lyecestre] Guyncestre *F16*   8 se tiere de Normendie et gardoit] de toute Normendie et de tote *F16*, Normendie et gardoit *F17 F20 F24 F25 F26 F38*, Normendie de par le roy d'Engletere et se gardoit toute *F19*   9 *No paragraph break in F16, F17, F20, F24, F25, F26, F38 or F50.* ‖ d'Engletiere] *lack F19 F20*   10 l'empereour Fedric empereres que Fedric avoit] le duc empererres car Fedric l'avoit *F19* ‖ l'empereour] *lack F16 F20*, a l'empereur *F24 F25 F26 F38*

---

[a] *F18 f. 83*[ra–vb]*; F16 f. 51*[rb–va]*; F17 f. 45*[rb–vb]*; F19 f. 116*[ra–va]*; F20 f. 60*[ra–va]*; F24 f. 147*[vc]*–148*[rb]*; F25 f. 79*[rb]*–80*[ra]*; F26 f. 79*[rb]*–80*[ra]*; F38 f. 191*[vb]*–192*[ra]*; F50 f. 397*[ra–vb] (ML, 295–298).   [b] *F18 f. 83*[vb]*–84*[ra]*; F16 f. 51*[va–b]*; F17 f. 45*[vb]*; F19 f. 116*[va–b]*; F20 f. 60*[va]*; F24 f. 148*[rb]*; F25 f. 79*[vb]*–80*[ra]*; F26 f. 80*[ra–b]*; F38 f. 192*[vb]*; F50 f. 397*[vb] (ML, 298). *F18 has a ten-line miniature panel showing the king being apprehended by a man wielding a drawn sword and a four-line pen-flourished initial 'O'.*

---

318   Richard is said to have been seized at Erdburg, close to Vienna, on 21 December 1192.
319   Philip took Gisors in April 1193 and captured Robert earl of Leicester in the summer of 1194.

pour estre garde de le tiere. Quant li rois d'Engletiere ot esté grant piece em prison, si pria a l'empereur que pour Dieu le fesist metre a raençon, et il li donroit quanques il oseroit demander, et que plus estoit dolans de çou que li rois de France li *ardoit* se tiere et escilloit que de çou qu'il estoit en prison. Li emperes manda le duc d'Osterice pour metre le roi a raençon. Adont le misent a raençon par le consel le roi de France, si comme on dist; et fu raiens grant avoir, si comme aucunes gens disent, .c. mil mars et .xl.ᵐ mars. De celle raençon ot li emperes le grignour *partie* et li dus d'Osterice l'autre, et li rois de France en ot se part pour le raençon laissier passer parmi se tiere. Apriés jura li rois *d'Engletiere* le raençon a rendre, et si *en* livra bons pleges. Quant li rois d'Engletiere fu hors de prison, li emperes le fist conduire parmi se tiere et entra en mer et s'en ala en Engletierre.[320]

1 estre garde de le tiere] estre resgarz de la terre quant il ala outremer *F16*, le tere garder *F17*, estre regars de toute le tere *F19*, estre regare de le terre *F20*, garder la (le *F24*) terre *F24 F25 F26 F38 F50*. *New paragraph in F16, F20, F24, F25 and F26. Rubric in F16*: Comment li dus d'Otheriche mist a reançon le roi Richart et mist jor de sa reançon paier. *Rubric in F20*: Li remuement le roi d'Engleterre. ‖ rois] rois Richarz *F16*, roys Richars *F19* ‖ grant] une molt grant *F19*, une *F25 F26* 2 si pria a ... metre] si pria a l'empereor Hienri d'Alemaigne que por Dieu le feist metre *F16*, en Alemaigne si pria il pour Diu que on le mesist *F19*, Si pria a l'empereour d'Alemaigne que pour Deu le meist *F20* ‖ li] *lack F19 F25 F26 F38 F50* 3 oseroit] oseroient *F20*, en oseroit *F24 F38* ‖ dolans] il dolans et courouchiés *F19* 4 ardoit] argoit *F18*, gastoit *F17* ‖ et escilloit que] qu'il n'estoit *F19* 5 roi] roi d'Engleterre qu'il tenoit en prison *F16*, roy d'Engletere *F19* 5–6 Adont le misent a raençon] adonc le mist a raençon *F16 F17 F20*, Et adont fu il mis a raenchon *F19*, *lack F25 F26 (homeoteleuton)* 6 roi] roi Phelipe *F16* ‖ raiens grant] raiens de grant *F17 F20*, raens de molt grant *F19*, raainz molt grant *F25 F26 F38* 7 si comme aucunes gens disent] si com on dist *F17*, le raenchon fu si comme aucunes gens dient de *F19* ‖ .xl.ᵐ mars] .xl.ᵐ mars d'or *F16*, .lx. mars d'argent *F19*, .l. mille mars *F20*, .lx. mil mars *F24 F25 F26 F38 F50* ‖ raençon] raençon fist on .iii. pars dont *F19*, avoir *F25 F26* 8 emperes] emperes d'Alemaingne *F16* ‖ partie] *lacks F18* 8–9 d'Osterice l'autre et ... passer] l'autre partie et li roys de France en ot le tierche partie pour laissier passer le raenchon *F19* ‖ l'autre et li rois de France en ot se] et li rois de France i ot *F17* 9 laissier passer parmi] laissier aler parmi *F24*, aler parmi *F26*, leissier aler par mi *F38* 9–10 laissier passer parmi ... raençon] *lacks F25 (homeoteleuton)* ‖ d'Engletiere] d'Engletiere sour sains *F18* 10 et si en] et si li *F18*, et si *F20*, si en *F25 F26* ‖ pleges] ostages et boins pleges *F19* ‖ d'Engletiere] *lack F24 F25 F26* 11 emperes] li roys de France *F19* ‖ mer et] le mer et si *F19*, mer si *F25 F26* 12 *New paragraph in F16 and F20. Rubric in F16*: Comment li emperes d'Alemaigne conquist Sezile seur lo roi Tengré, et comment Tengré le desconfi einçois qu'il l'eust prise, et comment il aquita Puille et Calabre et toute la terre qu'en li contredisoit. *Rubric in F20*: De l'empereor d'Alamaigne qui conquist Puille et Calabre et le roiame de Sesille.

320   *F24, F25, F26, F38* and *F50* have an additional passage, printed at the end of this paragraph.

THE CHRONIQUE D'ERNOUL 369

Quant li empereres d'Alemaigne Henris ot eue le raençon le roi Richart d'Engletiere et il ot loisir, il ala amasser grant gent; si s'en ala en Puille et laissa son frere Phelippe, qui dus estoit de Souave, pour estre regars de le tiere. Ançois que li empereres meust, fu li rois Tangrés mors, et ot on fait d'un fil qu'il avoit roi.[321] Quant li rois de Sesille oï dire que li empereres venroit en se tierre, il amassa ses os et ala encontre, tant qu'il s'entrecontrerent devant une cité qui a a non Naples en tiere de Labour. La se combatirent, et la fu li emperers desconfis et mout i perdi de ses homes. 5

Additional passage in F24, F25, F26, F38 and F50 inserted at n. 320.

Quant li rois fu en sa terre, il porquist vivement se raenchon et l'envoia l'empereur et aquita son sairement et delivra ses pleges. [*New paragraph in F25 and F26*] Quant li rois d'Engleterre ot paié se raenchon, il passa mer et ala en Normendie et semonst ses os por aler sor le roi de France por rescorre la perte s'il poïst. Lors comencha la guerre del roi d'Engleterre et del roi de Franche, mais je ne vos en dirai ore plus jusc'a une autre fois. [*New paragraph in F38.*] Ains vos dirai de l'empereur Henri qui en Ale- 10

15

---

1 li emperere d'Alemaigne Henris] li empereor Hienris d'Alemaigne *F16*, li empererres d'Alemaigne qui ot a non Henris *F19*, il *F24 F25 F26 F38 F50*   1–2 le roi Richart d'Engletiere et] au (du *F20*) rois Richart d'Engleterre et *F16 F17 F20*, le roy d'Engleterre et *F19 F25 F26*, du (le *F24*) roi d'Engleterre *F24 F38 F50*   2 il ala amasser grant gent si] il manda grant gent et (si *F20*) *F16 F20*, il manda gent si *F17*, si amassa grant gent si (et si *F19*) *F19 F25 F26*, il amassa grant gent *F24*, il assembla grant gent si *F38*, si assembla grant gent et *F50* ‖ Puille] Puille et en Sezile et en Qualabre por ce que le reaumes de Sezile et tote la terre li estoit escheue de par l'empererriz sa fame qui antain fu lo roi Guillaume *F16*   3 de le tiere] d'Alemaigne *F16*, de le terre d'Alemaigne *F20*. *New paragraph in F25 and F26*.   4 empereres meust] emperes d'Alemaigne meust *F16*, empererres fust mus d'Alemaigne *F19*, emperres meust d'Alemaigne *F20 F24 F25 F26 F38 F50*   4–5 Tangrés mors et … roi] Tengrés de Sezile morz et ot l'on fait d'un filz qu'il avoit roi de Sezile *F16*, Tangrés mors et ot on fait d'un fil qu'il avoit *F17 F50*, Tangrés de Sesille mors et on ot fait d'un fil qu'il avoit roi de Sesille *F20*, Tangrés mors et avoit .i. fil d'un fil que il avoit roi *F25 F26*   5–6 emperes venroit en … amassa] emperes d'Alemaigne venroit (avoit *F19*) en sa terre il amassa *F16 F19*, emperes venoit en se tere il (si *F25 F26*) amassa (assembla *F38*) *F17 F20 F24 F38*   6 ala encontre tant] vint encontre lui tant *F19*, ala encontre et tant *F24 F25 F26 F38*   7 et la] il ensanle et si *F19*, et *F25 F26*   8 et mout i perdi de ses homes] *lacks F24*   10 li rois] il *F25 F26 F50* ‖ sa terre] Engleterre *F24* ‖ il porquist vivement] il porquist (porchaca *F50*) vistement *F24 F50*, si porquist vivement *F25 F26*, il porchaca vivement *F38* ‖ l'envoia] envoia *F25 F26*, l'envoia a *F38*   12 d'Engleterre] *lacks F24* ‖ il] si *F25 F26* ‖ mer] le mer *F24*   13 et] si *F25 F26*   14 rescorre la perte] rescorre se perte *F24 F50*, secorre son domaige *F25 F26* ‖ del] le *F25 F26*   16 Ains] Or *F38*

---

321   Tancred died in February 1194 and was succeeded by his young son, William III. William's regime was easily overcome later that year; the defeat mentioned in the text is presumably a memory of Henry's failure to capture Naples in 1191.

magne estoit. Li roiaumes de Sesile et de Pulle et de Calabre estoit eschaüs a se feme tres çou que ses niés li rois Guillaumes fu mors, et c'on fist roi de Tangré en le terre. Quant li roiaumes li fu eschaüz, il n'i ot loisir d'aler, que tot li haut baron de le terre estoient alé avec se pere et li plus de le chevalerie. Aprés quant ses pere fu mors et il fu empere, il ot asés a faire a aler par se terre et a rechevoir ses homages.[a]

[ccxlvi] Quant li empereres fu desconfis, si se traist ariere et si manda gent. Entrementiers que il amassoit gent pour entrer en Puille fu li rois de Sesille mors, et quant cil de le tiere n'orent point de signour, si rendirent le tiere a l'empereour, Puille et Calabre. *Un haut home ot en* Sesille qui vaut le tiere tenir encontre l'empereur et vaut .i. sien neveu faire roi, mais il n'ot mie le force en le tiere car aucunes gens i ot qui encontre furent. Quant li empereres ot garnie Puille et Calabre et c'on li ot rendu, il passa en l'ille de Sesille; si le prist, et si cacha tant le haut home que il le prist et le fist morir de male mort pour ce qu'il avoit contre lui esté, et si fist son neveu de cui il voloit faire roi les iex crever. Apriés si porta li empereres et se feme corone a Palierne pour le *roiame*

---

2 tres çou] des ce *F38*   3 li fu eschaüz] eschaï a se feme *F24*   3–4 n'i ot loisir d'aler que] n'ot leisir d'aler la car *F38*, n'i ot loisir d'aler car *F50*   4 haut] *lack F25 F26* ‖ terre] terre d'Alemaigne *F38*   5 Aprés] *lack F25 F26*   6 a aler] d'aler *F25 F26 F50*   7 *No paragraph break in F16, F17, F20, F24, F25, F26, F38 or F50.* ‖ Quant li empereres fu desconfis si] Quant li empererres d'Alemaigne fu desconfis il *F19*, Li emperere quant il fu desconfis il *F24 F38* ‖ et si manda gent] en se terre et si manda gent *F24 F38*, en sa terre et si manda grant gent *F25 F26* ‖ si] *lack F17 F19 F20*   8 amassoit] assembloit *F38 F50* ‖ en] en la (le *F24*) terre de *F24 F25 F26 F38*   9 n'orent] virent qu'il n'avoient *F19*   9–10 a l'empereour Puille et Calabre] al signour de Puille et de Calabre *F17*, de Puille et de Calabre a l'empereur *F19*, Puille et Calabre a l'empereour *F20 F50*. *New paragraph in F16 and F20*.   10 Un haut home ot en] Il ot .i. home ou païs de *F18*, Un haut homme ot en le tere de *F19*, Un haut home en *F20* ‖ le tiere] l'ille de Sesile *F24*, l'isle de Sezille *F25 F26 F50*, l'ille de Sezile *F38*   11 .i.] d'un *F24 F25 F26 F38 F50*   11–12 en le tiere … furent] de le tere car il y ot aucunes gens qui furent encontre lui *F19*. *New paragraph in F24, F25 and F26*.   12 encontre] contre li *F16 F17 F20* ‖ empereres] emperes d'Alemaigne *F25 F26*   13 et c'on li ot rendu] *lacks F17* ‖ il passa] il s'en passa outre *F19*, si passa *F25 F26*   14 si] *lack F19 F38 F50* ‖ le] cel *F24 F25 F26 F50*, ce *F38*   14–15 que il le … esté] qui contre li avoit esté qu'il le prist et le fist morir de male mort *F16 F17 F20*, qui avoit esté encontre lui que il le prist par forche et si le fist morir de male mort *F19*, qui contre lui estoit qu'il le prist et fist (le fist *F50*) morir de male mort *F24 F50*, qui encontre lui aloit qu'il le prist et fist le morir de male mort *F25 F26*, qui contre li aloit qu'il le prist et fist morir de male mort *F38*   15 si fist son] si fista a son *F16*, fist son *F17*, fista a son *F38* ‖ de cui] roy dont *F19* ‖ roi] *lacks F20*   16 et se feme … roiame] et se feme corone a Palierne pour le roine *F18*, et se femme couronne a Parlerne sur mer pour le roine *F19*, corone a Palerne pour le roi *F20*

---

[a] *F18 f. 84[ra–b]; F16 f. 51[vb–c]; F17 f. 45[vb]–46[ra]; F19 f. 116[vb]–117[ra]; F20 f. 60[va]–61[ra]; F24 f. 148[rb–va]; F25 f. 80[rb–vb]; F26 f. 80[rb–vb]; F38 f. 192[ra–b]; F50 f. 397[vb]–398[rb]* (ML, 298–300).

THE CHRONIQUE D'ERNOUL 371

de Sesille. Encore adont, quant li empereres et li emperis vinrent en Sesille, n'avoient il onques eu enfant. Puis qu'il vinrent en le tiere fu li emperis grosse; si ot .i. fil, si comme on dist, mais mout de gent ne porent croire qu'elle eust eu cel fil, pour ce qu'ele estoit de si grant eage qu'ele ne peust mie, a lor avis, avoir enfant. Cil enfes ot a non Fedric.[322]

Or vous dirai que li empereres Henris fist, quant il ot le tierre conquise ou il estoit. Il fist atorner nés et galyes et vaissiaus pour envoiier en le Tiere d'Outremer grant gent. Il envoia par toute Alemaigne, et fist crier que tout cil qui vauroient aler outremer, et haut et bas et povre et rice, il lor liverroit viande et passage qui prendre le vaurroit. Adont se croisa mout de gent en Alemaigne, et alerent ou li empereres estoit pour passer. Quant cil d'Alemaigne furent la assanlé et les gens que li empereres i envoia a sen coust, si prisa on qu'il i ot bien .iiii. mil chevaliers, et si i ot mout grant gent a pié. La envoia li empereres le can-

---

1 adont] *lack F17 F19 F38* ‖ et li emperis vinrent] vint *F16 F17 F19 F20*, vint et l'empeerris *F19* 1–2 Sesille n'avoient] Sezile (Sesille *F20*) n'avoit *F16 F17 F20*, l'ille de Sesille n'i avoit *F19* 2 Puis qu'il vinrent] droit hoir. Mais puis qu'il furent venu *F19*, puis qu'il vint *F20* ‖ le tiere] l'ille *F24*, Sezile *F25 F26 F38* 3 si] et si *F19*, et *F25 F26 F38* ‖ ot .i. fil si comme on dist] com on dist et ot .i. fil *F24* ‖ mout de gent ne porent] molt de gent de le tere ne porent mie *F19*, maintes gens ne porrent *F25 F26* 3–4 qu'elle eust eu cel fil] c'il eust eu cesti *F16* 5 enfes] enfes qui la fu nés *F24* ‖ Fedric] Fedric et fu apelez en maint leu emfes de Puile *F16*, Feudris et fu puis empereres d'Alemaigne et rois de Sesille *F20*. *New paragraph in F16, F17, F20, F24, F25, F26, F38 and F50. Rubric in F16*: Comment li emperes Hienris d'Alemaigne et roi de Sezile envoia le chancelier d'Alemaigne outremer por aider a garantir tant de terre comme Crestian tenoient. *This is followed by a four-line puzzle initial 'O'. Rubric in F20*: Le secours que li empereres d'Alemaigne qui ot a non Henris envoia outre mer. 6 li empereres Henris] le emperere Hienris d'Alemaingne *F16*, Henris li empereres d'Alemaigne *F20*, le emperere *F24* 6–8 quant il ot … gent] quant il ot conquis Sesille il fist atirer nés galies et vaissiax pour envoier grant gent en le Tere d'Outremer *F19*, *lacks F20* 6 tierre] terre de Puille et de Calabre et le realme de Sezile *F16* 7 atorner nés et galyes et vaissiaus] atorner nés et vessiaus *F16 F17*, nés et galies et vaissiaus atorner *F24 F25 F26 F38* 8 envoia par toute Alemaigne et fist crier] fist crier par toute Alemaigne *F17* 9 outremer] en la Terre d'Outremer (d'Oltremer *F38*) *F25 F26 F38* ‖ liverroit] liverroient *F20* 10–11 croisa mout de … alerent] croisa molt de gent en Alemaigne. Et alerent la droit *F16*, croisa il molt de boine gent en Alemaigne et si alerent *F19*, croisierent mout de gent en Alemaigne et alerent la *F20*, croisierent molt grans gens en Alemagne et alerent la *F24*, crocierent molt grant gent et alerent la *F25 F26*, croisa molt grant gent et ala la *F38*, croiserent grant gent et alerent *F50* 11 empereres] rois *F24* 11–12 Quant cil d'Alemaigne furent la assanlé] *lacks F16* 11 cil] les gens *F24* 12 et les gens] por passer et les gens *F17 F20*, pour passer et tout chil *F19* 12–13 bien .iiii. mil] .cccc. *F19* 13 si i ot mout grant] molt de *F16*, si i ot mout de *F20*, molt i ot *F50* ‖ a pié] a pié d'autre part *F24 F25 F26 F38*. *New paragraph in F25 and F26*. 13–372.1 empereres le cancelier … estre] empererres d'Alemaigne le chancelier d'Alemaigne pour estre regart et *F19*

---

322 The future Frederick II was born on 26 December 1194.

celier d'Alemaigne pour estre cievetaine de l'ost[323] et fist creanter a tous *ceus* qui i aloient que il feroient son commandement, et li emperes lor creanta qu'il ne se moveroit *de le tiere* ou il estoit tant comme il *seroient* en le Tiere d'Outremer, et qu'il lor envoieroit viande et gent a grant *plenté*. Quant il orent apparellies les nés et atourné le passage, si murent.

En cel tans avoit une roine en Hongerie; s'estoit ses sires mors et elle demora veve sans hoir, et se tiere eskeï a .i. frere son signor; et elle li vendi son doaire grant avoir. Si s'en ala outremer a tout l'avoir qu'ele avoit eu de son doaire, et mena chevaliers et sergans aveuc li, et passa al passage ou li Alemant passerent et ariva a Sur. Et li quens Henris le reçut a grant honour, et si le fist volentiers, car il le dut bien faire, car elle estoit s'ante, suer se mere *et feme* avoit esté le jovene roi d'Engletiere sen oncle, et suer estoit le roi Phelipe de France. Celle dame ne vesqui mie plus de wit jours puis qu'ele fu arivee. Quant elle fu morte, si demora cils avoirs al conte Henri, mais mout poi en goÿ.[324a]

---

1 fist] si fist *F19 F24 F38* ‖ ceus] ceus de l'ost *F18*   2 son] sans *F25 F26*   2–3 li emperes lor ... le] il meïsmes creanta qu'il ne se moveroit de le pieche de *F19*   3 de le tiere] de le tiere de le tiere *F18* ‖ ou il estoit tant comme il] la ou il estoit tant com il *F16*, la ou il estoit tant qu'il *F20* ‖ seroient] seroit *F18*   4 qu'il lor envoieroit] si lor envoieroit assés *F19* ‖ et gent] *lacks F17* ‖ plenté] fuison *F18. New paragraph in F16.*   4–5 Quant il orent ... murent] *lacks F16*, Quant il orent einsi atorné le passage et les nés il mut *F25 F26*   5 apparellies les nés ... si] atornees lor nés et aparillie lor passage si *F17*, atirees lors nés et lor galies et lor passages si *F19*, atornees lor nés et apareillies et apresté le passage si *F20*, ensi atorné le passage et les nés furent aparellies si *F24 F38*, ensi atorné lor affaire et la navie fu apareilliee il *F50*   6 s'estoit ses sires] a cui ses sires estoit *F24 F38*, qui ses sires estoit *F25 F26*   6–7 demora veve] estoit vesve et *F19*   7 se] la *F24 F25 F26 F38*, le *F19*   8 Si s'en ala ... doaire] s'en (et si *F24*, et ele *F38*) ala outremer (oltremer *F17 F38*) a tout cel avoir *F16 F17 F20 F24 F38, lack F25 F26 (homeoteleuton)*   10 Henris] Hienris de Champaigne *F16* ‖ reçut a grant honour et si] recoilli a grant honor et *F24 F25 F26 F38*   10–11 a grant honour ... bien] a grant honor. Et il le dut bien *F16*, molt belement et molt volentiers et grant honnor li fist et bien li devoit *F19*   11 suer] et suer *F19*, et suers *F20* ‖ et feme] et feme et feme *F18*   12 roi] roi Henri *F24 F50*, Henri *F25 F26 F38* ‖ *New paragraph in F25 and F26.*   13 mie] gaires *F20* ‖ plus de wit ... elle] puis qu'il fu arivee a Sur plus de .viii. (d'uit *F20*) jorz si fu morte. Quant ele *F16 F20*, plus d'uit jors puis qu'ele fu arrivee ains *F17*, aprés che que ele vint a Sur .viii. jours que ele *F19*, puis qu'ele fu arivee plus de .viii. jors qu'ele *F24 F38*, puis qu'elle fu arivé arivee plus de .viii. jors ainz *F25 F26*   14 Henri] Henri qui estoit sires de Sur et sires d'Acre et de toute le tere *F19* ‖ mout] *lack F16 F17 F20 F24 F25 F26 F38 F50* ‖ goÿ] i ot *F20*, ot *F24*

---

[a] *F18 f. 84rb–85ra; F16 f. 51^{vc}–52rb; F17 f. 46^{ra-vb}; F19 f. 117^{ra-va}; F20 f. 61^{ra-va}; F24 f. 148^{va-c}; F25 f. 80vb–81va; F26 f. 80vb–81va; F38 f. 192^{rb-vb}; F50 f. 398^{rb-vb}* (ML, 300–302).

---

323   Conrad of Querfurt, bishop of Hildesheim (1194–1199) and bishop of Wurzburg (1198–1202).

324   Margaret daughter of Louis VII and so sister of both Philip Augustus and Henry's mother, Marie countess of Champagne. She had married first Henry 'the Young King' (died 1183 – see Appendix 3:1.5) and then, in 1186, King Bela III of Hungary (died 1196). She herself died in September 1197.

[ccxlvii] Or vous dirai des Alemans qui passerent. Il en ariva une partie a Acre et une partie en l'ille de Cypre. Aveuc ceus qui ariverent en l'ille de Cypre estoit li canceliers d'Alemaigne. Quant li sires de Cypre oï dire que li canceliers d'Alemaigne estoit arivés en se tiere, si en fu mout liés et ala encontre et li fist grant honneur; se li dist que mout avoit desiré se venue, car, puis qu'il estoit el liu l'empereour, il voloit qu'il le coronast car il voloit se tiere tenir de l'empereur. Li canceliers dist que volentiers le feroit, puis qu'il le requeroit, et mout en fu liés, et prist de ses chevaliers aveuc lui et ala a Licoissie aveuc le signor de Cipre et si le corona.[325] Quant il l'ot coroné, si s'en rala a ses nés et entrerent ens et s'en alerent apriés les autres *a* Acre.[a]

[ccxlviii] Ançois que li Alemant fuissent arivé a Acre fu Salehadins mors; et avoit asigné çou qu'il avoit conquis a ses fiex et donné a cascun çou qu'il vaut.

---

1 *No paragraph break in F24, F25 or F26.* ‖ dirai des Alemans] lerai des Alemanz a parler *F38* 1–2 Il en ariva ... partie] Une partie en ariva a Acre et l'autre partie *F16*, il en a une partie a Acre et l'autre partie arrriva *F19*, Il ariverent une partie (partie de chiaus *F20*) a Acre et une partie *F20 F24* 2 Aveuc] et avec *F19 F24 F38* 2–3 l'ille de Cypre ... d'Alemaigne] l'ille de Chypre (Cipre *F17*) arriva li chanceliers *F16 F17*, l'ille de Chipre ariva li canceliers d'Alemaingne *F20*, Chipre estoit li cancheliers d'Alemaigne qui regars estoit et chievetaine de toute l'ost *F19*, l'ille de Chipre (Cypre *F25 F26*) estoit li chancheliers *F24 F25 F26 F38*, Chypre estoit li chanceliers qui estoit chevetaine de l'ost *F50* 3 li sires de Cypre] Aymeris qui sires estoit de Chypre *F16*, li sires de l'ille de Chipre *F19*, Aimeris li sires de Chypre *F20* 3–4 d'Alemaigne estoit arivés] d'Alemaigne estoit venus *F19*, estoit arivés *F25 F26* 4 se tiere si ... et] l'ille de Chipre si *F24 F25 F26 F38* 4–5 ala encontre et ... honneur] ala encontre et li fist molt grant honour et *F17*, molt joians et si s'en ala encontre et molt grant sanlant li fist et *F19* 5 se] et se *F17 F24*, et si *F25 F26 F38* ‖ car] que *F24 F25 F26 F38* 6 se tiere tenir] tenir sa terre *F16*, tenir se tere *F17*, tenir se terre *F20* 7 dist que volentiers le feroit] li dist que volentiers le feroit *F16*, dist que il le feroit molt volentiers *F19*, li dist que molt volentiers le feroit *F25 F26* ‖ le] l'en *F16 F17 F20 F50*, li *F19 F24 F25 F26* 7–8 liés et] il tres liés et tres joians et si *F19*, liés. Il *F24 F38 F50*, liez si *F25 F26* 8–9 et ala a ... corona] et s'en ala a Licossie aveuques le seigneur de l'ille de Chipre et si le couronna *F19*, et ala a Licosie avoec Aymeri le seigneur de Chipre et si le couronerent *F20*, et s'en ala avec le segnor de Chipre a Nicossie et si le corona *F24 F38*, si en ala avec le seignor de Cypre a Nicosie (Nicolcie *F25*) et l'en corona *F25 F26*, et ala o le seignor de Chypre a Nicosie et le corona *F50* 9 rala] ala *F16 F17 F20 F24 F25 F26 F38* 9–10 a ses nés ... apriés] a ses nés et si entra ens et il et si chevaliers et si s'en ala aprés *F19*, as nés et (et s'en *F24*) alerent aprés *F24 F25 F26 F38* 10 a] devers a *F18* 11 *Rubric in F20: De Salehadin qui departi a ses fieus ains qu'il morust le terre qu'il avoit conquise. No paragraph break in F17, F38 or F50.* 11–12 Salehadins mors et avoit asigné çou] li roys Salehadins mors et si avoit assignee toute le tere *F19* 12 avoit asigné çou ... fiex] s'avoit assené a ses fieus ce qu'il avoit conquis *F20* ‖ a ses fiex et donné] a ses fix si en donna *F19*, a ses fix et dona *F24*, doné *F25 F26*, et doné *F38*

---

[a] *F18 f. 85^{ra-b}; F16 f. 52rb; F17 f. 46^{va-b}; F19 f. 117va; F20 f. 61va; F24 f. 148^{vc}; F25 f. 81^{va-b}; F26 f. 81^{va-b}; F38 f. 192vb; F50 f. 398vb–399ra* (ML, 302–303).

---

325 The imperial chancellor, Conrad bishop of Hildesheim, crowned Aimery in September 1197.

Mais a son frere, qui li avoit aidié a conquerre, n'en dona point, ains s'en ala aveuc son neveu en Egypte, a cui ses pere Salehadins l'avoit donee. Et a l'aisné de ses fiex donna le roiaume de Damas et de Jherusalem, et a l'autre donna le royaume de *Halape*, et *as autres* dona tant qu'il assena toute se tiere a .xxii. fiex qu'il avoit.[326]

En cel point que Salehadins fu mors avoit une haute dame a Triple qui dame avoit esté de Gibelet. Si porcaça tant as Sarrazins a qui Salehadins l'avoit commandé a garder quant il ot pris le cité de Gibelet sour Crestiiens, k'il s'en issi a une ajornee et *il et* li Sarrazin qui aveuc lui estoient, et li dame i entra et si chevalier et si home, et si garni le *cité* et le *castiel*. Ensi faitement rendi Damediex le cité as Crestiiens.[327]

En cel point que li Alemant ariverent a Acre estoient les trives routes pour le mort Salehadin, qui avoient esté prises au tans le roi d'Engletiere. Li fiex Sale-

---

1 a son frere] son frere F18, a Salphadin son frere F16, a sen frere Salphadin F20 ‖ a conquerre n'en dona point] conquere ne dona il riens F25 F26, a conquerre ne dona point F38   1–2 point ains s'en ala aveuc son] point ains en ala aveuc son F18, il nient ains s'en ala aveuc .i. sien F19   2 ses pere Salehadins l'avoit] ses peres avoit le tere F19, Salehadins (Salaadins F50) ses peres l'avoit F24 F25 F26 F38 F50 ‖ a] *lacks* F18   3 et de Jherusalem et] et F16 F17 F20, et de Jherusalem F38 F50 ‖ donna] aprés donna il F19   4 Halape et as autres] Halaphe et a l'autre F18   4–5 tant qu'il assena ... qu'il] ce qu'il vost a .xxii. filz qu'il F16, çou qu'il volt a .xxii. fix que Salahadins F17, ce qu'il vaut a .xii. fieus qu'il F20   5 *New paragraph in* F16, F25 *and* F26.   6 que Salehadins] qu'il F17 ‖ dame] home F25   7 Si porcaça tant as Sarrazins a] Ele commanda tant et porchaça vers les Sarrazins a F16, si porchaça tant et fist envers le Sarrazin (les Sarrazins F25 F26 F50) a F24 F25 F26 F38 F50   7–8 Salehadins l'avoit commandé] Salehadins avoit commandé Gibelet F16 F20, ele avoit esté commandee F19   8 ot pris le cité de Gibelet] l'ot prise F16, ot prise le castel de Gibelet F20, ot (l'ot F24) conquise la cité de Gibelet F24 F25 F26 F38   8–10 k'il s'en issi ... et] que chil qui gardoit le chité et le castel s'en issi une matinee et il et si chevalier et tout F19   8 issi] issirent F20 F50   9 ajornee] ainz jornee F38 ‖ il et] *lacks* F18 ‖ et li Sarrazin ... li] Cele F20   10 home et] home avoeques li et F20, home F24 F25 F26 F38 ‖ cité et le castiel] castiel et le cité F18, castel et le chité F19 ‖ faitement] *lack* F38 F50   10–11 Damediex le cité] Damediex la cité de Gibelet F16 F20 F50, Damedix chele chité F19 F24, Dex la cité F25 F26   11 cité as Crestiiens.] *Rubric in* F20: Du conte Henri d'Alemaigne comment il fu mors. *New paragraph in* F20, F24 *and* F50.   12–13 ariverent a Acre ... Salehadin] ariverent a Acre estoient toutes les trives faillies por le mort Salehadin F17, estoient arrivé a Acre et les trives estoient toutes routés por le mort le roy Salehadin F19, ariverent a Acre estoient les trives routés F24   13 tans le roi] roy F19, tens le (dou F50) roi Richart F24 F25 F26 F38 F50 ‖ *New paragraph in* F16 *with the rubric*: Comment li quens Hienris de Champaigne qui sires iert d'Acre et de tote la terre que Crestian tenoient fu morz par mescheance.

---

326   On Ṣalāḥ al-Dīn's death in March 1193 Damascus passed to eldest son, al-Afḍal ʿAlī, Egypt to al-ʿAzīz ʿUthmān, and Aleppo to al-Ẓāhir Ghāzī.

327   The lady of Jubayl was probably Stephany Le Bufle, wife (or widow) of Hugh III of Jubayl.

hadin, qui sires estoit de Damas et de Jherusalem, amassa ses os pour venir sour Crestiiens, et quant il les ot amassees si ala assegier Jaffe. Ce fu li fiex Salehadin a cui li quens de Triple donna congié d'entrer parmi se tiere en le tiere as Crestiens quant li Templier furent desconfit la ou li maistres de l'Hospital fu ocis devant ce que li Vraie Crois fust perdue.[328a]

[ccxlix] Quant cil de Jaffe furent assegié, si manderent secours al conte Henri, car il savoient bien que li castiaus n'estoit mie fors, et que pour Dieu les secourust al plus tost qu'il poroit. Quant li quens oï celle novele, si semont ses os et les Alemans; si les fist movoir et aler logier a Caÿfas a .iiii. liues d'Acre, et il lor dist qu'il moveroit l'endemain, car il avoit a conter a ses homes et a atirer son afaire. Li os mut, et li quens demora et *si* conta a ses homes; et fu vespres quant il ot conté. Dont fist metre les tables pour souper, et demanda de l'eve a laver, et on li aporta. Et il vint endroit une grant fenestre qui estoit en le tour *en* haut ou il manoit; si commença a laver ses mains; si com il lavoit, si se lança avant

---

1–2 sires estoit de ... Crestiiens] fix estoit le dame de Damas dont chis fix estoit sires amassa ses os pour venir sur les Crestiens F19   1 Damas et de Jherusalem amassa] Damas et de Jherusalem asembla F16 F17 F20, Jherusalem et de Damas amassa F24 F25 F26, Jherusalem et de Damas assembla F38 F50   2 amassees] assamblees F20 F38   3 d'entrer] de passer F19 F50, d'alé F25 F26 ‖ en le tiere as] as F19, en terre de F20   4 desconfit la ou] desconfiz et F16 F17 F20 F50, desconfit et la ou F25 F26, ochis et desconfit. La ou F19   4–5 Hospital fu ocis ... Vraie] Temple fu ocis devant ce qe la Sainte F25 F26   6 *No paragraph break in F16, F17, F20, F24, F25, F26, F38 or F50.*   6–7 Henri car il savoient] Hienri de Champaigne qui a Sur estoit car il savoit F16, Henri qu'il les secourust car il savoit F19, Henri de Campaigne. Car il savoit F20   7–8 que pour Dieu ... semont] qu'il les secourust le plus tost qi'il porroit. Quant li quens Henris ot oï ches nouveles si manda F19   8 *New paragraph in F25 and F26.* ‖ quens] quens Henri F25 F26   9 Alemans si] Alemanz qui a Acre estoient. Si F16, Alemans et si F19 F20 ‖ movoir et aler logier] logier et aler F16 F17 F20, aler et movoir et logier F25 F26 ‖ a .iiii. liues d'Acre et il] qui est a .iiii. lieues d'Acre et li quens F19 ‖ liues] milles F38   9–10 il lor dist qu'il moveroit] dist qu'il moveroient F17   10 a conter a ... a] a ses homes et F25 F26   11 demora] demora a Sur F16 ‖ si] *lacks F18*   11–12 et fu vespres ... fist] si fu vespres quant il ot conté; lors fist F17, quant il ot conté si fu vespres. Dont fist li quens F19, si fu vespres quant il l'ot conté. Dont fist F20   12 a] por F17, pour F19   13 grant fenestre qui ... tour] haute fenestre de le tour qui estoit mout grande F20   13–14 grant fenestre qui ... commença a laver] fenestre de le tour ou il manoit si lava ses mains F19   13 en] *lacks F18*   14 ou] la ou F16 F17 F20 ‖ lavoit] lavoit ses mains F16   14–376.1 lavoit si se ... tenoit] ot lavé si lancha un poi son chief avant parmi le fenestre et il caï aval de le tour si fu mors et li varlet qui tenoient F19 ‖ avant et] avant si F24 F38, pas mescheanze si F25 F26

---

[a] F18 f. 85[rb–va]; F16 f. 52[rb–c]; F17 f. 46vb; F19 f. 117[va–b]; F20 f. 61[va–b]; F24 f. 148[vc]–149ra; F25 f. 81vb–82ra; F26 f. 81vb–82ra; F38 f. 192vb; F50 f. 399[ra–b] (ML, 304–306).

328   Above §§ cxliii–cxlvi.

et caï de le fenestre de le tour aval. Si fu mors.[329] Li vallés, qui li tenoit le touelle, se laissa caïr apriés, pour çou qu'il ne vaut mie c'on desist qu'il l'eust bouté. Il ne fu mie mors, mais il ot le quisse brisie. Aucunes gens *i ot qui* disent que, se cil ne se fust laissiés caïr apriés le conte, il ne fust mie mors. Quant li quens fu ensi ceus, on ne sot que che fu. Si cria on: 'As armes!' qu'il quidoient que Sarrazin fuissent entré dedens le ville, pour çou que l'os s'en estoit partie. Et fu li cris aval le ville, et couroit li uns encontre l'autre ançois c'on seust que ce fust. Li valés, qui estoit ceus aveuc le conte entre .ii. murs, se traina tant qu'il vint a une posterne; si oÿ gens par defors; si commença a crier. Quant cil oïrent *le cri*, si alerent celle part et demanderent *qui* c'estoit qui la crioit et qu'il avoit, et il lor dist que pour Dieu fesissent alumer et fesissent venir chevaliers pour emporter le conte qui la gisoit mors. Il alerent pour les chevaliers le conte; si trouverent le conte mort, et il le prisent et le porterent au moustier et l'ensevelirent.[a]

---

1 de le tour] *lacks F16* ‖ li] *lack F16 F17 F24 F50*   2 se] si se *F16 F19* ‖ qu'il ne vaut ... qu'il] que on ne desist mie qu'il *F19*, qu'il ne vaut mie c'on deist c'on *F20*, qu'il ne vot mie que desist qu'il *F24* ‖ Il] li vallez *F16 F26*, li valez *F25*   3 i ot qui] *lack F18 F19*   3–4 se cil] s'il *F16 F17 F20*, se li vallez *F25 F26*   4 il ne fust mie] qu'il ne fust mie *F16 F17 F20*, qu'il n'eust mie esté *F19*, li quens ne fust mie *F24*, ne fust mie *F25 F26 F38* ‖ *New paragraph in F20, F25 and F26.*   5 Si] ains *F19* ‖ qu'il] car il *F20 F38*   6–7 l'os s'en estoit ... couroit] li Crestien s'en estoient parti et l'os et se fu li cris aval le vile molt tres grans et si couroient *F19*   7 l'autre] l'autre aval le vile *F19*, l'autre jusques (dusques *F25 F26*) a mie nuit *F24 F25 F26 F38* ‖ *New paragraph in F16.*   8 estoit ceus] se laissa caïr *F19* ‖ aveuc] après *F16 F24 F25 F26 F38 F50* ‖ traina] travaia *F25*   9 a une posterne si oÿ gens] a une posterne et si oï gent *F16 F20*, a .i. posterne et si oï grant noise *F17*, a une posterne et si oï grant noise de gent *F19*, prés d'une posterne si (et si *F24 F38*) oï gens passer *F25 F26*   9–10 cil oïrent le cri] cil oïrent crier *F18*, il l'oïrent crier *F19*   10 si alerent] *lack F25 F26* ‖ qui] que *F18* ‖ c'estoit qui la ... avoit] il estoit qui la croit *F19*, il estoit *F25 F26*, il estoit qui crioit et qu'il avoit *F38*   11 fesissent alumer et fesissent venir chevaliers] fesissent alumer et venir chevaliers et serjanz *F16 F17 F20*, fesist alumer et qu'il fesissent *F19*   11–12 pour emporter] oster *F19*, et porter *F24 F38*   12 gisoit mors] gisoit mors entre .ii. murs *F19*, estoit mors *F20*   12–13 alerent pour les ... conte] alierent por chevaliers et por serjanz si i alierent et trouverent le conte *F16*, y alerent et se trouverent le conte Henri *F19*, alerent por les chevaliers et les sergans le conte si troverent la le conte (si le trouverent la *F38*) *F24 F38*, alerent por les chevaliers et les serjanz si troverent la *F25 F26*   13 et le porterent au moustier et] et l'emportierent el palés (au mostier *F17*) et *F16 F17*, si l'emporterent au moustier si *F19*, et porterent au moustier et *F20*, si le porterent (l'emporterent *F38*) al mostier la si *F24 F38*, si l'en porterent au moustier si *F25 F26*   13–14 l'ensevelirent] l'ensevelirent en l'yglise de Sainte Croiz a Acre *F50*

---

[a] *F18 f. 85va–86ra; F16 f. 52^{rc–va}; F17 f. 46vb–47ra; F19 f. 117vb–118ra; F20 f. 61vb–62ra; F24 f. 149^{ra–b}; F25 f. 82^{r–va}; F26 f. 82^{ra–va}; F38 f. 192vb–193ra; F50 f. 399^{rb–vb}* (ML, 306–307).

---

329   10 September 1197.

THE CHRONIQUE D'ERNOUL 377

[ccl] Or esgardés que li cuers li disoit de cele fenestre par ou il caï, qu'ele feroit aucun anui. Il avoit commandé par pluiseurs fois c'on le fesist treillier pour les enfans; que li cuers li disoit bien qu'ele feroit a cui que soit damage. On ne le fist mie trellier devant ce que li quens i fust ceus, mais apriés. Quant li quens fu mors et ensevelis, si fist on mout grant duel, et si envoia on batant apriés l'ost qu'il s'en retournassent, que li quens estoit mors. Li os s'en retourna; si enfoïrent le *conte* el moustier Sainte Crois. Et li Sarrazin qui devant Jaffe estoient le prisent a force, et si abatirent le castiel et enmenerent les Crestiiens qui dedens estoient.[a]

[ccli] Or vous dirai que il avint en cel point en tiere de Sarrazins. Li soudans d'Egypte qui fix avoit esté Salehadin aloit .i. jour cacier. Si caï de son ceval; si fu mors. Quant ses oncles, qui point de tiere n'avoit, vit que ses niés estoit mors, si saisi le tiere et garni et manda par toute Païenie chevaliers et sergans qu'il venissent a lui; il les retenroit et donroit bones saudees. Quant li soudans de Damas, qui Jaffe avoit prise, oï dire que ses freres estoit mors et que ses oncles

---

1 *No paragraph break in* F16, F17, F19, F20, F24, F38 *or* F50. ‖ que li cuers] coment li cuers F24 F38, coment li (si F25) cuers le conte F25 F26 ‖ par ou il caï] ou il caï. Li cuers li disoit F19 1–2 qu'ele feroit aucun anui] qu'ele feroit anui F17 F24 F38, *lack* F25 F26 2 pluiseurs fois c'on le fesist treillier] plus de .xiii. fois c'on le fesist trellier de fer F24 F25 F26 F38 3 que] car F16 F19 F20 F50 ‖ a cui que soit damage] a cui que che fust damage F19, anui F25 F26, domage F38 3–4 On ne le] Il n'en F24 4 *New paragraph in* F24. 5 quens] quens Henris F19 ‖ mors] trouvés F24 F25 F26 F38, trovez mors F50 ‖ ensevelis] ensepeliz F16 5–6 si fist on … mors] si envoia on aprés l'ost batant qu'il retournaissent que li quens Henris estoit mors; si en fist on grant duel F19 5 batant] *lacks* F20 6 que] car F16 F20 F24 F50 ‖ Li os s'en] li olz F16, li os F17 F19, L'ost F20, lors F25 F26 7 enfoïrent le conte] enfoïrent le cors F18, enfoui on le conte F19 8 estoient] estoient a siege F16 ‖ a force et si abatirent] et abatirent a forche tout et F19 ‖ et] et si F16 F19 F20 F25 F26 ‖ les] tos les F24 F25 F26 F38 F50 9 dedens estoient] dedens estoient loiés F19, dedens le castel estoient F20 10 *Rubric in* F16: Comment Salphadin desherrita ses neveus qui fil avoient esté Salehadin son frere. *Rubric in* F20: De Salphadin qui conquist Egypte et puis desireta tous ses neveus. *No paragraph break in* F24. ‖ tiere de] la terre des F16, le terre des F20 11 fix avoit esté] fix fu F24, fiz fu F25 F26, fu filz F38, fu fiz F50 ‖ Si caï de … fu] si fu mors ains qu'il revenist ar il caï de sen cheval si fu mors et ainsi fu il F19 11–12 fu mors] brisa le col F24, se brisa le col F25 F26 F38 F50 12 ses oncles] Salphadins ses oncles F16, ses oncles Salphadins F20 ‖ de tiere n'avoit] n'avoit de terre F16 F24, n'avoit de tere F19 13 et] d'Egipte et la F16, d'Egypte et tous les royaumes d'Egypte et si les F19, d'Egypte et F20 ‖ et] et si F24 F25 F26 F38 ‖ Païenie] la terre de Païennie F16, le tere de Païenime F17, le terre de Païenime F20 14 il] et il F19 F20 F25 F26 F38 F50 ‖ les retenroit et] les detenroit (tendroit F25) et F16 F17 F20 F25, lor F19 15 qui Jaffe avoit … freres] sot que ses freres li soudans d'Egypte F19 ‖ avoit] ot F24 F25 F26 F38 F50

---

[a] F18 f. 86[ra–b]; F16 f. 52va; F17 f. 47[ra–b]; F19 f. 118[ra–b]; F20 f. 62[rb]; F24 f. 149[rb]; F25 f. 82[va]; F26 f. 82[va]; F38 f. 193[ra]; F50 f. 399[vb] (ML, 307). F18 *has a ten-line miniature panel showing people at the tomb of Count Henry and a four-line historiated initial 'O'. In the lower margin two figures sit on stools.*

avoit le tiere saisie et garnie, si ot grant paour et se traist arriere vers Damas et amassa gent. Car il savoit *bien* que ses oncles le desireteroit s'il pooit, et il si fist.[330]

Quant li quens Henris de Campaigne fu enfoïs, si prist on conseil de faire segnour en le tiere et de le dame se feme marier. Il ot un haut home en le tiere qui avoit non Hues de Tabarie et fillastres avoit esté le conte de Triple, et avoit le sereur celle dame a feme.[331] Cil avoit .i. sien frere, qui avoit a non Raous, a cui il se conseilla c'on le mariast, et que elle i seroit bien emploïe. Aucunes gens de le tiere s'en tenoient a lui, mais ce n'estoient mie tout. Li Temples et li Hospitaus en furent encontre et disent que par lor consel ne le donroient il mie a home qui le tiere ne *peust* aidier de tiere qui de par lui venist, car de toute l'aïue qui

---

1 le tiere saisie] sesie la terre d'Egipte *F16*, prise le tere *F17* ‖ si ot grant ... arriere] et qu'il avoit mandee gent si se traist arriere et ot grant peur et ala *F19* ‖ grant paour et] grant poor si *F16 F20 F24*, molt grant paor si *F25 F26*   2 et amassa gent] et amassa ses os *F19*, si amassa gent *F24*, et si amassa grant gent *F25 F26*, si assembla gent *F38*, et assembla gens *F50* ‖ bien] lacks *F18*   2–3 desireteroit s'il pooit ... fist] desireteroit de toute sa terre se il pooit et il si fist et touz ses autres freres *F16*, desireteroit s'il pooit *F20*. *New paragraph in F16, F20 and F24. Rubric in F16*: Del tens lo roi Aymeri de Chypre, qui rois fu d'Acre et de tote la terre que Crestian tenoient de par sa fame, qui fame avoit esté le conte Hienri de Champaigne. *This is preceeded by the following sentence which is crossed out*: Comment Salphadin desherita ses neveuz qui fil avoient esté Salehadin. *Rubric in F20*: Du tans le roi Aymeri de Chipre qui rois fu d'Acre et de le Terre d'Outremer que li Crestiien tenoient *followed by a six-line puzzle initial 'Q'*.   4 prist on conseil] pristrent li baron de la terre consoil *F16*, prist congié *F20*   5 tiere et de ... feme] Tere d'Outremer et de le vesve dame *F19* ‖ *New paragraph in F25 and F26*.   6 avoit] ot a *F16 F19 F20* ‖ et] qui *F24 F25 F26 F38 F50*   7 celle] de cele *F24 F38 F50*   7–8 qui avoit a ... mariast] qui avoit a non Raous, qui a lui se conseilla que on le mariast a lui *F19*, a cui il conseilla c'om la mariast qui avoit a non Raous *F25 F26*   7 Raous] Renaut *F16*, Renaus *F17 F20*   8 se] lack *F16 F17 F20 F24 F38*   8–9 Aucunes gens de ... tout] lacks *F19* ‖ de le tiere] dou païs *F25 F26 F38*   9 s'en tenoient] se tenoient bien *F16*, s'acordoient *F17*, se tenoient mout bien *F20*, s'en tenoient bien *F24* ‖ ce n'estoient] n'estoient *F24*, n'estoit *F25 F26* ‖ Li] Car li *F16*   10 en furent] en fu *F24 F38*, en estoit *F25 F26*   10–379.1 furent encontre et ... tiere] fu encontre et si disent que par lor consel ne l'aroit il mie et que on ne le donroit mie a homme qui le tere ne peust aidier a maintenir. Car a toute l'aïeue que li quens Henris de Champaigne avoit ne le pooit il mie souffire ne *F19*   10 donroient il] donroit on *F17 F20 F24*, donroit l'en *F50*   11 le tiere ne peust aidier] le tiere ne peust gouvrener et aidier *F18*, de la terre fust ne d'autre terre ensement s'il ne pooit aidier la terre *F25 F26*

---

330 al-'Azīz 'Uthmān, the sultan of Egypt died in 1198, and his uncle, al-'Ādil Sayf al-Dīn was formally proclaimed sultan of Egypt in 1200. al-Afḍal 'Alī was driven from Damascus in 1196. Only in Aleppo did Ṣalāḥ al-Dīn's son and his descendants continue ruling into the mid thirteenth century.

331 Hugh had married Margaret of Ibelin, the daughter of Balian and Maria Komnene and thus Isabella's half-sister.

THE CHRONIQUE D'ERNOUL 379

venoit le conte de se tiere de Campaigne ne pooit il mie le tiere furnir. Ains i fu maint jour a grant povreté,[332] que il fu maint jour que quant il se levoit qu'il ne savoit qu'il devoit mangier et qu'il demandoit a son senescal qu'il et se maisnie mangeroient, et il *respondoit* que il ne *savoit* coi, car il ne *trovoit* qui riens lor volsist croire. Lors *faisoit* prendre gages et envoiier a le viande. Ensi com vous avés oï avint maint jor al conte Henri.[333] 'Et comment donrons nous le tiere a home qui nient n'a quant cius, a *toute* l'aïue que il avoit de Campaigne, ne pooit mie le tiere gouvrener. Ains prenderons consel; si le donrons a tel home, se Diu plaist, qui bien gouvrenera le tiere.' Il prisent consel ensanle et s'acorderent a chou que, se li rois de Cypre le voloit prendre, il ne savoient nul liu ou ele fust miex emploïe ne dont li tierre fust plus tost consellie *ne* aidie qu'ele seroit de lui. Il s'acorderent ensanle et par le consel le cancelier d'Alemaigne, et manderent le roy de Cypre, Haymeri; se li donerent le dame; si l'espousa, et elle porta courone. Dont primes fu elle roine.[334]

---

1 le conte de ... Campaigne] au conte Hienri de Champaigne *F16*, le conte de se tere *F17*, dou conte Henri de se terre *F20*, le conte Henri de sa terre de Champaigne *F25 F26*, au conte de sa terre de Champaigne *F38 F50* ‖ mie le tiere furnir] fornir la terre *F25 F26*, mie furnir la terre *F24 F38*   1–2 i fu maint jour a] i fu maint jour en *F16 F20*, fu maint jor en *F17 F19*   2 que il fu maint jour que] et que *F19*, qu'il il fu maint jor *F24*, car il fu maint jor *F25 F26 F38*   2–3 qu'il ne savoit ... maisnie] au matin il ne savoit encore ou il prenderoit a mengier et qu'il apeloit son senescal et li demandoit qu'il *F19*   3 mangier] disner *F25 F26*   4 et] *lack F24 F38* ‖ respondoit que il ... trovoit] respondoient que il ne savoient coi, car il ne trovoient *F18* ‖ coi car il] et qu'il *F19*, car il *F24* ‖ lor] li *F24 F25 F26 F38*   5 Lors faisoit prendre gages et envoiier] Lors faisoient prendre gages et envoiier *F18*, Lors envoioient lor gages *F19*, Donc faisoit prendre gages et envoier *F24*, Donc faisoit prendre gages et les faisoit envoier *F25 F26* ‖ *New paragraph in F25 and F26*.   5–6 com vous avés ... tiere] avint il maint jour le conte Henri comme vous avés oï et comment redonrons nous ore le tere *F19*, li avint maint jor et coment donrons nos la terre *F24 F38*, com je vos ai dit avint le conte Henri de Champaigne maint jor en la Terre d'Outremer. Et coment distrent li baron donrions nos la dame *F25 F26*   7–9 nient n'a quant ... et] riens n'a. Or en prendés consel ensanle et si le donnés a homme qui le terre puist aidier. Et il *F19*   7 toute l'aïue que il avoit] toute le tiere et l'aïue que il avoit *F18*, tote l'aide qu'il avoit de sa terre *F16*   8 le tiere gouvrener] governer le terre *F24 F25 F26*. governer la la terre *F38* ‖ si] et si *F24 F38*, et *F25 F26*   9 se Diu plaist ... tiere] qi la terre governeroit *F25 F26*, se Dieu plaist qui la terre governera *F38*   10 se] *lack F25 F26* ‖ rois] rois Aymeris *F16*, rois Haymeris *F20* ‖ savoient nul liu] savoient leu *F16 F17*, savoient homme *F19*, savoit nul lieu *F20*, savoient *F25 F26 F38 F50*   11 plus tost consellie] mieus conseillie *F20*, plus tost plus tost secorue (secorute *F24*) *F24 F25 F26 F38 F50*   11–12 consellie et aidie ... ensanle] aidie ne conseillie. Et ainsi s'acorderent il tout ensanle *F19*   11 ne] et *F18*   12 et] *lack F17 F20 F50*, et se fu *F19* ‖ et] *lack F16 F24 F38 F50*, et si *F19*   13 le roy de Cypre Haymeri se] lo roi Aymeri de Chipre si *F16*, le roy Haimmeri de Chipre et il y vint et il *F19*, le roi de Chipre. Si *F20*, le roy de Cypre qui Haymeris avoit a non si *F25 F26* ‖ si] et il *F19 F20 F25 F26*   14 *New paragraph in F16, F17, F20, F25, F26, F38 and F50*.

---

332   *F16*, *F17* and *F20* lack the next sentences.
333   *F16*, *F17* and *F20* resume.
334   January 1198.

Or avint puiscedi que li rois Haymeris ot *la dame espousee*, qu'il cevalçoit .i. jour dehors Sur entre lui et ses chevaliers, et que doi home vinrent a cheval; se li coururent sus pour lui ocirre. Il ne l'ocisent mie, mais durement le navrerent. Il furent pris et essillié; n'onques ne vaurent dire qui ce lor avoit fait faire. Dont on mescreï ciaus de Tabarie, pour çou qu'il n'orent le roine a feme. On nes en vaut mie aprover, n'entrer en paine de l'aprouver, ains les bani on hors de le tiere a tous jours.

Quant li rois Haymeris de l'ille de Cypre ot espousee le roine Ysabiel, il manda tous ses chevaliers, qui rentes avoient dedens Acre, et si lor dist qu'il esleuissent .ii. chevaliers qui fuissent avoeques ses baillius as rentes d'Acre garder et pour departir entr'aus, quant il les aroient requellies, et a cascun doner çou qu'il i deveroit avoir, s'il pooit estre. Car il ne voloit riens metre en lor rentes paiier, se il i faloit. Il n'i voloit riens metre, ains viveroit il et si chevalier des rentes de se tiere, et il vesquissent des rentes ou il estoient assené.

Apriés ce que li rois Haimmeris ot espousee le roine Ysabiel, il prist consel al Temple et a l'Ospital et al cancelier d'Alemaigne et as Alemans et as barons

---

1 puiscedi] puis grant piece *F16*, puis *F19 F38* ∥ la dame espousee] espousee la dame *F18*   2 et] lack *F19 F20*   2–3 se li coururent sus] lack *F20 F25 F26 F38*   3–4 l'ocisent mie mais ... et] les connissoit mie et si le navrerent molt durement et puis en furent il *F19*   4 dire] gehir *F25 F26 F38 F50*   4–5 on mescreï] on en mescreï *F19 F24*, en mescrut on *F25 F26*, l'en en mescrut *F50*   5 n'orent le roine a feme] n'avoient mie le roine eue a femme *F19*, n'orent le roine a dame *F20*   5–6 nes en vaut ... l'aprouver] nes vost mie esprouvier n'entrer en paine de ce prouver *F16*, ne lor vaut mie aprover ne de çou entrer en paine de prouver *F17*, ne lor vaut aprover *F19*, ne leur vaut mie aprover n'entrer en paine de prouver *F20*, ne (ne se *F26*) se vout aprover de cel fait ne entrer en paine de l'esprover *F25 F26* nes en volt mie aprover n'entrer en paine de l'esprover *F38*   6 hors] lack *F16 F19 F25 F26 F38*   7 New paragraph in *F16*.   8 de l'ille de Cypre] de Chypre *F16*, de Cipre *F16 F17*, de Cypre *F19*, lacks *F24*, de la terre de Cypre *F25 F26* ∥ Ysabiel] Marien *F19*   9 ses chevaliers] les chevaliers *F16 F24 F25 F26 F38*, les chevaliers et les haus hommes *F19* ∥ avoient] tenoient *F20*   10–11 as rentes d'Acre ... departir] pour rechevoir les rentes d'Acre et pour departir les rentes *F19*, as rentes d'Acre garder et recoillir et por departir *F24 F25 F26 F38*   11–12 et a cascun doner ... pooit] et a chascuns donne ce qu'il en pooit en devoit *F16*, et a cascun done çou qu'il en deveroit avoir s'il pooit *F17 F20*, et pour donner a cascun ce qu'il deveroit avoir s'il pooit *F19*, a cascun cou qu'il en deveroit avoir s'il i pooit *F24 F38*, a chascun ce qu'il i devroit avoir s'il i pooit *F25 F26*   12 riens metre en] riens metre du sien en *F20*, riens prendre ne riens metre a *F24*, rien prendre ne rien metre a *F25 F26*, nient perdre ne rien metre a *F38*   12–13 se il i ... ains] et se n'i voloit riens prendre ains *F17*, s'il y faloit et il n'i voloit nule riens prendre. Mais s'il y avoit surplus si en fesist on tresor aveuc aus quant il en aroient mestier et il *F19*, ains *F24 F25 F26 F38*   13–14 il et si ... tiere] entre lui et les chevaliers de se tere et de ses rentes *F19*, des rentes de se terre il et si chevalier *F20*   14 et il vesquissent des rentes] lacks *F17* ∥ New paragraph in *F16, F20, F24, F25 and F26*. Rubric in *F16*: La desconfiture que li rois Aymeris fist seur Sarrasins devant Baruth et comment il le prist. Rubric in *F20*: Dou roi Aymeri qui asseja Baruc et le prist.   15 roine Ysabiel] roine de Jherusalem Ysabel *F17*, roine Marien *F19*   16 al Temple et a] au maistre du Temple et de *F19* ∥ Alemans] Alemanz qui outremer estoient *F16*

THE CHRONIQUE D'ERNOUL 381

de le tiere de aler sour Sarrazins. Il li donnerent conseil qu'il alaissent Barut assegier. Quant on ot conseil d'aler Barut assegier, il fisent cargier les nés et les galyes de viandes, armer et aler; et l'os s'en ala par tiere. Quant li Sarrazin, qui a Barut estoient, oïrent dire que li Crestiien venoient Barut assegier, il widierent tout le castiel de femes et d'enfans et des feules gens et de tous les esclaves qui dedens le castiel estoient, fors deus seulement, et .i. carpentiers qui dedens estoit manans, mais se feme et si enfant estoient en Païenie en ostages, pour çou qu'il ne fesist aucune traïson dedens le castiel.[a]

[cclii] Quant li Sarrazin sorent que li Crestiien venoient et aproçoient le castiel, il s'armerent et se issirent hors et alerent encontre. Quant li carpentiers vit que li Sarrazin estoient tout hors, il vint as .ii. esclaves Crestiiens qui estoient en le

---

1 li] *lacks F24 F25 F26 F38* ‖ conseil qu'il alaissent] consuel qu'il alast *F16 F19*, congié qu'il alast *F20*, conseil d'aler *F25 F26*   2 Quant on ot ... assegier] Quant il orent pris conseil qu'il iroient assegier Barut *F19, lack F25 F26* ‖ ot] ot doné *F20*   2–3 fisent cargier les ... aler] firent communement charger nés et galies de viandes et d'armes et puis s'aparelierent d'aler *F16*, fisent cargier les nés et les galies de viande et d'armes *F17*, firent cargier lor nés et lor galies d'armes et de viandes *F19*, fisent chargier les nés et les galies de viandes et d'armes et aler *F20*, fisent cargier les nés de viande et les galies armer a aler par mer *F24 F38*, firent les chargier de viande et les galies armer a aler par mer *F25 F26*   3–4 et l'os s'en ... qui a Barut estoient] et li roys en ala par tere a toute s'ost. Quant li Sarrasin *F19*   3 l'os s'en] l'os en *F24*, lor en *F25 F26*   4 que li Crestiien ... Il] que li Crestien venoient assegier le cité de Barut et le castel il *F19*, c'on (que l'en *F38*) s'aparelloit por aler Barut aseger il *F24 F38*, que on s'aparelloient por Baruth aler assegier si *F25 F26*   5 femes et d'enfans et des] *lack F25 F26*   6 dedens le castiel estoient] en le (la *F16*) cité estoient *F16 F17 F20*, estoient dedens *F19*, dedens estoient *F24 F25 F26 F38 F50* ‖ deus seulement et .i. carpentiers] seulement de .ii. et d'un carpentier *F19*, solement .ii. et .i. charpentier crestien *F24 F25 F26 F38 F50*   7 estoient] avoient li Sarrasins envoiee *F16*, avoient envoiés *F17*, envoierent il *F19*, avoient li Païen envoié *F20*, envoierent a (en *F50*) .i. chastel *F24 F25 F26 F38 F50*   8 fesist] feissent *F16*, fesiscent *F17*, fesisent *F20* ‖ le castiel] *lack F17 F25 F26 F38*, Barut *F19*   9 *No paragraph break in F20, F38 or F50.* ‖ Sarrazin] Sarrasin qui a Baruth estoient *F16* ‖ venoient et] *lack F16 F20*, venoient par (et par *F25 F26*) mer et par terre et qu'il *F24 F25 F26 F38 F50* ‖ castiel] castel et lor chité *F19*   10 s'armerent] s'armerent tous *F20* ‖ et se] et *F16 F17 F20 F25 F26 F50*, si *F24 F38* ‖ et alerent encontre] du castel encontre les Crestiens *F19*, encontre *F24 F25 F26 F38* ‖ carpentiers] charpentiers qui esclave estoit el chastel *F16*   10–11 que li Sarrazin ... il] qu'il estoient tot issu hors du castel il *F19*, que tout li Sarrasin estoient fors dou castel il *F20*, que li Sarrazin estoient tot hors del chastel si *F24*, furent tuit hors del chastel si *F25 F26 F38*, qu'il furent tuit hors del chastel il *F50*   11–382.1 estoient en le ville cil] estoient dedens le vile et si *F19*, dedens le ville estoient si *F20*, dedenz estoient si *F24 F25 F26 F38*

[a] *F18 f. 86rb–87rb; F16 f. 52vb–53ra; F17 f. 47^{rb-vb}; F19 f. 118^{rb-vb}; F20 f. 62ra–63ra; F24 f. 149^{rb-vb}; F25 f. 82va–83vb; F26 f. 82va–83vb; F38 f. 193^{r-va}; F50 f. 399vb–400va* (ML, 308–312). *F38 has a nine-line historiated initial 'O' showing the sultan of Egypt falling from his horse while two hunting dogs run on to rough terrain.*

ville; cil lor dist: 'Or del bien faire! Se vous me volés aidier, nous avons le castiel pris'. Il disent qu'il li aideroient; desist, il feroient. Dont alerent; si fremerent le porte del castiel. Si dist a l'un des esclaves qu'il fust sour le tour de le porte, et se li Sarrazin venisent qu'il jetast pieres et se deffendist *durement*; et il monteroit sour le maistre tour haute qui priés estoit de le porte; si lor aideroit. A l'autre dist qu'il alast a l'autre tour qui estoit sour le mer, et montast sus et fesist *crois*, et quant il verroit les nés priés, si criast: 'Diex aïue! Sains Sepulcres!' Apriés si descendist, et si lor ouvrist le porte desour le mer pour entrer ens. Quant il orent ensi devisé, si ala cascuns en se garnison. Quant li Sarrazin qui estoient issu hors virent les Crestiiens qui aproçoient par mer et par tiere, si retournerent ariere et quidierent entrer el castiel, et quant il cuidierent ens entrer, si le trouverent

1 faire] *lacks* F20 ‖ aidier] croire et vous me volés aidier F19   2 desist il feroient. Dont alerent] desist et il (qu'il F20) feroient. Dont alerent F17 F20 F24, molt bien et molt volentiers et bien commandast quanques il vausist que il fesissent et il le feroient molt volentiers. Dont alerent il tout ensanle et F19, Adonc alerent F25 F26   2–3 si fremerent le porte] si (et si F17 F19) fermierent les portes F16 F17 F19, fermer les portes F20, fermer la porte F25 F26   3 Si dist] Si dist li charpentiers F16 F25 F26, si fist F17, Et li carpentiers dist F19, Or dist il F24, Or dist li charpentiers F38 ‖ sour le tour ... et] a la porte seur la tor et que F16 F20, a le porte sor le tour et F17, sur le tour de le porte du castel et se dist que F19, sor le tor de le porte et que F24 F25 F26 F38   4–8 jetast pieres et ... descendist] se deffendesist et si getast durement pierres aval et si fust la et il monteroit sur le maistre tour qui prés estoit de le porte et si estoit molt haute et si lor aideroit quanques il porroit. Et a l'autre dist il qu'il alast a l'autre porte qui estoit sur le mer et qu'il montast sus et qu'il y fesist crois. Et quant il veist venir les nés si desist: 'Diex aieue Sains Sepulchres!' et puis descendist aval F19   4 pieres et] pierres aval et F16, pierres et qu'il F25 F26 ‖ durement] drument F18 ‖ monteroit] monterent F25 F26   5 tour haute] porte F25, tor F26 F38 F50 ‖ lor aideroit] li aideroit le porte a defendre durement F24, li aidierent la porte defendre (a deffendre F38 F50) F25 F26 F38 F50. *New paragraph in F25 and F26*.   5–6 A l'autre dist] A l'autre esclave (esclaf F50) dist F16 F38 F50, Li charpentiers dist a l'autre esclave F25 F26   6–7 fesist crois et ... Sepulcres] quant il verroit les nés prés, si criast: 'Dex aide! Saint Sepulcres!' et feist croiz F25 F26 ‖ crois et] une crois et F18, crois F17 F20 F24 F38   7 si] venir si F20, et F24 F38   8 descendist et] descendist de la tor et F16 ‖ si lor ouvrist le porte desour] et (si F24) lor ovrist la posterne qui estoit sor F24 F25 F26, leur ovrist la porte qui estoit seur F38, lor ovrist la posterne qui estoit devers F50 ‖ *New paragraph in F38*.   9 en] a F16 F17 F20 F38 ‖ *New paragraph in F20 and F50*.   9–383.1 qui estoient issu ... fremé] virent qu'il estoient issu hors de lor castel et que Crestien venoient et par tere et par mer. Si retournerent arriere et si cuiderent rentrer en lor castel dont il estoient issu et quant il cuiderent rentrer ens si ne porent car il le trouverent molt bien fermé F19   9–10 hors virent les] de Baruth virent les F16, fors dou castel de Baruch virent les F20, del chastel virent que li F24, hors del chastel virent que li F25 F26 F38   10 par] et par F16 F20, durement et par F24 F25 F26 F38 ‖ retournerent] tornerent F24 F38   11 et quant il ... trouverent] Si le trouverent F20, Quant il vinrent devant le porte si (il F50) le virent F24 F38 F50, quant il vindrent devant la porte si la trouverent F25 F26

THE CHRONIQUE D'ERNOUL 383

fremé. Et cil qui sour le porte et sour le maistre tour estoient commencierent pieres a ruer et a crier: 'Diex aïue! Sains Sepulchres!'[a]

[ccliii] Lors virent bien li Sarrazin qu'il avoient tout perdu, et, se il demouroient illuec, il seroient pris et ocis, et li secours des Crestiiens estoit mout priés; si s'enfuirent de le tiere, et li castiaus demoura as Crestiiens. Ensi faitement fu pris   5
Barut. Quant li vaissel qui par mer venoient furent priés de Barut, et il oïrent crier celui qui sour le porte estoit: 'Diex aïue! Sains Sepucres!' si s'esmervillierent mout que ce pooit iestre, et quidierent c'on le fesist par traïson. Cil qui sour le porte *estoit descendi et ovri* le posterne, et cil qui sour le maistre tour estoit lor cria que il venissent seurement, qu'il n'avoit nullui ou castiel et que li Sarra-   10
zin s'en estoient tout fui. Dont s'armerent dusques a .x. serjans et vinrent la et entrerent el castiel a grant doutance, et quant il virent qu'il n'avoit nului el cas-

---

1 sour le porte ... estoient] sur le porte estoit et chil qui sur le maistre tor estoit si *F19*, estoient sour le porte et sour le maistre tour *F20*   2 pieres a ruer et a crier] molt fort pierres a geter et a ruer *F19*, pierres a giter et a crier *F38*, geter pierres et crier *F50* ‖ Diex aïue! Sains Sepulchres] *lacks F19*, Dieus aïue! Sainte Crois et Sains Sepulcres *F20*, Sainz Sepulcres Dex aide *F25 F26*   3 *No paragraph break in F16, F17, F20, F24, F25, F26 or F50*. ‖ Lors virent bien ... tout] Adont virent bien li Sarrasin qu'il avoient lor castel *F19*, Li Sarrazin virent bien qu'il avoient le chastel *F24 F25 F26 F38*, Li Sarrazin virent qu'il avoient le chastel *F50*   3–4 et se il demouroient illuec] s'il demoroient plus illuec *F20*   4 pris] tout pris *F17 F19* ‖ et] que *F24*, car *F25 F26 F38 F50* ‖ li secours des Crestiiens estoit] si virent bien que li assalirs au castel ne lor valoit nule riens et que li secours des Crestiens lor estoit *F19* ‖ mout] *lack F25 F26*   4–5 si s'enfuirent] d'ilec si s'enfoïrent li Sarrasin *F16*, li Sarrasin s'enfuirent hors *F17*   5 de le tiere] *lacks F19*, en lor terre *F24 F38 F50*, en lor terres *F25 F26* ‖ li castiaus demoura] ainsi demoura li castiax de Barut *F19*   5–6 Ensi faitement fu pris Barut] *lacks F19*, Si faitement fu pris Baruch come vos avés oï *F20*, einsi fu pris li chastiaus de Baruth com je vos di *F25 F26*, Ainsi fu pris Baruth *F38 F50*. *New paragraph in F16, F20, F25 and F26*.   6 vaissel] vessel des Crestians *F16* ‖ furent priés de] approcherent *F19*   7 celui qui sour ... Sepucres] Saint Sepulchre Dix aieue *F19* ‖ le porte] le tor *F24*, la tor *F25 F26 F38*   7–9 le porte estoit ... estoit] le porte estoient descendirent et ovrirent le posterne, et cil qui sour le maistre tour estoit *F18*, la tor estoit descendi et ouvri la porte et cil qui seur la porte estoit *F16*, le porte estoit descendi et olvra le porte et cil qui sor le maistre tour (porte *F17*) estoit *F17 F20*, le porte estoit descendi aval et si leur ouvri le porte pour entrer ens. Et chil qui sur le maistre tour estoit *F19*, le tor estoit descendi et ouvri le posterne qui sor le mer estoit et si *F24 F38*, la tor estoit descendi et ovri la porte qui sor la mer estoit et *F25 F26*, la tor estoit descendi et ovri la posterne devers la mer et *F50*   8 mout] molt durement *F25 F26* ‖ c'on le fesist] que che fust *F19* ‖ Cil qui sour] Mais chil qui sur *F19*, Cil de *F25 F26*   10 cria que il venissent] escria qu'il venissent *F16 F20*, commencha a crier que il venissent ens *F19* ‖ qu'il n'avoit] qu'il n'avoient *F17*, et qu'il n'i avoit *F19*, car il n'avoit *F20*   11 tout] *lack F16 F17 F20* ‖ Dont] Adonc *F25 F26*, Lor *F38* ‖ dusques a] *lacks F20* ‖ et vinrent la et] molt bien et si *F19*   12–384.1 n'avoit nului el castiel si coururent] n'i avoit nului el castel si vinrent *F19*, n'avoit el castiel si corrurent *F20*

---

[a] *F18 f. 87^{rb–va}; F16 f. 53^{ra–b}; F17 f. 47vb–48ra; F19 f. 118vb–119ra; F20 f. 63^{ra–b}; F24 f. 149^{vb–c}; F25 f. 83vb–84ra; F26 f. 83vb–84ra; F38 f. 193^{va–b}; F50 f. 400^{va–b}* (ML, 312–313).

tiel, si coururent a le porte; si l'ouvrirent et crierent qu'il n'avoit nului el castiel. Et il aprocierent *tiere* et jeterent ancres et issirent a tiere et entrerent tout el castiel. *Aprés si* envoierent encontre le roi qui par tiere venoit; si manderent qu'il venist seurement et que *li castiaus estoit pris*.[a]

5 [ccliv] Or vous dirai que cil qui par mer furent venu fisent. Il entrerent el castiel et prisent les .ii. esclaves et les misent a destreche pour çou qu'il lor ensegnassent l'avoir qu'il avoient repus el castiel. Cil disent que il n'en savoient nient; et que il faisoient mal et pecié, quant il les en destraignoient. Toutes eures les destrainsent tant que il en furent mort. Apriés vinrent as portes de le maistre
10 *tor*; si les cuidierent depecier, mais elles estoient de fier et si estoient bien barees par dedens. Et cius qui dessus estoit lor dist qu'il se traisissent *ariere* et que il ne ferissent plus a le porte, et s'il ne se traioient ariere, il ne en i venroit ja tant

---

1 si coururent a ... castiel] *lacks F17 (homeoteleuton). New paragraph in F25 and F26.* ‖ le porte si] la (le *F24*) posterne et *F25 F26 F38 F50* ‖ si l'ouvrirent et crierent] et si l'ouvrrirent et si disent que il venissent hardiement et *F19* 1–2 qu'il n'avoit nului ... aprocierent] *lacks F20*, qu'il n'i avoit nului et il aprochierent *F24 F38*, qu'il n'i avoit nullui. Cil qui en mer estoient aprochierent a *F25 F26* 2 tiere et jeterent ancres et] lor nés et lor galies et si geterent lor ancre et si geterent aval et si *F19* ‖ tiere] le tiere *F18* ‖ issirent] vinrent *F17*, descendirent *F19 F24 F25 F26 F38 F50* 3 aprés si] Apriési *F18*, et aprés che si *F19*, puis *F25 F26 F50* ‖ envoierent encontre le ... manderent] manderent le roy qui par tere venoit a tout molt grant gent *F19* ‖ roi] roi batant *F24 F25 F26 F38* ‖ si] si li *F16*, se li *F17*, et li *F25 F26* 4 et] *lack F19 F24 F25 F26 F38 F50* ‖ li castiaus estoit pris] il avoient pris le castiel *F18* 5 *No paragraph break in F25, F26 or F50.* 5–6 Or vous dirai ... et] Or vous dirai de chiaus qui vinrent par mer qu'il fisent. Quant il furent entré el castel il *F19*, Or vous dirai que cil fisent qui par mer furent venu. Il entrerent el castel et *F20*, Or vos dirai que cil qui par mer furent venu et entrerent el chastel fisent. Il *F24*, Quant cil qui part mer vindrent furent entré el chastel si *F25 F26*, Or vous dirai que cil firent qui par mer vindrent. Quant il furent entré eu chastel il *F38* 6 et] qui dedens le castel estoient et si *F19* ‖ les misent a destreche pour çou] misent a destrece *F24* 7 qu'il avoient repus el castiel] del chastel que pris avoient *F16*, qu'il avoient pris el castel *F17 F20*, et le tresor qu'il avoient mucié (repost *F38*) el chastel *F24 F25 F26 F38* ‖ Cil] Et chil *F19*, et cil *F25 F26* ‖ nient] riens *F16*, rien *F25 F26* 8 il les en] si les *F16*, il les *F19 F38*, ensi les *F20 F50* ‖ eures] voies *F19 F38 F50* 9 tant] tant et batirent *F24*, et batirent tant *F25 F26 F38 F50* ‖ mort] tout doi mort *F19* ‖ Apriés] puis *F25 F26 F50* 9–10 as portes de ... estoient] a la (le *F24*) porte de le maistre tor; si la (le *F24*) cuidierent depecier, mais ele estoit de fer et si (et *F50*) estoit *F24 F25 F26 F38 F50* 10 tor] *lacks F18* ‖ depecier] depechier et entrer ens *F19* ‖ de fier et ... barees] barees de barres de fer *F20* 11 par] *lack F16 F19* ‖ dessus] dedens *F17*, dessur le tour *F19*, par desus *F24*, sus *F25 F26*, sus la tor *F38* ‖ ariere] ensus *F18* 11–12 que il ne ... et] *lacks F16* 12–385.1 il ne en ... ociroit] il n'en i venroit ja tant qu'il n'oceissent *F20*, il n'en i venroit ja tant qu'il n'ociroit *F24*, il ni n'i vendroit ja tant come il ociroit *F25 F26*, ja tant n'en viendroit qu'il n'ocirroit *F38*

---

[a] *F18 f. 87*$^{va-b}$; *F16 f. 53*^{rb}; *F17 f. 48*$^{ra-b}$; *F19 f. 119*$^{ra-b}$; *F20 f. 63*$^{rb-va}$; *F24 f. 149*^{vc}; *F25 f. 84*$^{ra-b}$; *F26 f. 84*$^{ra-b}$; *F38 f. 193*^{vb}; *F50 f. 400*^{vb}*–401*^{ra} (ML, 313).

THE CHRONIQUE D'ERNOUL   385

com il en ociroit, ne que *ja nus* n'enterroit en le porte desi adont qu'il verroit
le roi Haimmeri *ou* son message. Apriés çou que les nés furent arrivees, vint
li rois devant Barut, et grant joie fisent et grasses et mercis rendirent a Jhesu
Cris de çou qu'il avoit lors le cité rendue. Quant li rois fu logiés devant Barut   5
et il sot que li carpentiers estoit dedens le maistre tour et qu'il ne voloit des-
cendre devant ce qu'il l'eust veu u lui u son message, il i envoia .i. chevalier et
se li manda qu'il venist a lui parler seurement, et si envoia chevaliers et serjans
pour le porte garder.ᵃ

[**cclv**] Quant li carpentiers vit le mesage, si descendi et vint al roi, et li rois fist
grant fieste de lui. Puis li demanda comment li Sarrazin avoient widié le castiel,   10
et il li *conta* tout si com il avoit esté. Lors vint li rois, pour ce que par lui avoit
esté li castiaus pris; se li dona rente dedens le castiel a lui et as ses hoirs, et se li
pourcacha tant qu'il ot se feme et ses enfans tous delivrés *qui en Païenie estoient*.

1–2 ne que ja ... nés] et que ja nus hons n'i enterroit dessi adont que li roys Aimeris seroit venus. Aprés che que les nés et les galies *F19*   1 ja nus] jamais *F18* ‖ le porte desi adont qu'il] le porte jusques atant qu'il *F20*, le tor jusc'a dont qu'il *F24*, la tor dusqu'a donc (tant donc *F25*) q'il *F25 F26*, la tor jusque il *F38*, la tor tant qu'il *F50*   2 Haimmeri ou] Haimmeri et *F18*, ou *F25 F26 F38 F50 F24* ‖ *New paragraph in F24, F25, F26, F38 and F50.*   3 devant Barut] Haimmeris a Barut *F19*, Haymeris devant Baruch *F20*, devant Baruth (Barut *F24*) et tote l'ost *F24 F25 F26 F38*, et tote l'ost devant Baruth *F50* ‖ grant joie fisent ... rendirent] si en fist molt grant joie et molt grant feste de che qu'il estoient si tost entré ens en rendirent il et graces et merchis *F19*   3–4 Jhesu Cris de ... cité] Jhesu Crist de ce qu'il leur avoit la cité *F16*, Jhesu Crist qui lor avoit le cité *F17*, Jhesu Crist de che qu'il lor avoit si tost le chité *F19*, Nostre Segnour de ce qu'il lor avoit le chité *F20*, Jhesu Cris de çou qu'en tel maniere lor avoit la cité *F24 F38 F50*, Damedeu Jhesus Crist que (de ce que *F26*) en tel maniere lor avoient la cité vuidié et *F26 F25*   4 *New paragraph in F16.* ‖ rois] rois Aymeris *F16*   5 dedens] en *F16 F20*, sor *F24 F25 F26 F50*, seur *F38*   6 devant ce qu'il ... son] devant che qu'il eust veu le roy ou sen *F19*, devant ce qu'il l'eust veu ou son propre *F20*, jusc'adont qu'il eust veu le roi u son *F24*, dusqu'a donc qu'il n'eust veu le roi ou son *F25 F26*, jusque il eust veu le roi ou son *F38*, jusque tant qu'il eust veu le roi ou son *F50* ‖ l'eust] eust *F16 F17* ‖ il i] il li *F17 F20*, Li roys y *F19*, si *F25 F26*, il *F38*   7 a lui parler seurement] parler a lui seurement *F17 F19*, seurement parler a li *F20*, *lack F25 F26*, parler a li sauvement *F38*   8 le porte] les portes de le maistre tour *F19*, le tor *F24*, la tor *F25 F26 F38 F50*   9 *No paragraph break in F16, F17, F20, F24, F38 or F50.* ‖ le mesage si descendi et] le mesage si descendi de le tour (tor aval *F16*) et *F16 F20*, les messages le roy si descendi de le tour et se *F19*   9–10 rois fist grant fieste] roys fist grant feste et grant joie *F19*, fist mout grant feste *F20*   11 conta] conte *F18*   11–12 il avoit esté ... se] li castiax avoit esté pris. Et li roys *F19*   11 Lors] Dont *F24 F25 F26 F50* ‖ li rois] *lacks F17*   11–12 avoit esté li ... li] fu li chastiaus pris si li *F16*, avoit esté li castiaus si li *F17*, fu pris li castiaus. Si *F20*   12 rente] grant rente *F16 F17 F20*, rentes *F19*, bele rente *F24 F38*, rentes belle *F25*, belle rente *F26* ‖ as ses hoirs] a son oir *F16 F17 F19*   13 qu'il ot] qu'il rot *F16 F50*, qui reut *F17*, qu'il reut *F20* ‖ qui en Païenie estoient] ensi faitement que paiien avoient par devers aus *F18*, qui estoient en Païenime en prison *F19*

ᵃ*F18 f. 88ʳᵃ⁻ᵇ*; *F16 f. 53ʳᵇ⁻ᶜ*; *F17 f. 48ʳᵇ*; *F19 f. 119ʳᵇ⁻ᵛᵃ*; *F20 f. 63ᵛᵃ⁻ᵇ*; *F24 f. 149ᵛᶜ–150ʳᵃ*; *F25 f. 84ʳᵇ⁻ᵛᵃ*; *F26 f. 84ʳᵇ⁻ᵛᵃ*; *F38 f. 193ᵛᵇ–194ʳᵃ*; *F50 f. 401ʳᵃ⁻ᵇ* (ML, 313–314).

Ensi faitement rendi Damediex ces .ii. castiaus, com vous avés oï: *Gibelet* et Barut, dont il n'a que .ii. liues de l'un a l'autre. Li rois garni Barut de chevaliers et de sergans quant Diex lor ot rendu, car autre garnison n'i convenoit il metre, car il trouva le castiel bien garni d'armes et de viandes a .vii. ans, fors seulement de vin.[335]

Et si trouva on escript el castiel que les .ii. galies qui escaperent de Sur et vinrent a Barut avoient fait damage de plus de .xiii. mil homes, qu'il avoient pris *vis* et envoiiés en Païenie, *estre* ceus qu'il avoient ocis. Et si vous dirai comment.[336] Il a une pointe de une montaigne devant Barut qui lance en le mer. Au pié de celle montaigne en le mer estoient les galies tous jours armees, et dessus en le montaigne avoit gaites qui gaitoient tous jours en le mer pour les vaissiaus gaitier qui venoient de le tiere d'Ermenie et d'Antioce et de Triple et aloient a Sur et a Acre, car on ne pooit aler de *ces* tieres a Sur ne a Acre ne de Sur ne de Acre raler a ces tieres, que il n'esteut passer pardevant Barut. Et quant les gaites les veoient, si le faisoient savoir as galyes, et elles mouvoient; si les pren-

---

1 Ensi faitement] Et ainsi *F19*, Einsi com je vos di *F25 F26*, Ainsi *F38*, Ensi *F50* ‖ castiaus com vous avés oï] chastiaus com vos avez oï aus Crestians *F16*, cités (castiaus *F19*) as Crestiens com vous avés oï *F19 F24 F38*, chités come vous avés oï *F20*, cités as Crestiens *F25 F26* ‖ Gibelet] Ghibelet *F18*   2 .ii. liues] .vii. liues *F24 F25 F26 F50*, .vii. milles *F38*   3 sergans] serjans et de viandes *F19* ‖ n'i] ne li *F17 F25 F26 F50*, ne lor y *F19*, ne lor *F24*, ne leur *F38* ‖ convenoit] vouloit *F16*   4 car il trouva le castiel] et si le trouva molt *F19*   6 on escript el … galies] l'on el castel escrit que les .ii. galies *F16*, on en escrit que les .ii. galies *F19*, on en escrit el chastel que les .ii. galies dont je vos dis *F24 F38*, enscrit el chal que les .ii. galies donc je vos di *F25 F26*   7 .xiii. mil] .xx.ᵐ *F16 F20*, .xx. mil *F17*, .xiii. *F24*, .iii.ᵐ *F25 F26*   8 vis et envoiiés en Païenie estre] en le mer et envoiiés en Espaigne et en Païenie estre mis hors *F18*, tous vis et si les avoient envoiés en prison en Païenie estre *F19*, vis et les avoient envoiés en Païenime sans *F20*, tos vis et envoiés en Païenie estre *F24*, vis et envoiez en Païenisme sanz *F50*   9 *New paragraph in F16, F25 and F26.* ‖ Il a] La a *F20*, Il a la *F25 F26*   9–11 pointe de une … jours] montaigne devant Barut dont le pointe lance en le mer. Et la estoient afinés les .ii. galies et si estoient arrivees et dessur chele montaigne avoit tous jours gaites qui gaitoient toudis *F19*   10 Au pié de celle montaigne] et al pié de cele pointe *F24 F25 F26 F38 F50*   10–11 armees et dessus en] arrivees et dessor *F17*   11–12 en le mer … gaitier] en le mer pour les vaissiaus *F19 F20*, les vaissiaus *F25 F26*, en la mer les vessiaus *F38 F50*   12 d'Ermenie et d'Antioce et] d'Antioce (d'Enthioche *F16*) et d'Ermenie et *F17 F20*, d'Ermenie et de Antioce et de le tere *F19*, d'Ermenie et de la terre d'Anthioche (d'Antioche *F24 F38*) et de la terre *F24 F25 F26 F38*   13 aler de ces tieres] aler de ces .ii. (.iii. *F19*) tieres *F18 F19*, de ces terres *F20*, de ces terres aler *F25 F26 F38 F50*   13–14 ne de Sur … tieres] *lack F16 F17 F20*, ne de ches .iii. chités a ches teres *F19*   14 a] en *F24 F25 F26 F38 F50* ‖ n'esteut] ne les covenist *F38*   15 veoient si le … galyes] veoient venir si les faisoient savoir as galies de Barut *F19* ‖ mouvoient] montoient *F16 F20*

---

335   Beirut was captured in October 1197.
336   For the galleys from Tyre, see § ccix.

doient et ocioient s'il pooient. Ensi faitement faisoient damage ches .ii. galycs as Crestiiens.

Quant li rois Haimmeris ot garni le castiel, si s'en tourna et ala ariere a .i. castiel ki a a non Le Toron a .v. *liues* de Sur. Si l'assega, et fu tant devant le castiel que cil dedens se vaurrent rendre salves lor vies. Et il ne les volrent mie prendre. N'ot gaires esté illuec puis c'on li vaut le castiel rendre, c'uns messages vint batant une vespree qui dist que li empereres d'Alemaigne estoit mors.[a]

[cclvi] Quant li canceliers d'Alemaigne et li Alemant oïrent che, si se leverent del siege; si s'en alerent tout aussi com *s'il* fuissent desconfit, et alerent a Sur c'onques n'i atendi li uns l'autre et fisent atirer lor navie pour passer le mer ariere et *cargierent* lor viande et entrerent es nés; si s'en alerent en lor tiere.[337]

---

1 s'il pooient] *lacks F16*, quant il pooient *F24 F25 F26 F38 F50* ‖ faitement] *lack F19 F38* 1–2 damage ches .ii. galyes] ches galies damage *F19*, damage de ces .ii. galies *F20* 2 Crestiiens] Crestiens tant com Barut (Baruth *F38 F50*) fu as Sarrazins *F24 F25 F26 F38 F50*. *New paragraph in F16, F20, F25 and F26*. *Rubric in F16*: Comment li rois Aymeris ala aseger .i. chastel seur Sarrazins qu'en apele Thoron, et s'en departi sanz damage faire au chastel. *Rubric in F20*: Du roi Haymeri qui fist trieves al Saphadin soudant de Damas ou il estoit au siege devant Toron. 3 le castiel si ... ariere] le chastel de Baruth si s'en torna d'ilec (s'en retorna *F20*) et ala *F16 F20*, cel castel si s'en ala *F17*, le castel de Barut si s'en tourna et ala arriere *F19*, le chastel si se (s'en *F25 F26*) torna d'iluec et ala ariere *F24 F25 F26 F38* 3–4 a .i. castiel ... Toron] un chastel qu'en apele Toron (Le Toron *F17 F20*) et est (siet *F20*) *F16 F17 F20*, a .i. chastel qui a a non Le Thoron si (et *F24*) est *F24 F25 F26*, au chastel du Toron *F38* 4 a .v. liues ... et] et si l'assega. Chil castiaus est as .v. liues de Sur et si *F19* ‖ liues] liues priés *F18*, milles *F38* 4–5 le castiel que cil dedens] cel castel que cil dedens chel *F19*, que cil del (du *F38*) chastel *F24 F25 F26 F38* 5 se vaurrent rendre] se vostrent rendre aus Crestians *F16*, li volrent rendre *F17* ‖ vies] vies et lor avoir *F20* ‖ volrent] vaut *F19 F20*, vot *F24*, vout *F25 F26*, volt *F38* 6 N'ot gaires esté ... rendre] Il n'ot puis que on li vaut rendre le castel gaires esté devant *F19* ‖ gaires esté illuec] gaires esté li rois ilec *F16*, esté mie gaires devant *F25 F26* 7 une vespree] le vespree *F20*, a une vespree *F24 F38 F50*, a une avespré *F25 F26* ‖ empereres] emperieres Hienris *F16*, empereres Henris *F20* 8 *No paragraph break in F16, F17, F20, F25, F26, F38 or F50*. ‖ et li Alemant oïrent che] oï ce et li Alemant *F16 F20* ‖ leverent] leverent tuit *F25 F26* 9 si] et *F16 F17 F24 F25 F26 F38*, et si *F19* ‖ tout aussi com ... et] aussi comme tout desconfit et si s'en *F19* ‖ s'il] il *F18* 10 n'i atendi] n'atendi *F16 F25 F26* ‖ n'i atendi li ... atirer] li uns n'i atendi l'autre et si atournerent *F19* ‖ navie] nés *F19*, navire *F20* 11 cargierent] cargier *F18* ‖ entrerent es nés si s'en alerent] entrerent dedenz les nés et s'en alerent *F16*, entrerent es nés et s'en ralerent *F17 F20*, si s'en ralerent *F19* ‖ tiere] terre cil qui vif estoient *F24 F38*. *New paragraph in F16*.

---

[a] *F18 f. 88^{rb-vb}; F16 f. 53^{rc-va}; F17 f. 48^{rb-vb}; F19 f. 119^{va-b}; F20 f. 63vb–64ra; F24 f. 150^{ra-b}; F25 f. 84va–85rb; F26 f. 84va–85ra; F38 f. 194ra; F50 f. 401rb–402vb (ML, 314–316). F18 has a ten-line miniature panel showing the king speaking to the carpenter who holds an axe and is kneeling before him, and a four-line puzzle initial 'Q'.*

---

337 The siege of Toron has begun at the end of November. News of Henry VI's death (28 September 1197) reached the army towards the end of February, and the siege was raised immediately.

Quant li rois Haimmeris vit que li Alemant s'en aloient, si fist trives al soudan qui freres avoit esté Salehadin et ses neveus avoit desiretés. En tel point fist les trives comme Salhadins les avoit faites al conte Henri de le tiere qu'il li avoit rendue comme Barut et Gibelet.[a]

[cclvii] Je vous avoie dit *pardevant* que je vous *diroie* en auchun tans comment il *avoit eu* roi en Ermenie.[338] Premierement jou l'avoie oublié, mais or m'en est souvenu; si le vous dirai.

Il avint cose au tans que li quens Henris de Campaigne estoit sires de le Tiere d'Outremer que li Crestiien tenoient, que li princes d'Antioce manda al seignour d'Ermenie, qui ses hom liges estoit, qu'il venist parler a lui en .i. liu qu'il li noma. Li sire d'Ermenie li manda qu'il n'i iroit pas qu'il n'i osoit aler, pour ce que a .i. jour qui passés estoit avoit mandé son frere Rupin, qui sires estoit de le tiere, et il i ala, et il le fist metre em prison; puis entra en se tiere;

1–2 aloient si fist ... et] ralerent arriere en lors teres si fist prendre trives au soudan qui freres fu le roy Salehadin qui *F19*   1 soudan] sodan Salphadin *F16*, soudant Salphadin de Damas *F20*   2 freres] lack *F25 F26* ‖ desiretés] desiretés et essilliés *F20* ‖ fist les] fist *F17 F24 F25 F26 F38*, fisent les *F19*   3 comme Salhadins les] com Salehadins *F16*, que Salehadins les *F17*, que Salehadins *F20* ‖ Henri de le tiere qu'il] Hienri de Champaingne de la terre que Diex *F16*   4 comme Barut] estre la terre que Diex (Dix *F17*) li avoit rendue Baruth (Barut *F17*) *F16 F17*, Barut *F19*, Sans le terre que Dieus li avoit rendue Baruch *F20*, estre la terre que Dex li avoit rendue si combatierent *F25 F26*, estre la terre que Dex li avoit rendue come (si comme *F24*) Baruth *F24 F38 F50*   5 *No paragraph break in F17, F19, F20 or F24.* ‖ avoie dit pardevant] avoie dit par deça *F18*, avoie dit par cha devant *F20*, dis pardevant *F25 F26*, dis desus *F50* ‖ diroie en auchun tans] diroie voir en auchun tans *F18*, diroie *F19*   6 avoit eu] ot *F18 F19* ‖ Ermenie] Jherusalem *F17* ‖ Premierement] premierement mais *F19*, dont onques rois n'i avoit esté *F24 F38*, qui onques n'avoit esté *F25 F26*   6–7 l'avoie oublié mais ... si] L'avoie oublié. Maisil m'en est resouvenu si *F19*, lacks *F24*   7 *New paragraph in F16 and F20. Rubric in F20:* Comment il ot premiers roi en Hermenie.   8 de Campaigne] lacks *F24*, de Champaigne qui *F25 F26 F38*   9 d'Outremer] de Jerusalem *F50* ‖ que li Crestiien tenoient] de che que li Crestien en tenoient *F19*   9–10 al seignour] au roy *F25*, au roi *F26 F38*   10 liges] lack *F24 F25 F26 F38 F50* ‖ parler a lui] a li parler *F16*, a lui parler *F17 F20 F24 F25 F26 F50*   11 *New paragraph in F24.* ‖ Li sire d'Ermenie li manda] Li sires d'Ermenis remanda arriere *F19*, Dont li manda li sire d'Ermenie *F24* ‖ n'i iroit pas qu'il n'i osoit] n'iroit pas qu'il n'i osoit (oseroit *F17*) *F16 F17*, n'i iroit mie. Car il n'i oseroit (osoit *F20*) *F19 F20*, n'iroit pas. Car il (qu'il *F38*) n'i osoit *F24 F38*, qu'il n'i osoit *F25 F26*   12 a .i.] au *F19*, .i. *F25 F26*, qu'a .i. *F38* ‖ Rupin] Rapur *F16*   12–13 qui sires estoit ... tiere] et il y ala et le fist prendre et metre en prison et si estoit sires de le tere puis entra en le tere et *F19*   13 et] lacks *F24 F25 F26 F38* ‖ il] lack *F17 F20*

---

[a] *F18 f. 88vb–89ra; F16 f. 53^{va–b}; F17 f. 48vb; F19 f. 119vb–120ra; F20 f. 64ra; F24 f. 150^{rb–c}; F25 f. 85rb; F26 f. 85^{ra–b}; F38 f. 194^{ra–b}; F50 f. 401vb–402ra* (ML, 316–317).

338   Above § xxii.

THE CHRONIQUE D'ERNOUL 389

si prist de ses castiaus çou qu'il pot. Apriés si le *raienst*, mais puis le recovra il, et prist et castiaus et cités sor le prince; et pour ce qu'il avoit fait son frere, n'i osa il aler. Li princes li manda ariere qu'il venist a fiance, et qu'il n'iroit que lui disime. Et li sire d'Ermenie li manda qu'il iroit.[339] Il fist bien armer .ii. cens chevaliers que serjans, et si les fist enbuissier priés de la ou li parlemens devoit estre, et si lor commanda que tantost qu'il *oroient* corner *qu'il* le secourussent. Car il se doutoit mout que li princes ne le fesist prendre. Li sire d'Ermenie ala a lui lui tierç au prince, et si mena aveuc lui .i. vallet a tout .i. cor, et *le* fist estre ensus de lui et se li dist que s'il veoit que li princes le vausist prendre, que tantost sonast son cor. Quant li sires d'Ermenie et li sires d'Antioce furent asanlé, si parlerent une piece. Quant il orent parlé une piece ensanle et li princes vit que li sires d'Ermenie n'estoit que lui tierç, si le commanda a prendre, et si chevalier jetent les mains; si le prendent. Quant li vallés qui le

---

1 si prist de ses castiaus] et prist des castiaus *F17*, si prist castiaus et cités *F19*, si fist prendre de ses chastiaus et de ses cités *F24*, si prist ses (de ses *F38 F50*) chastiaus et de ses cités *F25 F26 F38 F50* ‖ pot] en avoit *F20* ‖ raienst] raembra *F18* ‖ le] se *F16 F20*, les *F19*   2 et] *lack F19 F25 F26 F50*   2–3 et pour ce … manda] Li prince qui remanda *F19* ‖ fait son frere n'i osa] ce fet faire a son frere n'i osoit *F16*, fait son (a son *F25 F26*) frere n'i osoit *F17 F25 F26*, ce fait sen (a son *F38 F50*) frere n'i osoit (osa *F38*) *F20 F38 F50*   3 manda ariere qu'il venist a fiance] remanda ariere qu'il venist (i venist *F24*) a fiance *F20 F24*, manda arriere a fiance qu'il i venist *F38*   3–4 n'iroit que] n'i venist que *F16*, n'iroit mie au lieu que *F19*, n'iroit pas plus de *F20*   4 Et] *lacks F24 F25 F26 F38 F50* ‖ manda qu'il iroit] manda arrieres qu'il i eroit *F16* ‖ Il fist bien] si fist bien *F19*, Li sires d'Ermenie fist *F20*   5 chevaliers que] que chevaliers que *F16 F17 F19 F24 F38*, que chevaliers et *F25 F26* ‖ si] *lack F19 F50*   5–6 priés de la ou li parlemens] prés de la u li empereres *F17*, en un lieu prés d'ilueques la ou li emperrers qui princes estoit d'Antioche li avoit le liu nommé et la ou il *F19*   6 si lor] se *F19*, lor *F20 F50* ‖ qu'il oroient corner qu'il] qu'il l'oroient corner qui *F18*, com il orroient corner qu'il *F16 F17 F19 F24 F25 F26 F38*   7 mout que li princes] que li sires d'Antioche *F19*   8 a lui] *lack F16 F17 F24 F25 F26 F38 F50* ‖ au prince] *lacks F20*   8–9 au prince et … et] .i. chevalier et .i. serjant et se li fist porter un cor a sen col et si *F19*   9 le] *lack F18 F17* ‖ estre ensus de lui et] estre bien ensus des autres et *F19*, *lack F25 F26*   10 prendre] faire prendre *F24 F25 F26 F38* ‖ que tantost sonast son cor] tantost le sonast *F17*, que il sonnast tantost sen cor *F19*, que tantost sonast le cor *F20 F24*. *New paragraph in F16, F25 and F26*. ‖ sires] princes *F19*   10–11 sires d'Antioce furent asanlé] princes d'Enthioche furent assemblé *F16*, sires d'Andioce furent ensemble (assamblé ensamble *F20*) *F17 F20*, princes furent ensemble (assemblé *F25 F26*) *F25 F26 F38 F50 F24*   11–12 asanlé si parlerent … princes] venu si parlerent ensanle. Quant il furent au lieu et il orent une pieche parlé ensanle et li princes d'Antioche *F19*   11 une piece] une foiz ensemble *F16*, ensamble une pie piece *F17*   11–12 il orent parlé … et] *lack F25 F26*   12 li princes vit que] *lack F17 F20* ‖ si] et li princes qu'il avoit le force sour lui si *F20*   13 mains] mains a lui *F24*   13–390.1 li vallés qui … corna] chil qui tenoit le cor vit que on prenoit sen seigneur si commencha a corner *F19* ‖ qui le cor tenoit] au seignor d'Ermenye *F16*

---

339   Extra sentence in *F24, F25, F26* and *F38*: 'Si prisent jor et il ala al jor; je (mais je *F24 F38*) vos dirai que li sire d'Ermenie fist'.

cor tenoit vit c'on prendoit son signour, si corna, et cil qui embuissiet estoient saillirent tantost; si rescousent lor signor et si prisent le prince et ses .x. chevaliers; si les *enmenerent* en prison, et li sires d'Ermenie semonst ses os pour aler en le tiere d'Antioce, et entra et gasta et prist de ses castiaus et de ses cités.[a]

[cclviii] Quant li princes vit que li sires d'Ermenie prendoit ses castiaus et ses cités et qu'il n'avoit nule merchi de lui, il prist .i. message; si l'envoia al conte Henri a Acre, et se li manda priant pour Diu qu'il venist en le tiere, et se li aidast qu'il fust hors de prison, car s'il ne li aidoit il n'en istcroit jamais. Li quens Henris atorna son oirre et s'en ala en Ermenie. Quant li sires d'Ermenie oï dire que li quens venoit en le tiere, si ala encontre lui et si le recueli a grant honor. Si fu mout liés de se venue, et se li dist que bien fust il venus; et se li abandona

---

2 lor signor et si] lor segnour. Si *F20*, lor segnor et *F24 F38 F50*, son seignor si *F25 F26* 2–3 prince et ses .x. chevaliers] prince d'Enthioche et touz ses .x. chevaliers *F16*, prince et tous ses .x. chevaliers *F17 F20*, prinche d'Antioche et les .x. chevaliers qui aveuc lui estoient et *F19*, prince et ses chevaliers *F25 F26 F38 F50 F24* 3 enmenerent en prison] *New paragraph in F20*. ‖ enmenerent] menerent *F18*, misent *F19*, enmenerent et mistrent (misent *F24*) *F24 F38 F50* ‖ et] Aprés *F20* 3–4 pour aler] pour entrer *F24 F38*, si entra *F25 F26* 4 le tiere d'Antioce ... gasta] la terre d'Enthioche et i entra et gasta *F16*, le tere d'Antioch et entra ens et gasta *F17*, Antioce et il i entra et gaaigna grammont de le terre *F20*, le terre d'Antioche. Il i entra et gasta durement *F24*, la terre d'Antioche et gasta durement *F25 F26*, la terre d'Antioche et entra gasta durement *F38* ‖ et entra et ... ses] et si entra ens l'ost et si gasta molt de castiaus et de *F19* 4–5 de ses castiaus ... cités] de ses cités et de ses chastiaus *F24 F38*, des citez et des chastiaus *F25 F26* 6 *No paragraph break in F17, F20, F24, F38 or F50*. ‖ princes vit que li sires d'Ermenie] sires (princes *F19*) d'Antioche vit que li sires d'Ermenie *F19 F25 F26*, princes d'Antioce vit le segnour d'Ermenie qui *F20* 6–7 castiaus et ses cités] cités et ses viles *F24 F25 F26 F38* 8 Henri a Acre et se li] Hienri de Champaingne qui a Acre estoit et si *F16*, Henri de Campaigne a Acre et si li *F20* ‖ priant pour Diu ... tiere] et pria que pour Diu venist en le tere d'Ermenie *F19* ‖ pour Diu] *lack F25 F26 F38 F50* 8–9 se li aidast qu'il] tant li aidast qu'il *F16*, se li aidast tant qu'il *F19* 9 de prison] *lacks F24* ‖ car s'il ne li aidoit il] Car il savoit bien s'il ne li aidoit que il *F19* ‖ n'en istcroit] n'enstroit *F25 F26* 9–10 Henris] Henris de Campaigne *F20* 10 atorna son oirre et] atourna son oirre et si *F19*, atira sen oirre si (et *F50*) *F24 F25 F26 F38 F50* ‖ Ermenie] le tere d'Ermenie *F19* ‖ oï dire] sot *F19* 11 quens] quens Henris (Hienris *F16*) *F16 F19 F20 F50* ‖ le] sa *F16 F25 F26 F38 F50*, se *F19 F20 F24* 11–12 ala encontre lui ... et] en fu molt liés et ala encontre lui et si le recoilli a grant honor *F24* 11 recueli a grant] reçut a grant *F16 F17 F38 F50*, rechut a molt grant *F20* ‖ Si] et *F16 F17*, et si *F19* 12 se li abandona] se li abandonoit *F17 F24 F16*, qu'il li abandonnoit toute *F19*, li abandona tote *F50*

---

[a] *F18 f. 89[ra–va]*; *F16 f. 53[vb–c]*; *F17 f. 48vb–49ra*; *F19 f. 120[ra–b]*; *F20 f. 64[ra–va]*; *F24 f. 150[rc–va]*; *F25 f. 85[rb–vb]*; *F26 f. 85[rb–vb]*; *F38 f. 194rb*; *F50 f. 402[ra–b]* (ML, 318–320).

se tiere a faire son commandement, fors seulement dou prince d'Antioce qu'il tenoit en prison. Quant li quens *Henris* ot une piece sejorné en le tiere d'Ermenie, il prist congié al segnor d'Ermenie de parler al prince d'Antioche et pour metre pais entre eus .ii. se il peust. Il l'en dona congié, et il ala al prince et parla a lui et fist pais entr'aus .ii. tele con vous orés, et le fist metre hors de prison. Li pais fu tele que li princes quita l'omage al segnor d'Ermenie et devint ses hom, et que li tiere qu'il avoit conquise sor le prince li demora, et si ot mariage fait d'une niece le segnor d'Ermenie, fille son frere Rupin, et de l'ainsné fil le prince *d'Antioce* par tel convenens que li princes devoit metre son fil en vesteure de le tiere. Mais ne li mist mie, ains avint que li vallés qui le demisiele avoit espousee morut devant son pere, et s'en demora .i. fiex; et li princes renvoia et le mere et le fil ariere en Hermenie, et li sires d'Ermenie les garda tant que li princes fu mors, car il les vaut bien garder pour ce qu'il quidoit avoir Antioce et le tiere tout cuitement, car li princes avoit fait jurer a tous ceus de le tiere que le tiere

---

1 a faire] et cou qu'il pooit faire a faire *F24*, et quant qu'il porroit faire a estre a *F25 F26 F38* ‖ son commandement] se volenté *F19*, sa volenté et son commandement *F50*   2 Henris] *lack F18 F24* ‖ ot une piece sejorné] d'Acre ot sejourné une grant pieche *F19*, ot une piece esté *F25 F26*   3 segnor d'Ermenie] segneur de le (la *F50*) terre *F24 F50*, seignor *F25 F26*, roi *F38* ‖ d'Antioche] *lack F24 F25 F26 F38 F50*   4 pais] boine pais *F19* ‖ peust. Il l'en ... prince] le peust faire. Il li donna molt volentiers congié et li quens Henris s'en ala au prinche d'Antioche *F19* ‖ l'en] li *F16 F19 F24 F25 F26 F38* ‖ et il ala al prince et] et si ala al prince si *F17*   4–5 ala al prince ... et] parla au prince et *F16*, au prince d'Antioche et si parla a lui et *F20*, ala et parla al prinche et *F24*, i ala si *F25 F26*, i ala et parla et *F38*   5 et] et si *F19 F20* ‖ hors de] en *F25 F26* ‖ *New paragraph in F20, F25 and F26.*   6 tele] tele entre le segnor d'Ermenie et le prince d'Antioce *F20* ‖ princes quita l'omage ... et] prinches d'Antioche quitta au seignor d'Ermenie l'ommage que il li devoit et si *F19* ‖ devint ses hom] *New paragraph in F24.*   7 et que li tiere qu'il] et (En aprés *F24*) que la terre que li sires d'Ermenie *F24 F25 F26 F38 F50*   7–8 que li tiere ... de] se li demoura toute le tere que il avoit conquise sur le prinche d'Antioche. Et si ot fait le mariage d'une fille Rupin le seigneur d'Ermenie a *F19*   7 demora] demoroit *F24 F38*, demouroit *F25 F26*, demorroit *F50* ‖ ot] i ot *F16 F38* ‖ mariage fait] fait mariage *F17 F20 F25 F26*   8 le] au *F38 F50* ‖ Rupin] Rapur *F16*, Ru *F17* ‖ l'ainsné fil le] l'ainsnee fille au *F20*, l'aisné fil del *F25 F26*, l'ainznéfilz au *F38*   9 d'Antioce] d'autre part *F18, lack F25 F26* ‖ par tel convenens que li princes] et par tel convent que li princes d'Antioche *F19* ‖ tel convenens] si *F24 F25 F26 F38 F50*   10 tiere] terre d'Entthioche *F16* ‖ ne li mist mie] ne ne mist pas *F16*, ne (si ne *F17*) li mist pas *F17 F24 F38*, il ne li mist mie *F19*, il ne le fist mie *F20*, il ne le mist pas *F25 F26* ‖ que li vallés ... espousee] chose puis qu'il ot le nieche (la niece *F25 F26 F38*) le (au *F38*) segnor d'Ermenie espousee qu'il *F24 F25 F26 F38*   11 devant son pere] ainz que ses peres *F38* ‖ et s'en] si en *F19 F20*, se li *F24*, si li *F25 F26 F38* ‖ et] *lack F16 F19 F20 F25 F26 F38 F50*   12 le fil ariere] le fil *F17*, l'enfant arriere *F19*   13 les vaut] le voloit *F19*   13–14 Antioce et le ... princes] toute quitté le tere d'Antioche. Car li princes d'Antioche *F19* ‖ tiere tout cuitement] *New paragraph in F24.*   13 tiere] terre a delivre *F24 F38 F50*   14 jurer] jurer sor sainz *F24 F25 F26 F38*   14–392.1 le tiere et Antioce] Antioche et la (le *F24*) terre *F24 F25 F26 F38*   14–392.2 le tiere et ... l'avoit] on li renderoit tere aprés se nort aveuc son fil ou aveuc sen hoir car autrement ne l'en avoit *F19*

et Antioce renderoient a sen fil tout quitement apriés se mort. Mais autrement ne l'avoit il mis en vesteure.[340a]

[cclix] Quant li princes fu mors,[341] si envoierent cil d'Antioce batant al conte de Triple, qui fiex estoit le prince, qu'il venist la, et il li renderoient Antioce. Quant li quens oï le novele, si ala a Antioce, et on li rendi. Quant li sire d'Ermenie oï dire que li princes estoit mors, si prist se niece et l'enfant; si vint devant Antioce et cuida entrer ens, mais li quens de Triple fu ens, qui bien le contretint, et li sires d'Ermenie semonst ses os pour venir devant Antioce. Li quens qui dedens estoit envoia en Halape al soudan;[342] se li cria merci, et se li pria pour Dieu qu'il li aidast qu'ensi faitement le voloit li sires d'Ermenie desireter.

---

1 tout quitement] cuitement *F17*, lack *F24 F25 F26 F38*   2 Il] il mie *F19*, mie *F25 F26* ‖ vesteure] vesteure de le (la *F38*) terre *F24 F38*   3 *No paragraph break in F16, F17, F20, F24, F38 or F50.* ‖ princes] princes d'Antioche *F19 F25 F26* ‖ si envoierent cil d'Antioce] cil d'Antioche envoierent *F24 F25 F26 F38* ‖ batant] que tant *F19*   4 estoit] avoit esté *F16 F17 F20* ‖ qu'il venist la ... Antioce] et se li manderent qu'il venist la a aus et il li renderoient Antioce *F19*, qu'il venist en Antioche et il li rendroient *F24 F25 F26 F38 F50*. *New paragraph in F16.*   5 quens oï le novele] quens de Triple oï la (le *F20*) novele *F16 F20*, quens de Tripe oï ches nouveles *F19* ‖ a] en *F16 F17 F19 F24 F25 F26 F38* ‖ *New paragraph in F20.*   6 estoit mors si ... l'enfant] d'Antioche estoit mors si prist l'enfant et se mere *F19*   7 et] si *F19 F24 F38* ‖ fu ens qui] fu dedens qui *F17 F38 F50*, fu ens entrés pardevant qui *F19*, estoit dedenz que (qui *F24*) *F24 F25 F26*   7–8 contretint] contredist *F16*   8 sires d'Ermenie] rois d'Ermenie envoia en sa terre et *F24 F25 F26 F38 F50*   8–9 Li quens qui dedens] li quens de Triple qui dedenz *F16*, et li quens de Tripe qui dedens *F19*, et li quens qui dedens Antioche *F24 F38*, Li cuens qui devant Antioche *F50*   9 envoia en Halape al soudan] manda au soudant (soltan *F17*) de Halape et *F16 F17 F20*, envoia Alape au soudan et *F19*, envoia au soudan de Alape (Halape *F26*) *F25 F26* ‖ en] a *F24 F38*   9–10 se li cria merci ... aidast] et se li pria pour Dieu merci et que il le secourust *F19*   9 cria] pria *F20* ‖ se] *lack F16 F17*   10 qu'ensi faitement] Car tout ainsi *F19*, Car si *F20* ‖ sires d'Ermenie desireter] princes desheriter li sires d'Ermenye desheriter *F16*. *New paragraph in F25 and F26.*

---

[a] *F18 f. 89^{va–b}; F16 f. 53^{vc}–54ra; F17 f. 49^{ra–b}; F19 f. 120^{rb–va}; F20 f. 64^{va–b}; F24 f. 150^{va–b}; F25 85vb–86rb; F26 f. 85vb–86ra; F38 f. 194^{rb–va}; F50 f. 402^{rb–vb}* (ML, 320–321)

---

340   Raymond, Bohemond III's eldest son, married Rupen's daughter Alice. Raymond died in 1197 leaving a posthumous son named Raymond-Rupen. As explained in the next paragraph, on Bohemond III's death in 1201, his second son, Bohemond IV, occupied Antioch, thereby starting a war of succession with Armenia that lasted for the next twenty years.

341   *F16* has a substantial homeoteleuton that straddles the end of the previous paragraph beginning with the words: 'car il les vaut bien garder ...' and ending at this point. *F20* similarly lacks the passage: 'car il les vaut ...' but does have the opening word of § cclix: 'Quant li princes fu mors ...'.

342   al-Ẓāhir Ghāzī (died 1216).

THE CHRONIQUE D'ERNOUL 393

Li soudans li manda ariere que toutes les eures qu'il aroit mestiers d'aïue qu'il le secourroit de gent et de viande, et de ce que mestiers li seroit, car il n'amoit point le seignor d'Ermenie. Et li soudans li tint bien ses couvenens, que li quens de Triple ne peust mie avoir tenue Antioce, se li soudans ne fust, car li sires d'Ermenie avoit grant pooir en le tiere. Et si dura bien li guerre .vii. ans; puis rendi on Antioce au segnour d'Ermenie par traïson.[343] Et molt dura li guerre entr'als.

Quant li quens Henris ot fait le pais dou seigneur d'Ermenie et du prince d'Antioce, si prist congié al segnor d'Ermenie d'aler en se tiere. Dont dist li sire d'Ermenie al conte Henri: 'Sire, j'ai assés grant tiere et cités et castiaus, et grans rentes ai pour estre rois; et s'est li princes d'Antioce mes hom. Je vous pri et requier que vous me coronés, car plus haus hom ne plus gentiex ne

---

1 li manda ariere que] li manda ariere que tos fust aseur que (Car *F38*) *F24 F38*, manda arriere au conte de Triple que tout fust asseur que *F25 F26* ‖ manda] remanda *F19 F20 F50* ‖ les eures qu'il] voies et les hores qu'il (qui *F25*) *F25 F26*   1–2 d'aïue qu'il le … et] de gent qu'il (s'il *F17*) le secourroit de gent et *F16 F17*, de gent qu'il le secourroit *F20* ‖ d'aïue qu'il le secourroit … seroit] que il le secourust il le secouroit molt volentiers et feroit aieue de gent d'armes et de viande et de tout che dont il aroit mestier *F19*   1 qu'il] fesist li savoir il *F24*, feist lui assavoir et il *F25 F26*, feist li savoir il *F38*   2 et de viande et de ce] et de viande çou *F24 F38*, de viande ce *F25 F26*   3 seignor] roi *F24 F25 F26 F38* ‖ li soudans] li soudans de Halape *F20*, si *F25 F26 F38* ‖ que] car *F19 F20 F24 F25 F26 F38*   4 de Triple] *lack F16 F17 F20* ‖ fust] fust et s'aïue *F24*, fust en s'aide *F25 F26 F38 F50* ‖ sires] rois *F24*   6 Antioce au segnour d'Ermenie] au seignor d'Ermenye Entchioche *F16*, Antioche al roi d'Ermenie *F24*   6–7 molt dura li guerre entr'als] se dura molt le guerre d'aus .ii. *F19. New paragraph in F16, F20, F25 and F26.*   8 Henris] Hienris de Champaingne *F16*, Henris de Campaigne *F20* ‖ le] *lack F17 F24 F38*   8–9 dou seigneur d'Ermenie … d'Antioce] del prinche et del segnor d'Ermenie *F24 F38 F50*, del prince d'Antioche et del seignor d'Ermenie *F25 F26*   9 d'aler en se tiere] de raler en se (sa *F16*) terre *F16 F17 F20*, d'aler son païs *F19*, pour aler en sa terre *F24 F38, lack F25 F26*   9–10 Dont dist li … Henri] Dont dist li sires d'Ermenie *F19*, Dont vint li sires d'Ermenie si dist al conte Henri *F24*, Donc (Lors *F38*) vint li sires d'Ermenie au conte Henri si li dist *F25 F26 F38*   10 grant tiere et cités et] grant terre et riches *F16*, terres et chités et *F20*   10–11 et grans rentes ai] et granz rentes ai assez *F16*, et grans rentes ai assés *F17, lacks F19*, et si ai grans rentes *F24*, et granz rentes *F25 F26*   11 rois] s'il vous plaist roys *F19*   11–12 et s'est li … hom] Je vous pri et requier que vous me faites (façoiz *F16*, faciés *F20*) roi, et s'est li princes d'Antioce (d'Enthioche *F16*) mes hom. Car plus haus hom de vous *F16 F17 F20*   11 d'Antioce] *lack F25 F26*   12 gentiex] gentix de vous *F19*, gentils de vos *F38*, gentil de vos *F50*

343   Extra sentence in *F24, F25, F26* and *F38*: 'Et quant il ot garnie si la (le *F24*) rendi on (l'en *F38*) puis au (al *F24* F28) conte de Triple par traïson (traÿson *F26*)'.

me poroit coroner.' Li quens Henris le fist volentiers; si le corona maintenant. Ensi ot roi en Hermenie.[344a]

[cclx] Quant li sires d'Ermenie fu rois, si s'en ala li quens Henris en se tiere, et li rois d'Ermenie li dona grant avoir et si le convoia tant qu'il fu hors de se tiere. Li sires des Hassasis oï dire que li quens Henris estoit en Hermenie; se li manda pour Diu qu'al revenir qu'il feroit qu'il venist par lui, et que, se il voloit tant faire qu'il venist, il l'en saroit mout bon gré, car il le desiroit mout a *veoir*, et se n'i perderoit noient. Li quens li manda qu'il iroit volentiers, et il si fist al repairier d'Ermenie. Quant li sires des Hassasis sot que li quens venoit, si ala encontre, et grant honor li fist et hautement le reçut. Si le mena par se tiere et par ses castiaus, tant que il avint .i. jour qu'il cevauçoient devant .i. sien castiel. En chel castiel avoit une mout *haute tour*, et sour cascun crestel de cele tour avoit

---

1 poroit] porroit mie *F16 F17 F19 F38*, poroit mie *F20 F24* ‖ Henris] *lack F25 F26* ‖ fist volentiers; si le corona maintenant] couronna molt volentiers. Et *F19*, fist volentiers. Il le corona tantost *F38* ‖ si] et si *F17*, il *F24 F38*   2 Ensi ot roi en Hermenie] *lacks F17*   3 *No paragraph break in F17, F20, F24, F25 or F26.*   3–4 li sires d'Ermenie … d'Ermenie] li quens Henris ot couronné le roy d'Ermenie il prist congié d'aler en se tere et li roys *F19*, li sires d'Ermenie fu rois li quens (quens Henris *F24*) prist congié; si s'en ala et li roys *F24 F25 F26 F38* ‖ rois si s'en … tiere] fez rois si ala li quens Hienris en sa tiere *F16* (*homeoteleuton*)   5 Li sires des … Henris] Quant li sires de Assasis sot que li quens *F25 F26* ‖ Henris estoit en Hermenie; se li] estoit rois et que li quens Henris l'avoit fait roi il *F17*   6 pour Diu qu'al … et] *lacks F17*, pour Diu que il revenist a lui et *F19*, priant (en priant *F38*) por Deu c'al revenir qu'il feroit d'Ermenie et il (et q'il *F25 F26*) iroit a Acre qu'il venist par lui et *F24 F25 F26 F38*   6–7 que se il … venist] *lack F16 F20*, al conte Henri qu'il revenist par lui et s'il i voloit revenir *F17*, que s'il voloit tant faire qu'il revenist a sen repairement par lui que *F19*, que s'il voloit tant faire qu'il venist par lui *F24 F25 F26 F38*   7 veoir] vir *F18*   8 manda qu'il iroit … al] manda qu'il i ieroit molt volentiers. Et si fist il au *F16*, manda qu'il iroit molt volentiers et *F19*, remanda qu'il le feroit volentiers et aussi fist il au *F20* ‖ repairier] repaira par la quant il repaira *F19*, repair qu'il fist *F24*, reparrier qu'il feroit *F25 F26*, repere qu'il fist *F38*   9 *New paragraph in F25 and F26.* ‖ que li quens venoit] qu'il venoit en le tere *F17*, que il venoit *F19*   10 et grant honor li fist et] lui a grant honnour et se li fist molt grant feste et molt grant honneur et molt *F19* ‖ hautement] liement *F20* ‖ Si] et *F16 F17 F20*, et si *F19 F24 F25 F26 F38*   11 cevauçoient devant .i. sien] chevauchoit devant .i. suen *F16 F17*, aloient par devant un sien *F19*, chevauçoient devant (par devant *F20*) .i. *F20 F24 F25 F26*, chevauchoit devant (par devant *F50*) .i. *F38 F50*   12 haute tour] bele tour et haute *F18* ‖ crestel de cele tour] quernel deu chastel *F16*, crestel de cel chastel *F20*, crenel (cretel *F24*, quernel *F38*) de la (le *F24*) tor *F24 F25 F26 F38 F50*

---

[a] *F18 f. 89vb–90rb; F16 f. 54^{ra-b}; F17 f. 49^{rb-vb}; F19 f. 120^{va-b}; F20 f. 64vb–65ra; F24 f. 150^{vb-c}; F25 f. 86^{rb-vb}; F26 f. 86^{ra-va}; F38 f. 194^{va-b}; F50 f. 402vb–403ra* (ML, 321–322).

---

344   The idea that Henry crowned Leo is bizarre. Leo received his crown in January 1198 from the Armenian Catholicos in the presence of the papal legate, Archbishop Conrad of Mainz, and the imperial chancellor, Conrad bishop of Hildesheim.

.ii. homes tos blans vestus. Lors dist li sires des Hassasis: 'Sire, vostre home ne feroient mie çou pour vous que li mien font pour moi'. Et li quens respondi: 'Sire, bien puet iestre'. Lors s'escria li sires des Hassasis, et doi des homes qui estoient as crestiaus se *lancierent* aval et brisierent les cols. Lors s'esmervilla li quens et dist que voirement n'avoit il home qui ce fesist por lui. Et il dist al conte: 'Sire, se vous volés, je ferai ja tous *ceus* de lassus saillir aval'. Et li quens li respondi qu'il ne voloit qu'il en fesist plus saillir. Quant li quens ot esté tant comme il vaut en le tiere le seignour des Hassasis, si prist congié, et li sires de le tiere li fist doner grant avoir et grant partie de ses joiaus. Al departir li dist que por l'onor qu'il li avoit faite de ce que il estoit venus en se tiere, il l'aseuroit a tous jours mais, et s'il estoit nus hom qui li fesist cose *qui* li anuiast, il le feroit tantost ocire.[a]

---

1 tos blans vestus] qui estoient tot blanc vestu *F24*, blans vestuz *F25 F26*, vestuz de blanc *F50*. *New paragraph in F24 and F38*. ‖ Lors dist li sires des Hassasis] lors (Donc *F16*) dist li sires des Halsasins (de Hassasis *F17*, des Assasis *F25 F26*) au conte *F16 F17 F25 F26*, Lors dist li sires de Hasisis au conte Henri *F19*, Dont vint li sire de Hassesis al conte; se li dist *F24*, Or vint li sires de Hassaxis si li dist *F38* ‖ Sire] biaus sire cuens *F20*, Sire dist il *F24 F38*   2 font] feroient *F16 F17 F19 F20 F24 F25 F26* ‖ respondi] li respondi *F24 F38*   3 Lors s'escria li sires des Hassasis] Dont vint li sire de Hassesis; si s'escria *F24*, Dont vint li sires des Assasis; si s'escria *F25 F26*, Donc vint li sires de Hassaxis; si s'escria *F38*   3–4 et doi des … et] et doi des hommes se laisserent caïr aval si *F19*, a .ii. homes qui sour le crestel dou mur estoient qu'il salisent avaal et il i salierent lués qu'il l'oïrent si *F20*, et .ii. des homes qui sor les cretiaus estoient se lancierent jus si *F24*, et .ii. des homes qui desor (seur *F38*) les crenaus estoient se (si se *F25 F26*) lancierent aval si se *F25 F26 F38*   3 des] de ses *F16 F17 F19*   4 lancierent] lanciere *F18*, ‖ brisierent] se brisierent *F16*   4–5 Lors s'esmervilla li … que] Lors s'esmervilla mout li cuens et dist que *F20*, Dont s'esmervilla molt li quens et dist *F24 F25 F26*, Donc vint li cuens si se merveilla molt et dist *F38*   5 home] nul homme *F19* ‖ Et il dist] aprés si dist *F16*, et puis si dist *F19*, et cil dist *F24 F38 F50*, et il respondi *F25 F26* ‖ Sire] Sire dist il *F24*   6 ja tous ceus de lassus saillir] ja tous les autres de lassus saillir *F18*, salir tous chiaus qui la sont sur chele tour *F19* ‖ li] *lack F17 F20 F24 F25 F26 F50*   6–7 qu'il ne voloit … saillir] nenil *F25 F26 F38. New paragraph in F24, F25 and F26*.   7 quens] quens Henris *F25 F26 F50*   7–8 esté tant comme … Hassasis] esté tant com li plot en la terre au (le *F17*) seigneur des Halsasins (Hassasis *F17*) *F16 F17*, esté en le tere tant comme il li plot aveuc le seigneur de Hasisis *F19*, tant esté en le terre com il li plot *F20*   8 le seignour] *lack F25 F26 F50*, au seigneur *F38* ‖ et li sires de le tiere] et li sires des Halsasins (de Hasesis *F24*) *F16 F24*, aler en et li sire des Assasis *F25 F26*, d'aler s'en et li sires de Hassaxis *F38*, au seignor d'aler s'en. Li sires des Hassassis *F50* ‖ li fist doner] si li dist je vous ferai donner molt grant avoir se li fist donner molt *F19*   9 grant avoir et] *lack F16 F17 F20 F24 F25 F26 F38* ‖ Al departir li] et si le convoia hors de sa (se *F24*) terre. Au departir si (se *F24*) li *F24 F25 F26 F38*, et le convoia hors de sa terre. Au departir li *F50* ‖ dist] dist li sires des Halsasins *F16*   10 venus en se tiere il l'aseuroit] revenus par lui le asseuroit il *F19* ‖ il] qu'il *F16 F17 F20*, si *F25 F26*   11 hom qui li … anuiast] hons qui li fourfesist cose qui li anuiast *F19*, haus hom el mont qui li fesist cose qui (dont il *F38*) li pesast fesist li savoir *F24 F38*, el mont qui li feist chose qui li pessast feist lui asavoir et *F25 F26* ‖ qui] dont il *F18* ‖ ocire] ocire. Atant se departirent *F24 F25 F26 F38*, ocirre. Atant se departirent li uns de l'autre *F50*

[a] *F18 f. 90rb–vb; F16 f. 54rb–c; F17 f. 49vb–50ra; F19 f. 120vb–121rb; F20 f. 65ra–b; F24 f. 150vc–151ra; F25 f. 86vb–87ra; F26 f. 86va–87ra; F38 f. 194vb–195ra; F50 f. 403ra–b* (ML, 322–324).

[cclxi] Or vous lairons a parler de le Tiere d'Outremer et del roi Haymmeri, qui trives a as Sarrazins et en pais tient se tiere, desci que tans et eure en sera, et si vous dirons d'aucunes gens qui se croisierent deça le mer, qui puis alerent en le Tiere d'Outremer; si vos dirai en quel maniere il i alerent et en quel tans.

Il avint cose devant ce que li empereres Henris d'Alemaigne, qui en Sesille estoit et avoit envoié les Alemans en le Tiere d'Outremer, fust mors, que se feme l'empereïs ot .i. fil .i. an devant che que li empereres fust mors. Il li mist a non Fedric, le non de son pere. Apriés si manda .ii. haus homes d'Alemaigne; si les fist venir devant lui, et si commanda Puille et Calabre a garder aveuc son fil tant qu'il fust de age; cil ot a non Tiebaus.[345] L'autre commanda l'ille de Sesille et se feme et son fil a garder. Et sen frere Felipe, qui dus estoit de Souave, manda qu'il gardast bien l'empire d'Alemaigne aveuc son fil, tant que li enfes aroit eage, et

---

1 *Rubric in F16*: Deu roi Fedric de Sezile que l'on on apela en maint leu 'l'Emfant de Puille' et filz avoit esté l'empereeur Hienri d'Alemaigne, *followed by a five-line puzzle initial 'O'. Rubric in F20*: Du conte Bauduin de Flandres et des barons qui se croiserent pour aler outremer au tans maistre Foucon qui preeçoit des crois. (*This rubric relates to § cclxvi.*) *No paragraph break in F24.* ‖ d'Outremer] d'Antioche et de le Tere d'Outremer *F19*, de Jerusalem *F50* (*and elsewhere in this paragraph*)   2 a] fist *F19*, a faites *F20*, avoit *F38*   2–3 desci que tans … et] *lack F16 F17 F20*, jusque tens et leus en sera *F38*   3 qui se croisierent … qui] qui si croiserent de decha le mer et si *F19*, deza (de deça *F24*) la mer qui se croiserent et *F24 F25 F26 F38*   4 en le Tiere … dirai] outre mer. Si vous dirons (dirai *F20*) *F19 F20* ‖ si vos dirai en] en *F24 F38*, ne en *F25 F26* ‖ il i alerent et] et *F17*, il alerent et *F19*, il i alerent ne *F24 F50*, il alerent ne *F25 F26*   5 *New paragraph in F16*.   6 Henris] Haimeris *F17*, Haimmeris *F19*   7 en le Tiere d'Outremer fust mors] outre mer *F19*, en la Terre d'Outremer *F25 F26 F38*   9 le non de son pere] por l'amor de son pere qui Fedric (Feudris *F20*) ot a non (ot a non Fedric *F16*) *F16 F17 F20*, le non sen pere *F19 F25 F26*   9–10 manda .ii. haus … lui] manda le dame .ii. haus hommes d'Alemaigne *F19*   9 haus] *lacks F20* ‖ d'Alemaigne] d'Alemaigne (d'Alemagne *F24*) quant il dut morir *F24 F25 F26 F38*   10 commanda] commanda a l'un de cez hauz homes *F16*, lor commanda *F17*, commanda a l'un *F20 F24 F25 F26 F38 F50* ‖ aveuc son fil] a son fil Fedric *F16*, a son fill *F38*   10–11 tant qu'il fust … Tiebaus] tant qu'il fust d'aage (aroit eage *F17*); cil ot a non Tibaus (Tibaut *F16*) a cui il commanda ce *F16 F17 F20*, dessi adont que il seroit en eage. Et *F19*   11 L'autre] a l'autre *F16 F19 F24 F25 F26 F38 F50*   11–397.2 l'ille de Sesille … aventure] a garder l'ille de Sesille aveuc lui et aveuc son fil et au frere son seigneur et avoit a non Phelipes manda que il gardast bien l'empire d'Alemaigne aveuc son neveu dessi adont que il seroit en aage. Chis Phelipes estoit dus de le tere de Soave. Et il le regarda et si garda molt bien le tere tant commet il vesqui mais puis en fu il ochis ainsi comme vous orrés bien dire *F19*   12 et] et Feudri *F20* ‖ a garder. Et sen] garder et cil ot a non Marconiax. Et a son *F16*, a sen *F24 F38 F50*, a *F25 F26*   13 d'Alemaigne aveuc son … eage] tant que ses fiz seroit d'aage *F24 F25 F26 F50*, tant que ses filz fust d'aage *F38* ‖ que li enfes aroit] que li emfes fust en *F16*, qu'il aroit *F17 F20*

---

345   Diepold of Schweinspeunt (or Acerra). 'Marconiax', named in the next sentence in F16 and who appears in the next paragraph as 'Maconsals', is Markward of Anweiler.

THE CHRONIQUE D'ERNOUL 397

il si fist tant come il vesqui; mais puis en fu il ocis, si com vous orés dire par aventure en aucun tans.[346] Quant li empereres ot ensi atiré se tiere, si fu mors.

Ne demoura mie .i. an apriés ce que li empereres fu mors, que li empereïs morut.[347] Mais devant ce qu'ele morust, manda elle tous les arcevesques et tous les evesques et tous les barons de se tiere qu'il venissent a li a Messines, et il i alerent. Quant il furent tout assanlé, si lor dist qu'ele voloit son fil couroner et voloit c'on asseurast son fil de *le* tiere comme drois hoirs qu'il estoit, et ne voloit mie tant atendre qu'ele fust morte, ains voloit c'on l'asseurast et requellist a signour a son vivant; car elle doutoit, s'on ne le recueilloit a son vivant, c'aprés li ne le recuellissent mie. Li haut home disent qu'il em parleroient; si en alerent a conseil. Quant il revinrent de consel, si disent a le dame: 'Dame, nous ne volons mie qu'il soit coronés, ne homage ne li ferons, ne pour seignour ne le tenrons, car vous estes de si grant eage que nous ne creons mie que vous

---

1 fist] fist loiaument F20   2 *New paragraph in F25, F26, F38 and F50.* ‖ empereres] empereres Hienris F16 ‖ atiré se tiere si fu mors] atourné se tere et fait atourner a se femme si fu mors F19, atiree se tiere, si morut F20, asenee se terre aprés si fu mors F24 F38, asenee sa terre si morut F25 F26. *New paragraph in F16.*   3–4 ce que li ... morut] que li empereres fu mors, que l'empereris sa feme morut F20, que l'empereris fu mort F25 F26, que l'empererriz fu morte F38   4 devant ce] ainsçois F17 F24   4–5 et tous les ... les] et les esvesques et toz les F16, et tous les F17, et a tous les vesques et tos les abés et tous les haus F19, et tous les evesques et tous les F20, et les evesques et les contes et les F24 F25 F26 F38 F50   5–6 i alerent] i vindrent F16, si fistrent F25 F26   6 assanlé] devant lui F19, la venu F20, asanblé dont vint l'emperis F24, assemblé donc vint l'empererriz F38 ‖ dist] dist l'empereriz F25 F26   7 le tiere comme drois hoirs qu'il] la terre si com droiz F16, toute le tere si com drois F17 F20, se tere si comme chelui qui drois hoirs en F19 ‖ le] se F18   7–8 et ne voloit mic tant atendre] et ne voloit mie atendre tant F24 F38, qu'elle ne voloit mie atendre tant F25 F26   8–9 l'asseurast et requellist] l'asseurast sen fil si com drois estoit et ne voloit mie tant atendre qu'ele fust morte ains voloit c'om l'asseurast et recuellist F20, l'asseurast et receust F38   9–10 car elle doutoit ... mie] *lack F16 F17 F20,* Car ele doutoit se il ne le recoilloient a son vivant que il ne le recoillissent mie volentiers aprés F19, car ele doutoit que s'on ne le recoilloit a segnor a son vivant, c'aprés li ne le recoillissent mie F24, car elle doutoit se l'on ne le recuilloit a segnor a son vivant que aprés sa mort li ne le recuilissent mie F25 F26, car ele se doutoit s'en ne le recevoit a seigneur a son vivant que aprés li ne le receussent mie F38. *New paragraph in F25 and F26.*   10 haut home] haut home de la terre F16, baron F38   10–11 parleroient; si en ... revinrent] iroient ensanle et si prenderoient conseil; il y alerent F19 ‖ si en alerent a] si alerent a F17 F25 F26 F50, a lor F20, si s'en alerent a F24 F38   11 Quant il revinrent de consel si] et F17, Quant li haut homme furent venu F19 ‖ a le dame] a lor dame F17 F16 F20, *lack F25 F26 F38 F50*   12 volons mie qu'il ... ferons] le volons mie couronner ne hommage faire F19   12–13 ne pour seignour ne le tenrons] ne si ne le volons mie tenir pour seigneur F19, n'a segnor ne le recuedrons F24, ne a seignor ne le recoillerons F25 F26, Ne a seigneur ne le recevrons F38

---

346   Below § cclxv.
347   Henry VI died on 28 September 1197, and Constance on 27 November 1198.

l'aiés porté en vostre ventre'. Lors lor dist la dame: 'Pour coi cargeroie je m'ame et desireteroie autrui pour faire cest enfant coroner? Je ne le feroie mie. Mais parmi tot ce, vous estes mi home; or esgardés entre vous que j'en doie faire, que je l'enfant portai dedens mon ventre et fiex est l'empereour Henri, qui mors est; je le ferai volentiers.' Il esgarderent entr'aus qu'ele jueroit sour sains que li enfes estoit siens et qu'ele l'avoit porté en sen ventre. Elle en fist quanques il esgarderent que faire en deust. Apriés si le reçurent a segnor et coronerent.[348]

Quant la dame ot fait l'enfant asseurer de le tiere, elle envoia unes letres a l'apostoile et se li manda qu'ele laissoit son fil et sa tiere a garder a lui. Quant la dame ot ensi atourné son affaire, si fu morte. Quant li dame fu morte, li apostoile envoia .i. cardonnal en Sesille pour l'enfant garder, et manda a .iii. evesques de le tiere qu'il fuissent aveuc le cardonal pour l'enfant garder, et il si furent, si l'enmenerent a Palierne; *la le garderent* longement.[349a]

---

1 vostre ventre] nostre aventure *F25* ‖ Lors lor dist la dame] Lors dist le dame *F19 F20*, Dont vint la dame si lor dist *F24*, Donc dist (leur dist *F38*) la dame *F25 F26 F38*, Dont lor dit l'empereriz *F50* ‖ je] *lack F16 F19*, or *F20*   2 et] ne *F17 F50*, ne ne *F19* ‖ faire] *lack F19 F24 F25 F26 F38*   3 or esgardés entre vous] esgardés *F24*, esgardez *F25 F26 F38 F50*   4 dedens mon ventre] en mes flans *F24*, *lack F25 F26 F38 F50* ‖ fiex est] il est fix *F19*, fu fieus *F20*, filz est de *F38*, fu fiz de *F50*   4–5 Henri qui mors ... volentiers] Henri (Hienri *F16*) qui mors est et jou le ferai (je le fere *F16*) molt volentiers et *F16 F17*, Henri qui mors est. Or esgardés et je le ferai mout volentiers et *F20*, jou ferai volentiers et ameement *F24*, *lack F25 F26*, je le feré volentiers *F38 F50*. *New paragraph in F24*.   5–6 li enfes estoit ... ventre] li enfes estoit ses fix et qu'ele l'avoit porté en sen ventre *F17 F20 F16*, ses fix estoit et qu'ele l'avoit porté en se ventre *F24*, ses fiz estoit *F25 F26 F38*   6–7 Elle en fist ... coronerent] et ele le fist et quanques ele en dut faire par raison. Aprés che il asseurerent tout l'enfant et le couronnerent et se li fist cascuns son homage *F19*. *New paragraph in F16, F20, F25 and F26*.   6 en] *lack F24 F25 F26 F38*   7 en deust] dut *F24 F26 F38*, tut *F25* ‖ et] et si le *F20 F24*, et le *F25 F26*   8 fait l'enfant] einsi son enfant fait *F25 F26* ‖ l'enfant asseurer de le tiere] Fedric l'enfant aseurer de la terre de Sezile *F16*, son fil asseurer de le tere *F17*   8–9 envoia unes letres a l'apostoile] fist (fist faire *F25 F26*) unes letres si les envoia a l'apostole (l'apostoile et *F38*) *F24 F25 F26 F38*   9 laissoit son fil ... lui] li laissoit son fil et le tere a garder et si le laissoit a lui *F19*, laissoit a lui son fil et se terre *F20*, laissoit sa terre et sen fil a lui a garder en baillie *F24 F38 F50*, laissoit son fil et sa terre a lui a garder en baillie *F25 F26*   10 fu morte] morut *F16 F17 F20 F25 F26 F38 F50* ‖ li dame] li empereris *F20*, ele *F38 F50*   11 envoia .i. cardonnal ... garder] i envoia .i. cardonal *F25 F26*, i envoia .i. chardonal de Sezile por l'enfant garder *F38*   12 pour] a *F24 F25 F26 F38 F50* ‖ furent] firent *F20 F25 F26*   13 la le garderent] illuec le garderent bien et *F18*, sur mer et le garderent la entr'aus .iiii. molt *F19*

[a] *F18 f. 90rb–91va*; *F16 f. 54rc–va*; *F17 f. 50ra–b*; *F19 f. 121rb–vb*; *F20 f. 65rb–66ra*; *F24 f. 151ra–c*; *F25 f. 87ra–vb*; *F26 f. 87ra–vb*; *F38 f. 195ra–b*; *F50 f. 403rb–404ra* (ML, 325–328).

---

348   The infant Frederick II was crowned king of Sicily on 17 May 1198.
349   The pope at the time of empress's death was Celestine III. Presumably the legate mentioned here was Cardinal Gregory of S. Maria in Portico, sent by Innocent III in 1199.

THE CHRONIQUE D'ERNOUL 399

[cclxii] Apriés ce que li empereïs *fu* morte, li haut home de le tiere ne porent souffrir les Alemans que li empereres avoit laissiés pour garder le tiere. Ains lor coururent sus pour euls cacier hors de le tiere, mais il se tinrent bien encontre eaus tant com Maconsals lor sire vesqui; et quant il fu *mors*, si widierent li Alemant le tiere. Apriés ce que li Alemant s'en furent alé, commença li guerre entre les haus homes de Sesille, et vaut cascuns estre sires. Et guerroiierent molt longement, si qu'il *ot* si grant cierté en le tiere que ce fu une mervelle et c'on ne pooit gagnier les tieres, et cascuns disoit qu'il voloit avoir le tiere aveuc le roi. Et tant toli li uns l'autre aveuc le roi, que li rois *n'ot* riens, ne ne li demoura que .ii. cités en Sesile, Messines et Palerne. Et le castiel de Palierne prisent *Pisan*[350] et le tolirent le roi. Et si conquisent en Sesile une cité sour le roi qui a a non Saragouce. Puis que li Pisan orent pris Saragouce, l'asistrent Jenevois et le prisent a force, et puis le tinrent longement. Li Sarrazin de Sesile, quant il virent le guerre entre les Crestiiens, si s'asanlerent tout et alerent en unes montaignes. Si se fre-

---

1 *No paragraph break in F16, F17, F20, F25, F26, F38 or F50.* ‖ li empereïs fu] li empereïs fust *F18*, la dame fu *F19* ‖ li haut home] chil *F19*, li haut home et li baron *F24 F38 F50*, et li baron *F25 F26*   2 empereres] emperres Hienris i *F16* ‖ pour] a *F24 F25 F26 F38* ‖ le tiere] la terre de Sezile *F16*, Puille et Calabre et Sesille quant il dut morir *F20*   3 euls] els ocirre et por ax *F16*, els occire et por eus *F17*, aus ochire et pour aus *F20* ‖ de le tiere] *lack F25 F26 F38 F50*   4 Maconsals lor sire ... fu] Marconyax vesqui et quant il fu *F16*, Archoniaus lor vesqui. Et quant il fu *F19*, Marcouaus (Marcoeaus *F38*, Marcoeax *F50*) lor sire vesqui et quant Marcouaus (Marcoeaus *F38*, Marcoeax *F50*) fu *F24 F38 F50*, Marczoneaus fu *F25 F26* ‖ mors] mor *F18*   5 *New paragraph in F16, F25 and F26.* ‖ Alemant] haut homme *F19* ‖ s'en furent alé] en furent alé *F18 F19*, s'en furent alé si *F16 F17 F38*, a qui li empereres avoit comandé a garder s'en furent alé si *F20*   6 haus] *lack F20 F25 F26 F38* ‖ Sesille et vaut cascuns estre sires] la terre de Sezile, et vost chascuns estre sires de la terre *F16*   7 ot] i ot *F18*, orent *F25 F26* ‖ tiere que ce fu une] terre de Sesille que ce fu a *F20*, terre que ce ne fu mie *F25 F26* ‖ tiere que ce ... et] et si *F19*   8 gagnier les tieres] les terres gaaignier et que *F19*, les terres gaaignier *F20*, gaagnier les terres et que *F24 F25 F26 F38*   8–9 aveuc le roi ... aveuc] le roy et se toli li uns l'autre tant aveuc *F19*   8 roi] roi Feudri *F20*   9 l'autre] a l'autre *F20 F38* ‖ aveuc le roi] en deveu deu roi *F16*, avoeques le roi Fedri *F20* ‖ n'ot riens] n'i ot riens *F18*, n'ot riens en Sesille *F20* ‖ ne ne li] et ne li *F17*, et que il ne li *F19 F38*, et qu'il ne *F24 F25 F26*   10 Pisan] Persant *F18 F16 F17 F19 F20*, Pisant *F24*, *lack F38 F50*   11 le] ar *F38* ‖ en Sesile] *lacks F17*   12 *New paragraph in F20.*   12–400.1 Puis que li Persant ... et] et prıs le tinrent grant pieche li Sarrazins de Sesile. Quant il virent le guerre entre les Crestiens si s assanlerent tant et si s'en fremerent si fort que li Crestien ne pooient avenir a aus. Car il estoient es montaignes si *F19*   12 li Pisan] le Persant *F18 F16 F17 F19 F20*, li Pisant *F24 F38*, Pisan *F25 F26* ‖ li] *lack F16 F17* ‖ orent pris Saragouce] orent pris Sarragouche *F24*, l'orent prise *F25 F26 F38 F50*

350   The form 'Persant' ('Persian'?) is found here and again in the next sentence in *F16, F17, F18, F19* and *F20* and so must have been introduced into the ancestry of this group of manuscripts at an early stage. The other manuscripts have 'Pisan'. The Pisans occupied Syracuse ('Saragouce') 1202–1204 before being ousted by the Genoese who then held it until 1221.

merent si fort, que li Crestiien ne pooient venir a aus, et *il* couroient sovent en le tiere as Crestiiens et gaagnoient sor aus et assés en ochioient.[a]

[cclxiii] Or vous lairons a parler de Sesile et del roi Fedric, qui enfes estoit, qui puis fu apelés en mains lius li 'Enfes de Puille'. Si vous dirons d'une damoisiele qui en Puille estoit qui fille avoit esté le roi Tangré. *Ele,* par le consel l'apostoile et *par* le consel d'aucun preudome, ala en Campaigne al conte Gautier de Braine et fist tant qu'il l'espousa; et quant il l'ot espousee, elle l'enmena en Puille.[351] Et alerent par Rome, et li apostoles, pour çou que par sen consel avoit le damoisiele espousee, li dona du sien et li carga gent et li commanda qu'il entrast en Puille et qu'il le conquesist, et il li aideroit quanques il poroit. Li quens Gautiers entra en *le tiere de* Puille, et cil dou païs en furent mout lié et grant partie li rendirent de le tiere. Et toute li eussent rendue, ne fust Tiebaus, a cui li emperes Henris l'avoit commandé a garder et qui encontre fu et grans gens avoit.[352] Tant

---

1 fort que li] durement que *F24 F25 F26 F38* ‖ venir a aus] aler ne venir a els *F16 F17 F20*, avenir la u il estoient *F24*, a aus avenir *F25 F26* ‖ il] lacks *F18*, si *F19*   2 gaagnoient] sovent gaaignoient *F17*, guerrioient *F19*   3 *Rubric in F20*: Del conte Gautier de Braine: coment il fu ochis. *No paragraph break in F24.* ‖ Or vous lairons ... Fedric] Or vous lairons a parler du roi Feudri de Sesille (Fedric de Sezile *F16*) *F16 F20*, Je ne vos dirai ore plus de Sezile (Seçille *F26*) ne del roi Federik *F25 F26*   4 en mains lius] *lacks F20*, en mainte terre *F24 F38 F50*, en maintes terres *F25 F26*   5 estoit] manoit *F16 F20* ‖ Tangré] Tengré de Sezile *F16*, Tangré de Sesille *F20* ‖ ele] et *F18*, cele *F17*   5–7 par le consel ... tant] ala en Champaigne au conte Gautier de Braine par le conseil l'apostole et par le conseil d'aucun preudomme et se fist tant envers le conte Gautier de Braine *F19*, ala en Champaigne par le consel l'apostoille et d'aucun preudome et fist tant au conte Gautier de Braine *F20*   6 par] *lacks F18*   7 il l'ot espousee] espousee l'ot *F24 F26 F38*, espousé l'oit *F25*   8 consel] consel et par son los *F24*, conseil et par son los *F25 F26*, conseill et par son los *F38 F50*   8–9 avoit le damoisiele] avoit esté fait et avoit le (la *F16*) demoisele *F16 F17*, avoit esté fait et qu'il avoit le dame *F20*, l'avoit espousee se *F19*   9 li carga gent et li commanda] se li carca grant gent et se li dist *F19*   10 Puille] la (le *F24*) terre de Puille *F24 F25 F26 F38* ‖ aideroit] aideroit de *F16 F20* ‖ Gautiers] *lacks F20*   11 le tiere de] *lacks F18* ‖ et] *lack F24 F38 F50* ‖ dou païs en furent mout lié] en furent molt lié qui de la terre estoient *F16*   11–12 lié et grant ... eussent] joiant et molt lié et se li rendirent une grant partie de le tere et se li eussent toute *F19*   12 ne] se ne *F17 F19 F38 F50*   13 Henris] *lack F17 F24 F25 F26 F38 F50* ‖ commandé a garder et] commandé a garder *F24 F38 F50*, laissié a garder *F25 F26* ‖ qui encontre fu ... avoit] encontre en fu et si avant que il pooit et si avoit grant gent assanlees *F19*   13–401.1 Tant poursivi Thiebaus] et tant poursivi Thiebaus (Tiebaus *F24*, Tibauz *F38*) *F19 F24 F38*, et tant par sui *F25 F26*

---

[a] *F18 f. 91^{va–b}; F16 f. 54vb; F17 f. 50^{rb–va}; F19 f. 121vb–122ra; F20 f. 66^{ra–b}; F24 f. 151^{rc}; F25 f. 87vb–88rb; F26 f. 87vb–88ra; F38 f. 195rb; F50 f. 404ra* (ML, 328–329).

351   Count Walter III of Brienne married Tancred's daughter Elvira apparently in 1199. He began his campaign in southern Italy in 1201 and died in 1205.
352   *F16* lacks the remainder of this paragraph.

poursivi Thiebaus le conte Gautier, que li quens se fu logiés devant une cité, et il et s'os. Quant ce vint par nuit que li quens fu couciés et il fu endormis, Tiebaus entra en l'ost a laron, et il et de ses chevaliers, et vinrent a l'entree de le tente le conte et coperent les cordes et abatirent le tente sour lui; si *le tuerent*. Quant li quens fu mors, si fu toute se gens desconfite, et Tiebaus reconquist toute le tiere ariere. A le feme le conte Gautier demora .i. fil del conte Gautier, et ot a non Gautiers; si fu puis quens de Braine. Aucune fois vous en dira on chi apriés par aventure.[353a]

[cclxiv] Or vous lairons *a parler* de le tiere de Calabre et de Puille et de Sesille desci qu'a une autre fois, que poins et eure en sera; si vous dirons del roi de France et del roy d'Engleterre, qui guere avoient li uns a l'autre. Quant li rois

---

1 se fu] Gautiers se estoit *F19*, fu *F24 F25 F26 F38*   2 il et s'os] lack *F25 F26 F38 F50*   2–4 s'os. Quant ce ... tente] toute s'ost. Et quant li quens se fu logiés et il et toute s'ost Thiebaus se feri es loges a laron et il et de ses hommes et de ses chevaliers une partie et s'en vinrent droit at le tente le conte et se cauperent les cordes et si abatirent les cordes et les tentes *F19*   3 a laron et il et de] en leu de larron et il et *F38*   3–4 vinrent a l'entree ... et] et alerent tant qu'il vinrent a le tente le conte si *F24*, et ala (alerent *F38*) a la tente le conte si *F25 F26 F38*   3 l'entree de] lack *F17 F20*   4 le tuerent] l'ocisent *F18. New paragraph in F25 and F26.*   5 quens] quens Gautiers *F19 F25 F26*   6–7 A le feme ... Gautiers] que li quens Gautiers avoit conquise et toute chele que on li avoit rendue. Et le femme le conte Gautier demoura, et un fil qu'ele avoit du conte qui avoit aussi a non Gautiers et *F19*, A le feme le conte Gautier demora .i. fix qui fu fix le conte Gautier si ot a non Gautiers *F24*, a la feme Gautier le conte demora .i. fiz si ot nom Gautiers ausi come ses peres *F25 F26*, a la fame au conte Gautier demora .i. fill si ot nom Gautiers *F38*   7–8 vous en dira on chi apriés par aventure] par aventure vous (vos en *F17*) dira on (on de lui *F20*) *F17 F19 F20*, par aventure vos dira l'en (on *F24*) qu'il devint *F24 F38 F50*, vos dirai je par aventure qu'il devint *F25 F26*   9 *Rubric in F16*: Deu roi Richart d'Engleterre et del conte Bauduin de Flandres qui ensemble guerroient lo roi Phelipe de France. *Rubric in F20*: Li acors que li cuens Bauduins de Flandres et li rois Henris (!) d'Engleterre fisent por guerroier le roi de France, et com il vint devant Aras. *No paragraph break in F50*. ‖ lairons a parler] lairons *F18*, lairai a parler *F25 F26* ‖ le tiere de ... Puille] Calabre et de Puille *F16 F17 F20*, la (le *F24*) terre de Calabre *F24 F25 F26 F38*   10 que poins et eure en sera] lack *F25 F26*   10–11 de France et del roy] Phelipe de France et deu roi Richart *F16*, de France et *F25 F26*   11 guere avoient li uns a] guerroioient li uns vers (a *F20*) *F16 F20*, avoient guerre li uns envers *F19*, guerre avoient ensamble li uns a (vers *F24*) *F24 F25 F26 F38*, guerroieient li uns contre *F50* ‖ *New paragraph in F50*.

---

[a] *F18 f. 91*^{vb}*–92*^{ra}; *F16 f. 54*^{vb–c}; *F17 f. 50*^{va–b}; *F19 f. 122*^{ra–b}; *F20 f. 66*^{rb–va}; *F24 f. 151*^{rc–va}; *F25 f. 88*^{rb–va}; *F26 f. 88*^{ra–b}; *F38 f. 195*^{rb va}; *F50 f. 404*^{rb–va} (ML, 329–330).

353 This history makes no further mention of Walter IV, the posthumous son of Walter III of Brienne.

d'Engletiere fu hors de prison, si fu mout dolans de se tiere qu'il avoit perdue. Si manda gens et semonst ses os de par toute se tiere et manda route en le tiere de Provence, et si s'acorderent entre lui et le conte Bauduin de Flandres en tel maniere que li uns ne faurroit l'autre dessi qu'il raroient lor tieres ariere, et que li quens Bauduins raveroit le tiere que li rois tenoit et qu'il avoit pris en mariage a se sereur, et li rois d'Engletiere le tiere que li rois Phelippes avoit conquise sor lui. Et li rois d'Engletiere avoit tant fait as barons de France qu'il avoit lor cuers, encore fuissent li cors el service le roi.[354] Quant li rois d'Engletiere et li quens Bauduins se furent atiré ensanle, si semonst li quens Bauduins ses os; si commença a guerroiier devers Flandres, et li rois d'Engletiere devers Normendie. Il avint cose .i. jour que li fourrier le roi d'Engletiere courrurent devant Belvais, et li vesques issi hors et si chevalier et cacierent tant que li routier tournerent sour aus; si les prisent tous. A .i. autre jour avint que li rois de France estoit

---

1 prison si] prison ou il avoit esté pris en Alemaigne si come vous avés oï devant. Si *F20*, la prison li rois d'Engleterre si *F25 F26*, prison. Il *F38 F50*   1–2 dolans de se … manda] courouchies et molt dolans de se tere qu'il avoit perdue. Si manda grant gent et si semont ses gens par toute se tere et si manda une *F19*   2–3 se tiere et … de] sa terre et manda routes de par tote *F16*, se terre et manda (manda por *F50*) routiers en le terre de *F24 F38 F50*, contes en la terre de *F25 F26*   4 que li uns … tieres] qu'il ne lairoient le guerre ne que li uns ne feroit pais sans l'autre desci qu'il (jusqu'il *F38*) raveroient toutes lor terres (leurs choses *F38*) *F24 F38*, qu'il ne lairoient la guerre ne que li uns ne faudroit a l'autre desi qu'il ravroient toutes lor terres *F25 F26*   4–5 et que li … tiere] *lacks F20*, Li quens Baldoins (Bauduins *F24*) ravrot tote (tole *F24*) le terre *F24 F25 F26*, Li cuens Baldoins ravrot le terre *F38*   5 rois tenoit et] quens Phelipes tenoit et *F16*, rois tenoit *F20*, rois Felipes (Phelipes *F25*, Felipes *F26*, Felippes *F38*, Philippes *F50*) tenoit *F24 F25 F26 F38 F50*   5–6 en mariage a se sereur] a se (sa *F25 F26 F38*) seror en (a *F25 F26 F38*) mariage *F24 F25 F26 F38*, o sa suer en mariage *F50*   6 et li rois d'Engletiere] et que li roys d'Engletere raroit conquise *F19*   7 as] envers les *F24 F50*   8 li cors el service le roi] il en (il ou *F20*) service lo roi de France *F16 F20*, il el service le roi *F17*, lor (li *F50*) cors el servise le roi de France *F25 F26 F50*. *New paragraph in F24, F25 and F26.* ‖ li rois d'Engletiere … d'Engletiere et] si avoit li roys d'Engletere tant fait as haus hommes de France qu'il avoit leurs cuers ja fust che que li roys de France eust lors cors en son serviche. Quant *F19* ‖ d'Engletiere] de France *F20*   9 Bauduins] de Flandres *F25 F26* ‖ se furent atiré] se furent concordé *F16*, de Flandres et se gent furent assanlé *F19*, se furent acordé *F20*, se furent atorné *F24*   10 devers] le recommencha pardevers *F19*, pardevers *F24 F25 F26* ‖ *New paragraph in F16.*   11 .i. jour] *lack F17 F20* ‖ fourrier le roi d'Engletiere] routier *F24 F25 F26 F38 F50*   12 hors] fors de Biauvais *F20* ‖ et] si les *F16 F17 F20*, et ses gens et *F24 F25 F26 F38* ‖ routier tournerent] routier retornerent *F17 F20 F16*, fourrier courrurent *F19*   13 A .i. autre jour] A une autre fois *F17*, une autre fois *F24*, .i. autre jor *F25 F26*, Autre jor *F38*, Autrre foiz *F50*

354   Richard's agreement with Baldwin of Flanders is dated July 1197.

priés de Gissors et n'avoit mie aveuc lui plus de .iiii. vins chevaliers, et cevauçoient par le tiere, tant qu'il s'enbati sor .i. enbuissement que li rois d'Engletiere avoit fait de grant gent et estoit aveuc. Quant li François virent qu'il s'estoient embatu folement sour l'embuissement le roi d'Engletiere, et il virent que il ne poroient mie tourner sans grant honte et sans grant damage, si priierent le roi qu'il s'en tournast grant aleure devers Gissors, car, s'il demouroit, il seroit pris, et il demorroient et contretenroient çou qu'il poroient. Ensi faitement s'en parti li rois de ses chevaliers par lor consel et s'en vint a Gissors. Quant li rois d'Engletiere vit les Franchois, si *lor* courut sus et les enclost; si les prist tous, et bien cuida avoir pris le roi de France *avec* por çou qu'il i ot .i. chevalier pris, si comme on dist, qui estoit armés des armes le roi de France. Li rois de France fu a Gissors mout dolans et mout coureciés de ses chevaliers qu'il avoit perdus et del honte qu'il li estoit avenue. Il manda par toute se tiere et semonst ses os et assanla grant gent. Li quens Bauduins entra en le tiere le roi par devers Flandres, et on li rendi Aire et Saint Omer;[355] puis ala assegier Arras, mais il n'i fist riens qu'il

---

1–2 aveuc lui plus … cevauçoient] avé lui plus haut de .lxxx. (.iiii.ˣˣ *F17*) chevaliers et chevauchoient *F16 F17*, aveuc lui plus de quatrevins chevaliers et se chevauchoit *F19*, avec lui plus haut de .iiii.ˣˣ chevaliers et chevauchoit *F24*, plus haut que (haut de *F38*) .iiii. vinz chevaliers et chevauchoit *F25 F26 F38*, soi plus de .lxxx. chevaliers et chevauchoit *F50* 2 s'enbati] s'embatirent *F17* 3 s'estoient] s'estoit *F16* 4 le roi d'Engletiere] *lack F24 F25 F26 F38 F50* ‖ ne] n'en *F16 F19 F24*, ne s'en *F38* 5 tourner] partir *F19*, retorner *F20 F25 F26 F50*, aler *F24* ‖ damage] homage *F25* ‖ priierent le roi] li prierent *F38* 6 s'en tournast] retornast arriere *F17*, retornast *F20 F50*, s'en retornast *F38* 7 et contretenroient çou qu'il] et (et les *F16*) contretenroient tant com il (qu'il *F20*) *F16 F17 F20*, et si les contretenroient che qu'il *F19*, et contretenroient quanqu'il *F24 F38*, tant come il *F25 F26* ‖ *New paragraph in F25 and F26.* ‖ faitement s'en] se *F20*, faitement se *F24*, con vos avez oï s'en *F25 F26*, se *F38* 8 de ses chevaliers … vint] par leur consoil et s'en vint *F16*, de ses chevaliers qu'il avoit perdus par lour consoil et s'en vint *F17*, de ses chevaliers et par leur consoil et vint *F19*, de ses chevaliers par lor consel et s'en revint ariere *F20*, de ses barons (chevaliers *F24*) par lor consel et ala sauvement *F24 F38 F50*, par le de ses chevaliers et s'en ala savement *F25 F26* ‖ *New paragraph in F20.* 8–9 Quant li rois d'Engletiere] Li rois d'Engleterre com il *F24*, Li rois d'Engleterre quant il *F38 F50* 9 lor] les *F18* ‖ les enclost] les enclost de totes paiz *F16*, *lacks F17*, les aclost *F24* 10 pris le roi de France avec] pris le roi de France *F18*, pris avoec le roi de France *F20* 10–11 por çou qu'il … roi] por çou qu'il avoit pris .i. chevalier avec qui estoit armés de ses armes si comme on dist *F17*, Car il y avoit un chevalier armé de ses armes ensi comme on dist *F19* ‖ .i. chevalier pris … dist] pris .i. chevalier avec *F16*, .i. chevalier pris avoec si com on dist *F20 F24 F38* 11 de France] *lack F17 F19 F24 F25 F26 F38 F50* 12 dolans et mout … chevaliers] correciez de ses homes *F16* ‖ avoit] avoit ainsi *F19*, ot *F24 F25 F26 F38 F50* 13 tiere] terre chevaliers et serjanz *F16* 14 *New paragraph in F16.* ‖ Bauduins] Baudoins de Flandres *F16*, Bauduins de Flandres *F20*, de Flandres *F24* ‖ roi] roi de France *F16*, roy de France *F19*, roi Pheplippe *F20* 15 Aire et] arriere *F19* ‖ qu'il] car il *F17 F19 F20 F38*

---

355 In *F20*, a manuscript now in Saint-Omer, the words 'et Saint Omer' have been scraped off leaving a blank space.

avoit grant cevalerie dedens Arras que li rois i avoit envoiié, fors tant c'a .i. jour a .i. assaut i tua on .i. des millours chevaliers de France qui avoit a non Jehans *de Hangest*. Li quens Bauduins vit qu'il ne feroit riens a Arras. Si se leva del siege; si courut en le tiere le roi de France; si fist grant damage. Apriés vint *.i. jor* que li quens de Namur, li freres le conte Bauduin,[356] courut *devant* Arras. Cil d'Arras issirent hors; si le prisent et si l'envoiierent en France. Quant li rois de France ot ses os assanlees, si ala encontre le roi d'Engletiere, et li rois d'Engletiere encontre lui. Quant il durent assanler ensanle, si alerent li baron entre deus; si prisent trives.

Je vous avoie oublié a dire que, puis que li rois d'Engletiere fu hors de prison et il fu en Normendie, asseja li rois de France Aubemarle et si le prist. La fu l'acorde faite dou roi d'Engletiere et dou conte de Flandres de guerroiier le roi de France, si com vous avés oï.[357]

Quant li rois d'Engletiere ot trives al roi de France, on li fist asavoir c'uns siens hom, sires del castiel, avoit trouvé en tiere grant avoir. Li rois d'Engletiere li manda qu'il li envoiast l'avoir qu'il avoit trové en se tiere, et, s'il nel faisoit,

---

1 Arras] *lack F24 F25 F26 F38 F50* ‖ rois] roys de France *F19*   1–2 c'a .i. jour ... des] que on y tua a un assaut a un jour un des tous les *F19*   2 tua] ocist *F25 F26 F38 F50* ‖ .i.] *lacks F17*   3 de Hangest] *lacks F18. New paragraph in F25 and F26.*   3–4 Si se leva del siege] il se leva du siege *F17, lacks F19*, il leva son siege *F25 F26 F38 F24*   4 *New paragraph in F16 and F20.* ‖ .i. jor] *lacks F18*   5 li freres le ... Arras] courut devant Arras. Chis quens de Namur estoit freres le conte Bauduin *F19*, qui frere estoit li conte Baldoin corut a .i. jor devant Erraz *F25 F26* ‖ devant] devant a *F18*   6 issirent hors; si le prisent et] le prisent *F20* ‖ en] le roy de *F19*   7–8 d'Engletiere] d'Engletere ala *F19*, vint *F24 F25 F26 F38*   8 assanler ensanle] assanler *F19*, assembler *F25 F26 F50*   8–11 entre deus; si ... rois] *lacks F17*   9 *New paragraph in F38 and F50.*   10–11 hors de prison et il fu] hors de prison et il fu entrés *F19*, venuz de la Terre d'Outremer et il fu hors de prison et il fu alez *F25 F26 F38*   11 li rois de France] li roys *F19*, il *F24*   12–13 dou roi d'Engletiere ... oï] deu conte Baudoin et deu roi d'Engleterre de guerroier lo roi de France si com vos avez oï *F16*, del conte de Flandres et del roi d'Engleterre de cele guerre le roi si com vos avés oï qu'il guerroierent le roi de France *F24*, del conte de Flandres au roi d'Engletiere si com vos avez oï qu'il guerreroient le roy de France *F25 F26*, du conte de Flandres et du roi d'Engleterre de guerroier le roi de France, si cum vos avez oï qu'il le guerroierent *F38*, del conte de Flandres et dou roi d'Engleterre de guerroiier le roi de France, si com vos avez oï *F50*. *New paragraph in F16, F17, F20, F25 and F26. Rubric in F16*: Comment li rois Richarz d'Engleterre fu morz. *Rubric in F20*: Coment li rois Richars d'Engleterre fu mors.   14 d'Engletiere ot trives ... France] Richarz d'Engleterre ot trives *F16*, d'Engletere ot trives *F17 F20* ‖ asavoir] asavoir si com on dist *F24 F25 F26*, asavoir si cum l'en dit *F38 F50*   15 tiere] sa terre *F16* ‖ avoir] avoir d'or *F24 F25 F26 F38*   16 l'avoir] cel avoir *F24 F25 F26 F38 F50* ‖ et s'il nel faisoit] ou s'il ne li envoioit *F19*

---

356 Philip count of Namur (1195–1212).
357 Aumâle was taken by the French in 1196.

il l'iroit assegier en son castiel et prendre. Li chevaliers li manda qu'il fesist le miex qu'il peuist, car il n'avoit riens dou sien, ne riens ne li envoieroit, et li rois d'Engletiere i ala et assega le castiel. Cil castiaus est en le tiere de Limoges. Quant li rois fu devant le castiel, si lor dist qu'il *li* rendissent le castiel, et, s'il ne li rendoient, seussent il bien qu'il les penderoit tous par les geules. Endementiers que li rois d'Engletiere maneçoit ceuls dou castel, vint uns arbalestriers; *si tent une arbaleste et* si fiert le roi parmi le cors, et li rois jeta le main al quariel; si le jeta hors. Ne vesqui puis gaires, ains fu mors. Ensi fu mors li *rois* d'Engletiere, si quem on dist.[358]

Il avint cose devant chou *que li rois* fust *mors* qu'il avoit aveuc li .i. sien neveu, fil de se sereur et fil au duc de Saissoine, qu'il avoit amené aveuc lui d'Alemaigne quant il issi de prison et l'avoit fait conte de Poitiers.[359] Il oï dire a son vivant que li empereres Henris qui l'avoit eu en se prison estoit mors. Dont dist il a

---

1 en son castiel et prendre] et penre en son chastel F16, et pendre en son castel F17 F20. *New paragraph in F24.* ‖ manda] manda arrieres F16, remanda F19 F50, manda ariere F20 ‖ le] del F16, au F20 F25 F26 F38, al F24   2 car il n'avoit] Car il n'avoit F20, qu'il n'avoit F24 F25 F26 F50, qu'il n'avroit F38   2–3 car il n'avoit … le] que du sien n'avoir il point ne l'avoir ne li envoieroit il mie. Et li roys d'Engleterre l'ala assegier en son F19   2 envoieroit] renderoit F17 ‖ et] *lack* F24 F25 F26 F38 F50   3 ala et assega le castiel] envoia et l'assega F20   4 rois fu devant] rois d'Engleterre fu defors (devant F19) F16 F19, fu dedens le castel devant F17 ‖ lor dist] dist a ceus de laiens F20 ‖ li] lor F18, *lack* F38 F50 ‖ le castiel] *lacks* F17   4–5 s'il ne li … tous] seussent il bien s'il ne li rendoient il les feroit tous pendre F19   6 que li rois … castel] qu'il les maneçoit (menaczoit F25 F26, menaçoit F38) si F24 F25 F26 F38   6–7 si tent une … roi] si fiert le roi F18, si trait au roy d'Engletere et si le feri F19, del chastel si tint une arbaleste et laisse core si le fiert d'un quarrel F24, del chastel si tint une arbaleste et laisse corre (cors F25 F26) si li fiert F25 F26 F38   7 cors] cors d'un quarel F20   8 jeta] trest F16, traist F17 F19 F20 F50, sacha F24 F25 F26 F38 ‖ vesqui puis gaires ains] vesqui puis gaires qu'il F16, vesqui gaires (puis gaires F17) si F17 F20, vesqui mie puis li roys molt longuement ains F19, demora puis gaires qu'il F24 F25 F26 F38 ‖ Ensi fu mors] *lack* F20 F25 F26 ‖ rois d'Engletiere si] rois Ricars d'Engletiere si F18, rois d'Engletere qui avoit a non Richars ainsi F19   9 *New paragraph in F18, F20, F25, F26, F38 and F50. Rubric in F16*: Comment li duc Phelipes de Soave qui resgarz iert d'Alemaigne fu morz porce qu'il fu encontre Othon faire empereeur. *Rubric in F20*: Comment Otes fu fais empereres.   10 que li rois] qu'il F18, que li rois d'Engleterre F16 F20, que Richars li roys d'Engletere F19, que li rois Richars F24 F25 F26 F38 ‖ mors] *lacks* F18   11 amené aveuc lui] *lack* F25 F26   12 l'avoit] si l'avoit F19, en avoit on F20, avoit F24 F38 ‖ a son vivant] *lacks* F20   13 empereres Henris] empereres Hienris d'Alemaigne F16, quens Henris F17 ‖ l'avoit eu en se prison] en prison l'ot (l'eut F24) F24 F25 F26 F38 F50 ‖ il] *lack* F16 F17 F19 F25 F26 F38, li rois a F20, li rois F24

---

358   Richard died on 6 April 1199.
359   Otto was made count of Poitou in 1196.

Othon sen neveu, qu'il s'atirast et s'en alast en Alemaigne, et qu'il feroit tant viers l'apostoile et vers les barons d'Alemaigne qu'il seroit empereres.[a]

[cclxv] Othes s'en ala en Alemaigne, et li rois Ricars manda *a* l'apostole et as barons d'Alemaigne. Si lor promist tant et dona qu'il ot l'otroi de tous d'Othon sen neveu faire empereur, fors seulement del duc de *Souave* qui encontre fu et freres avoit esté l'empereour Henri qui mors estoit; et disoit bien k'empereour n'i aroit il ja fors Fedric sen neveu, qui hoirs estoit *et aveuc qui il gardoit* le tiere. Grant piece *tint* ensi l'empire contre l'apostoile et encontre les haus homes d'Alemaigne tant qu'il avint .i. jour c'uns chevaliers li copa le teste en sa cambre meisme. Quant li dus de *Souave* fu mors, si fist on Oton empereour.[360]

---

1 s'en] *lack F17 F19*, qu'il s'en *F24 F25 F26 F38*   2 l'apostoile] l'apostole de Rome *F16* ‖ vers les barons] as barons *F20*, vers les haus barons *F24*, vers les hauz homes *F25 F26 F38 F50*   3 *No paragraph break in F16, F17, F20, F25, F26, F38 or F50.*   3–4 Ricars manda a … barons] Ricars manda l'apostole et as barons *F18*, manda a l'apostole et as barons *F19*, Richars envoia ses mesages a l'apostoile et as haus homes *F24*, Richars envoia a l'apostoile et (et as *F25 F26*) hauz homes *F25 F26 F38*, envoia a l'apostoille et as barons *F50*   4–5 l'otroi de tous d'Othon sen neveu] l'otroi de chascun d'Othon son neveu *F16*, l'otroi d'Oton (de Oston *F19*) son neveu *F17 F19*, tout l'otroi dou roi Othon son neveu *F20*, tot l'otroi de son neveu *F24*, l'otroi de son neveu Othon (Oton *F38*) *F25 F26 F38*   5–6 duc de Souave … et] duc de Souane qui encontre fu et *F18*, duc Phelipe (Phelippon *F20*) de Souave qui encontre fu et *F16 F20*, duc de Souane qui *F25 F26*   6–7 disoit bien k'empercour … estoit] si dist bien qu'il n'i aroit ja fors Fedric son neveu qui drois hoirs estoit de tere *F19*   7 il ja fors … qui] ja tant come il vivroit fors son neveu Federik (solement Freri *F24*, Fedric *F38*, Fredric *F50*) qui en Sezille estoit qui estre le devoit et a cui *F24 F25 F26 F38 F50* ‖ ja] ja en Alemaigne *F16* ‖ estoit et aveuc qui il gardoit] estoit de *F18*, en estoit et a cui oés il gardoit *F16*, en estoit et avec cui il gardoit *F17*, en estoit et avoec lui gardoit il *F20*   8 piece tint] piece tint on *F18*, tens tint *F25 F26 F38 F50 F24* ‖ l'empire contre l'apostoile et encontre] li duc de Soave l'empire d'Alemaigne contre l'apostole et contre toz *F16*, le tere contre l'apostole et *F19*, l'empire contre l'apostoille et encontre tous *F20*   8–9 les haus homes] les haus barons *F19*, ciaus *F24*, toz cez *F25*, toz cex *F26*, cels *F38*   9 c'uns chevaliers] *lacks F17*   10 *New paragraph in F25 and F26.* ‖ dus de Souave] dus de Souane *F18*, dus Phelippes de Souave *F20*   10–11 Oton empereour] d'Oston (d'Othon *F26*) empereur *F19 F26*, Othon empereour d'Alemaigne *F20*, d'Othon coment empereor *F25*. *New paragraph in F16, F20 and F38. Rubric in F16*: La croiserie qui fu au tens mestre Forque des barons de France qui contre lo roi de France avoient esté, desquels li un alierent en Costentinoble et li autre outremer. *This is followed by a five-line puzzle initial 'E'. Rubric in F20*: L'ocoison por coi li baron de France se croisierent por aler outre mer.

---

[a] *F18 f. 92ra–93rb; F16 f. 54^{vc}–55^{rc}; F17 f. 50vb–51va; F19 f. 122rb–123ra; F20 f. 66va–67rb; F24 f. 151va–152ra; F25 f. 88va–89vb; F26 f. 88va–89va; F38 f. 195va–196ra; F50 f. 404va–405va* (ML, 332–335).

---

360   Otto was crowned at Aachen in July 1198. His rival, Philip of Swabia, was murdered in 1208, and Otto received imperial coronation at Rome in October 1209.

THE CHRONIQUE D'ERNOUL 407

Maisançois que je vous die plus d'Othon comment il fu emperes et comment il fina, vous dirai du conte Bauduins de Flandres et des barons de France qui encontre le roi de France avoient esté, qu'il fisent qui al roi d'Engletiere estoient alé ançois qu'il fust mors.[361] Il fisent .i. tournoy crier entre Brai et Encre, et s'i alerent tuit.[362] Quant il furent armé d'une part et d'autre pour tournoiier et il durent assambler, si osterent lor armes et corurent as crois et se croisierent pour aler outremer. Dont aucunes gens disent qu'il se croisierent pour le roi de France, qu'il ne les grevast pour çou qu'encontre lui avoient esté.[a]

[cclxvi] Or vous nomerai les contes qui se croisierent. Li quens Bauduins de Flandres se croisa premerains et Henris *d'Anjo* ses freres, *et* li quens Tiebaus de Campaigne, *et* li quens Loeÿs de Blois, *et* li quens de Perce[363] et li quens de Saint Pol, *et* li quens Simons de Monfort et Guis ses freres, et Jehans de Neele, Engerrans de Bove et si .iii. frere, *et* li quens Renaus de Danpiere et haus homes assés,

---

1–2 et comment il fina] ne quel fin il fist *F24 F25 F26 F38 F50*   2 Bauduins] *lack F17 F19 F24 F25 F26 F38 F50*   3 de France avoient esté qu'il fisent] de France qu'il firent et *F16*, avoient esté qu'il fisent cil *F17*, avoient esté que cil fisent *F20*, de France orent esté qu'il firent (firent et *F25 F26*) *F25 F26 F38*   3–4 qu'il fisent qui ... Il] Il *F19*   4 alé ançois qu'il fust mors] acordé ala ançois qu'il fust morz *F16*, comment il fisent ains qu'il fust mors *F17*, concordé ainçois qu'il morust *F20*, alié devant ço qu'il fust mors *F24 F25 F26*, alié ançois qu'il fust morz *F38* ‖ fisent] fist *F20* ‖ Encre] Provins *F50*   5 armé] tout armé *F19*, tot armé et *F24*, tuit armé *F25 F26*, tuit armé et *F38*   6 et il durent assambler] *lack F16 F17 F20*   6–7 durent assambler si ... outremer] orent prises toutes lors armes pour assanler si coururent tout as crois pour aler outremer et si se croiserent *F19*   6 armes] hiaumes *F25 F26 F50*, heaumes *F38*   7 le roi] lo roi Phelipe *F16*, doutanche del roi *F24 F38 F50*, la doute dou roi *F25 F26*   8 ne les grevast ... esté] avoient peur que il ne les grevast pour che que il avoient esté devers le roy d'Engletere a armes et encontre lui *F19* ‖ lui] le roi *F38*   9 *No paragraph break in F16, F17, F20, F24, F38 or F50.* ‖ *New paragraph in F20.*   10 d'Anjo ses freres et] del Mans ses freres *F18*, d'Anjo ses freres aprés. Et *F25 F26*, d'Anjo ses freres *F38 F50*   10–11 Tiebaus de Campaigne] *New paragraph in F24.*   11 et li quens ... et] li quens Loÿs (Loÿs *F38 F50*) de Blois *F18*, Aprés se croisa li quens Loïs de Blois et *F24* ‖ de Perce] Estiennes deu Perche *F16*, Renaus del Perch *F20*   11–12 de Saint Pol et] de Saint Pol (Pou *F38*) *F18 F38*, Hues de Saint Pol. Et *F16*   12 et Jehans de Neele] et Jehans de Neele (Niele *F20*) chastelains de Bruges. Et *F16 F20*, et Jehans de Neele (Niele *F17*, Ucelle *F25 F26*) et *F17 F19 F24 F25 F26*, Jehan de Neele et *F38*, Johan de Neele *F50*   13 et] *lack F18 F38 F50* ‖ et] et des *F16 F17 F20* ‖ assés] assez et (et si *F50*) grant chevalerie *F25 F26 F38 F24 F50*

---

[a] *F18 f. 93rb–93va; F16 f. 55^{rc}–55va; F17 f. 51^{va-b}; F19 f. 123^{ra-b}; F20 f. 67rb–67va; F24 f. 152^{ra-b}; F25 f. 89vb–90ra; F26 f. 89va–90ra; F38 f. 196ra; F50 f. 405^{va-b}* (ML, 336–337).

361 *F24* has an additional passage here. See Appendix 3:1.7.
362 For the location of the tournament, see the note to the parallel passage in *Eracles* §161.
363 Geoffrey III of Perche died in 1202 leaving a minor heir; it was his brother Stephen who participated in the crusade.

dont je ne vos nomerai ore plus.[364] Et bien prisoit on a mil chevaliers: ceuls qui se croisierent deça les mons.[365]

Dont il avint devant che que li baron se croisierent qu'il ot .i. priestre en France qui ot a non Foukes, qui devant et apriés ançois que li baron se croisassent preecha des crois, et mout se croisa de chevaliers et d'autre gent et mout grant avoir donna on por despendre en le Tiere d'Outremer; mais il ne li porta mie ains fu *mors*, dont aucunes gens disent qu'il fu mors de deul pour son avoir qu'il avoit commandé c'on li *cela*. Mais il ne fu mie *ensi* que je vous di bien por voir que la graindre pars de son avoir fu commandé a Cystiaus, et bien peut estre par aventure qu'il en commanda aucune cose en aucun lieu qui celee li fu. Li avoirs qui fu commandés a Cystiaus fu portés outremer par .ii. foys et par les freres de le maison. Et si vous di bien c'onques avoirs qui alast en le Tiere

---

1 dont je ne vos] que je ne sai mie nommer ne ne vous en F19 ‖ nomerai] dirai F25 F26, dire F38 ‖ prisoit on a mil chevaliers] prisa l'en jusqu'a .c.ᵐ F16, prisa on dusques a .m. chevaliers F17, prisa on jusqu'a mil chevaliers F20   1–2 a mil chevaliers … mons] les chevaliers qui se croiserent decha les mons a .m. chevaliers F19, a .m. chevaliers et plus ciaus qui se croierent en celes parties F50   1 ceuls] ou a plus les chevaliers F24, et a plus cex F25 F26 F38 F50   3 devant] que devant F24 F26 F38 ‖ baron] chevalier F19   4 Foukes] maistre Fouques F24, Fouque de Nuilli F50   4–5 devant et apriés ançois que li baron se croissassent] lacks F20   4 et apriés ançois] ce F16, çou F17, et aprés che F19, ce et aprés F25 F26 F38 F24   5 des] de le F19 F24, de la F25 F26 F38 ‖ se croisa] se croiserent F16 F20, si croisa adont F19, croisa F24 F25 F26 F38 ‖ et d'autre gent] lacks F38   6 donna on por despendre] li donna (donna on F20) por porter F16 F20, li donna on pour despendre F19, amassa (assembla F38) c'on li dona por despendre F24 F25 F26 F38 ‖ d'Outremer] lack F16 F17 F20   7 mors] mor F18, mors ainçois que la mute fust F24 F25 F26 F38. *New paragraph in F24.*   7–8 dont aucunes gens … c'on] de duel por son avoir qu'il avoit comment on F20 (*homeoteleuton*)   7–9 de deul pour … voir] pour sen grant avoir que on li chela et si ne l'eut mie et si vous di bien F19   8 cela. Mais il … ensi] celast. Mais il ne fu mie ensi par aventure F18 ‖ que] car F20 F24 F38   9 graindre pars] greigneur part F16, grainde partie F19, plus grans partie F24, grandre partie F25 F26 F38 ‖ Cystiaus] castiaus F17 F25   10–11 en commanda aucune … fu] y envoierent une partie et bien puet estre que il en avoit commandé en aucun lieu que il li fu chelés F19, en commanda aucune chose en aucun leu com li cela F25 F26. *New paragraph in F16, F25 and F26.*   11 qui fu commandés a Cystiaus] maistre Fouques commanda a Cistiaus (castiaus F25) F25 F26 ‖ portés outremer par .ii. foys et] envoiés a .ii. fois outre mer F19, portez en la Terre d'Outre Mer par .ii. foiz (foiz et F38) F25 F26 F38, portez en la terre de Jerusalem par deus foiz F50   11–409.1 par les freres … d'Outremer] et si vous di bien que onques avoirs F19   12 bien] bien por voir F16 F20 F25 F26 F38, lacks F17, por voir F50

---

364 For the identification of these nobles, see the note to the parallel passage at *Eracles* §162.
365 The variant reading here in F50 would seem to represent an emendation by a scribe working in the Latin East and not northern Europe. For a discussion and further examples, see above 59–60.

THE CHRONIQUE D'ERNOUL 409

d'Outremer ne vint *a si bon* point comme cil fist que maistre Fouques avoit a Cystiaus, car li craulles avoit esté en le tiere; si estoient fondu li mur de Sur et de Barut et d'Acre c'on refist tous de grant partie de cel avoir.³⁶⁶

Or vous dirai une parole que je vous avoie oblié a dire del roi d'Engletiere Ricars, qu'il avoit proposee devant chou qu'il fust mors; que s'il pooit tant faire en sen vivant qu'il peust ravoir le tiere que li rois de France li avoit tolue, qu'il feroit une grant estoire et qu'il iroit conquerre le tierre d'Egypte; aprés s'iroit conquerre le tierre de Jherusalem et de illeuc iroit en Constantinoble, et si le conquerroist et seroit empereres.[a]

[cclxvii] Or vous dirai des barons de France qui croisié estoient. Il prisent consel ensanle pour faire estoire a aus mener. Consaus lor *aporta* qu'il envoiassent en Venisse et fesissent venir des Venissiens pour faire marciet a aus d'estoire faire. Quant li Venissien l'oïrent, si furent mout lié. Si s'asanlerent et

---

1 a si bon] si bien a *F18*, ausi bon *F25*, a ausi bon *F26* ‖ comme cil fist] outremer comme fist chil *F19*, ne si grant bien ne fist comme cil (cist *F25 F26*) *F24 F25 F26 F38* ‖ Fouques avoit] Fouques commanda *F19*, Fouques de Nuylli avoit comandé *F50*   2–3 mur de Sur ... d'Acre] mur et les tors de Sur et d'Acre et de Baruth (Barut *F24*) *F24 F25 F26 F38 F50*   3 tous de] touz de la *F16*, molt *F19*, touz d'une *F25 F26 F38 F50* ‖ *New paragraph in F25, F26, F38 and F50*.   4–5 d'Engletiere Ricars qu'il ... chou] Richart (Ricart *F20*) d'Engleterre qu'il avoit proposé aínçois *F16 F17 F20*, Richart d'Engleterre que il avoit proposé devant ce *F19*, Richart qu'il avoit proposé devant ce *F24*, Richart qu'il avoit porpensé devant ce *F25 F26 F38*   6 en sen vivant] a son vivant *F16 F19 F24 F38 F50*, *lack F25 F26* ‖ peust ravoir] reust *F17*, recovrast *F50*   7 et qu'il iroit ... d'Egypte] apareilier. Et qu'il iroit en la terre d'Egipte et *F16*, et iroit en le tere d'Egypte et *F17*, et qu'il iroit en le terre d'Egipte et *F20*   7–8 s'iroit conquerre le tierre de] iroit en la terre de *F16 F17*, si iroit en *F20*, si iroit la terre de *F25 F26 F38*   8–9 de illeuc iroit ... et] d'iluec iroit en Constantinoble *F17*, puis si revenroit par Constenoble et si le conquerroit et si en *F19*, d'iluec s'iroit en Constantinoble conquerre le terre si *F24*, d'iluec si iroit conquerre en Constentinoble la terre si *F25 F26 F38*, aprés iroit conquerre la terre de Costantinople et la *F50*   10 *Rubric in F20*: Des barons ki fisent markié as Venissiiens de l'estoire por aus fere mener. *No paragraph break in F24, F25 or F26*.   10–11 prisent consel ensanle ... a] parlerent ensemble et pristrent consel de faire estoire por *F24 F25 F26 F38*   11 pour faire estoire a aus mener] de faire une estoire pour aus mener outre mer *F19* ‖ Consaus] Tant que consaus *F17* ‖ aporta] porta *F18* ‖ qu'il] qu'il alassent u *F24*   12 et] et qu'il *F19 F24 F25 F26 F38* ‖ des Venissiens] Venissiiens *F20*, des Venissiens en France *F24 F38 F50*, les Veniciens en France *F25 F26*   12–13 a aus d'estoire faire] a els d'estoire fere por ax mener *F16*, de faire une estoire a aus mener outre mer *F19*, a aus de faire estoire *F25 F26 F38*   13 si] si en *F16 F19* ‖ Si s'asanlerent et] et *F16 F17 F20*, et molt joiant et si *F19*, si *F24 F25 F26 F38 F50*

[a]*F18 f. 93va–94ra*; *F16 f. 55^{va–b}*; *F17 f. 51vb–52ra*; *F19 f. 123^{rb–va}*; *F20 f. 67va–68ra*; *F24 f. 152^{rb–c}*; *F25 f. 90^{ra–va}*; *F26 f. 90^{ra–va}*; *F38 f. 196^{ra–b}*; *F50 f. 405vb–406ra* (ML, 337–338). *F18 has an eight-line miniature panel showing Fulk of Neuilly preaching the Crusade followed by a four-line puzzle initial 'O'.*

366   A reference to the earthquake of 1202.

envoierent de lor plus sages homes en France pour faire marchié as barons. Quant li Venisiien furent venu en France, si s'asanlerent li baron et li Venissien tout a Corbie ensanle, et la fu li marchiés fais des nés et des galyes et des uissieres as cevaus mener, et a estre el service des croisiés .ii. ans la u les voldroient mener par mer.[367] Grant nombre i ot d'avoir, mais ne vous sai dire combien; et le moitié des conquestes qu'il feroient fors seulement en le Tiere de Promission. La jurerent li conte et li *haut* home qui *a Corbie furent* a cel parlement sour sains des couvenences faire venir ens et l'avoir a rendre. Et li Venissiien jurerent sor sains des nés et des galies avoir apparellies *au point et* au terme qui mis i fu.[a]

[cclxviii] Quant li haut home orent luié l'estoire, si parlerent entr'auls et disent qu'il feroient d'un d'eaus signor a cui il seroient obeïssant del tout. La esgarderent li conte et li baron le conte Tiebaut de Campaigne; si en fisent seignour.

---

1 en France] lack F25 F26 ‖ *New paragraph in F25 and F26.* 2 Quant li Venisiien ... baron] de faire une estoire pour aus mener outre mer. Quant li Venissien furent venu si se assanlerent li haut baron de France F19 ‖ venu en France si s'asanlerent] en France, si s'asamblerent F24 F38, en France, si assemblerent F25 F26 2–3 et li Venissien ... ensanle] et li Venissien a Corbye et furent la ensanle F19, tuit a Corbie et li Venecien (Venissien F24, Venicien F26) ensement F24 F25 F26, tuit a Corbie et li Venisien aussi F38 F50 3–4 et des uissieres] et des litieres F19, d'uissiers F38 4–5 et a estre ... mener] lack F25 F26 (*homeoteleuton*) 4 u] ou il F16 F19 F20, u il F17 F24 5 mais ne vous sai] mais ne vos sai mie F19, mis mais je ne vos sai a F25 F26, mes je ne vos se a F38, mes je ne sai F50 6 des conquestes qu'il feroient] de totes les conquestes qu'il feroient en le (la F16) Terre d'Outremer F16 F17 F20, des aquestes que il feroient F19 F24, des aquestes qu'il i feroient F25 F26 F38 7 jurerent] ivernerent F25 F26 ‖ conte] conte seur sainz F16, home sour sains et haut home F20 7–9 conte et li ... terme] haut baron qui a chel parlement furent a Corbye sur sains qu'il feroient l'avoir qui nombrés estoit as Venissiens venir tout ens. Et li Venissien rejurerent d'avoir les nés et les galies apareillies au port au jour F19 7 haut home qui a Corbie furent] home qui estoient a Corbie F18, haut home qui furent F17, baron qui a Corbie furent F24 8 sour sains] lack F16 F20 F24 F25 F26 F38 F50 ‖ faire venir ens et l'avoir a] fere tenir et de l'avoir F16, venir ens et l'avoir F17 9 galies] galies et des huissiers (huisiers F38, ussiers F50) F24 F25 F26 F38 F50 ‖ au point et] lacks F18 9–10 au terme qui mis i fu] al termine qui mis i fu F17, al terme c'on i mist F24 F50, a hore au terme c'on i mist F25 F26 F38 11 *No paragraph break in F19, F24, F25, F26, F38 or F50.* 11–12 orent luié l'estoire ... signor] les nés lieuees si parlerent ensanle entr'aus et si disent que il feroient seigneur de l'un d'aus F19 11 luié] juré F20 12 obeïssant del tout] tot obeïssant F20, obeïssant et qui justice tendroit (feist F50) sor aus F24 F25 F26 F38 F50 13 li conte et li baron] lack F24 F25 F26 F38

[a] F18 f. 94ra–b; F16 f. 55vb; F17 f. 52ra–b; F19 f. 123va–b; F20 f. 68ra–b; F24 f. 152rc–va; F25 f. 90va–b; F26 f. 90va–b; F38 f. 196rb–va; F50 f. 406ra–b (ML, 338–339).

367 For this meeting, see *Eracles* §164 n. 301.

THE CHRONIQUE D'ERNOUL 411

A tant se departirent. Ne demora gaires aprés que li quens Tiebaus fu mors;[368] si se rassamblerent li baron pour faire signor. Consaus lor *aporta* qu'il feroient del marchis de Monferras seignour, qui croisiés estoit et preudom estoit. Atant manderent li baron le marcis de Montferras; si en fisent segnor, et *atirerent* lor *mute* de mouvoir a un jour qu'il *i* misent.

Assés ot de barons en France qui ne furent pas a l'acort de ceste mute, ne n'i alerent pas, ains alerent passer a Marselle teuls i ot, et de tels i ot a Genuenes. Et Jehans de Niiele si entra el Dan en mer,[369] et grans partie de Flamens, et si s'en alerent par les destrois de *Marroc*. Tout li croisié de *deça* les mons murent a .i. point de lor osteus et alerent a Acre fors cil qui alerent en Venise. *Bien* furent .iii. cent chevaliers et plus de toutes tieres, et mout i *passa* de menue gent a chel passage. A cel passage passa li quens de Forois, mais ne vesqui mie grantment, ains fu lués mors qu'il ariva a Acre.[370]

---

1 *New paragraph in F25 and F26*. ‖ quens Tiebaus] quens Thibaus de Champaigne *F19*, li baron orent esgardé le conte Thiebaut de Champaigne a estre maistre d'aus qu'il *F25 F26*   2 rassamblerent li baron pour faire] rasamblerent (ralierent *F25 F26*) li baron por prendre consel de cui il feroient *F24 F25 F26 F38* ‖ aporta] porta *F18*   2–3 feroient del marchis de Monferras seignour] feissent segneur le marcis de Mont Ferrat *F20*, feroient seigneur du marchis de Monferrant *F38*   2–4 feroient del marchis ... segnor] feroient seigneur du marchis de Monferras et en fisent lor seigneur *F19*   3 qui croisiés estoit et preudom estoit] qui preudons estoit *F16 F17 F20*, qui croisiez estoit *F25 F26*   3–4 Atant manderent li ... Montferras] atant le mandierent li baron *F16*, Il le manderent et *F24*, Il le manderent *F25 F26 F38*   4 atirerent] atournerent *F18 F19*, si atirierent *F25 F26 F24 F38*   5 mute de mouvoir ... qu'il i] esmute de mouvoir a un jour qu'il *F18*, mute por movoir a .i. jor qu'il *F17* ‖ *New paragraph in F16 and F24. Rubric in F16*: Comment li marchis de Montferrat fu chevetains des barons croisiez de France par acort.   6 ot de barons] ot des (de *F26*) barons *F16 F20 F26*, i ot de barons *F17 F25*, ot chevaliers *F24 F38 F50* ‖ pas] mie *F17 F19 F24 F25 F26 F38*   7 pas] mie *F19 F20 F50* ‖ passer a Marselle ... Genuenes] a Genures tout droit et tex y ot a Marseilles *F19*, passer a Marselle (Marseilles *F38*, Marseille *F50*) tex i ot *F25 F26 F38 F50* ‖ de] *lack F16 F17 F20*   8 Niiele si] Neele (Nielle *F20*) chastelains de Bruges *F16 F20*, Niele *F17*, Neele *F19 F50*, Neelle *F25 F26* ‖ el Dan] au deerrain *F19*, audera *F25*, auderaen *F26*, au darrien *F38*, au derrain *F50* ‖ Flamens] chiax de Flandres *F19*   9 Marroc. Tout li ... mons] Marroht. Tout li croisié de ça les mons *F18*, Marroc. Tuit li croisié *F50*   10 alerent] si s'en alerent droit *F19*, passerent outremer et ariverent *F24 F25 F26 F38* ‖ alerent en Venisse. Bien] alerent (s'en alerent *F19*) en Venisse. Et bien *F18 F19*   11 .iii. cent] par nombre .ccc.^m *F16*, par nombre .iii. mille *F20*, .iii.^m c^i. *F24*, .iii.^c cil *F25 F26* ‖ i passa] i passa de toutes *F18*, passa *F19 F20*   11–12 a chel passage] *lack F17 F24 F25 F26 F38. New paragraph in F25 and F26.*   12 A] et a *F19*, En *F25 F26* ‖ Forois] Forois, et ariva a Acre *F20* ‖ mie grantment] puis gaires *F25 F26*, guieres *F38*   13 lués mors qu'il ariva] lués mors que il fu venus *F19*, mors puis qu'il fu arivés *F20*, tantost morz qu'il ariva *F38* ‖ *New paragraph in F16, F20 and F24*.

---

368   24 May 1201.
369   Damme, the port for Bruges. Better in *F20*: 'en mer au Dam'. The copyists working furthest away from the region were those who failed to identify this place. See also § cclxxv l. 5.
370   Guigues III, count of Forez, died in November 1204.

Un chevalier i ot arivé de France qui se faisoit apeler li quens Renaus de Danpiere. Cil quens vint al roi Haimeri et se li dist qu'il voloit les trives brisier et tant estoient de gent que bien poroient guerroiier les Sarrazins. Li rois li respondi que il n'estoit mie hons qui deust les trives brisier, ains *atendroit* les haus homes qui en Venisse estoient alé. Cil quens fu mout dolans de ce que li rois ot si faitement parlé a lui et qu'il ne li laissoit les trives brisier. Si parla mout laidement al roy en tel maniere c'on ne deust mie parler a roi. Li rois fu sages; si escouta et li laissa dire ce qu'il vaut, qu'il ne voloit mie as pelerins faire noise ne meslee. Quant cil quens Renaus vit qu'il ne poroit riens faire en le tiere, si parla as chevaliers qui estoient passé a cel passage et prisent consel entr'iaus et disent qu'il ne demorroient mie en le tiere ains en iroient en Andioce al prince pour lui aidier a guerroiier le roi d'Ermenie *a cui il avoit guerre por çou que li rois Haimeris estoit devers le roi d'Ermenie*. Il s'asamblerent tant que il furent bien .iiii.^{xx} chevalier ou plus, et si ot mout de menue gent a pié et a ceval, et murent d'Acre pour aler en Andioce. Et errerent tant qu'il furent *hors*

---

1 i ot arivé de France] i ot arrivé des François *F16*, ot arivé a Acre de France *F20*, de France i ot arivé *F24 F25 F26 F38*   2 quens] *lacks F19*   2–5 vint al roi … alé] *repeated in F38 with minor scribal variants.*   2 Haimeri] *lack F24 F25 F26 F38*   3 et tant estoient … rois] envers les Sarrazins et si dist que il estoient bien tant de gent que il pooient bien les trives brisier as Sarrasins. Li roys Haimmeris *F19* ‖ li] *lack F16 F20*   4 qui deust] pour *F19*   4–5 atendroit les haus homes] atendroient les haus homes *F18*, attenderoit tant que li haut homme venroient *F19*, atendirent les haus homes *F20*, atenderoit les haus homes de France *F24 F38 F50*, attendroient les homes de France *F25 F26*   5 dolans] dolans et molt courouchiés *F19*   6 si faitement parlé] si laidement parlé *F24 F38*, parlé si laidement *F25 F26* ‖ li laissoit] laissoit mie *F24*, leissoit *F38*   7 al roy] a lui *F16 F17 F20*, a lui et *F19* ‖ mie] *lack F25 F26*, pas *F38 F50* ‖ Li] mais li *F25 F26*   8 et li] si *F24*, se li *F19*, si li *F25 F26 F38* ‖ ce qu'il vaut qu'il] por çou qu'il *F17*, toute se volenté et tout che qu'il vaut dire car il *F19*, ce qu'il vaut (vost *F50*) car il *F20 F50*   8–9 voloit mie as … meslee] vouloit mie fere noise ne meslee (merlee *F16*) aus pellerins *F16 F17 F20*, vout qu'il ne voloit mie as pelerins noise ne meslee *F25 F26. New paragraph in F16, F25 and F26.*   9 Renaus] Renauz de Dantpierre *F16* ‖ si] il *F16 F17 F24 F38 F50*   10 qui] qui aveuc lui *F19* ‖ entr'iaus] entr'aus de tex i ot *F25 F26 F38 F24*   11 et disent] *lacks F17*, et de tex y ot qui disent *F19* ‖ mie] en nule maniere *F20* ‖ en] *lack F16 F24 F25 F26 F38*, s'en *F19*   12 guerroiier le roi … çou] se guerre a maintenir encontre le roy d'ermenie qui avoit guerre envers lui et pour che qu'il savoient bien *F19*   12–13 a cui il … d'Ermenie] *lack F18 F20*   13 s'asamblerent] s'assanlerent bien *F19*   14 .iiii.^{xx}] quatre chens *F19*, .iiii.^{c} *F25 F26* ‖ ou plus et si ot] et plus, et si i ot *F16*, ou plus, et si i ot *F20 F25 F26 F38*   14–15 mout de menue … et] plus assés de menues gens a pié et si ot molt d'autre gent a cheval qui n'estoient mie chevalier. Et si *F19*   14 a] et a *F25 F26 F38*   15–413.1 furent hors de … Crestiiens] furent de le tiere as Crestiiens *F18*, vindrent en la terre aus Sarrasins *F16*, vinrent en le tere as Crestiens *F17 F20*, vinrent hors de la (le *F19*) tere as Crestiens *F19 F25 F26*

de le tiere as Crestiiens et vinrent en une cité de Sarrazins qui ot a non Gibel. Cele cités si est entre Mergat et Le Lice.[a]

[cclxix] Quant li sires de le cité oï dire que si grans gens venoit la, si ala encontre pour çou qu'il avoit trives as Crestiiens, et si les bienvegna, et lor fist grant honor et les fist logier dehors le castiel. Apriés si lor fist venir viande a grant plenté en l'ost de se tiere a vendre, et si lor demanda ou il voloient aler; et il disent qu'il iroient en Antioce; et li sires lor dist qu'en Antioce ne pooient *il* mie aler s'il n'avoient l'aseurement le soudan de Halape, parmi quel tiere il lor convenoit passer; et s'il voloient il envoieroit al prince et feroit savoir qu'il a illuec grant cevalerie et grant gent, et vont a lui por lui aidier et qu'il lor prenge asseurement al soudan de passer parmi se tiere. Il disent qu'il ne sejourneroient mie

---

1–2 et vinrent en ... Lice] lacks F20   1 vinrent en une ... ot] vindrent en (a F50) une cité de Sarrazins qui a F16 F24 F38 F50, virent une cité de Sarrazins qui a F17, que il virent une cité de Sarrasins qui a F19, vindrent a une cité qui a F25 F26   2 si est entre Mergat] siest entre Le Mergat F16, si est entre Mergat F17 F19, si est entre Le Mergat F25 F26   3 *No paragraph break in F17, F20, F24, F25, F26, F38 or F50.*   3–4 Quant li sires ... Crestiiens] lacks F20 (*homeoteleuton – see last note in previous paragraph*)   3 le cité] La Lische F38, Gibel F50   3–5 si grans gens ... et] il venoit si grant gent si ala encontre et si les bienvegna pour che qu'il avoit trives as Crestiens et grant honnor lor fist et si F19   3 gens venoit] gens (gent F16) venoient F16 F17 F24 F38 F50, venoient F25 F26   4 les bienvegna et lor] si les bienvegna et si les (si leur F38) F24 F38, les dist bien viegna et F25 F26   5 castiel. Apriés si] chastel et puis si F16 F19 F20, castel et F17, cité. Aprés si F24 F38, cité et F25 F26 F50   5–6 venir viande a ... si] assés de viandes emmener a vendre de se tere et si F19, venir a grant plenté viande en l'ost a vendre de se terre et (et si F24) F24 F38, venir viande en l'ost a grant plenté a vendre de sa terre et F25 F26   5 grant] molt grant F17 F20   6–7 et il disent qu'il iroient] et il li disent qu'il iroient F17 F20 F24, Il respondirent qu'il voloient aler F19, et li chevalier distrent (li distrent F50) qu'il iroient (voloient aler F25 F26) F25 F26 F38 F50   7 iroient en Antioce] *New paragraph in F25 and F26.* ‖ et li sires lor dist] et il lor dist F17 F50, Et li sires du castel respondi a aus F19, et li sires de le cité lor dist bien F24, Li sires de Gibel respondi as Crestiens F25 F26, et li sires de la cité leur dist F38 ‖ il] il il F18 ‖ mie aler s'il] aler en nule maniere du monde se il F19, aler s'il F25 F26   8 le] del F16 F24 F25 F26, du F19 F38, dou F20 F50 ‖ parmi quel tiere il lor convenoit] parmi laquel (cui F17) terre il les couvenoit F16 F17, parmi qui tere il devoient F19 F24, or parmi se terre il le couvenoit a F20, par cui terre il lor couvendroit aler et F25 F26, parmi qui terre il leur covenoit F38, par cui terre il les covendroit F50   9 et] et que F24 F25 F25 F38 F50   9–10 voloient il envoieroit ... lui] vouloient il envoieroit au prince et feroit savoir la grant chevalerie qui va a lui et F16, voloit il le feroit savoir au prince le grant chevalerie qui li venoient F20   9 feroit] li feroit F16 F50, se li feroit F19   9–10 qu'il a illuec ... et] que grans chevalerie F17, qui avoit iluec trant gent et grant chevalerie et F19   10 lor] lack F19 F24 F25 F26 F38 F50   10–11 asseurement al soudan] l'aseurement au soudan F16 F24, asseurement F17, l'asseurement au soudant de Halape F20   11 al soudan de ... disent] pour aus passer parmi le tere le soudan. Et il respondirent F19 ‖ de] qu'il pussent F24 F25 F26 F38 F50

[a] F18 f. 94[va]–95[ra]; F16 f. 55[vb]–56[ra]; F17 52[rb–va]; F19 f. 123[vb]–124rb; F20 f. 68[rb–va]; F24 f. 152[va–b]; F25 f. 90vb–91va; F26 f. 90vb–91rb; F38 f. 196[va–b]; F50 f. 406[rb–vb] (ML, 339–341).

tant que li mesages fust revenus, et qu'il passeroient bien qu'il estoient grans gens. Li Sarrazin *dist* qu'il ne feroient mie savoir s'il s'en aloient devant çou qu'il eussent asseurement al soudan il n'en escaperoit ja piés; et il disent toutes voies qu'il iroient, et li Sarrazins *lor* dist: 'Pour coi ne me creés vous? Vous ne faites mie
5 bien. En avés vous grant marcié de viande? En nul liu n'en averés vous tel marcié.' Toutes eures s'aparellierent li Crestiien et disent qu'il s'en iroient et qu'il ne demorroient plus. Quant li Sarrasins vit qu'il nes pooit detenir, ne pour proiiere ne pour manace, si dist: 'Signour, j'ai trives as Crestiiens; ne je ne vaurroie mie avoir blasme en *cose* qui vous avenist. Parmi me tiere vous conduirai jou sau-
10 vement, mais tant vous di je bien pour voir que tantost que vous isterés de me tiere que vous serés pris, car on vous gaite.' Il ne le vaurrent mie croire, ains s'en alerent, et il les conduist tant *com* se tiere dura. Quant il furent hors de se tiere et il vinrent priés de Le Lice, une cité de Sarrazins qui les atendoient et

---

1 et qu'il] ains *F24*, ainz *F38 F50* ‖ qu'il] car il *F19 F20 F50*   2 dist] disent *F18* ‖ feroient] feroit *F25 F26* ‖ savoir] sens *F38*   2–3 s'il s'en aloient … il] s'il aloient devant çou qu'il euscent l'aseurement le soltan il *F17*, s'il passoient dessi adont qu'il eussent asseurement au soudan. Car s'il mouveroient il *F19*, devant ce qu'il eussent l'asseurement au soudan. Car il *F20* ‖ devant çou qu'il … et] tant qu'il euist fait savoir (asavoir *F24*) al prince car s'il s'en aloient il n'en eschaperoit ja piés *F24 F25 F26*, ainz qu'il l'eust fet savoir au prince car s'il s'en aloient il n'en eschaperoient ja pié *F38*   3–4 toutes voies qu'il] que toutes voies il s'en *F19* ‖ voies qu'il iroient] *New paragraph in F25 and F26.*   4 et] *lack F25 F26 F38 F50* ‖ lor] *lacks F18*   5 En avés vous] dont n'avez vos *F16 F38*, en n'avés vous *F17*, en n'avés vous mie *F20*, et n'avez vos *F25 F26* ‖ En nul liu n'en averés vous] je sai bien que vous n'en arés nul lieu *F19*, nul leu n'en avroiz vos *F16 F17 F24 F38*, nule part n'en arés vous *F20*   5–6 tel marcié. Toutes eures] si grant marchié. Toutes voies *F19*, marchié. Toutes voies *F25 F26*, tel marchié. Toutes voies *F38*   6–8 s'aparellierent li Crestiien … ne] assanlerent li Crestien lor conseil et si disent que il mouveroient et que il n'atenderoient plus. Quant li Sarrasin virent que il ne demourroient plus ne pour priere ne pour manechier si lor dist: Seineur, j'ai trives as Crestiens et sachiés que *F19*   7–8 pour proiiere ne pour manace] par proiere ne par promesse *F25 F26 F38*   9 en cose qui] en cose que je fesisse ne qui *F18*, en cose que vous fesissiés ne que il *F19*, de chose qu'il *F24 F38*, de chose que *F25 F26*, de chose qui *F50*   9–10 sauvement] seurment et sauvement *F19*   10 bien pour voir] bien *F16 F19*, pour voir *F20*   10–11 que vous isterés … que] com vos en istroiz hors que *F16*, que vous isterés de me terre *F20*, com vos istroiz (partiez *F25 F26*) de ma terre *F25 F26 F38 F50*   11 que vous serés pris] vous pris tout vraiement *F19* ‖ car on] que l'en *F25 F26*, qu'en *F38*   11–12 ains s'en alerent et il] il s'en alerent et chil *F19*   12 et il les … furent] *lacks F38* ‖ com] que *F18* ‖ *New paragraph in F24.*   13 vinrent priés de … cité] vindrent prés d'une cité *F16 F20*, furent prés de le chité qui a a non Liche qui est *F19*, furent prés de Le Liche une cité *F24* ‖ de Sarrazins] de Sarrasins li Sarrasin *F16 F17 F20 F24 F38 F50*   13–415.1 qui les atendoient … saillierent] qui embuchié estoient et les atendoient a cop saillierent *F16*, si salirent hors li Sarrasin qui estoient embuchié qui les atendoient *F19*, qui les atendoient et enbuscié estoient lor salierent estoient lor *F24*, qui enbischié estoient lors salierent *F25 F26 F38*

THE CHRONIQUE D'ERNOUL 415

embuissié estoient, saillirent et les prisent tous; et n'en escapa nes uns n'a pié ne a ceval fors seulement .i. chevaliers, qui puis qu'il fu pris escapa il le nuit. Cil ot non Sohiers de Trasegnies. Et la fu pris Bernars de Moruel. Ensi faitement *com vous avés oï* furent il pris par lor soties, pour çou qu'il ne vaurrent croire consel.[371a]

[**cclxx**] Or vous dirai dou soudan de Babilone qui freres fu Salehadin,[372] qui la tiere d'Egypte avoit saisie apriés le mort sen neveu et qui sen autre neveu avoit desireté de le tiere de Damas et de Jherusalem. Je vous dirai qu'il fist. Quant il oï dire que li Crestiien avoient leué estoire pour venir en le tiere d'Egypte, il fist metre bonnes *garnisons* a Damas et en le tiere pour sen neveu que il avoit desireté. Adont s'en ala li soudans de Babilone en Egypte pour prendre conseil comment il poroit le tiere garnir encontre les Crestiiens,[373] qui en le tiere devoient venir. Quant il fu en le tiere si *manda* les arcevesques et les evesques et les priestres de se loy; si lor dist: 'Signor, li Crestiien ont fait grant estoire pour venir en ceste tiere et pour le tiere prendre s'il peuent. Il estuet

---

1 et] si *F16*, et si *F17 F19*, fors si *F20* ‖ et] Ne onques nus *F19*, et ne *F25* 1–2 nes uns n'a ... ceval] nes un *F16*, vis .i. ne a piet ne a cheval *F17*, ne a pié ne a queval *F19*, nus ne a pié ne a cheval *F20*, ne chevaliers ne hom a pié *F24*, ne chevalier ne home a pié *F38*, chevalier ne hom a pié *F25 F26* 2 qu'il fu pris] fu pris que puis qu'il fu *F16* 3 faitement] lack *F25 F26 F38* 4 com vous avés oï] *lacks F18* ‖ pris par] pris et par *F17*, tout pris et par *F19* ‖ soties pour çou] soties. Et si fu aussi pour che *F19*, senes *F25 F26*, folies por ce *F38 F50* 6 *Rubric in F20*: De Salphadin le soudant de Damas qui garni ses castiaus pour les croisiés. *No paragraph break in F24.* ‖ de Babilone] Salphadin de Babiloyne et de Damas *F16* 7 saisie] laissie *F20* ‖ le mort sen neveu] sen neveu quant il fu mors *F19* 8 de le tiere] lack *F25 F26* ‖ et] et de le tere *F19* ‖ Je vous dirai qu'il fist] qu'il fist *F19*, lack *F25 F26 F50* 9 venir] aler *F24 F25 F26 F38* 10 garnisons] gardes *F18* ‖ a Damas et en le tiere] en le tere de Damas et de Jherusalem *F19* ‖ pour] por le soudan (soutan *F24*, soldam *F38*) de Damas et por *F24 F25 F26 F38* 11 Adont s'en ala ... Babilone] adounc s'en ala Salphadins li soudans de Babiloyne *F16*, Il s'en ala *F24 F25 F26 F38* 12 poroit le tiere garnir] poroit (poroient *F20*) garnir le (la *F16*) terre *F16 F17 F20*, porroit mix le terre garnir *F19* 12–13 qui en le tiere devoient venir] vaillans qui venoient en se tere *F19*. *New paragraph in F24, F25 and F26.* 13 Quant il fu en le tiere si] Li soudans de Babilloine *F25 F26* ‖ manda] man *F18* 13–14 arcevesques et les ... si] vesques de se loy et les archevesques et les prestres et si *F19*, caadiz et por les prestres de la terre et *F50* 15–416.1 le tiere prendre ... aiiés] prendre le tere se il le puent faire. Il estuet que nous aions *F19*

[a] *F18 f. 95ra–va; F16 f. 56ra–b; F17 f. 52va–53ra; F19 f. 124rb–va; F20 f. 68va–69ra; F24 f. 152vb–c; F25 f. 91va–92ra; F26 f. 91rb–vb; F38 f. 196vb–197ra; F50 f. 406vb–407rb* (ML, 342–343).

371 For Renaud of Dampierre, Bernard of Moreuil and a possible identification of Soher of Trazegnies, see Jean Longnon, *Les Compagnons de Villehardouin: Recherches sur les croisés de la quatrième croisade* (Geneva, 1978), 60–63, 123, 164.
372 al-ʿĀdil Sayf al-Dīn.
373 *F16, F17* and *F20* lack the remainder of this paragraph and the whole of § cclxxi.

que vous aiiés cevaus et armes et que vous soiiés bien garni por le *tiere* aidier a deffendre, car j'ai guerre al soudan de Halape et a mes neveus; si ne porai mie *ci avoir* toutes mes gens, ains me convenra os tenir et ci et la; si vous convenra que vous m'aidiés.' Il disent que armes ne porteroient il ja, ne point ne se combate-
5 roient, car lor lois lor deffendoit a conbatre, ne contre lor loy *n'iroient il ja*, ains iroient as mahomeries et prieroient Dame Diu, et il deffendist bien le tiere, car autre cose ne devoient il faire ne ne pooient. Lors lor dist li soudans: 'Se li Crestiien vienent ci et il vous tolent le tiere, ou irés vous et que ferés vous?' Il disent: 'Ce que Dieu plaira, ferons.' Lors lor dist li soudans: 'Puis que vous *ne* poés com-
10 batre, je querrai qui combatra pour vous.' Lors fist venir .i. escrivent devant lui. *Aprés* si fist apeler tous les plus haus arcevesques qu'il avoit et les plus rices, et se *li* demanda combien il avoit de rente, ne combien le arceveskié valoit et seoit, et qu'il ne li mentist mie. Cil li dist *la* verité *et* il le fist metre en escript. *Aprés apela les autres un a un et fist metre en escrit* ensement. Quant il ot tout

---

1 cevaus] et chevaux F25 F26 F38 ‖ que vous soiiés bien garni] vous aussi F19 ‖ por le tiere aidier a] por le tiere garnir et aidier a F18, de la terre F25 F26   2 guerre] grant guerre F19   2–3 ci avoir toutes mes gens] avoir chi toutes mes gens F18, toute me gent avoir toute ensanle F19   3 et ci et la si vous] en .ii. liex et decha et dela si F19 ‖ convenra] covient F24 F38 F50   4 Il disent] Et il respondirent F19, Il respondirent F50 ‖ ne point] contre nule gent ne point F19, ne ja F38   4–5 combateroient] combatroient il ja F25 F26   5 ne contre] encontre F25 F26 ‖ n'iroient il ja] ne conbatroient il mie F18   6 prieroient Dame Diu ... tiere] si prieroient a lor diex que il deffendissent bien lor teres F19, proieroient Damedeu et il deffendissent bien la terre F25 F26   7 Lors lor dist li soudans] Dont vint li soutans si lor dist F24 F38, Donc (Dont lor F50) dist li soudans F25 F26 F50   8–9 ou irés vous ... ferons] ou irés vous ne que ferés vous? Et il li disent qu'il feroient che que Dieu plairoit F19, que ferez vos ne (et F24) u irés vos et il disent çou que Deu plaira si ferons F24 F38 F50, qe ferez vos ne ou irez vos? Ce que Deu plaira distrent il si ferons F25 F26   9 Lors lor] Dont lor F19, Dont F24, Donc F25, Don F26, Lors F38 ‖ ne] ne volés ne F18, ne vos F24 F38 F19   10 Lors fist venir .i. escrivent] Il (Dont F24) manda (demanda F38) .i. escrivain si le fist venir F24 F25 F26 F38 ‖ *New paragraph in F25 and F26.*   11 si fist apeler ... rices] si fist apeler tout le plus haut archevesque qui y fust et le plus riche F19, si fist apeler tot le plus haut de ses archevesques F24, apela li soudans tot li plus haut de ses arcevesques F25 F26, si apela touz les plus hauz de ses arcevesques F38, apela tot le plus haut de ses caadiz F50   12 et se li] et se lor F18, si li F25 F26 F38   12–13 ne combien le ... et] qu'ele valoit et ou ele seoit et se li dist F19, ne combien ele valoit ne u ele seoit F24 F38, ne combien elles valoient ne ou elles seoient F25 F26   13 la verité et] verité et et F18 ‖ le] *lacks* F24, les F25 F26   14 Aprés apela les ... escrit] *lack* F18 F25 (*homeoteleuton*)   14–417.1 Aprés apela les ... que] et puis si appela tous les autres et vesques et archevesques et prestres de lor loy et si lor demanda qumbien cascuns avoit de rente et ou ele seoit et que ele valoit. Et il li disent et il les fist ensement bien mettre en escript et quant il ot tout escript si fist tout nombrer et semonre toutes les rentes et si sot qumbien eles valoient et si vit qu'il avoient bien F19   14 ensement] aussi F38 F50

escript, si fist sommer combien lor tieres valoient, et vit que .ii. tans de tiere avoient qu'il n'avoit. Si lor dist: 'Segnor, vous avés assés plus de tiere que je n'aie; si arés mout grant damage se vous le perdés. Jou saisirai le tiere et si vous en donrai vos vivres, et del remanant liuerrai serjans et chevaliers et deffendrai le tiere.' Il lor disent: 'Sire, çou ne ferés vous ja, se Dieu plaist, que vous toilliés les aumosnes que li ancisseur ont donnees.' Il lor dist qu'il ne lor voloit mie tolir, ains le voloit garandir et garandiroit. Il saisi toutes lor tieres et lor assena a le siue rente selonc çou que cascuns estoit d'avoir son vivre.

Puis si fist apparellier messages; si lor carja grant avoir; puis les envoia en Venisse, et si envoia au duc de Venisse[374] et as Venissiiens grans presens, et si lor manda salus et amistés; et si lor manda que se il pooient tant faire qu'il destournaissent les Crestiiens, qu'il n'alaissent en le tiere d'Egypte, il lor donroit grant frankise el port d'Alixandre et grant avoir. Li message alerent en Venisse et fisent bien ce qu'il quisent et puis si s'en retournerent.[a]

---

1 escript si fist ... tieres] en escrit (enscrit *F25 F26*) si fist tot asommer combien les rentes (terres *F24*) *F24 F25 F26 F38*   1–2 de tiere avoient qu'il n'avoit] de rente qu'il n'avoit et *F19*, avoient il de rentes en le (la *F38*) terre qu'il n'avoit *F24 F38*, valoient lor rentes en la terre que la soe *F25 F26*   2 assés plus] .ii. tans *F19*   2–3 de tiere que je n'aie si] terre que je n'ai et si *F24 F25 F26 F38*   3 le tiere et] vos terres *F25 F26 F38*   4–5 en donrai vos ... tiere] liverrai bien vos vivres et le remanant donrai as chevaliers et as serjans qui deffenderont les teres et nous aussi. Et *F19*   4 liuerrai] louerai *F24*, vos loerai *F25*, loerai *F26 F50 F38*   5 Il lor] il li *F19 F24 F38 F50*, et il *F25 F26* ‖ Sire] lacks *F24*   5–6 ja se Dieu ... donnees] mie se Diu plaist et vous que vous nous toilliés les aumosnes que li anchiseur ont donnees et faites et *F19*   6–7 lor dist qu'il ne lor ... le] dist qu'il nes (ne les *F25 F26*) voloit mie tolir ains les *F24 F25 F26 F38*   7 lor voloit mie ... et] les voloit mie tolir mais garandir et il les *F19* ‖ *New paragraph in F25 and F26*. ‖ Il] Li soudans a *F25 F26*   7–8 lor tieres et lor] les rentes et si les *F19*, les (lor *F50*) rentes et les *F24 F25 F26 F38 F50*   8 a le siue rente] as sieues *F19*   8–9 d'avoir son vivre] de non et d'avoir son vivre *F19*, donoit son vivre *F25 F26*, donoit sa vie *F38*   10 Puis si] puis *F19*, Aprés si *F24 F25 F26 F38* ‖ puis] et si *F19*, et *F24*, si *F25 F26 F38*   11 envoia] manda *F19* ‖ de Venisse] lack *F24 F25 F26 F38 F50*   11–12 grans presens et ... amistés] salut et amistié et si lor envoia molt grans presens *F19*   12–15 qu'il destournaissent les ... retournerent] as Franchois qu'il n'alaissent mie en le tere de Egypte que il lor donroit grant avoir et si lor donroit grant frankuise el port d'Alixandre. Li message alerent en Venisse et si fisent molt bien che qu'il quisent as Venissiens et puis si s'en reparrierent arriere en Egypte *F19*   13 Crestiiens] croiciez *F25 F26*   14 alerent] en alerent *F24 F25 F26 F38*   15 quisent et puis si] quisent et *F24*, quistrent et *F38*, durent et ce qu'il quistrent *F25 F26*

[a] *F18 f. 95va–96rb; F16 f. 56rb ^{c} (part); F17 f. 53ra (part); F19 f. 124va–125ra; F20 f. 69ra (part); F24 f. 152^{vc}–153rb; F25 f. 92$^{ra–vb}$; F26 f. 91vb–92va; F38 f. 197$^{ra–b}$; F50 f. 407$^{rb–vb}$* (ML, 343–346).

374   Enrico Dandolo, doge of Venice 1192–1205.

[cclxxi] Endementiers que li soudans de Babilone estoit en Egypte, li soudans de Halape et li fil Salehadin qui desireté estoient assegierent Damas a molt grant gent. Quant cil de Damas furent assegié, il manderent *au* soudan qu'il les secourust, qu'il estoient assegié. Quant li soudans oï dire qu'il estoient assegié, si s'en ala secourre Damas a tant de gent com il avoit, et vint en le tiere de Jherusalem et assanla ses os a une vile qui a a non Naples qui est a une jornee d'Acre et a .v. journees de Damas. La fist il tant par son sens qu'il leva le siege de Damas, n'onques de plus priés ne le secourut.[a]

[cclxxii] Or vous lairons a parler de le Tiere d'Outremer; si vous dirons des croisiés qui alerent en Venisse. Il a une ille priés de Venisse c'on apiele l'Ile Saint Nicolai. A le mesure que li Crestiien venoient en Venisse, si les passoit on celle ille. La establi on et assena cascun a se nef, des haus homes, et combien cascuns paieroit, et prist on le paiement çou que cascuns en devoit paier. Et quant il orent tout paié ce c'on ot a cascun asséné, ne fu mie l'estoire le moitié paié de çou c'on lor ot en couvent. Et mout en retourna ariere en lor païs de le menue gent et mout en espandi par le tiere. Quant li pelerin avoient paiié çou qu'il avoient, si disent as Venissiiens qu'il les *passaissent*. Li Venissiien respondirent

---

1 *No paragraph break in F24, F38 or F50.* ‖ de Babilone] *lack F24 F25 F26 F38 F50*   2 assegierent] assistrent *F38*   3 assegié] assis *F38* (*and elsewhere in this paragraph*) ‖ au soudan] le soudan *F18*, au soudan de Babilone *F19*   4 qu'il] et que il *F19*, car il *F24 F50* ‖ soudans oï dire qu'il] soudans de Babilone oï dire que chil de Damas *F19*   5 ala] ala pour *F19*, ala et ala *F24*, ala et pour aler *F38*   5–6 avoit et vint ... vile] pot avoir et se vint el royaume de Jherusalem et si assanla ses os a une chité *F19*   6 ses os] grant gent *F25 F26* ‖ une vile qui a a non] *lacks F38*   6–7 une jornee d'Acre] .v. journees d'Acre *F19*, une jornee de Jerusalem *F50*   7 sens] *lack F25 F26*   8 le] les *F24 F38*   9 *Rubric in F16*: Des barons croisiez qui alerent en Costentinoble et yvernierent a Jasdres et la pristrent ainçois qu'il parvenissent an Costentinoble. *Rubric in F20*: Des barons qui assegierent Jadres et le prisent.   9–10 croisiés] Crestiens *F19*   10 Il a une ... c'on] c'om en *F25 F26* (*homeoteleuton*)   11 Crestiien] croisié *F16 F20*, pelerin *F24 F25 F38*, pellerin *F26* ‖ en Venisse si] *lacks F16*   11–12 passoit on celle ille] passoit on (l'en *F16*) en cele ille *F17 F20 F16*, faisoit on passer en cele ille et herbergier *F24 F25 F26*, fesoient l'en passer en cele isle et hebergier *F38*   12 et assena cascun ... homes] chascun haut home a se (en sa *F16*) nef *F16 F17 F20*, et assena chascun haut home a sa (se *F24*) nef *F24 F25 F26 F38*   12–13 cascuns paieroit] il paieroit *F16*, cascuns en paieroit *F20*   13–14 en devoit paier ... asséné] devoit paier (en devoit paier et *F20*). Quant il orent tout paié ce que chacuns devoit a sa nef *F16 F20*, en avoit paiié de che que on en ot a cascun asséné *F19*   14 l'estoire le moitié] l'estore *F19*, la moitié *F25 F26*   15 ot] avoit *F16 F20*   15–16 en lor païs ... gent] de menue gent en leur païs *F16*, de la (le *F24*) menue gent en lor païs *F24 F25 F26 F38 F50*   16 par] parmi *F16*, par la païs et par *F19* ‖ *New paragraph in F24.* ‖ avoient] orent *F19 F20 F24 F25 F26 F38 F50*   17 avoient] devoient *F16 F17 F20* ‖ passaissent] passent *F18* ‖ respondirent] disent *F17 F19 F24*, distrent *F25 F26 F38 F50*

---

[a] *F18 f. 96rb; F19 f. 125^{ra-b}; F24 f. 153rb; F25 f. 92vb; F26 f. 92^{va-b}; F38 f. 197rb; F50 f. 407vb* (ML, 346).

THE CHRONIQUE D'ERNOUL   419

qu'il n'enterroient en mer desci qu'il aroient toute lor couvenence, car il avoient
bien faites les leur. Li haut home lor volrent livrer pleges de l'avoir et creanter
a rendre, et il respondirent qu'il n'en feroient noient, ne n'enterroient en mer
dessi que il seroient paié. La les tinrent tant en cel ille qu'il furent sour l'iver
et qu'il ne pooient passer. Lors furent li haut home mout dolant et mout cour-   5
chié de lor avoir qu'il avoient despendu, et de ce qu'il ne pooient esploitier çou
qu'il voloient faire et devoient. Quant li Venissiien virent qu'il estoient a si grant
malaise, si furent mout lié. Dont vint li dus as haus barons de l'ost et si lor dist
qu'il avoit illuec priés une cité qui mout lor avoit de mal fait et molt grevé, et
que, s'il se voloient acorder ensanle et consaus lor *aportoit, qu'il* alaissent aveuc   10
aus et aidaissent celle cité a prendre, il lor *quiteroit* l'avoir qu'il devoient avoir
de l'estoire, et si les menroient la ou il les devoient mener. Li haut home disent
qu'il en prenderoient volentiers consel et en parleroient as pelerins de l'ost. Il
en parlerent et prisent consel entr'aus, et disent qu'il lor esteveroit tel cose faire
qu'il ne deveroient pas faire, ou il s'en retourneroient honteusement ariere. La   15
s'acorderent li pelerin et disent qu'il feroient le volenté as Venissiiens et iroient
la ou il vaurroient. Quant li Venissien oïrent ce, si furent mout lié et fisent car-

---

1 n'enterroient en mer ... toute] n'enterroient en mer dici adont qu'il avroient tote (avroient *F20*)
F16 F17 F20, n'i enterroient dessi adont que il aroient toute *F19*, n'enterroient en mer jusqu'il
avroient toute *F38*   2–3 Li haut home ... rendre] *lacks F19*   3 respondirent] distrent *F16
F25 F26 F38 F50*, disent *F24*   4 dessi que il] dici adonc qu'il *F16 F17 F19 F20*, jusqu'il *F38* ‖ en] sor
F17, sur *F19* ‖ qu'il furent] qu'il fu *F16 F17 F20 F24 F50*, qu'il vindrent *F25 F26*, vindrent *F38*   5 *New
paragraph in F20.*   5–6 et mout courchié] *lack F16 F17 F20 F50*   6 de ce] *lack F16 F17 F20* ‖
çou] de che *F19*, de ce *F20*   7 voloient faire et devoient] avoient a faire *F25 F26. New paragraph
in F25 and F26.*   7–8 estoient a si grant malaise] furent a si grant mesaise *F19 F20*, estoient si
emmaleise *F38*   8 lié] lié et molt joiant *F19* ‖ as haus barons de l'ost et] de Venice qui goute
ne veoit aus haus homes de l'ost *F16*, de Venisse as haus homes de l'ost (l'ost et *F20 F50*) *F17 F20
F50*, si dist as haus barons de l'ost *F19*, as haus homes de l'ost et (l'ost et *F24 F38*) *F24 F25 F26*, *F38*
8–9 et si lor ... molt] que luec prés avoit une cité qui molt lor avoit fait maus et molt lor avoit
F19   10 aportoit qu'il] portoit il *F18*, donoit qu'il *F38*   11 et] et li *F19*, et qu'il *F20* ‖ quiteroit]
enquiteroient *F18*, quiteroient *F24 F50* ‖ devoient avoir] devoient encore *F16*, devoit avoir d'aus
et *F19*, devoient *F25 F26*   12 si] *lack F24 F25 F26 F38 F50* ‖ menroient] menroit *F17*, metteroient
F19, merroient *F38* ‖ mener] mener et mettre *F19* ‖ disent] respondirent *F16*   13 volentiers]
molt volentiers *F17* ‖ parleroient] paroient *F24* ‖ pelerins de l'ost] haus hommes de l'ost et as
pelerins *F19*   13–14 Il en parlerent ... entr'aus] *lack F16 F17 F20*, Il parlerent ensanle *F19*   14 disent
qu'il lor esteveroit] distrent qu'il leur covenoit *F16 F20 F38*, lor distrent qu'il lor covenoit *F25 F26*
15 s'en retourneroient honteusement ariere] retorneroient a l'ost honteusement *F20*   16 li pele-
rin] *lack F24 F25 F26 F38* ‖ as] des *F24 F38 F50* ‖ et] et que il *F19*, et il *F25 F26*   17 vaurroient]
vaurroient aler *F19. New paragraph in F16 and F20.* ‖ si furent mout lié] si en furent molt lié *F16*,
s'en furent molt lié et molt joiant *F19*

gier viande et si les fisent requellir es nés et es vaissiaus. Si alerent a celle cité; si prisent tierre et l'assegierent. Celle cités a a non Jasdres en Esclavonie, et si estoit le roi de Hungherie.[375a]

[cclxxiii] Quant li rois de Hongherie oï dire que li pelerin qui outre mer aloient avoient se cité assegié et gastoient se tiere, si fu mout dolans. Si manda as barons de l'ost et as pelerins qu'il ne faisoient mie bien, qui gastoient se tiere, car *aussi* estoit il croisiés com il estoient et pour aler en le Tiere d'Outremer, et ne faisoient mie çou que *frere* devoient *faire* a autre, et que, pour Dieu, se levaissent del siege; et s'il voloient del sien, il lor en donroit a grant plenté et si iroit aveuc aus en le Tiere d'Outremer. Il li manderent ariere qu'il ne s'en pooient partir, car il avoient juré l'aïue des Venissiiens; si lor aideroient. Lors manda li rois de Hongerie a l'apostole que pour Dieu eust merci de lui, car li pelerin, qui outremer aloient, estoient *entré* en se tiere; si le gastoient et essilloient, et si ne lor avoit riens meffait, il l'amenderoit a lor volenté. Quant li apostoles oï ces noveles, si ne fu mie liés. Si envoia .i. cardonal pour eaus amonester qu'il ississent hors de

---

1 si les fisent requellir] si le recoillirent *F17*, les recueillirent *F19* ‖ vaissiaus] galies *F24* ‖ Si alerent a celle] si s'en alierent a la (le *F20*) *F16 F20*, si alerent a le *F19*, et alerent a cele *F24 F25 F26 F38*, et alerent a la *F50*   2 si prisent tierre et l'assegierent] si pristrent terre et si l'asegierent (assegerent *F19*) *F16 F17 F19 F20*, et prisent terre et asegierent cele cité (l'aserent *F25 F26*) *F24 F25 F26*, et pristrent terre et l'assegerent *F38 F50* ‖ Jasdres en Esclavonie] Gadresesclavonie *F19*   4 *No paragraph break in F16, F17, F20, F24, F38 or F50.*   5 Si] et molt courouchies. Il *F19*   6 et as pelerins … qui] pour coi il *F19* ‖ qui gastoient se tiere] quant il gastoient se terre *F20*, qui sa (se *F24*) terre gastoient *F24 F25 F26 F38 F50*   6–7 aussi estoit il croisiés] aussi bien estoit il croisiés *F18*, aussi estoient il croisié *F20*, il estoit croisiez aussi *F24 F38 F50*   7 et pour aler … et] et por aler en le (la *F16*) Terre d'Outremer et qu'il *F16 F19 F20*, et por aler en le Terre d'Outremer. Ne *F24*, ne *F25 F26 F38 F50*   8 frere devoient faire] faire devoient frere *F18*, faire devoient *F16*, pelerin devoient faire *F19* ‖ a autre] li uns a l'autre *F17*   9 voloient del sien il lor en] voulient (en voloient *F20*) del sien avoir il lor *F16 F20*   10 en le Tiere d'Outremer] outremer *F16 F19*, en le terre outre mer *F20* ‖ li] *lack F24 F38 F50*   11 juré l'aïue des] l'aide as *F25 F26* ‖ *New paragraph in F16, F25 and F26.* ‖ Lors] Dont *F19 F50 F24 F25 F26 F38*   11–12 manda li rois … li] vint li rois de Hongerie (d'Ongrie *F25 F26* Hongrie *F38*) si manda a l'apostole et proia por Deu merci des *F24 F25 F26 F38*   13 aloient estoient entré … le] aloient estoient en se tiere si le *F18 F17 F19*, aloient et estoient entré en se (sa *F38*) terre et *F24 F38*, aloient qui estoient entré en sa terre et *F25 F26*, devoient aler qui estoient entré en sa terre et la *F50* ‖ si ne] s'il *F16 F17 F20 F24 F38 F50*, si *F25 F26*   14 il l'amenderoit] il leur amenderoit *F16 F20 F25 F26 F50*, et se ainsi estoit que il lor eust aucune cose mesfait il lor amenderoit *F19* ‖ *New paragraph in F20 and F38.*   15 liés. Si] liés ne joiaus si lor *F19* ‖ pour eaus amonester] pour amonester *F17 F24 F25 F26 F38*, *lacks F19*

---

[a] *F18 f. 96rb–97ra; F16 f. 56rc–va; F17 f. 53ra–b; F19 f. 125rb–va; F20 f. 69ra–va; F24 f. 153rb–va; F25 f. 92vb–93va; F26 f. 92vb–93rb; F38 f. 197rb–va; F50 f. 407vb–408rb* (ML, 348–350).

375   Emeric (1196–1204).

THE CHRONIQUE D'ERNOUL 421

le tiere le roi, et s'il n'en issoient qu'il les escumeniast. Li cardonnaus i ala et
lor amonesta; mais il n'en valrent riens faire, ains prisent le cité. Lors les escu-
menia li cardonnaus de par l'apostole. Quant escumeniié furent, si s'asanlerent
et parlerent ensanle et envoierent a l'apostole et crierent merci; et se li fisent
asavoir l'occoison pour coi il i estoient alé, et que pour Diu eust merchi d'eaus. 5
Cest mesage fist Robiers de Bove. Et li cardonals s'en retourna ariere quant il les
ot escumeniiés.[376a]

[cclxxiv] Quant Robiers de Bove ot fait son mesage a *l'apostoile* de par les pele-
rins, il ne retourna mie a aus pour renonchier le message, ains s'en ala en Puille
pour passer en le tiere de Jherusalem. Et passa et arriva a Acre. Engerrans de 10
Bove, ses freres, ne vaut mie demorer en l'escumeniement, ains s'en ala al roi
de Hongerie et fu entour lui grant piece. Li quens Simons de Monfort et Guis
ses freres ne vaurrent mie demourer en l'escumeniement de Jasdres, ains s'en
alerent al port et passerent quant tans fu. *Et si alerent* aveuc .ii. abés de l'ordene
de Cystiaus, li abés de Vaus et li abés de Cierkenciel,[377] et Estievenes dou Perce 15

---

1 le roi] de Hongrie *F20* ‖ n'en] ne s'en *F24 F25 F26 F38* ‖ qu'il] il *F19 F24 F38* ‖ escumeniast] escumenieroit *F17*   2 lor amonesta mais] les amonesta mes *F20*, lor amonesta *F24*, les amonesta *F25 F26 F38 F50* ‖ *New paragraph in F24*.   2–3 Lors les escumenia ... l'apostole] lors escommenia li cardonax les pelerins de pa l'apostole *F16*, lors les escumenia li apostoiles car li cardonals avoit le pooir l'apostole *F17*, Lors les escommenia li apostoles *F19*, Donc vint li chardonaus si les escumenia de par l'apostole *F24 F25 F26 F38*   3–4 s'asanlerent et] *lacks F19*   4 et parlerent ensanle et envoierent] *lack F25 F26* ‖ et se] et *F17 F20*, si *F19 F38*   5 i] *lacks F18* ‖ *New paragraph in F16 and F38*.   8 *No paragraph break in F16, F17, F20, F24, F38 or F50*. ‖ Quant Robiers de Bove] Robers (Roberz *F38*) de Bove quant il *F24 F38* ‖ l'apostoile] l'apotoile *F18*   9 il] *lack F24 F25 F26 F38*   10 en] *lack F16 F20*, outre en *F19* ‖ passa et arriva a] passa et ala a *F16 F17*, il s'en ala et passa outre *F19*, s'en ala a a *F20* ‖ *New paragraph in F24*.   10–11 de Bove] *lack F16 F17 F20 F25 F26 F38 F50*   11–12 al roi de Hongerie et fu] en Ongrie au roi et fu i *F25 F26*   12–13 et Guis ses ... Jasdres] ne vaut mie demourer en l'esquemeniement des Gadrains ne Guys ses freres *F19*   13–14 ne vaurrent mie ... al] ne vorent mie demorer en l'escumeniement de Jadres ains s'emn alerent a .i. *F24*, s'en alerent ensement a .i. *F25 F26*, s'en alerent aussi a .i. *F38*, alerent ausi a un *F50*   14 fu] en fu *F24 F38* ‖ et si alerent aveuc] si passerent aveuc *F18*, et si alerent avec els *F16*, et si alerent *F19* ‖ de l'ordene] de l'abbaïe *F16*, *lacks F17*   15 et] et li quens *F16* ‖ Perce] Perche qui freres fu au conte del Perche *F24 F25 F26 F38*

[a] *F18 f. 97^{ra-va}; F16 f. 56^{va-b}; F17 f. 53^{rb-va}; F19 f. 125^{va-b}; F20 f. 69^{va-b}; F24 f. 153va; F25 f. 93^{va-b}; F26 f. 93^{rb-vb}; F38 f. 197^{va-b}; F50 f. 408^{rb-va}* (ML, 350–351). *F18 has a ten-line miniature panel showing an envoy kneeling before a lord followed by a four-line historiated initial 'Q'. In the lower margin there is a drawing of a dog lying on its back and a bird flying overhead.*

---

376 The excommunication was pronounced by Guy, abbot of the Cistercian abbey of Les Vaux de Cernay.
377 Les Vaux de Cernay to the west of Paris, and Ceranceaux, south of Paris.

et Renaus de Mont Miral et autre chevaliers assés, que je ne sai mie nomer. Et passerent en le Tiere d'Outremer. Li conte et li autre *ivernerent* a Jasdres quant il l'orent prise.[a]

[cclxxv] Or vous lairons a parler des pelerins qui *yvernerent* a Jasdres; si vous dirons de Jehan de Niele et des Flamens qui entrerent en mer au Dan. Il s'en alerent par les destrois de Marroht et prisent *une* cité sour Sarrasins et fisent grant gaaing. Quant il orent celle cité prise, il ne vaurent mie la demourer, ains le garnirent et s'en alerent yverner a Marseille.[378] Il avoit aveuc ces Flamens .i. chevalier qui parens estoit l'empereur Bauduin. Cil s'acointa d'une dame qui a Marselle estoit, qui fille estoit l'empereur de Cypre, que li rois d'Engletiere avoit prise quant il ot pris l'ille de Cypre, et *l'en mena* en son païs. Et quant il fu mors, si le delivra et s'en raloit en son païs ariere. En ce que elle s'en raloit et elle fu a Marselle, li quens de Saint Gille le prist et espousa, et quant il l'ot tenue tant com il vaut, il le mist hors de se tiere et ele s'en ala a Marselle, et il esposa le sereur le

---

1 sai] vos sai F16   1–2 Et passerent en le Tiere d'Outremer] *lacks* F16, et arriverent en Surie F50   2 ivernerent] remessent F18   3 prise] prise et furent la tot iver (l'iver F38) F25 F26 F38   4 *Rubric in F16*: De Johan de Neelle chastelains de Bruges qui entre en mer au Dam por aler a Acre. Et ala par les destroiz de Marroch, *followed at the top of the next column by a four-line puzzle initial 'O'*. *Rubric in F20*: De Jehan de Niele qui ariva a Acre. *No paragraph break in F17 or F24*. ‖ a parler des pelerins] des pelerins a parler F24 F38, ore des pelerins a parler F25 F26 ‖ yvernerent] vinrent F18 F19   5 Niele] Neele chastelains de Bruges F16 ‖ au Dan] au demain F25 F26, au darrien F38   6 une] *lacks* F18   7 grant] molt grant F19   7–8 ains le garnirent et s'en alerent] Einz s'en alierent quant il l'orent garnie F16, ains le garnirent puis s'en alerent F17, ains le garnirent et se vinrent F19, ains la (le F24) donerent as Freres de l'Espee qui le (la F38) garnirent et tienent et puis s'en alerent F24 F38, ainz la donerent as Freres de l'Espee qui laguirent (languirent F25) et la tindrent puis s'en alerent F25 F26, ainz la donerent as Freres de l'Espee qui la garnirent et la tienent encore puis s'en alerent F50   8 *New paragraph in F16*.   9 l'empereur Bauduin] le (au F20) conte Bauduin de Flandres F16 F20, le conte Bauduin F17, dou conte Baudoin F50   9–10 qui a Marselle estoit] a Marselle F20   10 estoit l'empereur] avoit esté l'empereur F17 F20 F16, fu le roi F24, fu l'empereor F25 F26 F38   10–11 que li rois ... Cypre] *lacks* F19 (homeoteleuton) ‖ d'Engletiere avoit prise ... pris] Richarz d'Engleterre avoit prise quant il prist F16, d'Engletere avoit pris quant il prist F17 F50, d'Engleterre prist quant il prist F20   11 l'en mena] le manda F18   12 et s'en raloit ... ariere] et ele s'en raloit (rala F19, ala F20) en son païs arriere F16 F19 F20, si s'en raloit ariere en sen païs F24, si s'en ala (raloit F38) arriere F25 F26 F38 ‖ s'en raloit et elle fu] sejornoit F16, s'en raloit ele fu F17 F20, raloit arriere et ele fu F38   13 le prist et espousa] l'espousa F20 F50   14 il] si F25 F26 F38 ‖ s'en ala] s'en rala F17, vint F19 ‖ il] li quens F16, li cuens F20

[a] F18 f. 97va; F16 f. 56vb; F17 f. 53^{va-b}; F19 f. 125vb–126ra; F20 f. 69vb–70ra; F24 f. 153ra; F25 f. 93vb–94ra; F26 f. 93vb; F38 f. 197vb; F50 f. 408va (ML, 351–352).

378   The town captured by Jean de Nesle is not identified. The 'Freres de l'Espee' mentioned in the variant readings are the Order of Santiago.

THE CHRONIQUE D'ERNOUL 423

roi d'Arragone.[379] Et la le trova cil chevaliers que je vous di, et fist tant *vers li* qu'il l'esposa, et cuida bien a l'aïue le conte de Flandres, qui ses parens estoit, et des Flamens, qu'il reust l'ille de Cypre qui fu sen pere. Quant ce vint qu'il fu tans de passer, Jehans de Niele et li autre pelerin qui yverné avoient a Marseille et a autres pors passerent quant il *fu tens* et ariverent en le Tiere d'Oltremer. Quant arivé furent dela, li chevaliers, qui le fille l'empereur de Cypre avoit a feme, prist de ses amis et des Flamens quant il furent arivé, et alerent devant le roi Haymeri; se li requist qu'il li rendist l'ille de Cypre, qu'il avoit le fille l'empereur cui elle fu et cui elle devoit iestre. Quant li rois Haymeris oï ceste requeste, si le tint pour musart, et se li commanda qu'il widast se tiere, sor cors a escillier, et s'il ne le faisoit, il l'escilleroit. Li chevaliers n'ot mie consel qu'il demorast, ains wida le tiere et s'en ala en le tiere le roi d'Ermenie.

A cel passage que li Flamenc passerent, passa grant gent et ariverent en le Tiere d'Outremer, mais il n'i fisent oevre, car il *i avoit trives*. Ains s'en ala une partie a Triple et une partie en Antioce au prince qui guerre avoit au roi d'Ermenie. Jehans de Niele ala au signeur d'Ermenie a .i. siege qui fu devant Antioce, et

---

1 Et la le] la la *F16 F50*, et le *F19*, et la *F24 F25 F26* ∥ et fist tant vers li] et fist tant *F18*, et la fist tant chis chevaliers *F19*, cele dame et fist tant envers li *F24*   2 bien] lacks *F19* ∥ le conte] le conte Bauduin *F16 F19*, dou conte Bauduin *F20*, del conte *F25 F26*, du conte *F38 F50*   3 qui fu sen pere] qui au pere a la demoisele fu *F16*, qui son pere avoit esté *F17*, qui fu le pere le dame *F24*, lack *F25 F26*. New paragraph in *F16, F25 and F26* ∥ ce vint qu'il] il *F19 F25 F26*   4 autre pelerin qui yverné avoient] pelerin qui estoient *F16 F20*, autre pelerin qui estoient *F17*   5 quant il fu tens] quant il porent *F18*, quant tans en fu *F20*, lacks *F24* ∥ en le Tiere d'Oltremer] a Acre *F50*. New paragraph in *F20*.   6 l'empereur de Cypre avoit a feme] le roi avoit de Cypre *F17*, le roi de Cypre avoit a feme *F24*   7 des] de ses *F16 F17 F24* ∥ quant il furent arivé] lack *F24 F25 F26 F38 F50*   8 requist] requistrent *F16*, requist li chevaliers *F25 F26 F38* ∥ qu'il] car il *F20 F38 F50* ∥ l'empereur] l'empereeur a fame *F16*, l'empereour a feme *F20*, al roi *F24*   9 New paragraph in *F25 and F26*.   9–10 ceste requeste si ... musart] ce si les tint por musarz *F16*, chele requeste si le tint molt por musart *F19*   10 sor] seur son *F16*, sor son *F24*, seur le *F38*, et pour *F20*   10–11 sor cors a ... faisoit] et s'il ne le vuidoit *F17*   11–12 demorast ains wida le tiere et] demorast en le tere ains le vuida et *F17*, demorast ainz *F25 F26*   11 demorast] i demorast *F16*   11–12 wida le tiere ... roi] ot conseil que il s'en alast en le tere *F19*   13 passa grant gent et ariverent] passa grant gent *F16 F20*, passerent *F17*, passa molt grant gent et arriverent *F19*   14 fisent] furent *F25*, firent *F26* ∥ i avoit trives] avoient trives en le tiere *F18*   14–15 s'en ala une ... au] en ala une partie des chevaliers a Triple et l'autre en Antioche avec le *F24 F25 F26 F38*, une partie des chevaliers qui adonc passerent s'en ala a Triple et l'autre en Antioche avec le *F50*   15–16 a Triple et ... d'Ermenie] en Hermenie. Et une autre partie en Enthioche *F16*   15 partie] autre partie *F20*   16 au signeur] avec le seigneur *F16*, sejorner en (au *F25 F26*) Hermenie (Ermenie *F38*) et fu avec le roi *F24 F25 F26 F38 F50*

379   Raymond VI of Toulouse married the daughter of Isaac Dukas Komnenos after the death of his previous wife, Joanna the sister of Richard I, in September 1199. He wed Eleanor of Aragon, the sister of King Peter II, in January 1204.

furent veus *ses* banieres sour les murs d'Antioce si comme aucunes gens disent. Dont *il* ot grant blasme en le Tiere d'Outremer, car si preudom com il *estoit* ne deust mie estre en l'aïue le roi d'Ermenie encontre le prince d'Antioce. Et si vous di bien por voir que cil qui alerent en Ermenie et en Andioce n'alerent mie si folement con li autre fisent qui furent pris, ains orent sauf conduit a l'aler.[380a]

[cclxxvi] Or vous lairons *a* parler des Crestiiens qui en le Tiere d'Outremer estoient, tant que tans et eure en sera. Si vous dirons d'un amiral qui en le tiere d'Egypte estoit, et avoit castiaus en le tiere de Saiete. Il fist armer galyes et si les mist en mer et les envoia *por* gaaingnier, et si estoient trives. Les galyes furent devant l'ille de Cypre et prisent .ii. batiaus et ne prisent mie *dedens* plus de .v. homes, et plus ne fisent de damage as Crestiiens. On fist asavoir al roi Haymeri que les galyes les Sarrazins avoient pris des Crestiiens devant Cypre. Quant li rois l'oÿ, si manda al soudan qu'il li fesist rendre ses homes c'on li avoit pris en

---

1 veus ses] veus les *F18*, envoiés ses *F17* ‖ d'Antioce] *lacks F17*   2 il] il en *F18*, il y *F19* ‖ preudom com il estoit] preudom com il est *F18 F19*, grant home com il estoit *F25 F26*   3 estre en l'aïue] avoir esté en aïue *F20*   3–4 si vous di ... alerent] *lacks F25*   4 bien] *lacks F19* ‖ Ermenie et en Andioce] Enthioche n'en Hermenye *F16*, Antioce ne (et *F20*) en Hermenie *F17 F20*, Antioche et en Hermenie (Ermenie *F38 F50*) a cele foiz *F24 F26 F38 F50*, en Hermenie a cele foiz *F25*   5 li autre fisent] cil devant *F24*, cil devant alerent *F25 F26 F38* ‖ qui furent pris] *lacks F19* ‖ orent sauf conduit a l'aler] orent sauf aler *F16 F17*, alerent sauf aler *F20*   6 *Rubric in F16*: Comment les trives furent routés entre Sarrasin et Crestians qui prises i erent del roi Aymeri d'Acre et de Salphadin. *Rubric in F20*: D'un amiraut d'Egypte qui desroba les Crestiiens en trieves. ‖ a] *lacks F18*   7 tans et eure] lius et eure *F17 F20 F24 F25 F26 F38*, liex et tans *F19*   8–9 et si les ... et] et *F16 F20*, et si *F17*, et si les envoia et mist en mer et *F19*, si (et si *F24*) les mist en mer et si *F24 F25 F26 F38*   9 por] *lacks F18* ‖ et estoient trives] et si estoient en trives *F17*, et estoient trives entre Crestiiens et Sarrasins *F20*, et si estoit trives *F24*, dedenz trives *F25 F26 F38 F50*   10 prisent .ii. batiaus] si prisent .ii. batiaus *F19*, prisent .ii. batiaus de Crestiiens *F20* ‖ dedens plus] ens plus *F18*, dedens plus haut *F24 F25 F26 F38*   11 *New paragraph in F24, F25 and F26*. ‖ On fist asavoir] On le fist savoir *F19*, Or fist asavoir *F25 F26*   12 les] aus *F16 F38*, des *F17 F19 F50*, as *F20 F24 F25 F26* ‖ des Crestiiens devant] ses (de ses *F24*) homes devant l'ille de *F24 F38*, homes devant l'isle de *F25 F26* ‖ des] les *F16 F20*, de *F17*   12–13 li rois l'oÿ] il oï dire *F25 F26*, li rois l'oï dire *F38*   13 al soudan qu'il li fesist rendre] a Salphadin le seigneur d'Egipte qu'il li feist rendre *F16*, al soutan c'on li fesist rendre *F17*, au soudan que on li rendist *F19*, au soudan d'Egipte c'om li fist prendre *F20*, al soutan qu'il li rendist *F24* ‖ c'on li] qu'en *F16 F20 F24 F38 F50*, çou *F17*, que li Sarrasin *F19*, c'om en *F25 F26*

---

[a] *F18 f. 97va–98rb; F16 f. 56vb–57ra; F17 f. 53vb–54ra; F19 f. 126ra–va; F20 f. 70ra–va; F24 f. 153vb–c; F25 f. 94ra–va; F26 f. 93vb–94va; F38 f. 197vb–198ra; F50 f. 408vb–409rb* (ML, 352–354).

380 Above §§ cclxviii–cclxix.

THE CHRONIQUE D'ERNOUL 425

trives devant Cypre. Li soudans manda a l'amiraut qu'il les rendist, et li amiraus *li remanda* qu'il n'en renderoit nul. Toutes voies requist encore li rois ses homes al soutan. Li soudans respondi qu'il ne li pooit faire rendre, que li amiraus n'en voloit riens faire pour luy, et li rois li manda qu'il soufferroit et l'amenderoit quant il poroit. Or vous dirai que li amirauls fist, qui les homes le roi avoit en prison. Il fist cargier .xx. vaissiaus d'orge et de forment pour garnir ses castiaus qui estoient en le tiere de Saiete pour paiier les garnisons, car il se doutoit que li pelerin ki yvernoient a Jasdres quant il seroient arivé et ancré n'assegassent ses castiaus. Pour çou les voloit il garnir. Quant li vaissiel furent cargié et il orent tans, si murent tout ensanle. Quant il vinrent priés d'Acre et les gens d'Acre virent qu'il passeroient outre et qu'il ne tourneroient mie al port, si sorent bien que c'estoient nés a Sarrazins; si coururent as vaissiaus et as nés et as galyes, et entrerent ens; si s'armerent et alerent encontre; si les prisent et amenerent a Acre. Et bien ot dedens ces vaissiaus .ii.ᶜ Sarrazins ou plus. Tous chis gaains fu le roi Haimmeri, del blé et des vaissiaus. Si prisa on qu'il y ot, que forment que orge, au muy de le tiere .xx.ᵐ muis. Et bien prisa on le gaaing qui a celle voie fu fais a .lx. mil besans.[a]

---

1 devant Cypre] devant l'ille de Chipre F24, lack F25 F26 F38 F50 ‖ Li soudans manda ... amiraus] Et li soudans F19 ‖ qu'il] qui les avoit pris qu'il F16, c'on F17 ‖ les] li F24 F25 F26 F38   2 li remanda] dist F18, manda au soudan F16, remanda F17, li manda F24 F25 F26 F38 ‖ voies] eures F24   3 Li soudans respondi] et il li remanda F17, Et li soudans li remanda F19, et li soudans li (si F24) manda F24 F25 F26 F38 ‖ li pooit] l'en pooit nul F19 ‖ que] car F20 F24 F50 ‖ n'en] ne F19 F25 F26 F38 F50   4 li manda] li remanda F16 F50, manda F17, Haymeris li manda F20 ‖ soufferroit et] s'en soufferroit et F16 F25 F26, sofferoit et qu'il F24   5 *New paragraph in F38.*   6 .xx.] .xxv. F20 ‖ d'orge et de forment] d'orge F19, de forment et d'orge et (et de F24 F38) marchandise F24 F25 F26 F38   7 qui estoient] que il avoit F19 ‖ pour] et por F25 F26 F38   7–8 il se doutoit ... yvernoient] il se doltoient que li pelerin qui venroient F17, li Crestien qui yvernerent F19   8 et ancré] a Acre F16 F24 F25 F26 F38, a Acre et iverné qu'il F17, et a autre F19, a ancré qu'il F20, en la terre de Surie F50 (*difficilior lectio*)   9 Pour çou les voloit il] por ce si les voloit bien F24, et por ce les faisoit il F25 F26, pour ce les fesoit il F38 ‖ garnir] faire garnir F19. *New paragraph in F25 and F26.*   10 tout ensanle] lacks F19 ‖ les gens] cil F16 F17 F19 F20 F50   11 tourneroient mie] retourneroient F19, retorneroient mie F20   11–12 si sorent bien ... Sarrazins] lacks F20 (*homeoteleuton*)   12 nés a] lacks F16, de F17, nés de F24 F25 F26 F38 ‖ vaissiaus et as ... et] vessiaus et aus galies si F16, nés et as galies si F19, vaissiaus et en nés et en galies et F20, vaissiaus et as nés et F24   13 si s'armerent et alerent encontre] lacks F19 ‖ si] et F24 F25 F26 F38 F50 ‖ si] et F19 F25 F26 F38 F50 ‖ amenerent] les amenierent F16, les amenerent F50, ariverent F19   14 Sarrazins] chevaliers F16, chevaliers Sarrasins F17 F20   14–15 fu le roi ... on] fu au (le F20) roi Aymeri (Haymeri F20). Si prisa l'en F16 F20, fu le roi Haimeri. Si prisa on bien F17, fu le roi des Sarrasins et del blé et des vaissiaus et bien prisa on F24, de blé et de vassiaus fu li rois et bien prisoit (prisa F38) F25 F26 F38   16 muy de le tiere] muy d'Acre F50   16–17 Et bien prisa ... besans] lack F16 F17 F20

[a] F18 f. 98ʳᵇ⁻ᵛᵇ; F16 f. 57ʳᵃ⁻ᵇ; F17 f. 54ʳᵃ⁻ᵇ; F19 f. 126ᵛᵃ⁻ᵇ; F20 f. 70ᵛᵃ⁻ᵇ; F24 f. 153ᵛᶜ–154ʳᵃ; F25 f. 94ᵛᵃ–95ʳᵃ; F26 f. 94ᵛᵃ–95ʳᵃ; F38 f. 198ʳᵃ⁻ᵇ; F50 f. 409ʳᵇ⁻ᵛᵃ (ML, 354–355).

[cclxxvii] Or vous dirai que li rois fist quant il ot l'avoir fait descargier et mener a sauveté et mis les Sarrazins en prison. Par le consel del Temple et de l'Hospital .i. jour apriés çou et apriés midi fist les portes d'Acre bien fremer et bien garder, que nus hom n'en pooit issir ne entrer, et pour çou le fist qu'il ne voloit mie c'on le fesist savoir as Sarrazins pour aus garnir çou qu'il voloit faire. Dont manda as Crestiiens qui a Acre estoient. et a ceuls qui cevaus avoient, qu'il lor donassent provendes, et que tantos qu'il oroient les araines soner, qu'il s'armassent et montaissent et alaissent aprés lui. Quant cil d'Acre oïrent ceste novele, si furent mout lié, car il desiroient mout a aler sor Sarrazins et mout lor targoit. Quant ce vint al vespre que li ceval orent mengié lor provendes, li rois fist sonner les araines et s'arma et fist armer ses chevaliers. Et murent a l'avesprer et errerent toute nuit et mout issi de gent a pié aveuc. Li Temples et li Hospitaus i fu; si fist li uns l'avant garde et li autres l'arierre garde al aler et al venir. Quant ce vint al point del jour et il furent en tiere de Sarrazins, il s'espandirent aval le païs; si aquellirent grans proies et mout i prisent de homes et de femes et d'enfans, et grant gaaing i fisent et amenerent sauvement a Acre, fors tant que li cris leva en le tiere et que Sarrazin s'asanlerent et alerent apriés

---

1 *No paragraph break in F24.* ‖ fist quant il ot] Aymeris fist quant il l'ot *F20* ‖ l'avoir fait] fet l'avoir *F16 F17 F24*, fait cel avoir *F25 F26*   1–2 l'avoir fait descargier … et] mis l'avoir a sauveté et il ot *F19*   2 mis les Sarrazins] les Sarrasin metre *F24 F38*, les Sarrasin mis *F25 F26*   3 .i. jour apriés … midi] un jour aprés chou et aprés miedi si *F19*, .i. jour aprés il *F20*, le jor aprés midi *F24*, .i. aprés ce prés midi *F25 F26*, .i. jor aprés ce puis midi *F38* ‖ bien fremer et bien] bien fermer et *F16 F20*, molt bien fermer et bien *F19*   4 hom n'en] n'en *F17 F24*, home ne *F25 F26 F50*   5 le fesist savoir] feist asavoir *F16 F20 F25 F26 F38 F50*, fesist savoir *F19*, feist a savoit *F24* ‖ pour aus garnir … faire] che qu'il voloit faire *F19*, ce qu'il voloit faire ne qu'il en fussent garni *F25 F26*   6 manda as Crestiiens] commanda aus Crestians *F16*, commanda li rois as chevaliers *F24*, commanda as chevaliers *F25 F26 F38 F50* ‖ a ceuls] *lack F17 F19* ‖ cevaus avoient] armes avoient et chevaux *F25 F26 F38*   7 que tantos qu'il] tantost comme il *F16 F25 F26*, tantost qu'il *F17 F20*, qu'il tantost com il *F24*   8–9 Quant cil d'Acre … lié] Quant chil d'Acre oïrent cheste nouvele si en furent mout lié et molt joiant *F19*, Cil qui a Acre estoient le firent (fisent *F24*) molt volentiers *F24 F25 F26 F38*   9–10 et mout lor targoit] *lacks F17*, et molt lor tardoit *F25 F26 F50*   10 que li ceval … provendes] *lack F16 F17 F20*   10–11 li rois fist … murent] si s'arma et fist armer ses chevaliers et vint *F25 F26*   11 les araines et] ses araynes si *F16 F17 F20 F38*, ses araines et *F19 F24*, les araines si *F50*   12–14 Temples et li … et] Templier et li Hopsitalier y furent et si fist li uns la vangarde a l'aler et li autres *F19*   13 i fu; si fist li uns] li .i. fist *F24*, li uns fist *F25 F26 F50*, li uns fist *F38*   14 *New paragraph in F25 and F26.* ‖ et il furent] il furent *F17 F50*, qu'il furent *F19*, et il vinrent *F20*, que li roys et ses gens furent *F25 F26*   15 si aquellirent] et molt pristrent *F16*, et acoillirent *F24 F50*, et acuillierent *F25 F26 F38 F50* ‖ grans] *lacks F17*   16 et grant gaaing i fisent] *lacks F24*

et *cuivererent*[381] .i. poi l'ariere garde, mais n'i fisent mie damage. On fist asavoir al soudan, qui a Damas estoit, que li rois Haymmeris estoit entrés en se tiere et qu'il avoit pris de ses homes et menee le proie et gastee le tiere. Quant li soudans l'oÿ, s'en fu mout liés et dist que biel li estoit et assés y entrer et gaster, quant par lui ne par son consel en seroit destornés. Mais bien gardast cascuns çou qu'il avoit a garder, car ore avoit bien li rois Haimmeris recouvré sa perte que li amiraus li avoit tolu .v. homes.[a]

[cclxxviii] Quant Jehans de Niele, qui en le tiere d'Ermenie et li chevaliers qui aveuc lui estoient, oïrent dire que li trive estoit route, si s'en partirent et alerent a Acre ou li guerre estoit sor Sarrazins. Et li rois par pluisours fois entroit en le tiere as Sarrazins et amenoit proies et grant gaaing faisoient souvent sor Sarrazins. Une fois ala il en le tiere par deça le flun et ne trouva riens, et passa outre le

---

1 cuivererent] qu'il virent *F18 F16 F17 F19 F20*, quirerent *F25*, quiurerent *F26*, cuivrerent *F38*, costoierent *F50*. ‖ l'ariere garde mais n'i] mais ne *F25 F26* ‖ *New paragraph in F16 and F24*. 1–2 On fist asavoir al soudan] L'en fist asavoir au soudan Salphadin *F16*, On fist savoir au soudan *F19*, Dont fist on asavoir al soutan *F24* 3 menee] en menee *F16 F20* 3–4 li soudans] Salfadins qui soudans estoit de Damas et d'Egipte *F20* 4 s'en] si *F24 F25 F26 F38* ‖ liés] liés et molt joians *F19* ‖ que biel li estoit et assés] c'assés bel li estoit et molt *F17*, que assés *F19*, que bel l'en estoit et assés *F20* 5 quant] car *F25 F26 F50* ‖ en] n'en *F20 F25 F26 F38 F50*, i *F24* 6 bien] *lack F25 F26* ‖ recouvré sa perte] rescousse se proie et recouvree *F19* 7 que li amiraus li avoit] qu'il avoit fait qu'il li avoient *F17* ‖ tolu .v. homes] fait .v. homes qu'il avoit perdu *F24 F25 F26 F38* 8 *No paragraph break in F16, F17, F24 or F38*. ‖ Niele] Neele chastelains de Bruges *F16* 8–9 qui en le … estoient] qui en la terre estoit d'Ermenye et li chevalier qui avé lui estoient *F16*, et li chevalier qui avec lui estoient en Hermenie *F17*, qui en Hermenie estoit et li chevalier qui avec lui estoient *F19*, qui en le terre d'Ermenie estoit et li chevaliers qui avoec lui estoient *F20*, qui en Hermenie (Ermenie *F38*) estoit et li chevalier qui en la (le *F24*) terre (en Antioche *F50*) estoient *F24 F25 F26 F38 F50* 9 li trive estoit … et] la trive estoit route si se partirent d'ilec et *F16*, les trives estoient routes si (il *F50*) se partirent de la si (et *F50*) *F24 F38 F50*, la trive estoit route si partirent de la si *F25 F26* 9–10 alerent a Acre ou] alerent (alierent droit *F16*) a Acre la ou il oïrent dire que *F16 F20*, vinrent a Acre u il oïrent dire que *F17* 10–12 entroit en le … flun] aloit sur tere de Sarrasins et faisoit grant gaaing sur Sarrasins et amenoient proies et faisoit souvent grant gaaing sur aus. Une voie ala il par decha le flun Jourdain et *F19* 10–11 le tiere as] tere de *F17*, le (la *F50*) terre de *F24 F50*, la terre des *F38* 11 amenoit] amenoient *F17*, enmenoit *F20* 11–12 faisoient souvent sor Sarrazins] i fesoient souvent seur ax (sor Sarrazins *F20*) *F16 F17 F20*, faisoit sor aus *F24 F38 F50*, faisoit sovent sor aus *F25 F26*. *New paragraph in F24*. 12 il en le tiere] il en la terre aus Sarrazins *F16*, il par le tere *F17*, li rois en le terre as Sarrazins *F20* ‖ par deça le flun] sor le flum Jordan et *F50* 12–428.1 et passa outre le flun] et passa outre le flun Jourdain *F19*, Après si passa outre le flun *F20*, ainz passa *F25 F26*, et passa oltre *F38*

---

[a] *F18 f. 98vb–99rb; F16 f. 57^{rb-c}; F17 f. 54^{rb-vb}; F19 f. 126vb–127ra; F20 f. 70vb–71ra; F24 f. 154^{rb-c}; F25 f. 95^{ra-va}; F26 f. 95^{ra-va}; F38 f. 198^{rb-va}; F50 f. 409va–410ra* (ML, 355–356).

---

381 Reading 'cuivererent' (*F24*, supported by the other manuscripts of the same group) as a *difficilior lectio* against 'qu'il virent' from the other manuscripts.

flun bien parfont et aquellirent grans proies et grans gaains fisent, et revinrent *ariere et passerent le flun par deça* et se hierbegierent illuec. Dont on ot en cel jour a Acre mout grant paour d'iaus,[382] et si vous dirai pour coi. Quant il orent toute le proie aquellie, il prisent .i. coulon ains qu'il eussent le flun passé; se li
5 loiierent .i. fil rouge entor le col et se l'envoiierent a Acre. Quant li coulons vint a Acre, si fu pris; si ne trova on nule letre fors le fil rouge, dont orent grant paour et furent mout dolant, car il esperoient que ce fust senefiance de bataille et de sanc espandre. Quant li rois ot passé le flun par deça, il fist escrire unes letres et loiier a .i. autre coulon; si les envoia a Acre et si lor fist asavoir qu'il estoient tout
10 sain et tout sauf et qu'il estoient illuec herbegié, et si lor fist asavoir comment il avoient le flun passé et comment il *avoient* fait, et qu'il ne fuissent point a malaise d'eaus.[383] L'endemain s'en retorna li rois *a Acre* sauvement a tout sen gaaing.[a]

[cclxxix] Or vous dirai que li fieus le soudan fist qui avoit a non ly Coredix.[384]
15 Fel estoit et deputaire et mout haoit Crestiens. Quant il vit que li rois Haimme-

---

1 aquellirent grans proies ... fisent] acuellirent (acuelli *F20*) proies et grant gaaing i fisent *F17 F20*, acoillierent le proie et grant gaaing fisent *F19* 2 ariere et passerent ... deça] par deça ariere et passerent le flun *F18* ‖ on ot en] on ot *F19 F24 F25 F26 F38*, ot en *F20* 3 a Acre mout grant paour] grant paor a Acre *F24*, molt grant paor a Acre *F25 F26 F38* ‖ *New paragraph in F25 and F26.* ‖ Quant] car quant *F24 F38* 3–4 il orent toute ... passé] il orent le proie prise il prisent un coulon ains qu'il eussent le flun Jourdain passé *F19*, il orent le proie acuellie et (toute et *F24*) il s'en revenoient ains qu'il eussent le flun passé il prisent .i. coulon (coulon et *F24*) *F24 F38*, li Crestien orent la proie acoillie et il s'en retornoient ains qu'il eussent le flun passé il pristrent .i. coulon *F25 F26* 5–6 vint a Acre si] fu venus a Acre et il *F24 F25 F26 F38* 6 letre] letre entour lui *F19* 6–7 orent grant paour ... dolant] furent molt a malaise *F19*, fucent molt a mesaise *F50* 8 ot passé le flun] fu *F19* 8–9 il fist escrire ... loiier] si fist faire unes letres si les loia *F24*, si fist unes letres faire et lier *F25 F26*, si fist unes autres letres si les lia *F38*, li rois fist faire unes letres et les lia *F50* 9–10 qu'il estoient tout ... asavoir] *lacks F24 (homeoteleuton)* ‖ estoient tout sain ... estoient] estoit toz sains et toz saus et qu'il estoit *F25 F26* 10 tout sauf] sauf et tout haitié *F19* 11 flun passé et ... ne] flun Jourdain passé et qu'il avoient fait et qu'il n'en *F19* ‖ avoient] l'avoient *F18* 12 d'eaus] *lack F24 F25 F26 F38 F50* ‖ retourna] tourna *F19* ‖ a Acre] *lacks F18* 14 *Rubric in F20:* Dou fil Salphadin qui aseja Acre. *No paragraph break in F17 or F24.* ‖ que li] c'uns des *F24*, que uns des *F25 F26 F38* 15 Crestiens] Crestieneté *F19*, li Crestiens *F25 F26*

---

[a] *F18 f. 99rb–va; F16 f. 57rc–va; F17 f. 54vb; F19 f. 127ra–b; F20 f. 71ra–b; F24 f. 154rc; F25 f. 95va–b; F26 f. 95va–96ra; F38 f. 198va; F50 f. 410ra–b* (ML, 356–357).

382 *F16, F17* and *F20* lack the following sentences.
383 *F16, F17* and *F20* resume.
384 al-Mu'aẓẓam 'Isā, later sultan of Damascus (1218–1227).

ris gastoit le tiere et que ses peres n'en prendoit nul consel, si fu mout dolans. Si amassa grant gent et ala herbegier a .v. liues d'Acre a unes fontaines c'on apele les Fontaines de Saforie et faisoit courre un *fois* u .ii. de ses sergans le jour devant Acre. Quant li rois sot que li Sarrazin estoient si prés herbegié d'Acre, si fist ses tentes tendre dehors Acre; si y ala mangier et boire et dormir et gesir, et fist tous les chevaliers d'Acre logier dehors Acre aveuc lui. Et bien avenoit souvent que, quant on mengoit en l'ost qui dehors Acre estoit, que li coureur Sarrazin venoient si priés des herberges que bien i pooient traire. Or avint .i. jour que li Cordeis mut *a* toutes ses gens et vint a une liue prés d'Acre a .i. *casal* c'on apiele Doc.[385] Quant li rois sot que li Coredix estoit venus si prés de lui, il s'arma et fist armer tous ses chevaliers et ses serjans qui armes pooient porter, a pié et a ceval, et alerent encontre les Sarrazins et fissent ordener lor batailles et furent si prés des Sarrazins que li un traioient as autres. La ot li rois mout de requestes de poindre des batailles qui estoient aveuc lui, et mout l'en proiierent

---

1 tiere] terre sen pere (neveu *F25 F26*) et prendoit ses (les *F50*) proies et ses (les *F50*) homes *F24 F25 F26 F38 F50* ‖ peres] freres *F17* ‖ si] si en *F19 F50* 1–2 Si amassa] Et il amassa *F16*, amassa *F17*, et si amassa *F20*, et molt courouchiés et assanla *F19*, Si assembla *F38*, Dont assembla *F50* 2 ala] s'en ala *F16*, si ala *F24 F25 F26*, si s'ala *F38* ‖ liues d'Acre] Lieues prés d'Acre *F20*, milles d'Acre *F38* 2–3 a unes fontaines c'on apele Les] aus *F16*, as *F17 F20* 3 les Fontaines] le Fontaine *F19*, la Fontaine *F50* ‖ fois] *lacks F18* 3–4 u .ii. de … Acre] ou .ii. le jor devant Acre ses serjanz *F16*, u .ii. ses sergans devant Acre *F17*, ou .ii. devant Acre ses serjans *F19*, le jour ou .ii. ses sergans devant Acre *F20*, ou deus ou .iii. cascun jor devant Acre *F24 F25 F26 F38 F50* 4 rois] rois Haymeris *F20* ‖ si prés herbegié d'Acre] prés d'Acre herbegié *F16*, herbegié si prés d'Acre *F19*, prés d'Acre *F20* 5–6 si y ala … fist] puis ala (si ala *F20*) mengier et boire et jesir et dormir et fist *F16 F20*, si y ala gens boire et mengier et dormir et fist *F19*, et si i (si *F24*) ala manoir et gesir et mangier et boivre et (et fist *F24 F38*) *F24 F25 F26 F38* 6 d'Acre logier dehors Acre] qui a Acre estoient logier defors Acre *F20*, d'Acre hors logier *F24*, logier *F25 F26*, loger hors *F38 F50* 7–8 qui dehors Acre … pooient] dehors Acre que le coureor s'en venoient si prés que bien y pooit on *F19* 8 Sarrazin venoient si priés des herberges] venoient se prés des herbeges a Crestiiens *F20* ‖ *New paragraph in F16 and F38.* 9 mut a] mut et *F18*, de la ou il estoit a *F20* ‖ mut a toutes … vint] et toute se gent vinrent *F19* ‖ une liue prés … casal] une liue prés d'Acre a .i. castiel *F18 F17 F19 F20*, .i. casal prés d'Acre *F16*, une liue d'Acre prés d'un chasal (chastel *F25 F26*, casal *F50*) del Temple *F24 F25 F26 F50*, une mille d'Acre prés d'un casel du Temple *F38* 10 c'on apiele] qui a a non *F20 F24*, qui a non *F25 F26 F38 F50* ‖ *New paragraph in F20, F25 and F26.* ‖ venus] *lacks F19*, venus a totes ses gens *F24 F25 F26 F38* 10–11 il s'arma et … serjans] si fist armer tous chiaus *F19*, Il (si *F38*) s'arma et fist armer tous les chevaliers et les sergans *F20 F24 F38*, si s'arma et fist armer les chevaliers et les serjanz *F25 F26*, il s'arma et fist armer chevaliers et sergens et touz ciaus *F50* 12 a] et a *F19 F24 F25 F26 F38 F50* ‖ et fissent ordener lor batailles] a bataille ordenee *F19*, et furent ordenees les batailles *F24* 13 traioient] traioit *F20* 14 estoient] errent *F25 F26* 14–430.1 l'en proiierent durement] li proierent durement *F17 F20*, li prierent *F19*

---

385 Reading 'casal' (*F16, F24, F38, F50*) as a *difficilior lectio* as against 'castiel' (*F18, F17, F19, F20, F25, F26*). There was no castle at Da'uk (Doc).

durement qu'il les laissast poindre, et li rois lor proia qu'il souffrissent tant que *lius* en seroit, car il avoit envoiiés ses descouvreurs pour descouvrir le païs, qu'il se dotoit que Sarrazin n'eussent fait embuissement et que, s'il se combatoient, que Sarrazin ne se mesissent entr'als et le cité, et griés cose fust s'il i eust enbuissement de repaiirier ariere a le cité. La furent des none desci al vespre, que li nuis les departi, c'onques ne forfist li uns sour l'autre, fors seulement .ii. chevaliers qui issirent hors de lor batailles et coururent sour .ii. Sarrazins; si les abatirent et les gens *a pié* les ocisent.[a]

[cclxxx] Li uns des chevaliers qui poinst sour les Sarrazins fu d'Orlenois et avoit a non Guillaumes Pruneles, et li autres estoit de Calabre et avoit a non Guillaumes de Lamandelier. Quant li descovreur le roi furent venu et il fisent asavoir qu'il n'avoient nului veu ne qu'il n'i avoit point d'embuissement, il manda as chevaliers qui li avoient priié de poindre qu'il poinsissent, et qu'il lor donoit congié de poindre. Je vous di bien pour voir qu'il n'i ot si hardie bataille qui poinsist ne qui poindre vausist tant lor seust li rois *mander ne proiier*, ains

---

1 poindre et li rois] poindre et il *F17*, poindre. Li rois *F24 F26 F38*, poindre des batailles li roys *F25*   2 lius] li lius *F18* ‖ seroit] fust *F19 F38*. *New paragraph in F24*. ‖ descouvreurs] coureurs *F17*, coreurs *F24*, coreors *F25*, correors *F26* ‖ qu'il] car il *F17 F20*   3 que] que li *F16 F24 F25 F26 F38 F50*   4 que] que li *F24 F25 F26 F38 F50* ‖ et] car *F24*   4–5 et griés cose ... cité] *lack F16 F17 F20. New paragraph in F25 and F26*.   5 repaiirier ariere] retourner *F19*, recovrer ariere *F24 F25 F26 F50*, recorre arriere *F38* ‖ des] de *F16 F20*, tres *F19 F24 F25 F26*   5–6 li nuis les ... sour] riens ne fourfisent li uns a *F19*   6 nuis] jors *F24 F25 F26 F38* ‖ c'onques ne forfist li uns] c'onques ne forfirent li un *F16 F17*, li Sarrasin et li Crestien l'uns prés de l'autre c'onques ne poinst li uns *F24*, que li uns ne forfist *F25 F26*, que onques li uns ne forfist *F38*, que onques li un ne forfirent *F50* ‖ seulement] lacks *F20*   7–8 issirent hors de ... abatirent] se partirent (departirent *F20*) de l'ost et abatirent .ii. Sarrasins *F16 F17 F20*   7 hors] *lack F24 F25 F26 F38* ‖ coururent sour] poinsent vers *F24*, poindrent vers *F25 F26*, poinstrent vers *F38 F50* ‖ si] et *F19 F50*, et si *F24*   8 a pié] lacks *F18*   9 *No paragraph break in F16, F17, F20, F24, F25, F26, F38 or F50*. ‖ des chevaliers qui ... Sarrazins] de ces (des *F24*) chevaliers *F24 F25 F26 F38 F50* ‖ poinst] courut *F19* ‖ fu] estoit *F16 F17 F50*   9–10 d'Orlenois et avoit] d'Orliens et ot *F24*   10 Pruneles et li autres estoit] Pronneles. Et li autres fu *F19*, Pruneles. Li autres fu *F24 F38 F50*, de Prunelles et li autres fu *F25 F26*   11 *New paragraph in F16 and F24*. ‖ et] *lack F16 F17 F20 F25 F50* ‖ fisent] orent fait *F19*   12 n'i avoit] n'avoient *F25 F26*   12–13 il manda] donc manda li rois *F16*, dont manda li rois *F50*, li rois manda *F24 F25 F26*   14 donoit] en donnoit *F19 F25 F26 F50* ‖ de poindre] *lack F25 F26 F50*   14–15 bien pour voir ... vausist] pour voir que il n'i ot si hardie bataille qui osast poindre *F19*, ore qu'il n'i ot bataille si hardie qui poinsist *F20*   15 mander ne proiier] proiier ne mander *F18*, ne mander ne proier *F17 F25 F26 F38*

---

[a] *F18 f. 99va–100ra; F16 f. 57^{va-b}; F17 f. 54vb–55ra; F19 f. 127^{rb-va}; F20 f. 71^{rb-va}; F24 f. 154^{rc-vb}; F25 f. 95vb–96rb; F26 f. 96^{ra-va}; F38 f. 198^{va-b}; F50 f. 410^{rb-vb}* (ML, 357–359).

THE CHRONIQUE D'ERNOUL 431

furent tout coi dessi qu'a la nuit, que li Sarrazin s'en retournerent. Quant li Crestiien virent que li Sarrazin s'en tornoient, si s'en revinrent ariere a Acre sans plus faire. Bien prisa on a mil chevaliers Crestiiens, ciaus qui la furent. Il s'en retornerent ariere a Acre, et se aisierent al miex qu'il porent, et quant ce vint l'endemain, si en acouça mout de malades, et l'autre demain plus. Tant en i ot de 5 malades et de mors c'onques puis li rois por besoigne qu'il eust ne pot amasser .v.ᶜ chevaliers.

Li rois fist armer galies et vaissiaus et les envoia en le tiere de Damiete a grant gent, et enterent en le tiere de Damiete et si i fisent grant gaaing et s'en repairierent ariere sauvement. Grant gaaing fist li rois Haimmeris par mer et par tiere 10 sor Sarrazins pour l'oquison de ses .v. homes que Sarrazin avoient pris en trives.

Quant ce vint al passage de septembre, li plus des chevaliers louerent lors nés et passerent ariere, et Jehans de Niele et Robiers de Bove, et li quens Simons de Montfort et Guis ses freres demorerent en le tiere. Cil Guis prist a feme le dame de Saiete.³⁸⁶ Quant li rois Haimmeris vit que li chevalier s'en venoient et que li 15 tiere demoroit wide si fist trives as Sarrazins.ᵃ

---

1 s'en retournerent] s'endormirent F17. *New paragraph in F20.*   1–2 retournerent. Quant li ... s'en] *lack F25 F26 F38 (homeoteleuton)*   2 s'en tornoient si s'en revinrent ariere] se levierent del siege et qu'il s'en retornoient arrieres en lor terre si s'en revindrent arriere F16, s'en retournerent si s'en revinrent F19, s'en retornoient si s'en revinrent (retornerent F24) ariere F20 F24   3 mil] .x.ᵐ F19 ‖ *New paragraph in F25 and F26.*   3–4 Il s'en retornerent ... et] et il s'en tornerent a Acre et s'aaisierent au mix qu'il peurent F19, *lack F24 F25 F26 F38*   4 se aisierent] s'aaisierent F16 F17, s'asaiesierent F20   5 l'autre demain plus] l'autre demain encore plus F16 F17 F20, l'endemain plus F19, l'autre jor aprés plus (et plus F25 F26) F25 F26 F38 F50   6–7 puis li rois ... .v.ᶜ] por besoigne que li rois eust ne pot puis assanller .c. F17   6 li rois por ... pot] ne porent F19 ‖ amasser] assembler F16 F20 F38 F50, assanler F19, asanbler F24   7 *New paragraph in F16.*   8 Li rois fist] Aprés fist li rois Aymeris F16   8–9 a grant gent ... i] et si F17, et F19, et i F20, a grant gent et enterent en le terre de Damiete et F24, a grant gent la F25 F26 F38 F50   9–10 s'en repairierent] s'en retornierent F16 F17 F20, retornerent F50, repairierent F19 F24   10 sauvement] en le terre de Damiete a grant gent et enterent en le terre de Damiete et si i fisent grant gaaing et s'en retornerent sauvement F20 (*dittography*)   10–11 Grant gaaing fist ... trives] *lack F16 F17 F20*   11 que Sarrazin avoient] que li amiraus li avoit F25 F26   12 louerent lors nés] entrerent en lor vaisciaus F17   13 passerent ariere] repassierent (rapasserent F17) deça F16 F17 F20, passerent outre arriere F19, repasserent (rapasserent F24) ariere F24 F25 F26, revindrent leur arriere F38 ‖ et] *lack F18 F38* ‖ Simons] *lack F16 F20*   14 prist a feme] espousa F38   15 Haimmeris] *lack F25 F26 F38 F50* ‖ chevalier s'en venoient] chevalier revenoient F16, chevalier s'en revenoient F20 F25 F26, Crestiens s'en venoient F17   15–16 venoient et ... wide] passoient outre et qu'il s'en venoient F19   15 que] *lacks F17 F20 F24 F38 F50*

ᵃ F18 f. 100ʳᵃ⁻ᵛᵃ; F16 f. 57ᵛᵇ⁻ᶜ; F17 f. 55ʳᵃ ᵇ; F19 f. 127ᵛᵃ⁻ᵇ; F20 f. 71ᵛᵃ⁻ᵇ; F24 f. 154ᵛᵇ; F25 f. 96ʳᵇ⁻ᵛᵇ; F26 f. 96ᵛᵃ⁻ᵇ; F38 f. 198ᵛᵇ⁻199ʳᵃ; F50 f. 410ᵛᵇ⁻411ʳᵃ (ML, 359–360).

386   Helvis of Ibelin, the daughter of Balian of Ibelin and widow of Renaud of Sidon.

[cclxxxi] Or vous lairons a parler de le Tiere d'Outremer dessi que poins et eure en sera. Si vous dirons *des contes* et des pelerins qui yvernoient a Jasdres et del fil l'empereur Krysac qui les iex ot crevés, que l'empereïs ot envoié en Hongerie a garandise a sen frere le roy, que cil qui les iex ot fait crever a sen frere ne le tuast.[387] Li enfes fu grans vallés; se li consella on qu'il alast a Jasdres et que il fesist tant vers les pelerins et les Venissiiens qui la estoient et par prometre et par doner qu'il alaissent aveuc luy en Constantinoble et qu'il li aidassent a ravoir se tiere dont il estoit desiretés. Et il i ala; si lor pria *pour* Dieu qu'il aidaissent a ravoir et il lor donroit *quanqu'il* deviseroient. Li Venissiien disent qu'il s'en conselleroient. Il parlerent ensanle, et consaus lor *aporta* qu'il i alaissent, s'il faisoit lor gré. Donc vinrent a lui; se li disent qu'il estoient conseillié et, s'il voloit faire lor gré, il iroient. Et il lor dist qu'il desissent il feroit. La *atirerent* que li quens de Flandres aroit .c.ᵐ mars *por lui et pour ses chevaliers, et li quens* Loeÿs .c. mil mars, et li marchis de Monferras .c. mil mars, et li dus de Venisse .c.ᵐ mars, et li quens de Saint Pol .l. mil mars. Cil avoirs lor fu

---

1 *Rubric in F16*: Or vos dirons des barons croisiez qui yvernierent a Jadres qui puis alierent en Costentinoble et la pristrent et rendirent a l'empereeur Kirsac qui les elz ot crevez et peres fu Alixis qui puis fu empereeur. *This is followed by a five-line puzzle initial 'O'. Rubric in F20*: Or vos dirons des barons qui alerent en Venise et puis en Coustantinoble. *No paragraph break in F24*. 1–2 dessi que poins ... sera] desci adont que poins et eure en serra F17, tant que liex et heure en venra F19   2 des contes] del conte F18 ∥ yvernoient] estoient F24 F25 F26 F38   3 Krysac] Kirsac de Costentinoble F16 ∥ ot] sa mere avoit F16 F50, se mere ot F17 F20, avoit F25 F26   3–4 en Hongerie a garandise] a garison en Hungherie F17   4–5 les iex ot fait crever a sen frere] les elz ot fet crever a son pere F16 F20, ot fait les oels crever a son pere F17, sen frere ot fait le iex crever F24, les euz ot son frere crevez F25 F26, les euz ot son frere fez crever F38   5 tuast] trouvast F19   6 vers] envers F16 F20 F24 F25 F26 F50, evers F38 ∥ et les Venissiiens] et vers les Veniciens (Venissiens F19) F16 F19, *lacks* F20   6–7 par prometre et par] par proiere et par F20, por prometre et por F25 F26   8 aidassent] reidassent F16 ∥ Et il i ... pria] il i (et i F25) estoit si lor dist F25 F26, il i ala si leur dist F38, Il i ala et lor proia F50 ∥ pour] mout pour F18   9–10 qu'il aidaissent a ... ensanle] Li Venissien li respondirent qu'il s'en conselleroient. Il s'en conseillerent F19   9 aidaissent a ravoir] li aidascent a ravoir (ravoir se terre F24) F17 F20 F24 F38, li aidassent F25 F26 F50 ∥ quanqu'il] quanques onques il F18   10 aporta] porta F18 F38   11 i alaissent] iroient F24, li aidassent F25 F26 F38 ∥ lui] lui li baron et li Venissiien F20 ∥ se li] et si li F16 F17 F25 F26, et li F19, et F24 F38   11–12 estoient conseillié et ... gré] s'estoit conseilliés et qu'il iroient s'il voloit faire lor gré que F19   12 iroient] i eroient F16 ∥ Et il lor ... il] et il dist que desissent et il le F19, Li vallés dist qu'il desissent il F20, Il lor dist qu'il deissent il lor F25 F26 ∥ *New paragraph in F25 and F26*.   13 atirerent] atirent F18, atournerent F19, atirent ensamble F20 ∥ quens] quens Bauduins F16 F20   13–15 por lui et ... Venisse] li dus de Venisse .c.ᵐ mars, li marcis F18   13–14 chevaliers] chevaliers de sa (se F19 F24) tere F19 F24 F25 F26 F38 F50   14 Loeÿs] Looÿs de Blois F16, Loeÿs de Blois F20   14–15 et li marchis ... mars] aussi F20   14 de Monferras] *lack* F24 F25 F26 F38 F50   15 .l. mil] .xl.ᵐ F16, .lx. mil F17 F20, .c.ᵐ F50

---

387   Above §§ xc–xci.

THE CHRONIQUE D'ERNOUL 433

creantés a doner pour eaus et pour les chevaliers de lor tieres. Et si creanta qu'il renderoit a cascun pelerin povre et rice[388] tout çou qu'il avoit paié a l'estoire, et si liverroit l'estoire .ii. ans avoec çou qu'il *l'avoient* a tenir; et si liverroit .v.^{c} chevaliers .ii. ans et viande a toute l'estoire .ii. ans.[a]

[cclxxxii] Ensi le jura li enfes a tenir, s'il pooient tant faire, qu'il fust en Constantinoble et qu'il reust le tiere, et il li creanterent qu'il ne li faurroient, ains li aideroient a l'aïue de Diu, tant qu'il seroit emperere et qu'il raveroit le tiere de Coustantinoble. Quant ensi fu creanté d'une part et d'autre, li vallés s'en ala en Hongerie prendre congié a son oncle et pour lui atirer pour aler aveuc les pelerins.

Li Venissien fisent les nés atirer et les galyes et fisent cargier les viandes et recuellirent les pelerins, et, quant tans fu, si murent de Jasdres et si s'en alerent en l'ille c'on apiele l'ille de Corfot.[389] Celle ille si est entre Duras et Puille. La atendirent le vallet tant qu'il vint a aus, et quant il fu venus, si murent d'illuec et

---

1 creantés a doner] acreantez a doner *F16 F50*, creantés *F19*, acreantés *F20*, creantés a rendre *F24* ‖ pour eaus et pour] par eus et par *F38* ‖ lor tieres] la terre *F25 F26 F38*, lor terre *F50* ‖ si creanta] si lor creanta *F16 F17*, si creanta li vallés Alex *F20* 2 pelerin] *lacks F20*, pelerin et *F24 F25 F26 F38* ‖ tout çou qu'il ... l'estoire] tot (et tot *F16 F17*) ce qu'il avoient paié a l'estoire *F16 F17 F20*, il renderoit che qu'il avoit paié d'estore *F19*, che il avoient paié a l'estoire *F24*, ce qu'il avoit paie de l'estoire *F26 F38 F50* 3 et si liverroit l'estoire] et si loeroit l'estoire *F16 F38*, et si liverroient l'estoire *F19*, et liverroit encore avoec tout de l'estoire *F20*, *lacks F17* ‖ liverroit l'estoire .ii. ... liverroit] livreroient *F26 (homeoteluton)* ‖ avoec] devant *F16*, avant *F17, F19, F20, F24* ‖ l'avoient] avoient *F18* ‖ si] si lor *F16*, si li *F20* 3–4 liverroit .v.^{c} chevaliers] liverroit .v..^{c} mars *F19*, leur querroit .v.^{c} chevaliers *F38 F50* 4 .ii. ans et ... ans] et viande a toute l'estoire .ii. anz *F16*, .ii. ans a toute l'istoire et a toute lor viande .ii. ans *F17*, .ii. ans *F20 F26* 5 *No paragraph break in F16, F17, F20, F26, F38 or F50.* ‖ Ensi] et einsi *F26*, et ainsi *F38* ‖ le jura li ... pooient] le creanta li emfes a tenir se il pooient *F16 F17*, jura li enfes s'il pooit *F19*, creanta li enfet el eus a fere *F20* 6 et qu'il reust ... il] il *F16*, et il *F17*, et li baron *F20* ‖ faurroient ains] faurroient ja et qu'il *F19*, fauroient ja. Ains *F20*, faudroient ja ain *F50* 7 seroit] seroient ensanle et qu'il seroit (*corrected from* 'seroient') *F20* ‖ et qu'il raveroit le tiere] *lack F16 F17 F20* 8 *New paragraph in F26.* ‖ d'une] et d'une *F19 F24 F38* 8–9 ala en Hongerie ... oncle] ala (ala arrieres *F16 F20*) en Hongrie por penre congié a son oncle (congié au roi qui ses oncles ert *F20*) *F16 F17 F19 F20* 9 *New paragraph in F20.* 10 les nés atirer ... cargier] lor nés aparelier (atorner *F20*) et leur galies et mistrent *F16 F20*, atorner lor nés et lour galies et misent ens *F17*, les nés et les galies atirer et chargier *F26 F38 F50* 10–11 et recuellirent les pelerins] enz et recoillirent les pelerins enz *F16*, et recoillirent les pelerins ens *F17*, enz et recuellirent ens le pellerins *F20*, et recoillir les pelerins *F24 F26 F38 F50* 11 et si] si *F16 F20 F26*, et *F38 F50* 12 l'ille] une ille *F16* ‖ c'on apiele l'ille] *lack F19 F26 F50* ‖ ille si est] terre si est *F16 F17 F20*, ysle si *F26*, ille est *F38* 13 Quant il fu] quant il furent *F17*, quant il i fu *F20*, Et il fu *F26* ‖ murent] partirent *F16* ‖ et] si *F24 F26 F38*

---

[a] *F18 f. 100$^{va–b}$; F16 f. 57^{vc}–58ra; F17 f. 55$^{rb–va}$; F19 127vb–128ra; F20 f. 71vb–72ra; F24 f. 154$^{vb–c}$; F25 f. 96vb–97ra (part); F26 f. 96vb–97rb; F38 f. 199ra; F50 f. 411$^{ra–b}$* (ML, 360–361).

388 *F25* lacks the text from here to a point part way through § cclxxxii.
389 The crusaders arrived at Corfu in April 1203.

alerent en Constantinoble. Or orent bien *oï li Venissien* le proiiere et le requeste que li soudans d'Egypte lor *avoit faite*, qu'il destournassent les pelerins amener en Alixandre, dont je vous parlai chi devant.[390]

Quant li emperere Alix de Coustantinoble oï dire que ses niés amenoit si grant estoire sour lui, si ne fu mie liés, ains manda tous les haus *homes* de le tiere et fist asavoir qu'ensi faitement amenoit ses niés grant gent sour lui, et qu'il fuissent appareillié de lor armes pour aus deffendre. Et il li creanterent qu'il li aideroient comme lor droit seignour. Quant il sorent que li Crestiien approçoient de Coustantinoble, si fisent une caine lever qui estoit a l'entree del port pour çou que les nés n'entraissent dedens le port. Or vous dirai combien celle kaine estoit longe. Elle avoit bien plus de .iii. traities de lonc d'arc, et si estoit bien aussi grosse comme li bras d'un home. Li uns de ciés estoit a une des tours de Coustantinoble; li autres si estoit a une ville d'autre part c'on apiele Peire. La manoient li Juis de Constantinoble. Au cief de celle rue avoit une tour, la ou li ciés de le caine estoit qui de Coustantinoble venoit. Celle tours estoit mout

---

1 *New paragraph in F24.* ‖ oï li Venissien] lacks F18 ‖ le proiiere et le requeste] lacks F16, le requeste F17 F20   2 d'Egypte lor avoit faite] d'Egypte lor fist F18, lor avoit faite F19, lor ot faite F24 F26 F38 F50 ‖ amener] d'aler F17   3 *New paragraph in F16, F20 and F26.*   4 Alix de Coustantinoble] Alixandres de Coustantinoble F17, Alix F19   4–5 niés amenoit si grant estoire] niés Alixis (Alex F20) amenoit si grant gent F16 F20, niés amenoit si grant gent F17, niés avoit amené si grant ost F19, niés amenoit un grant estoire F38   5–7 ains manda tous … creanterent] ne joians il fist savoir par toute se tere que ses niés amenoit grant gent sur lui si lor commanda qu'il fussent appareillié si comme pour lors cors deffendre. Et il disent F19   5 homes] barons F18   6 tiere] terre de Constantinoble F20 ‖ fist] leur fist F16, lor fist F50 ‖ qu'ensi] que si F16 F17 F20 ‖ faitement] lack F38 F50   8 lor droit] a leur droit F16 F38 F50, leur droiturier F19 ‖ Crestiien] pelerin F16 F25 F26, Latin F50   9 de Coustantinoble] lacks F17, Costantinoble F24 F25 F26 ‖ lever] lever de fer F16, lacks F17 ‖ estoit] estoient F20 ‖ a l'entree del] prés du F19   10 que les nés … port] qu'eles n'entraissent dedens le port F20, que les nés ne li vaissel n'entraissent dedens (dedens le port F24) F24 F38, que les nés ne li vaissel n'entrassent enz F25 F26. *New paragraph in F17, F38 and F50.*   11 longe] longe et lee F20 ‖ Elle avoit bien … lonc] Ele avoit bien plus de .iii. traities F16, plus de .iii. traities F19, elle avoit de lonc plus de .iii. traities F24 F25 F26   11–12 estoit bien aussi … bras] avoit bien de gros le cuisse (braz F38) F24 F38, estoit si grosse com les bras F25 F26   12 de ciés] des chiés de cele cheanne de fer F16, des corons de chele caine F19, des ciés de le chaaine 12–13 a une tours de Coustantinoble] a une des tors de Costenenoble atachiez et F16 F20, fermés a une des tours de Coustantinoble F17, a une (a l'un F24) des tours de Coustentinoble F19 F24   13 si estoit a … part] si estoit d'autre part a une vile F16 F20 F24, estoit d'autre part a une vile F17, estoit (si estoit F38) a une vile F19 F25 F26 F38 F50 ‖ apiele Peire] apele Perre atachiez F16, apeloit Peire F38   14 rue] ville F20 F50   15 li ciés de la caine estoit] li uns des chiés de la channe estoit atachiez F16, li uns des kiés (bous F20) de chele caine estoit F19 F20 F38, li uns cief de cele chaaine estoit F24, li autres chiés de celle chaaine tenoit F25 F26

---

390   Above § cclxx. F25 resumes.

bien garnie, pour çou qu'il *savoient* bien que li Crestiien prenderoient *celle part tiere*; en tel maniere l'avoient garnie pour le caine garder.

Or vous dirai comment celle tours avoit *a* non: li Tors de Galatas. La fist Sains Pos une partie des epystles. Ore errerent tant li pelerin françois qu'il vinrent devant Costantinoble, mais ne porent entrer dedens le port, ains *alerent* d'autre part *arriver* desus le Juerie, priés d'un liu c'on apele le Rouge Abbeïe.[391] La ariverent li François et prisent tiere, mais n'i ot mie grant contredit de ceuls de Coustantinoble. Dont il avint que cil de le ville, quant il virent les François, vinrent a l'empereur; se li disent: 'Sire, c'or issons hors! Si lor deffendons tiere a prendre!' Li empereres dist que non feroit, ains les lairoit on ariver, et quant il seroient herbegié, il feroit issir toutes les putains de Costantinoble; si les feroit monter dessus une montaigne qui estoit celle part ou il estoient herbegié, et si les feroit tant pissier qu'il seroient *tout* noié en lor escloi; car de si vil mort les feroit il morir. Je nel vous di mie pour voir, mais ensi le disent aucunes gens qu'ensi l'avoit dit li empereres par orguel.

Quant ce vint l'endemain que nos gens *furent* arivé d'autre part Costantinoble, si alerent assaillir a le Tour de Galatas, et se n'i ot mie trop grant assaut;

---

1 bien garnie] garnie *F19*, bien gardee *F25 F26* ‖ savoient] savoit *F18* ‖ que li Crestiien] que li pelerin *F16*, qu'il *F19*, que li Latin *F50*   1–2 celle part tiere] tiere celle part et *F18*, de cele part terre (terre et *F24*) *F16 F20 F24 F25 F26*, cele part terre et *F38*   2 en tel maniere … garder] *lack F25 F26*. *New paragraph in F16, F25, F26 and F38.* ‖ le caine] la tor *F38*   3 a] *lacks F18* ‖ li Tors de] Ele avoit a non *F16 F17 F20*, ele avoit a non li tors de *F19 F24 F38* ‖ Sains] misires Sainz *F16*   4 des] de ses *F19 F24 F25 F26 F38 F50* ‖ *New paragraph in F20 and F50.* ‖ tant] quant *F19*   4–5 vinrent devant] vinrent prés de *F19*, vindrent .i. (a .i. *F38*, par un *F50*) samedi devant *F24 F38 F50*, vindrent un joesdi de devant *F25 F26*   5–6 alerent d'autre part arriver] ariverent d'autre part *F18*   6 le Juerie] la rive *F16*, le rive *F17 F20*, la marine *F25 F26*   8 Coustantinoble] le cité *F24*, la cité *F25 F26*   9 vinrent a l'empereur; se li disent] venir distrent au roi *F16*, se li disent *F17*, ariver. Si disent a l'empereour Aleux *F20*, si (qu'il *F38*) vindrent a l'empereur; si li distrent *F25 F26 F38* ‖ c'or issons hors] car issons hors *F16 F19*, car issons *F24 F25 F26 F38*   10 feroit ains les lairoit on ariver] feroient ains les lairoient arriver *F17*, feroit ains les lairoit (lairoit on *F24*) ariver et prendre terre *F24 F25 F26 F38*   11 feroit issir toutes … Costantinoble] feroient issir toutes les foles femes de Constentinoble *F19*, feroient issir fors de Coustantinoble les putains *F20*, feroit issir totes les putains de le cité *F24* ‖ feroit] feroient *F20*   12 qui estoit celle part] qui estoit de cele part *F24 F25 F26 F38 F50*, *lacks F17* ‖ et] *lack F19 F25 F26 F38*   13 tant pissier] pissier et pisseroient tant *F24 F38 F50* ‖ seroient tout noié] seroient tou noié *F18*, les feroit tous noier *F19*, seroient noié *F20*   14 feroit il] devoit on faire *F25 F26* ‖ *New paragraph in F25 and F26.* ‖ Je nel vous … mais] *lacks F24* ‖ nel vous di … disent] ne vos di mie ceste chose por voir mais einsi le tesmoignierent *F25 F26*   15 orguel] despit *F17*   16 nos gens furent arivé d'autre part] nos gens vinrent arivé d'autre part *F18*, François furent arivé devant *F16*, no gent furent arivé devant *F17 F20*   16–17 Costantinoble] de Constentinoble *F19 F25 F26*, de Costantinoble *F38*, le cité *F24*   17 et se] il *F17*, si *F19 F38*

---

391   Late June 1203.

si le prisent et bouterent le fu en le ville as Juis et si desconfirent les Griffons, qui estoient venu de Constantinoble pour le tour rescourre. Et mout en i ot de noiés quant on depeça le caine qui sus estoient monté pour fuir en Coustantinoble a garison. Car tantost com li Crestien orent prise le tour, depecierent
5 il le chaine. Quant li pelerin orent le port delivre pour entrer ens, si fisent les nés entrer el port et aler tot outre dusque au cief devant .i. castiel qui est al cief de Coustantinoble par devers *tiere*, qui a a non Blakerne. La estoit .i. des manoirs l'empereur, et la estoit il le plus. La ancrerent les nés prés del castel, et li chevalier et li pelerin se logierent et assegierent de cele part Costantinoble
10 et fisent lices devant aus pour çou que cil de le ville n'ississent hors pour aus grever. Il furent herbegié en une valee priés de lor nés, et il avoit deriere aus en le montaigne une abbeïe qui avoit a non Buiemons, qu'il avoient garnie. Quant il orent illuec esté une piece, si atirerent lor batailles, que s'il avenoit cose que cil dedens ississent hors pour conbatre a aus, que cascuns alast a se bataille.
15 Ne demora gaires apriés ce que cil de Costantinoble vinrent a l'empereur; se li disent: 'Sire, se vous ne nos delivrés de ces ciens qui nos ont assegiés, nous lor

---

1 si] et si *F17 F19 F25 F26* ‖ le ville as Juis] la Giuerie *F38* ‖ si] *lack F25 F26 F50*   2 qui estoient venu] *lacks F19* ‖ tour] *lacks F16*   3 fuir] venir *F16 F17 F20*   3–4 en Coustantinoble a garison] a garison *F17*, a garandise en le cité *F24*, en Constentinoble (Costantinople *F50*) a garantisse *F25 F26 F50*, en Constantinoble a garant *F38*   4–5 tantost com li ... il] quant li Crestien orent prisse la (le *F24*) tor tantost depecierent il (depechier *F24*, depecerent *F38*) *F24 F25 F26 F38*   4 com li Crestien] comme li François *F16*, que li Crestien *F17 F20*   5 *New paragraph in F16, F25 and F26.* ‖ pelerin] Crestien *F19*, Crestiien *F20* ‖ le port delivre pour entrer ens] despechié le caine pour les nés entrer dedens le vile et il orent delivre le port *F19*, le port a delivre por entrer ens *F24 F38*, le port a delivre *F25 F26*   6 aler] alierent *F16*, alerent *F17 F20 F38 F50*, aloit *F19*   6–7 devant .i. castiel ... estoit] du chastel de Blaquerne qui est au chief de Costantinoble par devers la terre *F38*   7 tiere] le tiere *F18* ‖ .i.] li .i. *F18*   8 le plus] *lacks F17*, le plus souvent *F20*, plus sovent *F24 F50*. *New paragraph in F24.* ‖ La ancrerent les nés prés del] La aancrerent il les nés prés d'un *F19*, Dont a ancrerent lor nés prés de cel *F24*, la entrerent lor nés *F25*, La a entrerent lor nés *F26*, La a encrerent les nés prés de cel *F38*   9 pelerin se logierent ... part] serjant si se logerent de cele part de *F19* ‖ assegierent] aviserent *F17* ‖ Costantinoble] le cité *F24*, la cité *F25 F26*   10–11 n'ississent hors pour aus grever] n'isciscent fors de le vile pour eus grever *F17*, ne les peussent grever ne que il n'ississent hors *F19*, venissent por aus grever *F25 F26*   11–12 en le montaigne] *lack F16 F17 F19 F20*   12 *New paragraph in F25 and F26.*   13 il orent illuec esté] li pelerin orent esté ilueques *F25 F26* ‖ atirerent] atornierent *F16*, atornerent *F17*, atournerent *F19 F20* ‖ s'il avenoit cose] se chose avenoit *F24 F25 F26 F38*   14 ississent hors] venissent defors de Coustantinoble *F20* ‖ conbatre a aus] aus grever *F17* ‖ *New paragraph in F20 and F50.*   15 gaires apriés ce] gaires aprés *F17 F19*, puis gaires *F24 F25 F26*   16 vous] tu *F24 F25 F26 F38 F50*   16–437.1 qui nos ont ... cité] nous lor deliverrons le chité car il nous ont assegiés *F19*   16 nos ont assegiés] ci nos ont asegiez *F16 F24*, si nos ont avironés *F25 F26*, si nos ont assis *F38*

THE CHRONIQUE D'ERNOUL 437

renderons le cité'. Et il dist qu'il les deliverroit bien. Si manda ses chevaliers; si
lor dist qu'il s'armaissent et *si fist crier par tote la cité qu'il s'armassent si iroient*
conbatre as Latins. Quant il furent armé, si issirent hors de Costantinoble par
une porte c'on apiele Porte Romaine a une liue priés de la ou li Latin estoient
herbegié. Quant li emperes fu hors de Costantinoble et il et ses gens tot armé, 5
si envoia jusques a .v. batailles vers les herbeges des Franchois.[392a]

[cclxxxiii] Quant li François oïrent dire que cil de le cité issoient hors por venir
sor aus, si s'armerent et issirent hors des lices et se tinrent tout coi, et li Griffon
refurent coi d'autre part. Li Venissiien qui estoient as nés, sans ce qu'il fesissent
savoir as François, quant il sorent que li emperes et ses gens estoient hors 10
de Costantinoble et li François estoient hors des lices tout armé et atendoient
le bataille, il ne s'obliierent mie, ains s'armerent et entrerent es batiaus et por-
terent eskieles aveuc aus et vinrent as murs de le cité par dessus Blakerne et
drecierent eskieles et entrerent en le cité et ouvrirent les portes de le cité par

---

1 dist qu'il les] lor dist qu'il les en *F16 F20*, dist qu'il les en *F25 F26*, distrent qu'il les en *F38* ‖ bien] molt bien *F20*. *New paragraph in F24*. 1–2 Si manda ses … dist] et il commanda a ses chevaliers *F19* 2 si fist crier … s'armassent si] *lack F18 F17*, a tous chiaus de le chité et qu'il *F19*, si fist crier par toute le chité or as armes si *F20* ‖ iroient] s'iroient *F17 F18*, iroit *F24 F38* 3 as Latins] *lacks F19* ‖ il furent armé … Costantinoble] li Grifon se furent armé si s'en issirent hors *F16*, il furent hors si iscirent *F17*, il furent armé si issirent hors de le chité *F19*, il furent armé si issirent hors *F20 F24* 4 liue] mille *F38* 5 herbegié. Quant li emperes] logié. Quant li emperes Alixis *F16* ‖ ses gens tot armé] si home tuit armé *F16*, ses gens *F19* 6 jusques] de si *F24 F25 F26* ‖ des Franchois] aus François *F16 F17 F20*, as Latins *F24*, des Latins *F25 F26 F38* 7 *Rubric in F20*: Comment Costentinoble fu prise des pellerins. *No paragraph break in F17, F24 or F38*. ‖ François] Franc *F17*, Latin *F24 F25 F26 F38 F50* ‖ cité issoient hors] chité de Constentinoble estoient issu tout armé *F19*, chité de Coustantinoble issoient hors *F20*, cité issoient *F25 F26 F38 F50* 8 si] il *F16 F20 F50* ‖ et] si *F16 F17 F20* 9 refurent coi] refucent (refurent *F20*) tuit coi *F16 F20*, se tinrent tout coi *F17*, refurent *F19* ‖ qu'il fesissent] qu'il le feissent *F16 F17 F20 F50*, que il le fesissent *F19*, qui firent *F25 F26* 10 François] Latins *F24 F25 F26 F38*, barons *F50* ‖ hors] isçu *F17*, hors issu *F19*, issu hors (fors *F25 F26*) *F24 F25 F26 F38* 11 Costantinoble et li … lices] la cité issu *F16* ‖ François estoient hors … armé] Franchois estoient tout armé hors des liches *F19*, Latin estoient issu hors des liches tot armé *F24*, Latins estoient issu hors tot armé des lices *F25 F26*, Latin estoient hors des lice tuit armé *F38 F50* 12 le bataille] lor batailles *F19* 13–14 par dessus Blakerne … cité] chité de Constentinoble *F19* (*homeoteleuton*) ‖ dessus Blakerne et drecierent eskieles] devers Blaquerne (Blakerne *F20*) et (si *F50*) drecierent les (lor *F17*) eschieles *F16 F17 F20 F50* 14 et ouvrirent les … cité] *lack F17*, et ouvrirent les portes *F24 F25 F26 F38 F50*

---

[a] *F18 f. 100vb–102ra; F16 f. 58^{ra-va}; F17 f. 55va–56rb; F19 128ra–129ra; F20 f. 72ra–73ra; F24 f. 154^{vc}–155^{rc}; F25 f. 97ra–98ra (part); F26 f. 97rb–98va; F38 f. 199^{ra-va}; F50 411rb–412ra* (ML 361–365).

392 *F24, F25, F26* and *F38* have an additional sentence: 'Por ce les nomme je Latins qu'en la terre apele on les François (Françoins *F25*, Franczois *F26*) Latins'.

devers le mer et bouterent le fu en le cité. Aprés si manderent as François se il avoient mestier de chevaliers qu'il lor envoieroient, que il estoient dedens le cité et l'avoient prise. Quant li emperères vit que li cités ardoit et que li Venissiien l'avoient prise, si se mist a le voie; *si s'en fui*, et li chevalier qui la estoient aveuc lui; et li François se herbegierent dedens le cité et si misent celui en possession qui les iex avoit crevés; mais ne vesqui gaires apriés, ains fu mors, et li François coronerent le varlet qui ses fieus avoit esté et qui menés les avoit en Costantinoble.[393]

Apriés si esgarderent .i. haut home de le tiere qui preudom lor sanloit; si le fisent bailliu de la tiere et de l'enfant pour çou qu'il estoit jovenes et pour çou qu'il pourçacast les couvenences teles *com* li enfes *lor* avoit promises. Quant ensi l'orent atiré, si vint cil. Si lor dist: 'Segnour, vous estes ceens aveuc nous; si m'avés esgardé a estre regars et bailliu de l'empire et de l'empereour. Il m'est avis se vous le loés entre vous a faire pour ce que mellee ne levast entre nous

---

1-2 se il] que s'il *F16 F17 F19 F20*   2 chevaliers] sergans ne de chevaliers *F24* ‖ envoieroient que il] en envoieroient qu'il (ades qu'il *F16*) *F16 F19 F38*, en envoieroient car il *F20 F24 F50*   3 et] et qu'il *F16 F17 F20 F38*, et que il *F19*, et si *F24*, qu'il *F50* ‖ *New paragraph in F25 and F26*. ‖ vit que li cités ardoit] seut que li cités estoit prise *F17*, vit que li chités de Constantinoble ardoit *F19*   4 si s'en fui] et enfui *F18*, si s'en ala *F25 F26 F38*, et s'en ala *F50*   4-5 li chevalier qui ... lui] il et si chevalier qui avec li estoient *F16*, li chevalier qui la estoient avec lui en le terre as Sarrasins *F24*, li chevalier qui estoient avec lui *F25 F26 F38*   5 François se] François si se *F20*, Crestien se *F24*, Franczois si (si se *F26*) *F25 F26* ‖ herbegierent dedens le cité] se misent dedens le chité de Constentinoble et si herbegerent *F19*   5-6 en possession] hors de prison *F17*   6 avoit] ot *F16 F19 F20* ‖ ne vesqui gaires apriés] il ne vesqui gaires puis *F19*, il ne vesqui puis gaires *F50* ‖ ains fu mors] *lack F25 F26*   7 le varlet] Alixis le vallet aprés *F16* ‖ qui ses fieus avoit esté et] qui ses fix estoit *F24*, *lack F25 F26 F38 F50*   7-8 qui menés les avoit en Costantinoble] menez les i avoit *F25 F26*. *New paragraph in F16 and F20. Rubric in F20*: De Morcoufle qui fu esleus a estre baillus de Constantinoble et de l'enfant.   9 Apriés] Aprés ce que li François orent corrouné l'enfant en Coustantinoble *F20* ‖ esgarderent] esgardierent li François *F16*, garderent *F17* ‖ lor sanloit] estoit *F16*   11 pourçacast les] lor porchaçast les *F16*, lor porçacast lor *F17 F20* ‖ teles com li enfes lor] teles que li enfes les *F18*, que li enfes lor *F19*, teles comme li vallez li *F25 F26* ‖ *New paragraph in F25 and F26*.   12 l'orent] orent *F24*, orent lor afaire *F25 F26*   12-13 ceens aveuc nous si] avec moi çaiens si *F17*, cheens aveuc nous et vous *F19*, çaiens en ceste cité avec nos et si *F24 F38*, en ceste cité zaienz avec nos et si *F25 F26*   13 esgardé a estre ... l'empereour] esgardé a estre regars de l'empire et de l'empereour *F18 F19*, commandé a estre resgarz de l'empereor et de la terre *F16*, elleu a estre bailliu l'empereor *F17*, esgardé a estre baillu et regart de l'empereour *F20*, esgardé a estre regart et bailliu (bailliu de *F24 F25 F26*) l'empereur et de l'empire *F24 F25 F26 F38*   14 entre vous] que boin serroit *F17*, entre vos et que vos voiés que ce fust bon *F24*, entre vos et veez que bien fust *F25 F26 F38* ‖ levast] puist lever *F25 F26*, peust lever *F38 F50*   14-439.1 nous et vous] vos et nos *F16 F38*

---

393   Alexios IV was crowned on 1 August 1203.

et vous, que vous alissiés herbegier de la en Peire a le Tour de Galatas ou li
Juis manoient devant qu'il fussent ars. Et je vous envoierai de le viande assés
et querroie et pourcaceroie que vous ariés les couvenances teles c'on les vous
doit.' Lors parlerent li François ensanle as Venissiiens et bien s'i acorderent et
s'alerent logier a le Tor de Galatas. Cil baillius que je vos di avoit non Morcoffles. 5
Quant li François furent logié, et lor navie fu priés d'aus, si manda Morcoffles
as Venissiiens qu'il seussent es escris combien li pelerin avoient doné as nés, et
li fesist on savoir. Li Venissiien i prisent garde et li fisent savoir. Et Morcoffles,
quant il sot le nombre, il fist prendre l'avoir et lor fist *envoiier* en l'ost et rendre
a cascun çou c'on avoit trouvé en escript. Apriés si lor envoia fourment et vin 10
et car salee a cascun selonc çou qu'il estoit. Ne demora gaires apriés ce qu'il ot
ensi fait, qu'il leva grant mellee en Costantinoble des Griffons et des François
qui manoient devant ce que li estoire i alast, dont li Griffon orent grant paour
que cil dehors ne s'en mellassent. Si bouterent le fu es maisons as François. Par

---

1 alissiés] issisiés de le cité et que vos alessiés *F24*, isessiez de la cité et alissiez *F25 F26 F38 F50* ‖ herbegier de la en Peire a] de la en Perre en *F16*, manoir deffors l'empire a *F17*, herbegier en Pere a *F19 F50*, herbegier de la a *F20*, herbegier de la enprés de *F25 F26*   2 qu'il] ce qu'il *F16 F20 F25 F26 F38*   3 ariés les] avroiz toutes les *F16*, arés vos *F17*, eussiez vos *F25 F26* ‖ c'on les] com l'en *F16*, comme on les *F19 F24 F38*, com l'en le *F25 F26*, com l'en les *F50*   4 doit. Lors] devroit. Dont *F19* ‖ Lors parlerent li François ensanle] Li François en parlerent ensanble *F24 F38*, li Franczois (Franzois *F25*) en parlerent *F25 F26*   4–5 et s'alerent logier a] si s'asalierent logier joste *F16*, et alerent assegier a *F19*, tout si alerent logier a *F20*, et s'alerent logier en Pere (Peire *F38*) en *F24 F38*, et s'alerent logier aprés *F25 F26*, Dont s'alerent logier en Pere delez *F50*   5 non] a non *F16 F17 F19 F20 F24 F50*, lack *F25 F26* ‖ *New paragraph in F24.*   6 li François furent] li Latin furent *F24 F50*, li Latin se furent *F25 F26*, il furent *F38* ‖ navie fu] nés furent *F19* ‖ manda Morcoffles] manderent a Mortoffle et *F17*, manda *F19*   7 doné] lack *F25 F26*   8 fesist on] feissent *F16 F50* ‖ et li fisent savoir] et si leur fist l'en savoir *F16 F20*, et li fist on savoir *F17*, et si fisent savoir tui *F19*, si li firent savoir *F25 F26*. *New paragraph in F25 and F26.*   8–9 Et Morcoffles quant il] Quant Morconfles *F25 F26*, Qant Morchofles *F50*   9 il] si *F19 F20 F25 F26*, lack *F24 F38* ‖ lor fist envoiier] lor fist envoiier l'avoir *F18*, envoier *F24 F25 F26 F38 F50*   10 a] *lacks F18*   10–11 çou c'on avoit ... cascun] *lacks F19 (homeoteleuton)*   10 avoit trouvé en escript] li devoit et çou c'on avoit trové en l'escrit *F17*   11 estoit] estoient *F38*   12 grant mellee en Costantinoble] en Constentinoble grant mautalent *F19*, grant meslee *F25 F26*   12–13 François qui manoient] François qui manoient en Costentinoble *F16*, François (Franchois *F19*) qui i manoient *F17 F19 F20*, Latins qui i estoient *F24*, Latins qui i manoient *F25 F26 F38*, Latins qui la menoient *F50*   13 alast] arrivast *F19* ‖ dont] Adonc *F25 F26*   14 as François] as Latins *F24 F38*, des Latins *F25 F26 F50*

tes couvens i fu boutés c'onques ne fina d'ardoir .ix. jors et .ix. nuis au travers de le cité de l'une mer a l'autre.[a]

[cclxxxiv] Or vous dirai que Morcoffles fist aprés çou *et* de quoi il se pourpensa. Il fist entrer a Blakerne en le cambre ou li empereres se dormoit une nuit; si le fist estranler. Or fu bien averés li songes que cil empereres songa une nuit. Il avoit .i. porc sauvage *contrefait de coivre* a Boukedelion, le manoir l'empereur qui estoit sour le mer. Si sonja une nuit que cis pors l'estranloit, et quant ce vint l'endemain, pour le paour qu'il avoit le nuit eue, si le fist depechier piece a piece, mais ne li valut riens, car toutes voies fu il estranlés. Quant li empereres fu mors, si le fist on savoir Marcoffle, ja fuisse qu'il le seust bien. Et Marcoffles ala a Blakerne; si le fist enfouir.[394] Quant li empereres fu enfoïs, il manda les chevaliers de le cité et ala a Sainte Soufie et porta corone et fu empereres. Mais

---

1–2 i fu boutés ... travers] c'onques ne fina .ix. jorz et .ix. nuiz d'ardoir en travers (au travers F17) F16 F17 F20, y fu boutés qu'il ne fina en .ix. jours ne en .ix. nuis a travers F19   3 *Rubric in F16*: Comment Morcouffles fist estrangler le juenne empereeur Alixis et porta corone. *Rubric in F20*: Des barons de France qi escacierent Morcoufle de Costantinoble et le prisent por l'enfant q'il ot murdri. *No paragraph break in F17*. ‖ Or] Je F17 ‖ et] *lacks* F18   4 a] en F16 F17 F20 F25 F26 F50 ‖ en le cambre ... se] en la chambre ou li juennes empereeur Alixis se F16, en la chambre ou li empereres Aleux se F20, u li empereres F17 ‖ si] .i. chevalier si F16, .iiii. chevalier si F20   5 estranler] entrager F25 ‖ fu bien averés] nous fu averés F17, fu bien espellis F20, fu bien averis F25 F26 ‖ cil empereres] cil F19, li empereres F25 F26 F38   5–6 Il avoit .i. ... l'empereur] qu'il avoit a Bouche de Lion .i. porc sauvage contrefet de cuivre el manoir F16, Il avoit a Bouque Lion .i. porc salvage contrefait de queuvre si menoit l'empereur F17, Il avoit Bouke de Lion .i. porc sauvage contrefait de keuvre selonc le manoir F20   6 contrefait de coivre] de coivre contrefait F18   8–9 pour le paour ... piece] por la poor qu'il ot la nuit eue si le fist l'endemain despecier piece a piece F16, si le fist despechier pieche a pieche pour le paour que il en avoit eue F19   8 avoit le nuit eue] ot le nuit F17 F20, en ot la nuit eue F25 F26, en ot eue le nuit F24 F38 F50   9 car toutes voies] que totes voies F16 F17, toutes voies F20, toutes eures F24 F25 F26   10 savoir] savoir a F16 F24 F25 F26, assavoir a F20, asavoir a F38 F50 ‖ ja fuisse qu'il le seust] ja soit ce qu'il le seust F16 F50, ja fust çou qu'il le seust F17 F19 F20 F24, encore le seust il F25 F26, ja soit ce qu'il savoit F38   10–11 Et Marcoffles ala a] Et Morcoufles ala tantost a F16, il ala a F19, Et Morcoufles ala a le F20   11 *New paragraph in F25 and F26*. ‖ Quant li empereres fu enfoïs] Quant Morconfles (Morcomfles F25) ot fait l'empereor enfoïr F25 F26 ‖ il manda] si manda Morcoufles F16, si domanda F25   12 de le cité] de le terre F20, *lack* F24, F25 F26 F38 ‖ et] si F24 F25 F26 F38

---

[a] F18 f. 102[ra–vb]; F16 f. 58[va–c]; F17 f. 56[rb–vb]; F19 f. 129[ra–va]; F20 f. 73[ra–va]; F24 f. 155[rc–vb]; F25 f. 98[ra–vb]; F26 f. 98va–99rb; F38 f. 199va–200ra; F50 f. 412[ra–vb] (ML, 365–367). F18 has a ten-line miniature panel showing Constantinople under attack by land and sea followed by a four-line pen-flourished initial 'Q'.

---

394   Alexios IV was murdered on 1 February 1204.

devant çou qu'il fust coronés, fist bien garder les portes que nus hom n'en peust issir ne entrer, et c'on ne seust le mort de l'empereur en l'ost ne le couvine de le cité. Il ot .i. haut home en le cité qui parens *avoit esté* a l'empereur; se li fu avis qu'il deust miex estre empereres que Morcofles.[395] Si espia .i. jour que Morcofles estoit a Blakerne; si prist çou qu'il pot avoir de gent; si ala a Sainte Sofie; si s'asist en le caiiere; si porta corone. Quant Morcofles l'oï dire, si ala la *et il* et si home; si l'ocist.[a]

[cclxxxv] Quant li François et li Venessien virent c'on avoit les portes fermees, que nus hom n'i pooit entrer ne issir et que viande ne lor peut venir, si s'esmervellierent mout et envoierent *savoir* a l'empereur que c'estoit. Mais on ne les laissa mie entrer ens, ains dist on que li empereres estoit malades. Ne pot mie estre longement celé, ains sorent comment li enfes avoit esté mors et que Mor-

---

1 çou] lack F25 F26 F50 ‖ fist] fist il F16 F19 F24 F25 F26 F38 F50   1–2 garder les portes … entrer] fermer le castel que nus n'en issist ni entrast F19   1 portes] portes de Costentinoble F16   2 et] ne F16 F20 F24 F38, lack F17 F25 F26 ‖ le mort de … ne] en l'ost aus François la mort l'empereeur Alixis. Ne c'om ne seust en l'ost F16, en l'ost le mort l'empereor ne c'on ne seust en l'ost F17, en l'ost le mort l'empereur ne F19 F20 F24 F25 F26 F38 F50   3 cité] cité de Costentinoble F16. *New paragraph in F16.* ‖ cité] cité de Costentinoble F16 ‖ avoit esté] avoiste F18 ‖ a] lack F16 F17 F19 F24 F38 ‖ l'empereur se li fu] l'empereeur que Morcouffles avoit fait estangler. Si li estoit F16, l'empereur si (se F19) li estoit F17 F19, l'empereour Alex. Si li estoit F20   4 que Morcofles] qu'il F20   5 estoit] estoit alés F17, fu F24 F25 F26 F38 F50 ‖ çou] de chevaliers ce F19 ‖ pot avoir] ot F16 ‖ de gent] *lacks F19*, de gent avoec lui F20   6 si] et F17 F25 F26 F50 ‖ corone] coronne et fu empereeur F16 ‖ dire] lack F19 F24 ‖ et il] *lacks F18*, entre lui F19, il F20   8 *Rubric in F16*: Comment li pelerin françois pristrent Costentinoble seur l'empereeur Morcofle qui l'empereor Alixis avoit fet estrangler, *followed by a three-line puzzle initial 'Q'. No paragraph break in F17, F19, F20, F24, F38 or F50.* ‖ Quant li François et li Venessien] Quant li pelerin françois F16, Quant li François F17 F20, Li François et li Venissien quant il F24 F25 F26F38   8–9 fermees que nus hom] fermees de Costentinoble ne qu'en F16, fermees c'on F17 F20, fermees et que nus hom F24 F38, de Constentinoble fermees et com il F25 F26   9 entrer ne issir] aler ne venir F24, ne venir ni aler F25 F26, ne aler ne venir F38 F50 ‖ et que viande … venir] et que viande ne leur pooit venir en l'ost F16, lacks F20   10 mout] *lacks F17*, molt que che pooit estre F19, coment c'estoit F20 ‖ savoir a l'empereur que c'estoit] pour savoir a l'empereur que c'estoit F18, mesages a l'empereeur por savoir que ce pooit estre F16, savoir a l'empereur que ce pooit estre F17 F20, savoir que c'estoit a l'empereur F24   11 ens] en la cité F16, dedens F24, de F25, dedenz F26 F38 F50 ‖ *New paragraph in F50.* ‖ Ne] Cete chose ne F16   12 longement celé ains sorent] longuement estre celee ainz sorent F16 F38, longuement estre chelé ains sorent bien F19 F20 F50

---

[a]F18 f. 102vb–103ra; F16 f. 58^{vc}; F17 f. 56vb; F19 f. 129^{va-b}; F20 f. 73^{va-b}; F24 f. 155vb; F25 f. 98vb–99ra; F26 f. 99^{rb-va}; F38 f. 200ra; F50 f. 412vb–413ra (ML, 369–370).

395   Nicholas Kannavos.

coffles estoit empereres. Ne demora gaires apriés ce que Morcofles commença les François a gerroiier et le viande a destraindre. Et si vous dirai qu'il fist .i. jour. Il fist desci a .xiiii. nés emplir d'esprises, et quant il orent vent qui venoit deriere aus et aloit sour l'ost des François, il fisent le fu bouter ens, et li vens les mena viers le navie des François. Mais li Venissiien furent si bien garni et si bien se deffendirent de cel fu, c'onques damage n'i orent.

Illueques yvrenerent li François a grant mescief desci que ce vint al Quaresme, que li Venissiien fisent pons des mas de lor nés, et les atirerent par tel engien qu'il montoient sus tout armé, et, quant il avaloient, si estoient sor les plus hautes tours de le ville par deviers le mer ou il devoient assallir. Ensi orent tout establi lor afaire a le Paske Florie. Quant ce vint l'endemain par matin, si s'armerent et entrerent es nés et Dame Dex lor dona .i. poi de bon vent qui les mena desci as murs de Costantinoble.[396a]

[cclxxxvi] Li premiere nés qui vint as murs, ce fu li nés l'evesque de Soissons. Celle si avala tantost sen pont sour une tour, et François et Venissiien *monterent* sour le pont; si prisent celle tour. Cil qui premiers y entra fu Venissiiens et fu ocis, et li autres apriés fu uns chevaliers françois et ot a non Andrius Dureboise.

---

1 *New paragraph in F16 and F20.* ‖ gaires apriés ce] puis gaires aprés *F19* ‖ que Morcofles] que le empere *F17, lack F25 F26* 1–2 commença les François ... a] fu empererres que il commanda les Franchois a guerroier et les guerroia et lor fist le viande *F19* 2 François] Latins *F24 F25 F26 F38 F50* 3 d'esprises] de bacons et de legne *F24* 4 et aloit] et menoit *F19,* et qui aloit *F24 F25 F26 F38* ‖ François il fisent] François il fist *F17 F20,* Latins il fist *F24 F38 F50,* Latins et fist *F25 F26* ‖ vens] Venecien *F25,* Venicien *F26* ‖ les mena] mena le flan et le fumee *F24* 5 François] Latins *F24 F25 F26 F38 F50* 7 a grant mescief desci] a grant meschief tant (dessi adont *F17*) *F16 F17,* tout l'iver a grant meschief dessi *F19,* l'yver a grant mescief de si (tant *F24*) *F20 F24* ‖ ce vint] *lacks F19* 8 des mas de lor] es mas des *F24 F25 F26,* aus masz des *F38* ‖ atirerent] atornerent *F17 F19* 9 avaloient] avaloient les ponz *F16* 10 de le ville ... mer] de la cité par devers la mer *F16,* qui par devers le (la *F38 F50*) mer estoient *F24 F25 F26 F38 F50* ‖ *New paragraph in F25 and F26.* 11 establi lor afaire] atiré lor afaire et establi *F24 F25 F26 F38* ‖ par matin] par matin de la Pasque Florie *F16,* par matin de Pasques Flories *F20, lacks F24* 12 dona] presta *F24 F25 F26 F38* 12–13 qui les mena] si les mena *F24,* qui les *F25 F26* 14 *No paragraph break in F16, F17, F20, F24, F25, F26, F38 or F50.* ‖ li nés] *lacks F17* ‖ *New paragraph in F24.* 15 monterent] en monterent *F18 F17,* montierent tantost *F16,* avalerent *F19* 16 si prisent] che fu *F19* ‖ premiers y entra] primes i entra *F24 F38,* premiers monta et i entra *F25 F26* 17 uns chevaliers françois] uns chevaliers de France (Franche *F19*) *F16 F17 F19 F20 F38 F50,* François *F24*

---

[a] *F18 f. 103^{ra–b}; F16 f. 59ra; F17 f. 56vb–57ra; F19 f. 129vb–130ra; F20 f. 73vb–74ra; F24 f. 155^{vb–c}; F25 f. 99^{ra–va}; F26 f. 99^{va–b}; F38 f. 200^{ra–b}; F50 f. 413^{ra–b}* (ML, 370–372).

396 The day after Palm Sunday: 19 April 1204. Other evidence indicates that the assault took place a week earlier, on Monday 12 April.

Cil gaaigna .c. mars et li autres apriés .l. mars,[397] *car* ensi fu establi et creanté que cil qui premiers enterroit en le cité aroit cent mars et li autres apriés .l. *mars*. Tantost que celle tours fu prise, si avalerent et ouvrirent les portes; si entrerent ens *qui* miex miex. Quant li empereres vit que François estoient en le cité, si s'en fui; si fu Costantinoble prise.[398]

Or vous dirai que li François et li Venissiien atirerent ançois c'on assalist le cité. Il establirent et atirerent que dedens moustier ne prenderoit on riens, et que les avoirs c'on prenderoit en le cité on les meteroit tous ensanle et parti-

---

1 li autres apriés] chil aprés *F19*, li autres aprés gaagna *F24 F38* ‖ car ensi fu establi et] qu'ensi fu establi et *F18*, Car ainsi faitement fu *F19*, einsi fu il establi et *F25 F26 F38*   2 enterroit en le cité] i enterroit *F16 F17 F20*, y enterroit *F19* ‖ apriés .l. mars] aprés .l. *F18 F24 F38*, .l. mars *F50*   3 que] com *F16 F24 F25 F26 F50*, comme *F17 F19*, cum *F38* ‖ si avalerent] si avalierent aval *F16 F17 F20*, il avalierent aval *F50*, si entrerent et avalerent *F19* ‖ les portes si] la porte si *F16*, la porte et *F20*, les portes et *F24 F25 F26 F38*   4 ens qui] ens que *F18 F20*, qui *F25 F26 F38* ‖ Quant li empereres] Quant li empereeur Morcouffles *F16*, et quant li emperes *F24 F38*   4–5 François estoient en ... fui] li François estoient dedenz sa cité (en le chité *F20*) si s'en foï *F16 F20*, li Crestiens estoient en le cité si s'en fui *F17*, le chités fu prise et que lie François estoient ens si s'en fui *F19*, li Latin estoient en le cité entré; si s'en fui mais puis fu il pris et ramenés en Costantinoble *F24*, li Latin estoient entré en la cité si s'en foï *F38*   5 si fu Costantinoble prise] en Constantinoble perdue *F17*. New paragraph in *F16, F20, F24, F38* and *F50*. ‖ si] Ensi *F20 F24 F50*, Ainsi *F38*   6 et li Venissiien] fisent et li Venissiien. Il *F20* ‖ atirerent ançois c'on assaillist] atornerent ainsçois c'on alast a *F17*, atirerent ançois c'om assaillist a *F20*, fisent et atirerent anchois qu'il asausissent *F19*, firent anczois qu'il (qu'en *F38*) asausissent *F25 F26 F38*   7 Il establirent et atirerent] Il atirerent *F17*, il establirent *F19*, et establirent *F20*, il establirent et commanderent *F24 F25 F26 F38*   7–8 moustier ne prenderoit ... que] les moustiers on ne prenderoit nule rien et que tous *F19*   7 prenderoit on riens] penroit on (l'en *F16*) nule riens *F16 F20 F24*, prenderoient nule riens *F17*, prenderoient nule chose *F38*   8 on les] c'on les *F17*, c'on *F24*   8–444.1 partiroit on a droit] partiroit on a chascun ce qu'il envenroit avoir *F20*, partiroient a droit *F38*

---

397 *F24* has an additional sentence: 'Ce fu Pieres de Braieçuel.'
398 In place of the sentence: 'Quant li empereres ... prise', *F25* and *F26* have the following ending with a paragraph break:

Et quant Morconfles (Morcofles *F25*) vit que li Latin estoient entré en la cité, si s'en fui en une haute tornelle aiuis (?) por lui repoindre et mucier, s'il peust. Mais i. Crestiens franczois l'en vit fuir et corut aprés lui et monta en la tornelle contremont les degrés, l'espee traite por lui ocirre. Quant Morconfles vit celui qui venoit aprés lui si grant aleure contremont la tornelle, si ⟨fu⟩ molt esfraés, car il li cria merci. 'Certes, malvais traïtres, de si bas come vos estes montés en haut, de si haut vos ferai je venir au bas.' Et quant il l'aprocha, si entensa grant cop de la spee por lui ferir. Morconfles vit le coup venir vers lui; si n'ot ou guenchir ainz sailli parmi une fenestre de la tor a terre qui endroit lui estoit. Si fu toz froez, car il salli de plus haut assez que l'on ne giteroit une piere petite.

Icelle tornelle donc Morconfles salli jus est encore apelee li 'Sauz Morconfles' (Morcomfles *F25*) por ceque Morconfles en salli jus. Et quant il en fu salliz si rua l'on tant de czavates et de pieres et de roches q'il ot un grant mont sor lui. Ne onques autrement ne fu enfoïz. Einsi fu prise la citez.

roit on a droit. Car li Venissiien devoient avoir moitiet partout. Car ensi fu il mis en couvent, quant il luierent l'estoire a Corbie, que de *toutes les conquestes*, fors de le tiere de Jherusalem, en quel tiere que ce fust devoient il avoir le moitié. Aprés, quant il orent ce establi, si fist on escumeniier a .iii. eveskes qui i estoient, li veskes de *Soissons* et li vesques de Troies et .i. vesques d'Alemaigne,[399] tous ceuls qui nulle cose destorneroient et *qui* ne porteroient tout çou qu'il troveroient la ou on l'establieroit pour partir. Apriés escumenia on tous ceus qui dedens moustier prenderoient nule cose, ne prestre ne moine desreuberoient de cose qu'il eussent sour aus, ne sor feme meteroient main. Ensi fu establi et commandé et li escumenicmens fais. Devant ce que li François entrassent en Costantinoble ne presissent, estoient il plain de le grasse del Saint *Esperit* et avoient grant carité en aus. Et se .c. Griffon veissent .x. François, si s'enfuissent il.[a]

---

1 devoient avoir moitiet] devoient avoir la moitié *F16 F25 F26 F38 F50*, devoient (en devoient *F17*) avoir le moitié *F17 F20*, avoient moitié *F19* ∥ Car ensi fu il mis] car issi (ensi *F24*) fu il *F19 F24*, et einsi fu il *F25 F26*, et ainsi fu *F38*   2 il luierent] on luia *F19*, li baron louerent *F20* ∥ que de toutes les conquestes] que de toute le conqueste *F18*, Or de totes les conquestes qu'en feroit *F16*, que de toutes les aquestes *F19*, qu'en totes les conquestes (aquestes *F24*) *F24 F25 F26*, que toutes les conquestes *F38*   3 de] en *F19 F20* ∥ en quel tiere … moitié] moitié devoient avoir partot en quel terre que ce fust *F24 F38*, devoient avoir par tot la moitié en quel terre que ce fust *F25 F26*, devoient avoir la moitié en quelque terre ce fust *F50* ∥ quel tiere] quelque leu *F16*, quelconque tere *F19* ∥ il] lack *F17 F20*   4 Aprés] Aprés che *F19*, Aprés çou *F24*, lack *F25 F26 F50* ∥ on] aprés *F25*, on aprés *F26* ∥ .iii.] .iiii. *F19* ∥ i] la *F19 F24 F25 F26 F38 F50*   5 li veskes de Soissons] li veskes de Soissons li vesques de Soissons *F18* ∥ et] lack *F17 F25 F26 F38 F50* ∥ li veskes de Soissons … d'Alemaigne] lacks *F24* ∥ .i. vesques d'Alemaigne tous] l'esvesque d'Alemaigne touz *F16 F20*, li evesques d'Alemaigne. Cil (cil trois *F25 F26*) escomunierent toz *F25 F26 F38*   5–7 tous ceuls qui … partir] qui nule chose destorneroient et che qu'il trouveroient n'aporteroient la u on avoit atourné que on les deveroit departir *F19*   6 cose] rien *F25 F26*, riens *F50* ∥ qui] qu'il *F18* ∥ tout] lack *F24 F25 F26 F38 F50*   7 la ou on l'establieroit] en le chité la ou on establiroit *F20* ∥ Apriés] Aprés si *F24 F25 F26 F38*   8 moustier] lack *F25 F26* ∥ prestre ne moine] prestre ne home de religion *F16 F17*, prestres ne moines de religion ne home *F20*, moine ne prestre *F25 F26*   9 ne sor feme meteroient main] ne seur fame metroit main *F16 F20*, ne qui sour feme meteroient le main *F17*, lack *F25 F26*, et qui sor feme metroit main *F50*   10 François] Latin *F24 F25 F26 F38 F50*   11 ne presissent] ne qu'il la preissent *F16*, et presisent *F20*, ne le presisent *F24*, ne qu'il l'eussent *F25 F26 F38*   11–12 Saint Esperit et avoient] Saint Espir et avoient *F18*, Saint Espir (Esperit *F38*) et avoit *F24 F38*   12 François] Latins *F24 F25 F26 F38*, Frans *F50*

[a] *F18 f. 103va–104ra; F16 f. 59^{rb–c}; F17 f. 57^{ra–b}; F19 f. 130^{ra–b}; F20 f. 74^{ra–b}; F24 f. 155^{vc}–156ra; F25 f. 99va–100rb; F26 f. 99vb–100va; F38 f. 200^{rb–va}; F50 f. 413^{rb–vb}* (ML, 372–375). *F18 has a ten-line miniature panel showing people entering Constantinople from the sea followed by a four-line historiated initial 'L'. Drolleries in lower margin showing winged serpents with human heads.*

399   Nivelon de Chérizy, bishop of Soissons (1175–1207), Garnier de Traînel, bishop of Troyes (1193–1205), and presumably Konrad von Krosigk, bishop of Halberstadt (1201–1209).

THE CHRONIQUE D'ERNOUL 445

[cclxxxvii] Quant li François orent prise Costantinoble, il avoient l'escu Dame Diu embracié devant aus, et tantos com il furent ens, il le jeterent jus et embracierent l'escu al dyable. Il coururent a sainte eglyse et brisierent premierement les abbeïes et reuberent. La fu li couvoitise si grans entr'aus que quanques il devoient porter amont, il portoient aval. La fu si grans li haine entr'als que li chevalier disoient que les povres gens avoient tout, et les povres gens disoient que li chevalier et li prestre avoient tout ravi, dont il fu bien samblans a le departie. Et cil qui plus *en* emblerent, ce furent li Venissien, qui le portoient par nuit a lor nés. Dont il avint, quant il orent pris Costantinoble, que li dus de Venise vaut faire marchié de l'avoir qui estoit en le cité as François, qu'il feroit l'avoir amasser a ses hommes et metre d'une part et les meubles, et si donroit a cascun chevalier .iiii.^{c} mars et a cascun prestre et a cascun sergant a ceval .ii.^{c} mars, et a cascun home a pié .c. mars. Ensi l'euist il fait et creanté, mais li François ne le vaurrent mie otriier, ains en embla on tant *et destourna devant ce que on partist as Venissiens*, que de le partie as François n'ot li chevaliers que .xx. mars et

1 *No paragraph break in F24, F38 or F50.* ‖ François] Latin F24 F38, Latins F25 F26 ‖ orent prise] prisent F19 2 com il furent ens] qu'il furent en le chité F20 2–3 et embracierent l'escu al dyable] et pristrent (prisent F20) l'escu au deable F16 F20, *lacks* F19 3 coururent a sainte eglyse] coururent tantost a sainte iglise F16, corurent as eglises F17 ‖ et brisierent premierement] premierement et brisierent F25 F26 F38, tot premierement et brisierent F50 4 et reuberent] *lack* F16 F17 F20 ‖ quanques] quant F24 F25 F26 F38 5 aval] al val et puçoient tot F24 ‖ fu si grans li haine entr'als] fu la haine si granz entr'els F16, fu si grans la haine et la rancune (rancune entr'aus F38) F24 F38, fu la haine si grans et lacune (la [men] cune F26) F25 F26 5–7 li chevalier disoient ... prestre] la povre gent (les povres gens F17) disoient que li chevalier et li prestre avoient (avoient tout F16) tolu et li chevalier disoient que les povres genz F16 F17, li chevalier et li prestre avoient tout ravi et li chevalier disoient que les povres gens F20 6–7 disoient que li chevalier ... ravi] disoient que li clerc et li prestre avoient tot ravi et li chevalier tot pris et tot muchié F24, que li chevalier avoient tot ravi et clerec et li prestre ensement tot pris et tot mucié F25 F26, disoient que li chevalier avoient tout ravi et li clerc et li prestre ausi (ausi tout pris F38) et tot mucié F38 F50 7–8 dont il fu ... Et] dont il fu bien semblant a la partie. Et F16, i teuls fu li samblans de cascune partie et F17, Si com il parut bien a le departie et F24, donc il fu bien aparent (apparissant F38) a la departie F25 F26 F38 7–9 dont il fu ... nés] *lacks* F20 (*homeoteleuton*) 8 en] *lacks* F18 ‖ le] *lack* F16 F17 8–9 par nuit a ... orent] de nuit en lor (jor F25) Dont il avint quant on ot F25 F26 9 Venisse] Venice qui goute ne veoit F16, Venisse qui estoit en le chité F19 10 de l'avoir qui ... François] de l'avoir assanler as Franchois F19, as Latins de l'avoir qui estoit en Constentinoble (le cité F24, Costantinople F38) F24 F25 F26 F38 10–11 l'avoir amasser a ses hommes] l'avoir de le (la F16) cité amasser F16 F17 F20, l'avoir de le chité amasser a ses hommes F19 11 amasser] assembler F38 F50 ‖ et les meubles et si] et F16 F20, et si F17 F25 F26 12 .iiii.^{c}] .ccc. F16 F20 ‖ et a cascun] *lack* F25 F26 ‖ .ii.^{c}] .ccc. F16 13 home] sergant F17 ‖ *New paragraph in F25 and F26.* ‖ il fait et creanté] fait li dux de Venise et creanté F25 F26 14 otriier] otroier (entroier F25) ne creanter F25 F26 ‖ en] *lack* F16 F17 F20 14–15 et destourna devant ... Venissiens] devant ce que on partist as Venissiens et destourna F18, et destorna devant ce qu'il partissent aus Veniciens F16 15 partie] perte F25 F26

li prestres et li serjans a ceval .x. mars, et li hom a pié .v. mars. Quant il orent parti l'avoir, si partirent le cité parmi, si que li Venessien en orent le moitié et li François l'autre. Et si escaï li partie as *Venissiens pardevers tere et li partie as François pardevers le mer*.

Quant il orent parti l'avoir et le cité, si prisent consel entr'aus de cui il feroient empereur et patriarce, et atira on que se on faisoit empereur *deça* les mons, cil de dela les mons feroient patriarce, et se cil dela les mons faisoient empereur, cil *decha* les mons feroient patriarce, et que li Venissien donroient le quarte part de lor cité par devers le tiere a l'empereur, et li François le quarte part de lor partie par devers Bouke de Lyon. Quant ensi orent atourné, si eslut on le conte Bauduin de Flandres a empereur et porta corone.[400]

Quant li emperere Bauduins fu coronés, il departi les tieres et les illes de le tiere qui rendue lor fu d'entour Costantinoble, et as Venissiiens dona tel partie

---

1 prestres et li serjans a ceval .x. mars et li] *lacks F17* ‖ hom] serjant *F19* ‖ *New paragraph in F38 and F50*. 2 partirent] parti on *F17* 3 Et si escaï ... Venissiens] Ensi (tant *F24*) escaï que li partie (la perte *F25 F26*) as Venissiens escaï *F24 F25 F26 F38* 3–4 Venissiens pardevers tere ... mer] François par devers le mer et li partie as Venissiiens par devers tiere *F18*, Franchois pardevers le tere et le partie as Venissiens pardevers le mer *F19*. *New paragraph in F16, F20, F25 and F26*. *Rubric in F16*: Del conte Bauduin de Flandres qui empereur fu de Costentinoble par election. *Rubric in F20*: Del conte Bauduin de Flandres qui on eslut a estre empereres de Coustantinoble. 5 il orent parti ... cité] il orent parti l'avoir et la cité de Costentinoble parmi *F16*, il orent prise le chité *F19*, li baron de France orent parti l'avoir de Coustantinoble et le chité encontre les Venissiiens *F20*, li pelerin avoient parti l'avoir de Constentinoble et la cité *F25 F26* ‖ entr'aus de cui il] entr'eus cui il *F17*, qu'il y *F19*, qu'il *F24 F25 F26 F38* 6 et atira on] et si atira l'on (il *F20*) *F16 F19 F20 F25 F26*, si atira on *F17*, dont atirerent et s'acorderent *F24*, et si atira l'en et acorderent *F38* ‖ deça] de deça *F18*, de decha *F19* 6–7 cil de dela les mons] que cil dela les monz *F16*, cil deça les mons *F17*, chil dela les mons *F20 F26 F50*, *lacks F25* (*homeoteleuton*) 7–8 et se cil dela les ... patriarce] *lack F16 F19* (*homeoteleuton*) 7 dela les mons] dela *F24*, de dela les monz *F38 F50* 8 decha les mons] de decha les mons *F18*, deça *F24* 9 par devers le tiere a l'empereur] pardevers terre a l'empereur *F16 F20*, a l'empereur *F17 F19*, a l'empereor par devers la terre *F25 F26 F38* 9–10 de lor partie par devers] par devers *F19*, partie prés de *F24*, prés de *F38* 10 Bouke de Lyon] mer *F16*. *New paragraph in F24*. ‖ atourné] atiré *F24 F25 F26 F38*, atirié *F50* 11 de Flandres a ... corone] a empereur *F16*, de Flandres a estre empereur *F17 F20*, de Flandres a estre empereur et porta couronne *F19 F24*, a empereor qui de Flandres estoit quens si porta corone et fu empereres *F25 F26*, a empereur qui de Flandres estoit cuens si porta corone *F38*. *New paragraph in F17, F25 and F26*. 12 empereres Bauduins fu coronés] cuens Bauduins de Flandres fu empereur *F16 F17 F20* ‖ il departi les tieres] il departi la terre *F16*, si parti les teres *F17*, il parti le terre *F20* 12–13 les tieres et ... d'entour] les isles qui delivrees lor furent et rendues de le tere d'entour *F19* ‖ de le tiere] des terres *F24*, de la contree *F25 F26 F38 F50* 13 qui rendue lor fu] d'entour qui rendue estoit *F17*, qui rendues li furent *F24 F50*

400 Baldwin's coronation was on 16 May 1204.

THE CHRONIQUE D'ERNOUL 447

com avoir devoient.[401] Apriés si laissa ses baillius et le Venissiens en Costantinoble et ala a Salenike pour prendre et pour delivrer aveuckes le marchis de Monferras, cui il avoit donee Salenique et le royaume. Li marcis ala aveuc et mena l'emperis se feme qu'il avoit espousee, qui feme avoit esté l'empereour Kyrsac et mere l'empereur cui Morchofles avoit fait estranler et suer le roi de Hungherie. Cele dame ot .i. fil del marcis qui puis fu rois de Salenique. Il a bien .xv. journees de Costantinoble dusques a Salenique. Li emperere ala de Costantinoble en Salenique, et, en tous les lius *ou il venoit, le recevoit on* a segnour par toute le tiere. Et quant il vint a Salenique, se li rendi on, et il le dona le marcis. Apriés li rendi on grant tiere sour le marine par deviers Puille, qu'il dona les Campegnois, que puis tint Joifrois de Ville Harduin. Quant celle tiere fu delivree et il l'ot donee a ceus que je vous di, si retourna ariere en Costantinoble. La vint Henris d'Angou, ses freres; si prist gent et passa le Braç Saint Jorge et ala en Turkie et conquist grant tiere. Païens d'Orliens *et* Bauduins de Belevoir et Pieres de Braiencel prisent gent aveuc aus et passerent le Braç et alerent en Turkie d'autre part et conquisent grant tiere. Li empereres Bauduins et li quens Loeÿs sejornerent en Costantinoble.

1 com avoir] qu'avoir *F18*, com il avoir *F16 F20*, comme avoir en *F19* ‖ *New paragraph in F16 and F20. Rubric in F20*: Del marcis de Montferrat a qui li empereres Bauduins donna le roiaume de Salenike. ‖ Apriés si] Aprés ce que li empereres Bauduins ot porté couronne si *F20*, Aprés çou *F24*, Aprés *F25 F26*   1–2 ses baillius et ... Costantinoble] li emperere Bauduins les Venissiens et les baillius en Constantinoble *F24*, les Veniciens et les balius en la cité *F25 F26*, les Venisiens et ses bailliz en Costantinoble *F38* ‖ en Costantinoble et ala a] en Constantinoble (Constentinoble *F16*). Si ala en *F16 F17 F20*, en la tere de Constentinoble si ala a *F19*   2 aveuckes le] au *F16 F17 F50*, la au *F38*   2–3 de Monferras cui] a cui *F24 F25 F26 F38*   3 Salenique et le royaume] se nieche et le royaume *F19*, le roiaume de Salenike *F24*, le roiaume de Senelique *F25 F26*, le reaume de Salenque *F38* ‖ aveuc] avec l'empereeur Bauduin *F16*   4 avoit] ot *F25 F26 F38*   5 l'empereur] l'empereeur Alixis *F16* ‖ fait estranler] estranlé *F19*   6 puis] *lack F17 F20*   7 dusques a] jusques en *F16 F17 F20*   7–8 Li empereres ala ... Salenique] li empereeurs Bauduins ala de Costentinoble a Salenique *F16*, Li empereres Bauduins de Coustantinoble ala en Salenique *F20*, *lack F19 F25 F26*   8 en Salenique et] a Salenike *F24*, a Salenque *F38* ‖ ou il venoit le recevoit on] la ou il aloit estoit reçus *F18*, ou il venoient les rechevoit on *F19*, ou il venoit le tenoit on *F25 F26*   9–10 le marcis] au marchis de Monferrat *F16*, le marchis de Monferras (Mont Ferrat *F20*) *F19 F20*, au marchis *F38*, au marquis *F50. New paragraph in F16.*   10 li rendi on grant] rendi on *F16*, si li rendi on le *F20* ‖ le marine] la marine a l'empereeur Bauduin *F16*, la riviere *F25 F26* ‖ les] aus *F16 F38*, as *F50*   11 *New paragraph in F25 and F26.*   11–12 delivree et il l'ot] toute delivré et il l'ot (ot *F25 F26*) *F24 F25 F26 F38 F50*   12 ariere] ariere li empereres Bauduins *F20*   13 Henris] li cuens Henris *F20*   14 ala en Turkie et conquist] ala en Turquie et prist *F16*, conquist *F19* ‖ et] *lacks F18*   15 Braç] Braz S. Jorge *F16*, Braç Saint George *F20*   17 Loeÿs] Looïs de Blois *F16*, Loeÿs de Blois *F17*, Loeÿs de Bloys *F20* ‖ *New paragraph in F16.*

401   *F24* has extra material here. See Appendix 3:1.8.

Devant ce que li quens Bauduins fust empereres et qu'il eust pris Costantinoble, pour çou qu'il avoient l'estoire aslongie plus qu'il n'avoient en couvent, manda ariere *a* se feme qu'ele venist a lui en quel tiere qu'il fust. Quant la dame oï les noveles que se sires le mandoit, si s'aparella et ala en le Tiere d'Outremer et ariva a Acre. En cel point ariva que ses sires estoit empereres. Noviele vint a l'empereur que se feme estoit a Acre. Il envoia chevaliers pour li faire venir en Costantinoble, et si manda en le Tiere d'Outremer et fist crier par toute le tiere que qui vauroit avoir tiere ne garison qu'il venist a lui. Il i ala bien a celle voie dusques a .c. chevaliers de le tiere et bien d'autres dusques a .x. mil, et *quant il* vinrent la, si ne lor valt riens doner, ains se departirent par le tiere et alerent ensanle la ou il porent mex faire par le païs. Li contesse de Flandres ne vesqui mie .xv. jours puis qu'ele fu mandee pour aler en Costantinoble.[402]

1–2 et qu'il eust pris Costantinoble] *lacks F24*   2 avoient] avoit *F19*   3 a] *lacks F18*, en Flandres a la contesse *F16* ‖ venist] alast *F24 F25 F26 F38* ‖ *New paragraph in F24.*   4 oï les noveles] oï la nouvele *F16 F24 F25 F26 F38 F50*, sot *F19* ‖ s'aparella et ala] s'aparella et s'en ala *F24*, s'ala (ala *F25*) apparellier et s'en ala *F25 F26 F38*   4–5 et ala en le Tiere d'Outremer] et ala outremer *F16*, pour aler outremer et passa outre *F19*   5 point ariva que ses sires estoit] point arriva ele a Acre que se sires estoit *F16*, qu'ele ariva estoit ses sire *F24*   5–6 empereres. Noviele vint] empererres nouvelement. Nouveles vinrent *F19*, empereres. Nouveles vinrent *F20*   5 *New paragraph in F25 and F26.*   6 l'empereur] l'empereour Bauduin qui en Coustantinoble estoit *F20*, l'empereor Balduin (Baldoin *F25*) *F25 F26* ‖ que se feme estoit a Acre] *lacks F17* ‖ envoia] y envoia *F19 F24* ‖ chevaliers pour li] chevaliers pour sa fame *F16*, des ses chevaliers pour *F17*, un chevalier por lui *F19*   7–8 manda en le … qu'il] fist crier par Constentinoble et par toute le tere et par toute le Tere d'Outremer que qui vauroit avoir garison il *F19*   7 d'Outremer] de Surie *F50*   8 le tiere] *lack F25 F26 F38 F50* ‖ lui] li en Costentinoble *F16*, lui en Constantinoble *F20*   8–9 i ala bien] ala bien a li *F16*, en y ala bien *F19*   9 a celle voie dusques a] a cele fois dusque a *F17*, a cele voie *F24 F38 F50*, *lack F25 F26*   9–10 tiere et bien … mil] Terre d'Outremer et bien d'autres terres jusqu'a .xx.ᵐ *F16*, Tere d'Oltremer et bien d'autres teres dusques a .m. *F17*, Terre d'Outremer et bien d'autres terres jusques a .x. mil en Coustantinoble *F20*, terre et bien d'autre gent jusqu'a .x. mil *F24 F38*, terre et bien dusqu'a .x.ᵐ d'autre gent *F25 F26*   10 quant il] quant il quant il *F18* ‖ valt] volt il *F16 F38* ‖ par] de *F17 F20*   11 ensanle] a Salenike et *F24*, a Salenique et *F25 F26*, a Salenque et *F38 F50*   11–12 contesse de Flandres … qu'ele] quens de Flandres ne vesqui mie puis plus de .xv. jours que se femme *F19*   12 Flandres] Flandres qui a Acre estoit *F24 F25 F26 F38 F50* ‖ pour aler] *lack F25 F26 F38*   13 *New paragraph in F16, F17, F20, F24, F25, F26, F38 and F50. Rubric in F16*: La desconfiture qui fu devant Andrenople de l'empereeur Bauduin aus Grifons la ou l'on dit que li empereeur fu perduz. *Rubric in F20*: Li sieges d'Andronople ou li empereres Bauduins fu desconfis et ocis, ensi com on dist.

402   Maria of Champagne, countess of Flanders, died 29 August 1204.

THE CHRONIQUE D'ERNOUL 449

Or vous dirai des Griffons d'Andrenople qu'il fisent. La cités d'Andrenople estoit des Venissiiens, qu'ele estoit eskeue a lor partie. Il mesmenoient mout cels de le cité et mout lor faisoient de honte. Il manderent as castiaus et as cités qui prés d'aus estoient que pour Diu s'acordaissent ensanle, et qu'il mandaissent le segnor de Blakie que pour Diu qu'il les secourust et aidast, et il li renderoient le tiere car li Latin les mesmenoient mout. La s'acorderent les cités et li castiel d'ileuc entour et furent a l'acort d'Andrenople, et si manderent au seigneur de Blakie qu'il les secourust. Il lor manda ariere que volentiers les secourroit dedens le Pasque a tout grant gent. Et ce fu .xv. jours devant Quaresme prenant que li mesages i ala. Il *a* .iiii. jornees de Costantinoble a Andrenople. Or vous dirai que cil des castiaus et des cités et d'Andrenople fisent quant il oïrent l'asseurement des Blas et qu'il les secorroient. Il vinrent *as* garnisons des Venissiens qui la estoient, et si lor disent qu'il widassent le cité, et s'il ne *la* widoient, il les ociroient; mais en pais s'en alaissent ançois c'on les tuast. Les garnisons widierent; si s'en alerent, qui n'avoient mie le force, et alerent en Costantinoble, et ausi fist on faire a toutes les garnisons qui estoient as autres

5

10

15

---

1 qu'il fisent. La cités d'Andrenople] qui *F19, lacks F25 (homeoteleuton)*   2 qu'ele] et si *F24 F25 F26 F38* ‖ a lor partie] *lacks F17*   2–3 Il mesmenoient mout cels] il menoient molt malement ceus *F17*, Li Venissiien mesmenoient mout les Grifons *F20*   3 Il] Li Grifon *F20*   3–4 castiaus et as cités] citez et as (au *F16*) chastiax *F16 F25 F26*   4 prés d'aus] entour eus *F17* ‖ que pour Diu] por Deu qu'il *F24 F38*, qu'il les recourusent (secourussent *F26*) por Deu et qu'il *F25 F26*   5 que pour Diu] *lack F24 F25 F26 F38 F50* ‖ qu'il] il *F17 F19, lacks F20*   6 le tiere car li Latin les] *lacks F25* ‖ car] qui *F26*, que *F38* ‖ mesmenoient mout] menoient molt mal *F16 F26*, molt mal *F25*   6–7 les cités et li castiel] li chastel et les citez *F16*, li castel et les chités *F20*   7 et si] et *F16 F17*, si *F20 F25 F26*   8 secourust] secoreust qant mestiers en seroit *F16* ‖ Il] et il *F17 F25 F26*, Quant li sires de Blakie oï les nouveles si *F20* ‖ manda] remanda *F19*   10 a .iiii.] ala .iiii. *F18*, a .iii. *F17*, a .iiii. bones *F24 F25 F26 F38*   10–11 de Costantinoble a Andrenople] d'Andrenople (d'Andrenoble *F20*) jusques en Coustentinoble *F16 F17 F20*, de Constentinoble dusqu'a Dendrenople *F25 F26*, de Costantinoble jusqu'a Andernople *F38*. *New paragraph in F16, F25, F26, F38 and F50*.   11 des cités et d'Andrenople] des citez d'entor Endrenope *F16*, des cités *F17*, des chités d'Andrenoble *F20*, cil de la citez d'Andenople *F25 F26*, de la cité d'Andernople *F38*   12 oïrent] orent *F16 F25 F26 F38 F50* ‖ et qu'il les secorroient] qui les coroient *F25 F26* ‖ as] as Griffons et alerent as *F18*   13 des Venissiens qui la estoient] qui la estoient des Venisciens (de Veniciens *F25 F26*, des Venisiens *F38*) *F24 F25 F26 F38*   13–14 le cité et s'il ne la] le cité et s'il ne les *F18*, les cités et s'il ne les *F17*   14 ociroient mais en ... ançois] que il les tueroient et anchois le widaissent *F19* ‖ tuast] oceist *F38*   15 widierent; si s'en alerent] vuidierent la cité et si s'en alerent *F16*, virent *F24 F26 F38 F50*   15–16 widierent si s'en ... garnisons] *lacks F25 (homeoteleuton)*   15 qui n'avoient mie le force et alerent] *lacks F16* ‖ qui] qu'il *F17 F24 F26 F38 F50*, Car il *F19 F20* ‖ force] forche si s'en issirent et *F24*, force si s'en eissirent *F38*, force en la cité si s'en issirent *F26*   16 et] *lack F16 F24 F38* ‖ fist on faire a toutes les] fisent as autres *F24*, firent il faire a totes les *F26*, fist l'en ere a toutes les *F38*   16–450.1 a toutes les ... estoient] as autres garnisons des (des autres *F16 F17*) castiaus qui estoient entour Andrenople (Endrenople *F16*, Andrenoble *F20*) *F16 F17 F20*

castiaus qui priés d'iluec estoient. Les garnisons envoierent .i. mesage a l'empereur et li manderent qu'ensi faitement et confaitement s'en venoient li Griffon les avoient mis hors.[a]

[cclxxxviii] Li messages vint en Constantinoble le jour des Cendres,[403] ensi com li empereres issoit de se capiele ou il avoit oï le service, et se li dist li mesages qu'il aportoit. Quant li empereres oï le mesage, si fu moult dolans; si entra en une cambre et s'i manda le duc de Venisse et le conte Loeÿ et les chevaliers qui en Costantinoble *estoient*. Et mout furent dolant quant li empereres lor dist le novele qu'il avoit oïe. La prisent consel *et s'acorderent* d'aler *Andrenople* assegier et tout metre a l'espee, car par Andrenople estoit la tiere revelee. Dont commanda li empereres que tout fuissent appareillié de movoir dedens le mi Quaresme, et tout cil qui armes poroient porter, fors cil *qu'en* esgarderoit pour le cité garder. Ensi com il le commanda, fu fait.

---

1 .i. mesage] batant .i. mesage *F24 F38*, .i. message batant *F25 F26 F50* ‖ .i.] li *F19*   2 li manderent] disent *F19*, fisent savoir *F24*, fistrent savoir *F25 F26*, firent asavoir *F38 F50* ‖ faitement et confaitement s'en venoient] fetement s'en venoient (s'en aloient *F17*) et confaitement *F16 F17 F19 F20*, faitement s'en venoient et comment *F24 F25 F26*, s'en venoient et comment *F38*, faitement s'en venoient car *F50*   3 hors] hors de le tiere *F18*   4 *No paragraph break in F24, F25, F26, F38 or F50*. ‖ des Cendres] de la Cendre *F25 F26 F38*   5 empereres issoit] empereeur Baudoin issoit *F16*, empererres descendoit *F19* ‖ service] service Dieu *F16*, service Deu *F17*, serviche Nostre Seigneur *F19*   5–6 et se li … aportoit] vint li mesages devant li et si li conta le mesage qu'il aportoit *F16*, et se li dist cel mesage qu'il aportoit *F24*, si li conta son message *F25 F26*. *New paragraph in F25 and F26*.   6 oï le mesage] ot oï le message *F19*, l'oï *F24 F38 F50* ‖ si] et molt courochiés et *F19*   7 entra en une] s'en entra en sa (se *F24*) *F24 F25 F26 F38* ‖ et s'i] et *F17*, s'i *F20 F25 F26* ‖ Loeÿ et les] Looïs (Leoÿs *F25 F26*) de Blois et les *F16 F25 F26*, Loeÿs de Blois et *F20*   8 qui en Costantinoble estoient] qui en Constantinoble estoï *F18*, de Constantinoble *F17*, qui en le cité estoient *F24* ‖ Et mout] Molt *F17*, Il alerent tot a son mant et molt *F24 F38*, i alerent tot ensement et molt *F25 F26*   8–9 li empereres lor … oïe] li empereres lour ot dit le novele qu'il ot oïe *F17*, li empereres lor ot dites les noveles qu'il avoit oïe *F50*, il or ot dit le nouvele qu'il avoit oïe *F19*, il oïrent le novele que li empere lor dist *F24*   9–10 et s'acorderent d'aler Andrenople assegier et] d'aler a Andrenople assegier et *F18*, d'Andrenople aler assegier et de *F19*, et s'acorderent d'aler Dandenople assegier et *F25 F26*, et s'acorderent d'aler asseoir et *F38*   10 Andrenople] Dandenople *F25 F26* (*similarly elsewhere in this paragraph*) ‖ estoit] estoit toute *F20*   11 Dont] lors *F17 F38*   12 mi] *lacks F17* ‖ qu'en] qui on *F18*, cui on *F17*, que il *F19*   13 pour le cité garder] a demorer en le cité por garder (garder la *F38*) *F24 F38*, a demorer por la cité garder *F25 F26 F50* ‖ fu] si fu *F16 F17 F20 F24 F38 F50*

[a] *F18 f. 104ra–105va; F16 f. 59^{rc–vc}; F17 f. 57rb–58rb; F19 f. 130rb–131rb; F20 f. 74rb–75va; F24 f. 156^{ra–vb}; F25 f. 100rb–101vb; F26 f. 100va–120ra; F38 f. 200va–201ra; F50 f. 413vb–414vb* (ML, 375–379).

403   Ash Wednesday, 23 February 1205.

Quant ce vint al mi Quaresme, si murent et alerent assegier Andrenople. N'orent gaires esté devant Andrenople, quant li Blac et li Comain[404] *estoient* illueques priés, et couroient cascun jour devant l'ost; et gardoient si le viande c'a grant paine en pooit on point avoir et si fisent lices par deriere aus que li Blac et li Comain ne se *fersissent* en lor ost. Quant li empereres sot que li sires de Blakie avoit amené si grant gent sor lui, si ot grant paour. Si prist mesages; si envoia outre le Brach Saint Jorge pour Henri d'Ango sen frere, et se li manda par letre que tantost com il veroit ses lettres qu'il laissast se tiere et qu'il s'en venist a tout quanques il avoit de gent, car li Blac et li Commain l'avoient assegié devant Andrenople. Tout ensi manda il a Païen d'Orliens et a Bauduin de Belvoir et a Pieron de Braienceul qui une autre ost tenoit en Turkie.[a]

[cclxxxix] Quant li empereres vint *devant* Andrenople, cil de le cité issirent contre lui et le bienvegnierent comme signour, et se li demanderent pour coi

---

1 al mi] enmi *F25 F26 F50* ‖ et alerent assegier] pour aler asegier *F16 F17 F20*, et alerent a *F19*, et alerent asseoir *F25 F26 F38 F24* 2 devant] en *F19* 2–3 estoient illueques priés et] et li Grifon qui ilecques estoient *F16*, qui illueques prés estoient *F17 F20*, furent prés d'iluec et *F24 F25 F26 F38* 2 estoient] *lacks F18* 3 l'ost et gardoient si] Endrenople et devant l'ost au Latins et gardoient si *F16*, Andrenople et devant l'ost et faisoient si garder *F17*, l'ost et gardoient si bien *F19*, Andrenoble et devant s'ost et gardoient si *F20* 4 pooit on] pooient *F19 F24 F38*, pooient il *F25 F26 F50* ‖ point avoir] point avoir en l'ost *F16 F17*, nient avoir en l'ost *F20* ‖ fisent lices par] fisent (firent *F16*) li François lices *F16 F17 F20*, fisent liches *F24* 5 fersissent] fresissent *F18* ‖ lor ost] l'ost *F17 F20 F25 F26 F50*. *New paragraph in F16, F25 and F26*. ‖ empereres] empereres Bauduins *F20* 6 avoit] ot *F16 F19 F50* ‖ si grant gent … grant] si grant gent sur lui si ot molt grant *F19*, sor lui si grant gent si ot grant *F24 F26 F38 F50*, sor si grant gent si ot *F25* 7 si] si les *F16*, et *F17*, et les *F20*, ses *F24* ‖ outre le Brach Saint Jorge pour] en Turkie al conte *F24*, a Turquie (Turgie *F25*) outre le Braz *F25 F26 F38* ‖ Henri] le conte Henri *F20* 8 par letre que … et] *lack F25 F26 F38 F50* ‖ ses] les *F16 F17 F19 F20* 8–9 qu'il s'en venist a tout] quanques il avoit la et venist a lui et *F19* 9 quanques il avoit de gent] tant de gent com il porroit avoir (amener *F17*) *F16 F17 F20*, quant il avoit de gent *F25 F26* ‖ Commain] Commain et li Grifon *F16*, Bougre et li Commain *F20* 10 *New paragraph in F24.* 10–11 Bauduin de Belvoir … Braienceul] Pierron de Biauvoir et a Baudoin de Braiencel *F16* 11 tenoit] tenoient *F16 F17 F20 F50* 12 *No paragraph break in F20, F24, F38 or F50.* ‖ empereres vint devant] empereres vint a *F18*, empereres Bauduins vint devant *F20* 12–13 cil de le … lui] cil d'Endrenople (d'Andrenople *F17*) isirent hors *F16 F17*, si issirent chil de le chité encontre lui *F19*, cil d'Andrenoble vinrent (issirent *F24*) contre lui *F20 F24*, cil de la ville issirent tuit contre (encontre *F25 F50*) lui *F25 F26 F38* 13 le bienvegnierent comme signour] le (si le *F24*) bienveignierent comme leur seignor *F16 F24*, si se bienveignierent comme segneur *F19*, le saluerent comme seignor *F25 F26*, le bienveignierent *F50*,

---

[a]*F18 f. 105^{va–b}; F16 f. 59^{vc}–60ra; F17 f. 58^{rb–va}; F19 f. 131^{rb–va}; F20 f. 75^{va–b}; F24 f. 156^{vb–c}; F25 f. 101vb–102rb; F26 f. 102^{ra–va}; F38 f. 201^{ra–b}; F50 f. 414vb–415rb* (ML, 379–381).

---

404   *F16* here and subsequently associates the Greeks (*Grifon*) with the Cumans and Vlachs. *F20* later mentions Bulgars (*Bougre*) along with the Cumans and Vlachs.

il venoit sor aus et par coi il venoit le cité assegier, car il le connissoient bien a signor et le cité li renderoient s'il les voloit tenir a droit comme ses homes; mais le cité ne li renderoient il, ains se lairoient depecier piece a piece pour qu'il le mesist en autrui main qu'en le siue, et de che qu'il avoient mis hors les garnisons des Venissiens qu'il l'avoit laissies, il l'avoient fait sour lor droit deffendant, car il les mesmenoient si a dolour de lor femes et de lor enfans qu'il ne le porent plus souffrir, ne que jamais, tant com il vesquissent, Venissien n'aroient segnorie sour aus. Quant li empereres oï ce que cil d'Andrenople li avoient offert, si en prist consel; et bien li aporta consaus que, se li dus voloit prendre aillors tiere, qu'il li donast par si qu'il li laissast Andrenople en pais. Li empereres le requist al duc, et li dus li respondi *c'autre* escange n'en averoit il ja, ains se vengeroit de le honte qu'il avoient fait a lui et a ses homes. Et se li requist qu'il li aidast le cité a assalir, si com il devoit.[a]

1 sor aus et ... assegier] le (le *F16*) cité asegier *F16 F17 F20*, a ost sur aus ne pour coi il assejoit le chité de Andrenople *F19*, sor iaus ne por coi il venoit la terre (le cité *F24*) asegier (asseoir *F38*) *F24 F25 F26 F38*, sor eaus ne por quoi il voloit gaster la terre *F50* ∥ connissoient] tenoient *F16*   1–2 a signor et ... comme] comme seigneur s'il les voloit tenir et a loi comme *F19*   2 renderoient] rendroient il *F16 F20 F50*, renderoient il comme a segnor *F24*, rendoient il *F25 F26*, rendirent il *F38*   3 il ains] il mie ainz *F16 F19*, il pour tant *F17* ∥ lairoient] lairoient anczois *F25 F26*, leiroient tuit *F38*   3–4 pour qu'il le mesist] por qu'il les meist *F16 F20*, por metre *F17*, poi q'il les voussist metre *F25 F26 F38*   4 mesist en autrui ... et] vosist metre en autrui main qu'en la soie et que che qu'il avoient fait *F24*   4–5 de che qu'il ... laissies] se cil avoient fait des garnisons qu'il avoient mis hors *F25 F26*, ce qu'il avoient fet des garnissons qu'il avoient mises hors qu'il i avoit leissiees *F38*   5 des Venissiens qu'il l'avoit] qu'il i avoient *F16*, des Venissiiens qu'il li avoient *F20*, de Venissiens qu'il i avoit *F24* ∥ qu'il l'avoit laissies il] il *F17*   5–6 deffendant car il ... dolour] defendant car il les mesmenoient si et *F24*, en defendant car il les mesmenoient *F25 F26*, deffendant. Car il les mesmenoient *F38*   6 mesmenoient] menoient *F17 F19* ∥ le] les *F16 F19 F20 F24 F38*, lack *F25 F26*   7 que] lack *F19 F24 F25 F26 F38* ∥ jamais] jamais jour *F17*   7–8 n'aroient segnorie] ne serroient signor *F17*, n'aroient a segneur *F20*, seignorie n'aroient *F24 F25 F26 F38*   8 *New paragraph in F16 and F24.* ∥ cil d'Andrenople li ... en] li Venissien qui en Andrenople avoient esté lor avoient che fait si en *F19*, cil d'Andrenoble (d'Andernople *F38*) li avoient (orent *F38*) dit et offert si en *F24 F38*, cil d'Andenople li orent dit et offert s'en *F25 F26*   9 et bien li aporta consaus] Consaus li aporta *F24* ∥ prendre aillors] ailleurs prendre *F19 F25 F26*   10 li] lack *F20 F25 F26 F38* ∥ *New paragraph in F20.*   10–11 empereres le requist al duc] empereres Bauduins le requist au duc de Venise *F20*, emperere li requist *F24*   11 et li dus li respondi c'autre] et li dus li respondi c'autre c'autre *F18*, il dist c'autre *F17*, et li dus respondi que autre *F20*, et li dus dist autre *F24*, li dux respondi que change *F50* ∥ vengeroit] vencheroit *F16*, vengeroient *F17 F19*   12 avoient fait a lui et a] li avoient faite (faite et *F25 F26*) lui et *F17 F20 F24 F25 F26*, avoient fait lui et *F19*   12–13 le cité a ... devoit] le cité a assaillir si qu'il devoit *F17*, le chité a assalir ainsi que on li devoit *F19*, si cum il devoit la cité (vile *F50*) a assaillir *F38 F50*

[a] *F18 f. 105vb–106ra; F16 f. 60^{ra–b}; F17 f. 58^{va–b}; F19 f. 131va; F20 f. 75vb–76ra; F24 f. 156^{vc}–157ra; F25 f. 102^{rb–va}; F26 f. 102^{va–b}; F38 f. 201rb; F50 f. 414rb* (ML, 381–382).

[ccxc] Li empereres dist que ja ne li faurroit, ains li aideroit tant com il poroit. Apriés si fist li empereres armer ses gens et assalir le cité; et envoia une partie de ses mineurs et mina on une partie des murs et estançona, et mist on l'atrait, si qu'il n'i avoit fors le fu a bouter ens. Quant il fu si apparellié qu'il n'i ot fors de bouter le fu ens et d'entrer en le cité, li empereres manda les chevaliers de l'ost pour establir li quel garderoient l'entree de le cité et li quel *garderoient* les lices et li quel enterroient en le cité, car il ne voloient mie que les menues gens entrassent en le cité pour destourner l'avoir de le cité. Atant fist crier l'empereres par l'ost que, pour cose qu'il oïssent ne veissent, ne se meussent des lices. Il fu bien nonne quant il orent cest atirement fait; si *se* departirent, et ala cascuns a se hieberge. Che fu fait le jeudi apriés Paskes. Li quens Loeÿs fu assis al disner et mangoit. Tout si com il manjoit, vinrent li Blach et li Comain desci as lices, glatissant. Quant li quens Loeïs les *oï*, si *fu* molt irés. Si dist: 'Vois, pour les

---

1 *No paragraph break in F16, F17, F20, F24, F25, F26, F38 or F50.* ‖ dist que ja ne li faurroit] respondi qu'il ne le faudroit ja *F16*, dist au duc (al roi *F20*) qu'il ne li faurroit (le falroit *F17*) ja *F17 F19 F20*, dist qu'il ne li faudroit ja *F24*, li dist qu'il ne li faudroit ja *F25 F26 F38 F50* ‖ tant com il] quanqu'il *F24 F38 F50*, qu'il *F25 F26*   2 Apriés si] Aprés *F19 F25 F26*, Adont *F24*, Dont *F50* ‖ armer ses gens et assalir] armer sa gent por asillir *F16*, se gent armer et assaillir *F20*, ses gens armer et asalir a *F24* ‖ et] et y *F19*   3 et mina on … et] et myna l'en une partie des murs de la cité et *F16*, et mina on une partie de le chité et *F20*, et *F19*, qui minerent une partie des murs et *F25 F26 F38 F50* ‖ estançona et mist on l'atrait] estançona, et mist on les atrais *F24*, estanczonerent (estançonerent *F38 F50*) et mistrent les atrais *F25 F26 F38 F50*   4 le fu a bouter ens] abouter le fu ens *F19 F24 F38*, del bouter le feu *F25 F26*. *New paragraph in F25 and F26.*   4–5 Quant il fu … ens] *lacks F17 (homeoteleuton)*   5 de bouter le … en] deu bouter vin enz le feu enz et d'entrer en *F16*, du bouter le fu ens et d'entrer dedens *F19*, le fu a bouter ens et d'entrer en *F20*, de bouter (abouter *F38*) le fu et d'entrer en (dedens *F25 F26*) *F24 F25 F26 F38*   6 establir] esgarder *F17* ‖ garderoient] garderoit *F19* ‖ garderoient] garderoient l'entree et li quel *F18*   7 voloient mie] voloit mie *F16 F19 F20*, voloient pas *F24 F50*, voloit pas *F25 F26 F38*   8 entrassent en le … cité] entraissent dedens le chité pour che que il ne destournaissent l'avoir *F19*, entraissent en le chité pour destorner l'avoir qui i estoit *F20*, entraissent en le cité pour destorner l'avoir qui en le cité estoit *F24*, i entrassent por destorner l'avoir qui dedenz estoit *F25 F26 F38 F50*. *New paragraph in F16.*   8–9 Atant fist crier l'empereres par l'ost] Adont fist li empererres et par l'ost *F19*, Aprés si commanda li emperere (empereres *F25 F26 F38*) et fist crier *F24 F25 F26 F38*   9 oïssent ne veissent ne se meussent] veissent ne (ne qu'il *F19*) oïssent ne se meussent *F16 F19 F20*, veissent ne oïssent n'issisent *F24 F25 F26 F38* ‖ *New paragraph in F38.*   10 Il] Or *F24 F25 F26 F38* ‖ nonne quant il … fait] nonne quant il orent cest atornement fet *F16 F20*, fait. Quant on ot cel sairement fait *F17*, none de jor quant il orent cest atirement fait *F25 F26* ‖ se] s'en *F18*   10–11 ala cascuns a se hieberge] alerent a lour herberges *F17*. *New paragraph in F50.*   11 jeudi] samedi *F16* ‖ Loeÿs] Loeÿs de Blois *F20 F25 F26 F16*   11–12 al disner et mangoit] et a disner *F25*, au disner *F26*   12 Tout si com il manjoit] *lacks F17*, Tout si comme il menjoient *F19* ‖ et li Comain] et li Grifon et li Commain *F16*, et li Comain et li Bougre *F20*   13 glatissant] tout glatissant *F19*, criant et glatissant *F24 F38 F50*, ciant et glatissant *F25 F26* ‖ Loeïs les oï … irés] Loeïs les vit si en fu molt irés *F18*, Looïs oï si fu si dolenz *F16*, Loeÿs oï çou si fu molt irés *F17*, Loeÿs de Blois les oï si fu si dolenz qu'il ne sot que faire *F20* ‖ Si] qu'il *F16*, et *F17 F24 F25 F26 F38 F50*, et molt courouchiés et *F19* ‖ Vois] *lacks F17*

trumiaus Dieu! Cil garçon ne nous lairont mie mangier en pais! Va', dist il a .i. chevalier, 'amaine .i. ceval', et dist a un autre: 'Va', dist il, 'si di a Estevenon del Perce et a Renalt de Monmiral et a mes chevaliers qu'il *viegnent* apriés moi'. Il demanda .i. haubregon; si le jeta en son dos et monta sour
5 son ceval et issi hors des lices, et si chevalier aveuc lui. Quant li Blac et li Comain qui as lices estoient le virent, si fuirent et il aprés eaus a encauc. Quant cil de l'ost virent que li quens Loeÿs issoit, si crierent: 'As armes!' et issirent apriés.[a]

[ccxci] Quant li empereres oï le cri et le noise en l'ost, si demanda que c'estoit,
10 et on li dist que li quens Loeÿs estoit issus et aloit apriés les Comains. Li empereres commanda c'on li amenast .i. cheval, et *il* iroit apriés; si le feroit retorner; et si commanda al Mariscal de Campaigne[405] que nus n'alast aprés lui se chevalier non, et qu'il fesist garder les lices et les engiens pour ceus de le cité, et il iroit apriés le conte Loeÿs pour lui faire retourner. Li quens Loeÿs encauca

---

1 Dieu] bieu *F24 F25 F26 F38*, beu *F50*   2 chevalier] suen vallet *F16 F17 F20*, de ses escuiers *F24 F25 F26 F38 F50* ‖ amaine .i.] si m'amoines mon *F16 F17 F19 F20*, amoine moi (me *F24*) .i. *F24 F25 F26 F38 F50* ‖ dist a un ... di] va dist il a un autre, si me di *F16 F17 F20*, dist a un autre: Va *F19*, dist (puis dist *F24 F50*) a .i. autre va si di *F24 F25 F26 F38 F50*   2–3 Estevenon del Perce] Estienne deu Perche *F16 F50*, Estiene du Perche *F38*   3 a] *lack F17 F24 F25 F26* ‖ Renalt] Robert *F38 F50* ‖ viegnent] viegne *F18*   4 Il] lor *F25 F26* ‖ haubregon] hauberc *F20* ‖ en son] on ou *F20* 4–5 sour son] a *F24 F38 F50*, el *F25 F26*   5 aveuc] et sa (se *F24*) maisnie aprés *F24 F25 F26 F38 F50* ‖ *New paragraph in F20, F25 and F26*.   6 qui as lices estoient le virent] le virent venir *F16 F17*, virent qu'il issoient hors et qu'il les virent venir *F19*, virent venir le conte Loeÿs *F20* ‖ fuirent et il ... encauc] foïrent et il ala chaçant (encauchaçant *F20*) aprés als *F16 F20*, fuirent et il a encaucier aprés aus *F17*, s'en fuirent et il aprés eaus a encauc (enchaucier *F25 F26*, enchauz *F38*) *F24 F25 F26 F38*   7 Loeÿs issoit] de Blois s'en issoit des lices *F16*, Loeÿs de Blois issoit *F20* ‖ crierent: 'As armes!' et] *lacks F20* ‖ issirent] s'en issirent *F16*   9 *No paragraph break in F16, F17, F20, F24, F25, F26, F38 or F50.* ‖ empereres] empereres Bauduins *F20* ‖ en l'ost si demanda] si demanda *F16 F17 F20*, es loges si se merveilla molt *F19*   10 li quens Loeÿs] le quens de Blois s'en *F16*, c'estoit li cuens Loeÿs qui *F20* ‖ et aloit] *lack F25 F26*   11 .i.] .i. sien *F20* ‖ et il iroit apriés si le] si iroit aprés et si les *F19* ‖ et il] et *F18*   12 commanda al Mariscal de Campaigne] commanda au Mareschal de Champaigne qu'il deffendist *F16*, manda (comanda *F38*) a .i. mareschal de Champaigne qu'il feist garde (garder *F38*) *F25 F26 F38*   13 ceus] les Grifons *F20*   14 le conte Loeÿs ... retourner] le conte Loois por li faire retourner s'il pooit *F16*, pour le conte Loÿ faire retorner *F24*. *New paragraph in F16, F25 and F26.* ‖ Loeÿs encauca] Looÿs de Blois enchauça *F16*, Loÿs (Looÿs *F38*) cacha *F24 F38 F50*, Loeÿs de Bloys chacza *F25 F26*

[a] *F18 f. 106ra–va; F16 f. 60rb–c; F17 f. 58vb; F19 131vb–132ra; F20 f. 76ra–b; F24 f. 157ra–b; F25 f. 102va–103ra; F26 f. 102vb–103ra; F38 f. 201rb–va; F50 f. 415rb–vb* (ML, 382–383).

---

405   Geoffrey de Villehardouin, the historian.

THE CHRONIQUE D'ERNOUL   455

tant les Blas et les Comains qu'il s'enbati sour agait, et bien avoit *ja* encaucié
.iii. lieues ou plus quant il vit l'agait; si retorna ariere, et une partie de l'agait,
qui fres estoit, *sallirent* aprés; si l'abatirent et navrerent a mort et ocisent ceuls
qui aveuc lui estoient. Il issi bien aveuc l'empereur .ii.^{c} chevaliers des mellors de
l'ost por aler secorre le conte Loeÿ, estre les Venissiens qui apriés aloient. Quant   5
li agais qui saillis estoit virent l'empereur venir, si se traisent ariere, et li empe-
reres ala avant; si trova le conte Loeÿ, ou il se moroit, et les chevaliers qui mort
estoient. Si fu mout dolans et mout grant duel commença a faire sor le conte. Li
quens Loeÿs li dist: 'Sire, pour Dieu, ne faites duel; mais aiiés merchi de vous et
de le Crestienté, car je sui mors; mais tenés vous tous cois aveuc vos gens, car il   10
sera ja nuis; si n'en porés raler ariere as herberges, car je ai esté a l'agait et veus
les ai, et tant en y a que se vous alés avant, ja piés n'en escapera'. Li emperes
dist que ja Diu ne pleust qu'il euist reprovier ne oirs qu'il eust qu'il eust lassié
le conte Loeÿ mort el camp, ou il l'emporteroit aveuc lui, ou il i morroit.

---

1 Comains] Commains et les Grifons *F16* ‖ agait et bien avoit] lor agait et bien avoit *F16 F17 F19 F50*, lor agait et il avoit *F20* ‖ ja] *lacks F18* 1–2 encaucié .iii. lieues] cachié .iii. liues *F24*, chacié .iiii. lieues *F25 F26*, chacié .iii. milles *F38 F50* 2 l'agait si] l'agait des Blaz et des Commains si se *F16* ‖ partie] partie de chiaus *F20* 3 fres estoit] prés estoient *F16 F20*, prés estoit *F17*, fres estoient *F19 F25 F26 F38* ‖ sallirent] si sailli *F18* ‖ si l'abatirent et ... ceuls] lui et le navrerent a mort et ochisent chevaliers *F19* 4 *New paragraph in F24.* ‖ Il issi bien aveuc l'empereur] Il issi bien des lices *F16*, Avec l'empereur issirent bien *F24*, et il issi avec l'empereor *F25 F26* 4–5 aveuc l'empereur .ii.^{c} ... Loeÿ] .ii.^{c} chevaliers des meilleurs de l'ost pour aler secourre le conte Loÿs aveuc l'empereur *F19* 5 aler secorre] aler rescourre *F20 F38 F50*, rescore *F25 F26* ‖ apriés] aprés lui *F19*, aprés aus *F20* ‖ *New paragraph in F20.* 6 agais qui saillis estoit] agais des Blas et des Comains qui sali estoient *F20*, agaiz qui salis estoient *F25 F26* ‖ virent l'empereur venir si se traisent] vit l'empereur venir si se traisent *F19*, vit l'empereor venir si se traist (retraist *F50*) *F25 F26 F50*, vit l'empereur venir si se treist *F38* 7 les chevaliers] ses chevaliers *F20*, ciaus *F24 F50 F25 F26 F38* 8 estoient] estoient avec lui *F16* ‖ dolans] dolans et molt courouchiés *F19* ‖ mout] *lack F24 F25 F26 F38* ‖ conte] conte Loÿ *F24*, conte Loeÿs *F25 F26*, conte Looÿs *F38*. *New paragraph in F25 and F26.* 9 Loeÿs li dist] li dist *F17 F50*, Loÿs dist *F19*, Loeÿs dist a l'empereor *F25 F26* 9–10 pour Dieu ne ... cois] je sui mors pour Diu aïes merchi de vous tenes vous *F19* 9 ne faites duel mais] ne fetes tel duel mais *F20*, ne faites duel mais por Deu *F24 F38*, *lack F25 F26* 10 tenés] por Dieu tenez *F16*, pour Deu tenés *F17*, por Dieu tenés *F20* ‖ tous cois aveuc vos gens] tot coi (coi coi *F25 F26*) et raliés vos genz ensamble *F24 F25 F26 F38* 11 sera ja nuis ... ariere] ert nuis par tens si porés raler (raler arriere *F25 F26*) *F24 F25 F26 F38* ‖ n'en porés raler ariere as herberges] n'en porrez aler arrieres aus herberges *F16 F20*, vos en porrés raler arriere a vos hereberges *F17*, en porés raler as herbeges arriere *F19*, vos en porrez raler as herberges *F50* ‖ je ai esté a l'agait] j'ai esté sor l'agait *F24*, j'ai (je *F38*) esté sor lor agait *F25 F26 F38 F50* 12 alés avant] i alez *F16 F17 F20*, alés avant saciés por voir *F24 F38*, alez avant sachiez que *F25 F26* 13 dist] li dist *F16 F20* ‖ que ja] c'onques *F24 F25 F26* ‖ reprovier] reproce *F20* 13–14 eust lassié le conte Loeÿ] eust lessié le conte *F16*, laisçast (laiet *F20*) le conte *F17 F20*, l'eust laissié *F25 F26*, eust le conte Loÿ (Looÿs *F38*) laissié *F24 F38* 14 el camp ou ... lui] ou il l'emporteroit arriere ou il le vengeroit *F19* ‖ i] *lack F16 F20 F25 F26* ‖ *New paragraph in F16, F24, F38 and F50.*

Or cevauça li empereres et si chevalier, et li Blac et li Comain salirent hors de l'embuissement; si les avironerent et la se combatirent et ocisent tous ceuls de le compaignie l'empereur et lui aveuc, fors ne sai quans chevaliers et serjans, qui en escaperent et tournerent vers lor herberges. Quant li Venissien et cil qui aveuc eaus estoient virent le bataille si s'en tornerent vers lor herberges pour le grant peule qu'il veoient, qu'il savoient bien, s'il aloient avant, il n'i aroient duree. Il estoit ja bien prins soirs quant il vinrent as herberges. Dont fisent savoir al duc de Venisse et al Marissal de Campaigne le meskeance comment elle estoit avenue.[406]

Quant il oïrent çou, si se leverent dou siege coiement *et* monterent; si s'en alerent qui miex miex, et laissierent lor harnas. Si s'en alerent toute nuit viers une cité sour mer qui a a non Rodestohc. Et vers Costantinoble en ala une par-

---

1 Or cevauça li empereres] Or chevauche li empereeur (empereeur Baudoin F16) F16 F17 F20, Dont (Or F38) chevauca li empereres avant F24 F38 F50, Li empereres chevaucha avant F25 F26 ‖ et] et se gent et F19 ‖ Blac] Blac et le Grifon F20   1–2 hors de l'embuissement si] hors de embuiscement u il estoient se F17, fors de lor embuissement. Si F20, de l'enbussement et F24 F25 F26, des embuschemenz et F38, de lor embuschement et F50   2 si les avironerent et la] et F19   2–3 ocisent tous ceuls ... aveuc] occisent l'empereur et tous ses chevaliers avec lui F17, si les ochisent quanqu'il en ot en le compaignie l'empereur et lui avec F24, ocistrent quanqu'il avoit (en avoit F26) ovec l'empereor F25 F26, ocistrent quanqu'il en ot en la compaignie l'empereur et lui aveuc F38   3 serjans] quans serjanz F16   4 en escaperent et tournerent vers lor] s'en retornierent vers leur F16 F17, tournerent vers les F19, retournerent vers lor F20, en escaperent qui tornerent vers lor F24 F38, eschaperent et tornerent vers les (a lor F50) F25 F26 F50   5 eaus] lack F24 F38, lui F25 F26 ‖ le bataille si ... herberges] le (la F16) desconfiture si (si s'en F16 F17) retornierent vers lor herberges F16 F17 F20, les batailles si s'en retornerent ves les herberges F19, le bataille si s'en retornerent as herberges F24, la bataille si s'en tornerent (retornerent F38) arriere F25 F26 F38, la bataille il retornerent arriers F50   6 peule] peril F25 F26 ‖ qu'il savoient bien ... aroient] qu'il (Car il F20) savoient bien que s'il aloient avant il (qu'il F19) n'i avroient F16 F19 F20 F38, qu'il savoient bien s'il (que s'il F25 F26) aloient avant il n'aroient F24 F25 F26   7 prins soirs] plains soirs F20 ‖ Dont fisent] dont fisent il F19, Dont si fisent F24, si firent F25 F26, Lors firent F38   9 New paragraph in F20, F25 and F26.   10 il oïrent çou] li dus de Venisse et li autre qui as loges estoient oïrent les noveles F20, li dus de Venise et li Mareschaus de Champaigne sorent ceste novelle F25 F26   10–11 oïrent çou si ... harnas] virent che si se deslogerent et leverent du siege qui mix mix F19, oïrent les noveles si se leverent dou siege coiement si monterent F20   10 et] et si F18   10–11 monterent; si s'en alerent] montierent seur lor chevaus si s'en alierent F16, monterent F24 F25 F26 F38 F50   11 laissierent] laissierent le siege et F25 F26 ‖ Si] et F19 F20 F24 F25 F26 F38 F50 ‖ nuit viers] sur nuit a F19   12 mer qui] la (le F24) mer qui estoit de Venissiens (Venisiens F38, Venicienz F50) qui F24 F38 F50, mer qui estoit de Veniciens et F25 F26 ‖ en ala] s'en ala F17 F20, n'ala F25 F26

---

406   This event occurred on 14 April 1205.

tie, mais poi en y ala car tous li plus de l'ost ala a Rodestohc. Quant il orent toute nuit erré et ce vint l'endemain al bicl jour, il garderent; si virent de lonc grans gens a ceval; si cuidierent que ce fuissent li Blac; si commencierent a fuir viers Rodestohc. Chil qu'il avoient veus, c'estoit li os Bauduin de Belvoir et *Païen* de Orliens et *Pieron* de Braienceul, qui venoient secorre l'empereur devant Andrenople. Pieres de Braienceul les coisi premierement, et mout s'esmervilla ques gens c'estoient qui si fuioient. Il esgarda vers aus; si coisi et connut une partie des banieres, et bien li fu avis que c'estoit de lor gens. *Lors dist* a ses compaignons qu'il li estoit bien avis que c'estoit de lor gens qui si fuioient. 'Venés', dist il, 'tout belement et g'irai a aus; si sarai que çou est'. Il poinst et si les atainst, et quant il le virent venir seul, si l'atendirent, et quant il vint a aus, si les reconut et il reconurent lui. Il lor demanda *des* noveles et il li disent.[a]

1 car tous li ... Rodestohc] car toz li plus de l'ost s'en ala a Rodestoch (Rodestoc F_{19}) F_{16} F_{19} F_{20}, car la plus grans partie en ala a Rodestoc F_{24}, *lack* F_{25} F_{26} F_{38} F_{50} 2 toute nuit erré ... l'endemain] alé toute nuit tant que ce vint l'endemain F_{16}, toute nuit erré dusques F_{17}, alé toute nuit et il vinrent l'endemain F_{20} ∥ l'endemain al biel jour] au jour F_{19}, l'endemain au cler jor F_{38} ∥ garderent] se resgarderent F_{16} 2–3 de lonc grans] de loing F_{16}, *lacks* F_{17}, loing F_{20}, de loing sivir grant F_{24} 4 *New paragraph in* F_{20}. ∥ qu'il avoient veus c'estoit li os] qu'il avoient veuz estoit li olz F_{16}, qui les avoient veus li os F_{17}, qu'il avoient veus a cheval si estoit l'os de F_{24}, qui vindrent (venoient F_{38}) a cheval estoit l'ost F_{25} F_{26} F_{38} 4–5 et Païen de ... Braienceul] et Pieron de Orliens et Païen de Braienceul F_{18}, et Pierron de Braienchel et Païen d'Orliens F_{19}, et de Païen de Orliens et de Pieron de Braiechuel (Peron de Braieçuel F_{38}, Pierre de Brachçuel F_{50}) F_{24} F_{38} F_{50}, *lacks* F_{16} 6 Andrenople] Andrenople a .v.^{c} chevaliers F_{24}. *New paragraph in* F_{25} *and* F_{26}. ∥ les coisi] choisi les fuians F_{25} F_{26} 7 ques gens c'estoient qui si] qui ce pooient estre qui F_{16}, que çou pooit estre qui (quy'il F_{20}) si F_{17} F_{20}, quex c'estoient que si F_{25} F_{26} ∥ Il esgarda vers ... connut] Il esgarda vers aus et conut F_{17}, Il esgarda vers aus si connut et ravisa F_{19}, ne por coi et garda vers iaus et conut F_{24} F_{38}, ne por quoi il garda a aus si connuist F_{25} F_{26} 8 fu avis] fuians F_{25} F_{26} ∥ Lors dist] lors dist. Lors dist F_{18} ∥ Lors] Dont F_{24} F_{50}, Donc F_{25} F_{26} F_{38} 8–9 Lors dist a ... gens] *lack* F_{19} F_{20} (*homeoteleuton*)   9 qu'il li estoit bien avis] *lacks* F_{16}, qu'il li estoit avis F_{17} 9–10 qu'il li estoit ... si] qu'il li estoit avis que c'estoit de lor gens qui la fuioient. Venés dist il tot belement et je poinderai a iaus et F_{24}, venez il toz belement et je poindrai a aus et F_{25} F_{26} F_{38}, venez belement et je irai a ses gens et F_{50} 10–11 poinst et si les atainst et] poinst a aus et si les ataint F_{19}, poinst et si les atainst car F_{24} F_{25} F_{26} 11 l'atendirent] s'aresterent F_{24} F_{38} 12 reconut et il reconurent lui] connut et il le requenurent F_{16}, reconut et il le reconurent F_{24}, connut F_{25} F_{26}, cognut et il le cognurent F_{38} ∥ Il lor demanda des] Il lor demanda de F_{18}, si demanda des F_{24} F_{38}, si demanda F_{25} F_{26}, Il lor demanda F_{50}

[a] F_{18} f. 106va–107va; F_{16} f. 60^{rc-vb}; F_{17} f. 58vb–59va; F_{19} f. 132^{ra-va}; F_{20} f. 76^{rb-vb}; F_{24} f. 157^{rb-va}; F_{25} f. 103^{ra-vb}; F_{26} f. 103ra–104ra; F_{38} f. 201^{ra-b}; F_{50} f. 415vb–416rb (ML, 383–386). F_{18} *has a ten-line miniature panel showing knights fighting followed by a four-line puzzle initial 'Q'*.

[ccxcii] Quant Pieres de Braienceul oï *ces* novieles, si demena grant duel et manda ses compaignons qu'il venissent avant et il i vinrent. Quant il furent venu, si alerent a Rodestohc. La sejornerent et atendirent se Damediex lor envoieroit secours d'aucune part. Quant li *Blac* orent ocis l'empereur et ses chevaliers, si sorent que Henris ses freres avoit passé le Braç et qu'il aloit a Andrenople. Li Blac alerent encontre pour lui ocirre, s'il le peussent ataindre. Mais Dame Diex ne le vaut mie souffrir, ains li envoia .i. païsant del païs pour dire les noveles de le mort l'empereur et le conte Loÿ et des chevaliers qui mort estoient, et del siege qui estoit levés de Andrenople et alés a Rodestohc, et que li Blac venoient encontre lui, et que s'il ne se hastoit d'aler a Rodestoc et par jour et par nuit as Latins qui la estoient fui, il seroit ocis et tout cil qui avec lui estoient.[407a]

---

1 *No paragraph break in F16, F17, F20, F24, F25, F26, F38 or F50.* ‖ Pieres de Braienceul oï ces] Pieres de Braienceul oï des *F18*, Pierres de Braienchel (Braieçuel *F38*) oï les *F19 F38*, Pieres oï ces *F24*, il l'oï les *F25 F26* ‖ demena] demanda *F38* ‖ grant duel et] molt grant duel et puis si *F19*   2 qu'il venissent avant] *lacks F19*, qu'il venisent a iaus *F24*, qu'il venissent a lui *F25 F26 F38* ‖ et il i vinrent] *lacks F16*   3 alerent] *lack F25 F26*   4 secours d'aucune part] secors *F16*, aucun conseil d'aucune gent et aieue *F19*, secors de lor gens d'aucunne *F24. New paragraph in F16, F25 and F26.* ‖ Blac] Blanc *F18*   4–5 l'empereur et ses ... Henris] l'empereur et ses chevaliers il sorent que Henri (bien que Hienri *F16*) *F16 F17*, l'empereur si sorent bien que Henris *F19*, l'empereur et ses chevaliers si sorent bien que Henris d'Angeu *F20*, la mesnie l'empereor et lui avec si com on dist et il sorent que Henris *F25 F26*, l'empereur et les (ses *F50*) chevaliers et il sorent que Henris *F38 F50*   5 Braç et qu'il] Braz Saint Jorge et *F16*, Bras Saint Jorge et qu'il *F19*, Braç Saint George qu'il *F20*   6 Li Blac alerent encontre] li Blac alerent a l'encontre de lui *F19*, si alerent a l'encontre *F25 F26*, si alerent encontre *F38*   7 Dame Diex] Dix *F19*, Dieus *F20*, Dex *F38 F50* ‖ le vaut mie] vout pas *F25 F26*, le volt pas *F38* ‖ li] i *F24 F25 F26 F38* ‖ païsant] poissant homme *F19*   8 le] del *F16 F24 F25 F26*, dou *F20 F50*, du *F38* ‖ des] de ses *F16 F17*   9 estoient] estoient qui furent aveuc aus *F19*   10 venoient] estoient alé *F16 F17 F20* ‖ hastoit] hastoient *F20*   10–11 d'aler a Rodestoc ... nuit] et par jour et par nuit d'aler *F17*   10 a Rodestoc] *lack F24 F25 F26 F38 F50*   11 as Latins qui la estoient fui] as Latins qui la estoient trait *F20*, as Latins qui estoient a Rodestoc *F24*, *lack F25 F26 F38 F50*

---

[a] *F18 f. 107^{va-b}; F16 f. 60vb; F17 f. 59va; F19 f. 132va; F20 f. 76vb–77ra; F24 f. 157va; F25 f. 103vb–104ra; F26 f. 104^{ra-b}; F38 f. 201vb–202ra; F50 f. 416^{rb-va}* (ML, 386).

---

407   Additional sentence in *F24, F25, F26, F38* and *F50. F24*: 'Mais por Deu pensast de son cors garandir et de ciaus qui avec lui estoient.' *F25* and *F26*: 'Mais por Deu pensast de son cors garantir et de ses compaignons.' *F38*: 'Mes pour Deus pensast de son cors garantir et de ses compaignons.' *F50*: 'Mes pensast de garantir lui et sa conpaignie.'

THE CHRONIQUE D'ERNOUL   459

[ccxciii] Quant Henris d'Ango ot le novele oïe de le mort l'empereur sen frere
et de ses compaignons, si fu mout dolans, et grant paour ot de le siue et de ceuls
qui aveuc lui estoient; si ne sot que faire, car il avoit bien amené aveuc lui de
Turkie .xxx.^m maisnies d'Ermins et lor femes et lor enfans et lor harnas pour
faire manoir en Costantinoble, et si lor avoit juré que, pour riens qui avenist,   5
ne lor faurroit dusques la qu'il les averoit mis en Costantinoble. Si ne set que
faire, car s'il s'en aloit et les laissoit, ensi com li païsans li avoit dit, il i aroit grant
pechié et iroit contre son sairement. Dont prist consel as chevaliers de *l'ost* qu'il
feroient. Li chevalier li consellierent qu'il li venoit miex qu'il laissast son menu
peule en aventure, et s'en alaissent a Rodestohc a lor gens et se raliassent la,   10
qu'il demorassent pour aus ocire; que seust il bien que, selonc ce que li païs-
ans lor avoit fait a entendre, que ja piés n'en escaperoit. Si venoit miex que
li Hermin fuissent mort qu'il fust mors. Car seust il bien, s'il estoit mors qu'en
Costantinoble n'a Rodestoc n'avoit pié que tout ne fuissent *mis* a l'espee. Il fu

---

1 *No paragraph break in F16, F20, F25, F26, F38 or F50.* ‖ Quant Henris d'Ango ... l'empereur]
Quant Hienris d'Engau ot la mort oïe de l'empereeur Baudoin *F16*, Quant Henris d'Engau (d'Angeu
F20) ot les noveles oïes de le mort l'empereur *F17 F20*, Quant Henris d'Anjau oï les noveles de le
mort l'empereur *F19*, Si com Henris ot oï le novele de le mort *F24*, Quant Henris oÿ le de la mort
F25, Quant Henris oï la novele de la mort *F26 F38 F50*   2 de] *lack F24 F25 F26* ‖ si fu] si en fu
F16, s'en fu *F20* ‖ grant paour ot] molt courouchiés et manda ses compaignons qu'il venissent
avant et il y vinrent et dist qu'il avoit grant paour *F19* ‖ le siue] lui *F17*, se mort *F19*, la soe mort
F25 F26, la seue mort *F38*   3–4 aveuc lui de Turkie] o li de Turquie *F16*, o lui *F20*, de Turquie *F19*,
de Turkie *F24*   4 maisnies d'Ermins et ... enfans] homes que fames d'Ermins et lor mesniees
F16   5–6 riens qui avenist ... qu'il] riens qui lor avenist ne (il ne *F20*) lor faurroit jusques la qu'il
F16 F20, rien que lour (qu'il li *F19*) avenist ne lor faulroit desques adont qu'il *F17 F19*, chose qu'il
avenist il ne lor faurroit jusc'a tant qu'il *F24*, riens qu'il avenist il (qui avenist *F50*) ne leur faudroit
jusqu'il *F38 F50*   6 *New paragraph in F25, F26 and F38.*   6–7 Si ne set que faire car] et si avoit
bien avec lui .v.^c chevaliers. Or ne sot que faire car il veoit bien *F24*, Henris d'Avion ne sot que
faire car il veoit bien *F25 F26*, Or ne sot que faire car il veoit bien *F38*   7 s'en aloit et] *lacks F19* ‖
laissoit ensi com ... il] laissoit si com li païsans li avoit dit qu'il *F24*, laisoit (sailoit *F25*) qu'il *F25
F26 F38*   8 et iroit contre] et feroit contre *F24 F50*, et qu'il iroit contre *F25 F26*, et qu'il feroit oltre
F38 ‖ *New paragraph in F16, F20 and F24.* ‖ consel as] consoil a ses *F16*, congié li cuens Henris a
ses *F20* ‖ de l'ost] de s'ost *F18*, *lacks F20*   9 feroient] feroit *F19 F38*, feroit et *F25 F26 F50* ‖ qu'il li]
qu'il *F17 F19 F25 F26 F38*, et disent qu'il *F24* ‖ menu] neveu menu *F19*   10 alaissent a] alaiscent
a lor menu pule a *F17*, alast a *F19 F24 F38*   11 qu'il] que çou qu'il *F24* ‖ ocire] faire ochire *F24
F25 F26 F38* ‖ que seust il bien que] Or (car *F17*) seust il bien *F16 F17*, et bien seust que *F20*, Car
bien seust il *F24*, que seust il bien *F25 F26 F38*   11–12 li païsans lor ... ja] li païsanz lor avoit
fet entendre (a entendant *F20*) que ja *F16 F20*, li païsans lor avoit fait entendant que *F24*, ja *F25*
(*homeoteleuton*), li païssant lor avoit dit que ja *F26*, li païsanz leur avoit dit *F38*   13 mort] *lacks
F17* ‖ qu'il fust mors] q'il tout *F20*, que li *F25*, que il *F26 F38 F50* ‖ s'il] que s'il *F16 F20*   14 n'avoit
pié] n'en demorroit nul *F16*, n'en demoueroit piés *F20*, ne en tote le (toute la *F38*) terre n'en avoit
pié *F24 F38*, ne en tote la terre n'en avoit il pié *F25 F26* ‖ que tout] qui *F17 F19* ‖ mis] mort et mis
F18, livré *F24 F25 F26 F38* ‖ *New paragraph in F25 and F26.*

bien avis a Henri *d'Ango* que si chevalier li donoient bon consel. Lors *apela le païsant si li demanda* s'il le saroit mener a Rodestoc, et il dist que oïl mout bien, mais pour Diu esploitassent d'aler. Henris mut et si chevalier et li païsans aveuc, et ererrent .ii. jours et .ii. nuis que *onques* ne mangierent et mout perdirent de lor cevaus qui recreïrent, si que mout en couvint aler a pié desci a Rodestoc. Et troverent lor compaignons qui escapé estoient. Quant la furent assanlé, et il se furent entreveu, si fisent mout grant joie de çou que Dieus les avoit la amassés selonc le meskeance qui *avenue* estoit, et grant duel fisent de ceus qui mort estoient. Li Blac atainsent les Hermins que Henris avoit laissiés; *si les ocisent* et eus et lor mainies fors aucuns qui en escaperent et alerent en Costantinoble.[a]

[ccxciv] Quant li novele vint en Costantinoble de le mort l'empereur et del conte Loeÿs et des autres chevaliers et qu'il ne savoient nule novele de ceuls qui estoient levé du siege d'Andrenople, si furent mout dolant et mout esmari. Si ne fu mie mervelle. Kesnes de Betune, qui estoit demorés en Costantinoble

---

1 bien avis a ... si] bien avis a Henri que si *F18*, avis a Henri que li *F24 F38 F50*, avis a Henri d'Avion qe li *F25 F26* ‖ Lors] Dont *F19 F24 F50*, Donc *F25 F26*   1–2 apela le païsant si li demanda] demanda al païsant *F18*   2 le] les *F17 F19 F24 F25 F26* ‖ mener] conduire *F16 F17 F20* ‖ que] *lack F17 F20 F24 F25 F26 F38 F50*   3 *New paragraph in F17.* ‖ Henris] Li cuens Henris *F20* ‖ mut et si ... aveuc] d'Anjau et si chevalier esploiterent d'aler et li païsans aveuc aus *F19* ‖ si] li *F24 F25 F26 F38 F50*   3–4 aveuc et ererrent .ii. jours et] et ererrent tant et tant alerent en .ii. jors et en *F17*   4 onques ne mangierent] ne mangierent ne burent *F18*   5 desci] *lacks F19*, et alerent tant (tuit tant *F25 F26*) qu'il vinrent *F24 F25 F26 F38* ‖ Et] la *F16 F24 F25 F26 F38 F50*, et la *F20*   6 la] il *F17 F19 F20* ‖ il] *lack F24 F38*   7 mout] *lack F24 F25 F26 F38* ‖ joie] joie et molt grant feste *F19* ‖ Dieus] Dammedex *F24*, Damedex *F25 F26 F50* ‖ la amassés] ilec amassez *F16 F17 F20 F24*, iluec rassemblez *F50* ensemble *F25 F26*, ilec assemblez *F38*   8 avenue] avenue leur *F18* ‖ estoit et grant ... mort] lor estoit et grant duel demenerent de chiaus qui ochis *F19*   9 avoit laissiés si les ocisent] avoit laissiés *F18*, ot laissiés si (il *F50*) les assalirent et ocistrent (ochisent *F24*) *F24 F25 F26 F38 F50*   10 aucuns qui en escaperent et] aucun qu'il en escapa qui *F19* ‖ en] *lack F16 F17 F25 F26 F38 F50*   11 *No paragraph break in F17 or F24.*   12 autres chevaliers] autres barons *F16*, chevaliers *F24 F25 F26 F38 F50*   12–13 et qu'il ne ... du] qui ne savoient nules nouveles de chiaus qui estoient levé du *F19*, et que li sieges estoit levés d'Andrenoble et qu'il ne sorent novele de ciaus qui parti estoient del *F24*, et del siege qui estoit levez (levez devant *F25 F26*) d'Andenople et q'il ne sorent novelles de cex qi parti s'estoient (estoient *F38*) del *F25 F26 F38 F50*   13 levé] escapé *F17* ‖ dolant] dolant et molt courouchié *F19*   14 Si] que ço *F17*, et si *F19*, ce *F20* ‖ mervelle. Kesnes] de mervele. L'avoé *F16*, de mervelle. Quennes *F20*, de merveille. Hue *F50*   14–461.1 qui estoit demorés ... cardonals] et cordouans *F17*

---

[a] *F18 f. 107vb–108rb; F16 f. 60^{vb–c}; F17 f. 59^{va–b}; F19 f. 132^{va–b}; F20 f. 77^{ra–b}; F24 f. 157^{va–b}; F25 f. 104^{ra–va}; F26 f. 104^{rb–vb}; F38 f. 202ra; F50 f. 416^{va–b}* (ML, 386–388). *F18 has a ten-line miniature panel showing a man standing on one leg holding a spear talking to others followed by a four-line historiated initial 'Q'. In the lower margin a man is playing a viol and a woman is dancing.*

THE CHRONIQUE D'ERNOUL   461

et .i. cardonals aveuc,[408] quant il oïrent le novele, si manderent tous les Latins de Coustantinoble et les fisent asanler pour prendre consel qu'il feroient et por commander que cascuns fust garnis de lui deffendre, s'il veoit que lius en fust; car a cascun Latin qu'il *avoit* adont en Costantinoble estoient il .c. Grifon, et si avoient le cri de le tiere. La prisent consel qu'il armeroient .i. vaissiel et l'envoieroient a Rodestoc et feroient cerkier le marine *por* savoir s'il oroient nulle novele de Henri d'Ango et de ceus qui estoient parti d'Andrenople. Pour çou i envoiierent par mer qu'il n'i pooient envoiier par tiere. Il armerent .i. vaissiel et se li envoiierent, et bien demora plus de .viii. jours puis qu'il les ot trouvés a Rodestoc. N'onques cil de Rodestoc ne lor fisent savoir desci que li vaisiaus revint ariere. Bien sejournerent li Latin a Rodestoc .lxv. jours puis qu'il furent ensanle asanlé, ne ne s'en *osoient* partir. Et quant il sorent que li Blac

---

1 .i.] li *F16 F20* ‖ aveuc] ensement *F24 F25 F26*, aussi *F38 F50* ‖ le novele si manderent] les nouveles si manderent *F16 F17 F20*, les nouveles *F19*,   2 de Coustantinoble et les fisent asanler] de le cité et les fisent asanbler en .i. liu *F24*, en Constentinoble (de Costantinoble *F38*) et firent assembler en .i. liu *F25 F26 F38*   3–4 garnis de lui ... fust] garniz de deffendre s'il veoient que lieus (lex *F16*) en fust *F16 F20*, aparilliés de deffendre se lius en venoit *F17*, garnis de lui defendre s'il veoit que tans et liex (que mestiers *F24*) en fust *F19 F24*, apareilliez de lui defendre se il veoient que mestiers fust *F25 F26*, appareilliez de li deffendre s'il veoit que mestiers en fust *F38*, appareilliez de soi deffendre se mestiers en fust *F50*   4 avoit adont] avoient adont *F18*, estoient *F19*, avoit lors *F38* ‖ estoient il] estoient il bien .c. *F19*, i avoit *F25 F26*, i avoit il *F50*   4–5 .c. Grifon et ... tiere] .x. Grifon *F16 F17 F20*. *New paragraph in F25 and F26*.   5 La] Li Latin *F25 F26* ‖ armeroient] feroient armer *F16 F17 F20* ‖ vaissiel] valet *F25*, vallet *F26*   6 por savoir] savoir *F18 F19*, lacks *F17*   7 et de ceus qui estoient parti] ne des autres qui estoient parti *F24 F38 F50*, et des autres qui s'estoient *F25 F26*   8 i] atirerent et *F24 F38* ‖ .i.] le *F18*   9 vaissiel et se li envoiierent] vaissel et se l'envoierent a Rodestoc *F24*, sil envorent par mer *F25*, vallet sil envorent par mer *F26*, veissel et envoierent par mer *F38* ‖ demora plus de ... ot] demourerent plus de .viii. jours puis qu'il les orent *F19* ‖ plus de] *lacks F24*   10 N'onques cil de Rodestoc] *lack F25 F26* (*homeoteleuton*) ‖ desci que] jusques *F16*, desques a dont que *F17*, jusques a dont que *F20*, jusque *F38*   11 revint ariere] retourna arriere *F19*, revenist ariere en Coustantinoble *F20* ‖ sejournerent li Latin ... jours] demorierent li Latin .xlv. jors *F16 F17 F20*, sejournerent li Latin .xv. jors et plus a Rodestoc (Rodestok *F26*) *F24 F25 F26 F38*, sejornerent li Latin .xv. jors a Rodestoc *F50*   11–12 .lxv. jours puis ... ne] puis qu'il s'assanlerent .lxv. jours c'onques *F19*   12 furent ensanle asanlé] furent asemblé ensemble *F16 F17*, furent assanlé *F20 F25 F26*, i furent asanblé *F24 F38 F50* ‖ s'en osoient partir] s'en oserent partir *F18*, s'oserent departir *F19*, s'en osoient partir por les Blas (Blaz *F38*) *F24 F25 F26 F38 F50*

---

408   The cardinal was Peter Capuano. *F16* errs is naming Conon as the advocate (*avoé*) of Béthune.

s'estoient trait ariere, si s'en alerent en Costantinoble et envoiierent le vaissiel *avant* qui estoit venus por oïr noveles d'aus et fisent savoir en Costantinoble qu'il venoient.

Quant il furent en Costantinoble, si s'asanlerent tout por prendre consel de faire segnor *en* le tiere. Il esgarderent entr'aus qu'il feroient de Henri d'Anjo ballu de le tiere, desci qu'il saroient se li empereres *estoit* mors u vis. La li fisent homage comme a bailliu et bien fu baillius plus d'un an. Et fist querre et cerkier et a moines et a autre gent et donna grant avoir, n'onques ne pot oïr noveles de l'empereur, fors tant c'uns hom vint a lui .i. jour; se li dist qu'il avoit entre lui et .ii. homes l'empereur emblé et mené en une foriest et *la l'avoit lassié* et les .ii. homes aveuc lui pour lui garder, et qu'il envoiast aveuc lui par mer chevaliers et serjans; si l'en amenroient. Henris d'Anjo fist armer .ii. galyes et s'i mist che-

---

1 s'estoient] estoient *F17 F20* ‖ si s'en alerent en] si (il *F24 F50*) se partirent de Rodestoc et s'en alerent vers *F24 F25 F26 F38 F50*   1–2 vaissiel avant] vaissiel ariere avant *F18*, vaiscel arriere *F17*, valet avant *F25*, vallet avant *F26*   2 oïr noveles d'aus … Costantinoble] noveles oïr d'iaus et fisent savoir (asavoir *F50*) *F24 F25 F26 F38 F50*   2–4 en Costantinoble qu'il venoient. Quant il furent] lacks *F20* (homeoteleuton)   3 New paragraph in *F24, F25 and F26*.   4 il furent en Costantinoble] il furent en Costentinoble venu *F16*, li Latin furent revenu en Constentinoble (Constentinople *F25*) *F25 F26* ‖ s'asanlerent tout por prendre consel] prisent entr'aus conseil quant il furent assanlé *F19*   4–5 por prendre consel de faire] pour prendre conseil de cui il feroient *F17*, et prisent consel de faire (faire com *F25 F26*) *F24 F25 F26 F38*   5 en] de *F18* ‖ New paragraph in *F38 and F50*. ‖ esgarderent entr'aus] resgardierent entr'ex *F16*, s'assentirent *F19*, esgarderent *F24 F25 F26 F38*   5–6 de Henri d'Anjo ballu] de Henri d'Anjo le frere l'empereur bailliu *F24*, balliu de Enri (Henri *F26*) le frere l'empereor *F25 F26*, bailli de Herri le frere l'empereur *F38*   6 desci qu'il saroient … mors] dusques adont qu'il saroit de l'empereur se il seroit mors *F19* ‖ estoit] fust *F18 F19*, estoit u *F17 F24 F25 F26 F38 F50* ‖ li fisent] le fisent bailliu (bailliz *F38*) et li fiscnt *F24 F38*, firent de Henri balliu et li firent *F25 F26*   7–8 fist querre et … avoir] fist l'en querre et cerchier a moines et as autres gens *F16 F17*, fist on querre et encerquier et amonester et a moines et as autres gens *F20*, faisoit querre (querre l'empereor *F50*) et cerkier et dona grant avoir (grans dons et *F24*) a moines et a autres gens *F24 F25 F26 F38 F50*   8–9 n'onques ne pot … l'empereur] n'onques ne pot l'on oïr noveles de l'empereur *F16 F17*, c'onques peut on oïr noveles de l'empereor *F20*, ne onques n'en pot oïr novelles *F25 F26 F38 F24*   9 a lui .i. jour; se li dist] en Constentinoble si dist a Hienri d'Engiau (Henri d'Angeu *F20*) *F16 F20*, en Constantinoble *F17*, un jour se li dist *F19*   9–10 entre lui et .ii. homes l'empereur emblé] entre lui et .ii. homes (autres homes *F16*) emblé l'empereur *F16 F17*, emblé l'empereour entre lui et .ii. autres homes *F20*   10 mené] l'avoient mis *F24*, l'avoient mené *F25 F26 F38 F50* ‖ la l'avoit lassié] l'avoit lassié la *F18*, la l'avoit laissié entre lui *F20*   10–11 les .ii. homes aveuc lui] .ii. homes avé li *F16*, les .ii. homes avec *F17 F38*, les .ii. homes *F20*, .ii. homes avec *F25 F26*   11–12 aveuc lui par … serjans] avec (o *F50*) lui chevaliers et serjanz par mer *F16 F24 F26 F38 F50*, chevaliers et sergans par mer *F20*, avec lui chevaliers et serjanz par *F25*   11–463.1 par mer chevaliers … si] chevaliers et sergans et Quenon de Betune et on *F17*   12 amenroient] anmenroit *F25 F26*. New paragraph in *F16, F25 and F26*. ‖ d'Anjo fist armer .ii.] fist armer .iii. *F24 F38 F50*, d'Auion fist armer .iii. *F25 F26* ‖ s'i mist] i envoia *F16 F20*, i fist metre *F19*, i fist *F25*, si i fist *F26*, si i fist entrer *F38*, et i fist entrer *F50*

THE CHRONIQUE D'ERNOUL 463

valiers et serjans et Kesnon de Biethune avec, et si les envoia on en le foriest ou
cil les mena, qui est sor Mer Major. Quant il vinrent la, si descendirent a tiere et
alerent la desous l'arbre ou cil dist qu'il *avoit laissié l'empereur*. La nel troverent
mie, ains troverent relief de pain et d'oignons et de sel, mais ne sorent qui y
avoit mangié. Cil lor jura que illuec avoit laissié l'empereur aveuc .ii. homes. 5
On cerka le foriest, mais on ne trova riens; si retornerent ariere en Costantinoble.[a]

[ccxcv] Vesci toute le novele de l'empereur Bauduin c'on pot onques savoir de
lui puis qu'il fu perdus. Je vous avoie oblié a dire del conte de Saint Pol, qui
en Costantinoble estoit. Il fu mors de se mort bien .xv. jours devant ce que li 10
empereres Bauduins meust pour aler en Andrenople.

---

1 avec] *lack F16 F20*, aveuec aus *F19* ‖ on] l'en *F16*, *lack F17 F24 F25 F26 F38 F50*   2 qui] celle mers *F25 F26 F38*, Cele forest *F50* ‖ Mer Major. Quant … tiere] Mer le Majour. Quant il furent a tere si descendirent *F19* ‖ *New paragraph in F24*. ‖ descendirent] desiderent *F25*   3 la] en le forest *F19*, *lack F24 F25 F26 F38 F50* ‖ dist] est *F25 F26* ‖ avoit laissié l'empereur] l'avoit laissié *F18*   4–5 y avoit mangié] l'avoit manjet *F17*, iluec l'avoit laissié ne mangié *F19*, i avoit esté *F20*   5 illuec avoit laissié … homes] desos cel arbre avec ces .ii. homes avoit laissié l'empereur *F24*, desor cel arbre avec les .ii. homes avoit l'empereor laissié *F25 F26*, desoz cel arbre avec cez (avec *F50*) .ii. homes avoit l'empereur leissié *F38 F50*. *New paragraph in F38*.   6 mais on ne … en] mes l'en n'i trouva riens. Cil retornierent arrieres en *F16 F20*, Mais on n'i trova nient. Cil tornerent arriere en *F17*, mais on n'en trouva noient ains retournerent arriere en *F19*, ne trova on riens. Quant il virent qu'il ne troveroient riens si (il *F38*) tornerent ariere en *F24 F38*, ne trova on riens si retornerent on arriere vers *F25 F26*   8 *No paragraph break in F16, F19, F20, F24, F25, F26, F38 or F50*.   8–9 Vesci toute le … fu] C'est ci tout li novele de l'empereur Bauduin c'on ne pot onques savoir novele de lui qui fust *F17* ‖ de l'empereur Bauduin … lui] de l'empereur Bauduin que on ne pot onques riens savoir de lui *F19*, de l'empereur Baudoin qu'en pot onques savoir *F38*, c'on pot onques savoir de l'empereur Bauduin *F24*, qu'en qu'en onques (pout onques *F26*) savoir de l'empereor Baldoin *F25 F26*   9 a dire] *lacks F38*   11 Bauduins] *lack F19 F20* ‖ pour aler en] a aler a *F16 F25 F26 F38*, por aler a *F17 F19 F50*, a aler en *F24* ‖ *New paragraph in F16, F20, F25, F26 and F50*. *Rubric in F16*: Del conte Hienri d'Angou qui emperieres fu de Costentinoble aprés l'empereeur Bauduin son frere qu'en ne sot qu'il devint. *Rubric in F20*: Du conte Henri d'Angeu qui empereres fu de Costantinoble aprés l'empereor Bauduin son frere.

---

[a] *F18 f. 108^{rb-vb}; F16 f. 60^{vc}–61ra; F17 f. 59vb–60rb; F19 f. 132vb–133rb; F20 f. 77^{rb-vb}; F24 f. 157vb–158ra; F25 f. 104va–105rb; F26 f. 104vb–105va; F38 f. 202^{ra-va}; F50 f. 416vb–417va* (ML, 388–390).

Quant Henris ot esté plus d'un an baillius de le tiere, et c'on ne pooit oïr *nules* noveles de l'empereur, si s'asanlerent cil del païs et *le* fisent empereur et le coronerent a Sainte Sofie.[409a]

[ccxcvi] Quant Henris d'Anjo ot porté coronne en Costantinoble, se li rendi on grant partie de le tiere qui avoit esté perdue priés de Costantinoble, et se li rendi on Andrenople par tes couvens qu'il aroient segnor Griffon et qu'il ne seroient mie desos segnor de Venissiiens ne de Latins. Toutes eures prist li emperere Henris le tiere, et si le dona a .i. chevalier de le tiere qui avoit a non Livernas, qui puis le servi bien. Chis Livernas avoit a feme le sereur le roi de France, cheli qui ot le fil l'empereur Manuel c'Androines fist noiier.[410] Li empereres Henris fist

---

1 Henris ot esté ... tiere] li quens Hienri (Henris d'Angeu *F20*) ot esté plus d'un an bailliz de la (le *F20*) terre de Coustantinoble *F16 F20*, Henris ot esté plus d'un an baillius *F17*, Henris (Henris d'Auion *F25 F26*) ot esté bail (ballif *F25 F26*, bailliz *F38*) de la (le *F24*) terre bien plus d'un an *F24 F25 F26 F38*   1–2 oïr nules] oïr *F18*, savoir nule *F24 F25 F26 F38 F50*   2 l'empereur si s'asanlerent ... et] l'empereur Baudoin si s'asemblierent li chevalier del païs si *F16*, l'empeeor Bauduin si s'assamblerent cil del païs et *F20*, l'empereur Bauduin (Baldoin *F25 F26*) cil de la (le *F24*) terre *F24 F25 F26 F38*, l'empeeor Bauduin cil de la *F50* ‖ le fisent] en fisent *F18*, en fist on *F19*   3 a Sainte Sofie] lack *F24 F25 F26 F38 F50*   4 No paragraph break in *F16, F20, F24, F25, F26, F38* or *F50*. ‖ d'Anjo ot porté coronne en Costantinoble] ot porté corone *F24 F25 F26 F38*   4–6 en Costantinoble se ... aroient] a Sainte Souffie en Constentinoble si li rendi on grant partie de Constentinoble qui avoit esté perdue. Et se li rendi on Andrenople par tel convent qu'il avoit et aroient *F19*   5 qui avoit esté] qu'il avoit *F16 F20* ‖ priés de] entor *F25 F26 F38 F50*   5–6 et se li rendi on Andrenople] lack *F25 F26*   6 tes couvens] tel couvant *F16*, covent *F17*, tel devision (devise *F50*) *F24 F25 F26 F38 F50*   6–7 et qu'il ne ... segnor] et qu'il ne seroient mie desouz (desous le *F20*) seignorie *F16 F20 F50*, et qu'il n'aroient mie signour *F17*, qu'il ne lairoient mie *F19*   7–8 Toutes eures prist ... tiere] Si feitement reçut li empereeur la terre *F16*, Toutes voies prist le empererres Henris le terre *F19*, Toutes heures prist li emperes Henris le terre d'Andrenoble *F20*, Toutes eures (vois *F38*) prist li emperes che c'on li rendi *F24 F25 F26 F38*   8 chevalier] haut home *F24 F25 F26 F38 F50*   8–9 Livernas qui puis le servi] Livernas avoit a feme qui puissedi le servi molt *F19*   9 le] l'en *F16 F24 F25 F26 F38 F50* ‖ de France cheli] de France *F16*, Felipe (Felippe *F38*, Phelippe *F50*) de France *F24 F25 F26 F38 F50*   10 ot le fil l'empereur Manuel] ot le fil l'empereur celui (Manuel celui *F16*) *F16 F17*, ot l'empeeour Manuel celui *F20*, feme fu au (le *F24*) fil l'empereur Manuel (Manoel *F24*) *F24 F38 F50*, feme l'empeeor Manuel *F25 F26*

---

[a] *F18 f. 108vb–109ra; F16 f. 61rb; F17 f. 60rb; F19 f. 133^{rb-va}; F20 f. 77vb; F24 f. 158ra; F25 f. 105rb; F26 f. 105va; F38 f. 202va; F50 f. 417va* (ML, 390).

---

409   20 August 1206.
410   Agnes of France (renamed Anna by the Byzantines) was the widow of Alexios II Komnenos and Andronikos I Komnenos. At some point after the Latin conquest of Constantinople, she married Theodore Branas. In 1206 Theodore negotiated the arrangement whereby he held Adrianople as a fief from the Empereor Henry.

pais as Blas et prist le fille l'empereur de Blakie pour avoir l'aïue de lui, et fist tant c'on li rendi le tiere de Salenique, et il y ala. Quant il i vint, si trouva *que li marcis estoit mors*. La trouva .i. sien fil; si le corona et fist roi de Salenique. Ne demoura gaires apriés quant il ot esté illuec une piece, si fu mors.[411] Si chevaliers et si home, qui aveuc lui estoient, retornerent ariere en Costantinoble. Lors prisent mesages; si les envoiierent en France al conte Pieron d'Auçoirre, qui cousins germains estoit al roi Felipe et avoit le contesse de Namur a feme, qui suer estoit l'empereur Bauduin et l'empereur Henri. Se li manderent qu'il alast en Costantinoble, et il et se feme, car li empires estoit *eskeus* a se feme et il le feroient empereur et li empereïs, si con drois estoit.[412a]

---

1 l'empereur] al segnor F24, au seignor F25 F26 F50, au seigneur F38 ‖ et] et de la terre puis F24 F25 F26 F38, et de sa terre F50   2 de] desi a F24 F25 F26, jusqu'a F38, jusque a F50 ‖ il y ala] i ala F24, si ala la F25 F26 ‖ Quant il i vint] et quant il vint la F16 F20, et quant il i vint F17 F19 F24 F38   3 que li marcis estoit mors. La trouva] mort le marcis. La trouva F18, *lacks F20 (homeoteleuton)* ‖ La trouva .i. sien fil; si le] mais il li demora .i. fil que li empereres F25 F26   3–4 si le corona … mors] et le couronna et le fist roy de Salenique. Ne demoura puis gaires qu'il ot luec esté une pieche qu'il morut F19   4 *New paragraph in F25 and F26.* ‖ quant il ot … si] quant il l'ot esté une piece si F20, quant il ot en le terre esté une piece qu'il F24, que li empereres Henris ot esté une piece a Salenique qu'il F25 F26, quant il ot ilec esté une piece qu'il F38   5 en] por garder F24 F26 F50, por F25, pour garder F38   6 *New paragraph in F16 and F20. Rubric in F16*: Del conte Perron d'Auçuerre a cui la terre de Costentinoble eschaï qui vint a aler en Constentinoble et comment il fu rois et empereeur de la terre. *Rubric in F20*: Du conte Pieron d'Auchoirre et de se feme qui coroné furent as Rome a estre empereor de Coustantinoble. ‖ Lors prisent] Aprés ce que li empereeur Hienris de Costentinoble fu morz li chevaliers de la terre pristrent F16, Lués que li empereres Henris fu mors si prisent cil dou païs F20, Dont prisent F19 F24, Donc pristrent F25 F26   7 al] le F19 F24 F25 F26 F38 ‖ Felipe] Phelippe (Phelipe F16) de France F16 F20 F50   8 a feme qui suer estoit] a fame et suer avoit esté F16, qui suer estoit F17, qui suer avoit esté F25 F26   9–10 car li empires estoit eskeus a se feme] car li empires estoit eskeue a se feme F18, Car l'empereiz estoit escheue a sa fame F16, *lack F25 F26 (homeoteleuton)*   9 li empires] l'empereiz F16   10 li] sa fame F16, se feme F17 F20

---

[a] F18 f. 109[ra–b]; F16 f. 61[rb–c]; F17 f. 60[rb–va]; F19 f. 133[va]; F20 f. 77[vb]–78 ra; F24 f. 158[ra–b]; F25 f. 105[rb–va]; F26 f. 105[va–b]; F38 f. 202[va]; F50 f. 417[va–b] (ML, 390–391). *F18 has a ten-line miniature panel showing two bishops conducting the coronation of an emperor, followed by a four-line pen-flourished initial 'Q'.*

---

411   Henry died in 1216, having married a Bulgar princess in 1213. Boniface of Montferrat had died in 1207, leaving a son named Demetrios whose rights Henry supported in the face of stiff local opposition.

412   Peter of Courtenay, a grandson of King Louis VI and hence a cousin of Philip Augustus, was count of Nevers, Auxerre and Tonnerre. His wife was Yolanda, marchioness of Namur and sister of the Latin emperors Baldwin and Henry.

[ccxcvii] Quant li quens Pieres d'Auçoire oï le novele, si murent et s'en alerent droit a Rome, et si mena aveuc lui le conte de Sanseure et chevaliers et serjans; et si laissa .ii. fieus *chevaliers* qu'il avoit, dont li ainsnés fu quens de Namur.[413] Quant li quens Pieres fu a Rome, si fist tant a l'apostoile qu'il corona et lui et se feme. Quant coroné furent, si s'en alerent a Brandis en Puille por passer en Costantinoble, et li apostoles envoia aveuc lui un cardonal.[414] Quant li emperes Pieres vint a Brandis, si fist apparellier vaissiaus et entrerent ens et passerent a Duras. Quant il furent arivé a Duras et li sires sot que c'estoit li emperes, si ala encontre et fist grant joie de lui et le reçut *hautement* comme segnor, et se li fist homage et li rendi se terre.[415a]

[ccxcviii] Duras est li premiere cités de le tiere de Griesse par devers Puille. Quant li emperes ot illuec une piece sejorné, se li dist li sires de Duras: 'Sire,

---

1 *No paragraph break in F16, F17, F20, F24, F25 or F26.* ‖ li quens Pieres … murent] li quens Pierres d'Auçuerre oï la nouvele si murent li et sa fame F16, il (cil F24) oï le (la F25 F26) novele si mut (murent F38) entre lui et sa (se F24) feme F24 F25 F26 F38 ‖ Pieres] *lacks F17* ‖ le novele si murent et] ches nouveles si se misent a le voie et F19   1–2 s'en alerent droit … si] si s'en alerent tout droit a Rome et si F17, s'en alerent a Rome droit et si F24 F25 F26   3 .ii. fieus chevaliers qu'il avoit] .ii. fieus qu'il avoit F18, .ii. fix chevaliers F19, un fiz chevaliers qu'il (qui F25) avoit F25 F26 ‖ *New paragraph in F25 and F26.*   4 fu] vint F17 ‖ a] envers F24, vers F50 ‖ et] *lack F16 F19 F20 F25 F26 F38 F50*   5 alerent a Brandis … passer] alerent droit a Brandiz por aler F16, alerent a Brandis en Puille pour aler F17   5–8 por passer en Costantinoble … Quant] appareillier vaissiaus et entrerent ens et passerent a Duras et l'apostoilles envoia avoec lui .i. cardonal. Quant F20   7 Pieres] *lack F24 F25 F26 F38* ‖ vaissiaus et] nés et vessiaus et F16 F24 F38 F50, nés et vaissiaus si F25 F26   8 Duras] Duraz en Gresse F16 ‖ Quant il furent arivé a Duras] *lacks F17* ‖ arivé a] asemblé devant F16 F20, a F19, arivé devant F24 F25 F26 F38 ‖ emperes] empereeur de Costentinoble F16   9 encontre] encontre lui F19 F20 ‖ fist grant joie de lui et le] le F16, fist grant feste et F24 F25 F26, fist (li fist F50) grant feste et le F38 F50 ‖ hautement] hautemement F18, molt hautement et molt honnerablement F19   10 li rendi] se li rendi F17, si li rendi F20 F25 F26 F38, se li rendi toute F24   11 *No paragraph break in F16, F19, F20, F38 or F50.* ‖ Duras] Livernas F19 ‖ de le tiere de] en F16, de F17 F19 F20, de l'entree de F24 F25 F26 F38, de l'empire de F50   12 emperes ot illuec une piece] emperes Pieres ot une piece illuec F20, emperes ot une piece illuec F25 F26 ‖ se li dist li sires de Duras] se li sires de Duras F19, Si li dist sire Duras si li dist F20, si vint li sires de Duras se (si F25 F26 F38) li dist F24 F25 F26 F38 ‖ Sire] Sire dist il F24 F38

---

[a] F18 f. 109[rb–va]; F16 f. 61[rc]; F17 f. 60[va–b]; F19 f. 133[va–b]; F20 f. 78[ra–b]; F24 f. 158[rb]; F25 f. 105[va–b]; F26 f. 105[vb]–106[ra]; F38 f. 202[va–b]; F50 f. 417[vb]–418[ra] (ML, 391–392).

413   William count of Sanserre was Peter's brother-in-law. Peter had several sons, of whom the eldest, Philip, succeeded to his lands in the western Europe.
414   Peter was crowned emperor of Byzantium in Rome by Pope Honorius III in April 1217. He was accompanied on his expedition by Cardinal John Colonna.
415   Theodore Angelos Doukas Komnenos, ruler of Epiros (1215–1230).

THE CHRONIQUE D'ERNOUL 467

vous irés en Costantinoble par tiere, et g'irai aveuc vous tant que me tiere durra;
et puis c'on saura par Gresse que je vous arai *rendue me tiere* et que je iere aveuc
vous, il n'en i ara nul qui contre vous soit, ains venront a vous a merci et vous
renderont toute le tiere'. Li empereres le creï. Si murent et alerent par tiere. Li
emperis estoit grosse; si n'ala mie par tiere, ains ala par mer en Costantinoble. 5
Ançois qu'ele venist en Costantinoble, ariva elle en le tiere Jofroi de Villehar-
duin qui grant honor li fist. L'emperis avoit une fille et Jofrois *avoit* .i. fil qui avoit
a non Jofrois. L'empereïs vit que cils avoit grant tiere et que se fille i seroit bien
mariee; si le dona sen fil; il le prist a feme; si l'espousa. Apriés s'en ala l'emper-
reïs en Costantinoble. Ne demora gaires apriés qu'ele delivra d'un fil dont elle 10
estoit grosse.[416a]

[ccxcix] Or vous dirai que li sires de Duras fist qui l'empereour conduisoit parmi
se tiere. Il n'orent pas eslongié Duras plus de .iii. jornees qu'il se herbegierent en
.i. castiel mout fort. Quant il furent herbegié, et il furent assis au souper le nuit,

---

1 que me] com ma *F16 F50*, comme me *F19 F24*, com *F25 F26 F38*   2 rendue me tiere] me tiere rendue *F18*   2–3 et que je iere aveuc vous] *lacks F16*   3 il n'en i ara] il n'en i a *F16*, n'en i ara (avra *F38*) *F24 F38*, il n'en irai *F25 F26*   3–4 venront a vous ... tiere] vos rendront la terre *F16*, venront a vo merchi et vous renderont tote le tere *F17 F20*, vous renderont le tere et venront a vous a merchi *F19*, venront a vos a merchi *F24*   4 murent et alerent] ala *F17*, murent et s'en alerent *F24*   4–5 Li emperis estoit grosse ... Costantinoble] et li empererriz ala par mer por ce qu'il estoit grosse *F16*   5 ala] s'en ala *F25 F26 F38*   7 fille] fille avec li *F16*, fille avoec lui *F20* ‖ Jofrois] Joifrois (Joiffrois *F24*) de Vile Harduin *F19 F24*, Jefroiz (Jofroi *F50*) de Vile Hardoin *F38 F50* ‖ avoit] *lacks F18*   8 cils] cil Jesfroiz *F16*, cil Joifrois *F20* ‖ et] et vit *F26 F38*   9 mariee] emploïe *F18* ‖ sen fil il ... si] se fille. Il le prist a feme si *F17*, a sen fil et cil le prist a feme si *F24*, sa fille et le fiz Joufroi (jo Joufroy *F25*) *F25 F26* ‖ si l'espousa] et espousa *F16*   9–10 Apriés s'en ala l'emperreïs] Aprés si s'en ala l'empeerris *F17 F20*, L'emperis s'en ala *F24*   10 apriés qu'ele delivra] aprés ce qu'il fu venue en Costentinoble qu'il se delivra *F16*, aprés qu'ele demoura qu'ele se delivra *F20*, aprés qu'ele se delivra *F24 F38 F50*, qu'elle se delivra *F25 F26*   11 grosse] grosse qui ot a non Baudoin et fu puis empereeur de Costentinoble *F16*, si ot a non Bauduins aprés son oncle *F24*   12 *Rubric in F20*: De l'empereor Pierron d'Auchoirre qui li sires de Duras ocist. *No paragraph break in F16 or F19*. ‖ l'empereour] l'empereour Pierron *F20*   13 eslongié Duras plus de .iii.] Duraz esloignié .ii. *F16*, eslongnié Duras de .iii. *F20*, eslongié (eslogié Duras *F24*) plus haut de .iii. *F24 F25 F26*   14 il furent herbegié] herbergié furent *F24 F25 F26 F38* ‖ et il furent ... nuit] et il furent le nuit assis au disner *F20*, herbegié furent et (et il *F38*) menjoient la nuit *F25 F26 F38*

[a] *F18 f. 109^{va-b}; F16 f. 61^{rc-va}; F17 f. 60vb; F19 f. 133vb–134ra; F20 f. 78^{rb-va}; F24 f. 158^{rb-c}; F25 f. 105vb–106ra; F26 f. 106^{ra-b}; F38 f. 202vb; F50 f. 418ra (ML, 392).*

416 Peter of Courtenay's daughter Agnes married the future prince of Achaia, Geoffrey II of Villehardouin (1228–1246), the son of Geoffrey I, in 1217. The child born to Yolanda was the future emperor, Baldwin II.

le sire de Duras fist armer ses homes et fist prendre l'empereur et ses homes, et assés en ocist on, et se les fist on metre en prison. Et tant les tint on que li empereres i fu mors, et il et li quens de Sanseure. Quant cil de Griesse oïrent dire que li empereres estoit en prison, si se revelerent et reconquisent toute
5 le tiere que li empereres Henris avoit conquise. Ne demora gaire apriés que li empereres fu mors, *que* que li empereris fu morte en Costantinoble. Quant li emperis fu morte, li chevalier de le tiere manderent le conte de Namur, qui fiex estoit l'empereris, qu'il alast en Costantinoble, que li tiere li estoit eskeue. Quant li mesages vinrent a lui et il orent conté lor message, il dist qu'il s'en conselle-
10 roit. Il s'en consella, mais *consaus* ne li aporta mie qu'il i alast, ains i envoia sen frere, qui maisnés estoit de lui, et si lor manda qu'il le coronassent qu'il n'i pooit aler et qu'il n'iroit noient. Cils Henris[417] ses freres i ala et ala par Hunghe-rie, pour chou que li roine de Hongerie estoit se suer et qu'il ot le conduit et l'aïue le roi de Hongerie parmi se tiere et parmi Blakie.[418] Et sauvement ala en
15 Costantinoble et porta corone. Et quant il ot porté corone, il ne fist gaires en le

---

1 armer ses homes et fist prendre] penre *F16*, armer ses homes et prendre *F17*, armer ses hommes prendre *F20* ‖ homes] genz *F25 F26 F38 F50*   2 et assés en … prison] et assis en ochist on et assés en mist on en prison *F19*, et les fist metre en prison et assez en ocist on *F25 F26* ‖ on et se les fist on] et ses (les *F50*) fist *F16 F50*, on si les fist *F17*, on et ses fist *F24*, l'en et si les fist *F38*   2–3 on que li empereres] l'en en prison que li empereeur Pierres *F16*, en prison que li empereres *F17 F24 F25 F26 F38*   3 de Griesse] dedens *F17*   4 reconquisent toute] qunquisent toute *F17*, requistrent *F25 F26*   5 *New paragraph in F25 and F26*. ‖ apriés] aprés che *F24*, ce *F25 F26*, aprés ce *F38*   6 empereres] empereres Pieres *F20* ‖ que] et que *F18 F17* ‖ li emperris fu morte] l'empererriz sa fame fu morte *F16*, li empeerris morut *F19 F50* ‖ *New paragraph in F16 and F20*. *Rubric in F16*: De l'empereeur Robert de Costentinoble, filz l'empereeur Perron et frere le conte Phelipe de Naimur. *Rubric in F20*: De l'empereour Henri de Costentinoble qui freres fu le conte de Namur.   6–7 li emperis] l'empererriz de Constentinoble *F16*, l'empereres de Coustantinoble *F20*   7 conte] conte Phelipe *F16*   8 eskeue] escheue de par l'enperriz sa mere *F16*   10 consaus] *lacks F18* ‖ i alast ains i envoia] i alast ainz i envoia Robert *F16*, s'en alast la ains i envoia *F20*   11 qu'il n'i] et qu'il n'i *F19*, car il n'i *F20 F24 F50*, qu'il ne *F25 F26*   12 et qu'il n'iroit noient] *lack F16 F25 F26 F38 F50*, et q'il n'iroit mie *F20* ‖ Henris] Roberz *F16*, Robers *F24*   12–13 ses freres i … Hongerie] s'en ala par terre et par Hongrie (Hongerie *F24*) por çou ala par Hongrie (Hongerie *F24*) que la roine *F24 F25 F26 F38*   13–14 le conduit et l'aïue le roi] l'aieue de le roine *F19*, le conduit et l'aïue *F20*   14 parmi se tiere et parmi Blakie] d'aler parmi sa terre *F16*   15 Et quant il ot porté corone] *lack F19 F25 F26*   15–469.1 ot porté corone … tiere] l'ot portee ne fist il gaires en la terre de proffit *F16*, ot porté courone. Il ne fist gaires de proufist en le terre *F20* ‖ fist gaires en … n'avoit] fist (fu *F25 F26*) gaires d'esploit en le terre car il n'i avoit (n'avoit *F50*) *F24 F25 F26 F38 F50*

---

417   The emperor's name was Robert and not Henry. This error is corrected only in *F16* and *F24*.
418   Robert's sister was Yolanda (died 1233), consort of King Andrew II of Hungary (1205–1235).

tiere, car il n'avoit mie mené gent dont il peust granment esploitier, et si eust perdue *toute le* tiere et Costantinoble, s'il n'eust eue l'aïue des Blas. Mais li Blac li aidierent se tiere a retenir çou qu'il en trova.[a]

[ccc] Or vous dirai que cil empereres fist. Il avoit une dame en Costantinoble venue, qui fille avoit esté .i. chevalier d'Artois, qui avoit a non Bauduins de Neuville. Celle dame avoit mere. Li empereres ama tant celle *dame* qu'il ne pooit sans li, et si l'espousa coiement et le mist aveuc lui en son manoir et *se* mere ensement. Quant li chevalier de Costantinoble sorent que il l'avoit espousee, si en furent molt dolant de ce l'avoit espousee et de che qu'il estoit si assotés de li que pour besoingne que il euissent ne le pooient il traire de Costantinoble. Il prisent consel ensanle qu'il feroient. Il alerent en le cambre ou li empereres estoit,[419] si comme consaus lor avoit aporté; si le tinrent, et prisent le mere se feme; si le misent en .i. batiel; si l'envoierent noier en le mer. Aprés si vinrent a se feme; se le coperent le nés et le baulevre. Atant si laissierent l'empereour

---

1 n'avoit mie mené ... peust] ne mena mie gent par coi il peut mie *F19* ‖ gent dont il ... et] gent en la (grant gent en le *F17*) terre dont il poïst gaires esploiter et *F16 F17*, gent en le terre dont il peust granment esploitier *F20*   2 toute le] se *F18* ‖ et] de *F16 F17 F20 F25 F26*   3 retenir çou qu'il en trova] maintenir *F17*, detenir cel qu'il en trouva *F20*   4 *No paragraph break in F24.* ‖ que cil] que li *F24 F38*, ce que li *F25 F26*   4–5 en Costantinoble venue] en Costantinoble *F17*, veve en Costantinoble (Constentinoble *F25 F26*, Costantinople *F38*) *F24 F25 F26 F38*   5 avoit esté .i.] avoit esté d'un *F16 F50*, estoit a un *F19*, avoit esté a .i. *F38* ‖ qui avoit] Cil chevaliers ot *F16*   6 empereres] empereeur Robert *F16* ‖ dame] *lacks F18*   7 et si] et *F19*, si *F25 F26 F50*, il *F38* ‖ et] et si *F20 F24 F26 F38*, si *F25* ‖ se] le *F18*   8 ensement] avec li *F24 F25 F26 F38 F50* ‖ l'avoit] l'ot *F19 F50*   9 en] *lack F24 F25 F26 F38* ‖ de ce l'avoit ... qu'il] et de ce qu'il *F16 F17 F20*, et molt courouchié de che qu'il l'avoit espousee et qu'il *F19*, de cou qu'il l'avoit espousee et de cou qu'il *F24*, car il *F25 F26 F38 F50* ‖ si assotés de] si assotés sour *F17*, si entrés en *F24 F25 F26 F38*, entrez en *F50*   10 ne le pooient il traire] a fere ne le pooient giter *F16*, ne (nule ne *F20*) le pooient jeter *F17 F20*, il ne le pooient traire hors *F19* ‖ Constantinoble] la (le *F24*) chambre *F24 F25 F26 F38 F50*. *New paragraph in F25 and F26.*   11 Il] Li chevalier *F20*, Li chevalier de la cité *F25 F26* ‖ ensanle qu'il feroient. Il alerent] qu'il feroient il alerent *F19*, ensamble qu'il en feroient. Il (Il en *F24*) alerent *F20 F24*, qu'il en feroient. Il en alerent *F38*   12 estoit si comme] gisoit si comme *F19*, estoit ensi que *F20* ‖ si] si (et *F50*) pristrent (prisent *F24*) l'empereur et *F24 F25 F26 F38 F50* ‖ tinrent et] tindrent tot coi et *F16*, tinrent la et puis *F20*, tindrent puis *F50* ‖ se] et sa *F25 F26*, de sa *F50*   13 si le misent en .i. batiel] *lack F16 F17 F20* ‖ l'envoierent] le menerent *F19* ‖ le] *lack F25 F26 F38 F50* ‖ Aprés si] Aprés *F19 F20 F50*, puis *F25 F26*   14 si] *lack F20 F25 F26 F50*

---

[a] *F18 f. 109*^{vb}*–110*^{rb}*; F16 f. 61*$^{va-b}$*; F17 f. 60*^{vb}*–61*^{ra}*; F19 f. 134*$^{ra\ b}$*; F20 f. 78*$^{va-b}$*; F24 f. 158*$^{rc-va}$*; F25 f. 106*$^{ra-va}$*; F26 f. 106*$^{rb-vb}$*; F38 f. 202*^{vb}*–203*^{ra}*; F50 f. 418*$^{rb-va}$ (ML, *392–394*).

---

419   Change of hand in *F18*.

em pais. Quant li emperere vit le honte c'on li ot fait de se feme, que on ot le nés copé, et de se mere que on ot noié en le mer, si fu molt dolans. Si fist armer galies et entra ens; si lassa Constantinoble et s'en ala a Rome. Quant il vint a Rome, si se plainst a l'apostole de le honte que si homme li avoient faite, et li
5 apostoles le conforta drument, et se li dona del sien et fist tant vers lui qu'il s'en retorna arriere en Constantinoble. En ce qu'il s'en *retorna arriere*, si arriva en le terre Joffroi de Vile Harduin. La li prist maladie; si fu mors.[420a]

[ccci] Or vous lairons de Constantinoble a parler desci a une autre fois, c'on en parlera par aventure, et si vous dirons de Fedric le roi de Sesile, qui estoit
10 a Palerne et que si home avoient desireté *de se tere*, et del duc de Souave, son oncle, qui l'empire d'Alemagne li gardoit dont il devoit estre empereres. Il avint

---

1 *New paragraph in F16 and F38.* 1–2 que on ot le nés ... mer] cui l'en ot le nés trenchié et le baulievre et de se mere qu'il orent naiee *F16*, c'on li ot le nés copé et se mere noié en le mer *F24*, et de sa mere *F25 F26 F38*   2 Si] il *F25 F26 F38 F50*   3 et entra ens] si entra enz *F16*, si entra en mer *F17* ‖ si] et *F17 F19 F24 F25 F26 F38 F50* ‖ et s'en] si *F17 F24*, si s'en *F19*, et *F20 F25 F26 F38 F50*   3–4 Quant il vint a Rome] *lack F17 F20 F38 F50*   5 drument] molt durement et molt boinement *F19* ‖ fist tant] si (se *F24*) li proia tant et fist (fist tant *F24*) *F24 F25 F26 F38*   6 retorna arriere en] revint en *F16*, retorna arriere vers *F20* ‖ en Constantinoble En ... arriere] en Constantinoble. En ce qu'il s'en retorna arriere en Constantinoble En ce qu'il s'en retorna arriere *F18*, vers Constantinoble. Ensi com il se retornoit ariere *F24*, en Constantinoble. En ce qu'il s'en retornoit arriere *F38*, *lack F25 F26 (homeotelcuton)*   7 mors] mors et enfoïs *F24*   8 *Rubric in F16*: Comment Othes fu coronez a estre emperieres d'Alemaigne aprés ce qu'il ot fait murtrir le duc de Soave qui oncles estoit lo roi Fedric de Sezile et Emfes de Puille. *Rubric in F20*: Or vous dirons dou roi Feudri de Sesille et de l'empereour Othon. *Rubric in F50*: Ci finist le .xxv. livre et commence le .xxvi., *followed by a ten-line puzzle initial 'F'.*   8–11 Or vous lairons ... gardoit] Fredric, qui fu fiz de l'empereor Henri d'Alemaigne qui estoit rois de Sezille que si home avoient deserité de grant partie de sa terre si com il est desus moti, fu en Sezille tant com il fu mermes d'aage. Ses oncles li dus de Soave li gardoit la terre d'Alemaigne *F50*   8 lairons] lairai *F17* ‖ desci a une autre fois] dessi adont *F19*   8–9 c'on en parlera par aventure et] par aventure c'on en (que l'en *F25 F26*) parlera (parlera et *F24*) *F24 F25 F26 F38*   9 dirons] dirai *F17*   9–10 estoit a Palerne et que] *lack F25 F26*, estoit et qui *F38*   10 de se tere] *lacks F18* ‖ duc] duc Phelipe *F16*   11 l'empire] le terre *F24 F25 F26 F38* ‖ dont il devoit estre empereres] *lacks F16* ‖ dont] *lack F25 F26*

---

[a] *F18 f. 110^{rb-vb}; F16 f. 61vb; F17 f. 61^{ra-b}; F19 f. 134^{rb-va}; F20 f. 78vb–79ra; F24 f. 158va; F25 f. 106^{va-b}; F26 f. 106vb–107ra; F38 f. 203ra; F50 f. 418^{va-b} (ML, 394–395). F18 has a ten-line miniature panel showing the emperor and the empress and a group of men and women, followed by a four-line historiated initial 'O'. In the lower margin three people are approaching a barrel on a post.*

420   For the date, see Rudolf Pokorny, 'Ein neues Todesdatum für den lateinischen Kaiser Robert von Konstantinopel: 6. November 1226', *Deutsches Archiv für Erforschung des Mittelalters*, 72 (2016), 95–140.

THE CHRONIQUE D'ERNOUL 471

cose .i. jour que uns chevaliers entra en se cambre; si l'ocist. Quant li haut home d'Alemagne sorent que li dus de Souave estoit mors, qui contre aus estoit d'Oton coroner, et par les pramesses et par les dons qu'il avoient eut del roi d'Engletiere, il manderent Oton et si le coronerent a Ais la Capiele. Quant Otes ot porté corone, si fist querre le chevalier qui le duc de Souave avoit ochis et le fist tant chercier qu'il fu pris por lui jeter de blasme. Por çou c'on li metoit sus le mort le duc, il fist le chevalier trainer et pendre. Aprés si s'en ala a Rome por coroner. Li apostoles le corona volentiers por çou que li rois d'Engletiere l'en avoit fais grans presens.[421a]

[cccii] L'endemain que Othes fu coronés a Rome a empereur et il fu *partis* de Rome, si entra en le terre l'apostole et commença a guerroier et prist ses castiaus et garni encontre l'apostole. Quant li apostoles sot que cil *cui il avoit fait*

---

1 entra en se cambre] entra en la (le F20) chambre le duc de Soave (Souave F20) F16 F20, entra en la (le F24) chambre le (del F50) duc F24 F38 F50, en la chambre le duc F25 F26   1–2 haut home d'Alemagne] baron d'Alemaigne F16, home d'Alemaigne F17, dus d'Alemaigne et li haut home F20   2 que li dus ... mors] qu'il fu morz F16, que li dus de Soave estoit occis F17, que li dus de Soave fu mors F19, que li dus estoit mors F20, que li dux estoit mors F25 F26 F38 F50   2–3 contre aus estoit d'Oton coroner et] contre Othon coroner estoit F16, encontre aus estoit d'Oton coroner et F19 F20 F24, encontre aus estoit d'Othon coroner F25 F26 F38   3–4 par les pramesses ... il] si furent molt lié. Si F16   4 manderent Oton et] manderent Othon F16 F25 F26, le manderent F38 ‖ *New paragraph in F24, F25 and F26*.   5 si] il F16 F24 F50 ‖ duc] duc Phelippon F20   6 chercier] querre F16 F20   6–7 Por çou c'on ... duc] pour che que on li metoit sus qu'il avoit le duc ochis F19, de çou c'on li metoit la (le F24) mort del duc sus F24 F25 F26 F38   7 si s'en] s'en F24 F50, s'en en F25, si en F26 ‖ Rome] Rome a l'apostole F24 F25 F26 F38   8–9 li rois d'Engletiere ... presens] li rois d'Engletere l'en avoit fet maint present F16, li apostoiles l'en avoit grans present eus del roi d'Engletere F17, li rois d'Engleterre ses oncles l'en avoit grans presens F20   10 *No paragraph break in F16, F17, F19, F20, F24, F25, F26, F38 or F50.* ‖ a Rome] *lacks* F19   10–11 a empereur et ... si] a empereur et il fu departis de Rome, si F18, a (a estre F24) empereur et il fu (se fu F16) partiz de Rome il F16 F17 F20, a empereur et il se fu partis de Rome si F24 F38, et il se fu partiz de Rome si F25 F26   11 et] et le F16 F20   11–12 prist ses castiaus et garni] prist de ses (prist les F17) chastiax et garni F16 F17 F20, garni ses castiaus F19   12–472.3 que cil cui ... emperere] qu'il avoit pris ses chastiaus et estoit entrez (entrez estoit F38) en sa terre cil qui il (qu'il F24, cui F25 F26) avoit fait empereur et faire ne le devoit et avoir aidié a deseriter par covoitise celi qui estre devoit empereres si fu molt dolenz F24 F25 F26 F38   12–472.2 cui il avoit ... faire] avoit pris ses castiaus et guerroioit encontre lui cui il avoit fait empereur si n'en pot autre cose faire; si fu molt dolans F18, que il avoit couronné guerrioit encontre lui et fait l'avoit empereur si n'en pot autre cose faire si en fu molt dolans et molt courouchiés F19

[a] F18 f. 110vb; F16 f. 61[vb–c]; F17 f. 61[rb–va]; F19 f. 134va; F20 f. 79ra; F24 f. 158[va–b]; F25 f. 106vb–107ra; F26 f. 107[ra–b]; F38 f. 203[ra–b]; F50 f. 418vb–419ra (ML, 396–397).

421   Philip of Swabia was murdered in June 1208. Otto of Brunswick, who had been crowned at Aachen in 1198, was crowned emperor in Rome in October 1209.

empereur prendoit ses castiaus et guerroioit contre lui, si fu mout dolans; si n'en pot autre cose faire et par çou que par couvoitise avoit aidiet a desireter celui qui devoit estre emperere. Si n'en pot autre cose faire ne autre venjance fors Othon escumeniier; *si l'escumenia et fist escumenier* par toutes les terres de Crestienté.[422]

Quant Thiebaus,[423] qui baillius estoit de Puille, a cui li empereres Henris avoit laissié le terre de Puille et de Calabre a garder avoec son fil Federic, quant il sot que Othes ot porté corone, si ala a lui, *et* si li dist qu'il alast en Puille, et qu'il li rendroit toute le terre, et aprés iroit en Sesile et prendroit Fedric, *et* si l'ociroient. Et s'il ne le faisoit, seust il bien que, se li enfes venoit *en* aige, *il* li tolroit se terre. Li emperere garni bien *les* castiaus qu'il avoit pris sor l'apostole et puis si s'en ala en Puille avoec Thiebaut. Mais il n'i esploita gaires, car cil de le tierre furent *encontre lui*. N'onques ne li volrent rendre. Quant li empereres Othes vit qu'il ne feroit riens illeuc, si laissa Tiebaut en sen liu; si s'en ala en Lombar-

---

1 guerroioit] garniscoit *F17*   2 et] que lui escommenier et *F16 F20*   3–4 n'en pot autre ... Othon] n'en pot autre venchance prendre fors Othon (d'Oton *F17*) *F16 F17*, n'en pot autre cose faire ne autre venjanche prendre fors Othon *F19*, n'em peut venjance prendre fors Oton *F20*, ne pot autre cose faire ne autre vengement (venchement prendre *F38*) fors d'Othon (d'Oton *F25 F38*) *F24 F25 F26 F38*   4 si l'escumenia et fist escumenier] *lacks F18* ‖ toutes les terres de] toutes teres de *F17*, tote *F24 F25 F26 F38 F50*   5 *New paragraph in F16, F20, F25, F26 and F50. Rubric in F20*: De l'empereour Oton qui ala a ost en Puille sour le roi Feudri de Sesille.   6–7 Puille a cui ... avoec] Puile et de Calabre a cui li emperres Hienris d'Alemaigne avoit lessié la terre a garder a *F16*   6 Henris] *lack F20 F25 F26 F38*   7 et de Calabre] *lacks F19*   8 que Othes] qu'il *F17* ‖ ot porté corone ... lui] ot porté corone et qu'il estoit empereeur d'Alemaigne si ala a li *F16*, estoit couronnés *F19* ‖ et si] si *F18 F38*, et *F20 F50* ‖ Puille et] Puille et en Calabre *F16*, Puille et en Calabre et *F17 F20* ‖ qu'il] il *F17 F24 F50*   9 et aprés iroit ... prendroit] et aprés alast en Sezile et qu'il preist *F16*, aprés si iroient (s'iroient *F24*) en Sezile (Sesile *F24*) et prendroient *F24 F25 F26 F38* ‖ et] si *F17 F20*   9–10 et si l'ocirroient] si l'ocirroient *F18 F19*, et qu'il l'oceist *F16*, et si l'ocirroit *F17 F20*, et l'ochiroient *F24 F25 F26 F38 F50*   10 se li enfes] s'il *F24 F25 F26 F38 F50*   10–11 en aige il li tolroit se] a aige qu'il li tolroit se *F18*, a age il li toldroit sa *F16*, en aage il li taurroit *F19*, en aage il li todroit tote sa *F25 F26*   11 garni bien les] garni bien ses *F18*, Othes garni bien ses (les *F20*) *F16 F20*, garni les *F24*, garni bien toz lez *F25 F26* ‖ l'apostole et puis] l'apostole puis *F16*, l'empereur et sor l'apostoile *F17*, l'apostoille *F20 F24 F25 F26 F38*   12 esploita] esploitierent *F24*, fist *F38*   13 encontre lui] *lacks F18* ‖ N'onques ne li volrent rendre] ne ne li vaurrent le tere rendre *F19*, ni onques ne li voudrent *F25 F26*. *New paragraph in F38*. ‖ Othes] *lack F19 F24 F25 F26 F38 F50*   14 ne feroit riens ... si] n'i feroit riens si s'en parti et *F16*, ne feroit riens iluec si laissa Thibaut en sen lieu et se parti d'iluec et *F19*, ne feroit riens si laissa Thiebaut en son leu et *F25 F26*

---

422   18 November 1210.
423   See above §§ cclxi, cclxiii.

THE CHRONIQUE D'ERNOUL   473

die; *et* si s'en ala en Toscane por prendre les seurtés. En Alemagne demora teus escumeniiés. Li apostoles atendi plus d'un an por çou qu'il cuidoit qu'il venist a merci de ce qu'il avoit mespris sor lui, mais il n'en ot talent, et li apostoles en prist conseil tel com vos orés. Mais ansçois vos dirai de Fedric qui a Palerne estoit.[a]

[ccciii] Fedric ot conseil des evesques et des arcevesques qui le gardoient qu'il se mariast, et en tel liu qu'il eust secors de se terre ravoir que si home li avoient tolue. Il dist qu'il feroit volentiers par lor conseil ce qu'il voldroient. Lors li disent que li rois d'Arragonne, qui marcissoit a lui par deviers le mer, avoit une sereur qui roine avoit esté de Hongeries, et que s'il pooit tant faire qu'il l'eust a feme, il ne savoient liu dont il eust si tost secors, ne par mer ne par terre. Lors lor dit Fedric qu'il i envoiassent s'il voloient, que s'on li voloit envoier, il l'espouseroit volentiers. Li arcevesque fisent armer galies et envoierent al roi d'Aragone por se sereur avoec le roi de Sesile. Quant li messaige vinrent al roi d'Aragone

---

1 et] *lacks* F18 ‖ si s'en ala en] si s'en ala a F16, s'en ala en F19 F25 F26, si F20, en F24 F38 F50 ‖ les] ses F24 F25 F26 F38 F50 ‖ En Alemagne demora] et en Alemaigne demora F16 F20, et en ala en Alemaigne et demora F17, *lack* F25 F26   2 *New paragraph in* F25 *and* F26.   2–3 por çou qu'il ... de] pour çou qu'il cuidoit qu'il deust venir a merchi de F17, qu'il cuidoit tout ades qu'il venist a lui a merchi a F19, pour ce qu'il quidoit venir a merci de F20, qu'il cuida qu'il venist a (venist F25 F26) amendement de F24 F25 F26 F38, et cuida qu'il venist a merci et a amendement de F50   3 sor] envers F17, vers F50 ‖ n'en ot talent] n'i vint ne vot (volt F38) venir ne amender F24 F38, n'i vout venir F25 F26   4 orés] orés dire F24 F38   6 *Rubric in* F16: Comment li rois Fedris de Sezile prist a fame la suer lo roi d'Arragonne. *No paragraph break in* F17, F24, F25, F26 *or* F38. ‖ Fedric] Li rois Fedris de Sezile qui a Palerne estoit F16, Li rois Feudris de Sesille F20, il F24 F25 F26 F38 ‖ des evesques et des arcevesques] des arcevesques et des evesques (esvesques F16) F16 F17 F19 F20, des archevesques F24 F25 F26 F38 ‖ le gardoient] esgardoient F38   7 et] *lack* F24 F25 F26 F38 F50 ‖ eust secors] eussent secours F19, eust secors et aïue F24 F25 F26 F38   8 feroit volentiers par ... voldroient] creroit volentiers leur conseul F16   8–9 Lors li disent] lors distrent F16 F20, Dont disent F19, Dont (Lors F38) li disent il F24 F38, Donc li distrent F25 F26   9 lui par deviers le] se terre par F24, lui par F25 F26 F38 F50   10 que] *lack* F19 F25 F26 ‖ pooit tant faire qu'il l'eust] le pooit avoir F17, pooient tant faire qu'il l'eust F24 F38   11 savoient] savoit F20 ‖ liu] nul lieu F19 F24 F50, nullui F25 F26 F38 ‖ eust si tost secors ne] poïst si tost avoir secors ne F24, poïst avoir secors F25 F26, peust si (plus F50) tost avoir secors F38 F50,   11–12 Lors lor dit Fedric] Dont lor dit Fedris (Fredris F24, Fedric F50) F19 F24 F50, lors li dist li rois Feudris F20, donc dist Fedrik F25 F26, Lors vint Fedric si dist F38   12 que] car F20 F50   13 envoierent] les envoierent F19, l'envoierent F20   14 por] por demander F24 F25 F26 F38 ‖ avoec le roi] au roi F16 F38 F50, avoec le roi Feudri F20 ‖ *New paragraph in* F25, F26 *and* F38.

---

[a] F18 f. 111[ra–b]; F16 f. 61[vc]–62ra; F17 f. 61[va–b]; F19 f. 134[va–b]; F20 f. 79[ra–va]; F24 f. 158[vb–c]; F25 f. 107[ra–vb]; F26 f. 107[rb–va]; F38 f. 203rb; F50 f. 419[ra–b] (ML, 397–398).

et il orent dit lor message, li rois fu molt liés. Si fist armer galies et si les fist cargier d'armes et de viande, et fist se sereur entrer ens; si l'envoia en Sesile au roi, et si envoia aveuc son frere, qui cuens estoit de Provence, et .v.^{c} chevaliers por lui aidier le terre a rescorre, que si homme tenoient contre lui. Aprés chou
5 que li suer le roi d'Arragone fu mute et se compagnie, ariverent a une cité qui a a non Palerne. La estoit li rois de Sesile. Quant il furent arivé, si descendirent a terre, et li rois ala encontre; si espousa la dame. Quant il ot le dame espousee, si se partirent de Palerne et alerent par Sesile, mais poi conquisent de le terre, mais tant fisent qu'il alerent de Palerne a Messines *tot conquerant. Il a
10 .v. jornees de Palerne a Messines*. Aprés çou que li rois de Sesile et li cuens de Provenche furent a Messines, ne demoura gaires si fu li cuens mors et grans partie de ses chevaliers; et li autre partie retourna arriere en son païs, et li rois demoura a Messines avoec ses bourgois, que de chevaliers n'avoit il gaires avoec lui.[424a]

1 orent dit lor] li orent dit le *F19*, orent dit le *F20* ‖ li rois fu ... fist] li rois en fu molt liez si (et *F50*) fist *F16 F50*, si fu molt liés et molt joians. Si fist *F19*, Li rois *F20* 1–2 armer galies et ... cargier] chargier galies *F16*, armer galies et nés et carchier *F24 F25 F26 F38 F50* 2 si l'envoia] et l'envoia *F17 F50*, et envoier *F19* 3 roi] roi Fedric *F16*, roi Feudri *F20* ‖ et] a tout *F19* 4 le] sa *F16*, se *F17 F19*, en se *F20* ‖ rescorre] secolre *F17*, recovrer *F24 F50* ‖ contre] encontre *F16 F20 F24 F25 F26 F38 F50* ‖ *New paragraph in F24*. 4–5 chou que li ... ariverent] che qu'il (que ce *F25*) furent mut d'Arragone ariverent (ariverent il *F38*) *F24 F25 F26 F38* 6 estoit li rois de Sesile] estoit li rois Fedris *F16*, estoit li rois Feudris de Sesille *F20*, ou li rois de Sesile (Sezile *F25 F38*, Sezille *F26*) estoit *F24 F25 F26 F38* ‖ si] il *F24 F38 F50* 7 et] *lack F24 F25 F26 F38* ‖ ot le dame] l'ot *F24 F50*, la dame *F25 F26* 8 se partirent] se departirent *F16 F20*, partirent *F17* 8–9 par Sesile mais ... terre] tot conquerant la terre par Sezile mes petit en conquistrent *F16*, par le tere mais poi y conquesterent *F19*, par le terre de Sesile mais poi conquisent de le terre *F24* 9 qu'il alerent de] li (il li *F24*) rois et li roine et li chevalier qu'il alerent de (alerent a *F25 F26*) *F24 F25 F26 F38* 9–10 tot conquerant. Il ... Messines] *lack F18 F16. New paragraph in F25 and F26*. 10 a] dusques a *F19*, dusc'a *F24*, dusqu'a *F25 F26*, jusqu'a *F38* ‖ de Sesile] Fedris *F16*, Fedric *F17*, Feudris *F20*, *lack F24 F38* 11 si fu li cuens] que li quens fu *F24 F25 F26 F38* 12 partie retourna arriere en son] partie s'en rala en son *F16*, s'en (partie s'en *F17*) ralerent en lor *F17 F20* ‖ rois] rois Feudris *F20* 13 que de] de *F16 F17*, car de *F20 F24*, que de ses *F38*, car de ses *F50*

[a] *F18 f. 111^{rb-vb}; F16 f. 62^{ra-b}; F17 f. 61vb–62ra; F19 f. 134vb–135rb; F20 f. 79^{va-b}; F24 f. 158^{vc}–159ra; F25 f. 107^{va-b}; F26 f. 107va–108ra; F38 f. 203^{rb-va}; F50 f. 419^{rb-vb}* (ML, 398–399). *F18 has a ten-line miniature panel showing Frederick speaking to bishops, followed by a six-line puzzle initial 'F'.*

424 Frederick married Constance, the sister of King Peter II of Aragon (1196–1213), at Messina in August 1209. She was the widow of King Emeric of Hungary (d. 1204). Her brother, Alfonso count of Provence, died at Palermo in February 1209.

THE CHRONIQUE D'ERNOUL 475

[ccciv] Or oiés le conseil que li apostoles ot encontre Othon. Il oï dire que li rois de Sesile estoit *a Messines et qu'il avoit feme espousee.* Il li manda que s'il pooit tant faire qu'il fust en Alemagne, il manderoit ses arcevesques qu'il le coronaissent a Ais, et, quant il aroit porté corone a Ais, il le coroneroit a Rome. Quant li rois de Sesile oï ches novieles, si fu molt liés. Si fist aparelier une galie; si entra ens et ala a une siue cité qui est al cief de se terre a trois journees de Rome, qui a a non *Jaiete,* mais ançois qu'il i alast por çou qu'il ne savoit *qu'il* li estoit a avenir, corona il .i. sien fil qu'il avoit de se feme, et sejourna grant piece a *Jaiete* pour çou qu'il n'osoit aler avant por les Pisans de Pise qui le gaitoient por lui ocirre. Quant il ot la grant pieche sejorné, si manda le Genevois pour Diu qu'il li secourussent, et qu'il venissent por lui, qu'il ne se pooit removoir de Jaiete. Chil de Genuenes armerent galies et si envoierent pour lui et si l'enmenerent a Gennes, c'onques n'issi de le cité.[425] Car quant Othes oï dire que li apostoles l'avoit mandé por faire coronner encontre lui et por envoier en Alemagne, il envoia ses messages en Lombar-

---

1 *Rubric in F16*: Deu roi Fedric de Sezile a cui li apostoles otroia a conquerre l'empire d'Alemaigne seur l'empereeur Othon. *Rubric in F20*: Li rois Feudris de Sesille a qui li apostoilles otria l'empire s'il le pooit conquerre sour Othon. *No paragraph break in F17, F25 or F26.* ‖ le conseil que] quel consel F20 ‖ encontre] contre le empereeur F16   2 rois] rois Fedris F16, rois Feudris F20 ‖ a Messines et ... espousee] mariés a Messine F18   3 fust] alast F25 F26 ‖ ses arcevesques] a ses arcevesques F16 F19 F20, as archevesques del païs et as autres archevesques F24, as arcevesques et as evesques F25 F26 F38   4 coronaissent a Ais] coronassent a Es la Chapele F16, secoruscent a Ais et porteroit corone a Ais F17 ‖ et] aprés F24 F38, *lack* F25 F26   5 rois] rois Feudris F20 ‖ fu molt liés. Si] en fu molt liez si (et F25, Il F50) F16 F25 F26 F50, si fu molt liés et F17, en fu molt liés et molt joians et F19, fu mout liés. Dont F20   6 une galie si] une galie et F16 F24 F25 F26 F38 F50, galies et F19 ‖ al cief] a l'issue F19   6–7 a trois journees ... a] par devers Rome et a (et ot F17) F16 F17 F20   7 Jaiete] Riete F18   8 qu'il] qui F18 F20   9 Jaiete] Raiete F18 ‖ pour çou qu'il n'osoit aler] Mais ançois qu'il i alast pour ce qu'il ne savoit qui li estoit a avenir et qu'il n'osoit aler plus avant F20   9–10 Pisans de Pise] Pisans F24, païssanz F25 F26 F38 F50   10 *New paragraph in F25, F26 and F38.* ‖ la grant pieche sejorné] illuec sejorné grant piece F17, la (a F25 F26) grant pieche esté F19 F25 F26 F38 F50   11 le] *lacks* F17, les F19 F20, as F24 F25 F26 F38 F50 ‖ pour Diu qu'il li secourussent] que pour Diu il le venissent secoure F19   12 qu'il ne se] Car il ne F20, qu'il ne F20 F25 F26. ‖ remouvoir] mouvoir F16 F19, movoir F38 F50 ‖ armerent] armerent lor F25 F26   12–13 armerent galies ... lui] s'armerent et si alerent pour lui a Jaiete F20   13 et] *lack* F24 F25 F26 F38 ‖ l'enmenerent a Gennes] l'amenerent a Genues (Genures F38) et bien sejorna .vii. mois a Genues (Genures F38) F24 F38, l'amerent a Gennes et bien sejorna .vii. mois a Gennes F25 F26 ‖ *New paragraph in F16.*   14 Othes] le emperces Othes F20 ‖ faire] li fere F16, lui faire F20   15 encontre lui et por envoier] *lacks* F25   15–476.1 Lombardie] Païenie F17

---

425   Frederick was in Gaeta in March 1212 and arrived in Genoa on 1 May.

die et en Toscane et en Alemagne, as cités et as destrois et as castiaus, et promist grans dons a ciaus qui prendre le poroient.[a]

[cccv] Quant li rois Phelippes de Franche oï dire que li rois de Sesile estoit a Gennes et que li apostoles l'envoioit en Alemagne por coroner, si fu molt liés, et il sot que Othes faisoit gaitier les destrois et les cemins por lui prendre. Si manda as Genevois qu'il mesissent coust et paine que li rois fust en Alemagne, et il lor guerredonneroit bien. Li Genevois firent tant et porcacierent vers ceus de Lombardie que li roi fu en Alemagne et qu'il porta corone a Ais. Tantost que li rois fu coronés, si se croisa et voa a Damediu qu'il iroit en le Terre de Promission et aideroit a son pooir a delivrer le terre de le main as Sarrazins. Quant li rois de Sesile ot porté corone a Ais, li arcevesque et li evesque se tinrent a lui par le commandement l'apostole, et une partie des chevaliers et Loheraine toute.[426]

---

1 et en Alemagne] *lack F25 F26 F38 F50* 1–2 as castiaus et … poroient] as chastiaus et envoia grans presens et promist granz dons a ciaus qui prendre le poroient qu'il le presissent et retenissent et cho lor mandoit il molt priant *F24*, ses presens et grans dons a cex qui prendre le porroient qu'il le preissent et retenissent et lor mandoit il molt proiant *F25 F26*, envoia granz presenz et granz dons premist a cels qui prendre le porroient qu'il le preissent et retenissent et ce leur mandoit il molt priant *F38*, envoia granz presens et granz dons a ciauz qui prendre le porroient et molt lor manda priant qu'il le preissent et retenissent *F50* 3 *No paragraph break in F16, F17, F20, F24 or F38.* ∥ Phelippes] *lacks F19* ∥ rois] rois Fedris *F16*, rois Feudris *F20* 4 si fu] si en fu *F16 F19 F38 F50*, s'en fu *F24* 5 et il sot que Othes] Quant il sot que li emperers Othes *F20* ∥ gaitier les destrois et les cemins] garder les destroiz et les chemins *F16*, gaitier les chemins et les destrois *F24 F38*, garder les chamins et gatier et les destrois *F25 F26* 6 mesissent] meist *F25 F26* ∥ que li rois] qu'il *F19*, que li rois Fedris *F16 F20*, que li rois de Sezille (Sesile *F24*, Sezile *F50*) *F24 F25 F26 F50*, et que li rois des Sezile *F38* 7 et il lor guerredonneroit bien] il lor guerredoneroit bien (mout bien *F20*) *F16 F20* ∥ et porcacierent vers ceus] et pourcacierent par le proiere le roi Phelippon vers ceus *F20*, vers aus *F25 F26*, vers cels *F38 F50* 8 roi] rois Fedris *F20*, rois de Sezille *F25 F26* 8–9 que li rois fu coronés si] com li rois fu coronés si prist la Croiz (le Crois *F24*) d'Outremer et *F24 F25 F26 F38* 8 que] com *F16 F20* 9 a Damediu] *lacks F19* ∥ le] *lack F17 F19* 9–10 promission et aideroit … de] *lacks F25* (*homeoteleuton*) 10 de le main as] des *F17*, des mains as *F20 F24* ∥ *New paragraph in F25 and F26.* 11 rois de Sesile] rois Fedris de Sezile *F16*, rois Feudris *F20* ∥ tinrent] tindrent tuit *F16*, tinrent tout *F17 F20* 12–13 et Loheraine toute] et toute Loheraine *F17*, de Loheraine toute *F19*, d'Alemaigne et de Loheraine *F20*. *New paragraph in F16, F20 and F50. Rubric in F16*: De l'empereeur Othon qui volt faire murtrir lo roi Fedris de Sezile et com il ot l'otroi de l'apostole a conquerre l'empire d'Alemaigne seur lui. *Rubric in F20*: Coment Othes vaut faire mordrir en Loheraine le roi Feudri.

---

[a] *F18 f. 111vb–112ra; F16 f. 62^{rb-c}; F17 f. 62^{ra-b}; F19 f. 135rb; F20 f. 79vb–80ra; F24 f. 159^{ra-b}; F25 f. 107vb–108rb; F26 f. 108^{ra-va}; F38 f. 203^{va-b}; F50 f. 419vb–420ra (ML, 399–400).*

426 Frederick was crowned at Mainz in December 1212. His coronation at Aachen and crusade vow folowed in July 1215.

THE CHRONIQUE D'ERNOUL 477

Il avint cose .i. jor que il estoit en Loheraine a .i. castel ou on avoit porparlee se mort, et c'on le devoit le nuit ocirre par promesse que Othes ot faite a .i. chevalier. Uns chevaliers qui sot cele traïson vint a lui; si li dist c'on avoit se mort *porparlee*, et c'on le devoit le nuit ocirre, et, s'il voloit faire par son conseil, il le conseilleroit et aideroit qu'il ne seroit mie mors. Li rois dist que volentiers feroit par son conseil. 'Sire', dist il, 'se vous movés ore, vos estes gaités de toutes pars; ne vous ne poés de cele part aler que vous ne soiés ocis. Je vous dirai que vous ferés. Quant ce venra anquenuit, vos ferés .i. varlet coucier en vostre lit; si serés deriere l'uis de le cambre, et cil cuideront qui vous doivent ocirre, que vous soiés endormis, et il verront que cil qui girra en vostre lit, si cuideront que ce soiés vous et passeront avant et entenderont a celui ocirre, et vous tantost isterés de chele cambre, et je serai apareilliés a tout cevalceures; si vous enmenrai. Et li cris levera quant il vous cuideront avoir ocis, et atant s'en fuiront, et je, a l'aïue de Diu, *vous* meterai a sauveté.' L'endemain que ce avint fu li cris levés

---

1 que il] que li rois Fedris *F16*, que li rois Feudris *F20* ‖ en Loheraine a ... on] en .i. chastel a Loherayne ou l'en *F16*, a un castel de Loheraine ou en *F19*, en (a *F25 F26*) Loheraine a .i. castel et c'on *F24 F25 F26 F38*   2–3 et c'on le ... chevalier] par promesses que Othes (Otes *F38*) avoit fait *F24 F25 F26 F38 F50*   3 sot cele traïson] ce sot s'en *F16* ‖ si] et si *F17 F25 F26 F38*, et se *F19 F24*   4 porparlee] porpalee *F18* ‖ et] et si li dist que *F20* ‖ voloit faire par son conseil] le vouloit croire *F16*   4–5 il le conseilleroit et aideroit] il li aideroit *F16 F17 F50*, il le conseilleroit molt bien et *F19*, *lacks F20*, il le conselleroit et cuideroit *F25 F26*   5–6 dist que volentiers ... conseil] Fedris li dist qu'il le creiast volentiers *F16*, li respondi que volentiers feroit par son conseil *F19*, li (Feudris li *F20*) dist qu'il feroit volentiers par son consel *F20 F24*, li dist que (que on avoit *F25*) volentiers le feroit (creroit *F50*) *F25 F26 F38 F50*   6 dist il se vous movés] dist il se nos mouvons *F16 F20*, fait cil se nos movons *F17*, dist cil se vos movés *F24*   7 ne vous ne poés] ne porés *F25*, ne ne porés *F26 F38*   7–8 Je vous dirai que vous ferés] *lacks F20. New paragraph in F24.*   8 Quant ce venra anquenuit vos ferés] Vos ferés *F17*, Quant ce vendra encore nuit *F25 F26*   9 si] et vos *F17 F50*, et si *F24 F38* ‖ serés deriere l'uis ... ocirre] cuideront (cuideroit *F25*) qe ce soiez vos et vos seriez muciez derriere l'uis de la chambre. Quant cil qi vos doivent ocirre cuideront *F25 F26* ‖ le] cele *F16 F17 F20*, chele *F19* ‖ et cil cuideront qui] et il cuideront qu'il *F17*, Quant cil saront qui *F24 F38*   10 il verront que cil qui] quant il verront que cil (qu'il *F20*) *F16 F20*, il verront que cil *F17 F19 F24 F38*, il verront celui qui *F25 F26 F50*   11 et passeront avant ... celui] et il passeront avant et tendront a celui *F16*, il passeront avant si entenderont a lui (a celui *F25 F26*, a celi *F38*) *F24 F25 F26 F38*   12 chele] le *F19 F24*, la *F25 F26 F38 F50* ‖ cevalceures] chevaucheures si monterés *F19*, chevaus *F20*, chevaliers *F25 F26*   13 quant il vous cuideront avoir] que vos serés *F24 F38*, que vos estes *F25 F26* ‖ et atant s'en fuiront] *lacks F16*, et atant s'en feront *F19*, et atant se tenront (s'en feront *F38*) cil qui vos quideront avoir ochis *F24 F38*, et atant s'en fuiront q'il vos cuideront avoir mort *F25 F26*   14 vous] je vous *F18* ‖ meterai a sauveté] menrai a sauveté *F24*, menrai a sauveté (saiete *F25*) que ja n'i arés garde *F25 F26*. *New paragraph in F24, F25, F26 and F38.*   14–478.1 L'endemain que ce ... terre] L'endemain par matin fu li cris levés par toute le tere *F19*, Or vos dirai qu'il avint le nuit et l'endemain fu li cris par toute le terre *F24*, Or vos dirai qu'il avint la nuit et (et den *F38*) l'endemain fu li criz par tote la cité et par tote la terre *F25 F26 F38*

par toute le terre que li rois de Sesile estoit ocis en sen lit. Quant li cuens de Bar le Duc[427] le sot, qui marcissoit a Loeraine, si le fist asavoir al roi Phelipe de Franche. Quant li rois l'oï dire, si fu molt dolans por çou qu'il se doutoit d'Othon, que s'il fust en possession qu'il ne li grevast. Le jour meisme que li cuens de Bar le Duc fist asavoir al roi Phelipe que li rois de Sesile estoit mordris en son lit, li fist il asavoir qu'il estoit escapés et comment, dont li rois fu molt liés *quant il le sot*. Aprés ce avint que li rois de Sesile manda au roi Phelipe que volentiers parleroit a lui a Val Colour. Li rois Phelipes n'i pot aler, ains i envoia Loeÿs son fil, et furent la a parlement ensanle. Mais de lor consaus ne vos sai je riens dire, fors tant qu'aucunes gens disent que li rois Phelipes lor presta grant avoir por maintenir se *guerre* encontre Othon.[428]

Or vous dirai que Othes fist. Il sot bien que li rois de France amoit le roi de Sesile et qu'il li aideroit del sien encontre lui. Il sot que li rois d'Engletiere, ses oncles, et li cuens de Flandres, qui Ferrans avoit non,[429] estoient concordé

---

1 de Sesile estoit ocis en] Fedris de Sezile avoit esté ocis dedenz *F16*, Feudris de Sesille estoit ocis en *F20* 1–2 de Bar le Duc] de Bar *F19*, le dut *F25 F26* 2 qui marcissoit a Loeraine] *lacks F20* ‖ marcissoit] marchist *F24 F38* 3 dire] *lack F20 F25 F26* ‖ dolans] dolans et molt courouchiés *F19* 4 que s'il fust en] por ce que venist a *F25*, por ce que s'il venist a *F26*, que s'il venist en *F38* ‖ que s'il fust ... grevast] que s'il fust en posession de l'empire d'Alemaigne qu'il ne le grevast *F16*, por çou que s'il fust en possession qu'il le (ne le *F20*) guerroiast *F17 F20* 4–6 que li cuens ... asavoir] fist asavoir li quens de Bar le Duc al roi de Franche *F24*, refist savoir li quens de Bar le Duc au roi de France *F25 F26*, refist asavoir li cuens de Bar le Duc au roi de France *F38* 5 fist asavoir al roi Phelipe] avoit mandé au roy de Franche *F19* ‖ de Sesile estoit mordris] Fedric de Sezile estoit murtriz *F16* ‖ en son lit] *lacks F17* 6 liés] liés et molt joians *F19*, joians *F26*, dolenz *F38* 6–7 quant il le sot] *lacks F18. New paragraph in F16.* 7 rois] rois Fedric *F16* ‖ Phelipe] Phelipe de France *F16*, de France *F25 F26 F38 F50* 8 a] en *F16 F17 F20* ‖ Phelipes] *lacks F17* ‖ pot] vost *F16*, volt *F17*, vaut *F20* ‖ Loeÿs] rois Loeÿs *F20* 9 a parlement] et parlent *F25 F26*, et parlerent *F24 F38* 10 Phelipes] *lacks F19*, de France *F25 F26* 11 maintenir se guerre] maintenir se terre *F18*, guerroier *F19* ‖ *New paragraph in F16, F17, F20, F38 (with the paragraph number .c.xlii.) and F50. Rubric in F16*: La bataille qui fu a Bovynes deu roi de France contre Ferrant conte de Flandres. *Rubric in F20*: Le bataille qui fu a Bouvines dou roi de France encontre le conte Ferrant de Flandres. *On this folio (f. 204ʳ) in F38 but nowhere elsewhere the paragraphs are numbered in red ink. This is evidently associated with the start of a new book and a historiated initial at the start of paragraph cccvii on the same folio.* 12 sot] savoit *F19 F24* ‖ de France] Phelipes de France *F16*, Felipes *F17 F24 F38* ‖ roi] roi Fedric *F16*, roi Feudri *F20* 13 aideroit] aidoit *F19 F24 F25 F26 F38 F50* ‖ Il sot que li rois] il sot bien que li rois Hienris *F16*, Aprés il sot bien que li rois *F20* 14 de Flandres qui ... estoient] quens Ferranz de Flandres s'estoient *F16* ‖ concordé] mandé *F19*

---

427 Thibaut I (1190–1214).
428 The meeting at Vaucouleurs between Frederick and the future King Louis VIII of France occurred before Ferderick's coronation at Mainz.
429 Ferrand of Portugal had married Joanna, daughter of Baldwin the Latin Emperor and heiress to Flanders, in 1212. He died in 1233.

ensamle et amassoient gent por guerroier le roi de France. Il amassa grant gent et dus et contes, et s'en ala en Flandres en l'aïue le conte por grever le roi de France. Li rois d'Engletiere envoia grant gent al conte de Flandres por estre contre le roi, et si envoia .i. sien frere, qui avoit a non Guillaumes Longe Espee, et le conte Renaut de Boulogne, qui avoec lui manoit en Engletiere, et Huon de Bove.[430] Apriés si passa li rois d'Engletiere en Poitau a tout grant gent et a tout grant cevalerie.[431a]

[cccvi] Quant li rois de France oï dire que li rois d'Engletiere estoit arivés *en* Poitau et por entrer en se tiere, si envoia Loeÿ son fil et le conte de Navers et grant cevalerie, et tant i fisent qu'il euissent pris le roi d'Engletiere en .i. castiel, ne fust uns cardenauls de Rome, qui Englés estoit, et en le tierre estoit por croisier de le Crois d'Outremer. Quant il vit que li rois d'Engletiere en avoit le pieur, il pria tant Loeÿs de Franche qu'il ot trives, *et* li rois d'Engletiere s'en ala. Ensi fist escaper li cardenaus le roi d'Engletiere, qu'il ne fu mie pris.[432]

---

1 amassoient gent por guerroier] quelloient gent por grever *F17*, amassoient (assembloient *F50*) grant gent pour guerroier *F19 F50*, assembloient gent pour guerroier *F38* ‖ *New paragraph in F25 and F26.* ‖ Il amassa] Othes amassa *F25 F26*, Il assembla *F38 F50*   1–3 Il amassa grant gent … France] *lack F16 F19 F20 (homeoteleuton)*   2 et s'en ala] por venir *F17* ‖ grever] guerroier *F17*, gueroier *F25*   3 rois] rois Richars *F20* ‖ gent] chevalerie *F24 F25 F26 F38 F50* ‖ al conte de Flandres] le conte Ferrant *F20*   3–4 estre contre le … envoia] estre encontre lo roi de France et si i envoia *F16 F20 F38*, estre encontre li roi et si envoia *F17 F24 F25 F26*, guerroier le roy de Franche et si envoia *F19*   4 Longe Espee] *lacks F19*   6 d'Engletiere] de France *F17*   6–7 a tout grant gent … cevalerie] et grant gent de chevalerie aveuques lui *F19*   6 a tout] *lack F20 F24 F25 F26 F38*   8 *No paragraph break in F16, F17, F20, F24 or F50. In F38 this paragraph is numbered .c.xliii.* ‖ en] a *F18*   9 et] *lack F25 F26 F38 F50* ‖ envoia] envoia la *F16 F19 F24 F38 F50*, i envoia *F20*   10 i fisent qu'il euissent] fisent qu'il escent *F17 F19*, issisent qu'il eust *F24*   11 ne] se ne *F17 F19 F38 F50* ‖ et en le tierre estoit] et en Engleterre estoit (estoit venus *F17*) *F16 F17 F20*, *lack F25 F26*, qui en le terre estoit *F24*   11–12 croisier de le Crois] croisier de la Terre *F38*, preeschier de le Croiz *F50*   12 il] cil cardonax *F16 F20 F50*   12–13 avoit le pieur il] ot le pior il *F17 F16 F19 F20*, ot le pis si *F25 F26*, avoit le pis si *F38*   13 Loeÿs] lo roi *F16*, Loeïs (Loÿ *F24*) le fil le roi *F24 F25 F26*, Looÿs le fill au roi *F38*, Loÿs le fiz dou roi *F50* ‖ et] que *F18*, et que *F17 F19 F20* ‖ d'Engletiere] *lack F24 F25 F26 F38 F50*   14 escaper li cardenaus le roi d'Engletiere] eschaper lo roi d'Engleterre li cardonax *F16 F17*, li rois d'Engleterre escaper li cardonal *F20* ‖ *New paragraph in F16 and F20.*

[a] *F18 f. 112^{ra–vb}; F16 f. 62^{rc–vb}; F17 f. 62^{rb–vb}; F19 f. 135rb–136ra; F20 f. 80^{ra–va}; F24 f. 159^{rb–c}; F25 f. 108rb–109rb; F26 f. 108va–109rb; F38 f. 203vb–204ra; F50 f. 420^{ra–vb}* (ML, 400–403).

---

430   Respectively William earl of Salisbury, an illegitimate son of Henry II (died 1226), Renaud of Dammartin, count of Boulogne (died 1227), and Hugh of Boves, one of John's commanders (died 1215).

431   February 1214.

432   The cardinal was presumably Robert of Courçon. There may be confusion here with the peace Robert brokered after Bouvines.

Quant li rois de France oï dire que li cuens de Flandres amassoit grant gent, et que Othes et li freres le roi d'Engletiere et li cuens Renaus de Boulogne estoient venu en s'aïue, il semonst ses os et s'en ala en Flandres encontre lui et si se herbega a .iiii. liues priés de lui, *a* une cité que on apiele Tournai. Cel jour que li rois vint a Tornai fu semmedis. L'endemain fu dymences; si dist li rois que il ne se mouveroit por le hauteche del jour. Quant li Flamenc sorent que li rois estoit si prés d'iaus, si s'armerent et vinrent *encontre* le roi *qu'il* le cuidierent trouver a Tornay. On fist savoir le roi que li Flamenc venoient sor lui, et li rois fist ses gens armer et s'en ala d'ileuc a une herbege dont il estoit venus le jor devant. Dont establi li rois s'arriere garde et le fist faire as Campegnois, et *s'aresta* a .i. pont c'on apiele le Pont de Bovinnes. La atendoit s'arriere garde qu'ele venist, et qu'il ne voloit mie aler conbatre encontre les Flamens por çou qu'il estoit dimences. On fist asavoir al conte de Flandrres que li rois s'en fuioit et qu'il ne l'osoit atendre. Lors poinst li conte de Flandres, il et ses gens, qui mieus mius, tant qu'il se feri en l'ariere garde. L'arriere garde le recueilli a l'aïue de Diu et des

---

1 de France oï ... cuens] Phelipes (Phelippes *F20*) de France oï dire que li quens Ferranz (Ferrans *F20*) *F16 F20* ‖ amassoit grant] amassoit *F25 F26*, assembloit *F38 F50*   2 freres le] *lacks F19* ‖ li cuens Renaus] Renaus *F17 F25 F26 F38 F50*, Renaus cuens *F20*, li quens *F24* ‖ estoient] estoit *F19*, i estoient *F24 F38*   3 et s'en] et *F20*, et si s'en *F24*, si s'en *F38* ‖ et si se] et se *F16 F19 F38 F50*, et *F17*, Si se *F20*   4 a] en *F18*   5 rois vint] rois de France vint *F20*, rois fu *F25 F26* ‖ l'endemain] et l'endemain *F17 F19 F24 F25 F26 F38*   6 Quant li Flamenc] Li Flamenc quant il *F24 F25 F26 F38* ‖ rois estoit] François estoient *F20*   7 encontre le roi qu'il] contre le roi il *F18*, encontre lui qu'il *F17*, encontre le roy il *F19*   8 *New paragraph in F25 and F26.* ‖ le roi] au roi *F16 F19 F20 F38*, au roy de France *F25 F26*   8–9 et li rois ... armer] si fist li rois armer sa gent *F16*, si fist ses gens armer *F19*, li rois fist (fist tantost *F25 F26*) ses gens (sa gent *F50*) armer *F24 F25 F26 F38 F50*   9 s'en ala d'ileuc a] s'en ala de Tornai et retorna a (revint en *F17*) *F16 F17*, s'en ala d'iluec et vint *F19*, s'en issi de Tornai et revint a *F20*, leva (se leva *F24 F38*) d'iluec et s'en revint ariere a *F24 F25 F26 F38* ‖ herbege] herbegerie *F16 F19*   9–10 venus le jor ... rois] meuz le jor devant. La establi li rois *F16*, tournés le jor devant. Dont establi li roys *F19*, mus le jor devant (avant *F50*) et establi *F24 F38 F50*, le jor devant meut et establi *F25 F26*   10 le fist faire as Campegnois] fist les Campenois faire l'ariere garde *F24*, la charja as Champenois (Champanois *F38*) *F25 F26 F38 F50* ‖ s'aresta] s'airiesta *F18*   11 c'on apiele le pont] *lack F25 F26* ‖ atendoit] atendoit li rois *F20* ‖ qu'ele] tant qu'ele *F17*   12 et] *lack F16 F24 F25 F38*   12–13 conbatre encontre les ... dimences] encontre (contre *F24*) les Flamens por combatre por çou que diemenches estoit *F24 F25 F26 F38*. *New paragraph in F24, F25 and F26.*   12 encontre] contre *F16 F17*, as *F19*   13 Flandrres que li rois] Ferrant que li rois *F16*, Ferrant de Flandres que li rois de France *F20*   14 Lors poinst li conte de Flandres] lors poinst li rois de France *F17*, Dont poinst li conte de Flandres *F19*, Lors poinst li cuens Ferrans de Flandres *F20* dont vint li quens si poinst *F24 F38* ‖ il] et il *F16 F17 F24*, *lack F19 F20 F25 F26* ‖ il et ses ... mius] *lacks F38*   15 tant] et poinst tant *F24 F25 F26* ‖ L'arriere garde le] li arriere garde les *F17 F24 F38 F50*, et l'arrieregarde les *F19*, les *F25 F26* ‖ recueilli] recoilli vigueureusement *F16*   15–481.1 de Diu et des chevaliers] de Dieu et des bons chevaliers *F16*, des chevaliers *F17 F25 F26*, des eschieles des chevaliers *F24 F38 F50*

THE CHRONIQUE D'ERNOUL   481

chevaliers qui *prés* estoient. Si prisent le conte de Flandres et Guillaume Longe Espee et le conte Pelu[433] et Renaut de Boulogne et des Flamens grant partie et autres chevaliers assés. Othes s'en fui et li dus de Braibant qui avoec lui estoit et Hues de Bove si escaperent. Si s'en ala Othes en Alemagne.

Quant li rois Fedric oï dire que Othes estoit ensi desconfis en Flandres et q'il s'en estoit afuis, si amassa grant gent et ala sor lui. Quant Othes oï dire que li rois Fedric venoit sor lui a tout grant gent, il issi d'Alemagne; si s'en ala en Sassoigne, en le tiere sen frere,[434] et li rois Fedric ala aprés; si le cacha tant qu'il l'atainst en .i. castiel; si l'asseja. La prist maladie Othon; si fu mors, mais anssois qu'il fust mors, se demist il de l'empire et rendi le roi Fedrich le corone de Rome et les adous qu'il porte quant il est emperere. Ensi faitement com vous avés oï aida Dame Dius Fedric de si povre comme il fu al commencement. Et Fedric manda se femme et sen fil qu'il avoit laissié en Sesile.[435a]

---

1 prés] prest *F18*, prés d'aus *F24 F25 F26*, prés dels *F38*, prés d'eaus *F50*   1–2 de Flandrres et ... Renaut] Ferrant (Ferrant de Flandres *F20*) et le conte Pelu et le conte Renaut *F16 F20*, de Flandres et le conte Pelu et le conte *F17*, de Flandres et de ses chevaliers et Guillaume Longue Espee et le conte Pelu et Renaut *F19*   2 et] et .i. conte d'Alemaigne que l'on (c'on *F24*, qu'en *F38*) apeloit (apele *F38*) *F24 F25 F26 F38 F50*   3 *New paragraph in F38 numbered* c.xliii.   3–4 qui avoec lui ... Alemagne] et Hues de Bove et autre chevalier qui aveuc lui estoient si escaperent si s'en alerent. Othes s'en fui en Alemaigne *F19*. *New paragraph in F16 and F20*. *Rubric in F16*: Comment li rois Fedris de Sezile fu empereeur d'Alemaigne et sires de Puille et de Calabre. *Rubric in F20*: Comment li rois Feudris conquist l'empereor Othon.   4 si escaperent. Si s'en ala Othes] Si s'en ala Othes *F16 F17*, Ensi ala Othes *F20*, Othes s'en ala *F25 F26*   5 Fedric] Feudris de Sesille *F20* ‖ en Flandres] *lacks F17* ‖ et q'il] qui *F20*   6 si amassa grant ... lui] il amassa gent et si vint sor lui *F17*, si amassa grant gent et ala sur lui a ost *F19*, Si amassa ses os et ala sour lui *F20*, il amassa grant gent et ala sor lui en Alemagne *F24*, il assembla grant gent et ala seur li *F38 F50*. *New paragraph in F24*.   6–7 Quant Othes oï ... lui] *lacks F20* (*homeoteleuton*) ‖ li rois] *lack F17 F19*   7 issi d'Alemagne] wida Alemagne *F24*, vuida Alemaigne *F38 F50*   7–8 s'en ala en Sassoigne en le tiere] ala en Saisoigne a *F17*   8 si] et *F24 F38 F50*   9 l'atainst en .i. castiel; si l'asseja] l'atent en .i. chastel en Sessoigne. Si l'aseja *F16*, l'asseja en un castel *F19*, l'ataint et l'asseja en .i. chastel *F38 F50* ‖ maladie Othon] a Othon maladie *F20*, maladie a Othon *F25 F26*, maladie a Oton *F38*   10 rendi le roi Fedrich] rendi au roi Fedric *F16 F38*, *lacks F19*, de roi Fedrik rendi *F25 F26*   11 adous] adoubemens *F17 F24*, adoubemenz *F38*, adobemenz *F50* ‖ porte] avoit porté *F19* ‖ faitement] *lack F38 F50* ‖ vous avés oï] je vous di *F19*, vos oés *F24*   12 Fedric] a Fedric *F16 F38 F50* ‖ de si povre ... Fedric] *lacks F25* (*homeoteleuton*) ‖ Et] Cil rois *F24 F38*

[a] *F18 f. 112vb–113rb; F16 f. 62vb–63ra; F17 f. 62vb–63ra; F19 f. 136^{ra-va}; F20 f. 80va–81ra; F24 f. 159^{rc-vb}; F25 f. 109^{rb-vb}; F26 f. 109rb–110ra; F38 f. 204^{ra-b}; F50 f. 420vb–421rb* (ML, 403–405).

433   William I count of Holland (1203–1222).
434   Henry of Saxony (died 1227).
435   In *F38* this last sentence is placed after the first sentence of the following paragraph.

[cccvii] Or vous lairons a parler dou roi Fedric, qui en Alemagne fu et sejorna grant piece ains qu'il alast a Rome por estre coronés, desci que tans et eure en sera c'on en parlera,[436] et si vous dirons de le Tiere d'Outre Mer.[437]

Il avint cose que li rois Haimeris fu mors et que li tiere escaï a le fille le marcis Conras que li Hassasiç tuerent. Elle n'ot point de seignor, ains fist on d'un sien oncle bail de le tiere. Cil chevaliers de cui on fist bail estoit ses oncles et avoit a non Jehan d'Ybelin et fu fius Balian et le roine Marie, qui feme fu le roi Amalri.[438] Cil fu bien .iiii. ans baus de le tiere ançois que on trouvast a cui on donnast le demoisiele, et tint bien le tiere en pais envers les Sarrazins. Il avint cose que li patriarche[439] *et* li archevesque et li evesque et li baron de le tiere

---

1 *Rubric in F16*: Del tens lo roi Johan de Brienne qui rois fu d'Acre et de toute la terre que li Crestian tenoient outremer. *No paragraph break in F20 or F24. In F38 the paragraph is numbered* .cxlv. 2–3 desci que tans ... sera] desi que poins et eure venra *F24*, desi que poins et hore sera *F25 F26*, jusque poinz et heure en sera *F38*   3 c'on en parlera et] *lack F19*, con en parlera *F24 F38 F20* ∥ si vous dirons ... Mer] si (Or *F38*) vos dirons de le (le *F38*) terre de Jherusalem *F24 F38*, dirons de la terre de Jerusalem *F50*. *New paragraph in F20 with the rubric*: Dou tans le conte Jehan de Braine qui rois fu d'Acre et de toute le Terre d'Outremer que li Crestiien tenoient par se feme. *New book in F50 with the rubric*: Ci comence le livre .xxviii., *followed by a fourteen-line puzzle initial* 'T'.   4 cose que li rois Haimeris] que li rois Henris *F25 F26*, que li rois Haymeris *F50* ∥ que li tiere escaï a le fille] eschaï li tere a le fille *F17*, que le Terre d'Outre Mer esceï a le fille *F20*, la roine Ysabel sa feme estoit morte; si eschaï le reaume de Jerusalem a l'ainnee fille de la roine Ysabel qui fu fille *F50*   5 Conras] *lack F24 F25 F26 F38 F50* ∥ Elle n'ot] et se n'i ot *F17*, elle n'avoit *F25 F26*   6 tiere] Terre d'Outremer *F16*, terre desi qu'il aroient trové a cui il le donoient et dont on seroit segnor de le terre *F24*, terre jusqu'il avroient trové a qui il la dorroient et de qui il feroient seigneur *F38* ∥ de cui on fist bail] cui on fist bail de le tere *F17* ∥ estoit ses oncles et] qui estoit ses oncles *F24 F38*   7 Jehan] *lacks F19* ∥ Balian] Balyan de Ybelin *F50* ∥ le] fix le *F24*, filz a *F38*   8 bien .iiii. ans baus] bailliz .iiii. anz *F38*, baill .iiii. anz *F50* ∥ trouvast] eust trové *F24 F38*   8–9 a cui on donnast] cui doner *F16*, cui on donast *F17*   9 *New paragraph in F16*.   10 patriarche et li ... baron] patriarches et li evesque et li arcevesque *F16*, patriarche et li archevesque et li evesque *F17*, vesque et li patriarche et li baron *F19*, patriarce et li vesque et li archevesque et li chevalier (li patriarce *F20*) *F20 F24*, patriarches et li arcevesques et li evesque et li chevalier *F25 F26 F38*, patriarches et li prelat et li chevalier *F50* ∥ et] *lacks F18*

---

436   *F38 inserts the sentence from the end of previous paragraph here. See above* § cccvi n. 435. *F38 then commences a new book with the rubric*: 'Ci comence li vintesisiesmes livres' *and a nine-line historiated initial 'O' showing Christians (including two crossbowmen) besieging a city and a defender hurling a rock.*

437   From here the Colbert-Fontainebleau Contination ceases to run parallel with this text. See *Eracles* § 213.

438   Aimery of Lusignan died in 1205 and the throne of Jerusalem passed to Maria, the daughter of Conrad of Montferrat and Queen Isabella. John of Ibelin was Isabella's half-brother.

439   Albert of Vercelli (1205–1214).

THE CHRONIQUE D'ERNOUL 483

s'asamlerent, et li Temples et li Hospitaus; si parlerent ensamle et prisent conseil a cui il poroient doner *la* demoisiele et faire roi de le tierre. Dont se leva uns chevaliers de le tiere en piés, et si lor dist qu'il savoit .i. chevalier en France qui n'avoit point de femme et estoit haus hom et proedom, et, s'il voloient, il li estoit bien avis que li roialmes i seroit bien assenés, et que elle i 5
seroit bien emploïe. Il demanderent qui il estoit et comment il avoit a non. Il lor dist qu'il avoit a non li cuens Jehans de Braigne. Il en parlerent ensamle et s'en conseillierent, et s'i ot assés de ceus ki bien le connissoient et de ceus qui bien avoient oï parler de lui. La s'acorderent tout del mander et de lui donner le demoisiele et de lui faire roi. Il *apareillierent* messages; si l'envoierent querre. Li 10
message vinrent a lui en France, la ou il estoit, et se li disent que cil de le Tiere d'Outremer le mandoient por faire roi. Quant il oï ce, se dist qu'il en prenderoit conseil. Atant s'en ala li cuens Jehans de Braine al roi, et li dist qu'ensi faitement l'avoit on mandé por estre roi en le Tiere d'Outremer, et li rois li loa bien qu'il i

1 s'asamlerent et ... si] s'assemblerent et li Hospitaus et li Temples et *F24*, et li Temples et li Hospitaus s'assemblerent et *F38*, et li Templier et li Ospitalier s'assemblerent *F50* ‖ si parlerent ensamle et] Si parlerent entr'aus. Si *F20*, et *F25 F26*   2 la demoisiele] lor demoisiele *F18*, la demoisele a fame *F16* ‖ roi de le tierre] roine de le tere *F19*, roi *F20*   2–3 Dont se leva ... et] Dont se leva .i. chevaliers de la terre lo roi de France en piez (piés et *F17*) *F16 F17*, Dont se leva uns chevaliers de France et *F19*, Dont se leva uns chevaliers de le tere le roi de France *F20*, Donc se leva .i. chevaliers en piez *F25 F26*, La vint .i. chevaliers *F24*, La vint .i. chevalier quant assemblé furent si se leva en piez *F38*   4–5 haus hom et ... bien] preudons et biaus hons et bien li estoit *F19*   5 voloient il li estoit] si voloient acorder il li estoit *F24 F38 F50*, se voloient acorder il seroit *F25 F26* ‖ avis] avenu et bien li sanlloit *F17*   5–6 seroit bien assenés ... Il] seroit bien emploïe. Il (Il li *F16 F17 F20*) *F16 F17 F20 F25 F26*, fust bien emploiés et que ele seroit bien emploÿe. Si *F19*, aferroit bien et que elle i seroit bien emploïe. Il *F24 F38*   8 s'en] se *F19 F24 F25 F26 F38 F50*, si se *F20* ‖ et s'i] Si i *F20 F38 F50*, s'i *F24*   8–9 le connissoient et ... bien] le connissoient et qui assés *F19*, le conissoient et asés de ciaus qui bien *F24 lack F25 F26*, le conosioient et *F38*   9 del mander et de lui donner] de mander por lui et de lui doner *F25 F26*, de mander le (le querre *F50*) et de doner li *F38 F50*   10 de lui] *lack F16 F25 F26*, lui *F19* ‖ apareillierent] aparlierent *F18*, apelerent *F25*, appellerent *F26* ‖ si] et *F38 F50*   11 en France la ou il estoit] la u il estoit en France *F24 F25 F26 F38* ‖ disent] dist *F19*   12 d'Outremer] de Jerusalem *F50* ‖ por] por lui *F19 F50*, pour li *F38* ‖ se li disent que cil de le Tiere d'Outremer le mandoient por faire roi] dis son mesage *F25 F26* ‖ il] li cuens Jehans de Braine *F20*   12–13 en prenderoit conseil] s'en conseilleroit *F20 F50*. *New paragraph in F25 and F26.*   13 Atant s'en ala ... et] il ala al roi de France si en prist consel et se *F24 F38*, il ala au roi de France et *F50* ‖ Jehans de Braine al roi et li] Jehans de Briene au roi Phelipe. Et si li *F16*, de Braine au roi et li *F17*, Jehans au roy se li *F19*, Jehans de Braine au roi de France et li *F20*, Jehans de Briene au roi et prist conseil et li *F25 F26*   13–14 qu'ensi faitement l'avoit on mandé] com faitement on le mande *F16*, que ainsi l'avoit l'en mandé *F38*   14 estre] faire *F19* ‖ en le Tiere] *lacks F16*, de la Terre *F25 F26* ‖ et li rois li loa bien] Et li roys li loa *F19*, li rois li consella bien et loa *F24 F26 F38 F50*

alast. Et *il* i ala et arriva a Acre, et on le rechut a grant honor et a grant signourie. Puis ala a Sur et espousa *se feme* et porta corone.⁴⁴⁰

Quant li Sarrazin sorent qu'il avoit roi a Acre, si brisierent les trives qu'il avoient faites al bail et commença li guerre entre aus et les Crestiens.ᵃ

[cccviii] Quant li rois Jehans ot porté corone, il manda le roi de Cypre qu'il presist se feme, le fille le conte Henri de Campagne, qui juree li estoit, et que ses peres *li rois* Haimeris et li cuens Henris, li peres le demoisiele, *avoient fait le mariage* avant qu'il morussent. Li rois de Cypre le manda et espousa et fist royne.⁴⁴¹

Li rois Jehans avoit .i. sien cousin germain qui avoit a non *Erars* de Braine. Il sot .i. jor que li rois estoit alés a Sur. Il fist tant vers le roine qu'ele li donna l'autre fille al conte Henri, qui se seur estoit, et il l'espousa coiement tantost qu'ele li ot donnee, por ce qu'il ne voloit mie que li rois en eust blasme, ne c'on desist que li rois li eust donee. Quant Erars ot espousee le fille le conte Henri, il passa

---

1 il] *lacks F18* 1–2 a grant signourie. Puis ala a Sur] puis ala a Acre *F19* 2 se feme] le dame *F18* ‖ et porta corone] *lack F25 F26*, et porterent corone *F38 F50*. *New paragraph in F20 with the rubric*: Les trieves que li Sarrasin brisierent por le novel roi d'Acre. 3–4 qu'il avoient faites al bail] qui avoient esté fetes au bailli de la terre *F16*, qu'il avoient au bail *F19* 4 commença] commenczerent *F25 F26* ‖ entre aus et les Crestiens] entre les Sarrasins et les Crestians *F16, lack F38 F50* 5 *No paragraph break in F20 or F24.* ‖ le] au *F19 F50* ‖ Cypre] Chipre qui fieus avoit esté le roi Amaurri *F20* 6 Henri de Campagne] de Campaigne *F17*, Henri *F24 F25 F26 F38* ‖ et que] que *F24 F38*, qui *F25 F26* 7 li rois] *lacks F18*, li quens *F17* ‖ le] a la *F16 F38* 7–8 avoient fait le mariage] avoient fait le mariage avoient fait le mariage *F18 (dittography)* 8 le mariage avant] le mariage ainz *F16*, le mariage devant che *F19*, le mariage ainsçois *F17 F20 F25 F26*, cel mariage ainsçois *F24 F38* 8–9 et espousa et fist royne] et espousa et la fist reigne de Chipre *F16*, et l'espousa si le fist roine *F24*, si l'espousa et si la fist roine *F38*. *New paragraph in F24.* 10 Li rois Jehans] Adont avoit li rois Jehans *F24* ‖ Erars *corrected from* Evrars *in F18*. 11 Il] si *F25 F26 F38 F50* ‖ vers le roine] vers la reigne la fame au roi Johan *F16*, a le roine le femme le roi Jehan *F17*, a le roine *F19*, a le roine feme au roi Jehan *F20* 12 al] le *F19 F24 F25 F26* ‖ et] *lack F24 F38* ‖ qu'ele] com ele *F16*, com la roine *F24 F25 F26 F38* 13–14 por ce qu'il ne … donee] *lacks F19 (homeoteleuton)* ‖ en eust blasme … rois] *lack F25 F26 (homeoteleuton)* 14 Quant Erars ot … Henri] *lacks F38* ‖ Erars] *lacks F25* ‖ le] le demoisele le *F19* 14–485.1 le fille le … vint] au conte Hienri de Champaingne (Henri de Campaigne *F20*) il passa mer et s'en revint arrier *F16 F20*, le fille le conte Henri, il passa mer et s'en revint arriere *F17*

ᵃ*F18 f. 113^{rb–vb}; F16 f. 63^{ra–b}; F17 f. 63^{ra–va}; F19 f. 136^{va–b}; F20 f. 81^{ra–va}; F24 f. 159^{vb–c}; F25 f. 109vb–110rb; F26 f. 110^{ra–va}; F38 f. 204^{rb–va}; F50 f. 421^{rb–va}* (ML, 407–409).

---

440 John was not count of Brienne, but uncle of the heir to the county, Walter IV. With the approval of his suzerain, King Philip Augustus, he came to the East where he married Maria and was crowned king in 1210.

441 King Hugh I of Cyprus married Alice, the eldest daughter of Henry of Champagne in 1210. For the marriage agreement, see § ccxlii.

THE CHRONIQUE D'ERNOUL 485

mer; si s'en vint en France. Je ne vos parlerai ore plus de Erart ne de se feme, mais encore par aventure en orés parler.[442]

Li rois Jehans, qui a Acre estoit, manda a l'apostole por Diu qu'il le secourust et qu'il avoit grant mestier de gent.[a]

[cccix] Quant li apostoles oï le nouviele de le Tiere d'Outre Mer qu'il avoient mestier d'aide et de secours, si manda par toute Crestienté as meillors *clers* que il savoit qu'il preeçassent le Crois d'Outre Mer. Aprés si envoia cardenals por aus conforter et por confermer ce qu'il faisoient, et molt en croisierent par toutes tieres. Il ot en France .i. bon clerc qui preeça de le crois, qui ot a non maistres Jakes de Viteri. Cil en croisa molt. La ou il estoit en predication, l'eslirent li cannone d'Acre et manderent a l'apostole qu'il lor envoiast por lui faire evesque. Et saciés vous bien de voir, s'il *n'eust* le commandement l'apostole, il ne l'eust mie

---

1 mer si s'en] tantost mer si *F19*, mer tantost et s'en *F38* ∥ parlerai] dire *F38* ∥ Erart] lui *F25 F26*
2 encore] espooir *F38* ∥ orés] orés aucune fois *F24*, orroiz aucune foiz *F38* ∥ *New paragraph in F16 and F20. Rubric in F16*: La croiserie qui fu au tens mestre Jaque de Vitri des croiz por le secors de la Terre d'Outremer. *Rubric in F20*: De la croiserie maistre Jakemon de Viteri qui fu au tans le roi Jehan d'Acre.   3 qui a Acre estoit] *lack F25 F26*, qui fu en la guerre as Sarrazins *F50* ∥ por Diu] *lacks F19*   4 et qu'il avoit grant mestier] Car mestier avoit *F25 F26*   5 *No paragraph break in F16, F17, F20, F38 or F50*.   5–6 le nouviele de … secours] les nouveles de la Terre d'Outremer qu'il avoient (et qu'il avoient grant *F17*, com i avoit *F20*) mestier d'aide et de secours *F16*, les nouveles de le Tere d'Outre Mer qu'il avoient d'aie mestier *F19*, q'il avoient (avoit *F25*) outre mer d'aide et de secors *F25 F26*, la novele de la Terre d'Oltre Mer qu'il avoient mestier d'aide *F38*   6 si] il *F24 F38 F50* ∥ clers] chevaliers *F18*, chevaliers qu'il savoit et si envoia as millors clers *F17*   6–7 que il savoit qu'il] qu'il *F16*, que il (qui *F50*) i savoit qu'il (qui *F24*) *F24 F25 F26 F38 F50*   7 le] de la *F16 F38 F50*, les *F17*, des *F19 F20*, la *F25 F26* ∥ envoia] envoia aprés aus *F17*, manda *F25 F26*, i envoia *F38*   7–8 aus conforter et por] *lack F25 F26*, eus conforter et *F38 F50*   8 faisoient] diroient *F25 F26* ∥ en croisierent] s'en croiserent *F16*, se croiserent de gens *F20 F50*   9 *New paragraph in F16*. ∥ bon clerc] boin chevalier *F17*, boin clerc en France *F19*, clerc *F25 F26* ∥ de le crois qui ot] des croiz qui ot (avoit *F19*) *F16 F19 F20*, le crois qui ot *F17*, de le crois, qui avoit *F24 F25 F26 F50*, de la crois et avoit *F38*   10 estoit] estoit envoié *F25 F26*   11 lui faire evesque] faire evesque *F17 F25 F26*, faire evesque d'Acre *F20*   12 saciés vous bien] bien saciés *F24* ∥ vous bien de voir s'il n'eust] vous bien de voir, s'il n'en eust *F18*, vos bien por voir s'il n'eust eu *F16*, vous bien que s'il n'eust *F17*, molt bien s'il ne eust *F19*, bien por voir (que s'il *F20*) n'eust eu *F20*,

[a] *F18 f. 113vb–114ra; F16 f. 63^{rb-c}; F17 f. 63va; F19 f. 136vb–137ra; F20 f. 81^{va-b}; F24 f. 159^{vc}–f. 160ra; F25 f. 110^{rb-va}; F26 f. 110^{va-b}; F38 f. 204^{va-b}; F50 f. 421^{va-b} (ML, 409).*

442   This account indicates that Erard's marriage to Philippa of Champagne was facilitated by her sister, the queen of Cyprus, and not, as has been thought, by Maria of Montferrat who in any case was already dead. There is no further mention of Erard in this narrative.

recuellie, mais toutes eures passa il outre mer et fu vesques grant piece. Et si fist molt de bien en le tiere, mais puis le resigna il et revint arriere en France, et puis le fist li apostoles cardenal de Rome.[443]

Li premiers haus hom qui passa de cele croiserie, ce fu li rois de Hongerie qui grant gent mena. Et grans gens passerent de toutes tieres a cel passage ou li rois passa et ariverent a Acre.[444] En cel point que li rois de Hongerie passa, fu li roine li femme le roi Jehan morte, et si l'en demoura une fille. Li rois ne vaut mie estre sans femme, ains manda al roi d'Ermenie qu'il li envoiast une de ses filles et il le prenderoit a feme. Li rois *d'Ermenie* li envoia, et li rois Jehans l'espousa. Aprés vint li rois d'Ermenie a Acre quant li rois Jehans ot se fille espousee.[445] Aprés si ala li rois de Cypre a tout grant gent.[446] Or furent a Acre .iiii. roi, et s'i ot molt grant peule qui arivés i estoit. La prisent conseil qu'il iroient asegier .i. castel a .viii. liues d'Acre qui a a non Mont de Tabor. Il i alerent et si l'asegierent, mais il ne le prisent pas, car li soudans avoit amasset grant gent et vint son castel secorre.[a]

---

1 recuellie] receue *F38 F50* ‖ eures] voies *F20 F25 F26 F38*, voie *F50* ‖ outre mer et … piece] mer et fu esvesques longuement d'Acre *F16*, mer (outre mer *F50*) et fu vesques d'Acre grant piece *F20 F50* ‖ si] *lack F17 F20 F25 F26 F38 F50* 2 mais] et *F19* ‖ le resigna il et revint arriere] s'en retorna et revint *F24* 3 le fist li apostoles] fu il *F38 F50* ‖ *New paragraph in F20.* 4 qui passa de cele croiserie] de cele croiserie (croisie *F50*) qui passa (passa outremer *F20*, passa mer *F50*) *F16 F17 F20 F38 F50* 5 mena] i mena *F16 F17 F20 F24 F38* 5–6 a cel passage … ariverent] a ce pasage o li rois de Hongrie passa et arriverient droit *F16 F20*, ou li rois passa et arriva et ariverent *F19*, a ce passage et ariverent *F38* 6 *New paragraph in F16, F20, F25, F26 and F50.* 6–7 li roine li … Jehan] la fame le roi Johan d'Acre *F16*, li feme le roi Jehan *F17 F20* 7 et si l'en] et se li *F24*, si li *F25 F26 F38 F50* ‖ rois] rois Jehans *F16* ‖ estre] demorer *F20* 8 manda] envoia *F24 F38* 9 une de ses filles et il le prenderoit a feme] de ses filles *F25 F26* ‖ d'Ermenie] *lack F18 F38* ‖ li rois Jehans] il *F16 F17 F20 F24 F38 F50* 10 fille] femme *F19* 10–11 si ala] si i ala *F38* 11 *New paragraph in F17, F20 and F38.* 12 grant peule] grant pueple de totes terres *F16*, gent de pueple *F25*, grant gent de pueple *F26* ‖ conseil qu'il iroient asegier .i.] consel ensamble qu'il iroient asegier .i. autre *F20* 13 liues] milles *F38* ‖ si l'asegierent] assegerent le castel *F19* 14 il] *lack F16 F17 F24 F25 F26 F38 F50* ‖ pas] mie *F17 F19 F20* ‖ soudans] soudans Phalsadins *F16*, soudans de Damas *F20* ‖ amasset] assemblé *F38 F50* 15 secorre] rescorre *F16 F50*, rescolre *F17*, rescourre *F20*

---

[a] *F18 f. 114^{ra–va}; F16 f. 63^{rc–va}; F17 f. 63^{va–b}; F19 f. 137^{ra–b}; F20 f. 81vb–82ra; F24 f. 160^{ra–b}; F25 f. 110va–111ra; F26 f. 110vb–111rb; F38 f. 204vb; F50 f. 421vb–422ra* (ML, 409–411). *F18 has an eleven-line miniature panel showing a preacher addressing a congregation, followed at the top of the nex column by a four-line pen-flourished initial 'Q'.*

---

443 Jacques de Vitry was elected bishop of Acre in 1214 and arrived to take up his appointment in 1216. Pope Gregory IX promoted him to be a cardinal in 1229.
444 Andrew II of Hungary (1205–1235) arrived in the East in October 1217.
445 Maria of Montferrat had died in 1212. John married King Leo of Armenia's daughter Stephany (otherwise called 'Rita') apparently in 1214.
446 Hugh I (1205–1218).

THE CHRONIQUE D'ERNOUL   487

[cccx] Quant li Crestien sorent que li soudans estoit prés d'aus et qu'il venoit sour aus, il se leverent del siege et si alerent encontre lui et por combatre. Li Sarrasin furent es montagnes haut, et li Crestien furent el plain. Li Coredix, li fius le soudan, vint a son pere et si li dist: 'Sire, *car* descendons aval, et si nous conbatons as Crestiens'. Li soudans li dist que non feroit. 'Vois', dist il, 'biaus fius, com 5
il vienent espris et ardant de combatre. Se nous descendons aval, espoir nous n'en arons mie le millor, car aussi cier sont il mort comme vif. Et ce m'est avis qu'il sont tout abandonnet a le mort, et je ne veull mie mes homes faire ocire. Vois', dist il, 'com il sont grant gent, et si n'ont point de seignor qui les gouverne et si vit chascuns del sien. Quant il aront despendu çou qu'il ont, si s'en iront.' 10
Li soudans se tint tous cois *es* montagnes, et si n'ala mie aval pour combatre as Crestiens. Et quant li Crestien virent qu'il *n'avaleroient* mie, si n'oserent demorer al siege, por çou qu'il ne se mesissent entr'aus et Acre, et qu'il ne lor tolissent le viande. Il n'orent *gaires esté* a Acre puis qu'il furent revenu, que li rois de Hon-

---

1 *No paragraph break in F16, F17, F20, F24, F38 or F50.* ‖ Crestien sorent que ... venoit] soudans sot que li Crestian estoient si prés d'els et qu'il venoient *F16*   2 sour] pour eus grever *F38*, por eaus grever *F50* ‖ del siege et si] deu siege si *F16 F20 F24 F38*, del siege et *F17 F25 F26*, et *F19* ‖ lui et] els et *F16*, *lacks F17*, lui *F24 F25 F26*, li *F38*   3 li] *lack F19 F25 F26*   4 soudan] soudan Phalsadin d'Egipte *F16*, soudant Salphadin *F20* ‖ et si] se *F17 F19*, si *F20* ‖ car] c'or *F18 F19 F20* ‖ aval et] jus et *F19*, aval *F38*   5 Li soudans li] li soudans *F17 F25 F26 F38*, Ses peres *F19*, li soudans Salphadins li *F20*   6 vienent espris et ardant] viennent ardant et espris *F16 F24 F25 F26 F38*, sont et viennent ardant et sont espris *F19*   6–7 nous n'en arons] nos n'avrons *F16 F20 F50*, que nous n'en arons *F19*   7 aussi cier sont il mort comme] aussi chier ont il mort que *F17*, autant aiment il a estre mort que *F20*, aussi i sunt il chier mort comme *F25 F26*, ainsi chier sont il a estre mort come *F38*   7–8 Et ce m'est avis qu'il] car il *F19*   8 et] ne *F24 F38* ‖ mes homes faire] fere ma gent *F16*, faire mes homes *F20*   9 dist il] *lack F19 F20 F25 F26* ‖ point de] nul *F20*   10 aront] avront chascuns *F16* ‖ iront] riront *F17 F24*, riront ariere en lor terres *F20*   11 soudans] sodans d'Egipte *F16* ‖ se tint tous cois] s'en ala *F17* ‖ es] et es *F18* ‖ es montagnes et ... aval] si n'avala pas des montaignes *F16*, es montagnes et si n'avala mie aval *F17 F19 F24*, es montagnes Si ne descendi (n'avala *F38*) mie aval *F20 F38*   11–12 es montagnes et ... Crestiens] qu'il n'ale mie des montaignes *F25 F26*   12 qu'il n'avaleroient] qu'il n'avaleroit *F18*, que li Sarrasin n'avaloient *F20* ‖ mie si n'oserent] mie les montaignes si n'oserent *F16*, jus il n'oserent mie *F24*, si n'oserent mie *F25 F26*, mie il n'oserent *F50*   13 ne] *lack F24 F38*   14 le] lour *F17 F19* ‖ gaires esté] esté gaires *F18* ‖ furent revenu] revinrent *F19*, furent revenu du siege de Mont Tabour *F20*

gerie s'en ala en son païs, et li rois d'Ermenie s'en ala ou sien, et li rois de Cypre s'en retornoit arriere; si ariva a Triple; la li prist maladie; si fu mors.[447a]

[cccxi] Li rois Jehans fu a Acre. Si ot molt grant gens et molt en venoit chascun jor. Si se porpensa qu'il ne poroit riens esploitier en cele tiere, et que, s'il avoit conseil del Temple et de l'Hospital, qu'il iroit molt volentiers a Alixandre ou Damiete assegier. Et se li estoit bien avis que s'il pooit avoir une de ces .ii. cités, il en poroit bien avoir le roialme de Jerusalem. Quant ensi ot pensé, si manda les Templiers et les Hospitaliers et les barons de le tiere por prendre conseil de ce qu'il avoit porpensé. Quant il furent tout asanlé, si lor dist li rois: 'Seignor, por Diu or me conseilliés de ce que je vous dirai. Nous avons ci molt

---

1 s'en ala en ... sien] s'en rala en son païs et li rois d'Ermenye el sien $F16$, s'en ala en son païs et li rois d'Ermenie s'en ala (rala $F19$) en Hermenie (Ermenie $F20$) $F17$ $F19$ $F20$, entra en mer et s'en revint (et retorna $F50$) en son païs, et li rois d'Ermenie s'en ala (rala $F50$) en Hermenie (Ermenie $F38$) $F24$ $F38$, entra en mer et s'en revint en son païs, et li rois d'Ermenie s'en rela ensement $F25$ $F26$ 2 retornoit arriere] retorna arriere $F16$ $F17$, retourna $F20$, ala en sen païs arriere $F19$ 3 *Rubric in* $F16$: Com li rois Johans et li pelerin croisié qui a Acre estoient alierent asegier Damyete. *Rubric in* $F20$: Du roi Jehan d'Acre ki semont ses os pour aler assegier Damiete. *No paragraph break in* $F17$ *or* $F38$. ‖ Li rois Jehans ... grant] Li roys fu a Acre si ot molt de $F19$, Encor ot li rois Jehans molt grant $F24$ ‖ Si] et si $F17$, et $F38$, et i $F50$ ‖ en venoit] en i venoit $F17$ $F19$ $F20$, l'en venoit $F24$ $F38$, granz genz li venoient $F25$ $F26$ 4 jor] jor de totes terres $F16$ ‖ Si] il $F16$ $F24$ $F38$ $F50$ ‖ poroit] se porroit $F19$, porroient $F24$ 5 del Temple et de l'Hospital] de l'Ospital et del Temple et des chevaliers de le terre $F24$, del Temple et de l'Ospital et des chevaliers de la terre $F25$ $F26$ $F38$ 5–6 a Alixandre ou Damiete assegier] en Alixandre u a Damiete assegier $F17$ $F16$, Alixandre (en Alixandre $F20$) ou Damiete assegier $F19$ $F20$, Alixandre u Damiete s'il le conselloient asegier $F24$, Alizandre ou Damiete assegier s'il li conseilloient $F38$, en Alixandre ou Damiete $F25$ $F26$,   6 bien avis que] avis $F19$, bien avis $F24$ 6–7 avoir une de ... avoir] avoir l'une de ces cités qu'il en poroit bien avoir $F17$, avoir l'une de ches .ii. chités il porroit molt bien avoir $F19$, prendre une de ces cités que por cele cité poroit il (l'en $F38$) bien ravoir $F24$ $F38$, prendre l'une de ces .ii. citez qe por celle cité porroit on bien avoir $F25$ $F26$, prendre une de ces cités que por ele porroit l'en ravoir $F50$ 7 ensi ot] il ot ensi $F19$ $F50$, li rois Jehans ot ensi $F20$ 8 Templiers et les Hospitaliers] Hospiteliers et le Templiers $F24$ ‖ barons] chevaliers $F24$ $F38$ $F50$ 8–9 por prendre conseil] qu'il venissent a lui pour conseil prendre $F19$ 9 qu'il avoit porpensé] qu'il avoit pensé $F16$ $F19$ $F20$, pensé $F25$ $F26$. *New paragraph in* $F38$. ‖ asanlé] apensé $F25$ ‖ si lor dist li rois] se vint li rois si lor dist $F24$ $F38$. *New paragraph in* $F24$.   10 por Diu or me conseilliés] conseiliez moi $F16$, pour Deu consilliés moi $F17$ $F20$ $F50$ 10–489.1 Nous avons ci molt grans gens] Signour nous avons ci molt de gent $F17$, Nous avons ci mout grant $F20$

---

[a] $F18\,f.\,114^{va-b}$; $F16\,f.\,63^{va}$; $F17\,63^{vb}-64^{ra}$; $F19\,f.\,137^{rb-va}$; $F20\,f.\,82^{ra-b}$; $F24\,f.\,160^{rb}$; $F25\,f.\,111^{ra-b}$; $F26\,f.\,111^{rb-va}$; $F38\,f.\,204^{vb}-f.\,205^{ra}$; $F50\,f.\,422^{ra-b}$ (ML, 411–412).

447 Andrew and Hugh both left in January 1218, and Hugh died that same month.

grans gens et molt en i a de croisiés par Crestienté qui *venront* et molt en croisera encore. Il m'est avis que nous ne porons mie granment esploitier en ceste tiere sor Sarrazins, et, se vous veés qu'il fust boin a faire, jou iroie volentiers en le tiere d'Egipte assegier Alixandre ou Damiete, car se nous poons avoir une de ces cités, bien m'est avis que nous en poriemes bien avoir le roialme de Jherusalem.'ᵃ

[cccxii] Atant en parlerent ensanle li Templier et li Hospitalier et li chevalier, et prisent conseil ensanle, et bien lor fu avis que li rois avoit fait bon porpens et disent que *bien* seroit a faire; se s'i acorderent et creanterent qu'il iroient. Quant li rois vit qu'il se furent *acordé* a son porpens, et qu'il ot le creantement de l'aler, si commanda a chascun qu'il atirassent nés et cargaissent armes et viandes, chascuns selonc çou qu'il estoit, et prisent jour del mouvoir. Quant ensi fu atorné li mute, li rois garni molt bien Sur et Acre de chevaliers et de ser-

---

1 en i a] a *F16 F17 F20 F50*, en a encore *F19*, en a *F24 F38* ‖ Crestienté] le Crestienté *F20*, toute Crestienté *F24 F38*, tote Crestienté *F25 F26 F50* ‖ venront] venront avant *F18*, i venront *F20*   1–2 en croisera] en y croiseront *F19 F24 F38*, s'en i croiseront *F20*   2–3 granment esploitier en ceste tiere] ci granment espletier *F38 F50*   2 esploitier] conquester *F16 F19*   3 qu'il] que ce *F16 F20*, que ço *F17* ‖ boin a faire] boins *F17*, bien (bon *F24*) a faire et consaus l'aportoit *F24 F25 F26 F38 F50*   3–4 iroie volentiers en ... assegier] iroie volentiers en Egypte assegier *F17*, en iroie volentiers en le tiere d'Egypte d'assegier *F19*, iroie mout volentiers en le terre d'Egipte pour assegier *F20*   4 Alixandre ou Damiete car] Damiete (Damyete *F16*) ou Alixandre. Car (et *F17*) *F16 F17 F20*   5 cités] .ii. citez *F16 F17 F19 F20* ‖ bien m'est avis que] *lacks F17*, il m'est avis que *F24 F25 F26 F50* ‖ en poriemes bien] porrions bien *F17*, en porriens *F19*   5–6 en poriemes bien ... Jherusalem] poriens avoir tote ceste terre por l'une des (de cez *F38*) .ii. se Dex la (le nos *F24*) donoit prendre *F24 F38*, porrions avoir tote ceste terre por l'une se Dex la nos donnoit prendre *F25 F26*   7 *No paragraph break in F16, F17, F20, F24, F38 or F50.*   7–9 Atant en parlerent ... disent] Li Hospitaus et li Temples et li chevalier en parlerent et prisent conseil ensanle et bien lor fu avis que li rois avoit fait bon porpens et disent *F24*, Li Temples et li Hospitaus emparlerent ensemble et li chevalier et bien lor fu avis que li rois avoit fait bon porpens et distrent *F25 F26*, Li Temples et li Hospitaus et li chevalier en parlerent et conselz leur porta *F38*   7–8 chevalier et prisent conseil ensanle] baron (baron et *F16*) pristrent consoil ensemble *F16 F20*, baron prisent conseil *F17*, chevalier et li baron et prisent conseil ensanle *F19*   9 et disent que ... cre**a**nterent] se s'i acorderent tuit et distrent *F16*, si s'acorderent tout et disent *F17 F20* ‖ bien] bon *F18* ‖ se] si *F25 F26*, Il *F38 F50* ‖ qu'il] tot qu'il *F24*   10 acordé a son porpens] acordé acordé a son porpens *F18*, tout acordé a son proposement *F19*, acordé ensanble *F24 F38*, acordé *F25 F26*   10–11 et qu'il ot ... cargaissent] si comanda a chascun qu'il atornast nés et charchassent es galies *F38*   11 de l'aler] d'aler *F16 F17 F20* ‖ atirassent nés] atornassent nés et galies *F24 F25 F26*   13 atorné li] atiree le *F19*, atiree lor *F24*, arriere lor *F25*, atirree lor *F26*, atiree la *F38*   13–490.1 et de serjans] *lack F16 F17 F20*

ᵃ*F18 f. 114ᵛᵇ–115ʳᵃ; F16 f. 63ᵛᵃ⁻ᵇ; F17 f. 64ʳᵃ⁻ᵇ; F19 f. 137ᵛᵃ⁻ᵇ; F20 f. 82ʳᵇ⁻ᵛᵃ; F24 f. 160ʳᵇ⁻ᶜ; F25 f. 111ʳᵇ⁻ᵛᵃ; F26 f. 111ᵛᵃ⁻ᵇ; F38 f. 205ʳᵃ; F50 f. 422ᵛᵃ* (ML, 414–415).

jans et de viandes, et laissa bien dedens Acre .v.ᶜ chevaliers, que pelerins que *de* ceus de le terre. Quant li rois ot bien garni Sur et Acre, si fist crier parmi Acre que tot cil qui atiré estoient, fors cil qui demouroient es garnisons, entraissent es nés et alaissent après lui sor escumeniement.

Quant les nés et les galies furent apareilliés, si entrerent ens, et quant Damedius lor donna bon tans, si murent. Quant il furent mut, Dius lor donna si bon vent qu'en poi de tans furent devant Damiete et prisent terre et descendirent en une ille, qui est devant Damiete, et se logierent illeuc sor le flun.[448] La furent bien .i. an c'onques riens ne porent faire a Damiete fors tant qu'il prisent une tour prés del flun ou il estoient logié. En cele tour estoit li uns des ciés de le chaine, et a Damiete li autres qu'il levoient quant il voloient que vaissiaus ne montast ne avalast le flun. Quant li Crestien orent prise le tor, si brisierent le chaine et le garnirent si que lor vaissiel, quant il estoient arivé, venoient en lor ost tout contremont le flum en le rive par deviers aus.[a]

---

1 et de viandes] *lack F24 F25 F26 F38 F50* ‖ bien dedens Acre .v.ᶜ chevaliers] bien a Acre .v.ᶜ chevaliers quant il en ala en le terre d'Egipte *F24*, a Acre bien .v.ᶜ chevaliers quant il ala en la terre d'Egipte (d'Egypte *F38*) *F25 F26 F38*, bien a Acre .v.ᶜ chevaliers *F50*   1–2 que pelerins que ... terre] et serjanz mil *F16 F17*, et mil sergans *F20*. *New paragraph in F16, F25 and F26.*   1 de] *lacks F18*   2 de] en *F25 F26* ‖ bien] *lack F16 F17 F20*, ensi *F24 F25 F26 F38 F50*   2–3 crier parmi Acre ... atiré] crier (crient par *F24*, crier a *F25 F26*) par Acre que tot li pelerin qui haitié *F24 F25 F26 F50*, par Acre crier que tuit li pelerin qui hetié *F38*   3 fors cil qui demouroient es garnisons] *lack F16 F17 F20*   4 après] avec *F24 F25 F26 F38* ‖ *New paragraph in F20 with the rubric*: Dou roi Jehan qui assega Damiete.   5 les nés et] *lacks F17* ‖ furent apareilliés] le roi Jehan furent appareillies a Acre *F20* ‖ si] si les recoillirent et *F24*, si se recueillirent et *F38* ‖ ens] ens li Crestiien *F20*   6 tans] vent *F16 F25 F26*   6–7 Quant il furent ... qu'en] et esrerent si qu'en *F38* ‖ Dius lor donna si bon vent] Dame Diex lor dona si bon tens *F16*, Damedex (Dex *F50*) lour dona boin tans si *F17 F50*, si lor donna Damedex si boin vent *F19*, Damedex lor dona bon tans et bon vent *F24*, Damedex lor dona bon vent si *F25 F26*   7 de tans] d'eure *F20*   7–8 prisent terre et ... et] *lacks F25* (*homeoteleuton*)   8 ille] vile ille *F19* ‖ illeuc sor le flun. La] sur le flun Jourdain et *F19*   9 c'onques riens ne porent faire] sour le flun c'onques n'i porent rien faire *F17*, que onques riens ne fourfirent *F19*, que riens ne porent faire *F25 F26*   10 prés del flun ... logié] qui estoit sur le flun Jourdain ou il estoient logié *F19*, qui estoit prés de la (le *F24*) rive del flun u il estoient logié et estoit bien garnie *F24 F25 F26 F38* ‖ li uns des ciés] li uns des bous *F20*, .i. des chiés *F24 F38 F50*, .i. des chiens *F25 F26*   11 autres qu'il] autres chiés qu'il *F16 F17 F19*, autres bous que cil de Damiete *F20*   11–12 que vaissiaus ne montast ne avalast] ne ne montast nés ne naviaus *F19*   12 le] chele *F19*, cele *F20 F24 F25 F38 F50*, celle *F26*   13 le garnirent] garnirent la tor *F16*, garnirent le tour *F17 F20* ‖ estoient arivé] estoient carquié *F19*, i entroient *F16*, i estoient arivé *F20* ‖ en] a *F24 F38 F50*   14 le] cele *F16 F17 F20* ‖ aus] Acre *F19*

[a] *F18 f. 115ʳᵃ⁻ᵛᵃ; F16 f. 63ᵛᵇ⁻ᶜ; F17 f. 64ʳᵇ⁻ᵛᵃ; F19 f. 137ᵛᵇ–138ʳᵃ; F20 f. 82ᵛᵃ⁻ᵇ; F24 f. 160ʳᶜ⁻ᵛᵃ; F25 f. 111ᵛᵃ–112ʳᵃ; F26 f. 111ᵛᵇ–112ʳᵇ; F38 f. 205ʳᵃ⁻ᵇ; F50 f. 422ᵛᵃ–423ʳᵃ* (ML, 415–416).

448   The crusaders arrived at Damietta on 27 May 1218.

THE CHRONIQUE D'ERNOUL   491

[cccxiii] Quant li apostoles sot que li Crestien avoient asegié Damiete, si manda par toute Crestienté as croisiés qu'il venissent; *aprés* si manda as *pors* as archevesques et as evesques, qu'il fussent legat de descroisier les menues gens, et qu'il les descroisassent et renvoiassent arriere ceuls qui n'estoient mie aidaule, et presist on lor deniers; si les envoiast on en le tiere ceuls que on descroisoit a Rome; ne laissoit on se tant d'argent non qu'il se peussent *reconduire* en lor païs a revenir arriere, si comme aucunnes gens disent. Aprés ce envoia li apostoles legas par toutes les tieres por descroisier et por faire movoir ceuls qui ne se descroisoient, et si manda par tout que on ne fesist Crestienté a croisié qui ne mouveroit ou donroit del sien, tant que raison porteroit a porter en le Tiere d'Outre Mer, et se descroiseroient. Aprés si envoia .ii. cardenaus en l'ost a Damiete, le cardenal Robert, qui Englés estoit, et le cardenal Pelage, qui estoit de Portingal.[449] Li cardenals Robiers i fu mors, et li cardenals Pelages vescui, dont

---

1 *Rubric in F20*: De l'apostole qui contrainst les croisiés por aler outre mer. *No paragraph break in F24.* 2 as croisiés qu'il venissent] as (au F16) croisiez qu'il meussent F16 F17 F19 F20 F24 F50, que li croisié moussent F38 ‖ aprés si manda as pors] et aprés si manda as pors as Crestiens F18, aprés si manda a touz les porz F16 F17 F20   2–3 pors as archevesques et as evesques] as archevesques et as evesques des pors F24 F25 F26 F38 F50   3 les menues gens] le (la F16 F50) menue gent F16 F17 F19 F20 F50   3–4 et qu'il les descroisassent et] et F19, et qu'il descroisassent et F24, et qu'il les F25 F26, et qu'il F38   5 presist on lor ... le] preissent lor monoie por envoier en l'aide de la F50 ‖ si les envoiast on en] et envoieroit on en F19, si les envoieroit on en F20, si les envoierent on F25 F26 ‖ tiere ceuls que on] Terre d'Outremer. Cels l'en F16, terre. Chaius on F20, terre ces que nen F25 F26, Terre d'Outremer. A ciaus que l'en F50   6 ne] ne ne lor F20   6–7 se tant d'argent ... arriere] se tant non d'argent qu'il venissent en lor terres F16 F20, se tant non d'argent qu'il pooient (peussent F19) venir en lour tere (païs F19) F17 F19, se tant non d'argent com il se poroit conduire en sen païs F24, d'argent fors tant qu'il s'en puissent conduire a aler en lor païs F25 F26, d'argent se tant non cum il se porroit conduire arriere en son païs F38, de monoie fors tant come besoing lor estoit por retorner en lor païs F50   6 reconduire] re reconduire F18   7 si comme aucunnes gens disent] *lack* F16 F17 F20 ‖ li apostole ;] *lacks* F24   8–9 legas par toutes ... descroisoient] legas par toutes teres por faire descroisier et pour faire çaus movoir qui ne se descroisoient F17, par toutes teres pour descroisier F19   9 Crestienté] nule droiture F16   9–10 Crestienté a croisié ... donroit] Crestien croisier qui ne meust u donast F17   10 que raison porteroit] que (com F16) raisons aporteroit F20 F16, com raisons porteroit F24 F25 F26, cum reisons seroit F38   11 et se descroiseroient] ensi descroiseroient F17, *lack* F20 F24 F25 F26 F38 F50   13–492.1 et li cardenals ... mal] dont ce fu domages (domages a Crestienté F16, mout grans damages F20) et Pelages vesqui dont ce fu granz dolors a tote (molt grans dolours avoec F20) Crestienté. Car molt fist de mal en la terre (Terre d'Outremer F16) F16 F17 F20   13 li cardenals] *lack* F19 F24 F25 F26 F38 F50

---

449   Robert of Courçon and Pelagius arrived in the autumn of 1218.

ce fu grans damages, et molt i fist de mal, si comme vous orés dire en aucun tans ci aprés en cest conte.[a]

[cccxiv] Quant li soudans sot que li Crestien estoient mut por aler en le tiere de Egypte, si ne fu mie liés. Si fist abatre les murs de Jherusalem et les castiaus qui en le tiere estoient, fors seulement Le Crac, car il cuidoit bien, *que* quant li Crestien oroient dire que li mur de Jerusalem *estoient* abatu et li castiel de le tiere, qu'il retorneroient arriere et alaissent en Jherusalem faire lor pelerinage et retornaissent arriere en lor païs; ains prisent tiere et se logierent devant Damiete, si comme vous avés oï. Quant li soudans vit *que li Crestien* ne retorneroient et c'on li fist asavoir qu'il avoient pris tiere et assegié Damiete, si en fu molt dolans. Si amassa grant gent et ala la et mena aveuc lui .i. sien fil, qui *avoit* a non Le Quemer, a cui il donna le tiere d'Egypte quant il dut morir. Son autre fil, qui avoit a non Li Coredix, *laissa en* le tiere por garder, et a celui laissa il le tiere de Damas et de Jherusalem quant il dut morir.

---

1 grans] molt grant *F25 F26* ‖ et] car *F24 F50*, que *F38*   1–2 dire en aucun ... conte] en aucun tans ci aprés en cest conte *F17*, dire en aucun tans ci aprés *F20*, bien dire par aventure en aucun tans *F24*, dire en aucun tens *F25 F26 F38*, lacks *F50*   3 *Rubric in F20*: Dou soudant de Damas qui vint a l'encontre des Crestiiens por desfendre Damiete. *No paragraph break in F17 or F38.* ‖ li soudans] Salphadins qui soudans estoit de d'Egipte et de Damyete *F16*, Salphadins qui soudans estoit de Damas et de toute le terre d'Egypte *F20*   4 Si] Ainz *F38*   5 qui en le ... Crac] d'entour *F19*, qui en la terre estoient fors Le Crac *F25 F26*, qui entor estoient fors seulement Le Crac *F38 F50* ‖ bien que quant] bien quant *F18*, que *F25 F26*   6 estoient] esteroient *F18*, seroient *F19 F20*   6–7 estoient abatu et ... retorneroient] et li chastial de le terre seroient (estoient *F24*) abatu qu'il retornassent *F24 F25 F26 F38 F50*   7 retorneroient arriere et alaissent] retorneroient arriere *F16*, retornaiscent arriere *F17*   7–8 retorneroient arriere et ... païs] retourneroient arriere en lor païs *F19*, s'en iroient en Jherusalem por faire lor pellerinage et quant fait l'aroient il s'en retorneroient ariere en lor terres et non fisent *F20*   8 et retornaissent arriere ... ains] mes non firent ainz *F16 F17*, et retornassent aprés en lor païs mais çou ne fisent il pas ains *F24 F38*, s'en ralassent en lor païs mais non firent ainz *F25 F26*, et puis retornassent en lor païs mais ce ne firent il pas ainz *F50*   9 *New paragraph in F24, F25 and F26.* ‖ vit que li Crestien] vit qu'il *F18*, oï dire que li Crestien *F19*   9–10 ne retorneroient et ... asavoir] revenoient et *F19*, ne retorneroient pas (mie *F20*) et c'om li fist asavoir *F20 F38*, ne retorneroient et *F25 F26*   10 avoient pris tiere et assegié] avoient pris terre devant *F16 F17*, avoit terre prise devant *F20* ‖ en] ne fu mie liez ainz *F16*, lack *F17 F24 F25 F26 F38 F50*   11 dolans] dolans et molt courouchiés *F19* ‖ amassa grant gent et ala la] ala la a tot grant gent *F25 F26*, assembla gent et ala la *F38 F50* ‖ aveuc lui] lack *F24 F25 F26 F38 F50* ‖ avoit] a *F18*, ot *F24*   12 Le Quemer] Jakemes *F19* ‖ morir] movoir *F17*   13 laissa en] donna *F18* ‖ tiere] terre de Jerusalem *F16*, tere de Jherusalem *F17*, terre de Damas et de Jherusalem *F20*   14 quant il dut morir] quant il dut movoir *F17*, lacks *F38*. *New paragraph in F16 and F20. Rubric in F20*: De Lekemer qui soudans fu d'Egypte quant ses peres Salfadins fu mors.

---

[a] *F18 f. 115va–b; F16 f. 63vc; F17 f. 64va; F19 f. 138ra; F20 f. 82vb–83ra; F24 f. 160va; F25 f. 112ra–b; F26 f. 112rb–va; F38 f. 205rb; F50 f. 423ra* (ML, 416–417). *F18 has a ten-line miniature panel showing the pope with clergy standing behind him debating with laymen, followed by a four-line puzzle initial 'Q'.*

Li soudans s'en ala en le tiere d'Egipte, et quant il vint la et il vit que li Crestien estoient priés de Damiete par devers le flun, si fu molt dolans et s'ala herbegier devant Damiete. Ne vesqui gaires aprés, ains fu mors, et ses fius fu sires de le tiere et maintint l'ost.[450] Il fist *le flun paler* de l'une rive dusqu'a l'autre de grans mairiens, por çou que li Crestien ne montassent le flun et presissent le tiere por venir sor eaus. Aprés si fist molt bien garnir le rive del flun desci a Damiete del paleïs, de cele part ou il estoient, que li Crestien n'i arrivaissent.

Quant li Crestien orent bien .i. an esté en l'ille, si comme vous oïstes qu'il ariverent, si prisent conseil qu'il feroient, que la ne faisoient il *nul* esploit et qu'il lor estevoit passer par devers Damiete. Il disent qu'en nulle fin del monde ne pooient il prendre tiere entre Damiete et le paleïs, mais s'il pooient tant faire qu'il peuissent brisier le paleïs a l'aïue de Diu, il prenderoient tiere. La prisent conseil et s'acorderent qu'il iroient. Quant il furent acordé, si garnirent molt bien lor ost et lor lices. Aprés si s'armerent et entrerent es nés et es galies. Quant il se furent recueilli, Dame Dieus *lor* donna bon vent; si murent. En le

---

1 soudans] soudans Salphadins *F16*, soudans Salfadins *F20* ‖ vit que li] virent que *F20*   2 Damiete] Damiete et avoient pris tere *F19* ‖ par devers le] d'autre part le *F24 F26 F50*, de l'autre part du *F38*   2–3 par devers le … Damiete] lacks *F25* (*homeoteleuton*)   2 si fu molt dolans] Jourdain si fu molt dolans et molt courouchiés *F19* ‖ et s'ala] si s'ala *F19 F24*, si ala *F26 F38*   3 ains] si *F16 F20 F24 F38* ‖ fius] filz Le Quemer *F16*, fieus Lekemers *F20*   4 Il fist le … dusqu'a] contre Crestians. Li filz Salphadin qui ses filz estoit d'Egipte qui soudans estoit d'Egipte fist le flun paler de l'une part a *F16*, Il fist le flun paler de l'une rive a *F17 F19*, contre les Crestiiens. Chieus Lekemer le flun paler de l'une mer a *F20* ‖ le flun paler] paler le flun *F18*   4–5 l'une rive dusqu'a … çou] grans bauz (pauz *F25 F26 F50*) de l'une rive a l'autre *F24 F25 F26 F38 F50*   5 presissent le] preissent *F20 F24 F38 F50*, ne (le *F25*) presissent *F25 F26*   6 Aprés si fist molt bien garnir] et fist molt bien garder et garni *F25 F26*   6–7 rive del flun … part] vile del flun tres le palais desci a Damiete *F17* ‖ del flun desci … paleïs] del flun devers Damyete de paleïz *F16*, tres le palais desci a Damiete *F19*, dou flun de paleïs de Damiete *F20*, del flum des le palais jusqu'a (desci a *F24*) Damiete *F24 F38 F50*, del flun des paleïs dusque Damiete *F25 F26*   7 arrivaissent] entrassent *F25 F26*. New paragraph in *F38* and *F50*.   8–9 bien .i. an … ariverent] la esté *F25 F26*, esté en l'ille grant piece *F38*   8 .i. an esté] esté .i. an *F16 F17 F19 F20* ‖ oïstes] avés oï *F19 F20*   9 que] car *F20 F38* ‖ nul] mie *F18 F17*   10 lor estevoit] lour estaura *F17*, lor estovenoit *F25 F26*, les couvenoit *F16 F19*, leur covenoit *F38 F50* ‖ del monde] del siecle *F24*, lack *F25 F26*   11 ne pooient] lacks *F20* ‖ entre] en terre *F25 F26*   12 brisier le paleïs] le paleïs brisier *F16 F19 F20*, le paleïz brisier et passer outre *F24 F25 F26 F38 F50* ‖ New paragraph in *F25* and *F26*.   13 prisent conseil et s'acorderent] pristrent consoil ensemble et s'acordierent *F16*, prisent il conseil il s'acorderent *F19* ‖ iroient] y iroient *F19*, i iroient *F20*   14 Aprés si s'armerent] aprés si s'armierent chevalier et serjant *F16*, et si s'armerent *F17*, et s'armerent *F25 F26*   15 Quant il se furent recueilli] Quant il se furent mis es nés *F16*, Quant il furent ens *F24*, et *F25 F26* ‖ Dame Dieus] Dieus *F20*, Dex *F38 F50* ‖ lor] lacks *F18*

450   al-ʿĀdil Sayf al-Dīn died on 31 August 1218 and was succeeded in Egypt by his son, al-Kāmil (*Le Quemer*), and in Damascus by his other son, al-Muʿaẓẓam ʿĪsā (*Li Coredix*).

nef qui devant fu estoit Gautiers li camberlens le roi de France, par cui li rois avoit envoiet grant avoir en le besogne de le tiere. Cele nés fu fors et si ot bon vent; si se fiert el paleïs; si le froisse et passe outre et fait voie et les autres nés aprés, et toutes passerent oltre sauvement, fors une du Temple qui traversa, que
5 li Sarrazin arsent mais les gens escaperent. Quant li Sarrazin virent que li Crestien s'apareilloient por passer oltre le flun, si s'armerent et alerent tout sor le rive por contretenir qu'il n'arivaissent, et lançoient a eauls et traioient fu grigois. Quant li Crestien orent eslongie Damiete, si trouverent une rive la ou il lor fu avis qu'il pooient bien ariver. Il virent que toute li tiere fu couverte de Sarra-
10 zins et tous li rivages. Si disent qu'il ne poroient mie ariver en cel point, car trop estoit li tiere couverte de Sarrazins. Il orent conseil qu'il ariveroient en l'ille par ou il montoient, et que l'endemain a l'ajornee prenderoient tiere d'autre part. Il ariverent et jeterent ancres selonc le rive del flun, et li Sarrazin d'autre part garnirent molt bien le rive et alerent a lor herberges.[a]

15 [cccxv] Or vous dirai comment il avint le nuit et comment Dius aida les Crestiens. Il ot discorde d'un haut home de l'ost as Sarrazins et le soudan, que li soudans le voloit mettre en garnisons dedens Damiete. Mais cil dist qu'il n'i

---

1 nef qui devant fu] premiere nef qui mut *F19* ∥ roi] roi Phelippon *F20* ∥ li rois] li rois de France *F17*, il *F25 F26* 2 ot] oit *F18* ∥ bon] fort *F24 F25 F26 F38 F50* 3 fiert] feri *F16 F17 F20 F50* ∥ froisse et passe outre et fait] froissa (rompi *F17*) et passa outre et fist *F16 F17 F20 F50*, froisse et passa outre et fait *F19* 4 aprés] passierent aprés *F16*, passerent aprés *F17 F20* ∥ oltre] *lack F19 F24 F25 F26 F38 F50* ∥ qui traversa] que vint traversant *F17*, si ai (sai *F25*) traversa *F25 F26* 6 por passer oltre le flun] de passer outre (parmi *F20*) le flun *F16 F20*, de passer le flun oltre *F17*, pour passer outre flun Jourdain *F19*, de (por *F25 F26*) monter le flun *F24 F25 F26 F38* ∥ tout] *lacks F20* 7 lançoient a eauls et traioient] lançoient a ax et ruoient *F16*, traioient a iaus et lanchoient *F24 F25 F26 F38 F50* 8 *New paragraph in F25 and F26.* ∥ si] il *F16 F17 F20 F50* ∥ la] *lack F19 F24 F25 F26 F38 F50* 8–9 ou il lor ... pooient] si lor fu avis qu'il y porroient *F19* 9 bien] mout bien *F20* ∥ Il] li Crestian *F16* ∥ fu] estoit *F16 F19 F25 F26* 10–11 et tous li ... Sarrazins] *lacks F17 (homeoteleuton)* 11 en l'ille par] par la *F19*, en le (la *F38*) rive de l'ille par *F24 F38* 12 montoient] montoient le flun *F20* ∥ l'endemain a l'ajornee] demain a l'ainzjornee *F38* ∥ d'autre part] par d'autrepart *F16 F19*, par d'altre part *F17* 13 ancres] lour ancres *F17*, lor ancre *F19* 13–14 d'autre part garnirent ... rive] garnirent molt bien la (le *F19*) rive d'autre part *F16 F19*, d'autre part garnirent mout bien le rive d'autrepart *F20* 15 *Rubric in F20:* D'un chevalier sarrasin qui ert en l'ost devant Damiete. *No paragraph break in F24, F25 or F26.* ∥ comment il] qu'il *F24 F25 F26 F38* ∥ Dius] Damnedex *F24 F25 F26* ∥ les] aus *F16 F38* 16 as Sarrazins et le] as Sarrazins et del *F17*, et del *F24 F25 F26*, et du *F38* ∥ soudan que] soudan Le Quemer que *F16*, sodant. Car *F20*, soldan qui *F38* 17 le voloit mettre ... Damiete] voloit (le voloit *F25 F26*) metre dedens Damiete (Damyete *F38*) en garnisons *F24 F25 F26 F38* ∥ dedens] devant *F17*

---

[a] *F18 f. 115vb–116va; F16 f. 63^{vc}–64rb; F17 f. 64va–65ra; F19 f. 138^{ra–va}; F20 f. 83^{ra–va}; F24 f. 160^{va–c}; F25 f. 112rb–113ra; F26 f. 112va–113rb; F38 f. 205^{rb–vb}; F50 423^{rb–vb}* (ML, 417–419).

THE CHRONIQUE D'ERNOUL 495

enterroit ja, car Salehadins ses oncles avoit mis sen pere dedens Acre en garnisons; si le laissa prendre as Crestiens quant il prisent Acre. Cil haus hom *se parti* le nuit de l'ost et grans gens aveuc lui, mais il laissa *son* harnas et ses tentes por ce qu'il ne voloit mie c'on l'aparceust ne qu'il fust pris. Quant cil qui en garnisons estoient sor le rive oïrent le friente et le noise de cels qui *s'en* aloient, si   5
cuidierent estre traï et guerpirent *le rivage*; si s'en alerent. Quant il commença a esclairier del jor, li Crestien, qui lor nés escargaitoient et gaitoient l'ost, esgarderent par devers l'autre rive; si ne virent nullui et virent le rivage tout vuit. Il *le* fisent savoir as Crestiens; si s'armerent et leverent lor ancres et passerent le flun et prisent tiere d'autre part et descendirent, et li chevalier et tout li autre,   10
fors li maronnier qui remenerent aval le navie contreval le flun, si se misent en conroi et esrerent vers Damiete. Quant li Sarrazin sorent que li Crestien avoient passé le flun, si s'armerent et issirent hors des herberges por venir encontre aus.

---

1 Salehadins] sachiés *F19*   1–2 sen pere dedens Acre en garnisons] son pere en garnison dedenz Acre *F16 F24 F38 F50*, dedenz Acre *F25 F26*   2 si le laissa … Acre] si le laissa pendre as Crestiens quant il le prisent *F19*, si la (le *F50*) laissa prendre as Crestiens quant Acre fu pris *F25 F26 F50*, lacks *F38* (*homeoteleuton*)   2–3 se parti] departi *F18 F19*, s'en parti *F25 F26 F50*   3 de l'ost et grans] et il et si home et grans *F24 F38*, de l'ost et si home et ses *F25 F26* ‖ son] ses *F17 F18*   4 qu'il ne voloit mie c'on l'aparceust] qu'il ne voloit mie c'on s'aparceust *F17*, que on ne s'aparceust *F19* ‖ *New paragraph in F25 and F26*.   5 sor le rive … qui] en Damyete orrent la friente de cels qui *F16*, oïrent le friente de ceus qui *F17 F20*, oïrent dire qu'il *F19*, sor la rive (le rivage *F24*) por garder les Crestiens oïrent le noise et le friente (la frainte et la noise *F25 F26*) de chiaus qui *F24 F25 F26 F38*, garder la rive de Crestiens oïrent la friente de ciaus qui *F50* ‖ s'en] en *F18*   6 et guerpirent le rivage si] et guerpirent la rive si *F18*, si guerpirent (garnierent *F20*) le rivage et *F16 F20* ‖ alerent] fuirent *F25 F26*. *New paragraph in F24*.   6–7 il commença a esclairier del jor] il comença a esclairier *F20*, li jorz comença a esclarcir *F38*   7–8 lor nés escargaitoient … ne] lor nés eschauguetoient esgardierent d'autre part la rive. Si ne (et n'i *F17*) *F16 F17 F20*, eschargaitoient lor nés (nés regarderent *F50*) sor le rivage d'autre part si ne *F24 F50*, eschargaitoient lor nés et l'ost esgardoient sor le rivage d'autre part si n'i *F25 F26*, eschauguetoient leur nés et guetoient l'ost esgarderent seur le rivage d'autre part de la rive si n'i *F38*   8 et virent le rivage tout vuit] ains virent le rivage tot vuit *F24*, lack *F25 F26*   9 le] lacks *F18* ‖ si s'armerent et] et il s'armerent et *F19 F50*, et si s'armerent si *F24 F38* ‖ leverent] trestrent *F16*   9–10 le flun] le flun Jourdain *F19*, lack *F24 F25 F26 F38*   10 d'autre part] par d'altrepart *F17*, par d'autre part *F19* ‖ et descendirent et … autre] et descendirent, li chevalier et les gens *F24 F38*, lack *F25 F26*   11 remenerent aval le navie] remenierent lor nés arrieres tot *F16*, remenerent aval le navie (navire *F20*) tout *F17 F20*, remenerent aval lor navies *F19*, en remenerent ariere le (arriere la *F38*) navie *F24 F38*, en remanerent les nés *F25 F26* ‖ flun] flun Jourdain *F19*   12 vers] par devers *F16 F17 F20* ‖ *New paragraph in F16, F25, F26 and F50*.   12–13 Quant li Sarrazin … s'armerent] Quant li Crestien orent passé le flun et li Sarrasin le sorent il s'armerent *F17*, Li Sarrasins s'armererent quant il sorent que li Crestien avoient passé le flun *F25 F26*   12 avoient] orent *F16 F19 F50*, erent *F20*   13 flun] flun Jourdain *F19* ‖ et issirent hors … venir] pour venir hors des herberges *F19* ‖ hors] lack *F16 F50*, fors *F17 F20*

Quant on fist savoir au soudan que li haus hom qu'il avoit prié d'entrer dedens Damiete s'en estoit alés et toutes ses gens et grant partie de l'ost avoec lui, quant li soudans oï ce, si ne vaut mie aler encontre les Crestiens, ains guerpi ses herberges; si s'en ala. Li Crestien les en virent *bien aler*, mais il ne vaulrent mie
5 aler aprés, ains alerent as herberges que li Sarrazin avoient lassies; *si se* herbegierent et assegierent Damiete. Il trouverent les herberges des Sarrasins molt bien garnies de viandes qui mestier lor orent, et grant avoir i gaagnierent. Aprés si departirent les viandes et le gaaing; si en donnerent a chascun selonc çou qu'il estoit. Aprés si fisent .ii. pons par desus le flun de l'une ost a l'autre, si que
10 li un aloient as autres par desus les pons quant il voloient. Aprés si fisent *par* derriere aus bons fossés et bonnes lices, por ce que li Sarrasin ne lor corussent sus. Puis si drecierent perrieres et mangoniaus et trebucés por jeter as murs de Damiete, mais n'i pooient riens faire, et faisoient asalir chascun jor; et bien i furent .i. an, c'onques riens n'i fisent. Quant li Sarrazin orent guerpies lor her-
15 berges et il se furent trait arriere et il sorent que li Crestien i estoient herbegié et qu'il orent *dreciés engiens* devant le vile et faisoient asalir, il se herbegierent a .ii. liues d'iaus et envoient chascun *jor* de lor gent par establies et faisoient asaillir as lices. Aprés si manda li soudans a son frere Le Coredix, qui estoit en le tiere de Jherusalem qu'il le secourust a tout *quanqu'il* poroit avoir de gent,

---

1 Quant on] L'en *F38* ‖ soudan] soudan le Quemer *F16*, soudant d'Egypte *F20* ‖ d'entrer dedens] d'entrer en *F16 F50*, d'estre dedens *F19*, d'esrer dedens *F20*   2 et] et il et *F24 F38* ‖ l'ost avoec lui] *New paragraph in F24*.   2–3 quant li soudans oï ce] *lacks F16*, Quant il oï ce *F25 F26*   3 ses] les *F17 F19 F20*   4 les en] les *F24*, l'en *F38 F50* ‖ bien aler] *lacks F18*   4–5 mais il ne vaulrent mie aler] *lacks F25 (homeoteleuton)*   4 il] *lack F24 F26 F38 F50*   5 lassies] *lack F25 F26* ‖ si se] si se *F18*   5–6 herbegierent et assegierent] herbegierent d'autre part *F16 F20*, herbegierent a *F17*, herbergerent ens et assegerent *F19*, herbegerent et assistrent *F38*   6 Il] li Crestian *F16*, Li Crestiien *F20* ‖ des Sarrasins molt] *lack F38 F50*   7 de viandes qui mestier lor orent] *lacks F19*, de viandes qui (que *F25 F26*) grant mestier lor orent *F24 F25 F26 F38 F50*   8 departirent les viandes] departirent (partirent *F25*) la viande *F25 F26* ‖ si en donnerent a] et donerent a *F24 F50*, et donerent *F25 F26*, donerent a *F38*   9 par desus le flun] desur le flun Jourdain *F19*, deseure le flun *F20*, sor le flun *F24 F25 F26 F38*   9–10 si que li … voloient] si que li un aloient as autres *F25 F26*, *lacks F38*   10 as autres] de l'une ost a l'autre *F19* ‖ par desus] parmi *F20* ‖ par] *lack F18 F19*   11 por ce] *lack F24 F25 F26 F38 F50*   12 Puis si] et *F25 F26* ‖ et trebucés] *lack F16 F19*, et trebukiaus *F20*   12–13 de Damiete] *lack F25 F26*   13–14 i furent .i. … fisent] y furent un an que onques riens n'i conquisent (n'i forfirent *F20*) *F19 F20*, furent ensi .i. an c'onques rien n'i meffisent (n'i firent *F38*) *F24 F38*, i furent ausi .i. an sanz rien faire *F25 F26*. *New paragraph in F25 and F26*.   15 trait arriere et … estoient] *lacks F25*   15–16 i estoient herbegié et qu'il orent] si estoient (furent *F26*) herbergié et qu'il avoient *F24 F26 F38 F50*   16 dreciés engiens] engiens dreciés *F18* ‖ asalir] asaillir la cité *F16*   17 .ii.] .iii. *F17* ‖ liues] milles *F38 F50* ‖ et] et si *F24 F38* ‖ jor] *lacks F18* ‖ de lor gent … faisoient] de lor gens por establir et faisoient *F20*, par establie de lor gens por *F24 F25 F26 F38 F50*   18 as lices] *lacks F17* ‖ si] *lack F25 F26 F50* ‖ soudans] soudans le Quemer d'Egipte *F16*   19 quanqu'il] tant qu'il *F18*, ce qu'il *F20* ‖ avoir] *lack F24 F38*

THE CHRONIQUE D'ERNOUL 497

 car li Crestien avoient passé le flun et avoient Damiete assise tout entour *a la reonde*. Aprés s i manda a califfe de Baudas qu'il le secourust, et s'il ne le secouroit, il perderoit le tiere, car li apostoles des Crestiens i envoioit tant de gent, que ce n'estoit *ne contes* ne mesure, et qu'il fesist aussi preecier parmi Païenie *com* cil faisoit parmi Crestienté, et si le secourust. Quant califfes oï que li Crestien entroient en le tiere d'Egypte a si grant fuison, si fist preecier par Païenie et envoia au soudan grant secors de gent par sen preecement.

 Ansçois que li Crestien meuscent d'Acre por aler en le tiere d'Egypte, fremerent il .i. castel au cief d'une cité sur le mer qui a a non Cesare. Un autre en commencierent a fremer. a .vii. liues d'Acre et .v. liues de Cesare en .i. liu c'on apele *le* Destroit. Cis castiaus qu'il laissierent fremant quant il murent est en le mer. Il li misent a non Castel Pelerin, por ce que li pelerin le commencierent a fremer, et assés en i demoura puis que li rois *ala* a Damiete por le castel aidier a fremer. Cel castel tienent Templier, por çou qu'en lor tiere fu fermés.

 Or vous dirai que Li Coredix *fist* qui fu fius le soudan de Damas. Il ot molt grant gent amassee .i. jour de feste Saint Jehan Decolasse, qui est le daerrain jor

5

10

15

---

1 car] que *F19 F25 F26* ‖ flun] flun Jourdain *F19* ‖ avoient] s'avoient *F20, lack F25 F26 F50* 1–2 a la reonde] *F16, F17 and F20 lack the following sentences.* 1 a la] al *F18* 2 de Baudas] de Baudas qui apostoles est (estoit *F25 F26*) des Sarrasins por Deu *F24 F25 F26 F38*, Baudac qui est ausi com apostoilles des Sarrazins que por Deu *F50* 2–3 de Baudas qu'il … car] qu'il le secourust et que pour Diu il le secourust et que sil ne secouroit il perderoit se tere que *F19* 3 perderoit] l'avoit perdue *F25 F26* ‖ des Crestiens] *lacks F38* ‖ i] *lack F25 F26 F50* 4 ce n'estoit ne contes ne mesure] ce n'estoit rois ne mesure *F18*, ch'estoit une merveille *F19*, ce n'estoit contes ne mesure *F38* 4–5 aussi preecier parmi … parmi] ausi prechier par Païenisme (Païenime *F24*) com cil faisoit par *F24 F38 F50*, preheschier par Païnieme ausi com cil faisoit par *F25 F26* 5 com] que *F18* ‖ *New paragraph in F25 and F26.* ‖ califfes] li califes *F19 F24 F38 F50* 5–6 que li Crestien … fuison] dire que li Crestien estoient en le tere a si grant fuison *F19*, ce *F38 F50* 6 si grant] tel *F25 F26* ‖ preecier] preechier ausi *F24* 6–7 par Païenie et … secors] et le secourut qu'il envoia au soudan grant plenté *F19* 7 par sen preecement] *F16, F17 and F20 resume with a new paragraph. Rubric in F16*: La desconfiture que li Sarrasin de Damas firent devant Acre seur Crestians qui aloient au secors de Damyete ou li Crestian estoient. *Rubric in F20*: Du soudan de Damas qui vint au secours Damiete. 8 le tiere d'Egypte] Egypte *F19*, le terre de Damiete *F20* 9 le] *lack F16 F20 F24* 9–10 en commencierent] commencierent il *F16 F20*, commenchierent *F19* 10 .vii. liues d'Acre et .v. liues] .viii. milles d'Acre et a .v. milles *F38* ‖ et] et a *F16 F20* 11 Le] *lack F18 F19* ‖ est] *lack F17 F19* 13 et assés en i demoura] et assez en i demora de gent *F16, lacks F20* ‖ puis que] quant *F24 F38* ‖ ala] en ala *F18*, fu alés *F17*, Jehans ala *F20* ‖ le castel] *lack F24 F38* 14 Templier] li Templier *F16 F17 F20 F38 F50* ‖ *New paragraph in F16, F17, F38 and F50.* 15 fist] *lacks F18* ‖ qui fu fius … Damas] li soudans de Damas et de Jerusalem fist qui filz avoit esté Salphadin *F16*, qui fieus avoit esté a Salehadin le soudant de Damas *F20* 16 gent amassee] pueple amassee *F16*, gent assamblé *F20 F38* ‖ Decolasse] *lacks F20* 16–498.1 qui est le … si] qui est a l'issue del mois d'aoust et (et si *F16*) *F16 F20*, qui est a l'issue d'aoust et si *F19 F24 F38*, demain jor d'aost et *F25*, le derain jor d'aost et *F26*

d'aoust, et si fist .i. embuissement prés d'Acre. Puis fist corre par devant. Quant les garnisons d'Acre virent les coureours venir, si issirent aprés aus et cachierent tant qu'il vinrent sor l'enbuiscement. Quant li Crestien virent l'enbuissement, si arresterent et ne vaulrent aler avant, et si se tinrent por fol de ce qu'il avoient
5   tant cachié. Quant li Sarrasin virent les Crestiens, si saillirent et asanlerent a eauls; la se combatirent. Assés en i ot de mors d'une part et d'autre, tant que li Crestien ne porent plus endurer, ains tornerent en fuies vers Acre, qui escaper en pot, et li Sarrazin encaucierent et prisent assés et occisent et cachierent dessi as portes d'Acre.[a]

10 [cccxvi] Quant li Crestien qui a Acre estoient virent que lor gent s'en venoient tot desconfit, si coururent as armes et fremerent les portes et garnirent que li Sarrazin n'entraissent dedens. Quant Li Coredix ot desconfit les garnisons d'Acre, si ala a Cesaire; si aseja le castel. Quant cil del castiel furent assegié, si envoierent a Acre por secors. Cil d'Acre lor envoierent galies et lor manderent

---

1 .i. embuissement prés d'Acre. Puis fist] *lacks F25 (homeoteleuton)* ‖ Puis] et si *F19*   2 coureours venir si issirent] coreeurs sarrasin venir si issirent d'Acre *F16* ‖ venir] *lack F25 F26 F50* ‖ et] et les *F16 F19 F20 F50*   3 tant qu'il vinrent] dessi *F19* ‖ l'enbuiscement] lor enbussement *F24 F25 F26 F38*   3–4 Quant li Crestien ... arresterent] Quant li Crestian virent l'enbuchement si s'aresterent *F16 F38*, si s'arresterent *F17 F20*, si arresterent *F19 F25 F26*, s'arresterent *F38*   4 ne vaulrent aler avant et si] ne vostrent aler avant et *F16 F17*, *lack F25 F26 F50*   5 tant] *lack F25 F26* ‖ cachié] enchaucié *F16*, encauciet *F17*, encauchié *F20*. *New paragraph in F24*. ‖ Quant] Si com *F24*   5–6 si saillirent et asanlerent a eauls] saillirent de leur enbuchement et asemblierent au Cretians *F16*, saillirent de l'embuissement et assamblerent a aus *F20*, salirent et vinrent a aus *F19*, salirent et asamblerent a iaus *F24 F38 F50*, sallirent a aus *F25 F26*   6 Assés] et asés *F24*, et assez *F38 F50* ‖ d'une] et d'une *F17 F19 F24 F25 F26*   7 endurer] durer *F17 F19*   7–8 qui escaper en ... et] qui eschaper pot et li Sarrasin enchachierent (les enchaucerent *F38*) en *F24 F38*, qui eschaperent et li Sarrazin enchaucierent si en *F25 F26*, et li Sarrasin les enchaucerent et *F50* ‖ qui escaper en ... assés] cil qui escaper n'en porent et li Sarrasin les cacherent et prisent *F19*   8–9 encaucierent et prisent ... d'Acre] les enchauçoient et en pristrent assez et assés (ades *F16*) en ocistrent *F16 F17*, les encauchierent et assés em prisent et assés en ochisent *F20*   10 *No paragraph break in F16, F17, F20, F24, F38 or F50*. ‖ Quant] Et quant *F16 F17 F20* ‖ li Crestien qui a Acre estoient] li Crestian qui a Acre estoient demoré *F16*, cil d'Acre *F25 F26*   10–11 s'en venoient tot] tuit *F16*, en venoient tout *F17 F20*, estoit *F19*, s'en venoient *F38 F50*   11 si coururent as armes] si se corurent armer *F17* ‖ garnirent] les garnirent *F17*, gaitierent *F20*   12 n'entraissent dedens] n'entranscent ens *F17 F20 F38*, n'i entrassent *F25 F26*   12–13 Quant Li Coredix ... castel] et Li Coredis s'en retorna et ala assegier le chastel de Cesaire *F25 F26*   13 del castiel] de Cesaire *F17*, de Chesaire *F19*   14 envoierent a Acre por secors] manderent secors a Acre *F17*, envoierent a Acre querre secours *F19* ‖ lor envoierent galies et lor] si lor envoierent galies et si lor *F24*, leur envoierent galies si leur *F38*

---

[a] *F18 f. 116va–117va; F16 f. 64rb–vb; F17 f. 65ra–vb; F19 f. 138va–139rb; F20 f. 83va–84rb; F24 f. 160vc–161rb; F25 f. 113ra–114rb; F26 f. 113rb–114rb; F38 f. 205vb–206rb; F50 f. 423vb–424vb* (ML, 419–422).

THE CHRONIQUE D'ERNOUL 499

qu'il venissent a Acre et laissassent le castel, car il ne les pooient secorre. Quant cil del castel *oïrent* les novieles, si entrerent par nuit es galies et alerent a Acre; si laissierent le castiel. Et quant ce vint l'endemain si s'armerent li Sarrazin *por* assallir al castel, et quant il vinrent priés des murs et il *vaurent* assaillir, si ne troverent[451] qui contre aus fust. Il firent *aporter* escieles et monterent sour les murs et entrerent el castel. Quant il orent le castel pris, il ne le vaurent mie garnir, ains l'abatirent. Quant il orent le castel abatu, si se partirent d'ileuc et alerent asegier Castel Pelerin. Il n'i ot gaires sis quant li message li vint qui li aportoit les nouveles que ses freres le mandoit qu'il l'alast secorre a tout quanqu'il poroit avoir de gent, et Li Coredix se leva del siege de Castiel Pelerin *et* garni le tiere;[452] si s'en ala en Egipte a son frere le soudan.

Quant li pelerin orent esté une piece devant Damiete, et que li Sarrazin lor venoient cascun jour desci as lices, il prisent conseil *et* s'acorderent qu'il iroient

---

1 venissent a Acre ... il] laissasent le chastel et venissent (s'en venissent *F50*) a Acre qu'il *F24 F38 F50* ‖ *New paragraph in F24, F25 and F26.* ‖ Quant] Tantost con *F24*   2 castel oïrent les novieles] castel l'oïrent les novieles *F18*, chastel oïrent la (le *F24*) novele *F38 F24*, chastel de Cesaire oïrent la novelle *F25 F26* ‖ par nuit es galies] es galies *F16 F50*, es nés *F17*, en galies *F20* ‖ et] si s'en *F24*, et s'en *F25 F26 F38*   2–3 alerent a Acre ... castiel] alerent a Acre; si guerpirent le castel *F17*, laisserent le castel et (et s'en *F50*) alerent a Acre *F19 F50*   3 si] et *F24 F38* ‖ Et] *lack F20 F24 F38 F50* ‖ si s'armerent li Sarrazin] li Sarrazin s'armerent *F24 F38 F50* ‖ por] por aler *F18*   4 al] le *F19 F20 F25 F26 F38*   4–5 et quant il ... contre] si n'i trouvierent nului; si pristrent le chastel et l'abatirent *F16*, se n'i trouverent nului; si fu li castiaus pris *F17*, et il vinrent prés du castel et vaurrent assalir si ne troveren nului qui encontre *F19*, Mais il n'i trouveren nului. Ensi fu le castiaus pris et si l'abatirent *F20*, et quant il vindrent prés des murs si n'i troverent nului qui encontre *F38*, Qant il vindrent prés il ne troverent nul qui contre *F50*   4 vaurent] vaurent aler *F18*   5 fust. Il] venist si *F25 F26* ‖ aporter] aporte *F18*, porter *F38*   5–6 sour les murs et entrerent el] as murs et prisent le *F19*   7 Quant il orent ... d'ileuc] et quant abatu l'orent si s'en partirent *F25 F26*, Quant l'orent abatu il se partirent d'ilec *F38* ‖ si se partirent d'ileuc et alerent] il s'en alerent d'iluec *F19*   8–9 Il n'i ot ... freres] Il n'orent lueques gaires sis quant on li aporta nouveles que ses freres *F19*, Il n'orent (n'ot *F24*) gaires sis devant Chastel Pelerin quant li messages vint que ses freres li soutans *F24 F38*, n'orent gaires sis devant que li mesaiges vint que li soudans ses freres *F25 F26*   9 l'alast secorre] le secourust *F19*, alast secorre *F25 F26* ‖ poroit avoir] aroit *F24 F25 F26*, avoit *F38*   10 et] *lack F24 F38 F50* ‖ de Castiel Pelerin et garni le] et mist garnisons en le *F19*, del Chastel Pelerin et garni sa *F25 F26*, si garni sa *F38*, et garnist sa *F50* ‖ et] si *F18*, et si *F24*   10–11 si s'en ala] et puis s'en ala Li Coredix *F16*, puis s'en ala *F17*, et puis s'en ala *F20*   11 le soudan] *lack F24 F25 F26 F38 F50. New paragraph in F16, F20 and F50. Rubric in F16*: Comment li Crestian pristrent Damyete seur Sarrasins.   12 pelerin] Crestien *F24 F38 F50*   12–13 et que li Sarrazin ... lices] *lack F38 F50*
13 cascun jour desci] chascuns devant *F20*   13–500.1 il prisent conseil ... Sarrazins] *lacks F19*
13 et] qui *F18*

---

451   *F16, F17* and *F20* lack the following sentences.
452   *F16, F17* and *F20* resume.

requerre les Sarrazins dusques es lices, et les leveroient de la ou il estoient logiet et se combateroient a aus. Quant il orent pris conseil d'aler sor les Sarrazins, il atirent ceus qui demoueroient por garder les lices et ceus qui iroient combatre as Sarrazins. Li rois Jehans issi avant de l'ost et li eslis de Biauvais, qui puis fu vesques,[453] et Gautiers li cambrelens et François assés et grans chevalerie de toutes tieres, et merveilles en issirent de gent a pié, et errerent tant qu'il vinrent prés de l'ost as Sarrazins. Quant li Sarrazin les virent venir, si se traisent arriere et s'armerent et monterent sor lor cevaus, et les gens a pié se ferirent es herberges et se cargierent de viandes et de ce qu'il trouverent; puis vaurent aler ariere. Quant li Sarrazin virent que li Crestien avoient tant cargié, si lor coururent sus. Li rois et li cevalerie qui les gardoient lor alerent encontre; si s'asanlerent et se combatirent, si que li Crestien en orent le pior et furent desconfit. Si fu pris li eslius de Biauvais et Gautiers li cambrelens et grant cevalerie de France et d'aillors, et des gens a pié n'escapa nus, ains furent tout mort de soif et ocis, car il fist molt caut cel jour; si n'orent point d'iaue la ou il aloient; si cachierent desci as lices. Si eust esté li rois *retenus*, se n'eust esté li secors de

---

1 dusques es lices] *lack F16 F19 F24 F25 F26* ‖ dusques es lices ... logiet] *lack F38 F50*   2–3 et se combateroient ... il] si *F25 F26*   2 Quant il orent ... Sarrazins] *lack F16 F17 F20 F50*   3 iroient] alerent pour *F19*   4 *New paragraph in F25 and F26*.   5 fu] fu eslus pour estre *F19* ‖ li cambrelens] de Chambelans *F25* ‖ et François assés] lo roi de France et François assez *F16 F20*, as François *F17*, et autre Franchois assés *F19*, *lack F38 F50*   6 en issirent] en issi *F16 F19 F20 F24*, en eissi *F38 F50*, *lack F25 F26*   6–7 et errerent tant ... Sarrazins] qui onques ne furent devant, devant che qu'il vinrent prés de l'ost as Sarrasins *F19*, *lack F16 F17 F20*   7–8 Quant li Sarrazin ... monterent] li Sarrasin se traistrent arriere quant il les virent venir et s'armerent *F25 F26*   8 sor lor] seur les *F16*, sor les *F17*, sur les *F19*, es *F24 F38*   9 et se] au Sarrasins si se *F16*, si se *F17 F20*, et *F19* ‖ et de ce qu'il trouverent] *lack F25 F26*   9–10 puis vaurent aler ariere] et cuidierent reparier arriere sauvement *F16*, et s'en cuidierent raler arriere *F17*, puis vaurrent retourner a Saiete *F19*, et quidierent repairier ariere *F20*, si retornerent (tornerent *F24*, retorrent *F25*, retornoient *F38*) arriere *F24 F25 F26 F38*   10 virent que li Crestien] virent qu'il *F19*, qu'il *F25 F26* ‖ tant] tot *F16*, tout *F17 F19 F20*, lor *F24 F25 F26*, leur *F38*   11 gardoient lor alerent] gardoit ala *F19*, gardoient alerent *F20 F38 F50*, gardoit lor ala *F24*   12 si s'asanlerent] *lack F16 F17 F20*, si assemblerent *F25 F26 F38*, et si (et si *F24*) asamblerent *F24 F50* ‖ si] et si *F16 F24 F38*   13 li cambrelens] de Chambellais *F25* ‖ grant] d'autre *F19*   14 n'escapa nus ains] n'en eschapa nus ainz *F16 F20 F24*, n'en eschapa uns seus ainz *F38*, *lack F25 F26*   14–15 nus ains furent ... car] il nus ains furent mort et ochis et morurent de soif *F19* ‖ tout mort de ... molt] tot ochis et mort de soif car il fist molt grant *F24 F25 F26 F38*, ocis ou mort de soif car il fist molt grant *F50*   14–16 mort de soif ... as] ocis et les chacierent jusques (dusques *F17*) as (au *F16*) *F16 F17 F20*   15 si] et il *F24 F38*   15–16 point d'iaue la ... si] que bone ne point d'iaue la ou il aloient sil les *F19*, point d'euve la u il estoient et si *F24*, point d'eve la ou il aloient et *F25 F26*   16–501.1 si cachierent desci ... estoient] *lack F38 F50*   16 Si] et si *F24 F25 F26* ‖ retenus] detenus *F18 F25 F26* ‖ n'eust esté li] ne fust li *F17*, n'eust esté *F24 F25 F26*

---

453   Milo of Nanteuil, bishop of Beauvais (1217–1234).

ciaus qui as lices estoient. Ce jor fu feste Saint Jehan a l'issue d'aoust. Chel jor ot .i. an que li Crestien furent desconfit devant Acre.[454] Grant joie fisent li Sarrazin des haus homes qu'il avoient pris et de çou qu'il avoient desconfit le roi. Et li Crestien fisent grant deul en l'ost. Si vous di c'onques puis que li Crestien furent ariere devant Damiete et orent pris tiere, ne fu jors que li Sarrazin ne tuassent ou preissent Crestiens.[a]

[cccxvii] Or vous dirai des Sarrasins qui dedens Damiete estoient. Grans maladie lor prist si qu'il en i ot molt de mors et molt en i moroit chascun jor. Il fisent savoir al soudan et disent qu'il renderoient le cité u il lor envoiast gent qui deffendre se peussent, car il ne se pooient mais desfendre. Li soudan fist appareillier .v.^{c} chevaliers bien montés, et si lor donna tant et promist, et si lor dist s'il

---

1 Ce jor fu … d'aoust] et il qui trop bien se deffendi a grant meschief. Ce jor fu feste Saint Johan de Colace (Johan Decollasse *F17*, Jehan Decolasse *F20*) a l'issue d'aoust *F16 F17 F20*, Cel jor fu feste Saint Jehan a l'issue d'aoust *F24 F38*, Cel jour fu feste Jehan Decolasce *F25 F26*, Celui jor fu la feste Saint Johan de Colace a l'eissue d'aoust *F50* ‖ Chel] et cel *F24 F25 F26 F38 F50*   1–2 ot .i. an … furent] avoit eu .i. an que li Crestiien orent esté *F20*   2 *New paragraph in F25 and F26.*   3 des haus homes qu'il avoient pris] des hauz homes crestians qu'il avoient pris *F16 F50*, de Crestiens qu'il avoient en prison *F17*, de ce qu'il avoient pris tant de haus hommes *F19*, des Crestiens qu'il avoient pris qui haut home estoient *F38* ‖ de çou] *lack F19 F25 F26*   4 en l'ost. Si] en l'ost ains *F17*, par l'ost et si *F24 F25 F26*, et si *F38* ‖ di c'onques] di bien c'onques *F16*, di que *F17*   4–6 c'onques puis que … Crestiens] que chascun jor tuoient (ocioent *F50*) Sarrasin des Crestiens ou prenoient *F38 F50*   5 ariere] arivé *F24 F25 F26* ‖ et orent pris tiere ne fu] ne *F25 F26*   5–6 tuassent ou preissent] presiscent u tuascent *F17*, presissent ou tuaissent *F19*   7 *Rubric in F20*: Comment Damiete fu conquise de Crestiiens. *No paragraph break in F24, F25 or F26.*   7–8 Or vous dirai … mors] Grans maladie prist les Sarrasins qui dedenz Damiete estoient si que mors en i ot molt *F25 F26*   7 des Sarrasins] de cels *F38*   8 lor prist si qu'il en] lor prist dedens si qu'il *F24*, les prist si qu'il en *F38*   9 fisent savoir al … envoiast] le firent asavoir au sodan Lequemer et distrent qu'il rendroient la cité aus Crestians ou il lor envoieroit *F16*, fisent savoir al soldan qu'il lor renderoient le cité u il lor envoieroit *F17*, fisent savoir al soudan qu'il renderoient le chité ou il envoieroit *F19*, fisent asavoir au soudant d'Egypte qu'il renderoient as Crestiiens le chité ou il or envoieroit *F20*, le firent (fisent *F24*) savoir (asavoir *F50*) al soutan et (et se *F24*, et si *F38*) li manderent qu'il rendist *F24 F25 F26 F38 F50*   10 se peussent] se peust *F16 F38*, le peussent *F19*, la peussent *F50* ‖ mais] *lack F38 F50*   10–11 soudan fist appareillicr] roys fist appareillier *F19*, soudans fist appeler *F25 F26*   11 et] *lack F19 F25 F26*   11–502.1 donna tant et … pooient] dist que s'il pooient *F16 F17 F20 F38 F50*, donna tant et promist et dist s'il pooit *F19*, dona tant et promist et si lor dist que s'il pooient *F24*, et promist et lor dist si lor pooient *F25*, tant et promist et lor dist si pooient *F26*

---

[a] *F18 f. 117va–118ra; F16 f. 64^{vb-c}; F17 f. 65vb–66ra; F19 f. 139rb–140ra; F20 f. 84^{rb-vb}; F24 f. 161^{rb-va}; F25 f. 114^{rb-vb}; F26 f. 114va–115ra; F38 f. 206^{rb-va}; F50 f. 424vb–425rb* (ML, 422–424).

454   29 August 1219.

pooient tant faire qu'il fussent *dedens* Damiete, il lor donroit *quanqu'il* deviseroient, et chil disent qu'il iroient et enterroient ens. Si s'apareillierent por entrer ens le nuit. Quant ensi furent atorné, si fisent savoir a ceus de Damiete que, quant il orroient le nuit le noise et le friente en l'ost as Crestiens, qu'il ouvrissent une porte par ou il enterroient. Quant che vint le nuit de prinsoir, que l'ost des Crestiens fu endormie, li Sarrasin, qui furent armé et bien monté, se ferirent en l'ost parmi les gaites qui gaitoient les lices, et li Sarrasin qui dedens Damiete estoient ouvrirent les portes et cil enterrent ens. De cele part ou il entrerent en Damiete estoit li cuens de Navers[455] herbegiés, dont il ot grant blasme, et li mist on sus qu'il en avoit eu grant avoir del soudan pour entrer les Sarrasins en Damiete parmi ses herberges. Dont il avint c'on le bani de l'ost.

Ne demora gaires apriés che que li Sarrasin furent entré en Damiete, que li mainnie le cardenal fisent l'escargaite une nuit par devers le cité, dont il avenoit que chascuns haus hom faisoit l'escargaite a sen tour, et *a* cele nuit escaï

---

1 fussent] se peuscent metre *F17* ‖ dedens Damiete il lor donroit quanqu'il] devens Damiete il lor donroit tant que il *F18* 1–2 deviseroient] oseroient demander *F20*, deviseroient de bouche *F24. New paragraph in F24.* 2 et] lack *F24 F38 F50* ‖ disent qu'il iroient et enterroient ens] disent qu'il iroient et se meteroient ens *F17*, disent qu'il enterroient ens *F19*, disent qu'il iroient volentiers et enterroient ens *F20*, l'otroiorent *F25 F26* 2–3 Si s'apareillierent por … nuit] et qu'il s'apareilleroient pour entrer ens le nuit *F19*, Adont s'apareillierent le nuit pour entrer ens *F20*, Il s'apareillierent et atornerent por entrer ens le (la *F38*) nuit *F24 F38. New paragraph in F25 and F26.* 3 ensi furent atorné] il furent atorné *F16*, il se furent atourné *F20*, ensi furent atirié *F24 F38*, si furent atirié *F25 F26* 3–4 que quant il orroient] quant il orroient *F20*, quant il iroient *F25 F26* 5 enterroient] entrassent enz *F16*, entrascent ens *F17*, entraissent ens *F20* ‖ que] prinsoir et *F17 F38*, souper et de prinsoir et *F25 F26* 6 li Sarrasin qui] li Sarrasin qui bien *F19*, et aserisié li Sarrasin qui *F24*, et aserié li Sarrasin qui bien *F25 F26* 7 gaitoient] gardoient *F24 F38 F50* 8 ouvrirent] lor ouvririrent *F16 F20*, lor olvrirent *F17* ‖ les portes] la porte *F25 F26 F38 F50* 9 en Damiete] ens *F24, lack F38 F50* ‖ ot grant blasme et] i ot grant blasme. Et si *F16*, en ont grant blasme et *F19*, ot grans blasme et dont on *F24* 9–11 li mist on … le] *lack F38 F50* 10–11 entrer les Sarrasins en Damiete] les Sarrasins lessier entrer en Damiete *F16*, les Sarrasins entrer en (dedens *F19*) Damiete *F17 F19 F20 F24*, laissier aler les Sarrasins *F25 F26* 11 herberges] tentes *F16* ‖ c'on le bani] c'on le bani hors *F17 F24*, que on mist se baniere hors *F19*, c'om le bani fors *F20*, qu'il fu bani *F25 F26*, baniz en fu hors *F38 F50* ‖ *New paragraph in F16, F24, F25 and F26.* 12 en] dedens *F17 F19 F24 F38 F50* 13 mainnie le cardenal fisent] mesniee le cardonal Pelage firent *F16*, maistre cardonaus fist *F20*, meisniee au chardonal firent *F38* ‖ une nuit par devers le] par devers cele part ou li quens Dennevers avoit fet l'eschauguete quant li Sarrasin entrierent en la *F16*, par devers cele part ou li cuens de Navers avoit fait l'escergaite quant li Sarrasin entrerent en le *F20* 13–14 une nuit par … l'escargaite] *lack F25 F26 (homeoteleuton)* 14 a sen tour] cascun jour a son jour *F19* ‖ et a cele nuit escaï] a cele nuit eschaï a faire *F17* ‖ a] *lacks F18*

455 Hervé of Donzy (died 1222).

THE CHRONIQUE D'ERNOUL 503

al cardenal. Il donnerent escout cele nuit; si n'oïrent nullui as murs si comme il soloient faire; si s'esmervellierent *molt* que ce pooit estre. Il *appareillierent* escielles et misent as murs. Quant il fu jours si monterent *sus*, mais n'i trouverent nullui. Il le fisent savoir en l'ost et si avalerent as portes; si les ouvrirent et on entra ens sans contredit. On trouva les mors parmi les rues et les malades, si que toute le vile en puoit. Cel tant de Sarrasins, qu'il i avoit qui aidier se pooient, reculerent en une tor et la furent pris. On jeta tos les mors qui i estoient el flun; si avalerent en le mer.[456][a]

[**cccxviii**] Quant li Crestien orent pris Damiete, si donnerent a chascun se part de le cité et des avoirs selonc ce qu'il estoit. Ne demora gaires *apriés* qu'il ot grant maltalent entre le roi Jehan et le cardenal. Dont il avint que li cardenals escommenioit chascun jor tos ceus et toutes celes qui en le partie de Damiete que li rois Jehans avoit manroient ne liveroient maison. Li rois estoit molt

---

1 cardenal] cardonal Pelage l'eschauguete *F16*, cardonnal l'escergaite *F20* ‖ si n'oïrent nullui as murs] au murs de Damyete si n'i oïrent nului *F16*, et si n'oïrent nullui as murs cele nuit *F24*, *lack F38 F50*   2 faire] *lack F20 F25 F26* ‖ molt que ce ... appareillierent] que ce pooit estre. Il parlerent ensanle et apparlierent *F18*, que ce pooit estre il (si *F25 F26*) aparelierent *F16 F17 F25 F26*   3 et] et les *F16 F20 F50* ‖ as murs] al mur *F17 F24*, au mur *F19 F38* ‖ Quant] et quant *F24 F38 F50* ‖ sus] amont *F18* ‖ mais n'i] Mais il ne *F20*, si ne *F24 F38 F50*   4 et si avalerent] et si s'avalerent *F17*, si s'avalerent *F20*   4–5 si avalerent as ... entra] avalerent aval et ouvrirent les portes et entreront *F19*, si avalerent as portes et l'ovrirent et l'os *F25 F26*   5 On trouva les] si trova on tant de *F25 F26*, L'en trova tant de *F50* ‖ parmi les rues ... si] et les malades aval le vile *F19*, parmi les rues *F25 F26*, et les malades par les rues si *F38*   6 Cel] et che *F24*, et cel *F25 F26* ‖ qu'il i avoit] qu'il i avoit demouré *F20*, *lack F25 F26* ‖ qui] et qui *F16 F38*   7 reculerent] s'en fuirent *F24*, se recueillirent *F38*, se recoillirent *F50* ‖ jeta tos] geta *F20*, gitoz *F25 F26*   7–8 qui i estoient ... avalerent] el flun Jourdain si avalerent *F19*, qui estoient en Damiete el flun. Si avalerent *F20*, qu'il i avoit el flun si alerent *F24 F38*, el flun si alerent *F50*   9 *Rubric in F20*: Le content qui fu entre le roi Jehan et le cardonal d'Antioce. *No paragraph break in F24, F38 or F50.* ‖ si] il *F25 F26 F50*   10 qu'il estoit] que chascuns estoit *F16*, çou qu'il estoient *F17*, qu'il estoient haut home *F20*   10–11 apriés qu'il ot grant] qu'il ot *F20*, qu'il ot grant *F24*   10 apriés] apriés ce *F18*   12 tos ceus et toutes celes] ceus *F17*   12–13 de Damiete que ... liveroient] le roi Jehan manoient ne livoient *F17*, de Damiete estoient que li roys Jehans avoit ne livroient *F19*, le roi en Damiete manroit ne liveroit *F24*   13 avoit] tenoit *F16 F20*   13–504.1 rois estoit molt dolans] roys Jehans estoit molt dolans et molt courouciés *F19*   13 estoit] fu *F16 F24 F25 F26 F38 F50*

[a] *F18 f. 118[ra–va]; F16 f. 64[vc]–65ra; F17 f. 66[ra–va]; F19 f. 140[ra–b]; F20 f. 84vb–85ra; F24 f. 161[va–b]; F25 f. 114vb–115rb; F26 f. 115[ra–va]; F38 f. 206va; F50 f. 425[rb–vb]* (ML, 424–426). *F18 has a ten-line miniature panel showing Christian warriors outside the walls of Damietta followed at the top of the next column by a four-line pen-flourished initial 'O'.*

456   The Christians occupied Damietta on 5 November 1219.

dolans de ce que li cardenaus faisoit, car grant coust et grant painne avoit mis a Damiete prendre.

On aporta novieles al roi Jehan que li rois d'Ermenie, cui fille il avoit, estoit mors, dont il fu molt liés de çou qu'il ot honerable ocoison de l'ost laissier; car il estoit molt anuiés et molt dolans de ce que li cardenals avoit signourie sor lui, et avoit desfendu c'on ne fesist riens por lui en l'ost. Il manda des chevaliers de l'ost; si prist congié et si dist qu'il *li* estevoit aler en Hermenie et que li tiere li estoit eskeue de par se femme.[457] Cil de l'ost furent molt dolant quant il sorent que li rois Jehans s'en aloit. Li rois Jehans s'en ala en Hermenie, et quant il vint la si requist le tiere. Cil d'Ermenie disent qu'il ne le connissoient mie a signor, mais s'il veoient lor dame le fille le roi qui lor dame devoit estre, il le recueilleroient comme dame et li renderoient le tiere.[a]

[cccxix] Li rois Jehans s'en ala a Acre por se feme mener en Hermenie. Quant il vint a Acre se li fisent aucunes gens a entendre que se feme voloit enpuisonner se fille dont il tenoit le roialme. Li rois en fu molt dolans; si l'en bati a esperons,

---

1 grant coust et grant] coust et *F38*   2 *New paragraph in F38 and F50.*   3 avoit] avoit a feme *F50*   4 de] por *F24 F25 F26 F38 F50*   4–5 de çou qu'il ... estoit] et molt joians quant il ot honerable acoison car il seroit *F19*   4 ot] avoit *F16 F20*   5 estoit ... de ce que] i estoit molt a enuis et molt dolans car *F24*, i estoit molt a enuiz car *F25 F26 F38* ‖ avoit] menoit *F16 F17 F20*   6 avoit] savoit *F20*   6–7 Il manda des chevaliers de l'ost] *lack F16 F20*   7 si prist congié et si dist] et il dist a cex de l'ost *F16*, et prist congiet a aus et dist *F17*, et si congié si dist *F19*, et il dist *F20* ‖ li] l'en *F18* ‖ estevoit] covenoit *F16 F38*, convenoit *F50* ‖ et] *lack F19 F24 F25 F26 F38 F50*   8 dolant] dolant et molt courouchié *F19*   9 aloit] iroit *F38*   10 requist le] requist sa *F16*, requist se *F20*, demanda que on li rendist le *F19* ‖ Cil d'Ermenie] et il *F25 F26* ‖ connissoient] recevoient *F20*   11 lor dame] *lack F24 F25 F26 F38 F50* ‖ le roi] lor signour *F17*, le roi qui fu *F20*   11–12 qui lor dame ... tiere] il li rendroient la terre cum a leur dame *F38 F50*   12 recueilleroient] recevroient *F16* ‖ renderoient] renderoient volentiers *F19*   13 *No paragraph break in F16, F17, F20, F24, F25, F26, F38 or F50.* ‖ Jehans s'en ala] Johans s'en ala adonc *F16*, s'en ala *F25 F26*, Jehans ala *F38*   14 a Acre] en Acre *F17*, la *F19* ‖ fisent aucunes gens a entendre] firent aucunes genz entendant *F16 F24 F38*, fist entendant *F25 F26* ‖ que se feme] qu'ele *F17* ‖ enpuisonner] enprisonner *F16 F19*   15 le roialme] la terre *F25 F26*, le reaume de Jerusalem *F50* ‖ molt dolans] molt dolans et molt courouchiés *F19*, molt dolans et *F24*, dolenz *F38*   15–505.1 l'en bati a esperons dont] l'en leidanja molt dont *F16 F20*, l'en laidenga *F17*, l'en bati dont *F19*, en bati sa fame aus esperons dont *F38*

---

[a] *F18 f. 118^{va-b}; F16 f. 65rb; F17 f. 66va; F19 f. 140^{rb-va}; F20 f. 85^{ra-b}; F24 f. 161^{vb-c}; F25 f. 115^{va-b}; F26 f. 115va–116ra; F38 f. 206^{va-b}; F50 f. 425vb–426ra* (ML, 426–427).

---

457   John left Damietta early in 1220. King Leo of Armenia had died the previous May, and John had a claim to the throne of Armenia through his wife, Stephany, who was one of Leo's daughters. Stephany's death and that of their infant son later in 1220 put an end to John's ambitions.

THE CHRONIQUE D'ERNOUL 505

dont aucunes gens disent qu'ele fu morte de le bature. Li rois ne retorna mie a Damiete, ains sejorna a Acre, et i fu bien un an puis *qu'il* se torna de Damiete ansçois qu'il i *ralast*. Dont il fu molt dolans quant il i rala si tost en grant aventure i fu de le vie perdre.

Quant li rois se parti de Damiete, li cardenals demora sires de l'ost. Or vous 5
dirai que li cardenals avoit establi devant ce qu'il eust Damiete et faisoit encore: que nus hom, tant eust laissié se feme ne ses enfans povres ne endetés, nulle cose ne li pooit renvoier arriere, ains li convenoit tout laissier en l'ost. Ains faisoit chascun jor escumenier tos cels qui riens en reportoient d'omme qui mors fust en l'ost. Apriés si faisoit jurer les signors des nés qui les nés looient as pele- 10
rins por revenir arriere, que nul n'en lairoient entrer dedens les nés ne nul n'en passeroient, s'il ne veoient sen seel. Et encore avoec tout ce *les* faisoit escumenier, mais bien lor laissoit lor nés cargier de viande, mais nul n'en laissoient

---

1 fu morte de le bature] morroit de chele bature *F19*, en fu morte *F25 F26* ‖ retorna] sejorna *F16 F17*, tourna *F19*   2 sejorna] en ala *F19* ‖ i fu bien ... torna] s'i fu bien .i. an (an a sejor *F16*) puis qu'il se parti *F16 F20*, fu bien un an an ains que il se tournast *F19*, fu bien (bien i fu *F25 F26*) .i. an puis qu'il s'en (se *F24*) torna *F24 F25 F26 F38* ‖ qu'il] que *F18* ‖ de Damiete] *lack F25 F26*   3 ralast] alast *F18 F19*   3–4 Dont il fu ... perdre] dont il fu molt dolans qu'il i rala si tost et en grant aventure en fu de le vie perdre *F24*, si tost et en grant aventure en fu de la vie perdre *F25 F26*, Dont il fu en aventure de la vie perdre quant il i rala *F38* ‖ dolans quant il ... fu] dolenz quant il rala la si tost en grant aventure i fu *F16*, dolans quant il i ala si tost en grant aventure *F17*, dolans et molt courouchiés quant il rala si tost en grant aventure *F19*, dolans de ce qu'il i rala si tost en grant aventure i fu *F20*   5 rois se parti ... als demora] roys Jehans se parti de Damiete si fu le cardonnaus *F19* ‖ li cardenals demora sires de l'ost] *expunctuated F18* ‖ *New paragraph in F16, F17, F20, F24, F25, F26, F38 and F50. Rubric in F20*: Dou cardonal qui constrainst les pellerins a demorer en le Terre d'Outremer.   6 que li cardenals ... ce] que li cardenaus fist anchois *F19*, qu'il avoit establi tres devant che *F24*, qu'il avoit establi devant ce *F38*   7 que] Il estoit establi que *F20*   8 li pooit] lor pooit *F16 F17*, l'empooit *F20*, pooit *F24 F25 F26 F38* ‖ tout] *lack F17 F50* ‖ Ains] et *F17 F20 F24 F38 F50*   9 qui riens en reportoient] qui riens emportoient (en reporteroient *F20*) *F19 F20*, et toutes celes qui rien raporteroient *F24*, et totes celles que riens porteroient *F25 F26*, et toutes celes qui riens en porteroient *F38*, et totes celes qui riens en portoient *F50*   10 si] *lacks F17 F25 F26 F50* ‖ jurer les signors des nés] jurer les (as *F17*) mestres *F16 F17*, louer les maistres *F20*, jurer as segnors des nés *F24 F25 F26*, jurer a cels *F38 F50* ‖ nés looient] nés livroient *F17*, loioent *F25 F26*   10–11 as pelerins por ... n'en] que nul pelerin ne *F38 F50*   11 revenir] venir *F16 F20*   11–12 que nul n'en lairoient ... sen] qu'il n'en passoient nul s'il n'en (si l'en *F25*) veoit *F25 F26*   11 lairoient] lairoit *F24* ‖ les nés] *lack F16 F19 F38*   12 veoient] veoit *F17* ‖ ce les faisoit] ce le faisoit *F18 F17*, ce les (si les *F24*) faisoit il *F20 F24*, celes faisoit *F25*, celes faisoit il *F26*   13 mais bien lor laissoit lor nés] mes bien lor lessoit les nés *F16 F20*, Mais bien lor faisoient lor nés *F17*, mais il lor laissoit lor nés *F19*, mais bien lor louassent les nés et *F24*, et bien lor lessoit les nés loer et *F25 F26*   13–506.1 mais bien lor ... Autretel] tout autre tel *F38 F50*   13 de viande mais] de viande et *F17* la (le *F24*) viande mais *F24 F25 F26* ‖ laissoient] laissoit *F19 F20 F25 F26*

entrer ens s'il ne veissent sen seel. Autretel commandement fist *il* faire a Acre et en le tierre quant li pelerin qui lor nés avoient loees et cargies lor viandes et cuidoient entrer ens, li maronnier lor disoient bien qu'il n'i enterroient s'il n'avoient le seel *le* cardenal. Li pelerin aloient al cardenal et demandoient por
5 coi il avoit desfendu as maroniers qu'il ne les passassent, et il lor dist qu'il l'avoit desfendu por çou qu'il ne voloit mie qu'il s'en *venissent* qu'il ne laissaissent del lor en l'ost. Or vos dirai que tels i avoit disoient au cardenal: 'Sire, j'ai ci demoré .i. an ou .ii.; n'ai je mie assés despendu?' 'Toutes eures', faisoit il, 'laissiés por Diu del vostre', a cels qui avoient esté .i. an. Et qui mains i avoit esté, raimboit il
10 selonc ce que chascuns estoit, car on lor faisoit dire sor escumeniement combien il i avoient; et il en prendoit çou qu'il voloit quant il s'en voloient venir *car autrement ne s'en pooient il venir* ne avoir son seel s'il ne faisoient son gré. Tot ensement faisoit il a Acre.

---

1 ens s'il ne veissent sen seel] enz s'il ne veoient le seel au (le *F17*) cardonal *F16 F17*, dedens s'il n'eussent le seel le cardonnal *F20*, enz sanz seel le chardonal *F25 F26* ‖ Autretel commandement] tot autre tel comandement *F24*, tot ausi *F25 F26* ‖ il] *lack F18 F19*   2 en le tierre] New paragraph in *F24*. ‖ lor nés avoient … viandes] avoient lor nés carquies et louees *F19*   3 et] si *F19*, *lack F24 F25 F26*   3–4 li maronnier lor … pelerin] oïrent que li marinier leur disoient qu'il n'i enterroient s'il ne veoient le seel au chardonal si furent molt doulent. Il *F38*, oïrent que li marinier lor distrent qu'il ne les requiaudroient s'il n'avoient le seel dou chardonal. Il *F50*   3 maronnier lor disoient … enterroient] pelerin lor disent bien qu'il n'i enterroient nient *F19*   3–4 s'il n'avoient] devant qu'il avroient *F16*, s'il ne veoient *F24 F25 F26*   4 le] dou *F18* ‖ demandoient] li demandoient *F16 F17 F19*, li demanderent *F50*   5 avoit desfendu as … dist] deffendoit les pelerins a passer *F19* ‖ as maroniers] al chardonal *F24*   5–6 qu'il l'avoit desfendu] lor avoit desfendu *F16 F20*, *lack F19 F25 F26*   6 voloit mie qu'il] *lacks F38* ‖ venissent qu'il] alaissent qu'il *F18*, venissent s'il *F24*   7 Or vos dirai … cardenal] Or vos dirai que tiex (teus gens *F20*) i avoit qui disoient au cardonal *F16 F20*, Teus i avoit qui disoient *F24 F38*, Tex i avoit qui dissoient au chardonal *F25 F26*   7–8 j'ai ci … je] j'ai chi sejorné .i. an ou .ii.; n'ai je *F24*, nos avons ci sejorné .i. an ou .ii.; n'ai je N'avons nos *F38 F50*   8 eures faisoit il] voies fait il *F19*, cures *F24 F50*, voie *F38*   8–11 laissiés por Diu … partir] prenoit il de chascun selonc ce qu'il estoit quant il s'en vouloit venir. Car autrement ne pooient il venir (il voloit retorner ou autrement ne se pooit partir *F50*) *F38 F50*   9 a cels qui avoient … il] et cels qui i avoient esté mains d'un an reemboit il *F16 F17 F20*, a chiaus qui avoient esté un an. Et s'il y avoient esté mains d'un an il le raemboit *F19*, Chiaus qui n'i avoient esté .i. an et qui mains i avoient esté raemboit il *F24*, faisoit li chardoneaus et qui mains i avoit esté d'un an raimboit *F25 F26*   10 selonc ce que chascuns] cascun selonc çou qu'il *F17*, selonc che qu'il *F19*   10–11 combien il i avoient] combien il avoient *F16 F20*, combien il i avoient esté *F17*, quambien cascuns avoit *F19*, combien il avoit *F24*, quanqu'il avoient *F25 F26*   11–12 voloient venir car … ne] voloient venir ne *F18*, voloient venir car autrement ne pooient il *F24*, venoient car autrement ne pooient il *F25 F26*   12 pooient] pooit *F19*   12–13 Tot ensement faisoit il a Acre] *lack F16 F17 F20*, tout aussi (ainsi *F19*) faisoit on a Acre *F19 F24 F38*, autretel faisoit on a Acre *F25 F26*. New paragraph in *F16, F17, F20, F25, F26, F38* and *F50*. Rubric in *F20*: Des pellerins qui aloient outremer; comment il furent peri par le cardonal.

THE CHRONIQUE D'ERNOUL 507

Or vous dirai qu'il avint. Li Sarrazin sorent que li Crestien n'avoient nulle galie sor mer ne que li mers n'estoit mie gardee. Il fisent apareillier .x. galies et metre en mer pour destorber et por prendre les Crestiens qui venoient a Damiete. Et espies vinrent al cardenal; se li disent: 'Sire, li Sarrazin arment galies por metre en mer; apareilliés vous encontre, et se vous ne le faites, vous *i* avrés damage et li Crestien'. Li cardenals le vaut croire, ains lors fist donner a mangier. Si s'en alerent. Quant les galies furent armees et elles furent en mer, les espies revinrent al cardenal et se li disent: 'Sire, or vous gardés! Les galies sont en mer.' Li cardenals dist: 'Quant cil vilain voelent mangier, si vienent dire aucune novele. Va', dist il a .i. serjant, 'si lor done del vin et a mangier.' Les galies qui *furent* en mer ne s'oublierent pas, ains alerent en l'ile de Cypre et trouverent nés *cargies* de pelerins au port de Cypre. Il alerent avant; si bouterent le fu ens; si les arsent et les pelerins, et furent grant piece illeuc; et ardoient et prendoient totes les nés qui venoient d'Acre a Damiete. Li novele en ala al cardenal que les galyes as Sarrazins avoient fait grant damage as Crestiens et estoient en l'ile de Cypre, et bien avoient que pris que ocis que ars plus de .xiii. mile Crestiens, estre l'autre gaagn qu'il avoient fait es nés. Quant li cardenals oï le novele, si fu

---

1 avint] avint en la Terre d'Outremer *F16*   2–3 .x. galies et] .xx. galies et armer et *F24 F38*, .xx. gallies et *F25 F26 F50*   3 destorber et por ... venoient] prendre les Crestiens et desrober qui (qu'il *F25*) venoient a Acre et *F25 F26*, prendre les Crestiens qui venoient (vendroient *F50*) *F38 F50*   4 Et] *lack F24 F25 F26 F38 F50*, et les *F19* ‖ se li] et *F24 F25 F26 F38*, et li *F19 F50*   5 por metre en mer] *lack F38 F50* ‖ apareilliés vous encontre ... faites] se vos ne vos aparelliez encontre *F25 F26* ‖ vous] les vostres *F20* ‖ i] *lacks F18*   6 et li Crestien] et vous et li Crestien *F17*, *lack F19 F38 F50* ‖ le vaut croire] les vost mie croire *F16 F17 F20*, le vaut faire *F19*   6–7 mangier. Si s'en alerent] mengier et puis si s'en alerent *F20* mangier si s'en (puis s'en *F50*) ralerent *F24 F38 F50*, mangier et a boivre *F25 F26*   7–10 Quant les galies ... mangier] *lack F16 F17 F20*   7 armees et elles furent] *lack F38 F50*   8 revinrent] vindrent *F25 F26* ‖ se li] *lack F24 F25 F26 F38*   10 dist il a ... done] dist il a ses sergans si lor done a boire *F24*, dist il au serjant done lor a boivre *F25 F26*, si leur done a boivre *F38* ‖ del vin] a boire *F19*   10–11 qui furent en mer] qui estoient en mer *F18 F19*, au Sarrasin qui furent en mer si s'en alierent *F16*   11 ne s'oublierent pas ains] ne s'oublierent pas ains s'en *F19*, ne s'oublierent mie ains *F20 F24*, *lack F25 F26*   12 nés] les nés *F16 F20*, nés asés *F24 F38*, assez nés *F25 F26*, assez de nés *F50* ‖ cargies] et gargés *F18* ‖ au port de Cypre] au port de Chypre qui aloient a Damyete *F16*, a un port devant l'ille *F24 F25 F26 F38 F50* ‖ Il alerent avant si] Il alerent avant et *F24 F38 F50*, si *F25 F26*   12–13 si bouterent le ... et] au port et bouterent le fu ens et arsent *F19*   13 si] et *F16 F17 F20*   14 venoient d'Acre] aloient et venoient a Acre et *F24 F25 F26 F38*, aloient et venoient d'Acre *F50* ‖ en ala] *lacks F25*, ala *F26 F38*   15 as] en le terre de Chipre as *F20* ‖ l'ile de] *lacks F17*   16 bien avoient que ... de] avoient morz plus de *F16*, bien avoient (avoient bien *F20*) occis plus de *F17 F20*, bien avoient que pris que ars que ochis bien dessi a *F19* ‖ avoient] avoient ja *F24 F25 F26 F38*, avoient la *F50*   17 estre l'autre gaaign ... nés] *lack F16 F17 F20 F38 F50* ‖ oï le novele] l'oï *F16*, oÿ ce *F25*, oï ce *F26*, 17–508.1 le novele si ... si] ches nouveles si fu molt dolans et molt courouchiés et il *F19*

molt dolans; et si ot droit, que cis damages estoit avenus par lui car il ne volt croire ceuls qui l'en avoient garni. Il fist armer galies; si les envoia en l'ile de Cypre, mais ce fu a tart. Quant eles i vinrent, si ne trouverent mie les galyes des Sarrazins, car eles s'en estoient retornees en lor tierres bien cargies de gens et d'avoir qu'il avoient gaagnié.[458]

Or vos dirai de .ii. clers qui estoient en l'ost a Damiete. Il vinrent au cardenal; si disent qu'il voloient aler al soudan preecier, et qu'il n'i voloient mie aler sans congié. Et li cardenals lor dist que par son congié ne par son commandement n'iroient il pas, car il ne lor voloit mie donner congiet a essient d'aler en tel liu ou il fuissent ocis. Car il *savoit* bien s'il i aloient, il n'en revenroient ja. Il disent, s'il i aloient, qu'il n'i aroit point de peciè, car il nes i envoioit pas, mais *soufrist* qu'il i alaissent. Molt l'en proierent. Quant li cardenals vit qu'il estoient si engrant, si lor dist: 'Signor, je ne sai quel vo cuer ne vos pensees sont, ne s'eles sont bonnes ou malvaises, et se vous i alés, gardés que vo cuer et vos pensees soient tous jours a Damediu'. Il disent qu'il n'i voloient aler se por grant bien

---

1 si ot droit que] ce fu drois car *F20*, ot droit car *F50* ‖ cis damages estoit ... volt] chil damages estoit venus car il ne vaut mie *F19*, tout fu par lui qu'il ne vout mie *F25 F26*, cis damages avoit esté (tos esté *F24*) fais par lui car il ne volt *F24 F38*   2 car il ne volt croire ceuls qui l'en avoient garni] *lack F16 F17 F20* ‖ Il] dont *F24*, Adonc *F50* ‖ fist armer galies ... l'ile] fist armer galies; si les fist envoier en l'ille *F17*, envoia galies au devant *F19*   2–3 si les envoia ... tart] mais che fu a tart si les envoia en l'ille de Chipre (Chypre *F50*) *F24 F38 F50*   3 Quant] car *F25 F26* ‖ i vinrent si ... des] vindrent en Chipre la si ne trouvierent mie des galies au *F16*, vinrent la si ne troverent mie les (des *F20*) galies as (des *F19*) *F17 F19 F20*, vinrent la si ne troverent nule des galies as *F24 F38*, ne trouverent nulles des (de *F25*) gallies as *F25 F26*, vindrent la eles ne troverent pas les galees des *F50*   4 car eles] ains *F19 F25 F26* ‖ retornees en lor tierres] alees en lor païs *F19*, retornees *F38*   4–5 tierres bien cargies ... gaagnié] terre et grant avoir avoient conquiste *F16 F17 F20*, contrees a tot le gaaing *F25 F26*. *New paragraph in F25, F26, F38 and F50*.   4 cargies] garnies *F24 F38 F50*   6 de .ii. clers] que dui cler firent *F38* ‖ a Damiete] de (a *F19*) Damiete qu'il fisent *F19 F24 F25 F26*, de Damyete *F38*   6–7 vinrent au cardenal; si disent] disent au cardinal *F19*   7 qu'il n'i] n'i *F19*, qu'il ne *F25 F26*   7–8 mie aler sans congié] aler sans son congié *F24 F25 F26 F38 F50*. *New paragraph in F24*.   8 Et] *lack F19 F38 F50*   8–9 son congié ne ... il] que par son congié n'iroit il mie et qu'il *F19*, lui n'iroit il mie qu'il *F25 F26*   8–10 ne par son ... ocis] n'iroient il pas *F38 F50*   10 savoit] savoient *F18* ‖ s'il i aloient ... ja] qu'il (qu'il n'en *F26*) revenroient si il i aloient *F25 F26*   10–12 Il disent s'il i ... alaissent] Toutes voies li distrent qu'il souffrist qui i alassent et *F38*   11 disent s'il i ... i] disent que s'il y aloient qu'il n'i aroit point de pechié qu'il ne les y *F19*, li disent que s'il i aloient il n'i aroit point de pechié car il ne les *F24*, li distrent qu'il n'i aroit point de pechié qu'il ne les *F25 F26*   12 soufrist] soufrist tant *F18*   13 engrant] engrant d'aler *F24 F38* ‖ ne sai quel ... ne] ne sai quel sont vo cuer ne vos pensees *F24*, ne sai vos cuers ne vos pensers *F25 F26*   13–14 sai quel vo ... pensees] sai mie vos cuers ne vos pensees se eles sont boines ou mauvaises et se vous y alés gardés que eles *F19*, cognois mie voz pensees gardez se vos i alez que vos cuers *F38*   15 Il] il li *F24*, et il *F25 F26* ‖ voloient aler se por grant] baoient a aler se pour *F19*

458   *F16, F17* and *F20* lack the remainder of this paragraph and §§ cccxx–cccxxi.

non, s'il i pooient esploitier. Dont dist li cardenals que bien i poroient aler s'il voloient, mais ce n'estoit mie par son congiet.[a]

[cccxx] Atant se *partirent* li clerc de l'ost as Crestiens; si s'en alerent vers l'ost *des* Sarrazins. Quant li Sarrazin qui escargaitoient lor ost les virent venir, si cuiderent qu'il venissent en message ou por renoier. Il alerent encontre; si les prisent; si les *menerent* devant le soudant. Quant il vinrent devant le soudant, si le saluerent. Li soudans les salua aussi, puis lor demanda s'il voloient estre Sarrazin ou il estoient venu en message, et il respondirent que Sarrazin ne seroient il ja, *ains* estoient venu a lui en message de par Damediu et por s'ame rendre a Diu. 'Se vous *nos* volés croire, nous rendrons vostre ame a Diu, car nous vous disons por voir que se vous morés en ceste loi ou vous estes, vos estes perdus ne Dius n'ara mie vostre ame. Et por çou somes nous venu a vous: se vous nous volés oïr et entendre, nous vos mosterrons par droite raison, *par devant* les plus preudommes de vostre tierre, se vous les mandés, que vostre lois est noiens.' Li soudans lor respondi qu'il avoit de lor loi archevesques et vesques et bons

---

1 non s'il i] non se i *F18*, non s'il le *F24 F38*, s'il le *F25 F26* ‖ Dont dist li ... poroient] Lors dit li cardinaus qu'il y pooient bien *F19*, Li chardoneaus dist qu'il pooient bien *F25 F26*   2 mais ce n'estoit ... congiet] mais il ne lor en donnoit nul congié ne n'i aloient mie par son gré *F19*, mais ce n'estoit mie par son congié et bien gardassent s'il i aloient qe lor cuers fussent tot jor Dame Deu *F25 F26*, *lack F38 F50*   3 *No paragraph break in F38 or F50*. ‖ se partirent] se partent *F18*, s'en partirent *F25 F26 F50*, departirent *F38* ‖ si] et *F25 F26 F50*   4 des] as *F18*, aus *F38*   5 qu'il venissent en] que che fussent *F19*   5–6 si les prisent si les menerent] si les prisent si les emmenerent *F18*, et les menerent *F19*, si les prisent et (et si les *F24*, et les *F50*) menerent *F24 F25 F26 F50*   6 vinrent] furent *F19* ‖ le soudant] lui *F25 F26 F38 F50*   7 Li soudans les salua aussi puis] et li soutan les salua ausi, puis *F24 F38 F50*, et li soudan *F25 F26* ‖ demanda] demanda li soudans *F19 F24*   8 estoient venu] venoient *F24* ‖ et il] Et il li *F19*, il *F24 F38 F50*   9 ains] mais il *F18*   9–10 Damediu et por ... Diu] Dieu et pour s'ame sauver *F38*, Damedu et por sauver s'ame *F50*   10 nos] ne *F18* ‖ nous rendrons ... vous] disent il nos renderons vostre arme a Deu, car vos *F24*, Car nos *F38*, car nos vos *F50*   11 que] *lack F24 F25 F26 F38 F50* ‖ ou vous estes] *lack F19 F38 F50*   12 ne Dius n'ara mie vostre ame] Dex n'avra mie vostre arme *F24*, Ne Dex n'avra (avra *F25*) ja vestre ame *F25 F26*, *lack F38 F50* ‖ se] et se *F24 F25 F26 F38 F50*   12–13 se vous nous ... raison] nous vous mousterrons *F19*   13 oïr et] *lack F25 F26* ‖ par devant] voiant *F18*, par devant tous *F19*   14 preudommes] sages homes *F24 F25 F26 F38 F50* ‖ se vous les mandés que] se vos les mandés que vos estes tot perdu et que *F24 F25 F26*, que vos estes touz perduz et que *F38 F50*   15 lor respondi] respondi *F25 F26*, dist *F38 F50*   15–510.1 de lor loi ... clers] de lor loy vesques et archevesques et prestres et boins clers *F19*, de lor loi arcevesques et evesques bons clers *F25 F26*, caadiz et bons clers de lor loi *F50*

[a] *F18 f. 118vb–119vb; F16 f. 65^{rb-va} (part); F17 f. 66va–67rb (part); F19 f. 140va–141rb; F20 f. 85rb–86ra (part); F24 f. 161^{vc}–162^{rc}; F25 f. 115vb–116vb; F26 f. 116ra–117rb; F38 f. 206vb–207rb; F50 f. 426^{ra-vb} (ML, 427–432).*

clers, et sans aus ne pooit *il mie oïr ce* qu'il disoient. Li clerc li respondoient: 'Ce sommes nous molt liet. Mandés les, et se nous ne *lor* poons mostrer par droites raisons que c'est voirs que *nous* disons que vostre lois est niens, s'il nous veulent oïr et entendre, faites nous les testes coper.' Li soudans les manda, et il vinrent a lui en se tente, et s'i ot des plus haus homes et des plus saiges de se tierre, et li doi clerc i furent ensement. Quant il furent tot asanblé, si lor dist li soudans por coi il les avoit mandés, et si lor conta çou por coi il estoient asanlé, et çou que li clerc li avoient dit, et por coi il estoient venu, et *il* respondirent: 'Sire, tu es espee *de* le loi,[459] et si dois le loi maintenir et garder. Nous te commandons de par Diu et de par *Mahomet*, qui le loi nos donna, que tu lor faices les testes colper, car nous n'otrions cose qu'il dient. Et si vous desfendons que vous n'oés cose qu'il dient, car li lois deffent que on ne croie nul preechement. Et s'il est nus qui veuille preecier ne parler contre le loi, li lois commande c'on li colpe le teste. Et pour çou te *commandons* de par Diu et de par le loi, que tu lor faices les testes *colper*.' Atant prisent congiet; si s'en alerent, ne n'en volrent plus oïr, et li soudans demora et li doi clerc. Lors lor dist li soudans: 'Signor, il m'ont dit *de par Diu* et de par le loi que je vos face les testes colper, car ensi le commande

---

1 et] ne *F24 F25 F26 F38* ‖ pooit] porroient *F38* ‖ il mie oïr ce] on mue ce oïr *F18* ‖ li respondoient: Ce] respondirent de che *F19 F25 F26 F38*, respondirent: Sire de ce *F50*   2 Mandés les] *lacks F19*   2–4 et se nous … coper] *lack F38 F50. New paragraph in F25 and F26.*   2 lor] les *F18* ‖ mostrer] prover *F24*   3 nous] nous vos *F18*   5 se tente] sa terre *F25 F26* ‖ de] qui fussent en *F25 F26*   6 ensement] aussi *F38*, ausi *F50* ‖ Quant il furent … soudans] et li soudans lor dist ce *F25 F26* ‖ tot asanblé] venu *F24 F38 F50*   7 por] che pour *F19*, çou por *F24* ‖ si lor conta … çou] si lor conta çou *F24 F38*, lor conta ce *F25 F26 F50*   8 et por coi … et] et por coi il estoient venu *F24, lack F38 F50* ‖ il] li *F18*   8–9 Sire tu es espee] Tu es peres *F19*   9 de] de de *F18* ‖ et si dois le loi] si la doiz *F38 F50*   10 de par Diu et] *lack F38 F50* ‖ Mahomet] Mahan *F18*   11 n'otrions cose qu'il dient] n'orions chose qu'il deissent (desissent *F24*) *F24 F25 F26 F38 F50*   12–13 cose qu'il dient … contre] nule cose qu'il dient que le loys nous deffent que nous ne creons nul preechement car che seroit encontre *F19*   12 car li lois … croie] car li lois si desfent c'on n'oïe (qu'en ne croie *F38*) *F24 F38*, que la loi deffent que n'en n'oïe *F25 F26*   12–14 Et s'il est … le teste] Et s'il es nus qui vuelle preeschier contre la loi la lois commande c'om li coup la teste *F25 F26, lack F38 F50*   14 te commandons] te commandonnes *F18*, vous commandons nous *F19*, te comandons nos *F24 F38 F50* ‖ de par Diu et de par le loi] *lack F38 F50* ‖ tu lor faices] vous leur faites *F19*   15 les testes colper] les testes colper car ensi le commande li lois *F18*, couper *F25 F26. New paragraph in F25 and F26.* ‖ ne n'en volrent plus oïr] *lacks F38*   16 et] *lack F24 F38 F50* ‖ Lors lor dist li soudans] Si (Dont *F19*) lor dist li soudans *F19 F25 F26*, Dont vint li soutans si lor dist *F24 F38* ‖ dit] commandé *F24 F25 F26 F38 F50*   17 de par Diu] de par Diu et de par Diu *F18*

---

459 'Espee de le loi' would be the Arabic honorific title (or *laqab*) 'Sayf al-Dīn'. This was not al-Kāmil's own title, but it had belonged to his father, al-ʿĀdil, and was also borne by his son, al-ʿĀdil Abū Bakr (sultan of Egypt 1238–1240).

li lois; mais je irai .i. poi contre le commandement, ne je ne vous ferai mie les testes colper, car malvais guerredon vous renderoie de çou que vous vos estes mis en aventure de morir por m'ame, a vos esciens, rendre a Dame Diu.' Aprés si lor dist li soudans que s'il voloient *demorer* avoec lui, qu'il lor donroit grans tierre et grans possessions, et il disent *qu'il* n'i demorroient mie puis que on ne les voloit entendre ne escouter; il s'en riroient arriere en l'ost as Crestiens, se ses commandemens i estoit.[a]

[cccxxi] Atant lor dist li soudans que volentiers les feroit conduire en l'ost sauvement. Aprés si lor fist aporter *or* et argent et dras de soie a grant plenté, et commanda qu'il presissent çou qu'il volroient. Il disent qu'il n'en prenderoient noient, puis qu'il ne pooient avoir l'ame de lui avoec Dame Diu, *et* que plus cier aroient qu'il n'aroient quanques il a valissant a lor eus; mais fesist lor doner a mangier, puis si s'en iront puis c'autre cose n'en pooient faire. Li soudans li fist donner a mangier assés et a boire, et, quant il orent

---

1–2 .i. poi contre ... colper] encontre le commandement *F38*, contre lor comandement *F50*   1 contre le commandement ne] encontre le commandement ne (que *F24*) *F19 F24*, de commandement ne *F25*   2 vos] lack *F19 F24*   3 a vos esciens rendre a Dame Diu] sauver *F38 F50*   3–4 Aprés si lor ... donroit] se vos voliez demorer je vos donroie *F25 F26*   4 li soudans que ... qu'il] que s'il voloient demorer entor lui il *F24 F38 F50* ∥ demorer] demore *F18* ∥ grans] grans rentes et grans *F19*   5 disent qu'il n'i] li disent qui n'i *F18*, disent qu'il ne *F24 F50*   5–6 puis que on ... Crestiens] puis c'on ne les voloit entendre n'escouter ains s'en riroient volentiers arriere *F24*, puis que l'en ne les voloit oïr ainz s'en iroient *F25 F26*, ainz s'en riroient volentiers arriere *F38 F50*   7 i] lack *F19 F24 F25 F26*   8 *No paragraph break in F24, F25, F26, F38 or F50.* ∥ Atant lor dist ... volentiers] Li soutans dist que volentiers *F24 F38 F50*, et li soudans lor dist qu'il *F25 F26* ∥ conduire] reconduire *F19*   8–9 en l'ost sauvement] ariere sauvement en l'ost *F24*, arriere sauvement *F25 F26 F38*, sauvement arriere *F50*   9–10 Aprés si lor ... qu'il] Lors lor fist aporter or et argent a grant plenté et lor dist qu'il preissent quanqu'il *F25 F26*   9 or] et or *F18*   10 presissent] en preissent *F38*   11 avoec Dame Diu] avec Deu *F25 F26*, a Dieu *F38*, a Damedeu *F50*   11–12 et que] que *F18*, et *F19 F25 F26*   12 cier aroient qu'il n'aroient] ameroient l'ame de lui aveuc Damediu qu'il ne faisoient aveuc aus *F19*, chier avoient s'arme avec Damedeu qu'il n'aroient *F24*, chier aroient l'ame de lui avec lui (de li a Dieu *F38*) qu'il n'aroient *F25 F26 F38* ∥ a valissant a lor eus] avoit valissant *F19*, avoit vaillant a lor oes retenir *F24*, avoient vallant a lor oes *F25 F26*, avoit vaillant a leur hues *F38 F50*. *New paragraph in F24.*   13 fesist lor] on lor fesist *F24*, en leur feist *F38* ∥ puis si] et puis si *F24*, puis *F25 F26*, si *F38 F50* ∥ n'en] n'i *F19*, ne *F24 F38 F50*   14 Li soudans li] et lor *F25*, et il lor *F26*

---

[a] *F18 f. 120^{ra-va}; F19 f. 141^{rb-vb}; F24 f. 162^{rc-va}; F25 f. 116vb–117vb; F26 f. 117^{rb-vb}; F38 f. 207^{rb-va}; F50 f. 426vb–427rb* (ML, 432–434). *F18 has a ten-line miniature panel showing friars preaching to a ruler and his companions in a tent followed by a four-line pen-flourished initial 'A'.*

mangié, si prisent congié au soudan, et il les fist conduire salvement dusque a l'ost des Crestiens.[460a]

[cccxxii] Quant[461] li Sarrazin orent perdue Damiete et li Crestien l'orent conquise, si furent molt dolant. Si lor manderent s'il voloient rendre Damiete, il
5 lor *renderoient* toute le terre de Jherusalem si comme li Crestien le tinrent, fors seulement Le Crac, et tous les Crestiens qui en prison estoient en Païennie. Li Crestien en parlerent et prisent conseil, et consaus lor *aporta* qu'il n'en renderoient mie, et que par Damiete poroient il conquerre toute le terre d'Egipte et de Jherusalem, car cil qui emperere de Rome devoit estre estoit croisiés et grant
10 gent amenroit en le terre, et molt avoit de croisiés par toutes terres et assés en *croiseroit* encore par le monde, et, se l'empereres estoit la a tout sen pooir et li

---

1 mangié] mangié assés *F18* ‖ si prisent] il present *F24*, il pristrent *F38*   2 des] as *F24 F25 F26 F38*   3 *Rubric in F20*: Des Sarrasins qui vaurent rendre as Crestiiens le roiame de Jherusalem pour Damiete. *No paragraph break in F24.* ‖ Quant li Sarrazin] Li Sarrazin quant il *F25 F26*   3–4 et li Crestien l'orent conquise] *lack F38 F50*   4 dolant] dolant et molt courouchié *F19* ‖ Si lor manderent s'il voloient] li Sarrasin manderent (et manderent *F16, F17*) au cardonal que s'il voloit (lor voloit *F16 F20*) *F16 F17 F20*, si lor manderent que s'il voloient *F24 F25 F26*, si (Il *F50*) manderent aus Crestiens que s'il vouloient *F38 F50*   5 renderoient] renderoit *F18 F17* ‖ li] *lack F17 F24 F38 F50*   6 seulement] *lack F38 F50* ‖ en prison estoient en] estoit en prison par toute *F19*, en prison estoient (n'estoient *F25*) ou *F25 F26*   7–8 Crestien en parlerent ... renderoient] cardonals s'en consela et conselz li aporta qu'il ne lor (n'en *F17*) rendroit *F16 F17*, cardonnaus s'en conseilla et consaus li aporta qu'il ne le renderoient *F20*   7 en parlerent et prisent conseil] parlerent ensanle *F19*, en (li *F25*) pristrent consel *F25 F26* ‖ aporta] porta *F18 F38*   7–8 n'en renderoient mie et] ne lor (la *F38*) renderoient mie et *F19 F38*, ne la rendroient mie *F25 F26*   8 par Damiete poroient il conquerre] pour Damiete porroient conquerre *F19*, par Damiete porroient il avoir *F25 F26*   8–9 et de Jherusalem] *New paragraph in F24.*   8 et] et aprés le (la *F38*) terre *F24 F38*, et puis la terre *F50*   9 cil] Fedris *F16 F20* ‖ de Rome] *lack F17 F50*, d'Alemagne *F24*, d'Alemaigne *F25 F26 F38* ‖ et] et qui *F38*, qui *F50*   10 amenroit] amenroient *F19*, menroit *F24 F25 F26*, merroit *F38* ‖ avoit de croisiés] avoit de gens croisiés *F19*, i avoit encore de croisiés *F24* ‖ toutes terres et assés] tote Crestienté et assez *F16 F20*, toute Crestienté et molt *F17*   10–11 toutes terres et ... et] le monde et asés en i croiseroit et que *F24*, le mont et mout en croiseroit et *F25 F26*, le monde et assez en croiseroit que *F38*   11 croiseroit] croisoit *F18* ‖ par] par toute *F19* ‖ pooir et] pooir et tuit *F16*, empire et *F17*

---

[a] *F18 f. 120va–b*; *F19 f. 141vb–142ra*; *F24 f. 162va*; *F25 f. 117vb*; *F26 f. 117vb–118ra*; *F38 f. 207va*; *F50 f. 427rb* (ML, 434–435).

---

460   The two clerics in this episode are to be identified as Saint Francis and his companion. For a suggestion as to why this author does not name the saint, see Edbury, 'Sultan al-Kāmil, the Emperor Frederick II and the Surrender of Jerusalem', 297–301.

461   *F16, F17* and *F20* resume here. No paragraph break in *F17* between the point in §cccxix where the text stops and here.

THE CHRONIQUE D'ERNOUL 513

croisiet qui estoient encore a venir a l'aïue et al commencement qu'il avoient de Damiete, bien poroient a l'aïue de Diu ravoir toute le terre d'Egypte et le terre de Jherusalem, et qu'il le feroient savoir a l'apostole.[a]

[cccxxiii] Il avint quant li rois Phelippes de France oï dire qu'il pooient avoir .i. roialme por une cité, qu'il les en tint a fols et a musars quant il ne le rendirent. Et li cardenals manda a l'apostole que Dius lor avoit donné prendre Damiete et que c'estoit li clés de le terre d'Egypte et que Sarrazin lor voloient rendre le terre de Jherusalem por Damiete fors *seulement* Le Crac; mais cil de le terre ne s'i acordoient pas por le grant secors qu'il atendoient de l'empereur, qui croisiés estoit, et des autres croisiés qui croisié estoient par Crestienté. Et bien li faisoit savoir que s'il estoient passé a l'aïue de Diu, qu'il aroient toute le terre de Jherusalem.[b]

1–2 et al commencement … Damiete] de Dieu et del (au *F20*) commencement qu'il avoient de Damyete *F16 F20*, et al commencement qu'il avoient de Damiete que *F17*, et al commencement (commandement *F25 F26*) de Damiete qu'il avoient *F24 F25 F26*, et au commencement qu'il avoient et a l'aide de Deu *F38* 2 a l'aïue de Diu ravoir] avoir a l'aieue de Diu *F19*, a l'aïue de Deu avoir *F24*, ravoir *F20*, avoir *F38 F50* 2–3 le terre de … l'apostole] de Jherusalem et qu'il le feroient savoir (asavoir *F20*) a l'apostole *F19 F20*, de Jherusalem *F38 F50* 3 Jherusalem] Promission *F16* 4 *No paragraph break in F16, F17, F19, F20, F24, F38 or F50.* ‖ de France] *lacks F20* 5 en] *lack F16 F38 F50* ‖ a fols et a musars] a fox *F16 F17 F20*, por fox et por musarz *F25 F26* 5–6 le rendirent. Et] rendirent une cité por .i. roiame *F24 F25 F26*, le fesoient *F38*, le refuserent *F50* 5 *New paragraph in F16 and F20. Rubric in F20*: De l'empereor Feudri qui li apostoles contrainst a aler outre mer. 6 a l'apostole] au roy *F19* 7 de le terre] *lack F16 F20 F25 F26* ‖ Sarrazin lor voloient rendre] li Sarrazin vouloient (lor vouloient *F16*) rendre *F16 F17*, li Sarrazin voloient (lor voloient *F24*, li voloient *F25 F26*) rendre tote *F24 F25 F26*, leur en vouloient *F38*) rendre tote *F24 F25 F26 F38 F50* 8 terre] realme *F16* ‖ por Damiete] *lack F38 F50* ‖ seulement] *lacks F18* 9 pas] mie *F19 F20* ‖ grant] *lack F24 F25 F38 F50* ‖ l'empereur] l'empereur Fedric *F16*, l'empereour Fedri *F20* 9–10 qui croisiés estoit] *lack F38 F50* 10–12 qui croisié estoient … Jherusalem] *lack F38 F50* 10 croisié estoient par Crestienté] croisié estoient par le Crestiienté *F20*, estoient par Crestienté *F24*, par la terre estoient *F25 F26* 11 faisoit savoir que … Diu] faisoit asavoir que s'il pooit passer a l'aieue de Dieu sauvement *F19*, faisoit savoir que se li emperes estoit passés et ses gens a l'aïue de Deu *F24*, faisoient savoir et se li emperes estoit passez a l'aide de Deu et ses genz *F25 F26* ‖ aroient toute le terre] ravroient tote le (la *F16*) terre *F16 F19 F20*, raveroient le tere *F17*, aroient le (tote le *F24*) terre d'Egipte et *F24 F25 F26*

---

[a] *F18 f. 120vb–121ra; F16 f. 65^{va–b}; F17 f. 67rb; F19 f. 142ra; F20 f. 86^{ra–b}; F24 f. 162^{va–b}; F25 f. 117vb–118ra; F26 f. 118^{ra–b}; F38 f. 207va; F50 f. 427^{rb–va}* (ML, 435). [b] *F18 f. 121ra; F16 f. 65vb; F17 f. 67rb; F19 f. 142^{ra–b}; F20 f. 86rb; F24 f. 162vb; F25 f. 118^{ra–b}; F26 f. 118^{rb–va}; F38 f. 207^{va–b}; F50 f. 427^{va–b}* (ML, 436).

[cccxxiv] Moult fu liés li apostoles quant il oï ceste noviele et le fist savoir par toute Crestienté et manda c'on fesist mouvoir tous les pelerins qui croisié estoient et aler. Et aprés si manda Fedric, qui en Alemagne estoit, qu'il venist a Rome et portast corone;[462] puis alast en le Terre d'Outremer. Li *empereres* envoia tantost a Messines et lor manda qu'il fesissent nés et galies a grant plenté et huisieres a chevaus *mener*, et c'on fesist en toutes les cités et tous les castiaus qui en se terre estoient sor mer nés et galies a grant plenté por lui passer. Quant Fedric ot oï le message que li apostoles li mandoit qu'il alast a Rome por lui coroner, il prist congié en Alemagne et laissa son fil et s'en ala a Romme, entre lui et se feme, et porterent corones. Mais ansçois qu'il portast corone, rendi il *a* l'apostole les cités *et* les castiaus que Othes li avoit tolus. Quant Fedric ot porté corone, se li commanda li apostoles qu'il alast en le Terre d'Outremer et fesist

---

1 *No paragraph break in F16, F19, F20, F24, F38 or F50.* ‖ Moult fu liés ... noviele] Molt fu liés et joians li apostoles de ches nouveles F19, Li apostoiles fu molt liez quant il oï ceste novelle F25 F26, Quant li apostoiles oï che si fu (en fu F50) molt liez F24 F38 F50   2 toute] *lack* F38 F50   3 et aler. Et ... Fedric] Aprés ce que li apostoles ot oï a la nouvele que li Crestian orent pris Damiete il manda le roi Fedric F16, et aprés manda Fedric F17, Aprés manda a l'empereor Fedri F20, Puis manda Fedriz F25 F26, Aprés si manda Fredric F38, puis manda a Fredric F50 ‖ *New paragraph in F16 with the rubric*: Com li apostoles contrevit Fedric a aler outremer sous escommement aprés ce qu'il l'ot coroné a Rome a empereeur.   4 puis] et puis F19 F20 F24 F38 F50 ‖ en le Terre d'Outremer] outre mer F50 ‖ empereres] emperes F18, empereres Fedric F16, empereres Fedris F20   5 lor manda qu'il fesissent] lor commanda qu'il feissent F16, manda que on fesist F19, si lor manda qu'il fesissent F24, manda qu'il feissent F38 F50 ‖ nés et] *lack* F24 F25 F26 F38 F50   6 et huisieres a chevaus mener] et huisieres a chevaus menener F18, et wisseres as chevaus metre F19, *lack* F16 F17 F20   6–7 c'on fesist en ... plenté] qu'en feist en totes les bones viles de sa terre qui seur mer estoient nés et galies F16, c'om feist en toutes les bones villes qui en se terre estoient sor mer nés et galies F20, c'on fesist en toutes les teres viles de se tere nés et galies es viles qui sour mer estoient F17, que on fesist en toutes les chités et en tous les castiaus qui en se tere estoient qui estoient sur mer nés et galies F19, que l'on (c'on F24) feist faire par totes les cités et les chastiaus qui sor mer estoient en sa terre nés et galies a grant plenté (plenté et F24) F24 F25 F26, *lack* F38 F50   8 Fedric ot] li rois Fedric ot F16, Fedric F17, Fedris F20   8–9 que li apostoles ... coroner] *lacks* F38   8 qu'il alast a Rome] qu'il venist a Rome F19, *lacks* F20   9 fil et] fill bailli de la terre et F16, fil bail d'Alemaigne si (et F20) F17 F20 ‖ s'en ala a Romme] en alerent F19, ala a Rome F24 F25 F26 F38 F50   10 portast corone rendi il] portaissent corones rendi F20   10–11 a l'apostole les cités et] l'apostole les cités F18, a l'apostoille ses citez et F25 F26   11 que Othes] que li emperers Othes F20, qui Othes F25 F26   11–12 ot porté corone] fu coronez F38 F50   12 se li commanda li apostoles qu'il] a Rome si li manda (commanda F24) li apostoles qu'il (qu'il s'en F25 F26) F16 F24 F25 F26, si li commença li apostoles a dire qu'il F17, si li manda (comanda F38) li apostoles qu'il F20 F38, l'apostoilles li comanda qu'il F50 ‖ en le Terre d'Outremer] outre mer F19 F50   12–515.1 et fesist de bien ... et] *lack* F38 F50   12 fesist] i feist F16

---

462   22 November 1220.

de bien quanques il poroit, car grant mestier i avoit on de lui et de s'aïue; et li empereres li dist qu'il n'i poroit mie si tost aler, qu'il avoit molt de Sarrazins en Sesile al coron de se terre qu'il volroit ansçois oster, car s'il s'en aloit *ainçois* qu'il fuscent osté hors, il poroient bien prendre l'ille de Sesile a l'aïue qu'il aroient del roi d'Aufrike; et d'autre part il *n'avoit* mie Puille ne Calabre ne Sesile a se volenté, que si home avoient tenut contre lui, ne qu'il ne s'en pooit aler desci qu'il eust se terre mise a point, et molt feroit de bien a l'aïue de Diu. Aprés si ala li empereres en Puille a une siue cité qui a a non Capes.[a]

[**cccxxv**] Quant li chevalier et li haut home oïrent que Fedric avoit porté corone et qu'il estoit a Capes, assés en i ot qui vinrent a lui a merci et li rendirent lor terres, et tels i ot qui *ne l'oserent atendre ne venir a merci ains s'en fuirent en le Tere d'Oltremer et tels i ot qui* se rendirent au Temple et tels i ot dont il ne vaut avoir merci *ains* les fist prendre et pendre. Ensi li rendi on toute le terre de Puille

---

1 quanques il] che qu'il *F19*, ce qu'il *F20* ‖ grant mestier i … s'aïue] mestiers en aroit *F25 F26* ‖ lui] Deu *F24* 2 dist qu'il n'i … aler] respondi qu'il n'i porroit ore mie aler si tost *F19* ‖ qu'il] car il *F17 F19 F20 F50* 3 coron] chief *F16* 3–4 car s'il s'en … hors] hors qu'il s'en alast car se il ne les ostoit anchois *F19* 3 ainçois] avant *F18* 4 osté] lack *F17 F38 F50* ‖ poroient bien prendre] porroient bien conquerre toute *F19*, poroit bien perdre *F24 F25 F26 F50*, i porroient (*corrected to* 'porroit') bien perdre *F38* 4–5 l'ille de Sesile … d'Aufrike] l'ille a l'aïue que li Sarrazin aroient del roi d'Aufrike *F24 F25 F26*, lack *F38 F50* 5 n'avoit] n'avoient *F18 F20* ‖ ne Sesile] lack *F16 F17 F19 F20* 6 contre] encontre *F16 F19 F50* 6–7 ne qu'il ne … Diu] ne qu'il ne s'en pooit mie aler desi qu'il eust mise se terre a point et s'il avoit se terre mis a point il passeroit a tot grant gent et molt de bien feroit en le terre a l'aïue de Deu *F24*, ne qu'il ne s'en pooit aler desi qu'il eust sa terre mise a point. Il passeroit a tot grant gent et feroit molt de bien en la terre a l'aide de Deu *F25 F26*, Mes s'il avoit sa terre mise a point il passeroit a l'aide de Dieu et molt de bien feroit (Deu et feroit moult de bien *F50*) en la terre *F38 F50* 6 desci] devant çou *F17*, dessi adont *F19* 7 et molt feroit de bien] mes il passeroit lors qu'il i avroit mise a point et feroit de bien ce qu'il porroit en la terre *F16*, Mais il passeroit lués qu'il l'aroit mise a point et molt i (se terre a point et mout *F20*) feroit de bien *F17 F20*, et molt feroit de bien *F19* ‖ Aprés si] Aprés s'en *F24 F38*, puis *F25 F26* 8 en Puille] Fedris a Rome *F16*, lacks *F19*, Feudris *F20* ‖ siue] lack *F17 F50* 9 No paragraph break in *F24, F25, F26, F38 or F50*. ‖ oïrent] de Puille oïrent dire *F16*, oïrent dire *F19 F20 F38 F50* 9–10 Fedric avoit porté … a] li rois Fedris avoit porté corone a Rome et qu'il estoit alez a *F16* 10 a Capes] empereres *F25 F26* ‖ i ot qui vinrent] en vint *F38*, en vindrent *F50* ‖ et] et se *F24*, et si *F38* 11–12 ne l'oserent atendre … qui] lacks *F18* 11 fuirent] alerent *F19* 11–12 en le Tere d'Oltremer] outre mer *F50*. New paragraph in *F24*. 12 et tels i ot] Asés i ot de tels *F24* ‖ i ot] lacks *F17* 13 ains] et *F18* ‖ prendre et pendre] pendre *F16 F24 F38*, prendre *F50*. New paragraph in *F25 and F26*. ‖ li rendi on toute] li rendi tote *F16*, li rendi on *F20*, rendi on Fedrik tote *F25 F26*

---

[a] *F18* f. 121[ra–va]; *F16* f. 65[vb–c]; *F17* f. 67[rb–va]; *F19* f. 142[rb–va]; *F20* f. 86[rb–va]; *F24* f. 162[vb–c]; *F25* f. 118[rb–vb]; *F26* f. 118[va–b]; *F38* f. 207[vb]; *F50* f. 427[vb] (ML, 436–437). *F18 has a ten-line miniature panel showing the pope in consultation with the emperor and empress followed at the top of the next column by a four-line pen-flourished initial 'M'.*

et de Calabre la ou il estoit a Capes et de Sesile, fors seulement li Sarrazin qui en Sesile estoient. Mais puis les prist il; si les envoia en Puille. La en fist on une grant cité ensus de le mer. Et encore i sont, mais n'i sont mie tout ains en a assés es bonnes viles de Puille manans.[463a]

[cccxxvi] Or vous lairons de l'empereur d'Alemagne a parler desi que tans et eure en sera. Si vous dirons des Crestiens qui sont a Damiete. Il oïrent dire que li emperere avoit porté corone et qu'il faisoit grant apareillement de passer et d'als secorre. Il parlerent ensanle et prisent conseil et disent qu'il pooient bien aler assegier Le Cahaire. Cil qui ce conseil lor *donna* en cel point lor *donna* conseil d'auls noier, car je vous dirai qu'il avint en le terre.

Il[464] *a* escluses sor le flun par toute le terre d'Egipte por l'eve tenir. Cil fluns a .vii. brances. Quant li fluns vient a l'entree d'Egipte, si se part en .vi. et tous

---

1 la ou il estoit a Capes] lack F16 F17 F20 F38 F50   1–2 seulement li Sarrazin qui en Sesile] li Sarrazin qui i F38   2 si] et F16 F20 F38 F50, et si F17 ‖ La] Mais la F17   3 ensus de le mer. Et encore i sont] ou il sunt encore F38, et i sunt encores F50   3–4 a assés es bonnes] i a assez es bones F16, ot assés es boines F17, a par toutes les bones F24, n'a part totes les F25, n'a par totes les F26, a par les F38   5 Rubric in F16: Comment li Sarrazin reconquistrent Damyete seur Crestians. Rubric in F20: Comment li Sarrasin reprisent Damiete. ‖ Or] Atant F25 F26 ‖ l'empereur] l'empereur Fedric F16, l'empereor Fedri F20   5–6 desi que tans et eure en sera] lack F16 F17 F20   7 emperere avoit] emperere d'Alemagne avoit F16, emperere Fedris avoit F20, emperere ot F17 F24 F25 F26 F38   7–8 et qu'il faisoit ... et] il F19   7 passer] passer mer F20 F50   8 secorre] aidier et secorre F25 F26 ‖ parlerent ensanle et ... disent] prisent conseil entr'aus et disent F17, pristrent ensemble F25 F26, parlerent ensemble et distrent F38 F50   9 donna en cel point lor donna] donnerent en cel point lor donnerent F18, dona leur dona F38   10 qu'il avint] por quoi. Il avenoit F25 F26, qu'il avoient F38   11 a] i a F18 ‖ a escluses sor ... l'eve] escluses (a escluses F24 F38) el flun par toute le terre d'Egipte por (et por F24) l'euve del flun F24 F25 F26 F38 ‖ flun] flun Jourdain F19   12 a] si a F16 F17 F19 F24 F38 ‖ vient a l'entree] vient a le tere F17, vient en l'entré F24, se part et il vient a l'entree F38 ‖ se part en .vi.] s'espart en .vi. F16, se part en .vii. F17, se depart en .vi. F20

---

[a] F18 f. 121[va–b]; F16 f. 65[vc]–66ra; F17 f. 67[va–b]; F19 f. 142va; F20 f. 86va; F24 f. 162[vc]–163ra; F25 f. 118vb–119ra; F26 f. 118vb–119ra; F38 f. 207[vb]; F50 f. 427[vb]–428[ra] (ML, 437–438). F18 has a ten-line miniature panel showing men kneeling before the emperor in submission, followed by a four-line pen-flourished initial 'Q'.

---

463   Nocera in Campania. F25 and F26 have an additional sentence: 'Atant vos lairons de Fedrik a parler.'

464   F50 recasts this passage: '... car il a escluses el flum par toute la terre d'Egypte por l'aigue dou flum laissier corre par la terre en la saison que li fluns creist. Cil fluns se part en .vii. braz puis qu'il a passé Le Caire qui tuit cheent en la Mer de Grece. Li fluns est en Babiloine et au Caire touz enterins. Babiloine et Le Caire sont deus citez, l'une prés de l'autre a une mille, et si sont totes deus acintes d'un mur par devers la montaigne, et de l'autre part dou flum au Caire a un chastel qui siet en la pointe d'une montaigne auques en haut. Desouz Babilone entor un jornee forche le flum. L'une des parties cort vers Resith et l'autre vers Damiete et chiet en mer et chascuns ...' (See also variant in the apparatus at lines 7–8 below.)

THE CHRONIQUE D'ERNOUL 517

chiet en le Mer de Griesse. Li graindres bras des .vi. si vient en Babilone et al Chalhaire. Babilone est li cités et Li Chalhaire est li castiaus. Desous Babilone force cis bras. Li une de ces parties si court a Damiete et ciet en le mer, et l'autre si court a une cité qui a a non Fouee et ciet ensi en le mer; et cascuns[465] de ces bras si porte navie. Entre ces .ii. eves prisent li Crestien terre quant il vinrent devant Damiete, et c'est l'ille dont vous oïstes parler ou il se herbegierent. Or vous dirai des escluses de ces .ii. fluns. Il avient cose chascun an que le jour de le mi aoust ront on ces escluses, si que l'eve s'espant par toute le terre d'Egypte; *et* si aboivre le terre. Quant l'eve est retraite, si senme on les blés. Autrement, se cele eve ne s'espandoit pour pluie qu'il face, blés ne venroit en le terre. Aucune fois avint il a no tans que li fluns ne s'espant mie, ne qu'il n'i avoit mie tant d'eve qu'il se peust espandre, dont il avint que cil de le terre furent tot mort de fain. En cel point que li fluns se devoit espandre alerent il vers Le *Cahaire*. Dont je vous di que cil lor donna malvais conseil qui lor conseilla en cel point aler *au Cahaire* que li fluns se devoit espandre.

---

1 chiet] chaient *F24*, chient *F25 F26*, chieent *F38* ‖ bras des .vi. si] de ches .vii. bras si *F19*, bras des .vii. si *F20*, braz de .vi. *F25 F26*   2 est li cités et Li Chalhaire est li] et Li Cahaires et li *F17*, est chités et Li Caaires *F19*   3 force cis bras] efforce li bras *F17*, forche cil bras d'eaue (d'eve *F25 F26*) et se part en .ii. *F24 F25 F26 F38* ‖ si] *lack F19 F20 F25 F26*   3–4 et l'autre si … mer] *lack F19 F20* (*homeoteleuton*)   4 si] *lack F16 F17 F24 F25 F26 F38* ‖ ensi] aussi *F17 F24 F25 F26 F38*   5 bras si] vi. braz si *F16*, fluns *F24 F25 F26 F38*   5–6 li Crestien terre … Damiete] Crestien tere quant il prisent Damiete et il vinrent devant *F19*   6 et c'est l'ille … herbegierent] *lack F20 F38*. *New paragraph in F16, F17, F20, F25, F26 and F38.*   7 des] de cez *F16*, de ches *F19*, de ces .ii. *F17* ‖ de ces .ii. fluns] de ces fluns *F20 F24*, *lacks F38* ‖ Il avient cose chascun an que] qu'il en avient chascun an *F16*, Il avient chose chascun an *F20*   7–8 Il avient cose … ront] Il avient que cel flum comence a croistre a l'entree de jugnet et croist jusque en aost et entor la mie aost ovre *F50*   8 ront on ces] c'on ront les *F20*, qu'en ront cez *F38* ‖ escluses] .ii. escluses *F17*   9 et si] si *F18*, et *F20*, et a si *F25 F26* ‖ aboivre le terre] arouse le tere et aboivre *F19* ‖ Quant] Aprés quant *F24 F38*   9–10 Autrement se cele eve ne s'espandoit] et autrement se chele eaue ne s'espandoit ensi *F24 F38*, se cele eve ne s'espandoit einsi autrement *F25 F26*   10 blés ne venroit en le terre] en la terre blez n'i croistroit ja *F16*, blés ne croisteroit en le tere *F17*, en le terre blés n'i croisteroit *F20*, blez ne vendroient en la terre *F25 F26*   11 il a no … mie] que l'iaue ne s'espandi mie a no tans *F20*   11–12 n'i avoit mie … espandre] ne se pooit espandre par defaute d'eaue *F38*   12 qu'il] qu'ele *F20*, qui *F25 F26* ‖ cil de le terre furent tot] tuit de la terre furent *F25 F26* ‖ *New paragraph in F38 and F50.*   13 alerent il] alierent li Crestian *F16*, alerent li Crestiien *F20*, murent il a aler *F24 F25 F26 F38*, murent li Crestien a aler *F50* ‖ Le Cahaire] le chaaine *F18* ‖ dont] si come *F20*   13–15 Dont je vous … espandre] *lack F38 F50. New paragraph in F16 and F24.*   14–15 qui lor conseilla … que] qui lor donna conseil qu'il y alaissent en chel point que *F19*, d'aler en cel point au Kahaire. Car *F20*   14 aler] a aler *F16 F17 F24 F25 F26*   14–15 au Cahaire] a la chaaine *F18*

---

465   End of variant in *F50*.

Li Sarrazin qui avoient perdue Damiete sorent bien que li Crestien ne *le* lairoient mie atant, ains iroient aprés en Babilone et al Chahaire. Il fisent sor le flun la ou li eve esforche .i. pont; si le covrirent tout de fier, et por ce l'apeloit on le Pont de Fer, et si fisent bonnes deffenses et si le guarnirent bien. Et por ce le firent el fort de ces *eves*, qu'il ne voloient mie que li Crestien peussent aler en l'autre braç del flun ne monter le flun ne aler vers Babilone. Quant li Crestien orent pris conseil d'aler al Chahaire, il garnirent bien Damiete et *s'atirerent* por aler. Ançois qu'il meuscent, manda li cardenals le roi Jehan, qui a Acre estoit, qu'il venist a Damiete, et qu'il estoient atorné por aler assegier Le Chahaire. Li rois li manda qu'il n'iroit pas, ains garderoit se terre, et bien li convenist de le terre dont il estoit sire, qui demoree li estoit qu'il avoit aidiet a conquerre.

Quant li Sarrazin oïrent dire que li Crestien s'apareilloient por aler en Babilone et al Chahaire, il alerent logier al Pont de Fier por garder le passage. Aprés si manda li soudans al cardinal et as Crestiens que s'il li voloit rendre Damiete, il li renderoit toute le terre de Jherusalem, si comme il l'avoient tenue fors Le Crac, et si refremeroit Jherusalem a son coust et tous les castiaus qui estoient abatu

---

1 Li Sarrazin qui ... bien] Li Sarrazin quant il orent perdu Damiete (Damyete *F38*) si sorent *F24 F38*, Quant li Sarrazin orent perdu Damiete il sorent bien *F25 F26* ‖ avoient] orent *F16 F17 F19 F20* ‖ que li Crestien ne le] que li Crestien ne *F18*, qu'il ne le *F19*   3 la ou li eve] qui *F17* ‖ esforche] forche *F16 F24 F25 F26*, fourche *F19*, forke *F20*, en force *F38*   3–4 por ce l'apeloit ... si] y *F19*, lack *F25 F26*   4 si fisent bonnes ... bien] lacks *F38* ‖ et si le] si les *F20 F25 F26* ‖ Et] lack *F25 F26 F38*   5 el fort de] el (eu *F38*) fort de *F18 F38*, il el forcement de *F16*, efforcier de *F17*, el fourch de *F19*, en le forcé de *F20*, iluec el forc de *F24*, sor *F25 F26* ‖ eves] eves pour çou *F18* ‖ peussent aler en] peussent aler a *F16 F20*, passascent oltre pour aler a *F17*, alaissent en *F19 F38 F50*   6 ne monter le flun ne] ne qu'il peussent monter le flun ne *F19*, ne monter le flun a *F24 F25 F26*, a *F38*, por *F50* ‖ *New paragraph in F25 and F26*.   7 d'aler al Chahaire] et il se furent acordé d'aler vers Babilone al Cahaire *F24*, et il se furent acordé d'aler au Caire *F25 F26 F38*, furent acordé d'aler au Caire *F50* ‖ s'atirerent] s'atirent *F18*, si s'atirerent *F16 F17 F24*, s'atirerent bien *F19*, si s'atournerent *F20*, si s'atirent *F38*   9 et] lack *F24 F25 F26 F38* ‖ estoient atorné por aler] estoit atournés pour *F20* ‖ atorné] atiré *F19*, atirié *F50*   10 rois li manda] rois li manda arrieres *F16*, rois Jehans li manda *F20* ‖ pas] mie *F19 F20* ‖ le] cele *F16*, se *F17 F20*   11 qu'il] et qu'il *F24 F38*, et q'il li *F25 F26* ‖ *New paragraph in F20, F25 and F26*.   12 que li Crestien] qu'il *F24*   12–13 s'apareilloient por ... Chahaire] s'apareloient por aler en Babilone (Babiloine *F16*) *F16 F17 F20*, estoient appareillié pour aler assegier Le Caaire et pour aler en Babilone *F19*   13 il alerent logier] il s'alierent logier *F16 F17 F19 F25 F26*, il s'alerent logier et herbergier *F24*, si s'alerent hebergier et logier *F38*, si s'alerent herbergier *F50* ‖ garder] garder iluec *F24 F38*   14 si] lack *F25 F26* ‖ soudans] soudans de Babiloyne *F16*, roys dd' (= ? de Damas) *F19*, soudans de Damas *F20* ‖ Crestiens] barons Crestiens *F19*   14–15 li voloit rendre ... renderoit] li voloient rendre Damiete il li (Damyete il lor *F16*) rendroit *F16 F20 F24*, lour voloient rendre Damiete il lour renderoient *F17*, li rendoit Damiete il li rendroit *F19*, li rendoient Damiete et il lor rendroit *F25 F26*, vouloient rendre Damyete il leur rendroit *F38*   15 il] Crestian *F16*, Crestien *F17 F24 F25 F26 F38*, le Crestiien *F20*   16 si refremeroit] si fermeroit *F24 F38*, si fermerent *F25 F26*

THE CHRONIQUE D'ERNOUL 519

puis qu'il murent a aler a Damiete, et si donroient trives .xxx. ans, tant qu'il poroient bien avoir garnie le terre *de* Crestiens. A cele pais s'acorda li Temples et li Ospitaus et li baron de le terre. Mais li cardenals ne s'i *vost mie acorder*, ains mut et fist movoir tous les barons de l'ost fors les *garnisons* por aler al Chahaire, tout contremont le flun. Et lor navie ala par eve, et il alerent par terre, si qu'il 5 herbegoient tous jors ensanle l'uns d'encoste l'autre.[a]

[cccxxvii] Quant li cardonals fu mus, si manda le roi Jehan que por Diu eust merci de le Crestienté, et qu'il estoit mus por aler al Chahaire et que, por Diu, venist aprés aus et qu'il paieroit bien çou dont il estoit endetés .c. mile besans qu'il devoit por l'ost de Damiete. Quant li messages dist le roi que l'os estoit 10 mute por aler al Chahaire, si fu molt dolans li rois de ce qu'en tel point estoit mus, qu'en grant aventure aloit de tout perdre si comme il furent. Li rois vit

---

1 donroient trives] lor donroit trives *F16*, donroit trieves *F20*, donroit trives a *F24 F25 F26*, donroient trives a *F38*, lor donroit trives a *F50* 2 poroient] reporroient *F16* ‖ de] des *F18* ‖ New paragraph in *F24, F38* and *F50*. ‖ pais s'acorda] trieve s'acorda *F20*, pais s'acorderent *F24 F38* 2–3 Temples et li Ospitaus] Hospitaus et li Temples *F24*, Templier et li Hospitalier *F50* 3 baron] gens *F24 F25 F26 F38 F50* ‖ ne s'i vost mie] ne s'i acorda pas *F18*, s'i vaut *F19* 4 mut et fist movoir tous les barons] mut et fist (si fist *F19*) movoir toz les barons *F16 F17 F19 F20*, mut et fist movoir chiaus de l'ost *F24*, mut (vint *F25 F26*) et fist movoir cex *F25 F26 F38 F50* ‖ fors les garnisons] fors les garisons *F18*, lack *F16 F17 F20 F50* ‖ por aler al Chahaire] et aler *F38* 5 lor] la *F38 F50* ‖ navie ala par … terre] navies alerent par mer *F25 F26* 6 herbegoient] se herberjoient *F16*, se herbergerent *F19* ‖ jors] dis *F25 F26* ‖ d'encoste] dejoute *F16*, en coste *F19 F38 F50*, delés *F20*, de coste *F25 F26* 7 No paragraph break in *F17, F20, F24, F25, F26, F38* or *F50*. ‖ mus si manda le] meuz por aler au Cahaire si manda le *F16*, mus si (il *F24*) manda al *F17 F24*, muz il manda au (le *F25 F26*) *F25 F26 F38 F50* 8 et qu'il estoit] qui estoit *F17*, qu'il estoient *F24 F25 F26*, car il estoient *F38* ‖ que] lack *F19 F25 F26* 9 qu'il paieroit bien] il paieroit bien *F17*, car il paieroit bien *F19*, qu'il paieroit *F24*, il paieroit *F25 F26 F38 F50* ‖ dont il estoit endetés] de coi il estoit (estoit en *F17*) endetés *F17 F20*, dont il estoit endetés bien *F24 F25 F26 F38* 10 New paragraph in *F20* and *F24*. ‖ messages dist le roi] mesages dist au roi *F16*, messages fu venus si dist le roy *F19*, messages vint au roi et li dist *F20*, rois oï le mesage et il li dist *F24*, rois oï *F38* 11 fu molt dolans li rois] fu molt dolans et molt courechiés *F19*, fu molt dolans *F24 F38*, en fu molt dolens *F25 F26 F50* 11–12 qu'en tel point estoit mus] l'os estoit point mute *F19*, qu'en tel point estoient mut *F24 F25 F26*, que l'ost estoit meue en tel point *F38* 12 qu'en grant aventure aloit] qu'en grant aventure aloient *F16 F24 F25 F26*, car en grant aventure estoit (aloit *F20*) *F19 F20*, car en grant aventure aloient *F38 F50* ‖ furent] firent *F16 F38 F50*, fisent *F17 F20*, estoient *F19*. New paragraph in *F25* and *F26*. ‖ rois] rois Jehan *F25*, rois Jean *F26*

[a] *F18* f. 121vb–122va; *F16* f. 66[ra–c]; *F17* f. 67vb–68rb; *F19* f. 142va–143ra; *F20* f. 86va–87rb; *F24* f. 163[ra–c]; *F25* f. 119[ra–vb]; *F26* f. 119ra–120ra; *F38* f. 207vb–208rb; *F50* f. 428[ra–vb] (ML, 439–442).

bien qu'il li estevoit aler aprés, et, s'il n'i aloit, il lor mescheroit et il i aroit grant blasme. Il se parti d'Acre et ala aprés aus et erra tant qu'il *vint* la ou il estoient logiet au Pont de Fer, prés de l'ost as Sarrazins.[466] Li vassiel de l'ost aloient chascun jor a Damiete a le viande et venoient en l'ost, si que l'os estoit bien plentive.[a]

5 [cccxxviii] Or vous dirai que li Sarrazin fisent. Il fisent lor galies armer qui estoient el flun de Fouee; si les fisent monter desi al pont et avaler coiement el flun de Damiete, et si avalerent si coiement c'onques li navies as Crestiens qui a l'autre lés estoient ne s'en perçurent. Les galies as Sarrazins se misent entre l'ost et Damiete. Illeuc s'aresterent et si prenoient les vaissiaus qui aloient
10 de l'ost a Damiete, et ceus qui venoient de Damiete a l'ost a toute le viande. Ensi closent le cemin de l'eve, *que* viande ne pooit venir en l'ost, et bien fu .viii. jors et plus c'onques viande n'ala en l'ost, dont cil de l'ost s'esmerveilloient molt que ce pooit estre, que il ne pooient oïr noviele de Damiete ne viande

---

1 estevoit] covenoit *F16*, convenoit *F50*   1–2 et s'il n'i ... blasme] car s'il n'i aloit et il lor meschaoit grant blasme i averoit *F24 F38*, l'ost car s'il li aloit et il lor mescheoit il li aroit grant honte et blasme *F25 F26*   1 lor mescheroit et ... grant] li mescherroit et s'i avroit *F16*, l'en mescarroit et si avoit (en averoit *F17*) grant *F17 F20*, y conquerroit et y aroit grant *F19*   2 se parti d'Acre] departi d'Acre adonc *F16* ‖ et erra] et ala *F16*, *lacks F19* ‖ vint] vinrent *F18*   2–3 vint la ou ... Sarrazins] vint la ou il estoient logié prés de l'ost as (au *F16*) Sarrazins *F16 F17 F20*, les ataint au Pont de Fer ou il estoient logié et li Sarrasin d'autre part *F19*, vint a iaus al Pont de Fer u il estoient logié prés de l'ost as Sarrazins (l'ost dou soudan *F50*) *F24 F38 F50*, vint a aus la ou il estoient logié au Pont de Fer prés de l'ost as Sarrazins *F25 F26*   3 l'ost] l'ost au Crestians *F16*   4 a Damiete a le viande] a la (le *F17 F20*) viande a Damiete *F16 F17 F20* ‖ l'os] *lack F25 F26* ‖ plentive] plentieve de biens *F19*   5 *No paragraph break in F24, F25 or F26.* ‖ Or vous dirai ... fisent] Li Sarrazin firent *F25 F26 F50* ‖ armer] ariver *F16 F19*   6 si les fisent ... avaler] si (et si *F17*) les fisent monter d'ici al Pont de Fer et avaler *F16 F17 F20*, et les firent de si a pont et avaler *F25 F26*, et si les firent monter jusqu'au pont et avalerent *F38*   7 si avalerent] si arriverent *F17*, avalerent *F25 F26 F38* ‖ navies] naviles *F24*   8 a l'autre lés ... perçurent] de l'autre part la (le *F17*) rive estoit ne s'en aperçut (perchut *F17*) *F16 F17*, d'autre part estoit ne s'en perchut *F19*, a l'autre rive estoit ne s'en aporchut *F20*, d'autre part le rive estoit ne le sot ne ne s'en perchurent *F24*, d'autre part estoit de stiens qui d'autre part estoit de la rive ne le sot *F25*, d'autre part estoit de la rive ne le sot *F26*, d'autre par estoit ne le sot n'aparçut *F38. New paragraph in F25 and F26.*   9 si] *lack F17 F19 F25 F26 F50*   9–10 aloient de l'ost ... qui] *lacks F19*   10 a] en *F16 F17 F19 F20 F50* ‖ a toute le viande] *lack F38 F50*   11 Ensi closent] Einsinc enclostrent *F16*, et si closent *F20*, Ensi si closent *F24* ‖ que] et que *F18*, si que *F16* ‖ venir] aler *F20 F24 F25 F26 F38*   11–12 et bien fu ... l'ost] *lacks F16 (homeoteleuton)*   11 fu] furent *F25 F26*   12 et] u *F17*, ou *F20* ‖ n'ala] n'ala de Damyete *F38* ‖ de l'ost] *lacks F20*   13 que ce pooit estre] *lack F19 F20*   13–521.1 oïr noviele de ... avoir] oïr novele (nule novele *F17*) de Damiete ne avoir viande *F16 F17*, nule novele oïr de Damiete ne avoir viande *F20*

---

[a] *F18 f. 122*[va]; *F16 f. 66*[rc]; *F17 f. 68*[rb]; *F19 f. 142*[ra–b]; *F20 f. 87*[rb]; *F24 f. 163*[rc]; *F25 f. 119*[vb]*–120*[ra]; *F26 f. 120*[ra–b]; *F38 f. 208*[rb]; *F50 f. 438*[vb] (ML, 442–443).

466   John returned to Egypt and the army began its move southwards in July 1221.

avoir, ne cil de Damiete ne pooient savoir nule noviele de l'ost. Dont il avint qu'en cel point que les galies des Sarrazins avalerent del flun de Fouee el flun de Damiete estoient .c. galies arivees a Damiete, que li *emperere* Fedric i avoit envoiés, et la sejornerent, que s'il *seussent* qu'il eust galyes de Sarrazins entr'als et l'ost, il les eussent pris et secourue l'ost, et si n'eust mie esté Damiete perdue. Quant li soudans sot qu'il avoit galies de Crestiens arivees al port de Damiete, si dist qu'il se poroit bien trop targier de Crestiens damagier. Il fist coper les escluses, et l'eve s'esparst; si s'en ala a l'ost as Crestiens, si qu'il furent tout en l'eve; teuls i ot jusques a le geule, et molt en i ot de noiés et lor viande fu toute perdue; n'il ne pooient n'avant n'arriere n'aler a lor vaissiaus ne venir a terre. Et si furent si atorné de l'eve, que se li soudans lor donast congié d'aler salvement a Damiete, n'en peust piés escaper, que tout ne fussent noiet.[a]

---

1 savoir nule noviele de l'ost] oïr novele de l'ost *F16 F17 F20*, nule nouvele oïr de l'ost *F19*, savoir de l'ost nule chose *F24*, savoir novelle de s'ost *F25 F26*, oïr nule chose de l'ost *F38*   1–2 Dont il avint qu'en cel] Dont il avint en cele *F17*, Et *F25*, El *F26*   2 des Sarrazins avalerent del] avalerent le *F19*, as Sarrasins avalerent del (le *F20*, du *F38*) *F20 F25 F26 F38*   3 emperere Fedric] empere Fedric *F18*, emperere Fedric d'Alemaigne *F16*, emperere d'Alemagne *F24 F25 F26 F38 F50*   4 et la sejornerent ... eust] que s'il seussent qu'il y eust *F19* ‖ seussent] se seussent *F18*   5–6 esté Damiete perdue] Damiete estre prise *F20*. *New paragraph in F20*.   6 avoit galies de Crestiens arivees] ot arrivé galies *F17*, avoit arivees galies *F20*   7 al port de] a *F17 F24 F38 F50* ‖ trop] *lack F24 F38*   7–8 targier de Crestiens damagier. Il] a targier de Crestians a domachier il *F16*, targier de damagier les Crestiens. Si *F19*   7 de] des *F20 F25 F26 F38 F50*   8 coper] rompre *F16 F24 F50* ‖ s'esparst si s'en ala] s'espandi et s'en (si s'en *F20*) ala (nala *F16*) *F16 F20 F50*, s'esparst et ala *F19* ‖ a] en *F16 F19 F20 F24 F25 F26 F38 F50*   9 furent] firent *F25 F26* ‖ en i ot] *lacks F38*   10 lor viande fu] si fu lor viande *F19* ‖ n'il ne pooient n'avant] qu'il ne pooient avant *F25 F26*   10–11 n'il ne pooient ... terre] Il ne se pooient mouvoir ne aler a leur vaissiaus ne aler avant ne arriere ne a tere *F19*   11 venir] mené *F25 F26*, aler *F38 F50* ‖ Et si furent si] Einsi furent *F16*, et si furent tel *F17*, et furent si *F25 F26 F50*   11–12 que se li soudans ... tout] qu'il n'en pot escaper piés qui *F17* ‖ lor donast congié d'aler salvement] Lequemer lor donast congié d'aler *F16*, lor donnast volentiers *F19*, lor donast congié d'aler *F20*   12 d'aler] de raler ariere *F24*, d'aler arriere *F25 F26*, de raler arriere *F38*   12–13 que tout ne fussent noiet] qu'il ne fussent tuit naié *F16 F20*

[a] *F18 f. 122vb–123ra; F16 f. 66^{rc–va}; F17 f. 67rb–68va; F19 f. 143^{rb–va}; F20 f. 87^{rb–vb}; F24 f. 163^{rc–va}; F25 f. 120^{ra–va}; F26 f. 120rb; F38 f. 208^{rb–va}; F50 f. 428vb–429ra* (ML, 443–444). *F18 has a ten-line miniature panel placed not at the start of the paragraph which commences fives lines from the bottom of the previous column, but at the top of the column. The panel shows warriors in boats. The paragraph begins with a four-line puzzle initial 'O'.*

[cccxxix] Quant li rois Jehans vit le meskeance de l'ost, si manda al soudan qu'il se combateroit s'il voloit, et li soudans li manda qu'il ne se combateroit mie, qu'il estoient tot mort s'il voloit; il n'en escaperoit ja piés, que tout ne fussent noié, et si manda al roi se ses plaisirs estoit, qu'il *venist* parler a lui. Li rois i ala par le congié le cardenal. Si mena maistre Jake avoec lui, qui vesques estoit d'Acre. Quant li rois vint devant le soudant, si fist li sodans grant fieste de lui, et le fist seïr *encoste* lui. Aprés li dist: 'Sire rois, j'ai grant pité de vous et de vos gens qui la *morront* a si grant dolour, car il morront de faim et si seront noié. Et se vous en voliés avoir pitié, vous les garandiriés bien de le mort.' Li rois dist: 'Sire, comment?' 'Jel vous dirai', dist li soudans. 'Se vous voliés rendre Damiete, je vous feroie tous metre a sauveté et oster de cel peril.' Li rois dist que Damiete n'estoit mie toute siue, ains i avoit parçonniers assés; sans ceus qui *part i avoient* n'en pooit il riens faire. Et s'il voloit, il le feroit savoir a auls; *et* çou qu'il en feroient, il *otrieroit* volentiers; se ses plaisirs i estoit, il i envoieroit. Li soudans dist que biel li estoit: *envoiast il*. Li rois Jehans i envoia le vesque d'Acre al cardenal et a cels

---

1 *No paragraph break in F20 or F24.* ‖ le meskeance] les mescheances *F16*, les meschaances *F17* ‖ soudan] soudan de Babiloyne *F16*   2 s'il voloit et li soudans] s'il voloit et il *F17*, volentiers. Li (et li *F50*) soldans *F38 F50*   2–3 combateroit mie qu'il ... il] combateroient mie et qu'il estoient mort trestout s'il voloit il *F19*, combateroient mie car il estoient tout mort s'il voloit qu'il *F20*   3 que tout ne fussent] qu'il ne fussent tuit *F16*, qu'il ne fuscent tout *F17*   4 se] que se *F16 F17 F19 F20* ‖ venist] venissent *F18* ‖ lui] lui et qu'il paroit volentiers a lui *F24*   5 par le congié le] par le congié dou (del *F16*, au *F38*) *F16 F20 F38 F50*, congiet del *F17* ‖ mena maistre Jake avoec lui] mena o li mestre Jaque de Vitri *F16 F50*, i mena maistre Jakemon de Viteri avoec lui *F20*   6 *New paragraph in F25 and F26.* ‖ Quant li rois ... lui] Li roys vint devant le soudan si fist li soudans molt grant feste de lui *F19*, Quant li rois vint devant le soutan li soutans fist grant feste de lui *F24*, Li soldans fist grant feste du roi quant il le vit *F38 F50*   6–7 et le fist seïr encoste lui] *lack F16 F17 F20 F25 F26*   7 encoste] d'encoste *F18*, encontre *F38* ‖ Aprés li dist] Aprés si dist li soudans *F16*, et puis li dist *F19*, Aprés si li dist *F17 F24 F38*, puis li (si li *F50*) dist *F25 F26 F50* ‖ rois j'ai grant] j'ai grant *F17*, rois j'ai molt grant *F24*   8 morront] mentnt *F18* ‖ a si grant ... morront] *lack F20 F25 F26* (*homeoteleuton*), a si grant doleur come *F38 F50*   9 en voliés avoir pitié] vouliez *F38* ‖ garandiriés] garderiez *F25 F26* ‖ dist] li dist *F19 F20 F24 F25 F26 F38 F50*   10 dirai] dirai bien *F16* ‖ voliés] me volés *F20*, me voliez *F50*   10–11 vous feroie tous ... peril] vous geteroie et tout sain et tout sauf de chest peril *F19*, les feroi metre a sauveté et oster de cel peril *F24*, les (vos *F25*) metrai a sauveté et oster de cel peril *F25 F26*, les feroie metre a sauveté *F38 F50*. *New paragraph in F24.*   11 Li rois dist] li rois li dist *F16 F20 F38 F50*, li rois vint *F17*, Dont li respondi li rois se li dist *F24*   12–13 sans ceus qui ... faire] et sans ceus qui part i avoient ne pooit li rois riens faire *F20*, et sanz cex qui par i avoient n'en pooit rien faire *F25 F26*, *lack F38 F50*   12 part i avoient] parçonnier i estoient *F18*   13 le feroit savoir a auls] lor feroit savoir (asavoir *F50*) *F16 F38 F50*   13–14 et çou qu'il ... volentiers] çou qu'il en feroient, il l'otrieroit volentiers *F18*, *lacks F17*   13 en] *lack F19 F25 F26*   14 otrieroit] le tenroit *F16 F20* ‖ se ses plaisirs ... envoieroit] et se se ses plaisirs estoit il envoieroit *F25 F26*, *lack F38 F50*. *New paragraph in F20.* ‖ dist] li dist *F16 F19 F20 F24*, si dist *F38*   15 estoit envoiast il] estoit *F18*, estoit qu'il i envoiast *F17 F19*, seroit s'il i envoioit *F38* ‖ Li rois Jehans i envoia] Li rois Jehans (Johans *F16*) envoia *F16 F19 F20*, Li rois envoia *F24 F38*, et il l'envoia *F25 F26* ‖ d'Acre] *lacks F20*

qui en l'eve estoient, *et* lor fist asavoir le requeste que li soudans lor avoit faite. Li cardonals et cil de l'ost s'acorderent ensanle, et molt furent lié de le requeste, et molt lor tardoit qu'il fuissent hors de l'eve. Li cardenals et cil de l'ost manderent al roi qu'il *fesist* le millor pais qu'il *peust*, mais qu'il peuissent escaper de la ou il estoient; quanques *il* feroit, il *tenroient*. Li vesques s'en torna arriere au roi; se li fist asavoir çou qu'il avoit trouvet al cardenal et a cels de l'ost. La *atirerent* entre le roi et le soudan le pais tele *com* je vous dirai. Il rendirent Damiete au soudan, et si rendirent quanques il avoient en prison de Sarrazins en Crestienté dela le mer. Et li soudans rendi tous les Crestiens qui estoient en se terre en prison et en le terre le Coredex sen frere, et dist qu'il rendroit avoec le Sainte Crois. Il rendi une crois, mes ce ne fu mie *cele* qui fu perdue en le bataille, et si fisent trives .vi. ans en le terre de Jherusalem en tel point qu'eles estoient quant li rois Jehans porta corone.[a]

---

1 l'eve] l'ost *F20* ‖ et] et il *F18*, et si *F16 F19 F24 F38*, si *F17* ‖ soudans] rois *F17* ‖ *New paragraph in F25 and F26.*   2 s'acorderent ensanle et … requeste] furent molt lié et molt joiant de chele requeste *F19*, s'acorderent a la requeste le soudan et molt (et furent en molt *F25*) en fuerent lié *F26*   2–3 et molt lor … l'eve] *lack F16 F20 F38 F50*, que li soldans lor avoit faite *F17*   3 tardoit] targoit *F19*, tarjoit *F24* ‖ Li cardenals et … manderent] Li cardinax et chil de l'ost si manderent *F19*, si manderent *F25 F26*, Il manderent *F38 F50*   4 fesist le millor pais qu'il peust] fesissent le millor pais qu'il poroient *F18*, feiscent le millor pais qu'il peuscent *F17*, fesist le mellor plait qu'il peust *F24 F25 F26 F38* ‖ escaper] eissir *F38 F50*   5 estoient] estoient et *F16 F24 F25 F26 F38 F50*, sunt *F17* ‖ feroit il tenroient] en feroit il le tenroient *F18*, feroit il en tenroient *F19*, feroit il entendroient *F25 F26* ‖ vesques s'en torna … se] rois s'en torna arriere dal cardonal et ala al roi se *F17*, vesques s'en retourna arriere au roy si (et se *F19*) *F19 F20*, vesques s'en retorna al roi et se *F24*, evesques revint (retorna ariere *F38 F50*) au roi si *F25 F26 F38 F50*   6 fist asavoir çou qu'il avoit trouvet] dist et li fist savoir qu'il trova *F19* ‖ fist asavoir] dist *F25 F26* ‖ al cardenal et … l'ost] au cardonal et au baron de l'ost *F16, lack F17 F25 F26 F38 F50. New paragraph in F24.* ‖ La atirerent] La atirent *F18*, Adont atirerent *F24*, Lors atirerent *F38*, dont atirierent *F50*   7 soudan le pais] soutan et l'evesque d'Acre le pais et fisent *F24*, soudan et li evesque d'Acre la pais *F25 F26 F38* ‖ com] que *F18*   8 si rendirent] se (si *F38*) li rendirent *F19 F24 F38*, li rendirent *F50, lack F25 F26*   8–9 en prison de … mer] en prison de Sarrazins *F16 F20*, de Sarrasins en prison *F17*, de Sarrasins en prison dela le mer *F38*, de Sarrazins en prison en lor pooir *F50*   8 en] en le *F24*, et *F25*   9 rendi tous les Crestiens qui estoient] si (li *F20*) rendi touz les prisons qui estoient *F16 F20*, si rendi tous les Crestiens qu'il avoit *F17*, li (si lor *F24*, leur *F38*) rendi tous les Crestiens qui estoient *F19 F24 F38* ‖ en prison] lacks *F16*   10 le Coredex sen frere et dist] son frere li Coridix (Licoredin *F17*, le Coradin *F50*) et dist *F16 F17 F50*, sen frere le Coredix qui soudans estoit de Damas et de toute le terre et dist li soudans Lekemer *F20*   10–11 Il rendi une crois] *lack F25 F26*   11 cele] li croiz *F18*, cele croiz *F38* ‖ bataille] bataille devant Acre *F38*, bataille ou li rois Gui fu pris *F50* ‖ si] *lack F20 F25 F26*   12 .vi.] .vii. *F17*, a .vi. *F20*, a .viii. *F24 F25 F26 F38* ‖ en le terre de Jherusalem] *lack F38 F50* ‖ en tel point qu'eles] teles com eles *F16 F17 F20*, en tel point comme eles *F19 F38 F50*, en cel point qu'eles *F24 F25 F26* ‖ quant] *lack F25 F26*

---

[a] *F18 f. 123*[ra–va]*; F16 f. 66*[va–b]*; F17 f. 68*[va]*–69*[ra]*; F19 f. 143*[va–b]*; F20 f. 87*[vb]*–88*[ra]*; F24 f. 163*[va–b]*; F25 f. 120*[va]*–121*[ra]*; F26 f. 120*[va]*–121*[ra]*; F38 f. 208*[va]*; F50 f. 429*[ra–va] (ML, 444–446).

[cccxxx] Quant li pais fu ensi creantee d'unne part et d'autre, li soudans envoia des vilains de le terre por faire *pons* et escluses par ou li Crestien peuissent issir de l'eve. Aprés si dist li soudans al roi qu'il voloit avoir ostage del cardenal de le pais a tenir, tant qu'il et ses gens seroient entré en Damiete et que li Crestien en seroient hors. Li rois Jehans demora en ostages et li vesques d'Acre. Aprés si envoia *on a* Damiete, et fist on issir hors les Crestiens. Si *les* delivra on au soudan et tous les prisons qui ens estoient. Quant ensi orent fait, li rois se seoit devant le *soudan*; si comencha a plorer. Encore adont estoient li Crestien en l'eve ou il moroient de faim. Li soudans regarda le roi et le vit plorer; se li demanda: 'Sire, por coi plorés vous? Il n'afiert pas a roi qu'il doie plorer.' Li rois li respondi: 'Sire, j'ai droit se je pleure, car je voi le peule que Dius m'a cargié morir de faim a si grant glave, et si sont la en cele eve.' Li tente le soudan estoit en .i. tertre, si qu'il veoit bien l'ost *des* Crestiens qui estoit el plain par desous. Si ot li soudans pitié de çou qu'il vit le roi plorer et de ce qu'il li dist, si plora aussi. Aprés si li dist qu'il ne plorast plus, qu'il aroient a mangier. Il lor envoia .xxx. mil pains por departir entre als as povres et as rices; *ensi* lor envoia il .iiii. jors, tant qu'il furent hors de l'eve. *Et quant il furent hors de l'eve* si lor envoia il

---

1 *No paragraph break in F16, F24, F25 or F26.* ‖ creantee d'unne] acreantee d'une *F16*, creantee et d'une *F19 F24* 2 de le terre] de sa terre *F16*, du païs *F17* ‖ pons] pans *F18* 2–3 par ou li Crestien peuissent issir] par la ou li Crestien peussent passer et issir *F19* 3 l'eve] l'eve (l'eaue *F24 F38*, l'aigue *F50*) et aler a seche terre *F24 F25 F26 F38 F50* ‖ voloit avoir] vorroit *F16*, volroit avoir *F17*, vaurroit avoir *F20* 3–4 ostage del cardenal … qu'il] ostages de cele païs jusc'adont qu'il *F24*, ostaiges de la pais dusqu'a donc que il *F25 F26*, ostages de la pes jusqu'il *F38*, ostages d'eaus jusque tant que il *F50* 4 a] *lack F16 F17 F19 F20* ‖ seroient entré] fussent entré *F19*, seroient rentré *F20* 5 en seroient] isteroient *F17*, seroient *F25 F26* ‖ *New paragraph in F25 and F26.* ‖ Jehans] *lack F24 F25 F26 F38 F50* ‖ demora en ostages] en demoura en ostages *F19*, demora en ostages et il *F24* ‖ d'Acre] Jaques d'Acre *F16* 6 on a] en *F18*, a *F20* ‖ Si les] si le *F18*, et si les *F24*, et si la *F25 F26 F38*, et la *F50* 7 ens] i i *F16*, i *F20*, dedens *F17 F24 F38 F50* 7–8 fait li rois se seoit] fait li rois estoit *F16 F20*, atorné li rois estoit *F17* 8 soudan si] si *F18*, soldan et *F17* ‖ Encore adont] encore *F17*, et encore adont *F24 F50*, et encore *F38* 9 ou il] si *F16 F17* ‖ le roi et le vit] si vit le roi *F17*, le roi et si le vit *F20*, le roi si le vit *F25 F26* 10 Sire] *lack F25 F26* ‖ Il n'afiert pas] il n'affiert mie *F17*, n'afiert pas *F24*, ja n'afiert il mie *F38* 10–11 Li rois li respondi] li rois respondi *F17 F20*, li rois li dist *F24 F38 F50, lack F25 F26* 11 se je pleure] *lacks F38* ‖ car je voi] Je vois la *F19*, car je voi ci *F26* 12 de faim a … si] a si grant glaive comme de faim et si *F16 F20 F24*, a si grant glaive comme de faim et *F25 F26*, de faim et si *F17* 12–13 de faim a … desous] a si grant meseise come de fain *F38*, de faim *F50* 12 *New paragraph in F25 and F26.* ‖ estoit] estoit haut *F19* 13 tertre] terre *F20 F25* ‖ qu'il] li soldans *F17* ‖ des] de *F18*, aus *F16*, as *F17 F20* ‖ qui estoit] *lacks F19*, qui estoient *F24 F25 F26* 14 Si] *lack F17 F24 F38 F50* ‖ et de ce qu'il li dist] et de çou qu'il plora *F17, lack F38 F50* 15 Aprés si li dist] Aprés si (li *F20*) dist *F16 F20*, Aprés dist al roi *F17*, puis si li dist *F25 F26*, puis dist au roi *F50* ‖ qu'il aroient] qu'il lor envoieroit *F19*, car il avroient *F20 F50* ‖ Il] si *F19 F25 F26* 16 por] a *F19 F24 F25 F26 F38 F50* ‖ ensi] et ensi *F18* 17 et quant il … l'eve] *lack F18 F20*, et quant il furent hors *F25 F26 F38 F50* 17–525.1 il le] il *F16*, le *F17 F20 F24*, la *F25 F26*, *lacks F38 F50*

le marceandise del pain et de le viande a cels qui acater le poroient, qu'il l'acataissent, et as povres envoia chascun jor del pain tant qu'il furent illeuc bien .xv. jors. La furent dessi adont que li messages revint arriere al soudan qu'il ravoit Damiete.[467a]

[cccxxxi] Quant li messages fu venus, li soudans lor donna congié qu'il s'en alaissent. Il s'en alerent a Damiete; si entrerent es nés et s'en alerent chascuns en son païs. Et li rois s'en ala a Acre, et si laissa Crestiens en le terre por chercier les cités et les castiaus et les viles por delivrer les Crestiens qui estoient en prison. Quant il vint a Acre, si envoia ensement les chevaliers a Damas et en Jerusalem et en le terre le Coredix por delivrer les Crestiens qui en prison estoient.

---

1 del pain et de le] de pain et de *F25 F26 F38 F50*   1–2 qu'il l'acataissent et as povres] et as povres *F19*, qu'il l'achataissent et as povres gens *F24*, et aus povres genz *F38 F50*   2 chascun jor] *lacks F17*, cascun *F19* ‖ tant qu'il furent illeuc] tant comme il furent iluec *F19 F24 F25 F26*, *lack F38 F50*   3 dessi adont que] tant que *F19 F50*, desi que *F24 F25 F26*, jusque *F38* ‖ arriere al soudan] au soudan et (si *F20*) li dist *F16 F20*, al soldan et qu'il li dist *F17*, au soudan dire *F19*   3–4 qu'il ravoit Damiete] qu'il ravoient Damiete *F17*, qu'il avoit *F19 F24*, q'il avoit envoié a Damiete *F25 F26*, qui avoit esté a Damyete *F38*, qui avoit esté a Damiete recevoir *F50*   5 *No paragraph break in F16, F17, F20, F24, F25, F26, F38 or F50*. ‖ venus] revenuz *F16*   5–6 congié qu'il s'en alaissent] congié qu'il s'en ralassent *F16 F17*, qu'il s'en ississent *F25 F26*, congié d'aler *F38 F50*   6 Il s'en alerent] il s'en ralierent *F16*, et il s'en alerent *F24 F38 F50*, si s'en alerent *F25 F26* ‖ a Damiete si ... alerent] a Damiete si entrierent es nés et ala *F16 F20*, a Damiete et (si *F24*) entrerent es nés si s'en ala *F24 F25 F26, F38 F50 lack (homeoteleuton)*   6–7 chascuns en son païs. Et] chascuns en sa terre et *F16*, cascuns en son esduit et *F17 F20 F24 F25 F26*, chascuns a (en *F50*) son endroit *F38 F50*   7 Crestiens] chevaliers *F24 F25 F26 F38 F50*   7–10 en le terre por chercier ... estoient] por querre les Crestians qui estoient en prison en la terre le soudan et en la terre li Coredix son frere *F16*, pour querre les Crestiens qui estoient en prison *F17*, en le tere por cherquier les chités et les castiaus et les viles pour delivrer les Crestiens qui estoient en prison et en toute le terre li Coredix pour delivrer il vint a Acre si envoia ensement a Damas et en Jherusalem et envoia chevaliers pour cherquier les Crestiens qui estoient en prison et en tote le tere li Coredix pour delivrer *F19*, por querre les Crestiiens qui estoient emprison le soudant par toute se terre *F20*. *New paragraph in F16, F20, F25 and F26. Rubric in F16*: Com li rois Johans d'Acre repera deçamer por avoir secors aprés ce que li Crestian orent perdue Damyete. *Rubric in F20*: Du roi Jehan d'Acre qui vint en France pour le secours.   8 por delivrer les ... prison] por delivrer les prisons crestiens *F24*, et delivrer les Crestiens de prison *F38*, por rendre les esclas por delivrer les Crestiens de prison *F50*   9–10 les chevaliers a ... en] chevaliers a Damas et en Jherusalem et en tote *F24 F25 F26*

---

[a] *F18 f. 123^{va-b}; F16 f. 66^{vb-c}; F17 f. 69^{ra-b}; F19 f. 143vb–144ra; F20 f. 88^{ra-b}; F24 f. 163^{vb-c}; F25 f. 121^{ra-va}; F26 f. 121^{ra-va}; F38 f. 208^{va-b}; F50 f. 429^{va-b}* (ML, 446–447).

467   The crusading army surrendered on 30 August 1221 and the sultan took possession of Damietta on 8 September.

Quant li rois ot partout les Crestiens fait delivrer, ce c'on en pot trouver, il fist un sien parent bailliu de le terre qui avoit a non Oedes de Mont Beliart; et puis passa le mer por venir a Rome a l'apostole et en France au roi et a l'empereur d'Alemagne et al roi d'Engleterre por avoir secors de le Terre d'Outremer et por
5 plaindre a l'apostole de le honte que li cardenals li avoit faite devant Damiete et por querre baron avoec se fille qui le terre peust gouverner et maintenir. Li rois ariva en Puille. Quant li emperere sot qu'il estoit arivés, si ala encontre lui; si le recuelli a grant honor et grant joie fist de se venue. Puis li fist doner cevals et sommiers a lui et a toute se mainsnie, et si ala avoec lui tant qu'il vint a l'apos-
10 tole.[a]

[cccxxxii] Quant li apostoles sot que li rois Jehans d'Acre venoit, si ala encontre lui et *le* recueilli a grant honour. Aprés se plainst li rois a l'apostole et a l'empe-

---

1 Quant li rois ... fist] Quant li rois Johans d'Acre ot fait delivrer les Crestians qui en prison estoient de Sarrazins il fist *F16*, Quant li rois Jehans ot tos fait delivrer les Crestiiens qui en prison estoient il fist *F20*, il fist *F17*, Quant li roys Jehans ot toute Païenime les Crestiens chou que on en pot trover il fist *F19*, Quant li rois fait tote cerkier Païenime et delivrer les Crestiens che c'on en pot trover il fist *F24*, Li rois Jehans (Jehanz *F25*) quant il ot par tote Paenieme les Crestiens fait deliverer ce que on pot trover si fist on *F25 F26*, Quant li rois ot ainsi fet si fist *F38*, Qant li rois ot ce fait il fist *F50*   2 parent] *lack F25 F26* ‖ Oedes de Mont Beliart] Oedes de Bellin *F20*. *New paragraph in F24*.   2–3 et puis passa] Puis passa li rois Jehans *F24*, puis passa *F25 F26 F50*   3 a] et a *F19*, et por aler a *F24*   3–4 a l'apostole et ... d'Alemagne] l'apostoile (a l'apostoile et *F26*) en France au roi et en Alemaigne a l'empeeor *F25 F26*, et en France et pourparler a l'apostoile et a l'empereur d'Alemaigne et au roi de France *F38 F50* ‖ en France au ... d'Engleterre] al roi de France et al roi d'Engleterre et a l'empereur d'Alemagne *F24*   3 et a l'empereur] et a l'empereor Fedric *F16*, Phelippon et a l'empereor Fedri *F20*   4 de le Terre d'Outremer] a la Tere d'Oltremer *F17 F50*, et aide a la Terre d'Oltremer *F38*, *lacks F25 F26*   5 plaindre a l'apostole] pleindre soi a l'apostole *F16 F50*, paindre a l'apostoile *F25 F26*, *lacks F17* ‖ li cardenals] li Coredix *F19* ‖ avoit faite devant] ot fete a *F16*, avoit faite *F20*   6 avoec] a *F16 F38 F50* ‖ gouverner et maintenir] garder et meintenir *F16*, tenir et gouverner *F17*, governer *F25 F26*. *New paragraph in F38 and F50*. 6–7 Li rois ariva en Puille] *lack F38 F50*   7 sot qu'il estoit arivés] Fedris sot qu'il estoit en Puille arrivez *F16*, Fedric sot qu'il estoit arivés *F17*, Fedris sot qu'il estoit arivés en Puille *F20*, le sot *F25 F26* ‖ si] et *F16 F17 F19 F50*   8 recuelli a] rechut a molt *F17*, reczut a *F25 F26 F38* ‖ grant joie fist ... doner] a grant joie et molt fu liés et joians de se venue. Puis li donna *F19*   8–9 Puis li fist ... mainsnie] *lack F38 F50*   8 cevals et] chevaux *F16*, chevaus palefrois et *F17*   9 a lui et a] pour *F19* 9–10 l'apostole] l'apostole de Rome *F16*, Rome a l'apostoille *F20*   11 *No paragraph break in F16, F17, F20, F24, F38 or F50*.   11–12 Quant li apostoles ... et] Li apostoiles ala encontre lui quant il sot qu'il venoit et si le *F24*, L'apostoilles ala encontre le roi et le *F50*   11–527.1 Quant li apostoles ... l'empereur] Quant li apostoles sot que li rois Jehans venoit si le recueilli a molt grant honnor. Aprés se plaint li rois a l'apostole *F19*, Li apostoiles le reçut a grant henneur et ala encontre li et li rois se par (par *struck through*) plaint *F38*   12 lui et le recueilli a grant] et le recueilli a molt grant *F25 F26* ‖ le] *lacks F18*

---

[a] *F18 f. 123vb–124ra; F16 f. 66^{vc}–67ra; F17 f. 69rb; F19 f. 144^{ra–b}; F20 f. 88^{rb–va}; F24 f. 163^{vc}–164ra; F25 f. 121^{va–b}; F26 f. 121^{va–b}; F38 f. 208vb; F50 f. 429vb–430ra* (ML, 447–449).

THE CHRONIQUE D'ERNOUL								527

reur de le honte et de le perdission de Damiete, que li cardenals li avoit fait faire de le cité. La atirerent li apostoles et li empereres que jamais parçon ne feroit on de terre ne de cose c'on fesist ne conquesist, puis c'on seroit mut a aler outre mer, ains seroit tout al roi de Jherusalem.

En cel point que li rois Jehans fu arivés en Puille, fu li femme l'empereur morte.[468] Et quant il orent fait cel atirement, dont je vous di, *des* conquestes demorer al roi, li apostoles parla a l'empereur de le fille le roi Jehan prendre a feme. Li emperere respondi a l'apostole qu'il le prenderoit *molt* volentiers *por* le grant amor qu'il avoit al pere. La le plevi en le main l'apostole, et li rois le plevi aussi. Et molt en fu liés et joians, et grasces rendi a Dame Diu de ce que se fille seroit si hautement mariee. Quant ensi orent fait, si se departirent, et li emperere s'en ala en Puille, et li rois Jehans s'en ala avoec l'apostole a Rome, la ou on le recueilli a porcession, et d'illeuc s'en ala en France au roi Phelipe, qui adont vivoit, et grant honor li fist. Aprés en ala en Engletierre au roi, et si retorna arriere en France. Et si vous di bien por voir qu'en toutes les tierres et es

---

1 et de le perdission de Damiete] et de le perte de Damiete *F19*, et des partissons de Damiete *F24 F25 F26*, *lack F38 F50*   1–2 faire de le cité] fere et porchaciee *F16*, *lack F38 F50*   2 li apostoles et ... parçon] li apostoles et li empereres et li rois que jamais partison *F24 F38 F50*, entr'aus que jamais partisions *F25 F26*   3 on de terre ... ne] l'en de chose qu'en *F16 F17 F20 F50*, l'en de chose que *F38*, ne de terre ne de cose que on fesist ne que on *F19*, on de terre ne de chose c'on *F24 F25 F26*   3–4 outre mer] en la (le *F17*) Terre d'Outremer *F16 F17 F38*, en le (la *F50*) terre de Jherusalem *F20 F50*   4 *New paragraph in F16, F20 and F24. Rubric in F16:* Com li empereor Fedris prist a fame la fille lo roi Johan d'Acre de cui il ot .i. fil qui ot a non Corrat. *Rubric in 20:* De l'empereour Feudri qui prist a feme le fille le roi Jehan d'Acre.   5 Jehans] *lack F38 F50* ‖ l'empereur] l'empereor Fedric *F16*   6–7 quant il orent ... roi] *lack F25 F26*   6 dont je vous di] *lack F19 F38 F50*, que je vous dis *F20* ‖ des] de *F18*   7 demorer al roi li apostoles] de demorer au roi de Jerusalem li apostoles *F16*   7–8 le fille le ... feme] prendre li fille al roi Jehan *F17*   8 respondi a l'apostole] respondi *F16*, Fedris respondi a l'apostoille *F20*, dist *F17 F24 F38 F50* ‖ molt volentiers por] volentiers par *F18*, volentiers pour *F38 F50*   9–11 et li rois ... mariee] *lack F38 F50*   9–10 le plevi aussi ... et] le replivi aus et mout en fu liés et *F20*, en fu molt liez et molt *F25 F26*   11 se departirent et] s'en partirent et *F19*, se departirent *F38 F50*   12–13 et li rois ... France] *lacks F19*   12 Jehans s'en ala avoec l'apostole] s'en ala *F24 F38 F50*, Jehans s'en ala *F25 F26*   13 ou on le recueilli a porcession] le recoilli on (reçut en *F16*) a procession *F16 F17*, recoelli on a porcession le roi Jehan d'Acre *F20*, on le recoilli a procession *F24*, le reçut l'en a procession *F38*, ou l'en le reçut a procession *F50*   14 adont vivoit et] adont vivoit qui *F17 F20 F24*, lors vivoit qui *F38 F50*   14–15 en ala en ... arriere] ala au roi d'Engletierre et puis s'en retorna arriere *F16*, ala en Engletere al roi et puis (et si *F24*, puis s'en *F25 F26*, et *F38*) retorna arriere *F17 F24 F25 F26 F38*, s'en ala en Engleterre au roi et puis s'en retorna *F20*   15–528.1 tierres et es ... lui] lex ou il venoit le recoiloit on *F16 F17 F20*, chités et les bours et les castiaus on y venoit encontre aus *F19*, terres u il passoit as chités as chastiaus et as bones viles aloit on encontre lui et le recuelloit on (et recevoit l'en *F38*) *F24 F38*, terres et es citez et es bors et es chastiaux ou il venoit aloit encontre lui et le recuillot (cuiloit *F25*) on *F25 F26*, terres ou il passoit fust en citez ou en chastiaus ou en bones viles l'en aloit encontre lui et recoillot l'en *F50*

---

468   Frederick's first wife, Constance of Aragon, died in June 1222.

cités et es castiaus et es bours ou il venoit et aloit, on venoit contre lui a porcession et grant feste li faisoit on. Ne demoura gaires puis que li rois Jehans fu en France, que li rois Phelipes morut. Si laissa grant avoir al roi Jehan, et grant avoir a envoier en le Tierre d'Outremer. Li rois Jehans fu a Saint Denise a l'enfouir le roi Phelippe. Aprés si fu au coroner le roi Loeÿ, sen fil, a Rains. Puis prist congié en France; si s'en ala a Saint Jakme. Al revenir k'il faisoit de Saint Jake fu li rois d'Espagne a l'encontre a Burs, qui grant honor li avoit faite en se tierre et fist encore. La li dona li rois *d'Espagne une sereur qu'il avoit a feme*; si l'espousa et grant avoir li donna.[469] Quant li rois Jehans ot espousee se feme, si prist congié; si s'en ala en France. Quant il ot esté une piece en France, si prist congié al roi Loeÿ et as barons; si dist qu'il l'en estevoit *aler*, que li emperere l'atendoit en Puille por passer mer et pour se fille espouser.

Il s'en ala et erra tant qu'il vint en Puille a l'empereur. Quant il fu la, li emperere li dist qu'il mandast se fille et le fesist venir par deça; si l'espouseroit, qu'il

---

2 et grant feste li faisoit on] *lack F38 F50. New paragraph in F16, F25 and F26.* ‖ gaires puis] puis gaires *F16 F19 F20* ‖ fu] vint *F16*   3–4 et grant avoir a envoier en] por porter en *F16 F19*, et grant avoir por envoier en *F17 F24*, et grant thresor por porter en *F25 F26*, et grant avoir a *F38*   4 Jehans] Jehans d'Acre *F19* ‖ l'enfouir] enfouir *F17 F19 F20*, enfoïr *F38 F50*   5 Aprés si fu ... Rains] *lack F25 F26* ‖ coroner le roi] coroner *F16 F17 F24*, coronement *F38*, coronement de *F50*   5–6 prist congié en France; si] *lack F38 F50*   6 *New paragraph in F20 with the rubric*: Du roi Jehan a qui li rois d'Espaigne donna se sereur a feme. ‖ Al revenir k'il ... fu] au revenir qu'il fesoit de Saint Jasque (Jake *F17*) li fu *F16 F17*, Au revenir de Saint Jaque li fu li fix *F19*, Du revenir de Saint Jakeme que li rois Jehans faisoit li fu *F20*, Al revenir qu'il faisoit de Saint Jake li fu *F24*, la li fu *F25 F26*, Au revenir qu'il fist fu *F38 F50*   6–8 li rois d'Espagne ... feme] li rois a feme une sereur a se femme qu'il avoit *F18*, il grant avoir et une sereur qu'il avoit a femme *F19*, li rois d'Espaigne une serour q'il avoit encore a feme *F20*   7 l'encontre] l'encontre au devant *F19*   7–8 avoit faite en ... encore] fist et avoit fait en se tere *F17*, fist *F38 F50*   7 en] en France en *F25 F26*   8 dona] demanda *F25 F26*   8–9 Si l'espousa et grant avoir li donna] *lack F38 F50. New paragraph in F25 and F26.*   9 espousee se feme] espousee fame *F16 F19 F24 F25 F26 F38*, se feme prise *F20*   9–10 prist congié si ... France] s'en ala en France *F19*, s'en ala en France. Quant il i ot esté une piece *F38*   11 Loeÿ] *lack F24 F25 F26 F38 F50* ‖ si] et *F17 F38 F50* ‖ l'en estevoit aler que li emperere] l'en escouvenoit aler outremer que li rois Fedris d'Alemaigne *F16*, l'en esconvenoit aler que li emperes *F19*, li estevoit aler que (s'en que *F25 F26*) li emperes *F24 F25 F26*, l'en covenoit aler. (a aler *F50*) Car li emperes *F38 F50* ‖ aler] raler *F18*   12 mer] le mer *F17 F19*, la mer *F50* ‖ et pour se fille espouser] pour se fille qu'il devoit espouser *F19*, et pour se fille marier que li emperes devoit espouser *F20*   13 s'en ala et] *lacks F19*, s'en parti et *F25 F26* ‖ a l'empereur] *lacks F16*   14–529.2 dist qu'il mandast ... emperere] fist mander sa fille si *F38*, fist envoier querre sa fille si *F50*   14 et le fesist venir par deça] et le feist venir deça mer *F16 F17 F20*, *lack F19 F25 F26* ‖ si l'espouseroit] *lacks F19*   14–529.1 qu'il ne voloit mie ore] qu'il (car il *F20*) ne vouloit ore mie *F16 F20 F24*, por ço qu'il ne voloit ore mie *F17*, qu'il ne voloit ore mie le mer *F19*, qu'il ne voloit mie *F25 F26*

469   John married Berengaria, the sister of King Ferdinand III of Castile (1217–1252), at Burgos in 1224.

ne voloit mie ore passer por le trive qui estoit en le Tierre d'Outre Mer. Li rois le manda; *et* on li amena en Puille. Quant ele fu venue, li emperere l'espousa et li fist porter corone, et molt ama le roi Jehan et le fist signor de se tierre.[470]

Li dyables d'infier qui vit le grant amor entre l'empereur et le roi fu molt dolans; si entre el cors l'empereur et li fist a amer une niece le roi Jehan qui estoit venue d'outre mer avoec se fille. Si le despucela; si mist s'amor et se femme en haï. Il avint .i. jour que li rois Jehans ala veoir l'empereïs se fille; si le trouva en se cambre molt corecié; se li demanda que ele avoit; ele li conta qu'ensi faitement erroit li emperere de se nieche, et qu'il l'avoit despucelee, et le tenoit, et li en haoit. Quant il l'oï, s'en fu molt dolans et si conforta se fille au plus qu'il pot et prist congié et s'en ala a l'empereur la ou il estoit. Quant il vint a l'empereur li emperere se leva encontre lui et le bienvegna, et li rois dist qu'il ne le saluoit pas, que si desloial home comme il estoit ne devoit on pas saluer, et que honni fuissent tout cil par cui il estoit emperere, fors seulement le roi de France, et,

---

1 qui estoit en ... Mer] qui estoit outre mer et en le tere *F19*, qu'il i estoit *F24*, qui i estoit et *F25 F26*   2 et] *lacks F18* ‖ ele] la demoisele *F16*   2–3 l'espousa et li] l'espousa et *F17 F24 F38*, li *F25 F26*   3 de] de l'onnour de *F19* ‖ *New paragraph* in *F16, F20* and *F50*.   4 le grant amor] l'amor qui estoit *F17* ‖ entre l'empereur et le roi] entre l'empereur et lo roi Johan en (se en *F50*) *F16 F50*, entre le roi Jehan et l'empereour si en *F17*, de l'empereur et du roy *F19*, entre l'empereur et le roi Jehan (Jehan si *F24 F38*) *F20 F24 F38*   5 cors] cuer de *F50* ‖ a] *lack F16 F17 F19 F20 F38 F50* ‖ amer] amare *F25* ‖ Jehan] *lacks F25 F26*   6 d'outre mer avoec se fille] aveuques se femme d'outre mer *F19*, de la (le *F24*) Terre d'Outremer avec sa (le *F24*) fille *F24 F25 F26*, avec sa fille *F38 F50* ‖ si mist s'amor] si i mist s'amor *F16 F19*, et i (et si *F20*, et si i *F24*) mist s'amour *F17 F20 F24*, si mist tote s'amor *F25 F26*, *lack F38 F50*   7 *New paragraph in F25 and F26.* ‖ Il] Dont il *F24 F38 F50* ‖ l'empereïs] *lack F38 F50*   8 se] et molt dolante il *F19*   8–9 conta qu'ensi faitement erroit li emperere] conta que si fetement erroit se sires *F16*, dist qu'ensi faitement avoit fait li empereres *F24*, dist que ainsi avoit li empereres fet *F38*, dist que ensi avoit fait l'empereres *F50*, conta qu'en tel maniere estoit li empereres *F25 F26*   9 de] vers *F19*, sour *F20* ‖ et qu'il] il *F24 F38*   9–10 et li en haoit] *lacks F19*   10 il l'oï, s'en] il oï ce si (s'en *F17*) *F16 F17 F20*, li rois l'oï si *F24 F25 F26 F38*, li rois l'oï il en *F50* ‖ dolans et si] courouchiés et molt dolans et *F19*, dolans si *F24 F25 F26 F38* ‖ au plus qu'il pot et] au mielz qu'il pot et *F16 F17 F20*, au plus et au mix qu'il pot et *F19*, Aprés *F38*, puis *F50*   11 et] si *F16 F17 F19 F24* ‖ a l'empereur la ou il estoit] u li empereres estoit *F17*, *lacks F19*, a l'empereur *F38*, a l'empereor *F50*. *New paragraph in F24.*   11–12 Quant il vint ... emperere] li empereres quant il le vit si *F25 F26*, Quant il vint li empereres *F38 F50*   12 encontre] contre *F16 F17 F19 F20* ‖ et] *lack F24 F25 F26 F38 F50* ‖ dist] li dist *F16 F19 F24*   13 pas que si] mie. Car si *F20*, pas car si *F24*, pas que de si *F25 F26* ‖ que si desloial ... que] que si desloial homme ne si mescreant ne devoit on mie saluer et *F19*, et *F38*, et que *F50* ‖ desloial] haut *F16* ‖ comme il estoit] qu'il estoit *F20*, com il estoit ne si mescreant ne si mavais *F24*, ne de si mescrent com il estoit *F25 F26* ‖ pas] mie *F16 F20 F24 F25 F26*   14 seulement] *lack F38 F50* ‖ et] et que *F24 F38 F50*

---

470   Frederick married Isabella of Brienne at Brindisi on 9 November 1225.

se por pecié ne li fust et por reproce qu'il en aroit, il ne mangast jamais, ains l'ociroit en le piece de terre.[a]

[cccxxxiii] Quant li emperere oï ces paroles, si ot grant paour; se li commanda qu'il vuidast se terre, et qu'il li rendist l'avoir que li rois de France li avoit laissié avoec le Terre d'Outremer. Li rois dist que l'avoir ne li renderoit il mie, mais se terre vuideroit il, qu'en le terre a si desloial home ne demoeroit il mie. Et assés plus le laidenga que je ne vous die ore. Li rois Jehans ala hors de le terre et ala a Rome. Cil de Rome oïrent dire que li rois venoit et partis estoit de l'empereur par maltalent. Si alerent encontre et le recuellirent a grant honor et li pormisent qu'il li aideroient de .lx. mil escus, se mestier en avoit. Et il les en mercia molt; si parti de Rome et ala en Lombardie, a Bologne le Crasse, et sejourna la, *et* il et se femme.[b]

---

1 ne li fust ... aroit] et por reproche ne li estoit F25 F26   1–2 ne li fust ... de terre] ne li fust et por reprouche il l'ocirroit maintenant F16, ne fust et pour reproce il l'ocesist tot maintenant F17, ne fust et pour reproche il l'ochirroit en le pieche de tere tout maintenant F19, et pour reproce ne fust il l'ociroit maintenant F20, ne li estoit il l'ocirroit F38, ne fust il l'ociroit F50   1 mangast] mangeroit F24 F25 F26   3 *No paragraph break in F16, F17, F20, F24, F38 or F50.* ‖ oï ces paroles] oï cez noveles F16 F19 F25 F26, l'oï F24 F38 ‖ grant] mout grant F20   4–5 et qu'il li ... d'Outremer] *lack* F38 F50   4 rois] rois Pheleppes F20   5 avoec] a porter a F16, pour F19 ‖ rois dist] rois li dist F16 F17, roys li dit F19, rois Jehans dist F24 F38   5–6 que l'avoir ne ... qu'en] que l'avoir ne li renderoit il mie et assés plus li dist lait et que en F19, volentiers que en F38, volentiers car en F50   6 le terre a] de terre de F25 F26 ‖ mie] *lacks* F24, ja F25 F26   6–7 Et assés plus ... ore] *lack* F16 F17 F20 F38 F50, et assés plus li dist lait F19, et asés plus le laidenga que je ne di F24   7–8 vous die ore ... Rome] di puis s'en ala a Rome F25 F26. *New paragraph in F16 and F24.*   7 Li rois Jehans ala hors de] Li rois Jehans wida F24, Il vuida F38 F50 ‖ le terre et] sa (le F24) terre si s'en F16 F24, le tere si F17, le tere et en F19, se terre et F20   8–9 oïrent dire que ... Si] *lacks* F38   8 que li rois ... estoit] que li rois Jehans venoit et partiz estoit F16 F20, qu'il venoit et que partis estoit F19, qu'il venoit et qe departis s'estoit F25 F26   9 et le recuellirent] li et le reçurent F16 F38, lui si le (et le F20) recuellirent il F19 F20, si le recuelirent F24 F25 F26 ‖ honor et] honor et si F16 F20 F38, honour et se F17 F24, honneur et a grant feste et a grant joie et F19   10 .lx.] .xl. F18 F16 ‖ Et] *lack* F24 F38 F50   10–11 molt si] si se F24 F25 F26 F38   11 si parti de Rome et] puis F16 F20, et F17, et prist congié a aus si s'en F19 ‖ en Lombardie] *lacks* F20   11–12 et sejourna la ... femme] *lacks* F17, i sejourna il et se feme F20   11 et] *lack* F18 F16

---

[a] F18 f. 124ra–125ra; F16 f. 67[ra–c]; F17 f. 69[rb–vb]; F19 f. 144rb–145ra; F20 f. 88va–89ra; F24 f. 164[ra–c]; F25 f. 121vb–122vb; F26 f. 121[vb]–122[vb]; F38 f. 208[vb]–209[ra]; F50 f. 430[ra–va] (ML, 449–452). *F18 has a ten-line miniature panel placed not at the start of the paragraph which commences seven lines from the bottom of the previous column, but at the top of the column. The panel shows the seated pope speaking to the king and queen. The paragraph begins with a four-line pen-flourished initial 'Q'.* [b] F18 f. 125ra; F16 f. 67[rc]; F17 f. 69vb–70ra; F19 f. 145ra; F20 f. 89[ra–b]; F24 f. 164[rc]; F25 f. 122vb; F26 f. 122vb; F38 f. 208vb–209ra; F50 f. 430[va–b] (ML, 452).

THE CHRONIQUE D'ERNOUL 531

[cccxxxiv] Quant cil de Lombardie oïrent dire que li rois Jehans estoit venus a Bologne le Crasse, si s'asanlerent li consaus des cités, et par le commun de le terre, et alerent al roi a Bologne et le bienvegnierent et li disent que tous li communs de le terre de Lombardie et des cités et des castiaus li mandoient salus, et que bien fust il venus, et que s'il voloit, il li rendereient toute le terre 5 et *le* coroneroient et feroient roi de le terre. Li rois les en mercia, et si lor dist qu'il ne le refusoit pas, mais li terre estoit se fille qui dame en estoit et emperris; *n'en* se terre ne feroit il mie force ne cose que faire ne deust, ains soufferoit et sejorneroit en le terre tant com il volroient.

Quant li empereres ot bani le roi Jehan de se terre, si fu molt dolans de le 10 honte que li rois li avoit dite. Si ala ou se feme estoit. Si le bati tant durement qu'a poi qu'ele ne perdi l'enfant. Aprés le fist enfremer en .i. castiel. La fu grant

---

1 *No paragraph break in F16, F17 or F24.* 1–2 Quant cil de ... Crasse] *lacks F17 (homeoteleuton continued from previous paragraph)*, Quant cil de Boloigne oïrent dire que li rois Jehans (Jehanz F25) estoit venuz F25 F26 1 venus] *lack F19 F24 F38 F50* 2–3 s'asanlerent li consaus ... et] s'asemblierent au consoil de tote la terre et F16, s'assemblerent (s'assambla F20) li consaus de toute le tere et F17 F20, s'asanlerent li consaus de le chité et par le commun de le terre et F19, s'assemblerent les poestés des cités et par le commun consel de la (le F24) tere et F24 F25 F26, s'assemblerent les poestés des citez et F38 3 roi a Bologne] roi Jehan a Bologne F24, roi F38 F50 3–5 que tous li ... que] *lack F38 F50* 3–4 li communs de le terre] li quemuns F16, le consaus F17, li comuns F20, les cités et li communs de le terre F24, les citez et que toz li communs de la terre F25 F26 4 de Lombardie et ... castiaus] *lack F24 F25 F26* ‖ mandoient] mandoit F20 F24 5 rendereient toute] renderoit toute F20, rendroient F38 F50 6 et le coroneroient ... terre] *lacks F19*, et le coroneroient F25 F26 F38 F50 ‖ le] *lacks F18* ‖ feroient] le feroient F16 F17 F20 7 le refusoit] les refusoit F16, le feroit F17, les en refusoit F19, le refuseroit F25 F26 7–8 dame en estoit ... deust] emperris en estoit n'en sa terre ne feroit il mie chose que faire ne deust F25 F26, dame en estoit F38, empereriz estoit F50 8 n'en] ne F18, e⟨ qu'en F24 8–9 ains soufferoit et ... volroient] ains sofferoit et sejorneroit en le tere F17, air ⟨ sousferroit et sejourneroit en le terre tant com il vauroit F20, ainz sejorneroit en la terre tant com il voudroit F25 F26, Mes souffrissent et (se et F50) il sejorneroit en la terre tant cum il voldroient F38 F50. *New paragraph in F16.* 10 ot bani le roi Jehan] Fedris ot bani lo roi Johan d'Acre hors F16, ot bani le roi Jehan hors F17 11 que li rois ... ala] qu'il li avoit dit si ala la F16 F20, qu'il li avoit faite si s'ala F17, que li roys Jehans li avoit dite si ala la F19, que li rois li ot dite si ala (ala la F24) F24 F38, que li roi Johans li ot dite. Il ala F50 ‖ ou se feme estoit] ou sa fame demoroit F16, u se feme manoit F17 F20, a sa feme F25 F26 F38 F50 11–12 tant durement qu'a poi] tant que par (pour F20) un pou qu'il (qu'ele F20) ne fu morte et F16 F20, tant que por poi qu'ele n'en fu morte et F17, molt durement si c'a poi F24 F38 F50 12 l'enfant] l'emfanz dont el estoit grosse F16, l'enfant dont ele estoit enchainte F19 F50

pieche, desci a cele eure qu'il oï dire que li rois estoit en Lonbardie. Adont le fist mettre hors de prison et si le tint a amor si comme faire dut.[a]

[cccxxxv] Li emperere ot grant paour que li rois ne li tolist se terre par l'aïue qu'il avoit de le terre de Rome et de Lombardie, et manda le roi qu'il iroit a lui a merchi et qu'il amenderoit le honte et le vilenie qu'il li avoit faite. Li rois ne volt mie guerroier encontre se fille n'encontre l'empereur, ains li manda arriere qu'il li pardonroit molt volentiers par si qu'il li amendast le honte qu'il li avoit faite. Li emperere amassa grant gent *por* guerroier les Lombars qui contre lui avoient tous jours esté, et quant il vint en Lombardie ou li rois estoit, se li cria merchi, et li rois li pardonna sen maltalent. Puis mist li rois pais entre les Lombars et l'empereur por l'onor que li Lombart li *avoient* faite. En tel maniere com je vous dirai fu li pais faite: que toutes les cités communes de Lombardie amenderoient a l'empereur çou qu'il li avoient meffait par .v.[c] chevaliers amener .ii. ans a lor coust en le Terre d'Outremer. Quant li empereres ot fait pais a ches de

---

1–2 desci a cele … dut] d'ici a icele eure (desci adont *F17*) qu'il oï dire que li rois estoit en Lombardie. Adonc la fist metre hors de prison et le (si la *F16*) tint a honor (grant honor *F17*) comme sa feme *F16 F17 F20*, lack *F38 F50*   1 a cele eure … rois] c'a ichele eure qu'il oï dire que li rois Jehans *F24*, qu'il oï dire que li rois *F25 F26*   3 *No paragraph break in F16, F17, F20, F24, F38 or F50.* ‖ rois] roys Jehans *F19*, rois Johans *F50*   3–4 par l'aïue qu'il … Lombardie] par l'aide qu'il avoit des Romains (Rommains *F20*) et des Lombarz *F16 F20*, a l'aïue qu'il avoit de l'aïue des Romains et des Lombars *F17, lack F38 F50*   4 et manda le roi] si li (sil *F25*) manda *F25 F26 F50*, si manda al roi Jehan *F24 F38*   5 qu'il] li *F16*, qu'il li *F17 F25 F26*, se li *F24*, si li *F38 F50* ‖ le honte et le vilenie] la honte *F16 F38 F50*, tout le mesfait et le honte *F17* ‖ faite] fait et dit *F24 F25 F26 F38 F50*   6 encontre se fille n'encontre] contre sa (se *F20 F24*) fille ne contre *F16 F20 F24 F25 F26*, contre *F38 F50*   6–7 li manda arriere … volentiers] li remanda arriere qu'il li pardonroit molt volentiers *F19*, manda ariere (ariere a l'empereur *F24*) que volentiers li pardonroit *F24 F38*, li manda (remanda *F50*) que volentiers li pardonroit *F25 F26 F50*   7–8 le honte qu'il li avoit faite] le honte et le vilenie qu'il li avoit faite *F19, lack F38 F50. New paragraph in F20.*   8–10 amassa grant gent … maltalent] ala en Lombardie (Lombardie *F50*) a tout grant gent si cria (et cria *F50*) au roi merci et li rois li perdona *F38 F50*   8 gent] gent et ala en Lombardie et *F24*, gent et ala en Lombardie (Lombardie *F25*) *F25 F26* ‖ por] por aler *F18*   9 il vint en Lombardie] a Boloigne *F16* ‖ se li cria] se li cria por Deu *F17*, si cria *F25 F26*   10 Puis mist li rois] puis mist *F16*, Aprés li rois mist *F24 F38*   10–11 les Lombars] lui *F17*   11 por l'onor que … faite] *lack F38 F50* ‖ l'onor que li Lombart] l'onor qu'il *F16*, l'amour que li Lombars *F20* ‖ avoient] avoit *F18*   11–14 En tel maniere … d'Outremer] *lack F16 F17 F20*   12 fu li pais … communes] fu li pais faite: que toutes les quemunes des chités *F19*, Toutes les communes cités *F24 F38*, totes les citez communes *F25 F26*, que toutes les comunes des citez *F50*   13 a l'empereur çou qu'il li avoient] le *F38 F50*   14–533.1 Quant li empereres … ala] Quant einsi fu atiré si s'en ala li empereres *F25 F26*, Aprés li empereres ala *F38* ‖ a ches de Lombardie] as Lombars *F19*

---

[a] *F18 f. 125*[ra–b]*; F16 f. 67*[rc–va]*; F17 f. 70*[ra]*; F19 f. 145*[ra–b]*; F20 f. 89*[rb–va]*; F24 f. 164*[rc]*; F25 f. 122*[vb]*–123*[ra]*; F26 f. 122*[vb]*–123*[ra]*; F38 f. 209*[rb]*; F50 f. 430*[vb] (ML, 452–453).

THE CHRONIQUE D'ERNOUL 533

Lombardie, si s'en ala en Puille, et li rois demora a Boulogne, pour çou qu'il ne voloit aler avoec l'empereur. Quant li apostoles oï dire qu'il avoit pais entre le roi et l'empereur, si manda le roi Jehan qu'il alast a lui, et il i ala. Et tantost com il vint devant lui, li apostoles li commanda se terre a garder et qu'il receust tot et vesquist de ses rentes.

Il avint que li feme l'empereur se delivra d'un fil et ne demora gaires aprés qu'ele fu morte. Quant li rois Jehans oï dire que se fille estoit morte, si fu molt dolans, et toutes voies fu il liés que oir i avoit demoré.[471] Li apostoles commanda a l'empereur qu'il passast en le Terre d'Outremer et fesist son pelerinage, et s'il ne le faisoit, il en *feroit* justice. Et li emperere li manda que volentiers passeroit, et jour prist d'entrer en mer.[a]

[cccxxxvi] Quant li apostoles sot le jour que li emperere dut mouvoir, si manda que tout li croisié qui estoient en Crestienté meussent et alaissent a Brandis,

---

1–2 demora a Boulogne ... l'empereur] ne vaut aler aveuc l'empereur si demoura a Bouloigne *F19. New paragraph in F16 with a space for a rubric. What may have been intended as the text of the rubric is in the lower margin*: ... stoles fist escomenier l'empereur Fedric por la traïson qu'il fist. 1 a] en *F18* 2 voloit] vost pas *F16*, voloit mie *F20*, volt mie *F38* 3 roi] roi Johan *F16 F50*, roi Jehan *F17 F19 F20 F25 F26* ‖ Jehan] *lack F25 F26* ‖ Et] *lack F19 F25 F26 F50* 3–4 tantost com il vint devant lui] *lack F38 F50* 4 apostoles] emperere *F16* 4–5 se terre a ... ses] tote se terre a garder et qu'il recheust tout et vesquist des *F24 F25 F26*, sa terre a garder et vivre (vesquist *F50*) des *F38* 5 *New paragraph in F25, F26 and F50.* 6 Il avint que] *lack F25 F26* ‖ l'empereur] l'empereor Fedri *F20*, de l'emperor qui fille estoit dou roi Johan *F50* ‖ fil] enfant *F17*, fil et ot a non Conras *F20* 7 Jehans] *lack F24 F38 F50* ‖ oï dire que ... morte] oï dire que se feme estoit morte *F17*, le sot *F25 F26* 8 il] *lack F20 F50* ‖ liés que] liés et joians de che que *F19*, liés de che que *F24 F38 F50*, liés de ce qu'il *F25 F26* ‖ que oir i avoit demoré] que oir i ot demoré. Cil avoit a non Corraz *F16*, de çou qu'il i avoit demoré oir *F17. New paragraph in F24.* 8–9 Li apostoles commanda a] Adont manda li apostoles a *F24*, li apostoiles manda (manda a *F38*) *F25 F26 F38* 9 l'empereur] l'empereur Fedric *F16* ‖ en le Terre d'Outremer] oltre mer *F38 F50* 10 ne le faisoit] ne passoit *F24 F38 F50*, n'i aloit *F25 F26* ‖ feroit] tenroit *F18* ‖ Et li emperere] li empereres *F17 F24 F38*, et il *F25 F26* 11 jour prist d'entrer en mer] jour en prist (prisent jour *F19*) d'entrer en mer *F17 F19*, jor en prist *F38 F50* 12 *No paragraph break in F16, F17, F20, F24 or F50.* ‖ sot] oï *F25 F26* 12–13 que li emperere ... et] d'entrer en mer si manda a tous les croisiés qui en Crestienté estoient qu'il meussent et *F19*, que li empereres devoit passer si manda par tote Crestienté a tost ciaus qui croisié estoient qu'il meuissent et *F24*, que li empereres dut passer si manda par tote Crestienté a tote cex qui croiçié estoient qu'il *F25 F26*, si (il *F50*) manda par Crestienté a cels qui croisié estoient qu'il meussent et *F38 F50*

---

[a] *F18 f. 125^{rb–vb}; F16 f. 67^{va–b}; F17 f. 70^{ra–b}; F19 f. 145^{rb–va}; F20 f. 89^{va–b}; F24 f. 164^{rc–va}; F25 f. 123^{rb–va}; F26 f. 123^{ra–va}; F38 f. 209rb; F50 f. 430vb–431ra* (ML, 453–455).

471 Isabella died on 4 May 1228 having given birth to a son, Conrad, on 25 April.

que li emperere passeroit. Li emperere fu en Puille et molt fist grant apareil faire de nés a Brandis et fist cargier de viande et de gent quant li pelerin furent la venu. Quant les nés furent cargies et il furent recueilli et il orent tans, si murent. Li emperere entra en une galie et mut tout avant, et tot li autre vaissiel aprés. Quant ce vint le viespree et il fu anuitié, li emperere fist retorner se galye tot coiement, c'onques nus ne le sot fors cil de le galye. Si s'en retorna arriere a Brandis, et cil qui es nés estoient passerent oultre et ariverent a Acre. Quant li apostoles oï dire que li *empereres* estoit ensi retornés, si fu molt dolans et molt courecués de çou qu'il avoit ensi traïs les pelerins. Il l'escommenia et fist escumenier comme laron et traïtor et deloial qu'il estoit, et manda par tout que si faitement avoit traï les pelerins.[472]

---

1 *New paragraph in F16*. 1–2 fu en Puille ... Brandis] fu en Puille et molt fist grant aparellement faire de nés et de galies a Brandis *F24*, estoit appareilliez et molt fist faire appareillier de nés et de galies a Brandis *F25 F26*, fist grant apareillement de nés et de galies *F38 F50* 2 faire] *lack F16 F17 F20* ‖ et de gent] *lack F16 F17 F20* 2–3 furent la venu] furent venu *F19 F50*, i furent venu *F38*, furent la venu si entrerent es nés *F20* 3 Quant les nés ... recueilli] Quant les nés furent charchiees et li pelerin furent recoilli enz *F16*, et les nés furent recueilli *F17*, Quant les nés furent recueillies et il orent carqué *F19* ‖ et il orent tans si murent] *lack F38 F50* 4 emperere] emperere Fedris *F16* ‖ tout avant et ... vaissel] tot avant et li autre vessel *F16 F19*, devant et li autre *F17*, avant et li autre vaissel *F20 F50*, tot avant et tot li vaissel *F24 F25 F26*, avant et li veissel *F38* ‖ *New paragraph in F24*. 5 le] a le *F20*, al *F24*, au *F25 F26* ‖ et il fu anuitié] *lack F38 F50* 5–6 se galye tot coiement c'onques] ses galies tot coiement que *F24 F25 F26*, ses galies coiement (celement *F50*) que *F38 F50* 6–7 retorna arriere a ... estoient] revint a Brandis et li pelerin *F38*, retorna a Brandiz. Li pelerin *F50* 7 et cil qui ... Acre] *lacks F17* 8 empereres estoit] rois estoit *F18*, empereres s'en estoit *F25 F26 F38 F50* ‖ fu] en fu *F19 F50*, *lack F25 F26* 8–9 et molt courecués ... pelerins] et de ce qu'il avoit einsi traïs les pelerins *F16 F17 F20*, et molt honteus de che qu'ensi faitement avoit traï les pelerins *F24*, et molt honteus de ce qu'il avoit einsi traï les pellerins *F25 F26*, *lack F38 F50* 9–10 escumenier] escumenier par tote Crestienté *F24 F25 F26 F38 F50* 10 laron et traïtor et deloial] laron et traïtor *F16 F17 F20*, lerres et desloiaus *F38* 10–11 et manda par ... pelerins] *lack F38 F50*

---

472 Gregory IX excommunicated Frederick on 29 September 1227.
    Manuscripts *F16* and *F17* end here with the additional concluding phrase: '... et qu'en l'escommenyast par totes les terres ou l'en creust Dieu' (*F16*); '... et c'on l'escumeniast en toutes les teres u on creoit en Dieu' (*F17*). Cf *F20*: '... pellerins et c'on l'escumenchast en toutes les terres c'om creoit en Dieu'.
    F16 then adds:
    Ici fenist li livre de Julicesar
    et l'Olympyade. Et le livre
    des rois. Et l'estoire de la Terre
    d'Outremer. Qui molt plest
    a escouter, car molt i a de
    bons moz. Amen

Li empereres envoia messages al soudan por faire pais forree, si com vous orrés que pais i fu aucune fois. En cel point que li pelerin arriverent qui adont murent, fu Li Coradix mors.[473] Si demora se terre a ses enfans qui petit estoient. Li Coradix, devant ce qu'il morust, laissa se terre et ses enfans en ballie a .i. chevalier qui frere avoit esté del Temple.[474] Por çou li laissa en baillie que, puis qu'il avoit laissié les Crestiens et estoit venus a lui, l'avoit loialment servi, et por ce qu'il ne vaut onques devenir Sarrazin ains tenoit se loi, fors tant qu'il aloit contre les Crestiens, et por le loialté qu'il vit en lui de se loi tenir et garder, sot il bien qu'il li garderoit loialment se terre avoec ses enfans. Por ce li laissa en baillie et nel vot mie as Sarrazins laissier, qu'il savoit bien qu'il le renderoient a son frere le soudan de Babilone.

Quant Li Coredix fu mors et li trive fu route en le Terre d'Outremer, se li pelerins qui a Acre estoient et cil de le terre euissent cief de signor qui les conduisist, il fuissent entré en le terre de Sarrazins, et por ce qu'il n'avoient point de signor, prisent il conseil qu'il iroient fremer une cité qui est a .vii. liues de Sur, et il i alerent.[475] Et quant il vinrent la, consaus lor aporta qu'il ne le fermaissent mie,

---

1 messages] *lack F19 F38 F50* 2 que pais i fu aucune fois] *lack F38 F50. New paragraph in F50.* ‖ que pais i fu] que pais i fist *F24*, quel pais il fist *F25 F26* 2–3 En cel point ... murent] si comme li pelerin y arriverent *F19*, En cel point que li pelerin furent arivé (ariverent *F24*) qui avec l'empereur murent *F24 F25 F26*, En ce point que li pelerin arriverent (arriverent a Acre *F50*) *F38 F50* 3–4 qui petit estoient ... laissa] qui petit estoient. Li Coredix anchois qu'il fust mors laissa *F19*, que petit estoient. Devant ce que li Coredis morust laissa il *F25 F26*, et si leissa *F38* 4–5 en ballie a .i. chevalier] a un chevalier en warde *F19*, en baillie a .i. chevalier d'Espaigne *F24 F25 F26*, a .i. chevalier en bailli qui estoit d'Espaigne *F38*, a un chevalier qui estoit nez d'Espaigne *F50* 5–6 li laissa en ... lui] qu'il *F19*, li leissa il qu'il *F38*, li laissa que il *F50* 6–7 por ce qu'il ... loi] avoit loiaument sa loi tenue *F38*, avoit sa loi loiaument tenue *F50* 7 devenir] venir *F25 F26* ‖ tant] de tant *F24 F25 F26* 8 contre] encontre *F19 F20 F24* 8–9 et por le ... il] Pour ce li leissi il qu'il savoit *F38* ‖ de se loi ... enfans] il li commanda a garder se tere et se maisnie *F19* 9–10 se terre avoec ... baillie] *lack F38 F50* 10 nel] ne la *F25 F26 F38*, ne le *F24* ‖ as Sarrazins laissier] laissier as Sarrazins (Sarrasins *F20 F38*) *F19 F20 F38 F50* ‖ renderoient] renderoit *F19*, rendroit *F25* 12 et li trive fu route] li trive fu route *F24 F25 F26*, si furent les trives routes *F38*, les trives furent routes *F50* 12–14 se li pelerins qui a Acre ... signor] Li Pelerin qui arrivé estoient *F38 F50* 13 estoient] estoient arivé *F24*, arrivé estoient *F50* ‖ cil de le terre euissent cief de] li Crestien de la eussent *F19* 15 cité qui est ... et] chité a .vii. liues de Sur qui a a non Saiete *F24 F25 F26*, chastel a .vii. milles de Sur qui a non Saaite *F38*, chastel a Saiete qui est a .vii. liues prés de Sur *F50*

---

473   al-Muʿaẓẓam ʿIsā (*Li Coradix*) died on 12 November 1227. His son was named al-Nāṣir Dāʾūd.

474   The group II manuscripts identify him here as a Spaniard; this is confirmed at the start of the next paragraph.

475   Only the second recension manuscripts identify this place as Sidon. But see the reference to Sidon in the next paragraph.

car trop i aroit a faire et si ne seroit mie molt deffensable encontre Sarrazins; ains feroient .i. castel en une illete qui est devant le cité, et feroient caucie de le terre desci la. Et que se li castials i estoit fais, il ne douteroient nul assaut c'on lor peuist faire, ne par mer ne par terre. Tot cil de l'ost s'i acorderent et sejor-
5 nerent illeuc et fermerent le castel tout l'ivier et fisent le caucie, et al cief de le cauchie fisent une tour molt desfensable. En cel ost ot molt d'Englés, et si ot .ii. evesques d'Engleterre qui molt fisent de bien en l'ost et aillors encore, si com vous orés.[476] Li Alemant ne furent mie a cel castel fremer, ains estoient a l'Hospital des Alemans qui estoit a .iii. liues d'Acre ou il fremoient .i. castiel qui
10 avoit a nom li Frans Castiaus.[477a]

[cccxxxvii] Quant li pelerin orent l'ivier fremé ces .ii. castials, il alerent en l'ivier[478] aprés a Cesaire; s'en fremerent .i. S'il eust soudan a Damas, il n'eussent mie fremet ches castiaus, ne li Espaignas qui le terre avoit en baillie n'osoit lassier le terre ne desgarnir que li soudans de Babilone n'i entrast, qui autre cose

---

1 mie molt deffensable encontre Sarrazins] mie molt defensables vers Sarrasins *F19*, ja trop deffendable contre Sarrasins *F25 F26*, mie molt deffensables *F38 F50*   2 illete qui est devant le cité] islete (isle *F38 F50*) qui devant la (le *F24*) cité est *F24 F25 F26 F38 F50*   3 desci] jusques *F38 F50* ‖ que se li castials i] se la (si le *F25*) chastiaus *F25 F26*, se li chastiaus i *F38* ‖ douteroient nul assaut] douteroit nul assaut de Sarrasins *F19*, douteroit nul assaut *F20 F50*   3–4 c'on lor peuist faire] *lack F25 F26 F38 F50*   4 Tot] Dont *F20, lack F25 F26 F38* ‖ acorderent] acorderent tuit *F38*   4–5 sejornerent illeuc et ... fisent] et fremerent le castel au chief de *F19*   5 cief] pié *F24 F38 F50*   6 tour molt] tor et une porte bien *F24*, porte et une tor bien *F25 F26 F38 F50* ‖ et si] si i *F20 F38 F50*   7 qui molt fisent ... l'ost] et molt i firent de bien *F25 F26* ‖ et aillors encore] *lacks F19*, et ailleurs *F38*, et aillors *F50*   8–9 ne furent mie ... .i.] fermerent .i. autre *F38 F50*   9 estoit a .iii.] estoit a .iiii. *F20*, a .iii. *F24 F25 F26*   10 avoit a nom li] a a non li *F24 F25 F26*, a non *F38 F50*   11 *No paragraph break in F24, F25, F26, F38 or F50.* ‖ li pelerin] il *F24 F38 F50* ‖ l'ivier] *lack F20 F50*   12 l'ivier] l'esté *F24 F38 F50* ‖ s'en fremerent .i.] u il fermerent .i. chastel *F24*, ou il fermerent .i. chastel *F38*   12–13 S'il eust soudan ... castiaus] *lack F38 F50*   12 soudan] sodoiers *F19*   13 ne] *lacks F20, et F38*   14 ne desgarnir] *lack F38 F50* ‖ de Babilone] *lacks F20*   14–537.2 autre cose ne ... pais] autre chose ne gaitoit *F25 F26*, ses neveuz baoit a deseriter *F38*, beioit a deseriter ses nevouz *F50*. *New paragraph in F24, F25, F26, F38 and F50.*

---

[a] *F18 f. 125vb–126rb; F16 f. 67^{vb-c} (part); F17 f. 70^{rb-va} (part); F19 f. 145va–146ra; F20 f. 89vb–90rb; F24 f. 164^{va-c}; F25 f. 123va–124va; F26 f. 123va–124rb; F38 f. 209^{rb-va}; F50 f. 431^{ra-va} (ML, 457–459). F18 has a ten-line miniature panel showing three boats bearing the emperor and his men followed by a four-line pen-flourished initial 'Q'.*

---

476   There is no further mention of these bishops. They were Peter des Roches (Winchester) and William Briwere (Exeter).
477   Montfort.
478   The variant reading 'l'esté' might seem preferable if, as stated in the next paragraph, the Christians were at Caesarea at the point when Frederick arrived in Acre in September 1228.

THE CHRONIQUE D'ERNOUL   537

ne gaitoit mais qu'il peust desireter ses neveus. Por ce fremerent li Crestien ces castiaus en pais.

Quant li message que li emperere avoit envoié al soudan furent revenu a lui arriere, il entra tantost en mer et s'en ala en le Terre d'Outremer, sans ce qu'il le fesist savoir a l'apostole et qu'il se fesist asolre, ains s'en ala escumeniés.[479] Quant il vint droit en l'ille de Cypre, si torna la et descendi a terre et sejorna illeuc. Il envoia sen mariscal[480] a Acre et grans gens avoec par parler al soudan et por savoir le fin de le pais qu'il li avoit mandee. En cel point que li mariscaus arriva a Acre, estoient encore li pelerin a Saiete. Il orent envoiés .i. jor lor fouriers en Païenisme por de le viande. Li fourier i alerent et grant bestaille en amenerent, et grant gaaign comme de pain et de blé et de car et d'ommes et de femes et d'enfans. Li mariscaus l'empereur, qui a Acre estoit, oï dire que li Crestien estoient entré en Païenie et grant gaagn en amenoient. Il monta et fist monter ses chevaliers et ses gens et *ala* encontre. Quant li fourier virent le mariscal et il connurent les ensegnes, *si* furent molt lié, car il cuidoient qu'il venist por eus aidier s'il en *eussent* mestier. Mais cil n'en avoient talent, ains

---

1 ne gaitoit mais qu'il peust] ne gaitoit qu'il (mais qu'il *F24*) en peust *F19 F24*, n'esgardoit fors qu'il l'em peust *F20* ‖ neveus] enfans *F20*   3 Quant li message que li emperere] Or vos dirai que li empereres fist. Quant li mesage qu'il *F24*   3–4 revenu a lui arriere] revenu a lui *F19*, revenu ariere *F20*, retorné a lui ariere *F24*, retorné arriere *F25 F26*, retorné *F38 F50*   4 il entra tantost … ala] Il entra lués en mer et s'en ala tantost *F20*, si ala tantost *F20 F25 F26* ‖ et s'en ala … d'Outremer] por passer en Surie *F50*   4–5 ce qu'il le … ains] le seu l'apostoile ne onc ne se fist assoudre ainz *F25 F26*, ce qu'il le fist savoir a l'apostoile si *F38*, faire le asavoir a l'apostoille ainz *F50*   5 asolre] asseurer *F20* ‖ ala] ala tos *F24 F25 F26 F38 F50*   6 droit en] endroit *F19 F20 F24 F38 F50*, en *F25 F26* ‖ torna la et descendi a terre] tourna la *F19*, trova en l'ille si descendi a terre *F24 F38*, descendi *F25 F26*   8 et por savoir … mandee] *lack F38 F50*   9–10 .i. jor lor fouriers] les fouriers .ii. jours *F20*, les foriers *F25 F26*   10 por de le viande] pour aporter de le viande *F19*, *lacks F20*, querre viande *F38 F50*   10–12 Li fourier i … d'enfans] grant bestiaille et grant gaaing en amenoient *F38*, et grant bestiaille et grant gaaing avoient amené *F50*. *New paragraph in F24*.   11 pain et de … car] blé de bestaille de char et de pain *F19*   12–13 Li mariscaus l'empereur … amenoient] Adont l'oï dire li marischaus l'empereur qui a Acre estoit que li Crestien estoient entré en Païenime et grant gaaign en amenoient *F24*, Li mareschaus l'empereur l'oï dire *F38 F50*   12 oï] oïrent *F19*   14 gens] gens tos armés *F24 F26 F38*, genz armez *F25* ‖ ala] aler *F18* ‖ *New paragraph in F25 and F26*. ‖ li fourier] il *F38 F50*   15 si furent molt lié] et ses gens si furent molt lié et molt joiant *F19* ‖ si] il *F18*   16 s'il en eussent mestier] s'il en avoient mestier *F18*, s'il eussent mestier *F20*, *lack F38 F50* ‖ cil n'en avoient] il n'en avoient *F25 F26*, il n'en avoit *F38 F50*

---

479   Frederick embarked on 28 June 1228 and arrived in Cyprus on 21 July.
480   Riccardo Filangieri.

lor corurent sus et tuerent et navrerent et batirent et tolirent çou qu'il avoient gaaignié, et le renvoierent arriere en Païenie.[a]

[cccxxxviii] Quant li mariscaus ot ensi fait, si s'en aloit bien d'illeuc en .i. lieu de le terre as messages le soudan, qu'il ne voloit mie qu'il venissent a Acre por parler de le pais, ne que cil de le terre seussent lor conseil. Cil de le terre envoierent .i. message a l'apostole, et si li fisent savoir comment li gent l'empereur les avoient baillis, et comment il aloient souvent parler as Sarrazins, mais il ne savoient por coi c'estoit. Quant li empere ot une piece sejorné en l'ile de Cypre, se li fist ses mariscaus savoir ce qu'il avoit trouvé el soudan. Et il, tantost com il sot ce que ses mariscaus avoit fait al soudan, si entra en mer et ariva a Acre.[481] En cel point qu'il ariva a Acre, estoient li Crestien devant Cesaire, ou il avoient fremé .i. castel, et d'ileuc s'en alerent as Jaffe, ou il en fremerent .i. autre molt fort. Quant li empere fu a Acre, si fist tantost armer une galye et mist ses messages ens et les envoia a l'apostole, et li fist asavoir qu'il estoit en le

---

1 et batirent] *lack F20 F38 F50*   1–2 çou qu'il avoient ... Païenie] les gaaing et les renvoierent (envoierent *F25*) en Païenime *F25 F26*, ce qu'il avoient gaaignié *F38 F50*   2 le renvoierent] les renvoierent *F19 F24*, les remenerent *F20*   3 *No paragraph break in F24, F25, F26, F38 or F50.* ‖ li mariscaus ot ... d'illeuc] li marischiaus ot ce fait si s'en ala d'illeuc *F20*, il ot che fit si s'en retorna a Acre d'iluec si s'en aloit bien sovent *F24*, li marischaus ot einsi fait si s'en retorne a Acre d'iluec s'en aloit bien sovent *F25 F26*, il orent ainsi fet li mareschaus s'en retorna a Acre. D'ilec si s'en aloit bien sovent *F38*, il orent ce fait li mareschaus retorna arrier a Acre. D'iluec aloit sovent *F50*   4–5 qu'il ne voloit ... pais] por parler de la pais qu'il ne voloit mie qu'il venissent a Acre *F24 F25 F26*   5 ne] Car il ne voloit mie *F20* ‖ seussent lor conseil. Cil de le terre] *lacks F25 (homeoteleuton)*   6–7 si li fisent ... l'empereur] li manderent comment li empererres *F19*   7 baillis] maubaillis *F20*, mal baillis *F25 F26*   7–8 mais il ne ... c'estoit] *lack F38 F50. New paragraph in F25, F26 and F50.*   8 une piece sejorné] esté une pieche *F19*, grant piece sejourné *F20*   9–10 il tantost com ... entra] tantost comme il sot que ses maressaus avoit trouvé au soundan si se mist *F19*, il tantost comme il le sot si entra *F25 F26*, li emperes entra tantost *F38*, l'emperes entra adonc *F50*   11 qu'il ariva a Acre] qu'il ariva *F25 F26*, *lacks F38* ‖ Crestien] pelerin *F19 F50*   12 s'en] en *F24*, *lack F38 F50* ‖ as Jaffe] metre en mer *F20* ‖ en] *lack F38 F50*   13 *New paragraph in F38 and F50.* ‖ fu] fu venus *F20*, fu venuz *F50* ‖ tantost armer] tantost d'omes armer *F25 F26*, tantost fermer *F38*, armer *F50*   14 ses] *lacks F38* ‖ en] en le terre d'Acre et en *F19*   14–539.1 le Terre d'Outremer] la terre de Surie *F50*

[a] *F18 f. 126^{rb-vb}; F19 f. 146^{ra-b}; F20 f. 90^{rb-va}; F24 f. 164^{vc}–165ra; F25 f. 124va–125ra; F26 f. 124^{rb-vb}; F38 f. 209^{va-b}; F50 f. 431^{va-b} (ML, 459–461).*

481   7 September 1228.

Terre d'Outremer, et qu'il l'assausist, et il li creantoit que jamais ne passeroit le mer arriere devant ce qu'il aroit delivré le terre de Jherusalem de Sarrazins et conquise et mise en le main de Crestiens. Li apostoles li manda qu'il ne l'asolroit mie, qu'il ne le tenoit mie por Crestien, ains estoit passés comme faus et comme traïtres. Aprés si manda al patriarche *et au Temple et a l'Ospital* qu'il ne fussent *a* sen conseil n'a sen acort, car il estoit traïtres *et* mescreans, ne a cose qu'il fesist ne se tenissent, et que bien gardaissent le terre por lui, car il n'i feroit ja bien, si cum il cuidoit.

    Un jor se porpensa li emperere de grant traïson. Il i a .i. castiel del Temple qui a a non Castiaus Pelerins; si entra ens. Quant il fu dedens, si trouva le castel bien garni et molt fort. Il dist qu'il voloit avoir *cel* castel et qu'il le vuidassent, et manda ses homes por guarnir. Li Templier coururent as portes et les fremerent et disent que s'il ne s'en aloit, il le meteroient en tel liu dont il n'isteroit jamais. Li empereres vit qu'il n'avoit mie le force la dedens et qu'il n'estoit mie bien amés ou païs. Si vuida le castel et ala a Acre et fist armer ses gens et ala a le maison del Temple. Si le vaut prendre et abatre, et li Templier *se* desfendirent bien tant

---

1–3 ne passeroit le ... de] ne passeroit arriere si aroit le tere de Jherusalem delivree de Sarrasins et mis le tere en le main des *F19*, ne passeoit ariere le mer devant ce qu'il ravroit le terre Jherusalem des Sarrazins et conquise et mise en le main des *F20*, le mer ne passeroit ariere desi a icele eure qu'il aroit delivree toute le de Sarrasins et conquise et mise en le main de *F24*, la mer ne repasseroit desi qu'il avroit delivree la Terre d'Outre Mer tote de Sarracin et misse aus mains des *F25 F26*, ne passeroit arriere jusqu'il avroit delivré toute la terre de Sarrazins et mise en la main de *F38*   4 por] comme *F19* ‖ faus] flos *F38*, fols *F50*   5 et au Temple et a l'Ospital] a (et a *F24*) l'Hospital et al Temple *F18 F24*   6 a] n'a *F18*, ja a *F20* ‖ conseil n'a sen acort car il] acort ne a son conseil qu'il *F19*   6–7 car il estoit ... tenissent] *lack F38 F50*   6 et] *lacks F18*   7 gardaissent le terre] se gardassent *F38*   7–8 por lui car ... cuidoit] encontre lui. Car bien quidoit qu'il n'i fesist ja bien *F20*. *New paragraph in F25 and F26.*   9 li emperere] *lacks F19* ‖ traïson] malice *F50* ‖ i a] a *F19*, ala a *F24 F25 F26 F38 F50*   10 qui a a non] que on apele *F19* ‖ Castiaus Pelerins; si entra ens] Le Castel Pelerin il entra ens *F19*, Li Castiaus Pellerins *F20* ‖ Quant il fu ... castel] Il (si *F19*) le trouva *F19 F38 F50*, Quant il fu ens si trova le castel *F20 F25 F26*, Quant il fu la dedens il trova le chastel *F24*   11 cel] le *F18*   11–12 et manda ses homes por guarnir] et manda ses genz (homes *F24*) por le garnir *F24 F25 F26*, *lack F38 F50*   12 coururent as portes et les fremerent] alerent as portes et si le fremierent *F19*, corurent as portes et fermerent les portes del chastel *F24*, corrurent as portes del chastel et fermerent *F25 F26*   14 n'avoit] n'i avoit *F20 F25 F26*   14–15 mie le force ... castel] mie le force la dedens et qu'il n'estoit mie bien amés de chiaus del païs si s'en issi hors del chastel *F24*, la force et q'il n'i estoit mie bien amez de cex del païs si issi hors del chastel *F25 F26*, mie la force si s'en eissi *F38 F50*   15 castel et] païs et *F20* ‖ a Acre et ... ala] *lacks F25 (homeoteleuton)*, a Acre et fist amasser genz si ala *F26*   16 Si le vaut prendre et] et le vaut *F19 F24*, et la volt *F38 F50* ‖ et] mais *F20 F50*   16–540.1 se desfendirent bien tant que] le desfendirent bien tant comme *F18* ‖ tant que consaus aporta] tant que consaus porta *F24*, que la maisons estoit fors tant que consaus porta *F25 F26*

que consaus aporta l'empereur qu'il ne faisoit mie bien. Si se traist ariere. Si se parti d'Acre et ala a Jaffe, la ou on fremoit le castiel, et manda al sodan qu'il li fesist les convenences por coi il avoit le mer passé.[a]

[cccxxxix] Li soudans sot le discorde qui estoit entre lui et l'apostole et les Templiers et cels de le terre. Se li manda qu'il ne *li* pooit mie bien tenir les convenances de le terre, car *ses freres li Caredix* estoit mors; il ne pooit mie faire de se terre a son talent, *car* elle estoit demoré en baillie; ne si home ne li voloient mie otrier ce que ses freres li avoit en convent. Li emperes fist sen sierement et se li manda que s'il le faussoit de ses convenances, seust il bien que jamais n'aroit repos, si l'aroit desireté de toute se terre, car il, a l'aïue de Diu et al grant avoir qu'il avoit, le pooit il bien faire, et de le gent qu'il averoit de se terre.[b]

[cccxl] Quant li soldans oï ce, si manda ses neveus et cels qui le terre avoient en baillie que il ne pooit mie faire pais a l'empereur sans auls, tele com il avoit en convent. Li bailliu vinrent al soudan. Quant il furent venu, li soudan lor dist: 'Signor, veés ci l'empereur d'Alemagne qui ci est venus por une pais que nous

---

1 consaus aporta l'empereur … Si] li emperes *F38*, l'emperes *F50* ‖ Si se traist ariere] *lack F25 F26*   1–2 Si se parti d'Acre et ala] et ala *F20*, il se parti d'Acre et (et s'en *F38*) ala *F24 F38*, Dont se parti d'Acre et s'en ala *F50*   2 le] .i. *F38*   3 por coi il … passé] por qu'il avoit le mer passee *F24*, qu'il avoit la mer passee *F25 F26*, *lack F38 F50*   4 *No paragraph break in F38 or F50*. ‖ Li soudans sot] Dont sot li soutans *F24*   4–5 et les Templiers] *lack F38 F50*   5–6 Se li manda … terre] se li manda qu'il ne li porteroit mie les convenenches et qu'il ne li porroit tenir de le tere *F19*, se li manda qu'il ne li pooit mie tenir les covenenches *F24*, *lack F25 F26 (homeoteleuton)*, si (si li *F50*) manda qu'il ne li pooit mie tenir *F38 F50*   5 li] le *F18* ‖ mie bien] *lacks F20*   6 car] que *F19 F20* ‖ ses freres li Caredix] li Caredix ses frere *F18* ‖ il] ne il *F20*, et il *F24 F38 F50*, si *F25 F26*   6–7 il ne pooit … baillie] *lacks F19*   7 car] que *F18*   7–8 ne si home … convent] *lack F19 F38 F50*   7 li] *lack F20 F24*   8 otrier] entroier *F25*   9 et se li manda … bien] que seust il bien que s'il ne li faisoit ses convenenches *F19* ‖ le faussoit de ses] li failloit des *F20*, li fallot de ses *F25 F26*, ne li fesoit ses *F38*, tenoit ses *F50*   10 si] ainz *F25 F26*, jusqu'il *F38*   10–11 de toute se … terre] *lack F38 F50*   10 toute] *lacks F19* ‖ car il a] car a *F19 F20*, c'a *F24*, que a *F25 F26*   11 le pooit il bien] bien le poroit *F24*   12 *No paragraph break in F19, F25, F26, F38 or F50*. ‖ ses neveus et … avoient] chiaus qui ses neveus et lor avoir avoient *F19*, ceus qui ses neveus avoient *F20 F38*, chiaus qui ses neveus et la (le *F24*) terre avoient *F24 F25 F26*, a celui qui ses nevouz avoit *F50*   13 que il] et qu'il *F20*, car il *F24 F38* ‖ a l'empereur sans auls] sans aus *F19 F20 F38 F50*, sans iaus a l'empereur *F24 F25 F26* ‖ il avoit] il avoient *F19*, il l'avoit *F24 F26 F38*, elle l'avoit *F25*   14 bailliu vinrent] baron vinrent *F20*, bailliz vint *F50* ‖ Quant il furent venu] *lack F20 F38 F50*, et *F25 F26*

---

[a] *F18 f. 126vb–127rb; F19 f. 146^{rb–va}; F20 f. 90^{va–b}; F24 f. 165^{ra–b}; F25 f. 125^{ra–va}; F26 f. 124vb–125rb; F38 f. 209vb–210ra; F50 f. 431vb–432rb* (ML, 461–463).   [b] *F18 f. 127rb; F19 f. 146^{va–b}; F20 f. 90vb–91ra; F24 f. 165^{rb–c}; F25 f. 125^{va–b}; F26 f. 125va; F38 f. 210ra; F50 f. 432rb* (ML, 463). *F18 has a ten-line miniature panel showing a man kneeling before the emperor proffering a book followed by a four-line puzzle initial 'L'.*

THE CHRONIQUE D'ERNOUL   541

aviemes porparlee entre moi et mon frere, et creantee li aviesmes par nos mes-
saiges. Il esteut que vous li creantés ensement, et se vous ne le creantés, saciés il
ira sur vous, ne nul confort ne nule aïue n'arés de moi ne de mes *homes*.' Quant
cil oïrent ce, si dirent qu'il otrieroient quanques il feroit, car il lor estoit avis que
plus pooient perdre a le guerre qu'a le pais.[a]   5

[cccxli] Or vous dirai de le pais qui porparlee estoit entre l'empereur et le
soudan quels elle fu. Li soudans rendi toute le terre de Jherusalem, si comme
Crestien l'avoient tenue al jor que Sarrazin le conquisent sor Crestiens, a l'empe-
reur faire se volenté, fors seulement Le Crac de Mont Roial et .iii. castiaus en le
terre de Sur et de Saiete que haut home avoient garni et ne les volrent rendre.   10
Mais de ces .iii. castials ne pot mie grantment caloir, qu'il ne sont mie si fort
c'on sesist mie longement devant a siege. Mais del Crac fu ce damages qu'il ne
fu rendus, que toutes Crestientés poroit seïr devant, quant il seroit pris, por tant
qu'il eussent a mangier dedens. Le cité de Jherusalem rendirent ensement par

---

1–2 par nos messaiges] *lack F38 F50*   2 ensement] aussi *F38 F50* ‖ creantés saciés] volés crean-
ter saciés por voir *F24 F38 F50*, creantez sachiez por voir *F25 F26*   2–3 il ira] vraiement qu'il
venra *F20*   3 ne nul confort ... homes] ne nul confort ne nule aïue n'arés de moi ne de mes
gens *F18*, ne nule aïue ne nul confort n'arés de mi ne de mes homes *F24 F25 F26*, *lacks F19 F38
F50*   4 cil oïrent ce] chil l'oïrent *F19*, cil l'oïrent *F25 F26*, il oï ce *F50* ‖ dirent qu'il otrieroient
quanques il feroit] disent qu'il l'otrieroient et creanteroient bien *F19*, dirent qu'il fesist et il otrie-
roient quanqu'il feroient *F24*, distrent qu'il feist et otroieroient *F38*, dist au soudan qu'il feist et il
otroieroit *F50* ‖ car il lor estoit avis que] *lacks F20*, car il lor estoit bien avis que *F24 F25 F26 F38
F50*   4–5 que plus pooient] qu'il pooient plus *F19*, car plus poroient il *F20*, que plus poroient
il *F25 F26*, que plus porroit l'en *F50*   5 a le guerre qu'a] en la (le *F19*) guerre qu'en *F19 F38 F50*
6 *No paragraph break in F20 or F24*.   6–7 qui porparlee estoit ... soudan] *lacks F38*   7 rendi]
renderoit *F19*, li rendi *F24*   8 Crestien] li Crestien *F19*, li Crestiien *F20* ‖ l'avoient tenue] la (le
F24) tenoient *F24 F25 F26*, la tindrent *F38 F50* ‖ al jor que] quant li *F19*   8–9 a l'empereur faire
... seulement] a l'empereur a faire se volenté fors seulement *F19 F20 F24*, a l'empereor a faire sa
volenté fors *F25 F26*, fors seulement *F38 F50*   11 Mais de ces .iii. castials ne] et de ces .iii. ne *F25
F26*, mes n'en *F38*, mes ne *F50* ‖ mie grantment caloir qu'il] mie mout caloir. Car il *F20*, gaires
caloir qu'il *F25 F26* ‖ ne sont] n'est *F24*   12 sesist mie] sesist *F20 F24 F25 F26*, fust *F38* ‖ devant
a siege] devant aus granment a siege *F19*, devant *F25 F26*   12–13 qu'il ne fu rendus que] quant
il ne fu rendus que *F19*, qu'il fu rendus que *F20*, q'il ne fu rendus car *F24*, car *F38*   13 toutes
Crestientés] toz le monz *F25 F26*   13–14 quant il seroit ... eussent] quant il seroit mie pris s'il
avoient *F19*, ains q'il fust pris mais qu'il eussent *F20*, pour qu'il eussent *F38*   14 dedens] ainz qu'il
fust pris *F38*   14–542.1 ensement par tel division] aussi par tel couvent *F38*, ausi par tel convant
F50

[a]*F18 f. 127^{rb-va}; F19 f. 146vb; F20 f. 91ra; F24 f. 165^{rc}; F25 f. 125vb–126ra; F26 f. 125^{va-b}; F38 f. 210ra; F50
f. 432^{rb-va}* (ML, 463–464).

tel division qu'il *aroit .iii.* Sarrazin por garder le Temple ou Dius fu offers, et que Crestien n'i aroient nule seignorie, et que sauvement sans treuage venroient li pelerin *sarrazin* al Temple, et el manoir Salemon, ou li Templier manoient au jor que li terre fu perdue, mist li emperere Sarrazins en le vuitance des Templiers, por ço qu'il ne voloit mie qu'il se herbegassent *en* le cité; et si que li empereres pooit fremer cités et castiaus, mais nule fremeté noviele ne pooit *faire*, et ne se pooient faire li Sarrazin fremer. Ceste pais fu ensi creantee, et trives prises a .x. ans.[482a]

[cccxlii] Quant ensi fu faite li pais et creantee et les trives prises, li sodans fist vuidier le cité des Sarrazins, fors seulement del Temple. Li emperere i entra et si home et porta corone .i. jor de mi quaresme. Quant il ot porté corone, si dona le manoir le roi, qui devant le Tour David est, a l'Hospital des Alemans. A cele pais ne a ces trives ne fu li Temples ne li Hospitaus ne li patriarches, por çou que li apostoles lor avoit mandé qu'il ne fuissent a son conseil ne a s'aïue.

---

1 aroit .iii. Sarrazin] i aroit .ii. Sarrazin $F18$, y aroient .iii. Sarrasins $F19$, aroient .m. Saracin dedenz $F25\ F26$, avroient .iii. Sarrazin $F24\ F38\ F50$ ‖ por garder] qui garderoient $F19$ ‖ le Temple ou Dius fu offers] le Templum Domini $F50$ 2–3 sauvement sans treuage ... sarrazin] sauvement sans treuage venroient li pelerin $F18$, sauvement sans treuage donner venroient li pelerin sarrasin $F19$, seurement sans treuage doner venroient $F20$, sauvement sans treuage doner venroient li pelerin sarrazin $F24\ F38\ F50$ 3 sarrazin al Temple] *New paragraph in $F25$ and $F26$.* ‖ al Temple. Et el manoir] et le Temple $F19$ ‖ Et el] et le $F20$, El $F24\ F25\ F26\ F38$, Le $F50$ 4 li terre fu perdue] Jerusalem (de Jerusalem $F25$) fu perdue et la terre $F25\ F26$ 5 por ço qu'il ne voloit mie qu'il] qu'il ne voloit mie que $F25\ F26$ ‖ en] dedens $F18$ 6 fremer cités et castiaus mais nule] refermer castiaus et chités mais nul $F20$, fermer cités et chastiaus que onques (quanconques $F24$) avoit esté fermé mais nule $F24\ F25\ F26$, fermer chastiaus et citez et ce qui avoit esté fermé. Mes $F38$, fermer totes les citez et touz les chastiaus qui onques avoient esté fermé mes $F50$ 7 faire] faire li Sarasin $F18\ F20$ ‖ Et ne se ... fremer] *lack $F19\ F20$*, et li Sarrasin ne se pooient noient (mie $F38$) fermer $F24\ F25\ F26\ F38$, li Sarrazin ne pooient rien fermer $F50$ 7–8 Ceste pais fu ... prises] Ensi ont Sarrasin ceste pais creantee et prises trieves $F19$ 7 ensi creantee] ensi creantee d'une (et d'une $F24$) part et d'autre $F24\ F25\ F26$, creanté d'une part et d'autre $F38\ F50$ 9 *No paragraph break in $F24$, $F25$, $F26$, $F38$ or $F50$.* ‖ faite li pais ... prises] atirié $F25\ F26$, fete la pes et les trives prises $F38$, fait $F50$ 10 le cité des] les $F20$, la cite de Jerusalem de $F50$ 10–11 i entra et ... porta] si entra et si homme et si porta $F19$ 12 devant le Tour David est] devant le roy David est $F19$, estoit a la Tor Davi $F25\ F26$ 13 ces trives] cele trieve $F20$ ‖ fu li Temples ... patriarches] fu li Temples ne li Hospitaus ne li cardinax ne li patriarches $F19$, ne fu li patriarches ne li Hospitaus ne li Temples $F24$, ne furent li patriarches ne li Temples et li Ospitaus $F50$ 14 a] n'a $F24$, ne a $F38$ ‖ a] en $F25\ F26\ F38\ F50$

---

[a] $F18\ f.\ 127^{va-b}$; $F19\ f.\ 146^{vb}-147^{ra}$; $F20\ f.\ 91^{ra-b}$; $F24\ f.\ 165^{rc-va}$; $F25\ f.\ 126^{ra-b}$; $F26\ f.\ 125^{vb}-126^{ra}$; $F38\ f.\ 210^{ra-b}$; $F50\ f.\ 432^{va-b}$ (ML, 464–465).

482   The Treaty of Jaffa, February 1229.

Ne d'autre part se li apostoles ne l'eust mandé, n'eussent il mie greé cele pais a faire, car cele pais tint on a fausse et a malvaise.[a]

[cccxliii] Quant li emperere ot porté corone en Jherusalem, si fist faire lettres et les carja .i. sien clerc et les envoia a l'apostole et a son fil en Alemagne et al roi de Franche, et si lor manda comment on li avoit le terre rendue, si comme vous avés oï. Quant li apostoles oï ces noveles, si ne fu mie liés por ce qu'il li estoit escumeniés et por çou qu'il li estoit avis qu'il avoit malvaise pais faite, por ce que li Sarrazin avoient le Temple. Et por ce ne pot il souffrir c'on le seust par lui, ne que Sainte *Eglise* en fesist fieste. Et manda par toute Crestienté c'on escumeniast l'empereur com desleiaus qu'il estoit et mescreans. Après si amassa grant gent, et les carga le roi Jehan et fist entrer en le terre l'empereur por prendre et por gaster en le terre de sen demaine, ne mie en le terre de l'empire. Li rois Jehans i entra et prist castiaus et viles, et grant conquest fist sur l'empereur. On le fist savoir a l'empereur que li apostoles avoit carcié grant gent al roi Jehan, et qu'il prendoit ses castiaus et ses viles et ocioit ses homes, et qu'il estoit entrés en se terre. Quant li empereres oï çou, si fist atirer ses galyes et entra ens. Si

---

1 Ne d'autre part] et *F25 F26* ‖ se li apostoles ... cele] ja n'i eust li apostoilles esté nel eussent il mie griee tele *F20*, se li apostoles ne lor eust mandé n'eussent (mie mandé ne l'eussent *F24*) il mie souffert tele *F24 F25 F26*, se li apostoiles ne leur eust mandé n'eussent il mie tele (n'eussent mie cele *F50*) *F38 F50*   2 malvaise] mauvaise et desloiaus *F19*   3 *No paragraph break in F20 or F24.* ‖ en Jherusalem si] il *F19*   3–4 si fist faire ... envoia] si (il *F50*) envoia .i. suen clerc *F38 F50*   4 les carja] carca *F19*, les bailla a *F20*, le (l'en *F25*) charja a *F25 F26* ‖ son] un sien *F19 F20*   5–6 si comme vous avés oï] *lack F38 F50*   6–7 qu'il li estoit ... çou] ch'il estoit esquemeniés et pour che *F19 F20*, que cil (ciz *F25 F26*) estoit escumeniez et *F25 F26 F38 F50*   7–8 por çou qu'il ... Temple] que li Sarrasin tenoient le Temple et por che qu'il estoit escumeniés et se li estoit avis qu'il avoit mauvaise pais faite *F24*   8 avoient] tenoient *F25 F26 F38 F50* ‖ pot il] pot il mie *F19*, volt il *F24 F25 F26 F38 F50*   9 Eglise] glise *F18 F24* ‖ Et] ains *F24 F25 F26 F38 F50*   10 desleiaus qu'il estoit et mescreans] renoié et mescreant qu'il estoit *F24*, escumeniés qu'il estoit et mescreanz *F25 F26*, renoié et mescreant *F38*, desloial renoié et mescreant *F50*. *New paragraph in F24.*   10–11 si amassa grant gent et les] amassa gent et *F25 F26*, assembla grant gent et (et les *F50*) *F38 F50*   11 et fist entrer ... prendre] pour prendre de l'empereur *F19*   11–12 por prendre et] *lack F38 F50*   13 Jehans] *lacks F19* ‖ castiaus et] *lacks F20*   13–15 On le fist savoir ... homes] *lack F25 F26*   14 le fist savoir a l'empereur] fist asavoir a l'empereur qui en le terre de Jherusalem (en Surie *F50*) estoit *F24 F50*, fist savoir a l'empereur qui oltre mer estoit *F38* ‖ grant] *lack F24 F38*   15–16 et qu'il estoit entrés en se terre] *lack F25 F26 F38 F50*   16–544.1 oï çou si ... laissa] oï che si fist atirer galies si (et *F38*) entra ens si laissa *F19 F38*, oï ce si fist atorner *F20*, le sot si fist atirer ses galyes si entra ens si leissa *F25 F26*

[a] *F18 f. 127vb; F19 f. 147ra; F20 f. 91rb; F24 f. 165va; F25 f. 126rb–va; F26 f. 126ra–b; F38 f. 210rb; F50 f. 432vb* (ML, 465).

laissa ses baillius en le terre de Jherusalem et passa mer et arriva en Puille, et commanda ses baillius qu'il fremassent Jherusalem.[483a]

[cccxliv] Quant li empereres fu arivés, si envoia par toute se terre por saisir les maisons del Temple et quanques il avoient d'avoir, et fist cacier tous les freres hors de *se* terre. Aprés si amassa grant ost et ala contre le roi Jehan, et manda son fil en Alemagne.[484b]

---

2 ses baillius qu'il fremassent] a fermer *F38 F50* 3 *No paragraph break in F38 or F50.* ‖ li empereres] il *F38* ‖ toute se terre por saisir les] toute se terre que on laissast les *F19*, tote se terre por saisir totes les *F24*, toutes ses citez por seisir totes les *F38 F50* 4 et quanques il avoient d'avoir] *lack F38 F50* ‖ fist] fist on *F19* 5 se] le *F18* ‖ Aprés si amassa] et aprés si amassa *F19*, aprés s'amassa grant gent et *F20*, Aprés assambla *F38* 6 Alemagne] Alemagne qu'il le secorust a tot grant gent *F24 F25 F26*, Alemaigne qu'il le secoreust o tout son pooir (a son poor *F38*) *F38 F50*

---

[a] *F18 f. 127vb–128ra; F19 f. 147$^{ra–b}$; F20 f. 91$^{rb–va}$; F24 f. 165$^{va–b}$; F25 f. 126$^{va–b}$; F26 f. 126$^{rb–va}$; F38 f. 210rb; F50 f. 432vb–433ra* (ML, 466). [b] *F18 f. 128ra; F19 f. 147rb; F20 f. 91$^{va–b}$; F24 f. 165vb; F25 f. 126vb; F26 f. 126va; F38 f. 210rb; F50 f. 433ra* (ML, 466–467).

---

483   Frederick sailed from Acre on 1 May 1229 and arrived at Brindisi on 10 June.
484   In *F18*, *F19* and *F20* the narrative ends here. In *F18* the text finishes at the bottom of the column, and the passage printed below as Appendix 2 then starts at the top of the next column without any indication of a break other than a decorated initial. In *F19* there is then a one line gap followed by the words: 'Chi fine chis estoires et fait savoir l'incarnacion qu'ele ele estoit quant Godefroys de Buillon morut'. This fills the remaining space at the bottom of the column and the passage printed below as Appendix 2 then commences at the top of the next page with a historiated initial 'E' showing three seated figures.

Appendix 1: The Concluding Passage

This concluding passage is found only in *F24*, *F25*, *F26*, *F38* and *F50*. In none of these manuscripts does a new paragraph commence at the point where *F18*, *F19* and *F20* end. *F24* is here used as the base manuscript.

⁂

Quant li rois Jehans vit que li empereres venoit sor lui a tot grant gent et qu'il avoit mandé sen fil en Alemagne et vit qu'il n'aroit mie forche encontre lui, si se trast ariere et le manda a l'apostole, et li apostole manda en France por Deu c'on le secorust. Li vesques de Biavais i ala, et grans chevalerie avec. Li empereres reconquist tote se terre que li rois Jehans avoit prise. Li dus d'Osteriche, qui estoit alés en l'aïue l'empereur avec sen fil, vint a l'apostole; *si* li dist que n'aferoit pas la guerre de lui et de l'empereur, mais fesist pais. Et li apostoles dist: 'Quel pais feroie je? Il m'a tant menti, c'a paines poroie je croire chose qu'il me desist ne sairement qu'il me fesist'. 'Sire', dist li dus, 'vos ferés pais, et de le pais qu'il vos fera on vos fera bien fit'. La porparlerent une pais entre l'apostole et les chardonaus et le duc, dont li apostoles envoia a l'empereur .ii. chardenaus et le duc por le forme de le pais. Quant li empereres sot le forme de le pais, il dist que cele pais ne feroit il mie, ains lor mut une autre pais qu'il dist qu'il feroit. Li chardonal disent que cele pais ne feroient il mie, ains estriverent *ensemble* de .ii. *pais* tant que li dus proia tant l'empereur *qu'il* se mist en lui et es .ii. chardonaus et jura sor sains que çou qu'il atiroient il tenroit et en fist bien fi. Et li chardonaus le creanterent de par l'apostole. La pais fu creantee et d'une part et d'autre, et on asoust l'empereur.[1]

---

1 Jehans] lack *F25 F26*   1–2 a tot grant … lui] a tot grant gent et qu'il avoit mandé son fil en Alemaigne et il vit qu'il n'avoit mie la force contre lui *F25 F26*, o son pooir *F38*, o tout son pooir *F50*   3 et] lack *F25 F26 F50* ‖ Li] et il *F25*, et li *F26*   4 avec] avec lui *F25 F26. New paragraph in F25 and F26.* ‖ empereres] empereres d'Alemaigne *F25 F26*   6 si] et se *F24* ‖ n'aferoit pas la … et] la guere ne feroit pais de luy et *F25,* la guere ne feroit pas de lui ne *F26*, la guerre n'avenoit pas de li ne *F38*   8–9 vos ferés pais … fit] vos ferez pais, et de la pais qu'il vos fera l'en vos en fera bien fin *F25 F26*, en vos fera bien certain de la pes *F38*, l'en vos fera bien segur de la pes tenir *F50*   11–13 il dist que … mie] si dist qu'il n'en feroit mie. Ains lor mut une autre pais qu'il feroit son voloir. Li chardonal distrent qu'il n'en feroient noient *F25 F26*   13 ensemble] asés *F24* ‖ pais tant] pars tant *F24*, pes et *F38*   14 se] que li empereres se *F24*, qu'il s'en *F38 F50*   15 atiroient il] tenoient q'il *F25*, atiroient qu'il *F26*, feroient il *F38* ‖ fi] fin *F25 F26*   16 et on asoust] si assot on *F25 F26*, et assolt *F38*, et assout l'en *F50* ‖ *New paragraph in F25 and F26.*

---

1 Frederick and Gregory were reconciled by the Treaty of Ceprano of July 1230. Leopold VI, duke of Austria (1198–1230), died just a few days after it was completed.

Un poi aprés che que li empereres fu partis de le terre de Jherusalem, s'asanblerent Sarrasin vilain de le terre et alerent en Jherusalem une matinee por ochirre les Crestiens qui dedens estoient. Li Crestien furent bien garni et se deffendirent bien et ochisent bien, si con on dist, plus de .v.ᶜ Sarrasins, et n'i ot c'un Crestien mort; cil fu Englés.

Or vos lairons a parler de le terre de Jherusalem tant que poins et eure en sera;[2] si vos dirons de Constantinoble. Li Crestien qui dedens estoient avoient tote perdue le terre fors solement le cité et un poi de terre dehors. Il prisent consel ensamble et disent li plusor qu'il lairoient le cité et s'en venroient. Li autre disent que ce ne feroient il ja, car grant honte et grant renprovier en aroient en tos les lius u il iroient, s'il laissoient si riche cité por noient. Ains manderoient a l'apostole secors, et li feroient savoir l'estat de le terre, et se li manderoient priant que, por Deu, il lor aidast, qu'il peussent avoir le roi Jehan a segnor, et que, s'il le pooient avoir a l'aïue de Deu, bien tenroient le terre. Et si manderoient al roi Jehan qu'il venist en le terre, et il li renderoient et feroient segneur. A cel consel s'acorderent tot. Il aparellierent mesages et envoierent a l'apostole et al roi Jehan.[3]

Quant li mesage furent venu a l'apostole et il orent parlé a lui, li apostole manda le roi Jehan qu'il venist parler a lui et il i vint. Quant li rois Jehan fu venus, li apostoles li dist che c'on li avoit mandé de Constantinoble, et molt li proia qu'il le fesist et qu'il s'en consellast. Li rois dist qu'il en estoit tos conselliés que il n'iroit mie, car il avoit oir en le tere; il ne le voloit mie deseriter et ne se voloit mie metre en si grant aventure por autrui

---

1 terre de Jherusalem] Terre d'Outre Mer *F25 F26*   2 une matinee por] une matinee et por *F24*, por *F25 F26*   3 furent bien garni et] *lack F38 F50*   4 si con on dist] *lack F25 F26 F50* ‖ cil fu Englés] et cil fu Englois *F25 F26*, lacks *F50*. *New paragraph in F25, F26, F38 and F50*.   5–6 Or vos lairons ... estoient] Li Crestien latin qui dedenz Costantinople *F50*   5 Or] Atant *F25 F26* ‖ de Jherusalem tant ... sera] d'outre mer *F25 F26*   7 poi de] de la *F25*, de *F26*   8 venroient] iroient *F25 F26*, iroient en lor païs *F50*   9 s'il laissoient] si laissoient *F25 F26*, si leisseroient *F38*   10 riche] noble *F50*   11 se] *lack F25 F26 F50*   12 et que] car *F38 F50*   12–13 a l'aïue de ... al] il tendroient bien la terre a l'aide de Deu et manderoient le *F25 F26* ‖ si manderoient al ... venist] tantost cum il vendroit *F38 F50*   13 renderoient] tendroient *F25 F26* ‖ segneur] seigneur de li *F38*, de lui seignor *F50*. *New paragraph in F24*.   14 Il aparellierent mesages et envoierent] *lack F25 F26*, Il envoierent *F38*, Dont envoierent *F50*   16 li mesage furent ... apostole] li message virent a l'apostoile si firent lor mesage li apostoile *F25 F26*, li apostoiles oï les noveles il *F38*, l'apostoilles oï les noveles il *F50*   17 Quant li rois Jehan fu venus] et *F25 F26*, Quant il fu venuz *F38 F50*   19 rois] rois Jehans *F24*   19–20 que il n'iroit ... grant] car il n'iroit mie que il avoit en la terre ne il ne le voloit deseriter mie ne ne se voloit metre en *F25 F26*, qu'il n'iroit mie. Car uns enfes estoit remés de l'empereur Perron qui estoit oirs de la terre et si ne se vouloit mie metre en si grant *F38*, et que il n'en feroit riens car un enfant estoit remés de l'empereor Pierre qui estoit hoirs de la terre dont il ne se voloit mie metre en si grant *F50*

---

2 Evidence that the author intended to continue.
3 Negotiations for John to take on the role of regent of the Latin Empire had begun in 1228 and were finalized by written agreement in April 1229.

APPENDIX 1: THE CONCLUDING PASSAGE   547

terre garandir. Molt l'en proia li apostoles qu'il i alast, et grant secors li promist qu'il li
feroit et d'avoir et de gent. Li rois dist por tel promesse n'iroit il mie, ne le promesse
s'il i aloit par aucune aventure ne refusoit il mie. Li rois, por che qu'il veoit le besogne
de le terre et por che que li apostoles l'en prioit, dist qu'il iroit par tel devision, se li
chevalier de le terre l'otrioient et li apostoles le looit, que li oirs qui emperees devoit   5
estre espouseroit une fille qu'il avoit et porteroit corone. Aprés, quant il aroit espousee
se fille, il jurroit sor sains que tant com il viveroit seroit en baillie, ne segnorie n'aroit
sor lui. Aprés se li feroient tot li chevalier de le terre homage a se vie, et que tote le
terre qu'il conqueroit que ses ancestres avoit tenue, tot seroit avec l'empereur, et, s'il
conqueroit terre que ses ancestres n'eust tenue, ele seroit a ses oirs et de l'empereur le   10
tenroit. S'ensi le vuelent faire par le proiere et par le promesse que li apostoles li avoit
fait, il ira. Li apostoles loa bien che que li rois avoit dit et bien s'i acordoit. Li mesage
disent qu'il retorneroient ariere en Constantinoble et le feroient savoir as chevaliers.
Il retornerent en Constantinoble et lor fisent savoir. Li chevalier parlerent ensanble
et bien s'acorderent tot a che que li apostoles lor avoit mandé et li rois ensement. Il   15
renvoierent ariere et manderent le roi qu'il alast en[4] Costantinoble, et qu'il feroient
quanqu'il avoit devisé. Li rois, quant il ot oï les mesages, ala a l'apostole et prist congié a
lui, et li apostoles li dona de sen avoir et li creanta qu'il le secorroit et de gent et d'avoir
se mestier en avoit. Aprés li rois s'atira et ala en Venisse et entra en mer et ala en Costan-
tinoble. Quant li rois Jehans fu arivés en Constantinoble, li chevalier de le terre alerent   20
encontre et le rechurent a grant joie et a grant honor. Quant li rois ot .i. poi sejorné en

---

1 *New paragraph in F24*. 1–2 qu'il li feroit et] *lack F25 F26*, a fere et *F38 F50*   2 de gent] d'argent
F38 ‖ dist] dist que *F25 F26 F50*   3 s'il i aloit par ... mie] refusoit (ne refussoit *F26*) il mie s'il i
aloit por aucune aventure *F25 F26*. *New paragraph in F25, F26 and F50*. ‖ rois] rois Jehans *F25 F26*
4 dist] dist il *F38* ‖ se] qe se *F25 F26*, que se *F50*   5–6 qui emperees devoit estre] qui devoit
estre oirs *F25 F26*, de la terre *F38 F50*   6 avoit] avoit de sa feme l'espaignole *F50*   6–7 Aprés
quant il aroit espousee se fille] Quant il avroit espousee *F25 F26*   7 ne] et *F38 F50*   8 feroient]
feroit *F25 F26* ‖ a se vie] *lack F25 F26*   9 avoit tenue tot seroit avec] avoit tenue tout seroit a *F38*,
avoient tenue seroit de *F50*   9–10 et s'il conqueroit terre que ses ancestres n'eust tenue] *lack F25
F26*   10–11 le tenroit] la tendroient *F38 F50*   11–12 par le proiere ... ira] dist li rois Jehan (Jehans
F25) a l'apostoile: 'Par le proiere et par l'aide que vos m'avez promis je irai' *F25 F26*, il ira *F38*, il iroit
F50   12–15 che que li rois ... rois] li messaige retornerent arriere en Constantinoble; si distrent ce
qu.'il avoient trové a l'apostoile et au roi Jehan et il s'acorderent bien a ce que li apostoiles lor avoit
mandé *F25 F26*   12 acordoit] acorda *F38 F50*   13 retorneroient ariere en Constantinoble] s'en
iroient arriere *F38*, s'en retorneroient *F50*   15 ensement] *lack F25 F26*, ausi *F38 F50. New paragraph in F25 and F26*.   15–16 Il renvoierent ariere ... alast] Cil de Constentinoble renvoierent
au roi Jehan (Jean *F25*) et li manderent qu'il ala *F25 F26*   16 renvoierent] envoierent *F38 F50*
17 quant il ot oï les mesages] *lacks F26*   18–19 de gent et d'avoir se mestier en avoit] d'avoir et
de gent si l'en avoit mestier *F26*   19 s'atira] s'atorna *F38* ‖ et] si *F24*   20 *New paragraph in F26
(and presumably in F25)*.   21 et a grant honor. Quant li rois] Quant il *F26*

---

4 From here until the phrase 'et li chevaliers' in the final sentence of this paragraph *F25* is largely
illegible.

Constantinoble, il manda tos les chevaliers de le terre et fist espouser se fille al vallet qui empereres devoit estre et li fist porter corone.[5] Quant li vallés ot porté corone et il fu empereres, li rois li requist qu'il li fesist ses covenenches, et il et li chevalier de le terre. Li empereres et li chevalier li fisent volentiers quanqu'il devisa, si com il l'avoient en covent, et li rois atant s'en tint.[6a]

---

1 al vallet] au fill de l'empereor Perron *F50*   4–5 Li empereres et ... tint] Li empereres et li chevaliers de la terre firent volentiers quanque le rois Jehan lor devisa si com il avoient en convent et li rois atant s'en tint *F25 F26*, et il le firent volentiers tout ensi com li roi le devisa et li rois s'en tint atant a paié *F50*

---

[a] *F24 f. 165vb–166rb; F25 f. 126vb–128rb; F26 f. 126va–128ra; F38 f. 210^{rb–vb}; F50 f. 433ra–434rb* (ML, 467–472).

---

5 Both the emperor, Baldwin II, and his wife, Mary of Brienne (John's child by Berengaria of Castile), were under age. The wedding took place in September 1231.

6 *F24* ends with the word 'Explicit' but then continues directly with a description of the Holy Places. *F25* and *F26* both end with the statement: 'Explicit liber. Ceste conte de la Terre d'Outre Mer fist faire le tresoriers Bernars de Saint Pierre (Sant Piere *F25*) de Corbie. En la carnacion (lacanacion *F25*) millesimo CC. XXXII'. *F38* ends with the words added in a fifteenth-century hand: 'autant par autant. Lyonet Doureille'. The name 'Lyonet Doureile' also appears on the verso of the flyleaf at the beginning of this manuscript.

Appendix 2: A Summary History of the Latin East, 1100–1163

This passage is located before the start of the text in *F25* and *F26* and directly after the point at which the text ends in *F18* and *F19*. It is absent from *F16*, *F17*, *F20* and *F24*. Here again *F18* is emplyed as the base manuscript.

The information it contains shows that the author was reasonably well informed, but there are no grounds for assuming that it was by the same author as the *Chronique d'Ernoul*. Indeed, it was almost certainly the work of a different author as is indicated by the reference to a city being 'es parties des Philistiens', to the kingdom of Jerusalem as 'le regne de Judee', and to Edessa as 'le conté (*var.* la contree) de Mesapostames', none of which are expressions found in the *Ernoul* text. This author also mentions Pope Eugenius III by name; the *Ernoul* text never gives the name of the popes.[1]

∴

En l'an de l'incarnatien Nostre Segnor Jhesu Crist mil .c. et .i. an morut Godefrois qui fu dus de Buillon et rois de Jherusalem. Aprés lui fu rois Bauduins ses frere, qui fu cuens de Edesse c'on apele Rohais, et en cel liu de celi Bauduin fu cuens de Rohais Bauduins de Beure ses cousins qui fu cuens aprés celui Bauduins sen cousin, si com *on* dira aprés. Aprés celui fu cuens de Rohais Gouselins de Cortenai et puis Goselins ses fius, et el tans de celui Gosselin daerrain avint que Rohais, le nuit del Noel a cele eure que les gens estoient a matines por l'onor de *si* haute fieste, fu rendue as Turs par .i. traïtor qui dedens estoit, et fu toute destruite, et tout li habitant qui dedens estoient. Dont il avint que l'an de l'incarnatien mil. c. et .xlvi. ans, Colras, qui estoit emperees d'Alemagne, et Loeÿs, qui estoit rois de France, et Tieris, li cuens de Flandres, en cel tans que Eugenuenes estoit aposteles de Rome, a tout molt grant plenté de Crestiens, et alerent en Jherusalem par Constantinoble. Et cil meisme i avoient esté autrefois. Mais si avint par lor peciés et par lor avarisse, que molt orent de maus et de tormens en cele voie. Et molt

5

10

---

1 En] *lacks F18* ‖ Segnor] Seigneur Diu *F19* ‖ an morut Godefrois qui fu] morut Godefrois li *F25 F26*   3 cel] *lack F25 F26*   4 ses] a ses *F25 F26*   4–5 on dira aprés. Aprés] il dira aprés et aprés *F18*   6 de celui Gosselin daerrain] Gocelin de main *F25 F26*   6–7 le nuit del … estoient] a la nuit de roel (rohel *F25*) a cele hore che les gens estoient alees *F25 F26*   7 si] *lacks F18* ‖ fieste] nuit et de si haute feste *F19*   7–8 qui dedens estoit … tout] et fu tote destruite et *F25 F26*   9 que] en *F19* ‖ ans] *lack F25 F26*   10 en] et en *F19*   11 et] *lack F25 F26*   12 si] ausi *F25 F26*   13 tormens] tormenz et de domages *F25 F26*   13–550.1 molt de milliers de gens] mouz de Crestiens en *F25 F26*

---

1   See Gaggero, 'L'identificazione dei personaggi nella *Chronique* di Ernoul', 122.

de milliers de gens i ot mors de faim et molt ocis par mains de Turs et de Sarrasins, si *com* on dist que on ne treuve lisant en nus escris, ne viés ne nués, tant de gent en .i. ost estre mors com il fu illeuc el tans des princes que nous avons nommés. En cel tans avint que Flandres a tout .i. lor cevetaine, qui avoit nom Crestiens et castelains estoit de Dikemue, vinrent par le mer de Flandre en Espagne et prisent illeuques une bonne cité par force d'armes sor Sarrazins.[2]

Aprés ce que Bauduins, qui estoit rois de Jherusalem si *com* nos avons devant dit, prist une bonne cité es parties des Philistiens sor Sarrazins c'on apele Paramie,[3] qui est prés del Nil. Puis avint que cil Bauduins, qui frere fu Godefroi de Buillon, al tans Rogier, qui fu secons evesques de Rames,[4] morut, quant il ot bien ansçois disposet son regne, et fu portés en Jherusalem par *les Portes* d'Orient[5] le jor de Paske Florie, et fu rechus a grant plour et a grant dolor des gens de le cité et del païs, et fu presentés en l'Ospital, et d'illeuc en fu portés a grans plours de toutes les gens devant le Sepulcre. Et puis le saigna on de le Sainte Crois, et l'enfoui Evmaires, li arcevesques de Cesaire, el Mont de Calvaire dalés son frere Godefroi, l'an de son regne .*xvii*. et .iii. mois. Aprés lui fu rois Bauduins de Beurc, qui fu cuens de Rohais et sages hom de grant valour, qui tint le regne de Judee et le princee d'Andioche et le conté de Mesapostames, et gouverna molt bien par sa vigour.

En cel tans avint que Rogiers, qui fu princes d'Andioce, a toute sa gent ala combatre as Turs prés d'un castel c'on apele Arcase,[6] et la fu cil Rogiers ocis et bien dusques a .vii. mil de ceus d'Andioce; mais des Turs n'i ot pas mors dusques a .xx. Ce ne fu mie mervelle se Damedius le souffri, car cil Rogiers et li autre de se terre, ja fus ce cose que Dius lor eust donné avoir, il ne servoient Diu ne ses commandemens ne faisoient, ains avoit

---

1 de] des *F25 F26* ∥ et de Sarrasins] lacks *F19*   2 com] que *F18* ∥ ne treuve lisant en nus] le treuve lisant en uns *F19*   2–3 viés ne nués ... il] vieuz ne novel de tant de gent esté mort en un host cum cil *F25 F26*   3 avons nommés. En] vos avons contez. Et en *F25 F26*   4 Flandres] Flamenc *F19*, Flam' *F25 F26*   5 de Flandre en] en Flandres et en *F25 F26*   5–6 bonne cité] cité bone *F25 F26*   7 ce] avint *F25 F26* ∥ com] que *F18* ∥ avons] l'avons *F25 F26*   8 des] devers les *F19*   9 cil] ciz roys *F25 F26* ∥ frere fu] estoit freres *F19*, fu frere *F25 F26*   11 les Portes] le Porte *F18*   11–12 et fu rechus ... dolor] fu recevus a grant honors *F25 F26*   12 en] a *F19*   13 en fu portés ... de] fu portez a granz criz et a granz plors de (des *F25*) *F25 F26* ∥ puis] lack *F25 F26*   15 .xvii.] .xvii. ans *F18*   17 le conté] la contree *F25 F26*   19 fu] lack *F25 F26* ∥ a toute sa gent] assanla toute se gent et *F19*   21 Ce] ne ce *F25 F26*   22 le] lor *F19* ∥ fus ce] fust *F19*   23 avoir il] avoirs et richeces asez qi *F25 F26* ∥ ne] n'en *F19* ∥ ne ses commandemens ne faisoient] n'en faisoient ses commandemenz *F25 F26*

---

2 A reference to the capture of Lisbon in 1147. The leader of the Flemings was Christian of Ghistelles. The idea that he was castellan of *Dikemue* (= Diksmuide) is erroneous.
3 Farama.
4 Roger, bishop of Lydda (1112–1147).
5 Clearly the Golden Gate ('les Portes Oires') is intended.
6 Presumably al-Atharib.

APPENDIX 2: A SUMMARY HISTORY OF THE LATIN EAST, 1100–1163 551

cil Rogiers dalés se feme espousee autres femes assés, qu'il tenoit en aouterie. Et autretel faisoient assé de ses barons et de cels de sa terre. Et sains tot ce, desiretoit cil Rogiers Buiemont le fil son seigneur, et cil Buiemont entre lui et se mere estoient *en* Puille. Par ceste ocoison avint que li secons rois Bauduins de Beurc prist le princee d'Andioce et le tint longement. Al daerrain avint que Buiemons li fius Buiemont, dont nous avons devant parlé, vint de Puille en Andioce et fu reçus a grant procession et a grant feste. Et li rois le rechut a molt bele ciere, et parlerent tant ensamle que li rois li rendi toute se terre et li dona une de ses filles a mariage. Aprés s'en retorna li rois en Jherusalem.

Aprés cestui fu *rois* Foukes, qui fu tiers, cuens d'Anjo et del Mans. Aprés cestu fu rois Bauduins ses fius. Et quant il fu mors. si fu rois Amolris ses frere.[7a]

---

1 dalés se feme ... assés] aveuc se femme espousee assés autres femmes *F19*   2 tot] *lacks F19*   3 entre lui et se mere estoient] estoit entre lui et se mere *F19* ‖ en] adont en *F18*   4 ocoison] raison *F19* ‖ princee] princesté *F25 F26*   5 daerrain] demain *F25 F26*   6 feste] feste et a grant joie *F19*   7 tant] *lack F25 F26*   8 li dona une ... a] douna a une (una *F25*) de ses filles en *F25 F26* ‖ retorna] tourna *F19*   9 rois] li rois *F18* ‖ cuens] *lacks F25*, chiens *F26*   10 frere] freres quens de Poitau *F19*, freres quens de Jaffe (Jafe *F25*) *F25 F26*

---

[a] *F18 f. 128^{rb-vb}; F19 f. 147va–148ra; F25 f. 2^{ra-vb}; F26 f. 1va–2va* (ML, 1–4). *F19 has a five line historiated initial 'E' showing three seated figures and marginal decorations featuring birds and dogs. This is evidently the work of the same artist who was responsible for the initials at f. 1^r, f. 34^v, f. 63^r, f. 100^r and f. 150^r. F26 has a five-line pen-flourished initial 'E', whereas F25 has a simple five-line initial 'E'.*

7   *F18* ends here. On the following (unnumbered) folio we read in a fifteenth-century hand: 'C'est le livre de auchun cronicque de Jherusalem et la conqueste de la terre sainte ou il y a lvi histoire le quel est a monsignor Charles de Croy Comte de Chimay'. This followed by his signature 'Charles'. Charles (died 1527) succeeded to the county of Chimay (Hainaut) on the death of his father in 1482. In 1486 the county was elevated to the status of a principality, and so this note was presumably added between those dates.

F19 has a new paragraph following directly on the end of this one giving a version of the Prophesy of the Fil Agap (published using this manuscript in *Quinti Belli Sacri Scriptores Minores*, ed. Röhricht, 214–222), and then other material relating to the legendary history of Ṣalāḥ al-Dīn (discussed in Jubb, *The Legend of Saladin*, 40 and n. 31, 73–77).

In *F25* and *F26* the introduction (§ i) follows directly without any indication that a separate text is beginning. In *F26* the decorated initial 'O' which begins the new paragraph is much smaller than the space left by the scribe.

Appendix 3: The Bern Burgerbibliothek ms. 113 (*F24*)

The Bern Burgerbibliothek ms. 113 (*F24*) contains a number of interpolations and other unique features that distinguish it from the other manuscripts. It is of northern French provenance and is datable to the late thirteenth century.[1] There is of course no way of knowing whether the same person was responsible for all the changes, but it is clear that at some point in the ancestry of this particular manuscript someone deliberately made a series of alterations. So, for example, when the Templars and Hospitallers are mentioned together, in thirty-one out of a total of thirty-nine instances the order is changed and instead of a phrase such as the king '… envoia Templiers et Hospiteliers …' we find it reversed: 'envoia Ospiteliers et Templiers', or in place of the masters 'del Temple et de l'Ospital' we have the masters 'de l'Ospital et del Temple'.[2] Whether there is any particular significance to this change is hard to judge: it could be that the redactor considered the Hospitallers to be more important or more worthy, especially if, as is possible, the manuscript is slightly later than believed and postdates the suppression of the Templars, but the overwhelming consistency in introducing this change suggests that it was more than just a copyist's foible.[3]

The text of the first paragraph has its own unique introduction: 'Chi comence li croniques de le Terre d'Outremer: el non le Pere et le Fil et l'Esperit Saintime.' Scattered through the rest of the manuscript are eight significant interpolated passages and they are edited in sequence below in section 1 of this appendix.[4] There are also a series of one-line references to the kings of Jerusalem edited as section 2, and these would suggest that the redactor interpolated material from a regnal list. There are also a large number of more minor variants, some of which have the effect of altering the meaning of the passage in question. These are duly logged in the apparatus to the text, but attention is drawn to a selection of the more interesting changes in section 3.

---

1 For a full digital version with a recent description: https://www.e-codices.ch/en/list/one/bbb/0113; another description at: https://www.dhi.ac.uk/partonopeus/main.html (follow 'MS Notes: MS B') (both accessed 16.03.2023).
2 The other manuscripts almost invariably have the Templars first.
3 Other similar examples include omitting the word 'mesiau' when referring to the Leper King ('roi mesel') Baldwin IV – we have noted eight occasions when the word is omitted, leaving five when it is retained – and reducing the number of instances of the use of 'Constantinople' in the account of the Fourth Crusade – at least nine examples.
4 Mas Latrie printed all except 1.6, usually as footnotes to his edition. However, he appears to have based his text on an eighteenth-century copy of the Bern manuscript, the Paris: Bibliothèque nationale, fonds Moreau ms. 1565.

Of the interpolated passages, two, 1.2 and 1.7, both contain genealogical information that goes no later than c. 1230, and that would suggest that they were composed at about the same time as the rest of the *Chronique*. The factual information in 1.5 and 1.8 could well suggest a comparable date. The material in all these passages contrasts sharply with the self-evidently fictive material in 1.6, but even here, with the prominence given to Count Philip of Flanders, there is no particular reason to assume that it is any later than about 1230.[5]

1 Interpolated Passages

1.1 *f. 116rb*

In the account of the early history of the Templars (see § iii), the author tells how a memory of the Templars' early obedience to the Holy Sepulchre was preserved by their use of the badge comprising a red cross, although with a single arm instead of the Holy Sepulchre's double bar.[6] *F24* introduces a reference to the Templars' piebald standard, the *Baucent*, and also notes that the Hospitallers used the double-barred cross as part of their insignia. The additional material is printed below in bold.

La fist tant li rois et ses consaus vers le prieus dou Sepucre qu'il les quita de l'obediense et qu'il se departirent fors tant que de l'ensegne de l'abit del Sepucre emportent encor une partie. [*Paragraph break*] S'ensegne[7] de l'abit del Sepucre est une crois vermelle a .ii. bras, **tele le porte li Ospitaus**, et cil del Temple le portent toute oinple vermelle. **Et si jeta li Ospitaus le Temple et se li dona son reliet et s'ensegne aporter c'on apele l'ensegne del bauçant.**[8]

1.2 *f. 116rc–va*

This passage replaces the last two sentences in § v. The genealogical information is accurate, and the last datable information relates to the death of the emperor, Robert of Courtenay, in 1226 and the accession of his brother, Baldwin II.[9] The phrase 'le darain des oirs de Hainau' would seem to be an allusion to Baldwin's claims to inherit his parents' estates, in particular the marquisate of Namur and his mother's lands in Flanders

---

5 Attention is also drawn to a marginal addition unique to *F24*, discussed above at § xxxvi n. 44.
6 For a discussion, see Helen Nicholson, *The Knights Templar: A New History* (Stroud, 2001), 29–30.
7 *Lege*: L'ensegne.
8 For the significance of *reliet* (or *relief*), see Luttrell, 'Les origines diverses des ordres militaires syriens', 489–490.
9 For the date, see Pokorny, 'Ein neues Todesdatum', 95–140.

and Hainaut, following the death of his brother Henry in 1228. These claims that were resolved in 1237, but the text does not imply that they had been resolved at the time of writing. As stated above, that could indicate that this passage was written at about the same time as the rest of the *Chronique*, possibly even by the same author.[10]

Cele fu mere[11] le conte Phelipe de Flandres[12] et le conte Mahiu de Bologne[13] et le contesse Margarite de Hainau,[14] qui mere fu le conte Bauduin de Flandres[15] et mere Henri d'Anjo[16] et mere le conte Phelipe,[17] qui al vieu conte de Namur son oncle toli le conté de Namur dont Hermesens fu desiretee, et si fu mere la roine Ysabel de France qui feme fu le roi Phelipe,[18] et mere le roi Loïs, et fu mere le contesse Jolent de Namur qui fu feme le conte Pieron d'Auçuere.[19] Et cele Jolens fu mere le conte Phelipe de Namur,[20] et mere l'empereor Robert de Costantinoble,[21] et mere Henri de Namur,[22] et mere l'empereur Bauduin,[23] le darain des oirs de Hainau, et mere le contesse Margarite de Viane[24] et mere le roine Jolent de Hongerie,[25] et mere madame Ysabel de Montagu, que li quens

---

10 A further possible piece of evidence for an early date is the statement that Maria, the widow of Theodore Lascaris, 'est en la terre Vatache'. Maria died in 1228, but the use of the present tense might perhaps imply that news of her death had not reached the compiler of this genealogy.
11 Sibylla of Anjou, died 1165.
12 Count of Flanders (1168–1191).
13 Died 1173.
14 Margaret succeeded her brother Philip as countess of Flanders (1191–1194). She was the wife of Baldwin v, count of Hainaut (died 1195).
15 Baldwin IX, count of Flanders (1195–1205) and Latin Emperor (1204–1205).
16 Henry of Angre (and not, as these texts consistently call him, of 'Anjou'), Latin Emperor (1206–1216).
17 Philip, margrave of Namur (died 1212). He inherited Namur from his father, Baldwin v of Hainaut, but had to defend his inheritance from a rival claimant, Ermesinde of Luxembourg and her husband Thibaut of Bar.
18 Isabella, daughter of Margaret of Flanders, married King Philip Augustus in 1180 and died in 1190. She was the mother of King Louis VIII (1223–1226).
19 Yolanda of Flanders, daughter of Margaret of Flanders, married Peter of Courtenay, count of Nevers, Auxerre and Tonnere (died 1219), and died in 1219.
20 Margrave of Namur (died 1226).
21 Died 1226. See above n. 9.
22 Margrave of Namur (1226–1228).
23 Baldwin II, emperor of Constantinople (1226–1273).
24 Margaret, daughter of Yolanda of Flanders, was marchioness of Namur following the death of her brother Henry until 1237 when she was obliged to cede it to her brother Baldwin. She married Henry, count of Vianden, in 1216.
25 Yolanda, daughter of Yolanda of Flanders, married King Andrew II of Hungary (1205–1235) in 1216 and died in 1233.

APPENDIX 3: THE BERN BURGERBIBLIOTHEK MS. 113 (F24) 555

Gauchiers de Bar ot premiers,[26] et mere madame Marie, qui fu feme Lascre et qui est en la terre Vatache,[27] et mere madamoisele Lienor,[28] et mere madame Agnés, le princesse de le Moree feme Joifroi de Vile Harduin.[29] Et ceste Jolens ot une seror qui ot anon Sebile de Bialgiu.[30] Si ot .iii. enfans: monsegnor Ombert de Bialgiu[31] et Guichart et le contesse de Campagne.[32]

1.3 *f. 121*^{vb}

At the end of § liv and near the start of the account of what might be termed the 'sacred geography' of the Holy Land, apropos the headwaters of the River Jordan and the Biqā valley, *F24* has the additional information printed below in bold. Mas Latrie (62–63) identified the reference as being to the twelfth-century *Roman d'Alixandre* by Lambert li Tors and Alexandre de Bernay and pointed out that the reference to the valley of Jehosaphat comes not in the section entitled *Fuere de Gadres*, but in the later *Regrets des xii Pers*:

> Et li douna la tiere del Val de Josaphas
> Le rente et le treü de l'ounor de Baudas.
> Et le cité de Meke qui fu puis (*var*: ke fonda) Goulias.[33]

Entre ces montagnes a une valee c'on apele Val de Bacar, **la u li home Alixandre alerent en fuere quant il aseja Sur.** [*Paragraph break*] **Dont on dist encore el Romans del Fuere de Gadres qu'il estoient alé el Val de Josafas, mais ce n'estoit mie li Vaus de Josafas mais li Vaus de Bacar.** Dont cil qui le romans en fist pour miex mener se rime le noma le Val de Josafas.[34]

---

26 Isabella, daughter of Yolanda of Flanders, is more commonly known as Elizabeth; she married Gaucher of Bar-sur-Seine (died 1219) and then Odo of Montaigu.
27 Maria, daughter of Yolanda of Flanders, married Theodore I Lascaris, emperor of Nicaea (died 1221), in 1219 and died in 1228.
28 Eleanor, daughter of Yolanda of Flanders (died ca. 1230), was the first wife of Philip of Montfort, son of Guy and nephew of Simon the leader of the Albigensian Crusade. Philip (died 1270) was later to move to the kingdom of Jerusalem where he became lord of Tyre.
29 Agnes, daughter of Yolanda of Flanders, married Geoffrey II of Villehardouin, prince of Achaia (1228–1246), in 1217.
30 Sibylla, daughter of Margaret of Flanders, married Guichard IV, lord of Beaujeu. She died in 1217.
31 Humbert V of Beaujeu, constable of France.
32 Agnes married Thibaut IV of Champagne (1201–1253) in 1222 and died in 1231.
33 *Li Romans d'Alixandre par Lambert Li Tors et Alexandre de Bernay*, ed. Heinrich Michelant (Stuttgart, 1846), 534; *The Medieval French Roman d'Alexandre*, eds Edward Cooke Armstrong et al, 7 vols (Princeton, 1937–1976), 2: 74.
34 With minor variants the other manuscripts read: 'Entre ces .ii. montaignes a une valee

1.4 *f. 122ᵛᵇ⁻ᶜ*

Continuing the description of the sacred geography, *F24* at §lxiv n. 87 includes a list of the sons of Jacob – the Twelve Tribes of Israel – and reads as follows:

… Jacob li fix Ysaac qui fu mors en Egypte et pere fu Judas et Ruben et Gad et Neptalin et Manase et Symeon et Levi et Ysachar et Zabulon et Davi[35] et Joseph et Benjamin. Ce sont li .xii. Fil Israel. En la terre Israel en a .ix. lignies et demie, et Crestientés et Païenie .ii. et demie.[36] Joseph quant ses pere …

1.5 *f. 143ʳᶜ⁻ᵛᵃ*

Speaking of the sons of King Henry II of England, *F24* at §ccxx n. 285 has an additional sentence commemorating in extravagant terms Henry's eldest son and namesake, Henry 'the young king'. Henry, who had been crowned in 1170, died in 1183 at Martel (dép. Lot) and was buried in Rouen cathedral. He is also mentioned at §ccxlvi where the death of his widow, Margaret of France, is recorded.[37]

Il avint chose que li rois d'Engleterre avoit .iii. fix. **Li ainsnés avoit a non li jovenes rois Henris ke on nouma Lion qui giest a Martiaus,**[38] **qui fu li plus larges cuers de prince né de roi qui onques fust puis le tans Judas Macabeu s'il eust vescu, mais il fu mors ains que ses peres. Li autres ot** a non Richars et estoit quens de Poitiers. **Li tiers** avoit a non Jehans Sans Terre.

1.6 *f. 146ʳᶜ–f. 146ᵛᵇ*

This extended interpolation is placed at the end of §ccxxxviii between the account of Richard's campaign in southern Palestine in 1191–1192 and the account of the rebellion in Cyprus against the Templars. The opening lines, with their fictive lists of participants in the siege of Acre, may suggest a comparatively late date for this material.

---

c'on apiele le Val de Bacar. Dont cil qui le ronmant en fist pour mius mener se rime le noma le Val de Josaphas pour sa rime fere.' For the likelihood that *F24* has preserved the original reading while the other manuscripts have lost these lines by homeoteleuton, see Massimiliano Gaggero, 'Ricordi della storia antica nella storiografia francese sulle Crociate', in Gioia Paradisi and Arianna Punzi (eds), *L'Antichità nel Medioevo: Testi, tradizioni, problemi* (= *Critica del testo*, 22/3) (Rome, 2019), 181–205 at 202–204.

35 *Lege*: Dan.
36 The allusion is to the allocation of land to the east of the Jordan to the tribes of Reuben and Gad and half the tribe of Manasseh as described in Numbers 32.
37 For Henry's posthumous reputation, see Matthew Strickland, *Henry the Young King, 1155–1183* (New Haven and London, 2016), 2–5.
38 The form 'Martiaus' is also found in *Histoire des ducs de Normandie et des rois d'Angleterre*, ed. Francisque Michel (Paris, 1840), 82.

APPENDIX 3: THE BERN BURGERBIBLIOTHEK MS. 113 (F24)   557

The Roger de Helegnies/Heregnies story would seem to belong in the same literary environment as some of the clearly fictitious episodes in the later texts of the Old French Crusades Cycle, and that too might point to a late thirteenth-century origin in northern France. However, the idea that this passage, in common with the other interpolations, originated in about 1230 cannot be ruled out. It has to be assumed that what we have is either a distorted family memory or a tall tale in search of someone to tell it about. There is a place named Ergnies (dép. Somme) halfway between Abbeville and Amiens, and a Hergnies (dép. Nord) near the Belgian border between Mons and Tournai. Two men named Roger of 'Herignies' (or 'Herinnies'), father and son, appear as witnesses to a diploma of Count Philip of Flanders of 1162 or 1164, and although we have found some thirteenth-century references to people named 'de Heregnies',[39] we have not found a knightly family that can be shown to have been involved in crusading. It is not a name that turns up in the Old French Crusade Cycle.

Je vos avoie oublié a dire del grant siege d'Acre, la u li envie fu si grans et si desloiaus c'on ne doit en nul bien retraire, que tot li baron orent envie sor le roi Richart d'Engleterre. [*paragraph break*] Or vos nomerai les rois et les dus qui furent a cel siege por le mervelle oïr. Li rois de France i fu et li rois d'Engleterre et li rois d'Escoche et li rois d'Illande et li rois de Wales et li rois de Norwege et li rois de Danemarche et li rois de Chastele et li rois de Lions et li rois de Portingal et li rois de Galisse et li rois d'Arragone et li rois de Navare et li rois de Hongerie et li rois de Behaigne et li rois de Servie et li rois de Bougerie et li rois des Waus et li rois de Blakie et li rois de Conmenie et li rois d'Ermenie. Ce sont .xxi. roi. Or vos nomerai les dus qui i furent. Il i fu li dus de Borgogne et li dus de Nanci et li dus de Lemborc et li dus de Saissone et li dus de Baiwiere et li dus d'Osteriche et li dus de Behaine et li dus de Brunsvic et li dus de Suerin et li dus de Braibant; fu chievetaine li cuens Phelippes de Flandres de ces .x. duc que je vos ai només. Et de ces .x. furent li .ix. al siege d'Acre. Et si i ot .viii.[xx] contes, et .v. et a .lx.

---

39   *De Oorkonden der Graven van Vlaanderen (Juli 1128–September 1191)*, ed. Thérèse De Hemptinne and Adriaan Verhulst, vol. 2,1 (Brussels, 1988) no. 226 (p. 353), cf. nos. 148, 154 (pp. 237, 249). 'Dominus Renerus dictus Groheis de Heregny, miles' appears in an episcopal charter for the chapter of S. Géry de Cambrai from May 1232 (*Diplomata Belgica* no. 19259: http://www.diplomata-belgica.be/colophon_fr.html accessed 16.03.2023). (We are indebted to Professor Els De Paermentier for this reference.) A charter from 1275 mentions 'Jean de Heregnies et Rogier son frere' listed among the heirs of Marie Deletour whom Marguerite countess of Flanders and Hainaut had assembled to give their assent to a donation in alms that Marie had made. Emile Gachet, 'Analyse des chartes contenues dans le petit cartulaire du couvent des Sœurs de Notre-Dame en Lille. MS. N° 6190 de la Bibliothèque royale de Belgique', in *Messager des Sciences Historiques, des arts et de la Bibliographie de Belgique* (1852), 24–57, at 37, charter no. 24.

mil furent li chevalier nonbre en conte qui a cel siege furent. A .x. mil furent nonbre li chevalier de pris, et par esmanche i ot .x. mil chevaliers le pain priant. De le flor de le chevalerie fu esleus li quens de Monfort premiers et li quens de Dant Martin qui daarains vint al siege et mesire Joifrois de Lesegnon et mesire Guillaumes des Bares et mesire Robers de Waurin[40] et mesire Bauduins li Carons de Rume[41] et mesire Hues de Florines[42] et mesire Ernols de Destre al Tort Col et li fix mon segnor Anscri de Strepi, Bauduins ot a non.[43]

Et de tos les chevaliers qui i furent a cel siege fist le plus bele proeche mesire Rogiers de Heregnies qui n'avoit c'un pié, car il ochist le plus fort Turc de Païenime et que li Crestien doutoient plus al siege d'Acre. Puis que tot furent revenut et roi et duc et conte fist il ceste proueche. Mesire Rogiers de Helegnies estoit chevaliers le roine, et li commanda la roine qu'il alast joster a cel Turc qui devant le toron estoit qui avoit a non Noradins de Halape, et il i ala; si l'ocist; se li copa le teste et le porta a le roine, et la roine s'en corecha durement et le feri del pié en mi le poitrine. Mesire Rogiers descendi aval tos honteus et tos dolans de çou que la roine l'avoit ensi furu [sic] de se pié. Si vint al port et trova nef qui devoit passer; se li loua. Quant il l'ot louee, si dist al maronier qu'il avoit une besogne a faire a la roine, et li maroniers li dist qu'il se hastast et revenist tost ariere. Il en ala et descendi devant le palais et fist tenir son palefroi et monta les degrés et trova la roine en ses chambres; se li copa les treches; puis revint ariere a sa nef; si entra ens. [paragraph break] Grant bien fist mesire Rogiers de ce Turc qu'il ocist, car il estoit sovent devant Acre, si que nus n'en osoit issir por sa grant proeche et sa grant chevalerie. Car il avint une fois que mesire Guillames des Bares issi hors des liches a tot .iiii.^{c} chevaliers por aler en fuere, et Noradins a mil Turs vint devant l'ost por hardoier as Crestien, dont li rois Richars d'Engleterre i fist le jor tant de proeche et de vaselage que tos li mons l'en prisoit et doutoit por sa grant largeche et la grant chevalerie de lui, et por chou ot tos li mons envie sor lui fors le conte Felipe de Flandres; et a cele bataille fist Noradins plus d'armes c'onques fesist, et .iii. fois l'abati le jor mesire Joifrois de Lisegnon en le bataille, et bien i ot mort .vj.^{c} chevaliers en le bataille et .ii.^{m} Turs sans le menu pule. [paragraph break] Quant il furent retrait ariere et departit, dont vinrent espies a Noradin; se li disent et noncierent qu'il avoit des Crestiens alé en fuerre, et nel

---

40 Died 1196, seneschal of Flanders. Hans Van Werveke, 'La contribution de la Flandre et du Hainaut à la troisième croisade', *Studia Historica Gandensia*, 169 (1972), 55–90, at 84 no. 29; Ernst Warlop, *The Flemish Nobility before 1300* (Kortrijk, 1975–1976), 1: 172, 251, 447, 495, 2: 64/7, 227/16.

41 Died 1205 x 1213. Benefactor of the Templars near Tournai. Van Werveke, 'La contribution', 86 no. 39; Warlop, *Flemish Nobility*, 2:190/8.

42 Mentioned in *Saladin*. See Cook and Crist, *Le Deuxième Cycle de la Croisade*, 133, 135–138, 140.

43 A vassal of Baldwin of Flanders in 1200.

APPENDIX 3: THE BERN BURGERBIBLIOTHEK MS. 113 (F24)   559

nonchierent mie a Salehadin qui grans soutans estoit. Et Noradins monta coiement et se parti de l'ost a tot mil Turs, et encontra le Barrois devant .i. chastel del Temple qui a a non Doc.[44] Dont manda Noradins une joste a monsegnor Guillame des Bares por çou qu'il quidast que tos jors li fust torné a blasme et a reproche, por çou que mil Turs avoit ensamblé lui contre .iiii.ᶜ Crestiens; ne volt que plus en asanblaissent qu'il doi tant solement. Si josterent andoi cors a cors entre .ii. rens, dont fu li Barrois si bleciés que tos en fu desaïués et qu'il en quidoit bien morir. Dont revint li Barrois en l'ost ariere, mais mal i fust revenus se Noradins ne l'euist reconduit ariere jusc'as liches. Or poés bien oï[45] le grant vaselage que mesire Rogiers de Helegnies fist outremer, et com Dex li dona bele chance.

Je vos dirai del conte Felipe de Flandres qui morut a Acre et fu enfoïs al Temple. Li rois Richars d'Engleterre mist grant coust et grant tresor a le Terre d'Outremer detenir et molt ama chevaliers et sergans et molt lor dona largement chevaus et palefrois et autres jouiaus, et si tenoit sovent beles cors, et cascun jor venoient li povre chevalier a ses tentes çou qu'il en pooit soustenir, et li menestrel furent tout soustenu par lui car il lor donoit sovent biaus dons.

1.7   *f. 152ʳᵃ⁻ᵇ*

In describing the background to the Fourth Crusade and, eventually, the events leading up to the Battle of Bouvines, the *Chronique d'Ernoul* gives a reasonably well-informed account of the war between King Richard, who was keen to recover the lands he had lost while in captivity, and Philip Augustus. Richard's death in 1199 left his allies, in particular Count Baldwin of Flanders and his circle of northern French nobles, vulnerable to reprisals. Indeed the *Chronique d'Ernoul* is an early exponent of the view, widely endorsed by modern scholars, that sees an important element in motivating these nobles to take the cross as fear of retaliation and the prospect of being drawn into the looming conflict between Philip-Augustus and King John. The extra sentences printed below in bold are located in § cclxv n. 361. The information would appear to be linked to the material to be found in 1.2 above.

Mais ainsçois que je vos die plus d'Othon comment il fu emperères ne quel fin il fist, vos dirai del conte de Flandres et des barons de France qui encontre le roi de France avoient esté, qu'il fisent qui al roi d'Engleterre estoient alié devant ço qu'il fust mors. **Puis que li sieges d'Aubemarle fu departis,**[46] **si se douterent molt li baron por le bon roi Richart**

---

44   Doc (Daʿuk, S.E. of Acre) was a Templar property.
45   *Lege*: avés bien oï (?).
46   Philip Augustus had successfully besieged Aumale in 1196, and it was only after that, in 1197, that leading figures in northern France, notably Count Baldwin IX of Flanders and Count Renaud of Boulogne, switched sides and allied with Richard.

d'Engleterre, dont il avoient perdu l'aïue et le confort de lui, puis que mors estoit. Li quens Bauduins de Flanders s'en doutoit plus que tot li autre, et s'estoit la roine Isabiaus, se suer, et li contesse Jolens, qui le conte Perron d'Auçuere avoit a baron qui oncles estoit le roi Felipe, et li contesse Sebile, se suer, qui le segnor de Biaju avoit a baron,[47] et s'avoit eu aïue le conte Renaut de Boulogne et le conte Simon de Pontiu, sen frere.[48] Maintes fois prisent consel li baron qu'il porroient faire. Consaus lor aporta qu'il iroient par tot as armes et sivroient les tornois, et qu'il ne lairoient mie les tornois por le roi de France. Il alerent par tot et cerkierent les tornois et fisent asés d'armes. Adont avoit la contesse Marie, la feme le conte Bauduin, une fille qui ot a non Jehanne, et se le laissa ençainte de Margarite.[49] Li baron s'asanblerent. Il fisent .i. tornoi crier entre Brai et Encre, et s'i alerent tuit. Quant il furent tot armé et d'une part et d'autre pour tornoier et il durent asambler, si ostent lor armes; si corurent as crois et se croisierent por aler outremer. Dont aucunes gens disent qu'il s'estoient croisié por doutanche del roi de France, qu'il ne les grevast pour çou qu'encontre lui avoient esté.

1.8   *f. 156ʳᶜ*
This addition to the Fourth Crusade narrative is from § cclxxxvii at n. 401. The list of men who determined the fate of Alexios V is of interest, not least because several of individuals named are not, so far as we can discover, recorded elsewhere as participants in the crusade.

Or vos dirai de Morcoufle qui repris fu et ramenés en Constantinoble et que l'empereres Bauduins fist asanbler tos les haus homes en Boukedelion: le conte Henri d'Ango sen frere, et le conte Loÿs de Blois, et le marchis de Mont Ferras, et le duc de Venisse, et Renaut de Mont Mirail,[50] et Oedon de Canlistre,[51] et Adan de Walaincort,[52] et Bauduin de Biavoir,[53] et Gerhet de Tret,[54] et Willaume de Gomigies,[55] et Goifroi 'Tue

---

47 Baldwin IX's sisters were Isabella, the wife of Philip Augustus, Yolanda, wife of Pierre of Auxerre, and Sibylla, wife of Guichard of Beaujeu. See the notes to 1.2 above.
48 Renaud of Dammartin, count of Boulogne (1200–1227), and Simon, count of Ponthieu (died 1239).
49 On Baldwin's death Flanders passed to his daughters Joanna (1205–1244) and Margaret (1244–1278) in turn. Margaret was born after Baldwin's departure on the Fourth Crusade.
50 Longnon, *Compagnons*, 114–115.
51 Not known unless it is a bad reading for 'Odo of Champlitte'?
52 Should this be 'Matthew' of Wallincourt? Longnon, *Compagnons*, 152–153. There was an Adam of Wallincourt alive at this time in the West (died 1218).
53 Longnon, *Compagnons*, 154–156.
54 Renier de Trit?
55 Guillaumes de Gommegnies. Longnon, *Compagnons*, 159.

APPENDIX 3: THE BERN BURGERBIBLIOTHEK MS. 113 (F24) 561

l'Asne' et Gobert et Jerart, les .iii. freres d'Estruem,[56] et Aloul de Werecin[57] et Pieron de Braiecuer[58] et Andriu Dure Boise.[59] [*Paragraph break*] A tous se consella li empereres de quel mort on feroit Morcoufle morir. Consaus li aporta c'on le feroit monter sor le Piler de Profesies. On li mena et fist on monter tot enson et de si haut com li pilers estoit se fist on salir aval. Ensi fina Morcoufles, et mil ans devant çou qu'il i salist fu il profetisiet et apelet 'Saut Morcoufle'.[60]

Aprés prist li emperere ses homages et departi ses terres. Le marchis dona Salenike et le Champenois Le Moree et Jerart d'Estruem le ducee de Finepople,[61] por çou que Jerars l'avoit prise et conquise, et il et si frere. Et li Champenois servi l'empereur et commanda se terre a Joifroi de Vile Harduin, qui le retint a sen ués,[62] et a molt de prodomes ne dona riens. Meismes a sen frere, Henri d'Anjo, ne dona il riens, ne roiame, ne ducé, ne conté. Et qui les siens faut, li sien li doivent bien falir. Dont ses freres l'avoit si bien servi a sen pooir que nus miex de lui.

Ainçois que l'emperere se remeust de Constantinoble, li vinrent noveles que sa feme estoit aguté d'une fille qui avoit a non Margarite, et Jehanne avoit .iii. ans. Dont .i. sages hom vint a l'empereur et li dist que de ces .ii. filles venroit grans maus a lui et a sen peuple.[63] Adont fist bien garnir le cité de Coustantinoble.

---

56 Estrun or Estreux (dép. Nord)? Villehardouin mentions a Dreux of Estruen. Longnon, *Compagnons*, 167–168. The brothers, Geoffrey 'Tue l'Asne', Gobert and Gerard are not otherwise known.
57 Presumably de Wavrecin (Wavrechains-sous-Faulx/Warenghien), but the name 'Aloul' is not known.
58 Pierre de Bracieux. Longnon, *Compagnons*, 91–98. At 3.39 below he is called 'Braieçuel', but here the copyist appears to have reinterpreted his name to include the word 'cuer' (heart).
59 Longnon, *Compagnons*, 129.
60 Villehardouin, *La Conquête de Constantinople*, ed. Edmond Faral 2 vols (Paris, 1939), § 308; Robert de Clari, *La conquête de Constantinople*, ed. Jean Dufournet (Paris, 2004), §§ 92, 109.
61 Philippopolis (Plovdiv). According to Villehardouin (§§ 304, 311, cf. §§ 345–346, 382, 399–402, 435–439) it was given to Renier de Trit. Although only occupied briefly by the Latins around 1205, the duchy continued to exist on paper, being mentioned in Gregory IX's letter of 1229 which gave papal endorsement to the accession of John of Brienne and the marriage of his daughter to Baldwin II. *Annales Ecclesiastici*, ed. Cesare Baronius et al. new edition Augustin Theiner, 37 vols (Bar-le-Duc/Paris, 1864–1882), vol. 21, 1229 § 48.
62 Guillaume le Champenois de Champlitte led the conquest of the Morea. After his return to the West in 1209 and the failure of his heirs to succeed, Morea passed to Geoffrey of Villehardouin (died 1228), the nephew and namesake of the historian.
63 Joanna (1205–1244) and Margaret (1244–1278) were successive countesses of Flanders. The allusion is presumably to the imprisonment of Joanna's husband, Count Ferrand, following the battle of Bouvines in 1214 until 1227, and the consequent problems, and to Margaret's controversial marriages.

2 The Regnal List

For each of the twelfth-century kings of Jerusalem, *F24* reports the length of the reign. Although the figures given are all wildly inaccurate, the consistency in adding this material is indicative of a deliberate policy. The redactor may have had a pre-existing regnal list, although the inaccuracies and the fact that Fulk's reign is recorded twice with two quite different figures might tell against this suggestion. The material unique to *F24* is printed in bold type.

2.1 Cil Godefrois **regna .xiii. ans**. Si n'ot nul enfant. Un frere ot qui ot non Bauduins a cui la terre eschaï quant il fu mors. Cil fu rois et porta corone en Jherusalem **et regna .ix. ans. Cil rois Bauduins, qui frere fu le duc Godefroi, n'ot nul enfant ains eschaï la terre a .i. sien cosin germain, qui quens estoit de Rohais et ot a non Bauduins. Cil fu rois aprés lui et regna .xx. ans. Si** ot .iiii. filles ...[64] (See § i p. 64 n. 2)

2.2 Foukes et sa feme furent coroné **et regna .x. ans**. (See § vi p. 68 ll. 11–12)

2.3 Li rois Fouques ⟨tint⟩ la tiere en pais tant qu'il vesqui fors solement d'Escalone que il ne pot avoir **et regna .xv. ans**. (See § viii p. 71 l. 3)

2.4 Cil rois Bauduins (Baldwin III) **regna .xi. ans puis** eschaï ... (See § ix p. 72 l. 9)

2.5 Cil A⟨maurris⟩ regna .xiii. ans. (See p. 88 n. 35)

2.6 Cil Bauduins (Baldwin IV), **qui fu mesiaus, regna .xxv. ans**. (See § cxxi p. 180 l. 7)

2.7 Cil rois Bauduins (Baldwin V) **regna .iii. ans**. (See p. 191 n. 171)

3 Other Variants

What follows is a selection of variant readings unique to *F24* which indicate that the redactor was generally well informed and thoughtful in making changes.

3.1 The omission of the phrase 'que Sarrasin le violerent' (p. 64 n. 3) could indicate that someone wanted to suppress an insalubrious and hence embarrassing detail, but it could also indicate a measure of incredulity, as Iveta would have been aged about four at the time.

---

64   The other manuscripts conflate Baldwin I and Baldwin II.

APPENDIX 3: THE BERN BURGERBIBLIOTHEK MS. 113 (F24)

3.2 The substitution of 'L'autre' for 'et la quarte' (p. 65 l. 3) would indicate that the redactor was aware that Melisende, contrary to the impression given by the other manuscripts, was not the youngest of the sisters. The point is made more explicitly at p. 67 l. 10 where *F24*, and also the unrelated *F16*, substitute 's'ainznee' for 'sa maisnee'.

3.3 *F24* is alone in correcting Frederick to Conrad ('Conrat') as the German leader on the Second Crusade (p. 68 l. 16).

3.4 *F24* has the starving troops on the Second Crusade eating 'chevaus quant il moroient' instead of 'tacons de leur solers' (p. 69 ll. 1–2).

3.5 Note the substitution of 'cameus' for 'sommiers' (p. 69 l. 8).

3.6 By adding the phrase 'l'asoroient et' (p. 82 l. 7), *F24* indicates that the clergy would absolve the king for breaking his undertaking to the Muslims as well as getting the pope to absolve him.

3.7 The *Chronique* alleges (xxvii) that Saladin was held prison in the castle it calls 'Crac de Monreal' and sought western-style dubbing as a knight. All this is part of the growing thirteenth-century 'Saladin legend', but *F24* elaborates this theme by adding the phrase (printed here in bold): 'Quant cil fu hors de prison, si pria al segnor del castel qu'il le feist chevalier **a françoise, et il le fist chevalier**' (p. 92 l. 8).

3.8 An example of additional material that is erroneous. Baldwin of Ramla had failed to secure the future Queen Sibylla as his bride: 'Si ala, si esposa la fille al segnor de Sesaire, **qui li dona Naples avec sa fille. Cil en ot .i. fil qui ot nom Phelipes de Naples**, et la dame morut'. Here the words in bold replace 'si en ot .i. fil' found in the other manuscripts (p. 106 ll. 4–5). All the manuscripts err in claiming he married the daughter of the lord of Caesarea whereas in fact he married the lord's widow, but the idea that Nablus was Baldwin's bride's dower is clearly wrong – it was Maria Komnene's dower – and although there was a prominent nobleman in the twelfth century named Philip of Nablus – he was actually Baldwin's maternal uncle – no child of this name was born to Baldwin.

3.9 *F24* adds an additional reason why Saladin was reluctant to allow Baldwin of Ramla to be ransomed: 'por ce avoit grant honor de lui tenir' (p. 114 l. 10).

3.10 Instead of the money provided by Manuel Komnenos to ransom Baldwin of Ramla being 'easily more' ('assés plus') than was needed, according to *F24* it was 'a .iii. tans plus' (p. 117 l. 1).

3.11 Describing the constable of Jerusalem, Aimery of Lusignan, who had proposed his brother Guy as the husband of Sibylla, the *Chronique* explains that Aimery was the son of Hugh *Le Brun*, lord of Lusignan. *F24* then adds the further information that he was: 'frere de Joifroi de Lisegnon' (p. 118 l. 6). Geoffrey was a hero of the Third Crusade, and a reader of this text would assume that the next phrase, 'dont on parla de se proeche par tote Crestienté et qui si bons chevaliers fu', referred to him rather than reporting Aimery's controversial claim for Guy.

3.12 *F24* elaborates the message of the angel informing the Virgin Mary that she is to be the mother of the Messiah: 'la novele que Dex prenderoit char et sanc en li **et il si fist et qu'il naisteroit de li**' (p. 126 l. 6).

3.13 *F24* elaborates the story of the Israelites crossing the Red Sea pursued by Pharaoh: 'Et quant il l'orent passee, li rois Faraons, qui aprés iaus venoit **por iaus prendre et ocire entre ens et il et tote s'ost qu'il avoit.** [*Paragraph break*] **Quant li Fil Israel furent tot outre passé Faraons fu ens et il** et toute s'ost' (p. 130 ll. 8–9). (The words in bold replace 'entra ens et les voloit ocirre et prendre'.)

3.14 *F24* rightly corrects 'freres' to 'peres' so that Jacob was buried with his fathers (and not his brothers) in Hebron (p. 131 l. 13). See Genesis 49:29–32.

3.15 *F24* states that in 1180 the king summoned archbishops 'et les evesques' to elect the new patriarch (p. 144 l. 9).

3.16 *F24* elaborates the account of the drowning of the Emperor Alexios II (p. 150 l. 3): 'si le fist metre en .i. sac et **fist metre el sac plonc asés avec lui et fist bien loier le bouche del sac et** le fist on metre par nuit en .i. batel et le mena on en mer, et se le fist on jeter ens.'

3.17 Apropos the seizure of power in Cyprus by Isaac Dukas Komnenos, *F24* is alone in stating that came via Armenia and brought Armenians with him: 'Si s'en ala en l'isle de Cipre **par Hermenie et mena des Hermins avec lui en l'isle de Cipre**' (p. 151 ll. 1–2).

3.18 In recounting the story of Judith and Holofernes, *F24* ends by emphasising Judith's role: 'Ensi secouru Dex cel castiel **par feme**' (p. 174 l. 4).

3.19 *F24* elaborates the description of the drought in Jerusalem: 'Or avint chel premier an qu'il ne plut **goute d'aiwe** en la terre de Jherusalem' (where 'goute d'aiwe' replaces 'point') (p. 180 l. 11).

3.20 In recounting the story of Jesus healing the blind man (John 9), *F24* is alone in explicitly stating that he had born ('nés') blind (p. 182 l. 17).

3.21 At the coronation of Sibylla and Guy in 1186, *F24* expands the words spoken to Sibylla by the patriarch: 'Dame, vos estes **roine et si estes** feme. Il vos estuet avoir …' (p. 194 l. 11).

3.22 In proposing to crown Humphrey of Toron as king, *F24* changes 'le' to 'les' in Raymond III's speech, thereby making it clear that they would have to crown both Humphrey and his wife, Isabella (p. 196 l. 6). This point is then made more explicit (p. 196 l. 12) by the addition of the phrase 'et sa feme'.

3.23 *F24* confirms the fulfilment of William of Tyre's prophecy that the relic of the Cross would be lost when a second Heraclius ('Eracles') took it from Jerusalem: '… et seroit perdue a son tans **et ele si fu**.' (p. 218 l. 7).

3.24 Shortly before the Battle of Ḥaṭṭīn, the money sent to the East by the king of England that was in the keeping of the Templars was used to pay additional troops. King Guy then ordered that 'cascuns fesist baniere des armes le roi d'Engleterre **et il si fisent por l'onor le roi d'Engleterre et**, por çou que de son avoir estoient paié et retenu' (p. 219 l. 12).

3.25 On the eve of the Battle of Ḥaṭṭīn, Gerard of Ridefort spoke to King Guy, saying that this was the first crisis that had arisen 'puis que vous fustes coronés **et eslus a roi**' (p. 224 l. 12). The extra phrase would seem to emphasise the legitimacy of Guy's accession and also, by implication, Gerard's role in securing it.

3.26 In the description of Conrad of Montferrat's arrival in Tyre, *F24* correctly describes him as the 'fil le marcis' (p. 244 l. 4) rather than as the 'marcis'. Conrad's father was still alive at this point.

3.27 According to tradition, the Virgin Mary died in Jerusalem in what later became the abbey of Mount Zion. The abbey also contained a location known as 'Galilee',[65] and *F24* alludes to this tradition: 'En cel mostier meismes est li lius u madame Sainte Marie trespassa **en Galilee**'. (p. 252 l. 8).

---

65   As for example mentioned by Saewulf. Pringle, *Churches*, 3: 263, 274.

3.28 *F24* alone corrects 'le Temple David' to 'le Temple Domini' (p. 253 l. 9).

3.29 Estimating the numbers in Jerusalem at the time of the siege. Note the additional words: 'en ceste cité **en** i a il bien **mon essiant** .xl.' (p. 275 l. 13).

3.30 Speaking of the Christian refugees in Alexandria, *F24* specifies that the thirty-six ships ('nés') that arrived were 'nés de Crestiens' (p. 297 l. 10).

3.31 During Saladin's siege of Tyre, the Christians were aided by a renegade Muslim youth: 'li marchis fist faire unes letres de par ce vallet qui Crestiens estoit devenus, **et les envoia** a Salehadin qui li mandoit salut com a son segnor **qu'il molt durement amoit.** [*Paragraph break*] **Cil vallés** li faisoit savoir qu'il savoit tot le covine de Sur …' (p. 303 ll. 8–10).

3.32 Near the end of Saladin's siege of Tyre, by adding the word 'maistre' which is not found in the other manuscripts, *F24* makes it explicit that the Muslims, having taken the barbicans, were now mining the walls of the city itself: 'si lor fist on savoir que li Sarrazin minoient les murs de le **maistre** cité et que les barbacanes estoient plaines de Sarrazins' (p. 306 l. 14).

3.33 *F24* alone specifies that Latakia ('Li Lice') was on the coast: 'cité sor mer' (p. 318 l. 10).

3.34 The French king's ships left port in 1190 only to be caught in a storm. According to *F24* the king suffered great damage to 'ses vaissiaus', whereas the other manuscripts all say that he suffered great damage to 'se viande' (p. 327 l. 8).

3.35 Campaigning in Palestine King Richard came to Jaffa. *F24* adds: 'et garnirent bien le chastel' (p. 346 l. 3).

3.36 There are four references to Isaac Dukas Komnenos as the king ('roi') of Cyprus (p. 365 l. 7; p. 422 l. 10; p. 423 ll. 6, 8) instead of emperor. Earlier *F24* does call him 'emperere de Chipre' (e.g. p. 337 l. 13).

3.37 At the start of the Fourth Crusade *F24* refers to Fulk of Neuilly as 'Maistre' Fulk (p. 408 l. 4).

3.38 In describing the chain barring the Golden Horn, where the other manuscripts say it was the thickness of a man's arm, *F24* states it was the thickness of a thigh ('cuisse') (p. 434 l. 12).

APPENDIX 3: THE BERN BURGERBIBLIOTHEK MS. 113 (F24)   567

3.39 *F24* has an additional sentence: 'Ce fu Pieres de Braieçuel', a man who is mentioned frequently in the context of the events following the capture of Constantinople (p. 443 n. 397).

3.40 In the account of the aftermath of the defeat and death of Emperor Baldwin near Adrianople, the *Chronique* records details of troop movements. *F24* alone, and on two occasions, specifies that the Latin force numbered 500 knights: 'a .v.ᶜ chevaliers' and 'bien avec lui .v.ᶜ chevaliers' (p. 457 l. 6; p. 459 ll. 6–7).

3.41 After the death of Peter of Courtenay in 1219 the Latin Empire passed to his brother Robert. Most of the manuscripts err in calling Robert 'Henry'; only *F24* and the unrelated *F16* correct this to Robert ('Robers') (p. 468 l. 12).

3.42 After the battle of Bouvines, Frederick II made war on Otto of Brunswick. *F24* alone records that this was 'en Alemagne' (p. 481 l. 6).

3.43 In 1223–1225 John of Brienne travelled Europe seeking support. According to the *Chronique* he went 'en France au roi et a l'empereur d'Alemagne et al roi d'Engleterre'; *F24* alone places these rulers in the correct order: 'al roi de France et al roi d'Engleterre et a l'empereur d'Alemagne' (p. 526 ll. 3–4).[66]

---

66   Perry, *John of Brienne*, 125–132.

Appendix 4: The Table of Contents in *F25* and *F26*

Both the Paris: Bibliothèque de l'Arsenal ms. 4797 (*F26*) and, following it, the Bern: Burgerbibliothek ms. 340 (*F25*) preface the text with a brief table of contents.[1] At the start of the account of the origins of the Templars (p. 65 n. 4) both manuscripts have the number '.ii.', evidently relating to this table, but after that there are no further references to it in the body of the text itself. In his edition, Mas Latrie used this table as a guide for dividing the *Chronique* into chapters, but as these manuscripts are both comparatively late and occupy a place well down the stemma, we have not thought appropriate to follow his example. However, we have noted below the places in the text that were presumably selected by compiler. The final item in the table refers to the description of Jerusalem that follows directly after the end of the narrative in both manuscripts.

∴

.i. Premierement come Baldoin fu rois aprés la mort Godefri son frere. (§ i)
.ii. Coment Templier vindrent en avant. (§ i at p. 65 l. 4)
.iii. Coment Esmauris fu roys. (§ xi at p. 73 l. 7)
.iiii. Les cités et les chastiaus qi apendent au roiaume de Jherusalem. (§ xx at p. 83 l. 7)
.v. Coment Saladins fu rechatez de prison. (§ xxvii)
.vi. Coment ocist la mulainne. (§ xxviii)
.vii. Coment Saladins ala conquerre le roiame de Perse. De la Mer del Diable. (§ xliii)
.viii. De .ii. serpens ki sunt en Arabe. (§ lxxi)
.ix. Comet Quirsac conquist l'empire de Costatinople encontre Endroine. (§ lxxxiii)
.x. Coment la cités de Naples siet. (§ cvi)
.xi. Coment Germains trova Le Puis Jacob. (§ cxxi at p. 180 l. 11)
.xii. Coment li roys Gui ala assigier Tabarie. (§ cxxxix)
.xiii. Coment la Sainte Croiz fu aportee en l'ost. (§ clv at p. 217 l. 12)
.xiiii. Coment li roys Guiz fu pris et desconfiz par Saladin. (§ clxiv)
.xv. Coment Saladins coupa au conte Raynaut la teste. (§ clxvi)
.xvi. Coment Saladins alla asaiger Saiete. (§ clxix)
.xvii. Coment Jherusalem siet et l'estat de li. (§ clxxii at p. 251 l. 1)
.xviii. Coment Saladins vint asegier Jherusalem. (§ clxxxv)
.xix. Coment Saladins prist Jherusalem et mist ces dedens a reançon. (§ cxc)

---

9 Quirsac] Quisac *F25*   16 Saiete] Sagiete *F25*

---

1 This material comes immediately before the material printed as Appendix 2.

APPENDIX 4: THE TABLE OF CONTENTS IN F25 AND F26   569

.xx. Coment Saladin manda a Coraz de Mont Ferarz si li randoit Sur q'il li renderoit son pere. (§ ccvi at p. 300 l. 13)
.xxi. Coment li quens de Triple envoia secors au marchis de Mont Feraz. (§ ccvii at p. 302 l. 11)
.xxii. Coment Saladin ala asigier La Roche Guillaume. (§ ccxviii at p. 319 l. 1)
.xxiii. Coment li roys de France et li roys d'Engletere paserent outremer. (§ ccxx at p. 323 l. 8)
.xxiiii. Coment Cristien conquistrent Acre sor Sarracin. (§ ccxxiv at p. 328 l. 9)
.xxv. De l'isle de Cypre et des Grifons. (§ ccxxxix)
.xxvi. Coment le roys d'Engletere pasa mer por reparier en sa terre. (§ ccxliii)
.xxvii. Coment Saladins fu morz. (§ ccxlviii)
.xxviii. Coment Safadins deserita les filz Saladin de lor terres aprés sa mort. (§ ccli)
.xxix. Coment il ot roy premierement en Hermenie. (§ cclix at p. 393 l. 8)
.xxx. Coment li haut home de Crestienté se croisierent por passer mer. (§ cclxi)
.xxxi. Coment li roys de France gueroia le roy d'Engletere et cil lui. (§ cclxiv)
.xxxii. Coment li croisié ariverent en Venise. (§ cclxxii)
.xxxiii. Coment l'empere de Constantinople fu mordriz en sa chambre. (§ cclxxxiv)
.xxxiiii. Coment Otes fu coronez a empereor. (§ ccci)
.xxxv. Coment Jheche de Breue fu rois d'Acre. (§ cccvii at p. 482 l. 4)
.xxxvi. Coment Demiete fu conquise de Crestiens sor Saracins. (§ cccxi)
.xxxvii. De .ii. clers qi alerent preeschier au soudain. (§ cccxix at p. 508 l. 6)
.xxxviii. Comet li roys Jeke et Cristien furent desconfit par Saracins. (§ cccxxvi)
.xxxix. La clamor del roy Jehan a l'apostoille del cardinal. (§ cccxxxi at p. 526 l. 1)
.xl. Coment Federich l'empereres pasa mer. (§ cccxxxvi)
.xli. Comet li roys Jhean conquist Constantinople. (Appendix 1 at p. 546 l. 5)
.xlii. La descripcion des saint leus qi son en Jerusalem et encoste et d'eviron.[a]

---

19 Jheche de Breue] *lege* Jhean de Brene

---

[a] *F26 f. 1^{ra-va}; F25 f. 1^{ra-va}*

Glossary

Very common words and words that are virtually the same as their modern English equivalents are omitted, unless they appear not to be very frequently used in Old French on the base of the available dictionaries (GD, TL, FEW, DEAF, DMF, AND). The headings correspond to the spelling which appears more often in the text; variant spellings are given into brackets after the number of the paragraph where they appear. Substantives are always listed under their accusative form. Verbs are always listed under their infinitive form. For verbs whose infinitive does not appear in the text the infinitive form which has been supplied as a heading has been derived from TL, DEAF and DMF. Words registered in the glossary are documented extensively. For the other verbs, references have been broken down according to mode, tense, person; for all instances of a tense where a past participle is accompanied by *avoir* or *estre* only the participle has been registered as such, in order to make it easier to group together the instances where these forms appear. Phrases involving the particular use of a preposition, noun or verb are listed separately under the main heading when the meaning is sufficiently different from the one given at the beginning of each voice. Whenever two or more different meaning for the same verb are attested, they have been kept distinct, and usually listed according to the order: vtr., vi., vr.; reference to the instances where these forms appear have been split accordingly. Variants from the apparatus are quoted extensively whenever a form does not appear in the critical text. If a form appears in the text and apparatus with two different spellings, only the spelling in the text is registered. Variants for verbs are usually not registered in the glossary; however, exception has been made for verbs that are poorly represented in the text, or that seem to be rare in Old French.

Abbreviations:
adj. – adjective; adv. – adverb; conj. – conjugation; partic. – participle; sm. – masculine noun; sf. – femine noun; vi. – intransitive verb; v. impers. – impersonal verb; vr. – reflxive verb; vtr. – transitive verb.

aage sm. 'age, age of majority' §§ xxxix (*F20*), cxvii, clxxxix, ccxlii, cclxi (*F19*), ccci (*F50*), cccii (*F19 F25 F26*), *age* §§ lxxxiii, cxcv, cclxi, cccii (*F16*), *eage* §§ cxviii, ccxlvi, cclxi, *aige* § cccii.

abandon sm. *estre en abandon* 'be relinquished, released' § cxciii.

[abandonner] vtr. 'abandon, relinquish'. Present: 1sg. *abandoing* § clx. Imperf.: 3sg. *abandonnoit* §§ ccxxiv, clvi, *abandonoit* § ccxciii. Perfect: 3sg. *abandona* § cclviii. Past Partic: *abandoné* § ccxl, *abandonné* §§ clxi, cxciii; *abandonnet* § cccx; *abandonnee* § xix.

GLOSSARY   571

abatre   vtr. 'strike down, destroy' §§ xlv, ccvi, ccxxxv, ccxlii, cccxiv, cccxxxviii. Present: 3sg. *abat* § cxxviii; 3pl. *abatent* § clix. Perfect: 3sg *abati* § viii, xiv, ccxlii, App. 3; 3pl. *abatirent* §§ iv, clxxviii, clxxxiii, ccxli, ccl, cclxiii, cclxxix, ccxci, cccxvi. Future: 3pl. *abateront* § clix. Past Partic.: *abatu* §§ xlv, lxxvi, cccxiv, cccxvi, cccxxvi; *abatue* §§ xiv, cxiii, clix, clxxviii.

[**abevrer**]   vtr. 'give water to'. Imperf.: 3sg. *abevroit* § clxxix; 3pl. *abevroient* § ccxx.

abismer   vtr. 'consign to an abyss' lxvi. Perfect: 3sg. *abisma* §§ lxviii.

[**accoter**]   vi. 'give birth to' ('brought to bed of'). Past Partic.: *aguté* App. 3.

[**aceindre**]   vtr. 'surround'. Past Partic.: *acintes* § cccxxxvi (*F50*).

[**acener**]   vtr. 'beckon'. Perfect: 3sg. *acena* § xcviii.

acesmer   vi. 'dress, adorn' clxiii. Past Partic.: *acesmee* §§ lxxxi, cxiii.

[**acoler**]   vtr. 'embrace'. Perfect: 3sg. *acola* § clv.

acombler   vtr. 'amass, heap up' § l.

acouvrir   vtr. 'cover' § l.

[**acreanter**]   vtr. 'promise' cclxxxi. Past Partic. *acreantés* § cclxxxi (*F20*), *acreantez* § cclxxxi (*F16 F50*); *acreantee* § cccxxx (*F16*).

acroistre   vi. 'increase, make bigger' § xxv.

[**acueillir**]   vtr. 'collect, receive'. Perfect: 3pl. *acueillierent* § xxxvii.

acumeniier   vi. 'give the sacrament to' § xcv. Past Partic.: *acumeniié* § xcv. – vr. 'receive Communion'. Perfect: 3sg. *se acumeniierent* § ccxxxix.

[**adamagier**]   vtr. 'damage, defeat'. Past Partic.: *adamagiés* § ccxx.

[**adosser**]   vtr. 'have, leave behind one's back'. Past Partic.: *adossé* clxxxvi.

adoub   sf. 'insignia', *adous* § cccvi.

adoubement   sm. 'equipment, ceremonial armour', *adoubemens* § cccvi (*F17 F24*), *adoubemenz* § cccvi (*F38*), *adobemenz* § cccvi (*F50*). See **adoub**.

[**adouber**]   vtr. 'dub (knight)'. Past Partic.: *adoubés* § cxliii.

aesier   vtr. 'comfort, need' § ccxx (*F16*). – vr. 'put oneself at ease' Perfect: 3pl. *aisierent* § cclxxx.

afaire   sm. 'situation, affairs' §§ xxi, cxix, cxxxii, cxli, clxxviii, ccii (*F19*), ccxxix, ccxxxiii, ccxlix, cclxxxiii (*F25 F26*), cclxxxv, *affaire* §§ v, ccxviii, ccxxi (*F17*), ccxlvi (*F50*), cclxi, ccxxxvi (*F17*).

[**afamer**]   vtr. 'starve'. Past Partic.: *afamé* § clxx (*F24 F50*).

[**afebloiier**]   vi. 'weaken'. Past Partic.: *afebloiié* § ccxxxii; *afoibliié* § ccxi.

[**aferir**]   vi. 'belong, befit'. Present: 3sg. *affiert* §§ ccxxxvii, ccxl, cccxx, *afiert* § cccxxx. Imperf.: 3sg. *aferoit* App. 1; 3pl. *aferoient* § ccxlii.

[**afriier**]   vr. 'be placed, fitted'. Imperf. Subj.: 3sg. *s'affresist* § clxxx.

[**afuir**]   vi. 'flee' § cci. Past Partic.: *afui* §§ cxxiv, cxlvii, cccvi; *afuies* § cci.

agait   sm. 'trap, trick' § ccxci.

[**agaitier**]   vtr. 'ambush'. Cond.: 3pl. *agaiteroient* § clxix.

[**agenoillier**]   vr. 'kneel'. Perfect: 3sg. *s'agenouilla* § cxxxii, *s'agenoula* § clv, *s'agenoulla* § vii.

[agreer] vtr. 'agree, consent'. Imperf.: 3pl. *agreoient* § cxcvi (*F25 F26*). – v. impers. 'be agreeable to'. Imperf.: 3sg. *agreoit* § cxcvi (*F38 F50*).

agu adj. 'sharp' § xxix (*F16 F20*), xxxi (*F20*).

aguté *see* **accoter**

ahan sm. 'hardship' § clxiv (*F19*).

[ahaner] vtr. 'plough, work (the land)'. Pres.: 3pl. *ahanent* § lxii.

aidaule adj. 'able to help, able bodied' § cccxiii.

aighe, aigue *see* **eve**.

aigniel sm. 'lamb' § lxxi.

ail sm. 'garlic' § lxxxviii.

aimant sm. 'diamond, adamant' § lxx.

ainc adv. 'ever'. – *ainc plus* 'evermore' §§ lxiii, lxxiii, cxiii, clxxix.

ains adv. 'ever, never' §§ i, xxxii. – *ains* 'before' § cx (*F24*), *ainz* § ccxlviii (*F38*). – *ains que* 'before' §§ vii, lvii, lxii, lxxx, xcii, cxviii, clxxiii, clxxv, clxxvi, clxxviii, ccxii, ccxv, ccxxi, cclviii, cclxxviii, cccviii (*F16*), cccxli (*F38*). 'rather' §§ v, xii, xiii, xiv, xx, xxii, xxiv#6, xxv, xli, xliii, xlv, xlvii, lxi, lxvii, lxviii, lxix, lxx, lxxvii, lxxxviii, lxxxii, xcv, xcvi, ciii, cxi, cxvi, cxxii, cxxiii, cxxvii, cxxix, cxxx, cxxxi, cxxxiii, cxxxv, cxxxvi, cxxxvii (*F19*), cxxxviii, cxlv, cxlviii (*F24*), cxlix (*F24*), clvi, clvii, clix, clx, clxi, clxiii, clxiii (*F24*), clxv, clxvii, clxix, clxx, clxxi (*F24*), clxxii, clxxvi, clxxviii, clxxxi, clxxxiii, clxxxviii, clxxxix, cciii, ccv (*F19*), ccvi, ccviii, ccxi, ccxvi#29, ccxix, ccxxii, ccxxiii, ccxxiv, ccxxvii, ccxxviii, ccxxxi, ccxxxiv, ccxxxvi, ccxxxvii, ccxli, ccxlii, ccxlv, ccxlvi (*F17 F25 F26*), ccxlviii, ccxlix (*F19*), ccli, cclviii, cclxi, cclxii, cclxiv, cclxv (*F17*), cclxvi, cclxviii, cclxix, cclxx, cclxxiii, cclxxiv, cclxxv, cclxxx, cclxxxii, cclxxxiii, cclxxxv, cclxxxvii, cclxxxix, ccxc, ccxcii, ccxciv, ccxcviii, ccxcix, cccv, cccvii, cccix, cccxiv, cccxv, cccxvi, cccxix, cccxx, cccxxv, cccxxvi, cccxxix, cccxxxii, cccxxxiv, cccxxxv, cccxxxvi, cccxxxvii, cccxxxviii, a1, a2, a3, *ainz* §§ xlvi (*F25 F26*), l (*F16*), lxii, lxxxv (*F25 F26*), ccxlvi (*F17*), cccxxxix (*F25 F26*), *ainç* §§ ccxxiii, cxlix.

ainsné adj. 'elder, eldest' §§ lxix, cxviii, clvii, ccxv, ccxx, ccxlii, cclviii, ccxcvii, App. 3, *ainnet* §§ xxii, ccxlii, *ainés* § ccxxi, *aisné* §§ viii, cxviii, ccxvi, ccxlii, ccxlviii, *ainzné* §§ v (*F16*), ccxlii (*F16*), cclviii (*F38*), App. 3.

[aïrier] vr. 'become angry'. Perfect: 3sg. *s'aïra* § cxxxi.

aïue sf. 'aid' §§ xi, xxv, xxxvi, xxxvii, l, lxxvi (*F19*), cxxxv, cxxxix, cxli, cxliii, clvi, clxx, clxxi, clxxxviii, cxcv, cxcviii, cxcix, cci, ccvi, ccix, ccxix, ccxxii, ccxxiv, ccxxxvi, ccxlii, ccli, cclii, ccliii, cclix, cclxxiii, cclxxv, cclxxxii, ccxcvi, ccxcix, ccciii (*F24*), cccv, cccvi, cccxiv, cccxxii, cccxxiii, cccxxiv, cccxxxv, cccxxxix, cccxl, ccxlii, App. 1, App. 3, *aïe* §§ ii, xxi (*F24*), xxx (*F24*), ccxci (*F19*), *aïeue* §§ ii (*F19*), xxi (*F19*), *aiwe* App. 3.

[aiuer] vtr. 'help'. Pres. Subj.: 3sg. *aiut* § clxxxiii.

ajornee sf. 'daybreak, dawn' §§ ccxlviii, cccxiv.

aliener vtr. 'alienate, transfer property to someone' §§ cxciv (*F20*), ccxxxiii (*F19*).

GLOSSARY 573

aloer   vtr. 'use by way of payment, allot' §§ cxciv (*alegier F16*), *alouer* § cxcvi, *aluier* § ccxxiii.

alumer   vtr. 'illuminate' § ccxlix.

ame   sf. 'soul' §§ cxvii, clxxxi, clxxxviii, cclxi, cccxx, cccxxi, *arme* § cxlvii.

ameement   adv. 'lovingly' § cclxi (*F24*).

amendement   sm. 'correction' § cccii (*F24 F38 F50*).

amender   vtr. 'put right, make amends for, cure' § cccii (*F24 F38*). Imperf. Subj.: 3sg. *amendast* § cccxxxv. Cond.: 3sg. *amenderoit* §§ xliv, xlvii, xciii, cclxxiii, cclxxvi, cccxxxv; 3pl. *amenderoient* § cccxxxv.

amener   vtr. 'bring' §§ xxxix, l, lxxxviii, clxvii, clxx, cclxxxii, cccxxxv. Pres.: 1sg. *amaine* § xxx. Imperf.: 3sg. *amenoit* §§ cclxxviii, cclxxxii; 3pl. *amenoient* §§ cli, cliii, cccxxxvii. Perfect: 3sg. *amena* §§ clxvi, ccvi, cccxxxii; 3pl. *amenerent* §§ cxxv, cclxxvi, cclxxvii, cccxxxvii. Imperf. Subj.: 3sg. *amenast* §§ clxvi, clxx, ccvi, ccxvii, ccxci; 3pl. *amenassent* § ccxix. Cond.: 3sg. *amenroit* § cccxxii; 3pl. *amenroient* §§ ccxciv, cccxxii. Future: 1sg. *amenrai* § ccxlii; 1pl. *amenerons* § ccxlii (*F19*). Imper.: 2sg. *amaine* § ccxc. Past Partic.: *amené* §§ cclxiv, clxv, clxix, clxx, cclxxxviii, ccxciii; *amenee* §§ xxvii, clxxxiv, ccxxxvi.

amertume   sf. 'bitterness' § lxi (*F24*).

amiral   sm. 'emir' §§ ccvii, cclxxvi, *amiraill* § ccxxxii (*F38*), *amiraut* § cclxxvi, *amiraus* §§ ccviii, ccxxxii (*F24 F25 F26*), ccxxxiv, cclxxvi, cclxxvii, cclxxx (*F25 F26*), *amirauls* § clxxvi.

amisté   sf. 'friendship' §§ lxxxiv, cclxx, *amistié* § ccxl.

[amolier]   vr. 'become softer' cxciv. Perf.: 3sg. *s'amolia* § cxciv (*s'amoloia F38, s'amolesa F50*).

amonester   vtr. 'warn, instruct' cclxxiii. Perfect.: 3sg. *amonesta* § cclxxiii. Past Partic.: *amonesté* §§ xlvii, xciii.

amont   adv. 'above, up' §§ cxxii, cxlix, clv (*F19*), clxxxix, ccxliii (*F19*), cclxxxvii, cccxvii (*F18*).

anciien   adj. 'old, elderly' § ccxxi.

anciienement   adv. 'in ancient times' §§ lvi, cxiii.

ancisseur   sm. 'ancestor' § cclxx, *anciseur* § ccxxi (*F19*).

ançois   adv. 'before' §§ i, xix, xxi, xxiv, xxvii, xxviii, xxxiii, lxii, lxiii, lxxvii, lxxxiv, xciv, cxi, clxi, clxii, clxix, clxxii, clxxv, clxxviii, clxxxv, ccvi, ccxvii, ccxxvii, ccxlv, ccxlviii, ccxlix, cclxv, cclxvi, cclxxxvi, cclxxxvii, ccxcviii, ccciv, cccvii, cccxxvi, *ainçois* §§ xix (*F16 F20*), xxvi, cxxvii (*F16*), ccxx (*F16*), ccxxvi (*F16*), cclxvi (*F16 F17 F20 F24 F25 F26 F38*), cclxxii (*F16*), cccxxiv, App. 3, *anssois* §§ clx, cccvi, *ansçois* §§ ccvi, cccii, cccxv, cccxix, cccxxiv, App. 2, *anchois* (*F19*) §§ xxxix, clx, cccxxxiii, cccxix, cccxxiv, cccxxxvi, *ainsçois* §§ cxi (*F24*), cxlv (*F24 F25 F26 F38*), cclxi (*F17 F24*), cclxxxvi (*F17*), cccviii (*F17 F20 F24 F25 F26 F38*), App. 3, *anczois* (*F25 F26*) §§ cclxxxvi, cclxxxix.

ancre   sf. 'anchor' §§ clxix, ccxxviii, ccxxix, ccliii, cccxiv, cccxv.

ancrer   vtr. 'anchor'. Perfect: 3pl. *ancrerent* § cclxxxii. Past Partic.: *ancré* § cclxxvi.

anesse   sf. '(female) donkey' §§ lxxxvi, clxii, clxxxiv. *See* **asne**.

angele   sm. 'angel' §§ xliii, lix, lx, lxii, lxv, lxvii, lxviii, cvi, cxxvi, clxiii, clxxiii, clxxxiii, *angle* § xliii, clxxxiii (*F17 F24*), *ange* § lxv (*F16*).

angouisseus   adj. 'distressed' § xlviii (*F20*)

angousse   sf. 'distress, anguish' §§ xlviii, clxiv, *angoisse* § clxiv (*F19*), *engoisse* § clxiv (*F16*).

anquenuit   adv. 'this very night' § cccv.

anselez   *see* **enseler**

ante   sf. 'aunt' xv, xvi (*F19*), xviii, ccxlvi, *antain* § ccxv, ccxlv (*F16*).

anui   sm. 'injury, harm' §§ cxxviii, cciv, ccv (*F19*), ccl, *enuis* § cccxviii (*F24 F25 F26 F38*).

[**anuier**]   vtr. 'annoy, harass'. Perfect: 3pl. *anuiierent* § cxxxi. Imperf. Subj.: 3sg. *anuiast* §§ lxvii, cclx. Past Partic.: *anuiés* § cccxviii.

[**anuitier**]   vi. 'become night'. Past Partic.: *anuitié* § cccxxxvi.

[**aourer**]   vtr. 'pray, worship' §§ lxvi, clxxxiv (*F20*). Imperf.: 3pl. *aouroient* § xii. Perf.: 3sg. *aoura* §§ lxvi, clxxx. Imperf. Subj.: 3sg. *aourast* § lx. Past Partic.: *aouré* § ccvi.

aouterie   sf. 'adultery' §App. 2. *See* **avoutire**.

apareil   sm. 'preparation' § cccxxxvi.

apareillement   sm. 'preparation' § cccxxvi.

aparent   adj. 'apparent' § cclxxxvii (*F25 F26*). *See* **apparissant**.

[**aparoir**]   vr. 'appear, reveal himself'. Perfect: 3sg. *s'aparut* § clxxii.

[**apartenir**]   vi. 'belong to'. Imperf.: 3sg. *apartenoit* § ccxlii.

[**apenser**]   vr. 'devise, realize, think to oneself'. Perfect: 3 sg. *s'apensa* (*F38*) §§ xxvii, cxcv. Past Partic.: *apensé* § cccxi (*F25*).

[**apercevoir**]   vtr. and vr. 'perceive, realize, notice, become aware of'. Imperf.: 3sg. *aperchoit* § cii (*F19*); 3pl. *aperçoivent* § cxxiv, *aperchoivent* § cii (*F19*). Perfect: 3sg. *s'aparçut* § cccxxviii (*F38*), *s'aperçut* § cccxxviii (*F17 F20*), *s'aporchut* § cccxxviii; 3pl. *aparçurent* § ccix. Past Partic.: *aperceus* § ccxliii.

apiel   sm. 'call, summon' § lix, lxiii, lxiv, lxxx.

aporter   vtr. 'bring' l, lxiv, lxxxviii, clii, clxvi, ccxiv, cccxvi, cccxxi, App. 3. Pres.: 1sg. *aport* § lxxxi; 3sg. *aporte* § cxvii; 3pl. *aportent* § clxxiv. Imperf.: 3sg. *aportoit* §§ xii, clxxv, ccx, cclxxii, cclxxxviii, cccxvi; 3pl. *aportoient* §§ ccii, ccxv, ccxx. Perfect: 3sg. *aporta* §§ v, xix, xxvi, xxxiv, lix, lxxviii, lxxxiii, xcviii, cxxxi, clxvi, clxxxi, ccx, ccxliii, ccxlix, cclxvii, cclxviii, cclxxxi, cclxxxix, ccxcix, cccxviii, cccxxii, cccxxxvi, cccxxxviii, App. 3; 3pl. *aporterent* §§ lxiv, clxxxviii, ccix, ccxv. Imperf. Subj.: 3sg. *aportast* §§ cxxxi, clv, clxxxi, ccxiv. Future: 3sg. *aportera* § cxcvi. Past Partic.: *aporté* §§ ci, ccc; *aportee* §§ ccxiii, ccxliii, App. 4.

apostle   sm. 'apostle' §§ lvii, lviii, lxxix, cviii, cxxiii, cxxvii, clxxii, clxxiii, *apostre* §§ lvii (*F16*), lxv (*F25 F26*), clxxii, clxxiii (*F19*), clxxviii (*F19*), clxxxii, clxxxiv.

apostoles   sm. 'pope' §§ xix, lxxx, lxxxi (*F16*), ccx, ccxxxvi, cclxiii, cclxv, cclxxiii, ccx-

GLOSSARY 575

cvii, ccc, ccci, cccii, ccciv, cccv, cccviii, cccix, cccxiii, cccxv, cccxxii, cccxxiii, cccxxiv, cccxxxi, cccxxxii, cccxxxv, cccxxxvi, cccxxxvii, cccxxxviii, cccxxxix, cccxlii, cccxliii, App. 1, *apostoile* §§ lxxx, ccxiii, cxviii, cxxxi, ccxiii, cclxi, cclxiii, cclxiv, cclxv, cclxxiv, ccxcvii, *apostoille* App. 4.

apparellier   vtr. and vr. 'prepare' §§ xl, clxix, ccxi, ccxxvii, ccxxxv, ccxxxvii, ccxliii, cclxx, *apareillier* §§ xxxix, cccxix, *aparelier* § ccciv, *appareillier* § cccxvii. Imperf.: 3sg. 3pl. *apareilloient* §§ cccxiv, cccxxvi. Perfect: 3sg. *aparella* §§ xxxii, cclxxxvii; 3pl. *aparellierent* §§ cxxxiv, cclxix, App. 1 *apareilliierent* §§ cccvii, ccxvii, *apparellierent* §§ civ, ccxiv, *appareillierent* § cccxvii. Past Partic.: *appareillié* §§ lxiii, clxiv, ccxx, cclxxxii, cccv, cccxii, cccxix, *aparellié* §§ xxviii, xxxi, lxxxix, xciii, cvi, cxxxii, clxxxviii, ccxxviii, ccxxxiv, ccxliiii, cclxxxviii, ccxc, *appareillet* § c, *appareilliet* § ccxxxvii; *appareillie* § xcii, ccxxi, ccxlvi, ccxlvii.

apparissant   -*ant* form as adj. 'apparent' § cclxxxvii (*F38*).

aproismier   vi. 'come close' § ccvii.

[**aprouchier**]   vtr. 'approach'. Imperf.: 3pl. *aproçoient* § ccliii, *approçoient* § cclxxxii. Perfect: 3sg. *aproça* §§ lviii, lxxii, cxvii.

[**aqueillir**]   vtr. 'collect'. Perfect: 3pl. *aquellirent* §§ cclxxvii, cclxxviii. Past Partic.: *aquellie* § cclxxviii.

aqueste   sf. 'acquisition', *aquestes* § cclxvii (*F19 F24 F25 F26 F38*), cclxxxvi (*F19 F24 F25 F26*).

[**aquiter**]   vr. 'discharge (obligation)'. Perfect: 3sg. *s'aquita* § ccxlv; 3pl. *s'aquiterent* § cciv.

Arabe   sm. 'Araby, the Arab world' §§ liv, lxii, lxxi, App. 4.

arain   sm. 'copper, brass' § lxx.

araine   sf. 'trumpet' § cclxxvii.

arbaleste   sf. 'crossbow' § cclxiv.

arbalestrier   sm. 'crossbowman' §§ cxxxix, ccvii, cclxiv, clxxxvi (*F19*).

arbre   sm. 'tree' §§ lxvi, lxxii, cvi (*F24 F25 F26*), clxiv (*F18*), clxxxi, ccxciv.

arc   sm. 'bow' § cxcix, cclxxxii. – 'arch' § clxxviii.

arcier   sm. 'archers' § clxxxvi.

ardoir   vtr. 'burn' §§ cxv, clxii, clxxx, ccix, cclxxxiii. Imperf.: 3sg. *ardoit* §§ ccxlv, cclxxxiii; 3pl. *ardoient* § cccxix. Perfect: 3sg. *arst* § lxviii, ccxliv; 3pl. *arsent* §§ cccxiv, cccxix. Imperf. Subj.: 3pl. *arsissent* §§ lxxv. -*ant* form: *ardant* § cccx. Past Partic.: *ars* §§ cxv, cclxxxiii, cccxix.

[**arengier**]   vi. 'get into (battle) line'. Past Partic.: *arengié* § lxx.

[**arester**]   vr. 'halt'. Perfect: 3sg. *s'aresta* §§ clxiii, cccvi; 3pl. *s'aresterent* § cccxxviii. Past Partic.: *arresté* § ii, ccxliv. – vi. Perfect: 3sg. *arresta* § ccxxxvii; 3pl. *arresterent* § cccxv.

arriereban   sm. 'general summons to military service' §§ xxxiii, xxxiv, *ariereban* § clvi.

ars   sm. 'horse's breast'. – *a ars* 'bareback, without a saddle' § ccxxix.

art   sm. 'skill, guile' § cxiii.

ascout *see* **escout**

[**aserisier**] vtr. 'calm down (?)' § cccxvi (*F24 aserié F25 F26*).

asigner vtr. 'assign, allot (land, responsibility)' § ccxxi. Past Partic.: *asigné* § ccxlviii; *assignee* §§ ccxxi.

[**aslongier**] vtr. 'prolong'. Past Partic.: *aslongie* § cclxxxvii.

asme sf. 'sum due in payment' § xlviii (*F25 F26*).

asne sm. 'donkey' §§ xxx, xxxi, lxxxviii (*F19*), clxiii, clxxviii, App. 3, *asnesse* §§ clxiii (*F24*), clxxxiv (*F19*), *anesse* clxxxiv (*F20*). *See* **asnesse**.

asnerie sf. 'donkey stable' clxxviii.

asolre § cccxxxvii vtr. 'absolve' *asaurre* § xix. Pres.: 1sg. *assot* § cxlvii. Perf.: 3sg. *asost* § xcv, *asoust* § App. 1. Cond.: 3sg. *asolroit* § cccxxxviii; 3pl. *asoroient* § xix (*F24*), App. 3.

asommer *see* **sommer**

assalir vtr. 'attack, assault' §§ lxvii, clxxxv, clxxxvi, ccxxxi, cclxxxix, ccxc, *assaillir* §§ ci, clxxi, cclxxxii, cccxvi, *assallir* §§ clxxxvi, cclxxxv, cccxvi, *asaillir* § cccxv, *asalir* § cccxv, *asallir* § lxxxvii. Imperf.: 3sg. *asaloit* § cii, *assaloit* §§ cxxxix; 3pl. *assaloient* §§ clxxxvi, ccxxiv. Perfect: 3pl. *asalirent* § clxiii. Imperf. Subj.: 3sg. *asalist* § ccix, *assallist* § ci, *assalist* §§ cclxxxvi; 3pl. *assalissent* § cxcvi. Past Partic.: *assalli* clxiii; *asaillie* § ccxvi.

assassé adj. 'rich, in possession of' § xxvii (*F19*).

[**assaudre**] vtr. 'attack, assault'. Imperf. Subj.: 3pl. *assausissent* § cccxxxviii.

assaut sm. 'attack, assault' §§ clxxxviii, cclxiv, cclxxxii, cccxxxvi.

assegier vtr. 'besiege' §§ vi, xxvi, lxxiv, lxxv, c, cxxii, cxxviii, cxxxix, cxl, clxvii, clxx, clxxii, clxxxv, ccvi, ccxvi, ccxviii, ccxix, ccxxxv, ccxxxvi, ccxlviii, ccli, cclxiv, cclxxxviii, cclxxxix, cccxi, cccxxvi, *asegier* §§ cxxviii, clxix, cccix, cccxvi, App. 4, *asigier* App. 4. Perf.: 3sg. *assega* §§ xii, xiv, xix, xxxiii, xli, xlv, clvii, clxx, clxxii, clxxxv, ccxx, ccxxx, cclv, cclxiv, *aseja* §§ cxiii, cccxvi, App. 3, *asega* §§ xix, cix, ccxviii, *asseja* §§ liii, clvii, cclxiv, cccvi; 3pl. *assegierent* §§ vi, xxvii, ccxxiv, cclxxi, cclxxii, cclxxxii, cccxv, *asegierent* §§ lxx, cccix. Imperf. Subj.: 3pl. *assegassent* § cclxxvi. Past Partic.: *assegié* §§ xiii, xxvii, xlv, lxxv, ciii, cxi, cxl, clviii, clxviii, clxix, clxxviii, clxxxvi, ccvii, ccxv, ccxvi, ccxx, ccxxiv, ccxxxvi, ccxlix, cclxxi, cclxxiii, cclxxxii, cclxxxviii, cccxiv, cccxvi, *asegié* §§ lxx, cccix, *asegiet* § cxxviii (*F18*); *assegie* §§ viii, clvii, clxiii, *asegie* §§ xix.

assener vtr. 'assign, distribute, guide' § clxv. Perfect: 3sg. *assena* §§ ccxlviii, cclxx, cclxxii. Past Partic.: *assené* §§ cxviii, ccli, cclxxii, cccvii.

assennement sm. – *en assennement* 'as an assignment' § cxviii (*F19*)

assentement sm. 'agreement' § v (*F19*).

assentir vtr. 'assent, give agreement to' § clxxxviii.

asseoir vi. 'sit' § clxvi. Imperf.: 3sg. *aseoit* § cx. Perf.: 3sg. *assist* §§ lix, clx, ccxliii, cclxxxiv; 3pl. *asisent* §§ clxxxii. Past Partic.: *assis* §§ ccxv, ccxc, ccxcix. – vtr. 'besiege', *asseïr* §§ xliv, ccxvi. Imperf.: 3sg. *asseoit* §§ cxxxix. Perf.: 3pl. *asissent* § cclxii, *assisent* § ccxxiv. Past Partic.: *assis* §§ ccxv, ccxc, ccxcix; *assise* § cccxv.

GLOSSARY 577

asseur adj. 'safe assured' §§ xxx (*F19*), ccxv, cclix (*F25 F26*), *aseur* § cclix (*F24*).
aseurement sm. 'guarantee' § cxxxviii, cclxix, *asseeurement* §§ cclxix, cclxxxvii.
asseurer vtr., vi. and vr. 'assure, feel safe' § cclxi. Imperf.: 3sg. *aseuroit* § cclx. Perfect: 3sg. *s'aseura* § cxxxviii (*F18*); 3pl. *asseurerent* § cclxi. Imperf. Subj.: 3sg. *aseurast* § cxviii, *asseurast* § cclxi. Past Partic.: *asseurés* § cxcviii.
[**assoter**] vtr. 'become besotted'. Past Partic.: *assotés* § ccc.
[**atachier**] vtr. 'tie, fasten, construct' *atakier* § ccviii (*F20*). Perfect: 3pl. *atachierent* §§ cxlvi (*F38*). Past Partic.: *atachié* §§ cxi, clxxxvi (*F38*), cclxxxii (*F16*), cclxxxii (*F16*), cclxxxii (*F16*).
ataindre vtr. 'reach, catch up with' § ccxciii. Present: 3sg. *ataint* § ccxci (*F19*), cccvi (*F38*), cccxxvii (*F19*), *atent* § cccvi (*F16*). Perfect: 3sg. *atainst* §§ ccxci, cccvi; 3pl. *atainsent* § ccxciii.
atendre vtr. and vi. 'wait (for)' §§ cvii, clxxxiii, cclxi, cccvi, cccxxv. Present: 2pl. *atendés* § clxiv. Imperf.: 3sg. *atendoit* §§ cccvi, cccxxxii; 3pl. *atendoient* §§ xxxii, cxiii, ccxxii, cclxix, cclxxxiii, cccxxiii. Perfect: 3sg. *atendi* §§ cli, cclvi, ccii; 3pl. *atendirent* §§ cl, clxxiii, cclxxxii, ccxci, ccxcii. Imperf. Subj.: 3pl. *atendissent* §§ cl, cxcviii, *atendisent* § clxxiii. Cond.: 3sg. *atendroit* §§ ccxv, cclxviii.
atirement 'disposition, accord' §§ cxxi, ccxc, cccxxxii.
atirer vtr. 'arrange, prepare, prescribe' §§ xxi, cxcv, ccxlix, cclvi, cclxxxii, cccxliii. Present: 3pl. *atirent* §§ xxxv, cxviii, cxciv, cclxxxi (*F18*), cccxvi, cccxxvi (*F18*), cccxxix (*F18*). Imperf.: 3pl. *atiroient* §§ ccxliii, App. 1. Perfect: 3sg. *atira* §§ xxii, lxxx, cxviii, cclxxxvii, App. 1; 3pl. *atirerent* §§ cxciv, cxcv, cxcviii, ccxxii, ccxxxiv, ccxxxvi, cclxviii, cclxxxi, cclxxxii, cclxxxv, cclxxxvi, cccxxvi, cccxxix, cccxxxii. Imperf. Subj.: 3sg. *atirast* § cclxiv; 3pl. *atirassent* § cccxii. Past Partic.: *atiré* §§ xv, cxcv, cxcvi, cxcvii, ccxxxvi, cclxi, cclxiv, cclxxxiii, cccxii, *atirié* §§ ccxxiii; *atiree* §§ ccxxxiii.
atornement sm. 'disposition, accord' § ccxc (*F16*).
[**atouchier**] vtr. 'reach, come into contact with'. Imperf. Subj.: 3sg. *atoucast* § lxxiii.
atourner vtr. and vr. 'arrange, prepare' §§ xii, lxxxiv, ccxxi, *atorner* §§ ccxlvi. Perfect: 3sg. *atorna* §§ cclviii; 3pl. *atournerent* §§ ccxxx. Cond.: 3sg. *atourneroit* §§ ccxxi. Past Partic.: *atorné* §§ cccxii, cccxvii, cccxxvi, cccxxviii, *atourné* §§ cxix, clx, ccxlvi, cclxi, cclxxxvii; *atornee* §§ cxcvi, *atournee* §§ cciii.
atrait sm. '(flammable) material' §§ lxxxvi, ccxc.
atre sm. 'parvis, hall' §§ clxxvi, clx ix.
aumosne sm. 'alms, act of charity' §§ cxxi, cxxv, cxxvi, cxcix (*F20*), cc, cci (*F24*), cciv (*F19*), cclxx, cclxx (*F19*).
aüner vtr. 'assemble' § clxix (*F24*).
autel[1] prn. 'the same thing' §§ lxxiii.
autel[2] sm. 'altar' §§ lxxx, cxxxi, clxxii, clxxiv.
autrement adv. 'otherwise' §§ xiv (*F25 F26*), xxii, clxxv, cxc, cxcv, cciv, ccv, cclviii, cclxxxvi (*F25 F26*), cccxix, cccxxvi.

aval   adv. 'down' §§ lxvi (*F24*), lxxxvii, lxxxix, xci, cxxii, cxlix, clxv, clxxvi, clxxxiii, clxxxvi, clxxxviii, ccxliii (*F19*), ccxlix, cclii (*F16*), ccliii (*F19*), cclv (*F16*), cclx, cclxxvii, cclxxxvi (*F16*), cclxxxvii, cccx, cccxv, cccxvii (*F19*), App. 3.

avaler   vi. and vr. 'go down' §§ cccxxviii. Present: 3sg. *avale* §§ clxxiv, clxxv, clxxvi, clxxix, clxxxiii. Imperf.: 3sg. *avaloit* § cxx; 3pl. *avaloient* §§ xcix, cclxxxv. Perfect: 3pl. *avalerent* §§ lx, cclxxxvi, cccxvii, cccxxviii. Imperf. Subj.: 3sg. *avalast* § cccxii. Cond.: 3pl. *avaleroient* §§ cccx. Past Partic.: *avalé* § clxxiv, clxxvi, clxxix. – vtr. 'lower' §§ lxxvi, cii, clxxxvi. Perfect: 3sg. *avala* §§ cclxxxvi. Past Participle: *avalee* § ccix.

avant   adv. 'before'. *avant garde* sf. 'vanguard' § ccii, ccxxxvi, cclxxvii.

avenant   sm. 'what is fitting' § xix.

avenir   vi 'approach' §§ cxciv. Imperf.: 3sg. *avenoit* §§ xxxvii. – vi. and impers. 'happen, take place' §§ ccciv. Present: 3sg. *avient* §§ xxi, lxviii, clx, clxxxi, cccxxxvi. Imperf.: 3sg. *avenoit* §§ lxxxi, clvi, clxiii, clxx, clxxx, clxxxiii, cxcvi, ccvi, ccxxxvii, cclxxix, clxxxii, cccxvii, App. 1. Perfect: 3sg. *avint* §§ i, vi, xix, xxvii, xli, xlvi, l, lviii, lix, lxvi, lxxviii, lxxx, lxxxi, lxxxiii, lxxxv, xci, xcii, cvii, cix, cx, cxiii, cxvi, cxxi, cxxiii, cxxvi, clxii, clxiii, clxxx, clxxxi, clxxxii, clxxxiii, clxxxviii, cciv, ccvii, ccxx, ccxxiv, ccxxvii, ccxxviii, ccxxxi, ccxxxviii, ccxxxix, ccxli, ccxliii, ccli, cclvii, cclviii, cclx, cclxi, cclxiv, cclxv, cclxvi, cclxxix, cclxxxii, cclxxxvii, ccci, cccv, cccvii, cccxv, cccxvii, cccxviii, cccxix, cccxxiii, cccxxvi, cccxxviii, cccxxxii, cccxxxv, App. 2, App. 3; 3pl. *avinrent* § xii. Imperf. Subj.: 3sg. *avenist* §§ cclxix, ccxciii. Past Partic.: *avenu* §§ cx, ccx, ccxxiii, ccxix, ccxxvii; *avenue* §§ cliii, ccx, cclxiv, ccxci, ccxciii.

aventure   sf. 'chance, occurrence' §§ xii, xlvii, cliii, clxii, cciv, ccvi, ccxxiv, ccxxvii, ccxxxix, ccxli, cclxi, cclxiii, cclxvi, ccxciii, ccci, cccviii, cccxix, cccxx, cccxxvii, App. 1.

[averer]   vtr. 'prove true'. Past Part.: *averé* § clvi, cclxxxiv.

[avironer]   vtr. 'encircle'. Perfect: 3pl. *avironerent* § ccxci. Past Partic.: *avironnee* § clxii.

avis   sm. 'opinion, view, advice' §§ clxi (*F20*), ccxxix (*F20*), ccxxxiii (*F24 F25 F26*), ccxlvi. – *estre avis* 'it seems' §§ xxxvii, lxxiii, clx, clxiii, clxxxviii, ccxxxiii, ccxli, cclxxxiii, cclxxxiv, ccxci, ccxciii, cccvii, cccx, cccxi, cccxii, cccxiv, cccxl, cccxliii.

avision   sf. 'vision, dream' § lx.

avoé   sm. 'protector', *avoé* §§ cxxxii. – 'advocate' *avoué* § xxv (*avoué de Bietune*) – 'defender of the rights of a church', *avoé* § ccxiv (*F17*), ccxciv (*F16*).

avoutire   sm. 'adultery' § cxxvii, *aoltere* § clxxvi, *avoltere* § clxxxi, *avoutere* § lxxxii.

bacin   sm. 'basin' § cxxi.

bacon   sm. 'flitches of bacon' § cclxxxv (*F24*).

[baer]   vtr. 'to open wide'. Imperf.: 3sg. *beoit* § xxv, *baoit* § cccxxxvi (*F38*); 3pl. *baoient* (*F19*). Past Partic.: *baees* § clxiv.

baignier   vtr. 'bathe' § clxxxiii, *bengnier* § ccxv. Past Partic.: *baigniés* § clxxxiii; *baignie* § ccxli.

bail   sm. 'governor, regent' §§ cxxi, cxxi (*F20*), ccxcv (*F24*), cccvii, cccxxiv (*F17*).

GLOSSARY 579

bailli sm. 'governor, regent' §§ lxxxiii, cxvii, cxix (*F16*), cxxi, cxxiv, cxxxv (*F16*), cxcviii, cxcix, cc, cciv, ccv, ccxxi, ccli, cclxxxiii, cclxxxvi, cclxxxvii, ccxciv, ccxcv, cccii, cccvii (*F16*), cccxxiv (*F16*), cccxxxviii, cccxl, cccxliii, cclxxxiii, ccxciv, cccxxxi, cccxl, *baillu* § cxcix, *baillif* § ccxcv (*F25 F26*).

baillie sf. 'authority, power' §§ cxviii, cxxi (*F16*), cxcix (*F19*), ccxli, cccxxxvi, cccxxxvii, cccxxxix, cccxl, App. 1.

[**baillier**] vtr. 'hand over, entrust' § cxviii. Perf.: 3sg. *bailla* §§ cxxxi, cxcii, ccii. Pres. Subj.: 2sg. *bailliés* § ccxliii. Imperf. Subj.: 3sg. *baillast* § cxxxi. Cond.: 3sg. *bailleroit* § cxxxi.

baisier vtr. 'kiss' § xxxii. Perf.: 3sg. *baisa* §§ cxxxviii, clv.

ban sm. 'proclamation' §§ xxiii (*F20*), xxxiv (*F25 F26*), clxi. See **arriereban**

banier sm. 'crier of the *ban* q.v.' § clxi.

baniere sf. 'flag, standard' §§ clvi, clxi (*F18 F25 F26*), clxix, clxx, clxxxviii, cxcvii, cccxvii (*F19*), cclxxv, ccxci, App. 3.

barat sm. 'deceit' § xliii (*F19*).

barbacanes sf. 'barbican, fortified outworks' §§ clxxxvi, ccviii, ccix, App. 3.

barbote sf. 'type of small ship' § ccvii (*barbustes F16, barboutes F17, barboustes F20, bourbotes F38*).

bargue sf. '(small) boat' § ccxxxi (*F50*).

baron sm. 'noble man' §§ i, iii, xi, xii (*F24*), xvi (*F19*), xvi (*F19*), xix, xxi. xxii, xxv, xxvi (*F19*), xxx (*F19*), xxxviii, xxxix (*F19*), xlvi, xciii, xcvi, xcvii, ciii, cxvii, cxviii, cxix (*F24*), cxx, ccxiii (*F20*), cxxiv, cxxvi, cxxix, cxxxi, cxxxii, cxxxiv, cxxxv, cxxxvi, cxl, cxli, cxlii (*F19*), cxlv (*F19*), clv, clviii, clix, clx, clxi, clxv, clxvi, clxvii, clxix, clxx (*F19*), ccxiii (*F16*), ccxiv (*F19*), ccxv, ccxxiii, ccxxiv, ccxxxiii, ccxxxiv, ccxxxviii, ccxl (*F19*), ccxliii (*F17*), ccxlv, ccli, cclxi, cclxii (*F24 F25 F26*), cclxiv, cclxv, cclxvi, cclxvii, cclxviii, cclxxii, cclxxxi (*F20*), cclxxii (*F20*), cclxxiii, cclxxxi (*F16*), cclxxxii (*F20*), cclxxxiii (*F50*), cclxxxiv (*F20*), cclxxxvi (*F20*), cclxxxvii (*F20*), ccxciv (*F16*), ccci (*F16*), cccvii, cccxi, cccxii (*F16 F17 F19*), cccxxvi, cccxxix (*F16*), cccxxxii, cccxl (*F20*), App. 2, App. 3. – 'husband' §§ viii, xxiii, xli (*F24*), xlviii (*F16*), xlix, l, lvi, lxxxi, lxxxiii, cviii, cxxx, cxxxiii, clvii (*F19*), cxci, cci, ccxli (*F19*), ccxlii, cccxxxi.

[**bastir**] vtr. 'build, do (something bad)'. Perfect: 3sg. *bati* § cccxxxiv; 3pl. *batirent* § cccxxxvii.

bataille sf. 'battle' §§ ii, xxxv, xxxvi, xxxvii, xxxviii, xlii, xlvi, xlviii (*F19*), liii, cxii, cxliii (*F20*), cxlvi, cxlvii, cl (*F20*), cli, clii, cliii, clv (*F20*), clvi, clxii, clxiv, clxv, clxvi, clxvii, clxxx, clxxxii, clxxxvii, cxci, cxcii, cci, ccix, ccxi, cclxxviii, cclxxxiii, ccxci, cccv (*F20*), cccxix, App. 3, *bataile* § clxxxv. – 'military unit' §§ i, xxxv, xxxvi, xxxvii, xcv, xcix, civ, cxxxviii, clxi, clxiv (*F18*), cclxxix, cclxxx, cclxxxii, clxxxvi, cxc (*F19*), cccxxxvi, ccxl (*F19*), cclxxix, cclxxxiii (*F19*), ccxci (*F24*).

batant adv. 'in haste' §§ cxlv, cxlvi, cliii, ccxxxvi, ccl, ccliii (*F24*), cclv, cclix, cclxxxvii (*F24 F25 F26*).

batesme   sm. 'baptism' §§ ccvii (*F25 F26*), ccviii (*F25 F26*).

batiel   sm. 'small boat' §§ lxxxiii, clxix, clxx, ccvii, ccxxviii, ccxxxi, ccc, cclxxvi, cclxxxiii.

batre   vtr. 'strike' § cxlviii.

bauc   sm. 'stake' § cccxiv (*bauz F24 baus F38*). *See* **pel**.

baudement   adv. 'insolently' § ccxix (*F24*).

baulevre   sm. 'lower lip' §§ lxxxiv, ccc.

beanche   sf. 'aspiration' § lxxviii.

belement   adv. 'in a friendly way' §§ ccxviii, ccxlvi (*F19*), ccxci.

beneïçons   sf. 'blessing, benediction' § cxxv.

berch   sm. 'cradle' § clxxvi (*berceus F16*).

[bercier]   vtr. 'cradle'. Past Partic.: *bierciés* § clxxvi.

bertauder   vtr. 'cut (hair)' § lxxxviii.

besant   sm. 'bezants, gold coins' §§ vi, xix, xlvi, xlviii, lxxv, clxxi, cxc, cxci, cxciv, cxcv, cxcviii, ccxxiv, ccxl, cclxxvi, cccxxvii.

besoigne   sf. 'necessity' §§ ii, clx, cclxxx, *besogne* §§ cccxiv, App. 1, App. 3, *besoingne* §§ clxix, ccc.

besoing   s.m. 'necessity' § cccxiii (*F50*), *besoinz* § xxi.

bestaille   sf. 'livestock, cattle' § cccxxxvii, *biestaille* § xiv.

beste   sf. 'animal' §§ xlvi (*F19*), lxviii, lxxi, clxiv, clxxii, ccxxix, *bieste* §§ xlvi, lxviii, lxxiii, cxi.

bieu   sm. *A deformation of* dieu *used in oaths to avoid profanity* § ccxc (*F24*), *beu* § ccxc (*F50*). *See* **trumel**, **pour les trumiaus Dieu**.

blasme   sm. 'blame, reproach, censure' §§ cxxxiii, cxxxv, cxliii, cclxix, cclxxv, ccci, cccviii, cccxvii, cccxxvii, App. 3

blé   sm. 'grain' §§ cxxiv, cxxv#4, clxxiv, cxciv (*F19*), ccxxiv (*F19*), cclxxvi, cccxxvi, cccxxxvii.

boire   vtr. *and* vi. 'drink' §§ ii, lvii, lxix, cvii, cviii, cxxi, cxxiii, clix, clxvi, clxxix, cccxxi. Pres.: 3pl. *boivent* § lxii. Pres. Subj.: 2sg. *boives* § cvii. Perfect: 3sg. *but* §§ cxxxvi; 3pl. *burent* §§ cxi. Cond.: 3sg. *buveroit* § clxvi.

boisdie   *see* **voisdie**

borc   sm. 'town', *bors* § cccxxxii (*F25 F26*).

bouche   sf. 'mouth' § xxviii, lxxiii (*F24*), clxxxi (*F24*), cccxvii (*F24*), App. 3 *bouce* § clxxxi.

bourdon   sm. 'pilgrimage staff' § ccxxii.

bourgois   sm. 'burgess' §§ xxxiii, xxxiv, xxxvii, lxxxv, cxx, cxxi, cxxii, cxxv, clxvii, clxx, clxxi, clxxxviii, cxci, cxcii, cxciii, cxcviii, ccvi (*F19*), ccxiii, ccxv, ccxxxiii, ccxl, ccciii, *borgeis* § cxcv (*F50*), *borgois* § cxx (*F20*), clxxi (*F20*), cxcvi, *borjois* § cciii.

bouter   vtr. *and* vi. §§ ccix, cclxxxv, ccxc. 'push, thrust' ccxc. Pres.: 3sg. *boute* § lxxi. Perf.: 3sg. *bouta* § clxxii; 3pl. *bouterent* §§ clxiv, cclxxxii, cclxxxiii, cccxix. Past Partic.: *bouté* §§ ccxlix, cclxxxiii.

GLOSSARY 581

braire   vi 'cry, howl' § cli.
bras   sm. 'arm' §§ iii, ci, cxix, clv, ccxxxi, cclxxxii, cccxxvi, App. 3, *brach* §§ ccxiv, cclxxxviii, *braç* §§ cclxxxvii, ccxcii, cccxxvi.
brebis   sf. 'sheep' § ccxxxix.
brisier   vtr. *and* vi. 'break, destroy' §§ cciv, cclxviii, cccxiv. Perfect: 3sg. *brisa* § clxxxii; 3pl. *brisierent* §§ cclx, cclxxxvii, cccvii, cccxii. Past partic.: *brisié* § xliii; *brisie* § ccxlix.
brocher   vtr. 'spur (one's horse)'. Pres: 3sg. *broce* § lxxxvii. Perf.: 3sg. *brocha* § cxxviii.
brueroie   (*bruiere F26*) sf. 'heathland' § clxiv.
buef   sm. 'oxen, beef cattle' § ci.
buisine   sf. 'trumpet' § lxx.
buisson   sm. 'bush, clump of bushes' § ccxxxvii.

caadiz   sm. 'qadi' §§ cclxx (*F50*), cccxx (*F50*).
cacier   vtr. *and* vi. 'pursue, harry' §§ ccxxxix, ccli, cclxii, cccxliv. Present: 3sg. *cace* § xxxi. Imperf.: 3sg. *cachoit* § ccxliii; 3pl. *caçoient* § xxxi. Perfect: 3sg. *cacha* §§ ccxxx, ccxxxvii, ccxlvi, cccvi, *caça* §§ xix, lii; 3pl. *cachierent* §§ cccxv, cccxvi, *cacierent* §§ cxiv, ccix, cclxiv. – *ant* form: *chaçant* § ccxc (*F24*). Past Partic.: *cachié* § ccxxxvii, *caciet* § xlv.
çaiens   see **céens**
caiiere   sf. 'chair, throne' §§ l, cclxxxiv, *chaaire* § ix (*F24*).
caillou   sm. 'pebble', *cailleus* § cvi.
caine   see **chaine**
[çaindre]   vtr. 'gird, put on (sword)' lxxxvi. Perfect: 3pl. *çainsent* § lxxvi.
çaintures   sf. 'belts' § xxxix.
califfe   sm. 'caliph'. – *calife de Baudas* § cccxv.
caloir   v. impers. 'matter, be of importance' § cccxli.
cambre   sf. 'room' §§ lxxxiv, cxlix, cclxv, cclxxxiv, cclxxxviii, ccc, ccci, cccv, cccxxxii, *chambre* App. 3–4
camel   sm. 'camel' §§ vi (*F24*), xxxiv, xxxvii, xlvii, xcvi, ccvi, App. 3.
camp   sm. 'field' §§ lxiv, lxv, clii (*F19*), clxxxvi, cciii (*F19*), ccxci, *champ* §§ clii (*F16*), clxxix (*F24*), cciii.
cancel   see **caveç**
[canceler]   vi. 'hesitate'. Perfect: 3sg. *cancela* § lvii.
cancelier   sm. 'chancellor' §§ ccxlvi, ccxlvii, ccli, cclvi.
Cange   sm. 'Exchange (building)' §§ clxxiv, clxxv, clxxviii, ccxli.
canter   vtr. and vi. 'sing' §§ lxxix, lxxx, cxlviii, clxxix. Pres.: 3sg. *cante* § clxxiv; 3pl. *cantent* § clxxiv. Imperf.: 3sg. *cantoit* §§ clxxiv, clxxx. Perfect: 3pl. *canterent* § lxv. -*ant* form: *cantant* § lxxi.
caoir   vi. 'fall' §§ cx, ccix, *caïr* §§ ccxlix, *cheoir* § lxxi. Pres.: 3sg. *ciet* §§ lxi, lxvi, cccxxxvi, *chiet* § cccxxxvi, *kiet* §§ liv, lxi. Imperf.: 3sg. *cheoit* § cxxii (*F16*), *chaoit* § cxxii (*F24*).

Perfect: 3sg. *caï* §§ xvi, lxviii, clxxxviii, ccxlix, ccl, ccli; 3pl. *caïrent* § lx, lxx. Past Partic.: *keue* §§ lxxi, lxxxviii.

capon   sm. 'capon' § ccxliii.

car   sf. 'flesh' §§ lix, lxxxix, clxxv, clxxix, clxxxiii, ccxxv, cccxxxvii, *char* App. 3.

cargier   vtr. 'load, entrust' §§ xii, xxx, xxxix, ccxiii, ccxxvii, ccxliii, ccli, cclxxii, cclxxvi, cclxxxii, ccciii, cccxix, cccxxxvi, *carjier* § ccxxiii. Pres.: 3sg. *carge* § clxix. Perfect: 3sg. *carga* §§ cxxi, cclxiii, cccxliii, *carca* § xci, *carja* §§ xxxix, cxxxviii, clv, cclxx, cccxliii; 3pl. *cargierent* §§ ccxxiv, ccxxxvi, cclvi, cccxvi. Imperf. Subj.: 3sg. *cargast* § cxxix; 3pl. *cargaissent* § cccxii. Cond.: 3sg. *cargeroie* § cclxi. Past Partic.: *cargié* §§ vi, xlvii, xcvi, cciv, ccvi, ccxxiv, cclxxvi, cccxvi, cccxix, cccxxx, *carcié* §§ cxxv, cccxliii, *carkié* § lxxv; *cargie* § ccxxiii, cccxix, cccxxxvi.

carité   sf. 'mercy, compassion' § cclxxxvi.

carne   sm. 'charm, song' lxxi.

carnier   sm. 'burial ground' §§ clxxix, clxxx.

carnin   sm. 'magic, spell' § lxxi.

carougne   sf. 'corpse' § lxxxix.

carpentiers   sm. 'carpenter' §§ ccli, cclii, ccliv, cclv.

carvane   sf. 'caravan' §§ xlvi, xcii, xciii, c, ccxxxviii, *carvanne* § xlvii, *carvenne* § xlv (*F16*), *corvanne* § xlvii.

casal   sm. 'rural estate or settlement' § cclxxix, *casel* § cclxxix (*F38*).

catel   sm. 'property, possessions' § cxciv (*F19*).

cauche   sf. 'shoe' § vi (*F19*).

caucie   sf. 'causeway' § cccxxxvi, *cauchie* § cccxxxvi.

caup   sm. 'blow' § cliii, *coup* § cclxxxvi (*F25 F26*).

caut   sm. 'heat' § liii, clxiv, clix, clxvi, cccxvi. – adj. 'hot' § clxxxii.

caveç   sm. 'chevet, apse' §§ clxxiv (*chancel F16, cancel F20, Chave F25 F26*), clxxv.

caver   vtr. 'dig' § cxxii (*F16*), *chaver* (*F25 F26*). Imperf.: 3sg. *chavoit* § clxxv (*F50*). See **haver**.

ceens   adv. 'in here' § cclxxxiii (*çaiens F24, ceinez F38, zaienz F25 F26*).

[celer]   vtr. 'conceal'. Perf.: 3sg. *cela* § cclxvi. Past Partic.: *celé* § cclxxxv; *celee* § cclxvi.

cemin   sm. 'road' §§ lxvi, lxxiii, ccxiv, cccv, cccxxxviii, *chemin* §§ cxlii (*F24*), ccxv (*F16*).

cendre   sf. 'ash'. – *le jour des Cendres* 'Ash Wednesday' § cclxxxviii.

[cener]   vi. 'dine'. Perfect: 3sg. *chena* § clxxii.

cerf   sm. 'hart' § ccvi.

cerne   sm. 'circle, perimeter' § lxxi.

certes   adv. 'certainly' §§ clix, cclxxxvi (*F25 F26*).

chaine   sf. 'chain' §§ lviii, clxxii#47, ccix, cclxxxii, cccxii, *caine* §§ ccix, cclxxxii, *chaaine* §§ cccxxxvi (*F18*), *cheanne* § cclxxxii (*F16*) *kaine* § clxxxii. – *Caine* 'Chaine, customs office' §§ ix,

chancel   *see* **caveç**

GLOSSARY 583

[chapler] vi. 'fight'. Perfect: 3pl. *chaplerent* §xxxvi (*F25 F26*).

chartre sf. 'cell, prison' §lxxxiv (*F38*).

chave *see* **caveç**

cherchier vtr. 'search, look for' §§ccci, cccxxxi, *cerkier* §§cxi, ccxciv, *cierkier* §§lxiii, cxlix, *kierkier* §xxx. Imperf.: 3sg. *ciercoit* §clxx. Perfect: 3sg. *cerca* §cxlix, *cierca* §clxx, *cerka* §ccxciv, *kierga* §xl; 3pl. *cerkierent* App. 3.

chevauchier vi. 'ride' §cliii. Pres.: 3sg. *cevauce* §§clxxxii. Imperf.: 3sg. *cevauçoit* §§lxxiii, xci; *cevalçoit* §ccxxxvii, ccli; 3pl. *cevauçoient* §§cclx, cclxiv. Perf.: 3sg. *cevauça* §§xv, ccxci.

cief sm. 'head, top, end' §§l, lxii, lxxxvi, cvi, cxx, clxxiv, clxxv, clxxvi, clxxxiii, ccxxv, cclxxxii, ccciv, cccxv, cccxxxvi, *ciés* §§clxxv, clxxxix, cclxxxii, cccxii, *chief* §§xv, liii (*F25 F26*), cxv, cxvii (*F20*), cxxxii (*F19*), ccvi (*F19*), ccxxv, ccxlix (*F19*), cccxxiv (*F16*).

cier adj. 'dear, costly' §§cxxiv, clxxxvii, cccx, cccxxxi, *chier* §§cvi (*F24*), cxi, cxxiv, clix.

ciere sf. 'face, countenance'. – *biele ciere* 'fine welcome' §xxv, App. 2.

cierté sf. 'famine' §§ccxxiv, cclxii.

cievetaine sm. 'commander, captain' §§ccxi, ccxlvi, *chevetaine* §ccxlvii (*F50*)), *chievetaine* §ccxlvii (*F19*), App. 3, *cevetaine* App. 2.

cimetiere sm. 'cemetery' §ccxx (*F50*).

cisterne sm. 'cistern, water-tank' §§lxxiii, xcv, cxxi (*F24*), cxxii, ccxxiv

[clamer] vtr. 'declare, name'. Perfect: 3sg. *clama* §ccxxiv.

clamour sf. 'complaint' §§clxxxix, *clamor* App. 4.

clarté sf. 'brightness, glory', *clartés* §§xcviii, xcix.

clef sf. 'key' §lvi, cxxxi, cxcvi, cxcvii, cccxxiii.

clerc sm. 'cleric' §§lxxvii, lxxviii, lxxx, lxxxii, cxvi, clxxxviii (*F19*), clxxxix (*F19*), cclxxxvii (*F38*), cccix, cccxix, cccxx, cccxliii, App. 4, *clerec* §cclxxxvii (*F25 F26*).

clergié sm. 'clergy' §xxii.

cloque 'bell' §clxix, *cloches* §clxxiv (*F24*).

[clore] vtr. 'close'. Perf.: 3pl. *closent* §cccxxviii.

coi adj. 'still, silent' §§xxx, xlii (*F19*), lviii, xcix, cxlv, ccviii, ccxv, ccxxiii, cclxxx, cclxxxiii, cccx.

coiement adv. 'secretly' §§xxx, xci, ccxliii, ccxci, ccc, cccviii, cccxxviii, cccxxxvi, App. 3.

cointe adj. 'astute' §lxvii (*F19*).

[coisir] vtr. 'see, catch sight of'. Perfect: 3sg. *coisi* §ccxvii, ccxci; 3pl. *coisirent* §xxxvi. Cond.: 3sg. *coisiroit* §clxx, ccxxvii.

[coitier] vtr. 'urge on'. Perf.: 3sg. *coita* §cxxviii F16.

coivre sm. 'copper' §cclxxxiv.

colpe sf. 'guilt' §cccxx.

combatre vi. and vr. 'fight (against, with)' §§xxxv, lxxxi, xcv, xcvii, xcix, civ, clvi, clix, clxiv, clxxxviii, ccix, cclxx, cccx, cccxvi, App. 2, *conbatre* §§clxiv, cclxx, cclxxxii, cccvi. Pres.: 1pl. *conbatons* § cccx. Imperf.: 3pl. *combatoient* § cclxxix. Perf.: 3pl. *combatirent* §§ clxxxv, ccxxxviii, ccxlv, ccxci, cccxv, cccxvi. Imperf. Subj.: 3pl. *combatissent* § clxiii. Cond.: 3sg. *combateroit* § cccxxix; 3pl. *combateroient* §§ xxxv, xcvi, cclxx, cccxvi. Future: 3sg. *combatra* § cclxx.

commandeur   sm. 'commander (officer in Military Orders)' §§ clviii, cxciii.
commencement   sm. 'beginning' §§ cxvi, cccvi, cccxxii.
commun   sm. 'community' §§ clxx, cccxxxiv. – *communes cités* 'city communes' § cccxxxv (*F24*).
communement   adv. 'together' §§ cxciv, ccli (*F16*), *communaument* § xxxii (*F19*).
conduire   vtr. 'protect, escort' §§ xlvii, l, cli, clxx, clxxi, clxxii, cxcvi, ccii, cciii, ccxiv, ccxlv, cccxxi. Imperf.: 3sg. *conduisoit* § ccxcix. Perfect: 3sg. *conduist* § cclxix. Pres. Subj.: 3sg. *conduie* §§ ii, ccxxxvi; 3pl. *conduisent* § ccii. Imperf. Subj.: 3sg. *conduisist* §§ cccxxxvi. Cond.: 3sg. *conduiroient* § ccxi. Future: 1sg. *conduirai* § cclxix; 3pl. *conduiront* §§ ccxliii.
conduit   sm. 'protection, safe conduct' §§ cxxxvii, clii (*F19*), clxvii (*F24*), clxvii (*F24 F25 F26 F38 F50*), clxxi, cclxxv, ccii (*F16*), cciii (*F16*), ccvi (*F16*), ccxcix.
confaitement   adv. 'in what way' §§ clxxxi (*F25 F26*), ccxxix (*F20 F25 F26*), cclxxxvii.
confanon   *see* **gonfanon**
confermer   vtr. 'lend support to, uphold' § cccix.
confesser   vtr. 'make one's confession'. Perfect: 3sg. *confesserent* § ccxxxix. Past Partic.: *confés* § ccxiii.
confort   sm. 'consolation, engouragement' §§ xxi (*F19*), xxv, xxxiv, cxliii, cccxl, App. 3.
conforter   vtr. 'sustain, console' § cccix. Perfect: 3sg. *conforta* §§ ccc, cccxxxii.
congié   sm. 'persmission' xiii xvii; *prendre congié* 'take one's leave' §§ ii, ccxxiv (*F24*), cccxix, cccxxix, *congiet* §§ clxxi (*F18*), cccxix. – *prendre congié* 'take one's leave, seek formal permission to leave' §§ vi, vii, xvi (*F19*), xvii, xix, xxii, xxv, xxvii, xxxviii, l, lxvi (*F25 F26*), lxvii, lxviii, cxxxviii, cxlix, clxxii, cxcii, cxciii (*F25 F26*), cxcvi, ccxvi, ccxxi, ccxxxv, ccxliii, ccxlviii, ccli (*F20*), cclviii, cclix, cclx, cclxxxii, ccxciii (*F20*), cccxviii, cccxxi, cccxxiv, cccxxviii, cccxxxi, App. 1. – *demander congié* 'seek formal permission to leave' §§ cxxxvii (*F18*), cccxix, clx, clxvii, cccxxxi. – *doner congié* 'give permission to leave' §§ xiii, cxliv, cclviii, cclxxx.
connestable   sm. 'constable' §§ l, li, lii, clvi, clxvi, ccxvii, ccxl, ccxlii.
connoistre   vtr. 'recognize, realize' § ccxliii. Pres.: 1sg. *connois* § ccxxxiii; 3sg. *connoist* § lxxxi; 1pl. *connissons* § cxvii. Imperf.: 3pl. *connissoient* §§ lxxxi, ccxxxiii, cclxxxix, cccvii, cccxviii. Perf.: 3sg. *connut* § ccxci; 3pl. *connurent* §§ clxxxii, cccxxxvii. Imperf. Subj.: 3sg. *conneust* § ccxli.
conroi   sm. 'battle-order' xcv.
consel   sm. 'counsel, advice' §§ ii, iii, v, vi, viii, xi, xii, xviii, xix, xxi, xxv, xxv#24, xxvi, xxvii, xxix, xxxiii, xlviii, l, lxix, lxxviii, lxxxi, lxxxiii, lxxxvi, xcvi, xcviii, cxi, cxvii, cxviii, cxxiv, cxxxi, cxxxiii, cxxxiv, cxxxvi, cxxxix, cxl, cxli, cxliii (*F24*), clii,

GLOSSARY 585

clv, clviii, clix, clx, clxi, clxiii, clxiv, clxix, clxx, clxxxvii, clxxxviii, cxcii, cxciii, cxcv, cxcviii, ccx, ccxxiv, ccxxxii, ccxxxiii, ccxxxvi, ccxxxix, ccxl, ccxlv, ccli, cclxi, cclxiii, cclxiv, cclxvii, cclxviii, cclxix, cclxxii, cclxxv, cclxxvii, cclxxix, cclxxxvii, cclxxxviii, cclxxxix, ccxciii, ccxciv, ccc, App. 1, App. 3, *conseil* lxxix (*F19*), lxxxiii, cxxix, cxxxv, cxli, clix, clxi, clxx, cxciii, cxcviii, cci, ccvii (*F19*), ccxii (*F19*), ccxl, ccli, cclxi, cclxx, ccxcii (*F19*), cccii, ccciii, ccciv, cccv, cccvii, cccix, cccxi, cccxii, cccxiv, cccxvi, cccxxii, cccxxvi, cccxxxvi, cccxxxviii, cccxlii, *consaus* §§ iii, v, xix, xxvi, xxxiv, lxxxiii, cxvii, cxxxi, cxl, clxx, ccxxxiii, cclxvii, cclxviii, cclxxii, cclxxxi, cclxxxix, ccxcix, ccc, cccv, cccxxii, cccxxxiv, cccxxxvi, cccxxxviii, App. 3, *consail* §§ cxviii, cxxxiii, ccxxiv, *consoil* § xcvii (*F16*). – 'consul' § cccxxxiv. – 'counsellor' §§ xxv, App. 3. – *en consel* 'secretly' §§ xxx.

consellier vtr. and vr. 'counsel, advice' § cxxxv, *consillier* § xxv. Present: 1sg. *consel* clix. Perfect: 3sg. *consella* §§ xcvii, clv, clvi, clxiii, clxiv, ccvii, ccxix, ccxxxix, ccli, cclxxxi, ccxcix, App. 3, *conseilla* § cccxxxvi; 3pl. *conseillierent* §§ xi, cccvii, *consellierent* §§ cxciii, ccxciii. Imperf. Subj.: 3sg. *consellast* §§ lxx, clxiii, App. 1, *conseillast* § cxxii, *consillast* § ccvii; 3sg. *conseillassent* § cxxxi. Cond.: 3sg. *conselleroit* §§ ccxxiv, ccxcix, *conseilleroit* § cccv; 3pl. *conselleroient* § cclxxxi. Future: 1pl. *consillerons* § cxvii. Imper.: 2pl. *conselliés* §§ cccxv, App. 1, *conseilliés* § cccxi, *consilliés* § ii. Past Partic.: *consellié* § cclxxxi, *consillié* §§ xxv; *conseillie* § ccli.

[**constraindre**] vtr. 'constrict'. Imperf. Subj.: 3sg. *contrainsist* § clxiii.

conte sm. 'account, tale' §§ cxlix, cccxiii.

conté sm. 'county' §§ viii, xli, ccxli, App. 2, App. 3.

contee sf. 'county' § ccxxxv.

contenement sm. 'demeanor, countenance' § ccvi.

conter vtr. 'tell' §§ cli, ccxlix. Imperf.: 3sg. *contoit* § xcix. Perfect: 3sg. *conta* §§ xcviii, cxxiii, cl, clii, clxxxvi, cc, ccxiii, ccxxviii, ccxlix, cclv, cccxx, cccxxxii; 3pl. *conterent* §§ xxxi, cliii. Cond.: 3sg. *conteroit* §§ cxcv. Past Partic.: *conté* § ccxcix.

[**contredire**] vtr. 'resist, refuse'. Imperf.: 3sg. *contredisoit* § ccxlv (*F16*). Perf.: 3sg. *contredist* § clxx (*F16*), cclix (*F16*).

contredit sm. 'opposition' §§ xx, cliii (*F25 F26*).

contree sf. 'region, land' §§ xxxii (*F19*), xli (*F19*), lviii, lix (*F25 F26*), lx, cclxxxvi (*F25 F26*), cccxix (*F25 F26*), App. 2 (*F25 F26*).

contretenir vtr. 'resist, oppose' § cccxiv. Perfect: 3sg. *contretint* § cclix. Cond.: 3pl. *contretenroient* § cclxiv.

contreval adv. 'downward' §§ clxv, clxxiv (*F16*), clxxxiv, cccxv.

[**convoier**] vtr. 'accompany'. Perfect: 3sg. *convoia* § vii, lxvi, cclx; 3pl. *convoiierent* § clxxii.

convoiteus adj. 'greedy' § lxvi.

coper vtr. 'cut, cut off, cut down' §§ xlv, lvi, cxv, clx, clxxv, clxxxix, ccxxxiv, cccxx, cccxxviii, *cauper* §§ lxxxiv, ccxxxiv, *colper* §§ cccxx. Perf.: 3sg. *copa* §§ lxxxvi, clxvi, ccxviii, cclxv, App. 3, *caupa* § cxiii, *coupa* App. 4; 3pl. *coperent* §§ cclxiii, ccc. Imperf. Subj.: 3sg. *copast* § cxlvi. Past Partic.: *copé* §§ lxii, clxvii, ccc; *copee* §§ cxlvi, cl, clxxiii.

corbillie sf. 'basketful' § lvii.

corde sf. 'rope' §§ ccvi, cclxiii.

coron sf. 'end, extremity' §§ cclxxiv (*F19*), cclxxxii (*F19*), cccxxiv.

corone sf. 'crown' §§ cxxi, cxxxi, cxxxii, ccxxi, ccxxxvi, ccxl, ccxlvi, cclxxxiv, cclxxxvii, ccxcix, ccci, cccii, ccciv, cccv, cccvi, cccvii, cccviii, cccxxiv, cccxxv, cccxxvi, cccxxix, cccxxxii, cccxlii, cccxliii, App. 1, App. 3, *couronne* §§ i, iv, vii, viii, xi, xii, xxiv, xxv (*F19*), xxxix, xl, lxxxiv, lxxxvii, lxxxviii, cxvii, cxx, cxxi, cxxx, cxxxi, cxxxii, cxxxiii, clxxv, *couroune* §§ xxiv, xxv, lxxxviii, lxxxix, xc, *courone* §§ lxxxiv, xc (*F20*), cxvii, ccxxi, ccxlii, ccli.

coroner vtr. *and* vr. 'crown' §§ lxxxviii, cxxxiv, ccxxi, ccxxiv, cclix, cclxi, ccci, cccv, cccxxiv, cccxxxii, *couroner* §§ cxxxi, cclxi, *coronner* § ccciv. Present: 2pl. *coronés* § cclix. Perfect: 3sg. *corona* §§ ccxlvii, cclix, ccxcvi, ccxcvii, ccci, ccciv, *couronna* §§ cxix, cxxxi, *courona* § lxxxvii; 3pl. *coronerent* §§ cclxi, cclxxxiii, ccxcv, ccci. Imperf. Subj.: 3sg. *coronast* § ccxlvii, *couronnast* § cxix; 3pl. *coronaissent* § ccciv, *coronassent* § ccxcix, *couronnassent* § cxxxi. Cond.: 3sg. *coroneroit* § ccciv; 3pl. *coroneroient* §§ cxxxi, cxxxiv, cccxxxiv, *couronneroient* § cxxxi. Future: 1pl. *couronerons* § cxxxiii. Past Partic.: *coroné* §§ clx, cclix, ccxlvii, cclxxxiv, cclxxxvii, ccxcviii, cccii, cccv, cccvii, App. 3, *couronné* §§ vi, vii, cxxxii, cxxxiii, *couronés* § cxxxiii, *courouné* § xxii; *couronnee* § cxxxii.

corous sm. 'anger' § cxxvii.

corre vi. 'run, flow' § cccxv, *courre* § cclxxix. Present: 3sg. *cort* § lxiii (*F16*), lxxxix (*F24*), *court* §§ lxiii, cxxiii, cccxxvi, *cuert* § lxiii, *keurt* §§ liv, lvii, lxi, *quert* § clxxxiii; 3pl. *keurent* §§ lvii, cxxiv. Imperf.: 3sg. *couroit* §§ cxxii, cxxiv, ccxlix; 3pl. *couroient* §§ lviii, cclxii, cclxxxviii. Perfect: 3sg. *corut* § ccx, *courut* § cclxiv; 3pl. *corurent* §§ cclxv, cccxxxvii, App. 3, *coururent* §§ lxxxix, cxlvi, clxiii, clxv, ccix, ccxi, ccli, ccliii, cclxii, cclxiv, cclxxvi, cclxxix, cclxxxvii, cccxvi, cccxxxviii. Imperf. Subj.: 3pl. *corussent* § cccxv. – *corre sus* 'attack' §§ ccx, cccxv, cccxxxvii. Past Partic.: *courute* § clx.

[corrocier] vi. *and* vr. 'become angry'. Perfect: 3sg. *courça* §§ xxxv, cxxvii, ccvii, *courouça* § cxxvii, ccxxxiv, *coreça* § xxv, *corecha* App. 3. Past Partic.: *courchié* §§ cliii, cclxxii, *coureciés* §§ cxvi, cclxiv, cccxxxvi, *courechié* §§ cxxvii, *coreceé* § cccxxxii.

cors sm. 'body' §§ xix, xx, xxxii, lviii, lxii, cxv, cxxviii, clii, clx (*F19*), clxx, clxxi, clxxxiv, clxxxvii (*F16*), cxc, cxcvi, cxcviii, ccxxxix (*F19*), ccxl, ccxli, ccl (*F18*), cclxiv, cclxxv, cclxxxii (*F19*), ccxcii (*F24 F25 F26 F38*), cccxxxii.

cort sf. 'court' §§ lxxxiv (*F24*), App. 3, *court* § lxxx (*F19*).

corvanne *see* **carvane**

coste sf. 'side' § clxxxiv.

costé sm. 'side' § clxxii.

[coster] v. impers. 'cost'. Future: 3sg. *couteront* § xxi.

GLOSSARY 587

costiere sf. 'slope' §§ lix, clxxxiv.
costume sf. 'custom, habit' §§ xxii, cxx, *coustume* §§ xxi, xxii.
coucier vi. 'lie down' § cccv. Imperf.: 3pl. *couçoient* § ccii. Perfect: 3sg. *couça* § lxix. *-ant* form: *couçant* §§ clxxiii, clxxvi, clxxvii, clxxx, *cousant* § clxxxii, cc. Past Partic.: *couciés* § cclxiii. – *soleil couçant* 'sunset' §§ clxxiii, clxxvi, clxxvii, clxxx, clxxxii, cc.
coulon sm. 'pigeon' § cx, cclxxviii.
coupaules adj. 'guilty, culpable' §§ ccx, ccxi.
coupe sf. 'cup, goblet' §§ clxvi, ccxli.
cours sm. 'flow' § lxi.
coursee sf. 'attack, raid' § cxliii.
court adj. 'short' § clxxx. – *tenir court* 'hem in' § clxiv (*F24*).
courtois adj. 'courtly, well-mannered' § xxvii.
courtoisie sf. 'courtly gesture' §§ xxi (*F19*), cci.
cousin sm. 'cousin' §§ xviii, xxv, lxxxv (*F19*), cxxvii, App. 2. – *cousin germain* 'first cousin' §§ x, xii, xxiv, xxv, lxvi, cxviii (*F16*), ccxii, ccxcvi, cccviii, *cosin* §§ xviii (*F24*), App. 3.
cousine sf. 'cousin' §§ xi (*F16*). – *cousine germaine* 'first cousin' § lix.
coust sm. 'cost, expense' §§ xix, cxviii, cxxii, ccxlvi, cccv, cccxviii, cccxxvi, cccxxxv, App. 3, *cous* §§ lxxiii, cxviii, cxxxv.
coutiel sm. 'knife' §§ xxix, xxxi, xxxii (*F16 F19 F20*), xxxii, lxxxix, ccxli, *cotiel* § ccxli
couvenant sm. 'agreement' §§ xxii, xlvi (*F18*), *convenant* §§ cxlvii (*F19*), ccxxxiv (*F16*), *convenent* §§ ccxvi (*F19*), cclviii, *covenant* § xix (*F25 F26*), *couvenens* § cclix.
couvenence sf. 'agreement' §§ clxxxv, ccxvii, ccxlvii, cclxxxiii, cclix, cclxxii, *convenances* § cccxxxix, *convenence* §§ cxlvii, cccxxxviii, cccxxxix, *couvenance* § cclxxxiii, cccxxxix, *convenenches* App. 1.
couvent sm. 'agreement, promise' §§ xiii, xix, cxxxiii, cxlviii, clxvi, clxxi, clxxxv, cxciv, cclxxii, clxxxvi, cclxxxiii, clxxxvii, *convent* § cxliv, cclviii (*F19*), cccxcvi (*F19*), cccxxxix, cccxl, App. 1 (*F50*), *covent* §§ clxix (*F24*), ccxxxiv, App. 1. – *par tel couvent* 'on the agreement that, in such a way' § cxliv, cclxxxiii, ccxcv, ccxcvi (*F19*), cccxli (*F50*).
couvent sm. 'convent' §§ lxii, cxlv, cxlix, *convent* § clv,
couvine sf. 'condition, state of affairs' §§ ccviii, cclxxxiv.
couvoitise sf. 'greed, desire' §§ cclxxxvii, cccii, *convoitise* § lxvi.
[covenir] v. impers. 'be necessary'. Present: 3sg. *convient* § cxxxii. Imperf.: 3sg. *convenoit* §§ clxx, cclv, cclxix, cccxix, *couvenoit* § xxviii, clxvii. Perfect: 3sg. *convint* §§ ccxviii, ccxlii, *couvint* § ccxciii. Imperf. Subj.: 3sg. *convenist* §§ cccxxvi. Cond.: 3sg. *couverroit* § cxli. Future: 3sg. *convenra* § cclxx, *couvenra* § xxi.
covreture sf. 'covering' § clxxiv.
[covrir] vtr. 'cover'. Perfect: 3sg. *covrirent* § cccxxvi.
craulle sm. 'earthquake, tremor', *craulles* § cclxvi.
creance sf. 'belief' § clxxi.

creanter vtr. 'promise'. Present: 1sg. *creant* § ccxxii; 2pl. *creantés* § cccxl. Imperf.: 3sg. *creantoit* § cccxxxviii. Perfect: 3sg. *creanta* §§ xix, cxliv, clx, clxvii, ccxxii, ccxlvi, cclxxxi, App. 1; 3pl. *creanterent* §§ cxxxiv, cclxxxii, cccxii, App. 1. Pres. Subj.: 2pl. *creantés* § cccxl. Past Partic.: *creanté* §§ clxvii, clxix, ccxliv, cclxxxii, cclxxxvi, cclxxxvii; *creantee* §§ cccxxx, cccxl, cccxli, cccxlii, App. 1.

[cremir] vtr. 'fear'. Imperf.: 3sg. *cremoit* § clxi. Past Partic.: *cremus* § xii.

crenel sm. 'battlement' §§ ccxix (*F16 F17 F50*), cclx (*F25 F26*), *quernel* § ccxix (*F38*), cclx (*F38*). See **crestel**.

crestel sm. 'battlement' §§ ccxix, cclx. See **crenel**.

Crestiienté sf. 'Christendom' §§ xxix, xlviii, l, li, lii, liv, lxxvii, cxxvii, cxxxiii, clxx, clxxxviii, cxciii, cxcvi, cxcviii, cc, ccii, ccv, ccxiii, ccxiv, ccxv, ccxxxiii, ccxxxvi, *Crestienté* §§ xix, xxxvii (*F24*), cxliii (*F24*), cciii (*F16*), cclxxix (*F19*), ccxci, ccii, ccix, cccxi, cccxiii, cccxv, cccxxii (*F16 F17*), cccxxiii, cccxxiv, cccxxvii, cccxxix, cccxxxvi, cccxli, cccxliii, App. 3, App. 4

crever vtr. 'smash, gouge out (eyes)' §§ lxxxiv, xci, ccx, ccxlvi, cclxxxi. Past Partic.: *crevés* §§ xci, cxxvii, ccxi, cclxxxi, cclxxxiii.

cri sm. 'shout, lamentation, report' §§ xxx, cli, ccxlix, ccxci, ccxciv.

crier vi. 'cry out' §§ xxx, xcv, cxlvi, cli, clvi, clxi, clxvi, clxxxviii, cxcviii, cc, cci, ccxix, ccxlvi, ccxlix, cclii, ccliii, cclxv, cclxxxii, cclxxxvii, ccxc, cccxii, App. 3, *criier* § ci, *krier* § lxxv. Imperf.: 3sg. *crioit* §§ xii, lxxii, ccxlix. Perfect: 3sg. *cria* §§ xlviii, lvii, cxlix, clxi, cxc, ccxlix, ccliii, cclix, cccxxxv; 3pl. *crierent* §§ ccliii, cclxxiii, ccxc. Imperf. Subj.: 3sg. *criast* §§ clxi, ccliii. *-ant* form: *criant* §§ xxxii, lxxxvii, cviii.

croire vtr. 'believe, accept (advice)' §§ cxxiii, cxli, clxi, clxiv, ccviii, ccxlvi, ccli, cclxix, cccxix, cccxx, App. 1. Pres.: 1sg. *croi* § clxxi; 1pl. *creons* § cclxi; 2pl. *creés* §§ clx, cclxix. Imperf.: 3pl. *creoient* §§ xii, cxxiii. Perfect: 3sg. *creï* §§ cxxix, clxiv, ccxcviii. Pres. Subj.: 1sg. *croie* §§ cxvii, cccxx; 2pl. *creiés* § lxxxv. Imperf. Subj.: 3sg. *creïst* §§ clxxii. Past Partic.: *creus* § clviii.

croiserie sf. 'crusade' §§ ccxiii (*F16 F20*) cclxv (*F16*), cccviii (*F16 F20*), cccix.

croisier vtr. and vr. 'sign with the cross, administer crusading vows' § cccvi. Perfect: 3sg. *croisa* §§ xx, xxv, cxxvi, cxxvii, ccxlvi, cclxvi, cccv, cccix; 3pl. *croisierent* §§ xv, ccxiv, cclxi, cclxv, cclxvi, cccix, App. 3, App. 4. Imperf. Subj.: 3pl. *croisassent* § cclxvi. Cond.: 3sg. *croiseroit* § cccxxii; 3pl. *croiseroient* § ccxiii. Future: 3sg. *croisera* §§ cccxi. Past Partic.: *croisié* §§ ccxii, ccxv, ccxviii, ccxxii, cclxvii, cclxxxiii, cccxxii, cccxxiii, cccxxiv, App. 3, *crosiés* § ccxv. – *croisié* 'someone signed with the cross, crusader' §§ ccxlvii, ccxlviii, cclxxii, cccxi, cccxiii, cccxxii, cccxxiii, cccxxvi, App. 4, *croisiet* § cccxxii.

[croistre] vtr. *and* vi. 'increase, grow'. Present: 3pl. *croissent* § cxxiv. Imperf.: 3sg. *croissoit* § ccxx; 3pl. *croissoient* § cxxiv. Imperf. Subj.: 3sg. *creust* § lxxiii. Past Partic.: *crute* § clxxxii.

[cru] adj. 'raw', *crues* § lxii.

GLOSSARY 589

cuellir vtr. 'gather' § clxxxiv. Imperf.: *quelloient* § cccv (*F17*), Past Partic.: *cueillie* § clxxx.

cuer[1] sm. 'chorus' §§ clxxiv, clxxv.

cuer[2] sm. 'heart, courage' §§ xxxv, cxiii, cxci, ccvi (*F25 F26*), ccxxvii, ccxl (*F24 F25 F26 F38*), cccxix, ccl, cclxiv, App. 3.

[**cuidier**] vtr. 'suppose, reckon'. Present: 2sg. *cuides* § ccxxxvii. Imperf.: 3sg. *cuidoit* §§ xxv, xcviii, clxx, cccii, cccxiv, cccxxxviii, *quidoit* §§ cclviii, App. 3; 1pl. *cuidiens* § xxv; 3pl. *cuidoient* §§ xxxvii, xcix, cccxix, cccxxxvii, *quidoient* § ccxlix. Perfect: 3sg. *cuida* §§ cxxviii, ccxxxvii, cclix, cclxiv, cclxxv, *quida* § l; 3pl. *cuidierent* §§ lxix, civ, clxxxviii, cclii, ccliv, ccxci, cccvi, cccxv, cccxx, *quidierent* §§ xlvi, cciii, ccix, cclii, ccliii. Pres. Subj.: 2pl. *cuidiés* § lxxviii. Future: 3pl. *cuideront* § cccv. Imperf. Subj.: 3sg. *quidast* §§ xlviii, App. 3; 3pl. *quidaissent* § cxcviii.

cuir sm. 'hides' §§ ccvii, ccxxiii.

cuisse sf. 'thigh' §§ xxix, xxxi, xxxii, xliii, cclxxxii (*F24 F38*), App. 3, *quisse*.

[**cuivrer**] vtr. 'harass'. Perfect: 3pl. *cuivererent* § cclxxvii.

cure sf. 'need, desire' § xlviii.

czavate sf. 'savate' § cclxxxvi (*F25 F26*)

daerrain adj. 'final' §§ cciii, cccxv, App. 2, *daerain* § ccxx, *daarains* App. 3, *darain* App. 3, *darreains* §§ ccxx, *darrien* §§ cclxviii (*F38*), cclxxv (*F38*), *deerrain* § cclxviii (*F19*).

dalés adv. 'alongside, next to' § cxciv, App. 2.

danois adj. 'Danish', *danoise* § cc.

deboinairement adv. 'gently, nobly' § ccxxiv (*F19*).

decevoir vtr. 'trick, deceive'. Past Partic.: *deceus* § lxix.

defaut sf. 'lack' § ccxl.

defaute sf. 'failure, lack' § ccxl (*F38*), cccxxvi (*F38*).

deffaire vtr. and vr. 'undo, destroy' § clxii.

deffendre vtr. 'protect, forbid, prevent'. §§ lxxxviii, ccxxviii, cclxx. Present: 3sg. *deffent* § cccxx; 1pl. *deffendons* § cclxxxii, *desfendons* § cccxx. Perfect: 3sg. *deffendi* §§ clxix, ccix. Imperf. Subj.: 3sg. *deffendist* § cclxx; 3pl. *deffendissent* § cxxxi. Future: 1sg. *deffendrai* § cclxx. -ant form: *deffendant* § cclxxxix. Past Partic.: *desfendu* §§ cccxviii, cccxix. – vr. 'defend oneself'. §§ clxiii, cclxxxii, ccxciv, ccxvii, *desfendre* § cccxvii. Imperf.: 3sg. *se deffendoit* § cclxx. Perfect: 3pl. *se deffendirent* §§ cclxxxv, App. 1, *se desfendirent* §§ ccxxxix, cccxxxviii. Imperf. Subj.: 3sg. *se deffendist* § cclii; 3pl. *se deffendissent* § cxcvi, *se desfendissent* § ccviii.

deffensable adj. 'defendable' § cccxxxvi, *desfensable* § cccxxvi.

deffense sf. 'defence, resistance' §§ clxxxvii, cccxxvi, *desfense* § lxxxviii.

defors *see* **dehors**

[**degouter**] vi. 'drip down'. Perfect: 3sg. *degouta* § clxxxiv.

dehors   adv. *and* prep. §§ ix, xlvii (*F18*), lviii (*F19*), cxi, cxx, cxlix, clxiii, clxvi, clxxi (*F19*), clxxiii, clxxiv, clxxviii, clxxx, clxxxiv, clxxxviii (*F16*), ccvi (*F24*), ccix (*F19*), ccxx (*F19*), ccxxiv (*F19*), ccxxix, ccxxxiv (*F16*), ccxxxvii, ccli, cclxix, cclxxix, cclxxxiii, App. 1, *defors* §§ ccxlix, cclxiv (*F16*), cclxxxii (*F20*).

dejoste   adv. 'beside' § clxvi (*F16*), *dejoute* § cccxxxvi (*F16*). *See* **encoste**.

delez   prep. 'near' §§ clxvi (*F50*), clxxxv (*F38*), cclxxxiii (*F50*), *delés* §§ cx (*F19*), clxvi (*F19*), cccxxvi (*F20*). *See* **encoste**.

delivre   adj. 'untrammeled' § cclxxxii. – *a delivre* 'freely' § cclviii (*F24*), cclxxxii (*F24 F25 F26*).

delivrer   vtr. and vr. 'free, expedite' §§ cci, cciv, ccxvii, ccxxxiv, cclxxxvii, cccv, cccxxxi. Present: 2pl. *delivrés* § cclxxxii. Imperf.: 3sg. *delivroit* § ccxxiv. Perfect: 3sg. *delivra* §§ l, clxxvi, cxcix, ccxxiv, ccxxxiv, ccxlv, cclxxv, ccxcviii, cccxx, cccxxxv. Imperf. Subj.: 3sg. *delivra* § cc. Cond.: 3sg. *deliverroit* §§ clxx, ccxxxiv, cclxxxii. Past Partic.: *delivré* §§ cxxvii, clxx, cxcv, cci, ccxvii, ccxix, cclv, cclxxxii, cccxxxviii; *delivree* §§ clxxvi, cclxxxvii.

delouve   sm. 'flood' §§ lxvii, clxxxi (*deluges F16 F50, delujes F24, delujues F24*).

[**demener**]   vtr. 'show, display'. Perfect: 3sg. *demena* §§ ccx, ccxcii.

dementrues   conj. 'while' § cx (*F24*).

[**demetre**]   vr. 'divest oneself'. Perfect: 3sg. *se demist* § cccvi.

demorer   vi. 'remain' §§ xiii, clxvii, ccxlii, cclxxiv, cccx, cccxx, cccxxxii, *demourer* §§ xvii, ccxvi, cclxxiv, cclxxv. Imperf.: 3sg. *demoroit* § ccxxiv, ccxlii, cclxxx, *demouroit* §§ xvi, lxxxv, cclxiv. Perfect: 3sg. *demora* §§ ix, xxiv, xlv, lxxxiii, lxxxix, cxxxv, cxcix, cc, ccxxxvi, ccxl, ccxli, ccxlvi, ccxlix, cclviii, cclxiii, cclxviii, cclxxxii, cclxxxiii, cclxxxv, ccxciv, ccxcviii, ccxcix, cccii, cccxvii, cccxviii, cccxix, cccxx, cccxxx, cccxxxv, cccxxxvi, *demoura* §§ ix, xvii, xviii, xxiii, xxv, xxvii, xxxvi, xxxvii, xl, xli, xlii, xlv, liii, lvii, lxvi, lxxxi, lxxxii, lxxxiii, xcviii, cxvii, cxxi, cxxvii, cxxxviii, cxli, cxlii, clxxii, clxxxix, cxc, cciii, ccxi, ccxii, ccxxi, ccxxxv, ccxxxix, ccxl, ccxli, ccliii, cclxi, cclxii, ccxcvi, ccciii, cccix, cccxv, cccxxxii; 3pl. *demorerent* §§ cciv, ccxxxix, cclxxx, *demourerent* §§ xxii, xxiv, lxviii, lxxxii, ccxxxvi. Pres. Subj.: 3sg. *demort* § xxi. Imperf. Subj.: 3sg. *demorast* § cclxxv, *demourast* §§ cxxvii, ccxli; 3pl. *demorassent* § ccxciii. Cond.: 3sg. *demorroit* §§ clxvii, cxcv, cxcvi, ccxvi, ccxli, *demourroit* §§ xxv, cxlii, cxc, cxcviii, *demoeroit* § cccxxxiii; 3pl. *demorroient* §§ cclxiv, cclxviii, cclxix, cccxx, *demoueroient* § cccxvi. Past Partic.: *demorés* §§ xxi, lxix, cxlv, ccxv, ccxxix, ccxciv, cccxix, cccxxxv, cccxxxix, *demouré* §§ cxcviii, cc; *demoree* §§ clxxx, ccix, ccxxxvi, cccxxvi, *demouree* § ccxii.

denier   sm. 'coin, money' §§ vi, xi, xxi, xlviii, lxxiii, cx, clxxxix, cciv, ccxxiv, cccxiii.

dent   sf. 'tooth', *dens* §§ xlviii, lxxi, clxxxi.

departie   sf. 'distribution' § cclxxxvii.

departir   vtr. and vr. 'separate, disband, spread out' §§ c, ccxxiv, ccli, cclx, cccxxx. Perfect: 3sg. *departi* §§ xi, xxxviii, xlii, xcvi, c, cv, cxl, ccix, ccxxiv, cclxxix, cclxxxvii,

GLOSSARY 591

App. 3; 3pl. *departirent* §§ iii, iv, lxvii, clx, cclxviii, cclxxxvii, ccxc, cccxv, cccxxxii, App. 3. Imper.: 2pl. *departés* § cxl. Past Partic.: *departis* §§ xi, xxv, cxviii, ccxxiv, App. 3, *departit* §App. 3; *departie* §§ c.

[depecier]   vtr. 'break in pieces' §§ ccliv, cclxxxix, *depechier* § cclxxxiv. Imperf.: 3pl. *depeçoient* § ccxx. Perfect: 3sg. *depeça* §§ lxxxvi, cclxxxii, *depiça* § ccvii; 3pl. *depecierent* §§ cxxii, cclxxxii, *depicierent* §§ lxxxix, ccvi.

deputaire   adj. 'evil, wicked' § cclxxix.

deriere   adv. 'behind' §§ lxviii, lxxxviii, clii, clxxiii, clxxiv, clxxxvi, ccxxiv, cclxxxii, cclxxxv, cclxxxviii, cccv, *derriere* §§ ccii, ccxxiv (*F16 F19 F25 F26*), ccxxxix (*F19*), cccv (*F25 F26*), cccxv, *derrier* § cciii (*F25 F26*).

dervé   see desver

desaancrer   vi. 'weigh anchor' § ccxxix.

[desarmer]   vtr. 'unarm'. Past Partic.: *desarmé* § cxcvi.

descargier   vtr. 'unload' § cclxxvii. Present: 3pl. *descargent* § xlvii.

descaus   adj. 'barefoot' § clxxxix, *deschaus* § ccxxix (*F25 F26 F38 F50*).

descendre   vi. 'go down, dismount, land (from ship)' §§ cxlix, clxix, clxxxiii, ccii, ccliv. Present: 1pl. *descendons* § cccx. Imperf.: 3sg. *descendoit* § clxxxiii; 3pl. *descendoient* § clxxix. Perfect: 3sg. *descendi* §§ lxxii, clv, ccxxix, ccxxxi, ccliii, cclv, cccxxxvii, App. 3; 3pl. *descendirent* §§ ccxli, ccxciv, ccciii, cccxii, cccxv. Pres. Subj.: 1pl. *descendons* § cccx. Cond.: 3sg. *descenderoit* §§ ccxxviii, ccxxix. Future: 3sg. *descendra* § cxxvii. Past Partic.: *descendue* §§ xcviii, xcix.

[descirier]   vtr. 'tear'. Perfect: 3sg. *descira* § cx.

[desconfire]   vtr. 'defeat'. Perfect: 3sg. *desconfist* § clii; 3pl. *desconfirent* §§ xlii, clxiii, cclxxxii. Cond.: 3pl. *desconfiroient* §§ clxiii. Past Partic.: *desconfit* §§ xxi, xxxvii, xxxviii, xlii, cxlvi, cxlvii, clxiv, clxvii, ccix, ccxi, ccxlv, ccxlvi, ccxlviii, cclvi, cccvi, cccxvi, App. 4, *desconfi* § clii; *desconfite* § cclxiii.

desconfiture   sf. 'defeat' §§ xxxvi (*F16*), xlviii, cxliii (*F16*), cxlviii (*F16*), cli, clii (*F19*), clx (*F16*), clxv, clxvi (*F16*), ccix, ccxxxviii, ccli (*F16*), cclxxxvii (*F16*), ccxci (*F16*), cccxv (*F16*), *deconfiture* § cxlvii.

desconnoistre   vtr. 'disguise' § ccxliii.

descorde   sf. 'discord' § cxvii.

descouvreur   sm. 'scout', *descouvreurs* § cclxxix, *descovreur* § cclxxx.

descovrir   vtr. 'uncover' §§ clxviii, cclxix.

descripcion   sf. 'description' App. 4.

descroisier   vtr. 'release from crusading vow' § cccxiii. Imperf.: 3sg. *descroisoit* § cccxiii; 3pl. *descroisoient* § cccxiii. Imperf. Subj.: 3pl. *descroisassent* § cccxiii. Cond.: 3pl. *descroiseroient* § cccxiii

[descroistre]   vi. 'decrease, diminish'. Cond.: 3sg. *descroisteroit* § ccxlii.

[desfier]   vtr. 'challenge, defy'. Imperf.: 3sg. *desfioit* § liii.

[desfigurer]   vtr. 'disfigure, mutilate'. Present: 2pl. *desfigurés* § lxxxv. Imperf. Subj.: 3sg. *desfigurast* § cxxvii.

desgarnir vtr. 'strip, make unprepared (for war)' § cccxxxvii.

desireter vtr. 'disinherit, deprive' §§ cxxvii, cclix, cccii, cccxxxvii, *deseriter* App. 1. Imperf.: 3sg. *desiretoit* App. 2. Perfect: 3sg. *deserita* App. 4. Imperf. Subj.: 3sg. *desiretast* § lxxxv. Cond.: 1sg. *desireteroie* § ccli; 3sg. *desireteroit* § cclxi. Past Partic.: *desireté* §§ ccxxi, ccxl, ccxli, ccxlii, cclvi, cclxx, cclxxi, cclxxxi, ccci, cccxxxix, *deshireté* § ccxxxiii; *desiretee* App. 3.

deslogier vi. 'break camp' § xcix. Imperf.: 3pl. *deslogoient* § xcix. Perfect: 3sg. *desloga* §§ ccix, ccxxxvii; 3pl. *deslogierent* § xcix.

desloial adj. 'treacherous' §§ cccxxxii, cccxxxiii, cccxlii (*F19*), App. 3, *deloial* § cccxxxvi, *desleiaus* § cccxliii.

desloiier vtr. 'unbind' § lvi. Perfect: 3sg. *desloia* § xxxvii.

[**desmurer**] vtr. 'take down bricks or stones'. Imperf.: 3sg. *desmuroit* § clxxvi.

despendre vtr. 'spend' §§ xxxix, ccxl, cclxvi. Past Partic.: *despendu* § cclxxii, cccx, cccxix.

despens sm. 'expenditure, expenses' §§ xix, lxxiii, cxxx, cxcviii, ccxiii (*F38*).

despit sm. 'scorn' §§ xlii (*F18*), cclxxii (*F17*).

[**desposer**] vtr. 'depose'. Past Partic.: *desposés* § lxxx, *despossés* § lxxxi, *disposet* App. 2.

despouillier vtr. 'strip, undress' § lxxxviii, *despouiller* § clxxxix. Imperf.: 3pl. *despouilloient* § xcvi. Perfect: 3pl. *despouillierent* § lxxiii.

[**despuceler**] vtr. 'deflower'. Perfect: 3sg. *despucela* § cccxxxii. Past Partic.: *despucelee* § cccxxxii.

[**desrober**] vtr. 'rob, plunder'. Imperf.: 3sg. *desreuboit* § ccxv. Cond.: 3pl. *desreuberoient* § cclxxxvi. Past Partic.: *desrobés* §§ xlvi, xcii, xciii, ccxli, *desreubé* § xciii.

[**desrompre**] vtr. 'break'. Perfect: 3pl. *desrompirent* § xxxvi.

[**dessaisir**] vtr. 'dispossess, disseise'. Past Partic.: *dessaisi* § cxli.

destorber vtr. 'prevent, hinder' § cccxix.

destourner vtr. 'prevent' §§ clxi, ccxc. Perfect: 3sg. *destourna* § cxxvii, cxxxi, cclxxxvii. Imperf. Subj.: *destornaissent* § cclxx, *destornassent* § cclxxxii. Cond.: 3pl. *destorneroient* § cclxxxvi. Past Partic.: *destornés* § cclxxvii, *destournés* § cxxvii.

destraindre vtr. 'restrict, harry, compel, put pressure on' § cclxxv. Imperf.: 3pl. *destraignoient* § ccliv. Perfect: 3pl. *destrainsent* § ccliv.

destrece sf. 'suffering, hardship' §§ vi, clxii, clxiv, *destreche* § ccliv.

destrier sm. 'charger (horse)' §§ xxvii (*F25 F26*), xxviii.

destroit sm. 'defile, straits' §§ xxi, cxcvi, ccii, cclxviii, cclxxv, ccciv, cccv, cccxv.

destruire vtr. 'destroy' § cxxvii. Imperf. Subj.: 3sg. *destruisist* § cxxvii. Past Partic.: *destruite* App. 2.

[**desver**] vi. 'become mad'. Past Partic.: *dervé* 'furious' § ccxix.

detenir vtr. 'retain' §§ ccxxi, cclxix, a3. Perfect: 3sg. *detint* §§ ccxi, cccxxxiv. Cond.: 3sg. *detenroit* § clxix.

dette sf. 'debt' § ccxli.

GLOSSARY 593

deveer vi. 'forbid'. Perfect: 3sg. *devea* § clxx.

devenir vi. 'become' § cccxxxvi. Perfect: 3sg. *devint* §§ xxiii, lxviii, clxv, clxxxi, ccvii, ccxi, cclviii; 3pl. *devinrent* §§ lxiii, ccxv. Past Partic.: *devenus* § ccviii.

devers prep. 'in the direction of, in favour of' §§ vi (*F16 F19*), xii (*F19*), xx, lvii, lx, lxi (*F24*), lxviii (*F16*), lxxxvi, xcix (*F19*), cvi, cvii, cxiv (*F19*), cxlvi (*F50*), clxxiii, clxxiv, clxxvi, clxxvii, clxxviii, clxxix, clxxx, clxxxii, clxxxiii, cxcviii, ccvi, ccix, ccxxv, ccxl (*F24*), ccxlvii (*F18*), cclii (*F50*), ccliii (*F50*), cclv (*F18*), cclxiv, cclxviii, cclxxxii, cclxxxiii, cclxxxv (*F16 F24*), cclxxxvii, ccxcviii, cccxiv, cccxv, cccxvii, cccxxvi (*F50*), App. 2 (*F19*), *deviers* §§ xiv, xx, xlii, lvii, lviii, lxi, lxvi, lxviii, clxxvi, clxxvii, clxxviii, cclxxxv, cclxxxvii, ccciii, cccxii.

devis sm. 'plan, project, desire' § xiv.

devise sf. 'boundary' § lxxiv. – 'accord' § ccxcvi (*F50*).

[deviser] vtr. 'explain, set forth, deploy'. Present: 3sg. *devise* § liv. Perfect: 3sg. *devisa* § cxviii, App. 1. Cond.: 3pl. *deviseroient* §§ cclxxxi, cccxvii. Past Partic.: *devisé* §§ clxxvii, cclii, App. 1; *devisee* §§ cxc, ccxxxii.

devision sf. 'accord' App. 1.

diacre sm. 'deacon' §§ lxxiii, clxxiv.

disete sf. 'dearth' § ccxxiii, *disece* § vi (*F17*).

disme adj. 'tenth' § clxx.

disme sf. 'the tenth part of something' § xlviii. – 'tithe' *dismes* § xxii, *dimes* § xxii, ccxiii.

disner vi. 'have the midday meal' § lxxxvi.

disner sm. '(midday) meal' §§ ccxv, ccxc, ccxcix (*F20*)

disposet *see* **desposer**

doit sm. 'finger' § cxvii, clxxii, clxxiv, clxxxvi.

dolant adj. 'sad, both sorrowful and angry' §§ vii, xvi, xvii, xxxviii, xli, xliv, xlviii, lii, lxxxvi, xcii (*F19*), xcvii, cx, cxvi, cxxi, cxxxv, cxxxvii, cxliii, cliii, cliv, clxi, clxvi, clxix, clxxxviii, ccix, ccx, ccxi, ccxiii, ccxix, ccxxi, ccxxxi, ccxxxii, ccxxxvii (*F19*), ccxlii, ccxlv, cclxiv, cclxviii, cclxxii, cclxxiii, cclxxviii, cclxxix, cclxxxviii, ccxci, ccxciii, ccxciv, ccc, cccii, cccv, cccxiv, cccxviii, cccxix, cccxxii, cccxxvii, cccxxxii, cccxxxiv, cccxxxv, cccxxxvi, App. 3, *dolente* § xci, *dolenz* §§ ccxc (*F16 F20*).

dolereus adj. 'filled with pain' § cliii. – 'filled with sorrow' §§ clxxxiii.

dolor sf. 'sorrow' §§ ccx, ccxiii (*F16*), App. 2, *dolour* §§ cclxxxix, cccxxix, *doleurs* § cxxxviii (*F19*), *dolors* § cccxiii (*F16*), *dolours* § cccxiii (*F20*).

don sm. 'gift' §§ lxxix, cxliii, ccxxv (*F20*).

doré adj. 'gilded, golden' § ccvi.

dormir vi. 'sleep' §§ ccii, cclxxix.

dortoir sm. 'dormitory' § clxxv.

dos sm. 'back' §§ xxx (*F24*), xxxii, ccxliii, ccxc.

douaire sm. 'dower' §§ x, xxiv, ccxxv, cccxxxvii, *doaire* §§ cxlii (*F16*), ccxlvi.

dous   adj. 'sweet, fresh (water)', *douce* §§ lvii, xcvii, ccxxiv. – 'dear' § ccxlii (*F20*).

doutance   sf. 'fear' § ccliii, *doutanche* § cclxv (*F24*), App. 3.

doute   sm. or sf. 'fear' § cxxiv, clxx (*F19*), cclxv (*F25 F26*).

douter   vtr. and vr. 'doubt, be afraid, fear' § cxli. Imperf.: 3sg. *doutoit* §§ cxliii, cclvii, cclxi, cclxxvi, cccv, App. 3; *dotoit* § cclxxix; 3pl. *doutoient* §§ clxxxvi, App. 3. Perfect: 3sg. *douta* § lvii; 3pl. *douterent* §§ cxi, cxxxviii, App. 3. Imperf. Subj.: 3sg. *doutast* § clxxii. Cond.: 3pl. *douteroient* § cccxxxvi. Past Partic.: *doutés* ccxxxvii.

drap   sm. 'cloth' §§ xii, xiv, xvi, xviii, xxix, xxxi, xxxix, lxxxi, lxxxvi, cx, cxxiii, clxxx, cccxxi.

drapel   sm. 'cloth' § lxv.

draperie   sf. 'cloth' §§ clxxv, clxxviii.

drapier   sm. 'cloth seller' § clxxviii (*F18*).

drechier   vtr. 'set up (ladders, siege engines)' §§ clxxxv, clxxxvi, ccvi, ccxxiii, *drechier* § clxxxvi. Perfect: 3pl. *drecierent* §§ clxxxviii, cclxxxiii, cccxv. Past Partic.: *dreciés* § cccxv.

droit   adj. 'true, legal, rightful' §§ xxxvi (*F19*), clxxii, ccxl (*F19*), cclxi, cclxv (*F19*), ccxlvi (*F19*), cclxxxii, cccxx. – adv. 'straight, directly, rightly' §§ xii (*F19*), xxx (*F19*), xxxii (*F19*), xxxix (*F19*), lv (*F19*), cxi (*F19*), cxxxi (*F19*), cxliv (*F50*), clxix (*F19*), clxxiv, clxxviii, clxxix, ccix (*F19*), ccxi (*F19*), ccxx (*F16 F19*), ccxxii, ccxxiii, ccxxiv (*F16*), ccxvii (*F16*), ccxxviii, ccxlvi (*F16*), cclxiii (*F19*), cclxviii (*F16 F19*), ccxcvii, ccix (*F16*), cccxxxvii. – sm. '(legal) right' §§ li, cxxvii, cxxxiv, ccxviii, ccxxi, ccxxxiii, cclxi (*F16*), cclxxxvi, ccxcvi, cccxix, cccxix, cccxx.

droitement   adv. 'straight, directly, rightly' § xxxi (*F16*).

droiture   sf. 'straight direction' §§ clxxiii, clxxiv, clxxv, clxxviii, clxxviii#38, clxxix, ccxxiv, cccxiii (*F16*).

droiturier   adj. 'true, legal, rightful' §§ lxxxviii, cxxi (*F24*), cclxxxii (*F19*).

dru   adj. 'thick' § clxxxvi.

drument   adv. 'copiously' §§ cci, ccli (*F18*), ccc. See **durement**.

duc   sm. 'duke' §§ i (*F19*), ccxiii, ccxiv, ccxv, ccxxii, ccxxxv, ccxxxvi, ccxlii (*F16*), ccxliii, ccxliv (*F19*), ccxlv, cclxi, cclxiv, cclxv, ccci, cccv, cccvi, App. 1, App. 2, App. 3. – 'doge' §§ cclxx, cclxxii, cclxxxi, cclxxxvii, cclxxxviii, cclxxxix, ccxc (*F17*), ccxci.

ducé   sm. 'duchy' App. 3.

ducee   sf. 'duchy' App. 3.

duel   sm. 'grief, lamentation' §§ cxxxviii, cxlvii, cli, clxix, ccix, ccxxi, ccl, cclxvi (*F20*), ccxci, ccxcii, ccxciii, *deul* §§ cxlvii, ccx, cclxvi, cccxvi.

durement   adv. 'strongly, severely, very' §§ vi, xiii (*F20*), xxi, xc, cii, cxxv, clxiii, cci, ccviii (*F24*), ccxi, ccli, cclii, ccliii (*F25 F26*), cclvii (*F24 F25 F26 F38*), cclxii (*F24*), cclxxix, ccc (*F19*), cccxxxiv, App. 3. See **drument**.

durer   vi. 'last, endure' §§ lxi, ccix. Present: 3sg. *dure* §§ xx, liv, lxxv, clxxiv (*F19*), App. 3. Imperf.: 3sg. *duroit* §§ clxxxv, clxxxvi. Perfect: 3sg. *dura* §§ xxxvii, xcvi, cxiv, clxxxv,

GLOSSARY 595

cc, cciii, cclix, cclxix. Pres. Subj.: 3sg. *durece* §ccxxxvi. Future: 3sg. *durra* §ccxcviii. Past Partic.: *duré* §cccxxxii; *duree* §ccxci.

dyable   sm. 'devil, demon' §§lxi, lxiv, lxvi, cclxxxvii, lxxiv (*F24*), ciii, cccxxxii, cclxxxvii, *diable* §§lxvi, lxviii (*F20*), lxxxvii, App. 4, *deable* §§lxi (*F20*), lxii (*F16*), lxviii (*F16*), *diaules* §lx.

eage   *see* **aage**

efforchiement   adv. 'forcefully, in strength' §cxcviii (*F19*).

effoudre   sm. 'thunderbolt' §lxviii.

effroi   sm. 'fear, terror' §clxxxviii.

eglise   sf. 'church' §cccxliii, *eglyse* §§clxxxiii (*F20*), clxxxiv (*F20*), cclxxxvii, *glise* §§xxxv, xxxvii, cccxliii (*F18*), *iglise* §§clxxxiv (*F16*), *yglise* §clxxiii (*F50*), clxxxiv (*F50*), ccxlix (*F50*).

election   sf. 'choice, designation' §§lxxviii, lxxix, cclxxxvii (*F16*).

[**embatir**]   vr. 'stumble upon'. Perfect: 3sg. *s'enbati* §§lxxxiiii, cclxiv, ccxci. Imperf. Subj.: 3pl. *s'embatissent* §§cxcix, ccii. Past Partic.: *embatu* §cclxiv.

[**embler**]   vtr. 'make off with secretly'. Perfect: 3sg. *embla* §cclxxxvii; 3pl. *emblerent* §cclxxxvii. Past Partic.: *emblé* §ccxciv.

emboé   partic. as adj. 'covered in mud' §clxxx.

[**embracier**]   vtr. 'embrace'. Perfect: 3pl. *embracierent* §cclxxxvii. Past Partic.: *embracié* §cclxxxvii.

embuissement   sm. 'ambush' §§cclxiv, cclxxix, cclxxx, ccxci, cccxv, *enbuissement* §§cxii, cxii, cclxiv, cccxv, *enbuiscement* §cccxv, *enbussement* §§clii, cclxxix.

emfanton   sm. 'small child' §xviii (*F16*).

emplir   vtr. 'fill' §§lxxv, cxxv, clxxxix, cclxxxv. Imperf.: 3sg. *emploit* §lxxvi; 3pl. *emploient* §lxxvi. Perfect: 3sg. *empli* §lvii; 3pl. *emplirent* §§lvii, cxxii. Past Partic.: *emplis* §cxxi.

emploiier   vtr. 'bestow, put to use' §cxxxii. Past Partic.: *emploïe* §cli, cccvii.

[**emprunter**]   vtr. 'take on loan'. Present: 1sg. *emprunte* §xxi. Perfect: 3sg. *emprunta* §xlix.

[**empullenter**]   vtr. 'pollute'. Past Partic.: *empullentee* §clxxxix.

enbuissier   vtr. 'ambush' §cclvii. Past Partic.: *embuissié* §§cxi, cclxix, *embuissiet* §cclvii.

ençainte   adj. 'pregnant' §§lix, App. 3.

encant   sm. 'enchantment, spell' §lxxi.

encantement   sm. 'enchantment, spell' §clxii.

encauc   sm. 'pursuit' §§xlii, ccxc.

[**enchacier**]   vtr. 'pursue, drive out someone'. Perfect: 3sg. *encaca* §xxvii; 3 pl. *encacierent* §xxxvii.

[**enchaener**]   vtr. 'chain up'. Past Partic.: *enchaînés* §cxxi.

[enchauchier]   vtr. 'pursue'. Perfect: 3sg. *encauca* § ccxci; 3pl. *encaucierent*. Past Partic.: *encaucié* § cccxci.
[encheoir]   vi. 'fall in'. Past Partic.: *enkeus* § cxxi.
[encliner]   vtr. 'bow before, show deference to'. Perfect: 3sg. *enclina* § clxxx.
[enclore]   vtr. 'surround'. Perfect: 3sg. *enclost* §§ clii, cclxiv; 3pl. *enclosent* § cxlvi. Past Partic.: *enclos* §§ clxxiv, clxxxvi.
enclostre   sm. 'cloister' § clxxv.
[encontrer]   vtr. 'meet'. Perfect: 3sg. *encontra* §§ lviii, lxxxvi, cli, ccxxxviii, App. 3. Past Partic.: *encontrés* § cliii.
encoste   adv. and prep. 'alongside' §§ iv, cvii, cx, cxxi (*F24*), clxvi, clxxvi, cc, cccxxvi, cccxxix, App. 4.
[encuser]   vtr. 'betray, give away'. Past Partic.: *encusé* §§ lxxxvi, ccxliii.
endemain   sm. 'following day' § cclxxiv (*F16*).
endementiers   adv. 'while' §§ xliii, xliv, l, xcvi, xcix, cx, clxv, ccix, cclxiv, cclxxi, *endementres* §§ cxxxi (*F38*), ccxxix (*F38*).
[endeter]   vi. 'run into debt'. Past Partic.: *endetés* §§ cccxix, cccxxvii.
[endormir]   vi. 'go to sleep'. Past Partic.: *endormis* §§ cclxiii, cccv, *endormie* § cccxvii.
endroit   prep. 'close by, directly opposite' §§ liv, clxi, clxx, clxxi, clxxiii, clxxvii, clxxviii, ccxxv, ccxli, ccxlix, cclxxxvi (*F25 F26*), cccxxxvii (*F19*).
endroit   sm. 'place' §§ liv, cxv, clxxiv, clxxxiii, cccxxxi (*F38*).
endurer   vtr. 'endure, bear' §§ ccxxiv, cccxv.
enfance   sf. 'young age' § clxxvi.
enfant   sm. 'junior member of a household, child' §§ i, v, viii, xi, xiv, xxiii, xli, lxvii (*F19*), lxxiii, lxxxi, lxxxii, lxxxiii, cix, cx, cxv, cxviii, cxix, cxx, cxxix, cxxx (*F19*), cxxxi (*F20*), cxxxvi (*F19*), clix (*F20*), clxvii, clxxi, clxxii, clxxiv, clxxxii, clxxxviii, clxxxix (*F25 F26*), cxci, cxcv, ccii, ccxv, ccxxiv, ccxxxvii, ccxli (*F19*), ccxlvi, ccl, ccli, cclv, cclviii (*F19*), cclix, cclxi, cclxxvii, cclxxxiii, cclxxxiv (*F17*), cclxxxix, cxciii, cccxix, cccxxxiv, cccxxxv (*F17*), cccxxxvi, cccxxxvii, App. 1 (*F50*), App. 3, *emfant* §§ xci (*F16*), cxxi (*F16*), cxxi (*F16*), cclxi (*F16*), *enfes* §§ xviii, xxv, xxxix, lix, xci, ci, cix, cxvii, cxviii, cxxi, cxxvi, cxxxiv, cxc, cxciv, ccxlvi, cclxi, cclxiii, cclxxxi, cclxxxii, cclxxxiii, cclxxxv, cccii, *emfes* §§ cxxi, cclxxxii (*F16*), ccci (*F16*), *enfet* § cxviii.
enfanter   vtr. 'give birth to' § lxxi.
enferm   adj. 'ill' § clxxxiii.
enfouir   vtr. 'bury' §§ lviii, lxiv, cxxix, cxxx, clii, cclxxxiv, cccxxii, *enfoï* §§ cxxix, clxxiii. Perfect: 3sg. *enfoui* §§ clxv, App. 2; 3pl. *enfoïrent* §§ cxxi, ccl, *enfouirent* § lxiv. Past Partic.: *enfoïs* §§ cxv, cxxx, clxxxi, ccli, cclxxxiv, App. 3, *enfoui* §§ xxiv, lxiv, cxv, cxxi, cxxi; *enfoïe* §§ clxxxiii, *enfouie* § clxv.
[enfraindre]   vtr. 'break (truce)'. Past Partic.: *enfrainte* § liii.
enfremer   vtr. 'shut in, lock up' § cccxxxiv.
enfremeté   sf. 'illness, ill health, unealthiness' § clxxxiii.

GLOSSARY 597

[enfrener] vtr. 'attach reins, saddle'. Past Partic.: *enfrenés* § xxviii.

[enfuir] vr. 'escape'. Perfect: 3sg. *s'enfui* § lxix, lxxxiv; 3pl. *s'enfuirent* §§ clxx, ccliii. Imperf. Subj.: *s'enfuissent* § cclxxxvi.

[engagier] vtr. 'pledge'. Cond.: 3pl. *enwageroient* § clx. Past Partic.: *engagié* § ccxxxiii; *engagie* § l.

[engendrer] vtr. 'beget'. Perfect: 3sg. *engenra* § lxix.

engien sm. '(siege) engine' §§ clxxxv (*F19*), clxxxvi, ccxxiii, ccxci, cccxv.

[engignier] vtr. 'contrive, trick, deceive'. Past Partic.: *engignié* § vii.

enging sm. 'ingenuity, ruse' § cxiii.

engrant adj. 'desirous, keen to' § cccxix.

engrés adj. 'ardent, eager' § xlii (*aigrés F25 F26*).

enkeus *see* encheoir

[enmener] vtr. 'carry off'. Imperf.: 3sg. *enmenoit* § cxlvii. Perfect: 3sg. *enmena* §§ x, xiv, xxv, lii, lxxxiii, cxxi, ccxv, ccxviii, ccxxiv, cclxiii; 3pl. *enmenerent* §§ xl, xlii, ccl, cclvii, cclxi, ccciv. Imperf. Subj.: 3sg. *enmenast* § lxviii. Cond.: 3sg. *enmenroit* § ccx. Future: 1sg. *enmenrai* § cccv.

enpuisonner vtr. 'poison' § cccxix. Imperf. Subj.: 3sg. *enpuisonnast* § lxxxi. Past Partic.: *empuisonné* § ccxxxv.

enquerre vtr. 'ask for, enquire of' §§ cxlix, ccxviii.

enquestion sf. 'research, investigation' § cc.

[enseeller] vtr. 'seal'. Past Partic.: *enseellees* § cxxi.

ensegne sf. 'signal' §§ iii, cccxxxvii, App. 3.

[enseignier] vtr. 'show, guide'. Perfect: 3sg. *ensegna* § clxxxiv. Imperf. Subj.: 3pl. *ensegnassent* § ccliv. Cond.: 3sg. *ensegneroit* § lxiv.

[enseler] vtr. 'saddle'. Imper.: 2sg. *ensiele* § ccxxxvii. Past Partic.: *enselé* §§ xxviii, xxxi (*F19*), *anselez* § xxxi (*F16*).

[ensevelir] vtr. 'bury'. Perfect: 3pl. *ensevelirent* § ccxlix. Past Partic.: *ensevelis* § ccl.

[ensonniier] vi. 'be busy elsewhere, have a legal excuse (*essoign*) for non-attenance'. Past Partic.: *ensonniiés* § clv.

entailleure sf. 'window opening, embrasure' § xii (*F19*).

entendre vtr. 'realize, hear, intend, understand' §§ cxxxii, clxxii, ccxciii, cccxix, cccxx. Present: 3sg. *entent* § lxxi. Imperf.: 3pl. *entendoient* § xlii. Imper.: 2pl. *entendés* § i. Cond.: 3sg. *entenderoit* § cxli. Future: 3pl. *entenderont* § cccv. -ant form: *entendant* § clxix.

entente sf. 'intention' § clxiv (*F18*).

ententieu adj. 'attentive, assiduous' § xlii (*F19*).

enterin adj. 'entire' § cccxxvi (*F50*).

entier adj. 'entire' § lxviii.

entour prep. 'around (place)' §§ l, lviii, lxxi, cxi, clxii, clxiv, clxvii (*F19*), clxviii, clxxiv, clxxv, clxxvii (*F20*), clxxxvi (*F19*), clxxxix (*F19*), ccii, cciii, ccxxxix, cclxxiv, cclxxviii

(*F19*), *entor* §§ ccxli, cclxxviii, ccxcvi (*F25 F26*). – 'about (time)' *entor* § cccxxvi (*F50*), clvii. – adv. 'around' §§ vi, xxi (*F18*), §§ liv (*F20*), lxviii, lxx, clxiii, clxiv, clxxi, cciv, ccxxiv, ccxxxix, cclxxxvii, ccxcix (*F19*), cccxv, *entor* §§ liv (*F16*), clxxx, cccxiv (*F38*), cccxx (*F24*).

entrager   *see* **estranler**

entree   sf. 'entrance, beginning' §§ viii, lxx, cliv, clxx (*F19*), ccix, ccxliii, cclxiii, cclxxxii, ccxc, ccxcviii (*F24*), cccxxxvi.

[**entrencontrer**]   vr. 'meet'. Perfect: 3pl. *s'entrecontrerent* § cliv.

[**entreprendre**]   vtr. 'hamper, surprise'. Past Partic.: *entreprise* § ccxxii.

[**entreveoir**]   vr. 'meet each other'. Past Partic.: *entreveu* § ccxciii.

entrués   adv. 'whilst' § cxxxi.

enui   *see* **anui**

envenimement   sm. 'poisoning' § lxxi.

envers   prep. 'towards' §§ iii (*F19*), xix, xxxii (*F19*), xlvi (*F19*), xlvii (*F19*), xlix (*F19*), l (*F19*), clix (*F24*), clxvi (*F19*), clxxxviii, cxciii (*F19*), cxcv (*F20*), cxcvii, ccxviii, ccxxv (*F24*), ccxxxix (*F19*), ccxli (*F16*), ccxlviii (*F24*), cclxiii (*F19*), cclxiv (*F19 F24*), cclxviii (*F19*), cclxxv (*F24*), cclxxxi (*F16*), ccxcvii (*F24*), cccii (*F17*), cccvii, *enviers* §§ xlviii, cxxxv, clix, clxiii, clxvii, *evers* § cclxxxi (*F38*).

envie   sf. 'jealousy, envy' App. 3.

envoiier   vtr. 'send' §§ xix, xxx, xxxix, ccxi, ccxii, ccxlvi, ccli, cclxxxiii, ccxciv, *envoier* §§ ccciii, ccciv, cccxxxii. Present: 1sg. *envoie* § ccxxxvii; 3sg. *envoie* § cx; 3pl. *envoient* § cccxv. Imperf.: 3sg. *envoioit* §§ clvi, ccxxix, ccxli, cccv, cccxv, cccxix. Perfect: 3sg. *envoia* §§ viii, xii, xix, xxvii, xxxix, xlii, xlvi, lxvii, xc, xci, xcvii, ci, cii, cxv, cxxii, cxxvi, cxxvii, cxxxi, cxxxvi, cxxxix, cxl, cxlv, cxlvi, cxlix, cli, clv, clvii, clxvii, clxix, clxx, clxxi, clxxiii, clxxxiv, cxcvii, ccvi, ccvii, ccviii, ccxi, ccxii, ccxiii, ccxvi, ccxvii, ccxix, ccxxvii, ccxxviii, ccxxxv, ccxxxvi, ccxl, ccxli, ccxlv, ccxlvi, ccl, ccliv, cclviii, cclix, cclxi, cclxx, cclxxiii, cclxxvi, cclxxviii, cclxxx, cclxxxii, cclxxxiii, cclxxxvii, cclxxxviii, ccxc, ccxcii, ccxciv, ccxcvii, ccxcix, ccciii, ccciv, cccv, cccvi, cccix, cccxiii, cccxv, cccxix, cccxxiv, cccxxv, cccxxix, cccxxx, cccxxxi, cccxxxvi, cccxxxvii, cccxxxviii, cccxliii, cccxliv, App. 1, App. 3, App. 4; 3pl. *envoierent* §§ cxxxi, cliii, cxxxvi, ccliii, cclix, cclxvii, cclxxiii, cclxxxv, cclxxxvii, ccc, ccciii, ccciv, cccvii, cccxvi, cccxxxviii, App. 1, *envoiierent* §§ xcvi, clii, clxiii, ccxx, ccxxiv, ccxxxvi, cclxiv, cclxxviii, ccxciv, ccxcvi. Pres. Subj.: 3sg. *envoit* § xix. Imperf. Subj.: 3sg. *envoiast* §§ viii, xii, xxi, xc, clv, ccxvii, ccxxvii, cclxiv, ccxciv, cccix, cccxiii, cccxvii, cccxxix; 3pl. *envoiassent* §§ clxiii, cclxvii, ccciii. Cond.: 3sg. *envoieroit* §§ xxii, xxxix, cxxxi, ccxlvi, cclxiv, cclxix, ccxcii, cccxxix; 3pl. *envoieroient* §§ clii, cclxxxiii, ccxciv. Future: 3sg. *envoierai* §§ xxi, cclxxxiii. Imper.: 2pl. *envoiés* § xix. Past Participle: *envoiié* §§ cii, cxxxii, clxx, cclv, cclxiv, cclxxix, *envoiiet* §§ lx, ccxli, *envoiet* § cccxiv, *envoié* §§ cxxxi, cli, ccvi, clxx, cclxi, cclxxxi, cccxxvii, cccxxxvii; *envoïe* § ccxxiii.

epistre   sf. 'epistle' (from the New Testament) § xci, clxxiv, *epystles* § cclxxxii.

erbe   sf. 'grass' § clxiv.

erranment   adv. 'immediately' § cxlv.

errant   adv. 'immediately' §§ c, clxi.

errer   vi. 'journey, go' §§ cxxxiii, clxix. Present: 3pl. *errent* § xcii. Perfect: 3sg. *erra* §§ xciv, ciii, cxxxiv, cxlix, cliv, ccxxxvii, cccxxvii, cccxxxii; 3pl. *errerent* §§ cxxxviii, ccxiv, ccxv, cclxviii, cclxxvii, cclxxxii, ccxciii, cccxvi, *esrerent* § cccxv. Imperf. Subj.: 3pl. *errassent* § ccxxxvi. Cond.: 3sg. *erreroit* § cxlii. Past Partic.: *erré* § ccxci, *esré* § cxlviii. – 'err, act in a wrong way'. Imperf.: 3sg. *erroit* § cccxxxii.

errure   sf. 'voyaging' §§ xliii, xlv.

ersoir   adv. 'last night, previous evening' § xcviii.

[escacier]   vtr. 'shatter, smash'. Present: 3sg. *escaçe* § lxxi (text fromm *F24 F25 F26*). Perfect: 3pl. *escacierent* § lxxii (*F24 F25 F26*).

escaï   *see* **escheoir**

escaper   vi and vr. 'escape' §§ xxxvii, lxiii, cxlvi, clxv, cxxxiii, cclxix, cccxvi. Present: 3sg. *escape* § lxxi. Perfect: 3sg. *escapa* §§ xxxvii, lxiii, cxlvi, clxv, cxxxiii, cclxix, cccxvi; 3pl. *escaperent* §§ lxiii, clxv, cciii, ccxi, cclv, ccxci, ccxciii, cccvi, ccxciv. Pres. Subj.: 3sg. *escapt* § ccxliii. Imperf. Subj.: 3sg. *escapast* § clxii. Cond.: 3sg. *escaperoit* §§ clxii, cclxix, ccxciii, cccxxix. Future: 3sg. *escapera* §§ cxl, ccxci. Past Partic.: *escapé* §§ cii, cl, cli, clxvii, ccxv, ccxciii, cccv.

escargaite   sm. 'watchman, sentry' §§ clxxxviii, cccxvii.

[escargaitier]   vi. 'stand guard'. Imperf.: 3pl. *escargaitoient* § cccxv, cccxx.

[escaver]   vtr. 'dig'. Imperf.: *escauvoit* § clxxv.

escerpe   sf. '(pilgrim's) pouch' § ccxxii.

[escheoir]   vtr. 'pass by inheritance, fall to, escheat'. Perfect: 3sg. *escaï* §§ cclxxxvii, cccvii, cccxvii, *eschaï* App. 3, *eskeï* §§ i, ix, xi, ccxxiv, ccxl, ccxlvi. Past Partic.: *eschaü* § ccxlv, *eskeus* §§ cxxxi, ccxcvi; *esceue* § cxxxiv, *eskeue* §§ ccxxxv, ccxl, cclxxxvii, ccxcix, ccxviii.

escillier   vtr. 'lay waste' § cclxxv. Imperf.: 3sg. *escilloit* § ccxlv. Perfect: 3sg. *escilla* §§ xxxiv, xli. Cond.: 3sg. *escilleroit* § cclxxv.

esclaf   *see* **esclave**

esclairier   vi. 'dawn' § cccxv (*esclarcir F38*).

esclave   sm. and sf. 'slave' §§ lxxxii, ci, clxii, cxc, cxcix, cciv, ccli, cclii, ccliv, *esclaf* §§ ccxxxi (*F50*), cclii (*F50*).

escloi   sm. 'urine' §§ lxxxix, cclxxxii.

escluses   sf. 'lock' §§ cccxxvi, cccxxviii, cccxxx.

escondire   vi. 'refuse' § vii. Imperf.: 3sg. *escondissoit* § cxliii. Past Partic.: *escondite* § cxvi.

[esconser]   vi. 'set (sun)'. *-ant* form: *esconsant* § cxliv.

escope   sf. 'shop, market stall' § clxxiv.

[escopir]   vi. 'spit'. Perfect: 3sg. *escopi* § cxxiii.

escouer vtr. 'shake'. Imperf.: 3sg. *escouoit* § xii.

escout sm. 'hearing, listening out for' § ccviii (*F16*), cccxvii, *ascout* § ccviii.

escouter vi. 'listen, hear' § cccxx. Perfect: 3sg. *escouta* § cclxviii.

[**escrier**] vi. 'cry out'. Perfect: 3sg. *escria* § cclx.

escripture sf. 'bible' clxiii.

escrire vtr. 'write' §§ cclxxviii. Past Partic.: *escript* §§ cxlix, cxcviii, cclv, cclxx, cclxxxiii, *escrit* § cclxx, cclxxxiii, App. 2; *escripte* § xc.

escrivain sm. 'scribe, clerk' § lxxxiii, lxxxv (*F16 F24*), lxxxvi (*F16*), *escrivens* § cxcviii, *escrivent* §§ cclxx.

escu sm. 'shield' §§ ccvi (*F19*), ccxxvii, cclxxxvii. – 'écu, coin (originally with shield design)' § cccxxxiii.

escuiier sm. 'squire' §§ cxlvi, cli, ccxc (*F24*), *escuier* § ccii.

escumeniement sm. 'excommunication' §§ cclxxiv, cclxxxvi, cccxii, cccxix.

escumenier vtr. 'excommunicate' §§ cccii, cccxix, cccxxxvi, *escumeniier* §§ cclxxxvi, cccii. Imperf.: 3sg. *escommenioit* § cccxviii. Perfect: 3sg. *escommenia* § cccxxxvi, *escumenia* §§ cclxxiii, cclxxxvi, cccii. Imperf. Subj.: 3sg. *esucumeniast* § cclxxiii, cccxliii. Past Partic.: *escumeniié* §§ cclxxiii, cccii, *escumenié* §§ cccxxxvii, cccxliii.

esforcement sm. 'effort'

[**esforcier**] vtr. 'cross (a river)'. Pres.: 3sg. *esforche* § cccxxvi.

esfors sm. 'armed force' § ccxxv.

[**esgarder**] vtr. 'resolve, propose'. Perfect: 3sg. *esgarda* § xii; 3pl. *esgarderent* §§ cxviii, cclxi, cclxviii, cclxxxiii, ccxciv. Cond.: 3sg. *esgarderoit* § cclxxxviii. Imper.: 2pl. *esgardés* §§ cxviii, cclxi. Past Partic.: *esgardé* §§ ii, cclxxxiii. – 'look' § xxx. Imperf.: *esgardoient* § xcvi. Perfect: 3sg. *esgarda* §§ lxvi, ccxci; 3pl. *esgarderent* §§ xcix, cxiv, cccxv. Imper.: 2pl. *esgardés* §§ ccl.

[**esjoïr**] vr. 'rejoice'. Perfect: 3sg. *s'esjoï* § lix.

eskeï see **escheoir**

eskiele[1] sf. '(military) unity, squadron' §§ xxxvii, xcv, clxii, clxiv, *eschiele* §§ xcvi, clxv (*F16*), ccxxxvi, cccvi (*F24*), *esciele* §§ xxxv, xcix

eskiele[2] sf. 'ladder' §§ clxxxviii, ccviii, ccix, cclxxxiii, *eschiele* §§ clxxxvi, *escieles* § cccxvi, *escielles* § cccxvii

eslais sm. 'dash'. – *a eslais* 'at full tilt' § ccxxix (*F20*).

eslire vtr. 'choose, elect'. Perfect: 3sg. *eslist* § clvi, *eslut* § cclxxxvii; 3pl. *eslirent* § cccix, *esliurent* § lxxix, *eslurent* § ccxxiv. Imperf. Subj.: 3pl. *esleuissent* § ccli. Past Partic.: *esleus* App. 3.

eslis part. as sm. '(bishop-) elect' § cccxvi, *eslius* § cccxvi.

eslisour sm. 'responsible of a choice, elector' § lxxix (*F20*).

[**eslongier**] vtr. 'distance'. Past Partic.: *eslongié* § ccxcix; *eslongie* § cccxiv.

esmanche sf. 'estimate' App. 3.

[**esmarir**] vr. 'be suspised, troubled'. Past Partic.: *esmarir* § ccxciv.

GLOSSARY 601

[esmovoir] vr. 'move, bestir oneself'. Present: 1sg. (*m'esmuef*) § clxxxiii.
[esnetiier] vtr. 'cleanse'. Perfect: 3sg. *esnetia* §§ lxxxii, clxxxix. Cond.: 3sg. *esnetieroit* § clxix.
[espandre] vtr. and vr. 'spread out over' § cccxxvi. Present: 3sg. *espant* §§ cccxxvi. Imperf.: 3sg. *espandoit* § cccxxvi. Perfect: 3sg. *espandi* § lxxxii, clxxi, cclxxii, *esparst* § cccxxviii; 3pl. *espandirent* § cclxxvi. Past partic.: *espandu* §§ cxc.
[espargnier] vtr. 'spare'. Cond.: 3pl. *espargneroient* § cxcviii.
espaule sf. 'shoulder' §§ xxxi, cx.
espee sf. 'sword' §§ xli, xlviii (*F16*), lxxxvi, lxxxvii, cxvii (*F16*), cxix (*F16*), cxxvi, clxiii, clxvi, clxxxii, cclxxv (*F24 F25 F26*), cclxxv, cclxxxvi (*F25 F26*), cclxxxviii, ccxciii, cccv, cccvi, cccxx.
[espelir] vtr. 'explain'. Past Partic.: *espellis* § cclxxxiv (*F20*).
espeses sf. 'spices' §§ clxxviii, *espesses* § clxxiv.
espie sm. 'spies, scouts' §§ c, ccxliii (*F19*), cccxix, App. 3.
espier vtr. 'observe, wait for' § cxxxi. Perfect: 3sg. *espia* § cclxxxiv; 3pl. *espiierent* § c.
esploit sm. 'exploit, gain' § cccxiv.
esploitier vi. 'act, hurry, achieve' §§ cclxxii, ccxcix, cccxi, cccxix. Perf.: 3sg. *esploita* §§ clxix, cccii. Imperf. Subj.: 3pl. *esploitassent* § ccxciii.
espoir adv. 'perhaps, hopefully' §§ cxcv, cccx.
espouron sm. 'spur' lxxxvii ccxxxvii. §§ lxxxvii, xcviii, cxxviii, *esperons* §§ cxxviii (*F16*), cccxix, cxlv (*F16*), *esporons* § ccxxxvii.
espouser vtr. 'marry' §§ xxxix, xl, ccxxxvii, ccxli, cccxxxii, a1, *esposer* § ccxxii. Imperf.: 3sg. *espousoit* § clxxiv. Perfect: 3sg. *espousa* §§ xviii, xli, xlii, lii, lxxvi, xc, ccxxiv, ccxxix, ccli, cclxiii, cclxxv, ccxcviii, ccc, ccciii, cccvii, cccviii, cccix, cccxxxii, *esposa* §§ cclxxv, App. 3. Pres. Subj.: 3sg. *espeusece* § ccxxvii. Imperf. Subj.: 3sg. *espousast* §§ ccxxvii, ccxxix. Cond.: 3sg. *espouseroit* §§ ccxliv, ccciii, cccxxxii, App. 1. Future: 3sg. *espousera* § ccxxii. Past Partic.: *espousés* § ci; *espousee* §§ xli, ci, ccxxix, ccxxxi, ccli, cclviii, cclxiii, cclxxxvii, ccc, ccciii, ccciv, cccviii, cccix, cccxxxii, App. 1, App. 2.
[esprendre] vtr. 'inflame'. Past Partic.: *espris* § cccx.
esprises sf. 'fuel, combustables' § cclxxxv.
esquerre vtr. 'look for' § cc.
esrachier vtr. 'extract' § clxxxi.
essauchier vtr. 'exalt, glorify' § ii.
essillier vtr. 'banish, exile' § xxxii. Imperf.: *essilloient* § cclxxiii. Past Partic.: *essillié* § ccli; *essillie* § xxxv; *establies* § cccxv.
establir vtr. 'stipulate, establish, lay down, appoint' § ccxc. Perf.: 3pl. *establirent* § cclxxxvi. Cond.: 3sg. *establieroit* § cclxxxvi. Past Partic: *establi* §§ cclxxii, cclxxxv, cclxxxvi, cccvi, cccxix.
[estachier] vtr. 'build up, prop up'. Past Partic.: *estaciés* § clxxxvi. – vtr. 'stab, impale'. Perfect: 3pl. *estechierent* § cxlvi.

estaçon   sm. 'shop(?)' § clxxiv (*F50*). *See* **escope**.
[estaindre]   vtr. 'suffocate' cxii. Past Partic.: *estains* § cxii.
estake   sf. 'stake' §§ clxx, clxxx, clxxxiv (*F19*).
estanc   sm. 'pond' § lvii, lix (*F16*), lxi.
[estançoner]   vtr. 'shore up, prop'. Perfect: 3sg. *estançona* § ccxc. Past Partic.: *estançonné* § clxxxvi.
estat   sm. 'condition' §§ clxxii, App. 1, App. 4.
esté   sm. 'summer' § xciii.
[estevoir]   v. impers. 'be necessary, expedient'. Pres.: 3sg. *estuet* §§ lxxi, clix, cciv, cclxx, a3. Imperf.: 3sg. *estevroit* §§ cccxiv, cccxviii, cccxxvii, cccxxxii. Perfect: 3sg. *esteut* §§ cxcv, cclv, cccxl, *estut* §§ xxiii, clxxii. Pres. Subj.: 3sg. *estuece* §§ lxxi, cviii. Cond.: 3sg. *esteveroit* §§ cxxxvii, cclxxii, *estevroit* § ccxliii.
estoire[1]   sf. 'fleet' §§ ccxi, ccxii, cclxvi, cclxvii, cclxviii, cclxx, cclxxii, cclxxxi, cclxxxii, cclxxxiii, cclxxxvi, cclxxxvii, *estore* §§ ccxi, ccxii (*F19*), cclxxii (*F19*), cclxxxi (*F19*)
estoire[2]   sf. 'story, history' §§ i (*F16*), cccxliv (*F19*), cccxxxvi (*F16*).
[estorer]   vtr. 'establish'. Perfect: 3sg. *estora* § i. Past Partic.: *estoré* §§ xxii.
[estormir]   vr. 'be startled'. Imperf.: 3sg. *s'estourmissoient* § ccvi.
[estouper]   vtr. 'block'. Present: 3sg. *estoupe* § lxxi.
estour   sm. 'fight' § clxxxv (*F19*).
[estraindre]   vtr. 'tighten'. Present: 3sg. *estraint* §§ lxxi, clxxxi.
estrange   adj. 'foreign' § xlvi.
estranler   vtr. 'strangle' §§ cclxxxiv, cclxxxvii. Imperf.: 3sg. *estranloit* § cclxxxiv. Past Partic.: *estranlés* § cclxxxiv.
[estriver]   vi. 'quarrel, argue'. Perfect: 3pl. *estriverent* App. 1.
[esvanuir]   vr. 'disappear'. Perfect: 3sg. *s'esvanui* §§ lix, clxxxii.
esveillier   vtr. 'wake' § cxxvi, *esvellier* § cxxvi.
eure   sf. 'hour, moment' §§ xi, xiv, xxiii, xxv, xxxviii, xlii, lxxiii (*F24*), lxxvi (*F24*), cxviii, cxxviii, cxxxi, cxxxvi, cxli, clvi, clviii, clx, clxxi (*F17*), clxxxviii, cciv, ccxv, ccxxiv, ccxxv, ccxxxviii, ccliv, cclix, cclxi, cclxiv, cclxix, cclxxvi, cclxxxi, cclxxxiv (*F24*), ccxcvi, cccvii, cccix, cccxii (*F20*), cccxix, cccxxvi, cccxxxiv, cccxxxviii (*F24*), App. 1, App. 2, *heure* §§ clxiv (*F19*), clxix (*F19 F38*), clxxi, ccxxvii (*F19*), *hore* §§ lxxxiii (*F25 F26*), cclxvii (*F25 F26*), cccvii (*F25 F26*), *ore* §§ cxli (*F25 F26*), clx (*F25 F26*).
eve   sf. 'water' §§ xliii, liii (*F16*), lvii, lxiii (*F24*), lxvi, lxxiii (*F24*), cvii, cviii, cxxi (*F26*), cxxii, cxxiii, cxxvi, clxxxiii, cciv, ccvi, ccxx, ccxxiv, ccxlix, ccxvi (*F25 F26*), cccxxvi, cccxxviii, cccxxix, cccxxx, App. 3, *iaue* §§ liv, lxii, cxxi, cxxii, clix, clxxxix, ccxxiv, cccxvi, *aighe* §§ xiv, liii, xcvii, *aigue* § liii.

fable   sf. 'fiction, fable' §§ clxii, clxiii.
faille   sf. 'failure, deceit'. – *sanz faille* 'without fail' § xxxiii (*F16*).
faillir   vtr. and vi. 'let down, fail; be lacking, run out, expire' § ccxlii, *falir* App. 3.

GLOSSARY 603

Present: 3sg. *faut* §§ clxxiv, App. 3. Imperf.: 3sg. *faloit* §§ ccli. Perfect: 3sg. *failli* §§ xcvi, ccxx. Cond.: 3sg. *faurroit* §§ cclxiv, ccxc, ccxciii; 3pl. *faurroient* § cclxxxii. Past Partic.: *failli* § cxxxvi.

faim   sf. 'hunger' §§ vi (*F16*), ccxxiv, cccxxix, cccxxx, App. 2, *fain* §§ xcvi, cxi, cxxv, ccxxxix, cccxxvi.

fais   sm. 'bundle, load, burden' § ccix.

falise   sf. 'cliff' §§ lix, lx, lxxv, lxxvi, cii.

famelleus   adj. 'starving, famished' § lxxxix.

famine   sf. 'starvation' §§ vi, cix, cxi, clxxii, ccxv, ccxxiv (*F19*), ccxxiv (*F16*).

faon   sm. 'foal, young of animal' §§ lxxiii, clxxxiv (*F19*), *feon* § lxxi.

faudestuef   sm. 'faldstool, fondina chair' § xxxi.

faus   adj. 'perfidious, deceitful, false' §§ vi, lxxxi (*F19*), cxxix (*F19*), cxl, cccxxxviii, cccxliii.

[**fausser**]   vtr. 'breach, break (an agreement)'. – *fausser de* 'default (on an agreement)' Imperf.: 3sg. *faussoit* § cccxxxix.

felon   adj. 'wicked' §§ lxxxv (*F19*), cxxxiii (*F19*), cclxxix.

fenestre   sf. 'window' §§ xii, lxvii, ccvii, ccxlix, ccl, cclxxxvi (*F25 F26*).

fer   sm. 'iron' §§ lviii, clxxxii, ccl (*F24*), ccliv (*F24*), ccliv (*F20*), cclxxxii (*F16*), cclxxxii (*F16*), cccxxvi, cccxxvii, cccxxviii (*F16*). – *fers* 'tips (of lances)' §§ cxlvi, cxlvii (*F19*).

ferine   sf. 'flour' §§ cx, ccxxiv.

ferir   vtr. 'strike'. Perfect: 3sg. *feri* §§ lxiii, clxii, clxxxviii, ccxli, App. 3. Present: 2sg. *fiers* § clxiii; 3sg. *fiert* § xxxii, cxxviii, clxiii, cclxiv; 3pl. *fierent* §§ xxxii. Imperf. Subj.: 3pl. *ferissent* § ccliv, *fersissent* § cclxxxviii. Past Partic.: *feru* § clxxxviii. – vr. 'attack' § clxxxvii. Present: 3sg. *se fiert* § cccxiv. Perfect: 3sg. *se feri* § ccvi; 3pl. *se ferirent* §§ cxlvi, ccix, ccxxiv, ccxxxix, cccxvi, cccxvii. Past Partic.: *feru* § cxlvi.

fermer   vtr. 'secure, close (gates)' § cxxxi. Perfect: 3pl. *fermerent* § cccxxxvi. Imperf. Subj.: 3pl. *fermaissent* § cccxxxvi. Past Partic.: *fermé* §§ ccxliii, cccxv; *fermee* §§ cxxxi, cclxxxv.

fermeté   sf. 'stronghold' § cxviii, *fremeté* § cccxli.

feste   sf. 'celebration' §§ xxv (*F19*), l, lxxii, xcvii (*F17*), xcviii (*F19*), cxv (*F24*), cxxvi (*F19*), cxxxiii (*F24 F25 F26*), cxlvii, cxcviii, ccix, ccxxii, ccxxv, ccxxx (*F17 F19*), ccliv (*F19*), cclx (*F19*), ccxciii (*F19*), cccxcvii (*F24 F38*), cccxv, cccxvi, cccxxxii, App. 2, *fieste* §§ xxvii, xxxiv, lx, clxiv, clxvi, clxxvi, cclv, cccxxix, cccxliii, App. 2.

feu   *see* **fu**

feule   adj. 'weak' §§ ccxxxix, ccli, *foible* App. 3.

feuté   sf. 'fealty' § cxxi.

feve   sf. 'bean' §§ vi, lxxxix.

fiance   sf. 'protection, trust' §§ xxxiv, clxix, cciv, *fianche* § cii. – *a fiance* 'assuredly, with certainty' §§ cii, cclvii.

[**fiancier**]   vi. 'promise'. Perfect: 3sg. *fiancha* § l.

fié   see **fois**

fiente   sf. 'dung' § cx.

fier   vr. 'trust in, rely on' §§ xix, ccliv, cccxxvi. Imperf.: 3sg. *se fioit* §§ ccxv, ccxxi.

[**fiever**]   vtr. 'enfeoff, give fief to'. Perfect: 3sg. *fieva* § ccxl.

figier   sm. 'fig tree' § clxxxiv.

figue   sf. 'fig.' § clxxxiv.

fillastre   sm. 'step-son' §§ xxiii, xxxvii, xlv, lxxvi, cxxxiii (*F16*), cli, clxv, clxvi, ccxxiv (*F16*).

fin¹   adj. 'fine, refined' § vii (*F19*). – 'utter, sheer' § xiv (*F19*).

fin²   sf. 'end, settlement' §§ xi, cxvii, cclxv (*F24*), cccxiv, cccxxxvii, App. 1, App. 3.

[**finer**]   vi. and vtr. 'end, stop doing something'. Perfect: 3sg. *fina* §§ lxxxix, cclxv, cclxxxiii, App. 3; 3pl. *finerent* §§ clxix, cxcv, ccxxxix. Past Partic.: *finé* § xlix, *finee* § ccxxxiv.

flatir   vi. 'cast down' § clxxxviii.

flor   sf. 'flower'. – *la fleur de* 'the best part of' §§ ccxxxvi, App. 3.

foi   sf. 'faith' §§ lvii, lxxxiii, cxxxi, clxvi, cciv (*F19*), *foy* §§ lxxxiii.

foible   see **feule**

foiblece   sf. 'weakness' § xxxiv.

fois   sf. 'time, occasion' §§ xii (*F19*), xiv (*F25 F26*), xli, xlii (*F18*), xliii, xlviii, l, liii, lviii (*F17*), lix, lx, lxii, lxiii, lxxv, lxxxi, xcii, xciii, ci, ciii, cxxvi, cxxvii, clxiii, clxxvi, clxxx, clxxxv, clxxxvi, ccvi, ccxv, ccxviii (*F20*), ccxxxvii, ccxlv, ccl, cclxiii, cclxiv, cclxvi (*F19*), cclxxviii, cclxxix, cclxxxvii (*F17*), ccci, cccviii (*F24*), cccxxvi, cccxxxvi, App. 3, *foiz* §§ lvii (*F25 F26*), lviii, lxxvi (*F25 F26*), ccxxiv (*F16*), cclvii (*F16*), cclxvi (*F25 F26*), cclxxv (*F24*), cccviii (*F38*), *fié* § ccxxiv, clxxxiii (*F17*), *foys* § cclxvi.

fol   adj. 'foolish' §§ lxxxi, xcviii, cxxix, cxxxiii, cxl (*F17*), cccxv, cccxxiii, cccxxxviii (*F50*).

[**fondre**]   vi. 'collapse'. Cond.: 3sg. *fonderoient* §§ lxvii, lxviii, App. 3. Past Partic.: *fondu* § cclxvi.

fons   sm. 'bottom, lowest part' §§ lxxv, clxx, clxxiv, clxxxviii.

fontaine   sf. 'spring, source' §§ liv, lv, lvii, lxxiii, xciii, xciv, xcv, xcvi, c, civ, cv, cviii (*F19*), cxxi (*F24*), cxxiii, cxxv, cxxvi, cxliii (*F20*), cxlvi, cxlviii (*F16*), clii (*F16*), clv, clvii, clix, clxiv, clxxviii, clxxix, clxxxii, clxxxiii, clxxxiv, cclxxix.

[**forchier**]   vi. 'divide in two, fork'. Present: 3sg. *force* § cccxxvi.

[**forfaire**]   vi. 'do wrong'. Perfect: 3sg. *forfist* § cclxxix.

[**forrer¹**]   vtr. 'forage for, plunder'. Perfect: 3sg. *forerent* § ccxxxix.

[**forrer²**]   'stuff, fill; line'. Past Partic.: *forree*. See **pais forree**.

forsené   part. as adj. 'furious, mad with anger' § ccxix (*F24 F25 F26 F38*).

fosse   sf. 'ditch' § ccxxiv.

fossé   sm. 'moat' §§ lxxv, lxxvi, xcvi (*F19*), clxx, clxxv, clxxix, clxxx, clxxxiii, clxxxvi, clxxxviii, cccxv.

foudre   sm. 'thunderbolt' § lxviii (*F16 F25 F26*).

GLOSSARY

fourier   sm. 'forager' § cccxxxvii, *fourrier* § cclxiv.
frains   sm. 'reins' §§ xxviii, lxxxviii.
françois   sm. 'French language' §§ xii, xxvii.
frankise   sf. 'exemption, privilege' § cclxx.
freeur   sf. 'fear, dread' § lx (*F18*).
fremer   vtr. 'secure, close (gates), build' §§ xliii, xliv, cxliv, clxxi, clxxxiii, cxcvii, cciii, ccviii, ccxv, ccxix, ccxxxviii, ccxlii, ccxliii, cclxxvii, cccxv, cccxxxvi, cccxli. Imperf.: 3sg. *fremoit* §§ xliv, cccxxxviii; 3pl. *fremoient* § cccxxxv. Perfect: 3sg. *frema* §§ viii, ccxxv; 3pl. *fremerent* §§ xliv, lv, lxx, ccxxxviii, cclii, cclxii, cccxv, cccxvi, cccxxxvii, cccxxxviii. Imperf. Subj.: 3sg. *fremast* § xliii; 3pl. *fremassent* § cccxliii. Cond.: 3pl. *fremeroient* § xliii. -*ant* form: § cccxv. Past Partic.: *fremé* §§ xliv, cclii, cccxxxvii, cccxxxviii; *fremet* § cccxxxvii; *fremee* §§ lxx, ccxix, ccxxxviii.
friente   sf. 'noise, commotion' §§ cccxv, cccxvii.
[froer]   vtr. 'break, shatter'. Perfect: *frouerent* § xcv. Past Partic.: *frouee* § xcvi.
froid   adj. 'cold' § clxxxix.
[froissier]   vtr. 'shatter'. Present: 3sg. *froisse* § cccxiv.
fu   sm. 'fire' §§ cii, ciii, cxv, clxii (*F19 F24*), clxiii, ccix, ccxliii, cclxxxii, cclxxxiii, cclxxxv, ccxc, cccxix, *feu* §§ clxii. – *fu grigois* sm. 'Greek fire' § cccxiv.
fuere   sm. 'pillaging' § liv (*F24*), App. 3.
fuie   sf. 'flee' §§ xcvi, cxiv, cxxviii, cxlvi, cccxv.
fuir   vr. and vi. 'flee' §§ ccviii, ccix, ccxviii, cclxxxii, ccxci. Imperf.: 3sg. *fuioit* § ccxxix, cccvi; 3pl. *fuioient* § cccxxxvii, ccxci. Perfect: 3sg. *fui* §§ clxv, ccxxi, ccxxiv, ccxxix, cclxxxiii, cclxxxvi, ccxcii, cccvi; 3pl. *fuirent* §§ lxix, ccix, ccxc, cccxxxv, ccliii. Imperf. Subj.: 3sg. *fuist* § clxiv; 3pl. *fuissent* §§ cclxxxvi. Future: 3pl. *fuiront* § cccv. -*ant* form: *fuiant* § xxi. Past Partic.: *fui* §§ xliii, lxix, cxxxiv, cxxxv, cxxxvi, ccliii.
fuison   sf. 'abundance of resource, multitude' §§ ccxi, ccxvi, cccxv.
fumele   sf. 'female' lxii *F24*.
fusessiien   sm. 'physician' § lxxxi (*fisicien F25 F26*).
fust   sm. 'timber, wood' clxxxi.

gaaignier   vtr. 'gain' §§ clxxi, ccxxiv, *gagnier* §§ cccxxxviii, cclxii. *gaaingnier* § cclxxvi, *gaegnier* § lxxv. Imperf.: 3sg. *gaaignoit* § cxxi; 3pl. *gaaignoient* § cclxii. Perfect: 3sg. *gaaigna* § cclxxxvi, *gaaingna* § ccxxix; 3pl. *gaaignierent* § cccxv, *gaaingnierent* § cciv. Past Partic.: *gaagnié* § cccxix, *gaaignié* § cccxxxvii.
gaaing   sm. 'gain, booty' §§ xiv, xlii, xlvi (*F19*), cclxxv, cclxxvi, cclxxvii, cclxxviii, cclxxx, cccxv, *gaagn* §§ cccxix, cccxxxvii, *gaaign* § cccxxxvii, *gaains* §§ cclxxvi, cclxxviii, *gaing* §§ xli, cxlvi.
gage   sm. 'gage, pledge' §§ cxviii (*F19*), cxxx, cxxxv, ccli.
gaires   adv. 'much' §§ vi, ix, xvii, xxii (*F19*), xxiii, xxiv, xxvii, xli, xlv, lxxxi, lxxxiii, cii, cxvi, cxxi, clxix (*F16*), clxxxv, clxxxix, cxcviii, ccvii (*F19*), ccxi (*F19*), ccxii, ccxxiii,

ccxxix, ccxxxv, ccxxxvi, ccxl, ccxlvi (*F20*), cclv, cclxiv, cclxviii, cclxxxii, cclxxxiii, cclxxxv, cclxxxviii, ccxcvi, ccxcviii, ccxcix, cccii, ccciii, cccx, cccxiv, cccxvi, cccxvii, cccxviii, cccxxxii, cccxxxv, *waires* § xxii, xciii (*F18*), *gaires* § ccxcix.

gaite   sm. or sf. 'watchman' §§ cxlviii, cclv, cccxvii.

gaitier   vtr. 'keep watch for' §§ cclv, cccv. Present: 3sg. *gaite* § cclxix. Imperf.: 3sg. *gaitoit* § cccxxxvii; 3pl. *gaitoient* §§ cclv, ccciv, cccxv, cccxvii. Past Partic.: *gaités* § cccv.

galie   sf. 'galley' §§ xii, l, lxiii, ccvi, ccvii, ccviii, ccix, ccxi, ccxii, ccxvi, ccx, ccxxv, ccxxx (*F17*), ccxliii, ccliii (*F19*), ccliv (*F19*), cclv, cclxvii, cclxxii (*F24*), cclxxx, ccc, ccciii, ccciv, cccxii, cccxiv, cccxvi, cccxix, cccxxiv, cccxxxvi, cccxxxviii, *galyes* §§ ccvii, ccix, ccx, ccxi, ccxii, ccxvi, ccxx, ccxxv, ccxxvii, ccxxix, ccxxxv, ccxxxvi, ccxxxvii, ccxxxviii, ccxliii, ccxlvi, ccli, cclv, cclxvii, cclxxvi, cclxxxii, ccxciv, cccxix, cccxxxviii, cccxliii.

galion   sm. 'little ship, small galley' § ccvii.

garandir   vtr. 'protect' §§ cxxxiii, cclxx, App. 1, *garantir* § ccxviii. Cond.: 3sg. *garandiroit* § cclxx; 2pl. *garandiriés* §§ cccxxix.

garandise   sf. 'protection' § cclxxxi.

garçon   sm. 'boy, lout' § ccxc.

garde   sf. 'care, custody, cause for concern' §§ xxxii, xlvi, lxxiii, xci, cxxix, cxlv, cxciii, ccxi, ccxli, cclxxxiii, cccxci (*F25 F26*), cccv (*F25 F26*), *warde* § cccxxxvi (*F19*).

garde   sf. 'custodian, guard' §§ xxi, cxviii, cxix (*F16*), ccii (*F20*), ccxi, ccxxi, ccxlv, cclxx (*F38*).

garder   vtr. 'look'. Perfect: 3sg. *garda* § cclxi, ccxci. Perfect: 3pl. *garderent* § ccxci. – 'keep, look after, protect, guard' § xviii, xxi, xxx, xliii, xlvii, lxxxiii, xci, cxii, cxxi, cxxviii, cxxxviii, cxlvii, cxcvii, cxcix, ccii, cciv, ccvi, ccxii, ccxv, ccxxii, ccxxxi, ccxxxix, ccxli, cxlviii, ccli, ccliv, cclviii, cclxi, cclxii, cclxiii, cclxxvii, cclxxxii, cclxxxiv, cclxxxviii, cxci, cxciv, cccii, cccxiv, cccxvi, cccxx, cccxxxvi, cccxxxv, cccxxxvi, cccxli. Perfect: 3sg. *garda* §§ lxxxiii, xci, cxxi, cxxvii, cclviii; 3pl. *garderent* §§ xliv, cxi, cxcix, ccii, cclxi. Imperf. Subj.: 3sg. *gardast* § clxvii, ccxli, ccxxvii; 3pl. *gardaissent* § cxcvi, cxcviii, ccxxxi, ccxli, cccxxxviii. Cond.: 3sg. *garderoit* § cxviii, ccxix, cccxxxvi, cccxxxvi; 3pl. *garderoient* §§ ccxxxi, ccxc. Imper.: 2pl. *gardés* § ccxliii. Past Partic.: *gardee* §§ xxiii, cccxix. Past Partic.: *gardé* § clxxi. – vi. and vr. 'beware, be aware of'. Imperf. Subj.: 3sg. *gardast* § lx (*F24 F25 F26*); 3pl. *gardaissent* § cxciii, ccviii (*F19*), cccxix. Imper.: 2pl. *gardés* § cccxix.

garir   vtr. 'heal' § ccxxxv. Imperf. Subj.: 3sg. *garist* § lxxi. Past Partic.: *garis* §§ lxxiii, clxxxiii.

garison   sf. 'equipment, provisions for defence' §§ ccxvi, ccxviii, ccxl, cclxxxi (*F17*), cclxxxii, cclxxxvii, cccxxvi (*F18*).

garnir   vtr. and vr. 'garrison, supply, provide' §§ xxi, cxcviii, ccviii, ccxv, ccxvi, ccxviii, ccxxiv, ccxxxiii, ccxlii, cclxx, cclxxvi, cclxxvii, cccxiv, cccxvi, App. 3, *guarnir* § cccxxxviii. Perfect: 3sg. *garni* § xix, xxxii, xliv, lxxxvii, cxxx, cxlv, cxlvi, ccxviii,

GLOSSARY 607

ccxxxvi, ccxlviii, cclii, cclv, cccii, cccxii, cccxvi; 3pl. *garnirent* §§ ccxi, ccxxxviii, cclxxv, cccxii, cccxiv, cccxvi, cccxxvi, App. 3, *guarnirent* § cccxxvi. Imperf. Subj.: 3sg. *garnist* § cii; 3pl. *garnesissent* § cxxx. Cond.: 3sg. *garniroit* §§ cxviii, cxlix; 3pl. *garniroient* § ccxxxvi. Past Partic.: *garni* §§ xxi, clxx, ccxvi, cclv, clxx, clxxxv, ccxciv, cccii, cccxii, cccxix, cccxxxviii, cccxli, App. 1; *garnie* §§ xiv, xxi, xxxiv, cxi, clxx, ccix, ccxxiv, ccxxxvi, ccxlvi, ccli, cclxxxii, cccxv, cccxxvi.

garnison sf. 'garrison' §§ cxlvi, cxlvi, cl (*F16 F24 F50*), ccviii, ccix, ccxxxii (*F16*), cclii, cclv, cclxx, cclxxvi, cclxxxvii, cclxxxix, cccxii, cccxv, cccxvi, cccxxvi.

gaster vtr. 'lay waste, lose' §§ cclxxvii, cccxliii. Imperf.: 3sg. *gastoit* § cclxxix; 3pl. *gastoient* § cclxxiii. Perf.: 3sg. *gasta* §§ xiv, xli, ccxviii, cclvii; 3pl. *gasterent* § vi. Past Partic.: *gastee* § xxxv, xxxvii, cclxxvii.

gastine sf. 'waste place' § lxxi

gehir vi. 'admit, state' § ccli (*F25 F26*)

geline sf. 'hen' §§ clxxiv (*F50*), ccxxiv.

gentil adj. 'worthy, high-born' §§ vii (*F19*), xli, xxxix, cclix.

germain *see* **cousin**

gesir vi. 'lie down, rest, sleep with' §§ lxix, cxlii, clxxviii, cclxxix. Present: 3sg. *gist* § lxii, *giest* App. 3. Imperf.: 3sg. *gisoit* §§ lxxxv, ccxv, ccxlix; 3pl. *gisoient* § ci, cxlix. Perfect: 3sg. *jut* §§ lxix, lxxxiii, cxlix, clxxxi. Cond.: 3sg. *girroit* § lxix; 3pl. *giroient* § ci. Future: 3sg. *girra* § cccv. -*ant* form: *gissant* § clxxiii. Past Partic.: *geu* § clxxxiii.

geter vtr. 'throw, throw away, throw out, remove' §§ lxxv, lxxxiii, clxix, clxxxix, *jeter* §§ clxx, ccci, ccxv, App. 3, *gieter* § xv. Present: 3pl. *jetent* § cclvii. Imperf.: 3sg. *getoit* § clxxix, *jetoit* § clxxv; 3pl. *jetoient* § ccvi. Perfect: 3sg. *jeta* §§ clv, clvi, clxxxvi, ccxliii, cclxiv, ccxc, cccxvii, App. 3, *gieta* §§ xxxii, cxxxi; 3pl. *jeterent* §§ xcv, clxiv, clxxvi, ccxxviii, ccliii, cclxxxvii, cccxiv, *geterent* § ccxxiv, *gieterent* §§ lvii, ccxliii. Imperf. Subj.: 3sg. *jetast* § ccliii. Cond.: 3sg. *gieteroit* §§ lxxviii, clvi, *geteroit* § clxxxiv. Future: 1pl. *gieterons* § lvii. Imper.: 2pl. *gietés* § lvii. Past Partic.: *geté* § ccxxiii.

giet sm. '(stone's) throw' § clxxv.

[giller] vtr. 'trick, deceive'. Imperf.: 3sg. *gilloit* § ccxxxiv.

glatir vi. 'shriek'. -*ant* form: *glatissant* § ccxc.

glave sm. 'sword' § cccxxx.

gonfanon sm. 'banner' § clxi, *confanon* § clxi.

goule sf. 'throat, neck' §§ xlviii, clxiv, *geule* §§ cclxiv, cccxxviii.

gouvrenal sm. 'rudder, steering oar' § cciv.

grant adj. – *graindre* comp. §§ lxxiii (*F16*), cclxvi, cccxxvi, *gregnour* § cxlvii, *grignour* §§ xlvi, lxxiii, clxiv, ccxlv, *greigneur* § cclxvi (*F16*). – *grandisme* superl. §§ clxii (*F24*), clxxiv, ccvi, *grandesme* § clxii (*F19*).

grasse sf. 'divine grace' §§ xxxiv, clxxiii, cclxxxvi. – 'gratitude' § xxxviii, cxcvii, ccvi, ccliv *grasces* §§ lxv, clxvi, cccxxxii. – 'goodwill', *grace* §§ clxxi (*F50*), ccliv (*F19*).

grater vtr. 'scratch' § cxxxiv.

gré sm. 'will, gratitude'. – *savoir gré* 'be grateful' §§ xxii, cxxxv, cxli, ccxl, *gret* § cxciii. – *avoir gret* 'be to one's liking' § ccxxxvii. – *faire gré* 'do as someone asks' §§ cclxxxi, cccxix. – *au gré* 'to one's liking' § cxviii (*F38*).

[**greer**]   v. impers. 'be agreeable to'. Present: 3sg. *gree* § cxcvi. Imperf.: 3sg, *greoit* § cxcvii. Past Partic.: *greé* §§ cxcvi, cccxliii. – vtr. 'consent'. Imperf.: 3pl. *greoient* § cxcvi.

[**grever**]   vtr. 'oppress, damage' §§ lxxv, ccxvi, cclxxxii, cccv. Imperf.: 3sg. *grevoit* § cii. Imperf. Subj.: 3sg. *grevast* §§ ccxxiv, cclxv, cccv, App. 3. Cond.: 3sg. *greveroit* § ccxvi. Past Partic.: *grevé* § cxxxiii, cxxxii, cclxxii.

grief   adj. 'terrible' §§ cxxvi, cclxxix.

griffon   sm. 'Greek' §§ clxxxiv, ccxxxix, ccxxv, ccxlii, cclxxxii, cclxxxiii, cclxxxvi, cclxxxvii, ccxcvi, *grifon* §§ ccxi, ccxxxix, cclxxxviii (*F16 F20*), ccxc (*F16*), ccxci (*F16 F20*), ccxciv, App. 4, *grifone* § ccxxxix (*F16*).

grigois   adj. 'Greek' § cccxiv, *greçoys* § xii (*F25*), *grezois* (*F26*). *See* **fu**.

gris¹   adj. 'Greek Orthodox' §§ lix, lxii, lxv, lxxiii, *griu* § clxxiv.

gris²   sm. 'grey fur, miniver' § xviii.

gros   adj. 'big, heavy' §§ lxxxix, cclxxxii. – *grosse* 'pregnant' §§ ccxlvi, ccxcviii, cccxxxiv (*F16*). – *gros* sm. 'size' § cclxxxii (*F24*).

gué   *see* **wés**

[**guerpir**]   vtr. 'leave'. Perfect: 3sg. *guerpi* § cccxv; 3pl *guerpirent* § cccxv. Past Partic: *guerpis* § ii; *guerpies* §§ cccxv.

guerredon   sm. 'reward, gratitude' §§ xxxii, cccxx, *gueredon* § xxi.

[**guerredonner**]   vtr. 'reward'. Cond.: 3sg. *guerredonneroit* § cccv.

guerroier   vi. and vtr. 'wage war' §§ cxc, cccii, cccv, cccxxxv, *querroiier* §§ xxvi, cclxiv, cclxviii, *gerroiier* § cclxxxv. Imperf.: 3sg. *guerroioit* § cccii. Perfect: 3sg. *gueroia* App. 4; 3pl. *guerroiierent* §§ ccxv, cclxii. Cond.: 3sg. *gerrieroit* § xliii. Future: 3sg. *guerriera* § lxxxv.

guieur   sm. 'guide' ccxi, *guier* § ccxi (*F19*).

guile   sf. 'treachery' § xliii (*F19*).

habitant   sm. 'inhabitant' §§ lxxxii, clxxxix, App. 2.

hace   sf. 'axe' §§ clxii, ccxxxvii.

haine   sf. 'hatred' §§ cxvi, cxxxi, cxl, clxix, ccxviii, cclxxxvii.

[**haïr**]   vtr. 'hate'. Imperf.: 3sg. *haoit* §§ clxvi, ccxviii, cclxxix, cccxxxii; *haoient* § ccxi. Perfect: 3sg. *haï* § cccxxxii. Past Partic.: *haïs* § lxxxv.

haitié   *see* **hetié**

hardement   sm. 'boldness' § xlv.

hardi   adj. 'bold' §§ xxix (*F19*), ci, clxix, clxxxvi, cclxxx.

hardiement   adv. 'boldly' §§ cxlvi, clxiii (*F19*), ccliii (*F19*)

hardiier   vi. 'skirmish' §§ xcviii, clxiv, *hardoier* App. 3. Perfect: 3pl. *hardierent* § clxiv. Future: 3pl. *hardieront* § clix. Past Partic.: *hardiié* § xcviii.

GLOSSARY 609

harnas   sm. '(military) equipment' §§ xxxvii, cxlvi, cli, clxv, ccxci, ccxciii, cccxv.
haster   vr. 'hurry' § cii. Imperf.: 3sg. *se hastoit* § ccxcii. Imperf. Subj.: 3sg. *hastast* App. 3.
hauberc   sm. 'hauberk, coat of mail' §§ lxxxvi (*F19*), ccxc (*F20*).
haubregon   sm. '(light) hauberk' § ccxc.
hauteche   sf. 'eminence, dignity' § cccvi.
hautement   adv. 'with high honour' §§ vii, xv, xix, xl, ci, cxxvi, cxxxviii, cliii, clx (*F19*), ccxxiv, ccxxv, cclx, ccxcvii, cccxxxii. – 'loudly' § ccxix,
haver   vtr. 'dig, use a pickaxe' § cxxii (*hawer F24 hover F38*). *See* **caver**.
herbe   sf. 'grass' §§ lxii (*F24*), clxxiv, clxxv, clxxviii, *ierbes* § lxii.
herbegier   vi and vr. 'camp' §§ xciv, xcix, ciii, clxxviii, cciv, ccxxv, cclxxix, cclxxxiii, cccxiv, *herbergier* §§ lxxii, clv, clix, ccxix, *hebergier* § ccix. Present: 3sg. *herbege* § ccxxxvi; 2pl. *herbegiés* § lxxii; 3pl. *hebergent* §§ xlvii. Imperf.: 3pl. *herbegoient* §§ clxii, clxiv, cccxxvi. *herbergoient* § lxxiii. Perfect: 3sg. *herbega* §§ vi, ciii, civ, cli, clxiv, clxxxv, ccxx, ccxxiv, ccxxv, ccxxxiii, cccvi, *hierbega* §§ xxxiv, xcv, xcvi; 3pl. *herbegierent* §§ cvi, clxvi, ccxi, ccxxxiii, cclxxxiii, ccxcix, cccxv, cccxxvi, *hierbegierent* §§ xlvi, clxiv, cclxxviii. Imperf. Subj.: 3sg. *herbegast* §§ vi, lxvi; *herbegassent* §§ clxiv, cccxli. Cond.: 3sg. *herbegeroit* § lxxii; 3pl. *herbergeroient* § ccxix. Past Partic.: *herbegié* §§ xcv, ccxxv, ccxxxviii, ccxliii, cclxxviii, cclxxix, cclxxxii, ccxcix, cccxv, cccxvii, *herbergié* §§ ccii, ccxliii, *hebregiés* § ccxxv. – vtr. 'give hospitality'. Perfect: 3sg. *hierbega* § lxvii.
herberge   sf. 'campment' §§ clix, clx, clxi, clxii, clxiv, ccii, cclxxix, ccxci, cccxiv, cccxv, cccxvi, cccxvii, *herbege* §§ cccvi, cclxxii, *hieberge* § ccxc.
herbergerie   sf. 'hostel' § lxxiii, *hierbegerie* § lxxiii.
herbetes   sf. '(young/new) grass' § lxii (*F25 F26*).
hetié   adj. 'fit, well' § ccxxv, cccxii (*F38*), *haitié* §§ lviii (*F19*), clxxxiii (*F19*), cclxxviii (*F19*), cccxii (*F24*).
hiaume   sm. 'helmet' §§ ccvi, cclxv (*F25 F26*), *heaumes* § cclxv (*F38*).
homage   sf. 'feudal homage' §§ cxxi, cxxxiv, cxxxv, cxxxvi, cxxxvii, cxxxix, clxvii, clvii (*F19*), ccxxi, cclxi, cclxiv (*F25*), ccxlv, ccxciv, ccxcvii, App. 1, App. 3, *omage* §§ cxxx, cxxxiii (*F16*), cclviii, *ommage* § cxxxvii, *oumage* § xix (*F25 F26*).
honor   sm. 'honor' §§ cclviii, cclx, cclxix, ccxcviii, cccvii, cccxxxi, cccxxxii, cccxxxiii, cccxxxiv (*F16 F17*), App. 1, App. 3, *honnour* §§ xx, xlviii, lxxx, cxxxv, cxxxix, clxvii, cci, ccxxxix (*F19*), *honour* §§ ccxlvi, cccxxxii, *hounour* §§ xxi, xxxix, *ounour* §§ xxi, lxxii, cxvii, *honneur* §§ ccxlvii, *ounor* §App. 3.
honte   sf. 'shame, dishonour' §§ x, xciii, c, cxxxiv, cxliii, clvi, clx, ccxliv, ccxxxvi, cclxiv, cclxxxvii, cclxxxix, ccc, cccxxvii (*F25 F26*), cccxxxi, cccxxxii, cccxxxiv, cccxxxv, App. 1.
honteus   adj. 'ashamed, shameful' §§ cxxxiv, cliii, clxxxviii (*F24 F38*), ccxxxvii, App. 3.
honteusement   adv. 'shamefully' §§ clxxxvii, cclxxii.
hordeïs   sm. 'wooden scaffolding' § clxxxviii.

hucier   vi. 'shout, call' § cl. Perfect: 3sg. *huça* § cxlix.

huee   sf. 'clamour' § ccvi (*F25 F26*).

huerie   sf. 'clamour' § ccvi.

huis   sm. 'door, gate' §§ lxvii, clxxiv, *uis* § xxxii (*F19*), cx, cccv.

huisiere   sf. 'transport ship for horses' § cccxxiv, *uissieres* § cclxvii, *wisseres* § cccxxiv (*F19*).

huisier   sm. 'transport ship for horses', *huissiers* § cclxxvii (*F24*), *huisiers* § cclxvii (*F38*), *uissiers* § cclxvii (*F38*), *ussiers* § cclxxvii (*F50*).

[hurter]   vtr. 'spur on (horse)'. Imperf.: 3sg. *hurtoit* § cccxxxvii. Perfect: 3sg. *hurta* §§ xcviii, cx.

hyretage   sm. 'inheritance, heritable property' §§ cxxxvi (*F18*), ccxxxiv, *hiretage* § ccxxxiv, *iretaiges* § ccxxxiii, *yretage* § ccxxxiii, *yretaige* § ccxxxiii.

iaue   *see* **eve**.

ierbe   *see* **herbe**.

iglise   *see* **eglise**.

ille   sf. 'island' §§ lxxxiv, ccxxiii, ccxxv, ccxxvi (*F16*), ccxxviii, ccxxx, ccxxxi, ccxxxix, ccxl, ccxli, ccxlii, ccxlvi, ccxlvii, ccli, cclxi, cclxxii, cclxxv, cclxxvi, cclxxxii, cclxxxvi, cccxii, cccxiv, cccxxiv, cccxxvi, cccxxxvii, *ile* §§ cclxxii, cccxix, cccxxxviii, *isle* §§ vi, App. 3, App. 4.

illete   sf. 'small island' § cccxxxvi.

illuec   adv. 'there' §§ viii, lviii, lxvi (*F16 F20*), lxxii, lxxiii, xci, xciii, xcvi, xcix (*F20*), cxlv, cl, clv, clvii, clix, clxii, clxv (*F20*), clxx, clxxii, clxxvi, clxxx, cxciv (*F20*), cxcviii, ccx, ccxxxvii, ccliii, cclv, cclxi (*F18*), cclxix, cclxxii, cclxxviii, cclxxxii, ccxciv, ccxcvi, ccxcviii, ccciv (*F17*), *illeuc* §§ xvi, lxxxi, clxxiii, clxxix, clxxx, clxxxii, clxxxiv, clxxxiv#20, ccxviii, ccxxxviii, cclxvi, cccii, cccxii, cccxix, cccxxxviii, cccxxx, cccxxxii, cccxxxvi, cccxxxvii, cccxxxviii, App. 2, *iluec* §§ viii, xvii (*F19*), xlv, lv, lxvi (*F26*), xcv (*F19*), xcviii (*F25 F26*), xcix, c (*F19*), cvii (*F19*), cxxxi, clxv (*F19*) clxvii, clxix (*F50*), clxxiii (*F25 F26*), ccxvi (*F24*), ccxxiv (*F24 F25 F26*), ccxli, cclxxxvii, ccxciii (*F50*), cccxxvi (*F24*), *ileuc* §§ xv, lxiii, clxxxiv, cclxxxvii, cccvi, cccxvi, cccxxxviii, *aluec* § xcviii (*F24*), *illueç* § lxvi (*F25*), *iloec* § clxv, *ilués* § clxxxv (*F24*).

illueques   adv. 'there' §§ lxx, lxxii, xcvi, xcix, cvii, cxviii, cxxvi, cxxxv, clxxvi, ccxviii, ccxxiv, cclxxxv, cclxxxviii., *illeuques* §§ cxciv, ccxvi, ccxviii, ccxxxvi, App. 2, *ileuques* §§ clxxix, clxxxiv, *ilueques* §§ lx (*F24 F25 F26*), lxxiii, c, cv (*F24*), cli (*F24*), clxix, clxxx, ccxvi (*F19*), ccxxix (*F19*), ccxxxvi (*F19 F24*), ccxli (*F24*), cclvii (*F19*), cclxxxii (*F25 F26*), *ileques* §§ clxxxi, ccxvi (*F38*), ccxviii (*F38*), ccxl (*F38*), *iluecques* § cxxiii (*F25 F26*).

infier   sm. 'hell' § cccxxxii.

iré   partic. as adj. 'angry, angered' § ccvii (*F19*), cxxxvi (*F19*), ccxc, *irié* § cxvi (*F19*), cxxxv (*F19*).

isnelement   adv. 'rapidly' §§ lviii (*F19*), ccxxxviii (*F19*).

GLOSSARY 611

issi   adv. 'in such a way' § xxi.

issir   vi. 'go out, leave' §§ xiv, lxviii, lxxxii, cxi, cxxviii, cxxxi, cxxxvii, clxxi, clxxxiii, clxxxvi, clxxxvii, ccii, cciii, ccvi, ccvii, ccix, ccxxxii, cclxxvii, cclxxxii, cclxxxiv, cclxxxv, cccxxx, App. 3. Pres.: 3sg. *ist* § clxxxiii. Imperf.: 3sg. *issoit* §§ clxxvi, clxxxvi, cclxxxviii, ccxc; 3pl. *issoient* §§ clxxv, clxxvi, cxcvii, cxcix, cciv, cclxxiii, cclxxxiii. Perf.: 3sg. *issi* §§ xxxiv, xlix, lxix, cxiii, cxxviii, cxxxvii, cl, clxiii, clxxxi, clxxxiii, ccxlviii, cclxiv, cclxxvii, ccxc, ccxci, ccciv, cccvi, cccxvi; 3pl. *issirent* §§ x, xcviii, cxi, cxii, cxiv, cxlvi, clxx, clxxxv, ccix, ccxxiv, ccxxxix, cclii, ccliii, cclxiv, cclxxix, cclxxxii, cclxxxiii, cclxxxix, ccxc, cccxv, cccxvi. Pres. Subj.: 3sg. *isse* § clxxxiii; 1pl. *issons* § cclxxxii; 3pl. *issent* § lviii. Imperf. Subj.: 3sg. *issist* § lxiv; 3pl. *ississent* §§ lviii, lxviii, cxliv, cxlv, clxiii, cxcvii, cc, ccxv, cclxxiii, cclxxxii. Cond.: 3sg. *isteroit* §§ xxix, cclviii, cccxxxviii; 3pl. *isteroient* §§ cxi, cc, *istroient* § ccxxxix. Future: 2pl. *isterés* §§ cclxxix, cccv. Past Partic.: *issu* §§ cxcviii, cxcix, ccii, ccvi, cclii, ccxci; *issues* § cci

issue   sf. 'exit' §§ xiv. – 'end of a period of time' § clxx, cccxvi.

ja   adv. 'indeed, already' §§ xvii, xix, xlviii, lv, lxi, lxxx, cix, cx, cxxxi, cxxxvii (*F16*), cxl, clii (*F50*), clx, clxii, clxxi, clxxxiii (*F16 F19*), clxxxv, cxciii (*F25 F26*), ccvi, ccxxvii, ccxxxii, ccxxxvii (*F19 F20*), ccxxxvii (*F19*), ccxli (*F19*), ccliv, cclx, cclxv, cclxix, cclxx, cclxxxii (*F19 F20 F50*), cclxxxix, ccxc, ccxci, ccxciii, cccv (*F25 F26*), cccxv, cccxix, cccxx, cccxxvi (*F16*), cccxxix, cccxxx (*F38*), cccxxxiii (*F25 F26*), cccxxxvi (*F25 F26*), cccxxxviii, cccxlii (*F20*), App. 1, App. 2. – *ja fust/fuisse que* 'even though' §§ cclxiv (*F19*), cclxxxiv.

jardin   'garden' § lxxiii (*F24*).

jeter   see **geter**

joel   sm. 'jewel', *joiaus* §§ vii, xxxix, clxix (*F19*), ccxvi, cclx, cclxxiii (*F19*), *jouiaus* App. 3.

joiant   adj. 'happy, joyful' §§ xxx, xxxviii, xl, lxxii, cxxxviii (*F24*), cxxvi, ccxi (*F16 F17 F24 F50*), cclxiii (*F20*), cccxxxii. *Variant readings from F19*: ci, clxx, ccxxvii, ccxxix, ccxxx, ccxliii, ccxliv, ccxlvii, ccxlvii, cclxxii, cclxxvii, cclxxxii, ccciii, ccciv, cccv, cccxviii, cccxxiv, cccxxix, cccxxxi, cccxxxv, cccxxxvii.

joie   sf. 'joy rejoicing' §§ xii (*F19*), xxv, xl (*F19*), l, xcvii, xcviii, clxvii, ccxxv (*F50*), ccxxx, ccxliii, ccliv, cclv (*F50*), ccxciii, ccxcvii, cccx i, cccxxxi, cccxxxiii (*F19*), App. 1, App. 2 (*F19*).

jointure   sf. 'joint' § lxxxix.

joste   prep. 'alongside' §§ lv (*F16*), cclxxxiii (*F16*).

joster   vi. 'joust' App. 3. Perfect: 3pl. *josterent* App. 3.

journee   sf. 'a day's journey' §§ xix, xliv, liv, lx, lxi, xci, xciv, cxlii, ccxi, ccxxv, cclxxi, cclxxxvii, ccciv, *jornee* §§ vi (*F16*), xlvii, liv (*F19*), xci (*F16*), ccxlviii (*F38*), cclxxi, cclxxxvii, ccxcix, ccciii, cccxxvi (*F50*).

jouste   sf. 'joust, single combat' § xxxv, *joste* App. 3, *joute* § clxiv (*F16*).

jovene   adj. 'young' §§ xxv, xxxvii, xxxix, lxxxiii, cxxxvi, cxliii, cxlvi, cc, ccxxii, ccxlvi, cclxxxiii, App. 3, *jone* (*F19*) §§ xxv, xxxix, lxxxiv, cxxix, clxiii, *juenne* (*F16*) §§ cxxxi, clx, cclxxxiv.

juch   sm. 'height (?), place (?)'. – *moilon juch* 'middle height (?), middle (?)' § ccix (*F19*). See **moilon**, **meieron**.

juerie   sf. 'Jewish quarter' §§ clxxxiii, cclxxxii.

jugement   sm. 'trial, (legal) judgement' § cxxvi.

[juger]   vtr. 'judge'. Imperf.: 3sg. *jugeoit* §§ clxxv. Past Partic.: *jugiés* § cxviii.

jugnet   sm. 'July' § cccxxvi (*F50*).

juing   sm. 'June' § cxxxiii.

jument   sf. 'mare' § lxxiii.

june   sm. and sf. 'fast' § cxiii.

juner   vi. 'fast' cxxvi. Perfect: 3sg. *juna* §§ lx, lxii, lxxii, lxxiii, cxxvi; 3pl. *junerent* § cxiii. Imperf. Subj.: 3pl. *junassent* § lxx.

jurer   vi. 'swear' §§ cxxi, cxcviii, ccxvii, cclviii, cccxix. Perfect: 3sg. *jura* §§ ccxv, ccxlv, cclxxxii, ccxciv, App. 1; 3pl. *jurerent* § cclxvii. Cond.: 3sg. *jurroit* App. 1. Imper.: 2pl. *jurés* § ccv. Past Partic.: *juré* §§ cxxxv, cclxxiii, ccxciii; *juree* §§ xlvi, ccxxxv, cccviii.

justice   sf. 'justice' §§ cclxviii (*F24*) cccxxxv. – *faire les justices* 'hold executions' § clxxv.

kaine   see **chaine**

kierkier   see **cargier**

labourer   vi. 'work, build' § clxxi.

laidement   adv. 'ignominously' § cclxviii.

[laidengier]   vtr. 'insult'. Perfect: 3sg. *laidenga* § cccxxxiii.

laidure   sf. 'insult, outrage' § ccxliii.

laiens   adv. 'within, inside' §§ lviii (*F18*), clxx (*F50*), cxci, cclxiv (*F20*), *laienz* §§ cxlix (*F25 F26*), clxvii (*F50*).

laissier   vtr. 'leave, bequeath, abandon' §§ xxiii, liii, lxxxiii, cxxx, clxix, cciv, ccxlv, cccxviii, cccxix, cccxxxvi, *lassier* §§ clv, cccxxxvii. Present: 3sg. *lesse* § clxxxii. Imperf.: 3sg. *laissoit* §§ clxxviii, clxxxix, ccxix, ccxlii, cclxi, cclxviii, ccxciii, cccxiii, cccxix; 3pl. *laissoient* §§ ccix, cccxix, App. 1. Perfect: 3sg. *laissa* §§ x, lxxiii, xci, cviii, cx, cxxvi, cxxvii, clxix, cciii, ccvi, ccviii, ccxxi, ccxxii, ccxxxi, ccxxxv, ccxli, ccxlv, ccxlix, cclxviii, cclxxxv, cclxxxvii, ccxcvii, cccii, cccxii, cccxiv, cccxv, cccxxiv, cccxxxi, cccxxxii, cccxxxvi, cccxliii, App. 3, *lassa* § ccc; 3pl. *laissierent* §§ xlii, lxxiii, ccxi, ccxx, ccxxxvi, ccxci, ccc, cccxv, cccxvi, *lassierent* § xlv, *lessierent* § ccxxiv. Pres. Subj.: 3sg. *laist* § clix; 1 pl. *laissons* § clxxxviii; 2pl. *laissiés* §§ lxxxv, clix, clx, clxvii. Imperf. Subj.: 3sg. *laissast* §§ xvi, lvii, xcvii, cxxii, cxxix, cxliii, clxvi, ccxxix, cclxxix, cclxxxviii, cclxxxix, ccxciii; 3pl. *laissaissent* § cccxix, *laissassent* § cccxvi. Cond.: 3sg. *lairoit*

GLOSSARY 613

§§ lxvii, c, cxxvii, cxxviii, clxvi, clxix, clxx, cxcv, cclxxxii; 3pl. *lairoient* §§ xxxii, cxcviii, cclxxxix, cccxix, cccxxvi, App. 1, App. 3. Future: 1sg. *lairai* §§ xiv, xxxvi, cxliii, cxc, ccxiii, ccxxxix, ccxlii; 1pl. *lairons* §§ v, vi, viii, xi, xv, xviii, xix, xxiii, xxiv, xxv, xxix, xxxviii, xli, xlviii, liii, liv, lxiv, lxx, lxxii, lxxxiii, cxxix, cxxxix, clxix, clxxv, cxc, ccx, ccxix, ccxxv, ccxxxvi, ccxli, ccxliii, cclxi, cclxiii, cclxiv, cclxxii, cclxxv, cclxxvi, cclxxxi, ccci, cccvii, cccxxvi, App. 1; 3pl. *lairont* § ccxc. Past Partic.: *laissié* §§ lxix, cxxxviii, clviii, cciii, cciv, ccvi, ccxlv, cclxii, ccxciii, ccxciv, cccii, cccvi, cccxix, cccxxxiii, cccxxxvi, *lassié* §§ cxxxviii, ccxci, ccxciv; *lassies* § cccxv.

lance sf. 'spear' §§ cxlvi, cxlvii.
lanchier vtr., vi. and vr. 'hurl' § ccxxxvi, *lancier* § ccxxiii. Imperf.: 3pl. *lançoient* § cccxiv. Perfect: 3sg. *lança* § ccxlix; 3pl. *lancierent* § cclx. Imperf. Subj.: 3sg. *lançast* § ci. – vi. 'start out'. Present: 3sg. *lance* § cclv.
languereus adj. 'languishing, suffering' § clxxxiii.
[**lapider**] vtr. 'stone'. Past Partic.: *lapidés* § clxxviii.
large adj. 'generous' §§ xxvii, clxxv, App. 3.
largeche sf. 'generosity' App. 3.
largement adv. 'generously' §§ xiii, xxxii, cxxvii (*F38*), cci (*F38*), App. 3, *larguement* § xxxii (*F19*).
laron sm. 'thief' §§ lxxiii, clxxv, cxcix, ccii, cclxiii, cccxxxvi, *larron* § cxcvi.
[**lasser**] vr. 'tire out'. Past Partic.: *laissiés* § ccxlix.
latin[1] sm. 'the Latin language' § lix.
latin[2] adj. 'western, Catholic' §§ clxxiv, clxxviii, clxxxiv, ccxxxix, cclxxxii, cclxxxiii (*F24 F25 F26 F38 F50*), cclxxxv (*F24 F25 F26*), cclxxxvi (*F24 F25 F26 F38*), cclxxxvi (*F24*), cclxxxvii, cclxxxviii (*F16*), ccxcii, ccxciv, ccxcvi, App. 1 (*F50*).
laver vtr. and vr. 'wash' §§ lxxiii, cxxv, clxxviii, ccvi, ccxlix. Imperf.: 3sg. *lavoit* §§ cxxiii, clxxv, ccxlix. Perfect: 3sg. *lava* § cxxiii. Imperf. Subj.: 3sg. *lavast* § cxxiii. Cond.: 3sg. *laveroit* § lxvi.
lé[1] adj. 'wide' §§ xx, lvii. – sm. 'width' § lvii, clxxv.
lé[2] sm. 'side' § cccxxviii.
[**lecier**] vtr. 'lick'. Present: 3sg. *lece* § lxviii. Past Partic.: *lecié* § lxviii.
legat sm. '(papal) legate' § ccxxiv (*F50*), cccxiii.
legierement adv. 'easily' § xxiv (*F16 F20 F25 F26*), *legiermentt* § xxxiv (*F25 F26*), *legiererent* § cxlv (*F25 F26*).
letre sf. 'letter' §§ cxlv, ccviii, ccxli, cclxi, cclxxviii, cclxxxviii, cccxliii, App. 3.
letrin sm. 'pulpit' § clxxiv.
leu sm. 'wolf' § clx.
lever vtr. 'raise, wake up' §§ cxlviii, ccix, cclxxxii. Imperf.: 3pl. *levoient* § cccxii. Perfect: 3sg. *leva* §§ clv, cclxxi; 3pl. *se leverent* §§ cxxix, cccxv. Cond.: 3pl. *leveroient* § cccxvi. Past Partic.: *levé* §§ clxiii, clxiv, ccxcii, cccv. – vi. 'get up, go up'. Perfect: 3sg. *leva* §§ lxxxvii, ccvii, cclxxvii, cclxxxiii. Imperf. Subj.: 3sg. *levast* § lviii, cclxxxiii.

Future: 3sg. *levera* § cccv. Future: 3sg. *levera* § cccv. Imper.: 2pl. *levés* § ccxliii. *-ant* form: *levant* §§ cvi, cvii, cx, clxxiii, clxxvi, clxxvii, cc. – vr. 'get up, arise'. Perfect: 3sg. *se leva* §§ xiii, xxxviii, lxvi, lxxvi, civ, cxxii, clxx, ccxx, ccxxxviii, cclxiv, cclxxxiii, cccvii, cccxvi, cccxxxii; 3pl. *se leverent* §§ lx, cxiv, ccxli, cclvi, ccxci, cccx. Imperf.: 3sg. *levoit* § ccli. Imperf. Subj.: 3pl. *se levaissent* § cclxxiii.

lice   sf. 'barrier' § cclxxxiii (*F38*), *lices* §§ cciv, ccxx, cclxxxii, cclxxxiii, cclxxxviii, ccxc, ccxci, cccxiv, cccxv, cccxvi, cccxvii, *liches* App. 3.

licier   vr. 'surround with barricades' § ccxx. Perfect: 3pl. *licierent* § ccxx.

lié   adj. 'happy' §§ ii, xii, xxx, xxxi, xxxviii, xxxix, xl, lxxii, lxxx, lxxxviii, xc, ci, cxxvi, cxxxv (*F19*), cxxxviii, cxxxix, cli, cliv, clxiv, clxvi, clxvii, clxix, clxx, clxxii, cxcvii, ccxi, ccxv, ccxxi, ccxxv, ccxxvii, ccxxix (*F19*), ccxxx (*F19*), ccxliii, ccxliv (*F19*), ccxlvii, cclviii, cclxxiii, cclxiii, cclxvii, cclxxii, cclxxvii, cclxxxii, ccci (*F16*), ccciii, ccciv, cccv, cccxiv, cccxviii, cccxxiv, cccxxix, cccxxxi (*F19*), cccxxxii, cccxxxv, cccxxxvii, cccxliii, *liet* § cccxx.

liement   sm. 'bond, binding force' §§ clxii, clxiii.

liement   adv. 'happily' §§ cxxxviii (*F19*), ccxviii (*F19*), cclx (*F20*), *liement* (*F16*).

lige   adj. 'liege' §§ ccxviii, cclvii.

lignie   sf. 'parentage, descent, kinship' §§ lxix (*F25 F26*), clxiii, App. 3.

liien   sm. 'bond, binding force' § clxii (*F18*).

liier   *see* **loiier**

linage   sm. 'parentage, descent, kinship' § cxxviii, *lignage* § cxxvi (*F38*).

lire   vtr. 'read' § ccviii. Present: 3sg. *list* §§ cxxv, clxxiv. *-ant* form: *lisant* App. 2.

lit   sm. 'bed' §§ lxxxiii, cxlix, clxxxi, clxxxiii, cccv.

litiere   sf. 'stretcher' § ccxv, cclxvii (*F19 see* **huisiere**).

liue   sf. 'league' §§ vi, viii, xx, xxvi, xxxiv, xlv, lv, lvii, lviii, lxiv, lxx, lxxii, lxxxi, xciv, xcv, xcvi, civ, cvi (*F25 F26*), cviii, cxiii, cxv, cxxvi, cxxvii, cxxxi, cxxxix, cxlv, cxlvi, cxlviii, cli, clx, clxv, clxix, clxxi, clxxx, clxxxii, clxxxiv (*F16*), ccvii, ccix, ccxi (*F19*), ccxvi, ccxviii, ccxxxvi, ccxxxviii, ccxlii, ccxlix, cclv, cclxxix, cclxxxii, ccxci (*F24*), cccvi, cccix, cccxv, cccxxxvi, *lieue* §§ lix (*F24*), clxxxiv (*F20*), lxxiii (*F19*), xci (*F19*), ccxci. *See* **mille**.

livrer   vtr. 'provide, make available' §§ xci, cclxxii. Imperf.: 3pl. *livroient* § cxciii. Perfect: 3sg. *livra* §§ xlix, lxxxix, clvi, ccxlv; 3pl. *livrerent* § i. Imperf. Subj.: 3sg. *livrast* § cxxxi. Cond.: 3pl. *liveroient* § cccxviii. Future: 1sg. *liuerrai* § cclxx.

loenge   sf. 'praise' § lxv.

[loer]   vtr. 'hire'. Imperf.: 3sg. *liuoit* § xxi; 3pl. *looient* § cccxix. Perfect: 3sg. *loua* App. 3; 3pl. *liuerent* §§ xxvii, *louerent* § cclxxx. Past Partic.: *leué* § cclxx, *luié* § cclxviii; *loees* §§ cciv, cccxix, *louee* App. 3.

loge   sf. 'shelter' §§ cxi, clxii, ccxxiv.

logier   vtr. and vi. 'camp, be encamped' §§ c, clxvii, clxxxvi, ccvi, ccxlix, cclxix, cclxxix, cclxxxiii, cccxxvi. Imperf.: 3pl. *logoient* § cxcix. Perfect: 3sg. *loga* §§ xcvi, clxxxv; 3pl.

logierent §§ cccxii, cccxiv. Past Partic.: *logié* §§ ccxxviii, ccliv, cclxiii, cclxxxiii, cccxi, *logiet* §§ cccxvi, cccxxvii.

loialment   adv. 'loyally' § cccxxxvi, *loyaument* § ccv, *loiament* § clxxi (*F24*), *loiaument* §§ cclxi (*F20*).

loialté   sf. 'loyalty' § cccxxxvi, *loiauté* § lxxxiii (*F19*).

loien   sm. 'bond, restraint' § lviii.

loiier   vtr. 'bind' §§ lvi, lxxxi, clxii, clxiii, cclxxviii, *liier* § ccviii, *loier* App. 3. Imperf.: 3pl. *lioient* § cccxxxvii. Perfect: 3sg. *loia* § clxii; 3pl. *loiierent* §§ ccvi, cclxxviii. Imperf.: 3sg. *loiast* §§ clxiii, clxx. Past Partic.: *loiié* §§ xxix, xxxiv, xxxvii, cxlvi, cxlvii, clxii, *loiiet* § xxxiv.

loins   adv. and prep. 'far away' §§ xi (*F19*), xlvi (*F19*), clv, clxxxix (*F38*), *loing* §§ xxiii, ccxci (*F16 F20 F24*). See **lonc**.

[loisir]   (*loist*) v. impers. 'be permitted' Present: 3sg. *loist* § cvii.

loisir   inf. as s. §§ xi (*F19*), xxii (*F19*), ccxlv.

lonc   adj. 'long (time, length)' § lxxvi, clxxiv, ccxi, ccxli, *longhe* §§ xli, cxxvi, ccix, *longue* §§ xli, xlviii (*F19*), cxvi (*F16*), cxix (*F16*), cccvi (*F19*). – *de lonc* 'in length' §§ xx, liv, lvii, lxi, clxxv, cclxxxii. – adv. 'far away' §§ xlv, ccxi, ccxci. See **loins**.

longaigne   sf. 'excrement' § lxxxix.

longement   adv. 'for a long time' §§ cxvii, clxix, clxxii, cclxi, cclxii, cclxxxv, cccxli, App. 2, *longhement* § xxvi.

lontain   adj. 'distant', *lontaines* § xlvii.

[losengier]   vi. 'flatter, beguile' § ccxi.

[louer]   vtr. 'recommend'. Present: 1sg. *lo* § clix, *loe* § clix; 1pl. *loons* §§ lxxxvi, cxvii; 2pl. *loés* §§ lxxxvi, cxvii, cclxxxiii. Imperf.: 3sg. *looit* App. 1; 3pl. *looient* §§ cxcvi. Perfect: 3sg. *loa* §§ clv, cccvii, App. 1; 3pl. *loerent* § xviii, cxxiv, cxli, ccx. Cond.: 3pl. *loeroient* § cxlii. Past Partic.: *loé* § cxl. – vr. 'congratulate'. Perfect: 3sg. *se loa* §§ v; 3pl. *se loerent* §§ xiii, cci.

loy   sf. 'law' §§ ii, xxvii, lxii, lxxiii, cxxiii, clxxxviii (*F19*), ccxxxiii (*F20*), cclxx, cccxx (*F19*), *loi* §§ lxii, xcviii, cxx (*F24*), clxxv (*F50*), clxxxiv (*F25 F26*), ccxxxiii (*F16*), cclxx, cclxxxix (*F19*), cccxx, cccxxxvi.

lueques   adv. 'there' § cccxvi (*F19*).

lués   conj. 'as soon as' §§ lxxvi, ccxl, cclxviii, ccxcvi (*F20*), cccxxiv (*F17*), cccxxxvii (*F20*), *luec* §§ cclxxii (*F19*), ccxcvi (*F19*).

[luisir]   vi. 'shine (sun)'. -*ant* form: *luisant* § cxliv, cxlvii.

luminaire   sf. 'light, illumination' §§ cxcvii, cxcviii.

[luitier]   vtr. 'wrestle'. Perfect: 3sg. *luita* § xliii.

macle   *see* **triacle**

mahomeries   sf. 'mosques, pagan shrines' §§ cxxvii, cclxx.

maille   sf. 'small copper coin worth half a denier' § cx (*F24*).

main sf. 'hand' §§ vii (*F16*), xxix, xxx, lvii, lxxxviii, cx, cxvii, cxvii (*F19 F24*), cxviii, cxxxi, clxii (*F19*), clxv, clxvi, clxxii, clxxiii, clxxiv, clxxv, clxxvi, clxxviii, clxxix, clxxxiii, clxxxiv, cxcvi, cciii, ccxxxvii, ccxxxiii, ccxli, ccxliii, ccxlix, cclvii, cclxiii, cclxiv, clxxxix (*F50*), cclxxxvi, cclxxxix, cccv, cccxxxii, cccxxxviii, App. 2.

mains adv. 'less' §§ cli (*F24*), cxcviii, cci, cccxix, *meins* § cli (*F38*).

maint adj. 'many' §§ l, lviii, lx (*F16 F17 F19 F25 F26*), ci, ccxli, ccxlvi (*F16 F25 F26*), ccli, cclxi (*F16*), cclxiii, ccci (*F16*), App. 3.

maintenant adv. 'immediately' §§ cx, cxlv (*F20*), clxix (*F25 F26*), clxx, cclix, cccxxxii (*F16 F17 F19 F20*).

maintenir vtr. 'sustain, support' §§ cxxi, cxxii, cccv, cccxx, cccxxxi. Perfect: 3sg. *maintint* § cccxiv. Cond.: 3sg. *mainterroit* § xxi.

mairiens sm. 'beams, timber' §§ liv, lxxv, clxxxi, cccxiv.

maiserer vtr. 'construct, build' § cxxii.

maisiere s.f. 'wall' §§ lxiii, lxvii, cxxi.

maisné sf. 'younger' §§ v, cxviii, ccxx, ccxcix.

maisnie sf. 'household' §§ xxi, cl (*F20*), clxix, ccxliii, ccli, ccxc (*F24*), ccxciii, cccxxxvi (*F19*), *mainies* § ccxciii, *mainnie* § cccxvii, *mesnie* (*F25 F26*) §§ ccxl, ccxcii.

maison sf. 'house' §§ ii (*F19*), xvi (*F19*), xxi (*F20*), lvii, lviii, lxvii, lxxiii, lxxxi, cxliv, cxlv, cxlvii, cxlviii, cli, clxvii, clxxi, clxxii, clxxviii, clxxxiii, clxxxiii, ccvi, ccxxxiii, ccxxxiv, ccxli, ccxliii, cclxvi, cclxxxiii, cccxviii, cccxliv. – '(military) order' §§ lxii, cxxxi, clvi, clxxiv, clxxviii, cxcii, cxciii, ccxxxiii, cccxxxviii.

maistre[1] adj. 'chief' §§ xii (*F19*), lxii, lxxxvii, clvi, clxix (*F50*), clxxiii, clxxiv, clxxviii, cclii, ccliii, ccix (*F25 F26*), ccliv, App. 3, *mestre* § clxxiv (*F16*).

maistre[2] sm. 'person with a specific training or skill, lay or religious' §§ lxxxiii, lxxxv (*F24*), lxxxviii (*F19*), cl, ccxxxviii, cclxi (*F20*), cclxvi, cclxvii (*F20*), cccix, cccxvii (*F20*), cccxxxix, cccxxxix (*F20*), cclxv (*F16*). – 'commander, chief' §§ cxciii (*F19*), ccxxxviii (*F20*), ccxliii, cclxviii (*F25 F26*), *mestres* § cccxix (*F16*). – *maistre de le loy* 'master of the (Hebrew) Law' §§ cxxiii, cccvii (*F20*). – 'master of a religious order' §§ ii, xlii, xcvi, cxvi, cxxiv, cxxx, cxxxi, cxxxiii, cxxxix, cxlii, cxliii (*F16*), cxlv, cxlvi, cxlviii, cxlix, cl, cli, clii, cliii, clv, clvi, clviii (*F25 F26*), clx, clxi (*F19 F20*), clxvi, clxix (*F50*), cxcii, cxcv (*F19*), ccviii, ccix, ccx, ccxvii, ccxxxix, ccxliii, ccxlviii, ccli (*F19*), *mestre* §§ ii, cxxxi (*F16*), cxxxiii (*F16*), cli (*F16*), clviii, cccxix (*F16*).

mal sm. 'evil, suffering' §§ xlvi, lii, lxxiii, lxxv (*F20*), lxxviii (*F25 F26*), lxxxiv, cviii, cxvi, cxxviii, cxxxi (*F18*), clvi, clxiii, clxxxiii (*F16*), ccv, ccv (*F19*), ccvii, ccxxviii, ccliv, cclxxii, cccxiii. – adj. 'bad' §§ lxxii, cxxxv, ccxlvi, clxix, cccxiii (*F20 F25 F26*). – adv. 'bad' §§ cclxxxvii (*F16 F26 F25*), cccxxxviii (*F20 F25 F26*), App. 3.

malade adj. 'sick' §§ xii, cxvii, ccii (*F19*), cxx (*F19*), cxxxii (*F24*), cxlix, clxxxiii, ccii (*F19*), ccxv, ccxxxv, cclxxx, cclxxxv, cccxvii, cccxvii (*F19 F38*).

maladerie sf. 'leper hospital' §§ cxxxi, clxiii, clxxviii, clxxxv, clxxxvi (*F19 F24*).

maladie sf. 'illness' §§ xxiv, cxvii (*F20*), cxxix, ccxxxv, ccc, cccvi, cccx, cccxvii.

GLOSSARY 617

malaise   sf. 'suffering' §§ cx, cxiii, cxxxi, cclxxii, cclxxviii.

malement   adv. 'badly' § cclxxxvii (*F20*).

maleureus   adj. 'hapless' § vii (*F24*).

malfaitor   sm. 'wrongdoer' § clxxv (*F50*).

malicious   adj. 'malicious' § vii.

malisse   sf. 'wickedness' §§ xi, lxxvii, lxxxiv (*F24*), lxxxv, lxxxviii, lxxxix, xc, ccxi, *malice* §§ lxxvii (*F19*), lxxxiii (*F16*), cccxxxviii (*F50*).

maltalent   sm. 'anger' §§ cxxxiv, cxxxv, cccxviii, cccxxxiii, cccxxxv, *mautalent* (*F19*) §§ cxvi, cclxxxiii, *maltalant* § ccvii (*F25 F26*).

malvais   adj. 'bad, evil' §§ cxviii (*F17*), cl, ccxliii, cclxxxvi (*F25 F26*), cccxix, cccxx, cccxxvi, cccxlii, cccxliii, *mauvais* §§ lxxxviii (*F19*), cxxxv (*F19*), cxl, clxiv, ccxxiv, ccxl, cccxix (*F19*), *mavais* § cccxxxii (*F24*).

malvaisté   sf. 'wickedness' §§ cxviii, ccxxiv, *mauvesté* §§ xvi, xix.

manace   sf. 'threat' § cclxix.

manant   *see* **manoir**

manche   sf. 'sleeve' § xii.

mandement   sm. 'message' §§ xxx (*F19*), cxliii, cxlv.

mander   vtr. 'send, order' §§ cclxxx, cccvii. Pres.: 1sg. *mant* § ccxxvii; 3sg. *mande* § lxxxvi; 2pl. *mandés* § cccxx. Imperf.: 3sg. *mandoit* §§ lxxxi, xciii, ccviii, ccxxix, cclxxxvii, cccxvi, cccxxiv, a3; 3pl. *mandoient* §§ cxc, cccvii, cccxxxiv. Perfect: 3sg. *manda* §§ iii, v, viii, xi, xii, xiii, xix, xx, xxi, xxiv, xxv, xxvii, xxix, xxx, xxxii, xliv, xlvi, xlvii, xlviii, xlix, liii, lxx, lxxvi, lxxviii, lxxxiii, lxxxiv, lxxxv, lxxxvi, lxxxvii, xc, xcii, xciii, xcvi, xcvii, ci, cii, ciii, cx, cxvii, cxviii, cxxi, cxxiv, cxxviii, cxxx, cxxxi, cxxxix, cxli, cxliii, cxliv, cxlv, clv, clvii, clviii, clxi, clxiv, clxv, clxvii, clxx, clxxi, clxxxv, cxcii, cxcix, ccvi, ccvii, ccxi, ccxiii, ccxiv, ccxvi, ccxvii, ccxviii, ccxxvii, ccxxviii, ccxxxii, ccxxxiii, ccxxxiv, ccxxxv, ccxxxvi, ccxl, ccxli, ccxlii, ccxlv, ccxlvi, ccli, ccliv, cclvii, cclviii, cclix, cclx, cclxi, cclxiv, cclxv, cclxx, cclxxiii, cclxxvi, cclxxvii, cclxxx, cclxxxii, cclxxxiii, cclxxxiv, cclxxxvii, cclxxxviii, ccxc, ccxcii, ccxcix, ccciv, cccv, cccvi, cccviii, cccix, cccxi, cccxiii, cccxv, cccxviii, cccxx, cccxxiii, cccxxiv, cccxxvi, cccxxvii, cccxxix, cccxxxii, cccxxxv, cccxxxvi, cccxxxviii, cccxxxix, cccxl, cccxliii, cccxliv, App. 1, App. 3, App. 4. 3pl. *manderent* §§ xxxii, cxxiii, cxxxi, clxix, clxxxv, cxciii, cxcvi, cxcviii, ccix, ccxlix, ccli, cclxii, cclxviii, cclxxi, cclxxiii, cclxxxiii, cclxxxvii, ccxciv, ccxcvi, ccxcix, ccci, cccix, cccxvi, cccxxii, cccxxix, App. 1. Imperf. Subj.: 3sg. *mandast* §§ cxxxi, clv, clvi, cccxxxii; 3pl. *mandassent* § ccxxxix, *mandaissent* § cclxxxvii. Cond.: 3sg. *manderoit* § ccciv; 2pl. *manderiés* § lxxxv; 3pl. *manderoient* § xxxiii, App. 3. Past Partic.: *mandé* §§ xix, clxxi, xlvii, lxxxvi, xcvi, cxlvi, clxx, ccvi, ccix, ccxxxvi, cclvii, ccciv, cccvii, cccxlii, App. 1; *mandee* §§ cclxxxvii, cccxxxvii.

mangier   vtr. and vi. 'eat' §§ ccvii, ccviii, ccxx, clxxii, clxxxii, ccxxiv, ccxli, ccli, cclxxix, ccxc, cccxix, cccxxi, cccxxx, cccxli, *mengier* §§ ii, cviii *megnier* § xxviii. Pres.: 3pl. *manguent* § lxii. Imperf.: 3sg. *mangoit* §§ lxxxix, ccxc, *manjoit* § ccxc, *mengoit*

§ cclxxix; 3pl. *mangoient* §§ vi, xxviii, lxxxix. Perfect: 3sg. *manga* §§ lxii, cxxvi; 3pl. *mangierent* §§ cix, cxi, ccxv, ccxciii. Imperf. Subj.: 3sg. *mangast* §§ cviii, cccxxxii, *mengast* § cxxvi; 3pl. *mangassent* §§ xxviii, *mangaissent* § lxxxix. Cond.: 3sg. *mangeroit* §§ lxvi, cx; 3pl. *mangeroient* § cix, ccli. Past Partic.: *mangié* §§ xxxix, cviii, cix, ccii, ccxli, ccxciv, cccxxi, *mengié* §§ ccxv, cclxxvii, *mangiet* § clxxxi.

mangonnel   sm. 'mangonel, siege engine' §§ lxxv, ci, clxxxv, clxxxvi, ccvi, ccix, *mangoniaus* § cccxv.

manoir[1]   vi. 'dwell' §§ iv, lxiv, lxxxi, ccxciii. Present: 3sg. *maine* § ccxxxvii; 3pl. *mainent* § xxi, lxii. Pres. Subj.: 3sg. *maint* § ii (*F17*), clxiv. Imperf.: 3sg. *manoit* §§ xii, lix, lxxii, lxxxi, ccxli, ccxlix, cccv; 3pl. *manoient* §§ iv, lxiii, cxiii, cxx, clxxv, clxxxiii, cclxxii, cclxxxiii, cccxli. Cond.: 3sg. *manroit* § cccxxxiv; 3pl. *manroient* § cccxviii. *-ant* form as adj. *manant* 'resident' §§ ccli, cccxxv.

manoir[2]   inf. as sm. 'residence, dwelling' §§ iv, lxxxvi, lxxxvii, clxxviii, clxxxiii, ccxxiv, cclxxxii, cclxxxiv, ccc, cccxli, cccxlii.

mant   sm. 'mandate, order' §§ xlvii (*F19*), cclxxxviii (*F24 F38*).

mantel   sm. 'cloak', *mantiaus* § clx.

marbre   sm. 'marble' §§ cxxi, clxxiv, clxxv.

marc   sm. 'marks', *mars* §§ ccxlv, cclxxxi, cclxxxvi.

marceandise   sf. 'merchandise' §§ xlvii, cciv, cccxxx, *marcheandise* §§ xlvii, cclxxvi (*F24 F38*), *marcaandise* (*F19*) §§ xlvi, xci.

marceant   sm. 'merchants' §§ liii (*F20*), xlvi, xlvii, xcii, xciii, xcv, clxix, ccxli, *marçans* § ccv.

marche   sf. 'borderlands' § ix.

marchié   sm. 'market, (business) terms' §§ xlix, cix, cx, cxii, clxxiv, cxcv, ccii, cciv, cclxvii, cclxxxvii, *marcié* §§ clxxi, clxxiv, cclxix, *marciet* § cclxvii, *markié* § cclxvi (*F20*).

[marchir]   vi. 'boder, be adjacent to'. Imperf.: 3sg. *marcissoit* §§ ccciii, cccv.

marescal   sm. 'marshall' §§ ccviii (*F17*), ccxvii, ccxci, cccxxxvii, cccxxxviii, *marissal* § cxvi, ccxxxi, ccxci, *marescal* §§ clxvi, *mareschal* § cccxci (*F25 F26*), *maressaus* § cccxxxviii.

mari   sm. 'husband' §§ ccxl, lxxxi (*F38*), cxxx (*F38*).

marier   vtr. and vr. 'marry' §§ i, v, xi, xxxix, xl, lxxvi, xc, cxvi, ccli. Perfect: 3sg. *maria* §§ ccxxxvi, ccxl, App. 3. Imperf. Subj.: 3sg. *mariast* §§ ccli, ccciii. Cond.: 3sg. *marieroit* §§ ccxxxv. Past Partic.: *mariee* §§ v, xxiii, xli, lii, civ, ccxli, ccxcviii, cccxxxii.

marine   sf. 'coast, shore' §§ xx, liv, ccxv (*F16*), ccxvi, ccxl (*F19*), cclxxxii (*F25 F26*), cclxxxvii, ccxciv.

maronnier   sm. 'mariners' § clxiii, ccv, ccxxviii, ccxl (*F19*), cccxv, cccxix, *maroniers* §§ cccxix, App. 3.

marteleïs   sm. 'hammering' § ccviii.

martiriier   vtr. 'martyr, torture (to death)' § clvi, *martyrier* § clxxvi. Past Partic.: *martyriiés* § clvi, clxxvi, *martiriiés* § xxxv.

GLOSSARY 619

mas   sm. 'masts' § cclxxxv.

[**mater**]   vtr. 'defeat'. Past Partic.: *matés* § c

matere   sf. 'subject, theme' §§ xcii.

matin   sm. 'morning' §§ xxxiv, liii (*F16*), lxviii, xcvi, xcvii, xcviii, c (*F16*), civ, cxiv, cxxii, cxxxiv, cxxxix, cxliv, cxlv, cxlvi, cli (*F16 F17*), clii (*F16*), clxiv (*F20 F24*), clxxxv, clxxxvi, ccxxxvi, ccli (*F19*), cclxxxv, cccv (*F19*).

matinee   sf. 'morning' §§ lvii, lxxix, cxxxix, clxxxv, clxxxvi (*F24 F25 F26*), ccxxiv, ccxlviii (*F19*), App. 1.

[**maubaillir**]   vtr. 'mistreat, ruin'. Past Partic.: *maubaillis* § cccxxxviii (*F20*).

meffaire   vtr. 'harm' § xii. Present: 1pl. *meffaisons* § cxxxv. Imperf. Subj.: 3pl. *meffesissent* § xliii, *mesfesissent* § xliii. Past Partic.: *mesfait* §§ cclxxiii, cccxxxv.

meffait   sm. 'evil, wrong-doing' § clvi.

meieron   sm. 'center (?)' § ccix (*F38*). See **juch, moilon**.

meindre   vi. 'live, dwell' § lxiv (*F16*). Present: 3sg. *mest* §§ lix, lxiv, cliv, ccxli.

meisme   prn. and adj. 'one's self' §§ x, xvi, xx, xxi, xxxii (*F16*), lix, lxxiii, lxxxvi (*F19*), clx, clxvi, clxvii, clxix, clxxii, clxxiii, clxxxiv, clxxxvi (*F16*), cci, ccii, ccxix (*F16*), ccxxii (*F16*), ccxxiv, cclxv, cccv, App. 2, App. 3, *meesme* §§ iv, xxi, cxlvii, clxxxvi.

mellee   sf. 'brawl, fight' §§ cxii, cxxxi, cxcix, ccxxv, cclxxxiii, *meslee* § cclxviii.

membre   sm. 'limb' §§ clxiii, clxxv, cxc (*F19*).

[**menacier**]   vtr. 'threaten'. Imperf.: 3sg. *maneçoit* § cclxiv.

mener   vtr. 'bring' §§ xii, xlv, liv, lxviii, lxxxviii, xcii, cxxv, cxlvii, clxv, clxvi, clxxi, clxxxviii, cciv, ccv, ccxxix, ccxxxiv, ccxxxvii, cclxvii, cclxxii, cclxxvii, ccxciii, cccxix, cccxxxiv, App. 3. Imperf.: 3sg. *menoit* §§ lix, clxxvi, ccvii; 3pl. *meoient* § ccxi. Perfect: 3sg. *mena* §§ xvii, xxiii, xxv, xxxii, li, lx, lxvii, cvi, cxix, cxxii, cliii, clxix, clxxxi, clxxxiii, cxcii, ccxiv, ccxxxi, ccxxxvii, ccxxxviii, ccxli, ccxliii, ccxlvi, cclvii, cclx, cclxxv, cclxxxv, cclxxxvii, ccxciv, ccxcvii, cccix, cccxiv, cccxxix, App. 3; 3pl. *menerent* §§ xcv, cxxxi, cxlvi, cciii, ccxi, ccxxxix, ccxliii, cccxx. Imperf. Subj.: 3sg. *menast* §§ i, xxii, xxxii, lix, clxix, clxxxi, clxxxiii, cc, ccii, ccxvii, cclxxxiii. Cond.: 3sg. *menroit* §§ xxii, xxvii, ccxxvii, cccxx; 3pl. *menroient* § cclxxi. Future: 2pl. *menrés* §§ ccv. Imper.: 2pl. *menés* §§ ccxxvii. Past Partic.: *mené* §§ ccxi, ccxciv, ccxcix, *menet* § xxxii; *menee* § cclxxvii.

[**mentir**]   vi. 'lie, tell an untruth'. Imperf. Subj.: 3sg. *mentist* § cclxx. Past Partic.: *menti* § App. 1.

menu   adj. 'small'. – *menu pule* 'common people' §§ clxvii (*F50*), cxci, cxcii, cxciii, ccxciii, App. 3. – *menue gent* 'common people' §§ ccxlviii, cclxxii, ccxc, cccxiii, cccxxiii. – adv. 'frequently' §§ ccvi (*F25 F26*).

merchi   sf. 'mercy, pity' §§ xvi, xxx, xxxii, xlviii, lxxviii, cxxxiii, clxvi, clxxxix (*F16*), cxc, cxciv, cxcv (*F19*), cci, cciii (*F19*), ccxxi, ccxxxiii, cclviii, cclix, cclxxiii, ccxci, ccxcviii (*F17 F19 F24*), cccii (*F17 F19*), cccxxxv, *merci* §§ lvii, clxvi (*F24*), cxci, cci, ccxviii (*F25 F26*), ccliv, cclxxiii, cclxxxvi (*F25 F26*), ccxcviii, cccii, cccxxxv, cccxxxvii, *mierchi* §§ xxx, lxvii.

merchier   vtr. 'thank' §lxxxi, *mercier* §xxi. Present: 3sg. *merchie* §xxi. Perfect: 3sg. *mercia* §§ vii, xiii, xix, ccxxxvii, cccxxxiii, cccxxxiv, *merchia* §§ xxi, ci, cxxxv.

mervelle   sf. 'cause for surprise, marvel' §§ xiv, xxx, clxii (*F24*), ccxvi, ccxix, ccxxxix, cclxii, ccxciv, App. 3, *merveille* §§ clxii (*F25 F26*), cccxv (*F19*), App. 2. – *merveilles* adv. 'surprisingly' § cccxvi.

mervilleus   adj. 'awesome', *mervilleuse* §lxxiii.

mesaise   sm. 'discomfort, affliction, tribulation' §§ cxcii (*F50*), ccxxiv, cclxxii (*F19*), cclxxviii (*F50*).

mesaventure   sf. 'misfortune' § cliii (*F50*).

[mescheoir]   v. impers. 'turn out badly'. Cond.: 3sg. *mescheroit* § cccxxvii.

mescief   sm. 'distress, hardship' §§ ccxxiv, ccxxxii, cclxxxv, *meschief* §§ clxiv, ccxxiv (*F19*), cclxxxv (*F16 F19*), cccxvi (*F17*), *meskief* § clxiv.

mescreant   *see* **mescroire**

[mescroire]   vtr. 'distrust, suspect'. Perfect: 3sg. *mescreï* §§ lii, ccli; 3pl. *mescreïrent* § ccxli. -*ant* form: *mescreans* 'unbelieving, infidel' §§ vi (*F19*), xxxiv (*F19*), clxxii, cccxxxii (*F19 F24*), cccxxxviii, cccxliii. Past Partic.: *mescreus* § cxviii.

mesiel   sm. 'leper' §§ xlviii, xcii, ci, cxvii, cxxxi, *mesiaus* §§ xxv, xxxiii, xli, xlii (*F20*), xlvi, l (*F19*), lxxvi (*F16 F20*), ciii (*F20*), cxi, cxix (*F20*), cxxi, cxxxv, App. 3, *mesel* §§ xxiv (*F16 F20*), xxxv (*F20*), xxxviii (*F16*), l (*F16 F17 F20*), lii (*F20*), lxxvii, cxix (*F16 F20*), cxxx (*F16 F17 F20*), *mesiax* §§ xcv (*F16*), cxix (*F16*), cxxi (*F16*).

meskeance   sf. 'misfortune' §§ ccxci, ccxciii, cccxxix, *mescheance* § ccxlviii (*F16*), *mescheanze* § ccxlix (*F25 F26*).

meskines   sf. 'young women' § clxiii.

[mesler]   vr. 'get embroiled, fight'. Imperf. Subj.: 3pl. *se mellassent* § cclxxxiii.

[mesmener]   vtr. 'ill-treat, abuse'. Imperf.: 3pl. *mesmenoient* § cclxxxvii.

[mesprendre]   vi. 'act wrongly'. Past Partic.: *mespris* § cccii.

mesprison   sf. 'injury, wrong' § cxcix.

message   sm. 'messenger, message' §§ xxxix, xl, c, cii, cxxxi, cxl, cxli, cxlii, cxliii, cxlv, cxlvi (*F19*), cliii, clvii, clviii, clxx, ccx, ccxxxvii, ccxxxviii, ccxxxvi, ccxxxvii, ccxlii (*F19*), ccliv, cclv, cclviii, cclxx, cclxxiv, cclxxxviii, ccxcix, ccciii, ccciv, cccvii, cccxvi, cccxx, cccxxiv, cccxxvii, cccxxx, cccxxxi, cccxxxvi, cccxxxvii, cccxxxviii, App. 3, *mesage* §§ xxx, xxxix, xlii, lxxxvi, xcviii, ciii, cxxxi, cliii, clvii, ccxiii, ccxv, ccxix, ccxx, ccxl, cclv, cclxv (*F24*), cclxix, cclxxiii, cclxxiv, cclxxxv (*F16*), cclxxxvii, cclxxxviii, ccxcvi, ccxcix, App. 1, *messaige* §§ cxlv, ccciii, cccxl.

messagier   sm. 'messenger' § xxx, *mesagier* §§ xxx, cxxxi (*F25 F26*).

messe   sm. 'Mass' §§ lxxix (*F24*), lxxx, xcvii, cxlviii, cxlix, cli, clxxiv, clxxx (*F16 F17*).

mest   *see* **meindre**

mestier   sm. 'need' §§ ii (*F24*), xi (*F20*), xxi, xxii, xxx (*F24*), lxxxii, xci, cxxxiii, cxxxix, clxxviii, ccvii, ccviii, ccxi, ccxxii, ccxxv, ccxxx, ccxxxvi, ccxxxix, ccxl (*F19*), ccxli, ccli (*F19*), cclix, cclxxxiii, cclxxxvii (*F16*), ccxciv (*F24 F25 F26 F38 F50*), cccviii, cccix, cccxv, cccxxiv, cccxxxiii, cccxxxvii, App. 1.

GLOSSARY 621

mesure sf. 'measure' § cccxv. 'wisdom, moderation' §§ cxci, cxcv. – *a le mesure que* 'as soon as' §§ xxxiii, lxxxiv, cxcix, ccxx, cclxxii,

metre vtr. and vr. 'place, set' §§ x, xlvi, lxiii, lxxviii, lxxxiii, lxxxiv, cv, cxiii, cxvii, cxxii, cxxv, cxxxvi, cxxxvii, cxlix, clvi, clxix, clxx, clxxxv, clxxxix, cxcv, cxcvii, cxcviii, cc, ccviii, ccix, ccxxxiii, ccxlv, ccxlix, ccli, cclv, cclvii, cclviii, cclxx, cclxxxvii, cclxxxviii, ccxcix, cccxix, cccxxix, App. 1, App. 3, *mettre* §§ l, cccxv, cccxxxiv. Present: 3sg. *met* §§ xxxi, lxxi. Imperf.: 3sg. *metoit* §§ cxviii, clxxviii, ccci; 3pl. *metoient* §§ clxxviii, ccxxiv. Perf.: 3sg. *mist* §§ vii, xix, xxxi, xxxv, l, lxxiii, lxxxvii, cxiii, cxxiii, cxxxi, cxxxii, clxvi, clxxii, clxxviii, clxxxi, cxcvi, cxcvii, cxcviii, cxcix, ccviii, ccxv, ccxviii, ccxx, ccxxv, ccxxxi, ccxxxvi, ccxxxvii, cclviii, cclxi, cclxxv, cclxxvi, cclxxxiii, ccxc, ccxciv, ccc, cccxvii, cccxxxii, cccxxxv, cccxxxviii, cccxli, App. 1, App. 3, App. 4; 3pl. *misent* §§ lxiii, cxxxi, clxii, clxx, clxxxiii, cciv, ccix, ccxxiv, ccxxxiii, ccxliii, ccxlv, ccliv, cclxviii, cclxxxiii, ccc, cccxv, cccxvii, cccxxviii, *mistrent* § cxxxi. Pres. Subj.: 3sg. *mete* § clxix; 2pl. *metés* § cxvii. Imperf. Subj.: 3sg. *mesist* §§ xxvii, cxxxvi, cliii, clxvi, clxix, cc, cci, ccxxiv, ccxxxii, ccxxxiii, cclxxxix; 2pl. *mesissiés* §§ vii; 3pl. *mesissent* §§ xxxii, cxi, clxiii, cxcvi, cxcviii, cc, ccxxxiii, ccxxxix, cclxxix, cccv, cccx. Cond.: 1sg. *meteroie* § clxxxi; 3sg. *meteroit* §§ ii, cxxxvi, clxix, cxci, ccxix, cclxxxvi, *metroit* §§ cxciv, cxcv, ccxxxiii; 2pl. *meteriés* § lxxxv; 3pl. *meteroient* § clx, cciv, cclxxxvi, cccxxxviii, *metroient* § ccxxxix. Future: 1sg. *meterai* § cccv, *metrai* § cxc; 2pl. *meterés* § ccv; 3pl. *metront* § xxi. Imper.: 2pl. *metés* §§ cxci, cxciv, cxcv, cciv. Past Partic.: *mis* §§ xlviii, cxviii, cxxi, cxxxv, cl, cliii, clxxxiii, clxxxvi, cxci, cxcviii, cc, cclviii, cclxvii, cclxxvii, cclxxxvi, cclxxxvii, cclxxxix, ccxciii, cccxv, cccxviii, cccxx; *mise* §§ cxviii, cxx, cccxxiv, cccxxxviii.

meuble sm. 'mouvable possessions' §§ cxc, cxciv, cclxxxvii, *meule* § xxvii.

mi adj. 'half, mid-' §§ cclxi, cclxxxviii, cccxxvi, cccxlii. – adv. 'in the middle of, midway through' §§ xxi, xxx, xxxi (*F19*), xlvii, lxiii, lxxxix, cxv, cxxxiii, clix, clxiv, clxvii, clxxiv, clxxix, ccxi (*F19*), ccxxx, ccxlv (*F38*), App. 3.

midi sm. 'noon' §§ lxi, clxxiii (*F16 F50*), clxxviii, clxxix, cclxxvii, *miedi* §§ xcviii, clxxiii, clxxvi, cclxxvii (*F19*).

mienuit sf. 'midnight' §§ cxlv, clx.

miex sm. 'advantage' §§ cxxxii, clxiii, clxxxv, ccvi, ccxxix, cclxiv, cclxxx, *mieus* §§ clviii, *mix* §§ cccxxxii (*F19*). – adv. 'more, better, best' §§ cxxxiii, clix, clxx, clxxxviii, cxcvii, ccli, cclxxxiv, cclxxxvi, ccxci, ccxciii, App. 3, *mieus* §§ xl, lxxxi (*F20*), ccxxxix, cccvi, *mius* §§ xxi, xxxix, liv, cccvi, *mix* §§ clxxxvii (*F19*), cclxx (*F19*), ccxci (*F17*), *mielz* §§ cccxxxii (*F16*).

mille sf. 'mile' §§ xx (*F38*), lxxxi (*F38*), cxxvi (*F38*), cxxvii (*F38*), cxxvii (*F38*), cxxxix (*F38*), cxlv#32, cxlvi (*F38*), cxlviii (*F38*), cli (*F38*), clx (*F38*), clxv (*F38*), clxix (*F38*), clxxi (*F38*), clxxx (*F50*), clxxxii (*F50*), ccvii (*F38*), ccix (*F38*), ccxvi (*F38*), ccxviii (*F38*), ccxviii (*F38*), ccxxxvi (*F38*), ccxxxvi (*F38*), ccxxxviii (*F38*), ccxlii (*F38*), ccxlix (*F38*), cclv (*F38*), cclxxix (*F38*), cclxxix (*F38*), cclxxxii (*F38*), ccxci (*F38*), cccix (*F38*), cccxv (*F38*), cccxv (*F38*), cccxxxvi (*F38*). See **liue**.

millour   adj. 'better, best' §§ cxli, ccviii, clxiv, *millor* §§ cccix (*F17*), cccxxix, *mellour* §§ lxxvi, cxciv, *meillors* §§ xxix (*F19*), cccix, *mellor* §§ xxix (*F24*), ccxci, *meilleur* §§ xxx (*F19*), l (*F19*), clviii (*F16*), cxciv (*F19*), lxxxvi (*F19*), lxxxvii (*F19*), ccxci (*F19*), *mieudres* § cxxvii, *miudre* § ccxxxviii (*F19*). – adj. as sm. 'the upper hand' §§ xlii, *millor* § cccx. – adv. 'best' §§ clxv.

miner   vtr. 'mine (fortifications)' §§ clxxxvi, ccix. Imperf.: 3pl. *minoient* §§ ccix, App. 3. Perfect: 3sg. *mina* § ccxc; 3pl. *minerent* §§ clxxxvi, ccix. Past Partic.: *miné* §§ clxxxvi, clxxxviii.

mineur   sm. 'miner' §§ clxxxvi, ccix, ccxc.

misericorde   sf. 'mercy' § clxiii (*F24*).

moilon   sm. 'centre' § ccix (*moiloniuch F19*, *meieron F38*). See **juch**, **meieron**.

moine   sm. 'monk' §§ lix (*F24*), lxii, lxv, lxxiii, lxxxii, cxxxi, cxxxii, clxxiii, clxxiv, clxxxiii, clxxxiv, cclxxxvi, clxxxix, ccxciv.

mois   sm. 'month' §§ xlv, lxxv, xciv, cxcviii (*F19*), ccciv (*F24 F25 F26*), cccxv (*F16*), App. 2.

moitié   sf. 'half' §§ xlviii (*F19*), lxxii, cxcv, ccvii, ccxv, ccxviii, ccxxxiv, ccxlii (*F24 F38*), cclxvii, cclxxii, cclxxxvi, cclxxxvii, *moitiet* §§ liv, cclxxxvi.

monde   sm. 'world' §§ xii (*F16 F17*), xix, xxxix (*F19*), lxix (*F19*), lxxiii (*F19*), lxxxii, cclxix (*F19*), cccxiv, cccxxii.

monnoie   sf. 'money, coin' § clxviii, *monoie* § cccxiii (*F50*).

mont¹   sm. 'world' §§ xii, xxvii, xxix, l, lx (*F19*), lxv, lxxiii, cclx (*F24 F25 F26*). See **monde**.

mont²   sm. 'hill, mountain' §§ xxiii (*F38*), xxxvi (*F20 F25 F26*), xlvi (*F20*), liv, lv, lix, lx, lxii, lxiii (*F16*), lxix (*F25 F26*), cvi (*F24*), cxvii (*F16*), cxix (*F16*), cxxi, ccxxxvi (*F16 F17 F38 F19 F24*), cxxvii, clxvi, clxx (*F20*), clxx (*F20*), clxxii, clxxiii, clxxiv, clxxv, clxxix, clxxxi, clxxxiii, clxxxiv, clxxxvi, clxxxix, ccxxi (*F17*), ccxxiv (*F25 F26*), cclxviii (*F20*), cclxxiv, cclxxxvi (*F25 F26*), cclxxxvii (*F20*), cccix, cccx (*F20*), cccxxii (*F25 F26*), cccxxxi, cccxli, App. 2, App. 3, App. 4.

monte   sm. 'hill, mountain' §§ xxi (*F24*), clxxiii, clxxiv, clxxv, clxxvi, clxxviii, clxxix, clxxxiv, cxcv (*F18*).

montepliier   vtr. 'multiply' § lxix.

monter   vtr. 'climb, ascend, mount (horse), relate' §§ xxviii, xxxi, lxxxviii, cxi, clxxii, clxxxix, ccix, ccxxxvii, cclxxxii, cccxxvi, cccxxviii, cccxxxvii, App. 3. Imperf.: 3sg. *montoit* §§ xlvii; 3pl. *montoient* §§ ccii, cclxxxv, cccxiv. Perfect: 3sg. *monta* §§ xxxii, l, lxxii, cxxvii, cxxxiv, clxiii, clxxii, cxxxvii, ccxli, ccxc, cccxxxvii, App. 3; 3pl. *monterent* §§ lxxxvi, cxlv, clxiv, ccxliii, cclxxxvi, ccxci, ccxvi, cccxvii. Imperf. Subj.: 3sg. *montast* §§ ccxv, ccliii, cccxii; 3pl. *montaissent* §§ cxlv, cclxxvii, *montassent* §§ cccxiv. Cond.: 3sg. *monteroit* §§ xxix, xxxi, ccxv, cclii. Past Partic.: *monté* §§ lxxii, clxxv, clxxxviii, cclxxxii, cccxvii.

monument   sm. 'tomb' §§ clxviii, clxxiv.

mordrir   vtr. 'kill' § cccv (*F20*), *murtrir* (*F16*) § ccci, cccv. Past Partic.: *mordris* § cccv, *mordriz* App. 4, *murdri* § cclxxxiv (*F17*), *murtriz* § cccv (*F16*).

GLOSSARY 623

morir vi. and vr. 'die' §§ lxxi, lxxxviii, clxxxvii, ccxxxv, ccxxxix, ccxlvi, cclxxxii, cccxiv, cccxx, cccxxx, App. 3. Present: 3sg. *muert* § lxxi; 2sg. *morés* § cccxx. Imperf.: 3sg. *moroit* §§ cxviii, cxxi, ccxxiv, ccxci, cccxvii; 3pl. *moroient* §§ xcvi, clxxix, cccxxx, App. 3. Perfect: 3sg. *morut* §§ xli, lxxviii, ccxxiv, cclviii, cclxi, cccxxxii, App. 2, App. 3. Imperf. Subj.: 3sg. *morust* §§ ccxliii, cclxi, cccxxxvi; 3pl. *morussent* §§ cxi, cccviii. Cond.: 3sg. *morroit* §§ ccxli, ccxci. Future: 1sg. *morrai* §§ lxxxvi; 3pl. *morront* § cccxxix. Past Partic.: *mors* §§ i, vi, viii, ix, xiv, xvii, xviii, xxii, xxiii, xxiv, xxvi, xxvii, xxxii, xli, lxiv, lxxix, lxxx, lxxxi, lxxxiii, cxvi, cxviii, cxxi, cxxvii, cxxviii, cxxix, cxlvi, cli, clii (*F17*), clix, clxix, cci, ccxii, ccxv, ccxxi, ccxxxv, ccxxxvi, ccxxxviii (*F19*), ccxl, ccxli, ccxliii, ccxlv, ccxlvi, ccxlviii, ccxlix, ccl, ccli, cclv, cclviii, cclix, cclxi, cclxii, cclxiii, cclxiv, cclxv, cclxvi, cclxviii, cclxx (*F19*), cclxxv, cclxxx, cclxxxiii, cclxxxiv, cclxxxv, ccxci, ccxciii, ccxciv, ccxcv, ccxcvi, ccxcix, ccc, ccci, ccciii, ccv, ccvi, ccvii, cccx, cccxiii, cccxiv, cccxv, cccxvii, cccxviii, cccxix, cccxxxvi, cccxxxix, App. 2, App. 3, *mort* §§ xiv, xxxvii (*F19*), lviii (*F19*), lxiv (*F25 F26*), lxxi, lxxiii, lxxxvii (*F25 F26*), cxxv, cli, clii, clix, clxiv, clxxxvii, clxxxviii, cci, ccxv, ccxli, ccxlix, ccliv, cclxi (*F25 F26*), ccxci, ccxcii, ccxciii, cccx, App. 1, *morz* §§ x (*F16*), clvi (*F16*), clxxxvii (*F16*), App. 4; *morte* §§ x, xxiii, xlv, ccxxiv, ccxlvi, cclxi, cclxii, ccxcix, cccix, cccxix, cccxxxii, cccxxxv.

mort sf. 'death' §§ i, viii, xxiv, lix, lx, lxxxviii, lxxxix (*F20*), cxvii, cxxi, cxxvii, cxxviii, cxxix (*F16 F20*), clxxi, clxxii, ccxviii, ccxxxv, ccxlvi, ccxlviii, cclviii, cclxx, cclxxxii, cclxxxiv, ccxci, ccxcii, ccxciv, ccxcv, ccci, cccv, cccxvi, cccxxvi, cccxxix, App. 2 (*F25 F26*), App. 3, App. 4.

mortel adj. 'deadly' §§ lxxxiii, clxxxi, ccxx.

mot sm. 'word' §§ lx, cviii, clxix (*F19*).

motir vtr. 'declare'. Past Partic.: *moti* § ccci (*F50*).

moustier sm. 'church' §§ lxv, lxxxi, cxiii, cxxi, cxxii, clxxii, clxxiii, clxxiv, clxxv, clxxvi, clxxviii, clxxix, clxxx, clxxxiii, clxxxiv, ccxxix, ccxlix, ccl, cclxxxvi, *mostier* §§ lxv (*F16*), clxxii (*F24*), clxxiii, clxxiv, clxxv, clxxvi, clxxviii (*F50*), clxxviii (*F16*), clxxix, clxxxiii, clxxxiv, clxxxix (*F16*), ccxlix (*F16*), App. 3.

moustrer vtr. and vr. 'show, explain, point out' §§ vii, xxxiv, clxxxvi, ccxxxiv, *mostrer* § cccxx. Pres.: 3sg. *moustre* § clxxiv. Perfect: 3sg. *mostra* § lx, ccxxviii, *moustra* §§ clxxii, ccxxiv; 3pl. *moustrerent* § ci. Imperf. Subj.: 3sg. *mostrast* §§ clxxii. Cond.: 3sg. *mousterroit* § lxxx. Future: 3pl. *mosterrons* §§ cccx.

mouton sm. 'sheep', *moutons* § ci.

movoir vr. and vi. §§ clxxxiii, ccxxi, ccxlix, cclxxxviii, cccxiii, cccxxvi, *mouvoir* §§ ccxxii, cclxviii, cccxii, cccxxiv, cccxxxvi. Pres.: 2pl. *movés* § cccv. Imperf.: 3pl. *mouvoient* §§ cclv. Perfect: 3sg. *mut* §§ xix, xcv, ciii, cxxvii, cxlviii, clii, clxiv, ccxv, ccxix, ccxx, ccxxii, ccxxvii, ccxli, ccxlix, cclxxix, ccxciii, cccxxvi, cccxxxii, cccxxxvi, App. 1; 3pl *murent* §§ xlvi, xcii, xcv, civ, cxlii, cxlvi, clxiv, clxix, ccxi, ccxxiii, ccxxvii, ccxxxvi, ccxlvi, cclxviii, cclxxvi, cclxxvii, cclxxxii, cclxxxviii, ccxcvii, ccxcviii, cccxii, cccxiv, cccxv, cccxxvi, cccxxxvi. Imperf. Subj.: 3sg. *meust* §§ ccxlv, ccxcv; 3pl.

meussent §§ cxlv, clxi, ccxc, cccxxxvi, *meuscent* §§ cccxv, cccxxvi. Cond.: 3sg. *mouveroit* §§ xix, cxlii, clxix, cccvi, cccxiii, *moveroit* §§ ccxlvi, ccxlix. Future: 2pl. *mouverés* § clix. Past Partic.: *meus* § ccxxv, *mus* §§ cccxxvii, *mut* §§ ccxv, ccxii, cccxiv; *mute* §§ clxxxiii, ccxxi, ccxxvii, ccciii, cccxxvii. *See* **mute**.

[**mucier**]   vtr. and vr. 'hide'. Perfect: 3sg. *muça* §§ cxxvii, clxxix; 3pl. *mucierent* § cxi. Past Partic.: *mucié* §§ cxxvi, ccxxxvii.

[**muer**]   vr. 'change'. Perfect: 3sg. *se mua* §§ clxxi.

mui   sm. 'muid (a dry measure of capacity)' § cxciv (*F19*), ccxxiv, clxxvi, *muy* § cx, cxxiv, cclxxvi.

mulane   sm. 'lord, master (ar. *mawlanā*)', §§ xii, xiii, xiv, xix, xxvi, xxvii, xxviii, xxx, xxxi, xxxii, *mulaine* § xxvii, *mulainne* App. 4, *mulana* § xiii, *mulanne* § xv, *muliane* § xxxii.

[**murer**]   vtr. 'build'. Past Partic.: *murees* § clxxvi.

musart   sm. 'fool' §§ cxxxiii, cclxxv, cccxxiii.

musiel   sm. 'muzzle' § clxiii.

mute   sf. 'departure' §§ xci, cclxvi (*F24*), cclxviii, cccxii, *muete* §§ ccii, ccxxii (*F38 F50*).

[**naistre**]   vi. 'be born'. Present: 3sg. *naist* § liv; 3pl. *naisent* § lxxi. Cond.: 3sg. *naisteroit* § clxiii, App. 3. Past Partic.: *nés* ix, xli (*F24*), li, lxiv, lxv, lxxvii, lxxxii, xci, cxxiii (*F24*), cxxxi, cxxxix (*F19*), cxxxi, clxv, *né* §§ lviii, App. 3; *nee* §§ lix, xciii, clxxxii.

napes   sf. 'cloths' § cxx (*F18*).

nasse   sf. 'net' § xcvi.

nature   sf. 'nature' §§ lxvi, lxxi, clxxxix.

navie   sf. 'fleet' §§ ccxix, ccxxiii, ccxxx, ccxlvi (*F50*), cclvi, cclxxxiii, cclxxxv, cccxv, cccxxvi, cccxxviii. – pl. 'ships' *navies* §§ ccxxiii (*F19*), cccxv (*F19*), cccxxvi (*F25 F26*).

navile   sf. 'fleet' § cccxxviii (*F24*), *navire* §§ cclvi, cccxv.

[**navrer**]   vtr. 'wound'. Perfect: 3pl. *navrerent* §§ lxxiii, ccli, ccxci, cccxxxvii. Past Partic.: *navré* § lxxiii.

nef   sf. 'ship' §§ lvii, clxix, clxx (*F20 F24 F25 F26*), clxx (*F19*), ccxxvii, ccxxviii, ccxxix, ccxli, ccxliii, cclxxii, cccxiv, App. 3, *nés* xii, xviii (*F24*), l (*F19*), lvii, clxx, cciv, ccxi, ccxii, ccxvi, ccxx, ccxxiii, ccxxvii, ccxxix, ccxxxvi, ccxli, ccxliii, ccxlvi, ccxlvii, ccli, cclii, ccliii (*F19*), ccliv, cclvi, cclxvii, cclxviii (*F19*), cclxxii, cclxxvi, cclxxx, cclxxxi, cclxxxiii, cclxxxv, cclxxxvi, cclxxxvii, ccxcvii (*F16*), ccciii (*F24*), cccxii, cccxiv, cccxv, cccxvi (*F17*), cccxix, cccxxiv, cccxxxi, cccxxxvi.

nequedent   conj. 'however, nevertheless' § x (*F20*).

nés   sm. 'nose' §§ lxxxiv, cxvii, ccc.

neuf   adj. 'new' § cxxii, *nués* App. 2.

neveu   sm. '(male) nephew' §§ xxvii, cxvii, ccxxviii, ccxli, ccxlii, ccxliii (*F19*), ccxlvi, ccxlviii, ccli (*F16 F20*), cclvi, cclxi (*F19*), cclxiv, cclxv, cclxx, cclxxix (*F25 F26*), ccxciii (*F19*), cccxxxvii, cccxl, *nevé* §§ cxxvii, *niés* §§ xci (*F19*), cxxvi, ccxli, ccxlii, ccxlv, ccli, cclxxxii.

niece   sf. 'niece' §§ viii, x, xi (*F25 F26*), xlv, cxxx, ccxxxv, cclviii, cclix, cccxxxii, *nieche* §§ cclxxxvii (*F19*), cccxxxii.

nient   pron. 'nothing' §§ vi, xix, xxxviii (*F20*), lvii (*F17 F20*), lx (*F20*), lxvii (*F18*), cxiii, clxv (*F19*), clxx (*F19*), clxxxvii, cxciv, ccxviii, ccxxiv, ccxxxiii, ccxxxix, ccxlviii (*F19*), ccli, ccliv, cclxxxviii (*F20*), ccxciv (*F19*), cccxix (*F19*), cccxx, *neant* (*F16*) §§ xii, lvii, cxxxiii, *niant* § xciii (*F25 F26*), *noiant* §§ xlvi (*F25 F26*), *noianz* §§ xxi (*F25 F26*), *noient* §§ ii, xii, xix, xliii, lxxix, xcii (*F24*), xciii (*F24*), cxiii (*F25 F26*), cxxiv, cxliv, clix, clxix (*F38*), clxxxvii (*F19*), cciii (*F19*), ccxvi (*F18*), ccxvii (*F25 F26*), ccxxviii (*F19 F25 F26*), cclx, cclxxii, ccxciv (*F19*), cccx, cccxxi, App. 1. – adv. 'not, not at all' §§ xxii, xliii (*F20*), lxvi, lxxxii, cxc, ccxxviii, *neant* (*F16*) §§ lxvi, lxxxii, ccxvi, ccxxviii, *noiant* §§ lxx (*F25 F26*), *noient* §§ lxvi (*F25 F26*), lxxxii (*F25 F26*), cxxiii, cxli, clxxii, clxxv, ccxcix, cccxli (*F24*).

noces   sf. 'wedding' §§ lvii, ci.

noier   vtr. 'drown' §§ ccc, cccxxxvi, *noiier* §§ lviii, ccxcvi, *noer* § ccix. Past Partic.: *noié* §§ lxiii, lxxxviii, cclxxxii, ccc, cccxxix, cccxxviii, *noiiés* §§ lxxxiii, ccix, ccxv, *noiet* § cccxxviii.

noir   adj. 'black' §§ lxviii, clxxiii, clxxiv, clxxxiii, ccx.

noise   sf. 'din, quarrel' §§ xxx, ccviii, ccix, ccxlix (*F17*), cclxviii, ccxci, cccxv, ccxvii.

nombre   sm. 'number, amount' §§ l, cxcii, cxciv (*F19*), cxcv, cxcviii, cc, cclxvii, cclxviii (*F16 F20*), cclxxxiii, *nonbre* App. 3.

nomer   vtr. 'name' §§ cxcviii, ccxvii, cclxxiv, *nommer* § clxxxiv. Present: 3sg. *noume* § xciii; 3pl. *noument* § lxxix. Perfect: 3sg. *noma* §§ liv, cclvii, App. 3, *nomma* § cxxxix, *nouma* §App. 3; 3pl. *noumerent* § lxxix. Pres. Subj.: 2pl. *noumés* § lxxviii. Imperf. Subj.: 3pl. *noumassent* § lxxix. Future: 1sg. *nomerai* § clxxxiv, cclxvi, App. 3, *nommerai* § v, clxxiii, *noumerai* §§ i, ix. Imper.: 2pl. *noumés* § lxxviii. Past Partic.: *només* §§ clxxxiv, ccxxii, App. 3; *nommés* §§ cxviii, clxxxiv, App. 2.

nonne   sf. 'noon' §§ lxviii, xcvi, cxxiii (*F19*), cxxxi, clxiv, clxxi, clxxxvi, ccxc, *none* § cclxxix.

nonnain   sf. 'nun', *nonne* §§ i, xvi, xvii, lxxxv, *nonnains* §§ xvii, clxxiv, clxxx (*F17 F24 F25 F26*), clxxxiii, clxxxix, *nonains* § clxxiv.

norir   vtr. 'bring up' § clxxxii. Perfect: 3sg. *nouri* § xci.

nouvel   adj. 'new' §§ xcvii, cxliii (*F16*), *novel* §§ xxxix (*F25 F26*), cxxii (*F24*), cccvii (*F20*), App. 2 (*F25 F26*), *nouviaus* § vii (*F19*). – *de nouvel* 'recently' §§ cxliii (*F16*), cxxii (*F24*).

novele   sf. 'news' §§ lxxvi (*F24 F25 F26*), xcviii, cxlix, cl, clxix, ccx, ccxiii, ccxiv, ccxv, ccxxxvi, ccxli, ccxliii, ccxlix, cclix, cclxxiii, cclxxvii, cclxxxvii, cclxxxviii, ccxci, ccxcii, ccxciii, ccxciv, ccxcv, ccxcvii, cccxix, cccxxxiii (*F16*), cccxliii, App. 1 (*F38 F50*), App. 3, *noviele* §§ clxix, ccxxv, cclxxxvii, ccxcii, ccciv, cccxvi, cccxviii cccxxiv, cccxxviii, cccxli, *nouvele* §§ lix, xxxviii, lxxxvi, cxlix, ccxiii, ccxxv, ccxliii, ccxcvi, *nouviele* §§ li, lxxxi, ccxxviii, cccix, *novelles* §§ cli, ccxxv, *nouvelles* § ci.

novelement adv. 'recently' § clx.

nu adj. 'naked' §§ lxxxviii, clxxxix, App. 2.

nuire vtr. 'cause harm' § ccvi. Pres. Subj.: 3sg. *nuise* §§ clxxxii

obedience sf. 'submission (to a religious or secular power)' § lxxx, *obedienche* § iii, *obediense* App. 3.

[obeïr] vi. 'obey'. *-ant* form: *obeïssant* §§ ii, clxxxiv, cclxviii.

s'obliierent *see* **oubliier**

ocirre vtr. 'kill' §§ lxiii, lxxxv, lxxxvi, ccxxxix, ccli, ccxcii, ccciv, cccv, App. 3, *ocire* §§ lxxxvi, xci, cx, ccxxxix, cclx, ccxciii, cccx, a3, *occire* § cx, *ochirre* App. 1. Present: 3pl. *ocient* § xxxii. Imperf.: 3sg. *ocioit* § cccxliii; 3pl. *ocioient* § cclv, *ochioient* § cclxii. Perfect: 3sg. *ocist* §§ xxvii, xxxii, ccix, ccxviii, ccxxxvii, cclxxxiv, ccxcix, ccci, App. 3, App. 4, *ochist* App. 3; 3pl. *ocisent* §§ xxxvii, cxiv, ccxi, ccxxiv, ccli, cclxxix, ccxci, ccxciii, *occisent* § cccxv, *ocirrent* § clxiii, *ochisent* App. 1. Cond.: 3sg. *ociroit* §§ ccliv, cccxxxii, *ocirroit* § cxlv; 3pl. *ociroient* §§ clxix, cclxxxvii, *ocirroient* § cccii. Future: 3pl. *ocirront* § clxxxviii. Past Partic.: *ocis* §§ xiv, xxi, lxxxvii, cxxviii, cxlvi, cxlvii, cl, clii, clxix, clxxx, clxxxvii, cxc, cxci, ccix, ccxviii, ccxxv, ccxxxi, ccxxxvii, ccxxxviii, ccxl, ccxli, ccxlviii, ccliii, cclv, cclxi, cclxxxvi, ccxcii, cccv, cccxvi, cccxix, App. 2, *ochis* § ccci; *ocise* § xxxvii.

ocoison sf. 'reason, cause' §§ cxvi (*F24* *achesons* *F25* *F26* *achoisons* *F38*), cclxv (*F20*), cccxviii, App. 2, *occoison* §§ ccxi, cclxxiii, *oquison* § cclxxx.

oel sm. 'eye' §§ lxxii, cxvii, cxxiii, clxxviii, *oels* §§ cclxxxi (*F17*), *oil* §§ cxvii (*F16*), cxxiii, clxxviii (*F16*).

oes sm. 'use, benefit interests, purpose' §§ cciv, ccx, *eus* § cccxxi, *ués* App. 3.

oevre sf. 'work, deed' §§ ii, vi (*F24*), xviii, xlviii, lxxv, clxix, ccxviii, cclxxv, *euvre* §§ ii, xxvii, *oeuvre* § lxxv (*F19*).

offecine sf. 'conventual building' §§ clxxv, clxxvi.

offre sf. 'offer' § cxc.

[offrir] vtr. 'offer'. Present: 3sg. *offre* § cxx. Imperf.: 3sg. *offroit* § cxx. Past Partic.: *offert* §§ iv, cxx (*F19*), cccxli, cclxxxix, *offiers* § cxx.

oignon sf. 'onion', *oignons* § ccxciv.

oille sf. 'oil' § lxxiii.

oindre vtr. 'anoint' § lxxiii.

oïr vtr. 'hear' §§ cli, clxxxix, ccxxv, ccxciv, ccxcv, cccxx, cccxxviii, App. 3. Imperf.: 3sg. *ooit* § xii; 3pl. *ooient* §§ xxx, clxix. Present: 3pl. *oent* § lxxi. Perfect: 3sg. *oï* §§ xiii, xviii, xx, xxii, xxx, xxxiii, xli, xlii, xliv, xlv, xlvi, xlvii, liii, lxiii, lxvii, lxviii, lxxii, lxxvi, lxxx, lxxxvi, lxxxviii, xci, xcii, xciii, xcv, xcvii, xcviii, xcix, c, ciii, civ, cv, cxiii, cxv, cxxi, cxxvi, cxxvii, cxxx, cxxxiii, cxxxviii, cxxxix, cxli, cxliii, cxlv, cli, cliii, cliv, clxix, clxx, cxcix, ccix, ccxiii, ccxviii, ccxix, ccxx, ccxxiv, ccxxv, ccxxvii, ccxxix, ccxxxvi, ccxxxviii, ccxxxix, ccxli, ccxlii, ccxliv, ccxlv, ccxlvii, ccxlix, ccli, cclv, cclviii, cclix, cclx,

GLOSSARY 627

cclxiv, cclxix, cclxx, cclxxi, cclxxiii, cclxxv, cclxxxii, cclxxxiv, cclxxxvii, cclxxxviii, cclxxxix, ccxc, ccxci, ccxcii, ccxcvii, ccciv, cccv, cccvi, cccvii, cccix, cccxv, cccxix, cccxxiii, cccxxiv, cccxxxii, cccxxxiii, cccxxxiv, cccxxxv, cccxxxvi, cccxxxvii, cccxl, cccxliii, *oÿ* §§ xiii, xlii, cli, clviii, clx, clxxix, ccx, ccxlix, cclxxvi, cclxxvii; 3pl. *oïrent* §§ xxxii, lx, lxx, xcvii, cxxii, cxxxi, cxxxiv, cxxxv, clxi, clxiii, clxvii, clxix, cxcii, cxcix, ccxiv, ccxlix, ccli, ccliii, cclvi, cclxvii, cclxxii, cclxxvii, cclxxviii, cclxxxiii, cclxxxvii, ccxci, ccxciv, ccxcix, cccxv, cccxvi, cccxvii, cccxxv, cccxxvi, cccxxxiii, cccxxxiv, cccxl, *oÿrent* § cxxiii. Cond.: 3sg. *oroit* § clxxxviii, *orroit* § ccviii; 3pl. *oroient* §§ ccxxviii, cclvii, cclxxvii, ccxciv, cccxiv, *orroient* § cccxvii. Future: 1pl. *orons* §§ lxxxvi, cxvii; 2pl. *orés* §§ lxxxi, lxxxiv, cxvi, cxxvii, clvi, ccvii, ccix, ccxxvii, ccxlii, cclviii, cclxi, cccii, cccviii, cccxiii, cccxxxvi, *orrés* § cccxxxvi. Pres. Subj.: 2pl. *oés* § cccxx. Imperf. Subj.: 2pl. *oïstes* §§ cccxiv, cccxxxvi; 3pl. *oïssent* §§ lxviii, cxlv, ccxc. Imper.: 2pl. *oiiés* § clix, *oïés* § i. *oï* §§ xliv, xlviii, cxlv, cxlviii, cxlix, clxix, cclxix, cclxxxii, cclxxxviii, ccxciii, cccvi, cccvii, cccxiv, cccxliii, App. 1, App. 3, *oïs* § cxxxi.

oirre sf. 'journey' §§ lxxx, ccxx (*F16 F19 F20*), ccxxvii, cclviii, *oire* §§ ccxx.
oliviers sm. 'olive trees' § cvi.
omage *see* **homage**
ombre sf. 'shadow' § ccxxxvii.
omple adj. 'plain, of one colour' iii, *oinple* (*F24*) §§ iii, App. 3, *ample* (*F20*), *enple* (*F25 F26*).
onc adv. 'ever' (*F25 F26*) §§ xviii, cccxxxvii. See **ainc**.
onques adv. 'ever' §§ i, vii, viii, xv, xxii, xxiv (*F20*), xxv, xxxii (*F38*), xxxvi, xlv, xlvii, xlviii, l (*F19*), lxii (*F19*), lxxi, lxxx, lxxxii (*F19*), lxxxv, lxxxix, xcvi, cv (*F19*), cxi (*F25 F26*), cxvi, cxxiii, cxxxi, cxl, cxlvi (*F19*), cxlvii, cxlix (*F19 F38*) clvi, clx, clxii, clxvi, clxix (*F38*), clxxii, clxxviii, clxxxi, clxxxv, clxxxvi, clxxxix (*F19*), cxcix, ccix (*F25 F26*), ccxv, ccxvi, ccxx, ccxxiv, ccxxxiv (*F19*), ccxxxix, ccxliii (*F19*), ccxlvi, ccli, cclvi, cclvii (*F24 F25 F26*), cclxvi, cclxix (*F19*), cclxxi, cclxxix, cclxxx, cclxxxi (*F18*), cclxxxiii, cclxxxv, cclxxxvi (*F25 F26*), ccxci (*F24*), ccxciii, ccxciv, ccxcv, cccii, ccciv, cccxii, cccxv, cccxvi, cccxxviii, cccxxxvi, cccxli (*F25 F26*), App. 3, *onque* § xcvii, *onkes* § lxiii.
oquison *see* **ocoison**
orde adj. 'filthy, heinous' §§ lxxxii, clxxxix.
ordene sm. 'religious order' §§ cxxxi, cclxxiv, *ordre* §§ xvi (*F19*), cxxxi (*F19 F24*).
ordener vtr. 'set in order' § cclxxix. Perfect: 3pl. *ordenerent* §§ xcix, ccxxxvi.
ordure sf. 'filth' § lxxxii.
ore §§ xxii (*F20*), xxiii (*F25 F26*), xxv, xliii, lxvi, lxviii (*F19 F20*), xci (*F25 F26*), xcii, cii, cv, cxxv, cxxxiii, cxxxix, clix, clxxii, clxxxiii, clxxxiv, clxxxviii, cxcv (*F19*), ccx (*F25 F26*), ccxv, ccxxii, ccxxviii (*F19*), ccxxxvii (*F16*), ccxlv, ccli (*F19*), cclxiii (*F25 F26*), cclxvi, cclxxv (*F25 F26*), cclxxvii, cclxxx (*F20*), cclxxxii, cccv, cccviii, cccxxiv (*F19*), cccxxxii, cccxxxiii, *ores* §§ cclix (*F19*), ccvi (*F16*).
orelle sf. 'ear' §§ lix, clx, *oreilles* §§ lxxi.

orendroit adv. 'now' § ccxv (*F20*).

orer vtr. 'pray' § clxxxiv. Perfect: 3sg. *ora* § ccvi.

orfenine adj. 'orphaned woman', *orfenines* § ccxl.

orfevre sm. 'goldsmith' § clxxiv.

orfrois sm. 'gold embroidered cloth' § clxxiv (*F19*).

orge sm. 'barley' §§ lvii, cx, cclxxvi.

orgueil sm. 'arrogance' §§ cliii, cclxxii.

orison sf. 'prayer' §§ cxiii, clxxxix.

ort adj. 'foul, disgusting' lxvi.

os sm. 'bone' §§ lxiv, lxxxix, cxv.

[**oser**] vi. 'dare'. Perfect: 3sg. *osa* §§ xiii, xix, xcvi, cli, clxi, clxv, cclvii; 3pl. *oserent* §§ clxix, cccx, cccxxxv. Present: 3sg. *ose* § lxxv. Imperf.: 3sg. *osoit* §§ xii, cclvii, ccciv, cccvi, cccxxxvii, App. 3; 3pl. *osoient* §§ liii, ccxciv. Imperf. Subj.: 3sg. *osast* § clxxxvi; 3pl. *osaissent* §§ xlv. Cond.: 3sg. *oseroit* §§ clxix, ccxlv; 3pl. *oseroient* § ccxl.

ossel 'small bone', *oissiaus* § lxxxix (*ossel F16*).

osselet sm. 'small bone' lxxxix (*F38*).

ost sm. 'army' §§ vi, xiii (*F19*), xix, xxi, xxii, xxv, xxvii, xxx, xxxii, xxxiii, xxxiv, xxxviii, xlii (*F19*), xlv, liii, lxiii (*F19 F24*), lxxv, lxxvi (*F19*), lxxxi, xcii (*F16*), xciv (*F19*), xcv, xcvi, xcvii, xcviii, xcix, c, ci, ciii (*F20*), civ (*F19*), cv (*F24*), cxi, cxiii, cxiv, cxviii, cxxvii, cxxviii, cxxxix, cxl, cxli, clv, clvi, clvii, clviii, clix, clx, clxi, clxii, clxiii, clxiv, clxvi, clxix (*F16*), clxx, clxxxii, clxxxvii, clxxxviii, cxciv, cxcvi (*F19 F24*), cxcix, ccii, ccvi, ccvii, ccviii, ccix, ccxi, ccxii (*F25 F26*), ccxv (*F19*), ccxvi, ccxx, ccxxiv, ccxxix, ccxxix (*F19*), ccxxxiii, ccxxxiv, ccxxxv, ccxxxvi, ccxxxvii, ccxxxviii, ccxliii, ccxliv (*F19*), ccxlvi, ccxlvii (*F19 F50*), ccl, ccli (*F19*), ccliv (*F24 F50*), cclvii (*F19*), cclxiii, cclxix, cclxxii, cclxxiii, cclxxix, cclxxxii (*F19*), cclxxxiii, cclxxxiv, cclxxxv, cclxxxviii, cclxxxix (*F19*), ccxc, ccxci, ccxciii, cccii (*F20*), cccvi (*F19*), cccxii, cccxiii, cccxiv, cccxv, cccxvi, cccxvii, cccxviii, cccxix, cccxx, cccxxi, cccxxvi, cccxxvii, cccxxviii, cccxxix, cccxxx, cccxxxvi, cccxliv, App. 2, App. 3, App. 4, *os* §§ vi, xii, xiv, xix, xxi, xxxv (*F20*), xxxviii, xli, xlii, xliii, xliv, xlv, liii, lxiii, lxxvi, xciii, xciv, xcvi, ciii, cv, cxxvii (*F19*), cxxxix, cxl, cxli, clv, clix, clxi, clxiii (*F19*), clxiv (*F24*), ccix, ccxv, ccxvi, ccxx, ccxxi, ccxxviii, ccxxxvi, ccxliv, ccxlv, ccxlviii, ccxlix, ccl, ccli, cclvii, cclix, cclxiii, cclxiv, cclxx, cclxxi, ccxci, cccvi, cccxi (*F20*), cccxvii (*F25 F26*), cccxxvii, *olz* (*F16*) §§ xii, xli, xlii, lxxvi, xciii, cxxxix, clv, clv, ccxx, ccl, ccxci, *ols* (*F25 F26*) §§ xli, xlii.

ostage sm. 'hostage' §§ i, xlix, l (*F19*), cxxxii (*F19*), ccxlv (*F19*), ccli, cccxxx.

ostel sm. 'residence, house, home' §§ lxvii, lxxii (*F17*), lxxxvi, cx, cliii (*F38*), clxxiv (*F19*), ccxliii, cclxviii, clxxiv (*F50*), *hostel* § cx (*F19*), *ostiels* § cxlv (*F50*).

oster vtr. 'remove' clxviii, cccxxiv, cccxxix. Present: 3pl. *ostent* App. 3. Imperf. Subj.: 3sg. *ostast* § clxxxiii. Perfect: 3pl. *osterent* § cclxv. Past Partic.: *osté* § cccxxiv.

otriier vtr. 'agree to, grant' §§ xv, cclxxxvii, *otrier* § cccxxxix, *otroiier* § xxii. Present: 1pl. *otrions* § cccxx. Imperf.: 3sg. *otrioit* § cxliii; 3pl. *otrioient* App. 1. Perfect: 3sg.

GLOSSARY 629

otria §§ xxxv, ccxxiv, ccxxxiv, *otroia* § xlviii; 3pl. *otriierent* § xxiv. Cond.: 3sg. *otrieroit* § cccxxix; 3pl. *otrieroient* § cccxl. Past Partic.: *otriié* § xlviii.

otroi   sm. 'consent' § cliii, ccxxvii, cclxv.

[**oublier**]   vr. and vtr. 'forget'. Perfect: 1sg. *obliai* § xlvi; 3sg. *oublierent* §§ xcv, cccxix, *obliierent* § cclxxxiii. Imperf. Subj.: 3sg. *obliast* § ccxliii. Past Partic.: *oublié* §§ clxix, cclvii, cclxiv, App. 3, *oubliié* §§ lx, cxxv, *oubliet* §§ xxiv, *oblié* §§ clxxi, cclxvi, ccxcv.

ours   sm. 'bear' § clx (*F18*).

outre   adv. and prep. 'beyond' §§ xliv, liii (*F19*), liv, lvii (*F18 F19*), lxiii, lxiv, lxxiii, cxxvii (*F18*), cxlvi (*F16*), clxxiv, clxxv (*F25 F26*), clxxviii (*F16*), clxxxiii (*F16*), ccix (*F16*), ccxlvi (*F19*), cclxxiv (*F19*), cclxxxii, cclxxxviii, *oltre* §§ ccix (*F17*), ccxciii (*F38*), ccciv. – *passer outre* 'pass through' §§ liii (*F18*), lxiii (*F19*), clxv, clxix, ccxi (*F19*), ccxxi (*F19*), ccxxiv, cclxxiv (*F19*), cclxxvi, cclxxviii, cclxxx (*F19*), cclxxxvii (*F19*), cccxiv, *oltre* §§ clxv (*F24*), cccxvi (*F17*).

outremer   'beyond the sea (the East)' §§ vi, xiv (*F16*), xv, xviii, xxv, xxviii (*F20*), xli (*F16*), xlv, l (*F16 F20*), li, lii, lxxxiv, cxxvi, cxxvii (*F16 F20*), cxxviii (*F19*), clvi, clxix (*F25*), clxxiv, xci, ccx (*F20*), ccxi (*F19 F25 F26*), ccxiii, ccxiv (*F16 F19 F20*), ccxv, ccxvi (*F20*), ccxviii (*F16 F20*), ccxx (*F16*), ccxx (*F16*), ccxxi, ccxxii, ccxxiv (*F16*), ccxxv, ccxxviii (*F19 F20 F24*), cxxxi, ccxxxv (*F16*), ccxli (*F16 F19*), ccxliv (*F16 F19*), ccxlv (*F16*), ccxlvi, ccli (*F16*), cclxi (*F19 F20*), cclxv, cclxvi, cclxvii, cclxviii (*F24*), cclxxiii, cclxxxvii (*F19*), cclxxxvii (*F16 F19*), cccv (*F24*), cccvi, cccvii (*F16*), cccix, cccxiii (*F20*), cccxix (*F20*), cccxxiii (*F20*), cccxxiv (*F16 F50*), cccxxxi, cccxxxii, App. 1 (*F24 F25 F26*), App. 3, App. 4, *oltre mer* (*F38*) §§ cccxxxv, cccxliii, *oultremer* § cccxxxvi. – *Terre d'Outremer* 'Latin East' §§ i (*F16*), viii (*F19*), l (*F16*), lii (*F19*), lxxvii (*F16*), lxxix, lxxxiii (*F16*), xci (*F20*), cii, cxxvi, cxxvii, cxxviii, ccx (*F16*), ccxi, ccxii, ccxiii, ccxiv (*F20*), ccxviii, ccxxiv (*F20*), ccxxviii, ccxxxix, ccxli, ccxlii (*F16*), ccxliii (*F16 F20 F25 F26*), ccxliv (*F20*), ccxlvi, ccli (*F19 F20, F25 F26*), cclvii, cclxi, cclxiv (*F25 F26*), cclxvi, cclxvii (*F16*), cclxxii, cclxxiii, cclxxiv, cclxxv, cclxxvi, cclxxxi, cclxxxvii, cclxxxi, cclxxxvii, cccvii, cccviii (*F16*), cccix, cccxiii (*F16 F20 F50*), cccxix (*F16*), cccxiii, cccxxiv, cccxxxi, cccxxxii, cccxxxiii, cccxxxv, cccxxxvi, cccxxxvii, cccxxxviii, App. 3, *Oltremer* §§ ccxi, ccxiii (*F17*), cccxxv, cccxxxi (*F17*).

ouvrier   sm. 'labourer' § cxxii.

ouvrir   vtr. 'open' §§ cxii, cc, ccix, ccxix. Perfect: 3sg. *ouvri* § xxxi, *ovri* § ccliii; 3pl. *ouvrirent* §§ clxiii, ccliii, cclxxxiii, cclxxxvi, cccxvii. Imperf. Subj.: 3sg. *ouvrist* §§ ccxix, cclii; 3pl. *ouvrissent* §§ clxiii, cccxvii. Cond.: 3sg. *ouverroit* §§ cxxiii. Past Partic.: *ouvers* §§ clxxiv; *ouverte* § cxlix.

paiement   sm. 'payment' § cclxxii.

Païenie   sf. 'Paynim, the heathen lands' §§ xxix, xlii (*F19*), xlviii, ccli, cclv, ccciv (*F17*), cccxv, cccxxxvii, App. 3, *Païenie* § cccxxii.

Païenime   sf. 'Paynim, the heathen lands' §§ xxxii, liv, lviii, cxiii, ccxxxvii, ccli (*F17 F19*

F20), cccxv (*F24*), cccxxxi (*F19 F24*), cccxxxvii (*F24 F25 F26*), App. 3, *Païenime* §§ cclv (*F50*), cccxv (*F38*), cccxxxvii.

paiien adj. 'heathen' §§ cxxvii, cclv (*F18*), *païene* §§ cxxvii (*F24*).

paiier vtr. 'pay, pay for' §§ xlviii, l, cxc, cxci, cxciv, cxcv, ccxli, ccli, cclxxvi, *paier* §§ xix, cxcviii, cclxxii. Imperf.: 3sg. *paioit* § ccxli; 3pl. *paioient* § xxii. Perfect: 3sg. *paia* §§ xiii, ccxxvii; 3pl. *paiierent* § i. Cond.: 3sg. *paieroit* §§ xlviii, cclxxii, cccxxvii. Past Partic.: *paiié* §§ clvi, cxcviii, cclxxii; *paié* §§ l, cxcvi, ccxlv, cclxxii, cclxxxi, App. 3.

pain sm. 'bread' §§ lvii, lxii, lxvi, ci, cxxv, cxxvi, clxxxii, cciv, ccxciv, cccxxx, cccxxxvii, App. 3.

paine sf. 'difficulty, hardship' §§ cxviii (*F19*), cxxvi, cxxxiv, ccli, cccv, *painne* § cccxviii. – *a paine/paines* 'with difficulty' §§ lxxv, lxxxii, cxxiii, App. 1, cclxxxviii.

pais sf. 'peace' §§ viii, xii, xvi (*F19*), xix, xxv (*F19*), xxx, l (*F19*), lx, lxxvii, c, cxl, cxli, cxlii, cliii, clxxi, clxxxviii, cxc (*F20*), cxciv, cxcvi, cxcvii, cciv, cxxi, ccxxv, ccxxvi, ccxxxii, ccxxxiii, ccxliii, cclviii, cclix, cclxi, cclxiv (*F24*), cclxxxvii, cclxxxix, ccxc, ccxcvi, ccc, cccvii, cccxxvi, cccxxix, cccxxx, cccxxxv, cccxxxvi, cccxxxvii, cccxxxviii, cccxl, cccxli, cccxlii, cccxliii, App. 1, App. 3. – *pais forree* 'duplicitous peace' (literally 'furred peace') § cccxxxvi, *pes* §§ xv (*F16*), cxxviii (*F38*), cxxxix (*F16*), clxxxvii (*F16*).

païs sm. 'land' §§ vi (*F19*), xiii (*F19*), xiv (*F19*), xxi, xxv, xxxv, xlvii, l, liv (*F16*), lxix (*F25 F26*), lxx, lxxiii (*F19*), lxxv (*F16*), lxxviii, cvi, cxi (*F19*), cxxvi, cxxxiii, cxlv, clxvii (*F19*), clxxxi, ccii (*F19*), ccv, ccxii, ccxviii, ccxxi, cxxxix (*F19*), ccxli (*F19*), ccxlii, ccxliii, ccxlvi (*F18*), ccli (*F25 F26*), cclix (*F19*), cclxiii, cclxxii, cclxxv, cclxxvii, cclxxix, cclxxxvii, ccxcii, ccxcv, ccxcvi (*F20*), ccciii, cciv (*F24*), cccx, cccxiii, cccxiv, cccxix (*F19*), cccxxx (*F17*), cccxxx (*F24*), cccxxxi, cccxxxviii, App. 1 (*F50*), App. 2.

païsant sm. 'peasant, local inhabitant' §§ lxviii, lxix (*F24*), cciv (*F38*), ccxv, ccxcii, ccxciii, ccxciii, cciv (*F25 F26*).

[paistre] vi. 'graze'. Imperf.: 3sg. *paissoit* § lviii.

palefroi sm. 'palfrey' §§ ccxv (*F19*), cccxxxi (*F17*), App. 3, *palefroy* § ccxxxvii (*F19*).

paleïs sm. 'fence, palisade' §§ cccxiv.

paler vtr. 'erect stakes in' § cccxiv.

pamisons sf. 'swoon, faiting fit' § lx.

panier sm. 'basket' § lxxv.

paour §§ xliii (*F17*), lx, lxvii, lxxxiv, xci, xcix, cxxi, cxxiv, cxxxi, clxiii, clxx, clxxxviii, ccxxxvii, ccxli, ccli, cclxxviii, cclxxxiii, cclxxxiv, cclxxxviii, ccxciii, cccxxxiii, cccxxxv, *peur* §§ lxvii, cxcviii, ccxxxv, cclxv (*F19*), *paor* §§ cxxxi.

paouris adj. 'fearful' § c (*F19*).

parastres sm. 'stepfather' § cxvii.

[paratirer] vtr. 'set inorder, arrange'. Past Partic.: *paratiré* (*F25 F26*), *paratiree* (*F24*) § ccii.

[paratourner] vtr. 'set inorder, arrange'. Past Partic.: *paratourné* § ccii.

parçon sf. 'division' § cccxxxii.

parçonnier   sm. 'partner' §§ cccxxix.

[**pardire**]   vtr. 'say right to the end'. Present: 3sg. *pardist* § clxxiv.

[**pardoner**]   vtr. 'forgive, set aside'. Present: 1sg. *pardoins* § cxxxiv. Perfect: 3sg. *pardonna* § cccxxxv. Cond.: 3sg. *pardonroit* § cccxxxv. Past Partic.: *pardonné* § cxxxv.

parement   sm. 'facing masonry (of fortification)' § ccix.

parent   sm. 'relative' §§ lxvii, lxxxiv, lxxxv, cxxiii, cxxviii, clxix, cxxvii, ccxviii, cclxxv, ccxxxiv, cccxxxi, *parente* §§ xi, xii.

parenté   sf. 'blood-relationship' § cxcviii.

parfont   adj. 'deep' §§ lxxi, cviii, clxxv, clxxviii, clxxix. – sm. 'depth' § cxxii.

parjurer   vi. 'swear a false oath' § xlvi.

parlement   sm. 'assembly, high-level discussion' §§ ccxxi, cclxvii, cccv.

[**paroir**]   vi. 'appear, come into view'. Perfect: 3sg. *parut* § cxcviii; 3pl. *parurent* § cxlvi.

parole   sf. 'speech, remark, word' §§ xxxix (*F19*), lix, lx, lxx, cviii, clx, clxii, clxiii, cclxvi, cccxxxiii.

[**paroler**]   vi. 'talk'. Present: 1 sg. *parole* § lxii; 3pl. *parolent* § xlvii.

[**parpaiier**]   vtr. 'pay entirely'. Perfect: 3sg. *parpaia* § l.

part   sf. 'side, direction, part, way' §§ ii (*F16*), xi (*F20*), xiv (*F19*), xxi, xxxviii, xlvi (*F19*), liv, lviii, lxi (*F24*), lxii (*F16*), lxiii, lxxv, xcv, xcvi, xcviii, xcix, cii, cx, cxviii, cxxiii, cxxv, cxxvii, clxiv, clxx, clxxvi, clxxxii, clxxxv, clxxxvi, cxc (*F19*), ccii, ccvi, ccix, ccxxxiv, ccxli, ccxliii, ccxlv, ccxlvi, ccxlix, ccliv (*F25 F26*), cclviii (*F18*), cclxv, cclxix (*F20*), cclxxxii, cclxxxiii, cclxxxvii, ccxcii, cccv, cccxiv, cccxv, cccxvii, cccxviii, cccxxiv, cccxxv (*F25*), cccxxvii (*F19*), cccxxxviii (*F16 F19 F24 F25 F26*), cccxxix, cccxxx, cccxli (*F24 F38*), cccxlii, App. 1.

partie   sf. 'portion, group, faction' §§ i, iii, xxix, xlviii (*F19*), xlix, xci, cxxvii, cxl, clxxiii (*F50*), clxxxi, cxcii (*F16 F17*), cxcv, ccii, cciii, ccv (*F19*), ccvi, ccix, ccxx, ccxxiv (*F25 F26*), ccxxxiv (*F19*), ccxliv, ccxlv, ccxlvii, cclxxv, cclxxxii, cclxxxvii, ccxc, ccxci, ccci (*F50*), cccv, cccxviii, cccxxxvi, App. 3. – *grant partie* 'a lot' §§ vii, xix, xxx, xxxiii, cclx, cclxiii, cclxvi, cclxviii, ccxcvi, ccciii, cccvi, cccxv. – 'region' § ci (*F19*), cclxvi (*F50*), App. 2.

partir   §§ cclxxxvi. vtr. Pres.: 3sg. *part* § lxi (*F16*). Perfect: 3sg. *parti* §§ cv, cccxxxiii; 3pl. *partirent* §§ cclxxxvii. Imperf. Subj.: 3sg. *partist* §§ liv, ccii, cclxxxvi; 3pl. *partissent* § liv. Cond.: 3sg. *partiroit* § cclxxxvi. Past Partic.: *parti* §§ cclxxxvii. – vr. 'leave'. Past Partic.: *parti* §§ cv, ccxciv, cccii, cccxxxiii, App. 1. – vr. 'leave, depart' §§ ccvi, cclxxiii, ccxciv. Pres.: 3sg. *se part* § cv (*F19*), cccxxvi. Perfect: 3sg. *se parti* §§ vi, vii, xxvi, xxxiv, lxiii, cv, clxvii, ccxvi, ccxvii, ccxviii, ccxix, cclxiv, cccxv, cccxix, cccxxvii, cccxxxviii, App. 3; 3pl. *se partirent* §§ xii, lxiii, xcix, c, cl, clxiv, clxv, ccxxxviii, ccxli, cclxxviii, ccciii, cccxvi, cccxx. Imperf. Subj.: 3sg. *se partist* §§ xv, lxxi, clxi, ccxvii. Past Partic.: *parti* §§ xiii, xxxiv; *partie* §§ ccxlix.

partison   sf. 'partition' § cccxxxii (*F24*, *partisions F25 F26*, *partissons F24*).

[**parvenir**]   vi. 'arrive'. Imperf. Subj.: 3sg. *parvenist* § clxix.

Paske   sf. 'Easter' §§ cxiii, cxli, *Pasque* §§ clxxii (*F19 F24 F25 F26*), cclxxxvii; *Paskes*

§§ cxiii, ccxc, *Pasques* §§ cxli, clxxii. – *le grant Paske* 'Easter' § ccxxxix. – *Paske Florie* 'Palm Sunday' § ccxxxix, cclxxxv, App. 2, *Pasque* § clxxvi, clxxxiv, cclxxxv (*F16*).

[**pasmer**]   vi 'faint'. Past Paric.: *pasmé* § lx.

passage   sm. 'passage, (trans-Mediterranean) sailing' §§ clvi, clxxi (*F19*), cciv, ccxi, ccxxii (*F19*), ccxxiv, ccxlv, ccxlvi, cclxviii, cclxxv, cclxxx, cccix, cccxxvi, *pasajes* § ccxxii (*F16*).

passer   vi. and vtr. 'go along, go by, cross (sea), pass' §§ xxi, lxx, lxxii, cxlvi, clxix, cciv, ccxi, ccxxii, ccxxiii, ccxxiv, ccxlv, ccxlvi, cclv, cclvi, cclxviii, cclxix, cclxxii, cclxxiv, cclxxv, ccxcvii, cccxiv, cccxxiv, cccxxvi, cccxxxii, App. 3, App. 4. Present: 1sg. *pas* § ccxliii; 3sg. *passe* §§ lvii, ccxciv; 3pl. *passent* §§ xlvii. Imperf.: 3sg. *passoit* §§ clxxvi, cclxxii; 3pl. *passoient* § cxxiii. Perfect: 3sg. *passa* §§ liii, lxxiii, lxxx, xciv, ciii, civ, cv, cx, cxliv, cxlvii, clvii, clx, clxv, clxix, clxxvi, clxxx, clxxxiii, ccxi, ccxxi, ccxxii, ccxxiv, ccxlv, ccxlvi, cclxviii, cclxxiv, cclxxv, cclxxviii, cclxxxvii, cccv, cccviii, cccix, cccxxxi, cccxliii, *pasa* App. 4; 3pl. *passerent* §§ liii, lxiii, c, cxlvi, cciv, ccxi, ccxiv, ccxxiii, ccxxv, ccxlvi, ccxlvii, cclxxiv, cclxxv, cclxxviii, cclxxx, cclxxxvii, ccxcvii, cccix, cccxiv, cccxv, cccxxxvi, *paserent* App. 4. Imperf. Subj.: 3sg. *passast* §§ cxxvii, cccxxxv; 3pl. *passassent* §§ ccxxii, cccxix, *passaissent* § cclxxii. Cond.: 3sg. *passeroit* §§ xv, cxliv, ccxxii, cccxxxv, cccxxxvi, cccxxxviii; 3pl. *passeroient* §§ ccv, cclxix, cclxxvi, cccxix. Future: 3pl. *passeront* § cccv. Past Partic.: *passé* §§ lxii, lxx, lxxiv, c, civ, cv, cxlv, cxlvi, clxxix, clxxx, cxcvi, cxcviii, ccii, ccxxv, ccxxviii, cclxviii, cclvii, cclxxviii, ccxcii, cccxv, cccxxiii, cccxxxviii, App. 3, *passet* § lxiii; *passee* §§ clxxxvi, ccxliv, App. 3.

past   sm. 'banquet' § iv.

pasteur   sm. 'shepherd' § lxv.

patriarce   sm. 'patriarch' §§ lxxvii (*F20*), lxxviii, lxxix, lxxx, lxxxi, lxxxii, xcv, xcviii, cxxx, cxxxi, cxxxii, clvi, clxvii, clxviii, clxxiv, clxxviii, clxxx, clxxxvii, clxxxviii, cxcii, cxciii, cxcv, cxcvi, cclxxxvii, cxcviii, cxcix, cc, ccii, cciii, cccvii (*F19*), *patriache* §§ xvi, xvii, cxxxi, *patriarche* §§ iii, xv, xvi (*F19*), xvii (*F19 F24*), xxi, lxxvii (*F16 F38*), lxxviii, lxxx, lxxxi, lxxxii, cxxxi, clv, cccvii, cccxlii, cccxxxviii.

patriarcesse   sm. 'patriarch-ess' § lxxxi.

paumier   sm. 'pilgrim directed to Jerusalem' § clxxiv (*F24*).

pauz   *see* **pel**

pavement   sm. 'paved entrance' §§ clxxv, clxxvi.

[**paver**]   vtr. 'cover the ground with paving tiles or cobblestones'. Past Partic. as adj.: *pavee* 'paved' §§ clxxiv, clxxv.

pec   sm. 'pity, compassion' (*F19*) §§ xvii, xxi.

peceresse   sf. 'sinner' § clxxvi.

peceur   sm. 'sinner' § clxiii, *pecheors* § clxxi (*F50*).

[**pechier**]   vi. 'sin'. Perfect: 3pl. *pecent* § lxvi. Perfect: 3sg. *pecha* § clxxxi. Imperf. Subj.: 3sg. *pecast* § clxxvi. Past Partic.: *pecié* § clxvii.

GLOSSARY 633

pecié sm. 'sin' §§ xix, lxvi, lxxxii, xcv, cxxiii, cxxvii, clxvii, clxxxix, ccxiii, ccliv, cccxix, cccxxxii, App. 2.

pecine sf. 'pool' § clxxxiii.

pel sm. 'stake' § cxiii, *pauz* § cccxiv (*F25 F26*). *See* **bauc**.

pele sf. 'spade' § clxxxvi.

pelerin sm. 'pilgrim' §§ clxxiv, clxxv, clxxviii, ccxlii, cclxxii, cclxxiii, cclxxv, cclxxvi, clxxix, clxxx (*F16*), ccxi, cclxviii, cclxxii, cclxxiii, cclxxiv, cclxxv, cclxxxi, cclxxxii, cclxxxiii, cclxxxvii (*F25 F26*), cccxi (*F16*), cccxii, cccxv, cccxvi, cccxix, cccxxiv, cccxxxvi, cccxxxvii, cccxxxviii, cccxli, cccxli (*F18 F19 F24*), *pellerin* §§ cclxxii (*F26*), cccxxxvi (*F20*).

pelerinage sm. §§ vi, xv, xx (*F16*), xxi, cxxvi (*F16*), clxix, cccxiv, cccxxxv.

pendant sm. 'slope' §§ lv, lxix (*F24*), clxv, clxxiii.

pendre vtr. and vr. 'hang' §§ ccci, cccxxv. Perfect: 3sg. *pendi* § clxxviii. Cond.: 3sg. *penderoit* § cclxiv. – vi. 'slope'. Present: 3sg. *pent* § clxxiii.

[**pener**] vr. 'strive'. Cond.: 3sg. *peneroit* § xxxix.

penitance sf. 'penance' § xvi.

pensee sf. 'thought' § cccxix.

penser vtr. 'think, think up, give thought to'. Perfect: 3sg. *pensa* §§ xxxii, ccxxxvi. Imperf. Subj.: 3sg. *pensast* § cxviii. Past Partic.: *pensé* § cxxxvi, cccxi. – vr. 'give thought to, decide'. Perfect: 3sg. *pensa* §§ xviii, xxvii, xxix, xxxi, xxxii, cxliii, cxliv, clvi, clxix, ccx, ccxxv, ccxxxvi; 3pl. *penserent* §§ xxxii, ccxxix.

[**percevoir**] vr. 'be aware of'. Perfect: 3pl. *se perçurent* § cccxxviii.

perdicion sf. 'loss' §§ cxxvii (*F16*), cxxxiii, ccx, ccxi, *perdission* §§ cxxvii, cccxxxii.

perdre vtr. 'lose' §§ xlv, clix, clix, clx, clxxv, clxxxviii, cciv, ccxxxiii, ccxxix, ccxxvii, cccxl, *pierdre* §§ cxvi, clix. Present: 2pl. *perdés* § cclxx. Perfect: 3sg. *perdi* §§ xxii, xxvi, cxxxiii, clxi, ccxl, ccxlv, cccxxxiv; 3pl. *perdirent* § lv, ccxciii. Imperf. Subj.: 3sg. *perdist* §§ cxxi, cxliii. Cond.: 3sg. *perderoit* §§ cii, clvii, clviii, cclx, cccxv; 3pl. *perderoient* § cxliv. Future: 3sg. *perdra* § clix. Past Partic.: *perdu* §§ cxxxv, cxli, cxlvi, clv, clxxxviii, ccliii, cclxiv, ccxcv, cccxx, App. 3; *perdue* §§ ix, lxxviii, cxvi, cxxxiii, clvi, clix, clxv, clxix, cxcii, cci, ccix, ccxi, ccxxiv, ccxl, ccxlviii, cclxiv, ccxcvi, ccxcix, cccxxii, cccxxvi, cccxxviii, cccxxix, ccxli, App. 1, App. 3.

pereuc *see* **preuc**

peril sm. 'danger' §§ cccxci (*F25 F26*), cccxxix.

[**perir**] vi. 'perish'. Past Partic.: *peri* § ccvii.

perriere sf. 'petrary, stone-throwing siege engine' §§ lxxv, ci, clxxxv, clxxxvi, clxxxviii, ccvi, cccxv, *perieres* § ccix.

perte sf. 'loss' §§ xlii, ccxi (*F19*), ccxlv, cclxxvii, cccxxxii (*F19*).

[**peschier**] vtr. 'fish'. Perfect: 3sg. *pescha* § lvii.

[**peser**] v.impers. 'weigh heavily (upon), displease'. Imperf.: 3sg. *pesoit* § clxvi.

petit adj. 'small' §§ xviii, xxxix, lvii (*F19*), lxxii, cxix, civ, cxxxi, cxxxvi (*F19*), clxx, clxxiii (*F19*), clxxv (*F50*), ccxxxvii, cclxxxvi (*F25 F26*), cccxxxvi. – sm. 'small number, amount' §§ lvii, xci (*F16*), clxix, ccxix (*F16*), ccxxiv (*F16*), ccciii (*F16*).

peuple   sm. 'people, inhabitants' §§ lxix, cxcii, a3, *peule* §§ ccxci, ccxciii, cccix, cccxxx, *pule* §§ lviii (*F19*), lxix, lxxxii (*F17*), cxxii, cxci, ccxciii (*F19*), App. 3, *pueple* §§ xxxii (*F16*), lxxxii (*F16*), clxvii (*F50*), clxxix (*F50*), cxci, cxciii, cccix (*F16 F25 F26*), cccxv (*F16*), *pueles* § ccii.

peupler   vtr. 'settle, populate' § xxi, *pupler* § xix. Perfect: 3sg. *peupla* § ccxl. Past Partic.: *peuplee* § lxix, cxcii, App. 3.

peustis   sm. 'small posterne gate' § clxxxvi (*F19*).

pié   sm. 'foot' §§, *piet* §§ xvi, xxxi, xxxii, liv, lxiii, lxvi, cxl, clxxii, clxxx, App. 3. – 'lower part' §§ xxxii, lvii, lx (*F20*), lv, lxii, lxxiii, xciv, cvi, clxxvi (*F19*), clxxxi, clxxxiv, cclv, cccxxxvi (*F24*). – *mettre dedens les piés* 'set foot there' §§ ccxiv. – *ja pié ne* 'no one' §§ clxii, ccix (*F25 F26*), cclxix, ccxci, ccxciii, cccxxxviii, cccxxix. – *n'avoit pié que* 'everyone was' § ccxciii. – *a pié* 'on foot' §§ clv, clxiv, ccii, ccxiv, ccxix, ccxxxvii, ccxlvi, cclxviii, cclxix, cclxxvii, cclxxix, cclxxxvii, ccxciii, cccxvi *piet* §§ ccxxxvii. – *en piés* § cccvii.

piece   sf. 'piece' §§ cxxvi, clxv, clxxix, clxxx, clxxxi, clxxxiii, cccxxxii, *pieche* §§ ccxlvi (*F19*). – *piece a piece* 'bit by bit' §§ lxxxix, cclxxxix, *pieche* §§ cclxii (*F19*). – 'period of time, time' §§ vi, lxvi, lxviii, xcviii, cxv, xcviii, cxv, ccviii, ccxviii, ccxxix, ccxxxi, ccxxxviii (*F16*), ccxliii, ccxlv, ccli (*F16*), cclvii, cclviii, cclxv, cclxxiv, cclxxxii, cclxxxiv, ccxcvi, ccxcviii, ccciv, cccvii, cccix, cccxiv (*F38*), cccxvi, cccxix, cccxxxii, cccxxxviii, *pieche* §§ clxiii, ccciv, cccxxxiv.

piler   sm. 'pillar' App. 3.

pior   adj. as sm. – *avoir le pior* 'to have the worst (of it)' § xlii, cccxvi, *pieur* § cccvi.

pis   adv. 'worse' § xxi, ccv (*F19*). – sm. 'the worst' § cccvi (*F25 F26 F38*).

pissier   vi. 'urinate, piss' § cclxxxii. Cond.: 3pl. *pisseroient* § cclxxxii (*F24*).

pitié   sf. 'pity, compassion' §§ lxxiii, cci, ccxxviii, ccxlii, cccxxix, cccxxx, *pité* §§ xvii, xxi, clxx, ccxlii (*F19 F25 F26 F38*), cccxxix.

plaie   sf. 'injury, wound', *plaies* §§ lxxiii, clxxii, clxxxi.

plaigne   sf. 'plain, open country' §§ lxix (*F24*), cvii, *plaingne* § lx, *plaine* § lxix (*F25 F26*).

plain¹   'plain, open country' §§ xxxiv, xxxv, lxvi, xciv (*F25 F26*), cccx, cccxxx, *plains* §§ xxxvi (*F16*), xxxviii (*F20*), xciii (*F16*), cxxi.

plain²   adj. 'full' §§ lxxi, lxxv (*F19*), cxxi, cxxii, clxvi, clxvii, cxci, ccix, cclxxxvi, ccxci (*F20*), App. 3.

plaindre   vi and vr. 'complain' § cccxxxi. Perfect: 3sg. *se plainst* §§ ccc, cccxxxi; 3pl. *se plainsent* §§ ccxli. Cond.: 3sg. *se plainderoient* § ccxli.

[plaire]   v. impers. 'please'. Present: 3sg. *plaist* §§ xvii, xix, cix, clxxi, ccli, cclxx. Imperf.: 3sg. *plaisoit* §§ xii, xxxi. Perf.: 3sg. *plot* §§ xv, xxxix, ccxl. Imperf. Subj.: 3sg. *pleust* § ccxci. Cond.: 3sg. *plairoit* §§ vii, xxx. Future: 3sg. *plaira* §§ ccxl, cclxx.

GLOSSARY 635

plaisir sm. 'desire, pleasure' §§ vii, xv, xxxi (*F17*), cxxii, clxxi (*F19 F25 F26*), clxxi (*F19*), ccix, ccxxv, cccxxix.

plait sm. 'plea' § clxx.

plege sm. 'surety', *pleges* §§ xlix, l, ccxlv, cclxxii.

plenté sf. 'abundance, profusion' §§ xxxiii (*F19*), lxxv (*F19 F24*), cii, cvi, cx, cxii, cxxv, cxxxix, clxxi, ccii, ccxl, ccxlvi, cclxix, cclxxiii, cccxv (*F19*), cccxxi, cccxxiv, App. 2, *planté* § clxiv (*F50*).

[plevir] vtr. 'pledge, promise'. Perfect: 3sg. *plevi* § cccxxxii. Past Partic.: *plevie* 'betrothed' § lxviii, ccxxi.

plonc sm. 'lead' §§ lxxxiii (*F24*), App. 3.

[plongier] vi. 'sink, be engulfed'. Imperf.: 3sg. *plonçoient* § lvii (*F17*).

plorer vi. 'weep' §§ cci, cccxxx, *plourer* § cccxxx. Present: 1sg. *pleure* § cccxxx; 2pl. *plorés* § cccxxx. Imperf.: 3pl. *ploroient* § ccxxxvii. Perfect: 3sg. *ploura* §§ xvi, clxxix, cci, *plora* § cccxxx. Imperf. Subj.: 3sg. *plorast* § cccxxx.

plour sm. 'cry, lament' §§ cli, App. 2.

plovoir v. impers. 'rain' § cx (*F24*). Present: 3sg. *pleut* § cxxiv. Imperf.: 3sg. *plouvoit* § cx, cxxi, cxxiv, clxxix. Perf.: 3sg. *plut* § cxxi, App. 3.

pluie sf. 'rain' §§ cxxii, clxxvi, ccxxiv, cccxxvi.

poesté[1] sf. 'power' §§ lvi, clxxxix.

poesté[2] sm. 'podestà, governor', *poestés* § cccxxxiv (*F24 F25 F26 F38*).

poil sm. 'hair' § clx.

poindre vi. '(cavalry) charge, ride fast' §§ clxv, ccxxxvii, cclxxix, cclxxx. Present: 2pl. *poigniés* § clix; 3sg. *point* § clxv. Perfect: 3sg. *poinst* §§ cxxviii, clxv, cclxxx, ccxci, cccvi; 3pl. *poinsent* §§ xxxvi, xcv, xcvi, ccxxiv. Imperf. Subj.: 3sg. *poinsist* §§ clxiv, cclxxx; 3pl. *poinsissent* §§ cclxxx. Imper.: 2pl. *poigniés* § clxiv. Past Partic.: *point* §§ clxv, ccxxxvii.

poing sm. 'fist' § xxx (*F25 F26*).

point sm. 'state, situation, point in time' §§ xi, xxiii, xxv (*F19 F24*), xxxvii, xxxviii, xlvi, lxxi, cxxi, cxxvii, cxlii, cliii, clxiv, clxv, clxvii, clxix, clxxiv, clxxxviii, ccx, ccxvi, ccxxii (*F25 F26*), ccxxviii, ccxli, ccxlii, ccxlv, ccxlviii, ccli, cclvi, cclxvi, cclxvii, cclxviii, cclxxvii, cclxxxvii, cccix, cccxiv, cccxxvi, cccxxvii, cccxxviii, cccxxix, cccxxxii, cccxxxvi, cccxxxvii, cccxxxviii, *poins* §§ ii (*F19*), xcii (*F19*), ccxxv (*F19*), cclxiv, cclxxxi, cccvii (*F24 F25 F26*), App. 1. – *point dou jour* 'dawn' §§ cxi, cxiv (*F19*), ccix, ccxi. – *metre a point* 'deal with' § cccxxiv.

pointe[1] sf. '(cavalry) charge' §§ clxiv.

pointe[2] sf. '(mountain) top' § cclv, cccxxvi (*F50*).

poisson sm. 'fish' §§ lvii, lxi, xcvi, clxxiv, clxxviii, *pisçon* § clxxviii (*F17*), *pisson* § lvii (*F20*), *poison* § lvii (*F24 F25 F26*), *possons* § lvii (*F24*).

pont sm. 'bridge' §§ lvii, clxxv, clxxviii, ccix (*F19*), cclxxxv, cclxxxvi, cccvi, cccxv, cccxxvi, cccxxvii, cccxxviii, cccxxx.

pooir inf. as sm. 'power, (military) strength, control' §§ xlvi, cxxxviii, clxxxv, cclix. – *a sen pooir* 'as much as one can' §§ cccv, cccxxii, cccxliv (*F50*), App. 3.

porc sm. 'pig, boar', § cclxxxiv, *porciaux* § lviii, *pourciaus* § lviii.

porec *see* **poreuc**

poreuc (*porec F16, pereuc F19, poruec F24*) adv. 'to this end, for this purpose' § l.

porkerie sf. 'herd of pigs' § lviii.

porparler vtr. 'discuss, plot'. Perfect: 3sg. *porparlerent* App. Past Partic.: *porparlee* §§ cccv, cccxl, cccxli.

porpens sm. 'thought, idea' § cccxii.

[porpenser] vr. 'ponder'. Perfect: 3sg. *pourpensa* §§ vii, xliii, lxxv, lxxxiii, lxxxviii, c, cxxvii, cxxix, cxxxiv, cxlviii, cxcv, cclxxxiv, *se porpensa* §§ cccxi, cccxxxviii. Cond.: 3sg. *se pourpenseroit* § cxci. – vtr. Past Partic.: *porpensé* § cccxi.

[porquerre] vtr. 'acquire'. Perfect: 3sg. *porquist* § ccxlv; 3pl. *pourquisent* § ccxliii. Imperf. Subj.: 3sg. *pourquesist* § l.

[porsivre] vtr. 'follow'. Perfect: 3sg. *poursivi* § cclxiii.

port sm. 'port, harbour' §§ xii, clxix (*F19 F50*), cciv, ccv, ccviii, ccix, ccx, ccxxii, ccxxiv (*F19*), ccxxix, ccxxx, ccxli (*F50*), cclxvii (*F19*), cclxx, cclxxiv, cclxxvi, cclxxxii, cccxix, cccxxviii, App. 3, *pors* §§ ccxxii, cclxxv, cclxxxiv, cccxiii.

porte sf. 'gate (to a city or castle)' §§ xxvii (*F25 F26*), xxviii, xxxi, lviii, lxii, xc, cxi, cxii, cxiii, cxiv, cxxxi, cxliv, cxlix, clxiii, clxxiii, clxxiv, clxxv, clxxvi, clxxvii, clxxviii, clxxix, clxxx, clxxxiii, clxxxv, clxxxvi, cxcvii, cxcviii, cc, cciii, ccviii, ccix, ccxxxix, ccxliii, cclii, ccliii, ccliv, cclxvii, cclxxxii, cclxxxiii, cclxxxiv, cclxxxv, cclxxxvi, cccvi, cccxv, cccxvi, cccxvii, cccxxxviii, App. 2.

porter vtr. 'carry, bear' §§ vii, xxxiii, lxii, cxix, cxxii, cxlv, cxlvi, cxlvii, clxxxix, cxcvi, cxcviii, ccii, ccix, ccxv, ccxx, cclxxix, cclxxxvii, cclxxxviii, cccxiii. Present: 3sg. *porte* §§ xxxi, lxxi, cxii, clxxix, ccxxiv, cccxxvi, App. 3; 3pl. *portent* §§ iii, xlvii, App. 3. Imperf.: 3sg. *portoit* §§ xii, lviii, ccvi; 3pl *portoient* §§ lxxv, cxxii, cxlvii, clxxxix, ccii, cclxxxvii. Perfect: 1sg. *portai* § cclxi; 3sg. *porta* §§ lx, lxxiii, lxxx, cxiii, cxlv, clv, cclxvi, App. 3; 3pl. *porterent* §§ lxii, cxv, ccxxix, cxxxi, ccviii, ccxlix, cclxxxiii. Imperf. Subj.: 3sg. *portast* §§ lxx, clv; 3pl. *portaissent* §§ cxcvi, cxcviii, *portassent* § cxxix. Cond.: 3sg. *porteroit* §§ clxvii, cccxiii; 3pl. *porteroient* §§ lxxv, ccxvii, cclxx, cclxxxvi. Future: 2pl. *porterés* § cxl. Past Partic.: *porté* §§ lx, ccxxxi, cclxi, App. 2; *portee* §§ ci, clv. – vtr. 'wear', *porter corone* §§ i, xi, xii, xxiv, xxxix, xl, lxxxviii, xc, cxvii, ccxxi, ccxl, cccxxxii, App. 1. Present: 3sg. *porte* § cxx. Perfect: 3sg. *porta* §§ i, viii, xi, xxiv, xxv, lxxxiv, lxxxix, xc, clxxx, ccxxi, ccxl, ccxlvi, ccli, cclxxxiv, cclxxxvii, ccxcix, cccv, cccvii, cccxxix, cccxlii, App. 3; 3pl. *porterent* § cccxxiv. Imperf.: 3sg. *portoit* §§ iv, ccvi. Imperf. Subj.: 3sg. *portast* §§ cxxx, cccxxxiv. Cond.: 3sg. *porteroit* §§ cxxxi, App. 1. Past Partic.: *porté* §§ xi, lxxxvii, lxxxviii, cxx, cxxi, cxxxiii, ccxcvi, ccxcix, ccci, ccii, ccciv, cccv, ccviii, cccxxiv, cccxxv, cccxxvi, cccxlii, cccxliii, App. 1; *portee* §§ i. – *porter les piés* 'set foot in'. Future: 2pl. *porterés* § ccxliii.

GLOSSARY 637

porteres   sm. 'porter' § ccxxiv.

poruec   *see* **poreuc**

[**porveoir**]   vtr. 'predict'. Past Partic.: *pourveu* §§ cxxvii, cxxviii.

posterne   sf. 'postern' §§ cxxxi, clxxiii, clxxiv (*F25 F26*), clxxvi, clxxviii, clxxxiii, clxxxiv (*F19*), clxxxvi, cc, ccxlix, cclii (*F24 F50*), ccliii.

pot   sm. 'pot', *pos* § cxxii.

poule   sf. 'hen' § clxxiv.

pourcacier   vtr. 'seek (ways of doing something), strive for, arrange' §§ l, cc. Perfect: 3sg. *porcaça* § ccxlviii, *pourcaça* § cxvi, *pourcacha* § cclv; 3pl. *porcacierent* § cccv, *pourcacierent* § i. Imperf. Subj.: 3sg. *pourcaçast* § cclxxxiii. Cond.: 3sg. *pourcaceroie* § cclxxxiii. Future: 1sg. *pourcacerai* § cxcv; 1pl. *pourcacerons* § cxxxv. – *pourcacier a* 'try to obtain something from someone' § cxcv, cclv, ccxlviii. – *pourcacier vers* 'seek to persuade someone to do something from someone' § cccv. – vi. 'strive for, arrange'. Imperf. Subj.: 3sg. *porchaçast* §§ xlix.

pourpre   sm. 'hyperpyron (Byzantine gold coin)', *pourpres* § l.

pourre   sf. 'dust, powder' § clxxxvi.

[**pourrir**]   vi. 'rot'. Past Partic.: *pourris* 'rotten', *pourris* § lxxxviii (*F19*).

povre   adj. 'poor' §§ lxxii, lxxvii, cxxi, cxxii, cxxv, cxc, cxciii, cxciv (*F16*), cxcv, cxcviii, cxcix, cc, ccii, cciii, cciv, ccxl, ccxlvi, cclxxxi, cclxxxvii, cccvi, cccxix, cccxxx, App. 3.

povreté   sf. 'poverty, wretchedness' § ccli.

praiel   sm. 'courtyard' § clxxv.

predication   sf. 'preaching, sermon' § cccix.

preecement   sm. 'preaching, sermon' §§ ccxv, *preechement* § cccxx, *preeschier* App. 4. Perfect: *preeça* § cccix, *preecha* § cclxvi. Imperf. Subj.: 3pl. *preeçassent* § cccix.

preecier   sf. 'preach' §§ cccxv, cccxix, cccxx.

prelat   sm. 'prelate, (senior) cleric' § cccvi (*F50*).

premerain   adj. 'first' § cxxi, clvii (*F19*), ccix, cclxvi.

premier   adj. 'first' §§ i (*F20*), xix, xx, xxi, xxiii, xxxv, xxxvi, lxxxii, cii, cxx, cxxi (*F24 F25 F26*), cxxviii, cxlii (*F24*), cxlvii, clx, clxiv, clxvi (*F20*), clxxvi, clxxxiii (*F16 F19 F20*), ccvi, ccxiv, ccxxii, ccxxxiii (*F19*), cclxxxvi, cclxxxvi, ccxcviii, cccix, cccxiv (*F19*), App. 3. – adj. as sm. 'ancestor' § clxxxi (*F20*), *prumier* (*F16*) §§ cxxi, clxiv, ccxiii, clxxxi. – *premiers* adv. 'in the first place, for the first time' (*F20*) §§ i, vi, cclvii. *See* **primes**.

premierement   adv. 'firstly, from the first' §§ cclvii, cclxxxvii, ccxci, App. 4

present   sm. 'present, gift' §§ ci, ccxxx, cclxx, ccci, ccciv (*F24 F25 F26 F38 F50*).

presse   sf. 'throng, crush' §§ xxx, cxii, *priese* § lxxii, *priesse* § cxii.

prest   adj. 'ready' §§ xciii (*F19*), c (*F19*), cccvi (*F18*).

[**prester**]   vtr. 'lend, provide'. Perfect: 3sg. *presta* §§ iv, clxxxviii, cccv. Imperf. Subj.: 3sg. *prestast* §§ iv, ccxxv.

preu   adj. 'worthy', *preus* §§ xxix, li. – sm. 'advantage, reward': *ne ... preu* 'not at all, nothing' §§ cxxi, clxix, ccvi.

preudefame　sf. 'woman of good repute' § lxxxi (*F16*).

preudom　sm. 'man of good repute' §§ xii, l, lxix, lxxix (*F19*), cxxii, cclxviii, cclxxv, cclxxxiii, cccvii (*F19*), *preudomme* §§ lxvii, lxxviii, cx, cxxvii, ccxlii (*F19*), cclxiii (*F19*), cccxx, *preudome* §§ cxcviii, cxcviii, cciv, ccxxi, cclxiii, *prodome* § cxl (*F24 F25 F26*), App. 3, ccxi, *proedom* § cccvii.

priestre　sf. 'priest' §§ ii, xxvii (*F25 F26*), lxxxii, lxxiii, cclxvi, cclxx, cccxx (*F19*), *prestre* §§ clxxxix, cclxxxvi, cclxxxvii.

prieur　sm. 'prior', *prieus* §§ ii, iii, App. 3, *prieux* § clv.

primes　adv. 'in the first place, for the first time' §§ vi (*F16*), cvi, clxxxiii, ccvi (*F16*), ccxix (*F16*), ccli, cclxxxvi (*F24*). *See* **premiers**.

princee　sf. 'principality' §§ xxii, App. 2 (*princesté F25 F26*).

prins soirs, prinsoir　*see* **soir**

prison[1]　sf. 'prison' §§ i, x, xxvii, xlii, xlv, xlviii, xlix, l, lxxvii, lxxxiii, lxxxv, lxxxviii (*F15 F26*), clxvii, clxix, clxx, cxc, cc, cci, cciii (*F19*), ccvi, ccxvii, ccxviii (*F16 F20*), ccxix (*F16*), ccxxxiii, ccxliii, ccxliv (*F16*), ccxliv (*F19*), ccxlv, cclv (*F19*), cclvii, cclviii, cclxiv, cclxxvi, cclxxvii, ccxcix, cccxvi (*F17*), cccxxii, cccxxix, cccxxxi, cccxxxiv, App. 3, App. 4, *prinson* § ccxlv (*F16*), ccxxxi (*F19*).

prison[2]　sm. 'prisoner' §§ cxlvi, clxvii, clxx (*F19*), clxxxiii, ccxxvii, ccxxxi, cccxx.

prisonier　sm. 'prisoner' §§ clxvii (*F20 F38 F50*).

prochain　adj. 'close, nearby' §§ xii, cxxvii (*F19*), *proçains* § cxxvii.

prochainement　adv. 'soon' § clviii, *proçainement* § cii, clvii.

proie　sf. 'booty' §§ cclxxvii, clxxviii, cclxxix (*F24*).

proiier　vtr. 'beg, beseech' §§ lxvi, cclxxx. Present: 1sg. *pri* §§ lxxviii, cxcix, ccxliii, cclix; 1pl. *prions* § cxxxv. Imperf.: 3sg. *prioit* §§ clxx, cxciv, App. 1; 3pl. *proient* §§ iv. Perfect: 3sg. *pria* §§ vi, xvi, xxiv, xxvii, xxxix, xlviii, lvii, lxvii, lxxviii, ccxxviii, ccxxi, ccxxiv, ccxli, ccxlv, cclix, cclxxxi, ccvi, App. 3, *proia* §§ xv, lxvi, cxvi, cxviii, cxxii, cxxvii, cxxxvi, clxxxi, cxcix, ccvii, ccxxiv, ccxxv, cclxxix, App. 1; 3pl. *proiierent* §§ xvi, xvii, xliii, xlvi, cxxv, cxxxi, cxxxvi, clxiii, clxvii, clxx, clxxxviii, cxciv, cxcviii, ccxi, cclxxix, *priierent* §§ lxx, cclxiv, *prierent* §§ cc, ccxxxiii, *proierent* § cccxix. Imperf. Subj.: 3sg. *proiast* § l; 3pl. *proiassent* §§ xvi, cxxxvi. Cond.: 3pl. *prieroient* § cclxx. -*ant* form: *priant* §§ clxvii, ccxvi, cclviii, App. 1, App. 3. Past Partic.: *priié* §§ xciii, cclxxx, *prié* § cccxv, *proiié* §§ lxxix, ccxxxiii, *proié* § cxciv, *proiet* § xlvii.

proiiere　sf. 'prayer, entreaty, petition' §§ xv, xvii, clxxxix, cciii, cclxix, cclxxxii, *proiere* §§ cclxxxi (*F20*), cccv (*F20*), App. 1, *priere* §§ xlvii (*F19*), ccxlii (*F18*).

proisme　sm. 'neighbour' §§ lxxiii, lxxxiii.

promesse　sf. 'promise' §§ cclxix (*F25*), cccv, App. 1, *pramesses* § ccci, *proumesse* § xxi.

prometre　vtr. 'promise' § cclxxxi. Perfect: 3sg. *promist* §§ cxxvii, cclxv, ccciv, cccxvii, App. 1; 3pl. *pormisent* § cccxxxiii. Past Partic.: *promis* § clxxiii; *promises* § cclxxxiii.

prophesie　sf. 'prophecy' §§ xxviii, xxix, clvi.

prophete　sm. 'prophet' §§ lxii (*F16*), lxxiii, cviii, cix, cx, clxiii.

GLOSSARY 639

[**prophetisier**]   vtr. Perfect: 3sg. *prophecisa* § clxiii. Past Partic.: *profetisiet* App. 3.
[**proposer**]   vtr. 'announce, suggest'. Past Partic.: *proposee* § cclxvi.
protesavasto   sm. 'protovestiarios (high ranking Byzantine offical with financial responsbliities)' § xii (*prothesavato F16, protosevastro F17, protesavostoF25 F26*), *prothosevasto* § lxxxiii (*F38*).
prouece   sf. 'brave deed, exploit' §§ xlvi, li, *proece* § ccxxxvii, *proeche* App. 4, *proueche* App. 3, *proesces* § ccvi (*F25 F26*), *prouece*.
prouvost   sm. 'steward, local official' § xxvii.
[**prover**]   vtr. 'prove'. Perfect: 3sg. *prova* § xxxvii; 3pl. *proverent* § xxxvii, *prouverent* § xxxvii. Past Partic.: *prové* § clii.
provoire   sm. 'priest, cleric' § clxxxix (*F50*).
puasnie   sf. 'stench' § lxxxix (*F24 F25 F26*).
puch   sm. 'well' §§ cvii, cxxii, ccxxiv, *puc* §§ cxxi, cxxiii.
pucieles   sf. 'maidens' § ccxl.
puer   adv. 'away'. – *geter puer* 'throw away' § clxxxix.
pueur   sf. 'stench' §§ lxvi, clxxx, cxc, *puor* § lxxi.
[**puir**]   vi. 'stink'. Imperf.: 3sg. *puoit* § cccxvii. -ant form: *puant* § lxxi, lxxxii, clxxxix.
[**puirier**]   vtr. 'proffer, present'. Perfect: 3sg. *puira* § ccxli.
puiscedi   adv. 'henceforth, after' §§ cxvi (*F17*), ccli, *puissedi* § ccxli, ccxcvi (*F19*).
putains   sf. 'whores, prostitutes' § cclxxxii, *pute* § lxxxv.

quanconques   pron. 'anything' § cccxli (*F24*).
quanques   pron. 'whatever, whoever' §§ vii, xxxii, lx, lxvi, lxxxii, xci, cliii, clx, clxiii, clxviii, clxix, cxciii, cxciv, cci, ccxiii, ccxvi, ccxlv, cclxi, cclxiii, cclxxxvii, cclxxxviii, cccxxi, cccxxiv, cccxxix, cccxl, ccclxiv, *quankes* §§ xxx, xxxvi, lxviii, *quanque* §§ cxlv, ccxxv (*F24*), ccxxxix, *quanqu'* §§ xlvi, cviii, cxxxii (*F24*), clxxxvi, cxciv, ccvii (*F24 F38*), ccix, ccxi, ccxvi, ccxix, ccxxi, ccxxv (*F50*), ccxl (*F24*), cclxiv (*F24*), cclxxxi, ccxc (*F24*), ccxci (*F24 F25 F26 F38*), cccxv, cccxvi, cccxvii, cccxix (*F25 F26*), App. 1, *quanq'* § xvii (*F26*), ccvii (*F25*), *qanq* § xlvii (*F25*), *qant q'* § cxxxiii (*F25 F26*), *quant qu'* § ccvi (*F25 F26*), *quenqu'* (*F25 F26*).
quant   adv. 'as much as' § ccxxiv (*F19*), cclv (*F24*).
quarentaine   sf. 'forty-day period' §§ lx, lxxiii, cxxvi, *quarantaine* § lxxii.
quaresme   sf. 'Lent' §§ cxxv, cclxxxv, cclxxxvii, cclxxxviii, cccxlii.
quariel   sm. 'crossbow bolt' § cclxiv, clxxxvi.
quarrefour   sm. 'crossroads' § clxxxiii, *quarefour* § clxxxiii.
quelloient   *see* **cueillir**
querre   vtr. 'seek, ask' §§ li, lxxviii, cviii, clix, cxciv, ccxciv, ccci, cccvii, cccxxxi. Perfect: 3sg. *quist* §§ xlix; 3pl. *quisent* §§, ccxliii, cclxx. Cond.: 1sg. *querroie* § cclxxxiii. Future: 1sg. *querrai* §§ cclxx; 1pl. *querrons* § cxxxv. -ant form: *querant* § clxii.
quert   *see* **corre**

quisine sf. 'kitchen' § ccxliii

quisse *see* **cuisse**

quite adj. 'free, at liberty' §§ clxx, ccxiii, ccxxiv, App. 3.

quitement adv. 'freely, unreservedly' § cclviii.

[quiter] vtr. 'relinquish, release (from)'. Perfect: 3sg. *quita* §§ iii, cclviii, a3. Cond.: 3sg. *quiteroit* § cclxxii.

racat sf. 'release against a payment' § cxx

racater vtr. and vr. 'redeem' §§ lxxxii, clxxii, cxc, cxci, cxcii, cxciii, cxciv, cxcv, cxcix, cc. Pres.: 3sg. *racat* §§ cxx, cxc. Imperf.: 3sg. *racatoit* § cxx. Perf.: 3sg. *racata* § i; 3pl. *racaterent* §§ i, cxcviii. Imperf. Subj.: 3sg. *racatast* §§ xlviii, cxciii, cxcviii. Cond.: 3sg. *racateroit* § xxvii. Past Partic.: *racaté* §§ xxvii, cxcv, cxcix, cc, *rechatez* App. 4; *racatees* § cci.

[raclore] vtr. and vr. 'close back'. Present: 3pl. *se racloent* § clxv. Past Partic.: *raclose* § lxiii. *See* **reclore**.

[racorder] vr. 'reconcile'. Cond.: 3sg. *se racorderoit* § clvi.

[raembre] vtr. 'hold to ransom, ransom, redeem'. Imperf.: 3sg. *raimboit* § cccxix. Perfect: 3sg. *raienst* § cclvi. Imperf. Subj.: 3sg. *raensist* § lxxxv. Past Partic.: *raiens* §§ l, ccxlv, *raiiens* § xlix.

[raemplir] vtr. 'fill'. Imperf.: 3sg. *raemplissoit* § cxxii. Past Partic.: *raemplis* § lxvi; *raemplie* §§ xcvi.

raençon sf. 'ransom' §§ i, xxvii, xlviii, xlix, l, cxc, cxci, cxciv, cxcv, cxcvi, cxcviii, cc, ccxviii, ccxxxii, ccxlv, *raenchon* §§ cxc, ccvi (*F19*), ccxliii, ccxlv. *reançon* § xlviii (*F16*), App. 4.

rafrescir vtr. 'refresh, restore' § ccxxviii.

rainsiel sm. 'small branch' § clxxxi, *rainsials* § clxxxi.

raison sf. 'reason, justice' §§ lxxii, xcix (*F19*), cxxv (*F19*), clix, cxci, cxciv, cxcv, ccxi (*F19*), ccxl (*F19*), ccxxxiii, cclxi (*F19*), cccxiii, cccxx, App. 2 (*F19*).

raler vi. and vr. 'go back' §§ xix, xxxviii, cclv, ccxci. Imperf.: 3sg. *raloit* § cclxxv. Perfect: 3sg. *rala* §§ x, xiv, cv, cxcii, ccxvi, ccxlvii, cccxix. Imperf. Subj.: 3sg. *ralast* §§ xxi, clxii, cccxix. Cond.: 3sg. *riroit* § ccxliii; 3pl. *riroient* § cccxx.

[ralier] vr. 'regroup, return'. Present: 3sg. *ralient* § xlvii. Imperf. Subj.: 3pl. *raliassent* § ccxciii.

ramembrance sf. 'commemoration' § cxxv, *ramenbrance* § clxxxi.

[ramener] vtr. 'bring back'. Future: 3sg. *ramenra* § ccxxii. Cond.: 3sg. *ramenroit* § ccxxv. Past Partic.: *ramenés* App. 3. *See* **remener**.

ranner vi. 'set up in opposition' § cxxxv.

raoient *see* **rere**

raporter vtr. 'carry back' § ccxxxii. Past Partic.: *raportee* §§ clvi, clxxvi.

[rassembler] vr. 'reassemble'. Perfect: 3pl. *se rassamblerent* § cclxviii.

GLOSSARY 641

ravine   sf. 'impetuosity'. – *de ravine* adv. 'violently' § cxxviii (*F24 F25 F26 F38*).
[**ravoier**]   vtr. 'put back on the right path'. Past Partic.: *ravoiié* § clxiii, *ravoié* § clxiii.
ravoir   vtr. 'regain' §§ cclxvi, cclxxxi, ccciii, cccxxii. Imperf.: 3sg. *ravoit* § cccxx. Present: 3pl. *ront* § cccxxvi. Perfect: 3sg. *rot* § cclv (*F16 F50*), *reut* § cclv (*F17 F20*). Imperf. Subj.: 3sg. *reust* §§ cclxxv, cclxxxii. Cond.: 3sg. *raroit* § cxviii, *raveroit* §§ cclxiv, cclxxxii; 3pl. *raroient* § cclxiv, *raveroient* § ccxli. Future: 1sg. *raverai* § clix; 1pl. *rarons* § ccxlii; 2pl. *rarés* § cxxxv.
rebouter   vtr. 'push back, repel' § clxii. Perfect: 3pl. *rebouterent* § clxii.
rechevoir   vtr. 'receive, accept sustain, welcome' § ccxlv, *reçoivre* § ci. Present: 2pl. *recevés* § cxxxii. Imperf.: 3sg. *recevoit* § cclxxxvii. Perfect: 3sg. *reçut* §§ xv, xl, cxxxviii, cliii, clxxi, clxxxvii, ccxxi, ccxxiv, ccxlvi, cclx, ccxcvii, *rechut* §§ xxvii, cccvii, App. 2; 3pl. *reçurent* §§ clxvii, ccxxxviii, cclxi, *rechurent* §§ cxxvi, App. 1. Imperf. Subj.: 3sg. *receust* §§ cxviii, cccxxxv. Cond.: 3sg. *receveroit* § cxviii; 3pl. *receveroient* § xxxii. Past Partic.: *receuz* § cliii, *recheus* § clxxvi, *rechus* App. 2, *reçus* App. 2.
recief   sm. – *de rechief* 'once more' § liii, *de requief* § lviii.
[**reclore**]   vi. 'close back'. Perfect: 3sg. *reclost* § lxiii. See **raclore**.
reçoivre   *see* **recevoir**
[**recomencier**]   vtr. 'start again'. Perf.: 3pl. *recommenchierent* § clxxxv.
reconduire   vtr. and vr. 'to make one's way back' § cccxiii. Past Partic.: *reconduit* App. 3.
reconnissance   sf. 'recognition' § xix.
[**reconoistre**]   vtr. 'recognize'. Perfect: 3sg. *reconut* § ccxci; 3pl. *reconurent* § ccxci.
[**reconquerre**]   vtr. 'win back'. Perfect: 3sg. *reconquist* § xix, cclxiii, App. 1; 3pl. *reconquisent* § ccxcix.
recovrer   vtr. 'recover, regain, escape' § xlii. Perfect: 3sg. *recovra* § cclvii. Imperf. Subj.: 3pl. *recouvraissent* § ccxxxix. Past Partic.: *recouvré* § cclxxvii.
[**recroire**]   vi. 'give up, grow weary'. Perfect: 3pl. *recreïrent* § ccxcii. Past Partic.: *recreu* § ccii.
reculer   vi. 'go backwards, retreat' § clxiii. Imperf.: 3sg. *reculoit* §§ clxiii, ccxxxvii. Perfect: 3pl. *reculerent* § cccxvii.
[**refaire**]   vtr. 'do again'. Perfect: 3sg. *refist* § cclxvi.
[**referir**]   vtr. 'strike again'. Present: 3sg. *refiert* § ccxli.
reflatir   vtr. 'throw back' § clxxxv.
refremer   vtr. 'repair'. Perfect: 3sg. *refrema* § xxxi. Cond.: 3sg. *refremoit* § cccxxvi. Future: 1sg. *refremerai* § clix.
refroidier   vtr. 'cool down' § clxvi.
refroitoir   sm. 'refectory' § clxxv.
regart   sm. 'governor' §§ ccxxii, ccxliv, ccxlv, ccxlvii (*F19*), cclxxxiii, *resgarz* § cclxiv (*F16*).
regne   sm. 'kingdom' §§ v, xii, xix, lvi (*F14*), cxvii, cxviii, cxxv (*F18 F19*), cxxvii, cxxxi, cxxxii, ccxxxvi, App. 2.

regner   vi. 'reign'. Perfect: 3sg. *regna* App. 3.

relainquir   vtr. 'forsake, renounce' § xcviii.

relief   sm. 'leftovers' §§ lvii, ccxciv, *reliet* App. 3.

religion   sf. 'religious order' §§ xxi, xlvi, cclxxxvi (*F16 F20*).

remanant   sm. 'remnant' §§ xxi, cxcviii, ccxli, cclxx.

[**remander**]   vi. 'send back a reply'. Perfect: 3sg. *remanda* §§ xlvi, xcii, xciii, clxx, ccxli, cclxxvi.

remener   vtr. 'bring back' § xv. Perfect: 3pl. *remenerent* § cccxv. *See* **ramener**.

remetre   vtr. 'put back' § ccxxxiii. Perfect: 3sg. *remist* § clxxvi.

removoir   vr. 'move, transfer oneself' § ccciv. Imperf. Subj.: 3sg. *se remeust* App. 3.

remuement   sm. 'change' § clxxxvi.

remuiier   vtr. and vr. 'move, change'. Perfect: 3sg. *se remua* § clxxxvi; 3pl. *remuerent* § clxxxvi. Imperf. Subj.: 3sg. *se remuast* § xv. – *par remuiiers* adv. 'in shifts, alternately' § xxviii.

renc   sm. 'battle line' § clix, *rens* App. 3.

renclus   sm. 'religious living in seclusion from the secular world' § clxxxiv.

[**rendre**]   vtr. and vi. 'restore, return, surrender, hand over' §§ xlvii, liii, lxxix, xciii, clxx, clxxi, clxxii, clxxxviii, cxc, ccvi, ccxxxii, ccxli, ccxlv, cclv, cclxvii, cclxxii, cclxxvi, cclxxxiii, cccii, cccxx, cccxxii, cccxxiii, cccxxvi, cccxxix, cccxli. Pres.: 3sg. *rent* §§ lxii, lxxi; 2pl. *rendés* § clxxi. Imperf.: 3sg. *rendoit* § ccxli; 3pl. *rendoient* §§ clxx, cclxiv. Perfect: 3sg. *rendi* §§ lxxii, lxxxiv, clxvi, clxvii, clxxi, cxcvii, ccvi, ccxi, ccxxi, ccxxxii, ccxlii, ccxlviii, cclv, cclix, cclxiv, cclxxxvii, ccxcvi, ccxcvii, cccvi, cccxxiv, cccxxv, cccxxix, cccxxxii, cccxli, App. 2; 3pl. *rendirent* §§ xxxii, xxxviii, lxv, clxvii, clxx, clxxii, ccxlvi, ccliv, cclxiii, cccxxiii, cccxxix, cccxli. Pres. Subj.: 3sg, *rende* § xxi. Imperf. Subj.: 3sg. *rendist* §§ xlvi, xlvii, xcii, ccxxxiv, ccxli, cclxxv, cclxxvi, cccxxxiii; 3pl. *rendissent* §§ clxiii, clxx, clxxxv, clxxxvii, cxc, cclxiv. Cond.: 1sg. *renderoie* § cccxx; 3sg. *renderoit* § xlvi, lxxiii, xcii, clxx, cciv, ccvi, ccxxv, ccxli, cclxxvi, clxxxi, cccxxvi, cccxxxiii, App. 4, *rendroit* §§ xlvi, cccii, cccxxix; 3pl. *renderoient* §§ clxix, clxxi, clxxxv, cxc, cclviii, cclix, cclxxxvii, cclxxxix, cccxvii, cccxviii, cccxxii, cccxxxvi, App. 1, *rendereient* § cccxxxiv. Future: 1sg. *renderai* § xxi, lxxii; 3 sg. *rendera* § cxciv; 1pl. *renderons* § cclxxxii, *rendrons* § cccxx; 3pl. *renderont* § ccxcviii. Past Partic: *rendu* §§ clxx, clxxii, ccxxxiii, ccxlvi, cclv, cccxli. *rendue* §§ clxx, clxxi, cxcviii, ccxxxv, ccxxxix, ccliv, cclvi, cclxiii, cclxxxvii, ccxcviii, cccxliii, App. 2. – *rendre graces, mercis a* 'thank' §§ lxv, clxvi, cxcvii, ccvi, ccliv, cccxxxii. – vr. 'hand himself over' §§ clxiv, cxc, cclv. Perfect: 3pl. *se rendirent* § lxxxviii. Imperf. Subj.: 3pl. *se rendissent* § clxxii. Imperf. Subj.: 3sg. *se rendist* § clxxii. Future: 3pl. *se renderont* § ccxcviii. – 'enter a religious order'. Perfect: 3sg. *se rendi* §§ cxvi, clxix, cccxxv; *se rendirent* § ii. Past Partic.: *rendus* §§ ii, cxxxi; *rendue* § xvii. – *rendans -ant* form as adj. 'rich' § cxviii.

renoier   vtr. 'renounce one's faith' § cccxx. Past Partic.: *renoiiet* § clxxix.

renonchier   vtr. 'report' § cclxxiv.

GLOSSARY

renoumee   sf. 'reports, renown' § xxix, *renommee* § xxii (*F19*).
rente   sf. 'revenue' §§ i, ii (*F19*), ix, xii, xxi, ccxviii (*F19*), ccxl, ccxli, ccxlii, ccli, cclv, cclix, cclxx, cccxxxv, a3.
renuef   adj. 'new'. – *an renuef* 'new year' § ccix.
renvoier   vtr. 'send back' § cccxix. Imperf.: 3pl. *renvoioient* § clxiii. Perfect: 3sg. *renvoia* § ccxxxvii, cclviii; 3pl. *renvoierent* §§ cccxxxvii, App. 1, *renvoiierent* § clxiii. Imperf. Subj.: 3pl. *renvoiassent* § cccxiii.
reont   adj. 'round' §§ clxxiv, clxxvi. – *a la reonde* 'all around' §§ ccxxiv, cccxv.
repairement   sm. 'return' § cclx (*F19*).
repairier   vi. and vr. 'turn back, return home' §§ xxvii, cclx, *repaiirier* § cclxxix, *reparier* App. 4. Imperf.: 3sg. *repairoit* App. 4. Perfect: 3sg. *repaira* §§ xiv, xlii, xliv; 3sg. *repairierent* § cclxx. Imperf. Subj.: 1pl. *reparissons* § xxv. Past Partic.: *repairiés* § xlv. – inf. as sm. 'return' § xxvii, cclx.
[repaistre]   vtr. 'give food'. Perfect: 3sg. *repeut* § lvii.
[repondre]   vtr. 'hide'. Past Partic.: *repus* § ccliv.
repos   sm. 'rest' §§ clxxxiii, cccxxxix.
reposer   vi. and vr. 'rest' § ccix. Perfect: 3sg. *se reposa* §§ xci, clxxxiii. Past Partic.: *reposé* § ccxvi.
[reprendre]   vtr. 'take back, bring back'. Perfect: 3sg. *reprist* § clxxxi. Past Partic.: *repris* App. 3.
reproce   sm. 'shame, reproach' §§ cxxxiii, cxxxv ccxxxvi, ccxci (*F20*), cccxxxii, *reproche* §§ clxvii (*F24*), ccxxxvi (*F19*), App. 3, *repruche* § cxlvii (*F38*), *reprueche* § ccxxxvi (*F38*).
reprovier   sm. 'reproach' §§ ccxci, clx, *renprovier* App. 1. Past Partic.: *reprouvé* § xix.
repus   *see* **repondre**.
requeillir   vtr. 'assemble, collect, welcome' §§ clxxix, cxcviii, clxxii. Imperf.: 3sg. *recuelloir* § cclxi, *requelloit* § clxxx. Perfect: 3sg. *recueilli* § cccv, cccxxxii, *recuelli* § cclviii, cccxxxi, *requelli* § clxxi, *requeilli* § cxxi; 3pl. *recoillirent* § cxlvi, *recuellirent* §§ cclxxxii, cccxxxiii. Imperf. Subj.: 3sg. *requellist* §§ ccxxv, cclxi, clxxx; 3pl. *recuellissent* § cclxi. Cond.: 3pl. *recueilleroient* §§ cccxvi. Past Partic.: *recueilli* §§ cciii, cccxiv, cccxxxvi, *recueli* § cciv; *recuellie* § cccix, *requellies* § ccli.
requerre   vtr. 'ask, request, demand' §§ liii, xcvii, ccxlii, cccxvi. Present: 1sg. *requier* §§ cxcix, cclix; 2pl. *requerés* § clxxxviii. Imperf.: 3sg. *requeroit* §§ ccxlii, cclxvii; 3pl. *requeroient* § clxxxvi. Perfect: 3sg. *requist* §§ ccxlii, cclxxv, cclxxvi, cclxxxix, cccxviii, App. 1. Past Partic.: *requis* § ccxxxiii.
requeste   sf. 'petition, request' §§ cclxxv, cclxxix, cclxxxii, cccxxix.
[rere]   vtr. 'scrape off'. Imperf.: 3pl. *raoient* § lxxxix.
rescourre   vtr. 'protect, rescue, reclaim' §§ xlv, clix, clxiv, cclxxxii, *rescorre* §§ ccxlv, cccciii. Perfect: 3sg. *rescoust* § xxvii, ccxxxvii; 3pl. *rescousent* §§ xlii, cclvii. Past Partic.: *rescous* § ccxxxvii.

[resigner] vtr. 'relinquish'. Perfect: 3sg. *resigna* § cccix.

resnable adj. 'reasonable' § cxciv, *raisonnable* § cxcv (*F19*).

resne *see* tirer resne

respit sm. 'ajournement, delay' § ccxxii.

[respiter] vtr. 'give a respite to'. Cond.: 3sg. *respitroit* § clxvi (*F19*).

resurrection sf. '(Christ's) resurrection' § cxiii (*F24*), clxxiv, *resurreccion* § cxiii (*F25 F26*).

[resusciter] vtr. and vi. 'raise from the dead'. Perfect: 3sg. *resuscita* §§ i, clxxii. Past Partic.: *resuscité* §§ lviii, lx, cxxvii.

retenir vtr. 'keep back, detain, take into service' § ccxcix. Perfect: 3sg. *retint* § xxiii, cxxvii, cxxxiv, ccxviii, App. 3; 3pl. *retinrent* § xxvii. Imperf. Subj.: 3pl. *retenissent* §§ clxiii. Cond.: 3sg. *retenroit* § ccli. Past Partic.: *retenu* §§ xxi, clvi, clxv, cccxvi, App. 3; *retenue* §§ xcii, c, cxxvii.

retorner vi. 'return' §§ ccxxxvii, ccxci, cccxxxvi, *retourner* §§ vi, ccxci. Imperf.: 3pl. *retornoient* § ccxxxvi. Perfect: 3sg. *retourna* §§ lxiii, cliii, clxix, clxxxiv, cclxxii, cclxxiv, cclxxxvii, ccciii, *retorna* §§ ccxxxvii, ccxci, cccxix, cccxxxii; 3pl. *retournerent* §§ xliicxlvi, clv, clxi, clxxiii, ccxxviii, cclii, *retornerent* §§ clxxii, ccxciv, ccxcvi, App. 1. Imperf. Subj.: 3pl. *retornaissent* § cccxiv. Cond.: 3sg. *retourneroit* § ccxxxvi; 3pl. *retorneroient* §§ cccxiv, App. 1. Future: 1sg. *retornerai* § ccxli. Past Partic.: *retornés* §§ ccxxxvii, cccxxxvi, *retourné* § xix. – vr. 'turn back'. Present: 3sg. *se retorne* § clxxiv, *se retourne* § clxxiv. Imperf.: 3sg. *se retornoit* § cccx. Perfect: 3sg. *se retourna* §§ xiv, xix, xxii, xliv, lxxvi, xcviii, clxiii, ccxxvii, cccxxxvi, ccl, cclxiii, cclxxviii; 3pl. *se retournerent* §§ vi, xlii, cxli. Imperf. Subj.: 3sg. *se retornast* § ccxxxvi, *se retournast* § clxix; 3pl. *se retournassent* § ccl. Perfect: 3sg. *retorna* §§ xlv, ccxli, ccc, cccxxxvi, App. 2; 3pl. *retornerent* § cclxxx, cclxx, cclxxx. Cond.: 3pl. *se retourneroient* §§ *retourneroient* §§ vi, cclxxii. Past Partic.: *retornees* § cccxix.

retour sm. 'return' §§ ccxxiv, ccxxxvi.

retraire vtr. 'withdraw'. Perfect: 3sg. *retraist* § ccxli. Past Partic.: *retrait* App. 3; *retraite* § cccxxxvi. – 'say, relate' App. 3.

reut *see* ravoir

[reveler] vi. and vr. 'rebel'. Perfect: 3pl. *se revelerent* § ccxcix. Past Partic.: *revelee* § cclxxxviii.

revenir vi. 'come back' §§ cclx, cccxiii, cccxix, cccxxxii. Present: 1sg. *revieng* § clxxxiii. Imperf.: 3pl. *revenoient* §§ lxxv, cclxii. Perfect: 3sg. *revint* §§ xiii, xvii, lxxxi, xci, cxxiii, cxlix, cxciii, ccxliii, ccxciv, cccix, cccxxx, App. 3; 3pl. *revinrent* §§ cclxi, cclxxviii, cclxxx, cccxix. Imperf. Subj.: 3sg. *revenist* §§ cxci, App. 3. Cond.: 3sg. *revenroit* §§ ccxxi, ccxliv; 3pl. *revenroient* § cccxix. Future: 1sg. *revenrai* § clxxv; 3pl. *revenront* § clxix. Past Partic.: *revenu* §§ lxxvi, cclxix, ccxxii, cccx, cccxxxvii, App. 3, *revenut* App. 3.

revestir vtr. 'don vestments' §§ lxxx, cxlviii.

GLOSSARY 645

ricement   adv. 'sumptuously' § xl.
riés   sf. 'bundle, braid'. – *riés d'aus* 'string of garlic stalks' § lxxxviii.
rikece   sf. 'riches, wealth' § lx, *riquece* § xlviii (*F19*), *riqueche* § xxvii (*F19*), *richece* App. 2 (*F25 F26*).
rime   sf. 'rhyme' §§ liv, App. 3.
risee   sf. 'laughter' § xxxi.
rivage   sm. 'shore' §§ ccix, cccxiv, cccxv.
rive   sf. 'shore, riverbank' §§ lvii, lxi, lxiii, lxxiii, cclxxxii (*F16 F17*), cccxii, cccxiv, cccxv, cccxxviii (*F16 F20 F24 F25 F26*).
riviere   sf. 'river' §§ liii, liv (*F24*), ccxv, cclxxxvii (*F25 F26*).
robeour   s.f. 'robber' § cxcvi, *reubeur* § ccii (*F19*).
[rober]   vtr. 'pillage'. Perfect: 3pl. *reuberent* § cclxxxvii.
roce   sf. 'rock' §§ xciv, xcv (*F25 F26*), clxxxiv, ccvi (*F19*), ccxviii, ccxix, ccxx, cclxxxvi (*F25 F26*), App. 4.
roe   sf. 'wheel, circle' § cxxii.
roi   sf. 'net' lvii.
roiaume   sm. 'kingdom' §§ i (*F20*), viii (*F20*), ix, xi, xx, xxi, xxv, xxvii, xxxii (*F19*), xlii, xliii, xliv, xlv, clxxii, ccxxiv (*F24*), ccxxx (*F50*), ccxlv, ccxlviii, cclxxxvii (*F20*), App. 4. *royaume* §§ xx, xliv, ccxxxvi (*F19*), ccxxiv, ccxlviii, ccli (*F19*), cclxxi (*F19*)), cclxxxvii. *reaume* §§ viii (*F16*), xliv, cxviii (*F38*), cxxvii (*F38*), cxxxii (*F38*), cclxxxvii (*F38*). *roialme* §§ cccvii, cccxi, cccxix, cccxxiii. *roiame* §§ ccxxiv (*F17*), ccxlvi, a3, a4. *realme* §§ xli (*F16*).
roide   adj. 'steep' § lxxv.
[rompre]   vtr. 'break'. Perfect: 3pl. *rompirent* § lvii. Imperf. Subj.: 3sg. *rompist* § lviii. Past Partic.: *route* §§ ccxlviii, cclxxviii, cccxxxvi.
rot   *see* **ravoir**
rouge   adj. 'red' §§ lxii, lxiii, lxvi (*F20*), lxxiii, cclxxviii, cclxxxii, *roge* §§ iii (*F25 F26*), lxiii (*F16*).
roumans   sm. 'Romance (French) language' § lix. – *ronmant* 'text in a Romance (French) language' § liv, *Romans* §§ liv (*F24*), App. 3
rous   adj. 'red-haired' lxxxv.
route   *see* **rompre**
route   sf. 'troop, company (of soldiers)' §§ ccvi, cclxiv, cciii.
routier   sm. 'mercenary, common soldier' § cclxiv.
[rover]   vtr. 'ask'. Imperf.: 3sg. *rouvoit* § ccxix. Perfect: 3sg. *rouva* § cxxv.
rue   sf. 'street' §§ lxiv, lxxii (*F19*), lxxxvi, lxxxviii, lxxxix, cxxiii, clxvii, clxxii, clxxiv, clxxv, clxxvii, clxxviii, clxxxiii, clxxxiv, clxxxvi, cxcviii, cxcix, ccxli, cclxxxii, cccxvii.
ruer   vtr. 'throw violently' § cclii. Imperf.: 3pl. *ruoient* § lxxxix.
ruissel   sm. 'stream, waterway', *ruissiaus* § clxxxiii.

sablonniere   sf. 'sandy stretch of land, beach' § ccxxiv.

sac   sm. 'bag, sack' §§ lxxxiii, App. 3.

[sachier]   vtr. 'pull'. Perfect: 3sg. *sacha* § cclxiv (*F24 F25 F26 F38*).

saciés   *see* **savoir**

sacrefiier   vtr. 'sacrifice' § cxiii.

sacrefisse   sm. 'sacrifice' §§ cvi, cxiii, *sacrefise* § cxiii.

sacrement   sm. 'sacrament' § clxxii.

sage   adj. 'wise' §§ xii, xxxix (*F19*), li, lxxi, cxli, cclxvii, cclxviii, cccxx (*F24*), App. 2, App. 3, *saige* §§ cxl, cccxx.

sagement   adv. 'wisely' § cxliv (*F24*).

saiete   sf. 'arrow' §§ clxxxvi, ccviii

[saignier]   vtr. 'sign with the cross'. Perfect: 3sg. *saigna* App. 2.

saillie   sf. 'sortie' § ccvi.

saillir   vi. 'jump, sally forth, attack' § cclx, *salir* §§ lix, App. 3. Pres.: 3sg. *saut* § ccxxix; 3pl. *salent* § xcvi. Imperf.: 3pl. *saloient* § lxxxix. Perfect: 3sg. *sailli* §§ lviii, clxix, ccxxxvii, *saili* § clxxxiii, *sali* § lvii; 3pl. *saillirent* §§ cclvii, cclxix, cccxv, *salirent* §§ cccxi, *sallirent* § ccxci. Imperf. Subj.: 3sg. *salist* App. 3. Past Partic.: *saillis* § ccxci, *salis* § clxix.

sain   adj. 'safe, well' §§ xxv, lviii, lxix, clxxxiii, clxxxix (*F19*), ccxxv, ccxxxviii, cclxxviii, cccxxix (*F19*).

sainier   vtr. 'bleed someone' § xci.

sains   sm. 'relics' §§ cxcviii, ccv, ccxvii, cclxi, cclxvii, App. 1.

[saintefier]   vtr. 'sanctify'. Perfect: 3sg. *saintefia* § lxxiii. Past Partic.: *saintefiié* § lxxiii.

sairement   sm. 'oath' §§ xciii, cxxx, cxxxi, cxxxv, clxvi, clxvii, clxxi, clxxxv, cxc, cxcviii (*F25 F26*), ccxlv, ccxc (*F16*), ccxciii, App. 1, *sierement* §§ lxvii, cccxxxix, *serement* § xlvii.

saisine   sf. 'seisin, (legal) possession' § cxxxvi, *sesine* § cxxxvii (*F16*).

saisir   vtr. 'seize, take by force' §§ cccxliv. Perfect: 3sg. *saisi* §§ cxxx, ccli, cclxx. Imperf. Subj.: 3sg. *saisesist* § ccxxxv, *sesist* §§ lxxxv, cccxli; 3pl. *saisesissent* § cxxx. Past Partic.: *saisie* § cclxx. Cond.: 3sg. *saissiroit* § cxxxvi. Future: 1sg. *saisirai* § cclxx.

saison   sf. 'season, period' § cccxxvi (*F50*).

salee   adj. 'salted' §§ cxxiii (*F24*), ccxxiv, cclxxxiii, *sallee* § lvii.

sals   *see* **sou**

salu   sm. 'salvation' § ccv. – sm. 'greetings' § ci, cxciv (*F25 F26*), ccviii, cclxx, cccxxxiv, *salut* App. 3.

saluer   vtr. 'to greet' § cccxxxii. Imperf.: 3sg. *saluoit* § cccxxxii. Perfect: 3sg. *salua* §§ lix, cxxxiv, cxxxvii, cxciv, cccxx; 3pl. *saluerent* § cccxx.

[sambler]   vtr. 'seem, appear (to be)'. Present: 3sg. *samble* § clviii. Imperf.: 3sg. *sanloit* §§ xcvi, cclxxxiii. Perfect: 3sg. *sambla* § clxxi. Cond.: 3sg. *sambleroit* § clxxxviii. -ant form: *samblans* § cclxxxvii.

GLOSSARY 647

sanc sm. 'blood' §§ lix, lxxxii, clxxi, clxxxi, clxxxiv, cxc, cclxxviii, App. 3.
saner vtr. 'heal' § lviii.
sanlant *-ant* form as sm. 'appearance'. – *faire sanlant* 'pretend' §§ civ, ccxvi.
sannens adj. 'bloody, covered in blood' § lxxxvi.
santé sf. 'health' §§ xii, ccxlii.
saudee sf. 'wage (of mercenary)', *saudees* §§ xiii, xix, ccli, *soldees* § ccxi (*F17*), *sodees* § xxxii (*F20*), *soudees* (*F25 F26*). *See* **sou**.
sauf adj. 'safe' §§ xxv, l, clxvii (*F16*), clxxxvii (*F16*), ccv (*F19*), ccxvi, ccxxv (*F19*), cclxxv, cclxxviii, cccxxix (*F19*), *salves* §§ lxxxix, cxc, cclv.
saus adj. 'salty' *sausse* § lxi, cxxiii. – as sm. *sausse* 'saltiness' § lxi.
saus *see* **sou**
sausseté sf. 'saltiness' § lxi.
saut sm. 'jump' §§ lix, App. 3.
sauvage adj. 'wild' §§ cclxxxiv, *salvage* § cclxxxiv (*F17*).
sauvement adv. 'safely' §§ xlvii (*F19*), clxx, clxxi, clxxxviii (*F19*), cxciv (*F16*), cxcvi, ccii (*F16 F19 F20*), ccv (*F25*), ccxxxvi, ccxxxvi (*F38*), ccliv (*F18*), cclxiv (*F24*), cclxix, cclxxvii, cclxxviii, cclxxx, ccxcix, cccxiv, cccxvi (*F16*), cccxxi, cccxxiii (*F19*), cccxli.
sauver vtr. 'redeem, protect' §§ cxxxiii, clxxxviii, cxc, *salver* § clxxxviii. Present: 1sg. *salvons* § clxxxviii.
sauveté sf. 'safety' §§ xxi, cxvii, clxxi (*F20, F25 F26*), ccii (*F16*), ccv, ccvi (*F16*), cclxxvii, cccv, cccxxix.
savoir vtr. 'know' §§ vii, xxi, lxiii, cxi, cxvii, cxlix, cli, cliii, clviii, clxix, clxx, clxxxii, cci, ccii, ccv, ccviii, ccix, ccx, ccxiii, ccxv, ccxvi, ccxx, ccxxv, ccxxviii, ccxxix, ccxxxii, ccxxxvi, ccxxxix, ccxli, cclv, cclxix, cclxxvii, cclxxxiii, cclxxxiv, cclxxxv, ccxci, ccxciv, ccxcv, cccvi, cccxv, cccxvii, cccxxii, cccxxiii, cccxxiv, cccxxviii, cccxxix, cccxxxvii, cccxxxviii, cccxliii, App. 1, App. 3. Present: 1sg. *sai* §§ lv, lxxviii, lxxxv, lxxxvi, cxxxii, clix, clxxxiv, cxcviii, ccxvii, ccxliii, cclxvii, cclxxiv, ccxci, cccv, cccxix; 3sg. *set* §§ cii, ccxciii; 1pl. *savons* § xi; 2pl. *savés* §§ clxv, ccxxii, ccxxxvi; 3pl. *savoient* §§ cviii, cxi, clxi, clxviii, clxix, clxxii, cxcviii, ccxxviii, ccxlix, ccli, ccliv, cclxxxii, ccxci, ccxciv, ccciii, cccxxxviii. Imperf.: 3sg. *savoit* §§ xii, xxxii, lxxvii, cxxxv, cxlv, cliii, clv, clxii, clxiii, clxv, clxix, clxxvi, ccvii, ccxv, ccxxxii, ccxxxvi, ccxlii, ccli, ccciv, cccvii, cccix, cccxix, cccxxxvi, App. 3; 3pl. *savoient* §§ cviii, cxi, clxi, clxviii, clxix, clxxii, cxcviii, ccxxviii, ccxlix, ccli, ccliv, cclxxxii, ccxci, ccxciv, ccciii, cccxxxviii. Perfect: 3sg. *sot* §§ vi, x, xvi, lxiii, lxxii, lxxxi, lxxxviii, xci, civ, cxii, cxxx, cxxxi, cxxxiv, cxxxvii, clxiii, clxvi, clxx, ccvii, ccviii, ccxxi, ccxxiv, ccxxv, ccxxix, ccxxxi, ccxxxii, ccxxxvii, ccxxxviii, ccxli, ccxlii, ccxliii, ccxlix, ccliv, cclx, cclxxix, cclxxxiii, cclxxxviii, ccxciii, ccxcvii, cccii, cccv, cccviii, cccxiii, cccxiv, cccxxviii, cccxxxi, cccxxxii, cccxxxvi, cccxxxviii, cccxxxix, a1, *seut* §§ xv, civ, cxlv, clxv, clxvii, ccxliii; 3pl. *sorent* §§ cxxxv, cxlix, clxx, cc, cclii, cclxxvi, cclxxxii, cclxxxiii, cclxxxv, ccxcii, ccxciv, ccc, ccci, cccvi, cccvii, cccx, cccxv, cccxviii, cccxix, cccxxvi. Pres. Subj.: 3sg. *sace* § ccxliii; 2pl. *saciés* §§ cxxxv.

Imperf. Subj.: 2sg. *seusses* § cviii; 3sg. *seust* §§ xv, c, cxxvii, cxlix, clxv, clxvi, ccxli, ccxlix, cclxxx, cclxxxiv, ccxciii, cccii, cccxxxix, cccxliii; 3pl. *seussent* §§ cxxxvi, clxiii, clxix, clxxxv, cxciii, ccx, cclxiv, cclxxxiii, cccxxviii, cccxxxviii, *seuissent* §§ ciii, clxii, *seuscent* § cxcviii. Cond.: 3sg. *saroit* §§ l, cxvii, cxliv, clxv, cxciii, cclx, ccxciii, *savroit* § cxli, clxv; 3pl. *saroient* §§ lxxv, ccxciv. Future: 1sg. *sarai* § ccxci; 3sg. *saura* § ccxcviii. Imper.: 2pl. *saciés* §§ lxxviii, cxl, cli, clx, cccix, cccxl. Past Partic.: *seu* § cxxxi; *seue* § lxxxiv.

sec   adj. 'dry' §§ lvii, lxiii, *sech* § clxxxiv, *seche* §§ clxiv (*F50*), cccxxx (*F24*), *seke* § cvi.

secourre   vtr. 'help' §§ xiii, xix, xlii, lxxvi, c, ciii, cxlvii, clvi, clix, ccxv, ccxvi, ccxxxiii, ccxxxvi, cclxxi, *secorre* §§ clxix, ccxvi, ccxxxvi, ccxlii, ccxci, cccix, cccxvi, cccxxvi. Imperf.: 3sg. *secourroit* §§ cxxxix, ccxv, cclix, cclxxxvii, *secouroit* §§ cii, clviii, cccxv, *secorroit* App. 1; 3pl. *secouroient* § clvii, *secorroient* § cclxxxvii. Perfect: 3sg. *secourut* §§ ccix, ccxxxvi, cclxxi, *secouru* § cxiii, cxiv, App. 3. Pres. Subj.: 2pl. *secourés* § clix. Imperf. Subj.: 3sg. *secourust* §§ xix, lvii, cii, cxiii, cxxxix, clv, clxx, ccvii, ccxlix, cclxxi, cclxxxvii, cccviii, cccxv, *secorust* App. 1; 3pl. *secourussent* §§ xxx, clvii, cclvii, ccciv. Future: 3sg. *secourra* § cxl. Past Partic.: *secouru* §§ xiii, cxxxix, *secourut* § clxxi; *secourue* § cccxxvii.

secours   sm. 'help' §§ ii, xi, xiii (*F19*), xix, xxxiii (*F20*), xlii, c (*F19*), cii, ciii, cxiii, cxxii, clxix, clxx, clxxi, clxxii, cxc, ccvii, ccxi, ccxii, ccxvi, ccxlvi (*F20*), ccxlix, ccliii, ccxcii, cccix, *secors* §§ xli (*F16*), lxxvi (*F16*), cxxxix (*F25 F26*), cxliii (*F25 F26*), clxx, ccvii, ccx (*F24*), ccxxiv, ccxxxviii (*F16 F20*), ccxxxix, ccciii, cccviii (*F16*), cccxv, cccxvi, cccxxiii, cccxxxi, App. 1, App. 4, *secour* § ccxxiv.

seel   sm. 'seal' § cccxix.

segur   adj. 'secure, certain' App. 1 (*F50*).

sejor   sm. 'stay, sojourn' §§ ccxliii (*F24 F25 F26*), cccxix (*F16*).

sejourner   vi. 'stay' §§ xliii, clxx, cciii, ccxv, ccxix, *sejorner* §§ xv, ccix, ccxxviii. Imperf.: 3sg. *sejournoit* §§ xci, xciii, *sejornoit* § ccxv; *sejournoient* § cclxix. Perfect: 3sg. *sejourna* §§ xv, xxxix, xliv, xci, xciv, civ, ccxxix, ccxxxviii, ccciv, cccxxxiii, *sejorna* §§ cccvii, cccxix, cccxxxvii; 3pl. *sejornerent* §§ cclxxxvii, ccxcii, ccxxxviii, cccxxxvi, *sejournerent* § ccxciv. Imperf. Subj.: 3sg. *sejornast* § ccxxiv. Cond.: 3sg. *sejorneroit* § cccxxiv; 3pl. *sejourneroient* § cclxix. Past Partic.: *sejorné* §§ cclviii, ccxcviii, ccciv, cccxxxviii, App. 1, *sejourné* § ccxxxi.

selonc   prep. 'in accordance with, in view of' §§ xix, xlvii, liv, cxvii, clxxix, cxcviii, cci, ccxi, ccxl (*F19*), cclxx, cclxxxiii, ccxciii, cccxii, cccxiv, cccxv, cccxviii, cccxix.

[semer]   vtr. 'sow'. Past Partic.: *semé* § cxxiv.

semonre   vtr. 'summon, urge' § ccxvi. Present: 3sg. *semont* §§ cxxxix, ccxxi, ccxlix. Perfect: 3sg. *semonst* §§ ccxliv, ccxlv, cclvii, cclix, cclxiv, cccvi. Imperf. Subj.: 3sg. *semonsist* § clv. Past Partic.: *semonses* § cxxxix.

senefiance   sf. 'sign' § cclxxviii.

senefier   vtr. 'signify'. Present: 3sg. *senefie* § lxvi. Imperf.: 3pl. *senefioient* § xxix.

GLOSSARY 649

senés   sm. 'wise ones' cclxix *F25 F26*.
sens   sm. 'intelligence' §§ lviii, cxiii, ccxl, cclxix (*F38*), cclxxi.
[**sentir**]   vtr. 'sense, realize'. Present: 1sg. *senc* § clxiii; 3pl. *sieent* § clxxiii. Present Subj.: 3sg. *sente* § lxxi.
seoir   vi. and vr. 'sit, be situated' §§ l, cxciv, *seïr* §§ cccxxix, cccxli. Present: 3sg. *siet* §§ liii, lvii, lxii, lxxv, cv, cvi, cxvi, cxxvi, clxxii, clxxv, clxxvii, App. 4. Imperf.: 3sg. *seoit* §§ xxxi, lxvi, clxvi, ccxli, cclxx, cccxxx. Perfect: 3sg. *sist* §§ lxi, cix, cxlviii, clxxxv.
serement   *see* **sairement**
sereur   sf. 'sister' §§ xv, xxv, xlviii (*F19*), l (*F17*), l (*F17*), lii, cxvii, cxviii, cxix (*F16*), cxxi, cxxxi (*F20*), cxxxiv, ccxxi, ccxxii, ccxxiv (*F16*), ccxxv, ccxxvi (*F16 F19*), ccxxvii, ccxxix, ccxli, ccxlii (*F20*), ccxliii, ccxliv, ccli, cclxiv, cclxxv, ccxcvi, ccciii, cccxxxii, *suer* §§ xli, xlviii (*F16 F20 F24*), l (*F16*), lxxvi (*F16*), xc (*F16*), cxix (*F20*), cxxx (*F16 F17 F20*), ccxxvi, ccxxvi (*F16*), ccxxvi (*F17*), ccxxix, ccxli, ccxlvi, cclxxxvii, ccxcvi, ccxcix, ccciii, App. 3, *serour* §§ lxxvi, xc, ci, civ, *seur* §§ xv, xli, cxxx, ccxxi, ccxli, cccviii, *seurs* § xlviii, *seror* §§ cxix (*F16*), ccxv (*F24*), ccxxix (*F20*), App. 3.
serf   sm. 'person in a state of servitude, serf' § xxii, *siers* § xxx.
sergant   sm. 'man at arms, servant' §§ xix (*F24*), xxix (*F20*), xxx, xxxi, xxxii, xxxvii, lxxxi, xcv, xcvi, cii (*F17*), cx, cxxx, cxxxi, cxxxix, clix, clxii, clxiv, clxv, clxviii, cxcii, cxcvii, clxxxviii, cxcix, cc, ccvii, ccviii, ccix, ccxi, ccxiii, ccxv, ccxxiv, ccxxxvii, ccxl, ccxlii, ccxliii, ccxlvi, ccxlix (*F24*), ccli, cclv, cclxxix, cclxxxiii (*F24*), cclxxxvii, App. 3, *siergans* §§ xii (*F18*), xxi, xxvii, xxix, xxxi, xxxii, lxiii, xci, xcvi, xcviii, cii, clvi, clxii, cc, *serjans* §§ xix (*F25 F26*), xxix (*F19 F25 F26*), xci (*F19*), xcv, xcviii (*F16*), cii (*F16*), ciii, cx, cxxii, cxxxii, cxlvi, cxlix (*F19*), cli, clvi, clix, clxvi (*F19*), cxcviii (*F19*), ccix, ccxiv (*F19*), ccxliii, ccxlix (*F16 F25 F26*), ccliii, ccliv, cclvii, cclxiv (*F16*) cclxx, cclxxix, cclxxxii (*F19*), cclxxxvii, ccxci, ccxciv, ccxcvii, cccxii, cccxiv (*F16*), cccxix.
serpens   sm. 'snakes' §§ lxxi, lxxii, cclxxxvi, App. 4.
seul   adj. 'sole, alone' §§ lxxxi, cviii, cxiii (*F19*), cxcv, cci (*F25 F24*), ccxci, cccxvi (*F38*), *sol* § ccvi.
seulement   adv. 'only' §§ xxi, cxxvii, clxxii, *solement* §§ ccli (*F24*), App. 3. – *fors seulement* §§ viii, xii, xxx (*seulement fors que*), liii, lx, lxxx, lxxxii, ci, cxx, cxxx, cxxxiii, cxxxiv (*F20*), cxxxv (*F16*), cxxxvi, cxxxviii, cxlvi, cxlix, clix, clx, clxv, clxix, clxxii, clxxvi, clxxxix, cxci, ccxi, ccxxii, ccxxxix, ccli, cclv, cclviii, cclxv, cclxvii, cclxix, cclxxix, cccxiv, cccxxii, cccxxiii, cccxxv, cccxxxii, cccxli, cccxlii, *fors solement* §§ cxlix, App. 1, App. 3, *fors soulement* § cxiii (*F24*).
seurement   adv. 'securely' §§ cxxxviii (*F19*), clxix, ccxxxvi, ccxxxviii, ccliii, ccliv, cccxli (*F20*).
seurté   sf. 'surety, assurance' §§ xxxiv (*F19*), cccii.
siecle   sm. 'world' §§ xxv, xxxiii, lxix, lxxxi, cxxi, cxxvii, clxvi, cci, ccxxxvi, cccxiv (*F19*).
siege   sm. 'siege' §§ vi (*F24 F25 F26*), xiii, xiv, xxvi (*F20*), xxxii, xxxiv, xxxviii, liv, lxxiv (*F20*), lxxvi, civ, clxiii, clxix (*F16 F20 F24*), clxx (*F16 F20*), clxxi, clxxii, clxxxv, clxxxvi,

clxxxvii (*F16*), ccvii (*F20*), ccix, ccxvi (*F16*), ccxix (*F20*), ccxx, ccxxv, ccxxxii, ccxxxviii, ccl (*F16*), cclv (*F20*), cclvi, cclxiv, cclxxi, cclxxiii, cclxxv, cclxxx (*F16*), cclxxxvii (*F20*), ccxci, ccxcii, ccxciv, cccx, cccxvi, cccxli, App. 3.

sierement   *see* **sairement**

sigler   vi. 'sail' § clxix.

signourie   sf. 'lordship, right of jurisdiction' §§ cxxxix, cccvii, cccxviii, *segnorie* §§ cclxxxix, App. 1, *seignorie* § ccxcvi (*F16*), ccxli, *signorie* § ccvi.

sirop   sm. 'syrup, cordial' § clxvi (*syroth F19*).

sivir   vtr. 'follow' §§ xcvi, ccxxxvi. Present: 3sg. *sivent* § clxi. Imperf. Subj.: 3sg. *sivist* § ccxxvi; 3pl. *sivissent* § clxi. Cond.: 3pl. *sivroient* App. 3.

sodoiier   sm. 'mercenary' §§ xiii, xix, *sodoiers* § cccxxxvii (*F19*), *soudoiers* § xxxii.

soie   sf. 'silk' §§ xii, xiv, xxxix, cccxxi.

soif   sf. 'thirst' §§ lix (*F24*), clxiv, cccxvi.

soir   sm. 'evening, night' §§ clvii (*F50*), clxiv (*F16 F17 F19*), clxxxv. – *ersoir* sm. 'yesterday evening' § xcviii. – *prinsoir* sm. 'nightfall, early evening' § cccxvii, *prins soirs* § ccxci.

soldees   *see* **saudee**

solel   sm. 'sun' §§ cvi, cvii, cxliv, clxiv, clxxiii, clxxvi, clxxvii, clxxxii, clxxxv, cc, *soleil* §§ clxxiii, clxxvi, clxxvii, clxxx, clxxxvi, *solaill* §§ cx, cxliv, cxlvii, clxxiii, *solaus* § clxxi. – *soleil couçant*: *see* **coucier.**

soler   sm. 'shoe', *solers* §§ vi, App. 3.

solier   sm. 'upper floors of dwelling', *soliers* § lxxxix (*F24*).

[soloir]   vi. 'be accustomed'. Imperf.: 3sg. *soloit* §§ lxxiii, cxx, clxxxii; 3pl. *soloient* §§ clxxviii, cccxvii.

somme   sf. 'load, pack saddle' §§ xxx, xxxi, xxxii.

sommer   vtr. 'add up' § cclxx (*asommer F24*).

sommier   sm. 'pack animals' §§ vi, xlvii, xcvi, cxi, cxxv, clii, clxxviii, cccxxxi, App. 3, *somier* § ccvi (*F19*), *soumier* § cxxii.

songe   sm. 'dream' § cclxxxiv.

[songier]   vtr. 'dream'. Perfect: 3sg. *songa* § cclxxxiv, *sonja* § cclxxxiv.

sonner   vi. and vtr. 'sound, ring out (bell, trumpet, etc.)' §§ clxix, cclxxvii, *soner* § cclxxvii. Perfect: 3pl. *sonnerent* § lxx. Imperf. Subj.: 3sg. *sonast* § cclvii, *sonnast* § lxx. *-ant* form: *sonnans* § lxxix.

[sooler]   vtr. 'satisfy, satiate'. Past Partic.: *soolé* § lxvi (*F24*).

[sordre]   vi. 'arise'. Present: 3sg. *sort* § xciv (*F24*), 3pl. *sordent* § lv, *sourdent* § liv.

sort   sm. 'lot, fall of a dice' § lxxix.

sotie   sf. 'stupidity' § cclxix.

sou   sm. 'payment, pay', *sals* § clvi, *saus* § xxvii, clvi, ccxi, *sols* § xxxii.

soudan   sm. 'sultan' §§ xii, xix, xli, xliii, cxliii (*F19*), ccxiv, ccli, cclvi, cclix, cclxix, cclxx, cclxxi, cclxxvi, cclxxvii, cclxxix, cclxxxii, cccix, cccx, cccxiv, cccxv, cccxvi, cccxvii, cccxix, cccxx, cccxxi, cccxxvi, cccxxviii, cccxxix, cccxxx, cccxxxi, cccxxxvi,

GLOSSARY 651

cccxxxvii, cccxxxviii, cccxxxix, cccxl, ccxli, *soudant* §§ cclv (*F20*), cccxx, cccxxix, *sodan* §§ cccxxix, cccxxxviii, cccxliii, *soldans* §§ cccxl, *soudain* App. 4, *soutan* §§ cclxxvi, ccxvii (*F24*), App. 3.

souffire vi. 'be enough' § ccli (*F19*). Imperf.: 3sg. *souffisoit* § cxxii (*F17*), -*ant* form: *souffissans* § lxxviii.

souffrir vtr. and vi. 'endure, suffer' §§ lxvi, lxxxii, clxxxix, cclxii, cclxxxix, ccxcii, *soffrir* §§ cxxxiv. Perfect: 3sg. *souffri* §§ cxxvi, clxi. – vi. 'be patient, wait'. Imperf. Subj.: 3pl. *souffrissent* §§ cclxxix. Cond. 3sg. *soufferroit* § cccxxxiv. – vtr. 'allow, permit' *souffrir* § cxxvii, clxx, cccxliii, *soffrir* § clxi, clxix. Perfect: 3sg. *soffri* § ccxxii, *souffri* App. 2. Imperf. Subj.: 3sg. *souffrist* § ccxxxiii, *soufrist* § cccxix. Imper.: 2pl. *souffrés* § ccxxi.

soulacier vtr. 'comfort' § lix.

souper[1] vi. 'sup, have evening meal' § ccxlix. Past Partic.: *soupé* § clx, ccii.

souper[2] inf. as sm. 'evening meal' §§ clx, ccxcix, cccxvii (*F25 F26*).

sourd adj. 'deaf', *sourdes* § clx.

sourplus sm. 'remainder' § cxcviii, *surplus* § ccli (*F24*).

[sousprendre] vtr. 'take by surprise'. Past Partic.: *souspris* § ccxliii.

soustenir vtr. 'support, sustain' §§ cxxxv (*F19*), App. 3. Past Partic.: *soustenu* App. 3.

[souvenir] v. impers. 'be reminded of'. Perfect: 3sg. *sovint* § cxxi. Imperf. Subj.: 3sg. *souvenist* § lvii. Past Partic.: *souvenu* § cclvii.

specieuses adj. 'beautiful, splendid' § clxxv (*F50*), *speciouses* § clxxv (*F50*).

sueur sf. 'sweat', *sueurs* § clxxxiv.

tabernacle sm. 'tent' § lx.

tacon sm. 'heel (of shoe)', *tacons* § vi, App. 3.

taion sm. 'grandfather', *taions* §§ cxxvi, cxxx.

talent sm. 'desire' §§ xxxv, cxiii, clxix, cxci, ccxv, ccxli, cccii, cccxxxvii, cccxxxix.

[taner] vtr. 'tan'. Imperf.: 3sg. *tanoit* § cxxiii.

tantost adv. and conj. 'immediately' §§ xxiii (*F19*), xxxi (*F19*), xxxiii (*F19*), xlv, l (*F19*), lviii, lxviii, lxx (*F19*), lxxii (*F19*), lxxxvi (*F19*), cxl (*F25 F26*), clv (*F19*), clxx (*F19*), clxxv (*F19*), clxxviii (*F19*), clxxxiii (*F19*), clxxxvi (*F19*), cxcix (*F19*), cciv (*F50*), ccvii (*F19*), ccxxix (*F19*), ccxxxvi (*F24*), ccxli, cclvii, cclix (*F38*), cclx, cclxviii (*F38*), cclxix, cclxxvii (*F16 F17 F20 F24*), cclxxxiv (*F16*), cclxxxvi, cccvi (*F25 F26*) cccxxiv, cccxxxvii, *tantos* ccxv. – *tantost que* 'as soon as' §§ lix, xcix, cxlv, clix, clxix, clxxiv (*F19*), ccxv, cclvii, cclxxxvi, cccv, cccviii, *tantos* §§§§ cxl, cxlv, cclxxvii. – *tantost com* 'as soon as' §§ clxiv, clxv, ccxvii (*comme*), ccxliv (*comme F19*), cclxxxii, cclxxxviii, cccxvi (*F24*), cccxxxv, cccxxxviii, App. 1 (*F38*), *tantos* §§ cclxxxvii.

[tarder] v. impers. 'delay'. – *il tarde de* 'it seems too long'. Imperf.: 3sg. *tardoit* § cccxxix. See **targier**.

targe sf. 'shield', *targes* § clxxxvi.

targier refl. 'delay' § cclxxvii. – *il targe* 'it seems too long'. Imperf.: 3sg. *targoit* § cclxxvii. See **tarder**.

tart adv. 'late'. *a tart* 'late' §§ clxxxviii, cxc, cccxix.
tenant adj. 'in possession of' §§ cxviii, ccxli. – 'attached to, near' § clxxiv, cvi, clxxiv (*F24*), clxxv, clxxvi, clxxviii.
[tencier] vi. 'quarrel'. Imperf.: 3pl. *tençoient* § cx.
tendre vtr. 'stretch out'. Present: 3sg. *tent* § cclxiv. Perfect: 3sg. *tendi* §§ lvii, clxvi, ccxli. – 'pitch (tent)' §§ clxiv, cclxxix. Pres.: 3pl. *tendent* § xlvii. Perfect: 3pl. *tendirent* § cxlv. Past Partic.: *tendues* § cxlix.
tenter vtr. 'tempt'. Imperf. Subj.: 3sg. *tentast* § lx.
[terdre] vtr. 'wipe, clean'. Imperf.: 3sg. *terdoient* § clxxx. Perfect: 3sg. *terst* § clxxx.
terme sm. '(completion) date, (appointed) time' §§ cxcvi (*F25 F26*), cclxvii.
termine sm. 'period' § cclxvii (*F17*).
tertre sf. 'mound, tell' §§ clxiii, ccxx (*F25 F26*), cccxxx.
[tesmoignier] vtr. 'testify'. Present: 3sg. *tesmoigne* § clxxxii, *tesmoingne* § clxxxiii, *tesmongne* § clxxix, *tiesmoigne* § clxxxiii; 3pl. *tesmoignent* § ccxli.
tierç adj. 'third' §§ iv, xxi, cxxvii, clvii, clxi (*F25 F26*), clxxviii, ccii, cciii, ccxv, ccxvii, ccxlv (*F19*), App. 2, App. 3, *tierç* §§ xxxiv, lxx, *tierch* §§ iv (*F19*). – *li tierç de* 'the third one (in a group of three)' §§ cxlvi, cclvii.
tierce sf. 'terce, third hour of the day' §§ clxiv.
timons sm. 'tiller (of ship)' § cciv (*F50*).
[tirer] vtr. 'pull'. Perfect: 3pl. *tirerent* § cxliv (*F38*). – *tirer resne* 'draw reins (slow or halt one's horse)'. Perfect: 3sg. *tira* § ccxix (*F24*).
toise sf. 'unit of meaure (about 2 metres)', *toises* §§ cxxii, clxxxvi.
tolir vtr. 'seize' §§ liii, ccxv, ccxxiv, cclxx, *tollir* § cciii. Imperf.: 3pl. *toloient* § xix. Present: 3pl. *tolent* §§ cclxx. Perfect: 3sg. *toli* §§ cclxii, App. 3; 3pl. *tolirent* §§ viii, cclxii, cccxxxvii. Pres. Subj.: 2sg. *toilliés* § cclxx. Imperf. Subj.: 3sg. *tolist* §§ cxcviii, cc, cccxxxv; 3pl. *tolissent* § cccx. Cond.: 3sg. *tolroit* § cccli. Past Partic.: *tolu* §§ cxxxiii, cclxxvii, cccxxiv; *tolue* §§ cclxvi, ccxl, ccciii.
tondre vtr. 'shave' § lxxxviii.
tonnoire sm. 'thunder' § lx.
torment sm. 'hardship' App. 2.
tornelle sf. 'small tower' § cclxxxvi (*F25 F26*).
toron sm. 'mound, tell' §§ cxx, ccxxiv (*F50*), ccxxxvii, cclv, App. 3, *torun* § ccxxv.
tort sm. 'wrong' §§ cxciv, cxcix.
tost adv. 'soon' §§ xi, xxv (*F19*), xxx (*F19*), xxxix, xlvi (*F19*), lix (*F17*), xciii, xcix (*F16*), c, cii (*F24*), cxlv (*F24*), clxix (*F25 F26 F50*), clxxix (*F24*), ccxvii (*F25 F26*), ccxxvii, ccxxxvii (*F19*), ccxl (*F19*), ccxlix, ccli, ccliv (*F19*), ccciii, cccxix, cccxxiv, cccxxxvi (*F24*), App. 3.
toudis adv. 'always' § cclv (*F19*).
touelle sf. 'towel' § ccxlix.
tourmente sf. 'tempest' §§ ccvii, ccxxiii, ccxxiv, *tormente* §§ ccxxiii.

GLOSSARY 653

tourner vi. and vr. 'turn, return' §§ ccxxv, ccxliii, cclxiv. Present: 3sg. *tourne* §§ cxxviii, clxxiv, *torne* § clxxiii. Imperf.: 3sg. *tournoit* §§ cxxii, *tornoit* § ccxliii; 3pl. *tornoient* § cclxxx. Perfect: 3sg. *tourna* §§ lxxxvii, cxlviii, clxv, clxix, clxx, ccxxix, cclv, *torna* §§ cxcvi, ccxxviii, cccxix, cccxxix, cccxxxvi; 3pl. *tournerent* §§ xcvi, cxiv, cxxviii, cxlvi, ccxxviii, cclxiv, ccxci, *tornerent* §§ ccxci, cccxv. Imperf. Subj.: 3sg. *tournast* § cclxiv. Cond.: 3pl. *tourneroient* § cclxxvi. Past Partic.: *tournés* § cli, *torné* App. 3.

tournoiier vi. 'tourney, participate in tournament' § cclxv, *tornoier* App. 3.

tournoy sf. 'tournament, joust' § cclxv, *tornois* App. 3.

tourser vtr. 'load' § xxx (*trousser* F16 F24 F38, *torser* F20, *troser* F25 F26).

toutereule sf. 'turtledove', *tourtereules* § cxx.

trainer vtr. 'drag, draw (prior to execution)' §§ cxlvii, ccci. Perfect: 3sg. *traina* § ccxlix; 3pl. *trainerent* § ccvi. Past Partic.: *trainee* § clxvi.

[**se trainer**] (*se traina, se travaia* F25) vr. 'drag oneself' ccxlix.

[**traïr**] vtr. 'betray, deceive'. Past Partic.: *traï* §§ clxxxviii, cccxv, cccxxxvi, *trahi* § cxxx.

traire vtr. 'bring, pull (out), call, announce, draw (sword), shoot (arrows)' §§ xlviii, cxv, cxxii, clxi, clxiv, clxxxii, ccviii, ccxxxvi, ccc. Pres.: 3sg. *trait* § ccxli, *tret* §§ xxxii, App. 3. Imperf.: 3sg. *traioit* §§ cxxii; 3pl. *traioient* §§ cccxiv. Perfect: 3sg. *traist* §§ xlviii, lxxxvi, xcviii, cxlviii, ccxxxv, ccxxxviii, ccxlvi, ccli, cccxxxviii; 3pl. *traisent* §§ clxiv, ccxxxiii. Imperf. Subj.: 3sg. *traisist* § xlviii. Past Partic.: *trais* §§ xlviii, ccxxx, *trait* § ccxli; *traite* § lxxxvii. – *traire le jour* 'announce the beginning of a new day'. Perfect: 3sg. *traist* § cxlviii. Past Partic.: *trait* § cxlviii. – vi. 'shoot (arrows), throw (javelin)' § cclxxix. Imperf.: 3pl. *traioient* §§ liii, clxxxvi, ccvii. Cond.: 3sg. *trairoit* § clxx. Imperf. Subj.: 3sg. *traisist* § ci. Future: 3pl. *trairont* § clix.

traïson sf. 'treason, (act of) treachery' §§ xix, lxxxiii, xci (*F16*), cxxix, cxxx, ccxxxvi (*F50*), ccli, ccliii, cclix, cccv, cccxxxv (*F16*), cccxxxviii.

traitie sf. 'distance of an arrow's shoot' § clxxv, cxcix, cclxxxii.

traïtor sm. 'traitor' §§ cccxxxvi, App. 2, *traïtour* § clx, *traïtres* §§ cclxxxvi (*F25 F26*), cccxxxviii.

tré sm. 'sail' §§ cx, *trés* § cciv.

trebucet sm. 'trebuchets', *trebucés* § cccxv (*trebukiaus F20*).

trece sf. 'hair, braid', *treces* § clxxxix, *treches* App. 3.

treillier vtr. 'fence in' § ccl, *trellier* § ccl.

trencant -*ant* form as an adj. 'sharp' § xxxi.

[**trescoper**] vtr. 'cut through, cross (road)'. Present: 3sg. *trescop* § clxxviii, *trescope* § clxxviii. Imperf.: 3pl. *trescopoient* § ccxxiv.

tresor sm. 'funds' §§ vii, xii, xix (*F19*), xxx, lxxxvii, lxxxviii, cxxxi, clvi, clxi, cxcii, cxciii, cxcviii (*F19*), ccxxx, ccli (*F19*), ccliv (*F24*), App. 3, *trezor* § clvi.

trespasser vi. 'pass from this world, die'. Perfect: 3sg. *trespassa* §§ cxxi, clxxiii, App. 3 – vtr. 'infringe' § cxlvii.

trestourner vi. 'turn away' § xxxvi.

trestout   pron. and adj. 'everyone' §xii (*F19*), xxi, cxxxviii (*F19*), ccxl (*F19*), cccxxix (*F19*), *trestoz* §ccix (*F25 F26*), *tretoz* §cxviii (*F17*).

trestrent   *see* **traire**

treü   sm. 'tribute' §xix, App. 3.

treuage   sm. 'tribute' §§xix (*F24 F25 F26*), clxxviii, cccxli.

triacle   sm. 'antidote' §lxxi.

trive   sf. 'truce' §§xliv, xlvi (*F16*), xlvii, liii, xcii (*F24*), c, cxviii, ccxlii, cclxxviii, cclxxviii (*F18*), cccxxxii, cccxxxvi, *trives* §§xix, xliii, xliv (*F16*), xlv, xlvi, xlvii (*F16*), xlvii (*F16*), liii, lxxvi, xcii, xciii, cxxiv, cxxv, cxxxiii, clxvi, clxxi, ccxxxii, ccxlii(7), ccxliii, ccxlviii, cclvi, cclxi, cclxiv, cclxviii, cclxix, cclxxv, cclxxvi, cclxxviii (*F24*), cclxxx, cccvi, cccvii, cccxxvi, cccxxix, cccxxxvi (*F38 F50*), cccxli, cccxlii, *trieves* §§xlvii (*F20*), cclv (*F20*).

trope   sf. 'group of people' §clxvi (*F19*).

trumel   sm. 'lower part of the leg'. – *pour les trumiaus Dieu*: (a profanity) 'look, for God's legs' §ccxc.

tuer   vtr. 'kill' §§ccxxxix, ccxlii. Imperf.: 3sg. *tuoit* §ccix; 3pl. *tuoient* §cxlvii. Perfect: 3sg. *tua* §§clxii, ccxxxiv, cclxiv; 3pl. *tuerent* §§cxxxix, cclxiii, cccvii, cccxxxvii. Imperf. Subj.: 3sg. *tuast* §§lxxxiv, cix, cxi, clxx, cclxxxi, cclxxxvii; 3pl. *tuassent* §cccxvi, *tuaissent* §ccxli. Past Partic.: *tué* §§lxxxvii, lxxxviii.

turcoples   sm. 'turcopoles, light cavalry' §xcviii.

ués   *see* **oes**

uis   *see* **huis**.

uissiere   *see* **huisiere**.

umbrage   adj. '(of a horse) prone to take fright (e.g. at a shadow)' §ccxxxvii.

userier   sm. 'usurer' §lxxii.

vaillant   adj. 'valuable' §§ccxiii, cccxxi (*F24 F38*), *vallant* §cccxxi (*F25 F26*). – 'worthy, brave' §§vii (*F19*), xxxix, xlviii (*F18*), ccxl (*F19*), cclxx (*F19*).

vaintre   vtr. 'defeat, win over' §§cciii. Perfect: 3pl. *venquirent* §§xxxvi, xxxvii.

vair   sm. 'ermine' §xviii.

vaissiel   sm. 'container, receptacle' §cxxvi. – 'ship' §§*vaissiel* §§ccvii, cclxxvi, ccxciv, cccxii, cccxxxvi, *vassiel* §§cvii, cccxxvii, *vaissiaus* §§cviii, ccvii, ccviii, ccix, ccxx, ccxxiii (*F24*), ccxxiv, ccxxix, ccxlvi, cclv, cclxxii, cclxxvi, cclxxx, ccxcvii, cccxii, cccxxviii, App. 3, *vaisiaus* §ccxciv, *vaissel* §§ccliii, cclxxxii (*F24*), *vaiscel* §ccxciv, *vaissaus* §clxix.

vake   sf. 'cow' §lxviii.

val   sm. 'valley' §§liv, clxxiii, clxxix, clxxxiii, clxxxiv, clxxxvii (*F24*), cccv, App. 3.

valee   sf. 'valley' §§liv, cxxi, cxxiii, clxxix, ccxi, cclxxxii, App. 3.

valissant   adj. 'worth' §cccxxi.

vallet   sm. 'youth, young man' §§lviii, cxlix, ccvii, ccviii, ccxviii, cclvii, cclxxxii, ccxc

GLOSSARY 655

(*F16*), ccxciv (*F26*), App. 1, App. 3, *vallés* §§ lxvii, ccviii, ccxxxvii (*F20*), ccxli, ccxlix, cclvii, cclviii, cclxxxi, cclxxxii, App. 1, App. 3, *vallez* §§ clxv (*F16*), cclxxxiii (*F25 F26*), *valet* § ccxciv (*F25*), *valés* § ccxlix, *varlet* §§ cxlix, cclxxxiii, cccv, *vaslet* § cxxxvi (*F25 F26*), *varlés* § cxlix.

[**valoir**] vtr. 'be worth'. Imperf.: 3sg. *valoit* § xlvi, cclxx; 3pl. *valoient* §§ ccxl, cclxx. – 'be of value'. Imperf.; 3sg. *valoit* § clxxxvii (*F19*), ccliii (*F19*). Perfect: 3sg. *valut* §§ lxxxviii, cclxxxiv. – 'be able'. Future: 3sg. *valdra* § cxc.

valour sm. '(moral) value' App. 2.

valte sf. 'vaulted roof' §§ clxxiv, clxxviii, *vaute* §§ clxxiv, clxxv.

vanqueue *see* **wanceue**

vaselage sm. 'courage' App. 3.

vendre vtr. 'sell' §§ xlviii, lxxi, clxxii, cxciv, cxcvi, cxcvii, ccxiv, ccxxvii, cclxix. Present: 3sg. *vent* §§ clxxiv, clxxv, clxxviii; 3pl. *vendent* § clxxviii. Imperf.: 3sg. *vendoit* § vi, cx, clxxv, ccxxiv. Perfect: 3sg. *vendi* §§ xcvi, clxxix, ccxxiv, ccxxxix, ccxlvi; 3pl. *vendirent* §§ xcv, clxxii. Imperf. Subj.: 3sg. *vendist* § ccxxv. Cond.: 3pl. *venderoient* § clx. Past Partic.: *vendu* §§ clxxii, ccxxxiii.

vengement sm. 'vengeance' § cccii (*F24*), *venchement* § cccii (*F38*).

vengier vtr. and vr. 'avenge, redress' §§ lxxxix, xciii, cxlvii, clvi, ccxi. Cond.: 3sg. *vengeroit* §§ xlii, cclxxxix. Past Partic.: *vengié* § xc; *vengie* §§ clx, ccxi.

venjance sf. 'revenge' §§ lxvii, cccii, *venjanche* § lxvii.

vent sm. 'wind' §§ xii (*F16*), cxxvii (*F24 F25 F26*), clxix, cciv (*F16*), ccxxiii, ccxxiv (*F19*), cclxxxv, cccxii, cccxiv.

venter vtr. 'blow, cast to the wind' §§ cxv. Imperf.: 3pl. *ventoient* § clxxxvi.

ventre sm. 'stomach' §§ lix, cclxi.

venue sf. 'arrival' §§ xxv, xxxix, l (*F19*), lix, lxxx, cxxvi, clxvii, ccxi, ccxlvii, cclviii, cccxxxi.

veoir vtr. and vi. 'see' §§ lix, lxxii, civ, clxvi, ccvi, cclx, cccxxxii, *veïr* §§ lix, cxxxii, ccxvi. Present: 1sg. *voi* §§ xxi, cccxxx; 2pl. *veés* §§ clxxi, clxxxviii, cxc, cccxi; 3pl. *voient* §§ cii, clxxxvii. Imperf.: 3sg. *veoit* §§ lx, cxlix, ccxxxvii, ccxxxix, cclvii, ccxciv, cccxxx, App. 1, *voit* §§ cii, clxxv; 3pl. *veoient* §§ lxxxi, xcvi, cxlvii, clxx, clxxxvi, ccii, ccxx, cclv, ccxci, cccxviii, cccxix. Perfect: 3sg. *vit* §§ vii, xv, xvii, xix, xxxi, xxxiv, xl, xli, lii, lvii, lx, lxvi, lxxiii, lxxv, lxxvi, lxxxii, lxxxvi, ci, cii, cxii, cxiii, cxvi, cxxi, cxxiii, cxxiv, cxxv, cxxvii, cxxxvi, cxlix, clv, clvii, clxi, clxiv, clxv, clxvi, clxvii, clxix, clxx, clxxi, clxxviii, clxxx, clxxxviii, cci, ccvii, ccix, ccx, ccxvi, ccxviii, ccxix, ccxxvii, ccxxviii, ccxxix, ccxxxvi, ccxl, ccxlii, ccxliii, ccli, cclii, cclv, cclvi, cclvii, cclviii, cclxiv, cclxviii, cclxix, cclxx, cclxxix, cclxxx, cclxxxiii, cclxxxvi, ccxci, ccxcviii, ccc, cccii, cccvi, cccx, cccxii, cccxiv, cccxix, cccxxvii, cccxxix, cccxxx, cccxxxii, cccxxxvi, cccxxxviii, App. 1; 3pl. *virent* §§ xxxi, xlii, lx, lxvii, lxxxviii, xcvi, xcvii, xcix, cviii, cxiv, cxxiii, cxxviii, cxlvi, cxlvii, clxiii, clxiv, clxv, clxix, clxx, clxxxvi, ccv, ccviii, ccix, ccxi, ccxv, ccxvi, ccxx, ccxxiv, ccxxix, ccxxxix, cclii, ccliii, cclxii, cclxiv, cclxxii, cclxxvi, cclxxx, cclxxxii, cclxxxv, ccxc, ccxci, cccx, cccxiv, cccxv, cccxvi, cccxx, cccxxxvii. Imperf. Subj.: 3sg. *veist* §§ cii, ccviii, ccix; 3pl. *veissent* §§ cxlv, clxxviii, ccvi, ccxv, cclxxxvi, ccxc, cccxix. Cond.: 3sg. *verroit* §§ cx, cxii, ccxv, cclii, ccliv, *veroit* §§ cxxiii, cclxxxviii; 3pl. *veroient* § ccx, *verroient* § c. Future: 3pl. *verront* § cccv. Imper.: 2sg. *vois* §§ ccxc, cccx; 2pl. *veés* § ccxliii, cccxl, *vés* §§ cxxxii, ccxxxvii. -ant form: *voiant* § xxv. Past Partic.: *veu* §§ lxv, cxxiii, cxxxi, ccliv, cclxxx; *veue* § lx, lxxii, lxxxi.

verdure sf. 'vegetation' § lxiii.

verge sf. 'stick' §§ xxix, xxx, xxxi, lxiii.

[vergoignier] vi. and vr. 'to be ashamed, disgraced'. Perfect: 3sg. *vergoigna* § lxxxi (*F19 F25 F26*).

[vergonder] vr. 'to be ashamed, disgraced' § lxxxi. Perfect: 3sg. *se vergonda* § lxxxi.

verité sf. 'truth' § cclxx.

vermel adj. 'red', *vermelle* §§ iii, xxxvii (*F24*), App. 3, *viermelle* § iii.

vert adj. 'green' §§ ccvi, ccxvi.

vespre sm. 'evening, nightfall' §§ liii, lxxix, cxxxix, clvii (*F17*), clxxxv, ccix, ccxlix, cclxxvii, cclxxix, *viespre* §§ lxxix, xcvi, cxxxix, ccxliii.

vespree sf. 'evening' §§ ccxviii, cclv, *viespree* § cccxxxvi.

vestement sm. 'clothes' § lx, *vestiment* § lxxxvii.

vesteure sf. 'investiture' §§ cxxxvi, cxxxvii, cclviii.

vestir vtr. and vi. 'dress' § clxiii. Perfect: 3sg. *viesti* § xviii; 3pl. *vestirent* § cxxxi. Past Partic.: *vestus* § cclx, *viestus* § xvi; *vestue* § cxiii.

veve adj. 'widowed' §§ xli, xlviii, l, cxiii, ccxl, ccxlvi, ccc (*F24*), *vesve* § ccli (*F19*), *vueves* § ccxl (*F38*).

viande sf. 'food' §§ xix, xxi, lxii, lxiii, xcvi, ci, cii, cv, cviii, cxii, cxxv, clix, clxviii, clxix, clxxi, clxxii, clxxv, ccii, cciv, ccvi, ccvii, ccxi, ccxiv, ccxv, ccxx, ccxxiii, ccxxiv, ccxxvii, ccxxxii, ccxxxvi, ccxxxix, ccxlii, ccxliii, ccxlvi, ccli, cclv, cclvi, cclix, cclxix, cclxxii, cclxxxi, cclxxxii, cclxxxiii, cclxxxv, cclxxxviii, ccciii, cccx, cccxii, cccxv, cccxvi, cccxix, cccxxvii, cccxxviii, cccxxx, cccxxxvi, cccxxxvii, App. 3.

viel adj. 'old' §§ cxlvi, clxii, clxiii, ccxxvii, cc, *viex* §§ cxxi (*F19*), clxx, *viés* §§ lxxxviii (*F19*), App. 2, *vieu* App. 3, *vieuz* App. 3 (*F25 F26*).

vif adj. 'alive, living' §§ xlv, cviii, cix, clxxxvii (*F24*), cci, cclv, cclvi (*F24*), cclxix (*F17*), ccxciv, cccx.

vigour sf. 'strength, vigour' §§ clxxxviii, App. 2.

vigueureusement adv. 'energetically' § cccvi (*F16*).

vil adj. 'shameful, dishonourable' §§ lxxxviii, cclxxxii.

vilain sm. 'peasant' §§ xxi, ccii, ccxix, cccxxx, App. 1.

vilainement adv. 'basely, coarsely' § cxlvi (*F16*).

vilel sm. 'small village', *viliaus* § xxi (*F20*).

vilenie sf. 'injury' §§ ccv, cccxxxv.

[villier] vi. 'stay awake'. Past Partic.: *villié* § lvii.

GLOSSARY 657

viloi   sm. 'suburb' § xxi.

[**violer**]   vtr. 'rape'. Perfect: 3pl. *violerent* § i.

visage   sm. 'face' §§ lx, lxxxix, clxxxvi.

vistement   adv. 'speedily' § ccxlv (*F24 F50*).

vivement   adv. 'decisively' § ccxlv.

vivre   vi. 'live' §§ lxii, clxvi, ccxxxiv, cclxx. Imperf.: 3sg. *vivoit* §§ lxxxi, cccxxxii; 3pl. *vivoient* § ccxliii. Perfect: 3sg. *vesqui* §§ viii, xii, xix, xxii, xxv, clxix, ccxli, ccxlvi, cclxi, cclxii, cclxiv, cclxviii, cclxxxiii, cclxxxvii, cccxiv, App. 3, *vescui* § cccxiii; 3pl. *vesquirent* §§ lxxxii, xcvi, clxxxix. Imperf. Subj.: 3sg. *vesquist* § cccxxxv; 3pl. *vesquissent* §§ ccli, cclxxxix. Cond.: 3sg. *viveroit* §§ ccli, App. 1, *vivroit* § cxxvii. Future: 1sg. *vivrai* § cxvii. -*ant* form: *vivant* §§ cclxi, cclxiv, cclxvi. Past Partic.: *vescu* §§ xxx, a3, *vescui* § clxx.

vivre   sm. 'livelyhood, sustenance', *vivres* § cclxx.

[**voer**]   vi. 'vow'. Perfect: 3sg. *voa* § cccv.

voie   sf. 'road, way' §§ xxxi, l, lxxii, lxxiii, lxxv, lxxvi, cxv, clviii (*F20*), clix, clxiv, clxv, clxxix, clxxxiii, clxxxiv, ccxiii, ccxx, ccxxi, ccxxii, ccxxiv, ccxxxviii (*F17*), ccliv (*F19*), cclix (*F25 F26*), cclxix, cclxxvi, cclxxxiii, cclxxxiv, cclxxxvii, ccxcvi (*F19*), ccxcvii (*F19*), cccix (*F20 F50*), cccxiv, cccxix (*F19*), cccxxxv, App. 2.

voile   sm. 'sails' §§ clxix (*F19*), cciv (*F50*).

voir   adj. 'true' §§ lxxviii (*F25 F26 F38*), xcviii, cviii, cxii (*F19*), cxxxvi, cli, clx, clxii, clxiii, clxiv, clxvii, clxxxv, cxciii, cxcviii (*F19*), ccxix, ccxx, ccxxiv (*F19*), ccxxxvi (*F17*), ccxl, ccxli, ccxliii, cclvii (*F18*), cclxvi, cclxix, cclxxv, cclxxx, cclxxxii, ccxci (*F24*), cccix, cccxx, cccxxxii, cccxl (*F24 F25 F26*).

voirement   adv. 'truly, indeed' § ccxl.

vois   sf. 'voice' §§ lix, lx.

voisdie   sf. 'trick' §§ vii, xxix.

volenté   sf. 'wish, consent, control' §§ vii, xxix (*F20*), l, lxvii, cxiii, clxiii, clxvi (*F19*), cxc, cxcix, ccxxiv, ccxxvii, ccxxxvi, ccxxxix, cclviii (*F19 F50*), cclxviii (*F19*), cclxxii, cclxxiii, cccxxiv, cccxli.

volentiers   adv. 'willingly, gladly' §§ ii, iv (*F19*), vi (*F16*), vii (*F19*), viii, xiii (*F19*), xvi (*F19*), xviii (*F19*), xix (*F19*), xxiii (*F20*), xxv (*F20*), xxvii, xxxii (*F19*), xxxix, xlii (*F19*), xliii (*F19*), xlviii, l, lxxxix (*F19*), xc, xcviii, cxviii, cxxi, cxxiv, cxxxi, cxxxv (*F19*), cxlii, cxliv (*F19*), clxvi, clxvii, clxix (*F19*), clxx, clxxi, clxxxv (*F19*), clxxxviii, cxci, cxciii (*F17 F19*), cxciii (*F19*), cxciv (*F50*), cxciv (*F19*), cxcv, ccv (*F19*), ccvi (*F25 F26*), ccxvi (*F19*), ccxvii, ccxviii (*F19*), ccxxiv (*F16*), ccxxv, ccxxvii, ccxxxiii, ccxxxvi (*F19 F25 F26*), ccxxxviii, ccxliii, ccxlvi, ccxlvii, cclii (*F19*), cclviii (*F19*), cclix, cclx, cclxi, cclxxii, cclxxvii (*F24*), cclxxxvii, ccci, ccciii, cccv, cccxi, cccxvii (*F20*), cccxviii (*F19*), cccxx (*F24 F38*), cccxxi, cccxxviii (*F19*), cccxxix, cccxxxii, cccxxxiii (*F38 F50*), cccxxxv, App. 1.

[**voler**]   vi. 'fly'. Pres. Subj.: 3sg. *vole* § lxxi.

vrai adj. 'true' §§ xcviii (*F19*), cviii, cxxxi (*F16 F20*), clv (*F16 F20 F24*), clvi (*F19*), clx (*F16*), clxi (*F16*), clxxx, cxcii, ccxlviii.

vraiement adv. 'truly' §§ xii (*F19*), clxxii (*F19 F20*), cclxix (*F19*), cccxl (*F20*), *veraiement* § clxxi (*F16*), *vraiment* § clxxi (*F24*).

vueve *see* **veve**

vuidier *see* **widier**

vuit *see* **wit**

vuitance sf. 'absence, expulsion' § cccxli.

waires *see* **gaires**

wanceue sf. 'detour; doubling back' § civ (*waukeue F17 F20 F24, vanqueue F25 F26*).

warde *see* **garde**

wés (*gué F16 F26, gués F17 F20*) sm. 'ford' xliii.

widier vtr. 'empty, leave, vacate' §§ lxxvi, cxxii, cxcvi, *vuidier* § cccxlii. Imperf.: 3pl. *widoient* § cclxxxvii. Perfect: 3sg. *wida* §§ xxxv, cclxxv, *vuida* § cccxxxviii; 3pl. *widierent* §§ ccxxiv, ccxxxix, ccli, cclxii, cclxxxvii. Imperf. Subj.: 3sg. *vuidast* § cccxxxiii, *widest* § cclxxv; 3pl. *vuidassent* § cccxxxviii, *widassent* § cclxxxvii. Cond.: 3sg. *vuideroit* § cccxxxiii. Future: 1sg. *widerai* § cxxxiii. Past Partic.: *widié* §§ cxcvi, ccxxxvi, cclv.

wit adj. 'empty' §§ xxxii, cxi (*F19*), clxxx, cxxii, ccxlvi, *vuit* §§ lxxv, cccxv.

yretaige *see* **hiretages**

yver sm. 'winter' §§ xxxiv, cvi, cxxxix, ccxxiv, cclxxxv (*F20*), *iver* §§ cxli, cclxxii, cclxxiv (*F25 F26*), cclxxxv (*F19*), *ivier* §§ cccxxxvi, cccxxxvii.

yverner vi. 'spend the winter' §§ cciii, cclxxv, *yvrener* § ccv. Imperf.: 3sg. *yvernoit* § ccxxv; 3pl. *yvernoient* §§ cclxxvi, cclxxxi. Perfect: 3sg. *yverna* § ccxxiv, *yvrena* § ccxxiv; 3pl. *ivernerent* §§ cciv, cclxxiv, *yvernerent* § cclxxv, *yvrenerent* § cclxxxv. Cond.: 3sg. *ivrenoit* § ccxxvii. Past Partic.: *yverné* § cclxxv.

yvre adj. 'drunk', *yvres* § lxix.

zaienz *see* **céens**

Bibliography

Manuscripts in This Edition

- *F16*   Bern: Burgerbibliothek ms. 41
- *F17*   Bern: Burgerbibliothek ms. 115
- *F18*   Brussels: Bibliothèque royale ms. 11142
- *F19*   Paris: Bibliothèque nationale ms. fr. 781 (https://gallica.bnf.fr/ark:/12148/btv1b9058124x.r=fr%20781 – accessed 17.03.2023)
- *F20*   Saint-Omer: Bibliothèque municipale ms. 722 (http://jonas.irht.cnrs.fr/manuscrit/55566 – accessed 16.03.2023)
- *F24*   Bern: Burgerbibliothek ms. 113 (http://www.e-codices.unifr.ch/en/description/bbb/0113/Mittenhuber Florian Mittenhuber (2015) – accessed 16.03.2023)
- *F25*   Bern: Burgerbibliothek ms. 340
- *F26*   Paris: Bibliothèque de l'Arsenal ms. 4797 (https://gallica.bnf.fr/ark:/12148/btv1b525115628/f8.image.r=Arsenal%20ms%204797 – accessed 17.03.2023)
- *F38*   London: British Library, Henry Yates Thompson ms. 12 (http://www.bl.uk/manuscripts/FullDisplay.aspx?ref=Yates_Thompson_MS_12 – accessed 16.03.2023)
- *F50*   Paris: Bibliothèque nationale ms. fr. 9086

Other Manuscripts Cited

Eracles
Baltimore: Walters Art Gallery ms. 137 (= *F31*)
Baltimore: Walters Art Gallery ms. 142 (= *F52*)
Épinal: Bibliothèque municipale ms. 45 (= *F35*)
Rome: Biblioteca Apostolica Vaticana ms. Pal. lat. 1963 (= *F06*)

Chronique d'Ernoul
Paris: Biliothèque nationale, fonds Moreau ms. 1565. (= *F28*; copy of *F24*)

Francesco Pipino: Chronicon ab origine regni francorum ad annum 1314
Modena: Biblioteca Estense-Universitaria, lat. 465.

Morgan Picture Bible
New York: Pierpont Morgan Library ms. M.638.

Primary Sources

Documentary and Non-narrative Materials

'Analyse des chartes contenues dans le petit cartulaire du couvent des Sœurs de Notre-Dame en Lille. MS. N° 6190 de la Bibliothèque royale de Belgique', ed. Emile Gachet in *Messager des Sciences Historiques, des arts et de la Bibliographie de Belgique* (1852), 24–57.

Annales Ecclesiastici, eds Cesare Baronius et al. new edition Augustin Theiner, 37 vols (Bar-le-Duc/Paris, 1864–1882)

The Cartulary of the Cathedral of Holy Wisdom of Nicosia, eds Nicholas Coureas and Christopher Schabel (Nicosia, 1997)

The Crusade of Frederick Barbarossa: The History of the expedition of the Emperor Frederick and Related Texts, trans. Graham A. Loud (Farnham, 2010)

Diplomata Belgica: http://www.diplomata-belgica.be/colophon_fr.html (accessed 16.03.2023)

De Oorkonden der Graven van Vlaanderen (Juli 1128–September 1191), eds Thérèse De Hemptinne and Adriaan Verhulst, 3 vols (Brussels, 1988–2009)

Quinti Belli Sacri Scriptores Minores, ed. Reinhold Röhricht (Geneva, 1879)

Regesta Regni Hierosolymitani (1097–1291), compiled by Reinhold Röhricht, 2 vols (Innsbruck, 1893–1904)

Die Urkunden de lateinischen Könige von Jerusalem, ed. Hans Eberhard Mayer, 4 vols (Hannover, 2010)

Zwei Bücher Topographie von Jerusalem und seinen Umgebungen, ed. Titus Tobler, 2 vols (Berlin, 1853–1854)

Narrative and Literary Materials

Alexandre de Bernay et al., *Li Romans d'Alixandre par Lambert Li Tors et Alexandre de Bernay*, ed. Heinrich Michelant (Stuttgart, 1846)

Alexandre de Bernay, *The Medieval French Roman d'Alexandre*, eds Edward Cooke Armstrong et al, 7 vols (Princeton, 1937–1976)

Ambroise: *The History of the Holy War: Ambroise's Estoire de la Guerre Sainte*, eds Marianne Ailes and Malcolm Barber (Woodbridge, 2003)

Arnold of Lübeck: *The Chronicle of Arnold of Lübeck*, trans. Graham A. Loud (Abingdon, 2019)

'Ci sunt li saint leu de Jerusalem', in *Le saint voyage de Jherusalem du seigneur d'Anglure*, eds François Bonnardot and Auguste Longnon (Paris, 1878), 115–121.

The Conquest of the Holy Land by Ṣalāḥ al-Dīn: A Critical Edition and Translation of the Anonymous Libellus de Expugnatione Terrae Sanctae per Saladinum, eds Keagan Brewer and James H. Kane (Abingdon, 2019)

La Continuation de Guillaume de Tyr (1184–1197), ed. Margaret Ruth Morgan (Paris, 1982)

'Continuation de Guillaume de Tyr, de 1229 à 1261, dite du manuscrit de Rothelin', RHC: Historiens Occidentaux, vol. 2 (Paris, 1859), 483–639.

Chronique d'Ernoul et de Bernard le Trésorier, ed. Louis de Mas Latrie (Paris, 1871)

'L'Estoire de Eracles empereur et la conqueste de la Terre d'Outremer', RHC: Historiens Occidentaux, vol. 2 (Paris, 1859), 1–481.

Francesco Pipino, 'Bernardi Thesaurarii: De Acquisitione Terrae Sanctae', in Rerum italicarum scriptores, ed. Lodovico Antonio Muratori, 7 (1725), 657–848.

Francesco Pipino, 'Chronicon', in Rerum italicarum scriptores, ed. Lodovico Antonio Muratori, 9 (1726), 581–752.

Geoffroy de Villehardouin, La Conquête de Constantinople, ed. Edmond Faral, 2 vols. (Paris, 1938–1939)

Godefroi de Buillon, ed. Jan Boyd Roberts, The Old French Crusade Cycle, 10 (Tuscaloosa, 1996)

Histoire des ducs de Normandie et des rois d'Angleterre, ed. Francisque Michel (Paris, 1840)

Ibn al-Athīr: The Chronicle of Ibn al-Athīr for the Crusading Period from al-Kāmil fi'l-ta'rīkh, trans. Donald S. Richards, 3 vols (Aldershot, 2006–2008)

'Imād al-Dīn al-Isfahānī, Conquête de la Syrie et de la Palestine par Saladin, trans. Henri Massé (Paris, 1972)

Das Itinerarium peregrinorum: Eine zeitgenössische englische Chronik zum dritten Kreuzzug in urprünglicher Gestalt, ed. Hans Eberhard Mayer (Stuttgart, 1962)

Die lateinische Fortsetzung Wilhelms von Tyrus, ed. Marianne Salloch (Leipzig, 1934).

Jehan de Tuim: William of Tyre: Li hystore de Julius César: eine altfranzösische Erzählung in Prosa von Jehan de Tuim, ed. Franz Settegast (Halle, 1881)

John of Ibelin, Le Livre des Assises, ed. Peter W. Edbury (Leiden, 2003)

Lignages d'Outremer, ed. Marie-Adélaïde Nielen, (Paris, 2003)

Marsilio Zorzi: Der Bericht des Marsilio Zorzi. Codex Querini Stampalia IV3 (1064), ed. Oliver Berggötz (Frankfurt am Main, 1991)

Philip of Novara, Le Livre de Forme de Plait, ed. and trans. Peter W. Edbury (Nicosia, 2009)

Pierre de Beauvais: 'Pierre de Beauvais' Olympiade: a mediaeval Outline-History', ed. Max L. Berkey, Speculum, 41 (1966), 505–515.

Ralph of Diceto, Ymagines historiarum in Radulfi de Diceto Decani Londiniensis Opera Historica, ed. William Stubbs, Rolls Series 68, 2 vols (London, 1876)

Robert de Clari, La conquête de Constantinople, ed. Jean Dufournet (Paris, 2004)

[Roger of Howden], Gesta Regis Henrici Secundi Benedicti Abbatis, ed. William Stubbs, Rolls Series 49, 2 vols (London, 1867)

Pseudo-Turpin: The Old French Johannes Translation of the Pseudo-Turpin Chronicle: A Critical Edition, ed. Ronald N. Walpole, 2 vols (Berkeley, Los Angeles and London)

William of Newburgh, Historia Rerum Anglicarum, in Chronicles of the Reigns of

Stephen, Henry II and Richard I, ed. Richard Howlett, Rolls Series 82, 4 vols (London, 1884–1889), 1

William of Tyre: 'Guillelmi archiepiscopi Tyriensis continuata belli sacri historia ab antique auctore Gallice idiomate ante annos cccc conscripta', *Veterum scriptorum et monumentorum historicorum ... amplissima Collectio*, eds Edmond Martène and Ursin Durand, 9 vols (Paris, 1724–1733), 5: 581–752.

William of Tyre: *Guillaume de Tyr et ses continuateurs*, ed. Paulin Paris, 2 vols (Paris, 1879–1880)

William of Tyre: *Willelmi Tyrensis Archiepiscopi Chonicon*, ed. Robert B.C. Huygens (in association with Hans E. Mayer and G. Rösch), Corpus Christianorum Continuatio Mediaeualis 63–63A (Turnhout, 1986)

Modern Literature

Barbara Baert, *A Heritage of Holy Wood: The Legend of the True Cross in Text and Image*, trans. Lee Preedy (Leiden, 2004)

Bjørn Bandlien, 'A Manuscript of the Old French William of Tyre (Pal. Lat. 1963) in Norway', *Studi mediolatini e volgari*, 62 (2016), 21–80.

Peter G. Bietenholz and Thomas B. Deutscher (eds), *Contemporaries of Erasmus: A Biographical Register of the Renaissance and Reformation*, 3 vols. (Toronto, 1985–1987)

Harry Bober, 'Flemish Miniatures from the atelier of Jean de Grise: ms. 11142 of the Bibliothèque royale de Belgique', *Revue belge d'archéologie et d'histoire de l'art*, 17 (1947/1948), 15–21.

Barbara Bombi, 'The Fifth Crusade and the conversion of the Muslims', in Elizabeth J. Mylod, Guy Perry, Thomas W. Smith and Jan Vandeburie (eds), *The Fifth Crusade in Context. The crusading movement in the early thirteenth century* (Abingdon, 2017), 68–91.

Francesco Bruno, '«De vulgari in latinam linguam convertit»: prime note sulla tradizione/traduzione di fonti francesi nel libro XXV del *Chronicon* di Francesco Pipino', in Antonio Pioletti (ed.), *Forme letterarie del Medioevo romanzo: testo, interpretazione e storia* (Atti dell'XI congresso della Società Italiana di Filologia Romanza, Catania, 22–26 settembre 2015) (Soveria Mannelli, 2016), 103–120.

Matthias Bürgel, '"Se vous nous volés oïr et entendre, nous vos mosterrons par droite raison [...] que vostre lois est noiens". Franz von Assisi als Prediger vor Malik al-Kamil', *Literaturwissenschaftliches Jahrbuch*, 60 (2019), 87–122.

Jochen Burgtorf, *The Central Convent of Hospitallers and Templars: History, Organization and Personnel (1099/1120–1310)* (Leiden, 2008)

Keith Busby, *Codex and Context: Reading Old French Verse Narrative in Manuscript*, 2 vols (Amsterdam, 2002)

Catalogue général des manuscrits des bibliothèques publiques des départements (Paris, 1861), vol. 3.

Pierre-Vincent Claverie, 'L'image de l'Islam dans les traductions vernaculaires de Guillaume de Tyr', in Kristof D'hulster and Jo Van Steenbergen (eds), *Continuity and change in the realms of Islam: Studies in honour of Professor Urbain Vermeulen* (= Orientalia Lovaniensia Analecta 171) (Leuven, 2008), 117–134.

Robert-F. Cook and Larry-S. Crist, *Le deuxième cycle de la croisade: deux études sur son développement* (Geneva, 1972)

Ovidiu Cristea, 'Le Chevalier Vert: histoire et fiction dans la *Chronique* d'Ernoul et de Bernard le Trésorier', in Catalina Girbea, Laurent Hablot and Raluca Radulescu (eds), *Marqueurs d'identité dans la litérature médiévale: mettre en signe l'individu et la famille (XIIe–XVe siècles)* (Turnout, 2014), 269–277.

Catherine Croizy-Naquet, 'Le description de Jérusalem dans *La Chronqiue d'Ernoul*', *Romania*, 115 (1997), 69–89.

Catherine Croizy-Naquet, 'Deux représentations de la troisième croisade: l'*Estoire de la guerre sainte* et la *Chronique d'Ernoul et de Bernard le Trésorier*', *Cahiers de civilisation médiévale*, 44 (2001), 313–327.

Catherine Croizy-Naquet, 'Y a-t-il une représentation de l'Orient dans la *Chronique d'Ernoul et de Bernard le trésorier?*', *Cahiers de recherches médiévales et humanistes*, 8 (2001), https://journals.openedition.org/crm/412#ftn1 (accessed 16.03.2023)

Catherine Croizy-Naquet, 'Légende ou histoire? Les assassins dans l'*Estoire de la guerre sainte* d'Ambroise et dans la *Chronique d'Ernoul et de Bernard le Trésorier*', *Le Moyen Âge*, 117 (2011), 237–257.

Farhad Daftary, *The Assassin Legends: Myths of the Isma'ilis* (London, 1994)

Gérard Dédéyan, 'Un projet de colonisation arménienne dans le royaume latin de Jérusalem sous Amaury Ier (1162–1174)', in Michel Balard and Alain Ducellier (eds), *Le partage du monde: échanges et colonisation dans la Méditerranée médiévale* (Paris, 1998), 101–140.

Jean Donnadieu, '*Narratio patriarcae*. Origine et fortune d'un récit sur le Proche-Orient musulman vers 1200', *Le Moyen Âge*, 124 (2018), 283–305.

Peter W. Edbury, 'The Disputed Regency of the Kingdom of Jerusalem, 1264/6 and 1268', *Camden Miscellany*, 27 (1979) (= Camden 4th series, 22), 1–47.

Peter W. Edbury, *John of Ibelin and the Kingdom of Jerusalem* (Woodbridge, 1997)

Peter W. Edbury, 'The French Translation of William of Tyre's *Historia*: the Manuscript Tradition', *Crusades*, 6 (2007), 69–105.

Peter W. Edbury, 'The Old French William of Tyre and the Origins of the Templars', in Norman Housley (ed.), *Knighthoods of Christ: Essays on the History of the Crusades and the Knights Templar, Presented to Malcolm Barber* (Aldershot, 2007), 151–164.

Peter W. Edbury, 'The Old French William of Tyre, the Templars and the Assassin Envoy', in Karl Borchardt, Nikolas Jaspert and Helen J. Nicholson (eds), *The Hospitallers, the Mediterranean and Europe: Festschrift for Anthony Luttrell* (Aldershot, 2007), 25–37.

Peter W. Edbury, 'New Perspectives on the Old French Continuations of William of Tyre', *Crusades*, 9 (2010), 107–113.

Peter W. Edbury, 'Thoros of Armenia and the Kingdom of Jerusalem', in Simon John and Nicholas Morton (eds), *Crusading and Warfare in the Middle Ages: Realities and Representations. Essays in Honour of John France* (Farnham, 2014), 181–190.

Peter W. Edbury, '*Ernoul, Eracles* and the Fifth Crusade', in Elizabeth J. Mylod, Guy Perry, Thomas W. Smith and Jan Vandeburie (eds), *The Fifth Crusade in Context. The crusading movement in the early thirteenth century* (Abingdon, 2017), 163–174.

Peter W. Edbury, 'Conrad versus Saladin: The Siege of Tyre, November–December 1187', in Gregory E.M. Lippiatt and Jessalynn L. Bird (eds), *Crusading Europe: Essays in Honour of Christopher Tyerman* (Turnhout, 2019), 237–247.

Peter W. Edbury, 'Sultan al-Kāmil, the Emperor Frederick II and the Surrender of Jerusalem as presented by the anonymous *Chronique d'Ernoul*', in Peter Edbury, Denys Pringle and Balázs Major (eds), *Bridge of Civilizations: The Near East and Europe c. 1100–1300* (Oxford, 2019), 297–301.

Peter W. Edbury, 'Continuing the Continuation: *Eracles* 1248–1277' in Helen J. Nicholson and Jochen Burgtorf (eds), *The Templars, the Hospitallers and the Crusades: Essays in Homage to Alan J. Forey* (Abingdon, 2020), 82–93.

Peter W. Edbury and John Gordon Rowe, *William of Tyre: Historian of the Latin East* (Cambridge, 1988).

Anne-Marie Eddé, *Saladin*, trans. Jane Marie Todd (Cambridge, Mass., 2011)

Michael R. Evans '"Unfit to Bear Arms": The Gendering of Arms and Armour in Accounts of Women on Crusade', in Susan B. Edgington and Sarah Lambert (eds), *Gendering the Crusades* (Cardiff, 2001), 45–58.

Jaroslav Folda, 'A Crusader Manuscript from Antioch', *Atti della Pontificia Accademia Romana di Archeologia*, ser. III: *Rendiconti*, 42 (1969/1970), 283–298.

Jaroslav Folda, 'Manuscripts of the *History of Outremer* by William of Tyre: a Handlist', *Scriptorium* 27 (1973), 90–95.

Jaroslav Folda, *Crusader Manuscript Illumination at Saint-Jean d'Acre, 1275–1291* (Princeton, 1976)

Jaroslav Folda, *Crusader Art in the Holy Land, from the Third Crusade to the Fall of Acre, 1187–1291* (New York, 2005)

Jaroslav Folda, 'The Panorama of the Crusades, 1096–1218, as Seen in Yates Thompson MS. 12 in the British Library', in George Hardin Brown and Linda Ehsam Voigts (eds), *The Study of Medieval Manuscripts of England: Festschrift in Honor of Richard W. Pfaff* (Tempe, 2010), 253–280.

Massimiliano Gaggero, 'La *Chronique* d'Ernoul: problèmes et méthode d'édition', *Perspectives médiévales*, 34 (2012), https://journals.openedition.org/peme/79 (accessed 16.03.2023)

Massimiliano Gaggero, 'L'édition d'un texte historique en evolution: la *Chronique d'Ernoul et de Bernard le Trésorie*' in Richard Trachsler, Frédéric Duval and Lino Leonardi (eds), *Actes du XXVIIe Congrès international de linguistique et de philologie romanes (Nancy, 15–20 juillet 2013). Section 13: Philologie textuelle et éditoriale* (2017), 129–141. http://www.atilf.fr/cilpr2013/actes/section-13/CILPR-2013-13-Gaggero-Chronique.pdf (accessed 16.03.2023)

Massimiliano Gaggero, 'Identification de deux manuscrits italiens de la *Chronique d'Ernoul et de Bernard le Trésorier*', *Segno e Testo*, 16 (2018), 291–314.

Massimiliano Gaggero, 'L'identificazione dei personaggi nella *Chronique* di Ernoul e Bernard le Trésorier. Strategie testuali e varianti', *InVerbis*, 2 (2018), 117–140.

Massimiliano Gaggero, 'Western Eyes on the Latin East: the *Chronique d'Ernoul et de Bernard le Trésorier* and Robert of Clari's *Conquête de Constantinople*', in Laura K. Morreale and Nicholas L. Paul (eds), *The French of Outremer: Communities and Communications in the Crusading Mediterranean* (New York, 2018), 86–109.

Massimiliano Gaggero, 'Ricordi della storia antica nella storiografia francese sulle Crociate', in Gioia Paradisi and Arianna Punzi (eds), *L'Antichità nel Medioevo: Testi, tradizioni, problemi* (= *Critica del testo*, 22/3) (Rome, 2019), 181–205.

Massimiliano Gaggero, 'La tradition italienne de l'*Eracles*: pour un nouvel examen des fragments', in Lene Schøsler and Juhani Härmä with Jan Lindschouw (eds), *Actes du XXIXe Congrès international de linguistique et de philologie romanes (Copenhague, 1–6 juillet 2019)*, (Strasbourg, 2021), 1117–1130.

Camille Gaspar and Fréderic Lyna, *Les principaux manuscrits à peinture de la Bibliothèque royale de Belgique*, 2 vols (Paris, 1937–1945)

John Gillingham, 'Roger of Howden on Crusade', in David O. Morgan (ed.), *Medieval Historical Writing in the Christian and Islamic Worlds* (London, 1982), 60–75; reprinted John Gillingham, *Richard Coeur de Lion: Kingship, Chivalry and War in the Twelfth Century* (London and Rio Grande, 1994), 141–153.

Hermannus Hagen, *Catalogus Codicum Bernensium (Bibliotheca Bongarsiana)* (Bern, 1875)

Bernard Hamilton, 'Women in the Crusader States: the Queens of Jerusalem (1100–1190)', in Derek Baker (ed.), *Medieval Women*, Studies in Church History. Subsidia 1 (Oxford, 1978), 143–174.

Bernard Hamilton, *The Latin Church in the Crusader States: The Secular Church* (London, 1980)

Bernard Hamilton, *The Leper King and his Heirs: Baldwin IV and the Crusader Kingdom of Jerusalem* (Cambridge, 2000)

Philip Handyside, *The Old French William of Tyre* (Leiden, 2015)

Philip Handyside, 'A Crusader Manuscript from Antioch? Reappraising the Provenance of Biblioteca Apostolica Vaticana, ms. Pal. lat. 1963', *Crusades*, 16 (2017), 65–78.

Kasser-Antton Helou, 'Étude et édition de l'*Estoire d'Outremer*, d'après le manuscrit

Firenze, Biblioteca Medicea Laurenziana Pluteus LX.10, f. 274–f. 336', Thèse de doctorat en études médiévales, Paris IV (2017)

Margaret Jubb, *The Legend of Saladin in Western Literature and Historiography* (Lewiston, N.Y., 2000)

Margaret Jubb, 'The *Ordene de Chevalerie* and the Old French Translation of William of Tyre: the Relationship of Text to Context (with an edition of *OC*)', *Carte Romanze*, 4/2 (2016) 9–36.

James H. Kane, 'Wolf's hair, exposed digits and Muslim holy men: the *Libellus de Expugnatione Terrae Sanctae per Saladinum* and the *Conte* of Ernoul', *Viator* 47 (2016), 95–112.

James H. Kane, 'Between parson and poet: a re-examination of the Latin Continuation of William of Tyre', *Journal of Medieval History*, 44 (2018), 56–82.

Benjamin Z. Kedar, 'The Subjected Muslims of the Frankish Levant', in James M. Powell (ed.), *Muslims under Latin Rule, 1100–1300* (Princeton, 1990), 135–174.

Benjamin Z. Kedar and Denys Pringle, 'La Fève: A Crusader Castle in the Jezreel Valley', *Israel Exploration Journal*, 35 (1985), 164–179.

Hilding Kjellman, 'Les rédactions en prose de l'Ordre de Chevalerie', *Studier i modern språkvetenskap*, 7 (1920), 139–177.

Yulia P. Krylova, 'Книги французского придворного Риго д'Урейя (о реконструкции частной библиотеки позднего средневековья)', *Вспомогательные Исторические Дисциплины*, 32 (2013), 226–240.

Gillette Labory, 'Les débuts de la chronique en français (XIIe et XIIIe siècles)', in Erik Kooper (ed.), *The Medieval Chronicle* 3: *Proceedings of the Third International Conference on the Medieval Chronicle* (Amsterdam, 2004), 1–26.

Richard A. Leson, '"Partout la figure du lion". Thomas of Marle and the Enduring Legacy of the Coucy Donjon Tympanum', *Speculum*, 93 (2018), 27–71.

Camille Liégois, *Gilles de Chin: l'histoire et la légende* (Paris, 1903)

Jean Longnon, *Les Compagnons de Villehardouin* (Geneva, 1978)

Anthony Luttrell, 'The Earliest Templars', in Michel Balard (ed.), *Autour de la Première Croisade* (Paris, 1996), 193–202.

Anthony Luttrell, 'Les origines diverses des ordres militaires syriens' in Jacques Meissonnier et al. (eds), *De la Bourgogne à l'Orient. Mélanges offerts à Monsieur le Doyen Jean Richard* (Dijon 2020), 489–495.

Anthony Luttrell, Louis de Mas Latrie, *Histoire de l'île Chypre sous le règne des princes de la maison de Lusignan*, 3 vols (Paris, 1852–1861)

Hans Eberhard Mayer, 'Henry II of England and the Holy Land', *English Historical Review*, 97 (1982), 721–739.

Hans Eberhard Mayer, 'The Crusader Principality of Galilee between Saint-Omer and Bures-sur-Yvette', in Raoul Curiel and Rika Gyselen (eds), *Itineraires d'Orient: Hommage à Claude Cahen* (Bures-sur-Yvette, 1994), pp. 157–167.

Julie Métois, 'La traduction du *De excidio Troiae* de Darès le Phrygien et ses liens avec le roman de Troie (Deux exemples du XIIIe s.)', in Eugenio Amato, Élisabeth Gaucher-Rémond, Giampiero Scafoglio (eds), *La légende de Troie de l'Antiquité Tardive au Moyen Âge. Variations, innovations, modifications et réécritures*: Atlantide, 2 (2014). http://atlantide.univ-nantes.fr/La-traduction-du-De-excidio-Troiae (accessed 16.03.2023).

Margaret Ruth Morgan, *The Chronicle of Ernoul and the Continuations of William of Tyre* (Oxford, 1973)

Helen Nicholson, *Templars, Hospitallers and Teutonic Knights: Images of the Military Orders, 1128–1291* (Leicester, 1993)

Helen Nicholson, *Love, War and the Grail: Templars, Hospitallers and Teutonic Knights in Medieval Epic and Romance, 1150–1500* (Leiden, 2001)

Helen Nicholson, *The Knights Templar: A New History* (Stroud, 2001)

Helen Nicholson, 'Queen Sybil of Jerusalem as a Military Leader' in Jochen Burgtorf, Christian Hoffarth and Sabastian Kubon (eds), *Von Hamburg nach Java: Studien zur mittelalterlichen, neuen und digitalen Geschichte* (Göttingen, 2020), 265–276.

Jean-Charles Payen, 'Le *Livre de philosophie et de moralité* d'Alard de Cambrai', *Romania*, 87 (1966), 145–174.

Guy Perry, *John of Brienne: King of Jerusalem, Emperor of Constantinople, c.1175–1237* (Cambridge, 2013)

Jonathan Phillips, *The Life and Legend of the Sultan Saladin* (London, 2019)

Rudolf Pokorny, 'Ein neues Todesdatum für den lateinischen Kaiser Robert von Konstantinopel: 6. November 1226', *Deutsches Archiv für Erforschung des Mittelalters*, 72 (2016), 95–140.

James M. Powell, *Anatomy of a Crusade, 1213–1221* (Philadelphia, 1986)

Denys Pringle, *The Churches of the Crusader Kingdom of Jerusalem: a Corpus*, 4 vols (Cambridge, 1993–2009)

Denys Pringle, *Secular Buildings in the Crusader Kingdom of Jerusalem, An Archaeological Gazetteer* (Cambridge, 1997)

Denys Pringle, *Pilgrimage to Jerusalem and the Holy Land, 1187–1291* (Farnham, 2012)

Denys Pringle, 'Sites in the Crusader Lordships of Ramla, Lydda and Mirabel', in Andrew Petersen and Denys Pringle (eds), *Ramla, City of Muslim Palestine, 715–1917: Studies in History, Archaeology and Architecture* (Oxford, 2021), 286–293.

Donald E. Queller and Thomas F. Madden, *The Fourth Crusade: The Conquest of Constantinople*, 2nd edition (Philadelphia, 1997)

Jean Richard, 'The Adventure of John Gale, Knight of Tyre', in Peter Edbury and Jonathan Phillips (eds), *The Experience of Crusading 2: Defining the Crusader Kingdom* (Cambridge, 2003), 189–195.

Vittorio Rossi, 'I codici francesi di due biblioteche veneziane del Settecento', in *Miscellanea di studi critici in onore di Vincenzo Crescini* (Cividale, 1927), 87–100.

Sylvia Schein, *Gateway to the Heavenly City: Crusader Jerusalem and the Catholic West (1099–1187)* (Aldershot, 2005)

Jean-Rodolphe Sinner, *Catalogus codicum manuscriptorum bibliothecae Bernensis*, 3 vols (Bern, 1760–1772)

Alison Stones, 'Questions of Style and Provenance in the Morgan Picture Bible', in Colum Hourihane (ed.), *Between the Picture and the Word: Essays in Commemoration of John Plummer* (University Park, 2005), 112–121.

Alison Stones, *Gothic Manuscripts 1260–1320: A Survey of Manuscripts Illuminated in France*, 4 vols (Turnhout, 2013–2014)

Matthew Strickland, *Henry the Young King, 1155–1183* (New Haven and London, 2016)

Florence Tanniou, 'Lieux bibliques et écriture historique dans la *Chronique d'Ernoul et de Bernard le Trésorier*', in Véronique Ferrer and Jean-René Valette (eds), *Écrire la Bible en Français au Moyen Âge et à la Renaissance* (Geneva, 2017), 609–624.

John Tolan, *Saint Francis and the Sultan: The Curious History of a Christian-Muslim Encounter* (Oxford, 2009)

Diana B. Tyson, 'Patronage of French Vernacular History writers in the Twelfth and Thirteenth Centuries', *Romania*, 100 (1979), 180–222.

Hans Van Werveke, 'La contribution de la Flandre et du Hainaut à la troisième croisade', *Studia Historica Gandensia*, 169 (1972), pp. 55–90.

Dominique Vanwijnsberghe, *De Fin Or et d'Azur: les commanditaires de livres et le metier de l'enlumineur à Tournai à la fin de Moyen Âge (xive–xve siècles)* (Leuven, 2001)

Françoise Vielliard, 'Le manuscrit avant l'auteur: diffusion et conservation de la littérature médiévale en ancien français (xiie–xiiie siècles)', *Travaux de Littérature*, 11 (1998), 39–53.

Françoise Vielliard, 'La traduction du *De excidio Troiae* de Darès le Phrygien par Jean de Flixecourt', in Peter Rolfe Monks and Douglas D.R. Owen (eds), *Medieval Codicology, Iconography, Literature, and Translation: Studies for Keith Val Sinclair* (Leiden, 1994) 284–295.

Ernst Warlop, *The Flemish Nobility before 1300*, 2 vols in 4 (Kortrijk, 1975–1976)

NASA Eclipse Web site: https://eclipse.gsfc.nasa.gov/SEsearch/SEsearchmap.php?Ecl=11870904 (accessed 16.03.2023)

Solar-Eclipse.Info: https://www.solar-eclipse.info/en/eclipse/detail/1187-09-04/ (accessed 16.03.2023)

Partonopeus de Blois: An electronic edition: https://www.dhi.ac.uk/partonopeus/main.html (accessed 16.03.2023)

General Index

Abbreviations

abp   archbishop of
bp   bishop of
ct   count of
k.   king of
pr.   prince of
q.   queen of

Forms in italics are as they appear in the base manuscript; italicized forms in brackets only appear in the other manuscripts. Isolated or blundered readings have been ignored. The index lists proper nouns only; for technical terms, occupations etc. please consult the glossary.

Aachen, *Ais la Capiele*   406n, 471, 475–476
Abasgia, Abkhazia, *Avegie*   56, 266
Abbeville   557
Abraham, patriarch, *Abraham, Abrahans (Abraam)*   72, 131–132, 133–134, 169
Abū Shāma   18n
Achaia, princes, *see* Geoffrey I of Villehardouin, Geoffrey II of Villehardouin, William of Champlitte. *See also* Morea
Acre   3, 14, 59, 64n, 72, 75, 77n, 82–83, 117, 126, 159, 180, 189, 233, 236, 242–243, 261, 301, 314n, 315, 342–344, 346–348, 351n, 352, 354, 360–361, 363, 366, 372n, 373–375, 378n, 380, 386, 390, 409, 411–412, 418, 421, 422n, 425–429, 431, 448, 482n, 484–490, 495, 498–499, 501, 504–507, 520, 525, 534–535, 537–540, 544n
   bishop, *see* Jacques de Vitry
   burgesses   341–342
   castle   190, 341
   cathedral of the Holy Cross   376n, 377
   cemetery of St Nicholas, *S. Nicolay*   59–60, 322
   Hospital   36
   Tall al-Fukhar (Toron of Ṣalāḥ al-Dīn)   59–60, 322n
   siege   315, 320–323, 327–330, 332, 334, 338–341, 556–559, 569
   Templar house   341, 539–540
Adam, *Adans*   265–266
Adam of Wallincourt, *Adan de Walaincort*   560

Adela of Champagne, q. France   110, 111, 326n
al-ʿĀdil Abū Bakr, sultan of Egypt   510n
al-ʿAdil Sayf al-Dīn, sultan of Egypt, *Saphadin(s) (Salphadin, Salfadins)*   55, 290–291, 374, 377–378, 387n, 388, 415–418, 424–425, 427, 429, 434, 486–487, 492–493, 497, 510, 569
Adrianople, *Andrenople (Andrenoble, Endrenople)*   448n, 449–453, 457–458, 460–461, 463–464, 567
Adriatic Sea, *Mer de Gresse*   365
al-Afḍal ʿAlī, son of Ṣalāḥ al-Dīn, sultan of Damascus and Jerusalem (*Nychoredex, Nichoredix, Nichorediex*)   205–206, 210, 213n, 374–375, 377–378, 415–416, 418
Africa   22
   king, *Aufrike*   515
Agnes-Anna of France, widow of Alexios II and Andronikos   105, 111, 149n, 150, 464
Agnes of Courtenay, wife of King Amaury   71, 73–74, 88, 117–119, 144, 145–146, 177, 191
Agnes of Courtenay, wife of Geoffrey II of Villehardouin, *Agnés*   467, 555
Agnes of Flanders, wife of Thibaut IV of Champagne   555
Aimery of Lusignan, constable of Jerusalem, k. Jerusalem and Cyprus, *Haimeri(s), Hammeri(s), Haymeri(s) (Aimeris, Aymeri(s))*   60, 117–119, 160, 234–235, 318, 355n, 356–357, 363–364, 373, 378n,

Aimery of Lusignan (*cont.*)   379–381, 384–385, 387–388, 396, 412, 423–431, 482, 484, 564
Aire (dép. Ardennes), *Aire*   403
Albéric Clément, marshal of France, *Auberis Clymens* (*Aubris Climens*)   340
Albert of Vercelli, patriarch of Jerusalem   482
Albigensian Wars, *Aubyjois*   21, 54, 334, 555n
Aleppo, *Halape*   91n, 97, 110, 374, 392
  sultan, *see* al-Ẓāhir Ghāzī
Alexander the Great, *Alixandres*   121n, 156, 555
Alexandria, *Alixandre*   76, 81, 97, 296–299, 417, 434, 488–489, 566
Alexios II Komnenos, Byzantine emperor   104, 105n, 111n, 149–150, 154, 464, 564
Alexios III Angelos, Byzantine emperor, *Alex, Aliex, Alix* (*Alexis, Alixis*)   49, 152, 155n, 156, 188n, 308, 434–437
Alexios IV Angelos, Byzantine emperor, *Alex* (*Alixis*)   155–156, 157n, 432–434, 438, 440–441, 447, 569
Alexios V Mourtzouphlos, Byzantine emperor, *Marcoffle(s), Morcoffles, Morcofles* (*Morcoufle, Morcobnfles, Morchofles*)   45, 438–443, 447, 560–561
Alexios Branas, *Livernas, Livrenas, Livrenat, le Vernat*   49, 187–189, 241
Alexios the Protovestiarios (*Prothosevasto*)   150n
Alfonso, ct Provence   474
Alice of Champagne, q. Cyprus   363, 484, 485n
Alice, daughter of Rupen lord of Armenia   391–392
Alice, princess of Antioch   65, 551
Alice, sister of Philip II Augustus (*Alys*)   324–325, 335, 367
Aloul de Werecin (= ?de Wavrecin)   561
Amaury, k. Jerusalem, *Amalri, Amauri(s), Amaurri(s)* (*Esmauri*)   10, 46, 71–79, 81–87, 89, 91–92, 100, 115–116, 143, 164, 177, 196, 205n, 482, 551, 562, 568
Amaury of Nesle, patriarch of Jerusalem   144
Ambroise   16; *see Estoire de la Guerre Sainte*
Amiens   27, 557
Ancre, river, *Encre*   30, 407, 560

Andrew II, k. Hungary   156n, 468, 486–488, 554n
Andrew *Dureboise, Andriu(s) Dureboise*   442–443, 561
Andronikos Komnenos, Byzantine emperor, *Androine(s), Androisnes, Androne(s)* (*Endroine*)   12, 28, 49, 72–73, 143, 144n, 149–155, 187–188, 308n, 310, 464, 568
Anjou, *Anjo*   68, 551
  counts, *see* Fulk, Geoffrey Plantagenet
Annales de Terre Sainte   4
Anscri de Strepi   558
Antalya (Adalia), *Satalie* (*Salatie*)   68
Antioch, *Andioce, Andioche, Antioche, Antioce* (*Entioche, Enthioche*)   84, 91n, 199n, 200n, 247–248n, 296, 313, 318–319, 323n, 354, 386, 390–393, 396n, 423–424
  principality, *Andioche, Antioche* (*Andioce, Antioche, Entchioche*)   7, 23, 72, 80, 83, 87–88, 91, 201, 412–413, 550–551
  princes, *see* Bohemond I, Bohemond II, Bohemond III, Bohemond IV, Raymond of Poitiers, Renaud of Châtillon, Roger
  princesses, *see* Alice, Constance
Apulia (*Puille, Pulle*)   69, 308, 311, 368n, 369–370, 371n, 396, 400–401, 421, 433, 447, 466, 472, 481n, 515, 526–529, 533–534, 544, 551
Aquileia, *Aquillee*   365
Arabia, *Arabe*   121, 129, 138, 568
Aragon, *Arragone*   557
Armenia, Cilician, *Ermenie, Hermenie, Iermenie* (*Hermenye*)   23, 83–84, 87, 151n, 296, 313, 354, 386, 388, 390–394, 424, 427, 488n, 504, 557, 564, 569
  king, *see* Leo
  lord, *see* Rupen, Thoros
  Greater, *Iermenie Le Grant*   83
  catholicos   394n
Armenians, *Ermins, Hermin*   20, 151n, 271, 459–460, 564
Arneis of Gibelet (Jubayl)   24–25
Arnold of Torroja, Templar Master   161, 175n
'Arqa, *Arces, Arches*   121
Arras, *Arras* (*Aras, Erraz*)   401n, 403–404
Arsur, *Arssur, Arsur, Assur, Asur, Sur*   351, 363
Artois   41, 469

GENERAL INDEX 671

Ascalon, *Escalone, Escalongue,* Escalonne (*Escaloigne, Eschalone, Esqualonne, Exchalone*) 68–69, 71, 83, 98–99, 245–250, 261, 271, 296, 317, 344, 351n, 352, 362–363, 562
Assassins, *Hassasis, Hassasiç* (*Assessis, Halsasin, Hasisis*) 23, 357–360, 482
al-Atharib, *Arcase* 550
'Athlīth, *Castiaus, Castel, Castiel Pelerin* (*Pellerins*) 497, 499, 539
Augustinians 1–2
Aumâle, *Aubermarle* 404, 559
Austria, dukes, *see* Leopold v, Leopold vi
Auvergne, *Auvergne* 144, 324
Aymar of Lairon, lord of Caesarea 363
'Ayn Tuba'ūn, *Fontaine de Tubanie* (*Cubanie, Cubenie*) 159, 160–161, 168
al-'Azīz 'Uthmān, sultan of Egypt 374, 377, 378n, 381n, 415

Babilone (*Babilloine, Babiloine, Babiloyne*) *see* Fustat
Baghdad, caliph, *Baudas* 18n, 57–58, 497
Bait Nuba, *Betunuble* (Betuble, Betunule) 346
Balaam and Balak story, *Balaan(s), Balaam* 13, 49, 56, 227–229
Baldwin IX, ct Flanders, Byzantine emperor, *Bauduin(s) de Flandres* (*Baldoins*) 2, 11, 47, 68, 345n, 355, 361, 396n, 401n, 402–404, 407, 422–423, 432, 446–460, 462–465, 478n, 554, 559–561, 567
Baldwin II, Byzantine emperor 28, 467, 546–549, 553–554, 561n
Baldwin I, k. Jerusalem, *Bauduins* (*Baudoin(s), Baudoyn*) 64, 549–550, 568, 562
Baldwin II, k. Jerusalem, *Bauduins de Beurc* 64–68, 550–551, 562
Baldwin III, k. Jerusalem 71–73, 78n, 80, 551, 562
Baldwin IV, k. Jerusalem, (*Baldoin*) 6, 10, 17, 74, 88–91, 98–103, 105–117, 119–120, 142–144, 146, 157–168, 176–180, 191–192, 198, 552n, 562, 564
Baldwin v, k. Jerusalem 6–7, 12, 15, 106, 176–179, 185, 189, 190, 191, 562
Baldwin son of *Anscri de Strepi* 558
Baldwin of Belvoir, *Bauduin de Belvoir, Belevoir, Biavoir* 447, 451, 457, 560

Baldwin *li Carons de Rume* 558
Baldwin v, ct Hainaut, *Hainau* (*Heinaut*) 68n, 345, 554n
Baldwin of Ibelin, lord of Ramla, *Bauduin(s) de Belin, Bauduin(s) de Rames* (*Baldoin(s), Bauduins de Raimes, Rames, Ravies, Raymes*) 7, 10–11, 46, 90, 100–101, 106, 111n, 113–119, 160, 195–196, 198–201, 204, 563
Baldwin of Neuville, *Bauduins de Neuville* 469
Balian of Ibelin, *Balian(s), Balyan(s) de Belin, Belians* (*d'Ybelin*) 2, 6–11, 13–18, 24, 43, 61, 100–101, 111n, 115, 143, 160, 178, 193n, 200–205, 210–216, 226, 233, 237, 249, 275–277, 279–289, 291–292, 294–296, 358, 363, 378n, 431n, 482
Balian of Sidon 14n
Bāniyās, *Belinas* (*Belynas, Elynas*) 122, 123, 124, 144, 202
Bavaria, *Baiwiere* 557
Beaufort (Shaqīf Arnūn), *Biaufors, Biaufort* 107, 114, 322n
Beauvais, *Belvais* (*Biauvais*) 402
  bishop, *see* Milo of Nanteuil, Philip of Dreux
  castellan 103n
Beirut, *Barut, Baruth* (*Baruc, Baruch*) 83, 107, 178, 190, 198, 203, 239, 306, 380n, 381–386, 387n, 388, 409
Bela III, k. Hungary, *Hongherie* (*Hongrie*) 155, 372
Benedictine Order 1, 29
Benibrac (Ibn Ibrāq) 119n
Berengaria of Castile, wife of John of Brienne 528, 530, 548n
Berengaria of Navarre, wife of Richard I 334n, 335–338, 340, 361, 364–365
Bern, Burgerbibliothek 33
Bernard of Moreuil, *Bernars de Moruel* 415
Bernard, Treasurer of Corbie, *Berars* 2n, 24–29, 45, 548n
Bernardo Trevisan (d. 1720) 40
Bethany, abbey, *Betanie* (*Betanye, Bethainie*) 64–65, 78, 267, 270
  abbess, *see* Iveta
Bethel, *Betel* 169
Bethlehem, *Bethleem, Betleem* (*Belleam, Belleem, Bethelem, Betelem, Bethelez*) 132, 264

Bethphage, *Belfage*   270
Bethulia, *Beteron*   173–174
Béthune, advocate   461n; *see* Robert VI
Bilbais, *Balbais* (*Belbais*)   77
Biqā Valley, *Val de Bacar* (*Vaus de Bacar*)   121, 555
Black Sea, *Mer Major* (*Mer Le Majour*)   463
Blanche of Navarre, wife of Thibaut III of Champagne   361
Boamins (Bohemians?)   271
Bohemia, *Behaigne*   557
Bohemond I, pr. Antioch, *Buiemont*   551
Bohemond II, pr. Antioch   551
Bohemond III, pr. Antioch, *Buiemons* (*Buyemont, Buyemonz*)   80, 87, 91, 103, 210, 217, 233, 239n, 296, 388–392
Bohemond IV pr. Antioch   239n, 296, 302, 392–393, 412, 423–424
Bologna, *Bologne le Crasse, Boulogne* (*Boloigne, Bouloigne*)   25, 530–531
Bongars, Jacques   33, 34, 39
Boniface, marquis of Montferrat, *Monferras* (*Monferrant, Mont Ferrat*)   12, 106n, 432, 411, 447, 465, 560–561
Bordeaux Pilgrim   40n
Borell, Hospitaller *magnus preceptor*   221
Botron, *Le Boteron* (*Le Bouteron*)   175, 239
   heiress   50, 175, 239
Bouvines, battle (1214), (*Bovynes, Bouvines*)   12, 478n, 479n, 480, 567
Boves family, *avoués* of Corbie,   407; *see* Enguerrand, Hugh, Robert I, Robert II
Brabant, *Braibant*   557
Bray-sur-Somme, *Brai*   30, 407, 560
Brindisi, *Brandis*   466, 533–534, 544n
Bruges   411n
Brunswick *Brunsvic*   557
Bulgaria, *Bougerie*   557
Bulgars, *Bougre*   451n, 453n, 465n
Burgos, *Burs*   528
Burgundy   37
Byzantine empire   11–12; emperors, *see* Alexios II Komnenos, Alexios III Angelos, Alexios IV Angelos, Alexios V Mourtzouphlos, Andronikos Komnenos, Baldwin I, Baldwin II, Isaac II Angelos, Henry of Angre, Herakleios, John of Brienne, Manuel Komnenos

Caesarea Philippi, *Cesaire Phelippe* (*Phelippon*), *see* Bāniyās
Caesarea, *Cesaire, Cesare* (*Chesaire*)   83, 174, 245, 363, 497–499, 536, 538
   archbishop, *see* Eraclius, Ernesius, Evremar
   lord   200n, 563; *see* Hugh
Cairo, *Le Cahaire, Li Chahaire* (*Le Caire, Li Caaires, Cahaie, Cahere, Kahaire*)   76–77, 93–94, 96–97, 516–519
Calabria, *Calabre* (*Qualabre*)   69, 308, 368n, 369n, 370, 371n, 396, 401, 430, 472, 481n, 515–516
Cambrai, S. Géry   557n
Cana   124n
Capernaum, *Capharnaon* (*Carferraon, Carphannaon*)   124
Capua, *Capes*   4, 515–516
Carlo Ferdinando, duke of Milan (d. 1708)   40
Castile, *Chastele*   557
   king, *see* Ferdinand III
Caymont (Tall Qaimun), *Chaimon*   363
Celestine III, pope   345, 398
Ceprano, Treaty (1230)   545n
Ceranceaux, abbey   421
Champagne, county, *Campaigne* (*Champagne, Champaigne*)   301n, 360, 361, 379, 400
   count, *see* Henry I, Henry II, Thibaut III, Thibaut IV
   countess, *see* Marie
Champenois, *Campegnois* (*Campenois, Champanois, Champenois*)   447, 480, 561
Charles I ct of Croy (d. 1527)   32, 551
Charles V, emperor   32
Châtre de Cangé, Jean-Pierre-Imbert   35
chess   153n
Chevalier au Cygne et Godefroid de Bouillon   35
Children of Israel, *Fil Israel, Israhel*   130, 131, 137, 159, 556, 564
Chinon, (*Cinon*)   324
Christendom, *Crestienté(s), Crestiiente*   82, 94, 114, 116, 118, 119, 121, 144, 187, 196, 206n, 214, 243, 276, 282, 286, 288, 292, 299, 312, 314, 342, 348, 455, 472, 489, 491, 497, 514, 519, 533, 543, 556, 564, 569
Christian of Ghistelles   550n

Ci sunt li saint leu de Jerusalem 39, 40
Cistercians, *ordene de Cistiaus* 1, 192, 421
Cîteaux, *Cystiaus* (*Cistiaus*) 408–409
Claverie, Pierre-Vincent 27
Colbert-Fontainebleau Continuation 1n, 3–5, 24, 42, 44, 58–59, 200n, 206n, 482n
Compostela, *Saint Jakme* (*Saint Jasque, Jake*) 528
Conon of Béthune, *Kesnes de Betune, Kesnon de Biethune* (*Quennes*) 460–461, 463
Conrad III, k. Germany, *Colras* 68–69 (wrongly called Frederick, *Fedrich* (*Fedris*)) 549, 563
Conrad IV, k. Germany, (I) k. Jerusalem, *Corrat* 528, 531, 533
Conrad, son of Frederick Barbarossa 314n
Conrad, abp Mainz 394n
Conrad of Montferrat, *Colras, Colrat, Colrra, Colrras, Colrrat, Conras, Conrat, Corrat, Couras, Courat, Courras* (*Cauras, Caurras, Conrad, Corraz*) 14, 16, 49, 106n, 186–189, 239n, 241–245, 300n, 30–35, 316–317, 320–321, 330n, 331, 357–359, 364, 482, 565, 569
Conrad of Querfurt, bp Hildesheim and then Wurzburg, German chancellor 371–372, 373, 379, 380, 387, 394n
Constance, princess of Antioch 80, 87
Constance of Aragon, wife of Frederick II 473–475, 481, 514, 527
Constance, wife of Bohemond I 551
Constance of Sicily, empress 313, 369n, 370–371, 396–9
Constantinople, *Constantinoble, Costantinoble, Coustantinoble* (*Constentinoble, Costentinoble*) 2, 12, 21, 23, 28, 38, 39–40, 42–43, 62, 68, 71–74, 76, 103, 105, 111, 116–117, 143, 149–156, 157n, 186–189, 241, 308, 310, 313, 355, 406n, 409, 418, 432–450, 456, 459–461, 463–470, 531, 533–538, 549, 552n, 560–561, 567, 569
  Arm of St George, *Braç, Brach Saint Jorge* (*Braç Saint George*) 313, 447, 451, 458
  Blachernae palace, *Blakerne, Balkerne* (*Blaquerne*) 152–154, 4367, 440–441
  Galata tower, *Tors, Tour de Galatas* 435, 339
  Gate of St Romanus, *Porte Romaine* 437
  Golden Horn 566

Great Palace, *Bouke de Lion, Boukelion* (*Bouche de Lion, Bouchelion, Bouquedelion*) 153–154, 241, 440, 446, 560
  Jewry, *Juerie* 435
  St Sophia, *Sainte Sophie, Sofie* (*Souphie, Souffie*) 150n, 153, 155n, 441, 464
  SS. Cosmas and Damian abbey, *Buiemons* 436
  St Stephen abbey, *Rouge Abbeïe* (?) 435
Corbie, *Corbie* (*Corbye*) 410, 444
  St Peter abbey, *Saint Pierre de Corbie* 2, 25, 27, 29–30, 548n
Corfu, *Corfot* 433
Crac des Chevaliers, *Le Crac* (*Crarc*) 72
Le Cresson, *Fontaine del Cresson* 222
  battle (1187) 6–8, 42, 205n, 208, 210n, 215n
Croizy-Naquet, Catherine 27
Crusade, preaching, *Crois d'Outre Mer* 479, 485
  First 25, 41
  Second 26, 68–69, 563
  Third 6, 13, 14, 19, 23, 312–362, 564
  Fourth 12, 14, 22, 28–30, 55, 62, 156, 407–463, 552n, 566
  Fifth 21, 22, 46, 57, 59, 485–525
  Sixth 533–544
  Barons' 5
Cumans, *Comain(s), Commain* (*Conmenie*(?)) 451–456, 557
Cyprus, *Cipre, Cypre* (*Chipre, Chypre*) 23–44, 151, 334n, 335–339, 352–357, 363, 373, 422–425, 507–508, 537–538, 556, 564, 566, 569
  king, *see* Aimery of Lusignan, Henry I, Hugh I
  queen, *see* Alice of Champagne

Da'uk, *Doc* 429, 559
Damascus, *Damas* 28, 69, 76, 80–81, 91, 97, 106–108, 110–112, 114, 157, 159, 167–168, 170, 173, 201, 236, 242, 245, 299, 307, 317, 351, 374, 378, 388n, 415, 418, 427n, 486n, 492, 493n, 525, 536
  sultan, *see* al-Afḍal ʿAlī, al-Muʿaẓẓam ʿĪsā, al-Nāṣir Dāʾūd, Nūr al-Dīn
Damietta, *Damiete* (*Damyete*) 57–58, 75, 76, 81, 97, 431, 488–490, 491–497, 499, 501–

Damietta, *Damiete* (*Damyete*) (*cont.*)   504, 505, 507, 512–513, 516–20, 521, 524–525, 526, 527, 569
Damme, *Dan* (*Dam*)   411, 422
Dardanelles   313n
Daron, *Le, Li Daron* (*Dragon, Leçarun, Lezarun*)   71, 83, 350, 352, 362–363
David, (OT king) *David, Davi*   187
De Paulmy, marquis (Marc Antione René de Voyer)   40
Dead Sea, *Mer del Diable, Dyable, Mer de Sel* (*Mer del Deable, Mer d'Emfer*)   128n, 129, 131, 133, 136, 141n, 166, 568
Demetrios of Montferrat, k. Thessaloniki   465
Denmark, *Danemarche*   557
Diepold of Schweinspeunt (or Acerra), *Tiebaus, Thiebaut* (*Thiebaus, Tibaut*)   396, 400–401, 472
Diksmuide, *Dikemue*   550
Dothan, *Dotain, Thaym* (*Doutain*)   159, 216
Dreux of Estruen   561n
Dupuy, Charles   34
Durmart de Galois   37
Durrës (Durazzo), *Duras*   309, 433, 466

Ebal, Mount, *Montaigne Abel*   168–169
Écry-sur-Aisne (Asfeld)   30
Edessa, *Edesse, Rohais*   71, 72, 549, 562
   counts, *see* Joscelin II, Joscelin III
Egypt, *Egypte, Egipte*   10, 50, 55, 57, 71, 75–77, 81–83, 91n, 92–94, 102, 107, 112, 129–131, 157, 159, 173, 336n, 351, 374, 378n, 409, 415, 417–418, 424, 489, 492–493, 497, 499, 512–513, 516–17, 556
   sultan, *see* al-ʿĀdil Abū Bakr, al-ʿĀdil Sayf al-Dīn, al-ʿAzīz ʿUthmān, al-Kāmil
   vizir, *see* Shāwar
Egyptians   22
Eleanor of Aquitaine   334–335, 337
Eleanor of Aragon, wife of Raymond VI of Toulouse   422–423
Eleanor of Flanders, wife of Philip of Montfort, *Lienor*   555
Elijah, *Elye*(*s*)   128, 185
Elisha, *Elysei, Elyseu*(*s*), *Elyzeie* (*Elyzeu*(*s*))   139–140, 170–172
Elizabeth (Isabella) of Montaigu, *Ysabel de Montagu*   554–555

Elvira, daughter of Tancred   400–401
Emeric, k. Hungary, *Hongherie, Hungherie* (*Hongrie, Ongrie*)   156, 420–421, 432, 433, 447, 474n
Emmaus, Spring of (Abū Gosh), *Fontaine des Esmaüs* (*Esmax*)   266–267
England, *Engletiere, Engletierre*   1, 82, 177, 324–325, 368, 479, 527
   kings, *see* Henry II, Henry III, John, Richard I
English, *Englés* (*Englois*)   536, 546
Enguerrand of Boves, *Engerrans de Bove*   29, 407, 421
Enrico Dandolo, doge of Venice   417, 419, 432, 445, 450, 452, 456, 560
Eracles   2–5, 31, 42, 44, 48–49, 51–53, 55, 58, 144n, 149n, 156n, 188n, 230n
Eraclius, abp Caesarea, patriarch of Jerusalem, *Eracle*(*s*)   8, 11, 15, 18, 20, 49, 143n, 144–149, 160, 162, 191–194, 217–218, 237, 275–276, 281–282, 285, 287–289, 291–292, 294–296, 564–5
Erard of Brienne, *Erars de Braine*   484–485
Erdburg   367n
Ergnies (dép. Somme)   557
Ermensinde of Luxembourg, *Hermesens*   554
Ernesius, abp Caesarea   25
Ernols de Destre al Tort Col   558
Ernoul, *varlet* of Balian of Ibelin, *Ernous, Ernoul*   2, 6–19, 23–24, 27, 43, 57, 61–62, 193n, 211–212, 248n
Esau, *Esau*   109
Eschiva of Bures, lady of Tiberias, countess of Tripoli   7, 88, 219–222, 236
Eschiva of Ibelin, wife of Aimery of Lusignan   117
Estoire de la Guerre Sainte (Ambroise)   1n
Estruem (Estrun or Estreux, dép. Nord)   561
Eugenius III, pope, *Eugenuenes*   549
Evremar, abp Caesarea, *Evmaires*   550

Farama, *Paramie*   550
Fatimid caliph   75n
Fauchet, Claude   39
Ferdinand III, k. Castile, *rois d'Espagne*   528
Ferrand of Portugal, ct Flanders, *Ferrans* (*Ferrant*)   12, 478–479, 480–481, 561n
Le Fil Agap   36, 551n

GENERAL INDEX 675

Firmin-Didot, Ambrose 41, 50n
Flanders, *Flandres* 12, 31, 41, 78–79, 103, 105, 175, 191n, 345n, 402–403, 480–481, 550, 553
  counts 11; see Baldwin IX, Ferrand, Philip of Alsace, Thierry
  countess, see Joanna, Margaret I, Margaret II, Maria, Sibylla of Anjou
Flemings, *Flamenc, Flamens* 411, 422–423, 480–1
Folda, Jaroslav 41, 42
Forbelet, see Umm at-Taiyiba
France, *France, Franche* (*Freance*) 1, 2, 33, 41, 48, 69, 70, 82, 104, 111, 145, 156, 308n, 326, 344–347, 360, 410–412, 465, 483, 485–486, 525n, 526–528, 545, 557, 559n
  kings, see Louis VI, Louis VII, Louis VIII, Louis IX, Philip II Augustus
  queens, see Adela of Champagne, Isabella of Flanders
  barons 345n, 346, 348n, 402, 406n, 407, 409, 410n, 411–412, 440n, 446, 559
  crown 346
  knights 326, 404, 442, 500
  royal genealogy 34, 35, 37, 38
Francesco Gonzaga 39
Francesco Pipino, *Chronicon* 25–26, 28–29, 45
Franks/French, *Franchois, François* (*Frans, Franzois*) 12, 73, 143, 347, 340, 403, 435, 437–439, 441–6
Frederick I Barbarossa, emperor, *Fedric, Feudri d'Alemaigne* (*Fedri*) 311n, 312–314, 323, 367, 370
Frederick II, emperor *Fedric, Federic, Fedrich* (*Fedri, Fedrik, Fedris, Feudri(s), Fredric, Freri*) 2, 4, 21–24, 26–28, 31, 33–34, 54, 371, 396–400, 406, 470, 472–478, 481–482, 512–516, 521, 526–535, 536n, 537–536, 567, 569
  Emfant, Emfes, Enfes de Puile 371, 396n, 400, 470n
Frederick, duke of Swabia 313, 323
French language 1, 13, 92
Fuere de Gadres 121n, 555
al-Fula, *Le Feve* (*La Feve*) 159n, 160, 164, 205, 207–208, 211–212, 216n
Fulcher, patriarch of Jerusalem 78–79

Fulk Fiole, *Fouques Fiole* (*Flokes, Fourques*) 149
Fulk of Anjou, k. Jerusalem, *Fouke(s), Fouque(s)* (*Forc d'Ajou, Foucon d'Angeu, Forcon d'Enjou*) 11, 67n, 68, 71, 77, 551, 562
Fulk of Neuilly, *Foukes, Fouques* (*Forque, Foucon, Fouque de Nuilli, Nuylli*) 396n, 406n, 408–409, 566
Fustat (*Babilone*) 76, 80, 95, 97, 516n, 517–518
Fuwwah, *Fouee* 517, 520–521

G. lord of Arsur 363
Gaeta, *Jaiete* 475
Galata (Pera), *Peire* (*Perre*) 434, 439
Galicia, *Galisse* 557
Galilee, *Galilee* 7, 120n, 122, 169
  Sea of, *Mer de Galilee, Mer de Tabarie* 123–126, 128, 141
  location on Mount Zion 252n, 565
Garnier de Traînel, bp of Troyes, *Troies* 444
Gaucher of Bar-sur-Seine, *Gauchiers de Bar* 555
Gaza, *Gadres, Gasdres* (*Jasdres*) 71, 352, 362–363
Gennesaret, *L'Estanc de Nazareth* 123
Genoa, *Gennes, Genuenes, Gevenes, Jenuenes* (*Genues, Genures*) 326–327, 411, 475–476
Genoese, *Genevois, Jenevois* 297–299, 399, 475–476
Geoffrey d'Estreum, *Goifroi 'Tue l'Asne'* 560–561
Geoffrey of Lusignan, *Jofrois de Lesegnon* (*Joiffroi de Lisegnon*) 118, 558, 564
Geoffrey III, ct Perche, *Perce* 407
Geoffrey Plantagenet, ct Anjou 68n
Geoffrey I of Villehardouin, prince of Achaia, *Jofroi(s) de Villeharduin* (*Jefroiz de Vile Hardoin, Joiffrois*) 447, 467, 470, 561
Geoffrey II of Villehardouin, prince of Achaia, 467, 555
Geoffrey de Villehardouin, marshal of Champagne, historian, 13–14, 30, 454, 456, 561n
Georgia 56
Gerald of Lausanne, patriarch of Jerusalem 539, 542
Gerard d'Estreum, *Jerart, Jerars* 561

Gerard of Ridefort, Templar master, *Girart, Girras de Ridefort* (*Gerars, Gerart, Girard, Girarz*)   7, 8, 50, 175, 183, 191–194, 201, 204–205, 207–211, 213–215, 218–219, 221, 223–225, 234–235, 239, 281, 317–318, 565
Gerhet de Tret   560
Gerizim, Mount, *Montaigne Kain*   168, 169n
Germain, burgess of Jerusalem, *Germains*   180–182, 264, 568
Germans, *Alemant, Alemans*   313, 323, 372–375, 380, 387–388, 396, 399, 536
Germany, *Alemaigne*   62, 69, 82, 157n, 313, 361n, 364n, 365, 367, 369–371, 396, 402n, 402n, 405–406, 444, 471, 473, 475–476, 481–482, 514, 543–544, 545, 567
   emperor, *empereour d'Alemaigne*   69, 177, 312, 313n, 314, 323, 368–369, 370n, 371n, 387, 516, 526, 540, 549, 567
   empire, *empire d'Alemagne*   396, 470, 475n, 478n
Gien-sur-Loire, *d'Angien sour Loire* (*d'Angier, d'Engien, de Gien, del Gieu*)   80
Gilboa, Mount   159n
Gilles de Chyn, *Giles de Cien*   101n
Gillingham, John   6
Gisors, *Gissors*   367, 403
Gobert d'Estruem   561
God designated as the 'Lord God', *Damedieu, Damediex, Damedu(s)* (*Damledex, Damledieu, Damnedu*)   84, 87, 96, 99, 129, 133n, 134, 137n, 140, 147, 150, 161n, 173n, 182, 187, 219n, 228, 229n, 234n, 239n, 240, 243, 246, 248, 249n, 258, 277–278, 287, 300, 306n, 307n, 342, 374, 386–386, 416n, 458, 460n, 476, 490, 494n, 508–509, 511, 550
Godfrey of Bouillon, *Godefroi(s) de Buillon, Bullon* (*Godefroy*)   2, 64, 65n, 122, 149, 179, 544n, 549–550, 562, 568
Gomorrah, *Gomorre*   133, 148
Gor   136n
Gravissets, Jacob and René   33
Greece, *Gresse, Griesse*   310, 466–468
Greeks, *Griffon(s), Grifon(s)*   270, 310, 352–354, 436–437, 439, 444, 448n, 449–450, 451n, 453n, 454n, 455n, 456n, 461, 464, 569; *Gris, Griu* 126, 129, 132, 140, 256

Green Knight, *Vert Chevalier*   23, 45, 301–302, 316
Gregory VIII, pope   307, 308n, 311–312
Gregory IX, pope   22, 24, 26, 27, 28, 486, 533–534, 537, 538–540, 542–543, 545–547, 561n
Gregory of S. Maria in Portico, Cardinal   398
Guichard IV of Beaujeu, *Biaju*   555n, 560
Guichard of Beaujeu, lord of Montpensier, *Guichart*   555
Guigues III, ct Forez, *Forois*   411
Guillaume de Lamandelier   430
Guillaumes Pruneles (*Pronneles, Prunelles*)   430
Guy, abbot of Le Vaux de Cernay, *Vaus*   421
Guy of Lusignan, k. Jerusalem, *Guion, Gui(s)* (*Guyon, Guys*)   7–9, 11, 15–18, 57, 59, 117–119, 176, 190n, 191, 194–203, 207–208, 210n, 216–226, 230–236, 238, 242, 245–247, 281, 309, 316n, 317–318, 320–322, 330, 338, 352n, 354–356, 564–565, 568
Guy of Montfort, *Guis*   407, 421, 431, 555n

Haifa, *Caÿphas*   329, 363, 375
Hainaut   68n, 101n, 551, 553–554
   count, *see* Baldwin V
   countess *see* Margaret
Hama, *Hamam, Aram*   72, 131
Hamilton, Bernard   11, 184n
Handyside, Philip   1, 51
Haran, *Aran* (*Arain*)   109
Ḥārim, *Herenc, Herench, Hierenc, Hierench* (*Haranc, Herenc*)   91, 103
Ḥaṭṭīn, battle   8, 11, 12, 14, 15, 16, 18, 49, 56, 57, 60, 231–233, 281, 293, 565
Hebron, *Ebron, St Abraham* (*Ebroin, Ebrom*)   131, 168
Helou, Kasser-Antton   1
Helvis of Ibelin, daughter of Balian and wife of Renaud of Sidon   14–15, 431
Henry VI, emperor, *Henris* (*Hienri(s)*)   26–27, 313, 367–373, 387, 396–400, 405–406, 470n, 472
Henry of Angre (or Hainaut), Byzantine emperor, *Henri(s) d'Anjo, Angou, d'Ango* (*Enri, Herri, Hienri d'Angeu*)   11, 68, 407, 447, 451, 458–462, 463n, 464–465, 468, 554, 560–561

GENERAL INDEX 677

Henry I, duke of Brabant, *Braibant* 481
Henry I 'The Liberal', ct Champagne 110–111
Henry II, ct Champagne, *Henris de Campaigne (Hienris)* 13n, 23, 233–234, 326–327, 360–365, 372, 375–379, 388, 390–391, 393–394, 484
 and the Assassins, *Hassasis (Assasis)* 23, 394–395
Henry I, k. Cyprus 24
Henry II, k. England, *Henri(s) (Hienris)* 68n, 218–219, 225, 281–282, 307n, 308, 311, 323–324, 479n, 556, 565
Henry III, k. England 526, 527, 567
Henry, 'the Young King' (son of Henry II of England) 372, 556
Henry of Hohenstaufen, son of Frederick II 481, 514, 543–545
Henry, margrave of Namur, *Henri de Namur* 554
Henry the Lion, duke of Saxony and Bavaria, *Saissoine* 405
Henry of Saxony, brother of Otto of Brunswick 481
Henry, ct Vianden 554n
Herakleios, Byzantine emperor, *Eracles de Rome* 2, 144, 218, 259–260
Hergnies (dép. Nord) 557
Herod Antipas, *Herode(s)* 122, 174
Herodias 122, 174
Hervé IV of Donzy, ct Nevers, *Navers* 479, 502
Ḥimṣ, *La Camele* 72
Hodierna, countess of Tripoli 65
Holofernes, *Oliferne* 173–174, 564
Holy Land, *Sainte Tiere, Terre sainte* 12, 22, 25, 551n, 308n
Honorius III, pope 466, 470, 491, 497, 513–515, 526–527, 533, 569
Hospitallers, *Hospital, Hospitaus, Hospitalier, Hospitelier, Ospital, Ospitaus* 66n, 67n, 69, 72, 84, 91, 98, 101, 112, 115, 120, 158–159, 177, 208–209, 217, 219, 223n, 224, 236n, 261, 281–283, 285, 287, 289, 294–295, 318, 378, 380, 426, 483, 488–489, 519, 539, 542, 552–553
 commander, *commandeur de l'Ospital* 282
 magnus preceptor, see Borell
 master, see Roger des Moulins

Hugh III, duke of Burgundy, *Bourgoigne, Borgoigne (Borgogne, Borgoingne)* 326, 344–346, 557
Hugh, lord of Caesarea, *Cesaire* 106
Hugh I, k. Cyprus 363, 484, 486, 488
Hugh III, lord of Jubayl 374n
Hugh VIII 'le Brun', lord of Lusignan, *Huon le Brun* 118, 564
Hugh IV, ct St-Pol, *Saint Pol (Hues de Saint Pol)* 326, 407, 432, 463
Hugh of Boves, *Huon, Hues de Bove* 29, 479, 481
Hugh de Florines, 558
Hugh of Ibelin, *Hues de Belin* 10, 74
Hugh of Tiberias, *Hues de Tabarie* 60, 101, 220, 233, 378, 380
Humbert V of Beaujeu, *Ombert de Bialgiu* 555
Humphrey III of Toron 88n
Humphrey IV of Toron, *Hainfroi(s) (Anfroi, Heimfroi, Heinfroi, Heymfroi, Honfroi)* 16, 88, 142n, 143, 164–165, 196–197, 234–235, 330n, 318, 331, 565
Hungary, *Hongerie(s), Hungherie* 431–432, 468, 473
 king 557; see Andrew II, Bela III, Emeric, Louis II
 queens, see Margaret of France, Yolanda of Courtenay

Ibelin, see Yavne
 family, see Baldwin, Balian, Eschiva, Helvis, Hugh, John, Margaret, Thomas
Innocent III, pope 398, 400, 406, 420–421, 471–473, 475–476, 485
Ireland, *Illande* 557
Isaac Dukas Komnenos, ruler of Cyprus *Kirsac* 150–151, 336–339, 364, 564, 566
 his daughter 339, 364, 422–423
 his wife 339, 364
Isaac II Angelos, Byzantine emperor, *Kirsac, Krisac, Krysac (Chirsac, Crisac, Quirsac, Quisac)* 49, 152–156, 187–189, 241, 308, 313, 432, 438, 447, 568
Isaac, patriarch, *Ysaac* 109n, 131, 169, 556
Isabella of Hainaut, q. France, *Ysabel de France* 68, 345, 402, 554, 560

Isabella I, q. Jerusalem, *Ysabiaus, Ysabiel* (*Isabel, Isabial, Ysabel, Ysabiax*)   16, 47, 75, 88, 142n, 143, 164–165, 177, 180, 196, 330–331, 358–361, 363, 364n, 378–380, 482n, 565
Isabella (II) of Brienne, q. Jerusalem   2, 21–23, 486, 504, 526–529, 531, 533
'Iṣmat al-Dīn Khātūn, widow of Nūr al-Dīn   106, 107, 110
Italy   22, 25, 31, 39, 45
Itinerarium Peregrinorum   1n, 16
Iveta, abbess of Bethany   64–65, 78, 562

Jabala, *Gibel*   318, 413
Jacob, patriarch, *Jacob*   108–109, 131, 169, 181n, 227, 556
Jacob's Ford, *Gués, Wés Jacob*   108–111
Jacobites (*Jacopins*)   268n, 270
Jacopo Soranzo   40
Jacques de Vitry, bp Acre *Jake(s) de Viteri* (*Jaques, Jakemon*)   21, 54, 485–486, 522–4
Jaffa, *Jaffe* (*Jafe, Japhe, Jasfe*)   83, 119n, 245, 346–351, 363–364, 375, 377, 538, 540, 566
  county, *Jaffe*   71–73
  Treaty (1229) 542n
Jaffa and Ascalon, county   106
  count, see William Long Sword
  countess, see Sibylla
James of Avesnes, *Jakemes d'Avesnes*   351
Janīn, *Le Gerin*   159, 161, 168
Jean de Flixecourt   29
Jean de Hangest, *Jehans de Hangest*   404
Jean de Nesle, *Jehan(s) de Niele, Niiele* (*Johan de Neele, Neelle, Nielle*)   411, 422–424, 427, 431
Jean de Thuin, *Li hystoire de Julius César*   37, 534
Jericho, *Jericop, Jhericop* (*Jerico, Jericoch, Jericoth, Jhericob, Yericop*)   137–138, 140
Jerusalem, city, *Jherusalem, Jerusalem*   2, 6, 8–9, 11–23, 45n, 52, 54–56, 59, 64–69, 73, 78, 83–84, 92, 98–99, 128, 132, 140, 142n, 144, 147, 164–166, 168–169, 174, 176, 179–183, 185–186, 190–193, 194n, 195–197, 199, 201, 204, 207n, 217–219, 227–229, 236n, 237–239, 242, 247–265, 267–294, 299–301, 311n, 345–347, 363, 374, 492, 518, 525, 541–543, 546, 549, 551, 562, 564, 566, 568–569
  abbeys   *Gloria in Excelsis Deo* 132; Georgian abbey (Holy Cross), *Jorjans* 56, 265, 266; Mount of Olives, *Mont Olivet* 270, 274; Mount Zion, *Sainte Marie* 251–252, 263, 565; St Anne, *Sainte Anne* 268; Valley of Jehoshaphat, *Sainte Marie de Jozafas* (*Josaphas, Josefas*) 252, 269; St Mary the Great, *Sainte Marie le Grant* 254–255; St Mary of the Latins, *Sainte Marie le Latine* 255; Templum Domini, *Temple, Temple Domini* 178, 179, 257, 258–259, 260, 566
  cemeteries: Akeldama, *Caudemar* (*Candemar, Champ de Mar*)   264; Charnel Pit of the Lion, *Carnier de Lyon* 264
  churches   Pater Noster, *Patrenostre* 270; St Giles, *Saint Gille* 258; St James of Galicia, *Saint Jake de Galisse* 253; St James, *Saint Jacopin* (*Jake de Jacobins*) 255; St James the Less, *Saint Jake de Meneur* (*Jakeme*) 259, 260; St John the Evangelist, *S. Jehan l'Evangeliste* 267; St Mamilla 264; St Martin, *Saint Martin* 263; St Mary Magdelene, *Marie Madelaine* 268; St Peter in Gallicante, *S. Piere en Galicante* (*Glaycante*) 263; St Peter, *Saint Piere* (*Pierre*) 263; St Saviour (*S. Salveur*) 263, 269; St Stephen, *S. Estevene* (*Estiene*) 261
  Holy Sepulchre, *Sepucre, Sepulcre, Sepulchre*   7, 65–66, 144–145, 178–180, 193–194, 218, 238, 241, 253–257, 260–262, 267, 550, 553; Mount Calvary, *Mont de Calvaire* (*Cauvaire*) 179–180, 253, 255, 256, 257, 267, 278, 550; Golgotha, *Gorgatas* (*Galgatas*) 180, 255; Holy Trinity chapel, *Sainte Trinité* 255
  Temple Area, *Temple*   7, 127, 169n, 173, 265, 267, 268, 299–300, 302n, 542, 543; al Aqsa, *manoir Salemon* 542; Solomon's Temple, *Temples Salemon* 67, 179, 258, 259, 260, 265n; the Crib (Miḥrab Maryam), *Le Berch* 260
  gates and posterns: Beautiful Gate   59; David Gate, *Porte Davi* (*David*) 253–254, 260, 264, 287, 291–292; *Porte(s) Dolereuse(s)* (*Portes Doulerouses*) 267;

GENERAL INDEX 679

Golden Gates, *Portes Oires* 253–254, 257–260, 263, 269, 550n; Jehoshaphat gate, *Porte de Josaffas* (*Joafas*) 267, 268, 269, 274; Jehoshaphat postern, *Posterne de Josaffas* 260; Madelaine gate or postern 274; Mount Zion Gate, *Porte Monte Syon* 262, 263; Patriarch's postern, *Posterne le Patriarce* 261; *Portes d'Orient* (= Golden Gates?) 550; Precious Gates (Bāb as-Sislsila), *Portes Precieuses* (*Specieuses, Speciouses*) 258; St Lazarus postern, *Saint Ladre* 261, 291–292; St Stephen's Gate, *Porte Saint Estevene* (*Esteve, Esteine, Estiene*) 261, 262, 267, 271, 273; Tannery Gate or Postern, *Taniere* (*Tenpnerie*) 262, 267
streets: *Rue Couverte* 257, 262; *Rue des Alemans* 258; *Rue de l'Arc Judas* 262–263; *Rue Davi* (*David*) 254, 262; *Rue des Herbes* 254, 257, 262; *Rue de Josaffas* (*Josaphas*) 267–268; *Rue Malquisinat, Malquissinat* 257, 262; *Rue de Monte Syon* 253–254, 262; *Rue Le Patriarce* 59, 254, 261n; *Rue del Sepulcre* 262; *Rue S. Estevene* 262; *Rue del Temple* 257, 262
other Urban locations: Butchery, *Boucerie* 258; Exchange of the Latins, *Cange des Latins* (*Change*) 254, 257, 262; Exchange of the Syrians, *Cange des Suriiens* 262; German Hospital, *Ospital des Alemans* 258; Hospital, *Hospital, Ospital* 194, 254–255, 260, 264, 281, 288, 550; Jewry, *Le Juerie* 268; *Le Repos* 268; Pilate's House, *Maison Pilate* 268; Pool of Bethesda, *Le Pecine* 268–269; Tower of David, *Tour Davi* (*David*) 67, 166, 253–254, 271, 287–288, 300, 542
suburban locations: Donkey House, *Asnerie* 261; lake of Germain, *Lai Germain* 264; Gethsemane, *Gessemani* 268, 269–270; Jehoshaphat valley, *Val de Josaphas* (*Josafas*) 121, 263, 555; Job's Well (Bi'r Ayyūb) 181n; Kidron Valley 181n; Mamilla Pool, *Lai del Patriarce* 264; men's leper house, *Maladerie des homes* (St Lazarus) 193, 229, 261, 271; Mount of Olives, *Mont Olivet* (*Olivete*) 187, 252, 253, 269; Mount Zion, *Mont de Syon* 251, 253, 263–264; Pool of Siloam, *Fontaine de Siloé, Syloé* 56, 58, 181n, 182–183, 184, 263, 270; *Le Puis Jacob* 568; Valley of Jehoshaphat, *Val de Josafas, Jozafas* (*Josaphas*) 181, 252–253, 269–270; women's leper house, *Maladerie des femes* 229, 271
Jerusalem, land of, *tiere de Jherusalem* 10, 28, 62, 64, 65n, 69, 71–72, 76–77, 82, 85n, 86, 90, 91n, 92, 98, 105, 107, 110, 117n, 118n, 120, 143, 149, 157, 180, 183, 191n, 266, 308, 338n, 388n, 396n, 409, 415, 418, 421, 444, 496, 512–513, 518, 523, 539, 541, 543n, 544, 546
kingdom 1, 10, 20, 22, 28, 65, 73n, 83–84, 247n, 250, 488–489, 512n, 568
kings 185, 552n, 562; *see* Aimery of Lusignan, Amaury, Baldwin I, Baldwin II, Baldwin III, Baldwin IV, Baldwin V, Conrad, Fulk of Anjou, Guy of Lusignan, John of Brienne
queens: *see* Isabella I, Isabella (II) of Brienne, Maria Komnene, Maria of Montferrat, Melisende, Sibylla, Theodora Komnene
burgesses 99–100, 102, 184, 238, 247–249, 275, 280–282, 288–289, 301n; *see* Germain
patriarch 66, 86; *see* Albert of Vercelli, Amaury of Nesle, Eraclius, Fulcher, Gerald of Lausanne
Jesus, *Jesucris, Jhesu Cris* 20, 56, 58, 64–65, 123–128, 132, 139–141, 148–149, 168–170, 173–174, 179, 182–185, 248n, 251–253, 257–259, 263–266, 268–270, 276, 385, 565
Nostre Sires, Seigneur 103n, 122, 124–125, 127–8n, 132–134, 137, 139–140n, 148–149, 170n, 173, 181–182n, 186–187n, 228n, 234, 240n, 248n, 259n, 264, 266–267, 277–278, 287n, 303n, 385n, 450n, 549
Jews, *Juif/Juis* 127, 128n, 140–141, 169, 173, 183, 259, 434, 436, 439
Jewish revolt (66–74) 173n
Jezreel Valley 159n
Jisr Sinn al-Nabra, *see* Tiberias, Bridge of
Joanna, countess of Flanders, *Jehanne* 478n, 560–561

Joanna, daughter of Henry II, *Jehenne* (*Johanne*)   307n, 308, 311, 333–336, 338, 364, 423n
Job, Job (*Jop*)   216
John of Brienne, k. Jerusalem, Byzantine emperor, *Jehans de Braine, Braigne* (*Johan de Brienne*)   2, 15n, 21–24, 26, 28–29, 38–40, 42–43, 62, 364, 482n, 483–486, 488–490, 497, 500–501, 503–505, 518–520, 522–33, 543–548, 561n, 567, 569
John, k. England, *Jehans Sans Tiere*   29–30, 323–324, 478–479, 556, 559
John Colonna, cardinal   466
John Doukas Komnenos, Protovestiarios, *Protesavasto* (*Prothesavato, Protesavastro, Protesavosto*)   74
John Gale, *Jehans Gale*   23, 319, 322n
John of Ibelin, lord of Beirut, *Jehan d'Ybelin*   15, 24, 482, 484
John of Nesle, *Jehans de Neele* (Niele)   407
John, ct Ponthieu, *Pontiu* (*Pontieur*)   326
Jordan, River, *Jourdain* (*Jordains*)   46, 120–121, 123, 128, 134, 140–141, 164, 166–168, 174, 185, 206, 208, 219, 322n, 427–428
Joscelin I, ct Edessa, *Gouselins de Cortenai*   549
Joscelin II, ct Edessa, *Goselins, Gosselin* (*Gocelin*)   71–72, 88, 549
Joscelin III, ct Edessa, *Joscelin, Josselins* (*Jocelins, Joscelin(s) de Rohés*)   10, 71, 178, 189–190, 234–235
Joscius, abp Tyre   7–8, 204–205, 207, 215, 307–308, 311–312
Joseph 'the Just', *Joseph le Juste* (*Josep*)   145
Joseph, patriarch, *Joseph*   131, 159, 169, 181, 556
Jubayl, *Gibelet* (*Ghibelet*)   239, 374, 386, 388
Judas Maccabeus, *Judas Macabeu*   556
Judas, *Judas*   145, 263, 264
Judea   126n
  kingdom, *regne de Judee*   549–550
Judith (biblical character), *Judif*   173, 564

al-Kāmil, sultan of Egyptian, *Le Quemer* (*Lekemer*)   22, 27, 57, 492–493, 494–496, 499, 501–502, 509–512, 518, 521–525, 535, 536–537, 538, 540–542, 569
Kerak, *Le Crac* (*Cras*)   111–112, 113n, 114n, 119n, 120, 129, 132–133, 141–143, 157, 164–168, 192, 250, 512–513, 518, 541
  Le Crac de Mont Roial, Monreal   92, 541, 563
Khirbat Bal'ama, *St Job* (*Jop*)   216
Kiti, *Lesquit*   338
Konrad von Krosigk, bp Halberstadt   444n
Konya, *Coine, Coyne* (*Coloigne*)   83, 313

Larnaca   338n
Latakia, *Le Lice* (*Liche*)   318, 413, 414, 566
Latin language   1, 14, 25
Latins, *Latins*   23, 62, 254, 262, 270, 352–354, 435n, 437, 439n, 442n, 444n, 449n, 451n, 458, 461, 464, 561n
Lavoro, *Labour*   369
Lazarus   65
Le Mans, *Le Mans*   324
Lebanon, Mount, *Mons de Nibam, Ninban, Nynban* (*Juban, Liban, Niban, Nibam*)   121–122, 139n, 265
Leo (Lewon) lord and then k. Armenia, *Lyon*   87, 388–394, 412, 423–424, 486, 488, 504
Léon, *Lions*   557
Leopold V, duke of Austria, *Osterice, Osteriche* (*Osterrisse, Oteriche, Otherriche*)   361n, 364n, 365–367, 557
Leopold VI, duke of Austria   26–28, 545
Leson, Richard   41
Libellus de Expugnatione Terrae Sanctae per Saladinum   14, 17, 194n
Lignanges d'Outremer   60, 200n
Limassol, *Limeçon, Limechon*   336–338
Limburg, duke, *Lemborc*   557
Limoges, *Limoges*   405
Lisbon   550
Loire, River, *Loirre*   324
Lombards, *Lombars, Lombart*   532
Lombardy, *Lombardie* (*Lonbardie*)   105, 184, 472–473, 475–476, 530–533
London, *Londres*   325
Lorraine, *Loheraine, Loeraine*   476–478
  duke, *dus de Nanci*   557
Lot (OT character), *Loth*   134–137

GENERAL INDEX 681

Louis VI, k. France   331n, 465n
Louis VII, k. France, *Loeÿ(s), Loeïs (Loey, Looÿs, Looïs, Loeÿ)*   26, 68–70, 103–105, 111, 149n, 150, 372n, 549
Louis VIII, k. France   1, 68, 345n, 478–479, 528–529, 554
Louis IX, k. France   5, 34, 36–37, 543
Louis II, k. Hungary (d. 1526)   32
Louis I, ct Blois, *Loeÿ(s) de Blois (Looïs, Loÿs)*   407, 432, 447, 450, 453–455, 458, 460, 560
Lucius III, pope   146
Lusignan, *Lesegnon, Leseignon, Lisegnon, Lisignen, Lissegnon*   118, 201n
   family, see Aimery, Eschiva, Geoffrey, Guy, Hugh
Lydda, *Saint Jore (S. Jorge)*   99
Lyon Eracles   4, 5, 200n
Lyonet d'Oureille   41, 548n

Maine, *Mans*   551
Mainz   476n, 478n
Mamre, *(Marbré, Manbré)*   133n
Mantua   39
Manuel Komnenos, Byzantine emperor, *Manuel, Manuas, Manuials (Manuaus, Manuyax, Maniuaus, Manuiaus)*   11, 71, 73–74, 103–105, 116–117, 143n, 149, 150n, 151, 154, 187, 188n, 464, 563
Margaret of France, wife of Henry the young king, q. Hungary   372, 556
Margaret I (of Hainaut), countess of Flanders, *Margarite de Hainau*   68, 345n, 554–555
Margaret II, countess of Flanders, *Margarite*   560–561
Margaret of Ibelin, daughter of Balian   378
Margaret of Vianden, marchioness of Namur, *Margarite de Viane*   554
Margaret-Maria of Hungary, wife of Isaac II   155, 156, 432, 447
Margat (al-Marqab), *Le Mergat*   72, 318, 413
Maria Komnene, q. Jerusalem, wife of Balian of Ibelin, *Marie, Marien, Mariien (Marian, Mariam)*   7, 8, 10, 16, 47, 73n, 74, 88, 100, 115, 116, 143, 205n, 213, 237, 249, 358, 363, 378n, 482, 563
Maria of Montferrat, q. Jerusalem   60, 364, 482–483, 485n, 486

Maria of Brienne, wife of B II of CP   547–548
Marie, countess of Champagne   360–361, 372
Maria, countess of Flanders, *Marie*   560–561
Marie of Champagne, wife of Baldwin IX ct Flanders   361, 448
Maria of Flanders, wife of Theodore I Lascaris   554n, 555
Marie of Hungary (d. 1558)   32
Marj ʿUyūn, battle (1179)   107–108
Markward of Anweiler, *Maconsals (Archoniaus, Marconiax, Marcoeaus, Marcoeax, Marcouaus, Marczoneaus)*   396n, 399
Marsanne, Comte de   42
Marseille, *Marseille(s), Marselle*   326, 332, 411, 422–423
Marsilio Zorzi, Venetian *bailo* in Acre   3
Martel (dép. Lot), *Martiaus*   556
Mas Latrie, Louis de   24, 27, 552n, 555, 568
Mate Griffon   333
Matilda, wife of Henry the Lion   405
Matteo Maria Boiardo   25n
Matthew of Boulogne, *Mahiu de Bologne*   554
Matthew of Wallincourt   560n
Matthias, disciple *Mathias (Masyas, Matiass)*   145
Mediterranean, *Grant Mer*   129
   Mer de Griesse (Grece)   516n, 517
Melisende, q. Jerusalem   65, 67–68, 78n, 562, 563
Mesopotamia, *Mesapostames*   549–550
Messina, *Mescine(s), Mesines, Messines (Meschines)*   327–328, 332, 334, 397, 399, 474–475, 514
Miles of Plancy   88n
Milo of Nanteuil, bp of Beauvais, *Biauvais, Biavais*   500, 545
Mittenhuber, Florian   37
Modena   25
Momelin le Riche (d. 1723)   36
Montferrand (Barʿin), *Monferrax*   72
Montferrat family, see Boniface, Conrad, Demetrios, Maria, William
Montfort (Starkenberg), *Frans Castiaus*   536
Montgisard, battle (1177), *Mongisard, Mongisart (Mensigart, Mont Gisart)*   10, 99n, 100–101, 103n, 107, 111

Montreal (Shawbak), *Mont Roial*   111n, 113n, 114n
Morea, *Le Moree*   555, 561
Morgan Picture Bible   41
Morgan, Margaret Ruth   5, 24, 27–28
Moriah, Mount   169n
Morocco, Straits, *Marroc, Marroht* (*Marroch*)   411, 422
Moses, *Moïsés, Moÿsen, Moÿses, Moÿset*   128–130
Mosul, *Molle, Mossle* (*Molles*)   109, 110n
al-Muʿaẓẓam ʿĪsā, sultan of Damascus, *Cordeis, Le Coredix, Coredex*   28, 428–431, 487, 492, 496–499, 523, 525, 526n, 535, 540–541
Muhammad, *Mahomet* (*Mahan*)   510
mulane, mulaine, mulana (= mawlānā), (*muliane, mulanne*)   75–77, 81–82, 91–96, 98n, 568
Muratori, Lodovico Antonio   25, 26
Muẓaffer al-Dīn Keukburī   205n

Nablus, *Naples*   7, 9, 56, 58, 88, 106n, 147, 167–168, 170, 173, 174–175, 190, 192–193, 195n, 197, 205, 210, 213–214, 216n, 217, 247, 418, 563, 568
  'petit Damas'   167
Nain, *Naim* (*Nain, Naym*)   124
Namur, marquisate   553
Naples, *Naples*   369
Narratio patriarcae   34, 38, 39, 40
al-Nāṣir Dāʾūd, sultan of Damascus   535, 537, 540
Navarre, *Navare*   557
Nazareth, *Nazareth, Nazaret,* (*Nasarel, Nazarech, Nazareph*)   126–127, 159, 161, 174, 201–202, 207–209, 212–215, 217n, 226, 236
Nebuchadnezzar, *Nabugodonozor*   173
Nestorians, *Nestorins*   271
Nicaea, empire, *la terre Vatache*   554n, 555
Nicholas Kannavos   441
Nicosia, *Lecoisie, Licoissie* (*Licosie, Nicosie, Nicossie*)   339, 352–354, 373
Nile Delta   59
  Pont de Fer   518, 520
Nile, River, *Nil*   46, 50n, 59, 131, 550
Nivelon de Chérizy, bp Soissons, *Soissons*   442, 444

Noah, *Noé*   83, 121, 134
Nocera   516
Noradins de Halape   558–559
Normandy, *Normendie*   324n, 325, 367, 369, 402, 404
Norway, *Norwege*   557
Nubia, *Nubie*   76
Nūr al-Dīn, sultan of Damascus, *Noiradins*   81, 101n, 106, 118n

Odo of Champlitte   560n, 561
Odo of Montaigu   555
Odo of Montbéliard, *Oedes de Mont Beliart*   526
Odo of St-Amand, Templar master   108
Oedon de Canlistre   560
Old French Crusades Cycle   557
Ordene de Chevalerie   36, 52
Orléanais, *Orlenois*   430
Oste of Tiberias, *Hostes* (*Otes*)   60, 220, 233
Otto of Brunswick, emperor, *Otes, Othes, Othon, Oton*   3, 22, 405–407, 470n, 471–472, 475–478, 480–481, 514, 559, 567, 569
Otto, ct Burgundy, *Othes dus de Borgoigne* (*Bourgoigne*)   313
Oultrejourdain, lordship, *Crac et de Monroial* (*Mon Royal et du Trach*)   87
  lord of, *see* Renaud of Châtillon
Outremer, *Tiere, Terre d'Outremer, d'Oltremer*   59, 64n, 68, 71n, 117n, 118n, 144n, 145, 149n, 166, 185–186, 189, 307n, 309, 311–312, 320, 330n, 336, 352, 357, 360, 361n, 364, 367n, 371–372, 378n, 379n, 388, 396, 404n, 408–409, 410n, 418, 420, 422–424, 432, 448, 482–483, 485, 491, 507n, 514–515, 526, 527n, 528–530, 532–533, 535, 537, 539, 546n, 548n, 552, 559

Pagan, lord of Haifa   363
Pagan of Orléans, *Païen(s) d'Orliens*   447, 451, 457
pagans, *païen*   381n
Paynim, *Païenie, Païenime, Païenisme, Païennie,*   57, 94, 97, 114, 121, 124, 173, 350, 377,
Paynim, (*cont.*)   381, 385–386, 475n, 497, 512, 537–538, 556, 558
Palermo, *Palierne, Palerne*   69–70, 332, 370, 398–399, 470, 473–474

GENERAL INDEX 683

Palestine 23
Paris 1, 431n
  Bibliothèque de l'Arsenal 40
  St-Denis, *Sainte Denise* (*Denis*) 326, 528
  Treaty (1229) 21, 54, 334n
Paris, Paulin 41
Parthenopeus de Blois 37
Pasque de Riveri, *Paske de Riveri* (*Pasque de Riviere*) 49, 147–148, 162, 218
Pelagius, cardinal and papal legate, *Pelage*(*s*) 21, 491–492, 502–509, 513, 518–519, 522–523, 526, 527, 569
Pera, *see* Galata
Perlesvaus 37
Persia, *Perse, Pierse, Piersie* 108, 109, 144, 158, 173, 218, 259, 568
Peter II, k. Aragon, *Arragone, Arragonne* 423, 473–474
Peter of Bracieux, *Pieres, Pieron, de Braiencel, Braienceul, Braiecuer* (*Pierron de Braienchel, Braiechuel, Pierre*(*s*) *de Brachçuel*) 443n, 447, 451, 457–458, 561, 567
Peter Capuano, cardinal, papal legate 420–421, 461
Peter des Roches, bp of Winchester 536
Peter of Courtenay, brother of Louis VII, *Piere, Pierre*(*s*) *de Courtenai* 110–111
Peter of Courtenay, ct Nevers, Auxerre and Tonnerre, Byzantine emperor *Pieron, Pieres d'Auçoirre, d'Auçoire* (*Perron, Pierre d'Auçuerre*) 465–468, 546n, 548n, 554, 560, 567
Pharoah, *Pharaon*(*s*) (*Faraons*) 130, 564
Philip, brother of Herod Antipas, *Phelippe* 122
Philip II Augustus, k. France, *Phelippe*(*s*), *Phelippon, Felipe*(*s*) (*Felippe, Phelipe*(*s*), *Phelipon*) 1, 68, 105, 149n, 308n, 311n, 314, 318n, 319–320, 323–328, 331n, 332–335, 340–347, 360–361, 367–369, 372, 401–404, 406–407, 409, 464–465, 476, 478–480, 483, 484n, 554, 557, 559–561, 566–567, 569
Philip of Alsace, ct Flanders, *Phelippe*(*s*), *Phelippon de Flandres* (*Felipes, Phelipe*(*s*), *Phelipon*) 29, 68, 89–91, 98, 100, 103–105, 326, 344–345, 553, 554, 557–559

Philip of Dreux, bp Beauvais, *Belvais, Biavais, Biauvais* (*Beauvez, Biauvez*) 331, 359, 402
Philip of Courtenay, margrave of Namur (d. 1212), (*Phelipe de Naimur*) 404, 466, 468, 554
Philip, margrave of Namur (d. 1226), *Phelipe de Namur* 554
Philip of Montfort, lord of Tyre 555n
Philip of Nablus, *Phelipes de Naples* 106n, 563
Philip of Novara 24
Philip, duke of Swabia, *Phelippes, Felipe dus de Souave* (*Soave*) 157n, 314, 369, 396–397, 405n, 406, 470–471
Philippa of Champagne, daughter of Henry II 363, 484–485
Philippi, *Felippe, Phelippe* 156, 310
Philippopolis, *Finepople* 561
Philistines, *Philiestiens* 549–550
Picardy 37, 41
Pierre de Beauvais, *Les Olympiades* 33, 37, 38, 534
Pierre de Raimbaucourt 35
Pierron de Besons, almoner of Corbie 29
Pisa, *Pise* 475
Pisans, *Pisan, Pissans* (*Persant*) 297–299, 399, 475
Pishon (River of Paradise), *Sison* (*Phison, Ason*) 131
Poitiers, 323–324, 405
Poitou, *Poitau* (*Poitou*) 118, 334, 335, 479
Popes, *see* Celestine III, Eugenius III, Gregory VIII, Gregory IX, Honorius III, Innocent III, Lucius III
Portugal, *Portingal* 491, 557
Pringle, Denys 181n
Provence, 402
Provins 407n
Pseudo-Turpin, Chronique dite du 14, 34, 35, 37, 87n

qadis, *caadiz* 59, 415n, 416n, 509n
Qāqūn, *Caco* 207
Quarantine, Mount, *Quarantaine* 127–128, 139–140

Ralph of Tiberias, *Raols, Raous* (*Raol*(*s*), *Raoulf*) 60, 220, 233, 378, 380

Ramla, (*Raimes, Rames, Raymes*)   10, 99, 100, 101n, 158n
  lordship   119n
Raoul I, ct Clermont-en-Beauvaisis, *Clermont*   326
Raous de Benibrac   119
Raymond of Antioch, son of Bohemond III   217, 233, 239, 296n, 391
Raymond III, ct Tripoli, *Raymon(s)* (*Raimonz, Raymont, Remonz*)   7–8, 16–18, 50, 60, 89, 91, 101, 103, 175, 177–178, 179n, 180, 183–185, 189–192, 195–199, 201–207, 210n, 214–217, 218n, 220–223, 226, 230–233, 239, 375, 378, 565, 569
Raymond of Poitiers, pr. Antioch   80
Raymond VI, ct Toulouse, *conte de Saint Gille*   334, 422–423
Raymond VII, ct Toulouse, *conte de Saint Gille*   334
Raymond-Rupen, pr. Antioch   391–392
Red Sea, *Rouge Mer*   129, 130–131, 133n, 564
Reims, *Rains*   30, 528
Renaud of Châtillon, pr. Antioch, lord of Outrejourdain, *Rainaus, Renaus, Renaut* (*Rainauz, Raynaut*)   10–11, 80, 87–88, 111–114, 119–120, 130, 142–143, 157–158, 164–166, 190–194, 196, 234–236, 318–319, 330n, 568
Renaud of Dammartin, ct Boulogne, *Renaut de Boulogne*, Renaus *de Dantmartin*   326, 407, 479, 480–481, 558–560
Renaud of Dampierre, *Renaus de Danpiere*   412–415, 424
Renaud of Mont Miral, *Renaus de Mont Miral, Mont Mirail*   422, 454, 560
Renaud of Sidon, *Renaut de Saiiete, Renaus de Saiete*   7, 8, 14–16, 204, 207n, 215, 233, 240, 244, 363, 431n
Renier of Jubayl   25
Renier de Trit   560, 561n
Rerum italicarum scriptores (Muratori)   25
Riccardo Filangieri, imperial marshal   537–538
Riccobaldo da Ferrara   25n
Richard I of England, *Ricars, Richars, Richart* (*Richarz*)   16, 23, 62, 151, 311n, 314, 323–327, 332–352, 354, 359–362, 364–369, 374, 401–407, 409, 422, 423n, 471, 556–560, 566, 569

Richildis of Bethsan   200n
Ridefort (*Ridevort*)   191n
Rigault d'Oureille   41n
Robert VI, advocate of Béthune, *l'avoé de Bietune*   89, 90, 91n
Robert I of Boves, *Robiers de Bove*   29, 91, 101
Robert II of Boves,   29, 421, 431
Robert de Clari   30
Robert of Corbie, *Robiers de Corbie*   149
Robert of Courçon, cardinal and papal legate   479, 491–492
Robert of Courtenay (wrongly named as Henry), Byzantine emperor   468–470, 553, 554, 567
Robert, earl of Leicester, *Lyecestre*   367
Robert of Sablé, Templar master   354, 364–365
Robert de Waurin, *Robers*   558
La Roche Guillaume, *Li Roce Guillaume*   319–320, 322, 569
Rodosto, *Rodestohc, Rodestoc* (*Rodestoch, Rodestok*)   456–461
Roger, pr Antioch, Rogiers, Andioce   550–551
Roger *de Helegnies, Heregnies, Rogier*   557, 558–559
Roger of Howden   1n
Roger, bp Lydda   550
Roger des Moulins, Hospitaller Master   7, 161, 183, 191–192, 193–194, 196, 204–205, 207, 208, 210, 211, 213, 375
Roger, k. Sicily, *Rogiers*   26, 69–70, 71n
Rohard, lord of Haifa   363
Roland and Oliver, legendary heroes, *Rollanz, Oliviers*   10, 101
Roman d'Alixandre (Lambert li Tors and Alexandre de Bernay)   555
Roman de Troie (Jean de Flixecourt)   29
Romans, (Romains)   532n
Rome, *Rome, Roume, Romme*   146–147, 311, 345, 400, 466, 470–471, 475, 482, 491, 514, 526–527, 530, 532
  papacy   271, 406n
Roncevaux, *Rainscevaus*   10, 101
Rosetta (Rashid), *Resith*   516n
Rothelin Continuation   4–5, 55–56, 251n
Rouen   556
Rouge Cisterne   140

GENERAL INDEX   685

Rupen, lord of Armenia, *Rupin(s)* (*Rapur*)
    87–88, 388–389, 391

Saewulf   565n
Ṣafad, *Saffet* (*Saffot, Saffat, Sasfat*)   122, 319
Ṣaffūriyya (Sepphoris), *Saforie* (*Saphorie*)
    158, 160n
    Fontaines de Saforie (*Safroie*)   8, 158–
        159, 164, 217, 219n, 220, 230, 231n,
        429
Ṣafītha, *Castiaus Blans* (*Blans Castiaus*)   72
St Andrew, *Andrius* (*Andri, Andrieus*)   124
St Anne, *Saint Anne*   158
Saint-Bertin, abbey   36
St Catherine, *Catherine, Katerine*   99, 129
St Elizabeth, mother of John the Baptist,
    Elizabet, Elizabeth   126, 127n
Saint Elyes, castle, *see* al-Ṭayyiba
St Francis   57–58, 508–512, 569
St George, *Saint Jorge, Sains Jorges* (*Saint Jore*)   100, 101–102
St Helen, *Sainte Elaine*   256–257
St James, *Jake(s)*   128, 253
St Job, *see* Khirbat Bal'ama
St John, apostle, *Jehan*   128
St John the Baptist, *Jehan(s) Baptiste*   122,
    126–127, 140, 174
St John the Evangelist, *Saint Jehan Evangeliste*   253
St Mary, *Marie* (*Nostre Dame*)   126, 127n, 158,
    227–228, 252n, 564–565
St-Omer, *Saint Omer*   88, 403
St Paul, *Sains Pos*   156, 435
St Peter, *Piere(s)* (*Pierres*)   122–124, 128, 263
Sains Sepulcres as battle cry   382–383
St Stephen, *S. Estevenes*   261
St Thomas, apostle, *Saint Thumas*   251
St Thomas of Canterbury, *Thumas de Cantorbie*   219
St Victor, Augustinian abbey in Paris   2
St Zacharias, *Acharie, Zacaries* (*Acarie, Çacherie, Zacharie*)   126n, 127
Sainte Crois (*Vraie Crois, Veroie Croiz*)   10,
    64, 65n, 99, 102, 144, 161–163, 191n, 217–
    218, 224n, 225, 233–234, 256, 259–260,
    265–266, 281, 341, 343, 375, 523, 550,
    565, 568
    Sainte Crois (of Syrians)   278
Les saint lieux de Jerusalem   38

Ṣalāḥ al-Dīn, *Salehadin(s)* (*Saladin, Salahedin(s)*)   1, 6–10, 14, 16–18, 36, 47, 50, 52,
    92–99, 102–103, 106–115, 117n, 119–120,
    141n, 142–143, 149, 157–160, 162–165,
    166n, 167–168, 183, 201–206, 217n, 219–
    220, 226–227, 231, 234–237, 239–240,
    242–51, 261n, 271–272, 273n, 274, 275n,
    276–277, 279–294, 296, 298, 301–302,
    304, 307, 309, 311n, 314–320, 322, 329,
    340–341, 343–344, 347–351, 361n, 362–
    363, 364n, 373–374, 377, 378n, 388, 415,
    495, 497n559, 563, 566, 568–569
    legend   9, 551n, 563
Samaria, *Samaire*   169, 170–173
Samaritans, *Samaritain* (*Samartians*)   168–
    170, 173
    Good Samaritan   140–141
Sampson, *Sanson*   71
Sancho VI, k. Navarre   335
Sancho VII, k. Navarre   334n, 335n, 361n
Santiago, Order (*Freres de l'Espee*)   422n
Saracen witch story   12–13, 56, 58, 226–227
Sarepta, *Sarfent* (*Saffet*)   363
Saxony, *Sassoigne, Saissone*   481, 557
    duke, *see* Henry the Lion
Schwerin, duke, *Suerin*   557
Sclavonia, *Esclavonie*   420
Scotland, *Escoche*   557
Sebastea, *Le Sabat*   169n, 174, 211
    bishop   211, 213
Les sept sages de Rome   33
Serbia, *Servie*   557
Shaizar, *Cesaire Li Grans*   72
Shāwar, vizir of Egypt   75n
Sheba, queen of   265n
Shechem, *Cycem*   169, 173n
Shīrkūh, Ṣalāḥ al-Dīn's uncle   91–93
Sibylla, countess of Jaffa and Ascalon, q. Jerusalem, *Sebile* (*Sebille, Sibile(s)*)   8–11, 74,
    106, 114, 116–119, 176–178, 180, 189–185,
    197, 238, 247, 317, 320–321, 330, 563–555
Sibylla of Anjou, countess of Flanders   11,
    68, 77–80, 554
Sibylla of Flanders, wife of Guichard IV of
    Beaujeu, *Sebile de Bialgiu*   555, 560
Sibylla, legendary queen, *Sebille, Sibile*
    265n
Sicily, *Sesile, Sesille* (*Seczile*)   22, 69, 308, 327,
    332, 368n, 369–371, 396, 399–401, 406n,

Sicily, *Sesile, Sesille* (*Seczile*) (*cont.*)   472, 474, 481, 515–516
   kings, *see* Roger, Tancred, William II, William III
Sidon, *Saiete* (*Saaite, Sagiete*)   83, 107, 239, 363, 424–425, 535–536, 537, 541, 568
   lord, *see* Balian, Renaud
Simon de Montfort, *Simons de Montfort, Monfort*   407, 421, 431, 555n, 558
Simon, ct. Ponthieu, *Simon de Pontiu*   560
Sinai, Abbey of Mount, *Mons Synaï* (*Mont Synaÿ*)   129–130
Sodom, *Sodome* (*Sodosme*)   133–135, 148
Soher of Trazegnies, *Sohiers de Trasegnies*   415
Soissons, bishop, *see* Nivelon de Chérizy
Solomon, *Salemon*(*s*)   67n, 186–187, 259
Spain, *Espagne, Espaigne*   301, 386n, 535n, 550
Spaniard, *Espaignas*   28, 536
Stephany of Armenia, wife of John of Brienne   486, 504–505
Stephany Le Bufle   374n
Stephany of Milly, lady of Oultrejourdain   87–88, 166, 318
Stephen Hagiochristophorites, *Lagousses, Lagousset* (*Langouses, Lagouses, Lengonses*)   150–153, 155
Stephen of Perche, *Estevenon, Estievenes de Perce* (*Estiene, Estienne*(*s*) *deu Perche*)   407n, 421, 454
Stephen I, ct Sanserre, *Estievenes de Sanseure*   326
Stones, Alison   41
Sychar, *Cicar, Sicar*   168, 169–170
Syracuse, *Saragouce*   399
Syria, (*Surie*)   248n, 538n, 543n
Syrians, *Suriiens*   226, 254, 262, 268, 270, 278

al-Ṭābgha, *Le Table*   124
Tabor, Mount, *Mont de Tabor, Tabour*   120n, 127n, 128, 486, 487n
Tancred, k. Sicily, *Tangré*(*s*) (*Tancrés, Tengré*(*s*))   26, 328, 311, 333–334, 368n, 369–370, 400
Ṭarṭūs (Tortosa), *Tortose, Tourtouse* (*Tortouse*)   316n, 317–318
al-Ṭayyiba, castle, *Saint Elye*(*s*)   185

Templars, *Templiers, Temple*(*s*)   22, 24, 65–67, 69, 71, 84, 91, 98, 101, 108–112, 115, 158, 175, 177, 179, 190, 205n, 207–213, 216–19, 223n, 224, 225n, 233–234, 239, 258, 285, 287, 289, 294–295, 299, 319, 339, 352, 364–365, 375, 378, 380, 426, 429n, 483, 488–489, 494, 497, 515, 519, 535, 539–540, 542, 544, 552–553, 556, 559, 565, 568
   masters, *see* Arnold of Torroja, Gerard de Ridefort, Odo of St-Amand, Robert of Sablé
Teutonic Order, *Hospital des Alemans*   536, 542
Thaym, see Dothan
Theodora Komnene, q. Jerusalem, *Todoiaire, Thodoaire* (*Codoaire, Condoaire*)   71–72
Theodore Angelos Doukas Komnenos, ruler of Epiros   466–468
Theodore Branas, *Livernas*   464
Theodore I Lascaris, *Lascre*   554n, 555
Thessaloniki, *Salenike, Salenique* (*Salnique*)   310, 447, 448n, 465, 561
Thibaut I, ct Bar-Le-Duc, *Bar le Duc*   478, 554n
Thibaut V, ct Blois, *Tiebaus, Thiebaut de Blois*   314, 326
Thibaut III, ct Champagne, *Tiebaus, Tiebaut de Campaigne* (*Thibaus, Thiebaut*)   361, 407, 410–411
Thibaut IV, ct Champagne   555n
Thierry, ct Flanders, *Thieri, Tieri*(*s*) (*Tierri*(*s*))   68, 77–79, 549
Thomas of Ibelin (otherwise Baldwin), son of Baldwin of Ramla   199–200
Thomas of Marle   41
Thoros *de le Montaigne*, lord of Armenia *Thoros, Thorot* (*Thorox, Thorus*)   11, 19–20, 50, 83–87
Tiberias, *Tabarie*   7, 8, 16, 57, 60, 110, 123, 124, 159, 163–164, 189–190, 198–199, 201–203, 204, 205n, 206, 208, 209–210, 214, 215–216, 219–23, 224n, 230, 232, 236, 568
   Bridge of (Jisr Sinn al-Nabra), *Pont de Tabarie*   123
Tiere de Femenie   56, 58, 266
Tiere de Promission   121, 130n, 131, 137, 307n, 308, 312, 410, 476
Toron (Tibnīn), *Le Toron, Thoron*(*s*)   122, 387

GENERAL INDEX

Tournai, *Tornai, Tournai, Tornay* 480
Tours, *Tours* (*Tors*) 324, 326
   St Martin 324, 326
Tripoli, city, *Triple* (*Tripe*) 8, 45n, 72, 121, 239, 244, 249, 296, 302, 303n315–317, 320–321, 374, 423, 488
   land of, *tere de Triple* 84, 175, 239, 240n, 296, 386
   constable, *Triple* 119
   count, see Raymond III
   countess, see Eschiva of Bures, Hodierna
Tubanie, see ʿAyn Tubaʿūn
Turkey, *Turkie* (*Turquie, Turgie*) 313, 447, 451, 459
Turks, *Turc, Turs* 549, 550, 558
Tuscany, *Toscane* 473, 476
Tyre, *Sur* 3, 6, 8, 14, 45, 49, 75, 83, 107, 121–122, 232, 233n, 234n, 236–237, 239–245, 250, 300–307, 309, 316–317, 320–321, 331, 357–360, 363, 372, 375n, 380, 386–387, 409, 484, 489–490, 535, 541, 555, 565–566, 569
   archbishops, see Joscius, William
   castellan 14, 240, 244

Umm at-Taiyiba, *Forbelet, Forbelot* (*Forblet, Forchelet*) 120, 141, 160, 168

Vadum Jacob, see Jacob's Ford
Valania, *Valenie* 318
Vaucouleurs, *Val Coulour* 478
Venetians, *Venissien(s), Venissiien(s)* (*Venecien, Venicien*) 55, 297–299, 409–410, 417–20, 432–434, 437–439, 441–447, 449, 452, 455–456, 464 320–321, 374, 423, 488
Venice, *Venisse* 409, 411, 412, 417, 418, 432n, 547, 569
   Doge, see Enrico Dandolo
   St Nicholas Island, *Saint Nicolai* 418
Vermandois 345n
Vespasian, *Vespasianus* 168n, 173
Vienna 367n
Villeneuve-Lembron 41
Vlachia, *Blakie* 449, 468
   emperor 465
   king 557
   lord 451
Vlachs, *Blac, Blas* 449, 451–458, 46–42, 465, 469

Wales 557
Walpole, Ronald N 33
Walter III, ct Brienne, *Gautier de Braine* 27, 400–401
Walter IV, cf Brienne 401, 484n
Walter, chamberlain of France, *Gautiers* 494, 500
Walter *Durus*, marshall 235, 318
Walter of St-Omer, lord of Tiberias 88, 101, 220
Waus, king 557
Western emperors, see Comnrad III, Charles V, Frederick I Barbarossa, Frederick II, Henry VI
William des Barres (*'li Barrois'*), *Guillaumes, Guillame(s) des Bares* 558–559
William Briwere, bp of Exeter 536
William of Champlitte 'le Champenois', pr Achaia 561
William of Gommegnies, *Willaume de Gomigies* 560
William I, ct Holland, *le conte Pelu* 481
William V, marquis of Montferrat (wrongly 'Boniface'), *Bonifasse(s) de Montferras, Bonifasce* (*Boniface(s) de Monferrat, Bonyface*) 12, 47, 105, 106n, 114n, 176n, 184–186, 191, 234–235, 243–245, 300–301, 317, 565
William 'Long Sword' of Montferrat, ct Jaffa and Asacalon, *Guillaume(s) Longue Espee* (*Longhe Espee*) 11, 105–106, 114n, 176n, 178n, 185
William, abp Reims, *Rains* 326
William earl of Salisbury, *Guillaumes Longe Espee* 479, 480–481
William, ct Sanserre, *Sanseure* 466, 468
William II, k. Sicily, *Guillaumes de Sesille, Guilliaumes* 307n, 308–311, 313, 315n, 316, 321, 369n, 370
William III, k. Sicily 369
William of Tiberias, *Guillaumes* 60, 101, 220, 233
William, abp Tyre, *Guillaumes* (*Guilliaume*) 1–3, 5, 11, 20, 49, 144–147, 218, 565
   Historia, Latin text 1, 2, 11, 42, 50–52, 60
   Historia, French translation 2–3, 5, 25, 40–42, 48–49, 51–53, 58, 83n
   Historia, Latin Continuation 1n

Yates Thompson, Henry 41
Yavne, *Ybelin* 99
Yemen, *Iemen, Yemen* (*Iemer, Yemer*) 111, 112, 113, 119
Yolanda of Courtenay, q. Hungary, *Jolent de Hongerie* 468, 554
Yolanda of Flanders, wife of Peter of Courtenay, Auxerre, *Jolent de Namur* 465, 467, 468, 554–555, 560

Zacchaeus, *Zaceus* (*Jazeu, Zaceu*) 138n
al-Ẓāhir Ghāzī, sultan of Aleppo 374, 392–393, 413, 416, 418
Zara, *Jasdres* (*Jadres*) 420–422, 425, 432–433
Zoar, *Segor* (*Legor*) 62, 136

Index of Manuscripts

Baltimore
    Walters Art Gallery ms. 137 (*Eracles—F31*) 51–52
    Walters Art Gallery ms. 142 (*Eracles—F52*) 52

Bern
    Burgerbibliothek ms. 41 (*Ernoul—F16*) 14n, 27, 33–34, 36, 43, 45–48, 54–58, 65n, 67n, 86n, 168n, 175n, 182n, 184n, 186n, 187n, 194n, 199n, 200n, 210n, 226n, 230n, 231n, 257n, 265n, 266n, 293n, 338n, 379n, 392n, 399n, 400n, 415n, 428n, 429n, 451n, 461n, 468n, 499n, 508n, 512n, 534n, 549, 563, 567
    Burgerbibliothek ms. 113 (*Ernoul—F24*) 3, 27n, 28, 31, 34n, 37–38, 43, 45, 48, 51, 58, 60–61, 64n, 65n, 67n, 68n, 80n, 88n, 101n, 106n, 109n, 111n, 118n, 131n, 132n, 136n, 138n, 151n, 154n, 156n, 168n, 186n, 193n, 194n, 195n, 212, 216n, 259n, 298n, 323n, 352n, 368n, 369, 389n, 393n, 407n, 427n, 429n, 437n, 443n, 447n, 458n, 468n, 545, 548n, 549, 552–567
    Burgerbibliothek ms. 115 (*Ernoul—F17*) 14n, 27, 34–35, 43, 46, 48, 54–58, 132n, 168n, 175n, 182n, 184n, 186n, 187n, 194n, 199n, 226n, 230n, 231n, 257n, 266n, 338n, 379n, 399n, 415n, 428n, 429n, 499n, 508n, 512n, 534n, 549
    Burgerbibliothek ms. 340 (*Ernoul—F25*) 21, 25, 27n, 28–29, 31, 34n, 39, 43, 45, 48, 58, 60–61, 63, 65n, 67n, 111n, 132n, 136n, 138n, 154n, 156n, 167n, 168n, 169n, 182n, 193n, 194n, 195n, 212, 256n, 259n, 298n, 302n, 322n, 368n, 369, 389n, 393n, 429n, 433n, 437n, 443n, 458n, 516n, 545, 547n, 548n, 549, 551n, 568–569

Brussels
    Bibliothèque royale ms. 11142 (*Ernoul—F18*) 27n, 31–33, 36, 43–46, 48, 54–55, 58, 60, 62, 75n, 86n, 132n, 174n, 194n, 199n, 223n, 231n, 293n, 337n, 399n, 429n, 469n, 544n, 545, 549, 551n

Épinal
    Bibliothèque municipale ms. 45 (*Eracles—F35*) 51–52

Florence
    Biblioteca Medicea-Laurenziana, ms. Plu. XLI, 10 (*Eracles—F70*) 4–5

London
    BL Henry Yates Thompson ms. 12 (*Eracles—F38*) 3, 31, 40–43, 45, 48, 50–53, 55, 58, 60–61, 83n, 88n, 91n, 98n,

BL Henry Yates Thompson ms. 12
  (*Eracles—F38*) (*cont.*)
    144n, 150n, 154n,
    156n, 175n, 177n,
    180n, 188n, 193n,
    194n, 195n, 212, 230n,
    250n, 271n, 276n,
    298n, 368n, 369,
    389n, 393n, 429n,
    437n, 458n, 481n,
    482n, 545, 548n

Lyon
  Bibliothèque de la ville, ms. 828
    (*Eracles—F72*) 4

Modena
  Biblioteca Estense-Universitaria, lat. 465
    (Pipino) 25n, 26n, 29n

Paris
  Bibliothèque de l'Arsenal ms. 4797
    (*Ernoul—F26*) 21, 25, 27n, 28–29,
      31, 34n, 39–40, 43,
      45, 48, 54, 58, 60–61,
      65n, 67n, 111n, 132n,
      136n, 138n, 154n,
      156n, 167n, 168n,
      169n, 182n, 193n,
      194n, 195n, 212, 256n,
      259n, 298n, 302n,
      322n, 368n, 369,
      389n, 393n, 429n,
      437n, 443n, 458n,
      516n, 545, 548n, 549,
      551n, 568–569
  BN fonds Moreau ms. 1565 (*Ernoul—F28*)
    552n
  BN ms. fr. 781 (*Ernoul—F19*)
    27n, 31, 35–36, 43,
    45–46, 48, 55, 59,
    66n, 103n, 111n, 117n,
    123n, 132n, 194n,
    199n, 231n, 264n,
    267n, 270n, 399n,
    429n, 544n, 545, 549,
    551n
  BN ms. fr. 2628 (*Eracles—F73*)
    3
  BN ms. fr. 2631 (*Eracles—*F74)
    49n
  BN ms. fr. 2634 (*Eracles—F57*)
    3
  BN ms. fr. 9082 (*Eracles—F77*)
    4n
  BN ms. fr. 9086 (*Eracles-Ernoul—F50*)
    3, 31, 42–43, 49n,
    55, 58–61, 206n, 212,
    220n, 250n, 258n,
    368n, 369, 408n,
    429n, 458n, 516n,
    517n, 545

Rome
  Biblioteca Apostolica Vaticana ms. Pal.
    Lat. 1963 (*Eracles—F06*)
    53

Saint-Omer
  Bibliothèque municipale ms. 722
    (*Ernoul—F20*) 14n, 27n, 31, 34n, 36–
      37, 43, 46–48, 54–58,
      87n, 132n, 168n, 175n,
      182n, 184n, 186n,
      187n, 194n, 199n,
      210n, 216n, 226n,
      230, 257n, 265n,
      266n, 293n, 379n,
      392n, 399n, 403n,
      415n, 428n, 451n,
      499n, 508n, 512n,
      544n, 545, 549

Printed in the United States
by Baker & Taylor Publisher Services